The New Cambridge Medieval History
Volume I   *c.*500-*c.*700

新编剑桥中世纪史

第一卷   约500年至约700年

[英] 保罗•福拉克（Paul Fouracre）　主编

徐家玲　等译

CAMBRIDGE

中国社会科学出版社

审图号：GS（2020）6883 号

图字：01－2009－0814 号

图书在版编目（CIP）数据

新编剑桥中世纪史.第一卷.约 500 年至约 700 年／（英）保罗·福拉克
主编；徐家玲等译.—北京：中国社会科学出版社，2021.3

书名原文：The New Cambridge Medieval History：Volume 1，c. 500 – c. 700

ISBN 978 – 7 – 5203 – 7636 – 5

Ⅰ.①新⋯　Ⅱ.①保⋯②徐⋯　Ⅲ.①欧洲—中世纪史—500 – 700

Ⅳ.①K503

中国版本图书馆 CIP 数据核字（2020）第 255312 号

出 版 人　赵剑英

责任编辑　耿晓明

责任校对　郝阳洋

责任印制　李寡寡

出　　版　中国社会科学出版社

社　　址　北京鼓楼西大街甲 158 号

邮　　编　100720

网　　址　http://www.csspw.cn

发 行 部　010 – 84083685

门 市 部　010 – 84029450

经　　销　新华书店及其他书店

印刷装订　北京市十月印刷有限公司

版　　次　2021 年 3 月第 1 版

印　　次　2021 年 3 月第 1 次印刷

开　　本　650×960　1/16

印　　张　74.5

字　　数　1164 千字

定　　价　298.00 元

说明：金制母鸡和 7 只小鸡。可能是大格列高利赠给伦巴第王后塞乌德林达（Theudelinda，7 世纪早期）的礼品，大教堂珍宝，蒙察（Monza）

新编剑桥中世纪史

编　委　会

大卫·阿布拉菲亚（David Abulafia）

罗莎蒙德·麦基特里克（Rosamond McKitterick）

马丁·布雷特（Martin Brett）

爱德华·鲍威尔（Edward Powell）

西蒙·凯恩斯（Simon Keynes）

乔纳森·谢泼德（Jonathan Shepard）

彼得·莱恩汉（Peter Linehan）

彼得·斯普福德（Peter Spufford）

本卷主编　保罗·福拉克，曼彻斯特大学中世纪史教授

本卷译者　徐家玲，东北师范大学历史文化学院教授

刘　岩，长春人文学院副教授

张书理，中山大学南方学院讲师

李心昌，东北师范大学历史文化学院在读博士

刘　恋，东华大学附属实验学校教师

王向鹏，河北师范大学历史文化学院教授

郭建淮，佛山科学技术学院思想政治教育系副教授

马　锋，西北大学历史学院副教授

胡　鹏，西北大学科学史高等研究院讲师

毛欣欣，长春师范大学历史文化学院讲师

王　翘，齐鲁师范学院历史与社会发展学院讲师

王　航，吉林省博物院馆员

阳泽宇，青岛农业大学艺术学院讲师

总　译　序

　　《剑桥古代史》《剑桥中世纪史》与《剑桥近代史》是剑桥大学出版社出版的三部世界史名著，代表了西方史学研究的趋势和水平，在西方史学界乃至世界史学界享有极高的学术地位，国际史坛习称为"剑桥三史"。其中，《剑桥近代史》的第 2 版以《新编剑桥世界近代史》的中文译名，已由中国社会科学出版社出版，成为我国学人及广大世界史爱好者的重要读物。

　　《剑桥古代史》初版于 20 世纪前期，自 70 年代开始由英语世界及法国、德国等国的知名学者和专家进行长达 30 年的重写，由原来的 12 卷扩展至 14 卷 19 册。新版《剑桥古代史》将初版中公元 3 世纪的古代史下限推到公元 7 世纪左右，大量增加关于古代埃及、西亚文明与早期希腊历史，以及社会经济史、文化史的内容，在古代文明的起源、古代经济的一般特征、古典文明与东方文明的关系、古代世界的转变等一系列根本问题上，取得了重大突破。

　　《新编剑桥中世纪史》共计 7 卷 8 册，与旧版《剑桥中世纪史》相比，在编写体例和篇章编排上更为清晰明了，突破了传统政治史的旧框架，试图呈现"全面的历史"，将经济、社会、精神、文化等领域纳入论述范围，提供了对中世纪更为全面、翔实的记载。值得注意的是，新编系列摆脱了以往将欧洲视为世界全部的"欧洲中心论"，反对将欧洲各国历史机械拼凑或简单相加，力图从整体上考察中世纪欧洲各国的历史发展轨迹及相互间的影响，反映了一个世纪以来西方学术研究的繁荣与进步。

　　多卷本《剑桥古代史》（14 卷 19 册）和《新编剑桥中世纪史》（7 卷 8 册），由于篇幅巨大，内容涉及史前史、古埃及史、古代近东史、古希腊史、古罗马史、基督教文明史、伊斯兰教文明史等丰富的历史与多种文字，其中包括大量古代文字，如埃及象形文字、西亚楔形文字、古希腊文、拉丁文等，翻译难度极大，此前一直未能组织翻译出版，这不能不说是中国世界史学界的一大憾事。

改革开放以来，我国世界古代史和世界中世纪史学科取得长足进步，在高校与科研院所中形成了一批受过良好的专业和外语训练的研究队伍，翻译《剑桥古代史》与《新编剑桥中世纪史》的条件逐渐成熟。由于历史学是其他各门人文社会科学的基础，翻译出版两部巨著，不仅会改变中译本《新编剑桥世界近代史》"一只孤雁"的状态，把体现世界史学高水平的"剑桥三史"全部介绍到国内，而且对推动我国世界历史学科，特别是世界古代史和中世纪史学科的建设和人才队伍建设，着力提升中国世界史体系及世界通史研究水平具有重要的学术价值。迄今为止，《剑桥古代史》和《新编剑桥中世纪史》尚无英文之外的译本，中译本的完成和出版，将是这两套重要历史学著作的第一个译本，对于提高我国世界史研究在国际学术界的地位，以及提高我国的文化软实力都有重要意义。

为了将这两部史著翻译成中文出版，中国社会科学出版社于2008年购得了两部著作的中文版权。2010年初启动了由著名历史学家、时任中国社会科学院副院长武寅研究员主持的"《剑桥古代史》《新编剑桥中世纪史》翻译工程"。2010年下半年，该工程被批准列为中国社会科学院重大科研项目和国家社科基金重大招标项目。

在首席专家武寅研究员的领导下，翻译工程集中了全国科研机构和高等院校世界古代中世纪史一流学者组成翻译队伍；聘请国内世界古代、中世纪史老专家作为顾问；组成了由具有较高学术水平和组织经验的世界史专家、出版社领导及相关人员参加的翻译工程工作委员会（简称总编委会），负责翻译工程的日常工作，确保翻译、出版工作的顺利进行。

"翻译工程"不是简单的、一般意义的翻译，而是将这种翻译建立在深入研究的基础上，在某种意义上，这是难度更大、任务更为艰巨的研究性课题。两套史书共27卷册，涉及语种众多，国内和海外对人名、地名及专有名词的译法多有不一。课题组首先组织翻译了各卷册名词索引，又由专人将其汇编成两大本《世界古代史译名词典》和《世界中世纪史译名词典》，作为翻译工程的指南，将来可作为我国世界古代、中世纪史研究和翻译的工具书出版。两部史著不仅涉及的语种多，涉及的学科门类也多，增加了翻译的难度，课题组反复多次请教了不同语种不同专业的专家，解决难点疑点问题。在忠实翻译原著的同时，为便于读者理解，适当增加了译注，在一定程度上反映了国内外最新研究成果和中国学者的观点。

虽然时间紧、任务重，课题组成员发扬艰苦奋斗、精益求精、甘于奉献的精神，按时完成了任务。在此谨对课题组全体成员表示感谢，感谢首席专家武寅研究员，她自始至终率领大家攻坚克难，并从头到尾审阅了全部书稿；感谢于沛研究员做了大量组织工作并审阅了大部分书稿；感谢郭小凌教授和侯建新教授，在完成本卷册翻译任务的同时，还分别担任了古代史和中世纪子课题的负责人，做了大量组织和审稿工作；感谢所有译者，他们拿出宝贵时间，完成繁重的翻译工作。特别感谢刘家和、朱寰、王敦书、庞卓恒等国内著名老专家，作为顾问全力支持翻译工程。感谢中国社会科学院科研局和国家社科规划办提供的多方支持，有力保证了"翻译工程"顺利进行。感谢中国社会科学出版社赵剑英社长在人力财力上给予大力支持，感谢郭沂纹副总编做了大量具体的组织统筹工作，感谢前社长孟昭宇和原副总编辑曹宏举等关心和支持本课题的所有人，没有他们的支持，本课题也不可能顺利完成。

剑桥翻译工程课题组
2017 年 12 月 17 日

《新编剑桥中世纪史》译序[*]

《新编剑桥中世纪史》（*The New Cambridge Medieval History*）的中译本终于要与华语世界的读者见面了！它将与新版《剑桥古代史》中译本一道陆续出版发行，无疑是奉献给中国学界的一道丰盛大餐，尤其助力于我国的世界史学科的基础性研究，想到此，相信付出 8 年艰辛劳动的译者们无不深感欣慰！

旧版《剑桥中世纪史》是著名的"剑桥三史"（剑桥古代史、剑桥中世纪史、剑桥近现代史）之一，酝酿于 1904 年，出版时间从 1911 年至 1936 年最后一卷完成，前后耗时 33 年之久。[①] 自面世以来，一直被认为是同类作品中的扛鼎之作。大约 20 世纪中叶前后，随着西方新史学的兴起，"剑桥三史"的内容渐显陈旧，[②] 此后旧版虽多次有略加修改的重印本，仍不能满足时代要求，因此剑桥大学出版社决定先后启动"剑桥三史"的重新编写工作。1995 年，英国剑桥大学出版社首推《新编剑桥中世纪史》（以下简称《新编》）第二卷，自此各卷相继出版，到 2005 年，共 7 卷 8 分册英文版《新编》全部问世。从 20 世纪 80 年代后期酝酿重编事宜到全部出齐，《新编》也经历了大约 20 年。这是一部欧洲史的著作，虽然该书也涉及并写到了近东和北非等地区，仍不能称为世界史作品，然而，它的学术影响却是世界性的。

---

[*] 天津师范大学郑阳博士帮助搜集了相关资料，在此致以谢意。

[①] 参见 P. A. Linehan, "The Making of the *Cambridge Medieval History*", *Speculum*, Vol. 57, No. 3 (Jul., 1982), pp. 463–494。Linehan 是《新编剑桥中世纪史》8 人编委会的成员之一，他的这篇文章详细地介绍了老版《剑桥中世纪史》的来龙去脉。

[②] 甚至有人戏称为"鸡肋"，比如，约翰·阿珀斯博士是批评者之一。他于剑桥大学获得博士学位，从事黑死病和瘟疫史研究。他在回忆旧版剑桥中世纪史时说，在其攻读博士学位时无人推荐他去阅读这部作品，包括其导师克里斯托弗·布鲁克在内，尽管该书第七卷涉及他的研究时代，而且该卷主编之一的扎克利·布鲁克还是其导师的父亲。参见 John Aberth, "Review: The New Cambridge Medieval History, Ⅵ: c. 1300 – c. 1415", *Speculum*, Vol. 77, No. 4 (Oct., 2002), p. 1324。

一

每部史学著作都不可避免地留下时代的烙印。《新编剑桥中世纪史》和旧版《剑桥中世纪史》作为具有谱系关系的两部史著，既有联系又有区别，从内容取舍、写作风格不同到编纂体例和史学理念的变化，都可以品味皇皇巨著背后的时代沧桑。《新编》与旧版主要有哪些区别，或者说什么是《新编》的主要特点？

其一，《新编》撰写体例和内容都发生了变化。剑桥大学史学编纂体例的传统是兼顾主题和时段两大要素。[①] 旧版各卷也兼顾了两大要素，只是政治性主题被强化，各卷大都依照特定的政治主题编排。诸如罗马基督教帝国与日耳曼各王国的建立、日耳曼人和西方帝国、东罗马帝国、帝国与教廷之争、教廷的胜利、帝国和教廷的衰落等，显然是一部典型传统的政治史和军事史，显示了那个时代的史学特征。19世纪末以降，兰克学派盛行于世，在史学方法上强调实证主义，叙事内容则以政治史研究为中心。剑桥大学的史学圈深受其影响，其代表人物阿克顿勋爵主编的《剑桥近代史》把西方的政治史推向新高峰。旧版《剑桥中世纪史》则紧随其后。英国史学界对于政治史的过分强调显然限制了《剑桥中世纪史》的研究视野和内容取舍。[②]

《新编》编排的方式以时段要素为主，诸分卷依时序相衔接；同时各卷试图紧扣住该时段最具典型特征的历史画面，重视政治，也不忽略经济、社会、文化与艺术等方面。而且，关注下层社会的历史，关注非精英团体的历史，打破了旧版以英雄人物为焦点的传统。[③] 有人认为这种撰写体例有进步也有缺陷，最大的缺陷莫过于主题过多而无法形成有机整体，神形俱散。例如，巴克拉克在对新编第二卷所作

① 参见 J. O. McLachlan, "The Origin and Early Development of the Cambridge Historical Tripos", *Cambridge Historical Journal*, Vol. 9, No. 1 (1947), p. 83。

② 参见 B. Bachrach, "Review: The New Cambridge Medieval History, *II*: *c. 700 – c. 900*", *Speculum*, Vol. 74, No. 1 (Jan., 1999), p. 217; E. Peters, "Review: The New Cambridge Medieval History, *IV*: *c. 1024 – c. 1198*", *The International History Review*, Vol. 28, No. 2 (Jun., 2006), pp. 375 – 378。

③ P. Freedman, "Review: The New Cambridge Medieval History, *V*: *c. 1198 – c. 1300*", *Speculum*, Vol. 77, No. 1 (Jan., 2002), pp. 122 – 123.

的书评中，就批评该卷由于过多强调社会、文化等当下学界热捧的各
个研究维度，致使难以归纳出该时段的历史特征。[①] 阿珀斯在评论
《新编》第六卷时，毫不客气地指出该卷各章之间缺乏整合性，只见
树木不见森林。[②] 不过总的看，《新编》的体例普遍受到好评，一些
学者认为，即使上述那些问题存在也无伤大雅，因为从受众角度看，
这部作品主要面对具有相当研究基础的学术群体，属于专业研究生使
用的大型教科书，大多数人只是查阅相关部分，很少通读全书，因而
在一定程度上回避了该书撰写体例上的缺陷。[③]

　　其二，改善编纂组织方式，研究视域涵盖整个欧洲。19 世纪末
20 世纪初，民族主义思潮盛行，以致引发世界大战，这给旧版《剑
桥中世纪史》留下深深的伤痕。第一次世界大战爆发后，剑桥大学
出版社特别委员会决定罢免所有参与《剑桥中世纪史》撰写的"敌
对国家"的学者，并以"自己人"取而代之。据此，所有来自德国、
奥地利、匈牙利甚至俄国的作者皆遭排斥出局，而这些作者本是当时
相关领域的一流学者；取而代之的学者往往相形见绌。[④] 结果旧版
《剑桥中世纪史》迟迟不能成书，质量也大打折扣，皆为后人所诟
病。第二次世界大战后，人们对于民族主义及其引发的灾难进行了深
刻的反思，推动了《新编》编纂的国际合作精神。作为一部英语学
术著作，《新编剑桥中世纪史》的非英语撰稿人在各卷中均占有一定
的比例，最低占 24% ，最高则达到 46% 。[⑤] 此外，《新编》展现了更
为公允的学术立场。以《新编》第二卷为例，主编麦克科特里克及
其英籍同事对欧洲大陆历史事件客观而准确的叙述和分析，颇受好
评，远非旧版可比，后者的一些表现被斥责为强烈的"盎格鲁中心

---

① B. Bachrach, "Review: *The New Cambridge Medieval History*, II: *c. 700 – c. 900*", *Speculum*, Vol. 74, No. 1 (Jan. , 1999), p. 219.

② John Aberth, "Review: *The New Cambridge Medieval History*, VI: *c. 1300 – c. 1415*", *Speculum*, Vol. 77, No. 4 (Oct. , 2002), pp. 1324, 1327.

③ D. Shanzer, "Review: *The New Cambridge Medieval History*, I: *c. 500 – c. 700*", *Speculum*, Vol. 83, No. 2 (Apr. , 2008), p. 436.

④ 例如，第八卷第四章涉及 15 世纪的神圣罗马帝国，取代德国学者科伊特根（Keutgen）的是英国学者拉芬（R. D. G. Laffan），在给当时《剑桥中世纪史》主编之一的特纳（J. R. Tanner）的信中，拉芬坦言："我阅读德文很慢，困难重重，因此几乎不能阅读任何重要的德文著作，尽管我有时提及它们；虽然我希望明天去学习这门语言，但在相当一段时间里却无法精通。"见 P. A. Linehan, "The Making of the *Cambridge Medieval History*", *Speculum*, Vol. 57, No. 3 (Jul. , 1982), p. 466。

⑤ 根据《新编剑桥中世纪史》各卷撰稿人情况统计得出。

主义"。① 旧版《剑桥中世纪史》的所有主编均有剑桥大学的背景，而且一人通常兼管数卷，权限过大，交接无序，无可避免地影响了作品质量。②《新编》的最高编委会由 8 名国际学者构成，各卷的主编向编委会负责，从而有利于编纂组织工作公允有效地推进。

《新编》的研究视角囊括整个欧洲，麦克科特里克指出，《新编》第二卷致力于通过跨学科的方法探究整体欧洲的发展。③ 各卷大多都有北欧、东欧地区的专门章节，而且波兰、捷克、立陶宛、挪威等国的学者直接参与了各卷的撰写并取得了丰硕的成果。④ 同时注重欧洲与周边非基督教文明的互动。事实上，欧洲整体史以及文明互动的观念在《新编》各卷中均有表现。伊斯兰教世界在《新编》中具有更重要的位置，比如《新编》第四卷第二部分中有两章专门探究相关时期的伊斯兰世界。⑤ 对此，彼得斯认为新版欧洲中世纪史的研究视域扩展到了东方和南方的新边界。⑥

其三，史料翔实，并力求史料与分析并重。剑桥史学一向以扎实敦厚的研究院风格著称于史学界，《新编》承继了这一传统，而且原始资料的来源范围更加宽泛。不仅包括各种传统的档案与法典，个人信件、税单、货单、徽章、忏悔书、墓志铭、印章、社团手册和工艺品等都纳入涉猎范畴。近几十年最新考古成果的贡献也相当醒目。应该说，《新编》比旧版的史料基础更为坚实和广阔。各卷末所列参考及进一步阅读书目，占该卷总篇幅的 15% 以上，是全书的重要组成部分。一方面重视原始资料，另一方面重视吸纳和展示当代学者的最新研究成果，浏览参考书目可掂出成果之厚重，也感受到明显的时代气息。《新编》另一个明显的新特征是，加强了历史解释和评论的力

---

① J. Campbell, "Review: *The New Cambridge Medieval History*, II: *c. 700 – c. 900*", *The English Historical Review*, Vol. 113, No. 452 (Jun., 1998), p. 684.

② 关于旧版《剑桥中世纪史》的编辑组织的变化以及各位执行主编的问题，均见 P. A. Linehan, "The Making of the *Cambridge Medieval History*"。

③ Rosamond McKitterick, ed., *The New Cambridge Medieval History*, II: *c. 700 – c. 900*, Cambridge, Eng.: Cambridge University Press, 1995, pp. xvii – xviii.

④ 例如，T. Noonan 在《新编剑桥中世纪史》第三卷中关于东欧地区的研究便十分出色，被认为具有很高的学术价值。见 J. Contreni, "Review: *The New Cambridge Medieval History*, III: *c. 900 – c. 1024*", *The International Historical Review*, Vol. 23, No. 3 (Sep., 2001), p. 633。

⑤ David Luscombe & Jonathan Riley-Smith, eds, *The New Cambridge Medieval History*, IV: *c. 1024 – c. 1198*, Part 2, New York: Cambridge University Press, 2004, chap. 22, 23.

⑥ E. Peters, "Review: *The New Cambridge Medieval History*, IV: *c. 1024 – c. 1198*", *The International Historical Review*, Vol. 28, No. 2 (Jun., 2006), pp. 377 – 378.

度。它保留了兰克学派实证主义的方法，同时在相当程度上摒弃了述而不论、怀疑论及不可知论，后者曾被调侃为"外交"型历史学家的风格。秉持述论并重的原则，而且不失时机地介绍其他相同的和不相同的观点，无疑使史学思辨更富有张力。

二

下面，笔者对《新编》各卷做简要介绍，以方便读者阅读。

《新编》共 7 卷 8 分册，探讨的时段自大约公元 500 年至公元 1500 年。其中第一至三卷探究中世纪早期的欧洲历史，第四、五卷探究中世纪盛期的欧洲历史，第六、七卷探究中世纪晚期的欧洲历史。各卷情况大致如下：

第一卷主要阐释 6—7 世纪欧洲发端时期的背景历史。先以导论方式介绍了晚期罗马帝国、蛮族入侵以及相关史料及其解读。继而以时段为序，以地域性政治实体为单元分别讨论了这一时期的历史。最后一部分以专题的方式探究了犹太人、王权、地中海与北海经济等问题。考古材料和各种非文献史料的运用是本卷的亮点，伊斯兰文明和拜占庭文明在本卷中占有一定的分量，显示了开阔的视野。

第二卷主要阐释 8—9 世纪欧洲文明形成时期的历史。本卷重点探究以法兰克王国为中心的蛮族王国对欧洲的塑造性作用，包括政治观念、统治方式、社会组织、教俗关系、文化生活等各个方面。本卷分为四个部分。第一部分一般性介绍 8、9 世纪欧洲各王国和各族的政治史；第二部分分析王权、贵族、经济制度、军事组织、乡村社会等专题；第三部分阐述教宗制度与仪式，以及教俗关系；第四部分从不同方面系统地探讨了 8、9 世纪的欧洲知识与文化的历史。

第三卷主要阐释"漫长的 10 世纪"（可上溯至 9 世纪末下推及 11 世纪 20、30 年代），欧洲封建制、庄园依附制出现与形成，欧洲的政治格局和政治版图由此奠定。本卷分成三部分，第一部分为经济—社会史的各类专题，第二和第三部分以加洛林帝国地域为界，分别探究"后加洛林欧洲"各国，以及"非加洛林欧洲"各地区的历史。欧洲在这一时期完成了从古代世界向中世纪世界的转变，欧洲核心区各王国开始了自我认同的历史进程。

第四卷主要阐释11—12世纪政教二元架构下的欧洲。本卷分上下两册,两册的基本内容大多涉及教会或教会与俗世的关系。上册作为专题史,论述了宗教和世俗两个世界的发展与变革,包括人口、农业、贸易、城市、教会改革及其与东派教会、伊斯兰世界和犹太人的关系等。下册侧重于政治史视角,探究教俗重大政治事件的进程与发展,包括教宗制转型、欧洲各王国、各地区精英阶层的兴起与政府组织的发展等。

第五卷主要阐释13世纪的欧洲历史,以西欧地区与外界前沿地区的互动为研究框架,从多个维度凸显"扩张"这一时代主题:如天主教的扩张、欧洲人口的急剧增长和经济扩张,以及王权的深度发展等。

第六卷主要阐释14—15世纪欧洲的历史,凸显14世纪进步性的一面。传统上认为14世纪以灾难与衰退为特征,特别是黑死病损失了欧洲三分之一的人口。本卷在客观分析大灾变的同时,指出14世纪是旧事物衰落、新事物萌生的时期,例如战争技艺的提高、近代国家的起源、市民阶层的兴起与宪政的发展、农民社会地位和生活水平的提高等。总之,进步隐含于混乱和衰败之中。此外,把东欧作为独立主体进行叙述,是个明显的变化。

第七卷主要阐释1415年前后至1500年左右的欧洲历史,重点是欧洲民族国家的发展。而各国的案例呈现出多样性特征,无论政府和政治体制发展,还是贵族的地位和作用均如此。另外,与第六卷强调14世纪的进步一样,本卷也力图扭转一些非理性的传统观点,多角度展现该时期欧洲所取得的成就,正是在这一背景下,欧洲文明步入现代。

三

《新编剑桥中世纪史》的权威性举世公认,被世界各国历史学科及其他相关学科图书馆列为基本藏书,某种程度上具有了工具书的性质。这种学术性极强的鸿篇巨制,翻译难度相当高,非置身其中是难以体会的。将艰涩的学术语言译成流畅、准确的中文绝非易事,不仅需要深入了解已经逝去的且千变万化的语境,还要排除古希腊文、拉丁文、古英文、阿拉伯文等不常见文字和死文字的干扰。不仅如此，由于是大型系列学术专著，一些规定性语言要求卷内一致，还须各卷一致，中世纪史与古代史也须避免矛盾和误解。仅仅人名地名的统一这项工作就耗费了我们大量的精力和时间。工作初期我们花费了几乎一年时间，逐渐消化有可能产生歧义的数万词条。2013 年初，在天津师范大学专门召开了"新编剑桥中世纪史译名研讨会"，对有争议的人名地名"会诊"，反复讨论，逐条敲定。在上上下下的若干回合中，几乎每个词条译法，都集中了大家的意见，最后编成涵盖上万词条的《中世纪史译名手册》，供译者使用。这不是说我们做得很好了，只能说尽力了。由于水平有限，仍难免疏漏和错误。杨绛先生曾云：翻译就像是抓虱子，再小心也不免有落网之虫。那就请大家与我们一起来抓虱子吧！不论译名还是译文，诚恳地期待读者批评指正。随着我国世界史研究水平的提升，也期待着更好的中译本问世。

参与《新编》翻译的各卷册主持人名单如下：

第一卷（c. 500—c. 700）徐家玲教授（东北师范大学历史文化学院）

第二卷（c. 700—c. 900）郭方研究员、李桂芝副研究员（中国社科院世界历史研究所）

第三卷（c. 900—c. 1024）顾銮斋教授（山东大学历史文化学院）

第四卷上（c. 1024—c. 1198）彭小瑜教授（北京大学历史学系）

第四卷下（c. 1024—c. 1198）陈志强教授（南开大学历史学院）

第五卷（c. 1198—c. 1300）徐浩教授（中国人民大学历史学院）

第六卷（c. 1300—c. 1415）王加丰教授（浙江师范大学历史系）

第七卷（c. 1415—c. 1500）侯建新教授、刘景华教授（天津师范大学欧洲文明研究院）

在《新编》中文版即将问世之际，我对上述主持人表示衷心感谢，对各卷的译者们表示衷心感谢。数年愉快的合作留下美好的回忆。《中世纪史译名手册》的审校工作，彭小瑜教授、徐家玲教授倾注了大量心血，谨致以敬意。感谢项目首席专家武寅研究员，没有她出色的领导，很难组织起如此庞大的、来自几十所高校和研究机构的学术团队。感谢赵剑英、曹宏举、郭沂纹、魏长宝、王茵等中国社会科学出版社的领导、编辑和工作人员的辛勤工作。在译名手册的编纂中，初选上来的数万词条需逐一查重、核准，天津师范大学欧洲文明研究院陈太宝博士默默做了大量的基础性工作，翻译微信群的交流活动等，青年教师刘芮付出劳动，在此一并表示谢意。

　　是为序。

侯建新

2016 年 1 月 17 日

于天津师范大学欧洲文明研究院

译　者　序

本卷作为《新编剑桥中世纪史》的第一卷，涵盖了自罗马帝国衰亡（6世纪前后）到西方封建社会之萌生（8世纪前后）之间的地中海欧洲及北欧斯堪的纳维亚与不列颠群岛的基本历史进程。

本卷主编保罗·福拉克和各章撰稿人都是当今世界中世纪史各研究分支的顶级专业学者和高校教师。

全书打破了旧版《剑桥中世纪史》的分章格局，除了索引、图表和地图、插页外，分四大部分：导言（附加第一章、第二章、第三章）、第一部分（6世纪）、第二部分（7世纪）、第三部分（专题研究）。

首先，导言部分重点强调所谓"罗马帝国的转型"理论和20世纪八九十年代之后西方盛行的"晚期古代"理论于本卷的意义，其核心即"延续和转型"问题。作者强调，本卷开篇所描述的公元500年，尚处于"晚期古代"（Later Antiquity）时期，至9世纪时，即进入真正的"中世纪"了。因此，不能以"转型"作为本卷的核心理念。但是，以罗马势力在西欧的终结作为本卷各章内容的一个共同起点，并不意味着贬低晚期古代到中世纪之间文化的基本延续性。而以9世纪为节点，则强调的是查理大帝的加冕，真正的西方势力兴起，与坐落于君士坦丁堡的"罗马—拜占庭帝国"相抗衡；与此同时，罗马教宗则成为世界牵制拜占庭与西方的"第三势力"。作者认为，从公元500年起的两个世纪，已经出现了将适应未来发展新形势的调整，但只有在9世纪回顾这一发展趋势时，才能清晰地认识晚期罗马世界的转变。也就是说，从9世纪开始，人们才不再谈论"后罗马世界"的问题。因为诸种罗马的因素，在9世纪时已经完全融入了欧洲新来者的世界中。能够说明这一特点的事实是，8—9世纪的著名史家，在写作他们的庞大叙事史时，不再回溯罗马的传统，而更多地强调其自身的因素、强调基督教史家（如英格兰的比德、助祭保罗等）的责任和义务。

　　其次，在此罗马世界的延续和中世纪开端的节点，我们要观察对于"重建"和"发展"的认识。在地中海东部的拜占庭帝国，查士丁尼（527—565）一生致力于"光复"昔日的罗马帝国故土，"重建"罗马世界的辉煌；而在原属于西罗马的世界里，人们并不关注查士丁尼是否能够成功地"重建"，而是在积极地发展基督教的文化和理念。奥古斯丁（Augustine）《论基督教教义》（*De Doctrina Christiana*）一书问世之后，基督教世界的学术活动成为文化活动的主流，所有的知识文化都成为"一种追求超越自身的宗教目标的方式"。人们相信，基督教将引领人们灵魂的救赎。本书编者之一严·伍德强调，"基督教化"（Christianisation）是远比"异教"徒的皈依更为复杂的过程。因为，直到12世纪，西方世界还可见到"异教"习俗影响到基督教节日仪典的现象。

　　再次，在此"转型"的特定时期，值得特别关注的方面还有文化活动中，古典学风格与当代"蛮族历史叙述者"之风格的并存与相互映衬。在西方世界，基于"推动基督教社会发展的愿望"而写作的四个"蛮族"史家：6世纪以来的乔代尼兹（Jordanes）和图尔的格列高利（Gregory of Tours），8世纪以后的比德和助祭保罗等四人的作品是本卷各章所主要依据的核心史料。对他们的叙事起到有价值的补充作用的另外几位当代史家包括，吉尔达斯（Gildas），比克拉罗的约翰（John of Biclaro），塞维利亚的伊西多尔（Isidorc of Seville），以及托名为弗雷德加（Fredgar）所编著的编年史。他们使用当时西方盛行的拉丁语（有人批判它是退化的、通俗的拉丁文，而非文学雅语）写作。反之，拜占庭著名的史学家普罗柯比，其写作风格却更趋近于古典的传统而非基督教的风格。对于一些古代希腊文中不存在的当代语言，如"牧师""主教"等，也经常用古代的"祭司"等文字代用；而到阿伽西阿斯时期，就开始出现新的基督教元素了。

　　考古学的新进展补充了文字资料的不足，而进入欧洲的"蛮族群体"的生活方式和他们对罗马法律文化的认同，则有几部早期法典可资参考。

复次，对于蛮族大迁徙之后族群征服、融合和同化的现象，一些当时的史家只能以其看到的、听说的，或前人记述中一些早已经失传的资料为依据，突出了征服、冲突和毁灭中的阴暗面，而并没有关注到一个或数个新的族群在这种冲突和毁灭中形成的事实。如助祭保罗只依据一些"戏剧性"的秘史，突出描述了入侵者与意大利的罗马人或哥特人之间的对立和冲突，使后人据此以为，在伦巴第人统治区，罗马精英已经被完全摧毁。事实上，种种零星证据证实，伦巴第人进入意大利后，并没有带来更多的混乱、破坏和种族灭绝。教宗有时不得不与入侵的伦巴第人合作，在处理民事纠纷时，这里也经常用到罗马时期的法规和法则、甚至用到罗马时期成为常态性的公证机构。所以，7 世纪是一个文化的融合和发展时期，而不是一个种族和文化灭绝的时期。

最后，作者强调，因可依据的第一手统计资料欠缺，第一卷中没有专章讨论罗马帝国晚期和中世纪早期的农业问题。只是 8—9 世纪才有一些涉及地租、土地买卖和产业调查之类的契约文件，纳入以后的卷册。其中提到我们比较熟悉的"租佃者"（tenants）、自由人和贵族（nobility）身份的区别，但不明显。中世纪早期社会的人群，没有严格的法律等级划分，人们只把人群分为富人（wealth）和当权者（power）。在罗马传统较强，特别是拜占庭所属南欧地区，还有元老（senatores）和奴隶（servi）的存在。在西方世界，特别是法兰克和西班牙，还保留着罗马时期的许多政治语汇和政治身份（aristocracy，consul）。

7 世纪早期，伊斯兰教兴起之后，地中海世界形成两大宗教、三大教派势力对立的局面，但无疑，统治者，无论是国王、皇帝还是哈里发，都强调君权神授。只有犹太人，被排除于所有的"正统社会"之外。

导言之后的三章，重点论述了罗马世界变化的两条主线和早期中世纪研究所依据的重要史料和考古学理论。所以，可将这三章视为"导言"的补充。

这两条主线就是：晚期罗马帝国的衰亡和蛮族世界对罗马世界的"入侵"——罗马外部世界人群之大规模进入罗马帝国的活动，在地

中海沿岸的拉丁世界历史语境中称"入侵"、在北欧日耳曼人语境中
称"迁徙"——这种不同的语境无疑体现了承载着不同历史文化背
景的"文明"区域和"蛮荒者"区域的人群对于自己的主体历史文
化和文明进程的认知和不同的立场。

值得关注的是，本卷把叙事的时间点上溯到罗马帝国 3 世纪的危
机，重点强调了罗马对西欧的长期影响。首先，受益于其不可战胜的
军团组织和防护严密的边境，罗马人征服并控制西北欧洲达 5 个世纪
之久，将其地中海文明的种子深深植于亚平宁山外的土地之上，在政
治上、经济上、法律建构和思想文化方面打下了影响长远的、深刻的
罗马文化的烙印。

其次，作者强调了影响后世罗马发展的几大标志性事件"罗马
和平"（地中海中心地区的和平），"三世纪危机"（军人争雄和元老
的势衰），"四头政治"（权力的分割和区域分治的影响）、税收、货
币、行政改革、社会控制的强化和神化君权的意识形态对 6 世纪历史
的直接影响。作者特别提到"四头政治"的区域性划分，预示着延
续更加久远的东西罗马世界的分离。戴克里先在罗马高卢所划定的较
小的行省之疆界将得到真正的长期保持，其大部分成为中世纪法兰西
的行政区（the civitates），而且这种状况持续到法国革命政府将其更
改为行省（Departements）之时。

对于建立君士坦丁堡并最终接受了基督教（尽管是阿里乌斯派）
的君士坦丁大帝，作者给予了客观的评价：他是第一位接受了基督教
的皇帝；君士坦丁堡的奠基人；第一个关注并干预基督教内部统一进
程（325 年尼西亚会议）的世俗统治者。他一生致力于实施宗教宽
容、保持和延续罗马传统（钱币上的异教神形象；异教徒和基督教
官员同时参加他的"新罗马"的祭祀仪式）、从而使罗马基督教化的
进程顺应时势而推进，最后成就了中世纪的欧洲基督教世界。而于西
方中世纪时期的人们而言，君士坦丁所奠基的这个在遥远海边、满是
黄金和镶嵌画的神奇城市，将象征着神秘的帝制东方。因为，在君士
坦丁家族统治结束之后，帝国的两部只在极少数情况下短期地统一在
一个皇帝手下。帝国内部的和平和稳定开始动摇，境内和境外的蛮族
势力越来越成为帝国所关注的问题。

对于所谓"西罗马帝国的灭亡"，作者强调，其前因是罗马皇帝

及元老院"正式"地引进了蛮族人群（西哥特人），接受他们以同盟者身份（federates），定居帝国境内。允许其划地自治，逐渐脱离了罗马政府的控制、瓦解了帝国统一。而西罗马宫廷，更是于 5 世纪后被一些非罗马裔的蛮族将领长期掌控，反复操作废立"皇帝"的戏码，直到 476 年最后一位西罗马皇帝罗慕洛·奥古斯都（Romulus Augustulus）被日耳曼人将军奥多亚克（Odovacer）推下圣坛。人们因此而哀叹西罗马政治末日的到来。但是，这一事件并非代表着帝国的"衰亡"，而更像是一次偶发事件。于是，作者的结论颠覆了传统的"西罗马帝国灭亡"说，给读者打开了一个新的视野。

在阅读本卷的各章时，人们如果更多地关注"社会的"发展和演进，就会清楚地看到，许多"中世纪的"因素事实上在罗马帝国统治时期就已经存在，或者可以说，许多"罗马的"因素一直持续到中世纪时期。这反映在社会生活的多个方面。

一是在城乡关系上，罗马后期的贵族大地主们也越来越脱离城市生活，选择在农村庄园（villas）里"颐养天年"，而不是流连于城市中的浴场、街道、会所和竞技场内。隶农（"科洛尼"，coloni）身份的半自由农，在君士坦丁大帝时期就已经很常见。中世纪被视为常态的穷人的劳役、支付租金或实物贡赋的方式，早在罗马共和晚期就已经经常出现在罗马政府文件中。与此同时，罗马的城市（除一些大都市）设施也与后来的中世纪史家们所描述的相差无几。城区街道和上下水道设施并不完备；多数民众生活在拥挤、闷热的多层公寓中，即被称为英素拉（insula）的地方。私人出资完善城市公共设施的现象越来越少。但教堂的建筑是一个例外，这里，有官方的手笔，也有个人的捐赠。

二是在社会结构方面，以往中世纪史的研究者经常强调的、作为中世纪人际关系纽带的效忠仪式，事实上在罗马时期已经存在。自共和晚期以来，罗马社会中一些普通公民通常会依附于一些比他更强有力的人（他的庇护者），这种个人之间的关系，普遍存在且特别有力量，甚至超出了人们对国家和法律的效忠。但是，中世纪早期的罗马贵族保持了他们原来的特权和优雅的生活。罗马帝国地方行政管理松驰，使得基督教的主教们经常来填补世俗事务管理的空缺。在蛮族政权建立之后，失去特权的地方贵族，成为新来者管理地方事务的助力。

三是在法律思想传承方面，晚期罗马的法律思想及其决定财产所有权的方式直接延续到西方的早期中世纪。20 世纪中后期的研究告诉我们，早期中世纪各王国的所谓"蛮族法典"，尽管有深厚的习惯法色彩，但仍然延续着晚期罗马的行省立法或世俗法传统。《查士丁尼法典》问世之前，已经有多部"蛮族法典"出现，但事实上，对于西欧各"新来者"立法影响更为深远的是 438 年公布的《狄奥多西法典》（Theodosian Code），而不是后来的《查士丁尼法典》。

四是在文化教育和语言方面。罗马时代的世俗教育只限于精英阶层，下层民众没有受教育的机会，或者只能在私家教师那里学得一些断断续续的阅读和计算知识。大的学园系统只在君士坦丁堡、雅典等大城市才有。但罗马的官方语言拉丁语却在中世纪早期保留下来，人们使用粗俗拉丁语（Vulgar Latin）和受拉丁语深刻影响的语言交流和写作，罗曼（Romance）语言对于蛮族的影响延续时间更长。

在更高层次的文化生活方面，晚期罗马帝国是早期中世纪的直接先驱，其文化氛围更塑造了它传承下来的基督教思想。在一个庞大的官僚机构和无限的皇权剥夺了人们政治自由的世界里，斯多噶学派对于责任的召唤似乎变得空洞。在基督教神学的感召下，新柏拉图主义不再强调人们去做好的公民，而要求人们用自己的知识去接触超验的世界。这个超验世界的到来需要的是沉思，而非实践和私人的道德。

在文学和史学方面，更多的非基督教史家在延续着古代的传统。一些优秀的晚期古代史家们将古典时期的文献整理成了早期中世纪所见到的那种形式。而基督教的史家将他们传承下来。

最后，晚期罗马帝国给予中世纪最伟大的馈赠是它的宗教，它使得晚期古代处于迷茫中的知识分子找到了新的方向，用基督教的理念和框架，传续了古代世界的精华。

而于这一伟大时期历史发展的第二条线索，就是"蛮族"进入罗马世界引起的罗马帝国的"衰亡"。以往，我们强调，"是蛮族的迁徙扫除了旧的'古典'世界……将我们引入了'黑暗的世纪'（Dark Ages）"。而本卷则彻底颠覆了这样的传统概念，强调说："蛮族是被引进了一个已经因其他因素而沦于四分五裂之境地的帝国政治之中；蛮族迁徙是西方罗马帝国结束的结果。"

在罗马人的传统观念中，"蛮族"即来自罗马"文明"世界之外的种族，包括北方的凯尔特人和日耳曼人（Celts and Germans）、东北方草原上的游牧族群斯基泰人（Scythians），甚至有着悠久历史传统的波斯人也被列于"蛮族"之列（虽然 4 世纪历史学家阿米亚努斯·马尔切利努斯从来没有将萨珊波斯视为蛮族），最后是文明开化较晚的阿拉伯人。但同时，罗马人也有对于"蛮族"的不同解析，塔西陀（Tacitus）就用"高贵的野蛮人"来批判罗马人的不堪。5 世纪 40 年代的马赛教士萨尔维安更指责罗马人的社会比蛮族社会更缺乏正义和公正，有更多的邪恶。奥罗修斯（Orosius）的《反异教历史七卷》（*Seven Books of History against the Pagans*）和圣奥古斯丁的《上帝之城》（*The City of God*），也提到，蛮族于 410 年对罗马城的洗劫，远比罗马人对败于其手下的敌人要仁慈得多……种种晚期罗马帝国社会精英们的记载，都表述了他们对罗马的失望。事实上，此时的"罗马人"已经完全成为文化上的概念。生活在罗马帝国内部的人们可以某种方式表现得像个野蛮人；来自帝国外部蛮族地区（Barbaricum）的人们也可以某种方式表现得像个真正的罗马人。

于是，对于罗马人和蛮族人的认知开始成为一种动态的模式：一位"蛮族"出身的将军可以很自然地被列入罗马人群体中，被认为是罗马人，而罗马人却又可以很自然地被否认是罗马人。于是，族群的概念成为多层面的、动态的、自我认同的（其心理状态）、视情境而变的（用于恰当的场合的），而不是固化的形态了。依此而言，西罗马帝国的各行省及行省居民，无论其原来的出身如何，只凭他生活的区域和他与周边族群的融合，自然演化成了法兰克人、哥特人或盎格鲁—撒克逊人了。当然，这种融合通常是从相互敌对、相互抵制开始的，几十年的时间，曾经积极地抵制蛮族进攻的高卢南部和西班牙的罗马贵族，就自愿地融入蛮族人的社会中，因为"新的统治者给了那些原来的地方贵族以他们长时期以来曾经拥有的东西，和那些自 388 年之后他们担心会失去的东西：即进入核心政治的权力"。新来者提供了元老贵族们能够与他们的对手比肩而立（vis-a-vis）的方式，并保留了他们在当地的优势地位。

自 6 世纪中期的政治混乱之后，人们广泛地采纳了与新来者的族属认同的方式。到公元 700 年，出于各种意图或目的，卢瓦尔河以北的所有居民都是法兰克人，而卢瓦尔河东南地区的居民都是勃艮第人，西班牙的所有居民都是哥特人；不列颠低地的所有居民都是盎格鲁—撒克逊人的某一支；于是，要寻找罗马人就"只能去意大利了"。虽然，中世纪早期的编年史家们，一直在努力编造罗马原住民受到大规模屠杀或者被驱逐的故事，但在高卢，这种屠杀或驱逐的严重程度却值得怀疑，"因为他们得解释罗马人是如何先教会这里的法兰克人使用拉丁语的"。

于是，对于哥特人、法兰克人、勃艮第人、盎格鲁人或撒克逊人的新的政治认同就可以不带任何歧视了。他们都为自己属于这一族群而自豪。罗马人会采用多种方式拉近他们与蛮族人群的关系：联姻是一种方式，改名也是一个方式，有时候，文献中出现一个人同时拥有一个罗马名字和一个蛮族名字，在不同的场合则使用不同的名字。墓葬中也可看出，人们的服饰、随葬品风格渐渐趋同，反映了族群认同和融合的事实。

于是，我们在研究蛮族及其在4世纪晚期到7世纪之间，在罗马世界变化中的角色时，应该有新的视角。事实上，蛮族的迁徙应该被理解为罗马帝国衰落的结果，而不是相反；后罗马时期之蛮族王国的形成应该被认为是罗马各行省之历史的一部分；而这一时期的变化，即这些蛮族王国和新的身份的缔造，却是许多人在其当地社会上的内部斗争和冲突中所采取的积极、主动决定的结果。

综上，本卷强调，罗马帝国的"衰亡"是"蛮族"能够进入罗马世界的原因，而不是其结局。在罗马帝国向中世纪"转型"的过程中，诸种社会的、政治的、宗教的、民族和族群的斗争中，诸种"晚期古代"和"罗马的"元素与诸种"蛮族的"元素在对立、冲突和社会交往中渐渐走向融合与趋同。其中虽然不乏血与火的征伐，但并未造成种族或族群的灭绝与文化的毁灭。这是一个浴火重生的世界，是一个充满新的希望和挑战的世界。此即今天的"新中世纪史"。

本卷主译、主校为东北师范大学历史文化学院徐家玲。参与翻译者有东北师范大学多届专事拜占庭与中世纪研究的博士、硕士毕业研究生，是一支年轻的专业学者队伍。人名地名翻译首先参照"《剑桥古代史》《新编剑桥中世纪史》翻译工程"课题组编写的"新编剑桥中世纪史译名手册"，并参考国内业已出版的《世界地名译名手册》（商务印书馆1976年版）和各种姓名译名手册及国内对一些译名的约定俗成的翻译。

本卷的翻译分工如下（按照所译章节在书中的顺序排列）：刘岩译第六至七章，张书理译第九至十章，李心昌和刘恋译第十三章；王向鹏译第十四章，郭建淮译第十五至十七章，马锋译第十八章，胡鹏译第十九至二十章，毛欣欣译第二十一章和第二十四章；王翘译第二十二至二十三章，王航译第二十七章，阳泽宇译第二十八章 A 和 B。本书主译者徐家玲翻译其余的正文及目录、前言、索引等，并对全书进行统一校对。

由于原文涉及的内容相当广泛，常常超出我们的知识范围和语言能力，十分感谢多位审读专家和先后对本卷译稿提出各种修改意见的朋友、同人及青年学者们，如果仍有译得不妥或错误之处，敬请读者批评指正，非常感谢！

徐家玲

2020 年 12 月

目　录

第一部分　六世纪

第二部分　七世纪

第三部分　专题研究

插图一览表

内封：金制母鸡和 7 只小鸡。可能是大格列高利赠给伦巴第王后塞乌德林达（Theudelinda，7 世纪早期）的礼品，大教堂珍宝，蒙察（Monza）。

第 694—695 页间插图

图 1. 狄奥多里克的寝陵，拉文纳，约公元 526 年

图 2. 圣胡安·德·拉·佩纳教堂，西班牙，公元 661 年建

图 3. 王者基督（Christ in Majesty），带有传播福音的标志，阿吉尔伯特（Agilbert）的石棺棺首雕塑，茹阿尔修道院教堂的地下室（Crypt of Jouarre）［塞纳—马恩省（Seine et Marne）］，7 世纪晚期

图 4. 教堂穹顶，克拉赛的圣阿波利纳里教堂，摩西与埃利亚斯，6 世纪中期

图 5. 圣马太，《杜若之书》（Book of Durrow，或译《达罗福音书》），圣三一学院，都柏林

图 6. 雷切苏伊斯（Reccesuinth）贡奉的王冠，出自瓜拉扎尔（Guarrazar）宝藏，国家考古博物馆，马德里

图 7. 法兰克人首饰盒，匠人韦兰德，大英博物馆

图 8. 圣索菲亚大教堂，伊斯坦布尔（君士坦丁堡），537 年竣工

图 9. 雕有大天使长的象牙板，大英博物馆

图 10. 维也纳·迪奥斯库里德斯，fol. 20r. "苦艾"（Artemesia spicata），及晚近的小草书抄写本并阿拉伯文和拉丁文译本

地图一览表

图片一览表

作者简介

马克·布莱克本　费茨威廉博物馆（The Fitzwilliam Museum）钱币与证章收藏室主任，剑桥大学古钱与货币历史高级讲师和冈维尔及凯斯学院（Gonville and Caius College）成员。

莱斯里·布鲁巴克尔（Leslie Brubaker）　伯明翰大学拜占庭研究高级讲师。

文迪·戴维斯（Wendy Davies）　伦敦大学教授（University College London）。

雅克·方丹　碑铭与美文学研究院（Académie des Inscriptions et Belles-Lettres），巴黎。

保罗·福拉克　曼彻斯特大学中世纪历史教授。

理查德·吉伯丁　美国亨茨维尔（Huntsville），阿拉巴马大学历史学教授。

居易·豪萨尔　约克大学历史学高级讲师。

海伦娜·哈麦罗　牛津大学欧洲考古学讲师。

洛特·海德格尔　奥斯陆大学考古学教授。

卡罗勒·希伦布兰德　爱丁堡大学伊斯兰历史教授。

兹比格涅夫·科布林斯基　考古学和人类学研究所，华沙。

斯蒂芬·雷贝克　里尔大学历史学教授。

马丽亚·伊莎贝尔·洛林　马德里康普顿斯大学。

西蒙·洛斯比　谢菲尔德大学历史学讲师。

安德鲁·劳斯　达拉姆（Durham）大学教父学研究教授。

约翰·摩尔海得　昆士兰大学历史学高级讲师。

乔治·谢尔贝尔利特　奥地利历史研究所（Institut für Österreichische Geschichtsforschung），维也纳。

克莱尔·斯坦克里夫　达拉姆大学基督教会史高级荣誉讲师。

阿兰·撒切尔　伦敦历史研究所维多利亚郡专门史高级讲师。

迈克尔·托克　希伯来大学古代和中世纪学教授，耶路撒冷。

雷蒙德·范·当　密西根大学历史学教授。

严·伍德　利兹大学早期中世纪历史教授。

帕特里克·沃莫尔德　牛津大学。

序　言

主编者依例须称颂撰稿人和出版者的耐心，因为组织一部包含如此众多论文的大部头作品，难免会落后于预定的计划。而本卷尤其需要有圣徒般的耐心，因为成型的整个过程异常漫长。卷 1 原初的编者将本卷与《新编剑桥中世纪史》的其他 6 卷同步规划，并委派了除两章之外全部章节的编者。原稿从 1990 年起开始成形，但是后来，这个项目似乎陷入了停滞。此时，现任编辑同意担任这卷的主编。"斯拉夫人""斯堪的纳维亚""钱币与钱币制造"，这些新的章节被委托编著。新撰稿者替代了无法继续参与的撰稿者，在原定截止日期之前交稿的撰稿者也积极配合修订他们的章节。不幸的是，曾被委托撰写有关西班牙章节的巴尔贝罗（Barbero）教授，在动笔起草前辞世，他的遗孀马丽亚·洛林（Maria Loring）答应完成这项工作。这两章以他们两人合著的方式列出，尽管在撰稿人的名单中没有列入巴尔贝罗教授。2004 年 9 月，帕特里克·沃莫尔德（Patrick Wormald）亦不幸逝世。他的"君主与王权"一章，将会让人们永远铭记他是一名优秀的学者。

对原初的撰稿者如此欣然地忍受着这些拖延，我感激不尽。学术生涯中最令人不快的事莫过于在截止期前写出一篇重要的论文，销声匿迹了若干年之后，被告知需要修订。因为整个工作进度被最迟缓的撰稿人拖慢，无可避免又造成了耽搁。此外，我要万分感谢那些尽力在截稿期前交稿者，有的学者很晚才接到通知。7 世纪意大利的罗马人和伦巴第人一章，我们的等待毫无结果，再寻找一位替代者又会使这卷书拖延太久。因此，在我们的史述中有了一个非常不幸的空缺，尽管其他几位作者亦参考了意大利的资料。伦巴第意大利在欧洲史中的地位在引言中进行了简洁论述。引言还阐明了这卷书的框架和目的。

　　感谢为这卷书做出奉献的众人。保罗·巴福德（Paul Barford）帮我们将第 19 章译成了英文，约翰·希尼（John Hine）翻译了第 18 章。我们对这个领域专家的翻译表示由衷感谢。普卢登斯·冯·罗布尔巴赫（Prudence von Robrbach）将整部作品拷贝到了磁盘上，合并整理了主要的书目资料。她的帮助至关重要，她将这些撰稿者在长达 10 年的时间里提交上来的格式各异的稿件整理成了合集。

　　特别的感谢应该给予那些在接受临时通知之后答应撰写相关章节，并按照嘱托及时完成稿件撰写的学者。居易·豪萨尔（Guy Halsall）对撰稿的请求做出了即时回应，撰写文献资料及其阐释的章节（第 3 章）。他出色的论述，基于其独特的历史和考古学经验的结合，在这两个学科中，他又是少见的精通理论和实践的专家。迈克尔·托克（Michael Toch）在回复电子邮件时答应撰写"500—1050 年欧洲的犹太人"这个章节，而其初稿在 14 天后就递交了上来。这篇概论语出惊人，推翻了对中世纪史初期犹太人地位的普遍假设。正是在已故的蒂莫西·勒特（Timothy Reuter）的建议下，托克被邀请来概要描述《新编剑桥中世纪史》前三卷所包括的整个时期。勒特对剑桥史这套书特别关心，在注意到一个重要的领域没有被论及后，他设法补全了这部分的内容。蒂莫西·勒特对这部著作的编辑起到了极大的促进作用，他常以其特有的善意、讽刺的幽默来提出极好的建议。谨以此卷，表达对他的纪念。

保罗·福拉克，曼彻斯特
2005 年 1 月

缩略语

AASS   Acta Sanctorum quotquot toto orbe coluntur, ed. J. Bollandus *et al.* ,
Antwerp and Brussels（1634 –   ）

AASS OSB   Acta Sanctorum Ordinis Sancti Benedicti, ed. J. Mabillon,
9vols. , Paris（1668 – 1701）

AfD   Archiv für Diplomatik

AHP   Archivum Historiae Pontificum

AHR   American Historical Review

An. Boll. Analecta Bollandiana

Annales ESC Annales：*Economies, Sociétés, Civilisations*

ARAM   Society for Syro-Mesopotamian Studies

ASC   Anglo-Saxon Chronicle

ASE   Anglo-Saxon England

BAR   *British Archaeological Reports*

BBCS   Bulletin of the Board of Celtic Studies

BEC   Bibliothèque de l'Ecole des Chartes

Bede, *HE   Historia Ecclesiastica Gentis Anglorum*

BHG   Bibliotheca Hagiographica Graeca, ed. F. Halkin, 3rdedn（Subsidia-
Hagio-graphica 8a）, Brussels（1957）and *Novum Auctarium Bibliotheca
Hagiographica Graeca*（Subsidia Hagiographica 65）, Brussels（1984）

BHL   Bibliotheca Hagiographica Latina（Subsidia Hagiographica 6）,
Brussels（1898 – 1901）, *Supplementum*（Subsidia Hagiographica 12）,
Brussels（1911）; *Novum Supplementum*（Subsidia Hagiographica 70）,
Brussels（1986）

BL   British Library

BMGS   *Byzantine and Modern Greek Studies*

BS/EB   *Byzantine Studies/Etudes Byzantines*

BSl   *Byzantinoslavica*

xvi *BSOAS*   *Bulletin of the School of Oriental and African Studies*

Byz.   *Byzantion*

BZ   *Byzantinische Zeitschrift*

CBA   Council for British Archaeology

CC   *Codex Carolinus*

CCCC   Cambridge, Corpus Christi College MS

CCCM   Corpus Christianorum, Continuatio Medievalis, Turnhout (1966 –)

CCE   *Cahiers de la Céramique Egyptienne*

CCSG   Corpus Christianorum Series Graeca

CCSL   Corpus Christianorum Series Latina, Turnhout (1952 –)

CDL   *Codice Diplomatico Longobardo*

ChLA   *Chartae Latinae Antiquiores*, ed. A. Bruckner, facsimile edition of the Latin charters prior to the ninth century, Olten and Lausanne (1954 –)

CIG   *Corpus Inscriptionum Graecarum*

CIL   *Corpus Inscriptionum Latinarum*

CLA   E. A. Lowe, *Codices Latini Antiquiores*: *A Palaeographical Guide to Latin Manuscripts Prior to the Ninth Century*, i – xi, plus Supplement, Oxford (1935 – 71)

CMCS   *Cambridge Medieval Celtic Studies*

Cod. Iust. Codex Iustinianus

Cod. Theo. Codex Theodosianus

DA   *Deutsches Archiv für Erforschung des Mittelalters*

DOP   *Dumbarton Oaks Papers*

DR   *Downside Review*

EC   *Etudes Celtiques*

EHD   *English Historical Documents*

EHR   *English Historical Review*

EME   *Early Medieval Europe*

fol.　folio

FrSt　Frühmittelalterliche Studien

GRBS　Greek, Roman and Byzantine Studies

Gregory, *Epp.*　Gregory of Rome, *Registrum Epistolarum*

Gregory, *Hist.*　Gregory of Tours, *Decem Libri Historiarum*

HJb　Historisches Jahrbuch

HZ　Historische Zeitschrift

JEH　Journal of Ecclesiastical History

JESHO　Journal of the Economic and Social History of the Orient

JHS　Journal of Hellenic Studies　　　　　　　　　　　　　　XV

JMH　Journal of Medieval History

JRA　Journal of Roman Archaeology

JRAS　Journal of the Royal Asiatic Society

JRH　Journal of Religious History

JRS　Journal of Roman Studies

JTS　Journal of Theological Studies

LP　Liber Pontificalis

LV　Lex Visigothorum

MGH　Monumenta Germaniae Historica

　AA　Auctores Antiquissimi, 15 vols. , Berlin (1877 – 1919)

　Cap. Capitularia, Legum sectio ii, *Capitularia Regum Francorum*, ed.
　　A. Boretius and V. Krause, 2 vols. , Hanover (1883 – 1897)

　Epp. Epistolae Merowingici et Karolini Aevi, Hanover (1892 – 1939)

　Epp. Sel. Epistolae Selectae in Usum Scholarum, 5 vols. , Hanover (1887 –
　　1891)

　Form. Formulae Merowingici et Karolini Aevi, ed. K. Zeumer, *Legum sec-
　　tio* v, Hanover (1886)

　*SRG Scriptores Rerum Germanicarum in Usum Scholarum Separatim Edi-
　　ti*, 63 vols. , Hanover (1871 – 1987)

　SRL Scriptores Rerum Langobardicarum et Italicarum sae. VI – IX, ed.
　　G. Waitz, Hanover (1878)

SRM *Scriptores Rerum Merovingicarum*, ed. B. Krusch and W. Levison, 7 vols. , Hanover (1885 – 1920)

SS *Scriptores in folio*, 30 vols. , Hanover (1824 – 1924)

MIÖG *Mitteilung des Instituts für Österreichische Geschichtsforschung*

MS Manuscript

NF Neue Folge

NMS *Nottingham Medieval Studies*

Paul the Deacon, *HL* *Historia Langobardorum*

PBA *Proceedings of the British Academy*

PBSR *Papers of the British School at Rome*

PG *Patrologia Cursus Completus, Series Graeca*, ed J. P. Migne, 161 vols. , Paris (1857 – 66)

PL *Patrologia Cursus Completus, Series Latina*, ed. J. P. Migne, 221 vols. , Paris (1841 – 64)

PRIA *Proceedings of the Royal Irish Academy*

XVIII *RAC* *Reallexicon für Antike und Christentum*

RB *Revue Bénédictine*

REB *Revue des Etudes Byzantines*

RHE *Revue d'Histoire Ecclésiastique*

RHEF *Revue d'Histoire de l'Eglise de France*

RHM *Römische Historische Mitteilungen*

RHPhR *Revue d'Histoire et de Philosophie Religieuses*

RN *Revue Numismatique*

s. a. sub anno

Settimane *Settimane di Studio del Centro Italiano di Studi sull'Alto Medioevo*, Spoleto (1954 –)

SI *Studia Islamica*

SM *Studi Medievali*

TRHS *Transactions of the Royal Historical Society*

VuF Vorträge und Forschungen, herausgegeben vom Konstanzer Arbeitskreis für mittelalterliche Geschichte

ZKTh　*Zeitschrift für Katholische Theologie*

ZRG　*Zeitschrift der Savigny-Stiftung für Rechtsgeschichte*

　GA　*Germanistiche Abteilung*

　KA　*Kanonistische Abteilung*

　RA　*Romanistische Abteilung*

导　　言

500—700 年的欧洲历史

保罗·福拉克（Paul Fouracre）

黑格尔（Hegel）关于转型时期的概念是"现在为了将来而否定过去"，正适合这一时期的欧洲历史。在公元 500 年前后这个起始点，仍然可以用古代晚期来概括欧洲文化的特点；到 700 年前后，则明确处于中世纪了。一次转型显然已经发生。如果我们考虑到，基督教的未来战胜了异教的过去，新的普世宗教信仰及其实践又引发了文化与社会体制的重组，那么，如果认为意识的发展带来了改变，也就与上述定论相近了。这是所宣称的目的论的历史观：即人们最后更感兴趣的是事情变成了什么样子，而非它们认为自己是什么样子和它们在特定背景下的样子。本卷作为跨越千年历史的系列研究的开篇，当然必须了解未来的发展，才能了解当代现象的本质和意义。同时，也必须清楚，后人之所以能够做出结论或概述，正是基于从过去的角度详细了解过去。概览和细节之间的平衡必须是审慎的，本卷力图达成这种平衡，基于编年和地域视角通过一系列特别的历史现象为最后主题的概括提供了背景。

本卷无论是局部篇章还是专题篇章，几乎每一章都立足于考察自晚期罗马时期以来的细微变化。罗马势力在西欧的终结应当成为一个共同起点，并不意味着贬低古代晚期到中世纪之间文化的基本延续性。诚如吉伯丁（Gerberding）所强调，在罗马世界，我们已经可以感知后来确定为典型的"中世纪"的轮廓。方丹（Fontaine）也解释了后古典主义基督教教育和学术的轨迹，早在 5 世纪中叶之前已经埋下伏笔。也不能以罗马帝国终结为开篇，就认为"罗马的衰落"是

2 突然发生的或者是灾难性的。正如豪萨尔（Halsall）所强调的，现在，极少有历史学家教条地认为，一个帝国的灭亡是由于众多野蛮民族的不断进攻造成的。他认为，更理性的是将"蛮族的入侵"视为罗马衰落的一种因素，却不是主要的原因。而且，又如洛斯比（Loseby）所阐释的，居于罗马文化中心地位的地中海经济圈的断裂，是一个复杂而缓慢的过程，不可能用政治和军事"衰落"来简单描述。但无论如何，罗马帝国在欧洲的统治常常通过暴力结束，确有其巨大的后果。科布林斯基（Kobyliński）记述了斯拉夫部族形成于罗马权力消亡的不稳定背景下，这一观点有力证明了其后果早已远及罗马帝国的边界之外。希伦布兰德（Hillenbrand）和海德格尔（Hedeager）审视了罗马文化和政治统治的终结在远及阿拉伯半岛和斯堪的纳维亚等地的影响。在本卷所论及的这个时代，法国、意大利、西班牙和英国这些政权完全属于"后罗马"，因为是罗马政权解体导致的权力真空使之应运而生。同样，在教育、宗教、艺术和建筑方面的变化也可以认为与罗马帝国的衰落有关。当然，在所有事件中，最戏剧化的后罗马运动就是伊斯兰教的兴起，它使得在罗马权力的衰落和一个取代它的新体制出现的必然性之间建立了明显的联系。

　　罗马统治的终结有其直接后果，但更持久的后果，就是欧洲、中东和北非社会逐渐适应了不断变化的经济、政治、宗教和军事现实。"罗马世界的转型"这一方式经常被用来描述上述过程，转型的主题也一直是近十年国际学术研究的主要课题。欧洲科学基金会的"罗马世界转型"项目将汇集出版不少于18卷研究论文阐述400—800年不同方面的变化。这个大规模的多学科合作项目是以主题来组织的。本卷的29篇论文，按时间顺序和地域以及专题研究编排，是"罗马世界转型"这一项目中的历史指南。本卷基于可用史料尽可能准确地描述每一区域的发展，并反映目前的学术共识。阅读本卷后，必然会得出结论认为在我们所描述的这个时代，欧洲的每一个地区都处于适应"后罗马"历史条件的过程中，但"转型"本身却不是本卷所强调的重点。若以"转型"为重点，就要预测未来的发展，这未免过于急切；而且，要将本卷以"转型"

3 为主题加以组织，必然会过于僵化地审视我们的资料。每一个地区必然要通过所有现存的资料为自己发声，而通常这些声音会太接近于对罗马文化的记忆，而无法表达转型观念。

引人注目的是，"罗马世界转型"这一项目将这种历史发展的过程推至 9 世纪。从 500 年起的两个世纪，已经出现了将适应未来发展新形势的调整，但只有从 9 世纪回顾这一发展趋势时，才能对晚期罗马世界的转变得到清晰的认识。也许在 8 世纪时，早期帝国的诸多变化才推进了新的政治、社会和经济结构的形成。如雷贝克（Lebecq）所解释的那样，在 500—700 年，"北海经济"才出现。而同时，如洛斯比所描述的地中海贸易网的衰落，将会看到欧洲文化中心的北移。正是在这种背景下，我们看到了在英格兰的中部和东南部，一个主权政体的巩固，即麦西亚（Mercia）王国。同样，在 8 世纪中叶，一个新的王朝——加洛林王朝——出现在法兰西亚。这个王朝将把法兰克人的势力向北推及波罗的海，向南直达亚得里亚海，从而改变欧洲大陆的权力平衡。这一暴力扩张的一个结果是阿瓦尔人（Avar）势力在中欧的衰亡，在其背后，我们看到了科布林斯基所精心描述的各种斯拉夫文化的起源。一个强大的保加尔人（Bulgarian）王国的兴起也将是阿瓦尔帝国瓦解的另一后果。同样在这个时期，穆斯林哈里发国家迁至伊拉克，并转而归阿拔斯家族所控制。西班牙的西哥特文明——关于这一文明的出现，洛林（Loring）曾做过详细介绍——也因伊斯兰教的征服而突然结束。拜占庭对其 7 世纪失于伊斯兰教势力的中东和北非诸省的反应是震惊，劳斯（Louth）和希伦布兰德从两个不同的角度分析了这一反应，这一点将在 8 世纪的章节中从宗教和军事两方面简短交代。

在所有这些方面，我们都论及"后罗马"发展的结果，但是，到 9 世纪时，我们就不能再谈及后罗马世界了。现在，当后人希望记载他们的历史、文化和社会结构时，他们不再溯源于罗马世界，而归于他们自己的因素。8 世纪和 9 世纪的许多作者都是这样做的。对于比德（Bede）来讲，英格兰的历史事实上是在 7 世纪前后，盎格鲁—撒克逊人进入不列颠岛，而且随着不列颠岛上的这些新来者皈依基督教开始的。在意大利，助祭保罗（Paul the Deacon）在写伦巴第人（Lombard）的历史时，对这一民族的早期历史或起源问题几乎一无所知。同比德的历史一样，助祭保罗所写的历史，有着很强的时代信息。在法兰克，加洛林这个新王朝为了强调其篡夺权力之合法性而 4

诋毁前朝统治者,即备受指责的墨洛温王朝(Merovingians)。他们其实也在写着接近于他们时代的历史。所以从这三个方面来看,罗马历史的延续感都被切断了。这标志着人们感受到了过去与现在之间的距离,所以加洛林人才开始谈及一个社会的"重建"。罗马文化在他们那里留下了非常深刻的印象,他们开始不遗余力地模仿它,但他们认为自己与罗马人是不同的,甚至可以说是比罗马人更优秀。因此,众所周知,在800年查理大帝加冕称"罗马人的皇帝"时,法兰克人很清楚的是,他的帝国是新的,不同于罗马的:此即法兰克人和基督教的帝国。有趣的是,这么多关于"重建"或"修正"社会的思考,即把它引入恰如其分的基督教秩序的社会,却出现于英格兰和爱尔兰。而这两个地区认为他们与罗马的过去。除了继承其宗教遗产方面没有什么联系。在这里,出现了方丹所描述的,有助于基督教的教育和学术发展的无可挑剔的成长条件。

由于查士丁尼(Justinian)统治的特例,在我们所描述的这个时代,没有"重建"的概念,但却有发展的概念。在奥古斯丁(Augustine)《论基督教教义》(*De Doctrina Christiana*)一书的理念引导下,基督教世界的学术活动使宗教活动优于世俗活动:用方丹的话来说,所有的知识文化都成为"一种追求超越自身的宗教目标的方式"。这是一个进步,因为它承诺此乃救赎之道。伍德(Wood)指出,"基督教化"(Christianisation)是远比异教徒的皈依更为复杂的过程。反对福音书信仰的基督教文化亦充斥着异教或前基督教文化的影响。例如,在罗马,每年1月的基督教节日就被卷入了明显的异教因素。英格兰传道者卜尼法斯(Boniface)在8世纪中期就曾抱怨这件事,但这种现象一直持续到12世纪。然而,我们所描述的这一时代的作者们像卜尼法斯一样,完全清楚何为基督教的、何为非基督教的,十分明确神圣的和世俗的这两者的差别。

推动基督教社会发展的愿望激励着4位历史学家的活动,而我们则依赖于这些历史学家才得知在我们所论及的这个时代于西方发生的事件。这些作者,就是瓦尔特·格法特(Walter Goffart)所说"蛮族历史的叙述者",从6世纪以来,有乔代尼兹(Jordanes)和图尔的格列高利(Gregory of Tours),自8世纪以后,有比德和助祭保罗,保罗则记载了更早时期的历史。在6世纪于东方成书的普罗柯比(Procopius）的作品中，基督教的传统远逊于古典的纂史传统，然后，正如豪萨尔和劳斯（Louth）所阐释的，这种古典传统，在普罗柯比之后，在很大程度上消失了。当然，在西方也有另外一些历史著述者——如吉尔达斯（Gildas），比克拉罗的约翰（John of Biclaro），塞维利亚的伊西多尔（Isidore of Seville），或者被称为弗雷德加（Fredegar）的编年史家等——但是，我们的上述四位史家基本上提供了连续的记录，使我们能够了解不同区域的发展历史。豪萨尔阐释了这些记录如何被现代历史学者们所重新阐释。人们不仅对于可被称为"民族主义"的解释提出挑战，而且对于历史的意义竟局限于单纯的叙事这一点提出了质疑。乔代尼兹、图尔的格列高利，以及比德和助祭保罗的作品篇幅都足够长，引用资源可靠，而且文本连贯可以用文学批评的模式加以分析，然而，这也弱化了人们对他们记载之事实的可信度和客观性的信心。简言之，我们对这些作品之了解只是就文本方面，远不是确切的历史。

尽管我们对这一时期历史的传统叙事方法心存疑虑，但很显然，这四部叙事作品仍然存留了一个巨大的想象空间。本卷的各章将反复参考这些叙事材料，但不限于这四位作者。例如，我们可以去观察，在范·当（Van Dam）论及 6 世纪时的高卢/法兰克的时候，有多少处引用了图尔的格列高利的著作，而撒切尔（Thacker）对 7 世纪英格兰的描述时，又在多大程度上依赖于比德的《历史》。尽管我们已经清楚地知道引用这类资料需要慎重，但也不能不尽可能地使用之，特别是当它们经常是我们唯一的观察当时事件的窗口之时。毕竟，这些著作使得我们能够描述（有时可能存在误导）后来发展为国家并在欧洲形成过程中充当领袖角色的那些地区的连贯的历史。相比较而言，没有清晰的叙事文本的那些地区的历史则更令人费解。这种情况经常出现在关于经常被认为奇怪或不可思议的凯尔特人（Celtic）社会的描述方面。戴维斯（Davies）和斯坦克里夫（Stancliffe）都向我们展示了他们如何描述凯尔特人地区的历史，他们破除了当代的神话，将诸多不同的资料汇集起来，以解释凯尔特人的发展。同样，海德格尔（Hedeager）也可以并不借助当时当地的任何作品，讨论早期斯堪的纳维亚的精神世界。科布林斯基同样也一定可以不借助其他民族的作品去理解斯拉夫人，在所有这些情形下，我们恰恰看到了考古学的成果如何能用于填补我们认知领域的空白。

哈麦罗（Hamerow）"早期盎格鲁—撒克逊王国"的章节表明，我们几乎完全依赖于考古学的记录来阐明低地不列颠如何成为盎格鲁—撒克逊人的英格兰。在此，我们发现了在原住民和新来者之间的同化和融合，这恰恰同吉尔达斯和比德所留下来的关于盎格鲁—撒克逊人侵略和征服的记载相左。事实上，哈麦罗所描述的盎格鲁—撒克逊人与科布林斯基所描述的斯拉夫人有许多相似之处，在外来者与原住民这两个群体形成"新的"人民的过程中，他们之间的认同程度可通过物质文化表现出来。在这两种情形下，我们手头的叙事材料似乎对于这些民族是如何形成的一无所知，却描述了他们是历史悠久的，在当时的世界上早已经被人们了解、辨识的群体。自然，我们无法期望如吉尔达斯、普罗柯比甚至是比德这样的人在当时就能够叙述某个族群的进化过程，或者明确表达一种融合的观念，因为这两种表述方式显然都是现代的概念。早期中世纪的作者们并不能了解新族群的形成，反之，他们却在考虑定居的不同族群间的冲突。这些族群可能刚刚到达一个区域，却成了一个"独立"的民族。这也是吉尔达斯描述的"撒克逊人"到达英格兰的方式，而在比德的描述中，则刻意地描述盎格鲁人、撒克逊人和朱特人（Jutes）为三个各自独立的入侵群体。考古学的证据也并不支持吉尔达斯所描述的撒克逊人到达后对不列颠进行"火与剑"征服的画面。由此所得出的结论是，吉尔达斯事实上对于在他写作之前的那个世纪的不列颠几乎一无所知。或者，至少，他把他仅知道的那些东西变成了一种传统的记载。然后，比德为这个故事加上了时间和地点，而事实上，他对于撒克逊人的到来，并不比吉尔达斯知道得更多。

比德的故事和英格兰的历史提醒我们，我们的主要文献资料在覆盖范围和可靠性方面极其需要补充。自然，对于接近于他们自己那个时代的事件，他们知道得很多，而且，他们往往依赖于自己所熟悉的条件，来理解那个令人困惑的过去。于是，比德将5世纪的入侵者分为盎格鲁人、撒克逊人和朱特人，正反映了7—8世纪撒切尔所描述的英国的政治地理状况。同样，人们也怀疑乔代尼兹对于哥特人的早期了解多少，或者，图尔的格列高利对于他笔下的人物国王克洛维（Clovis）又能了解多少。也许，最不确定的，而且考古学所提供帮助中最欠缺的部分，当属 7 世纪伦巴第人的历史。

如摩尔海得（Moorhead）所强调，人们可能通过教宗的、拜占庭的和法兰克人的资料，了解关于 6 世纪的许多事件，但对于伦巴第人的历史，我们则依赖成文于 8 世纪后期的助祭保罗的记载，对于早期的历史，助祭保罗则依赖于一部现已失传的资料，诺恩的［或特伦特（Trent）］的塞孔德斯（Secundus of Non）所写的历史。塞孔德斯是阿吉卢尔夫（Agilulf，590—616 年在位）宫廷的一位谏臣（adviser）。他似乎对于早期伦巴第人的首领了如指掌，但对于伦巴第人是如何定居于意大利，又定居于意大利的什么地区却没什么了解。助祭保罗的历史也同样局限于政治和军事的历史。它也的确包括了丰富多彩的、戏剧性的秘史，但是对于我们欲了解的王室宫廷之外的事件，则记录得很单薄。被称为《弗雷德加编年史》的法兰克人编年史则致力于描述 7 世纪前半期伦巴第与法兰克统治者之间的联系，主要是因为伦巴第工阿吉卢尔大娶了一位法兰克新娘塞乌德林达（Theudelinda），而且，他们的女儿贡德伯尔加（Gundeberga）势必将在伦巴第政治中充当重要角色。福拉克讨论了弗雷德加对贡德伯尔加的态度。当这部《弗雷德加编年史》结束于 7 世纪 40 年代时，我们对于法兰克人和伦巴第人之关系的信息就在一定程度上终止了。这里，我们可以再看一眼助祭保罗的作品，他也告诉了我们关于 8 世纪早期巴伐利亚（Bavaria）的阿吉洛尔芬（Agilolfing）家族统治者和伦巴第人之间的联系。这些联系显然上溯到很久之前，如我们所见，一位早期的伦巴第人国王阿吉卢尔夫，恰与巴伐利亚家族的干同名。在晚期 8 世纪的查理感到伦巴第—巴伐利亚结盟威胁到自己的安全时，这一结盟事实上对于双方的统治者都意味着一场灾难。结果，意大利的伦巴第人和巴伐利亚人都被吸收统一于法兰克帝国内了。助祭保罗对于伦巴第人历史的描述写于法兰克人征服之后，随着利乌特普兰德（Liutprand，逝于 744 年）王的统治而结束，当时，伦巴第人恰处在其掌握意大利权力的最高峰。此后的历史则很可能过于痛苦或政治上过于敏感而无法记述。

除了助祭保罗之外，我们还有一部很值得关注的法典，即出自 7 世纪中期的所谓的《罗萨里敕令》（Edict of Rothari）。沃莫尔德逐条讨论了这部法令，论述了我们如何通过它了解关于伦巴第王权的问题。对于其他，我们几乎一无所知。摩尔海得和劳斯都提到，关于"三章案"（Three Chapters）的无休止的争论，直到 698 年的帕维亚教省会议（Synod of Pavia）方告终止。伦巴第人对于米兰和阿奎莱亚（Aquileia）分离派主教们的支持，很利于统治者在面对拜占庭的干涉时，声称他们自己才是保持意大利独立的斗士。在早期伦巴第时期尤其如此，当时还保持着对查士丁尼皇帝时期强硬政策的深刻记忆。在伦巴第统治时期的意大利并没有留下圣徒传记，而后来的圣者几乎不可能回溯到 8 世纪以前的历史。事实上，人们对于 8 世纪之前的伦巴第人和原住民哥特人之间的关系所知甚少，因而历史学家们发现，他们无法确定伦巴第人在 6 世纪末和 7 世纪的宗教取向。他们是顽固的异教徒，还是阿利乌斯派教徒，或者是从属于大公教派，甚至从来不关心任何宗教事务？至少，丝毫不关注任何宗教这种心态，似乎不太符合我们所知道的所有其他早期中世纪社会中宗教占据着中心位置的状况。

　　助祭保罗的《历史》中所写的一段话，更使此问题模糊不清，这段话的意思是，在克莱夫（Cleph，572—574 年在位）王时期及其逊位后不久，伦巴第人杀死并驱赶了更为强大的罗马人，杀了许多其他的罗马贵族，并使另一些人向他们纳贡。这一描述曾经被认为是伦巴第人统治区罗马精英完全被摧毁的文本根据。在教廷的眼中，伦巴第人是"最邪恶的人群"，他们的名字几乎是无情的暴力之象征。但是，这很可能导致人们得出一个不那么悲观却更为可靠的图景，即伦巴第人的文化已经融汇于意大利社会之中，遗憾的是，本卷不能列出"在意大利的罗马人和伦巴第人"的专章来详细阐述，以便种种零星证据从实际上支持一种更肯定的看法。这里，如果我们能够注意到，当我们对于 8 世纪以后意大利的伦巴第地区知道得越多，我们会看到，这里并没有那么多的混乱、破坏和种族灭绝，这就足够了。尽管教廷一直在侮辱伦巴第的统治者们，但有时，教宗们得与他们合作，甚至依赖于他们的帮助。从有文献可考的时候开始（从 8 世纪中叶起），这些文献就展示了一个保留了许多罗马物权法和公证员的社会，即使是很小的交易也因而能被记录下来。很显然，一定程度的读写功能，和随之而出现的官僚机构，在伦巴第时期一直保留了下来。到了助祭保罗写作的时期，伦巴第的语言、服饰甚至发式都已经消失了。最后，变得越来越清楚的事实是，当法兰克人于 774 年征服了伦巴第王国时，是在查理大帝（Charlemagne）统治下的文化复兴时期的开始。知识资本和通常的财富形式一样，都被带回了法兰西亚（Francia）。于是，这一事实说明，7 世纪是一个文化的融合及发展时期，而非完全的毁灭时期。

另一个不包含在本卷中（但它被纳入此后的各卷中）的研究领域是农村经济。在这方面，仅仅因为在写 500—700 年的历史时，没有足够的资料使它独立成卷。只有在 700 年之后的历史中，我们才获得了详细的资料来写这一方面的内容。这些细节的描述来自那些涉及财产——包括土地交易——的文件，这些文件经常称农民是拥有一块既定产业的佃户（tenants）。因此，从 9 世纪开始，我们掌握了有关产业调查的文件，即所谓多联板（polyptychs）。这种文件的现存文本出自法兰西亚腹地，即在卢瓦尔（Loire）河与莱茵（Rhine）河之间的基督教机构。这些文件仅仅罗列了在广阔区域内的佃户，但也辨析了他们属于哪一类佃户，承担何种劳役。从这些现存的资料中，我们可以看到人们在生产什么，社会组织如何征集其剩余产品。而关于可供交换剩余产品的农村集市存在的证据，我们得等到 9 世纪末才能看到。鉴于我们没有关于租户、租佃、租税、劳役、土地使用、剩余畜产品的积累与交换等方面的信息，我们只能用一些最早（从 7 世纪中期起）的涉及土地和在土地上劳作的人们的程式化的法兰克人契约文件。而正如我们所见，意大利没有同时期的此类文件可参照，西班牙也没有。残存的盎格鲁—撒克逊英格兰的极少量公元 700 年之前的文件描述了土地，但不涉及土地上的人。各类法典也的确涉及农庄的村社问题，并提到了农村的经济活动中所存在的营生，如养蜂、放牧等。但我们只能从这些东西中得到最一般性的关于农村生活的描述。只是我们这个时期末的英格兰的威塞克斯（Wessex）的《伊恩法》（Ine）是个例外，因为这些法条确实十分详细地描述了农民的活动和租佃者的义务。但是，我们不能从这一非常态的资料中得出普遍的结论。

考古学可以告诉我们迁徙物质文化的性质，如我们刚才所提到的，哈麦罗、科布林斯基和海德格尔就充分利用了考古学的证据，来解决文本资料的缺失问题。豪萨尔讨论了对这类事实不断变化的解释。但是，即使对特定遗迹的考察很是详尽，我们也只能从中获得有关农村经济和社会生活的一般性推论。显然，从阅读诸如布莱克本（Blackburn）、雷贝克和洛斯比的作品中，才可以确实得出关于远程贸易而不是农村生活的更具体的结论。如洛斯的比较详尽的解释那样，对于陶器残片的分析是理解我们所讨论的这个时代之区域经济交流进程的关键。雷贝克可以通过在北海沿岸商业中心发现的物证（主要是金属和钱币）发现北海的贸易网络布局，布莱克本展示了钱币上包含的财富信息，困难的是，如何在更广义的社会和经济框架下评估这些信息。

　　尽管我们所能描述的农民的情况相对不足，但必须肯定，他们是我们所述这个时代中财富的主要生产者。土地是权力的基础，而且，土地所有权通常是临时性的，它可以作为官吏的薪俸被赐予，或者可分割或者被分割继承，所有这些都假定存在一个可能由若干不同的主人们直接掌控的、稳定的、用于生产财富的生产力。严格划分了自由人和非自由人的法律，说明非自由人构成了生产力当中的主要成分。这些非自由人在后来的契约文件中被提到，并在土地转手时被纳入牲畜之列加以清点。自由人在法律中有优势的地位：他们是农业社会的标准因素。但是，我们不可能确定一个自由农民经营者阶级的规模，因为事实上，他们在历史记载中或者在早期的契约文献中毫无踪迹可循。我们也不可能看到，何为自由人和贵族（Nobility）之间的分界线。尽管，贵族们都是文献记载的主体，而且，是他们出现在土地交易中，然而最困难的是确定何等人群可以定义为"贵族"。"贵族"一词包含了广义的社会范畴。历史学家们经常使用"aristocracy"来指代社会中最有势力的人群，但中世纪早期的人们并不使用这词语。他们把人群划分为权势（power）者和富人（wealth），经常使用比较性的形容词，而且，他们的确用此指代那些有很高社会地位的官员们，但归根结底，关于社会阶层的用语和它们的划分始终很模糊。早期中世纪欧洲无疑是由等级社会构成，社会术语的欠缺说明在这一时期社会精英阶层并非是封闭的。各个家族之命运的变化必须面对战争和为争夺有限生活资料而进行的激烈竞争，加之普遍的分割遗产的趋势，成为一种社会流动的标志。当然，这只是普遍概括，还要因时因地而异。

在此，人们可以根据受到罗马统治的文化和实践影响多寡不同的区域进行粗略的区分。在更罗马化的地区，遗留着昭示较高社会地位的官阶和名誉头衔。同样，那里也残存着较低的社会等级，如我们所见，非自由人阶层是普遍存在的。从这一方面来看，早期中世纪的社会结构直接产生于晚期罗马的等级：至少在 700 年的南欧，同 400 年一样，那里还有元老（senatores），在其底层还有奴隶（servi）。这种社会延续性在考虑到经济、政治和军事环境的变化时更为引人注目。拜占庭帝国就是一个例子，劳斯所讨论的 200 年的拜占庭历史就包含了巨大的变化和调整。拜占庭帝国由一个以城市社会为基础的庞大帝国转变为一个立足于一个大都市（君士坦丁堡，Constantinople）的小得多的国家，其他城市的生活都迅速瓦解。军队从被罗马人夺走的行省撤回，行政机构服从于军事管理的军区制开始形成。无论如何，帝国的社会结构保持着其古代晚期的形式。甚至在 10 世纪，当政府抱怨着贫弱者受到权势者的剥削之时，他们还使用着我们所见的在 5 世纪西方使用的同样的语汇。

在西方，我们已经从高卢/法兰西亚时期得到了最多的资料文献。范·当和福拉克能够说明，一种政治经济如何从罗马晚期更为官僚式的政权——这一政权曾经能够依赖于其相当繁重的税收来维持——转变为以土地为基础的政治经济。在一个岁入急剧下降的时期维护一个庞大的政治统治机构的重要因素是高度的社会稳定性和连续性。例如，在 7 世纪晚期的奥弗涅（Auvergne），我们始终能看到一个元老阶层。从洛林的记载中，西班牙也保持着一个从罗马时期继承下来的社会结构。从我们所知道的有限的资料中，在西哥特的西班牙，社会等级似乎比法兰西亚更具有保守性和强制性。而在意大利，则需要更多的猜测，但恰如我们刚才已经提到的那样，有理由认为，在那里也有大量的自罗马时期持续下来的社会结构。但是，戴维斯和斯坦克里夫这两位学者就指出，欧洲的凯尔特社会并不像通常所认为的那样全然不同于其他地区。"凯尔特"一词，也包含着广泛的地区和社会。但一般来说，人们认为这些较小的政治实体中的连续性是由于有着不同的社会历史。那里当然存在着贵族（Aristocracies），但显然不同于晚期罗马的形态。最显著的对比来自远离罗马影响的地区。海德格尔指出，在斯堪的纳维亚（Scandinavia），政治实力建立于完全不同的社会背景下，在那里，社会精英试图通过占据异教的意识形态和空间的方式使自己与众不同。而科布林斯基则解释了斯拉夫文化在我们所论述的这个时代才刚刚兴起，而且，斯拉夫人社会的阶级差别与我们所描述的这个时代的其他地区相比要小得多。

除了宗教的不同之外，我们可以观察到一些共同的趋势。在整个欧洲，统治者们都以宗教的和其他立法的形式来强化自己的地位。500 年时，如果说，欧洲应该被王者们统治并非必然的结论，但是，如同沃莫尔德所论述的那样，到了 700 年时，这一点已经很明显了，即未来的世界操纵于统治者（国王、皇帝和哈里发）之手，他们以上帝代理人的身份使自己的权力合法化。这就是方丹笔下的新的基督教的（或者穆斯林的）世界之教育和学术的政治维度。伍德和布鲁巴克尔（Brubaker）则论述了艺术和建筑维度。自然，教会是确立公共实践和文化借鉴的动力。谢尔贝尔利特（Scheibelreiter）对于教会结构详细描述的重要性在于提醒我们，一个公共机构事实上意味着共享一个复杂的层级和大量的官员。这种结构很难适应伍德所描述的基督教的理念，而且，这种结构充当了所有其他形式的体制发展的基础。

当论及目前已经知道并考虑到的包括在本卷中的这些区域和话题时，我们必须时不时地面对一些旧时的误解和错误的假设。许多所包含的这类主题之所以保持着它的意义，就是由于他们涉及民族和宗教认同的现代神话。例如，在涉及凯尔特人地区或者斯拉夫人地区，或者西哥特的西班牙时，显然就是如此。有些时候，对于事实真相的过度揭示——如当代一些学者们描述的伊斯兰教早期历史，是想由此质疑该宗教起始问题上的传统（或者神秘的）描述。希伦布兰德论及此问题的一章则很好地例证了如何退后一步，真正客观、不带任何评判地，让证据自己说话。托克（Toch）所写"500—1050 年欧洲的犹太人"一章，真实反映了作为基督教社区的邻里和竞争对手的活跃的犹太人的存在，针对人们所广泛接受的假设提出了挑战——此即，反犹太人的宗教情绪，在我们所记载的这个时代是一个普遍现象。犹太人被迫害的情况被认为在西班牙尤其如此，因为西哥特各代国王公布了许多反对闪米特人的法令。一代老的历史学家们甚至想象有一支被压迫的犹太人所组成的"第五纵队"参与了阿拉伯人对伊比利亚半岛的征服。但是托克说得很清楚：没有任何证据能够说明 10 世纪以前欧洲有数量众多的犹太人。他的细致工作提醒我们，用新的观点 12 重新审视旧的"正统"观点是有价值的，要随时准备重新评估总是现成的事实。这就是本卷——在 500—700 年人们通常认为重要的领域所进行的研究——所要达到的目标。希望由此能提供一个进一步修订的平台。

徐家玲 译校

第 一 章

晚期罗马帝国

理查德·吉伯丁 (Richard Gerberding)

政治和军事的衰落

在罗马人所走到、看到和征服的地方，他们通常能长期驻扎。因为，公元后的 5 个世纪内，他们统治着欧洲西北部，即后来的中世纪文明繁荣之地。这是一个由身材敦实、长着黑发的人们所组成的民族，尽管他们是来自地中海中部的外邦人，却在他们的政治制度已经衰微、成为模糊不清的记忆之后很久仍然在深刻地影响着欧洲西北部的生活方式。罗马人赢得了时间，比其之前或之后的任何征服者都深刻地影响到了欧洲北部的两个原因，也许并不是令人惊讶的原因，都是军事方面的。

首先，罗马人在其历史上很早就开发了他们的军团和奇妙的后勤支持系统。在公元前 4 世纪与前 3 世纪之交的萨莫奈（Samnites）战争中，这种系统即大体成形了。军团对步兵的要求很高，但它的确是一部有着复杂战术的令人胆寒的实用机器。总之，罗马人通常可以很容易地征服任何一个他们所面对的不开化的民族，他们也征服了已开化的敌人，即使会遭遇更多的困难。军团的后勤支持系统也意味着它可以在远离家乡的情况下进行有效的战斗。在他们的大将军，尤利乌斯·恺撒（Julius Caesar）指挥下，罗马人征服了西北欧洲的大部。恺撒仅在不足 7 年的时间内迅速地完成了这一征服。

其次，罗马人懂得如何在边境上布防，并巩固防线。因为，正像历史学家们所能看到的，阳光明媚、水果鲜美的地中海诸岛，对于生活在干燥、寒冷气候环境中的北方民族甚有吸引力。在公元前 1800年前后的数个世纪，及在公元前 1200 年前后的两次大的移民潮中，以及其他的较小范围的移民运动中，人们都从北向南迁徙，许多人迁至地中海盆地。但后来，在罗马人建立了边防设施的地区，在很大程度上阻止了迁徙。罗马帝国的广阔的欧洲边界，由不列颠的腹地延伸至多瑙河口，这使得其境内的各族人民享受了几个世纪的祥和，不再受到非开化的北方民族的迁徙或征伐的影响。正是由于罗马人不可战胜的军团组织和防护严密的边境，使得罗马人控制欧洲西北达 5 个世纪之久，将其地中海文明的种子深深植于亚平宁山外的土地之上。

　　为有助于理解罗马人留给中世纪的遗产，我们首先需要简明地回顾 1—2 世纪，处于罗马帝国盛期的罗马人在自己家园的情况；其次关注这些很快将产生中世纪文明的地理区域，我们将看到罗马人在大约 500 年前后对于西方政治控制的"衰亡"。罗马帝国在西方的衰亡是个前所未有的历史过程。衰亡过程很缓慢，跨越了若干世纪，主要是政治衰亡。罗马政治控制的结束显然并不标志着罗马时期的结束：罗马的根基太深厚了。几乎在欧洲生活的每个方面——经济的、社会的、文化的、法律的、宗教的、语言的和艺术的——大部分，甚至有时候在其政治纽带松弛之后，都保留着深刻的罗马烙印。

　　奥古斯都（公元前 27—公元 14 年在位）所建立的元首（*princeps*，即皇帝）制令人惊奇地几乎没有任何改变地持续到 192 年康茂德（*Commodus*）去世之时。此即所谓的罗马和平（*Pax Romana*）时期，罗马的黄金时代。罗马的奥古斯都制，即元首制，结束了此前一直控制着罗马国家的元老寡头政治。这一过程是缓慢发生的，早在奥古斯都掌权之前很久就开始了。奥古斯都时期的元首制，经常被称为双头（dyarchy）政治，即共治，意为奥古斯都与元老院——那些傲慢的贵族们的政治机构——分享其实际权力。到奥古斯都掌权时，这些人受过最好的教育、拥有难以想象的财富，他们可资炫耀的政治垄断权力可回溯到罗马共和国的奠基时期，甚至更早，长达 5 个世纪。元首制也许开始于一种共治方式，但有时候，真正的权力越来越掌控于元首们的手中。庞大的新的官僚机构产生了，以服务于元首，帮助他行使越来越多的职权。其中为首者，即行政长官（prefects），通常从仅次于元首贵族级别的社会层级选择，这就是说，他们富有，且有影响力，但并非传统寡头集团的成员。行政长官和他们的仆从们开始操纵罗马国家最重要的功能：指挥军团，管理行省，征集税收，监管公共设施，控制最为重要的谷物供应。于是，元老们在两个方面失去了其政治上的垄断：他们失去了向元首（皇帝）在政治决策方面进言的权利，又得与那些新行政长官们分享决策权。于是，元老们的职能发生了变化。因为，他们不再能够行使政治的权力，而开始为那些实际掌权的人物服务并提出建议。围绕着统治者而形成的一个分层级的建言者和廷臣群体，听起来更像中世纪的产物，但它也是十足的罗马产物，而且，我们知道这甚至早在罗马帝国的鼎盛时期就出现了，因为像塞内加（Seneca）和塔西佗（Tacitus）这类人曾如此优雅地抱怨着元老们的这一新角色。这种情况在3世纪的危机时期多少发生了变化，但在4世纪，君士坦丁家族将再次把一个有等级差别的元老阶级置于自己的周围。

元首制完全是一个意大利式的结构。即使并非所有的皇帝都出生于意大利（其中一些最为著名者来自西班牙），罗马帝国都在意大利人的统治之下，帝国统治下的所有收获物——军事战利品、商业利润和贡赋——这些难以估量的财富都涌入意大利人之手。在元首制度下，罗马人——来自罗马城及其直接外围的人们——失去了他们对于帝国特权的垄断，但这种特权并没有延伸至意大利半岛之外太远。还是意大利真正受益。而且，意大利人所得到的恩惠，大部分落入他们的兵团之手。意大利人享受着罗马扩张之丰硕果实；是他们控制着国家机器以实施保护和统治。但是，在罗马扩张停止后的几个世纪内，意大利开始失去他们的优势，被迫将他们的特权地位与帝国其他地区的富人们分享。这也特别意味着与东方——东方的富庶城市和富裕的贸易通道，即千年内财富创造和积蓄的继承者们——分享。

罗马的黄金时代可以被称为"罗马和平"时代，但在这两个辉煌世纪的和平有着罗马特色：和平并非人尽可享。这一时期战乱频仍，但从罗马人的观点来讲，真正意义上的战争要在远离地中海中心的地区进行，且为罗马、为其指挥官和军团带来耀眼的财富与荣誉。作为帝国的核心地区，即地中海沿岸地区，则沐浴在温暖的信心中，认为那些战争是发生在其他地方的，安全带来了这里的繁荣兴旺。地中海达到了富裕顶峰。它的大城市得到扩张，贸易繁荣。罗马和平和富庶的绝好证据可在自西班牙到犹大城之间那些古代建筑、码头、货仓、雕像、宫殿、行政大厦、神殿、花园、道路、供水灌渠、剧院、商店和市场等地的砖块、大理石和灰浆建筑中找到其物化的代表。罗马的思想和文学世界，也由其黄金时代进入白银时代，而且正如这一时期被命名的金属——白银一样，文学作品也由少量相对罕见的资料发展到广泛传播阶段的流行货币。但所有这些帝国所获得的利益同样并不是为所有人，甚至不为"我们的海"（mare nostrum）周边大城市中的所有人所享用。在为少数人所创建的辉煌中，大多数人经历着难以想象的贫困，他们能听到上流社会的人士甚至在讲着优雅的拉丁语，但他们自己都还是可怜的文盲。

　　皇帝康茂德（180—192 年在位）的统治被认为是罗马黄金时代结束的标志。他患了精神病，并被他的谋臣们杀害。上层出现的混乱，甚至君主的精神疾病和弑君行为，并不一定意味着帝国的混乱；罗马过去遭受过这样的事情，但它却没有受到更大的伤害。但是，到了 3 世纪的转折时期，出现了多种势力群体，在中央政府不够强大时就会破坏罗马的和平。整个帝国都遭受着灾难，但在帝国的西部尤其严重。

　　首先，由于权力更多地集中于皇帝手中，权力总体上也越来越依托于中央政府。这就是说，行省和地方的管理机构越来越缺乏好的管理，于是，上层的混乱就意味着地方上会出现比以往更多的麻烦。其次，中央政府不再有能力像以往那样利用元老这个强有力的阶层。如我们所见，元老阶级已经失去了实际的政治权力，成了一群官宦人士或小吏，他们也许很能干，且忠实，但是现在，他们很少具备担任真正政治领袖的经验和能力。再次，由于蛮族的压力变得更为紧迫，边境防务需要特别的关注，而罗马的军队现在没有了当年征服和扩张带来的激励和愉悦，在抵御蛮族势力时不那么得力。边境地区越来越多的烦扰所带来的结果是，它需要更大规模的军队，这也就是说，军队的政治影响力会扩大。罗马政治遭遇过来自军队的压力，也曾被战争英雄控制，但现在，许多原来的行政职能——包括司法和行政这两项最重要的职能在内——被指派给军队了。尽管对于军队的依赖可能在某种程度上有助于提高政府的效率，但它也带来了一种危险的刚性，而且逐渐地削弱了地方行政的影响力。所有这些发展都是长时段的，而且势必危害帝国，特别在其西方危害尤剧，直到其统治的结束。

　　在193—235年，是塞普提米乌斯·塞维鲁（Septimius Severus）及其家族统治时期。在他们统治下，国家的军事化迅速扩展。塞维鲁完全是靠着他的军队获得其地位的，故而他给予军队许多优惠条件。在235年，军队杀害了塞维鲁家族的最后一任皇帝塞维鲁·亚历山大（Severus Alexander，222—235年在位），于是，整个帝国就像堤坝一样崩溃了。接下来的50年，军队拥立了26位皇帝，又将他们几乎逐个杀害。这种混乱进而削弱了边防，导致蛮族进入。这次的"3世纪危机"是地中海及其和平海岸发展的低谷。情况必然会好转，但总得在经历大量的痛苦之后。内战、外患、丧失疆土、盗匪和海盗，甚至这还远远不够，来自东方的瘟疫席卷了整个欧洲。政治上的混乱总是会导致经济的危机。农业生产和手工业生产衰落了，饥荒在加深，金银退出了流通领域，一无所有的政府被迫提高已经令人难以忍受的赋税。然后，在227年，罗马唯一的有组织的帝国竞争者波斯人随着萨珊（Sasanian）王朝的建立，开始了令人振奋的复兴。269年波斯人事实上俘虏了当时在位的罗马皇帝瓦勒里安（Valerian，253—260年在位）。这一冲击是前所未有的；因为，没有任何一个外族人曾俘虏罗马皇帝。

　　3世纪的危机导致元首制的结束，这正像公元前1世纪的内战导致共和制的结束一样。随着对外扩张的终止，帝国迫切需要重新建构；意大利人不可能再要求他们此前所专享的优势或特权。在某种意义上说，3世纪的危机是必然发生的猛烈战栗，政治结构的基础更广泛，社会结构变得更加刚性以适应这些变化。这些事件的发生都是长时段的，但我们可以在3世纪的一些引人注目的立法中看到这些事件的影响。不仅仅政府和军队的高层位置越来越多地落入非意大利精英之手，而且，帝国的普通民众也受到它的影响。212年，一则被称为《安东尼宪法》（Antonine Constitution）的法令公布，皇帝卡拉卡拉（Caracalla，212—217年在位）将罗马公民权扩及整个帝国所有的自由民，只排除了其中的赤贫者。罗马人再也不能将他们的公民权视为享受法律和社会特权的"多汁的胡萝卜"（juicy carrot）；此时，公民权属于每一个人。罗马军队的增员也越来越超出罗马化程度不深的行省。随着社会和政治特权分散到意大利之外，于是就失去了军队奠基于民族基础之上的排他性，这种特权在更广泛的地域范围内受到了新的立法的保护。在塞普提米乌斯·塞维鲁统治时期，上层阶级与下层阶级的区别成为合法。元老阶层、行省的富有者、高层政府官员、军队首领及其同等人被称为荣耀者（honestiores），在法律面前获得了不同于其他社会阶层成员〔他们被称为卑微者（humiliores）〕的地位。这种法律特权地位并非只对富人有利，一些荣耀者被要求担任地方管理部门的官员，并自负政府开销。

284年，一伙军人选举了另一个出身低下的军人将领当了皇帝。此人即众所周知的伊利里亚人戴克里先（Diocletian），事实证明，他不像之前的26任皇帝那样短寿，而将统治这个帝国21年之久，他和他的继承者——也完成了长期统治的君士坦丁（Constantine，306—337年在位），进行了一项如此广泛深刻而成功的改革，从而使帝国避免了日趋接近的政治衰亡，又持续了百年之久。我们之所以没有将此二位著名皇帝的改革分别叙述，是因为相关资料无法使我们清楚地辨识每个人都有哪些特别的措施，也因为在上述两代人的改革中，将他们的举措视为我们一直在讨论的长期趋势的法规化或者是它们的反映是明智的，也就是说，这种变化的发展是由于罗马人（或意大利人）被迫与其他居住于其中的人们分享了他们的帝国。

这两位皇帝都沉重地打击了罗马城的政治地位。为了回应各种政治挑战，如暴乱或者旧的军事集团的报复性行为，戴克里先皇帝将整个帝国分为四个部分，即我们所称的"四头"（tetrarchy）政治。他首先承认了马克西米安（Maximian）共治皇帝的身份，然后，进而指定了四位皇帝，两位居长，被称为奥古斯都（augustus）；两位居幼，被称为恺撒（caesar）。共治传统是罗马政权的一个古老的原则，戴克里先之前的罗马皇帝都曾经指定与自己分享权力的人，并给予他们奥古斯都或者恺撒的头衔，但戴克里先的四头政治在两个重要方面与以前的传统不同。首先，戴克里先是在尝试着确立继承制度。如果某位奥古斯都去世，或者离任，恺撒随即即位，同时指定一位新的恺撒。这是一个相当具有罗马风格的伟大思想，但只在戴克里先本人统治时得以强制性地实施。即使在这个非常罗马式的年代，即在帝国"衰亡"之前两个世纪，得到人们效忠的力量寓于他的指挥能力和他的儿子能够吸引侍从的能力，远甚于抽象的忠实于国家和它的继承制

18

度。于是，当"合法的继承人"传承给所指定的新恺撒时，内战再度爆发。到 306 年，出现了七位奥古斯都，但没有恺撒。君士坦丁则英明地，或者说无情地回到了世袭的继承原则上来。

戴克里先之四头政治的第二个新功能持续得更长久，因为它反映了长期的发展，而非与之相对抗。戴克里先将整个罗马帝国分为四个地理区域，它们很快被称为大区（Prefectures），四个皇帝各得其一。大区又分割为州，或政区（dioceses），其下层机构是行省（provinces）。这些行省远比他们以前的行省要小得多，因此，在内部比较容易管理，也不至于大到会被用来作为反对中央政权的反抗者的基地。每一大区都有自己的军队、自己的边疆和皇帝的主要驻节地：米兰是西班牙、意大利和阿非利加区的首府；特里尔（Trier）是高卢和不列颠的首府；西尔米乌姆（Sirmium）是巴尔干和多瑙河各行省的首府；尼科米底（Nicomedia）是东地中海的首府。罗马并不在其中。戴克里先驻于尼科米底，管理着东方的大区，这是标志着意大利与西方之重要性退居次要地位的又一实证。

尽管这种四头政治在戴克里先的统治结束后并没有维持长久，但它的区域性划分却成为中世纪西方历史的一个部分。显然，帝国被划分为四个部分预示着延续更加久远的两大部分的划分，反映了晚期罗马帝国东方与西方之政治分离的日益增长。自狄奥多西（Theodosius，378—395 年在位）统治时期以后，帝国将一分为二，一位皇帝将统治米兰（Milan）、后来是拉文纳（Ravenna）以西的地区，而另一位皇帝则统治君士坦丁堡（Constantinople）以东的地区。而且，戴克里先在罗马高卢所划定的较小的行省之疆界将得到真正的长期保持，其大部分成为中世纪法兰西的行政区（the civitates），而且这种状况持续到法国革命政府将其改为省（Départements）之时。罗马的大公教会（Catholic church）——它们并不是法国革命的朋友——将小行省的划分保持得更长久，至今，小行省仍然是法国基督教大主教区（dioceses）的基础。戴克里先取得了迅速的且是值得关注的成功。到298 年，当戴克里先作为首席奥古斯都统治的和平与统一的时期，地中海已经再次被罗马行省所环绕，但是以另一种方式。然而，对于帝国来说，仍然存在着巨大的，也许是无法解决的问题。

当我们转而叙述晚期罗马帝国时，我们可以看到，地方统治的性质已经发生了重要的变化。现在，体制性的腐败——即对行省进行挤压，并将其财富倾倒于罗马上层阶级的财库——已经结束了。但是，取代了元老制度的常规化的、日益扩充的官僚体制随之带来了弊端。城市是中央政府通过它控制地方且征集租税的据点。不同法律体制下的城镇和城市通常由镇议会，或称库里亚（curia）进行管理。它的官员，即库里亚阶层（curiales）或者库里亚成员（decuriones）既代表帝国政府也代表地方利益，且深知如何从对农村的税收中攫取个人财富。但有时候，他们也不得不尽义务，因他们被要求应该在相应的政府资金出现短缺时用自己的钱来补足缺口。这种地方城市与中央帝国政府部门之间责任的黏合，在一些重要的方面扼杀了地方的积极性。地方上经常会接受那些并非地方上的实际需要，却只是得到皇帝支持的项目。官员们也将自己的生涯捆绑于帝国官僚体系的阶梯上，他们的决策更经常地关注官僚阶梯的层次，而非取决于地方上的诉求。此外，地方决策之明显的烦琐程度和效率的低下越来越严重，决策权在远离地方的中央政府。结果是严重削弱了地方社区/团体解决问题的能力，有时，这类问题涉及外来入侵。

帝国在3世纪已经遭受到外来的入侵，5世纪又要经历入侵。但是，在4世纪，帝国大体上免遭入侵，主要是由于戴克里先和君士坦丁改进边疆防务的措施。四大巨头的驻节地都位于极好的战略位置，靠近麻烦不断的边疆地区，而君士坦丁在君士坦丁堡建立的新罗马也比旧的罗马城具有更优越的战略地位。戴克里先一方面在距离边境有一段路程的地方部署了机动部队，使之能够在边疆驻军受到威胁的任何时候用于增援；另一方面，以大规模的防御设施强化了边境的防务。这两位皇帝实施的强有力的领导也强化了军队的士气和战斗力。他们的经济改革也是很可观的，但未能维持长效。他们强制性地控制物价，改革了钱币体系，并开始从事建筑业。这些可能带来了一些临时性的修复，但劳动力短缺的基本经济弊端，农业生产的衰退和日益缩减的贸易继续困扰着帝国，尤其是在西方。

随着帝国政权规模的扩大，自然也导致支出的扩大。为了增加岁入以适应这种局面，戴克里先重新制定了税收体制。他确立了税收的两项基础，一是annona，即一种基于罗马亩（jugum，尤加）的土地税，是一种估算农业收成的手段，另一项是caput，一种基于劳动力单位的人头税（即一个人一天的工作量，a "man-day"）①。*annona* 可用实物完税，另一方面，也表明货币经济在此时很疲软。这种实物贡赋在 3 世纪开始实行，是因为当时的动荡使得用钱币支付的价值微乎其微。② 这种改革的确增加了政府的收入，但也有不利于经济发展的副作用，这种方式增加了社会结构方面已经在发展中的刚性倾向：人民日趋被束缚于一个固定的位置上，难以实现社会地位方面或者地域方面的流动。这时，不仅仅是小的土地所有者把他们的土地卖给富人，然后如债务租佃者那样被束缚在土地上已经司空见惯，就是手工业者、官员或者商人也受到限制，他们的能力被自由流动规则所束缚。需要实施这些规则的官僚结构扩大了，使一个已经很庞大的政府继续扩张，如我们所见，这些统治机器越来越被军队所控制。

戴克里先统治时期的"神权政治"因素比以往任何时候都突出。在罗马统治时期已经有很强的宗教因素，这种因素在帝国走向其晚期时更加深化。对皇帝的崇拜早在元首时期就已经开始。但是，与其说这种崇拜的方式是罗马特色，不如说其更具东方性，不过，神圣的奥古斯都和更为神圣的朱利乌斯的雕像已经在西方——特别是西班牙竖立起来。其他皇帝也被称为"主人"（domine），有一位甚至被称为"主人和神"。但是，戴克里先所要求的神圣权威并使用神圣的典仪所达到的程度是不同以往的，他的法令都是神圣的，他的意志是神圣意志的表达，甚至他的寝殿也成为"圣宫"（*sacrum cubiculum*）。他以一种宫廷典仪不仅使自己与普遍民众隔离，也与显贵们隔离。他极少在公众场合露面，一旦露面，就成了民众的庆典。信仰不同的宗教几乎就是政治上的不忠，这种认知态度达到了顶峰，因此，在戴克里先时期所进行的所谓对基督徒的"大迫害"也许就不是巧合了。由于这样的迫害，中世纪的基督徒回过头来看戴克里先时，认为他是所有罗马皇帝之中最邪恶的一位。

君士坦丁是在戴克里先宫中度过其青年时代的，他在那里学到了以神学理政的教训和手段。但他的神学政治却显然不同，至少到他的

---

① 当时的资料并没有非常清晰地描述过 *jugum* 或 *caput* 的具体情况。见 Goffart（1974），特别是第 3 章至第 5 章。

② Jones（1975），p. 154.

统治末期是那样，即基督教的神学政治。因为他是第一位接受了基督教的皇帝，对于中世纪来说，他成为最为英明的（par excellence）罗马皇帝。但是，对于历史学家来说，他仍然是一个谜。他喜怒无常，心狠手辣，有些人说他智力水平有限。即使基督徒们喜爱他，对于他的描述比任何其他的晚期罗马皇帝都多，但他皈依基督教的性质至今仍然得不到人们的完全理解。很显然，大约自313年之后，君士坦丁的决策就开始对基督徒们大为有利，他几乎结束了对基督徒的镇压，推动了教堂——包括第一座圣智（Holy Wisdom）教堂——在拜占庭即他的新罗马的建立，他还给予基督教教士们以减少税负的特许，恢复了他们被没收的基督教会财产，而且，他亲自主持了著名的尼西亚主教公会议（Council of Nicaea）的议程，赐予它帝国的荣耀，此外还做了其他的工作。另一方面，他所发行的帝国钱币，长期以来一直是用来宣示皇帝权威的媒介，直到320年还印着异教诸神的像，而异教徒和基督教官员都参加他的新罗马的祭祀仪式。

在323年到330年间，君士坦丁扩建了一个坐落于博斯普鲁斯（Bosphorus）海峡上的希腊人小镇拜占庭，使它成为新罗马，从而为罗马帝国建立了一个永久性的都城，这座城市很快以君士坦丁之城而著称。尽管异教徒的文化和宫廷生活在君士坦丁的新都城内占据重要的位置，但重要的事实是，这座城市却没有异教神殿。但是，在所有其他方面，君士坦丁希望他的新罗马等同于或者超越旧都城罗马的光辉，而且，事实也确实如此，新罗马的宫殿、市场、货仓、教堂和行政大楼，都是以地中海可以提供的最优质的技术和材料所建成的。粮食供应和竞技活动甚至也移植到此：君士坦丁堡有它自己的粮食救济体系和它自己的竞技场。

对于中世纪西方的人们来讲，这个在遥远海边的、满是黄金和镶嵌画的神奇城市，将象征着神秘的、帝制的东方。对于历史学家来说，君士坦丁皇帝将首都向东迁到博斯普鲁斯海峡的行动，也将集中反映古代晚期社会的许多特征。这座城市美不胜收地屹立于此是为了防务的需要，它位于烦扰最多的两处边境地区——西部的莱茵河—多瑙河（Rhine-Danube）地区和东部的波斯国家——之间。尽管它被称为新罗马，但它却不是罗马，甚至也不是意大利，而只是希腊世界的一部分，其文化和经济方面更具有东方特征，而不是罗马的特征，它只不过是四头统治下的一个元首的驻节地。而且，当古代的异教诸神和它们的神殿仍然吸引着台伯（Tiber）河畔的统治阶层时，新罗马的多数领袖人物转向了东方，转向了伯利恒（Bethlehem）。

由戴克里先和君士坦丁所实行的变革——高高在上的神权君主，军队和边疆的防务和改革、经济措施，越来越强化的社会控制，东方化，并且，很可能也包含对基督教的接纳——所有这些都意味着要维持这个帝国。事实上，帝国的两处边疆及其统治机构在4世纪时比它们在3世纪时更加安全，这一事实也似乎证明了这两位皇帝之改革的成功。但这不等于说，4世纪没有严重的军事混乱：在君士坦丁的继承者之间发生过战争，直到君士坦提乌斯二世（Constantius Ⅱ，324—361年在位）在353年成为唯一的皇帝之时方才停止。但是，对于即将出现的欧洲中世纪时期来说，4世纪的军事活动几乎无法与基督教斗争的结局之重要性相提并论。

4世纪见证了基督教以多种方式为其成熟而战。4世纪初，在戴克里先统治时期，基督教是遭到迫害的教派；到了4世纪末，在狄奥多西（Theodosius）统治时期，它已经成为帝国的官方宗教，一度被迫害的基督徒开始迫害其他宗教。随着基督教会越来越具有官方身份，它也就越来越需要制度化，即日益需要发展一套系统的神学，以及能在世间持续很久的礼仪、体制结构和程序。这种需要不仅源于教会规模的日益扩大及其官方管理的地位，也源于人们越来越相信，"基督的再临"（parousia），即基督再次降临之时，不会像教会所假定的那样迅速。到了狄奥多西将基督教确立为罗马的正统宗教之时，它的早期形式几乎是非正式的组织形式，即由长老和执事指导下的会众组织，以阅读、唱赞美诗和在《圣经》及后圣经时代所见的分享圣体血的简单的崇拜形式，已经让位于一个分层级身份的教士的组织形式和仔细界定的正式的礼仪崇拜形式。[3]

罗马世界留给欧洲中世纪的不仅仅是一部基督教的圣书——《圣经》，而是一个庞大的神学体系。《圣经》本身并不成体系；它只是一些诗歌、故事、书信和历史的汇集，所有这些在基督徒的眼中都是上帝之启示，但它并没有像哲学家那样去刻意阐释神性与造物的系

---

[3] 关于教会组织的发展历程，见 Scheibelreiter，第25章。

统理论，以及两者之间的关系。基督教的神学理论大多数出自 2 世纪晚期和 3 世纪早期生活在亚历山大城的基督教神学家们。4—5 世纪是基督教神学争论的时代，这一时期，教会确立了他们认为可接受的关于基督之性的观点。君士坦丁皇帝于 325 年在尼西亚（Nicaea）举行的伟大基督教公会议上界定了正统基督教的原则，而且，尽管尼西亚的教义是以官方形式保留下来的，但它并非没有受到挑战。从学者的争论到事实上的暴力，这种挑战是多方位存在的。

最受到赞誉的《尼西亚信经》中，强调上帝的性质是三位一体（triune），此即，一个唯一的上帝存在三个位格，而上帝之子（God-the-Son）耶稣，同时有着两个完全的本性，唯一的神性和唯一的人性，这要求掌握相当程度的希腊的形而上学方式，才会使人们广为接受。反对意见来自两个方面：即否认基督的人性［一性派（Monophysites）］和否认基督有完全的神性［阿利乌斯派（Arians）和聂斯脱利派（Nestorians）］。阿利乌斯派是在尼西亚会议上被击败的一派，但他们却在君士坦提乌斯二世（337—361 年在位）的宫廷取得了占主流地位的影响力。哥特人和其他东方日耳曼人部族在 4 世纪时多采纳了基督教的阿利乌斯派信条。阿利乌斯派也将随着蛮族的迁徙大规模地侵入西欧。另一方面，一性派则主要存续于东方，他们占据着埃及、埃塞俄比亚（Ethiopian）、亚美尼亚（Armenian）和叙利亚教会的大部分。

君士坦提乌斯是一个务实的（或许也是无情的）皇帝，他在很大程度上维持了内部的和平与边境的稳定。他去世时，再度出现暴力，最后，他的堂兄弟朱利安（Julian，361—363 年在位）——君士坦丁家族的最后一员——掌权。朱利安被视为"背教者"，他发现了基督教义思想中的粗俗和理论欠缺，经过周密思索，试图以古代的异教主义之新形式，即高度神秘的新柏拉图主义的形式取代基督教。他开始在政府的高层和教育体系中以异教徒去取代基督教徒，所以说，教会很幸运，朱利安统治期非常短暂。当中世纪的基督教作者们回顾君士坦丁统治时，称之为诸多皇帝中伟大的英雄，而却视朱利安为最大的反派代表人物。

戴克里先和君士坦丁的改革似乎暂时减少了的那些弊端，在 4 世纪的最后几十年内再度出现。东方和西方帝国之间的合作逐渐减少，两方都越来越沿着各自确定的路线发展，处理它们各自遇到的难题。在君士坦丁家族统治结束之后，帝国的两部分只在极少数情况下短期地统一在一个皇帝手下。帝国内部的和平和稳定开始动摇，境内和境外的蛮族势力越来越成为帝国所关注的问题。东方的皇帝瓦伦斯（Valens，364—378 年在位）将在蛮族人手中丧命。他不能够同时对付东方的波斯人和北方的哥特人，遂采取了允许哥特人定居于罗马所属巴尔干行省的权宜之计。但是，帝国官员对定居者的虐待引起了他们的反抗，在著名的 378 年亚得里亚堡（Adrianople）战役中，哥特人歼灭了帝国军队的 2/3，其中包括皇帝本人。这次失败导致巴尔干行省防务失控，哥特人随即实行了掠夺。下一位皇帝狄奥多西（378—395 年在位），通过赐予哥特人同盟者身份（federated status），使蛮族人在帝国领土上的定居更加深入。作为同盟者（foederati），哥特人不仅被允许居住在帝国境内，而且可以有他们自己的首领，而不是罗马派出的官员。这一安排显然使得罗马人有了愿意保卫他们自己那部分边疆的强有力的民众，但同时，也使得罗马领土的诸多部分不再处于罗马政府的管辖之下，而且这里的民众也不再沉溺于罗马的文化之中。尽管使用"同盟者"的方式此时会成为罗马用于边疆防务的常用的和有效的政策，但这些民众对于中央帝制政府很少怀有忠心；他们所关心的是他们自己的地方利益。从长远的方向看，这一举措事实上是瓦解中央集权的，对于帝国体系来讲尤其如此，这个帝国中，甚至要取得那些更罗马化的臣民的忠心也越来越难了。

在西罗马皇帝瓦伦提尼安二世（Valentinian Ⅱ，375—392 年在位）统治时期，蛮族的影响以另外一种重要的方式体现出来：瓦伦提尼安并不是真正的统治者，国家掌控在他的大将军（Masters of the Soldiers，即 magister militum）阿尔博加斯特（Arbogast）之手，此人有法兰克人的血统，虽然他已经完全罗马化了。事实上，是阿尔博加斯特指定了皇帝瓦伦提尼安的继承人尤吉尼乌斯（Eugenius，392—394 年在位）。尤吉尼乌斯并不是合法的统治者：他并非皇室成员，也没有通过合法的程序被指定为皇帝。他之所以能成为皇帝，只是由于阿尔博加斯特将他扶上了宝座。非法指定的皇帝加上蛮族势力的强权很难保持罗马公民的忠诚。从这时开始，到罗马统治在西方的完结，大将军们不仅要指挥一支越来越多地充斥着蛮族军人的帝国军队，而且经常为了他们部族的利益或者个人的野心去控制中央政府。

东方的皇帝狄奥多西于 394 年侵入了西方帝国，废黜了倒霉的尤吉尼乌斯，将帝国的东西两部统一了短短的 6 个月，直到他于 395 去世。但这一政治上的统一却是地中海世界最后的统一；东方和西方帝国越来越背道而驰。东方总是更为富庶，此时更是基督教的世界，受到更好的管理，也更加稳定，且其首都处在兼有防卫和商业双重战略意义的绝佳位置。反之，更穷困且农村化的西方，其政府远不如东方稳定，很容易被蛮族人所征服。当两个部分从政治上走向分离之时，西方从东方得到的文化影响、政治方向和金钱都更少；它不得不依赖于其本土资源。简言之，它变得更加欧洲了。

5 世纪的罗马帝国在西方的政策谈不上是帝国的，也很难说它是罗马的。这些政策大多通过一个复杂的系统与蛮族或在蛮族部族中间缔造或者反复缔造同盟者，主要是通过慷慨的黄金补贴，通过给予同盟者的身份，或者以不定期的/不稳定的荣耀的帝国头衔和高官收买蛮族首领。在伟大的匈奴人之王（Hunnic king）阿提拉（Atilla，死于 454 年）时期，只有意大利全境和西班牙及高卢的一部分仍然处于罗马的直接控制下。此外，皇帝们经常是由其摄政控制的未成年者，或者是由蛮族身份的大将军（Masters of the Soldiers）所指定的毫无权力的傀儡。476 年，当最后一位统治西方的罗马皇帝罗慕洛·奥古斯都（Romulus Augustulus）被日耳曼人将军奥多亚克（Odovacer）废黜之时，就是西罗马之政治末日的到来。罗慕洛·奥古斯都是一个孩子，亦是僭越者，他从来没有被东方政府正式承认过，他是被自己的父亲和其蛮族军队扶上皇位的。仍然是在奥多亚克指挥下的这支蛮族军队后来废黜了他。

传统的观念认为，西方罗马帝国的结束是种"衰亡"，这一观点来自影响力极大的爱德华·吉本（Edward Gibbon）的著名作品，这部书已经出版了 200 多年却仍然保持着它的光辉。④ 尽管很明显的是，在罗马文明与早期中世纪文明之间有巨大的差异，但以今日之观

25

---

④　Gibbon, ed. Bury（1909—1914）.

点来看，"衰亡"之说越来越不能准确地描述这种变化，尤其当历史学家们采取了更宽广的视野来审视何为"社会"的准确概念之时。吉本及追随他的 19 世纪的历史学家们，如狄奥多尔·蒙森（Theodor Mommsen）[5] 和伯里（J. B. Bury），[6] 在加强我们对于罗马向中世纪世界过渡时期，至少在涉及社会上层的了解方面，完成了具有里程碑意义的工作。皇帝、国王、法律、哲学、政府、文学、神学、租税、钱币、和平协议、战争、社会结构等，都是他们所探索的主题。但是，一个社会并非只由上层构成，而且，作为 20 世纪的历史学家，如米哈伊尔·罗斯托夫采夫（Mikhail Rostovtzeff）、[7] 琼斯（A. H. M. Jones）、[8] J. 卡哥皮诺（J. Carcopino）[9] 和彼得·布朗（Peter Brown）[10] 都解释了整个社会生活的性质，变得越来越清晰的是，对于多数民众来说，从后期古代到中世纪的转变是缓慢的，也很难说成是衰落。即使在社会的上层，我们也看到，在 476 年，西罗马帝国政府最后的政治衰落也并非"衰亡"，而更像是一次偶发事件，因为除了名号未改，罗马中央政权已经被蛮族人掌控了一个世纪之久。以目前更广义的对社会的认识观点来看，我们会看到，一方面，许多"中世纪的"因素事实上在罗马帝国统治时期就已经存在；另一方面，许多"罗马的"因素一直持续到中世纪时期。一种对于地理环境差异的深入了解也否定了任何所谓全面衰亡的观点。位于英国格洛斯特郡（Gloucestershire）的 4 世纪罗马庄园切德沃斯（Chedworth）的宏大遗址中，它的镶嵌地面、输水设备及供暖设备（hypocaustic）都表明，至少对于极少数人来讲，在台伯河（Tiber）畔的生活已经转移到了比泰晤士河（Thames）远得多的地区。但是，在高卢、西班牙和意大利一些地方的农庄生活在"蛮族入侵"中得以幸存，甚至在蛮族统治时期还很兴旺，而在切德沃斯，这种生活似乎终止了。[11]

[5]　Mommsen（1887），（1899），and（1909）.

[6]　Bury（1923）.

[7]　Rostovtzeff（1957）.

[8]　Jones（1964）做的是最基础的研究。见他的更多研究作品，Jones（1975）。

[9]　Carcopino（1940）.

[10]　Brown（1971）.

[11]　对于罗马农庄的典型的"中世纪"特征的描述，见 Percival（1969）。

社会和文化

人们通常认为是中世纪的许多因素其事实上存续的历史比中世纪长很多。例如，有许多观点认为，罗马文化是城市文化，中世纪文化是农村文化，这才是正确的。但是，即使有这么多城市，晚期罗马帝国仍然依赖于它的农庄。而且，它也是政府之收入来源：城市的商业税只占有帝国税收的5%；其他大多数来自强制性的土地税，即阿诺纳（annona）。一个农夫的地租和税负可以花掉他那净产量的一半（其毛产量的1/3或1/4）。税收负担使农村居民的生活捉襟见肘，但这还只是农民被盘剥的一个方面，任何不正常的状况——歉收的年份、战争、干旱、严冬，或者任何扩大农民支出的因素，即使极其微小，也都造成广大民众的苦难。逃税亦成为一种谋生之道，而且，在5世纪时这种逃税现象日益猖獗，乃至成为国库经常空虚的原因之一。逃避缴纳土地税可能使政府受损，但它并没有帮助晚期罗马的农民，因为政府在征税方面越来越无力，地主就会提高他们的地租。⑫后期古代帝国的税收形式和租佃方式，是不同于早期中世纪的一个方面，但无论是在古代还是在中世纪，这两种征收方式都是存在的，而且，它们在农村引发的痛苦也基本相同。只要罗马军队远程作战，并享有极好的供给，他们给农村穷人带来的主要经济影响就是沉重的税收负担。但是，在帝国后期，庞大而装备很差的军队践踏着帝国内部，养军的费用靠就地征用（requisitioning），即从本地农庄获取给养的方式去满足。农民有权要求政府给予核销，但他们事实上很少能收到这笔补偿。沿着军事要道附近居住的任何人都不得幸免。这种做法在中世纪早期，当军事行动一般更接近于居民区周围进行时，似乎就很少见了。

晚期帝国农民的法律地位也延续到中世纪时期。在帝国晚期，最丰产的农田形成了由大土地所有者掌握的大地产，其中最大的地主是皇帝本人。大多数农民是租地农民，使用地主的土地，并缴纳地租，

27

---

⑫　欲理解晚期罗马帝国的租税，最基本的见 Jones（1975）。亦见 Wickham（1984）和 Goffart（1972）的作品。

即上缴一部分收成，服劳役，或者两者兼而有之。到君士坦丁统治时期，大批农民沦为半自由人（coloni，以往译为"科洛尼"，或将其理解为"隶农"——译者），而且在经济上和法律上被牢牢地固定于本土，不可以迁居。这些人显然是中世纪农奴（serfs）的前身，而且，即使在中世纪，他们身负的责任和义务会有所不同，但自晚期罗马帝国以来，其半自由的身份却几乎没有改变。同样，穷人以服劳役、支付租金或实物贡赋的方式缴纳地租的情况经常被称为"中世纪的"，而非"古代的"方式。然而，我们在罗马政府文件中找到了早在罗马晚期共和时期那些不能以其他方式纳租的人们就开始服劳役的证据，⑬落后的农业技术、沉重的税负、军队的征伐，土地由于数个世纪以来的长期使用或者对地力的滥用，其养分已经耗尽，大批闲置的土地和占有土地者的半自由身份，是晚期罗马帝国在西方遇到的主要困扰。在这种已经十分窘迫的情况下，也谈不上什么衰落了。事实上，在一些地区，罗马军队和罗马税收体系的不复存在，可能事实上已经多少改善了农村的境况。

　　在罗马城市中，我们也发现了许多在前中世纪时期即出现的中世纪因素。尽管从晚期帝国到早期中世纪，城市的数目和它的规模渐显颓势——即使在城市的辉煌鼎盛时期，也只有富人享有优越的生活条件——但仍然很辉煌；事实上，它们证实了，许多通常被认为是中世纪才出现的元素在这一时期已经存在。在古代罗马，多数街道是不铺路面的，而在城市中心只有两条路，即"神圣之路"（Via Sacra）和"新路"（Via Nova）非常宽阔，可以通过两辆马车。极少数住宅有自来水，连接到下水道的则更少，上下水管道的出现是一个奇迹，但数量不多。即使是极好的公共厕所也常常不能为穷人所用。在一些街道上有一种恶心的臭味，这里人群密集、喧闹，没有路灯而且非常危险。富人从来不敢在没有私人保镖跟随时冒险进入这类地方。多数人民生活在拥挤、闷热的多层公寓房，即被称为 insulae 的地方。他们的家具很简单：一张桌子，若干长凳和一张用于睡觉的板铺。他们使用木炭做饭和取暖，通向街道的长长阶梯因常常缺少梯级而令人

28

---

　　⑬　The "Urso Charter", ch. 98, *Fontes Iuris Romani Antejustiniani*（ed. alt.）, vol. I, p. 189. Goffart（1974）, p. 92.

胆寒。

　　中世纪的城镇很小，通常修建城墙以保护自己，但是，在晚期帝国已经有一些城市开始缩小且建筑城墙了。由于 3 世纪的危机，帝国在 4—5 世纪变小了，城市受到了直接影响。许多古代晚期的城市用城墙围了 10—20 公顷的土地，意味着它们的居民很可能不超过 5000 人。东方最大的城市、罗马城和少数其他的西方城市维持了较好的状态，但对于多数城市来说，却有着不同的命运。

　　这并不是说，城市建设停止了。显然并非如此。但公元 300 年之后，私人投资的公共建筑活动停止了，除了教堂。帝国政府和行省总督们继续提供资金来修建引人注目的建筑，但在 4—5 世纪，这些建筑活动多集中于帝国的都城或者皇帝喜欢的地方。但这时，不仅是建筑的规模，也包括建筑的模式都已经显出颓势：城墙、宫殿、输水管渠，有时甚至浴池也都在不断地维修或者重建，但早些世纪其他的壮观的建筑精品此时渐少。到 5 世纪晚期及进入 6 世纪以后，建筑活动越来越限于修筑教堂。地方上的贵族和中央政府都资助教堂的建筑，其中一些教堂的建筑从建筑学的意义上看，完全可以与早期的世俗建筑相媲美。⑭ 在晚期帝国，我们注意到在雕塑和装饰艺术方面的变化也向着中世纪的方向发展。基督教的主题自然是变得更为普遍，但甚至涉及世俗生活的作品也变得更具超验意味，并带有象征性。精细、写实的雕塑和绘画技法越来越被抽象的技法所取代，打破了严格的古典规则，使用了鲜艳的色彩，还做了其他的改动。由于罗马人的前途似乎越来越渺茫，他们的观念从此时此地退化，罗马艺术家甚至将他们的世俗英雄也表现为与茫茫尘世之外的事物产生着联系。

　　古代和中世纪时期的明显对立的形成，是由于在古代地中海世界，有势力的人们都住在城市中，而中世纪的有权势者生活在农村。但是，同样，在晚期帝国时期，地方上的重要人物构成的群体开始在农村定居。在晚期共和时代和早期帝国时期，多数农业用地掌控在富人手中，他们生活在城市内，派出自己的管家去管理他们的大片地

29

⑭　Ward-Perkins（1984），pp. 14 - 84，关于这一时期的建筑，见本书后面的章节，Wood，第 28 章 A。

产。他们的农庄（*villas*），即农村的家园，是他们暂时逃避城市的炎热和喧闹的处所。而在晚期帝国，许多大土地所有者们长期居住在其农庄里，放弃了城市。这一现象并不是普遍的。例如，在4世纪的不列颠，似乎没有"逃离城市进入乡村"的潮流，但在高卢有。⑮ 农庄因装饰着绝美的镶嵌画、奢侈的家具和宽敞的居室而变得富丽堂皇。当晚期罗马帝国时期西方的城市在普遍萎缩时，农庄繁荣起来。在不列颠和高卢，许多农庄留下了玻璃器皿、锻铁炉和工坊的考古遗址，所有这些都表明，这里与此前相比，已经出现大量的农村手工业和自给自足的生活方式。它们也成为法律上和防卫方面完全独立自治的区域。许多地主获得了司法上免于受地方当局制约的豁免权，而且，他们开始在自己的领地上行使一些司法的权力。他们为自己的住所建立防务设施，并保护它们。他们也成功地逃避了许多晚期罗马帝国政府强加于地方贵族的必要责任。于是，农村的土地所有者们在经济上、司法上和军事上变得越来越重要，而且，很显然，在许多时候，他们发展成为中世纪的农村精英。

　　蛮族社会结构与晚期罗马社会结构最基本的差别在于其建立效忠纽带的性质。公民的忠诚，或者说忠实于抽象的国家和它的宪法的概念，在现存的罗马哲学和历史学作品中比比皆是，而在中世纪早期，贵族的侍从和农民则向他们的领主个人尽忠。在这种情况下，是个人之间的纽带而非抽象的对宪法的忠诚维系着整个社会。但即使在这里，我们仍然在"罗马"发现了"中世纪"的因素。在传统的罗马社会中，甚至回溯到共和时期及共和以前，每个男人都是一些比他更强有力的人（他的庇护者）的扈从。尽管这种维系是个人之间的关系，而非官方的，但它却是普遍存在且特别有力量的。扈从得向他的庇护者表示效忠（*obsequium*），而且，他被视为他的保护人的随从。一般地，他得称呼他的庇护者为庇护主（*dominus*），即主人。庇护者必须在他的扈从需要时给予其经济的资助，即 *sportula*（可理解为补助金、补贴——译者），通常是现金支付，而且还得在法律上代表他们的利益。在多数民众的日常生活中，个人之间的这种从属（*obsequium*）关系之重要性，甚至超出人们对国家的官方效忠。

---

⑮　Percival（1976）.

另一件从晚期罗马到早期中世纪仍然具有相当可比性的因素是女性的地位。因为女性的生活区域是家内生活而非公共的生活。正因如此，我们对她们的情况通常无法了解；个人的生活一般很少出现在当时人们的记载中，除非她们以某种方式进入了公众的视野。两个性别各自的领域是如此分野清楚，而当男人超越了性别的界线并参与女人的活动时，他们被认为是转弱、变质了。反之，对于女人也同样，当她们胆敢进入男人的公共生活空间，会被指责为道德败坏，通常被认为是性侵犯。但这并不是说，女人被完全排除于公共生活之外，或男人被排除在家庭生活之外。但是，社会可以接受的女性对家庭生活之外活动之参与，大多只限于惠及公共事务的方面，如为地方建筑出资和宗教义务等。以上这两方面都是帝国晚期公共生活的重要组成部分。罗马妇女要通过能够接受她影响且掌握公共权力的男性家庭成员才能够实行政治控制。

罗马男人批评女性在公众生活领域中既有的弱势，女性被认为身体不够强健，思维/头脑不够清楚也不会始终如一地追求目标。在共和国时期，当上层阶级的男性强有力地控制公众生活时，女性几乎不具备法人资格，只成为其父亲或丈夫法人资格的一部分。女性的继承权受到许多限制，许多人只因丈夫的意志就被休弃，她们很少，或者根本没有诉诸法律请求补偿的权利。但是在帝国时期，由于男人们越来越不满足于公众生活中庞大的官僚机构和它的越来越强化的神学政治色彩，而且，他们开始越来越想从私人生活中寻求成就感，由此，掌握私人生活的那些人，即女人们的地位有了显著的改善。在哈德良（Hadrian，117—138 年在位）统治时期，女性能够继承土地并转而交付其继承人。随着帝国的发展，女性开始受到更多的公众关注，也经常拥有法律上的独立性。但无论如何，即使有这些重大的改善，女性的空间仍然同从前一样局限于家庭生活中，只有极少光辉的例外。在晚期罗马帝国，如同在早期中世纪一样，女性并没有经常进入公众生活领域，因此她们也不大可能在历史上留下什么印记。

罗马帝国政权之落入蛮族国家之手并没有改变多数西欧地区人们的语言。在蛮族诸王国内，除了一些生活于不列颠岛（大体相当于今日之英格兰）上的民众，和那些生活在今日之德国西部和当代比利时地区的民众之外，在前罗马帝国的大部分西欧地区，人们继续讲着原来在罗马统治时期所讲的语言。对于上层和中层阶级的人们而言，可能是某种拉丁语（或称粗俗拉丁语，Vulgar Latin），而对于下层民众而言，只是一种受拉丁语深刻影响的语言。罗曼语（Romance）言对于蛮族的影响延续时间更长久，今天，人们得费尽心思才能在意大利语或西班牙语中找到十几个哥特语言起源的名词。在当代法语——即在法兰克人曾经统治了几个世纪的地区中所用的语言——中，只有大约 300 个当代词语可在法兰克人的语言中找到其来源。在罗马人曾经统治的西欧，罗曼语在很大程度上仍然保持其统治地位。

那些上层阶级人士——那些人们通常认为将随着罗马统治垮台而消失的人群/阶级——也以某种方式在明显地延续。一个 5 世纪中期的马赛（Marseilles）基督教教士萨尔维安（Salvian）所写的故事告诉我们，一些上层人士事实上很欢迎蛮族的统治。许多贵族大都保持了他们原来的特权和优雅的生活。蛮族的入侵事实上强化了罗马的贵族阶级。晚期帝国的政府越来越无力直接支配地方事务，管理的责任便越来越多地落在了地方政权身上。基督教的主教们经常要填补世俗事务管理的空缺，但地方贵族也随着帝国政府在地方管理的后退而增加了它的权威。虽然其中很多人在新来的蛮族武装精英面前失去了其特权地位，但那些晚期罗马帝国时期受到精英教育的上层人物掌握了地方政权，甚至在 7 世纪时成为环绕于蛮族诸王周围的人物。

罗马的钱币体系曾经十分稳定；但甚至早于 3 世纪中期，一度极其稳定的罗马钱币只保持了其贵金属含量的极小的比例。[16] 作为其改革的一部分，君士坦丁于大约 309 年发行了一种金币奥里斯（aureus），即传统的罗马金币。它几乎在整个晚期帝国时期都没有改变，一直使用到中世纪。这就是著名的索里达（solidus），或先令（shilling）的前身。该货币成功的一个极佳实例就是，在 5 世纪时，许多原来要求以实物清讫的税负都以金币来折算。[17] 但是，黄金和白银并非是大多数民众使用的钱币，他们要么直接以物易物，要么使用各种铜币。但这些铜币相对于坚挺的索里达有着更旺盛的生命力。铜币的

---

⑯　见 Blackburn，本书第 24 章。

⑰　Jones（1975），p. 173.

制作由各地方当局负责，而且，它们的价值依各地条件的变化而变化的。不稳定的通货无助于普通民众的生活，而富人则享有"一种坚挺的钱币"（the solid one）的相对财政安全。

晚期罗马的法律思想及其决定财产所有权的方式也直接延续到西方的早期中世纪。法律，就其文化内涵和实践意义来说，经常被视为罗马最优秀的成果。早期中世纪的王者们为他们所统治的各个部族颁布法典。这些法典被称为"蛮族法典"。一开始它们对于学者们来说，本质上是日耳曼的（Germanic），并被认为是与罗马人的法律大相径庭的立法体系。但是，20世纪中后期的研究工作却告诉我们，尽管这些法典的一些部分反映了日耳曼人的习惯法，但仍然有大量的蛮族法典是奠基于晚期罗马的行省立法或世俗法之上的。[18] 罗马法和早期中世纪法典表面差异远甚于其事实差异，因为这种比较是在蛮族法典和晚期共和与早期帝国鼎盛时期的罗马法之间进行的。这种罗马法形成了《查士丁尼法典》［即在6世纪30年代的帝国盛期，由特里波尼安（Tribonian）的编委会搜集且重新编纂了在当时看来已属古代的罗马法理资料而成］的大部分。但是，查士丁尼的法典在最早且最有影响力的蛮族法典颁布之前并没有公布。因此，当时在罗马各行省的法典形式，即管理着人们日常生活和财产的法典，早自3世纪，就为适应简化和广泛应用的需要而出现了。古典时期的那些优秀的法理案例并不能适应后来行省统治的需要，当时也没有任何训练有素的专业人士的队伍能够使用它。在蛮族法典出现之前，438年公布的《狄奥多西法典》（Theodosian Code）在许多方面反映了罗马法通俗化的倾向。[19] 而正是这部法典，而不是后来出现的更为全面的《查士丁尼法典》，影响了中世纪的西方。

晚期罗马帝国的基础教育也是通俗化的。对多数民众来说，受过一点教育就很不寻常，通常是完全没受过教育的。帝国教育的兴趣，只关注于上层社会。戴克里先在许多城市指定了教授，朱利安在君士坦丁堡建立了一所大学式的学校，有一些固定的教席，皇室家族和其

⑱　Levy（1951），p. 15. Collins（1983），p. 28；Wood（1986），p. 20；（1993），pp. 61–67；（1994），pp. 163–164.
⑲　Levy（1951），p. 15. Honor'e（1987），在 p. 135 说，"这个结论是永久性的"。Turpin（1985），pp. 339–350.

32

他上层贵族经常把他们的孩子送至罗得岛的学园（*Lyceum*）或者雅典的学园（Academy）去接受教育。那些孩子们极为幸运，能够在古典式的修辞学和哲学领域受到高度精细化的训练。[20] 但是，这种训练是大多数人闻所未闻的。在帝国的盛期的罗马城，许多下层的孩子的确能断断续续学到阅读和计算的基础知识，但仅限于此。孩子的启蒙教育是在家里由父母进行的。富有的罗马人经常去买希腊人奴隶来教他们年幼的孩子。学校是私人的，老师从学生的家长手中收取有限的酬金以维持生活。这种收费虽然有限，但仍然能把穷孩子关在门外。老师教学一般只是反复多次地训练三"R"（读、背、写），教学中会频繁使用藤条。当时也没有什么校舍，老师只是尽可能地把他的学生们召集起来，通常是喧闹的街区空地上。我们没有任何证据能说明皇帝们对于民众教育有任何兴趣，他们只是为从事基础教育的老师们提供一些税收上的优惠，以使他们的职业能够发展。另一方面，晚期罗马的地方政权也提供了一些公众基础教育设施，这种传统在一些罗马化程度更高的城市中，似乎持续到 6 世纪。我们也没有关于蛮族诸王统治时期有过世俗学校的直接记载，但现存的碑铭中，特别在一些墓志铭和一些商务记录中，表明一些城市中产阶级具有一定的文化水平。教会并不对它的教士或世俗教士进行基础教育，只是训练那些并不参与外界生活的修道士。为了其宗教目的，教会宁愿采用通过世俗途径获得的教育。在 7 世纪时，基督教的资料中抱怨无知教士们的呼声越来越高，这足可以证实，世俗的基础教育衰落了。

　　更高层次的文化生活方面，晚期罗马帝国是早期中世纪的直接先驱，特别是其文化氛围塑造了它传承下来的基督教思想。在晚期帝国时期，两位伟大的希腊哲学派别，斯多葛学派（Stoicism）和伊壁鸠鲁学派（Epicureanism），已经被人们对于柏拉图（Plato）的狂热兴趣所取代，但却是一个很不同的柏拉图。柏拉图曾经号召对物质世界的超越，在很大程度上是为了缔造好的公民；他是共和派，也是政治道德主义者。但是，在晚期帝国，斯多葛学派对于责任的召唤在一个庞大的官僚机构和无限的皇权剥夺了人们之政治自由的世界里听起来很空洞。从斯多葛学派和伊壁鸠鲁学派的教义中和新毕达哥拉斯派

---

[20]　见 Fontaine，本书第 27 章。

（Neo Pythagorians）的世界观中，一个新的柏拉图回归了。新柏拉图主义要求民众不要试图去做好的公民，而是要用他们的知识去接触超验的世界。这个超验世界之到来需要的是沉思，而非实践和私人的道德。也许，一个非常重要的事实是，新柏拉图主义最有影响力的支持者普罗提诺（Plotinus，或译柏罗丁），是在阿莫纽斯·萨科斯（Ammonius Saccos）——3 世纪最重要的基督教神学家奥利金（Orige）的老师——门下学习的。

　　自君士坦丁时代之后，我们在异教作者中看到了一种对过去历史思考和评价的关注。正是这些古代晚期的学者们将古典时期的文献整理成了早期中世纪所见到的那种形式。他们就是从事早期中世纪研究的学者们所要学习文献的编辑者和评注者，如 4 世纪的语法学家多纳图斯［Donatus，他恰好是杰罗姆（Jerome）的老师］和新柏拉图主义者马克罗比乌斯（Macrobius）。此外，早期中世纪所知道的多数古代知识来自一部由马提亚努斯·卡佩拉（Martianus Capella）所编写的极美妙丰富的文献概要，他是 5 世纪早期的作者。这些异教学者固然重要，但他们的著作回溯的是古典时期的过去；展望未来的，是基督教作者。最后，晚期罗马世界给予中世纪的最伟大的馈赠是它的宗教。我们用"文化"和"崇拜"来分享这同一来源并非偶然。古代晚期的文化生活越来越集中于教会，而且在帝国的宫廷，自从君士坦丁时代以来，就越来越成为基督教的中心。这是仅有的既看到了高层次教育的必要性，又能为之提供资源加以支持的地方。是基督徒为晚期帝国迷茫的知识分子提供了他们所需要的最有用的解决办法，而且，是基督徒将这些答案写下来传给了中世纪。

徐家玲 译校

第 二 章

蛮族的入侵

居易·豪萨尔（Guy Halsall）

史 学

所谓的"蛮族入侵"在欧洲历史上有其重要的地位，而且在许多层面上，它是欧洲历史的开端。几乎所有国家的历史都多少可以回溯到某一入侵的或迁徙的蛮族群体：英格兰的盎格鲁—撒克逊人，意大利的东哥特人和伦巴第人，法兰西的法兰克和勃艮第人（Burgundians），西班牙的西哥特人，苏格兰的苏格兰人（Scots）。人们通常认为许多西方民族历史的缔造者是那些早期中世纪的作者们，他们被认为写了那些迁移者的"民族"（*national*）或部族（*ethnic*）的历史：英格兰的比德在 8 世纪 30 年代写了一部《英格兰人的基督教会史》（*Ecclesiastical History of the English People*）（此书中文版名为《英吉利教会史》，陈维振、周清民译，商务印书馆 1991 年版。此书以下用中文版译名。——译者），助祭保罗在 8 世纪 80 年代写了他的《伦巴第人史》（*History of the Lombards*），而塞维利亚的伊西多尔（Isidore of Seville）对于哥特人（Goths）、苏维汇人（Sueves）和汪达尔人（Vandals）历史的描述是于 7 世纪早期的西班牙完成的。图尔的格列高利是他所在那个时代（6 世纪晚期）的《历史十卷》（*Ten Books of Histories*）的作者，人们认为他写了一部《法兰克人史》（*History of the Franks*）。尽管事实上，《法兰克人史》只是一位 7 世纪匿名作者所编的格列高利作品之六卷精简本的名称，其中只包含了法兰克人的一些史料，但它确实为格列高利争得了"法兰西历史之父"的名声。

多数西方国家的意识就是这样（不管多么混乱）回溯到蛮族入侵或迁徙的概念中。[①] 人们认为是蛮族的迁徙扫除了旧的"古典"世界，即罗马世界，将我们引入了"黑暗的世纪"（Dark Ages）。然而，这一事件并不总是被视为灾难，反之，德意志和英格兰的历史学家们特别乐于将蛮族的入侵描述为扫除了疲惫不堪的、衰朽的、腐败的地中海文明，代之以更有阳刚气质、更尚武、更具北欧风格的文明。甚至那些对这类极端的观点做出修改的作者们也经常描述罗马帝国之软弱和衰朽。[②] 另一方面，法国和意大利的历史学家倾向于认为蛮族入侵是坏事，破坏了有生命力的文明，导致野蛮的黑暗时代的到来。[③] 与用贬义词"蛮族的入侵"（les invasions barbares）来描述蛮族迁徙的历史学家相反，德国和英国的历史学家们只使用"迁徙"（migrations），即民众的迁徙（Völkerwanderungen）这一说法。特别是，包含了大多数迁徙群体，且仍然被认为是前日耳曼时期部族或族群联合体的日尔曼人（Germanic）蛮族，沿着在历史地图上以意大利面般的彩色箭头表示的曲折迂回的路线，迁至其最终的目的地，似乎一切早已注定。

直到最近，历史学家还是达成了两点共识：无论他们使用积极的或消极的词语来描述蛮族的迁徙，却正是这场运动使罗马帝国走向终结；而且，这些蛮族主要是日耳曼人。[④] 简言之，不管从多么短期的视角来看，罗马帝国的衰落应该归于蛮族的入侵（或迁徙）。这就导致了在 19 世纪出现的可以称为"日耳曼派"的观点，说穿了，就是认为 5、6、7 世纪及后来几个世纪出现的一切新的、不同的因素，皆归因于"日耳曼"的影响。因此，那些完全是"罗马的"作者，像图尔的格列高利、卡西奥多（Cassiodorus）和韦南蒂乌斯·弗尔图纳

---

① 关于蛮族迁徙的史学研究，见 Walter Goffart 的多部著作；(1980)，ch. 1；(1989)；(1995)。

② 例如，Delbrück (1980)，p. 248。这种观点于 1921 年最先出现于德国。至于最近的德意志人的观点，见 Drew (1987)。

③ 例如，第一次世界大战之后的一个极端事例，见 Boissonade (1927)，pp. 14–31；亦见 Courcelle (1964)，后者将他的作品分为若干，分别称为"入侵"（"L'Invasion"）、"占领"（"L'Occupation"）和"解放"（"La Libération"），毫无疑问，对于当时那个时代法国历史事件的研究是由对日耳曼人入侵的研究开始的。

④ 例如，见 Bury (1926)，pp. 2–4，对于更近期的研究，见 Heather (1995)。

图斯（Venantius Fortunatus）等所写的作品，也都被编入《德意志历史文集》（*Monumenta Germaniae Historica*）⑤ 中。日耳曼派观点也导致了将后罗马时代的法典描述为日耳曼法，而且，在考古学方面，那些取代了古代罗马"农庄"（*villas*）的新型农业聚落也被描述为日耳曼的，而那些新的墓葬形式，如那些带有家具随葬品（furnished inhumation）的土葬墓，也一概归于日耳曼人的影响。城市生活的变化，随着一些罗马城镇的萎缩甚至被废弃，以及古典城市化时期的结束，也以一种消极的方式归于日耳曼人或者他们的野蛮原始的破坏倾向，或者，从另一个角度强调其贵族对于更原始的农村生活模式的坚守。在整个部族或民族迁徙中，日耳曼人被看作大量涌入，或蜂拥至罗马的所有行省。⑥

"日耳曼因素"的观点，面对着"罗马因素"或者叫"持续发展因素"的挑战，后者强调，日耳曼蛮族很少有创新。在这些描述中，迁徙是一小伙武士精英的运动（或者有些激进的观点近于否认所谓迁徙的存在），如此，就不会引起如此广泛的变化。⑦ 原来的行省建制基本上仍然是罗马帝国的，由罗马的省级官员为他们的新的蛮族主人们管理着；⑧ 蛮族人国王的权威大多仿照帝国的基督教罗马的理念；⑨ 在这里，也有居住模式的延续，即使其形式有所变化；城镇只是延续着早于 3 世纪开始的发展变化进程；等等。对罗马因素的观点甚至被用于不列颠，而在此处，人们一般强调，此地的情况与欧洲大陆完全不同。⑩

尽管关于罗马因素之"延续"模式远比日耳曼人的"破坏"之理论有更多的论据，但这两种模式都是误导。的确，从 4 世纪晚期到 6 世纪，发生了许多社会的、经济的和政治的变化，但是，其中大部分都不能归罪于蛮族。如我们将在这一章的末尾所见，无论关于蛮族

---

⑤ 关于这部丛书，见 Knowles（1962），pp. 63–97。

⑥ 迁徙的方式，见 Dixon（1982），Burials：Halsall（1995a）。

⑦ 关于这方面的最新观点，特别简要的，关于后罗马时代的不列颠的情况，见 Higham（1992）；M. E. Jones（1996），关于意大利的情况，更细致的，也是更简明的，见 Amory（1997）。

⑧ 关于强调后罗马时代的统治机构的连续性的研究，见 Barnwell（1992）。

⑨ 后罗马时期王权对于罗马的继承关系，最好去读 McCormick（1986），亦见本书后面 Wormald，第 21 章。

⑩ 关于盎格鲁—撒克逊英格兰的罗马化的观点，见 Barnwell（1997），part iv；Wolfram（1997），第 11 章。

人数量的争议也没有触及由罗马行省向蛮族王国转变的本质问题。本章将不会详细描述蛮族的迁徙。相反，只提供了一个对于此前通常引起那些研究蛮族迁徙及其在人们所论及的"罗马帝国衰落"过程中之地位的史学家们所注意到的主要问题的概述和解释。⑪ 如是，这里为本卷之各章论及"蛮族"继承者的国家提供了一个背景资料。特别是，它将证明，我们将颠覆以往评价蛮族迁徙和西罗马世界之衰亡的方式。这里将不再强调西罗马帝国的衰亡是蛮族入侵的结果，反之，我们将看到，蛮族是被引进了一个已经因其他因素而沦于四分五裂之境地的帝国的政治之中；蛮族迁徙是西方罗马帝国结束的结果。本章也将说明，与人们通常所坚持的观点相左，不列颠不能被认为与欧洲大陆完全分离，是某种离轨或特殊的模式，盎格鲁—撒克逊人（Anglo-Saxons）与法兰克人之间的区别并不比法兰克人与东哥特人（Ostrogoths）或汪达尔人之间的差别大很多，反之，很可能更少。

何为蛮族？

38

　　首先，我们必须问什么是蛮族？罗马人有很清晰、合理的阐释：首先，他们是那些住在帝国边境之外的人。按照罗马人的族群理念和地理观念，有不同种类的蛮族群体。⑫ 在罗马人眼中，北方是生活在村社中，对都市生活一无所知，尚武且野蛮的凯尔特人和日耳曼人（Celts and Germans）；南方是狡诈圆滑的阿非利加人或埃塞俄比亚人；在东北方向，是游牧族群斯基泰人（Scythians），是罗马人眼中生活在马背上的人。在东方是暴戾恣睢的波斯人，但无论如何，这是拥有一种文明的族群（伟大的 4 世纪历史学家阿米亚努斯·马尔切利努斯事实上从来没有将萨珊波斯视为蛮族）；最后是野蛮且落后的阿拉伯人。

　　这种世界观基于一种地理生物学：在罗马人眼中，冰冻的北方远离太阳，其人民血质浓厚，因此会向身体下部流动，于是，日耳曼人强壮且勇敢，但有点笨，缺乏战略战术思想；在阿非利加接近太阳，

---

　　⑪ 如关于近期关注蛮族特定群体的作品，见 James（1988 a）；Wolfram（1988）；Christie（1994）and Heather（1996）。最近的评论是 Wolfram（1997）所做的，但从 Musset（1975）作品中可看到更为传统的观点。亦见 Geary（1999）；Heather（1999）。

　　⑫ Balsdon（1979）对此做了有用且基础性的考察。

他们的血液稀薄，上行至大脑，所以阿非利加人胆子小，但聪明且奸诈。当然，在中部即温带地区，罗马人所居住的地方，凡事皆恰到好处，正如他们在社会政治学概念中也是如此得天独厚。⑬ 但并非所有的罗马人都完全相同。罗马人的族群理念还包括了一成不变的帝国地域概念，如是，高卢人远比意大利人和其他族群勇敢，因为他们住得更靠北一些，且为凯尔特人的后人。⑭ 我们必须回到这种观念上来，因为它提到了这样一个问题，即罗马人事实上指的是哪些人；人种学成见并非只是帝国内部的罗马人对境外的蛮族人群这么简单。

无论如何，这种世界观，即把罗马人自己置于中心，认为周围都是带有模式化特征的蛮族这种模式，使得罗马人拥有了现成的且不完全相同的关于蛮族的观念，这也可以被认为是修辞方面的问题。这是很重要的。人们时常忘记，当罗马的作者谈到蛮族时，他们从未与蛮族人群对话。这不是在说："我们这样，而你们那样"，而且，罗马的民族学观念也不是没有偏见的。罗马人的蛮族观念，基本上是一种针对另类罗马人的修辞方式。⑮ 蛮族，其实很简单，就是非罗马人，在任何的，甚至所有的条件下，都可将其列于"另类"的范畴来说明任何观点。一个罗马将军可以因其战胜了蛮族，克制了后者的野蛮、勇猛和他们的众多人员受到特别的赞扬——除非，或者是因为事实上，蛮族军队的人数并不比罗马军队的人数多很多。另一方面，罗马人也因错误估计蛮族人的数量而受到批评。塔西陀（Tacitus）所写的著名的《日耳曼尼亚志》，一部 1 世纪的作品，事实上是批评罗马人社会的长篇作品。有时候，塔西陀使用"高贵的野蛮人"这一名词修饰日耳曼人，哀叹罗马人（如塔西陀所言）在其走向文明的进程中失去了这种高贵的东西。另一方面，塔西陀描写了日耳曼人和他们的行为是典型的野蛮人的方式，警告罗马人得修正自己的行为方式，不然，他们也会沾上蛮族特质，失去其对于蛮族的优越性。尽管如此，一些历史学者和考古学者们仍然认为，塔西陀的著作是关于

----

⑬　罗马人的上述思想可见于 Vitruvius, *De Architectura* vi. 1；Pliny the Elder, *Natural History* ii. 80. cxc；Vegetius, *Epitoma de Rei Militari* Ⅰ. 2。它显然与出自 Hippocrates, *Airs*, *Waters*, *Places*, 12 – 24 一书中，希腊人对此问题的认识极关不同。

⑭　例如，阿米亚努斯·马尔切利努斯对高卢人的描述，见 *Res Gestae* xv. 12。

⑮　这种解释在古代晚期研究中还不普遍，但对于早期罗马人和希腊人的态度，可见 Hall（1989）and Dench（1995）。

"日耳曼人"社会史实的知识库。后来的罗马作家们继续使用这种正面的蛮族人形象。5世纪40年代的马赛教士萨尔维安甚至指责罗马人的社会比蛮族社会更缺乏正义，更缺乏公正，有更多的邪恶。当人们为了得到在罗马统治下得不到的更多的自由而逃离罗马至蛮族生活区时，萨尔维安问道，罗马的社会竟至坏到何种程度了？同样的看法也见于奥罗修斯（Orosius）的《反异教历史七卷》（*Seven Books of History against the Pagans*）和圣奥古斯丁（St. Augustine）的《上帝之城》（*The City of God*），他们提到，蛮族于410年对罗马城的洗劫也远比罗马人对败于其手下的敌人要仁慈得多。⑯古典的族群理论通过一些惯用短语提供了这方面的广泛根据，人们可以参照一成不变的非城市的"自由"日耳曼人，讨论城市生活相对于乡村生活的好与坏；通过参照波斯人来讨论王权的好与坏；参照斯基泰人讨论定居的农业生活的好与坏；通过参照阿拉伯人谈性道德或者家庭生活的好与坏，不一而足。因此，蛮族群体是一个很不稳定的范畴，很难也从来没有人试图给予严格界定。于是，无论是谁，想找出一位特定作者"对蛮族的认识"，就是错误的了。蛮族可以用许多"正面"的方式来表现，却并没有影响到这样的事实，即，像罗马人那样，这些作者依然认为蛮族是未驯化且恐怖的。如果考虑到，如我们下面将要讨论的那样，是在后罗马时期（即当蛮族真正控制了欧洲的时期）的史料中开始使用了 barbarus 这个名词，这一点就很好理解了（本译者赞同以上观点，barbarus 在本卷均译作蛮族。——译者）。

那么，什么是"罗马人"？如果蛮族确实被界定为非罗马人，如果像阿米亚努斯·马尔切利努斯那样的罗马作家们能够对特定行省罗马居民也持同样的认识，那么，是什么构成了"罗马人"（Romanness）仍然是难以界定的，但是到了晚期罗马时期，似乎和单纯的罗马公民身份没多大关系，更别说只是居住在帝国境内了。似乎可以说，所谓的罗马人身份（Romanness）——历史学家们所使用的 *Romanitas*（罗马化）⑰一词，在我们的资料中不大常见，而且可能只出

⑯　Salvian, *On the Government of God*, Book v, esp. v. 5 – 11; Orosius, *Seven Books of History against the Pagans* vii. 41. 7 Augustine, *City of God* i, 1 – 5.

⑰　*Romanitas*：最早使用这一词语的可能是 Tertullian, *De Pallio* iv, 用来指代蛮族不能按照法律来生活，见 Pliny the Elder, *Natural History* ii. 80. cxc; Orosius, *Against the Pagans* vii. 43. 4 – 6。

现在 3 世纪——与公民（*civilitas*）的概念接近，指遵行一定的行为模式，而最重要的是受过教育、自由且依法生活的理念。在罗马人的眼中，蛮族是没有法律规则的，既没有来自上层的法律，也没有自己内部约定的法规，或者，换一句话说，没有对自我的约束。因此，他们实际上是双重的不自由，他们是其统治者的奴隶，也是他们自己情绪的奴隶。蛮族基本上是无法统治的。而罗马人（Romanness）的概念要从文化上界定，而非从语言上界定，这意味着罗马人的概念与蛮族人的概念一样，是可变的、非固定的。于是，一个蛮族人，可以表现得比罗马人更像罗马人，而罗马人也可以表现得比蛮族人更为野蛮。于是，萨尔维安抱怨说，人们认为，他们自由地生活在蛮族人统治下远胜于作为奴隶生活在罗马人统治下。罗马人的造反者或者起义者们也经常被描述为野蛮人；我们发现，一旦有人反对皇帝的集权的、合法的统治便会被说成有蛮族血统。[18]

　　法则法规的另一个反面是"匪"（*latrocinium*），"匪"在罗马人的思想体系中是无形中陷入野蛮的一类。在帝国内部，那些难以治理的地区，诸如阿尔卑斯山（Alps）、比利牛斯山（Pyrenees）、北非的阿特拉斯山（Atlas）或小亚细亚伊苏里亚（Isauria）等山区太容易陷入野蛮状态。因此，那些可能被标记为"非罗马"者，并非由于他们离开了罗马帝国，也不是因其参与了蛮族的入侵，而是在他人看来排斥某种规范。从理论上讲，即使蛮族没有侵入罗马帝国的任何一寸土地，罗马帝国也可以被蛮族化。这似乎是 6 世纪的东罗马历史学家佐西莫斯（Zosimus）所认为已经发生的事情。[19] 生活在罗马帝国内部的人们可以某种方式表现得像个野蛮人；来自帝国外部蛮族地区（*Barbaricum*）——这是 4 世纪开始的称呼——的人们，也可以某种方式表现得像个真正的罗马人。简言之，要想表现得野蛮并非一定是蛮族，尽管没有人会否认蛮族更容易表现得野蛮一些。

---

　　[18] 例如，对有一半汪达尔人血统的斯蒂利科，在其倒台之前的态度，见 Claudian, *De Bello Gothico*；而在他被杀之后，见 Orosius, *Against the Pagans* vii. 37. 1，并见 Rutilius Namatianus, *On His Return* ii, lines 41–60。

　　[19] Zosimus, *New History* ii, 7.

　　这种对于罗马人和蛮族人的动态划分将带着我们进入种族身份认 ₄₁
同的话题。人们可以看到，*Romanity* 这个概念，作为一种种族认同的
观念，也是动态的，没有任何固有的、纯客观的衡量因素；这是一种
固有的思维方式。一位"蛮族"出身的将军可以很自然地被列入罗
马人群体中，并被认为是一位罗马人，而罗马人却又可以很自然地被
否认是罗马人。在帝国内部，在特定的环境下，各行省民众的认同，
例如高卢（Gallic）或潘诺尼亚（Pannonian）的人都能够在处理与其
他地区的"罗马人"事务时，有更优越的罗马人身份。族群的概念
是多层面的、动态的、自我认同的（其心理状态）、视情境而变的
（用于恰当的场合的）。[20] 所有这些方面对于了解西罗马帝国的行省及
行省居民，是如何变成了法兰克人的、哥特人的或盎格鲁—撒克逊人
的生活区，是至关重要的。

晚期罗马帝国之西方

　　罗马帝国在235—284年经历了一系列倒退，政治危机、内部和
外部战争以及社会—经济的无序，这些被总括称为"3世纪危机"，
然则这种危机在不同的时间、不同的地区其严重程度是不同的，而在
另一些地区，则没有任何反响。[21] 出现于这场危机之时、在从事改革
的皇帝戴克里先和君士坦丁统治下的"晚期罗马帝国"之性质，在
本卷的前一章已经论及，但我们在此需要考虑特定的方面，以全面地
理解民族迁徙蛮族军人的性质。我们会看到，在地方统治集团及地方
社会与中央集权之间的关系形成了复杂的网络，蛮族兵陷于此网络
中。这就是日耳曼蛮族事实上控制了西方世界的背景。

　　首先，罗马帝国是一个庞大的国家，从哈德良长城（Hadrian's
Wall）延伸到撒哈拉（Sahara）沙漠，从大西洋延伸到幼发拉底河
（Euphrates）流域。这一片广阔的疆域，用俗话说，即广袤的领地，
也是一片极富多样化地形的土地，包括沙漠、沙漠化地区、山脉、湿
地、森林等。自然的地貌将西方帝国分割成无数小的区域，或者像沿

---

[20]　在族群概念的争议方面，近期最好的学术综述见 Eriksen（1993）的作品。
[21]　Millar（1981），pp. 239 – 248，对3世纪危机有过极精辟的介绍，也可见 Drinkwater（1983），pp. 212 – 227，和 Gerberding，本书第1章。

着意大利脊部下行的亚平宁（Apennines）山区将西方与东方切断，或者像法国的中央高原（Hassif Central）和西班牙的高原（Meseta）那样，或像卢瓦尔河（Loire）或罗讷河（Rhône）那样的大河，切断了区域间交往的界线或形成不同的区域。作为前工业文明时期的国家，没有任何迅捷的交通工具或通信方式，因此也缺乏更快地搜集信息的方式，怎么样才能管理这样一片地域广阔而地形多样的地区呢？而且，当皇帝们几乎很难了解事实的真相，亦不了解哪里的地方当局会为他们一己的利益欺骗他的时候，又如何掌控这样一个庞大的帝国呢？吉本说，关于罗马帝国，最特别之处并不是它的衰亡，而是它如何延续了这么久；但他的话可能已被重新表述过，更不寻常、更需要阐释的，是早期帝国而不是晚期帝国。早期帝国显然管理得非常成功，而且是由一个不大的官僚机构管理着，因为在整个西方的地域村社团体中，为争取地方管理权的竞争是通过对罗马文化的认同来实施的：即通过参与罗马的地方管理，通过在罗马都市中建立罗马式的城市设施来竞争，通过建设罗马式田庄来表明自己的身份；通过努力获得公民身份等。从经济上讲，享有盛誉的产品都是在帝国的中心或者接近中心的地区制造，运抵各行省；至少到 2 世纪中期以前，帝国形成了大体集中的经济体制。因此，帝国是靠着人们积极热切地参与地方村社的文化、政治和经济生活而凝聚起来的。[22]

　　3 世纪之后，情况就不再如此了。罗马世界在经济上分崩离析了。虽然地中海世界仍然作为一个经济共同体联系在一起，但多数罗马式的手工业产品制造业转移到了各行省，创造了一系列地方经济。[23]但 3 世纪以后经济上的困难导致以物易物，用实物纳税的经济倒退，形势进一步加剧。212 年之后，即当卡拉卡拉（Caracalla）宣布了普遍的公民权之后，即使罗马人（Romanness）身份也不再是人们所争取的东西了。地方社区积极要求进入罗马世界（Rome's orbit），以求因此带来更好的政治和社会优势的状况，已经成为过去。历史学家们一直关注着作为晚期罗马的库里亚（*curialis*，城镇议员）阶层的支出情况，这是当时的民众感到痛苦不堪乃至捶胸顿足的负

---

　　[22]　关于早期罗马帝国和它的管理，见 Millar（1981）；Levick（1985）；Wells（1992）；Lintott（1993）。

　　[23]　见 Loseby，本书第 22 章。

担。然而，库里亚阶层的负担不太可能远比此前为重。主要的区别在于，早期人们自愿地付这笔钱。现在因该身份的回报有限，不再值得为之付出。西方自然地理的状态及地域的差别再次抬头。㉔

早期罗马城市的标志性建筑是由当地市政管理机构或地方上的达官显贵所建，为了表现他们参与竞争的良好姿态，他们慷慨解囊，于是，私人的资金投入公众建筑中。而在晚期罗马帝国，这种建筑萎缩了，而那些已经建立起来的，需要维护而不是新建的建筑，也不再由地方官员负责而是由帝国官僚机构代表使用公款进行。私人的钱款投入了私人的建筑、城镇房产和农村的农庄。如同在其他地方所描述的那样，晚期罗马帝国的官僚机构是庞大的——大约有 25000—35000 人之众，占据着这个错综复杂的机构的诸多位置，每一个职位都可带来社会的崇敬和相应的特权，但这种位置通常只可短时间地占有。㉕如果你等待，你的机会还会再次出现。在西方世界的一些地方，如在高卢北部和英格兰低地那些似乎没有很多证据说明有大的田庄和贵族地产存在的地区，对于帝国公务机构的依赖和接受其庇护可能是迄今为止管理地方社会的最重要因素。在另一些地方，在高卢南部、意大利和西班牙，大量地产产生了巨大的财富，那里，执政阶级不那么强烈地依赖参与帝国管理来维持他们的社会地位。这样的一群人仍然在与那些与他们处于同等地位的人竞争，以在自己的群体中居统治地位。这种地区性的差异是至关重要的。

帝国遇到的困难可用一个故事概括。4 世纪时，罗马统治的北非是世界上最富裕的地方，这一点常常使现代的学者们惊诧。这里上演了罗曼努斯伯爵（Count）的故事。㉖这个故事并不像它出现在阿米亚努斯·马尔切利努斯的记载中那样简单，但其概要内容则如下所示。在363—364 年，在特里波利塔尼亚（Tripolitania）的大列普提斯（Lepcis Magna），当地居民受到原住民奥斯特里亚尼族（Austo-

43

㉔　关于晚期罗马帝国，最好且最详尽的考察仍然是 A. H. M. Jones（1964），它应该在 Cameron（1993a）、（1993b）那里得到了更新。对于各地情况的考察说明了这些观点之正确，见 Lepelley（1979）；Wightman（1985），pp. 219 - 311；Potter（1987），pp. 192 - 209；Esmonde Cleary（1988）；Keay（1988），pp. 172 - 217。

㉕　见 Gerberding，本书第 1 章。

㉖　Ammianus Marcellinus, *ResGestae* xxvii. 6；附有 Matthews（1989）的评注，pp. 281 - 282，383 - 387。

riani）人的侵犯，前因是该部族的一员因抢劫/盗窃行为而被施火刑致死。当地居民向阿非利加长官罗曼努斯求援，他带着他的军队前来，但要求人们贡奉大量贡品和 4000 头骆驼。地方居民拒绝了他，罗曼努斯遂离开该地，使其居民处于奥斯特里亚尼部族的攻击下。于是，特里波利塔尼亚人派出使者到皇帝瓦伦提尼亚一世之处，向他举报罗曼努斯，该使者在宫廷里有亲戚，试图使皇帝听信他的说辞。皇帝听到了使者的控诉和罗曼努斯之支持者的辩护，他谁也不相信，但他承诺将全面调查此事。这一案件未能及时处理，于是，北非的百姓再次遭受强烈攻击，据说罗曼努斯对此事件无所作为。瓦伦提尼安听到北非被攻击的消息十分不悦，派出了一个名叫帕拉迪乌斯（Palladius）的保民官（tribune）来调查此事，同时犒赏北非军队。

44　　　于是，罗曼努斯说服他的军官们将他们所获大部分赏金交给帕拉迪乌斯。当两位当地居民向帕拉迪乌斯说明他们所受到的伤害和罗曼努斯严重的玩忽职守时，罗曼努斯威胁帕拉迪乌斯说，要向皇帝举报他腐败，因为他侵吞了国家交给他用来犒军的钱。为了自救，帕拉迪乌斯与罗曼努斯结成同伙，他们同时向瓦伦提尼安汇报，特里波利塔尼亚人没有理由控诉。那两位向帕拉迪乌斯汇报情况的当地居民因说谎而被判割舌，但他们逃脱了。瓦伦提尼安在这件事上完全被欺骗了，且立即实行严惩，他也下令处决原来该行省派出的使者和该省的省督，但一个被控者成功地躲藏起来了。后来，一些涉案人（据阿米亚努斯的记载）被迫自杀，在伯爵狄奥多西（Count Theodosius）于 373 年率领军事特遣队最后平定了北非各部族的骚乱之后，罗曼努斯的一些同伙被其处决。罗曼努斯，似乎在监狱内短期被囚，但最后还是侥幸逃脱了。

　　可以说，关于这个故事有更多的意义，而不单纯是由谁承担责任的问题，但从罗曼努斯的角度看，则很可能完全不同。然而，这个传说的确说明，皇帝们要想发现在他们的庞大帝国内究竟发生了什么是多么的困难，同时，这种困难是如何被地方上的个别人所利用。罗曼努斯的故事并不仅仅是一个简单的腐败和欺骗的故事，事实上它清楚地说明了后期罗马帝国是如何受到集权管理的。所有的地方权力竞争者，都想在帝国的统治机构中占一席之地，取得帝国法律的支持，如是，他们可以盘剥这个地方。他们也企图接近皇帝，获得他们可能取得的权力，以管理他们的地区。晚期罗马帝国时期，出现了与早期体系完全对立的情况。人们在竞选地方权力时不再问："我能为帝国做些什么？"而是问："帝国能给我些什么？"在晚期帝国，成百上千的地方自治机构使得帝国不再凝聚在一起；反之，将他们联系在一起的是覆盖各地方社会的庞大官僚体系，这一体系是巨大的、庇护性的、需要有效管理的官僚机构，否则，帝国则不再能够为地方社会做任何事情，所有地方管理机构也必将分崩离析。换句话说，在早期帝国，所有的道路都通向罗马；而在晚期帝国，所有道路都从罗马向外延伸。4 世纪的西方皇帝们得心应手地操控着这种局面。正像在前一章所述，他们占据着帝国的前线区域，在莱茵河上的特里尔（Trier），或者在多瑙河（Danube）沿线，他们管理帝国，监控他们的臣民，且有效地将各行省——瓦伦提尼安所管理的潘诺尼亚和格拉先（Gratian）所统治的高卢（Gauls）——统一于帝国的轨道上。掌握了莱茵河，就控制了高卢；控制了高卢，就控制了西方。他们知道这些，但当时的局势却不容乐观。

45

4 世纪的蛮族社会和政治

　　我们经常得到这种印象，即晚期罗马帝国边境压力极大。对这种压力，传统上的解释是，由于人口的增长，蛮族的数量在膨胀。有的时候，我们又得到了这样一种印象，即日耳曼蛮族是被一种初始的浪潮推向地中海的。[27] 另一个普遍的解释看到了以"多米诺骨牌"理论所描述的压力。在 350—375 年，一支被称为匈奴人（Huns，亦有人将其译为"匈人"，关于其起源，有一些不同的说法。——译者）的部族初次被罗马作者们所提及，而且多被认为是自远东迁来。[28] 匈奴人被认为是"推动"了哥特人进入罗马帝国，"推动"了日耳曼部族，日耳曼部族又"推动"了他们面对的群族，最终，罗马的边疆被逃亡的日耳曼蛮族所充斥。

　　与这种相当戏剧化的记述相左的是，对于罗马边疆不断增加的压

---

[27]　Pirenne（1925），pp. 5 – 8. Goffart（1980），pp. 11 – 17，较为详尽地讨论了这种想象。

[28]　最著名的是 Ammianus Marcellinus, *Res Gestae* xxxi. 2. i – xii。

力之最好的解释可能应该归因于蛮族内部政治的发展。在 3 世纪，当
罗马帝国进入它的所谓 3 世纪危机时代时，在蛮族社会（Barbari-
cum）内部也发生了一些变化。首先，在塔西佗的著作中所列出的无
数地域性部族中，或者更可能是在其上层，出现了一系列较大的联
盟，它们都有着古典时期联盟的名字：如在日耳曼西南方的阿勒曼尼
人（Alamanni，所有的人，All Men）；在莱茵河中下游的法兰克人
（凶猛的人群，the Fierce People）；在德意志北部的萨克森人（Sax-
on）；在不列颠北部的皮克特人（Picts，"身上涂色的人"）；以及在
东部的喀尔巴阡山（Carpathians）和多瑙河下游周边的哥特人
（Goths，那些人，the Men）等。在北部阿非利加和阿拉比亚也出现
了另外一些大的联盟。这些更有实力的联盟对罗马人形成了更大的
压力。

　　那么，这些联盟是如何形成，又如何管理的？这第一个问题是很
难回答的，但罗马人似乎在其中有重要作用。最近，人们设想，阿勒
曼尼人源于罗马人，占领了在 3 世纪后期的内战中被放弃的莱茵河和
多瑙河上游的地区。[29] 有些人认为，即使这种看法更激进，这些新的
"人群"在很大程度上是被罗马作家谈及的存在，以夸大罗马帝国在
边疆的任务及对它的管理；他们发明了"野蛮威胁论"，以证明帝国
活动的合理性，主要是将西方统合起来，正如前面所暗示的。[30] 这
里，似乎有些是事实；蛮族，甚至是他们的联盟，很少能对一个拥有
号称 40 万大军的罗马帝国之生存构成严重军事威胁。近期，人们也
在争论，这种联盟很少能真正存在下去，它们相对于罗马早期的体制
没有多大的改变。[31] 这种意见是不可信的，一方面是由于它使我们只
能接受罗马帝国的衰亡是由于其边疆压力的增强，而且如果情形与塔
西陀时期完全相同，我们也很难理解压力为何增强。对于这一事实之
更可信的论点是，这些联盟普遍破裂是罗马政治很难于其边疆之外运
行的结果。当罗马人，通常是在内战中，分神时，法兰克或阿勒曼
尼人中间出现了伟大的领袖，且形成了大的、有影响力的联盟。罗马

---

[29]　Nuber（1993）.
[30]　Drinkwater（1996）.
[31]　Elton（1996），pp. 15 – 44.

人不得不竭力使这种现象不经常发生。[32]

蛮族如何统治他们的王国？甚至拥有正规的税收制度、一支40万人的军队和一个35000人的庞大官僚体系的皇帝也面临这类问题，对于蛮族的国王们来说不是更难应对吗？他们有一些选择。人们经常提及一个指挥战争的、拥有暂时的但广泛权力的王和一位长期统治的但可能在更有限的领域内拥有权力的神圣君主的组合。但这种类型的王权之正式存在的证据，是非常不安全的。无论如何，两种形式的统治似乎都是天然合理的。神圣的，或者说是宗教上的王，控制生活中的一些宗教事务，将地方村社团结在他的权威之下，以共同参与宗教仪式，监管生活的必要方面。战争中的领袖将在战争年代负责村社的保护或者防御。显然，这后一种形式的权力只存在于危机之后的困难时期，并且，如果情况不妙，可能被取缔。4世纪的勃艮第人可能就存在这两种类型的统治者的结合，尽管还缺少这方面的证据。另一种领主形式是仲裁形式的。地方村社可能被纳入一个外部的、能够对当地的纠纷进行公平的且使争议双方都能接受裁判的更有权威的大的行政组织内。于是4世纪多瑙河下游地区的哥特人联盟的首领就被罗马人称为"仲裁者"（Judges）。此外，如在法兰克人和阿勒曼尼人联盟中，我们也看到许多小王，在罗马人失去控制时偶尔被一个超王（over-king）所控制。[33]

是什么因素使这些王拥有权力？其中一个因素就是财富：罗马人所给予的财富。罗马的艺术品在蛮族（*Barbaricum*）那里是非常珍贵的，如在罗马征服前夕在凯尔特人诸王眼中那样珍贵。如果那些蛮族首领能够控制这类物品，并通过一种礼品交换的程序分配这些物品，他们就具有了得到诸多分散部落效忠的手段，特别是，如果他们能够将这些物品在竞争中的各家族之间分配，并导致其互相争斗之时。罗马人可以在边防线上付出大笔金钱给他们的盟友，而这些礼金在蛮族政治势力形成过程中发挥了重大作用。这可以在历史学家们和考古学家们称为"自由的日耳曼"地区（即罗马北部莱茵河边境和不列颠

47

---

[32]　Heather（1994 a）.

[33]　日耳曼诸王，见 Wallace-Hadrill（1971），ch. 1；James（1989）and Wormald，本书第21章。关于勃艮第人诸王，见 Ammianus Marcellinus，*Res Gestae* xxviii. 5. xiv，但是有关慎重使用 Ammianus 之定论的颇有价值的评论，见 Wood（1977），p. 27. Goths：Wolfram（1975）。对于阿勒曼尼人一词的典故见 Ammianus Marcellinus，*Res Gestae* xvi. 12. xxiii – xxvi.

北部）得到证实。于是，如前所述，罗马人通过给予蛮族首领们大笔贡金以求他们在3—4世纪经常发生的罗马内战期间保持安静，而可能确实为缔造这些新的同盟起到了重大作用，这些贡金帮助了蛮族中的强有力的国王在罗马最困难的时候出现。[34] 人们也可以通过贸易保持权力。于是，在晚期罗马帝国时期，我们看到一些罗马境外贸易据点的出现，其中最为戏剧性的是菲英岛（Fyn）的隆德堡（Lundeborg），它与古默（Gudme）的内陆贸易站具有同等重要的地位。另一个同类的商站出现在日德兰（Jutland）半岛对面的丹克尔克（Dankirke）。[35]

　　这种蛮族权力可能会使人印象深刻。在罗马边界之处，我们看到了那些能够控制人力资源以建设大型防守据点的统治者，他们集中了许多手艺高超的工匠来制作彰显其权力和威望的物品，以支持其政治权力。有意思的是，这些东西往往仿照罗马的官衔标志来制作；掌权者的名称在边界两侧也是相同的。在莱茵河上游边界，即在阿勒曼尼人生活地区，我们发掘了许多高地聚落（或高山防寨，*Hohensiedlungen*）遗址，那里出现了高品质的工艺制作和手工业品。这些可与不列颠北部的特拉普雷朗（Traprain Law）遗址的出土物品相媲美。即使在地势低洼的地区，我们也可以发现同样的重要遗址，如在莱茵河南岸法兰克人生活区的根奈普（Gennep）。在法兰克人土地上，也有许多证据说明有相当大量的、有组织的冶铁业。[36]

　　在帝国边境地区，许多更大且有强大潜力的王国被联合在一起。有些极其依赖于它们与罗马的关系，但大约到4世纪末，一些邻近边境地区的首领可以保持相当的独立，并具备有效的行政管理体制。很可能，这些后来进入"自由日耳曼"地区的日耳曼人更多地依赖于罗马的礼品，罗马人付钱是为了使这些日耳曼人帮助他们抑制边境上的诸国王。罗马权威在各地日耳曼人社会中的角色也可以从日耳曼人经常使用罗马官员的身份标志中看到，如在萨克森人的家乡，在大型

---

　　[34] Heather（1994 a）.

　　[35] Gudme：Nielsen（1994）and Hedeager，本书第18章；Dankirke：Hansen（1989）。

　　[36] 例如，关于高山防寨（*Hohensiedlungen*）的发掘，见 Steuer（1994）；（1997）。关于特拉普雷朗（Traprain Law）的发现，见 Feachem（1955—56）；关于根奈普（Gennep），见 Heidinga（1994）。冶铁业，见 Groenewoudt and van Nie（1995）。

火葬墓地可见的腰带扣，这一看法也许同样适用于一些胸针。[37] 简言之，蛮族的政治活动是高风险的，而这种高风险通常是由罗马人挑起的。在前线，有一些很强大的蛮族国王，他们能够对其邻国强化自己的权威，但是，在相当大的程度上，蛮族的政治依赖于持续而有效运作的罗马帝国，正如罗马各行省社会所做的那样。然而，如果帝国不再能有效运作，又会发生什么呢？

西方帝国的衰朽

要理解蛮族的迁徙和西方帝国的衰朽，关键的年代不是 376 年，在这一年，大批哥特避难者离开其政治动荡的家乡——匈奴人是引起该动荡的要素——迁入巴尔干行省。这一年代也不是 378 年，这一年，哥特人在亚得里亚堡战役中给东罗马的军队以致命打击。最新的，且最有说服力的观点认为，亚得里亚堡战役的重要作用曾经被夸大了。到 4 世纪 80 年代早期，哥特人已经被控制并打败，定居于巴尔干半岛，其方式与此前无数其他部族的人们所经历的情况相同。[38]

决定性的年份应是 388 年，篡位皇帝马格努斯·马克西穆斯（Magnus Maximus）被镇压之时。自马克西穆斯之后，再没有重要的西方皇帝（我们可能排除了一些不大出名的和短命的篡权者）到过里昂以北的地方。当马克西穆斯的西方军队被狄奥多西一世的东方军队打败，特别是当尤吉尼乌斯于 394 年暴动，西方的军队受到狄奥多西的部下极度血腥的屠杀之后，帝国西方的防卫受到致命打击，在马克西穆斯死后，在高卢或不列颠北部就很难看到帝国活动的痕迹了。贵族们都逃到南方；罗马《职衔录》（Notitia Dignitatum）中显示，到 418 年，相当数量的高卢北方官员撤到了高卢南方；高卢首府可能是在 395 年从特里尔迁到阿尔勒（Arles）；一个建立于 5 世纪早期的高卢议会并不代表高卢北方各行省。在高卢和不列颠的北部，不再能感受到帝国的权威，而这两个地区似乎要受到帝国保护和有效管理才能维持地方上的秩序，其结局是戏剧性的。这些地区的考古学证据揭

[37] 在下萨克森地区火葬墓中的罗马物件，见 Bohme（1974）。
[38] Burns（1994），pp. 1 – 91.

示了农庄制度、罗马城镇的迅速瓦解，而且，还有在不列颠罗马手工业的瓦解（在高卢，这类手工业停滞了，但没有消亡）。公墓的证据证明了地方统治的不安定。在卢瓦尔河北部，罗马文明在两代人之内消亡。[39]

这也影响到了蛮族。在 406 年的最后一天，高卢受到了一支蛮族大军的侵犯，这支大军不是来自边境上的王国——那些王国的国王们似乎因其撤离莱茵河地区而受到了罗马人的更多资助——而是来自蛮族（Barbaricum）地区腹地：他们是汪达尔人、苏维汇人、阿兰人，随后是勃艮第人。他们可能就是那些其政治权力多仰仗于罗马之恩赏的族群；这类恩赏的结果，很可能再加上来自东方的新政治势力——匈奴人，迫使一些实力不强的族群失去权力，进入帝国，寻找财富。[40]事实上，其中一些群体将会发现，在西班牙西北部定居的苏维汇王国，很可能是通过与罗马人的和约进入此地的，而北非的汪达尔王国可能是唯一的多少通过夺取罗马人土地而建立的蛮族王国。

在帝国内部，4 世纪 90 年代的内战中出现了另一支危险的、以蛮族血统为基础的政治集团，即阿拉里克的哥特人集团。在尤吉尼乌斯被镇压之后，对斯蒂利科（Stilicho）——此人系幼儿皇帝洪诺留（Honorius）的顾问——之类人士的虐政极其不满的这个群体，于 410 年洗劫了罗马城。他们事实上被罗马人安置在阿基坦（Aquitaine），在此建立了他们的王国。哥特人在阿基坦的定居曾经是争论不断的话题。[41]为什么将哥特人安置在高卢那么远的地方？答案并不复杂。在 5 世纪早期，高卢事实上的边疆已经不是莱茵河，而是卢瓦尔河，所以哥特人的定居点，就像是一个防御据点（fortiori），恰如勃艮第人于萨伏依（Savoy），阿兰人于奥尔良（Orléans）一样，可以被认为是有效的前线安置。[42]高卢北部和不列颠就留待他们自己管理。

㊴　关于罗马官员撤退到南方，见 Notitia Dignitatum Occ. xii. 27。关于高卢的议会，见 Loseby (1997), p. 52。关于罗马不列颠之衰亡的考古学证据，见 Esmonde Cleary (1989), pp. 131 – 161。关于高卢北方的情况，见 Halsall (1995 b), pp. 219 – 228, 249 – 251。

㊵　Burns (1994), pp. 247 – 279；Thompson (1956)。

㊶　Heather (1995)。

㊷　关于蛮族定居的性质，现在可见于 Wood (1998) 的审慎的概括和解释。

这里，我们可以回到各罗马行省差异这一问题上。在阿基坦，当地的社会在没有罗马庇护时更容易管理，这块土地交于哥特人时大体上平稳顺畅，至少在 450 年之前是这样。这里，原罗马的各家族仍然保持其权力；而且很可能，罗马社会和文化在此地的延续比西方在任何其他地方都强。[43] 在北方，事实上的帝国统治之衰微导致了无政府状态。这里没有规范的权力转移；也没有独立的、建立新的有效社会和政治层级结构的地方措施。新的权威被卷入了这一政治真空地带。在高卢，法兰克人和阿勒曼尼人从卢瓦尔河到阿尔卑斯地区扩充着他们的势力，他们支持当地罗马军队首领，也常常是与这些首领合力完成了扩充。[44]

在不列颠，其西部高地的首领们，或许是国王们，很可能也像在罗马边界的日耳曼人诸王那样被授予了权力（当然，他们的山上防务基地与阿勒曼尼人的高山防寨基地惊人的相似）。罗马军备在 4 世纪晚期的分配只包括低处（指英格兰南部地区，其地势低于北部——译者）的各省，因此，很可能不列颠北方和西方在 4 世纪晚期即被罗马政府放弃了，也许是在马格努斯·马克西穆斯时期。如果事实如此，那么，地方防御可能已经交付地方上的首领们；马格努斯·马克西穆斯自然在威尔士王权形成的传说中占有重要地位。很可能，权力较少受到罗马人撤离影响的这些高地首领们，已经在向低处扩展。也有可能，在 5 世纪晚期，法兰克人的势力也伸展到海峡对岸，进入肯特。这是人们依稀记得的，半传奇式的罗马—不列颠的统治者，即称为安布罗修斯·奥雷良鲁斯（Ambrosius Aurelianus）和沃蒂根（Vortigern），甚至是亚瑟王（Arthur）之故事的背景。也是史籍记载中的一些事件的背景，这些事件即关于撒克逊人同盟者被邀请进入英格兰东部地区——也许是在泰晤士河入海口以北，而不是在肯特（虽然这是肯特国王编造的故事）——而且，由于盎格鲁—撒克逊人的扩张，英格兰统治者向西穿越了低地，与西方的不列颠诸王

50

---

[43] Stroheker（1948）；Mathisen（1993）.

[44] James（1988 a），pp. 67 – 71；（1988 b）.

相争。⑤

在高卢北部，情况与英格兰的低原地区相仿，大约在公元 500 年时，争夺权力的赌注是如此之高，乃至权力竞争者都因内部的暴乱和外部的两大势力——北方的法兰克人与西南方向上的勃艮第人——而减少了。同样的情形对于英格兰来说比较容易应对，由于时势适合于区域模式的管理，英国分裂成许多小王国。⑥ 第三种选择，即使罗马势力同在高卢北部和不列颠一样已经衰朽，地方上的社会等级集团仍足以维持其统治，这种情形可能在西班牙得到了证实。在这里，一些事实证明，地方上的贵族持续管理着他们独立于罗马或者蛮族统治之外的地方城市区域，也许一直延续到 6 世纪。⑦ 因此，西方各行省成为独立的王国这一进程，并不能简单地说成是大规模的、潮水般的蛮族迁徙覆盖各行省的结果。在某种程度上，我们也许可以重新使用"侵入"这一名词来描述一小群武士攫取了军事和政治权力的事实。有的时候，在一些地区，像在莱茵河流域（Rhineland）和东部英格兰，这些武士集团带着大量的随从人员，他们的妻子和孩子们，但更经常地，蛮族是在他们的领袖成为地方各行省社会和政治权力之中心时获得权力的。通过对此现象的观察，我们这一章就应该结束了。

地方社会、族群和蛮族

到了公元 500 年，所有西部罗马行省都成为蛮族的王国：法兰克人和勃艮第人在高卢，东哥特人在意大利，苏维汇人和西哥特人在西班牙，汪达尔人在北非，盎格鲁—撒克逊和不列颠人（Britons）在不列颠。但这并不是由来罗马帝国领土之外的大规模的征服和军事攻

---

⑤ 关于 4 世纪晚期罗马军用铁器在不列颠的分布，见 Böhme（1986），p. 492. 关于在威尔士人族谱和其他半传奇式的记载存在的，关于马格努斯·马克西穆斯，作为 "Macsen Gwledig"（威尔士语对罗马皇帝马克西穆斯的称呼——译者）的传说，见 Alcock（1971），pp. 96 – 98。后期罗马的山地防寨，见 Rahtz（1982 – 83）；Alcock（1988）；（1992）。关于考古学的证据和对撒克逊人同盟者的邀请，见 Chadwick-Hawkes（1989）.

⑥ 这种当时流行的模式在 Bassett（1989）的研究中做了十分恰当的表述。

⑦ 关于西班牙贵族的军事实力的文献依据，可见 Hydatius, Chronicle 81 [91]，179 [186]；John of Biclaro, Chronicle 36, 47；Isidore of Seville, History of the Kings of the Goths, 45。关于这方面的讨论，见于 Collins（1980）；（1983），pp. 44 – 45；Thompson（1976）；（1977）也见 Barbero 和 Loring，本书第 7 章。考古学方面，从 5 世纪到 6 世纪，这里似乎一直有大的宫室田庄。关于其概述，见 Keay（1988），pp. 202 – 217。

击的结果，而是来自罗马帝国在 4 世纪最后 25 年内政治结构衰落的结果，这种衰落暴露出其地方统治的软弱。

在一切都依赖于罗马国家的地方，出现了急剧的崩溃，人们开始寻求新的地方管理者。到 500 年前后，即使有许多罗马传统的力量依然存在，人们现在也在以物质文化来宣示权力，该文化直接指向非罗马的来自蛮族的东西，特别是阿提拉建立于多瑙河流域的短命帝国的哥特—匈奴人文化。殁于 480 年前后的法兰克人国王希尔德里克（Childeric），在安葬时佩戴着罗马式别针和指环印章，但他的墓穴内也随葬了多瑙河风格的黄金和石榴石（gold-and-garnet）装饰品。[48] 4 世纪罗马帝国的生存取决于它还能够持续地支持地方层面的权力。388 年之后，它失去了，且没有再恢复它支持地方统治的能力，于是，人们寻求外方的力量。一些定居在帝国境内的蛮族武士集团能够提供另一种核心，特别当他们在一些特定的行省中成为这种核心时；另一些核心是由边境地区的强势蛮族国王提供的，他们已经有能力扩张到北方各省，也同样能够在没有其他政权存在的地方给予地方政权支持。

我们必须回到帝国末期和蛮族王国建立的历史时期来审视行省的情况。认为这种变化是被动且无奈的，或者，如已故的研究晚期罗马帝国的伟大历史学家琼斯（A. H. M. Johnes）所认为的，各行省是罗马到蛮族政治的变化之冷漠的旁观者，这是说不通的。[49] 也不能认为，在高卢南部、西班牙或意大利的元老们参与蛮族的行政管理只是单纯地为了获得保护。诚然，在 5 世纪初，一些西班牙贵族试图坚守比利牛斯山（Pyrenees），对抗汪达尔人，遭到了失败，但可以说明，他们有能力召集军队。[50] 高卢南部的贵族也从其土地上征集了军团来对付哥特人，后来是帮助哥特人组建了其军队中的最重要部分。在西班牙南部，这类贵族在几十年内保持着他们的政治独立。[51] 所以，仅仅是获得保护这一理由是不能解释这个现象的。在南方各省，相应的解释只能是，新的统治者给了那些原来的地方贵族长时期以来所拥有

---

[48] *Childeric's grave*：James（1988 a），pp. 58 – 64，and Halsall（1995 a）。
[49] Jones（1964），pp. 1058 – 1064。
[50] 贵族们对于比利牛斯山口的保护，见 Orosius，*Against the Pagans* vii. 40. 5 – 10。
[51] 见本章注释 47 和 Barbero 及 Loring，后文第 7 章。

的东西，和那些自 388 年之后他们担心会失去的东西：即进入核心政治的权力。新来者提供给元老贵族们能够与他们的对手比肩而立（vis-à-vis）的方式，并保留了他们在当地的优势地位。而且，众所周知，这种优势地位也由基督教会的权力机构所保持着，但非基督教的、军事的或者官僚的优势在数量上要多出许多，但它们却被历史学家们所忽视。[52] 507 年，法兰克人在"武耶（Vouille）战役"[53] 中打败了西哥特人，而且在 10 年之内将他们完全驱逐出阿基坦王国。这导致南部高卢贵族失势于核心政治机构，但是，他们很快找到了新的政治核心，即为北方的法兰克王服务，以保证他们继续发挥自己的作用。

在其他地区，请求外来的蛮族在更带有地方性的范围内维持其势力——如在高卢北部和不列颠所发生的那样——就更为必要了。在这里，在 6 世纪中期的政治混乱之后，如同伊比利亚半岛所做的那样，人们广泛地采纳了与新来者的族属认同的方式。到公元 700 年，出于各种意图或目的，卢瓦尔河以北的所有居民都是法兰克人，而卢瓦尔河东南地区的居民，都是勃艮第人，西班牙的所有居民都是哥特人；不列颠低地的所有居民都是盎格鲁—撒克逊人的某一支；于是，找罗马人就只能去意大利了。罗马人哪里去了？这一问题即使在公元 700 年也仍然是个问题；为了解释罗马人的显著"消失"，法兰克人和盎格鲁—撒克逊作者们不得不编造罗马原住民受到大规模屠杀或者被驱逐的故事，但在高卢，这种屠杀或驱逐的严重程度却值得怀疑，因为他们得解释罗马人是如何先教会这里的法兰克人使用拉丁语的。[54]

我们在本章的开头看到了罗马人和蛮族人之概念的非固定性。在后罗马时期，这种非固定性可以得到形象地表达。在东哥特人统治的意大利，哥特统治者几乎从来不被认为是蛮族；蛮族是另一些外来群体，甚至其他的哥特人亦被视为蛮族。另一方面，在勃艮第人王国，蛮族的标签可以被勃艮第人生动地用来描述他们自己。在高卢，罗马与蛮族的对立转而被描述为大公教会的基督徒与异教或异端的对立。

㊾ Heather（1994 b），pp. 177 - 197.

㊿ 见 Gerberding（1987），p. 41，他认为 Campus Vogladensis 这场战斗发生于武隆（Voulon），而非通常所认为的发生于武耶。

54 如在 Bede, HE i, esp. 1, 34 所述。关于在一部 9 世纪 Liber Historiae Francorum 手稿的边页上加的一段 8 世纪的记录，说是罗马人在教会法兰克人拉丁语后就消失了，见 James（1988 a），p. 237。

到了 8 世纪，一个无聊的巴伐利亚抄胥（即抄写者，文书。——译者）甚至以传统中罗马人对于他们的态度去对付罗马人，（用拉丁语！）写道："罗马人是愚蠢的，巴伐利亚人是明智的。"⑤

于是，对于哥特人、法兰克人、勃艮第人、盎格鲁人或撒克逊人的新的政治认同就可以不带任何歧视了。这些民众的军事精英——武士阶层尤其如此，这些武士在获得军事和政治权力的新王国中自称为哥特人、撒克逊人或者任何其他人。后面几章，我们将看到，经常出现依民族性划分劳动分工的情况：蛮族人从战，罗马人纳税，于是，蛮族成员可以获得免税权。在后罗马时期的法规法典中，民众中的蛮族成员通常会获得法律上的特权，这是人们偏爱蛮族身份认同的另一个理由。甚至图尔的格列高利，一个高卢南部的元老身份的贵族，也有一个母系方面的大舅叫贡都尔夫（Gundulf），这是一个蛮族的名字，或许是与贡都尔夫曾服务于法兰克人的奥斯特拉西亚（Austrasian Frankish court）宫廷有关。如果我们回到地方村社中，我们可以看到采用新的族属认同方式在战胜竞争对手获得权力方面是特别重要的，在百姓寻求新的权威之时尤其如此。⑥

人们如何成为蛮族成员？改名是一个方式，如在贡都尔夫一例中所见。我们也偶然会在一些资料中看到拥有两个名字的人，一个罗马名，一个蛮族名，说明了这一进程。随后，是物质文化层面。在后罗马时期西方新出现的政治实体中服饰风格和艺术制品形式在表现一个人的政治倾向方面是十分重要的，这在考古发现的别针及相关饰品的形制上显示出来。另一方面，考古学不太明显，却在一些资料中有所描述的特征比如发型，也是用来显示身份的方式。⑦ 无论如何，事情并非处处如此。在不列颠，到公元 700 年时，语言发生了变化；在其他地区，蛮族语言融入地方语言之中的程度还不深，尽管蛮族戏剧性

54

⑤　哥特人对于"barbarian"这一表述方式的态度，见 Amory（1997），pp. 50 - 85。关于勃艮第人对"barbarian"这一表述方式的态度，见 Wood（1990）；Amory（1993），pp. 1 - 28；以及 *Bavarian marginalia*：Muooct（1975），p. 190。

⑥　关于民众的分野，见 Goffart（1980）；（1982）；Moorhead（1994），pp. 71 - 75；Halsall（1995 b），pp. 26 - 32；Amory（1997），pp. 46 - 85，91 - 108。关于贡都尔夫其人，可见 Gregory of Tours，*Hist.* vi. 11。

⑦　关于名字，见 Amory（1997），pp. 86 - 91，97 - 102，及其他资料。考古学方面，见 Halsall（1995 a），pp. 56 - 61。关于蛮族成员与原帝国行省成员之融合并形成了新的社会和政治群体及其相互认同，见 Pohl（1997）的论述；以及 Pohl and Reimitz（1998）；Pohl, Reimitz and Wood（2001）。

地改变了人们的族群归属性。为什么会这样？这能简单地，像通常人们所理解的那样，是蛮族的数量问题吗？这个因素有那么重要吗？难道这一点不重要吗？[58] 这是一个看似合理却经不起仔细推敲的论点，因为它过于偏狭，许多早期盎格鲁—撒克逊人历史的理论也有这个问题。法兰克人、哥特人和勃艮第人有着同样的——甚至更大的政治和军事的占领地，但并没有改变地方上的语言，只在莱茵河沿岸除外。然而，在将英国低地发生的语言变化存在的争议，以及欧洲其他地区未发生语言变化的事实时都解释为进入不列颠的盎格鲁—撒克逊人数量很多，就太过粗略了。我们需要考虑事情的另一面：即各个行省的身份。在那些权力转移到蛮族之手的过程最为平和的南部高卢和6世纪的意大利和西班牙，罗马人的身份，特别是在贵族中间，是非常重要的。这是他们自豪的根基，是可以用来对抗新贵、蛮族和逢迎者的。毫不奇怪，在这里，没有人改变语言，尽管如我们所见，许多人改了名字。6世纪中期的战争和政治动乱，以及旧的罗马贵族的衰落，改变了西班牙和意大利的状况。但在8世纪之前，阿基坦没有任何变化，阿基坦人从来没有变成法兰克人。反之，从7世纪开始，他们中间许多人逐渐地采用了巴斯克（Basque）或加斯科涅（Gascon）人的身份。这种族属变化的原因很可能与上面讨论过的不列颠和高卢北部的情况相似。解除或者无法介入高卢政治核心的事实意味着其正规管理者的优势结束了。在竞争地方权力中失意的人们寻求靠山，接受了一种更为直接的和军事上更有效的巴斯克人身份的认同，而巴斯克人至少在6世纪时，就已经开始攻打高卢南部。[59]

　　但是在北方，如我们所见，罗马人的身份远没那么重要，在大约600年前，改变身份在高卢北部成为"更有优势地位"的法兰克人是很常见的现象。在低地不列颠，似乎同样在莱茵河沿岸，情况仿佛更为特别。这里，拉丁语言和罗马人的身份可能分别被不列颠的政治身份和西部不列颠高地的统治者，以及与东方来客相关的英格兰的身份所取代。拉丁文化在388年之后迅速地衰落，且再没有机会恢复。这里，与高卢的法兰克人相比，很可能有更多英格兰移民。在欧洲大

──────────

　　[58]　Higham（1992），pp. 189 - 208；M. E. Jones（1996），p. 39.
　　[59]　关于巴斯克人和阿基坦人，见 James（1977），pp. 3 - 27；Rouche（1979）；Collins（1984）；(1986)。

陆，日耳曼人在其蛮族家乡的葬俗很少或根本没有在后罗马各王国的考古发掘中出现，但出现在日耳曼北部的、英格兰人的火葬传统，却在不列颠低地被采用。无论如何，必须承认，这种葬礼的采纳也是低地不列颠身份之衰微的标志，而且，应该强调的是，许多盎格鲁—撒克逊人（像他们的欧洲大陆同胞一样），采用了与晚期罗马行省与后罗马时期通行的、带有奢华随葬品的土葬。因此，我们不需要依赖于巨大的蛮族迁徙数字来解释文化的巨大变化。我们必须同时考虑到罗马本土文化的衰微与新来者之文化的强大。

本章已经强调了，今后在研究蛮族及其在 4 世纪晚期到 7 世纪之间后罗马世界之变化中的角色时，应该有新的视角。我们已经看见，蛮族的迁徙应该被理解为罗马帝国衰落的结果，而不是相反；后罗马时期之蛮族王国的形成应该被认为是罗马各行省之历史的一部分；而这一时期的变化，即这些蛮族王国和新的身份的缔造，一定被理解为，是许多人在其当地社会的内部斗争和冲突中所采取的积极、主动决定的结果，在这方面，如同在历史的一些其他时期一样，我们不仅需要考察社会历史的政治背景，而且需要考察政治之社会背景，并且，最要紧的，我们得把人们放到他们本身的历史当中。

徐家玲 译校

第 三 章

文献资料及其解读

居易·豪萨尔（Guy Halsall）

　　如同人们经常所讲，历史是现代人创造的。今天所说的早期中世纪，与1911年《剑桥中世纪史》第一卷出版之时所说的早期中世纪有很大的不同，[①] 这种不同主要表现在人们观察它的视角不同。这些视角有两个方面，首先，是有了许多可用来佐证的资料；其次，是历史学家观察过去的方式。自从《剑桥中世纪史》第一版问世之后，上述两方面都发生了重大的变化。历史学对书面资料的使用在许多方面发生了变化，在各种分析的层面上也发生了变化。[②] 此外，书面的记载，也不再被视为唯一的证据，而且在一些场合甚至不被认为是早期中世纪历史留下的最有说服力的证据。新的证据——新的视角——成为可能。为了补充西欧资料对于这一时期"新来者"的概要记载，本卷依据了另一些资料（参照了一些欧洲东方的史料证据），[③] 因此，本章也将简要说明，这些证据的形式是如何使用的，以及它们能够解释或者不能够解释的那些问题。

---

① 见 Linehan（1982）对背景的阐述。
② Bentley（1997）.
③ 关于对这一时期的书面史料的综述，Buchner（1953）和 Levison（1952）的工作仍然有极大的价值。Van Caenegem（1997）提供了一个不可缺少的研究工具，而 Buchwald, Hohlweg 和 Prinz（1991）的论述也同样很实用。亦见 Dekkers（ed.），*Clavis Patrum Latinorum*；Berlioz et al.（1994）。Delogu（2002）的作品极棒且有一个非常有用的英文著作目录。

对历史及其资料的态度④

1911 年，对早期中世纪研究的方法奠基于 19 世纪发展起来的实证主义和经验主义传统之上。从根本上讲，这就意味着历史学者们有意恢复那些用于写作政治史和制度史的准确事实。在一个民族主义崛起的氛围中，历史经常用来寻找特定民族的起源，且关注于确定它们对当代政治体制形成所做的贡献。对于资料的取舍态度，则完全根据其能否服务于上述目的为原则。如圣徒生平这类资料经常被认为只是用来骗人的愚蠢的传说之汇集而被忽视，或者，如果它们没有被认可为正确的历史记载时，则作为后人的编造而被摒弃。一些文献由于同样的原因而被完全排除于早期中世纪资料的经典作品之外。《德意志历史文集》⑤ 这个在 19 世纪早期确立的、编纂中世纪文献的重大项目，就省略了在墨洛温家族统治的高卢（Merovingian Gaul）时期编纂的七卷本的《墨洛温事件的作者们》（*Scriptores Rerum Merovingicarum*）中所记大量的古代殉道者传记。人们认为这种著作与早期法兰克人高卢的历史根本没有什么特别关系，因为它们没有道出任何（至少是明确地阐释）关于当时的重大政治事件。人们根据从早期中世纪的作者们作品中感知到的可靠性，即信任他们是在叙述真实的事件本身，对之做出评价。那些赞美诗的作者们，如韦南蒂乌斯·弗尔图纳图斯等都被摒弃，因他们是"无聊的献媚者"。⑥

在 20 世纪早期，当历史学发展成为一个学科时，对历史以及对那些写历史所依据的资料也有了不同的态度。最著名的发展就是以法国历史学家，包括研究中世纪的马克·布洛赫（Mark Bloch）为先驱的"年鉴学派"的出现。简言之，年鉴学派希望脱离政治史，其中论及该主题最著名的是该运动的一位伟人费尔南德·布罗代尔（Fernand Braudel），他划破了史学研究之平静的水面，搅动了史学研究潮流的波澜。⑦"年鉴学派"不是去研究政治史，而是试图揭示人类如

57

---

④　Bentley（1997）提供了 20 世纪最完全的历史学方面的讨论。对于中世纪史，见 Julia Smith（1997）的出色章节。

⑤　Knowles（1963），pp. 65 – 97 关于 *Monumenta* 的历史。

⑥　Dill（1926）.

⑦　Braudel（1972），p. 21.

何卷入气候和自然环境的巨大力量之中，将其看作构成人类行为发生的基本因素。他们提出的是"整体史观"。任何事件都不可脱离历史学者的视野。文字的或非文字的（即考古学数据和地形学证据）所有证据，都需要被审视，看它可以告诉当代历史学者们哪些有关过去的人们生活和实践的故事。在此背景下，对史料的态度自然发生了重大的变化。一份资料是否讲述了，或讲述了多少有关政治的东西已经不重要了。此前那些被认为是传说之集成的史料现在被热情地挖掘出来作为探讨世界观和思维方式［心态（ *mentalites* ）］的有价值的途径。这就开启了新的历史研究模式和对于那些此前从来不被认为是值得注意的史料进行研究的闸门。这种发展也同马克思主义历史观之影响有关联，马克思主义史观由于寻求历史变化的物质方面的原因，以历史的动力而不是纯粹的政治为基础，这意味着需要对更具有丰富来源的资料进行研究，以获取社会是如何变化的信息。

对于"心态"的兴趣意味着即使是政治史也可以被重新认识。对资料的解读不再以寻找高层政治或制度的事实为目的，而是将眼光置于政治的实践：即游戏规则。人们如何分配权力？政治机构不再是其实体本身，并不是单纯地对人们实施统治，而开始被认为是更易变的、由人们相互作用而构成的。于是，这也意味着用以描述政治角逐的结局和制度发展的书面资料的方式，对于表述权力如何被理解或者传达时也相当重要。这归因于像米歇尔·福柯（Michel Foucault）那样的思想家的影响，他曾经提出了权力和它的运作方式的理论。[8] 由此，更高层面的资料批评被引进，以鉴别文献自身在权力策略之中起到怎样的作用。就是说，作者为什么要写，在什么情况下写，为谁、为何而写——这些标准的批评性问题呈现出新的维度。作者又采用了什么样的策略表明他（或偶尔是她）的观点？

人们越来越关注文本本身而不是它的内容这一倾向，自20世纪60年代开始，导致了众所周知的"语言学转向"（linguistic turn）：此乃语言学中的批判理论家和哲学家对于历史研究的影响。[9] 冒着这种过于简单化的风险，一些居于宽敞的理论化殿堂内的、被描述为

---

[8] 见 e. g. , Mann (1986)；Runciman (1989)；Foucault (1994)。

[9] 关于早期中世纪资料的讨论见 Fouracre (1990)；及 Pohl (2001)。

"后现代主义"的作者们甚至强调，传统的、企图以书面资料为基础而揭示历史的做法，最终注定要失败。这种观点认为，过去并不存在与其书面资料描述完全分离或可分离的客观事实。文献"描述"中可能会出现的事实，是通过语言调整，又经作者所生活于其中的特定环境和背景，当时的权力结构和社会关系，及作者本人的经历塑造而成。语言的哲学家们和精神分析理论因此对于这种文献处理的方式也有深刻的影响。语言总是有一定的局限性；它不可能是它所描述的事物本身，因此，永远也不可能准确地再造它的主题。因此，不管一个作者的本意如何（如果说人们可以恢复到他的本意的话），在一部文献被写作的当代和后世，总会有不止一种的理解或阅读方式。当然，在解读中，有些可能完全背离原作者的本意。可能会出现两种背离方式：文献本身的意义可能会被它的解读者所"颠覆"，或者，本来意在颠覆的文献资料可能被修改为适应更为主流的观察世界的方式。以此看来，解读者和作者一样创造了文献和它的意义。此外，现代的历史研究同样受到当代历史学者的背景和当代利益的制约。历史不是在依据事实去验证理论来深化人们对过去的认识，而是存在于当代的成见中，且不断被当代成见塑造。过去的文献和现代的作品都多少成为令人纠结的东西。过去的事实，即历史学者们企图描述出来，更重要的是要进行解释的东西，成为一种虚幻。

　　这种理论对于早期中世纪的历史研究多少有些影响，尽管当代许多研究该时期历史的学者们对之持一种敌视态度（必须承认的是，通常是持有一种漠视的立场）。由此，"语言学转向"的理论方法用于研究这一时期时，在一定程度上是无能为力的。一方面，即这种理论通常开始于对某文献的认定，而我们将会看到，这并不适用于5—8世纪的文献资料。此外，更先进的理论方法和那些最时尚的历史学者们的分界线事实上远不像人们被诱导去信服的东西那样清晰。研究早期中世纪史的那些当代历史学者们普遍认为，过去的历史只是通过传下来的文字资料而存在，这些文本的作者（如我们将会看到的）很少纯粹"讲述事实"，而那些文本又都有多层次的含义。早期中世纪的历史学者们不管怎么说都早已习惯了将这段历史看作始终被各种视角调整和改变，人们正是透过这些视角来看这段历史：包括资料本身和那些早些年代的历史学家们编写的东西。这种争论基本上涉及：

这些史料究竟能在多大程度上恢复历史上的人们所生活于其中的环境。2005 年，研究早期中世纪史的多数历史学家们可能会强调，人们仍然可以使用中世纪的历史资料来构建过去的历史。假定这些历史学家们是当时特定形势和特定社会关系（对于他们来说，是客观存在的事实）的代表，他们的行为是知情且有意识的［而且，他们接受了像布迪厄（Bourdieu）和吉登斯（Giddens）⑩ 那样的社会理论家的观点——他们认为，人类的行为并不是由社会所制约，而是在构建社会结构］，那么，我们可能会使用他们的著作，甚至接受上述观点，来重新描述那时的形势和社会关系。无论我们是否选择对其进行研究，早期中世纪文本及其内容都是存在的，如我们在前面所概要提及的那样，尽管人们解读它的方式，在人们所关注的方面和当代的学术语境中都有了很大的改变，但总体来说，仍然有可能根据他们在这些文本中所发现的可资证的程度来评估人们对于早期中世纪资料的不同解释。从历史学的观念来看，并不是对文献的所有解读都是同样有根据的。无论如何，所谓的后现代主义理论已经在提炼文献方面产生了有益的影响，从而使人们对作者的写作策略、文献的交叉使用和使用讽刺或反讽的可能性产生了兴趣，⑪ 也使得当代历史学家们更为他们所做的事情和做此事的方式而自省。

文献的写作、传播、存续和编辑

为了理解早期中世纪的历史资料，重要的问题是反复地——也许是明显地——指出写作不是杂乱拼凑。写作是一项代价高昂的事业。草纸（papyrus）（以往译为"纸草"，但严格意义上，它是草做的纸，用"草纸"更合逻辑。——译者）的价格很贵，因为它得运到西欧，自然，在 7 世纪 40 年代埃及失于阿拉伯人之手之后更加困难，尽管如我们长期以来所知，这可能不是用皮纸（经过加工的各种动物的皮：小牛皮、小山羊皮和绵羊皮）取代草纸的决定性因素⑫。无论如何，草纸在西方的一些地方仍然被持续使用着，但到了转而使用

---

⑩　Bourdieu（1977）；Giddens（1984）.

⑪　Goffart（1988）；Halsall（2002）.

⑫　Dennett（1948）.

皮纸的更重要的文化转折期，在阿拉伯征服时期就已经开始了，这种转折同时在东方和西方持续。古典时期的草纸文献被制作成卷轴。这种卷轴使得抄写或者阅读标注都很困难，于是，卷书被古书抄本（codex）所取代，抄本用皮纸制作更简单一些。4 张纸横向对折，在中间部位（垂直于折缝）缝合。最初的折叠部分（沿其顶部）被裁开，制作成 16 页（folios）的书，或者一个 quire（对折的一叠手稿）。皮纸也更耐用（这一时期保存法律文件的重要性日益增加，这使其更具优势），并且可以重复使用。皮纸上的文字可以用浮石擦去，然后再写上去。对于历史学家来说，幸运的是，早期文本中使用的墨水都倾向于浮在纸面因此经常可以清楚地看到，特别是通过各种现代手段的辅助时。多于一层文字的手稿被称为重写本（原有文字已刮去的）。一些重要的资料，如最早的《东哥特人法典》（*Visigothic laws*），主要是通过它们现存的重写本发现的。无论如何，皮纸都是特别昂贵的。即使是制作一本相当小的书，人们也需要宰杀一些牲畜。相对于残存下来的手稿，写作的成本就不那么重要了，而实用的考虑却可能是最重要的。去除所有其他因素，宗教机构需要《圣经》和大量注释的文本以及对于礼仪来源的说明：如祈祷书，礼拜规则等。因此，对于当代历史学家来说，可能比众多的福音书或弥撒用书更为重要的书籍就很容易散失，这仅仅是因为它们没有足够的应用价值。另一方面，从 7 世纪以后，更有必要保存一些针对土地和私人权利的令状（charter）及其他有关立法，大量这样的记录保留下来，对于社会和经济历史学家有极大的价值。

如果说原初的文本写作是要经过深思熟虑的事业，那么被后来的抄胥们所抄写的稿本也不是一个简单的转录问题。中世纪的作者们在传输其资料中所包含的信息方面发挥了积极的作用。与抄写原本时常见的人为错误大为不同的是[13]，他们在（可能是错误地）修订或省略一些他们认为是错误的或者认为该资料不适合于他们的读者，或者添加了他们自己的，被认为将改善一种资料的价值时——通常并没有以任何方式说明他们插入了哪些东西。这种状况对于从事早期中世纪研究的历史学家们有双重的重要性。鉴于原来的资料很难保存下来，要

61

---

[13] 例如人们在读到一个词时会发生错行，于是就丢弃了两个相同词中间的文献。

确定原来的作者原初写的是什么，就成为十分复杂而困难的问题。当代学者们通常是从抄本，有时是抄本的抄本入手。有时候，一种文献之最早版本的确定，可以是相对简单的。我们有一些 7 世纪以来的令状，它们以其原初的稿本被保存下来。比德在他的教会史中最初写了什么也很容易得知，因为其手稿仍在，即使不是比德自己所写（*autograph*，来自希腊语，即自己所写：他自己事实上写作的原本），但似乎也是从其原本直接抄录的。于是，我们似乎距离最原初的稿本只有一步。另一个极端是 *Pactus Legis Salicae*，即《萨利克法典简编》（*Compact of Salic Law*），这是最早的法兰克人法典。这一法典存在着大量的手稿，有 80 种显著不同的稿本，其中没有一部早于原法典公布——人们推断是在克洛维一世（约 481—511 年在位）统治末期——之后的 200 年内。于是，编辑这一文本用了很长时间，是一个极痛苦的过程。一般人们所接受的比较成功的稿本除了其产生背景的一些疑惑之外，至多会认为它只能是最后的编辑者对于其看到的原初稿本的最好的猜想。其描述事件的准确性即使在今天来看也是值得怀疑的。[14]

　　确定一位作者原初的记载对于当代学者来说当然是最重要的问题。例如，如果某人想考察图尔的格列高利对于他那个时代（6 世纪晚期）一些特别的事件或政治及社会结构的方方面面，就有必要从一些非常接近于他原初记载的东西入手。但是，学者们为了尽可能重现原初稿本对于中世纪著作的编辑，主要是受到 19 世纪实证主义历史学家们的影响，如我们所见，他们主要感兴趣的是恢复可靠的"事实"。第二个与文献传承之复杂性问题有关的是，关注原始稿本可能会导致对后来的抄写者所做修订的忽视，或者至少是把它们降至更小的注释，如我们所注意到的那样，这些抄胥在把当时的信息传至后人的过程中是同样有着积极作用的。这些抄本尽管经常被贬称为"糟糕的"、不可靠的，或者用礼貌的历史学家们的语汇来说，是"被篡改"的，但它们在表现后世作者们之兴趣和相应态度时却可能是很重要的。例如，在 7 世纪早期，图尔的格列高利的十卷本历史被摘录和压缩成六卷的《法兰克人史》，在很大程度上是省略了我们今

---

⑭ Callander Murray (1983).

天视为格列高利所写的最有趣的关于圣人、圣迹和奇闻逸事及区域性事件的段落而成。除了导致那些被错误地认为是格列高利最初版本的，后来扩充的十卷稿本外⑮，这本简缩本比那被认为是其原初编辑的稿本更值得重视。它在揭示 7 世纪的历史事件，并通过它们揭示当时的政治环境方面有极大的作用。这一六卷本比它原初的十卷本在中世纪被传抄得更为经常，于是，尽管它"被混同"于格列高利名下的原初稿本，这一 7 世纪的匿名作者或可被认为在传续法兰克人之过去历史信息方面，事实上比图尔的大主教担任了更重要的角色。进一步讲，认为某份文献只有一份文本的想法，也只是当代的概念。如果什么人有意于研究一部文献在中世纪的作用或在中世纪被人们的接受程度时，就必须放弃曾经会有一部唯一的正宗文献的想法。为了理解中世纪的背景，我们必须承认，一种资料是会以多种形态保有并传续至今的，所有形态都被同时代的人们视为正本。

　　一些被认定是我们所述这一时代的文件也可以以多种方式——通过语言的、外交的（对于正式的官方文献的研究）或文献学的（研究人们使用的稿本）⑯——显示出，它们是后来编著的。于是，既然不能简单地称这种作品是"伪造的"，那么，也就出现了一系列新的问题。为什么当时所记录的资料会伪装为别的什么东西？为什么这种资料文献的被接受是必然的？为什么一位早期中世纪的作者感觉到需要以过去的一位著名作者的名字作为自己身份的伪装？例如，有大量伪造的令状保存下来，宣称是墨洛温王（Merovingian）克洛塔尔二世（Chlothar Ⅱ，584—628 年在位）赠予教会的。而托名于克洛塔尔二世时期的伪造令状远比墨洛温王室的首任国王，且被视为王国奠基人的克洛维一世（Clovis Ⅰ）时期多。但人们为什么更多地选择克洛塔尔二世而非克洛维呢，难道克洛维不是人们可能期望的、可以臣服于他的更为著名的国王吗？对这一问题的回答会有重要的影响。

　　于是，中世纪的写作和抄写就是如此昂贵且刻意所为的事。正如早期中世纪文献中的艺术插图一样，作者们的写作技巧和文字游戏也

63

⑮　Goffart（1987）and（1988）.
⑯　Bischoff（1990）.

会有令人叹为观止的复杂性。在 500—700 年这个历史时期，可能确实没有伟大的哲学家和神学思想家——塞维利亚的伊西多尔和大格列高利很难与奥古斯丁或阿奎纳斯（Aquinas）相比肩——但这并不意味着 6—7 世纪的作者们一定是粗俗或不够委婉的。他们喜欢用双关语、玩文字游戏，并且能够，也确实做到了用复杂的语言技巧引起读者们的关注。例如，他们使用了对偶的修辞方法，用这种方法构建的句式是围绕一个焦点或形象，用交相呼应的数个短句来描述；这种写作方式在《圣经》中被使用，显然，《圣经》是早期中世纪作品所模仿的最早的模式。作者们可以采用复杂和巧妙的内外文献交叉引用（inter-or intra-textual cross-reference）的方式来阐明他们的观点，而且，他们的思想方式是深思熟虑的。换言之，他们使用一些符号，在他们与其读者的意识中，唤起对《圣经》的想象和与它们相关联的诠释。

流派（genre）

作者们可以使用他们的想象，并期望它的含义能被读者理解，源于早期中世纪作者们通常受到某种特定风格之影响，这对于一个人理解那个时代的书面资料是非常重要的。用相对简单的话来概括，就是：他们的工作模式是给已成形的体系添加一些资料，而不是创造什么完全原创的东西。作者和读者知道他们在结构上、主题事件上和风格上所期望的是什么。写作是在一定的规则或者准则下进行的。因此，一个在某种风格中创作的作者，采纳了许多现成的东西，并不需要解释他们的具体选择或者去界定词汇。在这种模式下，他们可以交叉引用其他作品，特别是同流派的经典作品，却不需要明确或解释它们：读者则接受它们，并且对一些特别的词汇和短语产生共鸣。流派存在于许多创造性的领域，如绘画、雕塑、小说的写作及古典音乐，但为了进一步解释这一概念，我们可以将它与当代流行音乐相类比。例如，一个在灵乐传统中录音的艺术家并不去追求创造什么全新的或与众不同的东西，而是在具有既定准则和能够理解它的听众的作品库中进行添加。歌曲的结构、韵律和在一定程度上的器乐伴奏，以及更多细微的方面都由相应的规范所确定。作曲家可能从经典歌曲中借用一句该流派的"大师"的歌词,并且知道,听众将识别出这种借鉴方式;一个乐段也可能这样借用。然而,这并不意味着属于一个流派的作品必然是陈腐的或者非原创的。一部作品可能严格遵循某一流派形式的准则,但仍然可以公正地赞誉为伟大的。此外,在一个流派之内公认的规范的存在,并不意味着那些规范是一成不变的固定模式,或一部属于特定流派的作品,必须具备这种形式的所有被定义的特点。任何"思想模式"和流派之间的界限很少会模糊不清。作者们可以在这种写作规则之内灵活运用这些规则。当他们第一次增加或者改变规范可能会被认为是违反常规,但也可能具备了被规范接受的可能性。如果一个读者会知道公认的规范及其意义,他也将有望识别出对这些规则的刻意改变,并接受这种方式的具体表述——比如出于讽刺性的目的。最后,这个时期的一些作者确实发现了或者重新发现了一些新的写作方式;其中一些,如图尔的格列高利,似乎已经开始了在一种特定传统内的写作,但却放弃了它的规则另辟蹊径。早期中世纪的作家们是活跃的典型——即使在拜占庭帝国,如我们将会看到的,那里的写作规则是十分严格的——而不是既定传统的囚徒。这种对于流派的简洁描述使得我们理解,为什么有些当代的事件被记录下来,而另一些被忽视,而且,为什么多部作品会风格各异,而且从21世纪的观点看来,也与我们期待的历史写作大不相同。当我们理解这一点之后,就可以转向早期中世纪资料写作的不同流派的描述了。

历史写作

在拉丁的西方,在我们所描述的这个时期,古典时期历史写作的传统趋于衰落。这种传统是由李维(Livy)、萨鲁斯特(Sallust)和塔西佗所奠基的,多集中于对战争和"高层政治"的描述,而且,当使用其他资料时,几乎一字不差,除了一些最常用的名词之外,并不说明它们的原出处。虽然人们仍然在阅读该流派的经典作品,而且,这些作品对于历史写作仍然有着影响,该流派在西方最后一个伟大的实践者(虽然,具有讽刺意味的是,他是地道的安条克希腊人)是4世纪晚期的作者阿米亚努斯·马尔切利努斯(Ammianus Marcellinus）⑰，而这一学派中的一些显然是 5 世纪早期作者的作品不幸散失了。在西方，在 500—700 年，可能最接近于这种历史模式的作品是托莱多的朱利安（Julian of Toledo）写于 7 世纪晚期的非凡作品《旺姆巴王的历史》（*History of King Wamba*）。⑱ 但是，在希腊的东方，这种传统在普罗柯比、阿伽提阿斯（Agathias）和狄奥菲拉克特·西摩卡塔（Theophylact Simocatta）的历史作品中的确延续到了 6 世纪，甚至进入 7 世纪。⑲ 这一学派的规范与拉丁的古典学描述历史的方式几乎相同：集中于描述战争、战役、外交和王者、将军及皇帝们的其他作为，也多少关注一些神迹奇事、星象及被视为带有预兆性的事物。然而，在早期中世纪的希腊世界，该学派的典范人物——如希罗多德（Herodotus）、修昔底德（Thucydides）和波利比阿（Polybius）等——都被仿效，达到非常相近的程度。拜占庭世界的作者们以一种与民间口语相当不同的希腊语文写作。他们期望能以过去的伟大作者所使用的语言来写作，通常认为这种语言是阿提卡希腊语（Attic Greek）。他们使用的语言和整个段落都可以从那些作品中选录，而且，他们所使用的特定词汇也被引入早期中世纪的讨论中。于是，举例来说，当他们写到人民时，拜占庭作者借用了公元前 4 世纪的差不多是这个世界上之同样一个地区的且基本上同样的一些民众的名称。例如，普罗柯比称匈奴人为斯基泰人或马萨戈泰人（Massagetae）——这两支族群都是生活在 6 世纪之前很久的人们。同样的，其他技术性的词汇也是从过去的作家那里借用的。普罗柯比谈到 6 世纪国王的侍卫和将军时，称之为 *asdoryphoroi* 和 *hypaspistai*（亚历山大大帝的贴身卫士），这两个名词都借用于阿提卡希腊语模式。当人们使用了并非古代作家使用过的模式：如使用 "*the excubatores*"（罗马人对卫兵的称呼）一词的时候，希腊作者们则被期望因他们使用了"俗语"而致歉。⑳ 当然，在修昔底德的世界，没有主教、修士或者教会，于是，在没有阿提卡古语词可用的地方（如用"神殿"代替"教堂"时），作者们需要故作姿态地不得不解释这些（他们）不喜

---

⑰　Matthews（1989）；Drijvers and Hunt（1999）.
⑱　例如，关于这种情况的讨论，可见 Collins（1977）。
⑲　Procopius：Cameron（1985）；Agathias：Cameron（1970）；Theophylact：Whitby（1988）.
⑳　Procopius, *Wars* iv. 12. 17.

欢的新词："那些专门从事宗教活动的人们，我们现在往往习惯于称他们为'修士'。"[21] 这种写作方式常误导了人们对普罗柯比的理解，认为他是持不同政见者，或者甚至是一个异教徒。无论如何，我们不能假定这些作者的作品仅仅是简单地将引语或者临时借用的词汇拼凑而成。再有，即使这样严谨的修辞结构也允许作者们使用这些规则来表达他们自己的观点。　　66

　　历史的写作无论如何在延续，采用新的形式，也发展了旧的形式。也许，通常地与500—700年这一时段相联系的这种书面描写的模式是所谓的"民族的历史"：乔代尼兹的《哥特人史》（*Getic*，6世纪中期），图尔的格列高利的所谓《法兰克人史》，塞维利亚的伊西多尔于7世纪早期写的《哥特人、苏维汇人和汪达尔人历史》，比德写于早期8世纪的《英吉利教会史》和助祭保罗所写的《伦巴第人史》（8世纪晚期），此外，还应该加上一部匿名的8世纪早期的《法兰克人历史》（*Liber Historiae Francorum*），9世纪早期的《致内尼厄斯（Nennius）的不列颠人史》（*History of the Britons attributed to Nennius*），和9世纪晚期的《盎格鲁—撒克逊编年史》（*Anglo-Saxon Chronicle*），以及其他作品等。这些作品多数写于本卷所描述的这个时期之后，但是，正如他们所申明，他们所写的内容牵涉到我们这卷所涵盖的这一时期的历史，所以，有必要在这里对其加以评述。这些资料一开始被认为是早期中世纪欧洲之古老传说的宝库。因为在19世纪和20世纪早期，这些民众被认为是一定的族群联盟，与当时所发展起来的民族国家的思想是一个系列，这类著作被认为代表了当代欧洲国家历史的基础，它们的作者则被描绘为民族历史传统的奠基人。[22] 它们所包含的信息被认为是可信的，一代一代地传续下来，据说，是以口头方式传续的。随着人们对蛮族"人民"之态度的变化，于是，对这些资料的看法也发生了变化。[23] 其中许多成为激烈争论的对象。乔代尼兹的历史之性质就已经受到了密切关注，[24] 图尔的格列高利的作品则成为更广范围内的可争议话题，这些争议意见中，几乎

㉑　Procopius, *Wars* iv. 26. 17.

㉒　见 Halsall，本书第 2 章。

㉓　Scharer and Scheibelreiter（1994）；*Ethnogenese und Uberlieferung*.

㉔　Momigliano（1955）；O'Donnell（1982）；Goffart（1988）；Heather（1991）；Amory（1997）.

没有人认为他的作品构建了任何一部"法兰克人史"（如我们上面所讨论的那样）。㉕ 与此同时，这类争论亦引发了有趣的暗示，认为助祭保罗的《伦巴第人史》有可能是为法兰克读者所写的。㉖ 另外一些资料也引起了争论和评价。㉗

许多的这类作品不仅不再被视为"民族的历史"，它们也被承认了可能是完全代表其他类型的历史：《盎格鲁—撒克逊编年史》（*An-glo-Saxon Chronicle*）显然足可以被认为是系列年代纪的模式（伊西多尔的《历史》也同样按照年代纪的结构成书）；比德的书则是一部基督教会史；等等。如前所述，格列高利的作品完全不是在写一部民族的历史，而格列高利所采取的写作流派，如果他确有流派的话，也是争议不断。与此同时，使用这些资料的目的，即利用过去的历史来为后世的政治需要服务，也被许多各类其他作品使用，从来不被认为是特定"民族的"东西。㉘ 近几十年学术研究的经验是，要理解这些文献，就要将其替换到作者写作的背景中去。编纂历史背后的政治动机太过强烈，随之而来的是它们之作为古代史料宝库的价值远逊于此前人们所认为的那样。然而，与此同时，它们成为考察其被写作的时代与地域——如6世纪中期的君士坦丁堡、7世纪早期的西班牙、9世纪晚期的威塞克斯等——的政治文化及思想时，最为有价值的资料：这些经验适用于我们谈及的时代中大部分其他文献。

在这一历史时期，最为普通的历史叙述形式是基于年代纪结构方面的：那些描述当代历史的词条、标题，或者数个标题。在5世纪晚期和6世纪，许多被称为《小编年史》（*Chronica Minora*）的作品被编写出来：452年和507年间所谓的《高卢编年史》（*Gallic Chronicles*）（其名称来自其最后入侵的那年）；《萨拉戈萨编年史》（*Chronicle of Saragossa*）；《比克拉罗的约翰之编年史》（*Chronicle of John of Biclar*，他也可能确实是《萨拉戈萨编年史》的编者）；同样，

㉕ Thurlemann (1974)；De Nie (1987)；Goffart (1988)；Breukelaar (1994)；Heinzelmann (2001)；Mitchell and Wood (2002).

㉖ McKitterick (1999).

㉗ Nennius：Dumville (1986)；*Liber Historiae Francorum*：Gerberding (1987)；*Anglo-Saxon Chronicle*：有许多种研究作品，但对本卷所描述的这一历史时期最有价值的作品是 Sims-Williams (1983) 和 Yorke (1989) 的作品。

㉘ Garrison (2000).

在 6 世纪晚期,有《阿旺什的马略之编年史》(*Chronicle of Marius of Avenches*)。比德作为历史学家的生涯是从两部年代纪(*annals*)开始的,这两部年代纪是《小编年史》(*Chronica Minora*)和《大编年史》(*Chronica Majora*);等等。有理由假定,其他作品一定是散失了。在东方,这种历史写作方式的代表作是《复活节编年史》(*Chronicon Paschale*),如同其名称,*Paschale* 所示,这是围绕一系列复活节日期所写的编年史。

年代纪写作的流派一般要求其主题局限于政治史的主要事件:战争和战役的发生及其结局,国王和皇帝们的继承,等等。基督教会对于相关事件的关注被迅速列入正确的主题事件中也不足为奇了,比如:大主教的去世和继任;神学的争议,大型基督教会议等。天文方面的事件(日食、流星)与其他可能带有预示性的事件:洪水、饥荒、奇迹的出现也一直被关注。当然,一些年代纪被充实为内容非常丰富的叙述,以一种松散的、类似纯年代的列表以标志事件之出现的年份——这些通常被称为编年史:如《弗雷德加编年史》——在年代纪和编年史以及其他类型的历史记载中的区别可能会相当模糊。但是,一些年代纪的相对简单的结构,不应使读者无视其内容的潜在复杂性。尽管其中一些的确是以年份为基础的,另一些则有意使之成为多个单件作品,但是,却以年代纪的形式出现。这就意味着,尽管这些作品看起来像是按照年代顺序一目了然的记载,作者们却可以为某种特定的目标而操纵历史。人们曾经认为,在《高卢编年史》(*Gallic Chronicles*)中记载的各种特定事件的分类(包括一些偶然提及的在 5 世纪英国发生的事件)是人为制造的。㉙ 同样的,《盎格鲁—撒克逊编年史》中涉及 5—6 世纪之事件的一些条目,也是后来综合而成用以制造政治诉求的内容,并非如人们曾经相信的那样,是依据当今失去的史料而准确地记载了当时那个时期的政治历史。㉚

另一种历史体裁是基督教会史,是由凯撒里亚的尤西比乌斯于 4 世纪早期创立的。基督教会史,如其名称所示,与其他古典形式的叙述体文学不同的是,它主要集中地叙述教会的历史,尽管特别是当教

㉙ Wood (1987).
㉚ 即如,Sims-Williams (1983);Yorke (1989);关于旧的观点,见 Myres (1986)。

会成为罗马帝国的重要势力的时代，这种记叙体文学开始被揉进了更为世俗的政治事件。然而，它与传统叙述体历史不同的另一个特点是广泛地、逐字逐句地引用原始资料。这种体裁的特点主要是来自神学的注释和辩论，引用《圣经》中的语言来证实其观点。伊斯兰历史著作发展出了与之非常相似的传统。尤西比乌斯的《基督教会史》被翻译成拉丁文，在西方被阿奎莱亚的鲁菲努斯（Rufinus of Aquileia）所传续，另外还有许多东方的作者，如索佐门（Sozomen）、索克拉特斯（Socrates）、狄奥多莱（Theodoret）和埃瓦格留斯（Evagrius）等人于整个 5 世纪在东方传续了这一体裁的作品。然而，从公元500 年到 700 年间，写作基督教会史的作者们相当少。有一些手稿表明，图尔的格列高利在其写作之初，是打算将其写成一部基督教会史，而且，在其《历史》（*Historieshe*）的前几卷书中，显然固守着这一体裁的规则，如广泛地引证资料。然而，这本书最后却背离了初衷：成了一部他那个时代的扩展的历史，及对他那个时代之事件的评述。此外，最有名气的教会史大概是比德在这一时期刚刚结束之时所写的。

圣徒传

广义界定的历史作品中最常见的，是与基督教会史有关的体裁，圣徒传（*hagiography*，即关于圣徒事迹的记载）。[31] 圣徒传并非是确切的历史，尽管它带有历史作品的一些特点，并可以（也确实）被用来帮助人们写作叙事体的政治史。有许多不同类型的资料可以被列于圣徒传这个类目之下。其中有圣徒本人的传记（*vitae*），一些殉道者有时会要求记载他们所受的苦难（*passiones*）；他们死后出现的神迹奇事之集成；一些修道院院长或大主教的简短自传等。这类资料在本卷所涉及的整个时期内在欧洲和地中海世界，即从爱尔兰到亚美尼亚，从北方的法兰克人居住区到非洲的广大地区激增。无论它们在哪里产生，圣徒传在结构及内容上都大体相似，尽管这里必然有宗教的

---

[31] Dubois and Lemaitre（1993）给出了一个很有用的导言和书目，同时也可用于以下所讨论的"宗教作品"的研究中。

差异。圣徒传的要点是进行说教：表现上帝在世俗世界的神迹作为。上帝通过圣者们显示出的神迹奇事表现了上帝之积极地持续地在这个世界出现，且重视这个世界，而那些在圣者们死后出现的奇迹，则是这些圣人战胜了死亡的最后证据，于是，他们能够与神同在且向神诉求。那些江湖骗子、魔术师或者是那被恶神附体的人，可以在他生前行一些看似神奇的事情，但只有真正的圣者才可以使他们的坟墓蒙神的恩宠具有治疗作用和出现其他神迹奇事。

圣徒传所依据的典范，显然主要是福音书，尽管杰罗姆（Jerome）的《名人传记》（*Lives of Famous Men*）提供了另一种给予人们灵感的资料。阿塔纳修斯（Athanasius）所写的《安东尼（修道院的创始者）传》（*Life of Anthony*）和帕拉迪乌斯（Palladius）的《拉夫苏斯派修行者历史》（*Lausiac History*）提供了更多典范，尽管在西方世界最重要的典范是苏尔皮奇乌斯·塞维鲁（Sulpicius Severus）的《圣马丁生平》（*Life of Martin*）［特别不寻常的是，该传记写于其主角图尔的圣马丁（St. Martin of Tours）在世时］。圣徒传记遵循了正规传记体模式的程度是各不相同的。其中有一些，如埃迪乌斯·斯特凡努斯（Eddius Stephanus）的《威尔弗利德生平》（*Life of Wilfrid*）就是相当严格地按照年代的结构写作的。至于其他的圣徒传，涉及圣者的出生及其童年时代到他或她的去世，其各章节的内容是按照年代顺序还是按照主题顺序来写作，或者按照福音书的模式，都是不一定的。

圣徒传作为一类资料，1911 年以后可能比其他书籍更受历史学者们的关注，而且，对于它的研究方法显然有了最大限度的改变。[32]如我们所提到的，在 19 世纪对于圣徒传的态度主要决定于它们在写作政治史、制度史时方面有多大的用处。另一方面，在一些旧时编辑的作品中，如博兰德丛书（Bollandists）和莫里斯（Maurists）丛书[33]是由宗教修士团的成员完成的，其中对圣徒生平的研究和对于传记之真实性的讨论是用于基督教的政治目的的。但是，历史学者不再仅仅

70

---

　　[32]　毫无疑问，P. R. L. Brown 的作品在这里最有影响力：见 Brown（1971），（1977），（1978），（1981），（1982 a），（1982 b），（2000），（2002）。关于其延伸及反响，见 Van Dam（1985），（1993）；Howard-Johnston and Hayward（1999）；Lifshitz（1994）的作品则引起了更多的讨论。

　　[33]　关于这方面的讨论，也见 Knowles（1963）。

关注那些写了早期中世纪人物的传记；他们还关注早期中世纪作品中关于死去很久的（甚至是虚构的）殉道者和其他圣人。现在，当人们在狭义的领域讨论社会历史（他们在其中讨论社会结构和社会关系，以及致人们于死地的瘟疫等）时，在讨论人们的信仰史和文化史㉞、心态史（讨论把病治愈的神迹是如何实现的）㉟，以及思想史、宗教史和政治史时，圣徒传作品被视为极具价值的资料。但是，在涉及政治史领域时，政治史的结构已经从简单的研究大幅延伸至建立和解释宏大的叙事阐释结构。在研究整个早期中世纪世界的圣徒传时，在近几十年来出现的一个最重要的特点是，圣徒传已经被用于政治史的研究。诸多神迹的产生无疑增加了某位圣徒的声誉，也许导致对其他崇拜的淡漠，但是，另一种政治的目标也可能通过写作圣徒传而实现。7 世纪法兰克的大主教们的传记表明，它是被一种特殊的、地方上的和高层的派别利益所驱使的。㊱ 有些传记的写作是为了给一些在民间记载中较为尴尬的甚至是不受欢迎的主教们正名的。在早期盎格鲁—撒克逊英格兰所写作的圣徒传也被认为是采用了"宣传手册战"的方式。㊲ 图尔的格列高利的一些圣徒传也可能是为了保护他的家族所写。㊳ 即使在圣徒的类型上有所变化，然而对其崇拜能得到强化或者被接受，则可能与高层的政治发展有关。㊴ 我们对于早期中世纪圣徒传及对圣徒崇拜的了解和理解也许是在此前 100 年间对于该领域之研究的最大变化和拓展。

法律与立法文献

　　对于后罗马时代之社会历史研究的通用资料是这一时期颁布的法典。这一时期西方的诸法典（Corpora of law）出自西哥特人的西班牙、勃艮第人的高卢、法兰克人诸王国、伦巴第的意大利和盎格鲁—

71

㉞　Gurevich（1988）.

㉟　特别要看 Brown（1981）；Van Dam（1985）；（1993）.

㊱　Fouracre（1990）.

㊲　Goffart（1988）.

㊳　例如，关于《里昂的尼塞提厄斯传记》［*Life of Nicetius of Lyon*，格列高利的《圣父传》（*Life of the Fathers*）之第 8 章］就有对于圣徒死后之神迹的详细讨论。

㊴　Fouracre（1999）.

撒克逊的英格兰。除了与西方统治者立法同期产生的查士丁尼一世下令编纂的罗马法的伟大集成，在西哥特人的图卢兹（Toulouse）王国和勃艮第人王国也编写了罗马法的简本。然而，多数西方法律都采取了短篇集成的形式，概述侵犯者和罪犯给予受害者之补偿的规定。这些法律条目主要记叙了对于财产和人身侵犯的罪行，也有一些对继承问题的详细论述。一些法典非常冗长且详尽，最著名的就是东方的《查士丁尼法典》[与之同时颁布的还有一部《法学汇纂》（Digest），此乃仍然具有法律效力的罗马帝国的法律集成]和西方的西哥特人法典。其他的则相当简明（特别是 7 世纪的盎格鲁—撒克逊人法典），而且显然精心选择那些适用性较广的条目，与此同时，一系列其他法典[如萨利克法兰克人的法典和里普阿尔法兰克人（Ripuarian Frankish）的法典，或者早期伦巴第人的《罗萨里敕令》（Edict of Rothari）等]则介于上两类法典之间。

　　从历史学的角度看，这方面主要有两个有争议的领域：首先是这些法律在多大程度上代表着事实上的法律实践（而且，如果不能代表，它们的真正目的是什么），[40] 其次，后罗马时期的西方法律在多大程度上代表着外来日耳曼人法典的实践。这两方面的讨论并不是完全没有相互关系，而且，对于它们的讨论也未完全解决。然而，看来似乎清楚的是，西方法典的详细资料并不完全代表他们的法律实践。法律中有可能而且确实包含了无数的地方村社习惯法的实践。进一步说，极难找到关于这些成文法律付之于实践的证据，尤其是在 6—7 世纪之间。例如，在法兰克人的高卢，逃避军事义务的罚金是 60 索里达（solidi）。[41] 然而，唯一可参照的涉及此罪的案例，对于犯罪者的惩罚却是 600 索里达的罚金。[42]

　　现存法律文献和其他行政文献在数量上增加的情况可以追溯到 7 世纪。当然，这类文献也存在于之前的几百年里。因为干燥和炎热的缺氧条件，许多确定为罗马及其以前时代的草纸文献在埃及和北非得到了保存。众所周知，来自诺森伯兰（Northumberland）的罗马时期

---

⑩　Mordek（1984）.

⑪　一种罗马钱币，其价值相当于 1/72 镑黄金，但作为一种银币，后来它成为先令（shilling）的前身。另一个有关法律实践性的问题是罚金规定以 solidi 为单位究竟有何价值，因为索里达在西方并不是通用的钱币（见下文）。

⑫　Diplomata Regum Francorum, ed. Kölzer, no. 143.

的文德兰达堡（Vindolanda）[43] 的文献残片之所以能存留至今是由于
它们保存方式极其反常，是在浸水的缺氧环境中。[44] 保存在拉文纳
（Ravenna）的 5—6 世纪的草纸文献和人们在突尼斯（Tunisia）南部
发现的被称为《阿尔贝蒂尼铭文》（*Albertini Tablets*）的极为引人关
注的档案在披露汪达尔人治下的北非日常生活方面有特别的价值。[45]
有些文献被称为"石板文书"（pizarras），[46] 是写在石板上的，见于
西哥特人的西班牙，这些也非常有意义。然而，不能否认，那些法律
文献——其中大多涉及赠予教会及修道院的土地和特权，遗嘱和馈
赠，有时候是出售，以及法律听证会的结果，也多数涉及土地问
题——在大约 600 年后极速增多，而且，此后数量呈指数增长。总体
来看，这些文献通常（经常在技术上并不正规）被认为是令状，而
且它们也随着时间和地点的不同而采取了不同的形式。当然其中只有
一小部分是以原稿形式保存下来，有时候是写在草纸上，但更经常的
是写在皮纸上，这些只以副本形式存在的令状是否可信，是历史学家
关注的问题。由于这些令状对于拥有这些法令的教会所具有的意
义——它们通常申明教会所享有的土地、岁入和法律上的特权，所
以，这类令状是能够且经常被伪造的。确立一件令状的真实性有时候
是很容易解决的问题。在有些地区，如在高卢，令状的文本是有相当
规范的格式的——的确，我们拥有一些这一时期的这类文本（是一
些模板的集成，供书吏们所参照）。在这样的地区，伪造令状显然是
很容易识别的。而在另一些地区，如在盎格鲁—撒克逊的英格兰，那
里并没有规范的格式，文件的真实性更成为很大的问题。一件令状是
否忠实地记载了一个真实的馈赠，是借用了一个真实的文献或若干文
献的模板所进行的后期伪造，还是一次彻头彻尾的捏造，于是成了人
们争论的话题。这类问题的另一个层面，即当某个文献本身可能很明
显是伪造的，但我们可能会怀疑文献所涉及的那个教会机构的确占有
这些特定的土地和特权，并且，可能就是在文件中所描述的情况下给
予他们的。于是，"伪造的"文献在表现其被伪造时代的历史思想及

---

[43]　Bowman and Thomas（1984）；Bowman（1994）.

[44]　Tjäder, *Papyri*.

[45]　*Tablettes Albertini*, ed. Courtois, Leschi and Saumagne.

[46]　Ve lázquez（ed.）, *Las pizarras Visigodas*.

现实利益时就相当重要了。

　　除了许多不同的细节之外，令状有很多共同的基本特征。它们一开始是说明馈赠者的身份，列上他或（偶尔是）她的头衔、荣誉地位和受赠者的名字，随后是对于赠礼之目的的阐述。因为这些礼品通常是赠予教会和修道院的，其目的自然是宗教性的，于是，令状的这一段就被称为 *arenga*［宽松地讲，即布道；该词与 *harangue*（热烈的讨论）同源］。然后，这里是对所赠予之实物的描述。这就是我们所知道的带有决定意义的内容。这也有可能包括任何特定的价格或者交换（包括精神上的义务、进入修道院的"生命之书"，等等），偶尔也会有确定的惩罚条款（罚金或诅咒）落到违反了文献中规定的条例的某人身上，最后，是证人的名单。许多令状也在文件的开头或者结尾有关于日期的条款。

　　令状，同其他形式的文本体裁一样，首先是用于政治历史方面。由于许多令状，如我们所提到的，包含有日期条款，而且是以当时通用的时间模式（用 AD 来标记年代在 8 世纪以后才变得特别常见）即国王统治的年代（the "*regnal year*"），日期条款可以使我们了解记载政治历史的信息。例如，这些条款可以提示一个国王的统治期从什么时候开始，或者在哪个地区，一个国王被承认是统治者。一些墨洛温王朝法兰克人政治史方面的编年问题，就依靠这些令状的使用。[47] 王室令状的前言也经常告诉我们国王们使用的头衔，还有因此而暴露的他们的政治野心。令状中列举了在其公布之时在宫廷的目击者，或者至少，有一位国王在场，可以显示谁在特定的时间出现在宫廷上，这给予我们的提示不仅是谁在此时正蒙（或者不受）圣宠，而且使我们知道，一个国王的权威在哪里能够被感受到。但是，令状也可以告诉我们其他更多的信息，比如法律的功效，在大人物之间或者在教会和俗人之间"在法律基础上"发生的谈判。它们可以给予我们一些与土地占有相关的权利或责任。在非王室的令状中，在场者的名单可以给我们提供在更为地方性的政治事务中之家庭联盟形式的线索。用于描述定居者及其组织的条款也可以为当时的农村经济提供证据。令状之提供证据的潜在用途是巨大的，但是，必须指出，大部分潜在用

[73]

---

　　[47]　E. g. Gerberding (1987).

途直到这种证据在 8 世纪及其后开始大量出现在非王室文件中之时才真正开始显露出来。

书信和诗歌

这一时期的另一类研究资料是以书信形式出现的。如同其他书面记录相同，这种形式并不像此前那样普遍，也不像后来那样变得普遍，但它的确存在。在这一时期的开端，一些关于法兰克人在政治上接管高卢的最重要的片段来自信件：有兰斯（Rheims）的雷米吉乌斯（Remigius）和维埃纳的阿维图斯（Avitus of Vienne）写给国王的信，还有克洛维（Clovis）写给阿基坦大主教的信等。在晚期罗马时期，信件在维系友谊方面保持着重要性；卡奥尔（Cahors）主教德西迪里厄斯（Desiderius）在 7 世纪早期写了大量信件，经常是写给那些在宫廷内为法兰克王服役的同僚们。在西哥特的西班牙也保存了一些信件，通常是写给主教们的，或者是由主教们写的，显然是为了同样的目的。信件的价值还在于它们经常给予我们一些关于政治事件的信息，这些信息也是没有被记录的。有一部最重要的书信集是《奥斯特拉西亚书信集》（*Epistulae Austrasiacae*）。它之所以保存下来，是因为它为后世的书信写作保留了一种模板文件的集合，一种正式的写作规范。它搜集了不同类型的信件，包括由大主教们致国王们的公文，一封 5 世纪的致特里尔的阿尔博加斯特（Arbogast）伯爵的诗体书信和 6 世纪晚期在帕拉丁贵族中的通信。或许，其中最重要的，是含有奥斯特拉西亚的法兰克人宫廷与拜占庭皇帝之间的通信，多数涉及在意大利对伦巴第人的战争。最后，教宗的书信也有大批量的保留，涉及广泛的主题，包括教义问题、教宗的地产、关于教会的也的确是世俗的政治问题。

这一时期的诗歌写作采用了多种形式。一些圣徒传以韵律格式写成，如韦南蒂乌斯·弗尔图纳图斯所写的关于圣马丁生平及神迹的作品。韦南蒂乌斯·弗尔图纳图斯经常以韵律诗的方式写信。他也写了一些赞颂诗（panegyrics），即赞美的诗歌——这是当时最为重要的诗歌形式。赞颂诗传承了后期古代的政治传统，并且的确在拜占庭东方持续地发展没有中断，例如，在这里，北非诗人克里普斯（Corrippus）的诗成了重要资料。作为在帝国的当权者面前念颂的诗作，赞颂诗能起到几重作用，相对于我们最初的认识，它能多少代表比初看起来更复杂的证据。从古代继承下来的赞颂诗的标准模式赋予国王或者皇帝们以所有优秀统治者的典型特质：公正、虔诚、大度，是指挥战争胜利的统帅。事实上这也是一种公开的奉承。然而，从另一方面来说，通过公开地称颂所有这些美德，诗人就能够引导君王去考虑这些特质，并思考自己是否做得符合这种理想的模式。再其次，赞颂诗可以起到——用今天的词语来说——"甩干机"的作用。通过表现一个国王应该如何行事才算一个标准的国王，宫廷就可能准备进行一些政策的变化或者新的行动，无此前提这些举动就会太过突然或者不受欢迎。似乎经常利用基督教神学思想的晚期拉丁语中之韵律谜题的传统在这一时期很受欢迎。无论如何，各种诗歌形式，特别是以各地方言写成的诗歌，在 700 年以后的时代，比之前受到更好的评价且更经常得以保存。 75

宗教类作品

最后，我们应该关注其他宗教写作，特别是这一时期神学作品的激增。这种文字的证据对于从事中世纪早期研究的历史学者们越来越重要，显然比 100 年前还重要得多。本卷所涉及的大量存在于所有基督教传播地区的布道词和训诫词，由于充斥着复杂的修辞手法，用起来很困难。它们无疑是研究社会史和基督教会史及其教义发展和教义思想史的重要资料。同样，源于这一时期的礼拜仪式也被人们出于不同目的地加以研究。同样，除了用于检验基督教思想和教义深入平信徒的可能性，它们也可以当作表演——甚至是戏剧来研究，以观察这种仪式是如何在当时的社会发生作用的。

500—700 年在东西方剧增的修道院规则，也受到广泛的研究。这些文献的内容也是极富争议的话题——它们本身经常是混杂的整体，修道院院长们均从此前的规则中汲取思想，并同样地以一种"选择和混合"的方式使用着。同样，在观察修道院的发展时，一些东西在我们所描述的这个时代仍然处于初始阶段，这些资料反映了很广泛的问题，最引人注目的是思想史。修道主义应该如何界定？它如

何涉及更广义的世界？修道院院长的职位是如何构想出来的？它可能
描述出在修道院之外的什么样的生活方式？

在这个巨大而多样的通常称为"宗教的"资料体系中，也许，自
1911年之后最引人注目的一个变化，即学者们现在多致力于注释。这
种训诫类的、通常以《圣经》书卷作为宗教生活之思考的出发点的资
料，早在100年之前，很少能从神学体系的外部来审视。而现在，它
们对于历史学者们去了解它们所反映的思想的历史有着极大的意
义——而且，当然，是社会和政治的环境产生了这些思想，因此，在
这些作品中包含着许多反映当时之社会状况的信息。由于数量巨大，
神学方面的资料很可能是了解500—700年历史的最大信息库。也许在
1911年时，它们还没有引起历史学家的重视，但在2005年，它们却越
来越成为历史学者关注的核心资料，这一事实再一次证明，甚至对于
远及5—7世纪的时代，历史也是在不断发展的，不断出现新的问题、
新的答案和新的资料。

76

早期中世纪考古

毫无疑问，对于中世纪早期研究中之实证基础最大变化的出现是
由于考古学的发展。[48] 1911年，考古学尚处于其初始阶段，而且，中
世纪考古学这一子学科直到第二次世界大战之后才找到它的立足点。
一个考古学上的"古代晚期"这一分期后来还是采用了，先是在欧
洲大陆，[49] 之后只是缓慢地在不列颠兴起。在不列颠，人为地把罗马
的和"撒克逊的"之间的分界线确定于公元400年前后这一观念仍
然令人惊讶地起着支配作用。[50] 对于早期中世纪墓葬的研究可以回溯
到17世纪中期对图尔奈（Tournai）的希尔德里克一世墓的研究，[51]
但是，直到18世纪末19世纪初，盎格鲁—撒克逊墓葬才得到认可，

---

[48]　关于中世纪考古的简要历史，可见 Delogu（2002），pp. 209 – 213；Van Regteren Altena（1990）。而
关于早期中世纪墓葬考古之更详尽的讨论，见 Périn（1980）；Effros（2003）。

[49]　古代晚期（antiquitétardive）考古的奠基者，在法兰西西南部特别具有领先地位的，包括
P. A. Février, N. Duval 和 J. C. Picard。

[50]　Dark 对此定论提出了质疑（2000）。

[51]　Brulet（1990）；（1991）；（1997）.

并得到比较严谨的研究。(52) 这些研究开展时间极早。在法国要等到19世纪70年代，墨洛温家族的墓葬才得到确认（这颠覆了曾经认为它们是古代高卢人或罗马人的墓葬的观念）并得到了较为仔细而严谨的考证。到了《剑桥中世纪史》第一版面世时，墓葬考古已经被承认为历史资料的来源之一，尽管（而且在此后相当长的时间内）仅仅用来说明文字资料中所提供的政治历史叙述中衍生出来的概念。对于早期中世纪农村聚落的考古发掘是在两次世界大战之间的时期开始的，如对于利兹（E. T. Leeds）在盎格鲁—撒克逊的遗址萨顿郡（Sutton Courtenay）的考证和德意志的格拉德巴赫（Gladbach）挖掘的墨洛温时期的遗址。无论如何，早期中世纪农村聚落的考古直到1945年之后，才成为一个既定的子学科。同样的情况也见于城市考古，尽管这一考古学的子学科发展得更快，主要是由于战争导致的欧洲城市重建和重新发展的压力所提供的更多墓葬发掘的机会。(53)

早期中世纪考古的各个分支得以确立的日期之差异主要与相关遗址的认定和发掘所需要的技术专长有关。在许多地区，后罗马的墓葬很容易被发现，是由于它们含有大量古董商和博物馆急切收购的文物。此外，一些在古墓或教堂及其他特色风景区中出现的一些相当精 77
心地用砖石修建的墙壁或者石棺，有助于他们在农业活动中的观测。另一方面，早期中世纪建筑技术更倾向于使用木料而非石料，致使这些建筑只余存下来了用来支撑木制横梁、立柱和檩木的墙洞、槽和基石构成的框架，就使考察研究更为困难了。再有，在接近罗马式农庄（*villas*）的西欧城镇和农村遗址上，早期中世纪考古常会因为这一简单事实而“失落”，即其短时段的痕迹覆盖了更容易识别的罗马式石制的、铺着地砖或者镶嵌地板的房屋框架。在整个欧洲考古发掘的技术经常涉及石墙的位置，通过考察这些城墙的走向而恢复建筑物的基本平面，然后在此划定区域，直到发现可辨认的地面。挖掘者通常对后罗马考古兴趣不大，即使偶有兴趣，这些方法也意味着，早期中世纪的证据通常在一开始挖掘时就被破坏了。因此，人们用考古学方法所探索到的一些早期中世纪的城镇都是那些没有具罗马时代遗存的城

(52) 见注释48，关于墓地考古的历史，亦见 Dickinson（1980）和发表于 Southworth（1990）上的文章。

(53) 关于这种方法之发展的有用的地方记载收集在 Barley（1977）的专辑中。

镇，这也许并非巧合——如尼德兰的多雷斯塔德（Dorestad），不列颠的汉姆维克（Hamwic），北日耳曼的海泽比（Hedeby），瑞典的海尔戈（Helgö）和比尔卡（Birka）。但是，随着 20 世纪的进步，考古学的技术越来越复杂。尽管考古发掘的技术从根本上发生了改变，随着田野调查方式的发展，一些数据的恢复不再仅限于"挖掘"[54]。考古学作为一门科学有了引人注目的发展，复杂的技术不仅用于鉴定和确定各种材料的质地和年代，也可用于研究早期中世纪的自然环境和人们的健康状况、疫病和当时人们的平均寿命。

此外，我们不仅是单纯地面对一组新的数据、更好地复原并注定比 1911 年时所存在的更为多样化的数据。为更好地理解早期中世纪的历史而去考察鉴定这些数据的角度，也已经发生了翻天覆地的变化。当中世纪考古学刚刚起步之时，如前所述，它只是简单地被用作说明性材料，而且，可以肯定，这种态度从来没有完全消失。然而，考古学的理论在 20 世纪已经取得了相当大的发展。[55] 中世纪考古学也已经成为大学、研究部门、研究中心和职业考古学单位的一门学科，尽管在各个欧洲国家，这种发展的确切性质还不大相同。[56]

78

考古学理论的发展

考古学理论发展的基线是由我们称作"文化史"的东西提供的，至少在不列颠考古学领域如此。在 19 世纪末 20 世纪初，编年史学与人们对于和编年史相关联的具有一定特征的艺术品不断地被发现这一事实的认识同时发展。与此同时，是各种形式的聚落、房屋模式或墓葬风格。这些相关联的物质文化的特点被称为文化，由其第一次被发现或者最知名的研究开始的地方而得名（例如，瑞典的前维京人考古时期及其文化，就根据其最著名的精英墓葬地而被称为汪达尔[57]），或者根据那种文化的典型代表器物而得名（早期中世纪考古方面没

[54]　考古发掘的古典学导言仍然是 Barker（1993），但是，现在要看 Roskams（2001）。至于田野踏查，见 Fasham et al.（1980）。而关于"地球物理学"，见 Clark（1990）。

[55]　关于更详细的理论考古学的讨论及其发展，见 Trigger（1989）；Dark（1995）；Johnson（1999）；Preucel and Hodder（1996）。Halsall（1997）的作品提供了简明扼要的评述。

[56]　Hodder（1991）。

[57]　Lamm and Nordstrom（1983）。

有明显的例证，原因后续会明述）。这些文化，按照 19 世纪民族国家的理论，被认定是民族（族群）的代表。反之，民族也被认定是特定的生物/血缘集团。文化痕迹的传播被认为是通过迁徙来实现的，而一种文化被另一种文化取代也被解释为一个民族被另一个民族所占领和征服的结果。于是，在史前时代，文化史用于将一个政治历史的描述背景扩展进入没有文献记载的时代。在中世纪时期，文化简单地被归类于历史所确认（或者是种族上所确认）的某些民族。于是，早期中世纪时期的考古文化通常以（在许多情况下，以特别带有倾向性的理由）一些被认为与之有连属关系的民族来命名（如在后罗马不列颠有盎格鲁人文化、撒克逊人文化和朱特人文化，或者在法兰西北部、尼德兰、南部德意志和瑞士的法兰克人文化，阿勒曼尼人文化和高卢—罗马文化等）。

曾经位居理论发展前沿的大不列颠、斯堪的纳维亚诸国和尼德兰的考古学者们，则远离中世纪考古的文化历史范式，[58] 在第二次世界大战以及文化史理论被滥用于推进纳粹及斯大林的专制主义政权之思想理念之后，研究史前时代的考古学者们之转向在很大程度上归因于结构功能主义人类学。功能主义考古学本身似乎对中世纪时期的考古影响不大，其主要原因是，功能主义者们仍然主要参考能够找到的口头和书面的记录资料。用于支持他们恢复整个"系统"——在此系统中，个别的遗址和人类活动的一些方面被认为是功能性的元素——的其他探索方式，自然被迅速地采用。例如，这里包括环境考古学和人类居住地格局的研究，特别是从空中的俯瞰。

20 世纪 60 年代，一个被称为"新考古学"的运动出现了，最先是美国的勒维斯·宾福尔德（Lewis Binford），后来是在英国，大卫·克拉克（David Clarke）充当了决定性的角色。新考古学者在本质上是希望看到考古学和历史学分离，变得更像自然科学，而历史学太强调个案。他们认为，考古学应该寻找人类行为的普遍的、自然的规则或者法则，并开发出实验方法，以此来鉴定那些被认定的法则。社会被认为是功能性的系统，主要依据外部刺激，特别是自然环境的

58　注意，这一评价仅用于中世纪考古。例如，法国考古学家就曾经在史前考古的理论发展方面扮演了重要角色。

因素来改变自己以适应环境（它与大约早些时候出现的历史上的"年鉴运动"发展过程的相似性是显而易见的，尽管直到 20 世纪 80 年代，考古学者们才关注到年鉴学派的理论。）[59] 在这方面，可以认为，新考古学派在许多方面与功能主义考古学没有多大的差别。但是，它的出现，在很大程度上是为了反对北美从事史前考古的学者们使用文化史学的方法。在对系统的考察方面，新考古学借鉴了地理学和生物学的模式。由于新考古学的兴趣在于长时段的发展，或者说是过程，如社会结构的发展或复杂社会的瓦解等，它可以从跨文化的角度来进行研究，因此，其研究方法被称为过程主义考古学。新考古学（或者说是过程主义考古学）被中世纪考古学所接受花了一段时间。直到 1982 年[60]（即新考古学出现之后 20 年），在中世纪考古学会的第 25 届年会上，菲利普·拉兹（Philip Bahtz）倡导要使用"新的中世纪考古学"。同年，理查德·赫德杰（Richard Hodges）发表了一篇相当长的文章，用以说明"新考古学"可以且应该适用于分析中世纪的数据。[61] 具有讽刺意义的事情是，恰当此时，即新考古学开始在早期中世纪研究的领域被讨论之时，不列颠的考古学理论家们开始对这一学派提出了严重质疑。

80　　　　用来反对新考古学的理论方法，通常是在"后过程主义"的标签下进行讨论的，它并不代表一个单一的、意见一致的"学派"。成员们只是共同抵制过程主义的主要信条——它对跨文化法则和长时段过程的坚守，它通常严格地按照结构主义的方法解释文化现象，它将个人的发展与社会的变化相分离，它经常在理论上抵制文献历史的价值，等等。后过程主义者可以被认为是坚持着一些共同信念的人们，主要的是，他们认为物质文化是自动地、积极地和有意识地组织创造当时的社会，而不是仅仅反映社会。社会的变化也因此而被认为是动态的、不可避免的。理论的批判也有其作用。鉴于物质文化被视为交往和表达观念的方式，人们提出了解读考古数据的方法，相当于研究书面文献中的批评方法。因此，毫不令人惊讶的是，至少有一些后过

---

[59] Hodder (1987)；Bintliff (1991)．至于历史学者们更令人困惑的反应，见 Delano-Smith (1992)；Dyer (1992)。

[60] 为方便起见，可以将其出现时间定于 Binford (1962) 的著作出版之时。

[61] Hodges (1982 a)；Rahtz (1983).

程主义者（尽管，具有讽刺意味的是，经常是那些并非专门研究历史时期的专家们）认为要考虑到文献史学所提出的信息。后过程主义在英国被接受比新考古学派花费的时间要少得多。这很可能是由于20 世纪 60 年代以来在考古学理论方面开设系列课程，并可提供多种学位课程来选择的各大学考古学系的持续发展。目前，关于中世纪考古学的理论方法是多种多样的。在不列颠，有从事文化史学的研究者，也有过程主义和后过程主义的，以及马克思主义范式的研究者。在欧洲大陆，文化史学仍是最普遍的框架，虽然有些时候以多多少少修正了的范式，这并非不合情理但也有其他的研究方法被人们使用。这并不是意味着，在大陆欧洲，理论的发展质量一定稍逊一筹；在不列颠考古学界，理论的发展也并不总是准确无误的代表。文化史学因其太过忠实于过时的文献历史所提供的框架而受到批评，过程主义考古学和它的继承者们却采取了与历史学家们太过对立的立场，并对其他学科（如批判的理论或者人类学的方法等）采取了同样恭顺的态度。一些由公然声称其通晓考古理论的考古学家们所写的作品也同样可能，并且已经因其缺乏经验的严密性受到了批评。(62) 尽管多数考古学思想通常强调它与文献历史的积极联系（修正的过程主义的思想，已经放弃了其早期与历史学的对立），但在这两个学派之间建立富有 81
成效的联系，并承认这两个学科平等和独立表述自己思想的地位，仍然是早期中世纪考古研究在进入 21 世纪时面临的最紧迫的挑战。(63)

墓　葬

如我们所见，早期中世纪考古最早的分支是对墓葬的研究。(64) 本卷所涉及的历史时期也是随葬习俗发展的巅峰时期，在西欧多数地区的这种墓葬中，死者都有随葬品。如前所述，葬礼中之随葬品的存在使得人们更容易发现墓葬地点，也使得研究者们能够掌握大量的实物，尽管这些数据的质量参差不齐，但即便是记录最残缺的发现也能够回答一些问题。墓中的物品原来是（在某种情况下现在仍然是）

(62) 关于这方面的批评，见 Dickinson（2002）。

(63) Halsall（1997），涉及关于这一问题的讨论和一些如何修正它们的建议。

(64) Halsall（1995），涉及简明的评论。

用于描述书面记载中的概念：是基督教与异教对立的标志（随葬品是异教的表征），或者是日耳曼人之迁徙的标志（带有随葬品的墓穴被认为是来自蛮族人故乡的仪式）。尽管这些假定已经受到了严重的质疑，然则令人失望的是，这两种假说仍然没有被消除。自 20 世纪 70 年代中期，贝利·杨（Bailey Young）的博士论文发表之后，随葬品可能与非基督教有关的思想才成为不可接受的。[65] 一些更精密的使用随葬品研究基督教化之进程的方法被提出来。杨本身则颇有见地地提出建议，不要关注丧葬礼仪，而是要重视随葬品艺术设计方面的潜在的象征意义。[66] 卡弗（Carver）则建议，英格兰一些奢华的墓葬，其中最为著名的、萨福克（Suffolk）的萨顿胡（Sutton Hoo），在这个改宗基督教的时期，是异教模式的张扬。[67] 对于墨洛温家族的墓葬礼仪的研究，人们已经提出了一些方法，以求理解作为象征性联系之模式的墓葬，即使在这里不能揭示出一个特定的宗教理论，也能通过礼仪的研究而对之有更好的理解。在此基础上，人们也已经提出，法兰克人的墓葬形式可以揭示基督教化的进程。[68]

这种带有随葬品的墓葬是不是整个种族的风俗，目前仍是一个有争议的问题。尽管有最新的（noa priori）证据说明在自由的日耳曼人（Free Germany）那里有着与蛮族人相同的仪式，但在 4 世纪时，人们几乎不知道这个地区（该习俗出现在罗马时期的北部高卢）[69]，人们仍然习惯性地将带有随葬品的墓葬与迁徙的蛮族人，或者至少是采纳这种风俗的民族等同看待。[70] 一些学者反对考虑墓葬习俗与进入罗马世界的蛮族的关系，但是，他们有时候进一步强调，这种种族认同的方式并不重要。[71] 其他学者也发表了其重要而深入的研究成果，他们主张至少某些类型的随葬模式与特定的社会和政治认同的关联。这项工作仍然受到一种过于僵化的思想的影响，即企图表现一种基于生物的或血缘的——甚至是种族——基础上的认同，并因此作为其迁徙

---

[65] Young（1975），部分内容出版为 Young（1977）。

[66] Young（1997）.

[67] 见 Carver（1992）。

[68] Halsall（1998）；（2000 a）.

[69] Halsall（1992）；（2000 b）涉及进一步的评价和对早期文献的参考。

[70] 关于盎格鲁—撒克逊的英格兰，见 Welch（1992）；关于法兰克的高卢，见 Périn（1998 a）；关于西哥特的西班牙，见 Kazanski（1991），Ripoll（1994）；关于伦巴第的意大利，见 Bierbrauer（1992）。

[71] Lucy（1997）.

的证据，甚至是大规模迁徙的证据。[72] 进一步的问题是，必须意识到，在中世纪早期的社会政治中，种族身份是很重要的，但是，这是一种思想观念，未必有某位祖先在血缘上或地理起源方面的基础。于是，一种丧葬仪式的特别模式——其中使用的某种标志性的艺术品或服饰风格——对于一个旁观者来说，可以，而且可能确实表现了一种基于周边特定族群的一种特别的社会认同。例如，一种别针的式样有可能确实被认为是犹太人的，或者一种款式的皮带搭扣则被认为是哥特人的，或者参与某种仪式即是法兰克人之认同的标志，因为，这些物件或者仪式构成了早期中世纪民族认同的标志。但这并不意味着，佩戴这种物件或者参与这种仪式的人，就是来自罗马帝国外围的犹太人、哥特人或者法兰克人移民，或者是他们的后代。这种墓葬考古的形式并不能告诉我们民族迁徙本身，但是它的确在很大程度上揭示了，在当时的环境中，这种蛮族认同的方式在社会政治中逐渐成为非常重要的因素。

更为近期的且甚为重要的工作确实是已经关注到随葬墓的考古所提供的其他形式的社会历史信息。尽管各地区的习俗完全不同，在各不同的社会群体中，反复出现的特定的随葬品的形制与墓主之特定的性别和年龄之相连属的现象说明，丧葬考古在考察一个社会群体的年龄和性别结构方面有很大的潜力。这种方式也可以用于观察社会群体的组织形式和家庭的角色。带有随葬品的墓葬还可以用来作为考察社会层级的手段。先前用于考察社会层级的努力是有缺陷的，主要是因为他们只把随葬品视为被动地反映社会结构的证据。很多随葬品，或者甚至是艺术品的特别款式或结构，可以简单地理解为特别的社会等级或阶层或者特定的财富等级的标识。这些已经都得到了公正的评价。[73] 使用随葬仪式来说明社会结构的更重要的方法，来自对这种仪式和它所使用的物质文化形式的观察来判断或者鉴别社会的等级，是很有代表性的积极策略。这种方法使得我们不再单纯从随葬品较为考究的现象来判断这是"富者"或者"贵族"之墓。伴有随葬品的墓，并非仅仅提供了一幅可从中鉴别在一个既定等级社会中之不同阶层之

83

[72] 亦见 Härke（1989）；（1990）；（1992 a）；（1992 b）。关于大规模的迁徙的假设，见 Härke 的学生 N. Stoodley（1999）之作品。

[73] 见 Steuer（1982）；Samson（1987）；James（1989）。Périn（1998b）的观点仍然是相当传统的。

成员，事实上，它是社会不稳定和竞争的信号。

这一时期也有其他形式的墓葬。病逝者火葬后，其骨灰存于瓮内，有时候，这种瓮内也有随葬品，这种形式在原自由日耳曼和斯堪的纳维亚一直在使用，并且在5世纪进入不列颠低地。这一证据也可用于研究在地方上的社会认同和竞争。在欧洲的其他地方，少有或没有随葬品的土葬还是常见的。有时人们使用精心雕琢的石棺[74]或者更简朴一些的石匣。这类墓葬更难确定其存在时间，于是，也很难经常用于了解社会的信息。[75] 但如果更多依赖于高质量的发掘和骨灰的保存，这种可能性是存在的，墓地空间的安排可提供线索。男性与女性是否会分别地埋葬？孩子们的遗骨是否都会被置于一个独立的区域？如果是这样的话，这就可以说明该社会群体的规范或者态度。或者是否不同性别、不同年龄段的逝者都葬于一处，就说明这是一个家族群的墓地？对于遗骨的研究是否会说明葬于不同区域的人们之生活方式与饮食习惯的不同？人们已经开始在讨论这些方面的问题。对于人们对墓葬地的选择和在一些地域之墓地遗址的重要性之研究的一些重要工作也开始启动。[76] 对于早期中世纪墓葬的研究还会告诉我们更多关于中世纪早期的事情。

乡村聚落

如所提示，对于早期中世纪乡村聚落的研究还是这一专业的相当新的分支。[77] 后罗马时期，在过去的帝国各行省，新的建筑风格开始
84　出现。在许多区域，石材被木材所取代，而且，相似的考古综合结构，即大的中心会堂伴之诸多附属建筑群的模式出现了，这种建筑经常有凹进地平面之下的房基。即使在那些仍然保有石质建筑的地区，相似的聚落模式仍然依稀可见。[78] 早期中世纪的乡村聚落考古，如我

---

[74]　关于南部高卢，见 James（1977）。

[75]　Delestre and Périn（1998）.

[76]　Williams（1997）；（1998）.

[77]　关于近期西北欧洲之考古研究发展的概貌，见 Hamerow（1994）；Lorrenand Périn（1995）；（1997）；De Boe and Verhaeghe（eds.）（1997）；Van Ossel（1997）；Damminger（1998）；（1998）；Périn（2002）。

[78]　如 Larina（拉里纳，Isére）遗址的证据，见 Porte（1980）。

们所见，经常受到探索罗马遗址时那种粗劣的考古技术的破坏，这意味着，后罗马时期并没有废弃的那些农庄（villa）所在地中，特别在南部法兰西和西班牙，经常会（因技术不当而）遭毁坏，而人们只在近期才知晓这类农庄的规模。[79] 乡村聚落的考古发掘因各地区的田野考察而日益完善，在这种考察中使用了多种技术——空中摄影、田野踏勘和地理物理学的研究方法——这些技术的综合使用可以探查更广范围内聚落分布的模式及其变化。关于这种研究的证据可在整个欧洲、北非和东地中海发现。更精密的考古技术已经使得我们能够恢复关于早期中世纪人们的饮食和经济生活的数据。农村聚落的研究提供了考察中世纪社会结构和社会经济的多种方法。例如，一个人可以注意到，是否所有的建筑物或者住宅都有着同样大小的规模，或者是否一些建筑及住宅（也许只有一个）看起来比其他人一些。因篱笆墙之分别围绕不同的住宅，是否能够说明更大的财产私有化程度？居住模式的层次结构，是否说明了不同的社会阶层之间的分化，以及一些居民的剩余产品被另一些人所剥夺？一些聚落的防卫设施也可能说明人们是用征伐劳役的方式汲取剩余价值。个别房屋的布局和聚落群还告诉了我们很多关于人们对世界的认识。在尼德兰所发现的那种长屋（Long-houses）和将牲畜和人置于同一屋檐下的情况，说明了此地的人们与表现为人畜分住的聚落结构地区的人群之宇宙观的不同。由一种形式向另一种形式的演变一定是非常重要的。对于聚落或者建筑物内部空间的使用有可能进行更深入的研究，尽管这些遗存被发掘过程中出现的问题并混乱了——这种农业聚落只有很浅表的层次，很难有绝对的把握来说明各不同的建筑物都存在于确凿无疑的同一时代，其次，在确定艺术品关联的性别方面也存在难度。而后者可以在墓地的证据中得到合理的判断，而若将这些结论转移到聚落的考古方面则会很有难度。考古文物在葬仪中的象征性意义似乎与日常生活中更为动态的条件下的用处大相径庭。尤论如何，农村聚落的考古为深入研究这一时期欧洲的社会史提供了相当值得关注的视野。有些研究，考虑到文献方面的证据

85

---

[79] 关于近期的概述，见 Arce（1988）；Chavarria Arau（2001）。

（如前所述），已经在这方面做出了重要贡献。[80]

城镇和贸易

早期中世纪聚落模式的顶层就是城镇。自 20 世纪 40 年代以来，在欧洲和地中海盆地区域，早期中世纪城镇考古一直是处于发展中的领域。[81] 即使在古迹复原方面，我们对于早期中世纪之中央区域的了解也已经有了大幅度的增加。尤其在这方面，2005 年对早期中世纪的概念已经与 1911 年大不相同。对于几乎在欧洲每个区域的城市命运之综合描述，现在可以有个概貌，在西方，自公元 400 年后相对于罗马时期的状态，通常表现出一种停滞状态或者是加速衰落。在一些地区，自 6 世纪中晚期之后，出现了进一步的衰落；在另一些地区，自 7 世纪以后开始了复苏。如我们将要在其他章节讨论的，北方的复苏经常聚焦于城市遗址的新模式，即市集（emporia），它在本卷所包含的这一时期之结束时达到繁荣期。后罗马时期城市考古已经使我们对于早期中世纪社会经济和政治的认识增益不少。它之所以做到这点，不仅仅在于支持了一种观点，即城市聚落的性质已经从晚期罗马时期社会和官僚统治的中心转变为中世纪的更具宗教性的中心，这种观点也可能从文本资料中得证。它也并非只是给予文本资料的描述提供了生动的背景：例如，亨利·加利尼（Henri Galini）在图尔所写的公认的著名作品，远非简单地为大主教格列高利的记述确立背景。[82] 对城镇的进一步研究使得我们能更全面地理解它们在早期中世纪社会与政治中的地位。这就是，它们显然并非任何大规模的人口中心，在多数情况下，它也不是生产中心，这一事实就使得我们有更不同的理解，即城镇为什么在一定程度上仍然是社会和政治的重要中心。理解城镇之原有功能的衰落，也创建了一条线索以理解早期中世纪城市之不断变化的状态的本质[83]。对于城市建筑，特别是教堂的研

86

---

　　[80]　E. g. Theuws（1991）．
　　[81]　作为 20 世纪 70 年代以后的此类著作的代表，见 Barley（1977）；Hodges and Hobley（1988）；Demolon, Galini'e and Verhaeghe（1994）；Brogiolo and Ward Perkins（1999）；Brogiolo, Gauthierand Christie（2000）。
　　[82]　Galini'e（1997）；Wood（2002）．
　　[83]　Haldon（1999）．

究，可以有助于我们理解公共空间如何用于传播思想和理念。(84)

刚才概括的早期中世纪考古的所有方面以及这些艺术品的技术研究及其产生的位置和技术，已经从根本上改变了我们对于早期中世纪经济的认识，如我们将在下一章中要讨论的那样。(85) 至于城镇，早期中世纪世界这一方面的研究自20世纪以来已经发生了巨大的变化。于是，亨利·皮朗（Henri Pirenne）的作品开始出现，引起了矛盾和批评。自20世纪80年代后，考古学关于这一争论的研究焕发新的生机，与此同时也引人注目地改变了这一图景的外观。

钱币和碑铭

居于文本历史与考古之间的是钱币学（钱币研究）和碑铭学（研究碑铭）的专业学者。这两方面的遗物都可视为艺术品，因此被排除在物质文化研究或考古学研究之外不被重视，而且，这两种形式的物证经常在考古发掘时被发现。这两者都是书面和文本信息的重要载体，它们将此两种介质带进历史轨道中。大约公元500年到700年间的时期也许不被视为文本数据资料的盛期，但钱币和碑铭却在理解早期中世纪方面起到重要作用。

对于我们所研究的这个时代，钱币学作为资料的作用不及此前及之后的时代，这一事实本身就具有某种重要性。(86) 当西罗马帝国在5世纪早期瓦解之时，西方经济处于一种衰退状态，许多地区——如不列颠和高卢大部——实际上已经完全没有钱币可用了。在这种情况下，我们能在缺乏资料的情况下得出结论。在南部的地中海周边，甚至在更远的东部拜占庭帝国，钱币仍然在使用，尽管在7世纪时也趋于衰亡，但从来没有像在西部帝国的西北部行省那样完全消亡。

鉴于数个理由，钱币可以是重要的。当我们在考古遗址发现它们 87
时，它们显然提供了一个可用的基础年代线索，尽管，很明显，钱币上锻制的时间标记，并不需要完全与其被埋起的时间数据相关联。它

(84) 见 Wharton（1995），pp. 105 – 147 对拉文纳的描述。

(85) 见 Loseby，后文第22章的扩展参考书目。Hodges（1982b）提供了重要的起点。现在可看 Hodges and Bowden（1998）；Hansen and Wickham（2000）。

(86) Delogu（2002），pp. 183 – 205 有一极好的介绍，且有一个极有助益的英国钱币的参考目录。Grierson（1951）仍然是经典。早期中世纪钱币的注释目录相当多，不一一列举。

们所揭示的只是之后的一个点（*terminus post quem*）。钱币有着多种经济内涵。我们需要区分仅仅作为方便的通货体系而生效的钱币（如晚期及后罗马时期的索里达含金量总是 1/72 磅）与当代意义上的币制（在当代世界，钱币的固有价值，即其所含贵金属的价值，与其面值是不等的，此两者的不同，由制作钱币的国家来规定）概念的不同。后一种货币的"真实的"形态在我们所说的这个时代几乎不存在。无论如何，即使在钱币只是一种简单的通货体系时，它之规律性和它在一个广泛的区域内被接受的程度可以被视为经济和国家之复杂性的指标。⑧⑦与此相关的是锻压币（古代西方钱币，自希腊时期开始，都是使用锻压方法，即最原始的人工敲打制作，而非浇铸。——译者）的加工场所及数量，以及钱币本身的价值。例如，在 6 世纪西方的多数地方，唯有昂贵的金索里达在通行，其中既有来自拜占庭东方的（或许，作为一种政治的付出），也有在西方仿造的。这种钱币太过昂贵，许多交易中都不会用到。大批量的购买活动可能是以这种钱币实现的，但它们的用途更像是政治性的，而非经济性的（如我们将看到的那样）。当钱币在 6 世纪晚期的高卢开始再度被经常锻制时，通常是一种较低价的钱币，即特里恩斯（*triens*）或泰米赛斯（*tremissis*）。这种钱币相当于 1/3 的索里达，因此有更大的经济实用性。然而，这种钱币是在高卢各处的许多锻制场生产的，而且，尽管官方对于它们的统一重量和含金量有所建议，但它们并没有标记国王的名字和形象，却标记着锻制者和产地的名称。这说明，此类钱币只在极小范围内被接受，当地的人们知道锻压币者的名字并信任他。及至 7 世纪时，特里恩斯的含金量逐渐减少，这种钱币事实上被一种银币第纳里（*denarius*）所取代，这是一种实值更低的钱币。这一事实说明，钱币开始用于更下层的交易行为中。进而，这种钱币在王国中更少的地区被锻制的事实，说明它们能够在更远距离的地区被认识和使用。总之，这说明了该时期钱币使用的增加和经济的增长，这是钱币之作用得到强化的有力证明。

　　无论如何，如同前面已经提到的，钱币并非简单的只有经济上的用途，它们也是有效的政治工具。一些钱币通过币面的铭文可以对王

---

⑧⑦　Hendy（1988）.

国的政治实体传达王室的信息或帝国的思想。如上所提到的，索里达
（*solidu*）是一种经济实用性较小的昂贵钱币，而且可能只在精英阶层
中通行。这使得钱币成为宣传的重要介质。西哥特王莱奥维吉尔德
（Leovigild）先后使用多种形制的索里达来宣传他从自己谋逆的儿子
赫尔蒙尼吉尔德（Hermenigild）手中收复的诸多城市的主权。[88] 法兰
克王塞乌德博尔特（Theudebert）用来作为宣称他与皇帝查士丁尼之
平等的一个手段，就是发行了他自己的索里达（*solidi*），印上他自己
的名字。这类钱币的样品仍然留存着，我们从普罗柯比的作品中得
知，这种公然违反此前帝王特权之举在东罗马帝国引起的震惊。拥有
如索里达这种钱币，无论是由外部输入的还是本地锻制的，由于它本
身的价值，可以成为政治精英的标志。它们经常在当时有着奢侈陪葬
品的墓中被发现，它们可能被公开地置于墓中，作为权力和地位的象
征。因而，控制这类钱币的发行是一种重要的政治手段，它使这些钱
币的发行符合土宫的利益，且以这类钱币为某种特定的表现尊贵地位
的物品。

同钱币学一样，碑铭学作为对于古典历史学者最重要的资料，在
这一时期进入了相对的衰落，有时候与钱币学的衰落出于同一原
因。[89] 在4世纪的西北欧洲，"树碑立传"的传统开始弱化，尽管在
更南部和东部仍然比较常见，而且，在5世纪的经济衰落时期，在某
些区域几乎完全消亡，如低地不列颠和高卢大部。无论如何，后罗马
时期的碑铭却比人们通常所想象的更为普遍，而且有着多种形式。

在东方帝国和高卢、意大利及西班牙，古典时期遗留的在石碑上
刻字的传统仍然在使用，通常是为了纪念一座建筑，记录一些改革或
复兴的业绩，而且更常见的是纪念死者。在教堂的石材上越来越多的
涂鸦式碑刻也都出于类似的目的。在北非，墓葬中的碑铭也可能采
取镶嵌画的模式。在不列颠西部，罗马时期的碑铭传统有着明显的传

---

⑧⑧ Hillgarth（1966）。

⑧⑨ 当下，并不容易找到用英语写的对于早期中世纪碑铭学的概述。Handley（2003）填补了这一空
白。亦见 De Rubeis（2002）。在 Effros（2002）的著作中（pp. 79–137）亦可找到一篇贴切的研究目录
概述，尽管对于他的一些结论需要小心使用。Le Blant 的 Inscriptions chrétiennes 是首先整理高卢碑铭的
作品。更近些时候的，见 Gauthier, *Recueil des Inscriptions chrétiennes de la Gaule*；Descombes, *Recueil des
Inscriptions chrétiennes de la Gaule*；Prévot, *Recueil des Inscriptions chrétiennes de laGaule*。关于西班牙的，见
Vives, *Inscripciones cristianas de la España romana y visigoda*。关于不列颠、爱尔兰和布列塔尼，现在可见
凯尔特人的碑铭项目，其基本数据在网上公布，见 http：//www. ucl. ac. uk/archaeology/cisp/database。

89 承，远胜于那些后来成为盎格鲁—撒克逊人占领的地区。在石碑上刻字以纪念逝者，在这些地区也比较普遍。在这里，名字、头衔和简短的文字说明不仅使用了拉丁文，也使用欧甘（ogham）文字［欧甘文字是古爱尔兰人用的一种线形文字，是爱尔兰有文字记载的最早的语言。欧甘一词源自凯尔特能言善辩的欧甘神。欧甘文字通过中间的一条竖线和1—5条水平方向的横线或斜线的不同组合构成字母表，每一个组合代表不同的字母，其字母表中有20个字母。古代的欧甘文字通过石头上的雕刻被保留了下来，许多保存完好的欧甘石刻可以在爱尔兰南部的克里（Kerry）郡、科克郡以及沃特福德（Waterford）郡看到。大部分的石刻代表个人的名字或地名，用来标记边界。这类碑铭最早可以追溯至5世纪。许多现代学者认为，欧甘文字源于希腊和罗马字母。——译者］，这种文字虽然完全借鉴拉丁文字母，但采取了完全不同的模式。这种文字是纵向阅读的，在石碑两面纵向镌刻，其文字也是以一条纵向的直线为轴两侧排列的。人们曾经认为这种文字最早出现在欧甘石刻最为常见的爱尔兰，但是，对此问题还可以继续探讨。欧甘文字也经常在南威尔士出现。古拉丁文的碑铭在我们所论述的这个时期之末又出现在盎格鲁—撒克逊。更向北一些，尽管通常不采用公认的字母，苏格兰南部的皮克特符号石碑亦应纳入碑铭之列。在这里，石碑上使用着一些经常重复的标志性符号。到了本书所论及这个时期之末，一些象征性的人物和动物形象开始和特定的历史事件相联系。例如，法夫郡（Fife）阿伯莱姆诺石碑（Aberlemno stone），曾经被人们貌似合理地解释为是纪念皮克特人在685年的内希坦斯梅尔（Nechtansmere）战役中打败诺森伯兰军队的事件。[90] 同样的纪念石碑也在斯堪的纳维亚被发现，有时候使用了卢恩字母，有时候则没有文字镌刻，但有精心制作的艺术装饰。除了我们可能称为"实物的"那些碑铭之外，我们还需要增加大量仅出现于文献记录中的铭文。韦南蒂乌斯·弗尔图纳图斯的墓志铭即是很好的例证。

同钱币的使用一样，碑铭的使用远不止于作为时间判断的证据及政治史叙事的辅助手段，尽管，这类提供证据的资源在这两方面一直是重要的。同样，某一建筑的赞助人的资料，也能够揭示有关人们思

---

[90] Hooper（1993）；Cruickshank（2000）.

想的信息，如人们对于罗马遗产的态度。墓志铭可以作为观察人们家庭和家庭结构的途径。例如，通过日耳曼人名字在曾经的罗马欧洲分布的模式，亦可以揭示某种文化思想。许多碑铭记录了死者的年龄。这是特别重要的信息。首先，对它们的深入研究揭示了，在这些墓碑上刻制的年龄，通常都四舍五入到 5—10 岁——这使得我们获得非常珍贵的研究社会年龄和老化态度的重要资料。甚至，即使考虑到年龄问题，我们仍然可以使用这个证据考察当时人们订婚和结婚的年龄，以及在这一领域之性别的差异。一些铭文，如那些在特里尔的铭文，记录了立碑者的情况，以及碑铭中所纪念的人士，这也可以提供关于家庭结构和家庭关系的信息。与之相关的，对于孩子们、女性和作为家长的成年男性的纪念碑文（这些因地域的差异而有着重要的变化）也反映了社会结构的问题。

　　一些石质碑铭引起了人们关于标志土地所有权和希望划定永久地界方面的争论，同样，对于车葬古墓（barrow burial）和其他类似形制的墓碑也发起了争论。最为有趣的，也许曾经是对碑铭和它们对于时间划分的研究来考察人们对于地区和地域认同的态度。例如，在 6 世纪的勃艮第，两个不同的城市维埃纳和里昂分别使用两个不同的有执政官身份的人来确定年份。[91] 他们选择的"护民执政官"来纪年显然是一种表达地方认同的观念。同样的情况在西班牙也存在，"西班牙"年（Spanish Era，一种编年体系，以公元前 38 年的那一年开始推算年份）被认为是 6 世纪确定下来的，使地域和宗教教义相结合的推算方式，因此，7 世纪时，就用它来强化西班牙的统一。[92]

结　论

　　上面的简述表明，研究 500—700 年历史的学者们，即使在如不列颠这样在此期间的大部分时间内完全没有任何文字资料传世的地区，也并非如人们经常强调的那样，是在缺乏资料的情况下从事研究。鉴于可以获取有关的历史资料，这一时期更是当然地不属于

---

[91]　Handley（2000）.
[92]　Handley（1999）.

"黑暗时代"。事实上，在对于地域均度和能以地域或者地方为基础来考察的各种问题的研究方面，说明这一时期比晚期罗马有着更完整的资料。在整个 20 世纪，资料的来源有了显著的增加，历史学者（大致定义为研究过去的学者）的研究范围也相应扩大了。面对 21 世纪，中世纪学者的最大挑战是，不断地提升对所有上述形式的资料证据以及其使用中的问题和潜在价值的意识，并且，允许使用所有这些资源：文本的、图片的、考古的、碑铭的和钱币的，都可以各尽其能。如果在 100 年后有另一部《新编剑桥中世纪史》问世的话，我们观察早期中世纪的维度，无疑会像 1911 年到 2005 年间之历史描述一样发生巨变，这也意味着早期中世纪本身也将发生变化。

徐家玲 译校

第一部分　六世纪

第 四 章

6 世纪的东部罗马帝国

安德鲁·劳斯（Andrew Louth）

6 世纪的开端，居于皇帝宝座上的是阿纳斯塔修斯（Anastasius，491—518 年在位），他统治着一个仍然被认为基本上与整个地中海世界等同的罗马帝国，尽管这种观点对于那些事后诸葛亮的当代历史学家们来说是不现实的。虽然阿纳斯塔修斯是在君士坦丁堡，即"新罗马"，治理着我们称为"东方帝国"的地域，而西方帝国已经被"蛮族王国"瓜分，但这是我们这个时代的观点，而不是他们自己的看法。通过获得皇帝恩赐的头衔，且通过帝国使用其财富（财富之巨大足以使得西方帝国在以后的几个世纪中相形见绌）换购的同盟者身份，这些蛮族国王可以被视为亲属，他们承认皇帝在新罗马的最高宗主权，而且，蛮族国王们也经常乐此不疲。至 476 年罗慕洛·奥古斯都被废，西方皇统中断——这被极少数的当代人视为重要的事件，东方和西方应该各自有一个皇帝的观念，已经延续了一个世纪之久，而由君士坦丁堡皇帝支配着西方蛮族军事力量的现实，在失去了一位立足"西方的"皇帝之后，仍然没有受到影响。

阿纳斯塔修斯统治的帝国仍然是地中海世界，如同它在古典时代那样，远非仅仅是一个政治意义上的帝国：这就是说，在这个帝国内，它包含着一个世界，其基本单元是城市及其属地（乡村，即 *chôra*）形成一个自给自足的经济甚至是文化上的单元。尽管旧时的城邦被剥夺了政治权力，但城市的贵族仍然在施展他们的政治影响力，而且，被同样的贵族阶级指派的行省省督们经常发现，承认地方势力的影响远比抵制它们更有效。城市有着其广场、剧场、法庭和受教育的机会，成了受过教育且在帝国统治机构中任职的精英们的温床，他们也经常回到城市享受其乡村产业所产出的丰厚的田园财富。所有这些从 6 世纪开始就会发生变化，尽管对于这种变化发生的程度仍然有相当多的争议。

城市也是基督教会的基本单位。从 2 世纪末起，基督教——它在一开始是城市现象——已经发展了基于城市及其属地的组织，由一位教职官员领导，即主教。随着 4 世纪以来罗马帝国的逐渐基督教化，拥有终身职位的主教（在尼西亚召开的第一次全基督教主教公会议颁布的第 15 条教规禁止主教在城市之间轮换任职，虽然偶有例外），成为城市贵族中的重要角色。主教有时被任命为城市保民官（*defensor civitatis*），即城市首领或者"审判官"（judge），而且，主教经常地行使这一职能，即使没有官方的任命也是如此。即使城市作为经济和文化的实体衰落时，① 主教与城市的这一关系仍然会延续。基督教从来不是一个特别和平的宗教，而且，它十分重视对信仰的正规表述，加之其日益增长的社会影响，无法抵制基督教的帝国居民日益减少，这意味着远在 6 世纪之前，基督教的信仰已经成为社会、政治和文化分离的原因，且成为加重其分离的因素。当代历史学者羞于将宗教信仰和宗教实践视为社会和政治分裂的原因，而且，一般来讲，他们可能是对的，但不可否认的是，在我们所论述的这个时期，社会和政治的分裂经常以宗教词汇来表述和理解。如我们将会看到，对于宗教的歧义争论与 6 世纪的历史描述交织在一起。重要的是，在进而考虑以宗教语汇所阐释的社会、政治和文化分裂的其他因素之前，理解这些歧义的基础。宗教冲突是我们经常会提到的话题。

阿纳斯塔修斯继承并加速了宗教的分裂，这种分裂将长期影响基督教的罗马（或者拜占庭）帝国。这些宗教分裂源起于在卡尔西顿〔Chalcedon，今 Kadikoy（卡迪科伊），与伊斯坦布尔即君士坦丁堡隔着博斯普鲁斯（Bosphorus）海峡相对〕召开的第四次全基督教主教公会议。该会议试图解决长期存在的关于神性与人性如何在基督的身上统一的问题。当时的教宗利奥一世通过他的使节充当了重要角色，

---

① 关于后期古代城市的衰落，以及这种衰落应该如何解释的问题，确实成为研究 7 世纪历史需要讨论的问题，见本书 Louth 所写第 11 章；关于城乡衰落的数据，见 Mango（1980），pp. 60–87 及 Liebeschuetz（1992）。

而与会的教父们（几乎完全是希腊人）事实上商定了一个教宗使节能够接受的正式表述的信条，他们认为该信条是赞成亚历山大城牧首西里尔（Cyril，死于 444 年，他受到东方绝大多数主教的崇敬）之意见的。但是，对于教宗使节来说，这个妥协委实来之不易，在这次会议上，基督的人格统一被认叮为"两个本性"［该词语并非来自西里尔，而是来自一份教宗的信件，即所谓的"利奥大卷"（*Tome of Leo*），该用语被会议所接受］，而这一阐述使得卡尔西顿的成就被亵渎：许多基督徒，特别是叙利亚和埃及的基督教，感觉这个会议背叛而不是赞同了西里尔的原则。反对卡尔西顿会议决议的行为经常采取暴力的形式，乃至于耶路撒冷主教（Juvenal）发现他需要借助于帝国的军队，才能平安地进入他任职的城市，而被指定替代西里尔的继承者（此人在会议上被免职）的普罗特里乌斯（Proterius）被暴民所杀害。伴随着这些宗教分歧所出现的暴力事件受到教职人士的推波助澜，而这些教职人士已经成为基督教罗马帝国所依托的势力。在试图推行卡尔西顿信经受挫之后，482 年，皇帝芝诺（Zeno）发表了一则被称为《合一通谕》（*Henotikon*）的信仰声明，意在维持教会的统一。该声明否定了卡尔西顿决议，但它并没有批判该协议的错误。该《合一通谕》是出自君士坦丁堡牧首阿卡西乌斯（Acacius）和亚历山大城牧首彼得·蒙戈斯［Peter Mongos——声音沙哑的（the "hoarse"）］的手笔。罗马教廷与拉丁的西方，并不愿意否认被教宗利奥视为信条的文件，于是，《合一通谕》的公布在罗马和君士坦丁堡之间导致了分裂，史称"阿卡西乌分裂"（Acacian schism）事件，其名称源于君士坦丁堡牧首阿卡西乌斯的名字，这场分裂持续到阿纳斯塔修斯之逝世。由于《合一通谕》在阿纳斯塔修斯统治时期依然是帝国的政策，而他，如果有什么的话，他认为上述敕令太过温和，因为他曾经批评那些反对《合一通谕》的人们没有明确地批判卡尔西顿信经。

　　6 世纪的资料尽管非常丰富，但仍然有待于进一步丰富。古典模式的历史作品得以完整保留（相对于支离破碎的 5 世纪史料而言）。这类作品有普罗柯比的《战史》和阿伽提阿斯（Agathias）及狄奥菲拉克特·西摩卡塔（Theophylact Simocatta）的历史作品。从护卫者米南德（Menander the Guardsman）的历史中摘编的辑要也得以保存。

这些历史记载可以得到那些在基督教启示下的新史学形式的补充，它们是，由约翰·马拉拉斯（John Malalas，他的编年史仅以概要的模式传续）和马尔切利努斯所写的编年史，以及后来的《复活节编年史》（Chronicon Paschale，630 年）和狄奥方（Theophanes）所撰《编年史》（9 世纪早期作品，但包含了更早些时候的史料）。以编年史形式开始出现的教会史在 6 世纪的代表作品是安条克的律师埃瓦格留斯（Evagrius）所撰写的。基督教的历史作品（包括那些前面已经提到的）认为记载圣徒们生活的传记也很重要，而且有相当一些圣徒的传记资料涉及 6 世纪的历史，其中多数对于当时的社会和宗教历史很有价值，尤其是由斯基奥波利斯的西里尔（Cyril of Scythopolis）和约翰·莫斯库斯（John Moschos）所搜集的圣徒传说集成和一些个别的圣徒生活的记载［如对于柱头修士（Stylites）和西吉翁的圣徒狄奥多勒（St Theodore of Sykeon）之生平记载］。此外，还需要提及那些用叙利亚文所撰写的，代表一些由查士丁尼及其继承者所倡导的卡尔西顿正统派形式所排斥的非卡尔西顿派基督徒（即一性派）的作品或者作品的残片。这些资料包括米蒂里尼的扎卡里亚（Zacharias of Mytilene，原文为希腊文；他的《教会史》并没有延及 6 世纪的事件）所撰写的圣者生平和以弗所的约翰（他用叙利亚文写作）所搜集的圣者生平和他的《教会史》（Church History），该教会史的第三部分残本是一部独立的稿本，而其前两部分则以片断形式残存在后来的叙利亚文编年史中。同时，还有一部托名于泰勒梅尔的伪狄奥尼修斯（Pseudo-Dionysius of Tell-Mahr）的匿名的 8 世纪编年史，亦有叙利亚的米哈伊尔（Michael the Syrian）所写的 12 世纪编年史。依照传统，这些作品表面上倾向于以"古典的"历史为基本资料，但以某种程度的谨慎，从编年史和基督教会资料中选录一些补充内容。② 然而，当代学者们的倾向，则是更多地关注"古典史家"的特别意图和偏见，结果就是当下我们在这些资料中看到了各种明显可以界定为 6 世纪的"观点"，而不是可以用来作为基本框架的直接的描述和记录。③ 考古学的成果是一种重要的资料，至少囊括了这一时期的主要

96

---

② 这是吉本在其《罗马帝国衰亡史》（1776—1788）中使用的研究方法，后来 J. B. Bury（Bury，1923），以及 A. H. M. Jones（1964）继续使用这一方式。

③ 主要看 Cameron（1985b）。

事件，如城市的衰落（或者残存）、经济的繁荣与气候的变化等。此
外，我们也可能从碑铭、钱币和印章中汲取资料，并利用（传统上
很少使用）教会内保留的，但却是发展变化着的仪式之证据。

关于阿纳斯塔修斯统治之第二阶段的记载，揭示出这一时期有越
来越多的民众骚乱，通常认为应归于这位皇帝的宗教政策。但其背后
的原因，似乎是越来越严重的经济困难和人们在帝国内越来越缺乏安
全感。在 6 世纪初，罗马帝国的、自然也是拜占庭之前驱者的宿
敌——波斯之间的长期和平走到终点。由于波斯人在尼西比斯（Nis-
ibis）失败后，依照与 4 世纪皇帝乔维安（Jovian）的协议，将此城
还给帝国，而东罗马人须向波斯人纳贡。但东罗马人拒绝纳贡，于是
导致波斯人于 502 年入侵帝国，攻克了数座边境要塞，包括阿米达
（Amida）城。一开始，由于军队指挥的分权，帝国抵抗不力，用了
两年时间才于 505 年收复了阿米达。因这场短期战争而导致的美索不
达米亚（Mesopotamian）前线的衰弱，以帝国在尼西比斯附近数罗马
里之外建立达拉（Dara）要塞的方式予以弥补，该要塞以皇帝的名
字命名，被称为阿纳斯塔修斯城（Anastasiopolis）。在北方，早期 6   97
世纪的帝国也面临着来自入侵者的威胁，因为有考古方面的证据可以
说明，普罗柯比所谈到的那些由查士丁尼统治时期（527—565 年）
沿着多瑙河右岸修筑防御工事的工程，其实至少是从阿纳斯塔修斯时
代就开始修筑了。④

对阿纳斯塔修斯的宗教政策表示不满的民众暴乱是由于一次礼仪
方面的事件产生的。从 5 世纪中期开始，被称为"三圣颂"［Trisa-
gion，即"至圣的神，至圣而强大的神，至圣而不朽的神，怜悯了我
们"（Holy God, Holy Strong, Holy Immortal, have mercy on us）］的圣
歌成为东方教会礼仪中流行的部分。在叙利亚，人们都认为这首歌是
唱给圣子耶稣的；而且，是支持那些对于卡尔西顿信经中，将不朽的
圣子之性质分割为人性和神性两部分抱抵制态度的信念的。于是，歌
词中加上了一句"他为我们牺牲"，以强调他们的信仰，即基督圣子
本身受到了人所受的苦痛，亦即教义中所称"神受难"（theopas-
chism）。但是，在君士坦丁堡，这首歌采取三个声部合唱的方式，意

---

④ Poulter（1983），p. 97，被 Cameron（1985 b）所引用，p. 220，n. 90。

思是唱颂圣三位一体的，于是，添加上面这句话似乎是表明神性本身也在受苦。在这不同的歌词背后，存在着真正的相互理解上的差异，但对立双方只认为另一方的错误更严重。当阿纳斯塔修斯指示，应该在"三圣颂"中加上"神受难"的内容时，引起了吟唱这一修改版本的非卡尔西顿派信徒与君士坦丁堡民众和教士之间的冲突。于是导致民众要求废黜这位皇帝，直到皇帝除去皇冠面对乱民，声称他的虔诚之时，骚乱才得以平息。次年（513年），皇帝的权威面临着来自维塔利安（Vitalian）将军的又一次挑战，这位将军声称要代表正统的宗教派别来抵制皇帝的政策。虽然他想夺取皇权的行为没有成功，但他却比阿纳斯塔修斯活得更久。

阿纳斯塔修斯死于518年，而未决定继承人。查士丁一世（Justin Ⅰ）继承了皇位。他是来自伊利里亚（Illyria）的农民，由行伍出身升至禁军统领（Count of the Excubitors）。他没有受过教育，甚至可能是文盲，普罗柯比希望我们相信，真正的权力是在皇权背后的查士丁一世的外甥佩特鲁斯·萨瓦提乌斯（Petrus Sabbatius）手中，他取名查士丁尼（Justinian），是早些年由查士丁带到首都的，而且，查士丁花费了大量金钱，使他接受昂贵的教育。我们很难说，这种说法是否真实，因为没有支持这一说法的独立证据。[5] 查士丁的第一项举动就是以忽视或者含蓄地指责卡尔西顿信经的方式，重新肯定他的前任致力于在基督徒中实现统一的努力：《合一通谕》被摒弃，而卡尔西顿的正统信经成为帝国的国策。"阿卡西乌分裂"结束了，由查士丁所选任且认可其宗教政策的教宗赫尔米兹德斯（Hormisdas）派遣使者来到君士坦丁堡，在这里召集了宗教会议以结束分裂，并谴责了那些主张分裂的人，其中不仅有阿卡西乌斯和他的那些追随者，也包括了——在这个不寻常的教宗的要求下——皇帝芝诺和阿纳斯塔修斯。非卡尔西顿派的知名"一性教派者"，包括安条克的塞维鲁和马布格的菲洛克塞努斯（Philoxenos of Mabbug）则被罢免教职并流放。与罗马的和解只是再一次撕裂了《合一通谕》所试图修复的伤口，但很快地，对卡尔西顿信经的正统解释提到日程上来，而且它必然将成为查士丁尼致力于实现宗教统一的核心内容。来自斯基泰〔Scythia，

即当代的多布罗加（Dobruja），罗马尼亚沿海地区〕的一群修士们在约翰·马克森提乌斯（John Maxentius）的率领下，带着他们的议案来到君士坦丁堡，这项议案试图以"圣三位一体之一位的肉身受到折磨"这句话补充卡尔西顿信经，然这一断言势必挑战一性派之基督是不可分的信念，这一信念在"三圣颂"之后加上的那句"神受难"中体现出来。查士丁尼被这一议案所吸引，派教士去罗马，在那里，他们没能说服教宗赫尔米兹德斯，然而其他人，特别是狄奥尼修斯·伊戈古斯（Dionysius Exiguus）和波埃修（Boethius），认为这是可以接受的。于是，这一议案被搁置了，直到 530 年——这时，查士丁尼致力于宗教统一的意向变得特别迫切。

527 年春天，查士丁病重，而 4 月查士丁尼被授予共治者奥古斯都的头衔。8 月，查士丁去世，查士丁尼即位。查士丁尼的统治时期很长，一直持续到 565 年，整整 38 年，或者说是 47 年 ——如果包括他在查士丁之背后行使权力的时期的话。无论如何，这是相当长的一个统治时期，这一持续本身就意味着这种统治的成功。但还有其他：法典的改革；在西方（北非、意大利和西班牙）对罗马领土的光复；恢宏的重建工程，特别是君士坦丁堡市中心，包括大教堂圣索菲亚［*Hagia Sophia*，圣智（Holy Wisdom）］的重建；雅典柏拉图学园的关闭；以及，553 年在君士坦丁堡召开的第五次全基督教主教公会议，达到其宗教政策的顶点（或者换个角度说，在查士丁尼晚年滑入异端）。把所有这些事件视为拼图的各部分，并把它们正确地拼接在一起，难免会在头脑中生成一个宏伟的计划。然后，是一个魅力十足的女人狄奥多拉（Theodora）的影响，查士丁尼通过修改元老与演艺者禁婚的法律才娶到她，她的美丽连普罗柯比也倾慕不已，但普罗柯比却视她为魔鬼的化身。普罗柯比在其《秘史》中对于狄奥多拉干预政事的行为做了恶意的记载。他也告诉我们，在 532 年的"尼卡暴动"中，当查士丁尼面对威胁他皇位的恶性暴力事件被吓住而考虑到逃跑时，狄奥多拉用了戏剧性的语言"帝国的权力就是最好的葬袍"劝他顶住，在死亡和胜利之间做出选择，所有这些，为狄奥多拉与伊琳妮（Eirene）或佐伊（Zöe）这样的女皇并驾齐驱铺平了道路，后来的这两位（与狄奥多拉不同）是本人亲自登位称帝，尽管时间很短暂。⑥

　　对于查士丁尼统治时期存在"宏伟计划"的观点，认为他的所有行为都是要刻意"收复"古罗马帝国——然而却是一个承认正统信仰的、上升到其光辉顶点的基督教的罗马帝国。按照这一观念，光复战争恢复了一些帝国以往的地理区域；法律改革定义了由上帝代理人罗马皇帝所统治的一个基督教罗马帝国；首都宏伟的大厦，特别是教堂，传承了新罗马基督教教廷的风格带有普罗柯比在其晚期作品《建筑》中所描述的，为保护新征服的罗马世界所修筑的防卫性建筑。基督教正统教义的确立补充了这幅拼图，加之对非正统——不论它们是基督教的异端还是非基督教信仰者——的镇压。因此，在讨论查士丁尼之统治时，很难回避"宏伟计划"这一提法。事实上，所有的文学资料都反映了关于这种思想中的一些东西。如在普罗柯比的作品中（即使《秘史》也将查士丁尼视为一个伟大但却邪恶的策划者），在法律文本中，甚至在那些在查士丁尼手下受到迫害者所写的宗教文献中——因为一性派信徒与控制着帝国基督教会的人们一样，也都信奉由一个基督教皇帝统治的一个基督教帝国的看法。⑦ 有时候，很难否定，查士丁尼会幻想自己在完成如此宏伟的计划。536年，在征服西西里之后，查士丁尼宣称："我们深信，上帝将应许我们去统治那些附属于古代罗马的其他地区，直到两海之界，这些领土后来失于他们的漫不经心"（*Nov. 30*），⑧ 但我们是否应该视查士丁尼之统治是成就了一个自以为是、先入为主的宏伟计划，是另一方面问题。于是，就提出于两个互相关联的问题。首先，是否上述所有因素都能够拼成一些宏伟计划？其次，如果是这样的话，查士丁尼是否确实具备了这一力量将这一宏伟计划付诸实现？如我们将看到的，这两个问题事实上都能够得到肯定的答复而不会存在任何严重的质疑。

　　也许，这一宏伟计划的最可信的证据，至少在查士丁尼统治早期，当查士丁尼一俟掌握了权力，立即着手修订的罗马法中出现。在这部法典中，他以一种引人注目的方式，实现了一个统治者的既定使

---

⑥ 关于这方面记载的极致的评价，见 Cameron（1985 b），pp. 67 – 83。

⑦ Fowden（1993）.

⑧ 译文见 Honoré（1978），p. 19。

命，即一个最高的法官和最高的立法者。这是与罗马人的皇帝特别相
关的责任，因为罗马人为他们生活在法律制度下而骄傲［在历史学
家普里斯库斯（Priscus）于 5 世纪记载他出使阿提拉宫廷时精确地表
达了这一信念］。⑨ 在确定其独立统治的几个月内，查士丁尼就向元 100
老院颁布一则正式法令（constitution），宣布他有意制定一部新的法
典，这部法典将适应时代需求，调解社会矛盾，剔除不合时宜的立
法，并使法律清楚明晰。他建立了一个由大法官特里波尼安（Tribo-
nian）为首的十人委员会，在不到一年的时间内就完成了编纂法典的
工作。这部法典没有传续下来，但在 5 年半之后，于 534 年，该法典
的修订本颁发，计 12 卷，并纳入了这 5 年期间颁布的法规，此即传
续于今，对此后的欧洲立法发挥了重大作用的版本。在此第二版颁布
之时，已经有了对此立法修订工作的进一步补充，此即《法学汇纂》
（Digest 或 Pandects），意在整理数个世纪以来罗马法学家的著述。该
汇纂颁布于 533 年 12 月。法律改革的另一部分是《法学阶梯》（In-
stitutes）的颁布，它是对 2 世纪的法学家盖乌斯（Gaius）学说的注
释本的修订，它将成为君士坦丁堡和贝鲁图斯［Berytus，即今天的
贝鲁特（Beirut）］的两所官办法律学校学生的正式教材。这一修订
和理清罗马法的工作以查士丁尼后来的立法《新律》（Novellae）达
到完善。虽说特里波尼安的作品之主体是以拉丁文撰写，但多数的
《新律》文本是以希腊文撰写的，因为查士丁尼的统治标志着以拉丁
语为官方语言的罗马帝国与以希腊语为主体且最终成为独一语言的所
谓"拜占庭帝国"之间的分野。这一法律改革的目的可以分两个层
面来看。一个是实用层面：法典和新律提供了可供法学家用《法学
汇纂》来解释的法学词汇。但是，看起来，这一功能注定不会持续
到下一个世纪中期。但是，它的另一个目标是要宣示一种世界观，繁
荣罗马文明，彰显基督教的正统观念和皇帝的永久权力。这是一个历
时长久的遗产，它的核心是帝国（basileia，拉丁文 imperium）和教会
（hierosyn，拉丁文 sacerdotium）互补的远景。这种思想在《新律》六
（535 年颁布）中表达得淋漓尽致：

---

⑨　Priscus, frag. 11；收于 Blockley（1983），pp. 242 – 280, esp. 270 – 272。

　　　　　上帝以其仁慈至爱赐予人类的最伟大赠礼是教士和帝国；前
　　　者掌控圣事，后者掌控凡俗之事，两者来自同一上帝，是为人类
　　　生活所设。所以，如果教士们能够尽其职责不断地向上帝诉求，
　　　君王的最大愿望就是维持教士们的尊严。因为，若教士们总是能
　　　完全地向上帝敞开心扉，君王就能公正和谐地规范现有的政权模
　　　式，于是就会实现公平与和谐，于是，一切有益于人类的事情，
101　　都会得到上帝的应许。如是，朕对于上帝的教义和教士们的尊严
　　　保持着最大的关注，朕相信，鉴于上帝会通过他们给予朕恩赐，
　　　因此，对教士们之尊严的关注，可使朕把握我们已经得到的东
　　　西，获得我们想获得却还没有获得的东西。于是，那些在其开始
　　　阶段即为可行的，且为上帝所赞许的所有事物，将顺理成章地发
　　　展。朕相信，如果信守宗徒们（这些宗徒作为上帝之教诲的亲
　　　历者和阐发者，受到了应有的尊崇和敬仰）所传下来的、由圣
　　　父们所遵行和解释的神圣教义，一切将会如此。

　　　这一全面的立法活动很难不被认为是一个帝国统治的宏伟计划之
一部分。下一个重要事件，如我们所见，即光复失去的帝国领土，也
起因于查士丁尼的信念，即他是在以基督教的模式重建罗马帝国的神
圣代理人。但是，这一信念是早已确立还是一种过时的希望？关于查
士丁尼重新征服北非、意大利和西班牙的事实并不存在任何疑问
（尽管我们很少了解关于西班牙之征服的事实），[10] 然而，对于它们的
解释却是有害的。尽管查士丁尼派他的大将贝利撒留率领一支拥有
10000 步兵、5000 骑兵的大军去北非作战，这一决定的缘由，即此行
只许成功不许失败，似乎比实现一个恢复帝国版图的宏伟目标更切合
实际。此时，查士丁尼刚刚从"尼卡暴动"中恢复了元气，而早些
年皇帝利奥驱逐汪达尔人的灾难性企图（468 年）使得这次取得北非
之战的胜利成为恢复皇帝在民众中之威信的必然之举。即使在普罗柯
比以赞颂笔法留下的记载中，贝利撒留的迅速胜利似乎也是偶然的。
紧随这次北非胜利之后的意大利的征伐，似乎是更低调的行迹：此次
征伐包括 7000 人的军队，与同一年查士丁尼派纳尔泽斯去亚历山大

---

⑩　见本书 Barbero and Loring 所作第 7 章。

城保护当地一性派牧首所率领的 6000 士兵的军队相比，表明意大利战争的舞台只不过是要彰显帝国之旗帜，尽管其早期的胜利与汪达尔人失败的时间如此接近，从而唤起了查士丁尼意识中之宏伟计划，如在当时的《新律》中所示。事实上，意大利的光复被证明是一场持久战，在此期间，意大利本土受到了严重破坏。[11] 然而，到了 554年，意大利［通过一纸"国事诏书"（pragmatic sanction）］正式地恢复了拜占庭的统治之时，环地中海区域再度成为罗马帝国的一部分。

　　查士丁尼重建首都的工程似乎不容易被列于"宏伟计划"中。涉及查士丁尼之庞大的重建活动的基础史料是普罗柯比的《建筑》（Buildings），该书采取了颂辞的形式，因此只有最为丰满恢宏的列举，却没有分类描述那些新建的、重修的甚至是属于日常维护中的建筑物的具体情况。如前所述，普罗柯比颇费笔墨予以描述的那些沿着多瑙河与美索不达米亚边境所建的防寨，并不能完全归功于查士丁尼自己：如考古发掘所证实（而且，其他当年的历史学家们，甚至普罗柯比在其《战史》中也证明了），[12] 这些防寨之大多数是查士丁尼的前任皇帝阿纳斯塔修斯时期开始修建的。而且，普罗柯比用来作为其作品之开端的伟大奇迹的描述，即当描述君士坦丁堡之中心区的重建时，是基于 532 年"尼卡暴动"带来的破坏，这是查士丁尼所无法设计的。但是，无论它是怎样的偶然性结果，建立于骚乱之后的建筑群却都是经久不衰的经典之作，尤其是"圣智"（即圣索菲亚）教堂。当代人的记载都是惊叹不已的。普罗柯比说：

　　　　该教堂已经成为一道亮丽的风景线，震惊了所有见到它的人们，对于那些仅从道听途说中得悉此教堂者也感觉完全不可思议。因为它之高耸云天，就像从首都的所有建筑中突兀而起，俯瞰着城市中的其他建筑，装饰着整个城市，因为它是这座城市之一部分，但又以自身的美丽使这座城市辉煌，因为，即使它属于这座城市的一部分并装饰着它，但同时，它的钟楼又如此之高耸于城市之巅，使得整个城市都可在一座钟楼的视野内。

---

[11]　见本书 Moorhead 所作第 5 章。
[12]　见 Cameron（1985 b），pp. 104 - 110。

　　他也说道，由于它的巨大穹顶使得其结构特别壮美。然而，它似乎并不是坐落于坚固的石墙上，而像是从空中悬挂着的金色穹顶覆盖着教堂的空间。当代人因这所大教堂的采光效果而震惊："它被阳光所充溢且与大理石的反光交相辉映。显然，人们可以说，教堂内并没有被天上的太阳光所笼罩，但阳光却射进了教堂，如此明媚的阳光笼罩着神龛。"⑬ 沉默的保罗（Paul the Silentiary）提到了当其穹顶于558 年毁坏之后重建后的这所教堂，他说："即便如此，在傍晚时，人们仍然因其五颜六色的光芒所映照着的唱诗席而欣喜。而且，平静而清澈的天空之愉悦在于它向所有人的开放，驱赶了人们心灵中之黑暗隐晦的雾霾。一束神圣之光照亮了所有的人。"⑭ 这种将教堂内之光线喻为神光的说法与我们在托名于狄奥尼修斯·阿莱奥帕吉特（Dionysius the Areopagite）的作品中反映出的观点达到了和谐的一致：这些作品颇受群众欢迎，这很快即能得到证实。这一教堂的新设计方案，即使它的穹顶作为宇宙之象征，是相当有影响的：有许多较小的拜占庭式教堂依照圣索菲亚而建造，而且，关于这一教堂是仿照宇宙而建的一种说法，影响到了后来对教堂内的礼仪行为的阐释［见 7 世纪的忏悔者马克西莫斯（Maximos the Confessor）所写的《圣礼仪》（*Mystagogia*），以及据称是 8 世纪的君士坦丁堡牧首杰尔马诺（Germanos）所作的对于礼拜仪式的评述］。⑮ 但是，这一教堂可能并非全新的设计：近期在伊斯坦布尔的考古发掘了圣波利厄弗科斯（St. Polyeuktos）教堂，该教堂是贵族女子安尼西亚·朱利安娜（Anicia Juliana）于 6 世纪 20 年代后期建造，似乎其设计思想的许多方面已经为查士丁尼之宏伟教堂埋下了伏笔。⑯ 且不谈圣索菲亚大教堂和查士丁尼在首都修建的其他建筑物是否原创，这些建筑，包括多处教堂、重建的皇宫（皇宫前方，在一片可称为广场的开阔地上，耸立着一个巨大的石柱，上面巍然仁立着查士丁尼的骑马铜像）、一座孤儿院、一座为从良的妓女修造的寓所、浴池，最后是一座巨型水库以保障首都的夏季用水，所有这些创建的公共空间都显示出一种世

---

⑬ Procopius, *Buildings* i. 1. 27；i. 1. 46；i. 1. 29 - 30, trans. Dewing 7（1940），pp. 13, 17, 21.

⑭ *Ecphrasis* ii. 902 - 6, trans. Trypanis（1971），p. 418.

⑮ Maximos' *Mystagogia*，收于 Migne，PG91，cols. 657 - 717，Germanos 的评述收于 Migne，PG98，cols. 384 - 453，内容很贫乏。带有英语翻译的评论，见 Meyendorff（1989）。

⑯ 见 Harrison（1989）。

界观，即皇帝在宫廷和教士们的支持下，统治着世俗居民的世界（*oikoumene*），受到人们的拥戴。据普罗柯比对于宫殿入口处之大铜门（*the Chalke*）上的镶嵌画的描述，在表现查士丁尼的大将贝利撒留取胜归来的画面中，站着皇帝查士丁尼和皇后狄奥多拉，他们正接受元老院给予他们的"与神同等的尊崇"。⑰

查士丁尼的这些成就所支持的世界观，无论其深思熟虑的程度如何，看重的是由毫无污点的牧师献给真神，即基督徒的上帝的纯粹的祈祷。不同于古代晚期的其他宗教，且不管基督徒是否称这些宗教为异教，或犹太教（甚至是当时还没有出现的伊斯兰教），因为基督教的"纯净"（或毫无瑕疵的）所包含的不仅仅是道德上的（特别是性的）纯净，也包括对于一个已经确立的信仰体系的正确理解。对于6世纪的大多数基督徒来说，这一信仰体系已经在那些被视为"普世性"的会议上得以确立。普世性的希腊语词为"*ecumenical*"（源于*oikoumene*，是属于帝国理念的一个术语），但如我们所见，这两个词汇的实际意义是有区别的，就像我们是否可认定卡尔西顿宗教会议是第四次"普世性的"会议那样。皇帝查士丁对于卡尔西顿正教的肯定修复了东方教会与罗马的长期分裂，但却在接受卡尔西顿信条（无论以何种表达方式）的群体和那些抵制该信条、背叛了被称为"教父之封印"的亚历山大城的西里尔群体中间留下了难解的分歧。

但是，所有的基督徒，无论他们之间有多大的差异，都反对他们　104
所称的"外邦人的智慧"（exterior wisdom），即古代哲学家的学问。如圣咏作者罗曼诺斯（Romanos the Melodist）这样一位在查士丁尼时代在君士坦丁堡度过了其大半生的诗人，就曾这样描述这种智慧：

> 并且，为什么那群异教徒傻瓜们争强好胜？
> 为什么希腊人自负而聒噪？
> 为什么他们被骗听信阿拉托斯（Aratos）？——此人曾三次受诅咒。
> 为什么他们被误导相信柏拉图？

---

⑰　Procopius, *Buildings* i. 10. 15 – 30. 卢梭（Rousseau）在普罗柯比的描述中发现了讽刺的口气，见 Rousseau（1996），p. 27。

为什么他们喜爱虚弱的德摩斯提尼（Demosthenes）？

为什么他们不认为荷马（Homer）是虚幻的梦影？

为什么他们喋喋不休地谈论其言论已被理所应当地禁止了的毕达哥拉斯（Pythagoras）？⑱

这种对希腊人的憎恶态度同样恢复起来，一些"新柏拉图主义"（学者们如是称之）的追随者们，尽管对这位"面容苍白的伽利利人"（指耶稣——译者）的新说教淡然冷漠，却发展出一套公开忽视基督教的世界观体系和试图恢复传统异教的宗教实践活动。这类新柏拉图主义者的著名代表即普罗克洛斯（Proclus），一位学问造诣极深的哲学家。他过着禁欲的生活，崇拜太阳，是异教中的圣者，而且，他在雅典教学授课达 50 年，担任着柏拉图于公元前 4 世纪创建的雅典学园的院长（或称 diadochos）直到他于 485 年去世。查士丁尼执着于基督教正教的表现之一，即是他于 529 年关闭了雅典学园。然而，学园关闭是在诸多的"异教"语言和文字结构所采用的基督教的表述方式出现在署名为圣保罗的雅典宗徒狄奥尼修斯·阿莱奥帕吉特（Dionysius the Areopagite）的作品之后才发生的。这一宗徒的作品自 6 世纪 20 年代以后开始产生影响，据信是在其作品问世之后不久的事。532 年，这位哲学家在最后一任院长（diadochos）达马修斯（Damascius）引领下去了波斯，但是，几年之后就回到雅典，达马修斯去了埃梅萨（Emesa），似乎继续在那里任教。⑲ 接下来的一个世纪内，亚历山大城的新柏拉图主义仍然繁荣，但在那里，他们并没有与基督教尖锐对立。然而，亚历山大哲学家们即使不是都信仰基督教，大部分也是基督徒。但是，学园的关闭意味着结束了所有知识者之意见的系统化的阐述。

在异教的新柏拉图主义被镇压的同时，其他形式的异议观念也受到了镇压。在帝国的许多地方，我们都听说了对残余的"异教传统

---

⑱　Romanos，*Kontakion* 33，五旬节唱的歌，第 17 节（stanza）：ed. Maas and Trypanis，p. 265（translation in Lash，p. 215；希腊原文中满是不可译的双关语）。（此段译文通过参照希腊文原文加以核对，与英文原文略有出入。希腊原文见于希腊文版本电子数据库《希腊语宝库》*Theaurus Linguae Graecae*，简称 TLG，Romanos，Kontakion 49. 17，译文提供者，徐晓旭。——译者）

⑲　Cameron（1969）.

势力"穷追猛打的情况。[20] 6 世纪 40 年代，一性教派的主教以弗所的约翰（John of Ephesus）在皇帝的支持下，在西部小亚细亚开始了传教活动，他宣称自己在这里归化了 70000 人，摧毁了许多神殿，建立了 96 所教堂和 12 所修道院。在埃及也是如此，我们得知这里异教神殿遭到破坏。另一类异教思想的命运也不好，此即摩尼教（Manichaeism），这是摩尼（Mani，276 年死于波斯）创立的一种奉行二元论教义的宗教，该宗教经过多年的发展对基督教会构成了威胁，对其信奉者的惩罚是处以死刑；529 年，撒马利亚人（Samaritans，他们坚守着似乎是犹太教的原初形态）抵抗宗教迫害的暴乱被残酷地镇压了；古代时期的基督教异端如摩尼教派也在查士丁尼时代受到了镇压。一性派（Monophysites）由于人数众多，又接近于帝国教会的思想，立即受到特殊关注；然而，犹太人却不同于毫无权利毫无公民地位的异教和异端派别，形成了第二等级公民中相对拥有特权的群体，他们的生存受到了保护。犹太人被允许行割礼，守安息日，他们的会堂也受到保护，不允许人们对之施暴或亵渎其神圣（但此项保护并非总是有效）。他们保持着其拉比律法，人们不得阻挠其实施。但是，他们得作基督教真理的"活的见证"，即对那些曾经拒绝接受耶稣是弥赛亚（Messiah，即救世主，受膏者。——译者）的那些人所受的痛苦做见证。于是，保护他们的法律中也铭记着这样的原则，即，犹太人决不可享受弥赛亚带来的成果，而只能受到苦难的惩罚。他们不得扩张其宗教，因此不得建立新的会堂，此外，他们在修复已经存在的犹太会堂时，也经常遇到困难。犹太人被鼓励改宗基督教，但这必须出于真心实意的改变，而不是被迫的。他们因此被允许存在，拥有公民的身份和权利，但却是处于二等公民的地位。[21]

　　6 世纪 30 年代，与进一步进行法律改革、再征服与修复和重建的同时，查士丁尼试图在卡尔西顿正教徒与"一性派"的反卡尔西顿派之间达成和解。这一和解的基点是"神受难"论，这一理论之引起查士丁尼注意是大约 10 年前来自斯基泰的修士们，然而，到 30

---

　　[20]　一些自认为是基督徒却继续奉行传统宗教礼仪的人群，似乎是被误认为异教徒了，见 Haldon（1997），pp. 327 – 337，其中的引文。

　　[21]　Sharf（1971），pp. 19 – 41. 关于这一时期与欧洲其他地方的犹太人经历的比较，见 Toch 后文第 20 章。

年代，它却成为更广泛的神学运动的一部分，通常被认为是所谓
"新卡尔西顿派"或者（更好一些）是西里尔—卡尔西顿派。这一神
学运动并不是在查士丁尼的直接干预下发生的，似乎是为了应对最大
的非卡尔西顿派神学家、512—518 年的安条克教宗塞维鲁的攻击，
他试图定义卡尔西顿信经与亚历山大城的西里尔的理论是密不可分
的。而那些东方的基督徒们之所以接受卡尔西顿信经（绝不是少
106　数），是认为这一信经是支持西里尔的教义的。西里尔—卡尔西顿派
试图以西里尔的理论来解释卡尔西顿信经，相信（且并非毫无理由）
西里尔的思想代表了卡尔西顿会议上那些教父们的思想。这一理论确
立于对卡尔西顿信经的三点澄清上：第一，化体的基督之"一位"
是三位一体之第二位格；第二，因此，"神受难"（theopaschite）论，
即，"三位一体之一的肉身"受难；于是，第三，与西里尔描述化体
的基督之最爱使用的方式（圣灵的一个化体）达成一致就是可以接
受得了，只是在表述上，与基督之"一体两性"说（这一表述方式，
是所谓非卡尔西顿派被称为一性派，即只相信基督的唯一神性，这一
称呼的来源）存在矛盾。西里尔—卡尔西顿派的主要代表人物有凯
撒里亚的约翰［John of Caesarea，文法学家（the Grammarian）］和耶
路撒冷的莱昂提乌斯（Leontius of Jerusalem）。查士丁尼认为这一观
点提供了与卡尔西顿派妥协的方式，在 532 年于君士坦丁堡举行的会
议上，达成了一个重大的神学上的妥协，但这一对话的失败是由于具
体操作上的考虑（涉及恢复非卡尔西顿派主教之职位的条款）。[22] 此
后，查士丁尼重新开展了他的镇压措施，但皇后狄奥多拉在他的皇宫
之内对一性派教徒的保护使他的行动遇到阻碍。然而，他从来没有放
弃促进西里尔—卡尔西顿主义，这一思想在 553 年于君士坦丁堡举行
的第五次全基督教主教公会议上达到其顶点。

　　第五次全基督教主教公会议主要涉及两方面的问题：批判所谓的
"三章"，诅咒奥利金主义（Origenism）。[23] 对于"三章"的否定是查
士丁尼试图使正教派与一性教派之间达到妥协的努力之一部分。所谓

---

　　[22]　Brock (1980).
　　[23]　由于诅咒奥利金主义的相关西方资料的欠缺［包括，至关重要的决议案（Acta）只保留了拉
丁文本］，一些学者仍然认为，对于奥利金，在此次会议上并没有处理。见 Guillaumont（1962）的辨
析，pp. 133 – 136，然而，似乎是结论性的。

的"三章"文本，是由特别憎恶一性派的三位主教，莫普苏埃斯蒂
亚的狄奥多勒（Theodore of Mopsuestia）、居比路的狄奥多莱（Theod-
oret of Kyrrhos）和埃德萨的伊巴斯（Ibas of Edessa）所写。死于428
年的狄奥多勒被视为有聂斯脱利派思想倾向，西里尔是在431年以弗
所举行的第三次全基督教主教公会议上提出了对他的诅咒。而狄奥多
莱和伊巴斯曾经在449年的以弗所"强盗会议"上受到批判，但在
两年后的卡尔西顿会议上又得以复出。对于"三章"的批判在西方
遇到了相当强烈的抵制，西方教会认为这一行动是对卡尔西顿信
经——教宗利奥之主张的干预。当时的教宗维吉里乌斯（Vigilius）
被强制召到君士坦丁堡，软禁于此，直到他接受了对"三章"的批
判。他的继承者也被要求接受他的决定（尽管教宗大格列高利只承
认存在"四次基督教主教公会议"的说法）。但是西方的其他人却不
这样顺从：教宗被北非和北意大利（在此地，罗马与阿奎莱亚之间
的分歧直到公元700年才得以修复）的土教们所废黜。对于奥利金
的批判经常被认为是对于"三章"之批判的平衡措施，但是，似乎
完全没有理由相信这一点，因为奥利金的思想中完全没有一性派的东
西。它确实属于查士丁尼对于异教的柏拉图主义的攻击，因为奥利金
和奥利金的追随者们被认为对柏拉图主义迷恋太深［奥利金原是普
罗提诺的导师阿莫纽斯·萨科斯（Ammonius Saccos）的学生］，而
且，查士丁尼这样做，可以期待多数基督徒对他的拥护。但是，奥利
金这种思想在一些更有文化修养的修士们中间仍然很有影响力。

107

　　但是，所有这些试图在帝国的基督徒中间达到和解的努力都没有
成功。早在这一宗教会议召开之前，这种分裂已经不可逆转。542
年，在君士坦丁堡，被驱逐的亚历山大城的一性派教宗狄奥多西，已
经秘密地授神职于雅各布·巴尔·阿代（Jacob Bar'Addai）为加萨
尼王国（一个与帝国结盟的阿拉伯王国）的埃德萨主教。一俟获得
神职，雅各布即在整个东方为一性教派的宗教团体授任主教，于是建
立了与帝国的正教会相平行的教阶组织。帝国试图镇压这一对抗性教
会的行动收效甚微。

　　表面上看，似乎是查士丁尼的宗教政策必然遭遇决定性的失败。
这是确实无疑的，如果他的努力仅仅被视为在教会内部（尤其是东
方教会）修复分歧的话。然而，这些行为仍可从另一个视角来分析：

即在帝国正统教会中，留下皇帝的印记。从这一角度来看，他确实成功了。6 世纪卡尔西顿信经的被接受是依照查士丁尼所促成的方式发展的：在东方教会，信经所阐述的基督论从此按照西里尔—卡尔西顿的模式来体现，按照神不朽的原理来理解的"神受难"理论也开始以远远超越狭隘的神学观念的方式被接受了。到了 9 世纪，有一首署名查士丁尼，题为《唯一被遗忘的子》（*Only-begotten Son*）的赞美诗成为"圣体礼"的一个固定程序。且不说这一仪式的文学创作是否应归于查士丁尼其人，但该赞美诗所宣示的"神受难"理论［基督上帝……三位一体之一被钉上十字架（you were crucified, Christ God... being One of the Holy Trinity）］却显然是属于查士丁尼的思想，而且，这种对神受难的崇拜，伴随着天使论和圣母论，在东方教会日益丰富的圣像崇拜传统中得到了体现。

于是，我们在前面提到的第一个问题，即把查士丁尼的统治视为其拥有宏伟计划的这一看法的回答，就是否定的了，尽管，在他独立统治的第一个十年，查士丁尼可能形成了这一思想。但是，若转向我们先前提到的第二个问题，即便存在着被人们视为一个宏伟计划的因素：他的法律改革、光复计划和重建策略，以及对于正统宗教的扶植等，集合成一体且维系下来时，查士丁尼统治时期却还有其他一些因素在阻止任何这样的宏伟计划获得成功。

这些因素之一就是波斯人。他们成了罗马帝国的宿敌，而且，在 5 世纪后半期的一段和平时期之后，在阿纳斯塔修斯统治时期，波斯战争复又爆发，如我们上面所提到的那样，这导致 505 年之后不久在达拉建立要塞的行动。20 年后，战火再起，部分原因是查士丁尼欲加强达拉要塞。最初的战斗爆发于拉齐卡［Lazica，黑海东岸，在今格鲁吉亚（Georgia）境内］，这是罗马人的一处特别重要的缓冲地带，既可应对高加索北部的蛮族人，也可阻止波斯人借道伊庇利亚（Iberia）向罗马进军。这时，一位波斯人的将军纳尔泽斯（Narses），在打败了罗马人之后，倒戈投向了罗马人。但是，查士丁尼第一次对波斯战争的主要战场是在美索不达米亚，而且，这场战争被证明是查士丁尼的另一位大将贝利撒留从此扬名立威的舞台。罗马人取得了胜利，这场战争的结局是与科斯罗埃斯（Chosroes）签署了一份"永久和平"协议，科斯罗埃斯是在其年迈的父亲于 531 年 9 月 13 日去世后继承沙赫（*shah*）之位的。就是这场战争的胜利使得查士丁尼获得了530年进攻北非和意大利的资本。科斯罗埃斯后来统治波斯50年之久，在波斯的历史典籍中，他被誉为萨珊波斯诸沙赫中最伟大的一位，[24] 但是，在他统治初期签订的"永久和平条约"并不是他与其西方邻国之关系的典型事件。540年，在两个基督教的阿拉伯"王国"之间发生了激烈的争斗，即波斯的盟国莱赫米人（Lakhmids）王朝，和拜占庭的盟国、一性派的加萨尼人（Ghassanids）王国，这使得科斯罗埃斯有机会与受到帝国的意大利东哥特王威蒂格斯（Witigis）与亚美尼亚人（他们因永久和平协议接受了与罗马帝国的合作而苦不堪言）达成了和解，并入侵罗马帝国。这场战争在叙利亚、美索不达米亚和拉齐卡等多处战线上同时进行，安条克被波斯人占领。545年，达成了又一次停火，但拉齐卡的战争持续到557年。561年，拜占庭与波斯人达成了和议，恢复了既往的状态，这一和平持续了50年之久，在此期间，罗马人答应每年向波斯人纳贡3万金币。[25] 波斯再一次成为不可忽视的力量，并一直保持这种态势，直到波斯和罗马帝国的大片区域7世纪被阿拉伯人征服。

波斯显然代表了皇帝查士丁尼要实施的伟业达到任何成功的阻碍性因素。另一影响他成功的因素更难以克服，即自然灾害的影响和气候的变化。编年史中描述了反复出现的地震、饥荒和瘟疫的生动图景，以及被视为灾难前兆的事件，如日食和彗星等。例如，马拉拉斯记载了查士丁尼所承诺的因战争或自然灾害导致的需要重建城市的十项工程。[26] 现代学者的研究[27]说明，查士丁尼统治的早期的确面临着气候条件的特殊变化，导致气候变化的原因还没有确定：但536—537年出现了沙雾（dust-veil）气候，编年史中的记载认为它是一种长期发生的日食。人们仅仅能推测这种气候的影响，但却很难不认同是它导致了传统生活模式的断裂，而且滋生了人们的不安情绪，更何况重建所需要的消耗造成有限资源的枯竭。就在这种情况下，爆发了532年的尼卡起义（Nika），竞技党中的蓝党和绿党成员之间的冲突，

---

[24] R. N. Frye in the *Cambridge History of Iran*, vol. iii (1).
[25] Menander, frag. 6, 1, ed. Blockley.
[26] Scott (1996), p. 25, n. 37.
[27] Farquharson (1996); Koder (1996).

导致了一次暴力行动，在这场暴力行动中，皇帝查士丁尼几乎就要倒台了，而且，整个宫殿区域，包括圣索菲亚教堂（Hagia Sophia）和圣伊琳妮教堂（Hagia Eirene）均遭火焚。民众对于他们所憎恨的官员们的愤怒由城市行政长官尤戴蒙（Eudaemon）、大法官特里波尼安和卡帕多西亚大区的行政长官（praetorian prefect）约翰的罢免而平息下来。暴乱持续了几天，最后，对那些拥戴可怜的希帕提厄斯（Hypatios，一个将军，且是前任皇帝阿纳斯塔修斯的侄子，他后来以谋反罪名而被杀害）为皇帝，困在竞技场内的 3 万人进行了屠杀，才平复了这场暴乱。

　　一些基督徒对于该时期一系列灾祸的各种反应，都可在圣咏作者罗曼诺斯的一首题为："地震和火灾"的 kontakion（非修道院教堂中世俗信众所吟唱圣咏的一个程序）的主题，罗曼诺斯这首诗是在一次大斋节期间写作，并恰逢圣索菲亚教堂重建之时（即在 532 年的 2 月到 537 年的 12 月 27 日之间）表演的。这首诗代表上帝对于有罪的人类进行了三次"打击"的灾难之后人们在祈求宽恕，这三次灾难即地震（526—530 年，在君士坦丁堡和其他地方记载了多次地震）、洪水（在君士坦丁堡的记载中是 530 年 9 月），最后的灾难是 532 年 1 月的尼卡起义。㉘ 这些反复的打击是必要的，因为民众不可救药。罗曼诺斯清楚地展示了，忏悔和认罪并祈求宽恕是由皇帝和他的伴侣
110　狄奥多拉先开始的：

　　　　　那些畏惧神的人们向他伸出了双手，
　　　　　祈求他的宽恕并使灾难结束，
　　　　　与他们一起，恰如其分地，皇帝也在祈祷，
　　　　　与他的妻子一起，仰望造物主，
　　　　　"赐予我恩典吧，救主"他哭泣着"恰如对你的大卫施恩、
　　　　　使之战胜歌利亚（Goliath）那样，因为我对你寄予希望。
　　　　　以你的慈爱，拯救你的虔诚子民
　　　　　赐予他们以永久的生命吧。"
　　　　　当上帝听到那些民众和统治者的哭泣声时，

㉘　关于这里的分析，见 Koder（1996），pp. 275–276。

他把他的怜悯赐予这座城市……㉙

重建的城市，特别是大教堂的重建，是上帝之仁慈和皇帝关爱的象征：

> 在很短的时间内，他们（统治者们）重建了整个城市，
> 于是，那些经历过的艰难险阻也被人们遗忘，
> 教堂的建筑，
> 是以如此卓绝的形态耸立，
> 好像是要与天堂，那神圣的、确有赐予人类永恒生命的宝座，相媲美。㉚

这些诗句，证实了编年史作家们那里所记载的（这方面是有争议的），且由天文学和考古学的证据所披露的经常性的灾难现象。但是，也表明了宗教试图满足那些受难者之诉求的方式——这种方式激起并强化了拜占庭人的宇宙观：即一个上帝统治的宇宙和代表上帝的皇帝统治的世俗世界的存在。

但是，对于罗曼诺斯之 *kontakia* 所进行的研究，也揭示了公共（和帝国）宗教设施及私人将道成肉身的基督和圣母及圣徒，以及"真十字架"圣迹、圣徒遗骨等一并视为神恩的标志。同样在6世纪，我们发现了越来越多的（同时在公共的和私人的层面）对圣母崇拜的证据，并将宗教艺术品（圣像）视为神的国（包括上帝和他的天使及圣徒们）与人类世界之间的中介，迫切地需要来自神界的恩典：圣像成为祈祷的对象，亦是崇拜的对象，同时还是救助与安慰的物化的资源。

但是，如果说，6世纪30年代出现了广泛的天灾人祸的警告，到了6世纪40年代却又开始了一场蔓延持续2个多世纪的鼠疫。根据普罗柯比的记载，它起始于埃及，但非常可能是沿着商路——很可

111

㉙　Romanos, *Kontakion* 54, 第18—19节: ed. Maas and Trypanis, pp. 468ff。翻译，并略为修订，见 Carpenter, vol. ii, pp. 245ff。

㉚　Romanos, *Kontakion* 54, 第23节: ed. Maas and Trypanis, pp. 470–1。翻译: Carpenter, vol. ii, p. 247。

能是丝绸之路——由东方传入。它于 542 年出现于君士坦丁堡，同年晚些时候进入安条克和叙利亚。大量人口死亡：在君士坦丁堡，据统计，大约有 25 万人死亡，也许占首都居民的一半多一些。少数染病者活了下来（这极少数中可能就包括查士丁尼），那些患病者很快地，多在两三天内死去。此后，疫病似乎衰减为病毒的感染，但据教会史学家埃瓦格留斯记载，在 553—554 年、568—569 年和 583—584 年，仍然有不少人死亡。历史学家们对这场疫病对于东方帝国经济的影响是否如此严重意见不一；一些人[31]认为它的影响特别严重，还有一些人，根据 14 世纪欧洲黑死病之影响的估计[32]，认为这次疫病的影响被夸大了。[33]

查士丁尼在生命的最后几个月沉溺于异端思想，即所谓的"朱利安的'神性不朽'（*aphthartodocetism*）"派异端，这是一性派的极端派，因哈利卡纳苏斯（Halikarnassos）大主教朱利安（死于 527 年）而得名，查士丁尼则颁发一则敕令支持这一派别。这件事在狄奥方和尤斯特拉提厄（Eustratios）《生命》（*Life*）一书中有记载，在尤斯特拉提厄斯为君士坦丁堡牧首尤提奇乌斯（Eutychios）所写的传记中提到，这位牧首因拒绝接受查士丁尼新确定的宗教倾向而被免职，这一事实通常被史学家所认可。但是，神学家对此有疑问，他们引经据典，为查士丁尼一直坚守基督之两性说的立场寻找根据，并强调查士丁尼一直致力于使分裂的基督徒信众实现和解，这些人中不仅包括"朱利安派"，这可能使正教怀疑朱利安派与查士丁尼以及波斯的所谓聂斯脱利派是同伙。这个问题比较复杂，但似乎也在解决之中。[34]

查士丁尼死于 565 年 11 月 14 日，无子嗣。继承的问题于是留待后人。他的三个外甥之一查士丁，曾经长期占有宫廷禁军（*cura pal-atii*）的高级位置，但也许更重要的是他娶了索菲亚——狄奥多拉的一个侄女，于是他被元老院选定，继承了查士丁尼之位。他唯一有力的竞争者，查士丁尼的另一个也叫查士丁的外甥，据有帝国将军

[31] Patlagean（1977）.

[32] 例如，可见 J. Hatcher（1994），pp. 3 – 35。

[33] Whittow（1996），pp. 66 – 68。

[34] 见 Grillmeier（1995）一书中的讨论，pp. 467 – 473。

（*magistri militum*）之头衔，被外放派到亚历山大城，并被暗杀，据说是在索菲亚的授意之下。查士丁二世继续实行（或者说是恢复了）查士丁尼的宗教正统化政策，尽管在早些时候（或至少，是他的妻子索菲亚）倾向于一性派的主张。在恢复他舅父的宗教政策期间，他在东方和西方教会之间恢复了和谐，并为了申明统一的东西方正统宗教立场，他将一珐琅镶嵌的、内含真十字架残片的精美十字架，作为礼物赠给了法兰克王后拉德贡德（Radegund），因这枚十字架产生了最宏大的、尊崇十字架的拉丁文赞美诗，即韦南蒂乌斯·弗尔图纳图斯所写：《弥撒曲》（*Pange Lingua*）和《王者旗》（*Vexilla Regis*）。但与此同时，查士丁也寻求与一性教派的和解。这一和解的努力于572 年终止，因为一性派抵制了查士丁颁布的《第二合一通谕》（*second Henotikon*）；这一抵制导致了对于一性派的镇压，以弗所的约翰在他的《基督教会史》（*Church History*）中记载了这件事。[35]

但是，对于查士丁的记忆主要是由于他之对外政策的强硬自负，他拒绝了与蛮族部族的同盟，其中不仅包括阿瓦尔人（Avars），还包括不再持续与波斯人的和约，这就极大地削弱了帝国的力量。在整个6 世纪，罗马人都在关注多瑙河边界的稳定。阿纳斯塔修斯与查士丁尼投入大量资金建立了边防要塞，加强了靠近边界的城市防务。此外，查士丁尼还与许多蛮族群体建立了同盟者关系——约在 545 年前后与安特人（Antae，其起源难于判断的游牧民族，后来突然失去了所有关于他们的资料）结盟，在 558 年与阿瓦尔人结盟——并利用他们阻止多瑙河以北蛮族的入侵。另一个蛮族部族是斯拉夫人，他们被证明是持久的隐患，斯拉夫人大约在 6 世纪中期定居于多瑙河北岸，由此，他们渡过多瑙河侵入拜占庭领土。从大约 560 年开始，他们开始在拜占庭领土上越冬。在查士丁即位后几天之内，阿瓦尔人即派来了使节，要求按照查士丁尼时代的惯例获得贡金，以作为他们不再入侵帝国并帮助帝国抵抗其他蛮族部落入侵的交换条件（如他们所言）。查士丁傲慢地拒绝了他们。但是，由于阿瓦尔人在这时更关注他们与法兰克人的关系，查士丁的行为没有引起阿瓦尔人的直接反应。两年以后，查士丁从蛮族之间的战争中获益：当时伦巴第人和阿

112

---

[35]　关于这些，见 Cameron（1976）。

瓦尔人结成了同盟共同对付另一支占领了潘诺尼亚的塞昆达（Secun-da），并打败了西尔米乌姆（Sirmium）城的蛮族部落格庇德人（Gepids），查士丁乘机夺取了该城，并坚守到随后与阿瓦尔人的战争之时。格庇德人的失败对于帝国有进一步的后果，因为，占据着诺利库姆（Noricum）边界的伦巴第人，现在直接与阿瓦尔人为邻。为了逃避他们，伦巴第人向南部迁徙，侵入北意大利，他们中间许多人对北意大利比较熟悉，因他们曾经于 552 年在那里成为纳尔泽斯的同盟军。㊱ 在他们的国王阿尔伯因（Alboin）率领下，他们于 568 年占领了威尼西亚（Venetia）的大部分，此后的一年，又占领了利古里亚（Liguria）大部，包括米兰城。帕维亚（Ticinum）进行了更持久的抵抗，直到 572 年落于伦巴第人之手。

其他地区的蛮族也纷纷进入帝国。摩尔人在北非的暴动导致当地的大行政区长官于 569 年去世，随后的两年又有两位帝国将军（*magistri militum*）去世。在西班牙，西哥特人攻击拜占庭，在 571 年夺取了阿西多纳（Asidona），在 572 年夺取了科尔多瓦（Córdoba）。㊲ 因此，572 年似乎并不是对抗波斯人的最好时机，但在这一年，查士丁拒绝了原在查士丁尼时期签订的 50 年和平协议中所承诺的首年贡金（事实上，在 568 年显然已经支付了 3 年的数额）。波斯属亚美尼亚的基督徒们已经起而反抗科斯罗埃斯强力向当地的基督徒推行琐罗亚斯德教的行为，并向查士丁请愿求援，而查士丁不仅拒绝了 572 年应付的年贡，而且威胁波斯人说，如果科斯罗埃斯继续强迫亚美尼亚人放弃基督教的话，他将进军波斯，并给科斯罗埃斯免职。亚美尼亚的人起义成功了，他们得到了伊庇利亚（Iberia）王国的支持。查士丁也下令向波斯进攻。他的堂兄弟马西安（Marcian）被指定为帝国的"东方大区的军事长官"（*magister militum per Orientem*），于 572 年向波斯属亚美尼亚南部边界上的阿尔扎楠（Arzanene）发动进攻，次年即攻打尼西比斯。一俟波斯从罗马人进攻的惊讶中回过神来，他们的反应是毁灭性的：他们侵入了叙利亚，夺取了阿帕梅亚（Apamea），并继续进军，不仅夺回了尼西比斯，又包围和夺取了达拉要塞。达拉

㊱　参见 Moorhead，后文第 6 章。
㊲　参见 Barbero and Loring，后文第 7 章。

失陷的消息使查士丁患了失心疯，他的妻子索菲亚掌控了国政。她与波斯人签订了一年的和约，为此，罗马人付出了 45000 金币的代价（是早应该偿付的贡金的一半）；这一和约持续到 5 年期，应付的贡金数量恢复了以往的协议，即一年 30000 金币。但是，索菲亚作为一名女子，自己不能直接摄政，于是，在 574 年 12 月，她督促查士丁任命禁军统领（Count of the Excubitors）提比略（Tiberius）为恺撒。尽管查士丁一直活到 578 年，但其间的国家大权一直掌控在索菲亚和提比略手中。事实上，索菲亚是一个多少受到忽略的拜占庭皇后。虽然她远不及她的姑姑狄奥多拉有名，但与她的姑姑不同的是，她直接掌管拜占庭的政治，保证了她丈夫的即位和提比略的即位，她曾经想使提比略成为她的第二任丈夫，但未能成功。她是在拜占庭钱币上与其丈夫同时出现的第一位皇后。[38] 忏悔者狄奥方显然不喜欢女子自负地涉足权力，给索菲亚描绘了一幅极丑陋、胡乱干政的形象，如同他对于第一位拜占庭女皇、以自己的名义进行统治的伊琳妮（Eirene）的描述那样。一个很可能是很重要的事实是，他相对较少地提到狄奥多拉。

提比略于 578 年即位称帝，但这时，他实际上已经有效执政 4 年之久。从很多方面看，他都与其前任统治者背道而驰：虽然查士丁在财政上十分小心乃至被人们认为吝啬至极，但军事上却有很大的野心，提比略通过减免税收博得了民心，但在军事行动中却十分小心。他也停止了迫害一性教派的举动，而正是查士丁重行了迫害一性派之举。提比略迅速知晓的是，帝国无力对抗它的各处边界上的敌人。于是，他付给多瑙河边界上的阿瓦尔人每年 80000 金币（nomismata）的贡金，换得他们对帝国的支持；这种支持不仅只是为了使他们不再对帝国抱有敌意，而是需要他们支持帝国对抗斯拉夫人，斯拉夫人在多瑙河两岸的家乡被拜占庭支持下的阿瓦尔人骑兵蹂躏。然而，与阿瓦尔人的协议并没有维持很久。580 年，他们攻击了西尔米乌姆（Sirmium），582 年，经过长期围攻，这所城市向阿瓦尔人投降，签订了一纸协议，城内的守军和民众被允许撤回罗马境内，为此，人们得向阿瓦尔人支付 240000 金币，这是自阿瓦尔人发起攻击以来未付

114

㊳ 关于索菲亚，见 Cameron（1975）。

的贡金。在西尔米乌姆被围攻时，许多斯拉夫人渡过了多瑙河侵入色雷斯、马其顿和希腊：他们事实上在整个巴尔干半岛上定居了，但到下一个世纪，才有斯拉夫人定居地（拜占庭人称为 *Sklaviniai*）的痕迹出现。但是，试图收买阿瓦尔人并保证多瑙河前线的和平，却使提比略能够集中精力处理波斯边界的事务，在这里，他的目标似乎并不宏大：即，使自己的对抗足以达到恢复被查士丁破坏的和平。索菲亚所签订的一年期和议需要延长，但是，后来达成的 5 年和约对于提比略来讲却有点太长。当他即位为恺撒之时，这一和约已经持续了 3 年，此时应该会有使者来访，寻求建立更长久的和约。在那个延长了的和议到期时，由莫里斯（Maurice）——他在提比略被封为恺撒之时，继承了提比略禁军统领一职——所率领的拜占庭东方的军队，已经开始向波斯人反攻，并占领了阿尔扎楠。与波斯人的谈判正在进行，而且，这次和议将把达拉归还给拜占庭，但是，在谈判过程中，科斯罗埃斯于 579 年去世。他的继承者，其子赫尔米兹德斯破坏了和谈，战争复又开始。582 年 8 月，提比略去世，在去世前一天，给莫里斯加冕称奥古斯都。

莫里斯是一个能干的将军，在他自己成为皇帝之前，即在提比略时期已经取得了战功。甚至他并不是标题为《伪莫里氏兵法》（*Strategikon*）这本军事著作的作者，但人们将此书归于他名下却也没有什么不当之处。因为，这本书显然反映了 6 世纪晚期拜占庭的军事实践，强调了战争中之骑兵的作用，而且，也设想了如何对阿瓦尔人和安特人作战，这也反映了 6 世纪晚期拜占庭的战争现实。如同他的前任一样，莫里斯最开始就将军力集中于处理波斯前线的军务，同时试图通过外交和贡金的方式处理帝国面临的其他威胁。在他即位之始，就付钱让法兰克王希尔德贝（Childebert）使之在意大利北部打击伦巴第人，并成功地使伦巴第的公爵们于 584 年归顺。588 年和589 年，他反复使用此计。在多瑙河前线，莫里斯则没有这么成功。在他即位两年之后，阿瓦尔人要求把他们的年贡由 80000 金币增加到100000 金币。在遭到莫里斯拒绝后，他们夺取了锡吉杜姆（Singidunum，今天的贝尔格莱德），并攻击了周边的其他城市。为了收复锡吉杜姆，恢复和平，莫里斯不得不多付给阿瓦尔人 20000 金币。但是，阿瓦尔人立即允许斯拉夫人涌入并蹂躏了色雷斯；他们到达了亚得里亚堡（Adrianople）和罗马长城，后被驱逐。此后，阿瓦尔人越过了多瑙河，一路攻向君士坦丁堡。他们穿越了海默斯山区（Haemus），轻而易举地击败了拜占庭派来抵挡的万人大军，侵入色雷斯，包围了亚得里亚堡；他们只被前来为帝国服役的伦巴第公爵德罗卡图夫（Droctulf）击败过。同年（586），萨洛尼卡被斯拉夫人包围，但幸运地没有被攻克，于是萨洛尼卡的居民相信，是他们的圣保护使徒迪米特里厄斯（Demetrios）的代祷起了作用。[39]

在波斯前线，战争无望地拖延。当莫里斯想减轻国库负担而试图减免军队 1/4 的开支时，发生了一起军队内乱。590 年，阿尔扎楠的马蒂罗波利斯（Martyropolis）被波斯人夺取。此后的一年，命运发生了戏剧性的转机。波斯沙赫赫尔米兹德斯（Hormisdas）在他的一位下属总督（satraps）巴拉姆（Bahram）发动的暴乱中被杀。他的儿子科斯罗埃斯逃至拜占庭，在拜占庭人的帮助下粉碎了巴拉姆的叛乱，保住了波斯的王位。为了回报拜占庭皇帝的帮助，科斯罗埃斯放弃了他对亚美尼亚和阿尔扎楠的权力诉求，并将马蒂罗波利斯和达拉要塞还给了拜占庭帝国。经过了 20 年的对抗，在拜占庭与波斯帝国之间又达成了和平，莫里斯现在将他的注意力转移到多瑙河前线。592 年，阿瓦尔汗（khagan）要求增加贡金，莫里斯将军队由现在已经安定的东方前线调出，对抗阿瓦尔人的进攻。锡吉杜姆之围得以解决；但阿瓦尔人进入了色雷斯，却又突然离去，因听到了错误的信息，说他们的潘诺尼亚家乡处于危险中（狄奥菲拉克特认为这是狡猾的拜占庭人所放出的谣言，但 12 世纪的叙利亚编年史家、叙利亚的米哈伊尔却认为他们是因为担心着突厥人对他们家乡的一次威胁）。[40] 但是，莫里斯之军事政策的真正目标似乎指向斯拉夫人：出于保存实力和实施有效军事战略的考虑，莫里斯命拜占庭军队进攻多瑙河北岸定居的斯拉夫人。这支习惯于在冬季休整的军队，扬言要发动兵变。次年，莫里斯采取了节省开支，又能提高作战效率的另一项政策，即军队士兵不再被发放现金来购买装备，而改为直接发放武器装备。这一措施更不得人

---

[39]　Lemerle（1979，1981）. 关于斯拉夫人在拜占庭史料中的出现，见 Kobyliński，后文第 19 章。
[40]　*The History of Theophylact Simocatta*, ed. L. M. Whitby and M. Whitby, p. 166, n. 33.

心。阿瓦尔人再度进行攻击，但于 598 年被拜军阻止在锡吉杜姆和
达尔马提亚（Dalmatia）。而且，在 599 年，他们也没有能夺取黑
海—斯基泰沿岸的托米（Tomi）。后来，他们威胁到君士坦丁堡，
但是其军营内发生的一场瘟疫迫使阿瓦尔汗撤退，并签订了和约，
在此和约中，多瑙河被视为两国之边界。但莫里斯很快撕毁了该和
约，拜占庭军队于 600 年打败了阿瓦尔人。下一年，是安静和平的
一年，但 602 年，拜占庭成功地打败了多瑙河北岸的斯拉夫人。莫
里斯于是下令，拜占庭军队须发动对斯拉夫人定居地的冬季战役。
这次，发生了公开的军队暴乱；军队指挥官逃遁，在一个新的指挥
官福卡斯（Phokas）的率领下，军队向君士坦丁堡进军。因其经济
政策而大失人心的莫里斯发现他在首都处于无人保护的境地。当他
愚蠢地拘捕了他儿子的岳父、军队拥立为帝的哲梅纳斯（Germa-
nus）之后，莫里斯则面对一场群众暴动，在这场暴动中，东方大
区长官的宫殿被焚毁。莫里斯逃跑，福卡斯于 602 年 11 月 23 日称
帝。几天之后，莫里斯被处决，此前，他目睹了自己的儿子被杀。
莫里斯之死与篡位的福卡斯之即位，使得帝国处于十分脆弱的状
态：内战从内部削弱了帝国，而外部的敌人利用了随之暴露的帝国
弱势。随着 7 世纪的到来，帝国已经面临十分黑暗的局面。

　　在 6 世纪末，东罗马帝国已经如我们后来所见，濒临戏剧性的转
型时期：阿拉伯人的兴起将夺取它的东方和南方诸行省；斯拉夫人在
巴尔干半岛上的定居将剥夺东方帝国所辖的那些处于半岛上的行省，
使新罗马孤立于古罗马；一种传统的、以城市为基础的社会的最后痕
迹在帝国内似乎已经萎缩，该帝国已很难保护其首都，也难以在自然
灾害或瘟疫后复兴。当我们研究 6 世纪的历史时，很难不去考察所有
这些事件的根源。一个正统的基督教帝国的概念确实导致东方基督
徒、帝国的希腊基督教会与罗马的拉丁基督教会之间的紧张局势，及
与西方之间的分裂；城市的公共空间停用，或被废弃，或被更多的私
人活动所侵占。尽管所有这些都是真实的，但如此论述其衰落的问
题，却有以偏概全之嫌。城市的公共生活可能已经衰落，但它是让位
于基督教会举行公众活动的需要；越来越多的城市庆典活动表明，残
存的公众认同意识转化成为基督教的仪式。教会建筑本身作为公众活
动的场所也越来越重要，而且，随着教会奉职人员的规模越来越大，

主教的角色也有了新的发展，教堂多从城市的外围移入其中心的位置。圣像的投入（关于这方面，我们的证据于 6 世纪后半期有了大幅增加）曾经被振振有词地描述为"古代城市的持续性需求"[41]。这种基督教化的状态既不能简单地推论为"衰落"，也并非基督徒的"传教活动"得到成功的证明；恰恰应该说是社会变化的证据，它需要以变化的自身来评估。在城市层面发生的变化与帝国的礼仪制度的转型是同步发生的（可能也是受到了它的影响）。在这一世纪的后半期，我们看到了日益增长的、通过诉诸基督教的符号来强调帝国统治机构权威性的倾向：皇帝的宫廷被表现为如同天堂存在；君士坦丁的旗帜符号（*labarum*）开始伴有基督和他的母亲圣母玛利亚的图像。[42]如果这一转变中的社会正在接近于 7 世纪的灾难，那么同样真实的是，它也包含着生存与复兴的种子，只不过所存续下来的是一个与 6 世纪初的东罗马帝国非常不同的社会。

徐家玲 译校

---

[41] Brown (1973)，p. 21.
[42] 关于这方面的解释，见 Cameron (1979)。

第 五 章

6 世纪西方世界的拜占庭人

约翰·摩尔海得（John Moorhead）

后罗马世界统一局面的持续

在西欧的全部政治史中，很少像 5 世纪这一时期那样出现如此戏剧性的变化。公元 400 年，罗马帝国——当时它有别于君士坦丁堡统治下的东方帝国——的西部边疆，是相当稳固的。帝国包括安东尼城墙（Antonine Wall）之南的不列颠及沿着欧陆上之莱茵河与多瑙河、东向伸展到多瑙河与德拉瓦河（Drava）交汇处的整个欧洲，同样，沿着非洲海岸的领土，其城防也延伸到自直布罗陀海峡（Gibraltar）到尼罗河（Nile）之间 2/3 处。但是，在 100 年内，这一强大的实体已经停滞而让位于东方帝国。北非已经被我们所知的汪达尔人和阿兰人的部族所占领，西班牙被西哥特人和苏维汇人占领，高卢被西哥特人、法兰克人和勃艮第人占领。罗马人早在 5 世纪初就撤离了不列颠，弃之于爱尔兰人、皮克特人和盎格鲁—撒逊人打击下，而在意大利，最后一位皇帝罗慕洛·奥古斯都于 476 年被一个军事首领奥多亚克所废黜。而这位取代罗慕洛的人亦于 493 年被东哥特的狄奥多里克（Theoderic）——此人以意大利为基地建立了一个强有力的王国——废黜和杀害。罗马帝国经历了 5 世纪的风暴之后，东方帝国基本上毫发未损，而在西方已经不复存在了，人们于是有理由接受一种想法，即西欧已经进入了一个后罗马时代，中世纪开始了。

　　无论这些事件是如何戏剧性地发生的，但它们并没有构成西方后罗马与我们可以称为东方拜占庭之间的决定性分离。远程贸易继续在地中海和更远的地方发生，人们对相当广泛的区域内发现的非洲陶器的研究，已经使此一结论越来越清楚。[1] 公元 500 年，帝国指定了西方的执政官，而且，几十年后，当西方的执政官身份不复存在之时，西方仍然有些人按照持续任命的东方执政官的任期标注文献的日期。外交家们——如狄奥多里克的使者自意大利出发，对西班牙、高卢、非洲和君士坦丁堡进行了多达 25 次的外事旅行——和知识界人士在地中海上畅行无阻。西方受惠于来自东方的医生，其中就有安西姆斯（Anthimus），他生活在意大利，给一位法兰克王写了一本极好的关于节食的著作，书中，他建议国王食用如发酵的面包、啤酒和蜂蜜酒这样的食品。另一位东方的医生是特拉列斯（Tralles）的亚历山大，著名的建筑学家安泰米乌斯（Anthemius）的兄弟，他在罗马行医，他的作品《医典》（*Therapeutica*）在 6 世纪时被译成拉丁文。[2] 另一方面，普里西安（Priscian，他很可能是一非洲人）在君士坦丁堡写了一本拉丁语法，后来成为拉丁语法之标准版本；[3] 我们也知道，君士坦丁堡的阿非利加人因其拉丁语口语而闻名，也因其差劲的希腊语受到人们的羞辱。人们在君士坦丁堡抄录拉丁文手稿，却在意大利的哥特人首府拉文纳抄录希腊文手稿。此外，尽管在西方出现了新的掌权者，但那里的新统治者极乐意表现出，他们在某种意义上是仍然统治着君士坦丁堡的罗马皇帝们的臣属。东哥特的狄奥多里克给皇帝阿纳斯塔修斯上书曰：“我们的王国是仿效您的王国而建立的……是唯一帝国的复制品。”而勃艮第的西吉斯孟德（Sigismund）则向皇帝表达：尽管他在表面上统治着自己的人民，但他相信，他自己仅仅是皇帝属下的一名士兵。[4] 在这方面或者许多其他方面来看，后罗马的西方仍然是罗马世界的一个稳定的部分。

119

---

① 见本书 Loseby 所写第 22 章。
② Alexander of Tralles, *Therapeutica*, ed. T. Puschmann.
③ Priscian, *Grammatici Latini*, ed. H. Keil.
④ Theoderic in Cassiodorus, *Variae* i. 1. 3; Sigismund in Avitus of Vienne, Ep. 93.

在西方相继建立的国家

无论如何，还是发生了变化，而且，从君士坦丁堡的角度看，6世纪西方的政治局面并没有理由使其愉悦。5世纪东方的皇帝们面对内忧外患多重问题，却始终关注着西方的发展。西方帝国的最后10年，东方仍然向西方派出新任皇帝和军队，而且，6世纪的拜占庭作者所记载的476年最后一位西方皇帝被废黜，证明他们把它视为一个重大变化的标志：根据马尔切利努斯·科梅斯（Marcellinus Comes）的编年史记载，罗马建城后709年，屋大维·奥古斯都（Octavian Augustus）掌政，而在他逝世502年之后，即476年，罗马方才毁灭。⑤ 君士坦丁堡成为逃离西方王国的难民寻求庇护的中心。阿非利加公教会的基督徒（原文为African Catholics，但事实上，1054年之前，所谓大公教会和东方正教会的分离还不算特别明显，但阿非利加地区的基督教会属于罗马教宗所辖，后来自然属于公教会的一部分，故此译。——译者）是其中最为突出的人群，在广为流传的故事中，这些人在被国王亨内里克（Huneric）下令割去舌头之后，居然奇迹般地发现他们自己还能说话。这里也有一些来自意大利的人群，据说，在6世纪早期，他们在皇帝阿纳斯塔修斯（491—518年在位）的殿前受到热烈欢迎，而且，语法学家普里西安还在他的一部作品中表达了应该使罗马和君士坦丁堡共同处于这位皇帝治下的愿望。⑥ 当然，传统上拥有统治整个已知世界之权力的皇帝们不可能容忍西方各行省的丧失，这些行省构成了他们的前任皇帝们所统治之领土的大部分。

当拜占庭人遥望西方世界时，他们见到的是一个以地中海为核心的世界，而到了公元500年时，几乎所有曾经处于西方帝国统治地域内的地中海岸各部，都被三个王国所控制。汪达尔人占领了罗马的阿非利加各行省，而且其统治比较稳固，但对于土地所有者阶级的剥夺和对公教会基督徒的镇压，使得他们大失人心。他们有效地运用了其

⑤ Marcellinus comes, *Chronicon* s. a. 476, ii.
⑥ Priscian, *DeLaude Anastasii Imperatori*, 242 – 247, 265.

强大的舰队，于 455 年攻占了罗马城，并且在 460 年和 468 年顶住了拜占庭主力军的攻击。他们隔着地中海面对另外两个王国。一个是西哥特人王国，他们原来作为罗马的"同盟者"（*foederati*）定居于图卢兹周边，逐渐控制了卢瓦尔河以南的高卢地区，并开始向西班牙推进，而意大利及其周边地区则处于东哥特人统治下。⑦ 东哥特人王国之进入意大利是依据他们与皇帝芝诺所达成的一项协议，芝诺的继承者阿纳斯塔修斯于 497 年将当年奥多亚克在废黜罗慕洛·奥古斯都之后运至君士坦丁堡的宫殿装饰物送还了意大利。但这一协议并不意味着拜占庭人愿意接受东哥特人的国家。

汪达尔人、西哥特人和东哥特人不仅仅只是在环地中海区域建立了相邻的王国方面有相同的性质。他们还都是阿利乌斯派基督徒，遵从一种异端的信仰，否认圣父与圣子为同质，如尼西亚会议（325年）所教谕的那样，这是使他们与拜占庭人和他们定居地的广大基督徒相隔离的重要因素。拜占庭人认为他们讲相同的语言或看似相同的语言，把他们与格庇德人一样视为只能从名称上来相互区分的族群。⑧ 他们通过婚姻互相联合：狄奥多里克的一个女儿嫁给了西哥特王阿拉里克（Alaric），而他的妹妹嫁给了汪达尔王色雷萨蒙德（Thrasamund），建立了一个可能是以对抗拜占庭为目标的关系网。

在这三个国家之中，东哥特国家是最具危险性的。它的东部包含了达尔马提亚，这使得它与拜占庭之间有一条数百千米长的国界，即使意大利的统治者完全没有东向扩张的计划，在危机混乱的时日，它也处于影响事态发展的位置上。因此，一位拜占庭的反叛者曾经于486 年寻求奥多亚克的帮助，这可能导致了东哥特人不久以后出兵意大利，而且，当大将军维塔利安（Vitalian）在阿纳斯塔修斯统治末年起兵反抗这位皇帝时，人们相信他是求得了狄奥多里克的支持。几十年前，在狄奥多里克进入意大利之前的时期，他曾经干预了一场威胁着皇帝芝诺之地位的叛乱。感激涕零的皇帝随后赐予他执政官的头衔，而且，6 世纪初，一位意大利作家显然提到了这些事件，提到狄奥多里克给芝诺戴上了皇冠，迫使皇帝给予他恩宠，暗示着狄奥多里

---

⑦　关于汪达尔人，见 Courtois（1955）；关于哥特人，见 Wolfram（1988）and Heather（1991）；关于图卢兹王国，见本书 Barbero and Loring 所作第 7 章。

⑧　Procopius, *Bellum Vandalicum* i. 2. 2 – 5.

克的地位高于皇帝。[9] 但这种看法在君士坦丁堡似乎并不受欢迎。如果这还不够，在 504 年，狄奥多里克的一位将军占领了西尔米乌姆，该城市原属于东方帝国的潘诺尼亚。东哥特人维持着对它的占领，甚至挺进了帝国领土。在西哥特人于 507 年与法兰克人战争中大败之后，狄奥多里克同时统治了西哥特王国和东哥特王国。君士坦丁堡有理由在面对强大的东哥特人国家时心怀忌惮，特别是，它是崛起于环地中海区域的国家之一。

　　然而，这些国家并不是在帝国的西部相继建立的全部国家。帝国的北部逐渐被另一些族群（特别是法兰克人和勃艮第人）所控制，拜占庭人称他们为"日耳曼人"，这是对罗马人未能征服的莱茵河东岸族群的简略称呼方式，以区别于哥特人。同哥特人一样，他们在古罗马的境内创建了家园，而且，也被卷入狄奥多里克所使用的联盟方式，狄奥多里克自己娶了法兰克王克洛维（Clovis）的妹妹，他的一个女儿已经嫁给了勃艮第王位的继承者西吉斯孟德。但是，到 5 世纪末，克洛维已经改宗罗马派公教，无论他采取这一措施的原初目的如何，很显然的是，他认为自己是在遵从皇帝所信仰的宗教。公教会的影响在勃艮第宫廷也很强大，在那里，王位的继承人西吉斯孟德也皈依了这一教派。更重要的是，从君士坦丁堡的角度看，法兰克人和勃艮第人对于罗马世界的影响逊于哥特人和汪达尔人，他们危害帝国的能力也比较弱。的确，以明智的态度鼓励之，便可以使他们服务于帝国的政策，在一份 7 世纪的文献中记载一个有趣的故事，提到法兰克王希尔德里克（Childeric，约 463—482 年在位）曾赴君士坦丁堡，请求皇帝允许他以皇帝之臣仆的身份去高卢统治。[10] 于是，毫不令人惊讶的是，当 507 年克洛维治下的法兰克人与西哥特人及东哥特人之间发生冲突时，得到了勃艮第人的支持，皇帝阿纳斯塔修斯则为了法兰克人而出面干预。他派出一支舰队扫荡了意大利的部分海岸，阻止狄奥多里克按照他所希望的时间尽早出兵高卢，同时，他也赐予克洛维以荣誉执政官

122

---

⑨　Ennodius, *Panegyricus regi Theodorico*, Operacclviii. 203 – 214, at14, pp. 211 – 212；关于其解释，见 MacCormack（1981），p. 230。

⑩　Fredegar, *Chronica* iii. 11, ed. Krusch, pp. 95 – 97；如果我们认为，这里使用的皇帝的名字是把马西安（Marcian）错写为莫里斯，这个故事可以被合理地接受。

（honorary consul）的头衔。

因此，很清楚，君士坦丁堡是以完全不同的态度对待西方世界的。地中海的土地被一些威胁拜占庭利益的国家所占领，但有时候，是在帝国可采取行动对付其敌对者的势力范围内的。狄奥多里克统治的最后几年，因被控写了一封对皇帝大不敬的信件，其形象遭到破坏，该信针对一群元老而写，而这似乎是对阿利乌斯派在东方遭到迫害的一些报告的过激反应。上述两类问题在哥特人和汪达尔人的历史上重复发生。汪达尔王亨内里克（Huneric）涉足于可能发生的公教派教士送信言及地中海对岸的、可能是帝国的王位继承问题，而与此同时，狄奥多里克曾经有一次阻止从勃艮第将信件送达皇帝。汪达尔人也感觉到宗教的迫害可以当作外交理由。皇帝直接面对西方公教会的地位，在 519 年修复了"阿卡西乌分裂"之后得到强化，而该分裂事件自 484 年起曾经使罗马和君士坦丁堡教会分离。[11] 于是，在狄奥多里克统治的最后几年，表现出君士坦丁堡与继西方帝国之后建立的环地中海国家之间关系之多少紧张的局面。另一方面，在北部区域，是那些有好处可期的国家。这是一个基本的分野，而且，在皇帝查士丁尼（527—565 年在位）的军事冒险行动的实施中，这一分野变得清晰。

对汪达尔人战争

123

530 年 5 月 19 日，汪达尔王希尔德里克（Hilderic）被其王室家族的另一成员盖利默（Gelimer）所废黜。希尔德里克曾与查士丁尼关系密切，于是，查士丁尼就有了特别好的机会对汪达尔人作战。然而，他的同盟者之被废只是皇帝干预的一个借口。后来的一位阿非利加作者把查士丁尼进攻北非的原因归于一个殉道的阿非利加主教的显灵，而在查士丁尼于 534 年颁发的一则法令——该法令很可能是查帝亲自写的，而不是他的大臣——其中有一段是针对汪达尔人镇压公教基督徒的檄文。该敕令用来描述基督徒所受苦难的语言，令人联想起5 世纪 80 年代一位阿非利加作者维塔的维克托（Victor of Vita）的记

---

⑪　见 Louth 所写本书第 4 章。

载，而且，我们没有理由怀疑，查士丁尼之入侵北非，如同他早期统治时期如此之多的其他活动那样，是由于宗教的原因而非基于重建帝国的理念。[⑫] 我们知道，进攻阿非利加的计划受到了皇帝的谋臣们的反对，然君无戏言，特别当一位主教报告他看见了神示，说明此举必胜之后，而且，532 年与波斯达成了和议使得帝国能够将资源用于西方。查士丁尼准备了一支军队，在 533 年夏至前后由海上出发，统兵将领是贝利撒留，这位将领近期的军事行动包括对波斯的战争和在君士坦丁堡镇压了一次叛乱；彰显这次事件的宗教性质的因素是教宗在贝利撒留的舰船上祝祷，并在一艘舰船上安排了一位刚刚受洗的士兵。

　　我们可以较为详细地追寻贝利撒留的法律助手、当时的目击者普罗柯比所记载的这次汪达尔战争的过程。拜占庭军队来到阿非利加时，正是最佳的作战时机，因为盖利默并不知晓拜占庭军的到来，刚派出其一支部队去撒丁岛（Sardinia）。拜占庭入侵者在迦太基南翼的卡普特瓦达（Caputvada，即 Ras Kapoudra 拉斯卡波达拉）登陆，由此出发，他们向首都迦太基进军。他们沿着海岸前行，直到格拉斯（Grasse），由此转而向内陆行军，直扑德西姆（Decimum），即迦太基城外 15 千米处。盖利默在此与拜占庭军相遇，在短暂的冲突之后，他逃离战场，2 天之后，在 9 月 15 日，罗马军队进入了迦太基。贝利撒留占有了本来为盖利默准备的食物。他的士兵表现得相当克制，据说他们去市场购买食物。盖利默从撒丁岛召集了军队，但是，在迦太基城外 30 千米的特里卡玛里乌姆战役（Tricamarium）中，汪达尔军再次败迹，盖利默逃至据守一座山的柏柏尔人那里避祸，在那里，他写下了悲伤的诗句来安慰自己，后来他投降了。

124　　在很快地控制了撒丁、科西嘉（Corsica）、巴利阿里群岛（Balearic Islands）和邻近直布罗陀海峡（Straits of Gibraltar）的防寨赛普特姆［Septem，即休达（Ceuta）］之后，贝利撒留带着大量战利品回到君士坦丁堡，其中包括 1 世纪时狄陀（Titus）由耶路撒冷掠夺至罗马、汪达尔人于 455 年掠夺至阿非利加的犹太人宝藏。得胜的

---

　　⑫　关于殉道者之现身，见 Victor of Tunnuna, *Chronica* s. a. 534, ii。对大公派教会的迫害，见 *Codex Justinianus* i. 27. 1。Louth 赞成关于查士丁尼之动机的这一观点，见本书第四章。

将军在君士坦丁堡大街上行凯旋式，贝利撒留和盖利默都在查士丁尼面前行跪拜礼（proskynesis），这是一种表示敬仰的形体动作。败军之王被赐予加拉提亚（Galatia）的封地，贝利撒留在535年继续担任执政官；他在执政官任期内的慷慨施舍就包含他在这次征伐过程中的战利品。查士丁尼亲自安排了金碟的制作，以彰显他之胜利的历史，并立法规定汪达尔人须将其掠夺的财产归还于原主。短短几个月的时间，当初看起来如此强大的汪达尔王国毁灭了，阿非利加发现它被一位皇帝指定的大区行政长官（praetorian prefect）所管理。我们没有理由怀疑这里的居民愿意接受这些变化。

然而，这里仍然出现了反抗斗争。游牧的柏柏尔人曾经对汪达尔王国有着越来越大的压力，他们后来成为拜占庭统治下的阿非利加所面临的主要问题，他们的轻装武器和机动作战能力使他们成为拜占庭骑兵难以应付的敌手。拜占庭建立了一系列防御堡垒以对付他们，其中位于萨穆加迪［Thamugadı，或提姆加德（Tımgad）］的防寨之令人印象深刻的废墟仍然屹立于斯，其城墙平均厚度为2.5米，高度超过15米。考古学和文献学的资料都表明，与查士丁尼的预期相左的是，拜占庭人从来没有成功地占领原罗马时期的所有领土，但其建立防御工事的数量和规模却明确地表明，拜占庭人计划在阿非利加久驻。他们也存在内部的问题，因为贝利撒留的许多士兵都娶了汪达尔女人，他们只关注从这些女人手中获得的汪达尔人财产受到查士丁尼之敕令威胁，且须归还其原主。士兵于535年哗变，到544年，当大将军（magister militum）和大区行政长官（praetorian prefect）所罗门在与柏柏尔人的战斗中被杀之后，哗变更为严重。但是，反叛者的头目于546年被杀，到这一年的年底来了一位新的将军，强势的约翰·特罗吉图斯（John Troglytus）。这位将军于548年春季发动的征伐获得了成功，阿非利加实现了和平。

对哥特人战争——早期的成功

查士丁尼只是在533年因贝利撒留的胜利而感到愉悦，随后他的思想自然转向更为野心勃勃的计划。在535年4月的一则皇帝法令中，提到了阿非利加的收复和汪达尔人被籍没为奴，随之又补充道，

125 皇帝现在希望从上帝手中获得的恩赐远不止于此。[13] 事实证明，这是干预意大利的恰当时机了。随着狄奥多里克于 526 年去世，他的继承者们发现很难遵循他的既定政策行事，他的女儿阿玛拉松塔（Amala-suentha）和后来成为这位女继承人之对手的、狄奥多里克之侄子狄奥达哈德（Theodahad）都参与了同皇帝的谈判。535 年春，阿玛拉松塔被谋杀，于是出现了挑战的理由。[14] 查士丁尼所提出的干预意大利事务的理由与他曾经在挑起对阿非利加之战时所提出的理由是不同的：在当时，汪达尔人曾经因他们虐待大公教会的行省属民而受到攻击，而东哥特人被攻击的理由是他们欲掌控意大利，这理由并不充分。据说，他们在打败僭越者奥多亚克一事上曾经做得很好，但是，正规的程序是，他们应该把意大利交还帝国，而不是据为己有。如我们所见，西方帝国的皇统截至 476 年这一事实并未逃离君士坦丁堡的关注。

对意大利的攻击从两个方向开始。[15] 一支军队占领了达尔马提亚，此后，达尔马提亚几乎完全处于帝国的控制下，而贝利撒留则率领一支小规模的军队，轻而易举地于 535 年控制了西西里。由西西里，他可以发动对意大利本土的攻势，而在意大利，哥特人的主力军队似乎在北方集中，贝利撒留的装备很难对付他们。当时唯一的统治者，狄奥达哈德表示要放弃他的王国，但随后又收回了自己的动议，并且，在 536 年早些时候，教宗阿伽佩图斯（Agapetus）到达了君士坦丁堡，代表狄奥达哈德与查士丁尼协商，但是，这位皇帝却没有兴趣讨论这一问题。在一则于 536 年颁布的敕令中，皇帝提到了要收复两海之间的领地，这一野心，在查士丁尼统治之早年的资料中并不隐晦，它表明皇帝的野心已经变得越来越大了。[16] 同年，贝利撒留穿越了意大利本土。哥特人对于狄奥达哈德之无效指挥不满，将威蒂格斯（Witigis）推举为国王，此人非贵族出身，但他表现得能征善战，狄奥达哈德被杀。新王离开罗马去了拉文纳，劫持了继承阿伽佩图斯教

---

[13] *Novella* viii. 10. 2.

[14] 见 Moorhead，后文第 6 章。

[15] 普罗柯比记载的详尽的原始资料，受到人们密切的追随，如在 Bury（1923）作品中，更近的在 Stein（1949）的作品中，尽管作者在 540 年之后可能不在意大利，而且随着时间的推移，他开始对战争失去信心：见 Hannestad（1961）的论著。

[16] *Novella* xxx. 11. 2.

宗位的西尔维留斯（Silverius）为人质，并要他宣誓效忠，在12月9日或10日，贝利撒留占领了不朽之城罗马。次年2月，一支哥特人大军到达，包围了罗马城，切断了该城的供水线，扫荡了城外的基督教徒墓地，但没能攻进城。538年3月，威蒂格斯撤离。在意大利北部，战斗在进行，529年哥特人将伟大的米兰城夷为平地；我们听说，城内的男人都被杀害，妇女被移交给勃艮第人。法兰克国王塞乌德博尔特（Theudebert）介入了此事，企图借机使自己获益，而且，到了539年年底，哥特人的首都拉文纳被皇帝的军队包围。

在此紧急关头，威蒂格斯请求波斯沙赫科斯罗埃斯（Chosroes）中止他曾经于532年同查士丁尼签署的和议，在东方吸引查士丁尼的兵力，此计是为了使得皇帝在谈判时给了哥特人较优厚的条件。[⑰] 但是，贝利撒留有足够的信心，当哥特人允诺将承认他是"西方皇帝"（这个地位足以动摇查士丁尼的地位）时，他假意接受了。[⑱] 540年5月，他进入拉文纳，但拒绝了他答应从哥特人手中获得的皇帝称号。不久，他带着威蒂格斯和他的妻子马塔苏恩塔（Matasuentha）、众多哥特人贵族和至少是一部分哥特人的财富回到了君士坦丁堡。他从查士丁尼那里得到的接待是冷漠的，皇帝很可能因为他的将军假意接受皇帝的头衔这件事烦恼。但无论如何，在540年，狄奥多里克建立的强大国家显然瓦解了。

拜占庭历史学家普罗柯比观察到，当贝利撒留于536年进入罗马城时，"跨越了60年的时间，罗马再次成为罗马人的领土"，[⑲] 人们可以轻而易举地感受到拜占庭势力的顺利进入。537年3月，曾经被狄奥达哈德任命，且向威蒂格斯表示了效忠的教宗西尔维留斯被贝利撒留撤职，取而代之的是维吉里乌斯（Vigilius），此人是强势的皇后狄奥多拉的门客（被保护者）。在537年年初，贝利撒留指定了一位叫菲达利斯（Fidelis）的人担任意大利的政区长官，到这一年的年底，在已经征服的意大利土地上指定了一位意大利圣属领地长官（*comes sancti patrimonii per Italiam*），这位长官具有经济才干，看似

---

⑰ 关于6世纪的波斯—拜占庭关系见Louth，本书第4章。

⑱ Procopius, *Bellum Gothicum* ii. 29. 18. 亦见 *Bellum Vandalicum* i. 11. 20（misleadingly translated in the Loeb edition）。

⑲ *Bellum Gothicum* i. 14. 14.

在征服之地效力。菲达利斯作为意大利行政区长官的任期与卡西奥多（Cassiodorus）任同一职务的任期之后段相重叠，卡西奥多曾经于533年被哥特人任命为行政长官，而他代表威蒂格斯所写的信件标注的日期直到537年年底。到539年年底，拉文纳的一位文书在一份文件中使用了χμγ的程式化套句，这是为了符合拜占庭的习惯。[20] 早在535年，罗马就出现了对哥特人统治不满的迹象，意大利人迅速放弃了当年他们对狄奥多里克统治的正面记忆，高兴地接受了帝国军队进城。

　　540年，人们一定认为，对意大利战争似乎像对汪达尔人战争一样，已经达到了理想的结局。在君士坦丁堡，查士丁尼在其皇宫铜门上部的天花板上装饰了一幅镶嵌画，描述的是贝利撒留在为他赢得胜利。在此作品的中部，站立着查士丁尼和狄奥多拉，汪达尔王和哥特王作为战俘，被带到他们面前，元老们围绕着皇帝和皇后，"当他们像敬仰上帝一样向皇帝致敬时满心愉悦带着微笑，因为皇帝获得了伟
127 大的成就"[21]。这是一个黄金时刻的乐观情绪，而这种乐观却不会再现。

哥特战争，托提拉的反抗

　　事实上，对哥特人的战争根本没有结束。查士丁尼大概是害怕一个强有力的将军可能构成对皇权的威胁，没有让贝利撒留回到意大利，这时，内争和腐败在拜占庭留守意大利的指挥官之间泛滥。他们表现出无意于对付波河以北哥特人的反抗，于是，随着国王托提拉（Totila）之掌握政权［或者称巴都埃拉（Baduila），如在钱币上所拼写的那样］，哥特人得到了一个才干超群的领袖。托提拉对于查士丁尼的态度可见于他锻制的钱币上，在钱币上，在任皇帝的头像被阿纳斯塔修斯的头像所取代，因阿纳斯塔修斯曾经在497年承认了狄奥多里克作为国王的身份。如果查士丁尼以法理来质疑托提拉的身份，托提拉即准备为此名分而斗争。

---

⑳　这句缩略语可能代表Χριστον Μαρία γεννα（Mary bore Christ）：即耶稣诞生年（公元纪年的开端）——译者。Tjäder, *Papyri*。

㉑　Procopius, *Buildings* i. 10. 19.

不久，战争复起。542 年春季，新的哥特国王在法恩扎（Faenza）打败了帝国的军队，夺去了帝国的军旗，并在向南部进军过程中，占领了贝内文托（Benevento）、库迈（Cumae）和那不勒斯（Naples）等地。贝利撒留于 544 年被派回拉文纳以应对这一窘困局面，但他发现自己无力阻止哥特人的进军。的确，他指挥这一阶段战争时，表现出非同寻常的被动，这可能在某种程度上归因于当时帝国经历的一次严重瘟疫的暴发造成的人员减损。在 545 年 12 月，托提拉包围了罗马城，12 个月之后得以进城。他立即进入圣彼得大教堂祈祷，这一行动被认为是延续了狄奥多里克的做法，而狄奥多里克在一次拜谒罗马城的著名活动时，曾经在此教堂内祈愿，除他之外，狄奥多里克也在此模仿皇帝们所行之事。但这一行为是有名无实的。城里只余极少数民众，托提拉并不掩饰他对元老院的敌视态度。事实上，他计划夷平罗马城墙，但贝利撒留写信警告他，如果他胆敢如此行动，他会面临更严苛的惩罚。也许，他有能力利用哥特人国王的虚荣心；无论如何，托提拉表现得很愚蠢，他放弃了罗马城，将元老们掳为人质。整整 40 天，罗马城成为既非人类居住地也非兽类栖息地的空城，但到了 4 月，贝利撒留进了城，下令恢复它的防御体系。春天时，托提拉试图夺取该城的控制权，但没有成功。

然而，哥特人仍然是意大利大部分地方的主人，对于如此大规模的领土，贝利撒留倾向于乘船出行，而不是走陆路。几年后，当查士丁尼召他的大将军回到君士坦丁堡时，贝利撒留一定感到极为压抑，远甚于他于 534 年和 540 年回师之时。549 年，一支哥特人水军横扫了坎帕尼亚（Campania）海岸，罗马再度被围困；次年 1 月，罗马沦陷。托提拉在城内建立了一座锻压造币工坊，主办竞技会，用当代人的语言来说，"像一个父亲和他的孩子们"那样在罗马定居下来。[22] 由于拉文纳当时仍然在拜占庭手中，罗马事实上占据了它长期以来已经不再习惯的重要政治地位。托提拉移军西西里，于 550 年蹂躏了这块土地，而在此时，法兰克人占据了意大利北部部分地区。

在贝利撒留几乎成功地结束了战争之后整整 10 年，意大利的情况仍然不妙，查士丁尼决定以他从来没给予过贝利撒留的巨大力度投

128

㉒　LP, ed. Duchesne, p. 298.

入资源。一支大军被交给贵族身份的（*patrician*）哲梅纳斯（Germanus）指挥。他是一个有着特殊身份的人物，因为他不仅是查士丁尼的表兄弟，而且娶了狄奥多里克的孙女，即威蒂格斯的前妻马塔苏恩塔（Matasuentha），这一身份使他在面对意大利的哥特人时受到的抵制是有限的。的确，这对夫妇所生的一个男孩使得历史学家乔代尼兹（Jordanes）期待哲梅纳斯家族与马塔苏恩塔家族的真正联合。[23] 但是，在预期的远征还在准备阶段之时，哲梅纳斯就死去了，551 年，纳尔泽斯（Narses）将军被指令接替哲梅纳斯的任务。

552 年 4 月，纳尔泽斯大军由陆路出发进军意大利。驻扎在威尼西亚（Venetia）的法兰克人企图阻止大军通过，其理由是军中有庞大的伦巴第人（法兰克人的宿敌）兵团，而且，哥特人也想在陆路阻止大军通行，但纳尔泽斯却能够进军拉文纳，并于 552 年 6 月 6 日占领了该城。托提拉由罗马出发迎战，在 6 月底或者是 7 月初，在亚平宁山区（Apennines）的布斯塔高卢（Busta Gallorum），两军相遇。[24] 在两军阵前，托提拉表演了雄健的战舞以鼓舞士气，但是哥特人寡不敌众，其战败是不可避免的。哥特骑兵顶不住敌人的箭矢，骑兵和步兵惊惶逃遁，托提拉中箭身亡。在纳尔泽斯进军罗马途中，许多哥特人防寨的军士纷纷投降，纳尔泽斯的敌人已经无力有效保护罗马城了。城市被轻易攻取，其城门钥匙被交予查士丁尼。失望至极的哥特人处死了他们所能找到的元老和被他们押为人质的 300 多名孩子，但他们已经没有希望了，法兰克人拒绝介入帮助他们。10 月，一支哥特人军队与纳尔泽斯的军队在意大利南部诺切拉（Nocera）附近的拉克塔留斯山（Mons Lactarius）相遇，但哥特人失败了，纳尔泽斯允许残余的哥特人回到"他们自己的土地上"。一些人继续在本地抵抗，直到 562 年或 563 年占领维罗纳（Verona）之时，然而，到了纳尔泽斯被召回之时，可能是在皇帝查士丁二世于 565 年即位之后不久，意大利似乎是稳定了。哥特战争远比汪达尔战争持续的时间长，但其结果是一样的。

哥特战争中一个令人困惑的特点是西哥特人没有参与其中。因为

129

---

[23] Jordanes, *Getica* 314；莫米格里亚诺（Momigliano，1955）提供了一份丰富但无定论的讨论。
[24] 详细论述见 Roisl（1981）。

在战争进程的大部分时间内，西哥特人的领袖是一位东哥特人塞乌迪斯（Theudis，531—548 年在任）。而且，在战争中的一个时期，他的侄子伊狄巴德（Ildibad）在意大利的反抗斗争中表现出色，但我们没有理由相信来自西哥特人的援助曾经到达了意大利。然而，我们确切知道的事实是，在大约 544 年，一支西哥特人军队在跨越直布罗陀海峡（Straits of Gibraltar）的塞普特姆［Septem，即休达（Ceuta）］时被击败，这表明西哥特人曾经试图由西班牙进入拜占庭当时统治的阿非利加。但是，在 552 年，一支拜占庭军队向西班牙发兵，据说是因一次西哥特人起义者的诉求而驰援，并一度成功地控制了西班牙的东南部卡塔赫纳（Cartagena）和马拉加（Malaga）周边的海岸。这一地区有着多山环绕的陆地，可直接眺望阿非利加，因此，保护阿非利加的目标似乎是拜占庭进入西班牙的真正原因。㉕无论如何，在西班牙的这一不算太显赫的胜利是拜占庭势力在西方大肆扩展的顶峰。接下来几十年的时间内，阿非利加和意大利与西地中海、达尔马提亚及西班牙的一些大型岛屿都曾经重新回归了帝国的版图。于是，诗人阿伽提阿斯（Agathias）才能够合法地声称，一位旅行者可以远行至赫拉克勒斯（Hercules）石柱旁的西班牙沙滩，却仍然是在帝国的领土之上。㉖

君士坦丁堡和 6 世纪中期的西方

无论是从 6 世纪前半段还是后半段来看，我们都可以把 6 世纪中期视为拜占庭在西方影响的最高水平线。东西方的经济联系加强了；阿非利加向东方的陶器出口在汪达尔人统治时期曾经衰落下去，而在拜占庭统治的早期似乎恢复了。拜占庭与西方的关系在意大利的首府拉文纳有特别突出的证据，在那里，马克西米阿努斯（Maximianus）主教从查士丁尼手中获得了大主教的头衔和圣安德鲁（St. Andrew）的遗物，对这位圣人的崇拜可以被认为是对罗马的圣彼得崇拜构成可能的威胁。现在可以在拉文纳的大主教博物馆（Museo Arcivescovile）

130

㉕　亦见本书 Barbero 和 Loring 所作第 7 章。
㉖　*Anthologia Graeca Carmina Christianorum*，ed. Christ and Paranikas，iv. 3. 83 ff.

看见的马克西米阿努斯的精美象牙宝座，是在君士坦丁堡制作的，就是他给圣维塔利（S. Vitale）教堂开光，该教堂内有着查士丁尼和狄奥多拉的光艳华丽的镶嵌画。查士丁尼没有能到西方巡视，但没有人会怀疑圣维塔利教堂内的镶嵌画——不管人们如何阐释这一精确描绘的场景之礼仪性意义——是皇帝在已经征服的土地上之权威的强有力体现。

　　看来似乎有些奇怪的现象是，6世纪中期拜占庭在西方事务中之中心地位的最清晰的象征可以在君士坦丁堡和生活在君士坦丁堡的各色西方人士——那些有影响的、有野心的以及俘虏们——那里见到。狄奥多里克曾经接连任命担任意大利大区行政长官和高卢大区行政长官的利伯留斯（Liberius），利伯留斯曾经于哥特战争爆发之前不久，在一次出使君士坦丁堡的时候背叛了原主。他后来参与了拜占庭对意大利和西班牙的战争，又回到了意大利，后来被葬于意大利的里米尼（Rimini）。在哥特战争期间，特别是在托提拉于546年夺取了罗马城之后，许多罗马贵族逃往帝都君士坦丁堡：其中有原在狄奥多里克的臣属中颇负盛名的卡西奥多和元老院首席元老（caput senatus）凯特古斯（Cethegus）。554年，查士丁尼给予元老们特许，允他们留居君士坦丁堡。537年正好在君士坦丁堡留驻的罗马助祭维吉里乌斯（Vigilius）也得到很好的安置，当皇帝不再宠信西尔维留斯时，维吉里乌斯成为罗马教宗。他于555年去世，他的继任者贝拉基（Pelagius）同样是在君士坦丁堡受到任命。从维吉里乌斯开始，教宗在其奉神职之前必须得到皇帝的任命，这就造成各教宗任期之间的长期空位，这构成此后一个时期教宗历史的特点。教宗大格列高利（Gregory the Great）也在他于590年被任命为教宗之前，担任过教宗派驻君士坦丁堡的使节（apocrisiarius，约579—585/6年在任）。他的另外两位继任教宗也都在成为教宗之前担任过教宗领驻君士坦丁堡使节。显然，在意大利被征服之后，在君士坦丁堡驻节的经历是即将赴任的教宗之履历（currioculum vitae）中最为重要的环节。马克西米阿努斯就是于546年在君士坦丁堡获得了去拉文纳教区任职的委任，然后又回到拉文纳。在552年，米兰行省的教士请求一位去君士坦丁堡驻节的教宗使节帮他看看，如何能使主教达提乌斯（Datius）回到米兰，此人脱离其教区15—16年，并在此间的大多数时间内一直待在君士坦丁堡。大格列高利在君士坦丁堡驻节期间的一个朋友、米兰的助祭君士坦提乌斯（Constantius）曾经于 593 年被指定为米兰城的主教，而大格列高利的另一位朋友西班牙人利安得（Leander）后来成为塞维利亚（Seville）的主教。551 年，迦太基的雷帕拉图斯（Reparatus）和另外一些阿非利加主教们被召集到君士坦丁堡；次年，查士丁尼流放了雷帕拉图斯，并完全违背迦太基民众和教士们的意志，使普里莫苏斯（Primosus）——雷帕拉图斯原来派驻君士坦丁堡的使节（apocrisiarius）——取而代之。许多日耳曼王族成员，如东哥特的阿玛拉松塔，也在其控制之中，有人一直监视着他们的行动，并且在皇帝需要时，他们就可以行动起来。

131

　　君士坦丁堡的中央政权对于西方的文化生活之控制也毫不逊色。大批的拉丁文学作品在查士丁尼时代及紧随其后的时代出现。伊利里亚人（Illyrian）马尔切利努斯·科梅斯和阿非利加的图努纳的维克托（Victor of Tunnuna）在此完成了他们的编年史，西班牙的哥特人，比克拉罗的约翰（John of Biclaro），其编年史虽然于西班牙出现，但却是他在君士坦丁堡居留一些年之后的作品。就是在君士坦丁堡，哥特人乔代尼兹于 551 年写了罗马人与哥特人的历史，卡西奥多写了《〈诗篇〉阐释》（Expositio Psalmorum），由于他的工作，乔代尼兹（Jordanes）所写的曾经散失的《哥特人史》（Gothic History）出现在君士坦丁堡，阿非利加的尤尼鲁斯（Junilus）写了他的《圣经》研究导论，另一位阿非利加人科里普斯（Corippus）目睹了查士丁二世的即位，对于这一事件，他写了一篇赞颂词，而且由君士坦丁堡开始，许多阿非利加神学家开始了他们的事业。此后不久，后来担任教宗的格列高利写了他的《工作中的哲学》（Moralia in Job）。学者们有时候怀疑格列高利声称他不懂希腊语这件事的真实性，原因就是，如果他不懂希腊语，作为教宗使节在君士坦丁堡生活和工作是会很困难的。但是，鉴于君士坦丁有一个如此兴旺且有影响力的讲拉丁语的群体，格列高利可能并没有认识到学习希腊语有什么必要。

"三章案"

　　但是，在君士坦丁堡于西方事务中居中心地位的时段，一些威胁其地位的事件也在发生，而且，正如在古代晚期经常发生的那样，紧张状态通常表现于宗教教义的争论方面。长期以来皇帝的政策是寻求使卡尔西顿会议（Chalcedon，451 年）的追随者们（即相信基督有两性）和他们的一性派对立者（他们相信基督只有一个神性）相协调，而查士丁尼为了使争论的双方统一做了重要的努力。[27] 他向教会的五大教宗通报，应批驳莫普苏埃斯蒂亚的狄奥多勒（Theodore of Mopsuestia）主教其人和他的作品，批判居比路的狄奥多莱（Theodoret of Kyrrhos）主教的一些作品，以及据说是埃德萨的伊巴斯（Ibas of Edessa）主教致一位叫作马里（Mari）的人的一封信。这三位神学家都已经去世多年，被认为具有聂斯脱利派的思想倾向。但是，当年的卡尔西顿会议接受了狄奥多莱的正统教义思想，并在会上读了伊巴斯的这封信，因此，对于这几位神学家的批判，就意味着批判了卡尔西顿会议。教宗维吉里乌斯拒绝接受查士丁尼的建议，于是，使得罗马民众惊异的是，教宗于 545 年在一教堂中被拘捕，强行送至君士坦丁堡。随后是多年的阴谋和劝诱，维吉里乌斯一直摇摆不定。后来，于 553 年君士坦丁堡宗教会议谴责了后人所称的"三章"时，维吉里乌斯接受了会议的决议。554 年，他出发返回罗马，但于 555 年 6 月，他心力交瘁死于锡拉库萨（Siracusa）。

后来证明，查士丁尼的努力并没有缓解一性派与卡尔西顿会议派之间的对立，但是，在西方却发生了直接的敌对行动。西方人们认为，查士丁尼是以他的方式对抗卡尔西顿会议的决议。于是，在意大利出现了高度紧张的局面，当地竟然难以找到主教去参与新任教宗贝拉基的授职礼，还有一次教会分裂在北意大利爆发，持续到 7 世纪末。在高卢，有相当严重的不安和焦虑，而在西哥特人时期的西班牙教会也没有接受君士坦丁堡会议的决议。然而，在阿非利加这个主教区，反对派的势力最为强大，这里的人们曾经目睹了处罚阿利乌斯派汪达尔人的结局，他们并不想被一个公教会的皇帝呼来喝去。而且，几个世纪来，阿非利加的教会只关注学习和热情奉教，这已经成为其特点。早于 550 年，一份宗教会议文献开除了维吉里乌斯的教籍，而且，有许多作者撰文攻击查士丁尼的地位；有一部阿非利加的编年

---

[27]　关于 6 世纪拜占庭对基督论之争议的详细讨论，见劳斯（Louth）所作本书第四章。

史注意到，君士坦丁堡宗教会议之后，就在该城发生了一次地震。[28]
令人多少有些诧异的是，在高卢北部，特里尔主教尼塞提厄斯
（Nicetius of Trier）写了一封措辞强硬，但在神学上却是毫无逻辑性、
颠三倒四的信件给皇帝，在信中，他告诉皇帝，整个意大利、整个阿
非利加、西班牙和高卢都为他而哭泣："噢，我们亲爱的查士丁尼，
是谁这样地欺骗了你，是谁说服你要坚持如此？"[29]

西方与帝国的对抗

　　早期基督教的历史满是针对诸多如此明显的深奥莫测的问题发生
的争议，现代学者经常感觉到，其实这些争议实际上都与公然讨论的
主题无甚关联，而对于"三章案"在西方的争论，可能就是一个讨
论不够充分的真正的问题。其原因有可能解释为，查士丁尼的征服战
争在西方人那里形成了反查士丁尼的强硬立场。毫无疑问，阿非利加
和意大利的教会首领们热忱地欢迎查士丁尼军队的到来，但在他们曾
经处于阿利乌斯派统治者治下的整个时期，却得到了皇权监护之外的
既成事实的独立，这是他们不会情愿放弃的。针对皇帝的最著名的基
督教会的声明竟然在东哥特人统治意大利时期由教宗格拉修（Gela-
sius，492—496年在位）阐发出来，也并非巧合。战争使得皇帝在很
长时期以来，第一次能够试着将他的意愿强行贯彻到西方教会，一些
反对查士丁尼政策的行为可能也仅仅是对这一新的现实形势的对抗。
但也正是由于这一点，对"三章"的反对只是人们对西方战争的结
果表示敌意或表达一种幻灭情绪的手段。如果我们承认这一点，当我
们看到当时罗马人当中最为著名的与哥特人合作者卡西奥多在6世纪
中叶写下了查士丁尼意图对提出诅咒的那些神学家实行宽容政策的条
文时，就不会感到惊诧。在拜占庭对西方征服之后的时期，反映西方
冷漠态度的迹象也无须惊诧了。

　　阿非利加和意大利的本土居民一开始是欢迎拜占庭军队的。在意
大利，哥特统治者甚至在战争开始之前就担心民众的忠诚度，普罗柯

133

---

[28]　Victor of Tunnuna, *Chronica* s. a. 553（Chronica Minora ii. 203）.

[29]　*Epistolae Austrasiacae*, no. 7. 其中有一份圣保罗（St. Paul）书信的残篇（Galatians 3：1），对尼塞提厄斯之问题的回答是："邪魔。"

比的详尽描述清楚地说明他们的担心不是没有根据的。然而，在战争早期，一位哥特发言人告诉罗马人，曾经进入罗马的希腊人中，只有演员、哑剧表演者和偷东西的士兵，这表明哥特人想阐明，在意大利已经存在对拜占庭人的不满，而哥特人正是要利用这一点。我们还听说，在教宗约翰三世（John Ⅲ，561—574 年在位）的任期里，罗马城的居民怀有恶意地告诉皇帝"为哥特人做事远比为希腊人做事要好"[30]。这里使用"希腊人"这个词是很有意思的，因为，在普罗柯比那里，这是从外邦人口中说出来的带有敌意的用语，这就意味着，罗马人有可能已经开始接受，或者至少假装接受了这样一种对于拜占庭人的评价。经过长期战争后意大利经济的衰落状况，以及拜占庭施政者在阿非利加和意大利的腐败贪婪之特性，使得帝国的统治很不受欢迎。进一步说，意大利被收归帝国并没有改变这里早在哥特人进入之前就相对独立于东方的地位，也没有改变罗马居民在哥特统治时期所享有的影响和地位，因为意大利现在是被一个遥远的专权者统治下的一小块土地，这位专权者从来没有花力气去巡视意大利。阿非利加和意大利的权力被转移到讲希腊语的新来者手中，我们也有一些能够证明对东方圣徒之崇拜的证据，这可能是这些希腊人带来的。我们没有必要说明，在其中有支持皇帝的忠诚之士也有投机之人，例如阿非利加的诗人科里普斯（Corippus）的史诗《约翰史诗》（*Johannde*）就是试图赞美皇帝对他的阿非利加人同胞的功绩，[31] 但这只代表少数人的意见。

　　如果这些还不足以说明问题，那么，反对查士丁尼战争的，在东方帝国也大有人在。这可从普罗柯比的著作中找到踪迹，这位作家从一开始满怀乐观情绪地描写对汪达尔人战争开始，转而使用越来越阴郁的语气描述哥特战争，最后在《秘史》（*Secret History*）中使用充满敌意的语气攻击皇帝，但我们有可能从另外一些资料中得出这样的结论，即帝国投入西方的资源收效甚少。无论查士丁尼将阿非利加和意大利收归帝国的结局如何引人注目，查士丁尼的战争在某种意义上说，却事与愿违地加速了东西方世界的分离。

---

　　[30]　关于哥特人的发言人，见 Procopius, *Bellum Gothicum* i. 18. 40. Message to the emperor：LP, p. 305。

　　[31]　Cameron（1985）。

拜占庭在西方的军事困境

在查士丁尼统治的整个时期，帝国所属的多瑙河南部地区曾经受到蛮族（barbarians）的侵犯，特别是来自被称为"保加尔人"（Bulgars）的一支突厥人部族，和由一些被称为安特人（Antes）和斯克拉文尼人（Sclaveni）的各支斯拉夫族群的侵犯。帝国政权处理这类威胁的最佳手段是建立防寨和向入侵者付贡金，但是，随着查士丁尼于565年去世后，情况急剧变化。查帝的继承者查士丁二世（Justin Ⅱ，565—578年在位）采纳了不再向蛮族付贡金的政策，特别是拒绝了一支近期进入多瑙河流域的民族阿瓦尔人（Avars）所要求的贡金。这一决定带来的结果是灾难性的。567年，阿瓦尔人与居住在潘诺尼亚（Pannonia）的伦巴第人（Lombards）势力联合，打败了格庇德人（Gepids），这一胜利标志着多瑙河中部的日耳曼族群的末日。次年，伦巴第人离开了潘诺尼亚进入意大利，与此同时，阿瓦尔人补进了这片空地，由此，他们攻入帝国领土的纵深之地；572年对波斯战争的复起，使得拜占庭不能对此变故有所反应。581年，斯拉夫人侵入了巴尔干半岛，而且情况很快变得明朗，他们将在此地定居。

这些事件都发生在东方，但它们都对西方世界有重要的影响。统治当局的注意力现在开始由新征服的行省转移，直通意大利的陆路很难走通。此外，很可能是由于阿瓦尔人（Avars）的兴起推动了伦巴第人于568年侵入意大利。这将出现长时段的后果，关于这方面的讨论，将在下一章进行。这里，只需关注到入侵者迅速控制了波河流域和中部、南部意大利，就足够了。在纳尔泽斯（Narses）的继任者、意大利大政区长官朗吉努斯（Longinus）主持下的拜占庭统治，被证明是令人难堪的组织无序，很难对付这些入侵者，于是，在查士丁的女婿巴杜瓦留斯（Baduarius）率领下从东方派出的一支军队遭逢败迹。在577年或578年，一个被派至君士坦丁堡求援的罗马贵族潘弗罗尼厄斯（patrician Pamphronius），受命带着3000磅黄金离开首都，用这笔钱对一些伦巴第人行贿，使之叛离，或者，如果做不到这一点，就用来请求法兰克人出面干预；579年，第二位使节被一小股军队斥退，据说，他尝试了对一些伦巴第首领行贿。或许我们会由此看到帝国政策的一个变化，即一方面是前任皇帝查士丁如此吝啬、不识时务，可他的继承者提比略（578—582年在位）却倾向于抛掷金钱以解决燃眉之急。然而，无论哪种策略都未奏效，显然意大利的局势很令人担忧。对于君士坦丁堡来说，是再次打出法兰克这张牌的时候了。

在6世纪的大多数时段，法兰克人已经逐步变得强大。他们于507年打败西哥特人之后，就开始从高卢北方向南方扩张，而勃艮第人与东哥特人在6世纪20年代到30年代的衰落，使法兰克人得到了更多的收获。[32] 在哥特战争的早期，法兰克人处于非常有利的位置，交战的两方都付出金钱以求获得其支持，但是，当国王塞乌德博尔特（Theudebert）于539年进军意大利之后，他却只是在为他自己的利益行动。他发行了金币，金币上锻压的是他自己的头像而非皇帝的头像，包含着与皇帝相关而非与国王相关的传说，他向来自查士丁尼的使节提出了野心勃勃的条件，向皇帝建议，他统治之下的土地应该从多瑙河、潘诺尼亚平原的边界一直延伸到海洋。[33] 到塞乌德博尔特临终之时，他的军队已经占领了威尼西亚及意大利的其他一些地区，他在君士坦丁堡所引起的恐慌引发了谣言，称他计划攻入这座城市。查士丁尼于546年安排伦巴第人在潘诺尼亚的定居似乎是代表了一种企图，即阻挡法兰克人的进军。塞乌德博尔特于547年去世之后，查士丁尼派出使节去见他的继承人塞乌德巴尔德（Theudebald），建议与之建立对抗哥特人的防御同盟，但是，他被拒绝了，法兰克人对意大利事务的干预在整个哥特战争期间都在持续。然而，伦巴第人的进军意味着法兰克人再次居于拜占庭的一支敌人之后翼，而且可以再次被视为潜在的同盟者。但是，这次向法兰克人求助是发生在特别复杂的政治和军事背景下。

136　　到6世纪末，已经很难重建君士坦丁堡和西方不同地区之间的同盟或敌对关系的网络。579年，西哥特王莱奥维吉尔德（Leovigild）之子赫尔蒙尼吉尔德（Hermenigild）起兵反对他的父亲。起义被镇压之后，他的妻子、法兰克公主茵冈德（Ingund）和他的儿子阿塔纳吉

㉜　见 Van Dam，后文第8章。
㉝　*Epistolae Austrasiacae*，no. 20.

尔德（Athanagild）逃至拜占庭人处；这个孩子被送至君士坦丁堡，虽然他的亲属做了多方面努力，仍然不能使他回到西方。若干年后，一个叫作贡多瓦尔德（Gundovald）的人，自称是一位法兰克王的儿子，到达了马赛（Marseilles）。他之前一直居住于君士坦丁堡，但曾经被一伙贵族诱骗回到法兰西亚（Francia）。皇帝莫里斯（582—602年在位）给他以经济支持，而曾经帮助他的人们之中，有一个人在他回到马赛之后，被控有罪，理由是他想把法兰克王国拱手交给拜占庭皇帝。这几乎完全是夸大不实之词，而贡多瓦尔德的起义最后失败了，但由此我们又有了帝国在西方的乱局中浑水摸鱼的证据。[34] 584年，法兰克王希尔德贝（Childebert），即阿塔纳吉尔德的叔父，曾经从莫里斯手中接受了50000索里达（solidi）的黄金，他派出军队至意大利，但是其结果并没有达到帝国的期望，于是，莫里斯要求他退回这笔钱。最后，于590年，一支大规模的法兰克人军队进入意大利，远至维罗纳（Verona），但是没能与帝国军队取得联系。这是君士坦丁堡最后一次在其意大利政策中使用法兰克人。590年的惨败可以用来作为这种合作关系没能为帝国利益服务的标志性事件。尽管，可能经常会被视为真理的是：一个国家（one's）之近邻的敌人往往是它的朋友，然而拜占庭欲从法兰克人那里获得的利益企图却一次又一次地遭到失败。

　　到了6世纪的最后年代，拜占庭在西方处处遇到困难。意大利的大部已经处于伦巴第人的控制之下，拜占庭在阿非利加也遭到严重的损失，然而这种损失只是被模糊地感觉到。595年，柏柏尔人引起了迦太基地方民众的警觉，直到总督（当地的军事首领）一举击败了他们之时，而且，塞浦路斯的格列高利（George of Cyprus）于7世纪初期所写的一部地理学著作指出，帝国在阿非利加的占领地相对于汪达尔人当年的控制地域小得多，而汪达尔人当年的控制地域又小于那些曾经属于罗马帝国的地域。[35] 在拉文纳和迦太基建立的总督区显示出其被迫趋向于建立更军事化的社会，而关于拜占庭在西班牙的占领地，却没有很好的史料资源，显然，这些占领地倾向于萎缩而不是

　　㉞　关于贡德瓦尔德，见 Gregory, *Hist.* vi. 24. 291 – 292；vii. 10. 332 – 333；vii. 14. 334 – 336；vii. 26 – 38. 344 – 362。

　　㉟　George of Cyprus, *Descriptio Orbis Romani.*

扩大。

137

东方与西方：持续的联系和日益严重的分离

　　说起来反常的是，尽管拜占庭的势力在西方已经衰微，但西方却继续积极地对东方事务表现出兴趣。有一处现成的市场保留着，以便于进口奢侈品；在东盎格里亚（East Anglia）的萨顿胡发现的 7 世纪船葬中，包括随葬的拜占庭商品，而普瓦蒂埃（Poitiers）一个女修道院的奠基人拉德贡德（Radegund）曾请求查士丁二世和他的妻子索菲亚赐给他"真十字架"上的一块残片，而她确于 569 年得到了它。在该世纪之末，教宗大格列高利的信件中披露，他认为帝国是他那个世界的中心，并且特别喜欢从埃及进口的葡萄酒，显然他是少数历史可以提及的意大利人之一。拜占庭的立法也受到了仿效；法兰克人希尔佩里克一世（Chilperic Ⅰ）不仅仅为提比略二世（Tiberius Ⅱ）赐予他的金币而高兴愉悦，而且他所颁布的一则敕令也明显表现出是依托于上述皇帝所颁布的《新律》而发。[36] 东方的礼仪程序被西方所模仿；在新皈依西派基督教的西哥特王雷克雷德（Reccared）的建议下，第三次托莱多宗教会议（Third Council of Toledo）在 589 年规定指令，人们须在吟颂主祷文（Lord's Prayer）之前吟颂信经（Creed），并且在领圣体时"参照东方教会的行为方式"，显然是仿照了查士丁二世在其即位之初的谕令，即在吟颂主祷文之前吟颂信经。这仅仅是至 6 世纪末，拜占庭模式在西班牙公众生活越来越多的表现方式中之一个方面。在勃艮第写成的阿旺什的马略（Marius of Avenches）的编年史，是按照罗马时期的执政官年表和"小纪"（罗马时期的纪年方式之一，即以君士坦丁时期所规定的每十五年为一个税收核算年度，"小纪"来作为晚期帝国时期的一个纪年方式，同时比照执政官年。——译者）的纪年方式记录日期的，直到该编年史之终结点 581 年。7 世纪早期罗讷河流域（Rhône Valley）的铭文中，也是按照罗马执政官年或"小纪"纪年法记载年份的，在马赛和维维耶（Viviers），远至希拉克略时期（Heraclius，610—641 年在位），

---

　　[36]　Stein（1949）.

人们仍然在以皇帝的名义锻制钱币。无论使用"文化流动的模糊法则"进行思考有何裨益，只要看偶然从东方释放到西方下游的影响流的分支㊲，毫无疑问，西方保持着对拜占庭影响的开放态度，同样毫无疑问的是，西方的作者们，如图尔的格列高利和韦南蒂乌斯·弗尔图纳图斯都试图在其史料使用方面保持与东方的并行不悖，而极少数的东方学者会如此关注西方。

此外，皇帝们的态度也表明，他们一直很重视西方。皇帝提比略为他的女儿们安排的婚事就是重要的事例，因为，一方面，她们中间之一人嫁给了莫里斯，一个即将继承提比略之皇位的成功的将军；另一个嫁给了哲梅纳斯，一个罗马贵族与其哥特人妻子马塔苏恩塔的儿子，查士丁尼曾于550年指令哲梅纳斯的父亲率军夫结束哥特战争。提比略还使自己的每个女婿都获得恺撒称号，并给予哲梅纳斯强大的西方社会联系，这很容易让人以为皇帝有想法使东西帝国分立（*divisio imperii*），然而这种思想却似乎从来没有在查士丁尼头脑中闪现。

如果这是提比略的计划，则计划无果而终，但他的继承人莫里斯起草了一份遗嘱，指定他的长子狄奥多西（Theodosius）为君士坦丁堡领主，管理东部帝国，而次子提比略去做"旧罗马"的皇帝，管理意大利和第勒尼安海（Tyrrhenian Sea）诸岛。然而，这一计划没有实现，而在迦太基，当地总督之子希拉克略（Heraclius）于610年发动了成功的反对皇帝福卡斯（Phokas）的起义。后来，人们相信，皇帝希拉克略在他统治时期的一个困难时刻，试图逃至阿非利加，只是因为教宗迫使他立下的誓言阻止了他的这一行动。在7世纪中期，忏悔者马克西姆斯（Maximus the Confessor）——一个以多种方式联系东方和西方世界的综合性角色，称其看到了幻象，他看到了在东方和西方都有许多天使；在西方的那些天使呼唤着："格列高利·奥古斯都，你要征服世界！"而他们发出的声音比那些东方的天使更为响亮。㊳显然，这一事实表现出，拜占庭和西方的关系一直比较稳固。

但是，尽管西方显然有能力吸收拜占庭之影响，查士丁尼之后的皇帝们也　直在考虑着对西方的控制，然而从另外一些方面看，6世

㊲　见 Brown（1976），p. 5 对此观点令人难忘的阐述。

㊳　Mansi, *Sacrorum Conciliorum nova et amplissima collectio* 11. 3ff. 格列高利所提到的人，是一个迦太基总督，他曾经起兵反对皇帝康斯坦兹二世。

纪时已经看到了以前的罗马帝国之两个部分更加背道而驰了。查士丁
尼的战争已经使帝国极度扩张，导致帝国在其北部和东部边境之地位
的衰弱，而且，随着对付斯拉夫人、阿瓦尔人和波斯人的战争持续进
行，已经没有资源可供西方消耗。在西方，君士坦丁堡所控制的领土
已经萎缩成分崩离析的海岸边缘土地。到了 6 世纪末，在迦太基和君
士坦丁堡之间已少有贸易活动。东方与西方在语言上也渐行渐远到这
个世纪末，在西方，已经没有能与波埃修（Boethius）对话之人，在
东方，也没有能与普里西安（Priscian）相交的学者。大格列高利
（Gregory the Great）在君士坦丁堡的外交一定由于他没有学习希腊语
而受到严重挫折，在他作为教宗的一封信中，他抱怨君士坦丁堡人的
拉丁语水平和罗马的希腊语水平之低下：在这两个城市内，人们一个
词一个词地翻译，却不知道他们翻译的是什么意思。[39] 拜占庭的历史
学者们很快表现出其对西方事务缺乏了解，也缺乏兴趣。埃瓦格留斯
（Evagrius）在 6 世纪末写作时，比较了君士坦丁之前和之后的皇帝
们的命运，以此来讨论基督教的优势，要保证其观点成立，就不能列
出后期的西方皇帝的名字。[40] 当狄奥方（Theophane）在 9 世纪早期
写他的编年史时，有足够的资料可以使他记下来自 3 世纪以后至 575
年本尼狄克一世（Benedict Ⅰ）之间几乎每个罗马教宗的传位，但没
有 575 年之后的任何一位教宗。与此同时，助祭保罗（Paul the Dea-
con）在 8 世纪晚期写作时，似乎已经将莫里斯视为皇帝之中的第一
位希腊人。[41] 人们有这样的感觉，到了 6 世纪末年，西方简直成为与
东方人无关的事物。

　　与此同时，西方也在走它自己的路。在阿非利加和意大利发生
的、对"三章案"之批判的不满，可以确切地通过查士丁尼征服战
争之后反映出来的不悦得知。意大利人越来越多地关注到，他们的利
益没有必要与帝国的利益相一致。在西班牙，查士丁尼的活动在民间
留下了很坏的名声：著名的塞维利亚的伊西多尔在 7 世纪初写作时，
不仅否认了 551 年的宗教会议作为"普世宗教会议"的地位，而且
否认了查士丁尼在罗马立法者中的地位，以及君士坦丁堡作为宗主教

㊺　Gregory, Epp. vii. 27, x. 39.

㊽　Evagrius, *Historia Ecclesiastica* 3. 41 ad fin.

㊶　"Primus ex Grecorum genere in imperio confirmatus est"; Paul the Deacon, *HL* iv. 15. 123.

领的地位。在阿非利加，地方统治机构对于柏柏尔人缺乏掌控力，为这些行省最后于下一世纪落于阿拉伯人之手准备了条件。这里，我们很难逃避这样一个结论，即在 6 世纪时，拜占庭与西方世界已经相去甚远，人们不能不认为，查士丁尼在很大程度上难辞其咎。

徐家玲 译校

第 六 章

东哥特的意大利和伦巴第人的入侵

约翰·摩尔海得（John Moorhead）

古代晚期的意大利

意大利的形势在古代晚期并不乐观。此时经济正处转型期：可耕种的农村土地在 3 世纪，甚至 2 世纪就开始减少，耕地沙漠化（*agri deserti*）非常普遍，城市人口也逐渐减少①。古典文明的显著特征——城市公共设施也趋衰竭，据称，6 世纪早期的罗马人口比以往任何时候都少得多。正如在市政服务中颇有经验的卡西奥多记载："来自诸多行省的食物供给，其城墙所包含的广大区域，宏伟的圆形剧场，巨大无比的公共浴室，数量众多的磨坊都证实了往昔罗马城巨大的人口数字。而这些磨坊只能为实用目的设计，而非装饰。"② 意大利已失去在帝国经济生活中的主要地位，意大利市场早在 2 世纪时就充斥着阿非利加输入的陶器；其政治地位也无可避免地被削弱了。虽然几个世纪以来罗马一直是一个强大帝国的首都，但自 1 世纪以后，出身意大利的皇帝却寥寥无几。从君士坦丁在 4 世纪初建都于君士坦丁堡即"第二罗马"时开始，更为富庶的帝国东方开始独立。

在这样的背景下，5 世纪的意大利频频受到侵袭。罗马城受到了

① 有关综述，见 Gïardina ed.（1986）。
② Cassiodorus, *Variae* ii. 39. 1 f（amended trans. Hodgkin）。

西哥特人（410 年）和汪达尔人（455 年）的劫掠，匈奴王阿提拉（Attila, 452 年）也成为进入该城的威胁。一些学者认为，455 年最后一个强权皇帝瓦伦提尼安三世（Valentinian Ⅲ）被谋杀，标志着罗马帝国在西部统治的寿终正寝。在拉文纳相继登基的九位皇帝，只有两位寿终正寝。实权其实掌握在一些非罗马人出身的将军手里。其中一位叫奥多亚克的将军被军队拥立为帝，他在 476 年废黜了年轻的

地图 1　6 世纪的意大利

罗慕洛·奥古斯都。令人难以置信的是罗慕洛·奥古斯都的名字，恰是罗马城建城传说中的缔造者之一，加上一个"奥古斯都"（给予罗马第一位皇帝的封号）的昵称结合而成的。年轻的罗慕洛被遣送到那不勒斯附近的一个农庄卢库勒斯堡（Castellum Lucullanum），6世纪中期，他可能一直生活在那里。自此，意大利进入了后帝国时代。③

142

奥多亚克和狄奥多里克

然而奥多亚克的同代人却不像现代的历史学家那样，认为476年的事件如此重要④。实际上，他们感受不到任何变化，意大利的政治权力依然操纵在一位军事强人手中。奥多亚克在名义上不再隶属西方皇帝。一位派往君士坦丁堡皇帝芝诺（Zeno）宫廷的元老以他的名义，称西方不需要皇帝。于是芝诺敕封奥多亚克为贵族（patrician），并认可了奥多亚克对每年两位执政官之中一位的任命。而且，大公教会和元老贵族在意大利事务中的决策权已经与日俱增，476年事件对于这两大集团来说影响很小，所以处之泰然。他们在西方帝国瓦解之后仍然保有其能量，便说明这一时期的连续性。狡黠的奥多亚克尽其所能地与元老院和谐相处⑤。483年，意大利政区长官（*praetorian prefect*）巴西琉斯（Basilius）以奥多亚克之名，卷入了教宗菲力克斯三世（Felix Ⅲ）的选举活动，菲力克斯出身于贵族，是当时列位教宗中的显赫人物。同样地，奥多亚克可能亲自监管了斗兽场（Colosseum）的整修，在此地，元老们被安置在前排就座；考古学家已发现刻有那个时期元老们的名字的座席。他还特批准元老们锻制铜币的权力。意大利还像在晚期帝国那样，受控于拉文纳，那里仍然保留着国家的高级官员，而且，显而易见，5世纪以来主要的元老贵族继续有效地垄断着的一些岗位，在这一时期仍然被允许保持其控制。总之，奥多亚克之掌握大权，并未给意大利带来多少变化。

奥多亚克的失败来自外因。他早年执政时，把普罗旺斯（Pro-

---

③ Hodgkin（1896）；Hartmann（1897）；Wes（1967）.
④ Croke（1983）.
⑤ Chastagnol（1966）.

vence）割让给西哥特的尤里克（Euric），还同意向汪达尔人纳贡以保全西西里；执政后期放弃了诺利库姆（Noricum），这个行省的面积大约覆盖了整个现代奥地利，这加速了5世纪各个地区陆续脱离罗马控制的进程。但正如我们所见，东方帝国一直心系统一帝国的大业，以东方现有富足的资源足以支持其对西方领土的任何诉求。芝诺虽意在收复西方领土，但为叛乱所扰，不能直接与奥多亚克为敌，于是派东哥特国王狄奥多里克（Theoderic）对抗奥多亚克的势力。曾作为人质的狄奥多里克曾在君士坦丁堡度过了青年时代的十年光阴，始终生活在拜占庭模式中。453年阿提拉（Attila）去世后，他领导东哥特人摆脱了匈奴的控制，并取得自由，开始对帝国展开一系列鏖战，487年，狄奥多里克甚至率军把其攻击矛头指向君士坦丁堡。于是，无论对奥多亚克的战果如何，芝诺都丝毫无损。

　　488年，狄奥多里克从军事古镇诺瓦（Novae）出发，该镇与现代保加利亚的斯维什托夫（Svistov）毗邻。虽然为方便起见，人们对于狄奥多里克的追随者都统一称为东哥特人，但极可能有其他部族的人群，而且，对意大利的进军，只是像雪崩一样越滚越大的移民群体成为常见趋势⑥。在这既是移民也是军事探险的行动中，其成员包括了妇女儿童。狄奥多里克的军队在伊松左河（River Isonzo）受到奥多亚克的抵抗，但防御士兵不战而逃，退至维罗纳。在维罗纳遭到失败后，奥多亚克撤回首都拉文纳，却遭到狄奥多里克的围困。迫于压力，奥多亚克在493年2月同敌军谈判。狄奥多里克同意共治，又不失时机地设宴款待其共治者，在宴会中挥剑夺取奥多亚克的性命。于是，狄奥多里克上位开始了其长期的统治（493—526年）⑦。

哥特人和罗马人

　　6世纪时，据现代的表达方式说，意大利社会已是由"哥特人和罗马人"构成。显然，哥特人——重要的是，这个族群是第一次使用这个名称——并不总是受欢迎的邻邦，因为即使是在和平时期，他

---

⑥　Wenskus（1961），p.483ff. 关于此地各族群融合为一体并开始被称为哥特人，见 Wolfram（1988）。

⑦　对此问题的讨论，见 Stein（1949），Ensslin（1947），Moorhead（1992）。

们的军队也能给意大利的乡村地区带来浩劫；而另外一些被派去保护罗马私人财产的哥特人亦毫不迟疑地抬高佣金。为哥特人服务的最有名的罗马人卡西奥多——他是在哥特人麾下谋事的最有名的罗马人——借用其雇主的口，说出来的话是："哥特人需要的是战争，而不是冲突的平息，因为像我们这样善战的民族乐于证明我们是勇敢的。"⑧ 狄奥多里克坚持哥特人应该遵纪守法（live civiliter），自然，他有理由担心两个族群的关系问题。

144　　　然而，许多罗马人本可以不受哥特人影响，过自己的日子。很难确定有多少人追随狄奥多里克来到意大利，但这个数目一定只占当地人的一小部分，而且各种证据表明，哥特人集中居住在意大利北部地区。甚至哥特人所提供的财富也会让他们毫无阻碍地进入意大利社会，因为，极有可能，同时代作家所描述的所谓"tertiae"（即1/3），并非如以往所假设的那样，是分派给哥特人的大片土地，而是一种税收基础单位⑨。因此，哥特人的到来并未冲击土地所有者的经济实力。而且新移民的居住地多属军事敏感地带，而且可根据他们在社会中担任的军事或平民角色来区分哥特人和罗马人："哥特军队挑起战争，罗马人就可以和平生活。"⑩ 从罗马人的日常生活看，这种分工并未给罗马人带来多大改变。因为几个世纪以来，罗马的军队成员多不是罗马人，帝国晚期时行政与军队的分野完全确定。多数罗马人认为意大利社会照常运作。有一部很有可能出自狄奥多里克本人之手，称为《狄奥多里克敕令》（Edict of Theoderic）的法典，几乎完全是晚期罗马立法的摘要。和东哥特人的到来奥多亚克的崛起一样，并未给意大利带来重大的变化。

另一方面，定居于意大利的哥特人却感受到了重大变革，他们很难逃避罗马人的影响。作为一个少数人群体，哥特人信奉的是基督教的阿利乌斯派信条，这是被意大利人视为异端的宗教派别，这使得他们与罗马人相隔离，按照惯例，他们应受到军事法庭的审判，但狄奥多里克却乐于保持差异的存在。一些哥特人渐渐地放弃了阿利乌斯派信条，皈依大公教会。同时代人认为阿利乌斯派（Arianism）基督教

⑧　Cassiodorus, *Variae* i. 24. 1 (trans. Hodgkin).

⑨　Goffart (1980); Wolfram and Schwarcz (1988).

⑩　Cassiodorus, *Variae* xii. 5. 4 (trans. Hodgkin).

是"哥特人的律法"，公教会的信条是专属于罗马人的信仰，那么哥特人的皈依就意味着放弃自己的民族特征。⑪ 甚至还有一些哥特人使用了罗马人的语言。在 551 年的一份文件中，拉文纳 11 位哥特牧师中，有 7 人使用拉丁语签名。这些牧师应该是在拉文纳一处有着镶嵌顶棚的洗礼堂里进行洗礼活动的，而该镶嵌画是附近的一座罗马式旧洗礼堂镶嵌画的仿制品，这进一步证明哥特人是受罗马文化影响的。

　　似乎善于创造一些给人以深刻印象的短语的狄奥多里克，观察到 ⁱ⁴⁵ 这一现象："罗马穷人模仿哥特人，哥特的富人效仿罗马人。"⑫ 富有的哥特人的墓葬证实了后半句话，他们选用罗马陪葬品下葬，这暗示了财富与罗马化齐头并进。毫无疑问，下层罗马人更多地吸纳了哥特人的那些风俗习惯。6 世纪 40 年代，哥特军队充斥着大量的罗马穷人；鉴于狄奥多里克对于民用和军事的区分，罗马人参军不仅暗示了他们对哥特人的支持，也是与哥特人相认同的一种途径。然而，在这两个民族的融合过程中，哥特人注定是失败的一方。尽管罗马立法禁止罗马人与蛮族通婚，但我们知道通婚的情况越来越多。考虑到意大利的人口比例，这种趋势对哥特人未来的发展是不利的。意大利也再次证明了它几个世纪以来强大的同化异族的能力。

狄奥多里克的统治机构

　　30 多年间，狄奥多里克使用了一种数代意大利人未曾知晓的方式管理意大利。他使用了奥多亚克未能成功运用的方法，即与西方各王国联姻的方式来巩固自己的统治。他的统治也因其将军们之所向披靡、战无不胜而拥有盛名。504 年，皮查斯伯爵（Count Pitzas）从格庇德人手里攻取坐落于萨瓦河（River Sava）左岸的城市西尔米乌姆（Sirmium），不久之后又打败了驻扎在这个区域的拜占庭军队。法兰克人在 507 年的武耶战役中（Battle of Vouille）打败西哥特人并弑杀

---

⑪　关于阿里乌斯派是"哥特人的律法"（"lex Gothorum"），见 Tjäder, *Papyri* pap. 31. 1, 7, 8, 10 (vol. ii, p. 84 ff) pap. 43. 108, 122 (vol. ii, p. 102)；关于对此的解释，见 vol. ii, p. 268 n. 3。阿里乌斯派称大公教派为"罗马派"，见 Gregory of Tours, *Liber in Gloria Martyrum*, ed. Krusch xxiv. 52。

⑫　*Anonymus Valesianus* 61（Chronica Minora 1, p. 322）。

其君主，本来不可能有利于其族亲东哥特人，但狄奥多里克通过把前线转向罗讷河的支流迪朗斯河（River Durance）的战略而扭转了局面，使之有利于自己。新征服地的统治权原属于高卢的政区长官，第一位高卢政区长官是在 5 世纪 70 年代任命的，与此同时，狄奥多里克以逝去的西哥特王的继承人的名义管理着西哥特人的残余领地。[13] 523 年，法兰克人攻打勃艮第，狄奥多里克派将军图伦（Tuluin）出征干预，如是，东哥特的边境向北推进，深入伊泽尔河（River Isere）流域。

狄奥多里克的成就不仅在于他的对外政策，意大利城本身也受益颇多。在狄奥多里克统治时期，他大兴土木修建宫殿、浴室、供水高架渡槽、防御工程及大剧场。事实上，除了喜欢为阿利乌斯教派修建教堂，狄奥多里克的作风俨然就是一个地道的罗马皇帝；同样，他在夺取意大利后，显然不再愿意亲自率军作战，这表明他已不是日耳曼人的王，而是皇帝。他这么做也不足为奇，因为他曾作为人质在君士坦丁堡度过 10 年光阴，这个经历使他比他周围的罗马人更好地掌握了希腊语。虽然他本人的信仰是阿利乌斯派基督教，但他同样能与大公教会掌权者保持良好关系，他还于 498 年因教宗选举发生争执时担任仲裁者，并于 526 年把自己选定的人员安置在罗马教区。在经历过 5 世纪灾难之后，6 世纪早期罗马的成就显而易见，臣民们把狄奥多里克比作最伟大的罗马皇帝。

他的正式头衔是"Rex"，即"王"。我们不清楚君士坦丁堡如何看待这个职位。即使在 497 年与阿纳斯塔修斯（491—518 年在位）修好期间，取回了奥多亚克送到君士坦丁堡的罗马宫殿的饰物之后，他的地位也未曾有定论。当卡西奥多以狄奥多里克的名义给阿纳斯塔修斯写信时，提到过意大利与帝国的关系问题。为了取悦帝国，他写道："我们的王室是您的王室的仿制品，出于好意而模仿，是唯一帝国的效仿者，我们如此做了，就超越了其他民族。"[14] 卡西奥多准备发表的书信其排序也间接地阐释了这一观念。他的书信集中，先是一封写给阿纳斯塔修斯的信，随后是一封有关于皇室制备紫色染料的

---

⑬　关于东哥特人在西班牙的统治，见本书 Barbero 和 Loring 所作第 7 章。

⑭　Cassiodorus, *Variae* i. 1. 3（trans. Hodgkin）。

信。一位拜占庭作家——他显然是一位合格的古典学家——模仿修昔底德的语气说狄奥多里克"名义上是一个君主，实际上却是一个真正的皇帝"⑮。

　　因此，公元500年，狄奥多里克访问罗马以庆祝自己登基30周年时。当时的场面毫无疑问是迎接皇帝的礼节，采用了古代晚期常用的教会典仪：拜谒圣彼得教堂（虽然狄奥多里克不是大公教会的子民）；教宗、元老及人民出城相迎；造访元老院；向罗马人民演讲；以凯旋式进入坐落于帕拉丁山（Palatine Hill）上的宫殿；由他主持竞技赛并恩赐于民粮食贡奉（annonae）。若干年后一个元老还在阿庇亚古道（Via Appia）沿路多处立碑复制了一条称狄奥多里克是"永远的奥古斯都"⑯的铭文，而奥古斯都是一个只能由皇帝使用的称号。如此帝国似乎一直在意大利生存。

　　然而，也有一部分人对东哥特政权大为不满。罗马元老院的元老们把自己看作罗马传统的真正捍卫者，他们效仿先辈们的行为方式，恢复老式建筑，抄写古典文献，编撰历史，逃税，甚至将公共用水为引入自己的私室。如果当中一些人比他们的前人更多地参与了教会事务，那也只能证明他们企图使越来越扩大的教会权力为自己所用。其中一位叫波埃修的元老写过神学著作，译过希腊典籍并为之作评论，发表了影响几个世纪、知识含量很高的知名作品；事实上，在5世纪的多数时间，意大利经历着世俗文学的贫瘠时代之后，东哥特时期却迎来了文化的复兴。5世纪罗马政权弱化，元老院的声望和影响却在提升，狄奥多里克趁机试图安抚元老们。⑰他首先提名的执政官是阿尔比努斯（Albinus），其父亲、祖父都可能担任过执政官，而且他是继其三位兄长之后任职，似乎还是那位把狄奥多里克称为"永远的奥古斯都"的立碑人的侄子。据悉，阿尔比努斯在狄奥多里克的拉文纳宫廷中就职，参与竞技场活动，和他的妻子共同修建了一座教堂，并积极参与神学事务。几年的时间，狄奥多里克与元老们的家庭之间的关系时好时坏，但显然在519年结束罗马教会与君士坦丁堡教

147

　　⑮　Procopius, *Bellum Gothicum* i. 1. 29；c f. Thecydidesii. 65. 9（on Pericles）.

　　⑯　Fiebiger and Schmidt, *Inschriftensammlung* no. 193（＝ CIL x. 6850 – 6852）. Cassiodorus, *Variae* ii. 32 ff 推算了一个日期是在507—511年。

　　⑰　Sundwall（1919）的研究仍然是最基础的。

会分歧后，他和元老们的关系有了改善。522 年阿尔比努斯的两个儿子成为共治执政官，他本人成为行政长官（*magister officiorum*）。第二年他的一位旧友助祭约翰成为罗马教宗。很显然，这些人所代表的集团是占很大优势的。

然而，这位伟大国王的统治却以为他们蒙羞作为终结。[⑱] 523 年，狄奥多里克的法官西普里安（Cyprian）控告阿尔比努斯与拜占庭皇帝通信叛国。但阿尔比努斯拒不认罪，波埃修为其辩护，而西普里安也以同样的罪名向辩护者发难。525 年，教宗约翰被迫协同一些元老及教士们去君士坦丁堡为阿利乌斯派教会充当说客。第二年他返回拉文纳却受到冷遇，不久便去世。波埃修及其岳父西默克斯（Symmachus）被判死刑，波埃修在狱中创作了他最后一部也是最知名的一部作品《哲学的慰藉》（*Consolation of Philosophy*）。同年 8 月，狄奥多里克殒逝，葬于拉文纳，他的陵墓保存至今。对于一个伟大的王国统治者来说，这样的结局并不那么荣耀，于是一些天主教作家杜撰出来一些故事，比如他死前曾经策划了一次对基督教的大迫害。狄奥多里克之所以采取这种并不是特别典型的施政方针的原因并不清晰：他步入晚年之际，意识到自己缺少成年男性继承人，于是，在拉文纳因王位继承问题而剑拔弩张，当北非的汪达尔人采用亲拜占庭政策时，他又于 526 年下令迅速建立一支强大的海军部队，加之拜占庭使用的计谋，这一切因素，似乎都在起作用，但更主要的原因是他身边的一些廷臣们要削弱以波埃修为核心的一个罗马贵族集团的影响，因为这个集团的迅速崛起威胁到了他们的地位。

东哥特王国的灭亡

大约在狄奥多里克去世之前 30 年，助祭埃诺狄乌斯（Ennodius）——其写作题材广泛，其作品包括宗教散文也有淫秽诗歌——写过一首颂词，表达了他认为狄奥多里克应该有个儿子作为继承人的愿望，但事与愿违。最后狄奥多里克把王位传给了尚且年幼的外孙阿塔拉里克（Athalaric）。这样，大权就落在阿塔拉里克的母亲

---

⑱　Moorhead（1992），pp. 212 – 251.

阿玛拉松塔（Amalasuentha）手里。然而，无论是谁即位，都会发现其实很难延续狄奥多里克的既定政策；阿玛拉松塔作为一个女人，虽聪明能干，但亦无法改变这个事实。她显然先要寻求对自己的支持。她送信给拜占庭寻求谅解，把西默克斯和波埃修的地产重新分配给他们的继承人，并赋予教宗在涉及罗马教会信众初审时的听证权。在与勃艮第交战取得胜利后获得大量地产的哥特人将军图伦，被晋升为 *patricius praesentalis*（罗马时期的贵族等级，表明阿玛拉松塔是在循罗马旧制。——译者）。

尽管阿玛拉松塔实施了一系列措施，也未能阻止政府权力削弱的进程。法兰克人慢慢地吞食着东哥特在高卢的领地，而且铲除了整个勃艮第王国。通过拜占庭历史学家普罗柯比的记载我们知道，王国内部的局势更为紧迫。即使是狄奥多里克本人也很难驾驭贵族势力，更不要说他的女儿了。一些哥特人认为阿塔拉里克应该接受哥特式传统教育，而不是遂其母愿接受罗马式教育。不久以后阿玛拉松塔担忧自己的地位不保，开始与查士丁尼（527—565 年在位）商谈，希望逃离意大利，当帝国准备将她安置于帝国领土上的迪拉基乌姆（Dyrrhachium）时，她又发现了可以杀死她的那些对手的机会，于是决定留下。534 年 10 月，年轻的阿塔拉里克驾崩，这进一步削弱了她的权势。阿玛拉松塔加冕为摄政女王（regina），与她的近亲、富有的狄奥达哈德（Theodahad）共治。结果，这一策略适得其反，狄奥达哈德却与女王的敌人共谋，大约在 535 年的春天在博尔塞纳湖（Lake Bolsena）把阿玛拉松塔勒死。也有一些人怀疑她死于女性的妒忌，据称，查士丁尼的妻子狄奥多拉忌讳她，认为她有可能魅惑自己的丈夫。这种说法其实是不可信的，但从侧面反映出意大利的事务与帝国是息息相关的。狄奥达哈德要摆脱阿玛拉松塔这个受查士丁尼庇护的女王，这一决策是不明智的，因为 533 年时帝国军队闪电般地消灭了非洲的汪达尔王国，迅速的成功使查士丁尼开始觊觎意大利。535年，帝国与东哥特的战争爆发。战果毫无悬念：当阿玛拉松塔计划逃到帝国时，有 40000 磅黄金可支配，而皇帝阿纳斯塔修斯驾崩时，国库的黄金储备是这一数字的 8 倍。东哥特的资源是无法与帝国抗衡的。

然而，这场战争却比查士丁尼所预期的持续时间要长。起初，战

149

事很顺利，贝利撒留将军于 536 年攻占罗马，540 年进入拉文纳。不久贝利撒留被调回君士坦丁堡，并俘虏了哥特国王威蒂格斯，后者曾因军事才能突出而取代了狄奥达哈德。但贝利撒留下的酷吏所使用的征税方式甚为严苛，而当哥特人又于 541 年，选举了骁勇的托提拉，也称巴都埃拉（Baduila）为王，一场冲突又起，直到查士丁尼派大将军纳尔泽斯（Narses）前往意大利，战事才见分晓。553 年，纳尔泽斯从北部攻入意大利，击败托提拉。哥特人在地方上的抵抗一直持续，直到几年以后，帝国军队占领维罗纳和布雷西亚（Brescia），这场战争才彻底结束。

战争的影响

前一节对战争的历史已经进行了叙述，接下来的重点是战争带来的影响。专门记载查士丁尼时期战争历史的拜占庭历史学家普罗柯比，讲了一个他自认为并不可信的历史，但无论如何他认为是值得加以叙述的。据他描述，战争伊始，狄奥达哈德命令一个犹太人预测战争结果，他把猪分成三组，分别代表哥特人、罗马人和帝国军人，每组十头，圈养在栏里。几天之后，将猪放出来时，发现代表哥特人的猪群只剩两头，代表帝国军人的大部分猪都活了下来，代表罗马人的猪，虽然毛都脱光，但有一半活下来了[19]。这种预言未来的方法当然不完全准确，因为我们知道战后生活在意大利的人口中有许多人沿用了哥特人的名字。但这个故事暗示了战争给罗马人带来的影响是挥之不去的恐惧，也包括 543 年以及随后反复暴发的瘟疫更是给人民的生活笼罩上一层阴霾。这个世纪的最后 10 年，教宗格列高利在《对话》（Diologue）中记载了普利亚的卡诺莎主教萨比努斯（Sabinus of Canosa di Puglia）与著名的修士圣本尼狄克（St. Benedict）大约在 547 年进行的讨论。当托提拉进入罗马城，导致其毁灭之时，主教评论说该城将会被国王彻底毁灭且不会再有人居住。本尼狄克却不同意这个观点，他说罗马不会被外族人所毁灭，而会受到暴雨、闪电、地

150

---

⑲　*Bellum Gothicum* i. 9. 2 – 7.

震等各种灾难的侵扰，最终走向衰落。⑳

这两种观点鲜明地体现了人们对哥特战争的不同理解。考虑到罗马城 5 次易主，而且一度陷于空城状态 40 天，那些战争期间最早出现于罗马城墙内的墓葬（至少于这次哥特战争以前，人们传统上都是将死者葬于城外的公共墓地内。葬于城内，意味着城市被困，人们无法出城下葬，反映战争的长期和残酷性。——译者），以及那些刚刚还在庆祝获得统治权的元老们被谋杀或逃离罗马的事实，可能会使我们更倾向于将灾难归咎于这场战争。而且，狄奥多里克与奥多亚克的战争事实上只发生在小范围，而托提拉，这个至 6 世纪末仍是人们记忆中最残暴的人，其行径比公元前 3 世纪汉尼拔战争以后的所有战争带来的灾难都更为严重，而且，大瘟疫的暴发使局面更为严峻。557 年，教宗贝拉基（Pelagius）苦诉罗马的贫瘠与匮乏，试图从高卢的教会产业中筹措资金购置衣物分给罗马贫民。后来，他写信给阿非利加的大政区长官（praetorian prefect of Africa），抱怨罗马教堂的一贫如洗。伴随经济萧条而来的便是学术水平的下降：奇怪的是，哥特人当政期间，拉文纳出现的希腊文献比该城市被拜占庭帝国收复后 6 世纪其余时段出现的作品还要多。意大利也渐渐感受到政治的衰微。尽管这时它已被并入帝国，但 6 世纪没有一个皇帝访问意大利，而奥多亚克统治下的哥特人的独立也不复存在了。以前政府派来的官员，如司法官（quaestor）和行政长官（magister officiorum），在拉文纳看不到了。意大利发现，它像阿非利加一样被君士坦丁堡派来的人所统治；而且教宗和意大利其他主要教区的自主权也被剥夺了㉑。当然，可以说战争给意大利带来的影响是灾难性的。

然而，我们有可能过分夸大战争带来的后果了。在沃尔图尔诺（Volturno）有个此前繁华的农庄，在该世纪的上半叶荒废了，但荒废的原因并不是因为战争。例如，6 世纪初卢尼（Luni）的广场也被尘土覆盖，而它可以解释为只是战争临时加速了已经持续了几个世纪的经济衰退的进程所致。罗马在战争后还经历了一次复兴：565 年纳尔泽斯立起一块碑，上面记录了他重建被"最残酷的暴君托提拉"㉒

---

⑳　Gregory of Rome, *Dialogues* ii. 15. 3.

㉑　见 Moorhead，前文第 5 章。

㉒　CIL vi. 1199.

损毁的、使萨拉里亚大道（Via Salaria）得以通畅跨越的桥梁的业绩。对托提拉的敌意在554年查士丁尼颁布的《国事诏书》（Pragmatic Sanctions）中也很明显，而《国事诏书》是他用来管理意大利事务，尤其是用来恢复在战争中蒙受巨大损失的旧土地贵族之地位的[23]。阿玛拉松塔、阿塔拉里克和狄奥达哈德做出的妥协得到承认，而托提拉的承诺一律被裁定为无效。战争期间丢失的契据并不损害财产的所有权；战争期间由于地主逃亡或者被掳而失去的地产也统统归还，奴隶主的权利得到保护。想要延续传统的愿望在条款里表现得也很明显，持续向罗马人语法学家、教师、医生、法学家们供应粮食的阿诺内（annonae，即粮食税）的一如既往等。《国事诏书》里还有一些条款表现出社会的重大变化：元老们可以随意去君士坦丁堡朝见皇帝，也能去意大利，并居留在那恢复自己的产业；行省长官由主教和地方权贵们选举；而度量衡则是要在教宗和元老面前受到检验。但即使是这些条款也只能反映意大利社会中教会和元老的影响力在扩大，绝不是什么新趋势。毫无疑问，托提拉统治时期，意大利经济倒退，但在拉文纳发现的一些草纸材料暗示土地市场至少在那个地区很脆弱；到查士丁尼统治末期，意大利的居民很期待一个休养生息的时期。

伦巴第人入侵

　　拜占庭的征服给意大利带来的这种安全与繁荣注定是短暂的。[24]自狄奥多里克去世后，一个日耳曼人的部族伦巴第人在原古罗马行省潘诺尼亚的多瑙河南岸定居下来。一般情况下，他们曾经作为拜占庭的盟友出现，但却比东哥特人接触罗马文化少一些。也没有一个伦巴第国王像狄奥多里克那样曾在君士坦丁堡度过10年光阴，虽然，他们之中有大公教会的信众，也有阿利乌斯派信众，但大多数人还不是基督徒。568年，在他们的国王阿尔伯因（Alboin）率领下，他们离开潘诺尼亚，向意大利进军。

㉓　Archi（1978）.

㉔　Delogu et al.（1980）；Wickham（1981）；Christie（1995）.

使他们决定迁徙的原因并不是很清楚。根据早在 7 世纪流传下来的故事，他们是应查士丁尼的将军纳尔泽斯之邀来到意大利的。在征服意大利之后，纳尔泽斯留守在此地。为了对那些向他表示敌意的罗马人施行报复，他召唤了这些侵略者。这个故事中对纳尔泽斯的仇视完全不符合历史，现代学者用以解释拜占庭官员确实邀请阿尔伯因到意大利的原因极有可能的是：伦巴第人当时的身份是拜占庭的同盟者，这包括了当纳尔泽斯攻打东哥特人时他们派员助战，在外来入侵之早期阶段拜占庭未能给予有力援助，以及法兰克人对意大利北部的持续性威胁等，这种局面可能促成了拜占庭要召集潜在的同盟者，所有这些都可能支持上述解释。㉕ 另外，伦巴第人也有可能应东哥特人残部的请求来到意大利。但他们的入侵是意大利人没想到的事情，更没想到这么容易就被攻占。565 年，查士丁二世改变了查士丁尼的政策，拒绝向阿瓦尔人纳贡，这支阿瓦尔人是多瑙河中游突然崛起的一个民族，567 年阿瓦尔人与伦巴第人联合军力打败了格庇德人。据说阿尔伯因杀死了他们的国王，迎娶了已逝国王的女儿罗西蒙德（Rosimund）。毫无疑问，对于伦巴第人来说，打败自己长期以来的敌人是非常兴奋的事，但是阿瓦尔人的崛起一定使得潘诺尼亚不再那么有吸引力。这也许能解释伦巴第人为什么做出向意大利进军的决定了。无论如何，568 年 4 月 2 日，他们开始长途跋涉，发动了对意大利的入侵，这次入侵将比东哥特人的入侵带来更深远、持续时间更长久的影响。

我们无法估计阿尔伯因率领的军队人数。但其中不只是伦巴第人，萨克森人是伦巴第人的主要组成部分；有趣的是古英语诗《威德西思》（*Widsith*）的作者声称，他曾经和埃德恩（Eadwin）的儿子艾尔比因（Elfpine）——名字听起来像奥多因（Audoin）的儿子阿尔伯因㉖———起在意大利。像先前的入侵者如狄奥多里克和纳尔泽斯一样，阿尔伯因也途经威尼西亚（Venetia）进入意大利，他在这里似乎没有遇到任何抵抗。他将侄子安置在吉素尔夫（Gisulf）担任奇威达莱（Cividale）及周边地区的公爵，他被授予各种 *farae*——这

153

㉕　特别要看 Bognetti（1966—1968）编的研究论文选。
㉖　Widsith, lines 70 – 74.

是一个模糊的日耳曼词语，助祭保罗 8 世纪晚期在作品中提到过这个
词，意为"部落或世系"[27]。附近的阿奎莱亚（Aquileia）镇的主教逃
到海边城市格拉多（Grado），次年米兰陷落，米兰主教逃往热那亚
（Genoa）。几个强大的公爵领在意大利极南端地区建立起来：法罗尔
德（Faroald）在斯波莱托（Spoleto），泽托（Zotto）在贝内文托
（Benevento），建国时间无法估算，原因也很难推测。572 年，在围困
帕维亚三年后，阿尔伯因进入该城，进入了狄奥多里克在当地修筑的
宫殿。

伦巴第人在意大利的早些年，就已明显体现出其侵略的特点：他
们给社会带来的混乱比东哥特人偶尔的举动要严重得多，他们也不如
他们的先导者们那样有凝聚力。阿尔伯因并没有享受太久的胜利，因
为他进入帕维亚的当年，就被他的妻子罗西蒙德买凶谋杀了。根据助
祭保罗的记载，她对丈夫的恨始自维罗纳举行的一次宴会，他用她父
亲坎尼蒙德（Cunimund）的头骨做酒杯，邀她和她的父亲共饮。她
在他睡去的时候实施报复并杀了他，但她的行为受到伦巴第人的厌
恶，不久以后她和其他叛变的伦巴第人逃到拜占庭设于意大利的首府
拉文纳。在拉文纳她受到纳尔泽斯的继任者、贵族成员朗吉努斯
（Longinus）的接待，但她被毒杀。伦巴第人选举了一个叫克莱夫
（Cleph）的人接替阿尔伯因，但他在执政 18 个月后被一个奴隶所杀，
于是伦巴第陷入了 10 年（574—584 年）无君王统治的局面，此间大
权落于公爵们手中，据记载有 35 位公爵轮流当政。在这个过渡时期
意大利陷于大规模战争中，而且也开始对高卢的法兰克人发难。查士
丁二世（565—578 年在位）最后派自己的女婿巴杜瓦留斯（Baduari-
us）介入意大利事务，但他失败了，大约于 576 年去世。在教宗本尼
狄克（Benedict，575—579 年在任）任职期间，查士丁安排船只从埃
及运载谷物去罗马缓解饥荒。在 577 年或 578 年，后来在 579 年，来
自罗马的请愿者来到君士坦丁堡。他们此行可能与新皇帝和新教宗的
即位有关，当然他们想寻求帮助，但是得到的答复却未令他们满意。
579 年，贝拉基二世（Pelagius Ⅱ）成为教宗时，罗马被困，与此同
时，拉文纳的港口克拉赛（Classes）被洗劫。

---

[27]　Paul the Deacon, *HL* ii. 9. 91（generationes vel lineas）.

　　伦巴第人入侵意大利方面的史料记载很少，我们主要的资料来源是助祭保罗在他们到来大约 200 年后记录的，但他当时获取的一些早期重要的资料，现在已不存在了，即特伦特主教塞孔德斯（Secundus of Trent）写的历史。对于此次入侵的很多情况现在已不清楚。例如，我们不知道保罗提到的族谱系统（farae）是家族集团还是各处流窜的军人支队，㉘ 也不清楚公爵（duke）这一职位是从日耳曼社会借用来的还是由于受晚期罗马或是拜占庭的影响而发展起来的。这两个问题显然提起了一个共同的问题，那就是当伦巴第人进入意大利时，他们摆脱自身传统的程度，以及伦巴第人与帝国军队在意大利合作的程度。例如，人们一直强调的一个事实是，在斯波莱托和贝内文托建立公爵领地的人代表拜占庭的利益。㉙ 这种解释似乎有些牵强附会，但是伦巴弟军队中有相当一部分人是代表帝国利益的。有人认为德罗卡图夫公爵（Droctulf）叛敌，死后被葬在拉文纳的圣维塔利教堂（S. Vitale）的入门之前，该教堂因查士丁尼和狄奥多拉的镶嵌画而著称，因为这是对强大帝国的最好宣传。㉚ 也许，考古学家在帝国控制的意大利地区发现伦巴第人的墓葬并不偶然。

　　然而，如果拜占庭确把伦巴第人当作制服法兰克人的手段，那么，他们将很快发现这种引狼入室的做法给意大利带来了灾难性的后果。但随着形势恶化，出现了反向运用同一手段的可能性，即像在哥特战争时所做的那样，召唤法兰克人来对付伦巴第人。早在 580 年，教宗贝拉基即寻求法兰克人的支援，几年后君士坦丁堡才想到借用法兰克人来解决意大利的问题。皇帝莫里斯向希尔德贝（Childebert）支付了 5 万索里达的巨额黄金，使之于 584 年攻击了伦巴第人。关于法兰克人远征意大利的相关资料并不完备，但却可以清楚地知道这一行为使伦巴第人警醒，当年他们就选举了一位新国王奥萨里（Au-

　　㉘　保罗对 fara 的定义是 "generatio vel linea"（HL ii. 9），而在 Marius of Avenches, Chronica s. a. 569 中的记载 [Chronica Minora ii. 238；阿尔伯因使他的所有随从以 "部族"（in fara'）为基本单位占领了意大利] 和 Edictus Rothari 177 款，所述（"si quis liber homo potestatem habeat intra dominium regni nostra cum fara sua megrare ubi voluerit"）意义是相近的。关于这个词意的讨论是由哈里森总结的 [Harrison (1993)，pp. 50 ff.]。

　　㉙　Bognetti（1966—1968），vol. iii, pp. 456 – 475.

　　㉚　据助祭保罗（HL iii. 18）记载，德罗卡图夫公爵 "属苏维汇人族系，即阿勒曼尼人"，他是在伦巴第人中间长大的。狄奥菲拉克特·西摩卡塔（Theophylact Simocatta）认为他是伦巴第人（Historiae ii. 7），同时，保罗（HL iii. 19）为他重写的墓志铭上说他是苏维汇人（第三行），但提到了他的长胡须（long a...barba, line 6）！在维塔利和拉文纳，见 Moorhead，前文第 5 章。

thari），他是克莱夫之子。他很快证明了自己不同于先前诸多国王。公爵们将自己一半的财产缴纳给新国王，使王权建立在稳固的经济基础上。新国王采用了罗马人的名号弗拉维乌斯（Flavius），禁止伦巴第儿童受洗成为大公教徒，这一措施一方面说明这位国王树立了自己的权威，另一方面则说明他要保证伦巴第人踏上不同于罗马人的道路。身为大公教徒的作者大格列高利讲述的故事含蓄地说明了这一时期伦巴第人中所暴露出来的紧张状态。从他的一封信中我们得知，有一次，一个伦巴第人发现圣彼得教堂的一把金钥匙，想用这把钥匙做点什么别的东西，便用刀进行切割，却割伤喉咙而身亡。国王奥萨里和其他在场的人都受到惊吓，没人再敢动那把钥匙，直到一个伦巴第大公教徒来到现场，才解决问题。奥萨里又做了一把金钥匙，把这两把钥匙一起送往教宗那里。③ 考古学提供了更为清晰的罗马化的进程的证据。在伦巴第人于 571 年占领的诺切拉·乌姆拉（Nocera Umbra）即伦巴第人最早的墓葬遗址中，其陪葬品与潘诺尼亚的伦巴第人陪葬品相似，但几十年之后，这里的陪葬品开始模仿罗马风格。

589 年，奥萨里迎娶巴伐利亚统治者加利鲍德（Garibaldi）的女儿狄奥德琳达（Theodelinda），以此巩固自己在北方的地位。考虑到法兰克人这一时期控制了位于意大利人在阿尔卑斯山脉南端的关口奥斯塔（Aosta）和苏萨（Susa），且对伦巴第构成持续不断的压力，奥萨里的这一联姻也是明智之举。590 年，奥萨里的敌人向他大举发动进攻。法兰克人的军事行动自西方开始，直抵维罗纳，而这时，拜占庭也攻取了几座城镇，赢得了一些叛逃其主的伦巴第人的支持。但拜占庭与法兰克人的联盟没有能协调行动，躲在防寨中的伦巴第人并未出战，于是法兰克人撤退了。奥萨里于 9 月 5 日逝世，据说是被毒杀的。他没有留下子嗣，于是狄奥德琳达与都灵（Turin）公爵阿吉卢尔夫（Agilulf）联姻，这位都灵人成为新的国王。助祭保罗讲述了一个这样的故事，奥萨里在逝世之前骑马到了意大利半岛的最南端雷焦（Reggio），把自己的矛伸入大海，称："伦巴第人的领土会覆盖这里。"② 也许像保罗其他的故事一样，这则逸事也是杜撰的，而这种

---

③ Gregory of Rome, *Epp.* 7. 23.
② Paul, *HL* iii. 22. 127.

预言也只是夸大其词，但自 590 年法兰克人与拜占庭人的合作失败后，显然伦巴第人开始在意大利定居下来了。

伦巴第人的影响

早期罗马作家描写的伦巴第人只是一小股，这个论断被伦巴第人到达意大利不久后所占领的墓地之有限的规模得以验证。但在诸多墓地中之诺切拉·乌姆拉处，90% 的男性陪葬品中都有武器，而且该地的战略位置，即距离自罗马北向穿越亚平宁山脉的主道弗拉米尼亚大道（Via Flaminia）只有几百米，这暗示了伦巴第人定居于此的目的。㉝ 君士坦丁堡已经感受到伦巴第人之可怕的影响。当时意大利的各色人等也一致认为他们"邪恶至极"（nefandissimi）。而教宗格列高利在奥萨里逝世前两天继大瘟疫中丧命的教宗贝拉基二世之后上位，在他早期任职时的布道词中描绘了这样一幅灰暗的图像：

> 城市遭到毁灭，田地无人耕种，土地荒芜。田地里没有农民，城市里也几乎没有居民——而且，城里仅剩下的这些人还得天天受到不间断的侵扰。㉞

事实上，战争以及随之而来的饥荒，还有频发的瘟疫都使格列高利一直相信《圣经》里关于世界末日的预言真的会发生。

格列高利和他的同时代人都将意大利大致分成两个变动的区域。其中之一是仍处于拜占庭控制之下的区域。总体来说它包括沿亚得里亚海沿岸地区，及不同程度地沿艾米利亚大道延伸的广大地区，包括波伦亚（Bologna），但不含摩德纳（Modena）。这与以罗马为基点的另一大块区域相连，但由于斯波莱托（Spoleto）大公国的建立，使得弗拉米尼亚大道很危险，于是它被一条经佩鲁贾（Perugia）向西延伸的大路代替，成为穿越阿尔卑斯山的主道。拜占庭也占领了以热那亚、那不勒斯及意大利半岛的足跟及足尖处为基点的沿海领地。拜

㉝ Hessen（1983）.

㉞ Gregory of Rome, Homilae in Hiez. ii. 6. 22.

占庭控制了这些因地理环境而构成的并不宽阔的领地，而完全控制了海域，这使交通更为便利。但侵略者占领了意大利的其余大部分地区，伦巴第人并不在意于使那些在狭窄的拜占庭占领区域生活的人们生活的艰难。6世纪90年代罗马和那不勒斯都处于艰难之中，所以当格列高利将木材由布鲁提恩（Bruttium）运往海上时，他觉得有必要寻求贝内文托（Benevento）公爵的援助。

　　助祭保罗似乎从一个角度将伦巴第人的入侵描述成灾难的根源。他说到克莱夫（Cleph）杀害了一些重要的罗马人，还驱逐了一些人（或是"其他人"）。在574—584年，由于伦巴第人的贪婪，大批罗马贵族遭到屠杀，而残余者［残余的贵族（？）或者意大利人（？）］则被分给伦巴第人作为"客户"（per hospites），成为纳税人，他们需要把其土地上之生产的1/3上缴；他还提到，教堂被洗劫，主教们被杀害，城镇被毁灭，人们（或人民）被驱逐。在另外一段，他强调，在奥萨里统治时期（584—590年），负担沉重的意大利人被分配给伦巴第人作为"客户"（或者成为伦巴第人中间的客户）；然而，他相信这一时期是伦巴第王国内部少有的和平时期。[35]

　　对于这位作者的记载我们不能毫无批判地完全接受，即使他的语言并非含糊不清，但伦巴第人带来的最初影响是无法避免的。意大利城市国家的传统功能消逝了：曾经构成国家统治机器之运转的大部分岁入来源的土地税不再征收，伦巴第军队直接从土地上得到供给而无须通过国家的税收支持。对于在哥特战争之后如此短暂的时间内就遭受伦巴第人蹂躏的这片土地上的大地主而言，入侵者的到来是灾难性的，甚至比哥特人入侵时期的灾难还要严重。伦巴第人对于教会生活的影响，不仅见于他们对卡西诺山的圣本尼狄克修道院的破坏，也见于格列高利在给半岛主教们（斯波莱托主教除外）所写的信件这一特别事实，在他写的大量信件中，多是直接针对还在拜占庭控制下的各城市居民的。阿奎莱亚（Aquileia）和阿尔提诺（Altino）也许就是受到伦巴第人致命打击（coup de grâce）的两座城镇，而同时，在布雷西亚（Brescia）发生了一起众所周知的城市生活危机。但应该引起注意的是，在许多情况下，一些城市的规模早在伦巴第人入侵以

　　㉟　Paul, HL ii. 31–32. 108–109, iii. 16. 123.

前就已经变得越来越小，他们"毁坏"的所有城市都早已经衰微不堪。很难看出是伦巴第人使意大利的特别持续发展的城市生活出现标志性的断裂。强调伦巴第人驱逐了意大利人这一论点是明显错误的，但毫无疑问，他们对所占领的这一地区的土地持有者阶级和教会带来的影响确是有害的。

无论如何，帝国所控制的意大利部分地区也同样受到这一新局势的影响，最终无可避免地导致了我们所说的"社会军事化"。584 年，文献中第一次提到了总督（exarch）这一名称，这是同时拥有最高行政和军事权力的官员，但是这一头衔经常被貌似合理地视为一个将军（magister militum），其权力迅速增长，已经侵入行政权力范围内。在意大利，这种情况的出现并不新鲜，早在东哥特时期，哥特人长官（comites Gothorum）就已经将其触角伸到行政事务中了，到后来，当教宗在处理不服从自己的主教时，会直接寻求军事长官的援助，而非民事权威机构；这也不是唯意大利独有的现象，同样的机制也在阿非利加发生，从某些方面看，它与"军区制"（themes）相似，而军区制是在以后的时期发生于拜占庭帝国的其他地区的。这种现象出现于查士丁尼的《国事诏书》（Pragmatic Sanction）试图再次将民事和军事权力区分开来的 30 年后，总督地位的上升，这当然与 6 世纪晚期意大利的行政管理权力欠缺这一特定局面相关。

行政部门权力被削弱，也表现在社会生活中主教的作用与日俱增。古代晚期最后一次提到罗马市政官（praefectus urbis Romae）是在599 年。这是一个让人趋之若鹜的职位，卡西奥多（Cassiodorus）提到，担任这一职务的人是要以战车接送的，而在哥特人统治时期，这一官职更换的频率相当高，说明竞争激烈。然而，在 6 世纪末期世道改变，这个职务就过时了。这时候已经没有必要让一位官员主持元老院的会议，因为这种会议已不再举行了。在诸多城市中，大权都落在主教手上，尤其是罗马和拉文纳教区的主教们，主教可以从远远逃离了伦巴第人劫掠的西西里的地产上调用资源。格列高利所操控的慈善事业以及他与伦巴第首领的谈判都可以证明行政机制的软弱无能，而主教，尤其教宗的权力与日俱增。如果要了解意大利变幻莫测的局势，我们必须考虑这里军事化的情况。卡西奥多的通信中都提到在利古里亚的托尔托纳（Tortona in Liguria）、阿迪杰河（River Adige）和

158

迪朗斯河（*River Durance*）上的韦鲁卡（*Verruca*）㊱这三个地方的军事防御组织（*castra*，*castella*），这三处都与东哥特人国家的前沿毗邻。普罗柯比对哥特战争，尤其是对托提拉当政那段时间对意大利地区的描写，更能体现战争带来的影响，如对森图姆塞利（Centumcellae）的一个要塞（'οχύρωμα）和内比（Nepi）的一处山中堡垒（φρούριου）的描写㊲。但这与格列高利在信中所描述的在意大利土地上星星点点分布的城堡（*castra*）和防寨并不一致。例如，我们在这里发现了一些教士在布鲁提恩（Bruttium）的斯奎拉切（Squillace）建立的城堡，在卡西奥多的评论中，这个地方是否有过城墙（non habet muros），而另一处建立在巴尼奥瑞阿（Bagnorea）的城堡里，当地人民得同荣耀的（*vir gloriosus*）安斯弗利德（Ansfrid）——听名字像是伦巴第人——一起选举主教㊳。这些军事机构的建立，以及所有这些行为并非出自国家这一事实，标志着意大利在这个世纪内的变化。

159

6 世纪意大利的变化程度

人们对古代社会什么时候让位于中世纪这一问题反响不一，这也许是很难定论的问题（*question mal posée*）。如果我们一定要将这两个时期区分为"古代"和"中世纪"，那么一定有合理的缘由，至少对于 6 世纪的意大利而言㊴。元老院在奥多亚克时期和东哥特时期发展迅速，而到格列高利时，则慨叹："元老无处可寻（*senatus deest*）。"㊵其中一些成员在哥特人与查士丁尼作战时被哥特人屠杀，其余的人逃往君士坦丁堡，他们的后代一直在那里生活到世纪末，而那些重返意大利的人不得不面对受到战争侵扰而被毁坏的土地。可以公正地说，摧毁哥特人的代价就是元老院被摧毁㊶，但拜占庭为此付出的代价更

㊱　*Variae* i. 17, iii. 48, iii. 41.
㊲　*Bellum Gothicum* iii. 36. 11, iv. 34. 16 (where also a fortress).
㊳　Gregory of Rome, Epp. 8. 32 (cf. Cassiodorus, *Variae* xii. 15. 5), 10. 3.
㊴　Stroheker (1965), pp. 305 – 308, 将其时间段直接定位于查士丁尼统治时期之后；见其中 pp. 279, 285ff, 300 ff 提到更早期学者的进一步阐释。
㊵　Gregory of Rome, *Homilae in Hiez.* ii. 6. 22.
㊶　Wes (1967), p. 193.

大。事实上，在6世纪统治意大利的族群中，哥特人是古典文明最好的护卫者。在罗马举行的最后一场竞技表演是549年由托提拉主办的，一个对他有敌意的接近于那个时代的作家借用了普林尼（Pliny）使用的图拉真的话，说托提拉是领着孩子住在罗马的父亲。[42] 在东哥特掌权时期，卡西奥多写下了赞誉城市生活的诗句，描写绅士喜欢参与的古典时代的活动：与地位相同的人谈话、去城市广场（forum）游逛、鉴赏手工艺品、使用法律手段解决自己的事务、玩跳棋、和同伴一起去公共浴室以及举办舞会等[43]。而当他于6世纪50年代，在君士坦丁堡停留数年后重返意大利时，卡西奥多的生活完全改变了，因为他在意大利最边远的内陆自家的地产上建立起了一座修道院。

毫无疑问，上述内容只是这种大趋势的一部分，6世纪的贵族势力无论是在东方还是在西方都在逐渐衰弱。拜占庭占领意大利后，曾经在6世纪前30年很活跃的世俗贵族们只有很少的活动空间，而伦巴第人的到来使传统文明的生活方式更无法继续下去。伦巴第人的入侵与哥特人形成鲜明的对比：哥特人大部分小心地生活在意大利北部，以税收为生，容忍大公教会的信徒存在，遵守罗马的生存方式；而伦巴第人散居在意大利各地，以侵占的土地为生，有时热衷于残害大公教会信徒，相对来说不关注罗马的生活方式。两个民族之间的差异非常显著，但对于以地产为生的贵族们而言，伦巴第人给他们带来的冲击不小。

贵族是6世纪意大利社会支柱之一，其财富是在陡然下降，教会权力却在大大增加。在教堂的建设持续发展之时，6世纪早期由西默克斯（Symmachus）主持修缮的庞培（Pompey）剧场却是最后一个为世人所知的、由私人赞助修缮的传统意义上的世俗建筑[44]。事实上，世俗建筑早已经转而为教会所用，如罗马大厅，可能是市政大厅，在526—530年被改造成葛达二圣堂（SS Cosmas and Damian），这一举措也预示了609年会将万神殿变成一座教堂。与此同时发生的是教会学术的繁荣。卡西奥多就是一个例子。当他还在青年时期，因提交了他的颂诗，引起狄奥多里克的注意，而后他一直为狄奥多里克

160

---

[42] LP（Vigilius）；cf. Pliny the Younger, *Panegyricus* 21. 4.

[43] *Variae* viii. 31. 8.

[44] Ward-Perkins（1984）.

及其后续王者服务，兼而写一些颂词及官方书信。另一方面，他退休后在布鲁提恩作为宗教人士（*vir religiosus*）写的作品，具有很浓的宗教色彩，但即使如此，他所写的欲适应格列高利韵味的教会史却因思路太过开阔，而没有得到大范围流传。该世纪早期作品囊括的范围很广，包括波埃修的学术作品，也有埃诺狄乌斯（Ennodius）的一些有伤风化的诗歌，而到了格列高利时期，作品范围缩小了，大量作品无论是作者还是内容都与教会有关。哥特统治的古代晚期已经变成一个战争与祈祷同在的社会，明显表现出中世纪的特征。

在发生这些变革的同时，意大利在更广阔的世界上所起的作用也越来越重要。当东哥特人占领意大利时，它已经失去许多行省，似乎已被遗弃，但狄奥多里克进行土地扩张，继而实施政治联姻，再次使意大利成为地中海的中心。查士丁尼的成功入侵剥夺了它的这一地位。仍作为意大利首府的拉文纳，其地位也只是君士坦丁堡下设的一个办事处，最高官员也非本地人。这种环境招致周边势力的侵扰。更糟糕的是伦巴第人的入侵结束了统一时代，将意大利一分为二，这种情况一直持续到现代社会。这种一直持续几个世纪，到6世纪末显现出来：意大利的政治和经济不但被孤立而且被分化。罗马教会原来拥有的中心地位，因为大格列高利于596年派传教士去肯特一事，得到了淋漓尽致的体现。此后，意大利在外界更广阔的范围内的影响力完全依赖于罗马主教的权威，这与狄奥多里克于500年时在这里庆祝进占罗马30周年时的情况已经不可同日而语了。

刘岩 译，徐家玲 校

第 七 章

西班牙的苏维汇王国与
西哥特王国的形成

A. 巴尔贝罗（A. Barbero）*和 M. I. 洛林*（M. I. Loring）

狄奥多西王朝的末代皇帝瓦伦提尼安三世于 455 年遇刺，随之而来的是汪达尔的盖瑟里克（Genseric）对罗马的 场沈劫。这一切导致罗马帝国西部行省的政局动荡。由于蛮族同盟者（foederati）的入侵，帝国加强了军事行动，同时高卢和意大利罗马元老院的贵族们利益相左，这一切又致使离心势力占了上风，这将导致罗马帝国在西方统治的结束，代之以罗马—日耳曼王国①。自此，西班牙（Hispania）和帝国西部的其他行省开始经历长期的政治与军事动荡。最终，使这片土地脱离了中央政权的控制，由地方势力掌控。这个进程不仅使苏维汇人受益，也使西哥特人受惠。429 年，汪达尔人移居到阿非利加后，苏维汇人成为生活在伊比利亚半岛上的唯一蛮族"外邦人"族群，并在西部安居下来。尽管西哥特人在 5 世纪中叶曾垂涎高卢南部地区，但他们很快转移到遍及西班牙的新据点，这些基地后来将使得他们能建立一个稳定的政治权力中心，最终在 6 世纪下半叶吞并了苏维汇王国。

第一个苏维汇君主的陨灭以及对西哥特的臣服

到 5 世纪初，苏维汇人一直定居在加莱西亚（Gallaecia）的西部

---

① 斯坦因（Stein）所使用的"罗马—日耳曼诸王国"（Romano-Germanic kingdoms）这一表述，是对于早期蛮族王国特点的最好表述，见 Stein（1959），i，p. 365。亦见吉伯丁（Gerberding），本书第 1 章和豪萨尔（Halsall），本书第 2 章。

163

地图 2　西哥特人统治的西班牙

边境。汪达尔人迁徙后，他们开始扩张领土。到 5 世纪中叶时，苏维汇人已控制了北起加莱西亚（*Gallaecia*），南至贝提卡（*Bética*），中间穿越卢西塔尼亚（*Lusitania*）的大片领土。卢西塔尼亚的首府和教区首府梅里达〔Mérida，古名 Emerita Augusta（埃梅里塔·奥古斯塔）〕似乎在一段时期内也是苏维汇王都所在地。该地之启用为王都，是在苏维汇第一任君主赫尔梅立克（Hermeric）时期开始的，他在位 30 年，其子雷奇拉（Rechila）和孙子雷奇阿利乌斯（Rechiarius）顺次即位。其间，苏维汇人的军队在与那些受命扩土封疆的罗马将军们的战斗中取得了几次胜利，最终，在 452 年，苏维汇人与帝国立约。尽管具体内容不详，但是至少成功地保证了帝国扩张进程，限制了苏维汇人在西部地区的影响，由于这一协定的效力，苏维汇人撤出了卡萨基纳西斯（Carthaginensis）[②]。在如此广袤的土地上建立有效的政权体制，对于苏维汇人来说必然困难重重。但452年签订的条约使军事权力完全掌控在苏维汇君主手里。他们建立基地，最终成功地转型为拥有自己领土的君主制政权。

　　然而，瓦伦提尼安三世遇刺后发生的诸多事件，影响了这一进程的发展。在瓦伦提尼安暴死及一位非狄奥多西王室的皇帝继任之前，苏维汇人就已认定双方的协议业已终结，既然该协议的商榷是以个人为基础的，他的死亡就意味着协议的终结。于是，在瓦伦提尼安于455年去世后，苏维汇人重新开始敌对行动，对新近收归罗马的行省卡萨基纳西斯进行了攻击。新上任的皇帝阿维图斯（Avitus，455—456年在位）是政治生涯短暂的彼得罗纽斯·马克西姆斯（Petronius Maximus）的继承者。当外交努力失败后，他当机立断，与西哥特人结盟，对苏维汇人宣战。西哥特的狄奥多里克二世所施行的十预是突然的，且是毁灭性的：苏维汇人大军于456年10月5日在阿斯图利卡·奥古斯塔［Asturica Augusta，即阿斯托加（Astorga）］附近惨遭败迹；随后其首府布拉卡拉·奥古斯塔［Bracara Augusta，即布拉加（Braga）］被洗劫；国王雷奇阿利乌斯（Rechiarius）逃亡到波尔托（Porto），被捕获并被处以死刑；最后，狄奥多里克进入卢西塔尼亚，攻取梅里达。然而，皇帝阿维图斯被废黜并死亡的消息传来，狄奥多里克中断了这次征程，立即撤回高卢，但在他撤退之时，洗劫了阿斯托加和帕伦西亚。

　　叙达提乌斯（Hydatius）对这次军事行动的记录，包括布拉加和阿斯托加被洗劫的细节并无价值。军队洗劫了城市、亵渎圣处、屠杀了一些市民，俘获许多罗马人，其中包括两名主教及其手下的全部牧师。这会使我们假定，尽管叙达提乌斯在其记载中谈及苏维汇人和各行省居民之间一直存在冲突，但有一些部门曾经与苏维汇人合作，包括大公教会的教士们，参与苏维汇人的领土扩张运动，而且与帝国统治者决裂。这就可以解释为什么这两名主教在阿斯托加被捕，并押送

[②]　见西班牙—罗马的叙达提乌斯（Hydatius）所写《编年史》，他于427年成为加莱西亚阿奎埃—弗拉维埃（Aquae Flaviae）地方的主教，他写的编年史涵盖379—469年的事件，对于研究苏维汇王国之形成非常有用，叙达提乌斯所记录的事件都是他自己亲身参与的。

至高卢。与此同时，苏维汇国王雷奇阿利乌斯被捕，并被处以死刑，亦是一件影响广泛的事件。叙达提乌斯在记录了这一系列的事件之后，肯定地强调"苏维汇王国被毁灭，寿终正寝了"，但是他又添加了几行文字，描述"驻扎在加莱西亚的最边远地区的苏维汇人立马德拉斯为王"这一事件，随后又描述一些试图称王的其他酋长。③ 这些证据似乎前后矛盾，但可以肯定的是，雷奇阿利乌斯的死亡代表了赫尔梅立克（Hemeric）王朝的灭亡，并突然阻断了一个苏维汇王国的形成，这个王国是在把蛮族起源的一个君主国的自创体制与对晚期帝国的政治体制进行模仿这两者相糅合的产物。④

165

　　狄奥多里克撤军后，苏维汇人与高卢—罗马人签订了和约，这一和约至少使苏维汇人对加莱西亚省保有一定的控制权，但却再也无法恢复先前的稳定局面。首先，马德拉斯（Maldras）无法对所有苏维汇人发号施令，因为他们似乎已经分裂，陷于一些相互敌对的派系内。此外，狄奥多里克继续积极干预西班牙事务，并再次派兵进入贝提卡，这是苏维汇人仍对之保有相当影响的地方——可能是由于阿维图斯的死亡使狄奥多里克突然撤军⑤所使然。因此，苏维汇人一直没有联合在一起，这导致王国的分裂。卢西塔尼亚北部地区和加莱西亚分别落入马德拉斯和雷奇蒙德（Rechimund）之手。而457年，苏维汇的第三位王位觊觎者阿吉厄尔夫（Agiulf）在为自己取得王国统治权的斗争中死于波尔托。最终，他们与西班牙—罗马人的关系似乎进入了一个典型的恶化时期，叙达提乌斯的记录表明，他们继续对卢西塔尼亚和加莱西亚进行掠夺，并大肆屠杀民众。

　　在这种局面下，帝国与西哥特的使节分别于459年年末派大使入驻加莱西亚，向加莱西亚人通报新皇帝马约瑞安（Majorian，457—461年在位）和狄奥多里克二世之间达成的协议。这个消息与马约瑞安恢复帝国权威的策略有关，其中包括向汪达尔人开战的目标，他特别强烈地希望把汪达尔人从西班牙沿海地区驱逐出去。该策略也包括

---

③ Hydatius, *Chronicon*, 175："regnum destructum et finitum est Sueuorum"；181："Sueui, qui remanserantin extrema parte Gallaeciae... Maldras sibi regem constituunt"。

④ Díaz Martínez（1986 – 1987），p. 213。

⑤ Hydatius, *Chronicon*, 192, 193, 197. 这些进军都是狄奥多里克二世自己指挥的；因此，叙达提乌斯认为没有罗马官方的干预，而且，这些事件都发生于458年，有的是在459年，但一定是在西哥特人于459年承认马约瑞安皇帝的权威之前。

对苏维汇人实施新一轮攻击。460 年 5 月，马约瑞安进入西班牙，并
向卡萨基纳西斯挺进；而另一支由哥特伯爵苏内里克（Suneric）和
军事长官（*magister militum*）捏坡提安（Nepotian）指挥的军队向加
莱西亚挺进，并洗劫了卢戈（Lugo）郊区。根据叙达提乌斯的记录，
西哥特人的军队面对一群支持苏维汇人的高卢—罗马人的诡计而撤
退，但他们的撤出也有可能是因为前方传来对汪达尔人战争失利的消
息，这样，马约瑞安要恢复帝国疆土的计划以失败而告终。461 年 8
月皇帝本人在返回意大利的途中，被他最优秀的将军，步兵最高指挥
官（*magister peditum praesentalis*）、贵族里西默（Ricimer）处以死刑。
里西默在罗马军队里担任蛮族军事指挥官，祖上是苏维汇人，外祖父
是西哥特国王瓦利亚（Wallia）。

里西默还设计了继承帝国王位的计划，他在意大利元老阶层安插
了元老利比乌斯·塞维鲁（Libius Severus，461—465 年在任），此人
充其量是被里西默所操纵的傀儡。在意大利行省以外地区，里西默只
能在西哥特和勃艮第同盟者支持下获得权威；于是，这就意味着在西
班牙和下高卢各省将军事事务的决策权交于西哥特的狄奥多里克手
中。此后，狄奥多里克不仅控制了整个大区的哥特人军队和将军们，
而且控制了这支军队的最高指挥权。根据叙达提乌斯的记录，狄奥多
里克取代了几乎必然成为里西默对手的捏坡提安，重用阿基坦元老阿
尔博留斯（Arborius）。阿尔博留斯同时拥有伯爵（*comes*）和西班牙
军事指挥官（*magister utriusque militia*）的头衔，直到 465 年西哥特国
王颁发调令之前，他一直是行省最高统治者。

在这种完全自治的情况下，狄奥多里克继续干涉苏维汇的事务。
当时的苏维汇一直处于分裂状态，一部分由贵族弗鲁马留斯（Fru-
marius）掌管，他可能是刚遇刺的马德拉斯的继承者；另一部分由雷
奇蒙德掌控。尽管没有证据表明西哥特人与苏维汇人之间有新冲突的
发生，但确实有证据表明他们双方在 461 年时，经常互派使团。西哥
特国王派出的第二批使团是由雷米斯蒙德（Remismund）和公爵西里
拉（Cyrila）领队，他们带领一些小部队随行。雷米斯蒙德返回图卢
兹后，这位哥特将军和部队依然留守。我们不清楚接下来的几年到底
发生了什么，但哥特军队的保护起到决定性作用。465 年，弗鲁马留
斯去世，一度做过大使的雷米斯蒙德立即即位，成为全苏维汇人的唯

166

一君主,重新恢复和平。即位不久后,他和西哥特达成协议,以联姻的方式稳固了同盟关系。

总之,在苏维汇人卷入战争的 10 年间,其王国的范围已经被压缩到其原来有限的领土上,而且,由于外来势力的干预——干预者不是罗马帝国的皇帝,而是西哥特人——其自治权力也日益衰微。此后,西哥特人在西班牙建立了新的强有力的统治机构。也就是在这一时期,大批苏维汇人改变了原有的信仰。作为一支民族,他们原属于异教群体,后来,很不寻常的是,他们追随其国王雷奇阿利乌斯(Rechiarius)信奉了尼西亚派基督教。叙达提乌斯认为,使大批民众改信阿利乌斯派教义,应归于阿贾克斯(Ajax)这位迦拉太(Galatian)籍的阿利乌斯派主教的宣传,他在雷米斯蒙德的支持下,大力传播阿利乌斯派基督教教义。叙达提乌斯还告诉我们,这种"传染病毒"(pestiferous virus)是 466 年从哥特人居住的高卢地区传过来

167 的。⑥ 阿贾克斯对阿利乌斯派教义的宣传是从苏维汇王国发展的第二阶段,即 465 年雷米斯蒙德宣布继承王位开始的。一方面,自 456 年起,致使苏维汇人分裂的局面全面修复;另一方面,新组建的王国发现它已经臣属于图卢兹的西哥特人,受到他们的保护,而阿利乌斯派基督教则开始在苏维汇王国广泛传播。

西哥特王国在图卢兹的形成及其
势力在西班牙的巩固

西哥特的新君主尤里克(Euric,466—484 年在位)弑其兄狄奥多里克二世后继承大统。他被誉为在图卢兹建立的西哥特王国的设计师。在他当政期间,协调西哥特王国与帝国关系的同盟条约(foedus)渐渐失去效力。我们发现西哥特人的行为更多出于获取自身利益(以及建立新政体)的需要,而非维系与帝国的合作关系。这种变化是此前开始的进程的一种自然延续,在之前,西哥特诸王将所有的军队部署于自己手中控制的地区,包括下高卢诸行省和西班牙主教区。但与帝国关系的破裂不是立即发生的。在尤里克刚刚即位之时,

---

⑥ Hydatius, *Chronicon*, 232, "A Gallicam Gothorum habitatione hoc pestiferum. . . uirusaduentum."

曾派出一个使团，就其即位问题与皇帝沟通。⑦ 与此同时，他还分别特派使团，前往汪达尔的国王盖瑟里克（Genseric），以及苏维汇国王雷米斯蒙德那里。前者是罗马最主要的敌人之一；后者由于刺杀狄奥多里克二世的事件，与西哥特的同盟关系陷入了困境。

　　尤里克时代的到来标志着西哥特与苏维汇之间关系的重大变革。根据叙达提乌斯的记录，雷米斯蒙德立即打发了哥特人派来的使团，又派出自己的使节前往图卢兹宫廷、汪达尔王国和帝国皇帝，他的举动表明这位国王认定受西哥特保护的时代已经过去，他试图与帝国单独签订协议。此外，雷米斯蒙德于 468 年领军进入卢西塔尼亚，并洗劫科英布拉［Coimbra，即科尼布利卡（Conimbrica）］。尤里克的反应极为迅速。469 年，一支西哥特的军队占领了梅里达［即埃梅里塔·奥古斯塔（Emerita Augusta）］，以表明，他并没有准许苏维汇人重新控制卢西塔尼亚。

　　这是意义重大的一步，尽管之前在偶尔的几次军事行动中有一些西哥特的卫戍部队在此驻扎，但没有证据表明这个时期以前，半岛上有西哥特人永久驻扎的迹象。⑧ 无论如何，西班牙的罗马民众现在不得不承认他们的权威，因为自西哥特人占领了梅里达之后，里斯本的罗马人以市民鲁西迪乌斯（Lusidus）为代表，将里斯本城献给苏维汇人。此举遭到西哥特人的惩罚性袭击，苏维汇人和罗马人都未能幸免于难。469 年，苏维汇国王与奥诺农人（Aunonenses）———一个半独立的民族，自 466 年起经常反抗苏维汇人的统治——签订了和平协议，进而劫掠了卢西塔尼亚。这使他们又一次遭到哥特部队的惩罚性攻击。苏维汇王雷米斯蒙德派使团到皇帝那里求援，使团成员中包括罗马人鲁西迪乌斯和苏维汇的使节们。出使的目的应该只是要求得到帝国的协助。这一信息是叙达提乌斯的《编年史》（Chronicon）所提供的最后信息，从而也意味着他所记载的苏维汇王国的历史至此终结。后来的资料没有再提及这件事，这种历史记载的中断持续了一个

168

---

⑦　Hydatius, *Chronicon*, 238. 有可能这一使节曾经出现在君士坦丁堡，因为 466 年利比乌斯·塞维鲁（Libius Severus）的继承问题没有解决，尽管叙达提乌斯提到了 468 年的使节，而在此时，利奥已经指定了安泰米乌斯（Anthemius）为他在西方的共治者。

⑧　西班牙的历史编纂传统倾向于确定西哥特人于卢西塔尼亚建立的第一个定居地是狄奥多里克二世于 456 年率领的军事征伐所致，但没有任何历史资料和考古证据能证实这一点。

世纪之久，在苏维汇王国最后被西哥特人王国吞并之前夕，才重新接续。⑨ 很难知道苏维汇和西哥特人之间的新一轮战争是怎样结束的，但从罗马西班牙人鲁西迪乌斯的举动来看，显然一些行省更愿意接受苏维汇人而不是西哥特人的统治。这种观察使我们可以认为，与《阿斯图里坎之合并》（*conventus Asturicensis*）的记录相一致，卢西塔尼亚东北部地区与加莱西亚内部的合并，有可能是在这一时期完成的。因为这些地区在 6 世纪下半叶，似乎完全被苏维汇人统一。这一过程在与西哥特人持续的战争中有所体现，西哥特人则以梅里达为飞地，在卢西塔尼亚的南部地区和中部地区巩固自己的势力。483 年的一则著名碑文，就是在尤里克执政的最后几年雕刻而成。它用以庆祝在"强有力的尤里克王"（*potentis Eruigii regis*）统治时期，萨拉（*Salla*）公爵在梅里达所建的罗马大桥的落成。这项工程是在大主教芝诺（*Zeno*）之配合下，城墙完工之时动工的。⑩

这些事件均发生在帝国皇位的空缺时期。自 468 年，皇帝利奥和安泰米乌斯共同起兵，攻打汪达尔王国却遭遇失败之后，在西方恢复帝国皇统的计划，或者在这一计划尚未成形之时即告搁浅，很可能，安泰米乌斯（467—472 年在位）的能力已经不能顾及半岛事务。这次失败不仅使汪达尔王国得以巩固——因他们占有了西西里，即完全占领了地中海西部——而且汪达尔人的这一胜利帮助了从不错过机会实施扩张计划的西哥特王尤里克。

在高卢，西哥特人与帝国之间的战争于 469 年爆发，高卢的大行政区长官阿尔凡杜斯（*Arvandus*）因被控企图将高卢划分给西哥特和勃艮第人，被皇帝安泰米乌斯处死，此事成为西哥特王国与帝国之间战争的导火索。⑪ 在一个反对安泰米乌斯之中央集权的一个显赫的高卢—罗马贵族集团的支持下，尤里克在随后的几年中，对罗马及罗马的同盟者们进行的战争中取得了几次胜利，通过这些战争扩充了王国的领土，将其北方边界固定在卢瓦尔河沿岸，向东伸展到罗讷河（*Rhône*）谷。至于其南方疆域，472 年夏，尤里克的军队又占领了南

---

⑨ 《塞维利亚的伊西多尔之〈苏维汇人历史〉》（*Historia Suevorum of Isidore of Seville*）即中止于此处，而且直到狄奥德米尔（*Theodemir*，561—570 年在位）统治时期之前再没有相关信息，该书的资料依据的是叙达提乌斯的历史。

⑩ Vives, *Inscripciones Cristianas*, no. 363.

⑪ Sidonius, *Epistolae* 1. 7. 5.

方的塔拉戈南西斯（*Tarraconesis*）。这时，西哥特军队似乎一分为二：一支部队由伯爵高特里特（Gauterit）指挥，从朗塞瓦尔（Ronces-valles）穿越比利牛斯山脉，占领潘普洛纳（Pamplona），向埃布罗河谷进军，攻占了萨拉戈萨［Saragossa，恺撒奥古斯塔（Caesaraugus-ta）］及周边的一些城镇；另一支军队由伯爵海德弗莱德（Heldefred）和西班牙公爵文森特（Vincent, the *dux Hispaniarum*）指挥，他们从东部山口越过比利牛斯山，占领了沿海一些城镇。⑫ 极有可能，对卡萨基纳西斯（Carthaginensis）行省内部一些地区的占领是由此时开始的，以将原来所控制的西班牙半岛西部特别是梅里达及埃布罗河谷地附近地区被包围的地方联合成一体。

　　通过这种方式，图卢兹的西哥特王国将西班牙大政区的部分领土纳入自己管辖范围之内。而西北地区依然受苏维汇人控制，北部地区由一些非罗马化的居民控制着，包括坎塔布里亚人（Cantabrians）和巴斯克人（Basques）。尽管贝提卡和卡萨基纳西斯大部分地区已脱离罗马控制，但依然按旧的行省体系进行管理。⑬ 在这段与帝国战火绵延的时期，西哥特的统治权力之扩展是建立在与高卢和罗马西班牙元老阶级合作基础上的。首先是与拥有最高行政和军事权力的元老们合作的。例如，在占领塔拉戈南西斯（*Tarraconesis*）时，与西哥特将军们并肩作战的是罗马驻半岛最高军事指挥官，西班牙公爵文森特，尽管，如我们所见，在马约瑞安失败后，文森特受到西哥特人控制；但在这次战争中，他起到了至关重要的作用。然而，这样的联盟并没有阻止冲突的继续，可以清楚地看到，奥弗涅的元老们顽强抵抗西哥特国王的扩张计划，作为元老之首，西多尼乌斯·阿波里纳利斯（Si-donius Apollinaris）发出了强烈谴责并批评这种联盟，使抵抗运动声名鹊起。最终，尤里克只好加强自己的实力。尽管安泰米乌斯试图粉碎这种联盟，但他的努力却成为徒劳，因为他的继任者尤利乌斯·尼波斯（Julius Nepos，473—480 年在位）选择了接受这种同盟关系。

　　当尤利乌斯·尼波斯当政时，尤里克与帝国暂时修好。新上台的

170

---

⑫　*Chronica Gallica*, a. dxi, 651 – 652. 蒙森在此书上标注了这个具有编年史特征的题记，此书可能是一位高卢人所写的，其中包括引自奥罗修斯（Orosius）和叙达提乌斯作品中的一些片断，该编年史的记载持续到 511 年。

⑬　Thompson（1976 – 1979），iii, pp. 4 – 9，他倾向于将西哥特人占领贝提卡的事件归于 458—459 年的征伐，但他也承认缺乏证据。

皇帝压制阿波里纳利乌斯的愤慨，于473年提名尼波斯就任帝国西部的皇帝，并于475年与尤里克重新签订同盟协议（*foedus*）。[⑭] 此协定使帝国政权恢复了对刚被西哥特国王攻占的普罗旺斯的统治，[⑮] 西哥特国王再次将其军队置于帝国的控制之中，但同时也批准了西哥特人对卢瓦尔河以南和罗讷河以西的所有高卢行省的占领，此举标志着奥弗涅市民（*civitas Arverna*）抵抗的终结。一些作者认为这个协定意味着尤里克完全取得了对高卢和西班牙（*Hispania*）的控制权。然而，尽管尤里克不再仅仅掌握军权，这份协议却保住了尼波斯的宗主权，甚至还使他得到来自西哥特军队的协助：总之，条款相左，主权在握。[⑯]

随后，在意大利发生的一系列事件再次为巩固图卢兹的西哥特王国提供机会，并使西哥特国王事实上的宗主权神圣化。尤里克当政期与476年西罗马帝国没落处于同一时代，因此，他利用这种统治混乱的局面，以尼波斯的名义，占领了曾经依附于拉文纳政府的高卢地区最后一片领地，即普罗旺斯南部地区，包括马赛和阿尔勒（Arles），后者是高卢大行政区首府。蛮族首领奥多亚克取代了意大利最后一位皇帝罗慕洛·奥古斯都，承认了尤里克的最后征服地，并与西哥特人签订条约，认可当前局势。似乎东方皇帝芝诺[⑰]（原文为"western emperor"，应该是笔误。此一时期，即476年之后，只有一位居于君士坦丁堡的拜占庭皇帝，即东方皇帝，而非西方皇帝。而从年代推算，此时占据拜占庭皇位的正是芝诺。——译者）也批准了这个条约，终结了高卢作为行省的角色，这代表了西方帝国的行省本土化的胜利。西哥特王尤里克仍然拥有对于下高卢和西班牙等地原有的大政区之领土的最高权力，尽管主权从未正式被割让，但是尤里克运用自己的能力事实上填补了帝国统治留下的真空地带，在西哥特人统治下的这片地区是君士坦丁堡势力无缘顾及的区域。

---

⑭　Sidonius, *Epistolae* vii. 7. 1.

⑮　*Chronicorum Caesaraugustanorum Reliquiae* s. a. 473. 蒙森在出现于图努纳的维克托（Victor of Tunnuna）和比克拉罗的约翰（Johnof Biclaro）之编年史手稿上的批注文件之集成稿本赋予这个名字，该文献记录了450—568年的事件，特别提到了西班牙；它的另一个名称是 *Chronica Caesaraugustana*。

⑯　以下作品支持假设中的完全君主权之观点，见 Demougeot（1979），ii，p. 640，及 M. Rouche（1979），p. 42；反对其观点的，有 Wolfram（1990），p. 201。

⑰　Stein（1949），ii，p. 59；Demougeot（1979），ii，p. 612.

尽管尤里克利用帝国巩固自己的势力，对那些不支持自己的罗马人表现出敌意，但从某种程度上讲，他一直沿用着罗马传统体制。他作为立法者证实了这一点。这一立法活动得益于他身边所群集的罗马司法顾问们的立法才能。按照他的力作《尤里克法典》（*Code of Euric*），最后一位编辑者的说法，该法典与罗马大行政区长官所发布的敕令（*Edictum*）具备相同特点。由此可清楚地看到，通过发行此类法典，西哥特国王在他控制的土地上取代了那些大行政区长官的地位。因此，这并不是一部只针对哥特人的法律文献，而是具有地方法规价值的法律文献，此即该法典适用于王国范围内的所有居民，无论是哥特人还是罗马人。据称，这部法典是在王室最高顾问、纳尔榜的利奥（Leo of Narbonne）亲自监督下制定的。阿波里纳利乌斯还曾歌颂过他的法律专业知识。[18] 另外，这部法律著作确认了西哥特王国独立的主权。

与法兰克人的冲突和图卢兹西哥特王国的陨灭

484 年，尤里克死于阿尔勒，其子阿拉里克二世（Alaric Ⅱ，484—507 年在位）顺利继承王位。他的执政期恰逢北高卢地区另一支日耳曼人势力，法兰克人兴起，其首领克洛维（Clovis）与阿拉里克二世是同代人，也是他的竞争对手，他成功地将所有法兰克人纳入自己的王权之下，于 486 年毁掉了罗马人在北高卢地区的最后一个堡垒：即位于卢瓦尔河和索姆河（Somme）之间的苏瓦松（Soissons）。自 465 年起，苏瓦松由这里最后一位伟大的罗马官员的儿子塞阿格里厄斯（Syagrius）统治。[19] 从那时起，法兰克人在高卢扩张最强大的对手就是西哥特人，两个蛮族势力相冲突的趋势对西哥特人不利。阿拉里克试图与意大利的新主人东哥特人结盟，且于 494 年迎娶了东哥特公主，狄奥多里克大王（Theoderic the Great）的女儿休迪哥特（Thiudigoto）。但这次联姻未能阻止此后一个时期（约 491—495 年）

172

---

⑱　D'Ors（1960），pp. 6 – 7. 西哥特立法的地区性或者实在法的性质一直是讨论的话题。关于尤里克法典的讨论，García Gallo（1974），p. 435，Collins（1983），p. 29 和 Wolfram（1990），p. 211 的作品是支持其地方性的假说。而 Thompson（1969），p. 57，Rouche（1979），p. 37，King（1980），pp. 131 – 135 and Pérez-Prendes（1991），p. 73，则倾向于其部族法性质的假说。

⑲　见 Van Dam，后文第 8 章。

围绕阿基坦（Aquitaine）发生的冲突。498 年，法兰克人攻取了波尔多（Bordeaux）。尽管西哥特人很快收复失地，但对他们来说这也是一次重大打击。这一时期的战争于 502 年结束。同年阿拉里克与克洛维在卢瓦尔河上的一个岛屿上会晤并达成协议，两个王国再次重新确定了以卢瓦尔河为界。[20]

同一时期，西哥特人还得镇压由一个叫布尔顿奈鲁斯（Burdunellus）的人领导的在塔拉戈南西斯的叛乱。他于 496 年掌权，一年后被捕，被押送图卢兹，置于铜牛之内烧死[21]。从他受刑的方式和地点可以清楚地看出，这场叛乱范围极广，当时西哥特人在塔拉戈南西斯的统治根基尚未稳定。与这一信息相辅的，在《恺撒奥古斯塔纳编年史》（Chronica Caesaraugustana）中提到：494 年，哥特人进入了西班牙（Gothi in Hispanisa ingressi sunt）；497 年，哥特人在西班牙定居（Gothi intra Hispanias sede acceperunt）。假设当时西哥特人已经征服卢西塔尼亚部分地区以及塔拉戈南西斯，上述记录被解释为是一支相当可观的哥特人群体进入了西班牙，并不一定是军人，也许是迫于法兰克人的压力从高卢迁徙出来的民众（émigrés）。他们来到半岛，建立殖民地。由定居带来的诸多问题导致了布尔顿奈鲁斯领导的起义。[22] 近来，一些学者提出这样的观点，即领军来到半岛的西哥特人（Gothi）是来宣示西哥特对半岛的控制权的，为此目的，他们在已经占领的那些城市修筑了城防。[23] 总之，无论他们是军队，还是与军队组织无关的一群哥特人，对其"定居"（sedes acceperunt）的描述明确地表达了，在阿拉里克二世当政期间，进入西班牙的西哥特人数持续上升。简而言之，新的定居地和对一些叛乱的镇压［有资料说明 506 年对托尔托萨（Tortosa）城发生的又一次叛乱进行了镇压］[24] 让我们相信，在阿拉里克二世当政期间，西哥特对比利牛斯山脉以南地区的统治，已经以一种相当有效的方式，完全纳入图卢兹的西哥特王国的管理体制中。

当克洛维和法兰克贵族们在 496—506 年（具体时间不明，此前

[20] Gregory, *Hist.* ii. 35.

[21] *Chron. Caesaraugustanorum* s. a. 496 and 497.

[22] Abadal (1960), pp. 45 – 46；Orlandis (1977), pp. 61 – 63；Wolfram (1990), p. 206.

[23] García Moreno (1989), p. 80.

[24] *Chron. Caesaraugustanorum* s. a. 506.

173

他们还一直是异教信奉者）皈依天主教。这非常重要，因为直到那时，日耳曼人只要成为基督教徒，就一定遵奉阿利乌斯派教义。相反，阿拉里克却与来自高卢各行省的拉丁公教会的主教们冲突不断，并将主教们流放。然而，这些镇压措施似乎是源于政治因素，并非针对其罗马公教会臣民所持信仰的不宽容，正是这种信仰的差异，为阿拉里克的立法提供了帮助。子承父业，他也成为一位颁布立法的国王。他的法典，即《阿拉里克法律要略》（*Breviarium Alarici*）或《西哥特罗马法》（*Lex Romana Visigothorum*）于 506 年颁布，是一部司法巨著。它将来自帝国法典《狄奥多西法典》的大部分内容、相关注释和解说与罗马法律顾问们之作品的摘编相结合编撰而成。这部由蛮族国王推行颁布的法典，专注于推广罗马法，通过更新并使之条款具有法律约束力，这是史无前例的事件。法典内容表明，这部作品由盖尔伯爵（*comes Goiaric*）主持的司法顾问团共同完成。一经完成，便上交由主教们和行省选出的代表团审核同意。因此，《阿拉里克法律要略》的发行表现了代表罗马人利益的领袖们为维护罗马人民的利益，并使罗马人利益与哥特人利益相协调所付出的巨大努力，而哥特人也参与立法，当他们的利益融入罗马帝国晚期的社会经济秩序中时，获得了更大的收获。

由高卢的主教们（其中一些人是由流放地归来的）召集的阿伽莎［*Agatha*，或埃吉得（*Agde*）］教省会议的召开，也是在 506 年，可以同样将此理解为哥特人被同化的过程。此次宗教会议的法令突出了公教会在社会救济方面的活力，是同公教会所取得的重要经济地位相适应的。除了一批高级教士（包括 24 位主教及 10 位牧师和执事）与会之外，条款中对国王的暗示以及会议的全部 71 条重要条款所提及的重点问题，使这次会议成为一个全国性的会议。这使它成为我们所知的在一个蛮族国度里召开的第一次宗教会议，而且，它是罗马—基督教会融汇成为一个新的政治实体的很好的证据。另外，在会议结束之时，宣布了将于次年，在图卢兹再次召开宗教会议。从其他资料中，我们得知西班牙的主教也在应邀参会之列。因此，这次会议将是集合全国主教在首都召开的全国性宗教会议。㉕

㉕　Barbero de Aguilera（1989），pp. 171 – 173.

这一切全部发生在与法兰克人的伟大战争之前。根据图尔的格列高利的记述，西哥特人饱受哥特人与罗马人之间因宗教分裂而带来的冲突之苦，这点我们之前就已分析过。

东哥特国王狄奥多里克占领了意大利，并在某种程度上代表了帝国权力，他曾不惜一切代价避免在高卢作战，如在卡西奥多的书信中所提到的那样。然而，各层次的同盟之复杂运作，再次表明了他们的弱项。507 年，法兰克人与西哥特人在普瓦蒂埃（Poitiers）附近公然开战。[26] 一支勃艮第人的军队与法兰克人并肩作战，而西哥特人军队则依赖于罗马贵族的成员，如西多尼乌斯·阿波利纳里之子这样的人士，他毫不犹豫地带上自己的随从和军队投入了战斗。[27] 显然，狄奥多里克企图用自己的军队增援西哥特人，但事发突然，在武耶战役中，法兰克人取得胜利。西哥特国王阿拉里克战死沙场。法兰克人和勃艮第人占领了隶属西哥特王国的大部分高卢地区，首都图卢兹遭到洗劫，财宝被一扫而空。

东哥特的霸权地位和西哥特新王国

西哥特军队战败后，一部分军力集结在纳尔榜（Narbone），推选因先前的婚事而成为逝世国王之子的盖萨里克（Gesalic）为王。然而，这并未得到狄奥多里克大王的首肯，因为他要维护他的外孙阿拉里克二世与东哥特公主休迪哥特之子阿马拉里克（Amalaric）的继承权。因此，狄奥多里克立即干预，保护其外孙。508 年夏，东哥特军队在伊巴斯公爵（dux Ibas）的带领下，穿越阿尔卑斯山，从勃艮第人手里夺取了普罗旺斯，在占领马赛后，围困了阿尔勒，这里的西哥特守卫部队仍然在顽强抵抗。次年，东哥特军队占领纳尔榜。此前几个月，勃艮第人在此地曾将盖萨里克驱逐。与此同时，在巴塞罗那（Barcelona）——盖萨里克已经转移至此地——东哥特军队的进攻被阻止，导致盖尔伯爵在盖萨里克命令下被处死。由此，可以清楚地看出这次的王位继承斗争严重地分裂了西哥特王国。[28] 两军的正面冲突

---

[26] 见 Van Dam，后文第 8 章。

[27] Gregory, *Hist.* ii. 37. 87.

[28] Fuentes Hinojo（1996），pp. 12–15.

最终于 510 年夏天在巴塞罗那的城门处爆发，盖萨里克战败，但他还是设法逃至汪达尔王国寻求庇护。几个月后，盖萨里克借助汪达人的经济支援重返高卢，他不失时机地联合自己的拥护者，组建了一支军队，率领这支军队在巴塞罗那附近与伊巴斯公爵大战。根据伊西多尔的记载，好运再次离他而去，他遭到各方围剿，被俘后，被处以绞刑。[29]

　　东哥特国王狄奥多里克顺理成章地控制了下高卢的海岸线，以及原西哥特王国在半岛上的领土，他对这里的统治持续到 526 年他去世为止。史学界的传统观点认为，东哥特的干预保证了西哥特王国的延续，否则该王国就会落入法兰克—勃艮第人手里。然而，近来的研究表明，如果没有东哥特的干预，巴尔特王朝（Balt dynasty）会一直统治下去。伊巴斯的军队进驻时，当地完全没有损失；而且，法兰克人的统治遭到各种反抗，克洛维去世后，他的军队不得不重新占领一些城市。[30] 同样，狄奥多里克是否有能力通过摄政的方式，让其外孙阿马拉里克统治纳尔榜和原西哥特王国在西班牙的领土是值得怀疑的，抑或他是否通过武力获得了王权，自己掌权，本没有考虑让阿马拉里克即位，直到 522—523 年才传位，这也同样是值得怀疑的。

　　许多事实以及大量证据支持后一种解释，例如，西班牙教省会议的召开是在狄奥多里克统治时期，恰在阿马拉里克被剥夺权力的时候，尽管早些年他得到多数人的拥护，但他是在外祖父去世后才登基的。最突出的一个实例是 515 年狄奥多里克包办了女儿阿玛拉松塔和阿玛尔家族（house of Amal）成员尤塔里克（Eutharic）的婚姻。这个家族几代人都在西哥特王国生活，与巴尔特家族保持着联系，所以通过这一联姻，狄奥多里克将自己的家族与西班牙联系在一起。此次的政治联姻必然有助于两个王国统一在一个王权之下。尤塔里克以及他的后代承载了这个必然。这种血缘关系，使尤塔里克和两个哥特王族保持着关系，他成为继承王位的最佳人选。然而，522 年，他的早

㉙　*Historia Gothorum*, 34－37. 281－282. 塞维利亚的伊西多尔所编撰的《哥特人史》是唯一持续性地记录汪达尔人王统的资料，但它作为历史资料的价值是有限的，如他的夸大其词的特点和缺乏编年史的参考资料等欠缺，但其王统的年代是可参考的。

㉚　Wolfram（1990），pp. 257－258；关于阿基坦对法兰克人统治的抵制，见 Rouche（1979），pp. 51 ff。

亡使狄奥多里克的野心计划夭折。[31]

在图卢兹王国的废墟上所实施的行政统治，是由狄奥多里克依据罗马晚期的军政分权的体制重新构建的，他指派罗马公民管理民政事务，而东哥特的军事贵族则行使军事权力。因此，军事指挥权交给了东哥特的塞乌迪斯（Theudis），511 年他被派来取代伊巴斯的职位。根据乔代尼兹的记录，塞乌迪斯是东哥特国王派来保护年轻的阿马拉里克的。对于西班牙市政行政管理之重组方面的资料很少，也没有任何信息涉及西班牙行政区长官（vicarius Hispaniarum）之提名，若考虑到狄奥多里克的兴趣在于保持甚至恢复晚期罗马帝国的行政管理机构，出现这种提名是合乎逻辑的。而其他证据似乎与这种可能性相左。大将军塞乌迪斯与一位富有的西班牙—罗马地主联姻，因此他可以拥兵数千，同时也可招募自家土地上的农民补充兵员。[32] 他有很大的自主权，甚至可以拒绝听从狄奥多里克的召唤。然而，二人之间的关系从未恶化。毫无疑问，这是因为他们惧怕法兰克人会借冲突之机，扩张自己的领土，也担心他们借着西哥特人反对东哥特政权之机获取自己的利益。

谈及市政管理，狄奥多里克于 510 年恢复了高卢大行政区长官（praetorian prefecture）体制，并委任一位意大利—罗马元老利伯留斯（Liberius）为大行政区长官。然而，并没有任何西班牙行政区长官（vicarius Hispaniarum）被提名的资料。似乎西班牙的行政仍受制于拉文纳。从东哥特国王分别于 523 年和 526 年给罗马籍的高官、大乡绅利维里图斯伯爵（comes and vir spectabilis Liviritus）和生于贵族之家的安培利乌斯（vir illustris Ampelius）[33] 的两封信，便清楚可见。国王在其中的一封信中，要求西班牙奉上本应该供应给罗马城但却转运到阿非利加的谷物。在另一封信中，他命令纠正西班牙行政体制中的主要错误和滥用职权的弊端。他建议官员要保护生命；严惩自杀行为；叫停收税过程中的造假和侵吞行为；确保普通人的生活水平，使之不至于沦为奴隶。

狄奥多里克的直接干预非常值得一提，因为利伯留斯虽然仍在阿

---

[31]　关于所有这些问题，见 García Moreno（1989），pp. 89 - 90；Fuentes Hinojo（1996），pp. 15 - 17。

[32]　Procopius, Wars v. 12. 51.

[33]　Cassiodorus, Variae v. 35, 39. 162 - 166.

尔勒从政，但从理论上讲，他是拉文纳宫廷和西班牙统治阶层的中间人。一些学者认为，当独立的西班牙大行政区长官（*praefectus Hispaniarum*）一职出现之时，西班牙已经与高卢大行政区迅速实现了分离，他的继承者阿马拉里克在任期内出现于现存官职的档案中，也可能该官职是安培利乌斯在狄奥多里克所任的职务。[34] 正如狄奥多里克在信中所言，大乡绅利维里图斯伯爵作为管理皇家地产最重要的人物，可以被认定是皇产司伯爵（*comes patrimonii*），因为狄奥多里克大王重新安排了皇家地产的管理体制，将其划归私产（*res private*），并把其管理权交给一个称为王室财产司（*patrimonium*）的新部门。[35]

　　将这两封信一同看来，表明新建立的政治、社会及经济实体采用了旧式的罗马体制。毫无疑问，地方的分裂势力使新建的高卢大行政区无法行使其职权，从而导致西班牙大行政区的建立。另一方面，从第二封信的内容可以推断出，尽管以阿诺内（*annonae*）、纯净税（*collatio lustralis*）和关税（*telonei*）为基础的纳贡体系依然保持活力，但管理者和官员的腐败引发很多问题。私产部（*Res private*）的重组和皇室私产伯爵（*comes patrimonii*）职位的设立，说明在国家的财政组织中，皇室地产带来的收入越来越重要。最后，狄奥多里克关注着自由民众维护其私有土地的诉求，在其信中，最后命令哥特城防部成员免除对自由民的公役要求，这一要求表明军役负担导致较穷的自由人沦为奴隶或者成为依附农民。这种状况使得狄奥多里克表达了如下看法："事实上，把我们派出的、为自由而战斗的自由人变成奴隶并不是什么值得骄傲的事。"[36]

阿马拉里克的统治与巴尔特王朝的终结

　　526 年 8 月 30 日，狄奥多里克大王驾崩，统一王国的大业也随之破灭，同时导致哥特人的政治分裂。他的外孙阿马拉里克接管西哥

----

[34]　Garc ía Moreno（1989），p. 92 and Fuentes Hinojo（1996），pp. 17 – 18.

[35]　关于王室财产司（*patrimonium*）在西方的建立，见 Delmaire（1989），pp. 691 – 692；关于西哥特人的皇室财产司伯爵（*comes patrimonii*）见 García Moreno（1974 a），pp. 35 – 38，关于此一官职的首次出现，是在雷克雷德统治时期的文件归之于他的父亲莱奥维吉尔德统治时期。

[36]　Cassiodorus, *Variae* v. 39. 166："servitia quae Gothis in civitate positis superflue praestabantur, decern imus amoveri. non enim decet ab ingenuis famulatum quaerere, quos missimus pro libertate pugnare."

特王国，并与自己的表兄意大利国王阿塔拉里克（Athalaric）达成协议。在协议中，他承认东哥特对普罗旺斯的统治，以此来换取西哥特的皇室财产，并由东哥特国王声明其放弃从西班牙获取给养，事实上，这是一种形式上的贡奉。同时，该协议同意，驻扎在西班牙半岛（*Hispania*）和纳尔榜内西斯的东哥特军队将退回意大利，但之前在那里娶妻生子的东哥特人可以自由选择去留。于是，塞乌迪斯和其他一些重要人物选择留在西班牙，尽管东哥特撤军，他们还是继续占据着重要职位。㊲ 新国王阿马拉里克（526—531 年在位）迁都纳尔榜内西斯，根据《恺撒奥古斯塔纳编年史》（*Chronica Caesaraugustana*）记录，529 年，他任命斯蒂法努斯（Stefanus）为西班牙大政区长官（*praefectus Hispaniarum*）。如果接受狄奥多里克统治的最后几年间有这个大行政区（*praefectus*），那么，斯蒂法努斯一定是接替先前那位大行政区长官的职位了。迁都和对斯蒂法努斯的任命都可以被理解为西哥特王欲摆脱塞乌迪斯的影响所做出的努力。

178　　　新即位的国王也同克洛蒂尔德（Clothild）签约成婚，她是法王克洛维之女。这场婚礼恰逢克洛维的去世。㊳ 当时阿马拉里克仍然处于塞乌迪斯的影响之下，此次联姻意在结束法兰克人带来的威胁。西哥特人宣布不再试图收复他们在高卢地区的统治权。事与愿违，这场皇室大婚却成为与法兰克人冲突的新的诱因。图尔的格列高利将此事归因于阿马拉里克强迫克洛蒂尔德公主皈依阿利乌斯派基督教，但他的推理实在过于简单化。各种线索表明，国王和纳尔榜内西斯宫中信奉罗马公教势力之间的关系的确很紧张，但造成这种结果的原因是政治方面的，而非宗教方面的，因为这股势力一直和塞乌迪斯有着密切的关系。而塞乌迪斯才是此次联姻的设计者，是与阿马拉里克对立的。㊴ 另一方面，这位新登基国王可能也挑战了对法兰克人做出的让步，他迁都至纳尔榜内西斯体现了他有意在南高卢强化哥特人的权力。

531 年春天，法兰克国王希尔德贝（Childebert）进入纳尔榜内西斯高卢，该地后被称为塞普提马尼亚（Septimania）。法王所率军队

㊲　Procopius, *Wars* v. 13. 4 – 8.

㊳　Gregory, *Hist.* iii. 1. 97 – 98.

㊴　Fuentes Hinojo（1996），p. 21.

在纳尔榜内西斯附近与阿马拉里克相遇，并将其击败。图尔的格列高利详细地描述了法兰克军队如何取得此次战役的胜利，且重述了希尔德贝如何在征伐中带上自己的妹妹克洛蒂尔德，而她却死于途中的过程，以及法兰克人如何攫取了大量战利品[40]。阿马拉里克战败后，逃往巴塞罗那，并在那里莫名遇刺，尽管伊西多尔认为这是阿马拉里克的部下实施的弑君行动，但关于这方面的资料前后不符。事关阿马拉里克的死亡，以及同年对行省长官斯蒂法努斯的罢免，使人不得不怀疑是否与塞乌迪斯的干预有关。根据塞维利亚（Seville）的伊西多尔的记述，塞乌迪斯在弥留之际，自称是由于自己的背叛，导致他的主人死亡。总之，巴尔特王朝的最后一位代表阿马拉里克之死，更多是与内部争斗有关，而非与法兰克人的矛盾，尽管毫无疑问地，希尔德贝将其击败之举，促成了其敌对势力的成功。

西哥特王国的西班牙化

自531年西哥特国王狄奥多里克一世的最后一位继承人死后，王国进入了一个全新阶段。此时，巴尔特王朝也不复存在。围绕王位争夺所产生的派系之争达到前所未有的程度，后果也更加严重。[41] 在西哥特王国走向灭亡的几年中，王国是由两位东哥特人，即塞乌迪斯和狄奥迪斯克鲁斯（Theodisclus）所统治。塞乌迪斯荣登王位是此前东哥特霸权地位的自然结果。他统治期间，王国不再寻求与东哥特的统一，相反，却反映出越来越强的西班牙化，甚至纳尔榜内西斯或哥特人的高卢（塞普提马尼亚）的地位也被忽视，被推至幕后。正如我们所见，塞乌迪斯深受狄奥多里克大王的信赖，并被委任为军事首领，授予大权，尽管他的行事方式一直表现出很强的独创性。塞乌迪斯的权力、军事经验以及通过与当权的元老阶级联姻而建立的政治关系，使他成为接任阿马拉里克最理想的人选，且不论是否如乔代尼兹所指控那样，塞乌迪斯是通过暴力手段攫取王位的，因为乔代尼斯

179

---

[40]　Gregory, *Hist.* iii. 10. 106 – 107.
[41]　关于乔代尼斯《哥特人史》中对于巴尔特家族的家系进行重构的研究，见 Heather（1991），pp. 28 – 32。

说，老摄政者在他所监护的人死了之后，窃取了（invadit）这个王国[42]。

在塞乌迪斯（531—548 年在位）及其继承者狄奥迪斯克鲁斯（548—549 年在位）统治期间，西哥特王室在控制西班牙领土方面取得显著成绩，尤其是在中部高原地区和南部地区。531 年，阿马拉里克当政时，在托莱多召开了第二次宗教会议，会议条文现已公开。条文不仅表明公教会牧师与信奉阿利乌斯教义的王室如此前一样保持良好关系，还显示着那时的西哥特王国已完全将自己融入西班牙半岛的中部地区。此次宗教会议使托莱多成为新出现的教会行省卡佩塔纳［Carpetana，或凯尔特伊比利亚（Celtiberia）］的都主教府驻地，其司法管辖区囊括两个中心区域。新设的司法行政区显然与卡萨基纳西斯行省剥离开来，目的是为尚未占领卡萨基纳西斯沿海地区或其都市的西哥特王国设立一个都主教领，或者它的都主教首府。[43] 新的教省的划分也反映在民政管理方面，它的存在暗示了西哥特的统治区域从纳尔榜内西斯一直延伸到达卢西塔尼亚。如果从王国领土的整体性来说，托莱多能晋升为王室直辖教区得益于它得天独厚的地理位置，此事也与塞乌迪斯的统治有着密切联系。

其他带有军事色彩的证据也强调在塞乌迪斯和狄奥迪斯克鲁斯统治期间，政治重心似乎已经完全转移到伊比利亚半岛。根据伊西多尔的记述，在塞乌迪斯任期，有几位法兰克国王攻入西班牙，并洗劫了塔拉戈南西斯行省，围困萨拉戈萨，但在狄奥迪斯克鲁斯的统帅下，哥特人重挫了法兰克军队。根据《恺撒奥古斯塔纳编年史》的记载，此次入侵发生在 541 年，而法兰克的失败代表了自 506 年以来西哥特人取得的第一次胜利，同时这也是双方在比利牛斯山脉南部发生的第一次冲突。伊西多尔说，此次胜利后，西哥特人在跨越海峡，并试图收复塞普特姆［Septem，或称休达（Ceuta）］时，与拜占庭军队发生冲突，遭受挫败。至少从字面上看伊西多尔想传达给我们的信息是有问题的，因为西哥特人是否曾经占领休达是值得怀疑的。自 533—534 年查士丁尼的军队征伐汪达尔王国之后，此城立即被拜占庭所控

---

[42]　Jordanes, *Getica*, 302, p. 45.
[43]　Barbero de Aguilera (1989), pp. 173 – 176.

制。从 534 年的《查士丁尼法典》中获取的、与休达相关的一份法律文件中，我们知道这是一座自治城市，由一位保民官（*tribune*）（这里显然是借用古罗马的用语，是城市管理者的代称，此处权作此译，虽然它不同于古罗马的保民官制度。——译者）控制，他手中有可供支配的军队和船只，用以反抗西班牙的侵略。[44] 因此，这两则历史记录是互相矛盾的，但它们的一致之处都强调拜占庭人接近伊比利亚半岛，并在直布罗陀海峡上修建防塞的目的就是应对双方不断出现的紧张态势。[45]

与拜占庭发生冲突的记录说明，在塞乌迪斯统治期间，西哥特人已进入贝提卡。塞乌迪斯很有可能于 533 年夏季在希斯帕利斯［*Hispalis*，即塞维利亚（Seville）］建立宫廷。因为那些商人跨越直布罗陀海峡之后，显然是逆河流而上才到达王廷，向国王通报了贝利撒留将军占领迦太基的消息。[46] 沿卡萨吉纳西斯海岸的地区在塞乌迪斯统治期间也成为西哥特王国的一部分，如我们所见，于 546 年在巴伦西亚举行的一次宗教会议是在国王的主持之下进行的。毫无疑问，因为塞乌迪斯的联姻政策与立法行为，使他有能力兼并旧的罗马行省，最终成功地扩张了领土。其中，最显著的要素是他在法律程序上所付出的努力。国王明确下令，将他制定的法律条文与《阿拉里克法律要略》（*Alaric's Breviary*）整合。这是蛮族国王第一次完善罗马法律文集，并将自己制定的立法与帝国法居于同等地位。

目前，我们已经分析了西哥特王国在伊比利亚半岛所建立的军事或政治管理机构的所有信息，尤其关注了这个过程中循序渐进的特点。现在，我们将关注哥特人定居这一主题。关于这一点，我们的资料很匮乏。1945 年雷因哈特（Reinhart）发表了一篇经典的论文，该论文是根据在西班牙高原（*meseta*）北部边缘地区发掘出来的随葬品写成，其中说到大量哥特人在杜罗河（Duero）和塔古斯河（Tagus）上游定居。这篇论文得到广泛的认可，并且内容得到

181

----

[44]　*Cod. Iust.* i. 37.

[45]　Barbero de Aguilera (1987), pp. 137 – 138. Thompson (1969), p. 15, Orlandis (1977), p. 75, and García Moreno (1989), p. 98, 他们都同意伊西多尔在此处的记载。

[46]　Procopius, *Wars* iii. 24. 7 – 18.

梅南戴·皮达尔（Menéndez Pidal）和桑切·阿尔博诺（Sánchez Albornoz）的充实。他们将这次定居与《恺撒奥古斯塔纳编年史》中记录的 494 年哥特人大举入侵，后来于 497 年定居的事件相联系。[47]阿拔达尔（Abadal）也认为哥特人的定居与《恺撒奥古斯塔纳编年史》有特殊关联，但他认为定居点是在塔拉戈南西斯。在过去的几十年里，越来越多的学者开始质疑在高原地区是否有密集型聚落出现的可能性。[48] 考古学的发展使我们看到视角的变化，也彻底修正了雷因哈特当时所做的假设。然而，这个领域的进步依然缓慢，人们一定希望这一发展中的进程将是系统研究的对象，从而才能发现一个全新视角。

　　此外，很难断定这些定居是如何进行的。人们可能会认为他们是在无主地（bona vacantia）或荒地（caduca）上定居，甚至是定居于帝国国有土地上，而现在这些土地已为西哥特国王所拥有。另一种情况是，他们可能是依据"客户法"（hospitalitas）的体系，实行了分配私人土地的原则。前文所提到的，为纪念 483 年梅里达大桥重新通行而竖立的碑铭，暗示了在那里建立的由萨拉公爵（dux Salla）率领下的守卫部队，受命于国王，接受了土地并进行耕种。这些土地似乎有财政方面的渊源，多少像城市里的无主地（bona vacantia），但似乎并不是分割了个人的产业。然而，在其他情况下，这些土地的分配归因于这种分配私人土地的传统，因为在 7 世纪中叶，雷切苏伊斯（Reccesuinth）推行过一部新法典，即《诉讼用书》（Liberty Iudiciorum），该法典包含两部被称为"古代的"（antiquae）法律文献，用以解决哥特人与罗马人之间在划定份地（lots）问题上产生的冲突。这两部法律文件以如下标题被整编在一起，分别是：《关于哥特人与罗马人的土地分配事由》（De divisione terrarium facta inter Gotum atque Romanum）和《关于哥特人与罗马人之间的无主林地分配》（De silvis inter Gotum et Romanum indivisis relictis）。[49] 因为它们被称为 antiquae，人们就认为这部法典内容是以莱奥维吉尔德（Leovigild）的《法典简编》（Codex Revisus of Leovigild）为蓝本，但关于土地分配问题，莱奥

---

[47]　见前文第 172 页。

[48]　关于对此问题的论述，见 Olmo Enciso (1992)，pp. 185 – 187。

[49]　LVx. 1. 8 and 9，pp. 385，386。

维基尔德延续了尤里克制定的律法。后来将这些内容融合到《诉讼用书》中，至少在某些情况下说明，定居事宜是按照客户法（hospitalitas）体系进行管理的。

塞乌迪斯的统治是被暴力行为结束的。548 年，国王遭到暗杀，据伊西多尔记载，在弥留之际，国王让所有人发誓都不要去杀害刺杀者，因为他自己以欺骗手段害死自己主人的行为，要以自己的死亡来偿还。这似乎暗示塞乌迪斯参与了暗杀前任国王阿马拉里克的行动。曾经战胜了法兰克人的大将军狄奥迪斯克鲁斯（Theodisclus）继承了王位，但是，他也仅仅勉强在王位上撑了一年，即于 549 年在塞维利亚惨遭暗杀。毫无疑问，我们应该把这两起暴死事件与阿马拉里克死后，因权力分配不均而导致西哥特派系斗争的后续反应联系在一起。

内部分裂与拜占庭人的进驻

西哥特王国在随后几年的历史主要以下述事件的发生为基本特征：内战、西哥特对贝提卡控制权的削弱，及拜占庭人在半岛南部和东南部地区的出现。关于这一时期的最重要的历史记载的延续——尽管很有局限性——当属塞维利亚的伊西多尔写的《哥特人史》（Historia Gothorum），而可惜的是，普罗柯比的作品虽然史料丰富，但他并没有关注拜占庭人在西班牙发起的战争，所以相关资料有限。

狄奥迪斯克鲁斯的继任者是阿吉拉（Agila，549—554 年在位）。在他掌权之初，不得不应对贝提卡的科尔多瓦（Córdoba）城的叛乱。科尔多瓦人取得胜利，而国王失去了自己的儿子和钱财，被迫在卢西塔尼亚的梅里达避难。而后一位哥特贵族阿塔纳吉尔德（Athanagild），在贝提卡的另一座城市塞维利亚加强了防务，发动了另一次起义。他打败了阿吉拉从梅里达派来的军队。伊西多尔将拜占庭军队在半岛的登陆置于内战背景之下，即阿塔纳吉尔德请求拜占庭军队助战。阿塔纳吉尔德率领的起义又可被看作盖萨里克去世后西哥特统治阶层对王位争夺的派系斗争的一种反应。然而，贝提卡元老们的背叛才是内战的真正起因，因为只有在与元老们合作的基础上，拜占庭军队才能从军事胜利过渡到领土占领，尽管领土占领仅仅局限于半岛的最东南部地区。

显然，拜占庭人的出现是以帮助阿塔纳吉尔德起义为借口的，但必须将其置于查士丁尼恢复西方帝国旧时行省的伟大计划的背景之下。与阿非利加北部和意大利地区所发生的事件完全不同，在西班牙，拜占庭军队只是强占了帝国旧时疆土的一小部分。拜占庭占领地的中心是卡塔赫纳（Cartagena）和马拉加（Màlaga）这样的地中海城市，其军队控制的区域从卡塔赫纳海岸伸展到瓜达莱特河（Guadalete）出口，同时还包括巴萨［Baza，或巴斯蒂（Basti）］和阿西多纳［Asidona，或称梅迪纳锡多尼亚（Medina Sidonia）］等内陆的一些地区。与人们的普遍想法相左的是，拜占庭军队并未控制科尔多瓦，这里是由原来的罗马人省督控制的。直到 572 年，莱奥维吉尔德攻占该城之前，罗马人一直保持其独立状态。[50] 汪达尔王国征服一经完成，拜占庭军队所占领的土地与巴利阿里群岛（Balearics）一同并入新西班牙省，隶属 534 年查士丁尼所创立的阿非利加大政区（*praetorian prefecture of Africa*）。

552 年，到达半岛之主力部队分队由罗马贵族身份的利伯留斯指挥，他是东哥特狄奥多里克时期阿尔勒的大政区长。[51] 西班牙内战的优势开始倾向于阿塔纳吉尔德一方，555 年阿吉拉在梅里达被其部下所刺杀，之后这些背主者投降。阿塔纳吉尔德（555—567 年在位）与旧同盟拜占庭人开战，试图在贝提卡重建西哥特权威，并以此为基地在其执政后期夺取了他自己起兵造反的基地塞维利亚。按照《恺撒奥古斯塔纳编年史》的记载，他还多次袭击科尔多瓦。[52] 这场内战影响深远，其中主要的影响之一是哥特人失去了对于当时在君士坦丁堡或者是西班牙—罗马行省省督控制下的西班牙半岛南部地区的影响力。另一方面，西哥特与法兰克人的关系转为和平，阿塔纳吉尔德将自己的两个女儿嫁给墨洛温王室两位国王，其中布鲁内希尔德（Brunehild）嫁给了梅斯（Metz）的西吉伯特一世（Sigibert Ⅰ），加

---

[50]　地域的局限性亦在 Stroheker（1965），p. 211，和 Thompson（1969）pp. 320 – 323 的著作中重新论述。

[51]　关于利伯留斯的记载见乔代尼兹（Jordanes），*Getica*，303；关于其年代，见 Stein（1949），ii，pp. 820 – 821。

[52]　*Chronicon Caesaraugustanorum s. a.* 468；这部编年史中所确定的年代应该是错误的，因为其他资料和证据，除了比克拉罗的约翰（John of Biclaro）的记载之外，都同意阿塔纳吉尔德之死是在 567 年，见 Grosse，*Fontes Hispaniae Antiquae*，pp. 141 – 142，上述最后确定的年代被广大学者所接受。

尔苏因塔（Galsuintha）嫁给了苏瓦松（Soissons）的希尔佩里克（Chilperic）。[53] 两段婚姻都试图将勃艮第国王贡特拉姆（Guntramn）孤立，并保护哥特高卢/纳尔榜内西斯。567 年，西哥特国王在托莱多去世。

莱奥维吉尔德（Leovigild）时代

根据伊西多尔的记载，阿塔纳吉尔德驾崩后的 5 个月里，王位一直虚悬，直到利乌瓦（Liuva）于 567 年在纳尔榜内西斯登基。利乌瓦登基第二年便提名自己的兄弟莱奥维吉尔德作为共治者。莱奥维吉 184
尔德掌管西班牙政府，而利乌瓦自己留守塞普提马尼亚。莱奥维吉尔德的前一次婚姻给他留下二子，在他上台的第一年，又迎娶了阿塔纳吉尔德的遗孀哥苏埃塔（Gosuintha），而且，据比克拉罗的约翰（John of Biclaro）记载，他在这一年将领土恢复至原有面积——由于各种内部起义，王国的疆域曾经迅速缩减。人们一定会这样认为，以上两件事情是互相关联的，而且，他与哥苏埃塔这位在当时政界地位显赫的孀妇的联姻，是为王国带来和平的主导因素，同时也为晚期王朝的政治与军事的紧密结合起到桥梁作用。[54] 不久以后，利乌瓦去世。自 572 年起，莱奥维吉尔德成为唯一的国王。

莱奥维吉尔德（568—586 年在位）的时代标志着以托莱多为中心的西哥特王国在其崇奉阿利乌斯派时代的巅峰。关于这方面的事实有许多有力的证据，因为伊西多尔的《哥特人史》之局限性，得到了比克拉罗的约翰所著的《编年史》（*Chronicon*）的补充，约翰是一位拉丁公教会信徒，曾经在君士坦丁堡生活了 17 年，并在此接受教育。他一踏足西班牙，就因为信仰不同，被莱奥维吉尔德流放至巴塞罗那，后来他主持修建了比克拉罗（Biclarum）修道院。[55] 莱奥维吉尔德去世以后，约翰达到其职业生涯的顶峰，担任了赫罗纳（Gerona）主教一职。所有这些经历，加上他的学识和政治独立性，使比

---

[53] Gregory, *Hist.* iv. 27, 28. 106 - 101，其中也记载了加尔苏因塔在希尔佩里克命令下被残忍地谋杀，这一举动是因为希尔佩里克之情妇弗蕾德贡德（Fredegund）的策动，这次谋杀后来使得西哥特人和法兰克人之间的关系复杂化，并恶化了苏瓦松和梅斯王国之间的关系。

[54] Orlandis (1977), p. 94.

[55] Isidore of Seville, *De Viris Illustribus* xxxi.

克拉罗的约翰关于567年到590年这段时间的编年史具有不可估量的价值。(56)

莱奥维吉尔德统治早年，将其注意力集中在半岛南部。由于内战以及拜占庭的侵略，这些地区危机重重。据比克拉罗的约翰记载，570年西哥特王室率军进入拜占庭领地，摧毁了巴萨和马拉加地区，随后一年收复了海峡附近的阿西多纳城。同一时期，科尔多瓦城发生叛乱，572年莱奥维吉尔德将该城占领。这次起义似乎与拜占庭的侵略无关，是阿吉拉与阿塔纳吉尔德统治早期的叛乱之结果。科尔多瓦城的投降是在其周边城镇与要塞纷纷被占领，同时许多农民（*rustici*）遭到屠杀之后。

莱奥维吉尔德与拜占庭和贝提卡行省长官们的关系一得到恢复，他就开始向半岛北部地区发动战争。573年，西哥特国王进入萨巴里亚（Sabaria），与当地土著居民萨颇斯人（Sappos）开战，并将该地区恢复到他的控制下。萨颇斯人是一支罗马化程度较低的民族，他们
185 一直保留古代部落名称，居住在今西班牙的萨莫拉（Zamora）省。575年，莱奥维吉尔德进驻阿拉根斯（Aragenses）山，抓获“地方领主”（lord of the area）阿西迪乌斯（Asidius）及其家人，重新控制该地区。阿拉根斯山位于奥伦塞（Orense）省南部，距萨巴里亚不远。(57) 从所处的地理位置看，他们发动的这些战役似乎是要确定对苏维汇人的控制权。576年，莱奥维吉尔德向加莱西亚（*Gallaecia*）边境地区发动战争，迫使苏维汇国王米罗（Miro）签订了有利于自己的和平条约。

莱奥维吉尔德的扩张政策在半岛北部两支民族坎塔布里亚人（Cantabrians）和巴斯克人的抵抗下遭遇困难。这两支部族从帝国的末代开始，就努力地将自己不稳定的同化状态转变成真正的独立。(58) 574年，莱奥维吉尔德进入坎塔布里亚。根据比克拉罗的约翰的简短记述，我们知道他摧毁了侵入者（*pervasores*），占领了阿马亚（Amaya），并征服或者说恢复（*revocat*）了对该地区的统治。编年史接着追溯了莱奥维吉尔德在北方的另外一次远征。581年，

(56) 此处的史料我们依据的是 Campos（1960），pp. 77 – 100。
(57) 萨马里亚山与阿拉根斯山的位置在 Campos（1960），pp. 118，123，有所描述。
(58) Barbero and Vigil（1974），pp. 13 – 50.

他举兵入侵巴斯克人的领地，占领加斯科涅的一部分，建立维多利亚（Victoriacum/Vitoria）城。然而，莱奥维吉尔德的胜利并未终结坎塔布里亚人和巴斯克人的独立，他的继承者继续对这两支部族发动了新的持续性战争，尽管如此，莱奥维吉尔德成功地和平占领了这两支部族所居区域，因为阿马亚和维多利亚城都是建立于坎塔布里亚和加斯科涅南部的要塞城市，驻防在那里的军队之主要任务就是防止敌军入侵，这似乎说明了编年史家为什么使用关隘（pervasores）一词来描述坎塔布里亚。⑤

比克拉罗的约翰所记录的莱奥维吉尔德当政之初采取的一系列行动，包括577年，莱奥维吉尔德进入奥罗斯佩达（Orospeda），占领这里的堡垒和城市，将该地区据为己有。这位历史学家还记述了随后发生的农民起义（rustici rebelantes），以及哥特人对起义的镇压。通过这种方式，哥特人占领了奥罗斯佩达。对这个位于贝提卡东部地区的地域⑩之占领似乎是分两个阶段完成的。第一阶段，哥特人占领城市和堡垒，臣服主要的社会阶层；第二阶段爆发了农民起义，并被镇压。西哥特人对地方乡绅的战争暂时帮助农民取得解放。同样的事情一定也发生在572年，当时莱奥维吉尔德镇压了科尔多瓦（Cordoba）起义，而当起义被粉碎后，周边的城市和堡垒为了稳定自己的统治，就去大肆屠杀农民。 186

比克拉罗的约翰所提供的证据似乎在暗示，基于这种情况，莱奥维吉尔德的军事行动并不像是扩张，只是针对拜占庭和苏维汇人，以及那些利用前些年战争的混乱局面、企图逃离西哥特统治的地方乡绅而进行的一场重建王国统一的行动。这一观点适用于科尔多瓦的元老们（dominium revocat，恢复统治）、萨巴里亚的居民（redigit dicionem，恢复控制）和阿拉根斯山区居民（redigit potestatem，恢复统治权），甚至涉及对坎塔布里亚的入侵（pervasores）（revocat dicionem，恢复控制），因为这些情况在编年史里都被记录成是对西哥特政权的恢复，而不是吞并新的土地（ex novo）。唯一的例外是对奥罗斯佩达地区的占领。据说，在城镇和堡垒投降后，莱奥维吉尔德使其成为

⑤　Barbero and Vigil (1974), pp. 54 – 67, 74 – 80.
⑩　Campos (1960), p. 126.

suam provinciam（行省）[61]。比克拉罗反复重申这一观点，他说，578
年，当暴君被推翻，侵略者被打败，哥特王室就不再与众民（*plebe*）
分享宁静，而是建立了一座城，以他儿子的名字凯尔特伊比利亚
（*Celtiberia*）命名，即人们所知的雷克波利斯（*Recopolis*）。

赫尔蒙尼吉尔德（Hermenigild）的叛乱

　　王国复辟计划因新问题的出现而受到威胁。随后一年，国王与王
子赫尔蒙尼吉尔德在贝提卡爆发内战。573 年，莱奥维吉尔德任命自
己头婚所生的儿子赫尔蒙尼吉尔德和雷卡德（Reccard）为共治者
（consortes regni）。这是仿效他的兄弟利乌瓦，为将来王位的继承做
准备。根据比克拉罗的约翰的记述，579 年，赫尔蒙尼吉尔德以摄政
王（*ad regnandum*）的身份上任管理贝提卡行省。同年，他迎娶墨洛
温公主茵冈德（Ingund）。公主为梅斯的西吉伯特（Sigibert of Metz）
和布鲁内希尔德（Brunehild）所生，布鲁内希尔德是阿塔纳吉尔德
（Athanagild）和哥苏埃塔（Gosuintha）的女儿。莱奥维吉尔德授权
给自己的儿子，一方面是为了使自己最亲近的人去控制一片自 550 年
以来就持续发生叛乱的地区，另一方面也是出于阿塔纳吉尔德强大宗
亲的压力，通过王子的联姻与他们的旧主建立亲密的关系。就此事而
言，如果国王的目的是加强王国统治的话，那么他的放权恰恰适得其
反。接权不久以后，国王之子开始反对他的父亲，而且在王后哥苏埃
塔集团（factione Gosuinthae）的策动下控制了塞维利亚，参与其叛乱
的还有许多城镇和堡垒。图尔的格列高利补充了这一史实。他提到，
受到茵冈德的鼓励，赫尔蒙尼吉尔德放弃了阿利乌斯派信仰，更名为
约翰，向拜占庭方面寻求援助。叛乱历时不久，就扩散到卢西塔尼亚
的梅里达。

　　莱奥维吉尔德并没有立即采取军事对抗，而是用两年的时间寻
找其他补救措施，使他可以和平处理冲突。580 年，他在托莱多的
阿利乌斯派教堂召开了一次教务会议，目的是采取舒缓的方式改变

187

---

　　[61]　John of Biclaro s. a. 572, 573, 574, 575, 577. 我们在这里排除了加斯科涅的情况，对于加斯科
涅的占领是在赫尔蒙尼吉尔德于 579 年的叛乱之后。

宗教信仰，显然这项措施达到了一定效果。581 年，对巴斯克人的征伐开始了。它与苏瓦松（Soissons）的墨洛温国王希尔佩里克发动的另一次进军恰巧同时发生，此时，莱奥维吉尔德与希尔佩里克建立了亲密的同盟关系。这样，即便梅斯的国王是茵冈德的兄弟，莱奥维吉尔德却可以成功地使有可能加以干预的奥尔良（Orleans）和梅斯的两位国王保持中立。最终，当于 582 年莱奥维吉尔德贿买了拜占庭保持中立的承诺后，开始向其子赫尔蒙尼吉尔德开战。先是在 582 年攻取了梅里达城，并发行钱币纪念此次胜利，然后于 583 年，进军塞维利亚，经过长期围攻，将该城拿下。虽然很难断定苏维汇国王米罗（Miro）究竟支持哪方，但他的参与却使自己丧命。无论是比克拉罗的约翰对莱奥维吉尔德的记述，还是图尔的格列高利对赫尔蒙尼吉尔德的描写，都证实莱奥维吉尔德最后说服了米罗，并强迫他加入自己的阵营，并宣誓对自己效忠。583 年城池失守，赫尔蒙尼吉尔德逃亡，但最后还是被俘，于 583 年在塔拉戈纳（Tarragona）被执行绞刑。茵冈德和他们的儿子阿塔纳吉尔德落于拜占庭人之手，被遣往东方。茵冈德死于途中，阿塔纳吉尔德也在君士坦丁堡销声匿迹了。[62]

　　赫尔蒙尼吉尔德之叛乱及其死亡，从事发之时起至今，一直是人们争论的话题。对于一些人来说，如图尔的格列高利和教宗大格列高利，则认为战争具有非常浓厚的宗教色彩，赫尔蒙尼吉尔德的死亡是一种殉道；对于另外一些人，如西班牙的历史学家们来说，包括比克拉罗的约翰和塞维利亚的伊西多尔，则认为叛乱作为一种暴行，是通过武力非法谋篡权力的行为。而现代的看法认为赫尔蒙尼吉尔德叛乱以及暂时取得胜利的主要原因，包括有必要强调的以阿塔纳吉尔德家族的领导者、王后哥苏埃塔集团的掌权者（factione Gosuinthae reginae）为代表的内部争斗；贝提卡和一些大城市对于西哥特统治的敌视，以及拜占庭的援助。对此，还应该加上宗教因素（但未必像图尔的格列高利所假定的那样意义确凿），毫无疑问，宗教给叛乱参与者提供了精神凝聚力。我们还可以这样说，内战的结束标志着贝提卡

---

　　[62]　在许多资料中，提及赫尔蒙尼吉尔德的叛乱及其被镇压，都认为是偶然性的事件。这方面，我们参阅的资料大致有：John of Biclaro s. a. 580 – 585；Gregory, *Hist.* v. 38. 243 – 244, vi. 18. 287 – 288, vi. 40. 310 – 312；vi. 43. 314 – 316, viii. 18. 384；Isidore, *Historia Gothorum*, 49。

诸城传统性的动乱的结束，也是西哥特人主要领导层开始整合的信号。它还终结了贝提卡元老们的向心力，也终止了哥特王国像墨洛温高卢那样的扩张进程。

吞并苏维汇王国

赫尔蒙尼吉尔德叛乱的间接后果是对苏维汇王国的吞并，毫无疑问，从托莱多的西哥特王国的领土扩张计划来看，此事意义重大。从469 年叙达提乌斯的编年史结束这一年到伊西多尔的《苏维汇人史》（*Historia Suevorum*）中记录的狄奥德米尔（Theodemir，561—570 年在位）的统治时期，这一期间的苏维汇王国历史并不为人所知。6 世纪下半叶，苏维汇王国的王权，在尚未并入西哥特王国之前，相对来说很平稳，其疆域一直是被古罗马时期的旧行省加莱西亚所环绕的卢西塔尼亚北部，如前面所叙述的那样。而在宗教领域却经历了深远的变化。在狄奥德米尔统治期间，苏维汇人放弃了阿利乌斯派信条，皈依了天主教。[63] 此项变革表现了王国内部的统一，因为它终结了信仰的二元性。使苏维汇人和罗马领导层的少数人得以融合。根据比克拉罗的约翰记载，570 年，米罗继承了狄奥德米尔的王位，进行了一次对于罗科内人（Runcones 或 Roccones）的征伐，这是一支半独立、少有人知晓的族群。据说，这支族群曾经定居在苏维汇王国的东南部。这似乎暗示了苏维汇人的领土扩张企图，然而，几年以后，米罗遭遇莱奥维吉尔德的侵略，被迫于 576 年签订有利于西哥特人的和平条约，其中似乎包括提供军事支持。如比克拉罗的约翰所述，自此米罗带领他的军队驻扎在塞维利亚，支持莱奥维吉尔德，而图尔的格列高利对此事却有不同见解。在围困塞维利亚时，米罗死于贝提卡。而他的死亡又带来一场王位继承权的争斗，这加速了西哥特王室对苏维汇王国的吞并。

王位争夺战的根源是国内原有的对立派别对日后如何应对西哥特王国的外交方略存在着不同意见。图尔的格列高利说莱奥维吉尔德迫使米罗宣誓效忠他，而米罗的继承者埃博里克（Eboric）也直到宣誓

---

63 关于苏维汇人皈依的特殊条件，见 Thompson（1980），pp. 77 - 92。

效忠于他，才登上王位。[64] 这一信息暗示了苏维汇国王们对莱奥维吉尔德个人的依附关系。如果接受比克拉罗的观点，那么就会得出相同的结论，很早就存在这种依附关系，而米罗提供的军事援助同样也是一种依附。也许在雷米斯蒙德当政期间，苏维汇王国从未脱离西哥特国王尤利克的有效庇护，于是，一个合乎逻辑的结论就是在莱奥维吉尔德统治期间吞并了苏维汇。

最初，米罗的继承者是他的儿子埃博里克，但埃博里克很快被自己的姐夫奥德卡（Audeca）废黜，并被监禁在一座修道院里。奥德卡的目的就是让他永远无法重回王位。这一事件恰巧给作为被废国王的庇护者莱奥维吉尔德一个于 585 年攻击苏维汇王国、废黜奥德卡的借口。根据比克拉罗的约翰的记载，尽管西哥特国王并未恢复埃博里克的王位，但他挪用了埃博里克的财产，将苏维汇的人民和教区置于自己权力之下，将苏维汇王国转变成西哥特王国的一个行省。他还击败了某个叫马拉里克（Malaric）的王位觊觎者，最终才完全吞并了苏维汇王国。

莱奥维吉尔德当政期间，与法兰克诸王国的关系受到小心维护，尽管这些王国之间时因内斗而备受压力。西哥特国王效仿祖先，通过联姻与别国建立更密切的关系。本文已讨论过赫尔蒙尼吉尔德与茵冈德联姻是为了修复与梅斯王国的关系。此外，还有另外一场联姻，即雷克雷德与另外一位墨洛温公主，苏瓦松的希尔佩里克之女里贡斯（Rigunth）的婚姻，但最终以失败而告终。图尔的格列高利详细记录了这一事件，各方外交使节参与协商这场联姻。[65] 同样，这一联姻的目标是使奥尔良的贡特拉姆（Guntramn of Orleans）保持中立，因为他的王国是西哥特王国的近邻，对于纳尔榜内西斯来说一直是威胁；同时，也要防止茵冈德的哥哥、梅斯王代表赫尔蒙尼吉尔德的利益而进行干涉[66]。然而，584 年年底苏瓦松的希尔佩里克在女儿去往西班牙途中遇刺身亡，致使婚礼无法举行。里贡斯的嫁妆被剥夺，本人也

64　Gregory, *Hist*. vi. 43. 314–316.

65　Gregory, *Hist*. vi. 18. 287–288, vi. 40. 310–312, vi. 45. 317–319.

66　据说，这一联姻计划可能是赫尔蒙尼吉尔德叛乱的导火索，因为希尔佩里克对于西哥特公主加尔苏因塔之被暗杀是有责任的，加尔苏因塔是布鲁内希尔德的姐姐，是国王阿塔纳吉尔德与哥苏埃塔的女儿，布鲁内希尔德则是茵冈德的母亲，而后者是莱奥维吉尔德的妻子，见 Isla Frez (1990), pp. 24–25。

被囚禁在图卢兹。

190　　　随后一年，即585年，勃艮第的贡特拉姆（Guntramn of Burgundy）入侵纳尔榜内西斯。这次进攻与西哥特国王在加莱西亚攻打苏维汇人同期发生。可能有两个目的：以损失纳尔榜内西斯为代价，扩大贡特拉姆的领土范围；同时，阻止莱奥维吉尔德对苏维汇王国的军事行动。从图尔的格列高利的记录中，我们可以获知，苏瓦松和托莱多王室之间交换了外交使节，布拉加和奥尔良也这样做了。⑰ 莱奥维吉尔德将自己的儿子雷克雷德委以重任，驱逐法兰克军队出境。他成功地完成任务，不但将法兰克人驱逐出境，还占领了纳尔榜内西斯边境以外的法兰克人的据点。尽管西哥特国王致力于通过联姻的方式，使潜在的法兰克入侵者中立，但此时法兰克人对西哥特王国不构成威胁，因为墨洛温诸王国内部冲突不断，局势很糟。

王国的巩固与重建

作为西哥特王国的巩固者与重组者，莱奥维吉尔德其人的作为，以及他在实施自己的计划并战胜敌人时所表现出的个人魅力和能力，并没有被他的同时代人所忽视。塞维利亚的伊西多尔在事件发生后几年里做出这样的总结：

> 他也危害自己人，因为只要是他所认定的大贵族或是有权有势的人，他都会将其处以绞刑或囚禁或流放。同时，他也充实其国库，通过搜刮民脂，掠夺敌人来使其财库更加充盈。同样，他在凯尔特伊比利亚建立一座城市，以其儿子的名字雷克波利斯命名。在立法方面，他以《尤里克法典》为基础，修改更正了所有那些似乎在尤利克时期制定法律时混杂的东西、补充添加了许多条款，也删除了一些不必要的内容。

伊西多尔也说道："他是第一位戴着王冠、身披王袍出现在其

---

⑰　Gregory, *Hist.* v. 41. 248, viii. 35. 404. 格列高利也告诉了我们，莱奥维吉尔德如何掠夺了法兰克人经营的自高卢至加莱西亚的贸易船只。

人民中间的国王，因为在他之前，王袍和王座不是人民和国王共享的。"[68]

伊西多尔的描述说明了西哥特王国的政治体制，以及莱奥维吉尔德的巩固措施。国王作为国家最高领袖，是最有权威的贵族中的贵族，拥有土地和珍稀金属的委托权和继承权。自阿马拉里克时期起，任何一个有能力动摇国王的地位而成为王位觊觎者和对手的贵族，都试图付诸实践。因此，莱奥维吉尔德不仅面临王国以外敌人的威胁，也受到半岛一些独立民族发动战争的威胁。然而，根据伊西多尔的记录，他铲除了贵族中最危险的人物，包括他自己的儿子，他或将他们杀害，或将他们流放，并将贵族的财产充公。他利用充公的财产和从人民那里搜刮来的民脂民膏充盈自己的国库。这一系列措施使他能够仿照罗马金币原型制作质量上乘的特里恩泰斯金币［trientes 或泰米赛斯（tremises），其价值相当于1/3 索里达的金币］。这是第一次以西哥特国王的名义发行的货币，从此废弃了此前在金币上锻制皇帝肖像的做法。这是一次大胆的且具有深远政治意义的尝试。莱奥维吉尔德通过这种方式让人们知道联系西哥特王国和罗马帝国最后的纽带断裂了。雷克波利斯城是第一座由蛮族国王建立的城市。如是，莱奥维吉尔德将自己置于与皇帝平等的地位，显而易见，通过建立城市、并以希腊语后缀 polis（城）给城市命名，仍然是在以皇帝作为自己处理行政事务的楷模。他意图赋予王位的特权，同样反映在王国内部以及一些视觉上的新标志，如王座和王袍，这些都清楚地证明国王的权力大于其他贵族。

伊西多尔也见证了莱奥维吉尔德作为立法者的角色，他描写了莱奥维吉尔德如何无视罗马的法规中禁止罗马人与蛮族人之间通婚的规定，通过了一款罗马人与哥特人可以通婚的法规，以此完善了《尤利克法典》。[69] 这条法律给予长期存在的事实以合法地位，也给经常

191

---

⑥⑧　Isidore, *Historia Gothorum*51: "Extitit autem quibusdam suorum perniciosum, nam quoscumque nobilissimos ac potentissimos uidit aut capite truncauit aut prescriptos in exilium egit. Fiscum quoque primus iste locupletanit primusque aerarium de rapinis ciuium hostlumque manubus auxit. Condidit etiam ciuitatem in Celtiberia, quam ex nomine fili sui Recopolim nominauit. In legibus quoque ea quae Eurico incondite constituta uidebantur correxit, plurimas leges praetermissas adiciens plerasque superfluas auferens... primusque inter suos regali ueste opertus solio resedit, nam ante eum et habitus et consessus communis ut gentii, ita et regibus erat"; ed. Rodríguez Alonso (1975), pp. 258 – 259.

⑥⑨　*LV* iii. 1. 1.

发生在高层之间的通婚——例如东哥特的塞乌迪斯（Theudis）和他迎娶的富庶的土地所有者——以合法地位。宗教的融合是罗马、哥特融合进程中又一重要的措施，因此，也就不奇怪莱奥维吉尔德为什么如此看重这项措施了。然而，他企图让所有人接受阿利乌斯信条这种做法遭到了伊西多尔的严厉批判。伊西多尔控诉他煽动迫害行为，流放天主教的牧师，压低教堂租金，剥夺教会特权。连哥特人出身的天主教牧师也遭到流放，如比克拉罗的约翰和梅里达的马索纳（Masona）主教。毫无疑问，伊西多尔在此处有些夸张，现在的研究趋势是淡化关于迫害的描述。

　　在当时，一个政权内部存在宗教分歧，必定导致严重的政治问题。东罗马帝国就是因为宗教斗争而不得不面临各种冲突。皇帝们试图维持团结，调停敌对双方的举措证明是徒劳的。[70] 另一方面，除法兰克王国以外，其他蛮族建立起的王国都因其民众信奉阿利乌斯教义，而面临不断的冲突，他们得面对信奉尼西亚派信条的多数民众的反对。半岛的另一个蛮族国度也面临同样问题，这便是苏维汇王国，该王国在莱奥维吉尔德即位以前，通过放弃阿利乌斯教义，采用尼西亚派信条，使苏维汇王国迅速获得统一。西哥特国王在寻求宗教团结过程中，试图吸引天主教牧师改信阿利乌斯教义。其最重要的举措出现于 580 年，当赫尔蒙尼吉尔德叛乱被平复之后，莱奥维吉尔德在托莱多召开了阿利乌斯派的教省会议。根据比克拉罗的约翰的记载，此次教省会议采取了一系列措施，目的是帮助拉丁公教会信众改信阿利乌斯派基督教。会议上规定不必再次受洗，但要简单地手持并背诵信仰准则：荣耀通过子在圣灵内归于父（*Gloria patri per filium in spiritu sancto*）即可。此项准则缓和了不同信条间关于三位一体的不同理解，以便为了取得各方的赞同。伊西多尔记载了很多人改信阿利乌斯派，并暗指改变信仰之人取得的物质待遇，其中包括萨拉戈萨（Saragossa）主教文森特（Vincent）。总之，托莱多教省会议所做出的妥协，国王和图尔的格列高利提出的建议，如允许人们进入非阿利乌斯教堂

---

　　⑩　见 Louth，本书前文第 4 章和后文第 11 章。

对殉道者遗体进行膜拜,[71] 并不足以成功地达到宗教团结的目的。直到他的儿子雷卡德继承王位以后，才实现真正的团结，但却走向了另一个极端。雷卡德所领导的大公教派的胜利预示着西哥特王国历史进入一个新阶段。

刘岩 译，徐家玲 校

---

[71]　Gregory，*Hist.* vi. 18. 287－288.

第 八 章

墨洛温高卢及法兰克征服

雷蒙德·范·当（Raymond Van Dam）

　　在晚期罗马帝国可见的法兰克人肩负起早期中世纪欧洲之未来的征兆微乎其微。自3世纪后期起，日耳曼人——书面文献称他们为法兰克人——已加入其他蛮族人群中，挑战罗马在高卢的统治。这些法兰克人包括先前定居于莱茵河下游北部和东部的各种民族。尽管敌对仍在持续，但到了4世纪伊始，在罗马帝国之内，一些法兰克人已经重新定居于高卢北部各地。尤其是到了这个世纪的中叶，萨利安法兰克人已定居在莱茵河河口南边托克桑德利亚（Toxandria）地区。作为回报，这些法兰克人提供新兵，有时是整建制的队伍，在散布于整个地中海世界的罗马军队中服役。法兰克人也开始担任军官；就像其他的日耳曼人一样，有些人晋升为重要的将领，影响着帝国的政治。譬如，法兰克人博尼图斯（Bonitus）曾经在4世纪初的内战期间支持皇帝君士坦丁，同时，他的儿子西尔瓦努斯（Silvanus）学得了"罗马文化"，接受了基督教，在高卢担任将军。355年，在君士坦丁皇帝的宫廷中受到不实诽谤后，西尔瓦努斯甚至短暂地在科隆僭越称帝，可谓是查理之前唯一称帝的法兰克人。法兰克人里西默（Ricimer）成了东方的军事统帅，还是整个帝国内最重要的贵族们的朋友；他的侄子阿尔博加斯特（Arbogast），作为西罗马帝国的军事统帅，继续沿着北方边境同他的法兰克同胞们作战，领导了罗马人跨越莱茵河的最后一次胜利远征。阿尔博加斯特咄咄逼人，以至于将年幼的皇帝瓦伦提尼安二世（Valentinian Ⅱ）逼死，并推举尤吉尼乌斯（Eugenius）与狄奥多西（Theodosius）争夺皇帝之位，但狄奥多西最终于 394 年打败了他们。不管是作为敌人、征募兵或雇佣兵，从一开始法兰克人就是作为武士出现在罗马帝国之内的："还是男孩的时候，他们就已全然爱上了战争。"①

不过，军役并非法兰克和罗马人之间的唯一联系。因为在罗马帝国的边境上，总是存在更多的与蛮族彼此交错的地域，而非不可深入的线形壁垒，所以，法兰克人的定居不过是将持续发展的蛮族化进程延伸到了高卢的北部乃至中部而已。② 尽管在 4 世纪的绝大部分时间里，在特里尔存在着一座帝国的宫廷，北部高卢还是在逐渐摆脱罗马的影响。5 世纪之前，罗马帝国的边境统治机构即南迁到阿尔勒（Arles），终于承认了这些离心的文化和社会效力。法兰克人利用了这种无政府的混乱，扩展他们的优势地位。411 年，一些人支持莱茵兰的篡位者约维努斯（Jovinus）；其他人洗劫了特里尔；一个鲜为人知的法兰克首领，名为基洛吉奥（Chlogio）的人，短暂地占据了康布雷（Cambrai）和阿拉斯（Arras）；451 年，法兰克人帮助罗马将军埃提乌斯（Aetius）打败了阿提拉（Attila）及其匈奴人联盟。③ 没有了长期派驻高卢北部和中部的行政官给人们带来的中央集权表象，高卢的贵族和罗马的指挥官们就加入到蛮族的首领当中，申明自己在当地的权势。在 5 世纪中期，本地的一个其名义上也是罗马将军的高卢人埃吉迪乌斯（Aegidius），以苏瓦松（Soissons）为中心，建立了一个叛离罗马的公国，一些在高卢北部的法兰克人甚至接受他为"国王"；他的儿子赛阿格里厄斯（Syagrius）继承了他，用的是一个令人惊奇的混杂头衔，"罗马人的国王"（King of the Romans）④。在特里尔，阿尔博加斯特（Arbogast，可能是将军阿尔博加斯特的后裔）以一个明显自治的"伯爵"身份于 5 世纪 70 年代进行统治。尽管阿尔博加斯特是法兰克人，一位主教还是用拉丁文赞颂他摒除了"野蛮暴虐"，另外一位则称赞

---

① Sidonius, *Carmina* v. 249 – 50。关于早期法兰克人，见 Zollner（1970），pp. 1 – 25；Barnes（1994）。罗马军中服役的法兰克人，见 Stroheker（1955）。

② Whittaker（1994）.

③ Zollner（1970），pp. 25 – 43.

④ Gregory, *Hist.* Ⅱ. 12. 61 – 62，11. 27. 71；James（1989）；Jarnut（1994）.

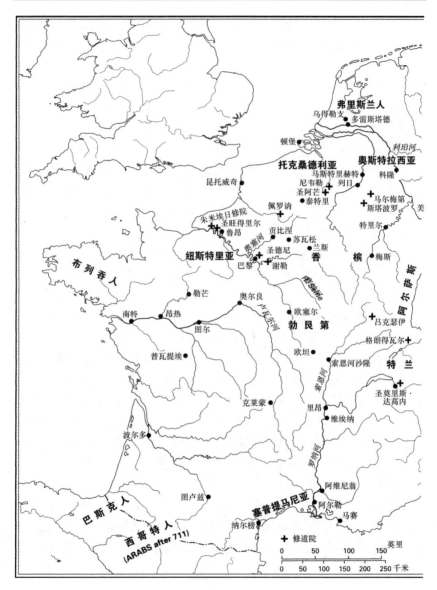

弗里斯兰人

乌得勒支　多雷斯塔德

顿堡

利珀河

托克桑德利亚　　奥斯特拉西亚

马斯特里赫特　科隆

昆托威奇　　尼韦勒　列日

圣阿芒

佩罗讷　泰特里　　马尔梅第

朱米埃日修院　　斯塔波罗

圣旺得里尔院　　贡比涅　　特里尔　　美

鲁昂　　苏瓦松

纽斯特里亚　　弗塞河　圣德尼　兰斯　梅斯

巴黎　　谢勒　　香　　槟　　阿尔萨斯

布列吞人

塞纳河

勒芒　奥尔良　　欧塞尔

南特　昂热　　勃艮第　　吕克瑟伊

图尔　　卢瓦尔河　　格朗得瓦尔

欧坦　　特兰

普瓦提埃　　索恩河沙隆

克莱蒙　　里昂　　圣莫里斯·达高内

波尔多　　维埃纳

罗纳河

巴斯克人

图卢兹　塞普提马尼亚　　阿维尼翁

西哥特人　　阿尔勒

（ARABS after 711)　纳尔榜　　马赛

✝ 修道院

英里
0　　50　　100　　150

0　50　100　150　200　250 千米

地图 3　6—7 世纪的高卢/法兰西

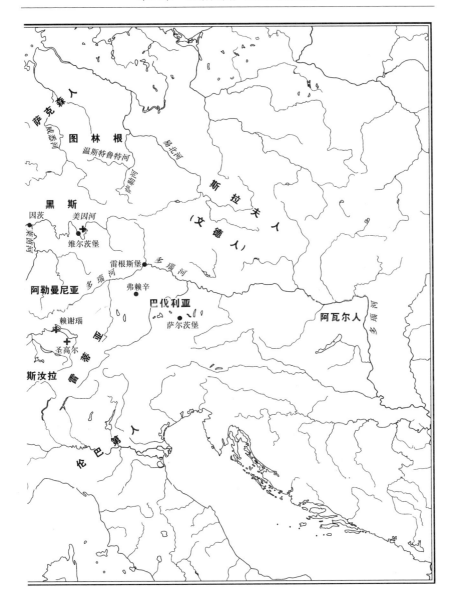

他接受了基督教。⑤ 希尔德里克（Childeric）也是一位杰出的首领，显然出自萨利安法兰克人，可能曾经与埃吉迪乌斯结盟对付西哥特人。凭借着短暂的同盟与持续不断的战事相组合，他逐渐将其军事领主的权势扩展到了高卢的北部，并很可能取得了对旧罗马行省第二贝尔吉卡（Second Belgica）的控制权。他在图尔奈（Tournai）的墓葬明显地在纪念他双重的显赫名望，墓中随葬着法兰克的武器、罗马的钱币、罗马官员的服饰，并有一枚描绘着他穿着罗马军装的图章戒指。⑥ "法兰克人化"的罗马人和"罗马化"的法兰克人，都是北部高卢文化同化，现在是政治同化的产物。

197　　　克洛维（Clovis）继承了其父希尔德里克的好战本性。与他毗邻的族群有占据高卢东部的勃艮第人，以及长久定居于莱茵河上游沿岸的阿勒曼尼人（Alaman）。他最终打败了阿勒曼尼人；不过，他通过迎娶勃艮第人公主克洛蒂尔德（Clothild）而同勃艮第人联合起来。他也通过占据赛阿格里厄斯的"罗马王国"，开始将自己的影响力扩展到了高卢中部。这时，他的新邻居就是西哥特人了，罗马当权者曾经允准西哥特人定居于阿基坦，此后，他们逐渐地扩张自己的王国，特别是在最近一任国王尤里克（Euric）统治期间。最初，西哥特人在意大利的同族东哥特人似乎曾尝试将克洛维引入自己的政治影响范围之内；克洛维的一个妹妹嫁给了东哥特国王狄奥多里克（Theoderic），另一个则皈依了哥特人的阿利乌斯派基督教团。但是，克洛维本人则与西哥特人保持着距离，有时交战，有时谈判。直到 507 年，他终于在位于普瓦蒂埃（Poitiers）附近的武耶（Vouillé）打败了他们。⑦ 当法兰克人

---

⑤ Sidonius, *Epistolae* Ⅳ. 17；Auspicius of Toul, *Epistolae Austrasicae* ⅩⅩⅧ, pp. 132 – 137；Heinzelmann (1982), p. 558.

⑥ Remigius of Rhiems, *Epistolae Austrasicae* Ⅱ, p. 113；Heinzelmann and Poulin (1986), pp. 97 – 103.

⑦ Gerberding (1987), p. 41, 现今令人联想到是武伦（Voulon）这个地点。尽管格列高利试图（*Hist.* Ⅱ. 35, 37. 84 – 88）从天主教法兰克人和阿里乌斯西哥特人冲突的观点来解释这场战斗，但是其原因依旧模糊不清，见 Cassiodorus, *Variae* Ⅲ. 1 – 4. 12 – 13。关于狄奥多里克试图进行调解，见 Avitus of Vienne, *Epistolae* ⅩLⅥ, pp. 75 – 6，暗示了阿里乌斯派对克洛维的影响；*Epistola ad episcopos*, MGH Cap. Ⅰ, pp. 1 – 2，有克洛维对军队做出指示的内容。关于西哥特人与教会的关系，见 Wolfram (1988), pp. 197 – 202。关于法兰克人与狄奥多里克的关系，见 Moorhead (1992), pp. 51 – 54, 175 – 194。编年史和政治见 Wood (1985), (1994), pp. 41 – 49；Daly (1994)；Spencer (1994)。关于整体上法兰克人和西哥特人关系，可见 Barbero and Loring 所写，本书第 7 章。

和勃艮第人的一个支队围困纳尔榜（Narbonne）和阿尔勒（Arles）的时候，克洛维挺进高卢南部，在波尔多（Bordeaux）过冬，占有了原西哥特人的都城图卢兹的财富，然后攻占了安古莱姆（Angoulême）。在北部高卢的军事区，他的父亲希尔德里克曾假冒罗马将军的做派，并行使帝国政务官的职责。而克洛维在造访了更为深入地罗马化了的高卢南部社会后，于508年返回了图尔（Tours），在那里，他不仅从拜占庭皇帝阿纳斯塔修斯（Anastasius）那里接受了名誉上的罗马执政官（可能还有罗马贵族头衔）的空头衔，也在巡视军队时像罗马皇帝那样穿上紫袍，披上斗篷，戴上了皇冠。[⑧] 然后，他在法兰克人建立于北方的聚落与新近夺得的高卢中部的罗马领地之间的巴黎建立了自己的驻所。

克洛维以典型的血腥方式进一步巩固了他对法兰克人的控制。他的亲戚拉格纳查尔（Ragnachar）——康布雷（Cambrai）的国王——曾在攻打赛阿格里厄斯的战役中帮助过他；但后来，克洛维恩将仇报谋杀了他及他的两个兄弟。查拉里克（Chararic）是另一位国王，曾在克洛维与赛阿格里厄斯的战争期间保持中立，尽管克洛维先是迫使他和他的儿子成为教士，最终，他还是谋杀了他们。他的另一位亲戚西吉伯特（Sigibert），是科隆的莱茵兰法兰克人国王，帮助克洛维对付过阿勒曼尼人，他的儿子克罗德里克（Chloderic）也帮助克洛维对付过西哥特人。后来，克洛维先是怂恿克罗德里克杀害他的父亲，然后再为西吉伯特报仇：谋杀了他的儿子。靠着消灭自己的竞争对手，克洛维建立起一个被称为墨洛温王朝的法兰克王的世系，并且，到他511年去世时，只有他自己的儿子们生存下来作为他的继承人。[⑨] 至此，他们所继承的是一个庞大的王国，因为，靠着击败或支配相邻的蛮族王国，他们的父亲已然将其影响力延伸到了高卢大部。但是，尽管克洛维做出了努力，去消灭任何可能成为对手的亲戚，但他的儿子

198

⑧ 在其记载中，格列高利称，克洛维的着装"仿若执政官或奥古斯都"，不过他的 *Hist.* Ⅱ.38 的标题则将克洛维描述为罗马贵族（patrician），见 McCormick（1989）。关于对普罗旺斯的进攻，见 Klingshirn（1994），pp. 106 – 112。

⑨ 尽管如此，还是有其他的"亲戚"幸存下来，见 Gregory, *Hist.* Ⅲ. 13 – 14. 109 – 112，Ⅲ. 16. 116 – 117，Ⅲ. 23. 122 – 123；*Vita Patrumi.* 2，pp. 262 – 263。后来的历史记载，是将墨洛维（Merovech），这位王朝的同名祖先，说成是基洛吉奥（Chlogio）的亲戚，希尔德里克的父亲，见于 Gregory, *Hist.* Ⅱ. 9. 52 – 58。关于其他的传说，参见 Fredegar, *Chron.* Ⅱ. 9. 95；*Liber HistoriaeFrancorum* c. 5，pp. 245 – 246。

和孙子们还是在彼此的争斗中持续着家族的纷争。到了6世纪末，当图尔主教格列高利开始写他的《历史》（*Histories*）之时，他评述到，该隐（Cain）是第一个杀害自己兄弟的人。[10] 墨洛温王朝早期的国王们却证明了他不是最后一个。

法兰克诸王国的形成

格列高利的长篇巨著显然是迄今最重要的，有关早期法兰克诸王国的信息来源，他的《历史》尤其提供了至关重要的记述，将信件、诗歌、编年史、圣徒行记、神迹奇事、教会法、民法典、碑铭、钱币和考古学的证据糅合在一起。本章随后部分将申明他的作品在探讨法兰克诸王国形成、王权机制、贵族和主教的角色以及墨洛温统治之局限性等方面的重要性。不过，格列高利本人主要是对基督教在高卢的扩张和胜利感兴趣，因此，他以397年主教马丁去世的事件结束了《历史》的第一卷——马丁是他所在教区的保护圣使徒，他以为，基督教传入高卢中部应归功于马丁。但是，因为克洛维之接受基督教洗礼，似乎就已经将他变成另一位天主教的捍卫者，格列高利以这位国王的去世结束了第二卷。尽管克洛维的冷酷无可争辩，格列高利还是将他描述为一位《旧约》时期的国王，"秉持着正直之心，走在上帝面前，行着在上帝眼中满意之事"[11]。基督教国王的形象笼罩着格列高利对克洛维子嗣和孙子们之统治的评介当中，几乎没有人达到了这种期望。

克洛维的长子塞乌德里克（Theuderic）是其情人所生，已然参与到父亲的征战之中，也有了自己的儿子；但是，他显然无法寄望获得长子应有的继承权，也没有什么继承的先例，他最终只是与三位同父异母的兄弟们分享了克洛维的王国。（克洛维的妻子）克洛蒂尔德（Clothild）为了确保自己的儿子们参与分割王国，她无论是在其丈夫遗产的直接分配上，还是随后划分继承者们各自的份额方面，都具有

---

⑩ Gregory, *Hist.* i. 2. 6. Germanus of Paris, *Epistolae Austrasiacae* ix, pp. 122 – 124, 提到了同一个例证，以警告当时的王后布鲁内希尔德（Brunehild）。

⑪ Gregory, *Hist.* Ⅱ. 40. 格列高利著作中历史编撰学和圣徒传记的显著意义见 Wallace Hadrill (1962), pp. 49 – 70; de Nie (1987); Goffart (1988), pp. 112 – 234; Van Dam (1993); Heinzelmann (1994)。

决定性的影响。塞乌德里克得到了兰斯；克洛维和克洛蒂尔德的三个儿子中，克洛多梅尔（Chlodomer）得到了奥尔良，希尔德贝（Childebert）得到了巴黎，克洛塔尔（Chlothar）得到了苏瓦松。于是，每个儿子都在高卢中、北部的利益核心区，获得了一个"都城"；每个人也都获得了一个小王国，相比之下，这样的小王国更像是一个系列城市的组合，而非受地理、民族或旧罗马行省疆界清楚界定的地区。[⑫] 塞乌德里克的王国包括高卢东北部的一些城市，位于勃艮第王国北部，集中在莱茵兰。克洛塔尔的王国由苏瓦松北部向莱茵河口延伸，囊括了萨利安法兰克人长期定居的地区。希尔德贝的王国包括了高卢西北部的城市。克洛多梅尔在高卢中部的王国位于勃艮第王国的西部，由阿基坦北部延伸到大西洋。即使不将每位国王另外掌控的、分散于阿基坦中部和南部的飞地及城市考虑进来，这些小王国的建立还是强化了由罗马管理崩溃所导致的政治分裂。

这些王国的疆界同样是不稳固的。战争是破坏稳定的主要因素，如果说起初的时候，墨洛温的国王们主要是为了对付他们眼前的蛮族邻居而选择战斗的话，通婚实际上将许多这样的战争转变为了扩大化的家族世仇。克洛蒂尔德怂恿她的儿子克洛多梅尔杀她的堂兄弟、勃艮第国王西吉斯孟德（Sigismund），因为其父曾杀了她的父亲；然后，西吉斯孟德的兄弟戈多马（Godomar）在524年又杀了克洛多梅尔。相反，因为塞乌德里克娶了西吉斯孟德的女儿，他拒绝帮助自己同父异母的兄弟对付戈多马；但是，因为他的儿子及继承人塞乌德博尔特（Theudebert）参加了最后的战役，在534年，塞乌德博尔特和他的叔叔们共同分割了勃艮第王国。塞乌德博尔特获得了这个王国北部的一些城市，希尔德贝得到了中部地区（包括里昂和维埃纳），克洛塔尔则获得了其南部。塞乌德里克，最终还有克洛塔尔，也开始干预在德意志的莱茵河东部生活的图林根人和那些在更北方，沿北海定居的萨克森人的事务。从某一时期始，萨克森人开始向塞乌德里克及其继任者进贡，他们可能还和弗里斯兰人一起帮助抵御了丹麦人的侵袭。在一场战斗后，克洛塔尔劫持了图林根公主拉德贡德（Rade-

200

---

⑫　关于继承见 Wood（1977）。此次及随后的分割的细节可见 Longnon（1878）；Ewig（1953），（1963），pp. 46–53。

gund），塞乌德里克则谋害了她的叔叔。尽管克洛塔尔最终娶了拉德贡德，当他最终为了支援一场萨克森人的叛乱而毁灭了图林根后，还是杀了她的兄弟。因此，如果说获得勃艮第王国使得法兰克人的控制范围延伸到了原罗马高卢大部的话，那么，法兰克王国的分割则导致了现存法兰克诸王国秩序的重组；对图林根人和萨克森人的战役则为随后法兰克在德意志北部和东部的扩张开了先例。[13]

　　由于原法兰克诸王国的这场相当随意的扩张，以及他们分散于阿基坦地区的利益，差不多所有的墨洛温国王最后都成为西班牙和高卢南部的西哥特人，或者意大利和高卢东南部的东哥特人的邻居。对这些哥特人，法兰克人时而使用外交手腕，时而发动入侵。在墨洛温家族的四位国王即位后，他们立即同意将一位妹妹嫁给西哥特国王阿马拉里克（Amalaric），但这并没能阻止希尔德贝（Childebert）最终还是来攻打他的这位新妹夫。塞乌德里克和克洛塔尔派他们的儿子们去占领了西哥特人在高卢南部的属地，并且，大约在10年后的541年，希尔德贝和克洛塔尔侵入西班牙并围困萨拉戈萨（Saragossa）；在他们失败后，法兰克人差不多一个世纪都没能再入侵西班牙。与此同时，所有的墨洛温国王都曾威胁东哥特国王狄奥达哈德（Theoda-had），因为他准许杀害克洛维的外甥女、东哥特狄奥多里克大王的女儿。皇帝查士丁尼派拜占庭军队重新征服意大利之后，东哥特人马上就在536—537年的冬季进行会商，以获取法兰克人的支持，并同意放弃对普罗旺斯及莱茵兰上游附近阿勒曼尼人定居地的控制。尽管如此，塞乌德博尔特最后还是在539年领导了一次进入意大利北部的征伐，对东哥特人和拜占庭人作战；在几年后的另一次入侵之后，他开始从意大利西北部阿尔卑斯山一些地区收取贡金；同时，他还从拜占庭那里敲诈援助金。[14] 有一段时间，法兰克人还能够统治阿尔卑斯山以北的巴伐利亚人。[15] 于是，在逐步巩固了高卢东北部于地理环境

---

　　[13]　关于勃艮第，见 Marius of Avenches, *Chron*. s. a. 534, p. 235。萨克森：Gregory, *Hist*. Ⅳ. 10. 141. Ⅳ. 14. 145 – 147；Fredegar, *Chron*. Ⅳ. 74. 158。关于法兰克索要英格兰南部的可能性，见 Wood（1983）。

　　[14]　关于法兰克人插手意大利事务之史实，希腊史家普罗柯比和阿伽提阿斯（Agathias）所做的拜占庭对东哥特人战役的记载是很重要的，常常会比格列高利在其《历史》间或做出的评注提供更多的信息；Cameron（1968），（1985），pp. 210 – 213。

　　[15]　Gregory, *Hist*. Ⅳ. 9. 140 – 141, Paul the Deacon, *HL* Ⅳ. 7, p. 146；Dannheimer and Dopsch（1998）。

上联系较紧凑的这个王国之同时，塞乌德博尔特将他的兴趣扩展到了意大利北部，跨过了莱茵河；克洛塔尔对于萨克森和图林根有着更为广泛的兴趣；并且，他和希尔德贝曾入侵西班牙。即使墨洛温人通过联姻而与他们众多的蛮族邻居联合起来，他们通常还是同其战斗的；正如克洛维曾靠着谋害他的法兰克亲戚建立家族王朝一样，他的继承者们也时常以损害自己的姻亲为代价，扩张自己的王国。如是，同墨洛温人的婚姻更像是一个战争的信号，而非和平的保障。

　　但是，对外利益的互不交错，同样不足以将克洛维子孙的注意力从他们内部的累世争斗中转移。524 年，塞乌德里克摧毁了奥弗涅（Auvergne），因为它试图转而效忠希尔德贝，然后，他在同克洛塔尔于图林根共同作战期间，还密谋对付克洛塔尔。希尔德贝和克洛塔尔成功谋划，靠着谋害亡故的兄弟克洛多梅尔的两个幼子，允许其第三个儿子成为教士，抢占了其王国的众多地方。不过，他们未能成功阻止其侄塞乌德博尔特（Theudebert）于 533 年继承其父塞乌德里克的王国，随后，希尔德贝又将塞乌德博尔特认作自己的儿子，与之联合向克洛塔尔进军。然而，几年后，希尔德贝就和克洛塔尔一起围困萨拉戈萨。548 年，塞乌德巴尔德（Theudebald）继任了他的父亲塞乌德博尔特；但是，在他于 555 年死后，克洛塔尔将这位侄孙的王国和妻子据为己有。希尔德贝继续密谋对付自己的兄弟，同克洛塔尔的一个儿子查尔曼（Chramn）结盟，利用克洛塔尔同萨克森人的战争，占领了他属下的一些城市。在希尔德贝 558 年死后，克洛塔尔占据了自己兄弟的王国，还将其妻子和女儿们流放。然后，他打败了自己的儿子查尔曼，将他及其家人烧死。只看墨洛温国王们彼此间这种残忍无情的关系，即可证明其邻邦各族群对于他们之本性残忍和背信弃义的指责是正确的。[16]

　　克洛塔尔对自己亲戚们的行为同克洛维一样无情；并且像他的父亲一样，这时的他已经将法兰克王国重聚到了自己的治下。这种重新统一仅仅持续到他于 561 年逝世，这时，他的四位在世的儿子再次开始了像前代人那样的长期争斗。在分割王国的时候，他们起初还遵循

---

　　[16]　对于法兰克人品性的批评，见 *Historia Augusta*，*Firmus* 13.4；Procopius，*Wars* Ⅵ.25.2；Isidore of Seville，*Etymologiae* Ⅳ.2.10。

了先祖的榜样指派各自的都城。查理伯特（Charibert）得到了巴黎，贡特拉姆（Guntramn）得到了奥尔良，希尔佩里克（Chilperic）得到苏瓦松，西吉伯特（Sigibert）获得了兰斯。他们的王国大部分是从其都城向外逐渐延伸开来的，查理伯特向西和西南延伸，希尔佩里克向北延伸，西吉伯特向东北部延伸，但也包括在阿基坦的城市飞地。但没过多久，这四位国王就开始对这一现状不满。因为贡特拉姆的王国包括了原勃艮第王国和普罗旺斯大部，它实际上将西吉伯特同其高卢南部的属地阻隔了开来。希尔佩里克即刻利用西吉伯特在图林根对阿瓦尔人（他们控制着匈牙利平原）发动战争之机，占领了兰斯；于是，西吉伯特在出征返回后，又暂时占领了苏瓦松，抓住了希尔佩里克的儿子塞乌德博尔特，后者甚至被迫宣誓效忠。在查理伯特于567 年死后，在世的三位兄弟不仅瓜分了他的王国——希尔佩里克得到了其在高卢西北部的中心区域的绝大部分，还瓜分了巴黎，每位兄弟都在巴黎持有 1/3 的利益。

　　由于在511 年和561 年的分割之后不久，几位国王中就有一位过世，于是，在墨洛温高卢早期，通常只是有三个子王国。在查理伯特死后，这三个王国所显现出的属地和文化上的同一性，产生了持续的影响。高卢东北部的王国间或被直接称作"法兰克"；它也渐渐被人称为奥地利（Austria）或奥斯特拉西亚（Austrasia）（后面的这个名称一般为近现代历史学家所使用）。[17] 尽管其最初的都城是兰斯，但因为东部的战事，西吉伯特和他的继任者们在梅斯（Metz）以及莱茵河畔的科布伦茨（Coblenz）和美因茨（Mainz）驻留的时间越来越长。伴随着这样的缓慢东移，奥斯特拉西亚的核心地区开始接近从前莱茵兰法兰克人的王国，这里的法兰克人曾在6 世纪初接纳克洛维做自己的国王。事实上，这些墨洛温人对他们萦绕不去的影响做出了显而易见的让步，他们仿照莱茵兰法兰克人昔日国王的名字，将自己的一些子嗣命名为西吉伯特。因为奥斯特拉西亚王国还掌控着奥弗涅，因此，它仍然是向高卢南部的罗马人及其古典文化的影响开放的；但是，因其在原罗马帝国之外地区的利益，如萨克森、图林根及阿勒曼尼亚，这个王国也日益"日耳曼化"；因此，西吉伯特曾用一支由

---

[17]　Ewig (1953)，pp. 693–694, 710–715.

"莱茵河对岸民族"组成的军队向希尔佩里克进军，他的孙子塞乌德博尔特二世也曾集合起一支由"萨克森人、图林根人及其他莱茵河对岸民族"组成的军队。[18] 相比之下，经过一个连续不断的兼并、摩擦的过程，原本以苏瓦松为中心的希尔佩里克王国的轮廓发生了剧烈动荡。他的王国遥远的前身包括萨利安法兰克人在高卢北部的定居点，赛阿格里厄斯（Syagrius）的罗马王国，以及希尔德里克在高卢中北部扩张所获得的城市；希尔佩里克本人总是对巴黎有所企图。但是，在他死后，鲁昂成了首要的王室居所，到了7世纪初，他儿子克洛塔尔二世的这个王国被称为纽斯特里亚（Neustria），主要集中于高卢西北部，"位于高卢边缘，毗邻海洋（大西洋）"。[19] 随着613年克洛塔尔二世将自己的影响力扩展开来，巴黎终于发展为纽斯特里亚的都城。以奥尔良为中心的那个王国，同时亦发生了很大的变化。511年之后，克洛多梅尔的王国扩张到了高卢西部；但在561年之后，贡特拉姆的王国向奥尔良的东部和南部延伸。它取得了自身的统一，主要是因为它复兴了一个早期的独立王国。因为贡特拉姆在索恩河畔沙隆花费了越来越多的时间，他王国的中心变得与过去集中于罗讷河及沙隆交界附近的勃艮第人王国相似。因此，尽管诸国王和王室的居住地变化了，但三个截然不同的"法兰克王国"出现了，奥斯特拉西亚、纽斯特里亚和勃艮第。阿基坦或许是第四个，这不仅因为它也曾是另一个于5世纪后期出现于高卢的蛮族王国的基础。在西哥特人被打败后，阿基坦起初依旧是基本完整的，它同克洛维在高卢西北部利益的联系，暗示了克洛维控制的高卢西部，同由北到南，由莱茵兰法兰克人、勃艮第人和东哥特人所控制的东高卢之间分割的可能；于是，在511年克洛维于奥尔良召集的大宗教会议上，所有与会的主教既有来自阿基坦的，也有来自后来成为纽斯特里亚王国统辖之地的。但在克洛维死后，阿基坦的这些城市被北部的各墨洛温国王所瓜分，它不同于原来的勃艮第王国，即曾经的西哥特人王国，没机会作为统一的法兰克王国重现。因为王室家族成员的死亡和迅速的联姻导致阿

⑱ Gregory, *Hist.* Ⅳ. 49. 185 – 186；Fredegar, *Chron.* Ⅳ. 38. 139.

⑲ Jonas of Bobbio, *Vita Columbani* Ⅰ. 24. 98，显然是最早谈及"纽斯特里亚法兰克人"的材料。Soissons：Kaiser（1973）.

基坦诸城市不断易主分割，例如，在 567 年后的 20 年间，仅卡奥尔一地的控制权，就在 5 位国王和两位王后之间转换。[20] 在 6 世纪间，这个地区的鲜明特征是政治分裂。在这个世纪末，图尔的格列高利撰写其著作的时候，从未提到过一个整体的"阿基坦"。

在阿基坦的利益冲突导致了更多的内战；孤立的纽斯特里亚亦是如此。跟自己的兄弟们一样，希尔佩里克也同各种北方的邻居们，如弗里斯兰人、萨克森人和丹麦人等相争斗；但是，因为其王国的核心是在高卢西北部，他仅能靠着与自己的兄弟们对峙才能扩张其资源。在他让自己的儿子塞乌德博尔特侵入属于西吉伯特的图尔、普瓦蒂埃和其他城市的属地后，贡特拉姆试图充当中间人，有时同希尔佩里克结盟，有时同西吉伯特结盟。到了 575 年年末，西吉伯特占领了巴黎，塞乌德博尔特在战斗中被杀。然而，就在他获胜的时候，西吉伯特被希尔佩里克的妻子弗蕾德贡德（Fredegund）派出的刺客所杀。尽管西吉伯特的幼子希尔德贝继任成为奥斯特拉西亚的国王，但希尔佩里克的儿子墨洛维迎娶了叔叔西吉伯特的寡妇布鲁内希尔德，又成了王位竞争者。然而，可能是在弗蕾德贡德的催促下，希尔佩里克这时感到极大的威胁，以至于将自己的儿子剃发（法兰克王族是蓄发的，剃了发的人没有资格继承王位。见下文——译者），准备送入修道院。希尔佩里克其实不用担心，因为奥斯特拉西亚的贵族不久就将墨洛维置于死地了。最终，由于疾病和阴谋夺走了贡特拉姆和希尔佩里克的子嗣，双方都决定，收养年幼的侄子希尔德贝做继承人。希尔德贝的谋士们直接利用这个机会令他的两个叔叔彼此对立，最终，希尔佩里克在 584 年也被暗杀。

在格列高利《圣经》式的思考方式下，这些国王中的多数都未能仿效克洛维之榜样；因为他们"没在上帝眼前行正直"，他将他们交到了"他们敌人的手中"。不过，格列高利称赞了贡特拉姆，他是克洛塔尔一世唯一在世的儿子，这时已然担当起两个侄子的监护人。他已然收养希尔德贝为养子，又在弗蕾德贡德请求其保护后，最终支持了她的幼子克洛塔尔二世的统治，最后也将他收为养子。作为两个

---

[20]　Rouche（1979），pp. 51 – 85.

侄子的"父亲"，贡特拉姆看来似乎与克洛塔尔一世相似，把持着"王国的至高权位"[21]。于是，贡特拉姆立即尝试着扩张其领土，将巴黎和曾被他的兄弟查理伯特占据的整个王国，以及克洛塔尔二世王国的部分地方占为己有。

　　作为叔侄，又是有着收养关系的父子，贡特拉姆和希尔德贝基本能做到协同执政。贡特拉姆对于希尔德贝所做的一次企图谋害其性命的阴谋提出警告，于是在587年，他们签署了一份协议，最终书面确认了各争议城市的归属。[22]尽管如此，更广泛的利益争夺还是导致了一些纷争，部分是因为差不多所有外部战争或外交政策似乎都围绕着在法兰克诸王国中央的贡特拉姆的勃艮第王国发生。在中欧，作为他们利益的另一个方面，奥斯特拉西亚的国王曾与伦巴第人建立过外交联系和联姻关系。但是，在伦巴第人进军意大利后，希尔德贝利用偶尔对意大利北部的战事来敲诈勃艮第人和拜占庭人的补助金及贡奉。然而，贡特拉姆拒绝帮助自己的侄子，即使是四处劫掠的伦巴第人偶尔会攻击他王国内的城市也一样。反之，他发动了对塞普提马尼亚（Septimania）并不成功的战事，那是高卢南部的沿海一小块地区，位于罗讷河及仍旧处于西哥特人的控制之下的比利牛斯山之间；不过，希尔德贝和布鲁内希尔德统治期间是乐于接受西哥特国王雷克雷德的使者的。[23]尽管弗蕾德贡德——她依旧是克洛塔尔二世宫廷中的当权者——也利用自己同西哥特人的关系，暗中算计过贡特拉姆，但贡特拉姆依旧准备主持克洛塔尔在巴黎的洗礼。在那时，希尔德贝的沮丧是不必要的，因为在贡特拉姆死后，他通过继承自己叔叔的王国，确认了奥斯特拉西亚和勃艮第之间的联盟关系。在592年，墨洛温王室只剩下希尔德贝和克洛塔尔二世这两位堂兄弟还领有王的头衔；但是，直到这时，他们的影响力还是取决于他们的母亲布鲁内希尔德和弗蕾德贡德之间的竞争，及他们王国内的大贵族不断增长的权势。

205

---

　　[21]　Gregory, *Hist.* v. 14. 212，引《列王记上》9：4、9。对墨洛维的比喻，见Ⅶ. 13. 334，"*regni principatus*"，with Jussen（1991），pp. 64 - 97。

　　[22]　Gregory, *Hist.* Ⅸ. 20. 434 - 439，即所谓的《昂德洛协议》（Treaty of Andelot）。

　　[23]　关于塞普提马尼亚之争，见 James（1980）。

法兰克王权的形成

　　一位主教对图尔的格列高利印象相当深刻，说他能凭着记忆，详述"实乃最难记住的"《旧约》的复杂系谱；[24] 现代的读者对早期墨洛温人错综复杂、令人纠结的阴谋诡计，或许会有一个相似的困惑的反应。尽管他们诡计多端，但在 6 世纪期间，墨洛温人逐渐在高卢大部建立起王权统治，或者更准确地讲，是若干个王权的统治，组合了来自不同传统的元素。第一个，是日耳曼人的。[25] 墨洛温人或许凭着武力创建并维持了他们王室的统治，但各种仪式和象征物将王室成员同其余人群区分开来。王室统治常见的徽章包括一王座、一支矛和一个盾牌；当贡特拉姆认希尔德贝为养子后，将他安置在自己的王座上，表示一个盾牌和一支矛同时保护他们两人。[26] 最为明显的与众不同的形象特征，是国王们的长发。尽管图尔的格列高利对于"长发国王"家族从法兰克人中"最著名且最尊贵的家族"中显现出来的解释过于简单、晦涩不明，但长发的标记却成为王权可见的象征，将他们同其"周边头发都被剃掉的"臣民区分了开来。克洛维曾利用基督教会的削发作为去除一些竞争对手的手段；觊觎王位者不得不等着长出必需的长发；从腐烂尸体头上的长发，就可辨别出他乃国王希尔佩里克的子孙。[27] 王后克洛蒂尔德知道长发对于她所嫁入的墨洛温家族意味着什么：一旦将面对一把剑和一把剪刀，被迫决定她孙子们命运的时候，她承认，相比于剃发，死亡更可接受。6 世纪期间，墨洛温国王用来命名其儿子的唯一的非日耳曼名字，是参孙（Samson，参孙是《旧约圣经·士师记》中的一个著名士师，他的典型特征就是蓄发，因为传说他的力量寓于头发之中。——译者），这并不出人意料。[28] 这些长发国王还保持着一个价值取向，它尽管并非日耳曼独

　　[24]　Gregory, *Hist.* V. 42. 248–249.
　　[25]　关于日耳曼王权，见 Wormald，后文第 21 章。
　　[26]　Gregory, *Hist.* V. 17. 214–216.
　　[27]　长发国王，见 Gregory, *Hist.* II. 9. 52–58；削发，见 Agathias, *Hist.* I. 3. 4。关于克洛维，见 Gregory, *Hist.* II. 41. 91–92；V. 14. 207 是关于墨洛维；VI. 24. 291–292 是关于贡多瓦尔德；VIII. 10. 376–377 是关于贡特拉姆。
　　[28]　关于克洛蒂尔德，见 Gregory, *Hist.* III. 18. 117–120；V. 22. 122，尽管希尔佩里克和弗蕾德贡德的儿子参孙早在其幼年就于 577 年夭折了。

有，但无疑将他们的出身暴露在了边境之地。为了维持自己的权威，这些法兰克国王不得不明示自己是"不可战胜的"，这尤其是要靠着保护亲族和在战斗中取得胜利来实现。因此，尽管两人曾经相互争斗，但在希尔佩里克被暗杀后，贡特拉姆还是觉得他必须要复仇，"如果我不为我今年死去的兄弟复仇，我就不应被视为男人了"。国王们唯恐自己显得像个"软弱的妇人"；反过来，王后布鲁内希尔德曾"像个男人一样将自己武装起来"，以阻止一场战争，王后弗蕾德贡德将自己的军队伪装成一片树林，从而取得了一场军事胜利而赢得声誉。㉙ 因为，军事胜利的意识观念及刚强坚毅确实增强了王室的武者象征，意大利诗人弗尔图纳图斯（Fortunatus）最初因其机敏地用一个令人垂涎的称号——"胜利者"（Victor）来赞美一位墨洛温国王，得以确保自己在法兰克人的宫廷受到欢迎。㉚

影响了早期法兰克王权性质的第二个传统是《圣经》。㉛ 尽管到了5世纪，正统基督教在高卢的罗马人口当中提供了一个最具影响力的世界观，但他们依旧保持着异教崇拜的传统，甚至在法兰克人扩张到高卢中部后，他们仍继续在自己的异教圣地进行拜祀，北部高卢尤其如此。但是，克洛维最终皈依了正统基督教，允许主教雷米吉乌斯为自己在兰斯施洗礼。作为回报，基督教教士们将法兰克国王们塑造成与旧约中的国王们所对等的人物。如我们已然见到过的，格列高利经常依照《圣经》楷模来暗指墨洛温人，他的朋友弗尔图纳图斯甚至赞美国王查理伯特显露大卫之仁慈，所罗门之智慧。其他主教则是直截了当地将墨洛温人称作"公教会的国王"，或许是一种意会之举，告诫他们应如何对教会行事。一些评论则通过比较直白的恫吓形式：普罗旺斯的一位主教曾提醒塞乌德博尔特，要警惕那最后的审判，到那时，"基督教的首领"必要向上帝交账。㉜

但是，如果说《圣经》的类比使得墨洛温国王变得更能为罗马

207

㉙　Gregory, *Hist.* Ⅶ. 8. 331，"我因出身而强悍"（*de genere nostro robustus*）；Ⅷ. 5. 374, Guntramn；Ⅵ. 4. 268，"软弱妇人"；Ⅸ. 19. 432 – 434，Brunehild。弗蕾德贡德及其伪装，见《法兰克人史》（*Liber Historiae Francorum*）c. 36, p. 305。有关这段插曲，见 Gerberding（1987），p. 165。关于布鲁内希尔德及女性暴力，见 Gradowicz Pancer（2000）。

㉚　Fortunatus, *Carmina* 6. la，是 566 年对西吉伯特的一篇颂文；McCormick（1986），pp. 335 – 342。

㉛　参见 Wormald，本书第 21 章。

㉜　Venantius Fortunatus, *Carmina* Ⅵ. 2. 77 – 80；Gregory, *Hist.* Ⅸ. 16. 505 – 509，"*sub catholicis regibus*"；*Epistolae Austrasicae x*, pp. 124 – 126.

基督教居民所接受的话，它也将国王本人置于左右为难的窘境。在当时的信件中，雷米吉乌斯（Remigius）曾建议，武士克洛维应该转而去照顾寡妇和孤儿，维埃纳主教阿维图斯则提议，国王应将自己的盔甲换成"救恩的头盔"；依照后来的传统，雷米吉乌斯也曾称赞克洛维"温顺"[33]。格列高利不断地提醒墨洛温人，他们唯有证明了自己的仁慈和善意后，才能成为"好的国王"。他们所最看重的战斗中的勇猛，实际上在高卢社会中最具破坏性。弗尔图纳图斯——他成了教士，并最终成为普瓦蒂埃的主教——也强调，成功意味着"没有屠戮的统治"[34]。这些削发教士们之圣经般的理想显然与长发国王们的武士信条相冲突。于是，在早期法兰克王权形成的过程中，具有极大影响力的第三个传统，是罗马的，或者说，到如今，是拜占庭皇帝们的范例：他们将自己的基督教信仰同军事胜利的思想观念相融合。[35]君士坦丁在很久以前就树立起了胜利的基督教皇帝的典范，而克洛维在受洗的时候，显然被赞颂为"新的君士坦丁"。在取得对西哥特人的胜利后，克洛维甚至在图尔穿着罗马帝国的官服，受到人们称其为"奥古斯都"的欢呼。弗尔图纳图斯在墨洛温国王和罗马皇帝之间做了更多的比较。因为他在皇帝查士丁尼新近从东哥特人手里夺取的意大利北部长大，他熟悉拜占庭的文化及其有关皇帝的政治理论。他为西吉伯特和布鲁内希尔德之婚姻所做的颂扬体的诗，显示出对于古典神话及罗马皇帝长久以来特有美德的歌颂。在后来的一篇颂文中，他直截了当地将查理伯特的虔诚与图拉真相比。在另一篇颂扬诗文中，他将希尔德贝同麦基洗德（Melchizedek）相比较，后者乃旧约时期的国王及祭司，他以此人代表拜占庭皇帝之自命不凡的神权地位。[36]

　　因为罗马人习惯于接受皇帝和行政官，而法兰克人习惯于接受小的部落首领，所以要设计出国王的形象并不是一个简单的过程，整个

---

　　[33]　Remigius of Rheims, *EpistolaeAustrasicae* Ⅱ, p. 2; Avitus of Vienne, *Epistolae* 46, pp. 75 – 76; Gregory, *Hist.* Ⅱ. 31. 76 – 78.

　　[34]　Gregory, *Hist.* Ⅲ. 25. 123, v. Praef. 193 – 194; Fortunatus, *Carmina* Ⅵ. 2. 38. 对王权的看法，见 WallaceHadrill（1968）；Reydellet（1981）；Brennan（1984）；George（1992），pp. 35 – 61。

　　[35]　关于罗马对早期中世纪王权的影响，参见 Wormald，后文第 21 章。

　　[36]　Gregory, *Hist.* Ⅱ. 31. 77，"新君士坦丁"说显然源自雷米吉乌斯的传记。Fortunatus, *Carmina* Ⅵ. 1 – 1a；Ⅵ. 2. 81 – 82 是关于图拉真的；Ⅱ. 10. 21 – 22 则是关于麦基洗德的。

6世纪，就像国王们在到达高卢城市时人们欢迎国王的五花八门的表达模式那样，各种相互抵触的观念混杂在一起，让人无所适从。[37] 在一个异质社会中建立王室权威，是另一种更为现实的困难。即使克洛维和他的继任者消灭了与之竞争的诸法兰克人王朝，他们还是不能解决自己家族内部的激烈矛盾。连续不断的婚姻和姘居产生了许多的兄弟、同父异母的兄弟和堂（表）兄弟，他们与他们的父亲、叔伯相争，也和自己的手足兄弟相争，511年，所有墨洛温子嗣间最初的领土分割所产生的挥之不去的、未获得解决的影响，也对强大王权的建立形成了挑战。克莱蒙和奥弗涅早期的统治就是这样一种混乱无序状态的典型范例。在克洛维死后，塞乌德里克继承了对克莱蒙的统治权，使之成为奥斯特拉西亚王国的边远之地。但是，因为对于阿基坦各城市的随意分割，其他国王在这个区域都有自己的利益所在，不忠变得甚为普遍。当风传塞乌德里克被杀后，一些地方的罗马贵族就背叛了塞乌德里克，主动将克莱蒙交给了国王希尔德贝。524年，塞乌德里克进行了报复。尽管他无法拿回克莱蒙，但还是纵容自己的军队劫掠了奥弗涅。然后，"似乎是为了防卫"，他留下了一个时任公爵的亲戚西吉瓦尔德（Sigivald）。但是，几年后，塞乌德里克杀了西吉瓦尔德，并试图说服自己的儿子塞乌德博尔特也杀掉西吉瓦尔德的儿子。一位亲戚的擢升，尤其是在边远的城市，对墨洛温国王的王权而言，或许依旧算是一个过大的挑战。555年，克洛塔尔继承了克莱蒙，并立即派他的儿子查尔曼去奥弗涅。查尔曼不久就开始作为自主的国王行事，任命了一位新的伯爵，并胁迫主教从命。但是，当查尔曼占领了普瓦蒂埃和利摩日使"自己成为领主"后，他的父亲派了自己的另外两个儿子来对付他，最终杀死了他。[38] 在边远地域擢升国王的某个儿子也增加了挑战墨洛温国王的可能，尤其是一位统治时间过长的国王，在当地的贵族支持他的某个儿子而非其父亲的时候更是如此。不过，有时国王也没的选择。当贡特拉姆再婚后，他将此前自

---

⑨ Fortunatus, *Carmina* Ⅵ. 2. 7 – 8，查理伯特在巴黎受到"野蛮人"（即法兰克人）和罗马人用自己的本族语言的欢迎；Gregory, *Hist.* Ⅷ. 1. 370 – 371，贡特拉姆在奥尔良受到人们以"叙利亚语、拉丁语，甚至犹太语"给予他的欢呼。

⑱ Sigivald：Gregory, *Hist.* Ⅲ. 13. 109 – 110，Ⅴ. 12. 201；*Vita Patrum* Ⅻ. 2. 262 – 263. "*Rex Chramnus*"：Gregory, *Hist.* Ⅳ. 13. 144.

己情人所生的儿子送到了奥尔良；希尔德贝二世在当地贵族的要求下，将一位幼子送到了苏瓦松和莫城（Meaux）。格列高利将克洛塔尔和查尔曼的战争，同押沙龙（另一位长发的王室之子）的篡位相比较，巧妙地概括了墨洛温国王在努力稳固权势时面临的左右为难的窘境。[39] 尽管众多的王室宫廷通过约束地方贵族建立自治体系维持住了墨洛温家族的统治，但是，这也增加了墨洛温人之间世代争斗的潜在可能。

　　每位墨洛温国王都通过任命行政官员，包括"侍从、管家、宫相、守卫，以及其他任何为行使王室控制力所需要的人员"来延伸自己的王权。在王室宫廷中服务的官员包括宫相、宫廷伯爵、马厩的侍从和管家，他们或许还担任将军、法官或外事使节；文书（referendarii）与速记员和执事一样，负责保存国王的指环印章；还有管理王室财库的管家。因为墨洛温国王经常领导军事征伐，或巡游于他们自己的众多行辕和别墅之间，这些宫廷的官员既是旅行中的同伴，又是王室的代理人和管理者。其他王室官员则在宫廷之外任职。因为墨洛温王国并不看重原罗马行省的界线，所以罗马帝国幸存下来的最大管理单位便是城市，每座城市通常是包括城市中心和周围广阔的乡村腹地。对于处在他们控制之下的诸多城市，国王委任各种责任予伯爵，包括行使司法裁判、收税、征募并经常指挥当地的军队。国王还任命公爵，他们时常指挥军队，有时则充当外交使节，但是很快就成为王国内部较大地区的地方管理者。6世纪期间，奥斯特拉西亚国王在香槟、图赖讷和普瓦图，在东部阿基坦，尤其是奥弗涅，在马赛和普罗旺斯都委派了公爵。纽斯特里亚国王为苏瓦松和周围地区、索姆和卢瓦尔之间地区、图卢兹及包括波尔多的阿基坦一部分委派了公爵。勃艮第的国王为奥尔良和周边地区、阿基坦的一些城市，阿尔勒和普罗旺斯的一部分地区委派了公爵。在普罗旺斯，管辖者通常会被冠以罗马头衔，如总督（rector）、行政官（prefect）或显贵（patrician）。在其地域内，公爵通常监管着伯爵，或者至少其地位要高于伯爵，尽管在奥斯特拉西亚和普罗旺斯没有多少伯爵。于是，因为这些王室的管理部门结合了新的及传统的因素，它们当然既不成体系亦

　㊴　Gregory, *Hist.* IV. 20. 153, Absalom；IV. 25. 156, Guntramn；VI. 36. 457, Childebert.

不是整齐划一的。在高卢，形成并行使一个墨洛温行政部门的职权，是一种贯穿于整个 6 世纪的长期过程。[40]

墨洛温家族的权威还依赖于国王聚敛财富的能力。权力对抗和战争是两个重要的来源。在战争期间，国王聚敛了大批劫掠物，一些邻近部族则在被打败后偿付贡金。他们的一部分财富也来自在高卢境内多少成体系的岁入收集。在接管了原帝国的地产，没收了他们之竞争对手和敌对势力的财产，并接受了诸多赠礼之后，国王的身份首先成了从自己的地产上征收赋税和征集徭役人员（或消费产品）的大地主。国王的代理人也征集各种通行税和罚金，还有需要用来偿付国王或其代表在司法纠纷中仲裁的费用。最终，国王代理人向个人和诸如教会及城市这样的机构所拥有的土地征税。在某些方面，墨洛温朝似乎延续了罗马的税收系统，尤其是他们的代理人还保持着登记造册并施行定期重新评估的传统。但是，在重新定义土地所有者这样一个更大的背景下，征集岁入则是国王在整个高卢成功延伸影响的最好不过的标准。因为在整个高卢持续不断的战事当中，国王的军队经常劫掠城市、教堂和个人，或许最好是将这些税收看作劫掠及恐吓和附庸之象征的文雅形式，而非为了增加岁入而建立的一个相应的财务管理系统的标志。支付税款是与效忠宣誓相对应的金钱形式，都是国王希望从自己所控制的城市那里获得的东西。国王派伯爵们到一些城市中，是为了索取忠诚誓言和税收；作为回报，一个伯爵有一次拜访了希尔德贝的宫廷，就是为了呈献他所征集的"应给予王室金库的劳役"。[41]

墨洛温国王有时似乎更将自己想象成保护自己利益和个人及公众财产的大地主，而非国家首领或各层级掌权者当中的首脑。例如，正义成了人们需要花钱购买的商品，而非由国王及其代理人所统一实施的一系列准则及规章的结果；甚至当国王宣布敕令或颁布法典的时候，他们似乎更关心如何模仿罗马皇帝，在臣民当中创造共识。[42] 当贡特拉姆和希尔德贝商定分割那些高卢城市时，他们似乎更对收入感

　　㊵　Gregory, *Hist.* IX. 36. 457, list；Selle-Hosbach（1974）；Weidemann（1982），Ⅰ, pp. 24 – 106. 关于伯爵们，见 Claude（1964）；Murray（1986），（1988）。论公爵们：Lewis（1976）。普罗旺斯省：Buchner（1933），pp. 15 – 25, 86 – 108。

　　㊶　Gregory, *Hist.* X. 21. 519. 关于王室产业：Ewig（1965），pp. 152 – 155。岁收：Goffart（1982）；Durliat（1990），pp. 7 – 121。钱币：Grierson and Blackburn（1986），pp. 811 – 854；Hendy（1988），pp. 59 – 70。

　　㊷　Wormald（1977）；Wood（1994），pp. 102 – 119。

兴趣，而非实际的地域疆界，他们在城市中的那部分利益就是税收的
份额。这些国王以资源的占有而界定他们的地位及权威就不得不经常
同其他对这些资产有兴趣的人谈判（或争斗）。由此，他们授予税收
豁免权的策略就是一种同其他强大贵族和团体打交道的形式。教堂和
圣坛则要求，或者坚持不断地，为他们的地产获得更多的豁免权。于
是在6世纪末，希尔德贝再次免了他们的税。克洛塔尔二世似乎终于
同意授予教堂和教士更大的特权，即同样给予将来所获得土地的豁免
权。[43] 法兰克人同样抵制对自己土地征税，因为它被看作附属的象
征，自此会隐约地改变他们同其国王之间的关系。因此，他们将一位
强制增加税款的王室官员乱石砸死；在一位伯爵强迫一些法兰克人支
付"公共税"的时候，这些法兰克人对这样冒犯其"自由"的行径
做出了回应，烧掉了他的房子。[44] 从此，"法兰克"的概念逐渐变得
更接近于免除纳税义务，而非部族出身，于是，取得豁免权成了与法
兰克同化的方式。

　　在集聚了财富后，墨洛温国王还得寻找办法去消费。在罗马帝国
时期，皇帝主要的支出项目是大规模的军队，其多数军团都驻扎在各
处的边境上。但是，墨洛温国王并没有维持大规模的常备军，相反，
每次战事所依赖的是地方征募兵、卫戍和武装侍从。以罗马人的标准
来衡量，法兰克人的军队比较少，经常只有数千人或数百人；并且，
因为他们的战事——不管是在高卢内部抑或抵御邻国——带来了大量
战利品，还可以用赎金赎回大量俘虏，这些军队差不多算是自给自足
的。与罗马军队不同，法兰克国王及其权贵的军队并不是用来驻守偏
远边境的。相反，军事活动在绝大多数情况下都不过是王室（和贵
族）用来表现其男子气概及尊严的方式，并且国王及其众臣僚的军
队经常危害自己的臣民。一支军队在行军通过高卢西部的毁灭性效
果，可与圣经中所描述的一次蝗虫所引发的毁灭相提并论。在图尔的
格列高利的评价中，这支军队是形同于洪水、暴雨或旱灾的另一
类"自然灾害"。从许多方面看，墨洛温人和他们的军队似乎都将战

---

　　[43] Gregory, *Hist.* Ⅲ.25.123, x.7.488；ChlotharⅡ, *Praeceptio*, *MGH Cap.* Ⅰ, 8, c.11.19. 关于豁免
权，见 Murray (1994)；Fouracre (1995)。

　　[44] Gregory, *Hist.* Ⅲ.36.131 – 132, Ⅶ.15.336 – 337.

争视作体育活动；于是，当西吉伯特的一位拥护者偶遇希尔佩里克的
一个儿子时，迅即"带着号角和喇叭，追了过去，就像在追一头逃
跑的鹿"⑤。法兰克人和他们的国王显然是以这样的追逐为乐，他们
的一些小规模的战事近似于远足狩猎。事实上，在国王克洛塔尔杀了
自己的儿子查尔曼，祈愿忏悔之后就去狩猎。不过，克洛塔尔死于在
这次狩猎期间所得的热病；他的侄子塞乌德博尔特在狩猎期间，于一
场异乎寻常的事故中受了致命伤，被一棵野牛撞断的树压死了；希尔
佩里克也是在打猎的时候被暗杀的。6 世纪期间，从王室仇杀中幸存
下来的国王们更可能死于狩猎期间而非死在战争活动期间。

鉴于墨洛温王朝用于军事的开销有限，所以，他们利用自己的财
富去强化个人的威望和权威。贵重物品的大量积聚是其身份名望的一
种可见的形式。希尔佩里克曾试图通过展现其从拜占庭皇帝那里获得
的金币给主教格列高利留下深刻印象；他给主教看了一个巨大的，装
饰着珠宝的大金盘，他装饰这个盘子是为了"令法兰克人变得尊
贵"。诸国王将其财富作为礼物散发出去以巩固其同随从和臣民关
系。为了取得或者确保地方贵族的支持，国王赏赐他们地产和财宝；
考虑到他们在战争和狩猎上与自己有共同的兴趣，他们的礼物通常包
括马匹、猎狗、猎鹰，乃至狩猎用的号角。因为国王将众多这样的人
任命为宫廷的官员、伯爵和公爵，他们显然更多地依赖于这些个人关
系所限定的义务，而非与个人关系毫无关联的官僚权威，去维持其宫
廷官员们的忠诚。他们的财富是确保这些个人联系，维持王室权力的
手段，当一个国王想要将另一个国王的王国据为己有的时候，他首先
关心的是查抄对手的财库。于是，在克洛塔尔于 561 年死后，希尔佩
里克抢占了他父亲的财库，找出最有权势的法兰克人，试图用礼物赢
得他们的拥护。王室的金库还包括国王记录了赏赐分配礼物的王室档
案，与其说是为了确认他们之法定的受封头衔，不如说是为了证实其
影响力的范围及他们所承担的各种义务。⑥

国王靠着其财富，也能资助一些高层次的文化圈。尽管图尔的
格列高利或许曾哀叹文学研究的衰落，但事实上，在贵族或教会人士

---

⑤ Gregory, *Hist.* Ⅵ. 45. 319, 关于蝗虫记载；Ⅳ. 47. 183 – 184, 关于鹿的记载；Bachrach（1972）。
⑥ Gregory, *Hist.* Ⅵ. 2. 266 and Ⅶ. 4. 328, 大浅盘；Ⅳ. 22. 154 – 155, 关于克洛塔尔金库；Ⅹ.
19. 510 –513, 关于档案；关于支出，见 Durliat（1990），pp. 122 – 130。

中熟悉古典文化的人并没有在高卢消失。[47] 其中许多人有往来信件；有些人，包括一些主教在内，获得了诗人的声望。例如曾在意大利北部接受过专门古典教育的著名诗人弗尔图纳图斯，深得世人的赞赏尊敬，尤其是那些贵族和主教也是他的作品的拥趸。他的资助人中间包括墨洛温诸国王，其中一些国王甚至成功地将自己变成博学的绅士。克洛维曾请求东哥特国王狄奥多里克派来一位里拉琴演奏艺人；两代之后，希尔佩里克支持其王国内对男孩们的教育，命令重新誊抄过去的书籍，甚至建议在字母表中增加字母。他还试着亲手写诗，尽管格列高利率直承认，自己在拉丁文写作上有困难，但他还是对这位国王的诗作不屑一顾，批评它们在格律上很不讲究。[48]

　　墨洛温国王炫耀其财富的另外一个途径，是投资于建筑和在许多城市内捐助建立公共设施。例如，希尔佩里克在苏瓦松的都城和巴黎都建造了竞技场。就建筑竞技场这一事例而言，他不仅是要模仿曾主持竞技场竞技活动的罗马皇帝，还是要强硬地宣称自己那已经亡故的弟弟查理伯特王国的整个首都已经为自己所拥有，以此来公然挑衅他的兄弟贡特拉姆和侄子希尔德贝。[49] 克洛维曾通过支持圣徒崇拜树立了另一个范例。他和王后克洛蒂尔德曾在巴黎圣格诺韦法（St. Genovefa，或 St. Geneviéve）——当时的一位苦修禁欲者——的墓地附近建造了一座教堂。他们及部分王室后裔都葬在了这座教堂内，这所教堂最终被奉献给"圣使徒"，可能是为了模仿首位基督教皇帝君士坦丁在君士坦丁堡被安葬于其中的那座教堂，它还被奉献给了罗马著名的守护圣徒圣彼得。因此，在促进对当地圣徒崇拜的过程中，克洛维公开地将自己及其王朝同罗马帝国伟大首都的帝国精神联系了起来。他的继任者推动了其他的崇拜。在巴黎，希尔德贝也建造了一座教堂，以纪念一位西班牙殉教者圣文森提乌斯（St. Vincentius），似乎希尔德贝是在同西哥特人的战争期间得到了其圣骨。在苏瓦松，克洛塔尔和他的儿子西吉伯特建造了一座教堂，以纪念努瓦永以前的主教圣梅达尔（St. Medard），希尔佩里克还为这位

---

[47]　见 Fontaine, 后文第 27 章。

[48]　Clovis: Cassiodorus, *Variae* Ⅱ. 40. 70 – 72. Chilperic: Gregory, *Hist.* Ⅴ. 44. 253 – 254 and Ⅵ. 46. 319 – 321; 关于一首现存的诗，见 *Ymnus in solemnitate S. Medardi*, ed. K. Strecker, *MGH Poetae* Ⅳ. 2. 455 – 457。对早期中世纪教育和文化最好的概论性作品，依旧是出自 Riché（1962 年）。

[49]　Gregory, *Hist.* Ⅴ. 17. 214 – 215。

圣徒写了一首诗。在索恩河畔沙隆，贡特拉姆建造了，或者说是重建了一座教堂，以纪念圣马塞卢斯（St. Marcellus），一位当地鲜为人知的殉教者，他还慷慨地为该教堂和一座修道院捐钱。[50]

贵族和教会

214

　　尽管墨洛温人成功地在高卢称王，但其王室的权威从根本上讲仍是脆弱的。他们同圣徒崇拜的关系可提供最早的线索。墨洛温人偏爱于对新圣徒的新崇拜，圣徒中的一些人，甚至拥有法兰克人的祖先，譬如，当然包括圣梅达尔（St. Medard），可能还有圣格诺韦法（St. Genovefa）。相比之下，他们则难以逢迎那些已形成的圣徒崇拜。有人认为，克洛维是在普瓦蒂埃的守护圣徒圣希拉里（St. Hilary）的支持下，于507年投入同西哥特人的战斗中；不过，没有证据表明，在6世纪期间，他的王室继任者中有人资助这位圣徒在普瓦蒂埃的教堂，或者在高卢其他地方存在崇拜这位圣徒的圣处。在取得对西哥特人的胜利后，克洛维曾拜访了图尔及圣马丁的教堂，他是罗马晚期及墨洛温高卢早期最受尊崇的守护圣徒。不过，克洛维不久就退回到了巴黎；据一个后来或许是杜撰的故事说，在国王被迫以两倍于自己所愿地付了赎金，从这位圣徒的教堂索回自己的马匹后，他承认，圣马丁教堂为自己对王权的支持敲定了一个条件苛刻的交易。他的王室继任者们似乎都默认，为了获得圣马丁的支持，他们所付出的代价实在是太高了。当他们试图强加给图尔的税款受到质疑后，他们始终是退让妥协，给予免税。当这座圣马丁教堂于559年被烧毁后，克洛塔尔曾为此教堂资助了一座新的锡制屋顶。不过，6世纪期间，他也是唯一拜访过图尔，并在这位圣徒墓中祈祷的在位的王。即使其他王想参拜圣马丁墓，他们也没有亲自前往。取而代之的是，希尔佩里克送了一封信，放在了这位圣徒的墓上，同时还放上了空白纸张，以获得这位圣徒的答复；很显然，圣马丁并没有对此做出答复。6世纪期间，圣马丁崇拜并没有同法兰克土紧密地联系起来。面对这样一个影响巨大、历史悠久的崇拜，墨洛温人显然感到了威胁，他们更倾向于资助

50　Van Dam（1993），pp. 22 – 28.

在巴黎、苏瓦松和索恩河畔沙隆所立的圣徒崇拜，实际上是在位于图尔的圣马丁权势的中心及他们自己在高卢北部及东部的主要利益间，创造了一些圣徒崇拜的缓冲区。[51]

关于圣徒崇拜的这种矛盾情绪，再现了国王们和主教间不稳定的关系。诸法兰克王经常试图命令主教服从于自己的控制，尤其是靠着干预主教的选任来实现这种控制。尽管教会人士和大宗教会议早已反复宣称，应由教民和教士们选出新的主教，但王的喜好变得越来越具有决定性。在549年，奥尔良的一次大宗教会议承认了王在新主教选任过程中的角色，"古代教会法规"已批准，王的意愿同教士和会众的选择同等重要，古今皆是如此。一旦王室任命，有些主教甚至得像伯爵和公爵一样，向王宣誓效忠。[52] 并且，如同王召集自己的贵族开会一样，他们也召集主教参加大宗教会议。早在511年，克洛维就已经召集了众多主教参加奥尔良的一次会议，他们适时地欢呼他为"天主教会之子"。随后的王们试图靠着发布自己的敕令来强化（并独占）宗教会议的决议。[53]

但是，面对王室干涉宗教事务的这种行为，主教们并非消极以待。首先，强大的守护圣徒们的支持也使主教们成为独立性的，或者说，至少是令人畏惧的人物。如我们已经提到的，各个国王曾经总是在向着克莱蒙进军。但是，在524年，在首先得知圣徒们的教堂如"众多堡垒般"环绕着城市，然后又得知这座城市的主教"在上帝面前影响巨大"之后，国王塞乌德里克很快就撤退了。如果法兰克王可以同古代的以色列诸王相提并论的话，那么这些主教就等同于那些为列王建言、劝诫的先知；因此，图尔的格列高利尖锐地评注道，所有的王中最智慧的所罗门，依然应将其王座归功于先知的支持。当弗尔图纳图斯将拜占庭的帝国思想体系运用于希尔德贝的时候，他也在小心地保护着主教和教士的权威，强调国王虽执行其"宗教任务"（在这里，指的是资助巴黎的大教堂），但他依旧是个俗人。主教不

---

[51] 交易：*Liber Historiae Francorum* c. 17. 271；克洛塔尔：Gregory, *Hist.* Ⅵ. 20 – 21. 152 – 154 and Ⅵ. 9. 279；Baudonivia, *Vita Radegundis* cc. 6 – 7, p. 382；希尔佩里克的信：Gregory, *Hist.* Ⅴ. 14. 211。

[52] 奥尔良会议：a. 549, Can. 10, pp. 151 – 152；宣誓：Gregory, *Hist.* Ⅹ. 9. 492；Bertramn of Le Mans, *Testamentum*, ed, Weidemann（1986）, p. 15。

[53] 奥尔良会议：a. 511, *Epistola ad Regem* p. 4；贡特拉姆的王室敕令：*MGH Cap.* Ⅰ, 5, pp. 11 – 12；克洛塔尔二世的敕令：*MGH Cap.* Ⅰ, 9, pp. 20 – 23。

会让国王忘记，唯有他们才掌控着获得圣徒奇迹力量的途径。贡特拉姆是唯一的据信是行神迹治病的墨洛温王；但是，即便如此，格列高利依旧巧妙地将这次奇迹的意义做了转换，评注道，国王不过是在"像一位优秀的主教般"行事。[54]

　　其次，随着罗马帝国管理体制的崩溃，主教变成了重要的地方统治者，这部分地是因为他们的牧座和教区与城市及其领土相一致。在罗马军队消失之后，教会不仅是墨洛温高卢最大的机构，其影响力还明显地超出了王国的疆界。它的主教们经常在行省或地区的宗教会议中会面，它的等级体系中包含着数以千计的神父、执事和低级教士。事实上，为大约 15 位都主教，及超过 100 名其他每位主教服务的教士们，其数量大概与两三个王室宫廷中的官员相当。而且，由于主教们还管理着归属于其教堂和圣所的往往数量庞大的资产和庄园，于是，他们也能够无可辩驳地声言，自己是通过其大教堂内的"宝座"成为统治者。国王希尔佩里克曾调查教堂财产，他无可奈何地抱怨，只有主教们在"统治着"他们的城市。这些庞大的资源使得主教能够承担得起众多的社会和市政服务。他们资助众多的建筑计划，其中最为明显的，就是那些教堂和圣所；他们资助着医护所、收容所和济贫院；他们也去赎回奴隶和囚犯。[55]

　　最后，高卢的许多主教都是原罗马贵族家族的后裔，他们选择在宗教高阶层任职，也是其维系在地方上之影响力的策略。因此，他们中的一些人不仅有着一直上溯到罗马时期的显赫出身，并且，许多人还是早自 5 世纪起就已经支配了特定牧座的那些家族的成员。在 6 世纪初，一位罗马贵族的妻子宣布，她所怀上的"是一位主教"，她直言不讳地表达了她自己家族的，也是许多罗马贵族家族的期望。她的预见也是正确的，尽管有王室政治带来的波动，尽管她的丈夫拒绝了被勃艮第国王贡多巴德任命为日内瓦主教的决定，但她的儿子继承了他的叔叔，在法兰克王希尔德贝的支持下当上了里昂主教。"家族牧

216

---

　　[54]　Gregory, *Vita Patrum* IV. 2. 225，关于克莱蒙；Hist. I . 12. 13 – 14，关于所罗门；IX. 21. 441 – 442, Guntramn Fortunatus, *Carmina* II. 10. 22，关于俗人任教职（conplevit laicus religionis opus）。
　　[55]　主教的统治：Gregory, *Hist.* VI. 46. 319 – 321, In *Gloria Martyrum* c. 33, pp. 58 – 59；主教权力：Scheibelreiter（1983）；Van Dam（1985）；Klingshirn（1985），（1994）；教会财富：Thiele（1969）。

座"的出现，自此为国王任命主教的权力施加了一个不言而喻的限制。⑯

　　此外，一些主教本人之前就曾担当王室的地方官，他们的亲属依旧在担任法兰克王的地方官员、谋臣或军队指挥官。罗马贵族显然并未消失。尤其是在高卢的中部和南部，各个在罗马帝国时期声名卓著的家族，这时在西哥特和勃艮第的治下保持着原来的地位，进入 6 世纪时，则在法兰克人治下保持了他们的影响力。不仅是由于定居在卢瓦尔河以南的法兰克人极少，并且在这些地区，墨洛温国王经常任命罗马贵族做伯爵。例如，尽管克莱蒙同奥斯特拉西亚存在着密切的联系，但是，自 6 世纪起，已知的贵族都是当地罗马贵族家族的成员，只有一个例外；在图尔，国王希尔佩里克曾允许人民选择自己的伯爵。甚至在高卢北部，罗马贵族仍然保持其威势，如埃琉塞利乌斯，他在成为图尔奈的主教前是一位伯爵。⑰此外，直到 7 世纪初，罗马贵族一直支配着北方重要城市，诸如特里尔、科隆和美因茨的大主教辖区。罗马人也开始迎娶法兰克人，承继了他们的活动和取名方式。尽管居领导层的法兰克人，包括墨洛温人学习了古典文化，但在 4 世纪后，他们不再采用罗马名字；相反的，日耳曼姓名在罗马人家族中变得越发普遍。举例来说，图尔的格列高利有一位名为贡都尔夫（Gundulf）的伟大舅父，他生于 6 世纪早期。他们的新的法兰克宗主对狩猎和战争的兴趣，乃至影响了保持着拉丁或至少是拉丁—日耳曼姓名的罗马人；于是，一个叫卢普斯（Lupus，狼）的罗马人在西吉伯特和希尔德贝治下担任公爵一职，他有一个兄弟叫作马格努夫（Magnulf，巨狼）还有一个后来成为兰斯主教的儿子，叫罗慕尔夫（Romulf，罗马狼）。⑱

　　除了这些罗马贵族外，墨洛温人还不得不与其他强大的贵族抗争，尤其是在高卢北部，这些贵族出自原来的法兰克人支持者、法兰克人的其他部族或只是最近才被包括在墨洛温统治下的非法兰克民族。随着这些人群获得了土地和官职，也就逐渐地使自己转变为地方

217

---

　　⑯ Gregory, *Vita Patrum* Ⅷ. 1. 214, 是关于怀孕的; Fortunatus, *Carmina* Ⅳ. 3. 2, "牧座"（patriae sedes）; 主教的门第; Heinzelmann（1976）。

　　⑰ Gregory, *Hist.* Ⅴ. 47. 257, 图尔伯爵; Weidemann（1982）, Ⅰ, pp. 70 – 73, 77 – 80; 埃琉塞利乌斯: *Vita Medardi* c. 6, p. 68. 关于罗马贵族遗老们的描述, 见 Stroheker（1948）; Heinzelmann（1975）。

　　⑱ 名字和种族渊源: Geary（1985）, pp. 101 – 114。

的贵族，被称为"生来高贵者"（men distinguished by their birth）、"最重要的人"（the foremost men）、"族群中之至尊者"（the most noble among their own people）、"王廷权贵"（those with influence at the king's court）等。尽管法兰克人当中贵族统治的发展依旧是一个鲜为人知的过程，不过，这些被图尔的格列高利使用过的描述——无可否认，是含糊不清的——已然强调了一些家族的成员自出生就具有的特权。这些法兰克贵族也仿效罗马贵族，逐步建立起自己对土地的控制和占有。他们通过购买或查没获得了许多地产和庄园，一些则是出自墨洛温人的赠予；这些土地继而通过继承和婚姻在家族成员间转移。贵族们聚集起大量的财富。例如，公爵劳奇（Rauching）的妻子佩戴着珠宝和金饰在苏瓦松各地招摇过市；劳奇本人亦拥有比王宰金库更多的财富，令国王希尔德贝的侍从惊奇不已。并且，法兰克贵族还招募依附者，使之在世仇纷争和战争时期成为协助其领主们参与争斗的武装人员。在许多方面，这些新贵家族不仅与旧的罗马贵族家族很相似，并且，他们也和最为成功的法兰克家族，即墨洛温人颇为相似，他们与墨洛温人一起宴饮、狩猎，同其并肩战斗，有时还与他们联姻。国王们和权贵们之间形成了一种相互依赖的伙伴关系，彼此相互扶持。[59] 国王需要贵族担任行政官员、参事、将军和战士，同时，贵族仰赖国王赠予土地、官位和威望。不过，贵族和国王同时又为了这些有限的资源，特别是对于土地和附庸的控制而竞争；同样地，主教作为教会土地和财产的管理者，也等同于大地主。强大的主教和强大的贵族，既有罗马的亦有法兰克的，于是，他们同墨洛温国王分享着，有时甚至主宰着政治舞台的核心。

国王、贵族和主教间的相互作用在奥斯特拉西亚很早就十分明显。克洛维死后，塞乌德里克（Theuderic）继承了兰斯王国；不久，他派自己的儿子塞乌德博尔特（Theudebert）去高卢南部对西哥特人作战。塞乌德博尔特在那里遇到的一些罗马贵族，在他称王后，就作为谋臣或地方官为他服务。其中一位是帕森尼乌斯（Parthenius），他

218

　　59　Gregory, *Hist.* Ⅸ. 9. 421–424，是关于劳奇的；Fortunatus, *Carmina* Ⅵ. 1. 19，是关于西吉伯特和他的公爵的："一位领袖将众多权贵聚集在一起"（culmina tot procerum concurrunt culmen ad unum）。法兰克贵族集团的发展：Irsigler（1969）；Grahn-Hoek（1976）；Halsall（1995），pp. 33–39。贵族墓穴的考古：James（1979），（1988），pp. 58–67。一个卓越家族：Nonn（1975）；Weidemann（1986）。

的祖先和亲戚中有一位是原来的罗马皇帝，还有一位原来的罗马行政官，亦有几位是高卢中部和南部的主教。他本人在以罗马贵族（pa-trician）的身份回到塞乌德博尔特的宫廷之前，曾在拉文纳学习。可能因为这些罗马谋臣们的影响，塞乌德博尔特开始有了僭越皇权的行为。他是第一个发行印有自己肖像的金币，侵犯了皇权的法兰克国王；他入侵意大利；他委婉地告知东部皇帝查士丁尼，他的王国也包括许多莱茵河及多瑙河之间的民族；据称，他甚至打算发兵穿越中欧，去进攻君士坦丁堡！因此，塞乌德博尔特成为高卢北部"罗马化法兰克人"的另一个典范；事实上，当他于534年登基的时候，已经同其罗马妻子育有一子。[60]

　　但是，因为在父亲死后，叔叔们密谋与自己作对，塞乌德博尔特得以即位主要受益于自己的附庸们（leudes）的保护，他的这些法兰克支持者们因他们的效忠誓言而依附于他。在那些迫使塞乌德博尔特抛弃罗马妻子，以迎娶伦巴第公主的法兰克人中间可能也包括这些侍从，还是这些人，因帕森尼乌斯（Parthenius）对他们拥有的土地征税而用私刑杀死了他。塞乌德博尔特的儿子暨继任者塞乌德巴尔德（Theudebald）可能有一半的法兰克人和一半的罗马人血统，但是，起初，有权势的法兰克人同样支配着他的宫廷。阿基坦的主教们知道是谁真正握有大权：当他们于551年集会，为克莱蒙选举一位新主教的时候，他们关心的并非是国王的喜好，相反，是他的"权贵和要人们"的选择，这些人事实上是把他们的选择强加于国王。[61] 于是，塞乌德巴尔德是面对贵族控制，事实上无权的年幼国王的早期例子。

　　不过，并非所有的主教在这些大贵族面前都是如此的恭谦，塞乌德里克留给其继任者的一份遗产就是特里尔主教尼塞提厄斯（Niceti-us）。在塞乌德里克和其他"于国王宫廷中享有殊荣的显贵们"的支持下，尼塞提厄斯于525年得到了自己的教区。他的教职人员来自塞乌德里克及其继任者所控制着的阿基坦诸城市人；他也同意大利北部的教会人士，以及一位伦巴第王后通信；他甚至给皇帝查士丁尼写过

219

　　[60]　Parthenius：Heinzelmann（1982），p. 663；Theudebert：Procopius，*Wars* Ⅶ. 23. 5 – 6，金币；*Episto-lae Austrasicae* ⅩⅩ，p. 133，是写给查士丁尼的信；Agathias，*Hist.* Ⅰ. 4. 1 – 4，拜占庭的猜疑；Collins（1983）。

　　[61]　Gregory，*Hist.* Ⅳ. 6 – 7. 139 – 140。

一封告诫信。由是，尼塞提厄斯广阔的影响力和名声，很大程度上影射了奥斯特拉西亚国王在高卢中部、中欧和拜占庭意大利的广泛利益。但是，尼塞提厄斯也在俯视着摩泽尔（Moselle）的一个山丘上建造了一座巨大的城堡，他用圣徒的遗骨来强固它（并且，以防万一，还装配了一张弩）。由于这座堡垒，他强大到足以挑战相继登基的数位法兰克国王，甚至迫使他们变得"更为顺服"。他威胁塞乌德里克的支持者们，因为他们在穷人的田中放马；他禁止塞乌德博尔特的一些部属领圣餐礼，指控他们犯下了谋杀罪，并有不当的性行为。他经常开除克洛塔尔的教籍，作为报复，克洛塔尔流放了他；他曾经宣布，主的天使向他透露了对每位国王统治的评价。他与意大利交往的一封信显示了尼塞提厄斯多重的影响力，信中请求尼塞提厄斯与国王塞乌德巴尔德及天堂中各位圣徒给予自己支持。奥斯特拉西亚的国工们比其他的墨洛温国王有着更为广泛的外交关系，但即使如此，他们也不能与尼塞提厄斯在天国王廷中的关系相提并论。西吉伯特似乎终于明白了他所面对的是何种情况，因为，在561年继承奥斯特拉西亚王国后，他立即请求接受尼塞提厄斯的祝福。[62]

随着年幼的希尔德贝登基，尤其是在争论哪个叔叔应该成为其同盟者期间，强势的贵族和主教各派系间的竞争再次变得特别激烈。

在西吉伯特于575年被暗杀后，公爵贡多瓦尔德（Duke Gundovald）立即让希尔德贝在奥斯特拉西亚称王。希尔德贝的第一个导师（nutricius），也就是监护人，是戈格（Gogo），另一个"罗马化的法兰克人"，他对古典文化的熟悉程度可以写信和作诗。[63] 戈格可能属于那些支持同勃艮第国王贡特拉姆结盟的国王派之"要人"中的成员。但是，这个王国中另外的强势人物是兰斯（Rheims）主教埃吉狄乌斯（Egidius）和公爵贡特拉姆·博瑟（Duke Guntramn Boso）。他们两人是西吉伯特重要的支持者，埃吉狄乌斯为这位国王试图控制

220

⑥ Gregory, *Vita Patrum* XVII, 277 – 283, 关于尼塞提厄斯个人生平；Fortunatus, *Carmina* III. 11 – 12, 关于城堡；*Epistolae Austrasicae* V, VI, XI, XXI, XXIV, pp. 116 – 118, 126 – 127, 133 – 134, 137 – 138, 关于给尼塞提厄斯的信件；VII – VIII, pp. 118 – 122, 关于尼塞提厄斯写给查士丁尼及一位伦巴第王后的信件。

⑥ *Epistolae Austrasicae* VIII, XVI, XXII, pp. 128, 130, 134 – 135, 是关于戈格的信件；XLVIII, pp. 152 – 153, 以希尔德贝的名义写的一封信；Fortunatus, *Carmina* VII. 2. 3, 将戈格描述成西塞罗再世。

的那些城市祝圣主教，贡特拉姆·博瑟则指挥军队，杀死了希尔佩里克的一个儿子；两人也显然都不是希尔德贝早期的谋臣。然而，到了581年，埃吉狄乌斯成为希尔德贝宫廷中的主导人物，是同希尔佩里克商谈建立新同盟事宜的、由"要人"组成的使团中的一员。与此同时，在希尔德贝王国中的其他贵族们支持下，公爵贡特拉姆·博瑟邀请贡多瓦尔德——他自称是克洛塔尔的另一个儿子——从流放地君士坦丁堡返回；国王贡特拉姆因这个潜在的觊觎王位者的出现而特别恼怒。埃吉狄乌斯和贡特拉姆·博瑟日益增长的主导地位导致希尔德贝的宫廷再度定位，远离贡特拉姆而倾向于希尔佩里克。但是，埃吉狄乌斯和贡特拉姆·博瑟两人的影响力不久就开始消退了。583年，希尔德贝的军队起兵反对埃吉狄乌斯，因为他"出卖了"他们的王国；此后不久，希尔德贝同贡特拉姆结盟。一年后，当埃吉狄乌斯和贡特拉姆·博瑟代表希尔德贝出现在贡特拉姆的宫廷中之后，这位国王勃然大怒，以至于向这些使者抛洒粪便和污泥；第二年，他警告希尔德贝不要接受埃吉狄乌斯的建议。然而，同时，另一个派系在布鲁内希尔德（Brunehild），也就是希尔德贝母亲的周边发展了起来。在他儿子未成年的时候，她的影响渐弱。因此，一些强势的法兰克人向她施压，提醒她，希尔德贝现在是处于他们一党的保护之下，贡特拉姆·博瑟也曾反复地侮辱她。但是，在希尔德贝成年后，他的母亲重申自己的主导地位，并实施了报复。尽管贡特拉姆·博瑟向当地身份重要的主教们请求支援，但是，希尔德贝和国王贡特拉姆还是达成了一致，认为他应该被处死。起初，埃吉狄乌斯成功地靠着给希尔德贝送礼避免了他对自己的怀疑，直到590年，他被控叛国，最终被一次宗教会议罢黜。

在奥斯特拉西亚王国，法兰克贵族、罗马贵族和主教的各种组合都在争夺其在国王宫廷中的影响力。就他们的意图而言，扶持一位幼年国王的统治是有吸引力的，因为这样他们可以装作他的拥护者。事实上，587年，一些奥斯特拉西亚的贵族甚至策划着要杀掉希尔德贝——尽管他才17岁，但他已经是成年人——其目的是扶持他的幼子们当国王，使之处在贵族的掌控之下。不过，即使成年的国王，也在因那些名义上臣服于自己的贵族和主教的无法无天和随心所欲而感

到震惊和恼怒。奥斯特拉西亚国王们变幻无常的盟约，与其说是他们 221
自己深思熟虑的政策，不如说是贵族——他们依次与别处其他贵族联
盟的——各种派系之影响此消彼长的标志。

即使在其他法兰克王国中未有像奥斯特拉西亚这样完好的记载，
相似的贵族和主教派系斗争也存在，那些国王们同样需要他们的支
持。希尔佩里克在自己的父亲克洛塔尔于561年死后，立即试图去用
礼物赢取有势力的法兰克人的支持。在西吉伯特被暗杀后，希尔佩里
克得以将为其兄服役的法兰克人收入麾下，为自己所役使。当这些法
兰克人后来抛弃了安索瓦尔德（Ansovald），转向希尔德贝后，安索
瓦尔德遂接收了他们在苏瓦松周围的一些地产。据推测，安索瓦尔德
是与巴约主教洛德瓦尔德（Leudovald）联手，成了581年确立希尔
佩里克同希尔德贝联盟的"要人"中的一员；3年后，希尔佩里克被
暗杀，安索瓦尔德和其他的贵族们扶持年幼的克洛塔尔二世当上了国
王。与早期在奥斯特拉西亚贵族中对布鲁内希尔德的轻蔑形成对比的
是，起初，这些贵族似乎支持克洛塔尔的母亲弗蕾德贡德（Frede-
gund）。因此，当贡特拉姆很快企图降低弗蕾德贡德的权势而将她流
放至鲁昂附近的一块地产上时，"希尔佩里克王国内所有出身显赫的
人"都陪同她流放。但是，弗蕾德贡德随后的举动打破了这种共识。
一些法兰克人，如安索瓦尔德，仍在支持她；但在鲁昂的法兰克人领
袖人物却因她有默许暗杀此城主教的嫌疑而对她动怒，而图尔奈的法
兰克人则因她对当地仇杀的致命干预而民怨沸腾。尽管如此，因为弗
蕾德贡德依旧在克洛塔尔的宫廷内占据主导地位，这些法兰克人只能
向其他地方的王室宫廷投诉。比方说，在589年，苏瓦松和莫城的
"要人"请求希尔德贝选立其一子为他们的国王，帮助他们御敌（这
里的敌人可能是指弗蕾德贡德和她的支持者）。⑭

作为希尔德贝二世和克洛塔尔二世的养父，贡特拉姆能够对此二
人摆出仲裁者的样子。然而，对他的两个侄子以及他们所管辖的、拥
有众多法兰克人定居地的北方王国，他也是一位不同寻常的调停者，
因为，随着他放弃了奥尔良，以索恩河畔的沙隆作为自己的居所，他
似乎也就从接受法兰克人支持而转向了其他的地方贵族。与那些被克

---

⑭　Gregory, *Hist.* Ⅶ. 9. 331，是有关对弗蕾德贡德支持的；Ⅸ. 36. 457，是对希尔德贝的请求。

洛维打败后放弃了阿基坦的西哥特人不同，勃艮第人仍然作为一个截然不同的族群而居留在高卢中东部；贡特拉姆对于他们的支持足够敏
222　感，以至于将自己的第一个儿子命名为贡多巴德。贡特拉姆也开始依赖于在高卢东部依旧显赫的旧罗马家族的成员们。其中一些人担任高阶地方官，如穆莫鲁斯（Mummolus），他占据着伯爵、显贵及公爵的官职超过 10 年；其他人则担任主教，如图尔的格列高利在朗格勒（Langres）和里昂的祖先们那样。甚至于穆莫鲁斯在 6 世纪 80 年代早期变节，投向了觊觎王位的贡多瓦尔德，这都不足以动摇国王同这些旧罗马家族间的关系。只是在贡特拉姆死后，法兰克贵族才开始夺得勃艮第王国中的统治地位，某种程度上，这是对布鲁内希尔德——西吉伯特的寡妇——持续依赖于罗马贵族的一种回应。[65]

墨洛温统治的界限

在法兰克王国核心区周围的，是其他基本上从属于墨洛温王国的地区。在一些地区，墨洛温人任命了，或者可能仅仅是承认了一些公爵的名分，如阿勒曼尼人公爵、比利牛斯山脉以西的瓦斯科尼人（Vascones）公爵，还有巴伐利亚人的公爵等。正如一些家族得以支配高卢内部特定主教教座或者伯爵爵位一样，阿吉罗弗英家族（Agilolfings）则在巴伐利亚垄断了公爵之位。这些公爵不同于那些在墨洛温人宫廷中任职，或者管理墨洛温王国特定地域的公爵们，因为他们统治着截然不同的民族群体，有着更广泛的地方支持，他们特立独行，意图独立于墨洛温王朝的统治行事，甚至偶尔对他们发动战争。[66] 一个明显维持着地方自治的边缘地区，是布列塔尼。在 6 世纪，4 位分别统治布列塔尼境内各小"王国"的伯爵，名义上是在法兰克的支配之下，但是，他们也不断地向周边城市发动攻击，甚至为那些逃离墨洛温统治区的人提供庇护。尽管法兰克人的服饰和武器风格已经在高卢中部其他地方的罗马人之中普遍流行，但布列塔尼人依

---

　　[65]　Ewig（1953），pp. 703 – 708.

　　[66]　Alamannia：Keller（1976）. Vascones（Basques）：Collins（1986），pp. 82 – 98. Bavaria：Jarnut（1986）.

旧保持着与众不同的本族系发式和传统装束。⑥

墨洛温统治的限界在阿基坦的广大区域尤为明显，阿基坦其少处于法兰克人的牢固控制之下。如我们已然看到的，早期墨洛温人采取了不同的策略，诸如送一位亲戚或儿子去那里以保护自己的利益。克洛维的孙子们决定依赖当地的贵族和主教，即使他们并不乐于如此行事。他们显然并不总是信任自己的地方官。当希尔佩里克任命德西迪里厄斯（Desiderius）———一个在阿尔比附近拥有土地的罗马人———为公爵，掌管阿基坦西部和南部一些城市的时候，他也同时任命了一些法兰克人（至少是有日耳曼姓氏的人）在其中的某些城市任伯爵。当贡特拉姆·博瑟为奥斯特拉西亚在阿基坦东部的城市担任公爵的时候，罗马人则在其中的一些城市担任伯爵。因觊觎王位者贡多瓦尔德崛起而出现的这番挑战，是一个特别有趣的范例，代表了这种制衡贵族利益之企图的可预见的失败。尽管贡多瓦尔德自称是国王克洛塔尔的一个儿子，但他一度于君士坦丁堡流亡生活，直到582年，在贡特拉姆·博瑟及希尔德贝二世王国的其他主要贵族的邀请下，才返回高卢。因此，贡多瓦尔德最初的回归似乎是贡特拉姆·博瑟及其支持者反对国王贡特拉姆之图谋的一个部分。但是，在希尔佩里克被暗杀后，贡多瓦尔德则可以为其他目的服务了。当国王贡特拉姆和希尔德贝都试图将其控制权延伸到阿基坦地区之时，穆莫鲁斯———原为国王任命的贡特拉姆的地方官———和前任公爵德西迪里厄斯（他曾经与穆莫鲁斯交战）令贡多瓦尔德在利摩日附近称王。贡多瓦尔德以希尔德贝的名义，从那些曾属于西吉伯特的所有城市那里，获得了宣誓效忠；而以他自己的名义，从那些曾属于希尔佩里克或贡特拉姆的城市市民那里获得了宣誓效忠。他还宣布了在巴黎设立居所的计划。因此，贡多瓦尔德似乎是要以损害年幼的克洛塔尔二世为代价，将自己擢升为纽斯特里亚的国王，并以损害贡特拉姆的方式，重新恢复纽斯特里亚同奥斯特拉西亚之间的同盟。这时，有更多的贵族支持他，他们之中，瓦多（Waddo）曾经是希尔佩里克的一位伯爵，布拉达斯特（Bladast）原是希尔佩里克的一位公爵，以及许

---

⑥ Gregory, *Hist.* IV. 4. 137－138 and X. 9. 491－494；Galliou and Jones（1991），pp. 128－147，以及 Davies 所写后文第 9 章。

多地区的主教，包括波尔多的贝特拉姆（Bertramn）。585 年，贡特拉姆最终打败并杀死了贡多瓦尔德及他的一些主要支持者。[68]

贡多瓦尔德未遂的篡位，表明了贵族利益高于王室关切的趋势；它也证明了墨洛温人也不能依赖主教的忠诚。波尔多的主教们在其主教区内尤其无拘无束，在地方统治中俨然就是国王。例如，主教莱昂提乌斯掌握了所有获取当地权威的合法理由。他承袭的是"罗马元老曾拥有的，尊贵祖先的那种权力"；他在一场法兰克对西哥特的战斗中奋战过；他娶了一位罗马皇帝的后裔；他有多个美丽的庄园；他为自保两面投注：同时为典型的王室圣徒圣文森提乌斯（St. Vincentius）和明显的非王室圣徒圣马丁修建了教堂。因此，当他向希尔德贝宣告欲替换桑特（Saintes）主教的意图时，他让他的使者宣称是代表"使徒领"。（但在这一回合，国王巧妙地以一个精心编造的误解，假称这个信使是来自罗马，挫败了莱昂提乌斯的自命不凡！）[69] 他的继任者贝特拉姆则更直接地卷入王室的政治中去。577 年，他支持了国王希尔佩里克，这位国王因鲁昂主教普雷泰克斯塔图斯（Praetextatus）为墨洛维和布鲁内希尔德主持婚礼而恼怒。在希尔佩里克被暗杀后，贝特拉姆支持了觊觎王位的贡多瓦尔德。国王贡特拉姆尤其不安，不仅因为这是对自己统治的挑战，还因为，正如他后来尖锐地提醒过这位主教的，他和贝特拉姆是亲戚［可能是堂（表）兄弟］。6 世纪期间，墨洛温国王有时通过婚姻同重要的法兰克贵族家族结盟；贡特拉姆本人曾与一位法兰克公爵的女儿有过短暂的婚姻。因此，贡特拉姆可能期盼从贝特拉姆那里获得更多的忠诚，他是已知的最早在高卢南部担任主教的法兰克人之一。[70]

墨洛温国王并没有放弃他们在阿基坦的利益。到了 6 世纪后期，他们开始邀请年轻的贵族子弟在自己的宫廷中受教育，基本上算作人质，在任命他们担当各种职位前，要挟他们的家族要表现良好。例如，来自阿尔比的三兄弟，就是在克洛塔尔二世的宫廷中长大的。一个当上了宫廷教士，后成为卡奥尔主教；另一个成为阿尔比伯爵，然后是马赛的市政官；第三位，德西迪里厄斯（Desiderius），原是王室

⑥⑧　Goffart（1957）；Rouche（1979），pp. 70 – 77.

⑥⑨　Fortunatus，*Carmina* I. 6 – 20，IV. 10；Gregory，*Hist.* IV. 26. 158，"使徒领"。

⑦⓪　Gregory，*Hist.* IX. 33. 451 – 454；Ewig（1974），pp. 52 – 56.

金库的总管，后来继承其一个兄弟当上了马赛市政官，而后又继承了另一个兄弟，当上了卡奥尔主教。[71] 在阿基坦建立王室控制的问题，并不一定是民族或地区意识残存的结果，在一定程度上，不过是遥远的高卢北部宫廷难以控制偏远地区的象征。墨洛温人的崛起标志着政治理念的逆转，而非管理效率的衰退。从地中海的角度出发，罗马皇帝曾担心高卢北部自治的"高卢帝国"的创建；墨洛温国王也还是担心民众的造反，不过这时主要担心的是高卢的南部。[72]

尽管有地方上的联系，公爵和伯爵们也有他们的担心。"没有人怕国王"，一些公爵曾告诉贡特拉姆；但是，接着补充道，"没有人尊重公爵或伯爵"。尤其，在墨洛温高卢重要的城市中，诸如巴黎和图尔，主教或许比国王和地方官更具权势。早在克洛维治下，巴黎就成了法兰克人关注的重要中心，它最初是希尔德贝的王国之首都，556 年，他支持哲梅纳斯做主教。然而，在希尔德贝死后，随后的国王无法在巴黎建立持续性的控制，在查理伯特 「567 年死后，他的三个兄弟分割了这座城市，并约定，兄弟三人中任何一个都不得在未经其他两人允许的情况下进入巴黎。巴黎可能依旧算是一座"王城"，但相较于各国王对它之时断时续的控制，唯有主教的权力是始终如一的。因此，国王们竞相争取哲梅纳斯的支持。比如，克洛塔尔曾在感染热病后请求哲梅纳斯的支援；在他亲吻了主教的斗篷后，疾病消失了。因此，克洛塔尔是 6 世纪期间唯一通过使自己求医病愈而表明对于主教的附属状态的法兰克国王；多数国王甚至拒绝将自己患病的幼子送到圣徒的圣所医治。随后，哲梅纳斯从克洛塔尔那里获得了对一些凶犯的赦免。后来，同样地，当西吉伯特和希尔佩里克为巴黎的控制权而争斗的时候，哲梅纳斯反而去拜访了贡特拉姆，证明了他的自主。在这件事情上，他的家族和个人关系或许是决定性的，因为他曾在其出生的城市欧坦担任供奉圣西姆福里安（St. Symphorien）的修道院院长，欧坦是贡特拉姆王国的一部分。贡特拉姆显然清楚这种联盟的重要性，因为在此时，他在欧坦庆祝了这

225

---

⑦ *Vita Desiderii Cadurcae urbis episcopi* cc. 7 – 15. 567 – 574；Durliat（1979）. 亦见 Fouracre，后文第 14 章。

⑦ 高卢北部和南部之间的对比见 Van Dam（1992）。

位圣徒的节日。[73] 在哲梅纳斯于 576 年死后，对法兰克诸王而言，巴黎依旧是富有魅力且在原则上被禁止进入的城市。例如，希尔佩里克可能是想请主教雷默德（Ragnemod）为他的儿子施洗，但是唯有奉圣徒遗骨在其前面引路才敢进城，这是想以此保护自己不因破坏了与其兄弟的约定而受诅咒。因此，尽管从历史和地理意义上讲，巴黎城对于墨洛温国王都意义非凡，但政治纷争和主教的控制，使得巴黎在数十年间都处于不能被王室控制的边缘地带。

图尔是另一座在整个 6 世纪都处于王室势力控制之外的边缘城市，部分来说，是因为它成了一个家族试图维持其在高卢中部至尊地位的核心地区。当格列高利于 573 年当上主教后，他不仅继承了其母系的一位表亲的地位，他还注意到，差不多这里所有的前任主教都是他的前辈家人。这种持续不断的影响力，很大部分上讲，无疑是成功的联姻策略的结果；就格列高利这个例子而言，他的父亲来自奥弗涅的一个显赫家族，他的母亲来自勃艮第的一个更为显赫的家族。纵然这个地区已经从西哥特人和勃艮第人手中转入法兰克人手中，这些家族依然能够保持自己在当地的声誉，就是通过将家族的成员安置在朗格勒、里昂和克莱蒙及图尔等地做主教。因此，克洛塔尔承认这个家族是"这片土地上最为卓越的家族之一"；贡特拉姆依旧会梦想着，在其王国内，格列高利的一些祖先曾在此地担任主教。图尔一直处于王室控制边缘地区的第二个原因，亦源于各个法兰克国王间的世代纷争。因为图尔恰好位于各都城的核心区之外，通常位于各王国的边缘。在格列高利任主教的早些年，国王间的纷争对这座城市及它的这位新主教造成了许多痛苦。事实上，格列高利是在奥斯特拉西亚国王西吉伯特的支持下当上主教的，当时西吉伯特面对希尔佩里克的反对，正试图主宰图尔。在西吉伯特 575 年被暗杀后，希尔佩里克重获控制权，接下来的 10 年里，他和其他的王室军队不时地劫掠图赖讷。希尔佩里克也是相当怀疑格列高利对奥斯特拉西亚宫廷的忠诚，580 年，他召集了一次大宗教会议，就格列高利密谋将图尔交还给希尔德贝这一指控听证。格列高利处于尴尬地位。因为图尔的保护圣徒

226

73　关于克洛塔尔，见 Fortunatus, *Vita Germani* cc. 68 – 70；关于对公爵和贡特拉姆的评价，见 Gregory, *Hist.* Ⅷ. 30. 393 – 397。

圣马丁的巨大威望，使得国王们对拜访这座城市犹豫不决，格列高利只能在参拜王宫的时候才能跟他们会商；然而，国王间无休止的纷争使得格列高利无法做到经常参拜国王，以获取更大的影响。580年，对其主教权威的威胁依然如此之强大，以至于，一个碰巧走入图尔的愚蠢的圣遗骸贩了，都敢于借国王希尔佩里克的报复之名来恐吓格列高利。

但是，格列高利还是活了下来，在希尔佩里克被暗杀后，贡特拉姆很快就将图尔还给了希尔德贝。因为这两位国王大体上是想要共事的，图尔的边缘位置使得格利高里有可能担当两王的中间人。格列高利的主教声望此时也与他的家族影响相交融，因为他家族的母方在诸如里昂和朗格勒（Langres）这些属于贡特拉姆王国的城市中有联系，而父方则在属于希尔德贝王国的奥弗涅中有交往。另外，两个国王都尊重对圣马丁的崇拜。贡特拉姆曾告诫一位使者，不要亵渎这位圣徒在图尔的教堂，希尔德贝可能建造了一座教堂纪念这位圣徒。因此，在贡特拉姆的使节们造访希尔德贝宫廷期间，格列高利担当了这位国王的代言人，回应这些使者。事实上，格列高利似乎取代了兰斯主教埃吉狄乌斯，成为希尔德贝主要的主教外交官之一，希尔德贝使他作为自己的使节出访贡特拉姆宫廷。[74] 因为主教们在其教区城市中独一无二的声望，如巴黎主教哲梅纳斯和图尔主教格列高利，自此就成为疑心重重的国王们的中间人。

然而，从长远看，巴黎和图尔的命运走上了不同的方向。巴黎是一个太重要的王室城市，无法忽视，亡故国王们埋葬于此，导致世人再次重申，要将这座城市当作王室的居所。相反，尽管一些墨洛温的寡妇在图尔生活，但是这些国王们一直都与圣马丁的这座城市保持距离。甚至在他们于7世纪后期得到了圣马丁的斗篷、获得了这位圣徒的庇护后，他们仍然没有将圣徒遗物保存在图尔，而是放在了自己的宫廷中。[75] 尽管如此，巴黎和图尔不同的命运结合起来，成为王室政治重要转变的征兆。在6世纪末，贡特拉姆的卓越地位，及其同希尔德贝二世的同盟，证明了勃艮第和奥斯特拉西亚的主导地位；但是，

227

---

[74] 格列高利的家族和主教职：Pietri（1983）；Van Dam（1985），pp. 202 – 229；（1993），pp. 50 – 81。

[75] Van Dam（1993），pp. 25 – 28。

重申巴黎的重要性，并取得了圣马丁斗篷的国王们，则来自纽斯特里亚。

王室妇女：弗蕾德贡德和布鲁内希尔德

在各个次级王国之中，不管是法兰克贵族、罗马贵族，抑或宗教上层，都未在其政策或利益上取得一致。因为国王的资源与罗马皇帝所曾经掌握的资源相比是相当有限的，所以，聚集财富并能募集起一支武装支持者军队的大贵族们，就构成名副其实的挑战。财富的积聚也能提升妇女的权力，特别是那些与墨洛温国王有亲属关系，抑或嫁给他们的女人。整个 6 世纪间，墨洛温的妻子和女儿们获得了"城市、田地和岁入"作为嫁妆、晨礼、日常赠礼或遗产。这些女人也像那些男性富有者一样，将自己的财产恩赐给城市和教堂，或者是赐予她们的支持者。例如，克洛维的寡妇克洛蒂尔德，将一些财产给予了克莱蒙的一位教士，获得了慷慨乐施的名望。拉德贡德在离开了丈夫克洛塔尔后，用自己的资源创建了一座女修道院，并在普瓦蒂埃建造了一座供奉圣母玛利亚的教堂。克洛蒂尔德自此变得相当强大，足以影响在图尔的一些主教的选举；而拉德贡德不仅在高卢依旧受到尊重，足以向国王们提出要求，使其结束内战，而且，她还向耶路撒冷宗主教和拜占庭宫廷请求并获得了圣物。在一个墓穴的奢侈和华丽意味着一个人之身份地位永恒有效的文化中，拉德贡德的石棺比正常的尺寸要大一倍。[76]

作为妻子，这些王室的妇女取得了财富和影响力。但当她们失去丈夫时，可能更具威胁，因为他们有潜在的创造出与其他王国相竞争之人的可能，或靠着她们的支持，甚至可以通过再婚来实现。克洛蒂尔德就一直参与王室政治，先是支持她的儿子们进攻勃艮第王国，然后是靠着密谋确保其子克洛多梅尔（Chlodomer）的幼子们能继承他的王国。但是，当她的另外两个儿子克洛塔尔和希尔德贝杀了克洛多

228

---

⑦　Gregory, *Hist.* IX. 20. 436, 是关于贡特拉姆给他女儿的礼物的；Baudonivia, Vita Radegundis cc. 14 and 16, pp. 386 – 389, Fortunatus, *Carmina* Appendix 2, 是关于圣物的；Gregory, *In Gloria Confessorum* 104, pp. 364 – 366, 是关于石棺的；妇女的财富：Wemple（1981）, pp. 44 – 50；Halsall（1995）, pp. 61 – 73。

梅尔的两个幼子之后，这位孀居太后很识趣地远离了王室政治，定居在图尔，如我们所知，这是一座实际上处于王室管辖范围之外的城市。有时，国王迎娶王室的寡妇，一定程度上是要获取对她们之财富的控制权，部分来说，是为了确保没有其他人能够借力于同与她们结婚而称王。其他的王室妇女，包括寡妇和未出嫁的女儿，进入女修道院，则或是在国王的坚持下，或是出于她们自己的选择。拉德贡德是6世纪唯一自愿抛弃自己丈夫，转向另一位"国王"（此处指离家修行、投入基督教的怀抱——译者）的墨洛温王后。但是，尽管她宁愿"接受天国之王的拥抱"[77]，或许冒犯了克洛塔尔的男子气概，不过，作为一位修女，她不再会嫁给一个对手，也不会再产生一个继承人；因此，尽管她影响犹存，但是这个时候，她对王室政治而言，也是微不足道的了。

相比之下，其他的王室妇女，如布鲁内希尔德和弗蕾德贡德，不接受退隐于修道院的命运，乃至在丈夫死后，还在试图维持其政治上的主动性。在6世纪前半叶，墨洛温国王经常从邻近的勃艮第、东哥特、图林根和伦巴第王朝娶妻。奥斯特拉西亚的国王似乎特别愿意迎娶外来公主，566年，西吉伯特娶了西哥特公主布鲁内希尔德。然后，不甘居于人后的希尔佩里克坚持娶布鲁内希尔德的妹妹加尔苏因塔（Galsuintha）。这两段姻缘似乎是同外族公主最后一批通婚的一部分；在希尔佩里克的婚姻很快失败后，他杀了加尔苏因塔，娶了弗蕾德贡德。后来的史传宣称，弗蕾德贡德以前曾经是王室的仆人。[78] 如果是这样的话，那么，她就是墨洛温家族日益明显的，限制将婚姻作为外交工具这一趋势的一个范例。早期的墨洛温人非常弱小，以至于要试图通过同邻近王朝通婚来强化自己的权力。但是，到了6世纪后期，墨洛温王朝已经相当稳固，足以选择情妇和出身低微的妻子，尤其是在之前的婚姻没有孩子的情况下。生产子嗣优先于同贵族的外交联系和同盟。

因此，布鲁内希尔德和弗蕾德贡德不仅代表了墨洛温王国的不同阶段，还代表了该王国不同的婚姻策略。不过，两人都获得了巨量的

---

[77]　Baudonivia, *Vita Radegundis* c. 4, pp. 308 – 311；Brennan（1985）；Gabe（1989）。

[78]　*Liber Historiae Francorum* c. 31, p. 292. 王室婚姻的形式：Ewig（1974），pp. 38 – 49；Wemple（1981），pp. 38 – 43，56 – 57。

财富，两人也都征服了许多当世的强权者，如国王、贵族和主教。一些贵族甚至承认，布鲁内希尔德"掌握着她丈夫的王国"。但是，在西吉伯特取得最大成功，扩张权势，掌控巴黎的时候，他被弗蕾德贡德派去的刺客杀死了。希尔佩里克最先的顾虑——可谓非常明显——是关于财富和女人的：他抢夺了布鲁内希尔德的财富，将她放逐，扣留了她的女儿。然而，他削弱布鲁内希尔德势力的尝试并不成功，因为她很快就嫁给了墨洛维，是希尔佩里克同前任妻子生的一个儿子。因此，尽管布鲁内希尔德暂时地在她儿子希尔德贝二世的宫廷中失去了影响，不过，她依旧对希尔佩里克构成妨害。弗蕾德贡德的表现也同样如此。她谋划着对付自己的继子们；她怂恿自己的丈夫去控告那位为布鲁内希尔德和墨洛维主持婚礼的主教；她亦被控同波尔多主教贝特拉姆通奸。最后一项指控尤其严重，因为它使得合法的王室继承权存疑。希尔佩里克完全清楚可能的后果："对我妻子的指控是对我的诽谤。"但是关于弗蕾德贡德的谣言并未自消自灭。在她丈夫被暗杀后不久，仅仅在克洛塔尔二世降生后不久，她宣称（从结果看，是假的）自己又怀孕了，令贡特拉姆惊诧不已。第二年，她不得不召集300名贵族和3位主教，宣誓确认希尔佩里克是克洛塔尔的父亲。[79]

　　布鲁内希尔德一度恢复了对她儿子希尔德贝的影响力，她同弗蕾德贡德的竞争也再次出现。希尔德贝曾试图令弗蕾德贡德承担暗杀西吉伯特和希尔佩里克的责任；他的舅妈以送去刺客作为回应。在贡特拉姆死后，希尔德贝继承了他的王国；在他本人于595年死后，他的长子塞乌德里克二世继承了奥斯特拉西亚王国，他的幼子塞乌德里克二世继承了勃艮第王国。克洛塔尔二世和他的母亲弗蕾德贡德可能夺占了巴黎，但是奥斯特拉西亚和勃艮第之间的同盟似乎依然是令人敬畏的。弗蕾德贡德死于597年。对克洛塔尔来说，更具毁灭性的是，他被希尔德贝和塞乌德里克的联军打败了，他们将自己这位表兄弟的王国削减至寥寥几个城市。纽斯特里亚王国似乎濒于消亡。

---

⑦　布鲁内希尔德：Gregory，*Hist.* Ⅵ. 4. 267 – 268；Nelson（1978）。弗蕾德贡德：Gregory，Hist. Ⅴ. 49. 258 – 263，是指控；Ⅶ. 7. 329 – 330，Ⅷ. 9. 376，是谣言。

在被奥斯特拉西亚驱逐后，布鲁内希尔德试图稳定自己在塞乌德里克的勃艮第宫廷中的影响力。她促使自己的孙子沉溺于众多的情妇之中，而不去娶妻；她默许了对一位不友好的主教的罢黜，还纵容了她偏爱的一些人的擢升，尤其是来自罗马家族的贵族们；[80]她力促塞乌德里克攻打克洛塔尔的儿子所率领的一支军队。她和她的支持者也力促他去攻打自己的兄弟塞乌德博尔特，而无视当地其他贵族的愿望。然后，塞乌德博尔特打算不仅同克洛塔尔，还要和西班牙的西哥特王维特里克（Witteric），以及意大利伦巴第王阿吉卢尔夫（Agilulf）结盟。与西哥特人结盟的决定，是布鲁内希尔德权势日渐衰微的另一个表现，因为尽管她同早期的西哥特王朝有关系，尽管她的一个女儿曾嫁给一位西哥特王的儿子，然而，她还是阻止了勃艮第贵族们所安排的维特里克的女儿和塞乌德里克之间的婚姻。为了保住自己在孙子那里的位置，她与西哥特人和一些勃艮第贵族结仇。然而，对布鲁内希尔德的阴谋诡计最直言不讳的反对来自科伦巴努斯，他是一位爱尔兰修士，在勃艮第东部创建了修道院，他拒绝为塞乌德里克的私生子们祝福。[81]在布鲁内希尔德最终安排了对科伦巴努斯的放逐后，塞乌德里克于612年击败了希尔德贝，将勃艮第同奥斯特拉西亚重新统一起来。随着他开始集合军队对付克洛塔尔和他的纽斯特里亚王国，塞乌德里克似乎成为将要重新统一法兰克诸王国的王。

重新统一

塞乌德里克死于613年，按常规，当地贵族有最后的决定权。在奥斯特拉西亚，一个由兰登的丕平和梅斯的阿尔努尔夫领导的贵族派系请求同克洛塔尔结盟，两人都是摩泽尔河谷的大地主。布鲁内希尔德同时则试图使塞乌德里克的一个儿子西吉伯特二世成为唯一的国王。她拒绝遵循墨洛温人将王国分割给所有在世儿子的惯例，大概是企图将她在勃艮第和奥斯特拉西亚的支持者联合起来。但是，瓦纳查

---

[80]　对维埃纳主教德西迪里厄斯的罢黜和暗杀：Sisebut, *Vita Desiderii*；Fontaine（1980）。

[81]　Jonas of Bobbio, *Vita Columbani* I.18-19.86-90；Prinz（1981）；Riche（1981）。

尔（Warnachar）——他是在勃艮第王宫中担任宫相的法兰克人——联合了奥斯特拉西亚的贵族，将布鲁内希尔德和她的曾孙出卖给了克洛塔尔，他处死了他们，但他先是指控他的舅母害死了至少10位法兰克王之后才行刑。相当出人意料的是，纽斯特里亚国王统一了法兰克诸国。作为他新的卓越地位的表现，在614年，克洛塔尔得以召集了差不多80位来自奥斯特拉西亚、纽斯特里亚、勃艮第和阿基坦的主教来到他的巴黎都城，于曾经由国王克洛维本人建造的圣彼得教堂中召开大宗教会议。编年史家弗雷德加（Fredegar）提供了一个信口开河的轻率比照：在克洛塔尔二世治下，"整个法兰克王国重新统一了起来，正如同克洛塔尔一世治下的那般"[82]。

231　　　　克洛塔尔一世作为唯一的法兰克国王仅仅有3年时间——在克洛维死后，只有一位国王的时间仅仅是这3年。地方分权主义，即地方自治，及大贵族和傲慢主教们的权力之存在是6世纪墨洛温高卢的特征，并在以后都一直有着影响力。因此，克洛塔尔二世不得不为这次的重新统一付出代价，首先，是重新任命瓦纳查尔为勃艮第宫相，拉多为奥斯特拉西亚宫相；在10年之后，使自己的儿子达戈伯特一世做奥斯特拉西亚国王，但这是在丕平和主教阿尔努尔夫的影响之下。[83] 墨洛温人试图维护其权威，尤其是在纽斯特里亚，是靠着对圣狄奥尼修斯（圣德尼斯）崇拜的赞助，在巴黎城外，奉圣德尼斯为圣徒的教堂和修道院成了王室的主要墓葬地。但是，法兰克的、罗马的和勃艮第的贵族们也开始使用类似的手段来提升自己家族的地位。新的爱尔兰隐修风格被科伦巴努斯和其他人引入高卢的东部和北部，这使他们有了在远离主教控制的城市之外的乡村创建、资助修道院的机会。因为他们一直是这些新机构的领主，他们家族的成员便成为有影响的修道院院长和修士，有时是在担任王室地方官之后，有时是在即将成为主教之前。终于，这些人中的一些被当作圣徒来崇敬，他们的封圣也使得他们家族的卓越地位获得了认可。[84] 因此，法兰克属地的"重新统一"也标志着对地方贵族

　　[82]　Fredegar, Chron. IV. 42. 142; Ebling（1974），pp. 235–238.
　　[83]　关于一个稍微有些不同的视角，见 Fouracre，后文第14章。
　　[84]　圣德尼斯：Semmler（1989）；"自我神圣化"：Prinz（1965），pp. 489–503，还有 Fouracre，后文第14章。

权力，及对各种次级王国和其他重要地区之特有地位的明确认可，这并不算自相矛盾。克洛塔尔二世、达戈伯特一世和他们的继任者们，或许更愿意与《旧约》中的典型王者大卫和所罗门相提并论，但是，对于 7 世纪早期的墨洛温高卢而言，更适宜与《圣经》中类比的，是所罗门死后，两个分立的王国保持着对以色列众多截然不同部落的不稳定统治的时期。[85]

徐家玲 译校

---

　　⑧ *Epistolae aevi Merowingici collectae* XV，pp. 457 – 460，是关于 7 世纪中期，主教对大卫和所罗门的提升；Eddius Stephanus，*Vita Wilfridic.* 33，pp. 68 – 69，是国王达戈伯特二世同国王罗波安的对比。

第 九 章

凯尔特人诸王国

文迪·戴维斯（Wendy Davies）

在 6、7 世纪，爱尔兰、苏格兰、马恩岛（Isle of Man）、威尔士、不列颠西南部［康沃尔（Cornwall）和德文（Devon）］以及布列塔尼（Brittany）才是主要的凯尔特人国家，而西欧其他一些地区依旧残存着一种凯尔特方言。当然，有凯尔特方言残存的地方不仅限于西班牙西北部和英格兰部分地区，可能还包括法国中部地区。之所以将这些地区称为凯尔特诸国，其实是基于语言学方面考虑：这些地区普遍使用凯尔特语。凯尔特语本身又可分为两大支：即不列颠语［Brittonic，P-凯尔特（P-Celtic）语之一支］和盖尔语［Goidelic，Q-凯尔特语（Q-Celtic）之一支］，二者分属于不列颠和爱尔兰语支系。在这一时期，尽管不列颠语系各支的结构成分已发生一些区别，但这些细微差异并不影响各支间的交流。因此，苏格兰南部、英格兰西北部的语言，即原始坎布里亚语（Cumbric）和原始威尔士（Welsh）语并无多大区别，而原始威尔士语本身又与原始康沃尔语（Cornish）无甚差异。[1] 尽管对于原始不列颠语究竟是由不列颠移民传入法国西北部，还是曾经在西欧通行的高卢 P-凯尔特语的自然延续（或强化，或不列颠化）而演变为本土方言这一问题尚存争议，但在这一时期它与康沃尔语并无差异。[2] 苏格兰东、北部所使用的主要语言皮克特语（Pictish language）似乎与 P-凯尔特语形式迥异（可能更接近于高

---

[1] Jackson（1953），pp. 3 - 11.
[2] Falc'hun（1963），pp. 21 - 36；Fleuriot（1980），pp. 55 - 78.

卢语），而且南部操坎布里亚语（Cumbric）的居民是否能轻易听懂还未可知。尽管，我们可能希望从中找出某些地区性差异，如讲盖尔语（Goidelic）的居民主要局限于爱尔兰，并且只说一种原始爱尔兰语。[3] 但在不列颠西部一些地区，爱尔兰语亦有传播，尤其是苏格兰西南部，不过也包括威尔士西部和康沃尔西部。

尽管这些地区均使用凯尔特语已是不争的事实，但我们不能就此认为这些操凯尔特语的居民比同时期操日耳曼语的居民更具政治、文化上的同一性。他们并未形成一个单一的政治实体；甚至连各个凯克特人"乡镇"（country）并非组成一个王国，而是几个或多个王国；而且一些地区也从未成为某王国的一部分。事实上，他们的政治结构在某种程度上受到其经历过的罗马历史的影响。尽管布列塔尼、英格兰西南部和威尔士在融入罗马物质文化和公民生活方面，程度大为迥异，一些地区甚至战事频仍，但它们都曾是罗马帝国的一部分；布列塔尼东部、威尔士西南部受罗马影响较深，而威尔士滨海地区至少在4世纪末还在营建修整要塞。苏格兰低地，更确切地说是哈德良长城（Hadrian's Wall）和安东尼长城（Antonine Wall）之间的地区在2世纪亦时常被纳入帝国版图，而且后来似乎还与帝国多位总督关系密切。尽管阿古利可拉（Agricola）很久以前曾出征东部地区，但安东尼长城以北的苏格兰并不在帝国掌控中，而爱尔兰、马恩岛也总是游离于版图之外。在历史背景存在显著差异的情况下，如果后罗马政体居然会保持整齐划一，就太令人惊异了。[4]

当然，凯尔特各地在地理环境上也有着巨大差异，以致有人会认为无论是经济、政治还是社会，它们均有着天壤之别。威尔士大部分地区是高原，苏格兰大部分地区是高山，没有多少人会在这些地区居住，而村落也必然聚集于滨海低地——以苏格兰人为例：他们大多居住在西部群岛——以及威尔士西南部、苏格兰东部适于劳作的狭小低地。爱尔兰和布列塔尼则截然不同。尽管它们也都有山地，但其面积却远小于威尔士和苏格兰，因此没有理由认为，该地人口除了分布于这些地区，还会有其他选择；此外，它们还有广袤的优质耕地。康沃

---

③　Koch（1995）.
④　Cf. Halsall，前文第 2 章。

尔在地理上与布列塔尼西部颇为相似，而马恩岛则更像是微缩的爱尔兰。尽管如此，无论是在各地区内还是各地区间，差异总是存在的。因此，威尔士与苏格兰之间的联系就格外困难，而布列塔尼内部联系也同西欧陆路交通一样困难（尽管东／西罗马商道在 7 世纪可能还依稀存在）。在这三地之间，由于水路运输比陆路交通更为便捷，滨海沿河地区的作用也就显得格外重要。爱尔兰是一片被主要水路贯穿，并有大量湖泊点缀的土地，这必然使得这里的交通联系远胜于其他凯尔特地区。

234

中世纪早期恰逢世界上气候恶化期，自罗马晚期以来，随着气温下降，降雨量增加，相较以前，高地已越发不适宜耕作，各处的贫瘠土地则被完全废弃——这点已从威尔士西北部瑟芬—格拉埃诺（Cefn Graeanog）罗马农庄遗址之发掘得到了清晰的证明。昔日谷物产地在中世纪早期已颗粒无收，其状相比今日有过之而无不及。[5] 这种情况使得农业发达的低地更具价值。在这一时期，对经济变化起决定性影响的当属人口：6、7 世纪正值黑死病反复肆虐之际，我们知道 6 世纪 40 年代的黑死病对威尔士和爱尔兰都产生过影响，而 7 世纪 60 年代的黑死病据信也对爱尔兰社会影响深远；毫无疑问，它减少了整整一代人对历史的记载活动。[6] 只要我们还记得中世纪晚期黑死病所产生的巨大影响，我们就应当预计到其在早期的影响更大。

尽管存在地理上的差异，凯尔特地区的基础经济却是清一色的混合农业，必要时辅之以狩猎采集。至于混合农业经济各成分如何协调则因地而异，但有理由相信，爱尔兰以养殖家畜为主，而布列塔尼则更注重谷物种植（间或有专业化的葡萄栽培），所有这些经济都鲜有商业色彩，且众经济体基本为自给自足。但这并不意味着这些地区就不富裕或没有富人：这时已经有剩余产品，而且和其他地区一样，剩余产品为贵族所独占。于是，在整个 6 世纪和 7 世纪的大部分时间里，一些有实力的部落、家庭或个人开始购置来自大陆的陶器。[7] 一定程度的贸易往来是肯定存在的，陶器的这种传播就是最有力的证

⑤ Goodburn, *Hassall and Tomlin* (1978), p. 406; Weir (1993).

⑥ *Annales Cambriae* s. a. 547, 682, 683; *Annals of Ulster* s. a. 545, 549, 664, 665, 668; Baillie (1995).

⑦ Campbell (1984), 以及在其文章发表之后的评论; Thomas (1990), *Campbell and Lane* (1993), Wooding (1996), Hill (1997)。

明，但所有的证据都说明，这里的整体生产规模和比例都不大。因此，这些地区几乎没有城市化也就不足为怪；乡村占绝对优势，大多数地区甚至连城镇都没有；到 6 世纪后期，罗马的凯尔文特（Caerwent）几乎足以支撑起一座修道院，但却没有城市生活；罗马的埃克塞特（Exeter）和罗马的卡莱尔（Carlisle）可能有许多衰落了的准城市公社；而罗马的卡马森（Carmarthen）除了断壁残垣，或许什么也没留下。只有布列塔尼东部的一些城镇还延续了一些城市的特征。在这一阶段，雷昂（Rennes）、南特（Nates）和瓦恩（Vannes）始终是城市中心。爱尔兰连城镇都没有，但这并不妨碍其发展。单在凯尔特地区，更大量、更专业化的生产特点在 7 世纪就日益明显，这些特点在古修道院区惠及之地体现得尤为突出，因此这足以证明：到700年，爱尔兰正处于经济上升阶段。这一情况可能同样发生在当时的布列塔尼东部，只是尚无材料证明这些观点。至于康沃尔、威尔士和苏格兰，情况则似乎并非如此。

　　在 6、7 世纪，凯尔特人的社会结构也因移民和发展不稳定因素而变得复杂，其情况一如西欧其他地区。特别是在基督徒传教的大背景下，一些不列颠人（与少量英格兰人）迁往爱尔兰，但就整体而言，爱尔兰并未受外来移民多大影响。然而，一些人却在 4、5 世纪时离开爱尔兰前往不列颠西部劫掠且定居，而这一运动一直持续到 6 世纪末。苏格兰西南部的统治家族阿尔斯特人（Ulster）在 6 世纪 60—80 年代于西南苏格兰与马恩岛的定居对那些地区的发展有着最为重要的影响，而且，在 6 世纪早期，南部的爱尔兰人甚至还统治着威尔士西部部分地区。[8] 至于这些首领是否带着众多的迁徙者而促成了一场大规模的移民尚有争议。苏格兰西南部和曼恩岛操爱尔兰语的居民可能是在 6 世纪末或者是在此前 2 个世纪，甚至更早的时期定居于那里的；但当时各部有领导的迁徙是绝对毋庸置疑的，而且可以肯定的是那些地区的平民百姓都曾经是，或者转变成为讲爱尔兰语的居民。

---

[8] *Annals of Ulster* s. a. 574，577，580，580. 后世文献记载了这样一种根深蒂固的传统，一些爱尔兰武士（*Déisi*，通常指附属于一些领主的武士或依附者。——译者）在 4 世纪向威尔士迁移。在大致 5 世纪后期、6 世纪早期，爱尔兰谱系中有数代人也同样出于西南威尔士迪费德（Dyfed）王国的谱系中；Batrum（1966），p. 4；Thomas（1994），pp. 53–66。

235

　　我们有充分理由相信，不列颠居民在 5 世纪曾发生一场大规模迁徙活动，而且其中一些迁徙活动可能还持续至公元 500 年后数十年。现如今，没人相信，所有不列颠居民（不列颠所有原住民）都是在盎格鲁—撒克逊殖民者的驱赶下向西迁移的。因为，从 7 世纪及稍晚的文献中可完全清楚地看到：在英格兰人聚落建立后很久，英格兰中、东部地区依然有人使用不列颠语。在英格兰中、北部地区，一些不列颠王国甚至残存至 7 世纪。但是，威尔士语中的一些早期拉丁语借用词则表明，一些不列颠居民——可能是富人和贵族，也可能是高级神职人员——可能确实向西迁移过，尽管我们无法就此推测出其在迁徙人口中的比例。⑨ 很明显，他们中一些人还去往法国北部：到 5 世纪中期，已有不列颠居民出现于卢瓦尔河中游和法国西北部地区；到 6 世纪末，有足够数量的不列颠居民定居于阿莫里卡（Armorica）半岛西北部，并将其地名改为小不列颠（Britannia Minor），亦即我们今天所熟知的布列塔尼。⑩ 虽然我们无法准确勾勒出此次移民的详情，但它到 6 世纪 60 年代时似乎就已告结束。对这场迁移的具体状况我们也还是知之甚少，尽管，据威尔士传统说法，是黑死病促成居民的这次外迁活动；⑪ 我们也不知道在 5 世纪分散于法国境内的几支不列颠部落最终退而聚居于法国西北部，还是其移民自不列颠一波接一波地涌向该地。我们亦不知道，不列颠居民在阿莫里卡西部的聚落是不是更加密集，然而 7 世纪不列颠人与罗马人聚居区的区别却暗示着这种可能性的存在。⑫ 尽管如此，不列颠语居民都是居于布列塔尼东部已是再清楚不过的事实，因为 9 世纪的人名地名的命名方式完全是不列颠式的；而且虽然 6 世纪的法兰克作家将维兰内河（Vilaine）视为法兰克人与不列颠人之间的疆界，但操不列颠语的居民在边界东部已有出现。维兰内河可能的确构成了不列颠人与罗马人的边界；如果情况果真如此，那么不列颠人边界就真的进入了半岛东部。至于 6 世纪的不列颠人和 9 世纪操不列颠语居民的祖先中，有多少来自不列颠，又有多少是罗马时代大陆凯尔特人的后裔，这一切都难以理清。

　　⑨　Jackson（1953），pp. 77 - 86；Dark（1993），p. 91.

　　⑩　*Concilia Galliae* A. 314 - A. 506，p. 148；A. 511 - A. 695，p. 179；Gregory，*Hist.* iv. 4. 137，
v. 26. 232，x. 9. 493.

　　⑪　Book of Llan Dav，pp. 107 - 109.

　　⑫　*Concilia Galliae* A. 511 - A. 695，p. 179；*Vita Samsonis* 1. 61.

而这也正是研究不列颠历史的学者所热衷讨论的话题，同时这一争论也极易陷入循环论证的怪圈。[13]

围绕移民而展开的一系列争论：无论它们涉及的是布列塔尼、英格兰，还是苏格兰问题，都同样艰难晦涩，且其中大部分或许不可能会有结论。这些移民活动不可能追溯到准确的时间点。我们对移民的相对人数和绝对人数几乎一无所知，对其社会成分（是整个聚落群体的迁移，还是一小群幸运的猎户，抑或是贵族与准统治者的行为，还是在不同地区各种情况兼而有之）亦了解不多；我们对语言变化与定居之间的关系更是知之甚少。毫无疑问，大批移民能改变一个地区的语言，但对于引发这种变化至少需要占人口多大比例，我们几乎一无所知。[14] 地名的证据可能对各种语言/方言使用者的定位有莫大帮助。可即便如此，当我们围绕究竟是谁确定了地名——是当地居民，其近邻，还是其他一些因财富、特许权、航海目的而对此进行记载的外来者——而提出一系列假设时，我们仍需倍加谨慎。尽管无法解决问题不免有所遗憾，但我们不应忘记这些问题：因为移民本身在政治上对当时以及随后由之产生的社会后果起着举足轻重的作用。

原始资料

在 6 世纪，尽管爱尔兰的材料已较丰富，但能用于凯尔特地区研究的书面资料却十分稀缺，在某些方面，7 世纪的情况略好一些。有关资料多残缺不全，难以释读。因此，在研究中世纪早期凯尔特地区的问题上，存在着严重的资料短缺问题；而这也意味着，想要对 6 世纪上半叶凯尔特人任何地区的政治史做一证据确凿之评述已绝无可能，且这种情况在 7 世纪的研究中也部分存在着。自 6 世纪中期起，我们所知资料已经涵盖爱尔兰北部和苏格兰西部，至 7 世纪，爱尔兰其他地区的资料也日渐丰富；在威尔士与苏格兰东部，我们能发现部分证据，但这还不足以充实某工丁此处登基、丁

---

[13]　Cf. Falc'hun (1970), pp. 43 – 96; Galliou and Jones (1991), pp. 143 – 147; Tonnerre (1994), pp. 33 – 74; Astill and Davies (1997), p. 113 n. 12.

[14]　见 Koch (1997), pp. xlii – xliv, 涉及一些对于早期中世纪语言变化的卓有见地的评论。

237

另一处驾崩的无具体内容的通告；至于康沃尔和马恩岛，我们所了解的则稀少至极，仅限于只言片语；在不列颠东部地区，我们对其在 6 世纪末发生之事有着详细的了解，但对随后一个半世纪的历史，我们却一无所知。

在这种情况下，碑铭证据就显得格外重要，因为它们中大部分仍保持着其本来面貌（其实这也是目前仅存的唯一能保持原貌的文本），且内容细致入微，不但可获得有关墓主的名称以及丧葬模式，还能获得有关其等级、性格、事件的实物性描述。尽管并非所有铭文都能准确地确定其年代，但其中许多都能将范围锁定在半个世纪以内。威尔士铭文集得到了很深入的研究，且其意义非凡。除此之外，我们还有大量康沃尔、苏格兰的铭文，布列塔尼的一些铭文，以及同时期爱尔兰、马恩岛的少许铭文。它们中大部分都使用拉丁文，但也有一些使用了爱尔兰欧甘文——或单独篆刻，或与拉丁文对照。[15]

238　　　　年代纪（*Annals*），乃时人以年代为依据而辑录的日志集成，早在 6 世纪末之前，就已经保存于一些凯尔特人宗教中心，尽管这些记载通常简洁明了，但有时亦神秘晦涩，时常断断续续。在这一阶段，这些年代纪总是色彩鲜明地刊载国王和教士的讣告、战事通告、灾难与气象或者星相。北爱尔兰的年代纪系统植根于《阿尔斯特年代纪》（*Annals of Ulster*），亦常被称为《爱尔兰编年史》（*Chronicle of Ireland*），其重要性是因为其内容涵盖了北爱尔兰、西苏格兰和马恩岛的历史，但其部分材料亦可见于威尔士编年纪系列，即《坎布里年代纪》（*Annales Cambriae*）。[16] 艾奥纳（Iona）修道院极有可能是这些记载——从 563 年建院后不久直至约 740 年——的本源，但到 7 世纪末爱尔兰宗教中心，如阿尔马（Arnagh）、克洛弗特（Clofert）的一些记载也保留下来，其中一部分被收入《阿尔斯特年代纪》，另一部分则被归入其他一些重要史籍，如《因尼斯弗伦年代纪》（*Annals of Inisfallen*）。从这几个世纪起，极个别的威尔士年代纪也有所存留，

---

⑮　Macalister（1945 - 1949）；Nash-Williams（1950）；Bernier（1982）；Okasha（1993）；Thomas（1994），可作为简明的参考资料，尽管在许多不同的期刊上陆续发表了许多新的发现；亦见 McManus（1991）。

⑯　关于批评性的论断，见 Hughes（1972），pp. 99 - 159 和 Grabowski and Dumville（1984）。

其中有的发端于威尔士，有的发端于不列颠北部。此外，我们也不应忘记有时也提及苏格兰、威尔士以及西南部地区之事的英格兰年代纪，即《盎格鲁—撒克逊编年史》（*Anglo-Saxon Chronicle*）。

从这一时期起，当时的少量圣徒生平流传下来，其重要性绝不仅限于宗教事务。这些生平传记分别是米尔丘（Muirchú）和提莱尚（Tirechán）的《帕特里克生平》（*Lives of Patrick*）、科吉托苏斯（Cogitosus）的《布里吉特生平》（*Life of Brigit*），但是，另一部《布里吉特生平》是根据所谓的《普里玛传》（*Vita Prima*）一书重新构建的。所有这些材料均源自 7 世纪下半叶的爱尔兰；在艾奥纳，我们有阿多姆南（Adomnán）写的《科伦巴传》（*Life of Columba*），该书或成书于 700 年。在布列塔尼，我们还有无名氏写作的《萨姆森传》（*Life of Samson*），该书大概成书于 7 世纪中期（尽管此处的萨姆森系不列颠人，但该书主要描写了其早年在威尔士的生平）。[17] 自 7 世纪以来，爱尔兰保存了大量教会文献，如忏悔录、教规、宗教宣传册——但这些并不是本文所要讨论的。除此之外，还有一些涉及布列塔尼的 6 世纪宗教会议记录存留。这时，也有各类学术型作品出现，尤其是出自爱尔兰的，其中有的涉及计量，亦有关于语言和语法的，还有旨在凸显凯尔特文学技巧的，如《西方演讲录》（*Hisperica Famina*）与拉丁诗文、圣歌。[18] 此外，还有各种记叙性资料——宣传性小册子和历史故事——这些文献对历史学家而言颇具价值：关于不列颠西部，我们有吉尔达斯（Gildas）于 540 年或更早些时候所作的描述不列颠之衰败的宣传册；关于不列颠，尤其是苏格兰，我们有比德的《英吉利教会史》（*Ecclesiastical History of the English People*）；关于布列塔尼，我们有图尔的格列高利于 6 世纪末所著的《历史十卷》[*Ten Books of History*，有时亦称为《法兰克人史》（*The History of the Franks*）] 和弗雷德加（Fredegar）于 7 世纪中期写作的《弗雷德加》（*Chronicle*）。[19] 9 世纪初，这些材料在威尔士北部被拼凑成《不列颠

239

---

⑰　关于帕特里克的生平，见 Bieler（1979），pp. 61–166；关于布里吉特的生平，见 *Acta Sanctorum* Feb. 1（1658），pp. 129–141 和 *Vita Brigitae*, ed. Colgan（1647），pp. 527–545［见 Wood（1988）］。

⑱　Hughes（1972），pp. 193–216；O Croinin（1995），pp. 197–221；Davies（1982a），pp. 209–214；Herren（1974–1987）。

⑲　Gildas, *De Excidio*；关于比德，见 Thacker，后文第 17 章；关于图尔的格列高利的作品，见 Van Dam，前文第 8 章；而关于《弗雷德加编年史》（*Chronicle of Fredegar*），见 Fouracre 后文第 14 章。

历史》（*Historia Brittonum*）一书。尽管书中对不列颠北部居民起源这一重要话题作了简单描述，但对该时期情况而言，此书并未提供多少有价值的材料。[20] 此外，还有一些有关法律和政治事务的爱尔兰小册子，如用拉丁文所写的《世间十二种恶习》（*Twelve Abuses*）和用方言编写的《莫朗的遗嘱》（*Audacht Morainn*）和《阿达姆奈法规》（*Cáin Adamnain*）等。[21] 但大部分用方言所编写的爱尔兰法律文献属于 8 世纪。[22]

最后，大型谱牒集多出自爱尔兰和威尔士，此处之威尔士包括苏格兰南部和马恩岛；也有少量出自德文郡（Devon）、康沃尔和布列塔尼。这些谱牒集可能与 7 世纪甚至是 6 世纪的政治结构有某种潜在关联，但它们的使用却存在诸多困难，因为以皮克特人（Picts）或塔勒（Tara）的王表为例，它们多成书于数世纪之后。这些文件都力图将当时谱牒集中所有统治期漫长的王朝记载下来；如收于 10 世纪中期威尔士的谱牒中的，以 10 世纪威尔士的两大统治家族为起点，回溯记载了 30 余代；其中 7—10 世纪的部分尚称可信，但再回溯到更早的时期，就显然站不住脚。由于没有确凿证据，因此对材料中所谈的 6、7 世纪的事件，我们很难评估其价值所在；与其说它们是历史资料，不如说是它们是异想天开的或者是错误百出的。换言之，谱牒集——截止于 10 世纪前的那些——必定取材于此前更久远的记载，例如哈雷（Harley）谱牒集中所记的马恩岛的事件；因此它们是潜在的相对原始的材料。在《不列颠历史》（*Historia Brittonum*）中所列的英格兰谱牒材料和王表在此类谱牒文献中，相对而言更有其价值。[23]

---

⑳　*Historia Brittonum*（经常被错误地理解为是 "Nennius" 所写）；见 Dumville（1972 - 1974, 1975 - 1976, 1985）；Jackson（1963）；Koch（1997）。

㉑　*Audacht Morainn*，Meyer（1965）；此文献中的一个部分是出自 7 世纪的；见 Ni Dhonnchadha（1982）。

㉒　特别是威尔士方言诗 *Canu Aneirin* 和 *Canu Taliesin* 可能出自 7 世纪，但是我们所掌握的新编本应该不早于 9 世纪，而且也可能晚至 11 世纪，关于对此问题的简要论述，见 Davies（1982a），pp. 209 - 211；亦见 Koch（1997）。一些爱尔兰方言所写的故事可能写于 7 世纪 [Carney（1955），pp. 66 - 76]，但认定其写作年代是 8—9 世纪将会更方便。

㉓　O'Brien（1962）；Bartrum（1966）；O Riain（1985）；不列颠的谱牒文献尚未得到搜集编辑，但其多数篇章被引用于 La Borderie（1896 - 1898）的作品中。皮克特人的王表，见 Anderson（1973）；塔拉王表，见 Byrne（1973），pp. 48 - 69，并见后文，第 243 页。

爱尔兰

有两个特殊的问题影响着我们对爱尔兰早期历史的认识，而这两个问题又根植于一些可用书面材料的特点。第一个问题与一些年代纪有关：和其他主要史集一样，《阿尔斯特年代纪》（*Annals of Ulster*）中一些条目记载了 5、6 世纪的事件，乍看之下，它似乎向我们提供了早期历史中民族、地点、事件的详细证据。然而，这完全是一种误导：因为这些资料中的大部分都是由 9 世纪后期及 10 世纪的那些构建了主要史料辑录的史家穿凿汇编而成，为了将史上教俗两界诸多英雄人物纳入可信的编年史框架体系中，他们无所不用其极。㉔ 尽管他们构建的框架是可信的，但人物出现的序列则是由推测而知的，其历史真实性亦不可考；因此，其地位便不可与始于 6 世纪末的文献所提供的证据等同视之。第二个问题小与此相关，即传奇故事的力量，因为它总是决定了此前数世纪所有讨论话题的框架结构，不论这些讨论究竟是发生在 9 世纪，还是 12 世纪乃至 20 世纪。有一个传奇故事的权威性是无可辩驳的，这个故事就是《阿尔斯特传奇》（*Ulster Cycle*）中诸故事的核心部分，《阿尔斯特传奇》中最为著名的元素集中于《牛袭库利》（*Táin bó Cualnge*，即 *The "Cattle Raid of Cooley"*）一书中。㉕ 在这个故事中，阿尔斯特人乌莱德（Ulaid）在政治上统治着爱尔兰北部地区，但对尤尼尔（Uí Néill）家族的存在却只字未提（其实，在中世纪早期，尤尼尔家族才是北爱尔兰的真正统治者）。故事背景引人入胜，并且很容易使人认为乌莱德确实在史前时代末期"统治"过爱尔兰北部。

摆在普通读者面前的另一个问题是：6、7 世纪间爱尔兰的政治结构的特点是复杂而陌生的。当时的爱尔兰有许多小的政治实体——多达五十个或一百个，甚至可能更多——史称 *tuatha*（可理解为部落、族群或部族，以下统一译为"部族"，不用音译——译者）。每一部族各有其王（*rí*），工拥有军事和首脑责任，但个是立

㉔ Hughes (1972), esp. pp. 142–146; Smyth (1972); Grabowski and Dumville (1984), p. 93.

㉕ *Tain*；亦见前文的评论，n. 22。

法者——除非有特殊情况。㉖ 在此基础之上，该政体承认"超王"的共治制度：一些王也同时为"超王"。这就意味着各"超王"都希望获得其附属藩王的支持，享受其贡赋。但事实上，据我们所知，在此体制下，各"超王"既无干涉其藩王之权力，亦无干涉之传统。"超王"体制不仅仅是一种双边关系：一方面，一些"超王"是"超王"们的"超王"；另一方面，一些"超王"对某些藩王而言是"超王"，但对另一些更强大的"超王"而言则是藩王；其他各国关系亦是如此。更复杂的是，此时的超王体系尚未完全制度化：同一时期，此地的超王体系业已成形，而在他处却因其政治形势而告消亡。

241

　　与其他地区相比，我们对爱尔兰北部的情况了解相对较多。就我们已经掌握的资料来看，其政局由于尤尼尔家族（Uí Neill）各支和阿尔斯特人（Ulster）、乌莱德（Ulaid）各统治者之间的角逐而显得纷繁复杂。到 6 世纪末，乌莱德 4 个主要部族占领了爱尔兰最东北部地区［安特里姆郡（Antrim）和当郡（Down）］，分别由达尔里阿达（Dál Riata）、达尔纳莱德（Dál nAraide）、达尔菲塔克（Dál Fiatach）和尤埃查赫·科博（Uí Echach Cobo）家族统治。在通常情况下，这 4 个部族中就会有一个乌莱德超王。而尤尼尔家族的成员相信他们是传说中 9 个尼尔（Niall，发音 Neil）人质的后裔，他们在北部和中部爱尔兰都有许多分支。在这些家族分支中，多吉尔郡（Dongeal）的塞奈尔·欧盖恩（Cenél nEogain）、塞奈尔·康奈尔（Cenél Conaill）和塞奈尔·凯普瑞（Cenél Cairpril）在爱尔兰北部最为出名，而米思郡（Meath）的塞奈尔·罗伊古尔（Cenél Loiguire）和塞奈尔·阿德盖尔（Cenél nArdgaile）则是中部地区的佼佼者，他们被分别称为北尤尼尔族和南尤尼尔族。他们的行为方式表明尤尼尔诸王不仅争当本地区的超王，还欲成为彼此的超王。直到 8 世纪 30 年代，随着南北家族轮换推举一位尤尼尔超王的惯例建立起来，在我们所谈及时期之后的这种争霸过程才算有其合理结局。乌莱德和尤尼尔家族并不是爱尔兰中北部仅有的民族，因为这里还有尤尼尔家族极欲成为其宗主的部族；其中一部分组成了带有早期"部落"联盟遗风的组织——如

㉖　见 Wormald，后文第 21 章。

盖楞加（Gailenga）、卢伊格涅（Luigne）、西安纳奇塔（Ciannachta）
等，但在北部中心地区最为著名的当属七部族，即历史上所谓的埃尔
及亚拉（Airgialla）统治时期，这是一个以诸藩国（vassal）合成的
国家（见地图4）。

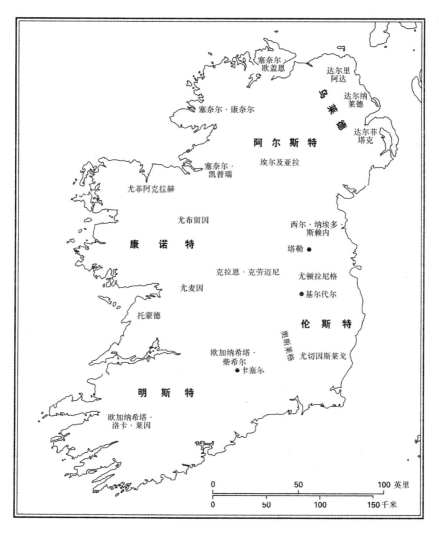

地图4　爱尔兰

241　　　这个世纪的或者说是 560 年之后的政局，乍看即知纷乱复杂，塞奈尔·欧盖恩攻击塞奈尔·康奈尔，达尔菲塔克攻伐达尔纳莱德；塞奈尔·康奈尔征伐南尤尼尔部的迪亚梅德·麦克·塞拜尔（Diarmait mac Cerbaill，阿德盖尔的侄子）；达尔纳莱德讨伐塞奈尔·欧盖恩；塞奈尔·康奈尔袭击达尔里阿达与达尔纳莱德；西尔·纳埃多·斯赖内（Síl nÁedo Sláine，南尤尼尔部）攻击塞奈尔·欧盖恩，等等。但该时期有一共同特点：其一，尤尼尔部成功崛起傲视所有来者之势显而易见；其二，争霸中棋高一着的尤尼尔各幸存支系始终在形式上把持着塔勒（Tara）的王权。6 世纪晚期 7 世纪早期，尤尼尔部与乌莱德部统治者之间的冲突呈相互平衡之势；诸侯各国合纵连横，胜负无常；此种局面一直持续到 637 年的马格·罗斯（Magh Roth）之战。

242　于是，南部的塔勒王迪亚梅德·麦克·塞拜尔于 561 年在库伊尔·德里莫奈（Cuil Dreimne）之战被塞奈尔·康奈尔部的艾因麦利（Ainmere）击败。很明显此役是由圣科伦巴（St. Columba），即艾因麦利的堂兄弟挑起的，因为其对西部康诺特（Connachta）的保护权受到挑战；[27] 迪亚梅德最终于 565 年被乌莱德超王达尔·纳莱德部的埃

243　德·杜卜（Aed Dub）所杀。此时正值乌莱德统治者渡海东征至马恩岛（Man）和苏格兰西南部，亦恰逢乌莱德霸权争夺战因达尔里阿达染指不列颠而越发复杂之时。艾因麦利之子埃德不失时机，在德勒伊姆塞特（Druim Cett）召开的"会议"上支持达尔里阿达部的埃丹·麦克迦布莱恩（Aedán mac Gabráin）对抗当时的乌莱德超王——或许是达尔菲塔克（Dál Fiatach）家的拜坦（Báetán），[28] 并最终达成协议：苏格兰的达尔里阿达无须向乌莱德超王纳贡。在 6 世纪七八十年代的马恩岛，7 世纪 20 年代的爱尔兰，乌莱德霸权争夺战依旧持续着，直到 637 年马格·罗斯之战才告终结；此役中，埃德之子多莫纳尔（Domnall）在多莫纳尔·布莱克（Domnall Brecc）统领下，与达尔纳莱德结盟，大败达尔里阿达于爱尔兰岛上，又与塞奈尔·欧盖恩联合于海上战胜之。此后，达尔里阿达就将更多精力放在苏格兰，乌莱德霸权争夺战也有所缓和，至于尤尼尔部则不断取得更大的胜利。

---

[27] *Annals of Ulster* s. a. 561; cf. *Vita Columbae* iii. 3, and pp. 71 – 74.
[28] 传统上认为是 575 年，但有可能晚至 590 年，Meckler（1997）。

多莫纳尔·麦克·埃多在卧榻上平静地逝去——鉴于他的丰功伟绩，他是有史以来被当时编年史家称为"爱尔兰王"的第一人。[29]

尽管尤尼尔部取得了一个又一个胜利，换言之，即不断荣登超王乃至霸中之霸的宝座。但是，直到世纪之末，他们仍在为建立霸权，君临天下而彼此攻伐。尽管北方各支与南方各支内部冲突持续不断，但南北之间斗争才是最激烈的，而且斗争的焦点也逐渐集中于颇具象征意义的塔勒王权：拥有塔勒王权的人可以说是所有尤尼尔超王中的超王。南方的迪亚梅德·麦克·埃多·斯莱恩（Diarmait mac Aedo Slaine）与其兄弟布拉特麦克（Blathmac）共掌塔勒王权，并于654年击败塞奈尔·康奈尔家族的科纳尔（Conall）；其继承人芬奈希塔（Finnechta）弑杀了当时称王的堂兄，于675年击败塞奈尔·欧盖恩家的迈尔·都因（Mael Düin）；但北方塞奈尔·康奈尔部的林格塞赫·麦克奥恩古瑟（Loingsech mac Oeaguss）——当时被一位当代编年史学家称为"爱尔兰王"的第二位爱尔兰之王，却在未遇任何反对的情况下攫取了塔勒王位，并掌政至703年。[30] 自7世纪末以降，第一份塔勒王表（Baile Chuind）保存了下来，而王表本身又着力强调塔勒王权对中北部地区的政局起着至关重要的作用。[31] 在7世纪时，尤尼尔各称雄超王的版图已大幅扩张：起初，其政治影响仅限于少数几个部族，到700年时，爱尔兰半数以上领土已收入其囊中。8世纪，其版图更加辽阔，塔勒王位继承制也从此建立起来。从734年起，王权由北尤尼尔家族的塞奈尔·欧盖恩族和南尤尼尔家族的克拉恩·克劳迈尼（Clann Cholmain）族轮流执掌。到700年，尽管还有其他国王和其他超王——直到9世纪，乌莱德和埃尔及亚拉依旧有其自己的超王——但中北部至尊超王出自尤尼尔族已是不争的事实。

时至此时，爱尔兰人亦是苏格兰岛上的一支重要势力。尽管如上文所述，我们既不清楚向苏格兰西部的移民发生于何时，也不知其规模如何，但据我们所了解，在6、7世纪，其地域似乎十分有限。尽管如此，达尔里阿达家族的统治者却在6世纪末7世纪初于不列颠北部大肆扩张，当其试图建立伯尼西亚之时便与英格兰人爆发冲突

244

---

[29]　*Annals of Ulster* s. a. 565，574，575，577，578，580，581，582，586，626，627，629，637，642.

[30]　*Annals of Ulster* s. a. 654，675，703.

[31]　Murphy（1952）；Byrne（1973），pp. 91，104–105，276–277；Irwin（1998）.

［埃丹·麦克迦布莱恩（Aedán mac Gabráin）在道斯顿被英格兰人大败］，随后又与皮克特人（Picts）发生争斗。㉜ 在德勒伊姆塞特召集的会议曾经是在松弛该部族与爱尔兰腹地间的联系，阻止乌莱德超王榨取资源所做的首次尝试；6 世纪 80 年代的马恩岛之战则进一步证明了这种争议的存在。但正是 637 年的马格·罗斯之败才真正使达尔里阿达将注意力集中于苏格兰。他们于 7 世纪从其政治中心杜纳德（Dunadd）——此处遗址已得到充分发掘——向东、向北扩张，尽管他们还有杜纳沃特（Dunaverty）、塔尔伯特（Tarbert）、邓诺里（Dunollie）等其他要塞。㉝ 这对以敦巴顿［Dumbarton，在格拉斯格（Glasgow）郡附近］为中心的斯特拉斯克莱德（Strathclyle）的不列颠人王国构成了威胁，并使爱尔兰人得以越过山脉深入皮克特人的腹地法夫（Fife）。到 700 年，这些爱尔兰人依旧处于其社会发展早期，这却使得他们在 8、9 世纪的苏格兰中部地区经历了诸多征战，并最终夺取了苏格兰王权。

即便是在 7 世纪，尤尼尔家族仍不时与爱尔兰西部、南部各主要王朝保持联系。东南部（伦斯特）的居民拉伊金人（Laigin）也对塔勒王位有所诉求，并屡屡北犯。598 年，他们在邓伯格（Dun Bolg）击败了埃德·麦卡因麦尔（Aed mac Aiamare），同时其自身亦备受侵扰，例如，他们在 628 年就曾遭多莫纳尔·麦克·埃多（Domnall mac Aedo）攻击。在伦斯特，北部的尤顿拉尼格（Uí Dúnlainge）家族和南部的尤切因斯莱戈（Uí Cheinselaig）这两大家族为夺取最高霸权而争斗。尽管尤顿拉尼格族经常成为超王，但这并不意味着其地位不可动摇。由于该家族同基尔代尔（Kildare）主要修道院有着族人间的联系，他们时常寻求与中部地区的南尤尼尔各支［约 700 年塞拉奇族（Cellach）的女子似乎以尤尼尔族人为夫］建立同盟，同时，他们还为拓展伦斯特西部边界而斗争不休。在伦斯特西部，一支特别强大的部族奥斯莱格（Osraige）族人中那些自称为王者尤其对抗超王的统治，这一状况在 700 年后依旧延续了好几个世纪。尤顿拉尼格与尤切因斯莱戈两大家族间旷日持久的战争在 700 年后仍在持续，直

㉜ Bede, HE i. 34；亦见 Thacker, 后文第 17 章；*Annals of Ulster* s. a. 681, 683, 694；Koch（1997），pp. xxxv – xli.

㉝ Lane（1984）；Campbell and Lane（1992）；Lane and Campbell（1993）.

到 8 世纪中期，尤顿拉尼格成功建立起对伦斯特的霸权才告终结，而其家族的霸权地位也一直持续到 11 世纪。㉞

尤尼尔各族与他们所认定为其发祥地的西部关系密切，而且，西部各大王朝中的一个大家族尤布留因（Uí Briúin）就曾于 561 年与塞奈尔·欧盖恩、塞奈尔·康奈尔家族联手，在库伊尔·德里莫奈对抗迪亚梅德。后来，在 703 年，也正是尤布留因的塞拉奇击败了塔勒王柯因奇（Coingsech）。另一王朝尤菲阿克拉赫（Uí Fiachrach）于 603 年在斯来戈（Sligo）——尤尼尔政治影响所及的最西端——起兵对抗塞奈尔·凯普锐（Cenél Cairpri）家族，649 年又发兵攻打南部的迪亚梅德·麦克·埃多·斯莱恩，此役中，他一举击败其长寿王库埃雷（Cuaire）。其他王朝，尤其是尤麦因（Uí Maine）或尤埃勒洛（Uí Aisello）也为争当超王而彼此征战，尽管尤菲阿克拉赫是 7 世纪最显赫之势力，并与尤布留因轮掌康诺特霸权至 700 年，但情况再次发生变化，后来，在 8 世纪后期，真正建立起持久稳定霸权的还是尤布留因。㉟

6、7 世纪的西南部的明斯特（Munster）地区是最难深入研究的，因为直到 8 世纪，在编年史中几乎找不到任何有关当时的材料。托蒙德［Thomond，今日的克莱尔（Clare）郡］似乎是一块备受争议之地，西南部与北方的康诺特各超王为此纷争不已。627 年，尤菲阿克拉赫的库埃雷与尤麦因都被明斯特的费尔柏弗拉恩（Failbe Flann）击败，这一事件或许注定托蒙德终将为明斯特诸王所统辖，从康诺特分离出去，而且此番败绩还导致了南方尤菲阿克拉赫的衰落。就明斯特自身而言，欧加纳希塔（Eoganachta）诸王建立起了对其东部和西部的霸权，但要理清他们之间相互关系的基本范式还为时过早。卡舍尔（Cashel）这一后来南方霸权地位的精神首府在此时已是一重要据点，然而其重要性似乎还没达到 9 世纪的程度。实际上，这些证据足以证明西南地区的统一性霸权直到 700 年才逐步明朗起来。而这一进程此刻还没有开始。㊱

到了 700 年时，我们就能够发现，在 8 世纪渐趋清晰的在爱尔兰

㉞　*Annals of Ulster* s. a. 598，628，738.

㉟　*Annals of Ulster* s. a. 561，703，603，649，754，792.

㊱　*Annals of Ulster* s. a. 627，721，737，793；*Annals of Inisfallen* s. a. 721，735.

北部、西部、东南部、南部（阿尔斯特、康诺特、伦斯特、明斯特）版图大致相当的区域所确立的四大领主体系已经有了雏形，尽管明斯特争夺霸权的斗争尚未开始。虽然在西、南部的战事时有发生，但在700 年时，"中部地区"的政局与北部密切相连。700 年，达尔里阿达在苏格兰西南部已拥有十分稳固的政治基础，并深刻影响着苏格兰政局，这些趋势清晰可见。尽管造成此种局面的政治动因至今仍令人费解，读者会问，为什么会有这么多斗争？战事频仍是不是爱尔兰的地方特色？早期爱尔兰是不是处于漫长的无政府之乱世？答案既不那么简单，也不令人沮丧。历史的记载中之所以充满争斗，是编年史家有选择地记载使然。从表面上看，这固然是军事精英的家常便饭，但这不应使我们忘记军事行为乃精英所专有，并不属普通百姓，争斗不一定指全面战争，生产仍在继续（实际上，正如我在上文所指出的，一切都表明：7 世纪的生产是不断扩大的）；学术依旧繁荣，正是在这个时期，学者们学习使用新的语言来说和写，掌握了复杂的运算，并开创了图书装帧这一高雅艺术。[37] 争霸的基础无疑是军队，这一时期的军队的编制体系却鲜有所闻，其对行政事务的影响也微乎其微（或许根本没有）；相反，对于如何征收与储藏剩余产品却有着大量原始粗鄙且不稳定的政治理念。简单的王权在这一时期依旧发挥着重要作用。国王仍然代表着部族，捍卫着部族的安全，处理突发事件，保障民生福祉，其智慧应该足以胜任司法审判，他们还负责与基督教教士谈判——并逐渐由之衍生出另一项职权——谋求其对宗教繁荣的社区施以稳定影响。尽管政治进程很大程度上由超王决定，普通国王依旧有其地域内的影响力。奥斯莱格地处伦斯特、明斯特之间，其国王应该拥有一个相当大的部族，但他却在没有介入复杂的超王之争的前提下，向我们提供了王权该如何行使的绝佳范例：

> 行王道，以求国泰民安，
> 行王道，以陈兵边疆慑仇邻，
> 行王道，以使五谷丰登，

---

[37] 关于爱尔兰的基督教文化，见 Stancliffe，后文第 15 章。

行王道，以使水产富饶……㊳

皮克特与不列颠北部

尽管 6、7 世纪时，爱尔兰人在苏格兰西部的势力已不容小觑，但不列颠北部的主要民族却是皮克特人、不列颠人（British）和英格兰人（English）。艾奥纳（Iona）修道院于 563 年于远离苏格兰西海岸的地域建立，贾罗（Jarrow）修道院则于一个世纪后建于英格兰极北端，此二所修道院都是记录、写作和研习的中心，这就意味着我们能对这些民族的早期关系有所了解——相较我们几个世纪后所知道的，其内容当然丰富得多。

尽管我们对这些族群此前的情况所知甚少，但到 6 世纪末，在今日之苏格兰低地和英格兰北部已存在大量不列颠人的王国。㊴ 在公元600 年前的数十年内，不列颠诸王［摩根（Morgan）、乌连（Urien），或许是瓜洛格（Gwallog）］被居于纽卡斯尔（Newcastle）、班贝格（Bamburgh）地区的英格兰人所灭，只有约克郡（Yorkshire）南部的一位不列颠国王侥幸存活到 617 年。㊵ 尽管大难不死，但却基本留下了一段有关战败、兵燹，继之以丧失政治认同和政治独立性的故事，一个传说，一段情感，它们被纳入诗歌《戈多丁纪》（*The Gododdin*）之中［尽管在诗歌《塔利埃辛之歌》（*Canu Taliesin*）中，内容更简练、情感更丰富］。

> 壮士赴卡城［卡特瑞斯（Catraeth）］，行军度若飞，
> 飨宴以蜜酒，其味苦而酸，
> 效命沙场三百回，
> 喜泣之余是寂静。
> 转身进殿作告解，
> 奈何终得魂归天。㊶

㊳ Audacht Morainn, p. 7.
㊴ 以下虽可见 5 世纪的斯特拉斯克莱德；但对其全貌可见 Koch（1997）。
㊵ *Historia Brittonum* c. 63.
㊶ Aneirin, Y Gododdin, lines 78–84; Canu Taliesin.

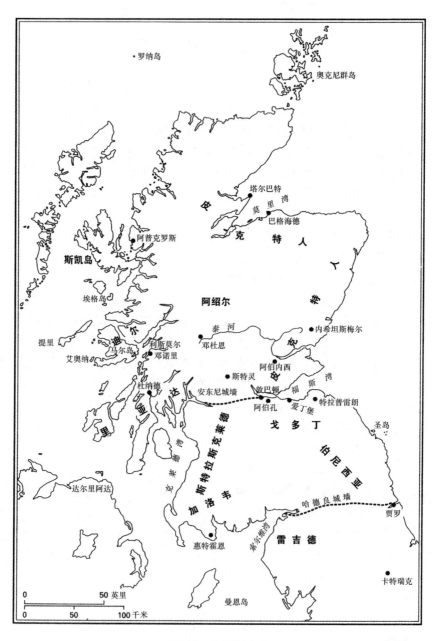

地图 5 不列颠北方

　　战士从四面八方集结而来，以守卫雷吉德（Rheged）——一个　　247
疆域辽阔的王国，其地涵盖整个彭奈恩山脉（Pennines），甚至远及
加洛韦（Galloway），他们于7世纪初在卡特瑞斯（Catraeth）也可能
是卡特瑞克（Catterick）和英格兰人进行决战。经此一役，雷吉德便
从此消失。至于位于福斯湾（Firth of Forth）周边的、战士们以其国
号为诗题的戈多丁王国则苟延残喘一代有余：638年，其爱丁堡要塞
最终被英格兰人攻克。（见地图5）

　　西部王国斯特拉斯克莱德（Strathclyde）家族的统治延续更为久
远。据记载，其王统一直传承至1034年，并与爱尔兰、皮克特人交
往甚久。王国地处克莱德（Clyde）河口，以敦巴顿岩（Dumbarton
Rock）为政治中心。5世纪，圣帕特里克曾提及其国王塞拉迪格
（Ceredig），而约在公元700年前后写作的阿多姆南（Adomnán）则
提到6世纪末的一位强大君主斯特拉斯克莱德，他与爱尔兰圣徒科伦
巴（Columba）——里德尔克·海恩（Rhydderch Hen）和长者里德
尔克有过交往。[42] 除王室成员有时会与皮克特统治家族通婚，敦巴顿
因实力强劲、声名远播而在8世纪中期遭到皮克特的奥昂古斯（Oen-
gus）之攻击，且在9世纪末常遭到维京人引兵来犯这些事情外，我　　249
们对该王国的情况所知甚少。尽管其辖地不大，但斯特拉斯克莱德却
是一块始终保持独立的重要"飞地"，就连西部、北部、东部各强邻
都不敢等闲视之。

　　然而，我们总是习惯性地认为皮克特人是个问题。[43] 除石刻铭文
外，皮克特人本身并无文史资料传世，而且即便有铭文，其释读也问
题重重：在身份认同、居住范围、政治结构等方面，特别是其称呼方
面都存在诸多疑问；[44] 而我们对这些问题的认识大多源自外部观察。
甚至连皮克特这一名称都似乎是由苏格兰之外的作家首创的，而且在
这称呼之下可能还潜藏着一系列彼此互不相认的部落，因为在1、2
世纪，罗马作家所使用的是部落名，而不使用"皮克特"这一总的
类称。罗马晚期与后罗马时代，皮克特人乃是从其北方领地侵犯罗马
不列颠行省的族群，且"皮克特"这一名称很可能用于指安东尼长

㊷　Patrick, "*Epistola*" c. 2; *Vita Columbae* i, c. 15.
㊸　Witness Wainwright (1955, repr. 1980); Small (1987).
㊹　Forsyth (1997).

城以外的苏格兰中、北部地区居民。这并不意味着要以任何统一的政治或社会的认同来限定如此称呼的这一民族，也不一定以某种语言来限定，相反，"皮克特人"可能指的是5世纪到6世纪初的一些部落集团。爱尔兰人在苏格兰西南部立足，英格兰人在苏格兰低地建立聚落，显然都是为了适应时代变化，其情形一如基督教之传入。尽管证据琐碎纷杂，难以令人信服，但我们有理由相信，不论背景怎样、原因如何，在7世纪，一种统一的政治认同感正在形成。[45]

皮克特王权的性质是一个与之相关的问题。其生活的地域、空间及联系方式注定了皮克特人在5、6世纪不可能有统一的王权，而且直到739年之后，我们才听说安托尔（Antholl，苏格兰东部地名）的一位王者被"皮克特王"溺杀；而且根据很久之后的传说，皮克特有七个业已形成有潜在独立性的地区（尽管这可能是根据既有行政区划而推断出的起源）。[46] 虽然证据稀少，但却足以证明直到8世纪中期，皮克特仍不时（如果不是经常）出现数王并立的局面。如果只是从皮克特王表出发，就有可能被其表面现象所迷惑。皮克特王表的编纂是依据一种推断，即所有皮克特王都只出于一个系统，包括在任何当时史料中出现的每一位皮克特国王。因此，这样似乎就能支撑起一个记载中寿命极长的王朝。尽管统一的皮克特王权无疑能最终建立起来，但在其早期阶段，这种推断却具有明显的误导性。当然也不排除这样一种可能性：所谓的皮克特王表并不是王朝世袭，而是皮克特超王世袭。尽管事实上，于700年前后著书的阿多姆南提到了6世纪后期的布鲁德（Brude）大王和奥克尼（Orkneys）群岛上的一位小国国王（regulus），但它们之间的隶属关系在文中体现得并不明显，且缺乏有力的证据。尽管存在这种可能性，然而，以为超王制就是皮克特政治结构之核心这一观点还有待进一步证明。[47]

无论我们如何看待其背景，在7世纪大部分时间内，皮克特人确有一位主要的国王。其王室权力的中心主要集中于苏格兰东部的皮克特核心区。尽管相关论述莫衷一是，但比德关于皮克特王位继承由母

250

---

[45] Henderson (1967), pp. 15 – 18, 34 – 41；(1975).

[46] *Annals of Ulster* 739；*Annals of Tigernach* s. a. 738（Revue Celtique 17：243）.

[47] 见 Anderson (1973), pp. 77 – 102；*Vita Columbae* ii, c. 42.

系决定这一描述在当时却是合情合理的。[48] 一位王者的继承者往往是他的外甥或兄弟，而不是儿子。皮克特诸王的父辈有时出现了不列颠人的名字，如斯特拉斯克莱德的贝利（Beli），有时用英格兰人名，如伊安福利斯（Eanfrith，伯尼西亚的），有理由认为：皮克特人邻邦中精力旺盛的男子时常迎娶皮克特王室条件合适的女子为妻，或借此为自己谋取王位，或成为皮克特诸王的父辈。[49] 在 7 世纪的大部分时间内，英格兰人的名字之出现，恰是英格兰人垂涎皮克特人领地之明证。到 6 世纪末，伯尼西亚的英格兰王国已巍然屹立于苏格兰低地（Scottish Lowlands），而且其王国东征西讨的规模甚广。我们已注意到埃丹·麦克迦布莱恩于 603 年被英格兰国王埃特弗里希（Æthelfrith）击败。到 625—650 年之间，英格兰人正在向北征伐，638 年和 642 年，他们分别攻取不列颠人重镇艾丁（Etin，即爱丁堡）和斯特灵，而这又使其得以进入皮克特核心区。[50] 643—671 年在位的伯尼西亚和诺森伯利亚（Nothumbria）王奥斯威（Oswiu）——一有可能是英格兰诸王中实力最强者——到 7 世纪 60 年代，其势力似乎已扩张到皮克特领地的南部；他与其子埃克弗里斯（Ecgfrith）似乎对于附属他们的皮克特诸王实施了作为超王的有效治理。[51] 于是，在 7 世纪，皮克特人不仅在军事上臣服于英格兰，且在政治上受英格兰控制长达 25 年。当然，这种控制并非毫无抵抗，叛乱频发，其藩王德罗斯特（Drost）政权被颠覆，埃克弗里斯也最终于 685 年在著名的内希坦斯梅尔一战中被不列颠斯特拉斯克莱德国王之子皮克特国王布鲁德（Brude）打败杀死。[52] 尽管 698 年、711 年仍有军事冲突发生，英格兰官员也力图干涉，但这却是英格兰一代人有效治理的终结。

在 7 世纪后期和 8 世纪早期，我们能听到许多有关军事行动和对防卫要塞进行围困的事件——如 681 年对东海岸的敦诺塔尔（Dunnottar），638 年对西海岸的杜纳德（Dunadd）和中部的邓杜恩（Dundurn）的围攻，以及稍后不久对斯孔·蒙克利夫（Scone Moncreiffe）的围攻。导致冲突发生的似乎至少有两大因素：为皮克特最高统治权

251

48　Bede, *HE* i. 1.
49　Marjorie Anderson 对此类问题的论述（1973）依然是非常深刻的。
50　*Anglo-Saxon Chronicle* s. a. 603；*Annals of Ulster* s. a. 638；*Historia Brittonum* c. 65.
51　见 Thacker 后文第 17 章。
52　Bede, *HE* iv. 26.

而战——或许是为建立统一王权；为领地而战，尤其是与爱尔兰人争夺西部地区。6世纪末，皮克特人曾被达尔里阿达入侵者击败；但到了8世纪中期，他们却侵扰了位于西海岸的达尔里阿达统治中心，但只攻取了杜纳德。[53] 685年到730年之间的这一时期似乎是皮克特王权、政治认同感、国力的升华巩固阶段。尽管皮克特人内部冲突不断，但在8世纪初，尼奇坦（Nechtan）国王仍能与诺森伯利亚人缔结了外交关系，并将科伦巴派（Columban，即爱尔兰派）教士逐出皮克特人全境，[54] 而奥昂古斯国王则在8世纪中期凭借其军事实力横行苏格兰中、西部。之后的材料表明，皮克特王权开始逐渐发展起行政管理职能。[55]

威尔士

在我们所掌握的6世纪的极少量当时人们记载的威尔士材料片断中，吉尔达斯（Gildas）的著作对于证明西北部的格温内德（Gwynedd）、西南部的迪费德（Dyfed）这两大王国的存在起着至关重要的作用。[56] 他清楚地证明这两大王国并非近世之虚构，它们的诸位国王分属于对各王国有持续利益关系的家族。在他所提及与之同时代的其他国王中，很可能有一两个也是威尔士国王，只是我们不知道他所叙述的是何地之事，亦无法根据当地可靠的背景材料还原每个人的真实身份。自6世纪末7世纪初，我们手头有些涉及东南部地区的令状材料，这对凯尔特区而言是弥足珍贵的，其中大部分出自《兰达夫书》（Book of Llandaff），也有少量与兰卡尔法恩（Llancarfan）中的《卡多格生平》（Life of Cadog）有关。[57] 这些材料几经传抄，屡遭编者"完善"，今已难以从表面上来评价其价值。但这些存世令状背后所隐藏的极少量信息却清楚地表明，此地的政治发展脉络清晰且

---

[53] Annals of Ulster s. a. 736.

[54] 见 Stancliffe 后文第16章。

[55] Cf. Barrow（1973），pp. 7 - 68；Davies（1993）.

[56] Gildas, De Excidio cc. 31, 33.

[57] Book of Llan Dav, nos. 72a - 77, 121 - 127b, 140 - 66；Vita Cadoci cc. 55 - 68. 见 Davies（1979a）and（1982b），p. 260 的批评性见解。

真实可信。[58]

　　兰达夫的资料通过描述 6 世纪末东南部的几个袖珍王国而充实了 6 世纪的政治结构，这几个小国分别为格温特（Gwent）、埃尔基恩（Ergyng）［赫里福德郡（Herfordshire）之西南部］，还有加的夫（Cardiff）附近一无名王国，以及地处高尔（Gower）的王国。此外，根据 7 世纪早期其他史料，我们亦能推断：还有一个集中于东北部的王国；无论后人是如何称呼它的，它都是波伊斯（Powys）王国的前身。因此，我们有理由相信，到 600 年，威尔士大部分地区已被几个大的王国分割，尽管这些王国在版图上有着巨大差异。［当然，还有一些在我们零散的原始材料中不曾提及的一些规模更小的王国。我们对于威尔士中部，尤其是在东部边境中段所知甚少。例如罗斯（Rhos）王国（中北部），迈里奥尼德（Meirionydd）和锡尔迪金（Ceredigion）（中西部海岸），比尔斯（Builth）与布里岑尼奥格（Brycheiniog）（东部、中部的南缘），以及希罗普郡（Shropshire）／威尔士中部，或许就存在过这类国家。但在 6 世纪，除锡尔迪金、比尔斯与布里岑尼奥格外——至少他们还有 8 世纪历史可供我们追溯其渊源——这些国家的存在都无据可查（见地图 6）］。[59]

　　我们不知道这些王国是如何诞生的，迪费德和埃尔基恩都与罗马历史有关，前者得名（以及采用了其基本形态）于迪米泰（Demetae）的罗马城市（*civitas*），后者则出自阿里科尼乌姆（Ariconium）——平亚得山下的威斯顿（Weston-under-Penyard）——的罗马城市，而且其辖地恰等同于这个城市的版图。因此，从某种程度上说，它们是罗马地方统治机构的延续，只是政治结构有所不同，并有了一种新的政权基础。统治着波伊斯的卡德林（Cadelling）家族可能起源于切斯特（Chester），其他王朝，如西部爱尔兰人，则可能是在移民聚落基础上发展起来的。后世的威尔士作者们曾经认可一种根深蒂固的传说：沃塔第尼人（Votadini，即戈多丁人）中的一些人是在一个叫作库恩艾达（Cunedda）的领袖率领下从不列颠北部迁至西北部的。[60] 另一个传说是有关 5 世纪的沃蒂根［Vortigern，即格沃蒂根

---

[58] Davies（1978）.

[59] 见 Davies（1982a），pp. 85 – 102，有一个很长的讨论。

[60] *Historia Brittonum* c. 62.

（Gwrthyrn）］家族与罗马人格洛斯特（Gloucester）的结合。传说中，
他们被迫迁徙，才建立起比尔斯与格韦尔斯里翁（Gwerthrynion）。[61]
以上这些都是关于国家起源的观点，这些观点说明发展模式是多种多
样的，每一种模式都是可能发生的；它们可能与这一时期发生的真实
历史进程有关，也可能毫无关联。[62]

　　5 世纪的历史背景极其模糊，我们无法对罗马帝国行省（或一个
行省的部分地区）的权力被分裂成为各割据王国的过程作简单理解，

253

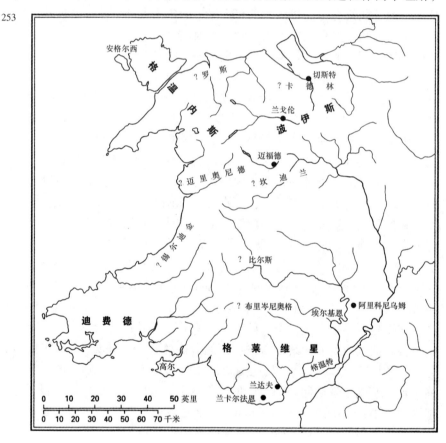

地图6　威尔士

　　[61]　*Historia Brittonum* cc. 47，48，49.
　　[62]　Cf. Dark（1993），pp. 78 – 86.

尽管在更为局部（也更为细致）的层面上，我们能发现，许多东南部地区的晚期罗马地产依旧是土地拓殖的框架——这里的土地也一直处于拓殖过程中（当然，这都是良田）。⑥ 而6世纪的背景依旧模糊不清，尽管我们知道，到此时，许多独立的王国已经建立起来。在这些王国中，有的很小，有的相对较大，有的——尤其是格温内德（Gwynedd）——则有着实力超群的国王。我们还知道，政治权力已可通过王室家族父死子继的方式实现王朝传承，知道王国概念带有浓厚的版图色彩：各王国都有其实体疆界，且版图是必须守卫的；国王掌握着一支军队（Comitatus），即一伙武装士兵；尽管他们与政治权力没有任何关系，但人们仍指望其能保持公正，秉公执法。相比之下，在7世纪，我们最终得以了解一些政治动态。

在7世纪，一个新兴的、版图更大的格莱维星王国在东南部建立起来。6世纪末的一些小王国则逐渐丧失了其独立地位，并被吞并。7世纪初，一位出身不详的新首领莫里格·阿卜·条德里格（Meurig ap Tewdrig）开始活跃于威河（Wye）下游地区。在整个7世纪期间，他和他的家族开始活跃地统治着今天的格温特（Gwent）和格拉摩根郡（Glamorgan）。这一局面有些是通过联姻实现的——与埃尔基恩（Eegyng）家族的联姻是毋庸置疑的，也有可能是与高尔家族——有些则是通过军事征服。那些失势的统治者常常继续依靠其旧有的私人财产为生，但地位却今非昔比，不再能称王，只能沦为大贵族。到8世纪中叶以前（725—750年），这里已经没有小的王国，莫里格的继承者们已经掌握了他那个王国的所有个人财产。而到8世纪中叶时，他们已经开始建立一个政治统一体而建立了财政、行政以及各种管理机构，该实体应该与斯特拉斯克莱德一样独立自主，声名斐然。⑥

相比之下，西北诸王则于更为宽广的舞台上玩弄政治，并参与了对英格兰中部与不列颠极北地区的长途奔袭。正如戈多丁诗歌所描绘的，不列颠战士们从四面八方赶来，以守卫雷吉德，如是，我们可以看到卡德瓦隆（Cadwallon）这样的国王及其扈从自格温内斯赶赴赫克萨姆（Hexham）。自从比德将卡德瓦隆视为凸显不列颠人（Brit-

---

⑥　Davies（1978），esp. pp. 24–64, and（1979b）.
⑥　Davies（1978），pp. 65–95.

ons）背信弃义的例证：“尽管名义上宣称是基督徒……但内心、品行实为蛮族”,[65] 卡德瓦隆便在 7 世纪的史书中留下了浓墨重彩的一笔。他与英格兰中部的异教国王彭达（Penda）一起攻击诺森伯利亚的基督徒埃德温（Edwin）；在埃德温攻击安格尔西之后，卡德瓦隆奔赴英格兰中部，后又前往北部诺森伯利亚。尽管这些战斗都是即打即走的游寇型战斗，但却意味着格温内斯诸王卷入了整个不列颠岛的政治之中。卡德瓦隆的父亲卡德凡（Cadfan）并非名不见经传，他在 7 世纪铭文中被称颂为 “众王中睿智绝顶、声望空前”[66]。

255 　　　在威尔士东北部以及邻近边境的中段，冲突的主流来自英格兰人的挤压和遏制。616 年，盎格鲁首领们在切斯特赢得决定性胜利，此役使其得以控制切斯特城以及切斯特平原。[67] 这使英格兰人一举取代了卡德林家族，并将波伊斯的新王国挤至威尔士山区。在 7 世纪中期或后期，更南部的坎迪兰家族似乎丧失了对希罗普郡的控制，因为到700 年，麦西亚（Mercian）诸王似乎正经营中部地区西侧。后世诗歌认为此番败绩对该家族而言可谓灾难深重：坎迪兰家的姐妹海莱德（Heledd）因丧兄之痛而留在瑞恩（Wrekin）。[68] 于是，在这里，威尔士人被挤入山区，统治家族丧失统治能力，王国崩溃；这为卡德林崛起于威尔士东部提供了千载难逢的机会。波伊斯的核心区成了迈福德与兰戈伦（Llangollen），而非切斯特。所有这些领地的收缩和受限制，皆由于英格兰人的影响，而非他们的入侵。从多方面审视，7 世纪乃威尔士边境与英格兰政治控制的西界（尽管北方的状况与北部边界在几个世纪内仍不确定）的形成期。尽管埃德温长途奔袭安格尔西，但英格兰人入侵威尔士并非该世纪的特点；大举反复的入侵要到 8、9 世纪才拉开帷幕。

　　　要概括这一时期威尔士内政的特点是不可能的。我们当然可以解释 7 世纪英格兰人的反抗，以及“边界”（或“边区”）的定义，但我们对 6 世纪情况所知甚少，无从介绍，对 7 世纪状况，除极个别地区外，也了解不多。但有关格莱维星的建立及东南诸小王的沦落倒是

---

[65] Bede, *HE* ii. 20；*Historia Brittonum* c. 64；亦见 Thacker，本书第 17 章。

[66] Nash-Williams (1950)，no. 13.

[67] *Annales Cambriae* s. a. 613；Bede, *HE* ii. 2.

[68] Davies (1982a)，pp. 99 – 102；见 Rowland (1990)，pp. 120 –241，提到了稍晚一些时间的事件。

了如指掌；对格温内斯诸王的利益范围和希罗普郡王国的崩溃也甚为了解。或许我们最好这么说，大部分小王权衰落了——它们只是消失了（与爱尔兰情况不同）——而创建一个更大的、更严谨的王权——它有潜在的政权职责及行政框架——的过程开始了。端倪已经初露，但尚未实现。

康沃尔和布列塔尼

同在威尔士东部地区发生的一样，康沃尔、德文郡的领地也于 7 世纪时落入英格兰人之手。在公元 600 年时，两郡都处于统一王国杜姆诺尼亚（Dumnonia）治下，该王国起初可能还包括萨默塞特（Somerset）西部地区和多塞特（Dorset）；到 700 年时，该王国则局限于今康沃尔（Cornwall）地区。658 年，西撒克逊（West Saxon）王森沃赫尔（Cenwalh）征战丁萨默塞特的帕雷特河（River Parrett）；到 690 年埃克塞特（Exeter）已经有了一座英格兰修道院；710 年，西撒克逊王伊恩（Ine）在康沃尔的东部传统边界塔马尔河（Tamar）附近分封土地。[69] 因此，相比其原有疆域，杜姆诺尼亚版图丧失了半数以上，其迅速衰落之势不可逆转（见地图 7）。

正如所预料的，我们对中世纪早期杜姆诺尼亚的创建史一无所知，但它的存在显然是事实——且不是新近建立的——当吉尔达斯在 6 世纪中期写作时，他曾提到其国王君士坦丁（Constantine）。[70] 就像威尔士西南部的迪费德王国，这一联合体就因沿袭了罗马之城镇（civitas）的原名杜姆诺尼亚而得以永存，其起源还可能与罗马在当地统治机构的延续有关。值得注意的是，其 6 世纪早期的一位国王还以一位著名的罗马皇帝之名为号，杜姆诺尼亚统治者似乎深受罗马传统影响。此外，从罗马晚期到后罗马时代，教会地产似乎始终未受侵扰，世俗地产权亦是如此。但是，似乎此间有少量爱尔兰殖民者侵扰康沃尔北部和德文南部，因为在那里存在爱尔兰人欧甘文字的石刻。[71]

256

---

[69]　见 Thacker 后文第 17 章。

[70]　Gildas, *De Excidio* cc. 28 - 29.

[71]　Pearce（1978），pp. 82 - 92, 165；Okasha（1993），p. 19；Thomas（1994），p. 331.

地图 7　康沃尔和布列塔尼

所有一切都表明，该王国是一君主国，而且根据凯尔特人的标 256
准，其幅员甚为辽阔。没有必要去证明该王国只有一位国王，或其权
力是通过家族实现传承。君士坦丁有两位男性王室成员被谋杀，这大
概是为了降低其竞争对手问鼎王权的可能性。圣萨姆森（St. Samson）
给人的印象是一位有地产的"伯爵"，很明显，他对当地居民有一定
的影响力。在该王国内，有数位此类人物，我们无法知道他们是国王
的代理者还是半独立的贵族。⑫

在一份 9 世纪文本《保罗·奥勒利安的不列颠生活》（Breton Life
of Paul Aurelian）中，有这样一种暗示：至少有一位杜姆诺尼亚王，
即 6 世纪早期的科诺莫鲁斯［Conomorus，或塞恩法瓦尔（Cynfawr）］
统治过英吉利海峡两岸。这种可能性值得仔细考量，尽管几乎没什么
同时代材料能提供充分佐证。就语言学证据而言，很明显，在中世纪
早期，康沃尔和布列塔尼的居民关系密切：直到 10 世纪或 11 世纪，
两个族群的语际差别仍不明显，并且共同经历了 6 世纪之后语言上的
变化。在君士坦丁前代的杜姆诺尼亚诸王谱系中（显然是晚期）有
位金瓦乌尔（Kynwawr）王。其名字很可能是塞恩法瓦尔（Cynfawr）
的讹误，而且康沃尔东部多尔堡（Castle Dore）的一块碑铭是一位德
鲁斯塔努斯（Drustanus）——科诺莫鲁斯之子——的墓志铭。因此，
6 世纪早期在杜姆诺尼亚可能有个塞恩法瓦尔。在海峡南岸，我们可
从《萨姆森传》（Life of Samson）一书中发现布列塔尼北部在 511—
558 年曾出现"专制者"科诺莫鲁斯的证据，这位专制者弑杀了当地 258
"世袭"统治者乔纳斯（Jonas），篡夺其位，直至乔纳斯之子伊德沃
尔登位。凑巧的是伊德沃尔王朝与杜姆诺尼亚的布列塔尼（Breton）
省有关。不列颠的杜姆诺尼亚国王是否可能渡海涉险？是否正是这种
情况，或者说一次类似的冒险，导致了杜姆诺尼亚的名称从不列颠迁
至大陆。⑬

不能贸然确认海峡两岸存在着政治联系这一事实，凸显了我们关
于 6—7 世纪涉及布列塔尼的相关资料如此之少。这里既有阿莫里卡

---

⑫　Vita Samsonis i, c. 48.

⑬　Vita Pauli c. 8；Bartrum（1966），p. 45；Radford（1951），pp. 117 – 119；Vita Samsonis i, c. 59；
cf. La Borderie（1896），i, pp. 459 – 469. 此书中的一些资料被用于晚期中世纪出现的特里斯坦的故事；见
Pearce（1978），pp. 152 – 155；Padel（1981），pp. 55, 76 – 79。

人（Armoricans）在 5 世纪"反抗"帝国政府的背景，也有居民从不列颠迁居半岛的背景。到 461 年，大陆的布列塔尼人数量之多已足以保证在图尔（Tours）大主教区有代表他们的主教；而到了 567 年，在阿莫里卡，布列塔尼人数量之众已足以形成一个有别于"罗马人"的重要文化群体了。[74] 6 世纪最后 10 年逝世的大陆作家已习惯于称呼这一地区为布列塔尼半岛（peninsula Britannia）。

对图尔的格列高利（Gregory of Tours）而言，布列塔尼的地界始于维兰内河（Vilaine），该河一直上涨到雷昂东部地区，穿城而过，随后向南入海——在卢瓦尔河口以西 30 千米处；旧时罗马城市里东奈（Riedones）与纳姆内特斯（Namnetes）——大约相当于中世纪的雷昂伯爵领和南特（Nantes）伯爵领，以及当今的伊尔—维兰省（Il-le-et-Vilaine）与亚特兰蒂科卢瓦尔省（Loire Atlantique）——大都处于其东部边界。从格列高利处，我们得知了布列塔尼人在 6 世纪 60—80 年代与法兰克人交往过程中所出现的许多问题。[75] 法兰克人宣布对布列塔尼实行统治：他们向布列塔尼进军，并沿维兰内河安营扎寨；他们将瓦恩城正式交予布列塔尼伯爵瓦罗赫（Waroch），并以此索要年贡；他们扣押人质并收取保证金。反之，布列塔尼人亦不断攻击雷昂和南特，从卢瓦尔的葡萄园掠夺收获的葡萄，满载着葡萄酒逃回布列塔尼。格列高利释然道，瓦罗赫总是"忘却"他所缔结的协议。显然，交往过程中充满了暴力与破坏性。但同时，这种暴力交往仅局限于布列塔尼东南一隅。没有证据表明，法兰克人去过布列塔尼的西部，哪怕是中部（格列高利认为他们去过维兰内河的一条支流乌斯特河，似乎是边远哨站），很明显，他们并未实际控制过半岛。瓦恩城可能是在一次远征后正式划归瓦罗赫的，但在 589 年之前，法兰克人首领却只能在与主教订立协议之后才得以进城；为此他们不得不一而再，再而三地同瓦罗赫谈判，有次甚至派出勒芒（Le Mans）的贝特拉姆（Bertram）主教充当和谈代表。于是，似乎就出现了这样一种状况，法兰克国王有效地控制着雷昂伯爵领和南特伯爵领，但布列塔尼人可能会骚扰那里；他们力图掌控瓦恩（其首府为维纳泰

㉔　见前文，第 235—236 页。

㉕　Gregory, *Hist.* iv. 4, 20, pp. 137, 152 – 154; v. 16, 26, 29, 31, pp. 214, 232 – 236; ix. 18, 24, pp. 431 – 432, 443 – 444; x. 9; pp. 491 – 494. 亦见 Fouracre, 本书第 14 章。

城），时而成功，时而失败；但他们与这一国家的其他地区则相安无事（见地图7）。

　　在布列塔尼之内，即维兰内河以西，瓦罗赫当然不能代表整个地区。他是维纳泰（Veneti）城——今穆尔比昂（Morbihan）——中世纪称其为布洛维洛克（Bro Weroc）。其他地区亦有其他领主，彼此间纷争不断。瓦罗赫之父麦克里奥（Macliaw）与其兄弟埃古（Iago）被布迪克（Budic）之子塞乌德里奇（Theuderich）所杀，布迪克家族可能源自西部（尽管塞乌德里奇乃日耳曼人名），与此同时，北部的乔纳斯则被专制者科诺莫鲁斯所杀。这一时期，有关事实证据仅允许我们识别两大统治集团——布洛维洛克集团与北部的杜姆诺尼亚集团——以及中西部其他两个家系的统治者，布迪克家族与科诺莫鲁斯。数世纪后，我们听说西部有科尔努阿伊家族，中西部有波埃尔家族，而且，习惯上将这些领主与上述这些地区相联系。这不是不可能；但　如上文所述，情况也可能这样：科诺莫鲁斯有不列颠西南部的血统，并受到来自海峡北岸一处基地的攻击。总之，（布列塔尼的）杜姆诺尼亚统治家族于6世纪中叶复兴，没有任何证据表明科诺莫鲁斯的继承人统治过海峡南岸。

　　无论6世纪的布列塔尼存在多少个政治实体——我们只能确信，有若干个——那么这些政治实体实行何种政体呢？图尔的格列高利坚称布列塔尼人没有王，只有伯爵。对政治首领的这一表述方式也见诸当时以及后世圣徒的传记中。当然格列高利之所以作这种表述，是因为他希望将布列塔尼人的统治者视为法兰克人的附庸，即使各种圣徒传记也乐于将法兰克王视为最高统治者；成书于布列塔尼东北部多尔的《萨姆森传》无疑折射出一种法兰克人的视角，文中，他之所以让伊德沃尔被希尔德贝（Childebert）秘密囚禁，后又释放，是因为萨姆森代表了法兰克王的意志，许其返回杜姆诺尼亚，攻杀科诺莫鲁斯。[76] 我们完全有理由认为，有文化、有政治头脑的法兰克人相信这点，与法兰克人的联系为布列塔尼的政治增色不少，而这正是其他凯尔特人生活区所缺乏的。但实际上，尽管对于布列塔尼的政治首脑的这种表述方式在很大程度上是表示它的一种依附

260

---

[76] *Vita Samsonis* i, cc. 53 – 59.

关系，但它并不影响各处领主实际上的称谓：他们独立自主，行为处事一如斯特拉斯克莱德、格温内斯或格莱维星的王。他们的权力也是世代相承：子继父位［塞乌德里奇—布迪克，伊德沃尔—乔纳斯，瓦罗赫—麦克里奥，卡纳奥（Canao）—瓦罗赫］，兄终弟及［麦克里奥—查纳奥（Chanao）］，就连《萨姆森传》也认为伊德沃尔就是杜姆诺尼亚家族绵长世系的先祖。至于各政治统一体的模式：罗马城市的背景塑造了维兰内河以东的雷昂、南特以及维兰内河以西的瓦恩／布洛维洛克，但在更远的西部和北部，罗马城市架构却并未传至中世纪中期，可能是移民和／或不列颠实施政治控制时期决定了这些地区的模式。[77]

尽管有些 7 世纪的考古材料——东西部的金属制品，雷昂和南特锻制的钱币——但似乎只有两份当时的文献材料涉及 7 世纪的布列塔尼，且这些材料不足以准确体现其发展特点。弗雷德加（Fredegar）的《法兰克人编年史》（*The Frankish Chronicle of Fredegar*）中讲述了一则有关布列塔尼人的统治者尤迪凯尔（Iudicael）的故事：当布列塔尼人再度（或一直）受到袭击时，达戈伯特（Dagobert）国王于635 年提出赔款要求，如若不从，则以出兵相要挟。尤迪凯尔遂前往克雷希（Clichy）参与法兰克人年度聚会以讨论这一事件，尽管他拒绝与达戈伯特同桌共餐，但却承诺了弥补损失。对此，在一部法兰克人的史料——编年史——中一反常态，称尤迪凯尔为王，并称他是全布列塔尼之王。[78] 但这并不能就此使我们认为布列塔尼人在 590—635年有过什么统一运动：8、9 世纪的大量文献清楚地表明，布列塔尼的政治分裂一直持续到 9 世纪中叶；且在布列塔尼，尤迪凯尔及其家族与杜姆诺尼亚地区关系密切。9 世纪的传统将尤迪凯尔与伊德沃尔（《萨姆森传》中的人物），伊德沃尔与里沃尔（Riwal，其曾祖）——据称是杜姆诺尼亚的缔造者——联系起来。[79] 因此，法兰克统治者对北部布列塔尼的影响似乎更大一些，并利用他们之间的冲突，尽可能向更多的布列塔尼人施压（这与《萨姆森传》中的希尔

---

⑦⑦ 杜姆诺尼亚至少部分地反映了克里奥索里泰斯（Coriosolites）的领地，但可能向西部伸展得更远；见 Galliou and Jones（1991），p. 80，关于罗马城市的一幅较近期的地图。

⑦⑧ *Chronicle of Fredegar* iv. 78. 65 – 67，也见 Fouracre 后文第 14 章。

⑦⑨ La Borderie（1896），i，pp. 350 – 351。

德贝/伊德沃尔故事是一致的，也与杜姆诺尼亚和莫尔比昂之间的长期冲突相契合）。当然这并不能解决法兰克—布列塔尼人问题，因为据梅斯（Metz）《大年代纪》（*Prior Annals*）记载，奥斯特拉西亚（Austrasian）宫相丕平二世就曾于 688 年击败布列塔尼人和其他族群，而且尽管政治背景各不相同，但旧式劫掠与边境冲突一直持续到 8 世纪，甚至 9 世纪。在大多数情况下，我们根本不知道布列塔尼在 7 世纪发生过什么。

一些结论性的思考

尽管史料分布不均，但还是得对 6、7 世纪的各凯尔特人地区作一番真正的比较。当然，相似性还是有的：这些地区的政治组织鲜有或根本没有统治职能，在各政治组织内外，统治者们很少存在规范有序的沟通方式；尽管如此，他们有构建王国的趋势；在统治权方面，有着强有力的家族利益。令人惊异的是，当我们开始考察其社会上发生了什么的时候，各统治家族就已经遍布于整个凯尔特世界；许多统治家族绵延数代甚至数个世纪。但各凯尔特人地区的差异还是存在的，之所以强调这种差别，是为了防止这种所谓的"凯尔特"标识被误认为具有某种同源性。王国是普遍存在的，尽管相较于西哥特西班牙或拜占庭帝国，其版图不值一提，但各王国间还是存在显著差异。大多数爱尔兰部族的领地方圆不过 15—20 千米；如斯特拉斯克莱德或格莱维星之类的王国，其地方圆约 80—100 千米，布列塔尼人各王国相对小些；同一时期，不列颠早期杜姆诺尼亚则至少地跨 200 千米。各王国的王权情况也不可能完全一致。在爱尔兰，超王构成了政治的原动力，也许受惠于其境内相对平和的流动性，当然也得益于占有剩余产品之便利。在早期皮克特地区，霸权也可能是各种政治关系的一个因素；而在康沃尔或威尔士，以及布列塔尼的布列塔尼人则并非如是。或许正是基于此，到 700 年时，威尔士诸王国似乎出现了更为复杂的政治制度，如 8 世纪的皮克特人所行。

但是，就总体而言，这一时期的不列颠居民苦于爱尔兰人和英格兰人通过殖民与政治征服之手段而进行的扩张。但很难判定，到 6 世纪还有多少殖民活动在进行中，恐怕还是有的——例如，苏格兰的西南部有一例，英格兰中部又是一例。苏格兰西部的爱尔兰人、苏格兰东部与不列颠西部的英格兰人所主导的军事征服迅速推进。尽管苏格兰人的军事冒险为期不长，但不列颠人受英格兰人的遏制却是 7 世纪政治进程的重要现象。这似乎是老调重弹，但这却是不争的事实，只需看杜姆诺尼亚的衰落与雷吉德的灭亡便知。

最后，除了迪亚梅德·麦克·塞拜尔、埃丹·麦克迦布莱恩、卡德瓦隆·阿普·卡德凡（Cadwallon ap Cadfan）以及麦克里奥之子瓦罗赫发动的军事远征外，各凯尔特人地区之间还存在着流动。鉴于威尔士人与布列塔尼人都有乐于流动的传统，很有可能，不列颠人向布列塔尼的大规模移民发生于 6 世纪中叶。很明显，在此后 150 年间，不列颠西南部与布列塔尼之间有着相当多的人员往来互动。在马格·罗斯之前的时代，北爱尔兰与西苏格兰也有着人员往来，即使到后来，交通也没有因维京人的到来完全中断。一些凯尔特人前往英格兰，甚至去往比布列塔尼更远的大陆。但这些人大多是修士和传教士，而且大多数是爱尔兰人。结果，最为引人瞩目且对整个欧洲都产生过极其深远的影响的移民活动，完全是宗教性质的而非政治性的。

张书理 译，徐家玲 校

第 十 章

早期盎格鲁—撒克逊诸王国

海伦娜·哈麦罗 (Helena Hamerow)

导 言

比德开始写作《英吉利教会史》(*Historia Ecclesiastica*，以下简称《教会史》)时，据信最早的盎格鲁—撒克逊诸王国源自日耳曼入侵者的族群血统。据《教会史》描述，这些日耳曼入侵者主要分为三大部落：盎格鲁人 (Angles)、撒克逊人 (Saxons) 和朱特人 (Jutes)，各族群将其名号留给了众多早期王国。[①] 传统的王国形成论以《教会史》与《盎格鲁—撒克逊编年史》中有关入侵的记载为出发点，认为盎格鲁—撒克逊公墓、聚落的分布乃军事征服与政治接管进程的标志，在此进程中诞生了诸多新王国。[②] 这种观点的范例是1911 年版《剑桥中世纪史》(*The Cambridge Medieval History*) 第一卷中贝克 (Beck) 所写作的一章"条顿人征服不列颠" (The Teutonic conquest of Britain)。现代学界所掌握的信息，尤其是考古遗迹材料，已非贝克时代所能想象。自 20 世纪 70 年代起，当盎格鲁—撒克逊王国起源问题受到全新审视时，英国史学界所尊奉之主流观点"条顿征服论"崩溃了。

一种新的观点出现了，比贝克的观点更复杂不易理解，虽然尚未

[①] Bede, *HE* Ⅰ.15.1.
[②] 所举例证可见 Leeds (1912) and Myres (1954)。

达成共识。这种对 6 世纪英格兰的看法植根于对四个相关问题的不断反思：日耳曼人移民的规模与属性，以及与之相应的不列颠原住民的规模与属性；盎格鲁—撒克逊社会认同感的形成；权力的构建；以及反映生产、贸易方式的新经济结构的形成。

264　　该研究所采用的方法承认了，其实是强调了，与所有这些问题息息相关的地域的多样性。例如，长期以来，人们一直承认日耳曼移民之影响因地域不同而有所区别。当英国一些地区，即东、南的大部，受到日耳曼移民深入且直接的影响时，其他一些地区，如中部和西部内陆却很少甚至根本没有受到日耳曼移民的影响，尽管其间接影响也并非不重要。此外，当人们认识到，早期文献材料对于 6 世纪英格兰历史事件、民族起源以及社会意识方面所提供的信息通常不甚可靠时，[3] 这也就意味着，对 6 世纪发展情况的任何论断都必须以考古学证据为坚实基础，即使这些考古学证据所提供的信息不甚确定，但至少相对丰富，且其（数量/质量）亦在稳步上升。

日耳曼移民与盎格鲁—撒克逊英格兰的形成

延续性问题：公墓与聚落

重新评估移民及其对后罗马时代不列颠影响的关键在于罗马－不列颠的公墓、聚落与盎格鲁—撒克逊公墓、聚落之间的关系。5、6 世纪建造的绝大多数公墓是重新（de novo）修建的，尽管许多公墓邻近罗马—不列颠墓区。一个重要例证是位于穆金（Mucking）、俯瞰着埃塞克斯（Essex）郡泰晤士河口的一处聚落联盟。该聚落联盟不仅拥有两处公墓、一座大型聚落（所有这些都建于 5 世纪上半叶），而且包括 4 座罗马—不列颠公墓。穆金最为晚近的罗马—不列颠公墓，可能是在 350 年后修建的，有些可以推至 4 世纪晚期，甚至 5 世纪。[4] 从罗马—不列颠公墓的最晚下葬者到盎格鲁—撒克逊公墓的始建，这段时间必然相距短暂——甚至可以想象：其发生时间或许可能重叠——然而后者却建于新的场址，即毫不相干处。因此，新的

---

③　Yorke (1993).

④　Hamerow (1993); C. Going, pers. comm.

聚落和新的墓区可同时界定。

但是，我们现在知道，一些罗马—不列颠公墓直到后罗马时代还在使用，尽管由于难以测定最为晚近的罗马墓葬的确切年代，其普遍程度尚不清楚。例如，牛津郡（Oxon）昆福德农场（Queenford Farm）的罗马—不列颠公墓就坐落于罗马小镇泰晤士河上多切斯特（Dorchester-on-Thames）城外一处 5 世纪早期的盎格鲁—撒克逊公墓旁边，而据放射性碳定年法测算，该公墓一直沿用至 6 世纪。[5] 该公墓中可能葬着许多于 5—8 世纪生活并安葬于此地的不列颠人，但他们并没有被考古学家所重视，因为就葬俗而言，墓葬中没什么可供定年的、可保存时间较长的随葬品。直到目前，其数量、其与邻近盎格鲁—撒克逊公墓中埋葬者的准确关系，仍旧悬而未决。

在绝大多数案例中，如在穆金，该聚落公社于 5、6 世纪建造公墓，当然少数案外之例也是有的。在沃里克郡（Warwickshire）的瓦斯佩尔顿（Wasperton），一座建于 4 世纪的公墓一直沿用至 7 世纪，尽管其葬俗在 6 世纪曾发生显著变化。[6] 在瓦斯佩尔顿发掘的 182 座土葬墓中，有 36 座是典型的罗马—不列颠墓，137 座是盎格鲁—撒克逊墓；9 座为"混合型"墓（如上所述）。看起来，瓦斯佩尔顿似乎是跨越罗马晚期和盎格鲁—撒克逊早期的家族墓地，尽管葬俗与物质文化已"盎格鲁化"，被葬者仍然是罗马—不列颠人。该公社（打着新兴强势民族的烙印）所采用之葬俗体现了一种剧烈变化，即当地居民的一种文化上的同化，他们开始认同自己是"盎格鲁—撒克逊人"[7]。

根据这种证据，加之那种认为晚期罗马不列颠人[8]被大批驾驶着小船渡过北海的移民所统治，并被其取代的观点已经不具有任何说服力，由此，5、6 世纪成千上万座火葬、土葬墓——在这些墓中，死者按大陆习俗，用大陆风格的随葬品安葬的墓主们——也不必再被视作移民，甚至不是移民的后代。相反，相较 5 世纪，6 世纪盎格

265

---

⑤　Chambers（1988）.

⑥　Esmonde Cleary（1989），p. 201；Wise（1991）.

⑦　在 19 世纪和 20 世纪早期进行了不完全挖掘的柏克斯郡（Berks）弗里佛德（Frilford）的公墓，是有关罗马—不列颠公墓持续使用到盎格鲁—不列颠时期的另一处可能的例证。Meaney（1964），p. 46.

⑧　这一数字估计在 300 万—400 万，不过很可能在 4 世纪末 5 世纪初就出现了人口的锐减。Millett（1990），pp. 180ff.

鲁—撒克逊墓地、公墓数量的剧增必定主要归因于不列颠人的文化融合。此外，在 5 世纪的许多民族，其墓葬中因缺乏陶器、金属、玻璃、石器这些大量制造的耐用品，而不可能提供考古学方面的证据。因此，旧器物的重新利用使得人们对 5 世纪墓地的认识大大复杂化。

为识别盎格鲁—撒克逊公墓中的不列颠人，人们曾做过种种努力。例如，有人认为，许多墓葬鲜有或根本没有随葬品，呈蜷伏状安葬的死者或不以武器陪葬的男性可能就是不列颠人。[9] 在早期盎格鲁—撒克逊英格兰，不管维兰 (*wealh*) 一词的准确含义为何（就字面意思来看，即外来者、奴隶或不列颠人），[10] 他们显然身处不利地位；可能的情况是，许多不列颠人家族为提高其社会身份，改善其经济条件，而采用"正统"的盎格鲁—撒克逊葬俗，以隐瞒其祖先的身份。根据 7 世纪晚期《威塞克斯的伊恩法典》(*Laws of Ine of Wessex*) 所述，伤害维兰人 (Weallas) 所付偿命金 (Wergilds) 相当于伤害英格兰人的一半，且大量条款表明，大多数不列颠人的法律身份低下，尽管事实上，威塞克斯 (Wessex) 王朝若干成员的名字中包括不列颠语的元素，这种现象本身就暗示着一种异族间的联姻。[11] 低下的社会地位、大规模的同化似乎最有可能解释古英语的大面积快速推广，而与之截然相反的是，英语中仅存留个别的不列颠人借用词（只有大约 10 个），甚至也只是出现在英格兰西部。[12] 如果这种推测是正确的，那么这将导致我们很难或者不可能从考古学的角度识别 6 世纪的不列颠人。

恰似新式葬俗于 5、6 世纪盛行于不列颠一样，两种新型的建筑亦很流行。其中第一种建筑有各种叫法，有的被称为"地窖"(sunken huts)，有的被称为"地窖式建筑" [sunken-featured buildings, (SFBs)] 或称"穴状茅舍"(Grubenhäuser) 的。这种建筑遍布大迁徙时代西北欧的各处聚落。它们通常较小，室内地面深陷入地下，其深度参差不齐。就其该如何复原的问题，曾激起广泛争论。从有些证据可

---

⑨ 例如，可见 Faull (1977) and Härke (1992b)。一些后罗马时期的公墓现在于英格兰的西南部得以挖掘，它们反映了事实上的不列颠模式。Leech (1986), Cox (1989) and Watts and Leech (1996).

⑩ *EHD* Ⅰ, p. 402, n. 5.

⑪ 例如，可见 clauses 23.3, 24.2, 32, 33. trans. EHD i, pp. 367–368。

⑫ Hamerow (1991); Higham (1992), pp. 181ff; Charles-Edwards (1995), pp. 729–730, 733; Härke (1997), p. 149; Ward-Perkins (2000).

看出，其木质地板架构于类似地窖的凹处之上，而其他建筑则提供了这类居所显然建于空心地基上的证据。能够肯定的是，这种建筑有多种功能，尽管最有可能用于储藏与手工业相关的活动。无论何种情况，其来自欧洲大陆系统的说法从未受到严格的质疑。它们总是和另一类木结构建筑一起被发现，关于这类建筑的起源，目前尚无统一观点。这些建筑呈长方形，平均长10—12米，宽5—6米，以木材打桩立柱，构成四壁。两侧长墙正中为对开的门径。这些建筑中至少有1/4的建筑，在其一端修筑一道隔墙，由此便划出一个小单间。这些建筑大概是生活空间，尽管有些也有可能充当谷仓，或用作他途。这种在6世纪出现于英格兰大部分地区的盎格鲁—撒克逊房舍没有多少地域差异性，以至于就规模而言，在诺森伯利亚、威塞克斯和埃塞克斯，一些建筑的平面图几乎完全一样，门径的选位、宽度，以及内部细节亦是如此。但是，这种建筑与欧陆上传统的"长屋"（人畜同住一屋檐下）或晚期罗马—不列颠建筑并不完全相似。目前的共识是，它们代表了某种程度的融合，尽管盎格鲁—撒克逊房舍能在西北欧建筑传统中找到与其关系最为密切的并行者。⑬

　　与"盎格鲁—撒克逊人远离罗马—不列颠聚落"这句古代谚语相反，大量早期盎格鲁—撒克逊聚落与罗马—不列颠聚落相邻，甚或与之同址。但直到目前为止，聚落之"延续性"这一难题依旧存在。例如，5—6世纪牛津郡（Oxon）的巴顿宫廷农庄（Barton Court Farm）内的早期盎格鲁—撒克逊木结构建筑、墓葬典型就是在4世纪曾经繁荣的农庄旧址上逐步建立起来的——此地的窖藏宝物一直隐藏到约430年。⑭建造这些建筑的族群与原住民是否存在某种联系呢？盎格鲁—撒克逊聚落的布局在某种程度上受罗马界壕的影响，但没有证据表明罗马时期的石结构建筑仍在继续沿用；其实，原有的农舍在4世纪末5世纪初就已被废弃。然而，尽管无论在时间上，还是空间上，巴顿宫廷农庄的两个聚落并没有明显的断层，但用发掘者的话说，其物质文化却"大相径庭"⑮。从任何意义上讲，这里的城镇

267

　　⑬　Hamerow（1999）.

　　⑭　Miles（1986）.

　　⑮　Miles（1986），p. 52. 另一些涉及盎格鲁—撒克逊移民定居于罗马—不列颠农庄的证据包括坐落于彼得伯勒（Peterborough）附近的奥顿堂（Orton Hall）原址，及埃塞克斯的里文豪尔（Rivenhall）。MacKreth（1996）and Rodwell and Rodwell（1985）.

生活会延续至 6 世纪都似乎是极为不可能的。[16] 当盎格鲁—撒克逊编年史记载，大量罗马—不列颠城镇，如巴斯（Bath）、赛伦塞斯特（Cirencester）和格洛斯特（Gloucester）在 6 世纪被盎格鲁—撒克逊人攻取时，也曾暗示它们在整个 5 世纪得以保留——至少还充当着防御据点。[17] 这些例外似乎是在证实（一如考古学证据所证明的）大部分罗马—不列颠城镇直到 5 世纪中叶才真正消亡。

6 世纪人口统计与诸王国的起源

　　1911 年时，在贝克看来，"没有庞大、有组织的军队，而完成对不列颠的入侵，这似乎令人难以置信"，尽管他曾大胆指出，"许多学者假定不列颠原住民被彻底铲除，这可能太离谱了"。[18] 到 20 世纪 80 年代与 90 年代初期，学术上的钟摆已摆向另一极端，有关大规模移民的早期论述被纳入神话之列。相反，罗马—不列颠向盎格鲁—撒克逊英格兰的转变被认为是由一小撮受惠于异族联姻、民族同化、贸易交换的军事精英推动的。[19] 然而，欧陆的服饰风格（服饰本身就是集体自我意识、血脉同源的一种强烈象征）到 6 世纪中叶被广泛采纳，[20] 而大量死者又采用了有别于大陆惯例的骨灰瓮葬法，这些现象大量发生，其演进也至少持续了数百年时间，若不承认移民，这些现象将无法得出令人信服的解释。其实，石勒苏益格—荷尔斯泰因（Schleswig-Holstein）的考古学、孢粉学证据似乎支持了比德有关盎格鲁人口在 5—8 世纪急剧减少的记载。[21] 此外，4—6 世纪，不列颠低地的社会经济鲜有延续性迹象。土地使用是一重要例外，因为越来越多的证据（主要来自孢粉分析）表明，从罗马时代到晚期撒克逊时代，砍伐现象就一直存在，5—6 世纪大规模重新造林是例外，而非常态。[22]

　　但是，有关这些移民在人种上相同，在族群或"民族"层面相

---

[16]　Biddle（1989）and Esmonde Cleary（1989）.

[17]　ASC s. a. 577. Loseby（2000）.

[18]　Beck（1911），p. 388.

[19]　例如，可见 Arnold（1984），Hodges（1989）and Higham（1992）。

[20]　特别是在诺福克（Norfolk）和萨福克（Suffolk），那里有接近 100 座早期盎格鲁—撒克逊的公墓。可见 Scull（1993），p. 69.

[21]　*HE* Ⅰ. 15. Muller-Wille et al.（1988）.

[22]　Murphy（1994）and Tyers et al.（1994）.

异的观点却不受考古学证据支持。5 世纪的欧洲虽然包括诸多族群，
至少在外人看来，有盎格鲁人、撒克逊人、朱特人，当然，还有弗里
斯兰人（Frisians）、法兰克人，以及其他族群。㉓ 各地（据推测，是
各族群居住地）物质文化也呈现出不同特点，如易北河东西地区间、
日德兰（Jutland）半岛之南北地区间就有所不同。但是这些所谓的
"文化省"（cultural provinces）也存在大量重叠现象，例如，我们不
能因陶器风格的某些差异而就此认为这些差异与种族认同感有直接联
系。如"盎格鲁人、撒克逊人和朱特人"——至少它们被编年史家
贴到 5 世纪存在的各民族身上以解释几世纪后的政治格局——这类族
群的标签，可能指代那些源于相同地区的各族群（的确，比德是依
据地理环境，而非政治或文化的联系来界定这些族群的），但这些族
群是松散、流动的部落联盟。盎格鲁人、撒克逊人与肯特人的文化融
合是在他们完成对不列颠的移民后实现的，这种文化融合先于他们在
政治上融合为诸王国。㉔

　　今天之所以几乎没有人怀疑早期对大规模入侵的描述与 5 世纪不
列颠的人种更替过程，大多是因为"起源神话"意图通过其所提供
的能够赋予政权合法性的统一、稳定的理想境况，以迎合后期统治精
英的利益。㉕ 尽管如此，考古学还是表明，移民在盎格鲁—撒克逊认
同感形成过程中起着至关重要的作用，但是进入某些地区的大批移民
与大量当地原住民并不互相排斥。5、6 世纪不列颠东、南部原住民
究竟面临什么样的命运这一复杂而有趣的问题却亟待解决。种族认同
感当然非生理所能决定，而是取决于人文历史环境；在一定条件下，
个人可转换其种族立场，"根据个人的便利……改变其为人所知的标
签"。㉖ 人们只能这么下结论，大量的不列颠人确实如此行事，而同
化融合的直接证据也将因此继续证明其难以捉摸的特质。在那些未受
到罗马统治崩溃与蛮族入侵直接影响的地方，例如，在英格兰的匹克
地区（Peak District）和西米德兰兹（west Midlands），鲜有 6 世纪盎
格鲁—撒克逊风格的墓地发现，当地族群可能保持其原有的地位，在

㉓　Hines（1995）.
㉔　Hines（1995）和 Wood（1997），p. 45.
㉕　Pohl（1997），p. 9.
㉖　Chapman（1992），p. 22.

约克郡东部，罗马风格葬俗一直存留至后罗马时代。㉗ 简言之，同一种人口统计模式不可能套用于整个盎格鲁—撒克逊英格兰。

6 世纪英格兰的精确人口结构可能将时常困扰着我们。我们所能确定的是，事实情况远不及比德对盎格鲁人、撒克逊人和朱特人的描述那么清晰。但到 6 世纪中叶，相对明晰的新的地区认同感已经形成，考古学报告中发现的认同感表述比最早的文献描述要早好几代。

盎格鲁—撒克逊村社与认同感的形成

盎格鲁—撒克逊认同感成形于小型的、封闭式的村社（见后文，第 273—276 页）；他们所使用的文化语汇主要源自西北欧。"盎格鲁化"进程本身不为世人所见，但很明显，到 6 世纪中叶，在英格兰东、南部（以及诺森伯利亚部分地区），许多人相信，或至少希望他人相信，他们是日耳曼人的后代。这一时期所存留的证据，尤其是陶器、金属制品上发现的女性服装和装饰品的风格因素表明，物质文化被生动地用于标识部落身份。其实，在 6 世纪，物质层面的区域性差异，尤其是女性服饰差异最为明显。相比于 5 世纪时各聚落间的差异主要与种族差异有关，而 6 世纪的差异则与新的集体认同感的形成有着更为密切的关系，因为正如我们所看到的，这类族群的差异极其模糊。因此，例如，在东盎格里亚（East Anglia），"一种既一以贯之，又别具特色的全新盎格鲁—英格兰文化迅速地——在几代人的发展中——从多源合而为一"㉘；有着独特斯堪的纳维亚风格的别针、袖扣（用于固定长袖衣服袖口）的女性服饰显然是这种新文化的一种表现形式。在肯特（Kent），情况亦是如此，法兰克风尚的采用表明，各公社的主要成员是特别的"肯特人"。这种表现于女性服饰风格中的区域性的差别出现于 6 世纪初，在 5 世纪的史实中则看不到。这种风格需要时间来构建。诸多个体公社的存在是文化融合最终向王国迈进过程的背景，因此，我们有必要回顾一下 6 世纪各公社的内部社会结构。虽然后世文献可用于构建这一背景，但墓葬却为了解 6 世

㉗ 见 Loveluck（1994），p. 140，描述了在埃尔姆斯韦尔（Elmswell）的石瓮葬。
㉘ Hines（1995），p. 81.

纪情况提供了最为翔实的信息，与日俱增的聚落发掘为极大丰富我们对社会结构的了解提供了重要的途径。[29]

村社墓葬

5、6世纪主要有两种墓地。第一种为大型火葬公墓，这种墓不甚常见，仅见于盎格里亚（Anglian）地区。[30] 有关于此的研究中最为透彻的一例是诺福克（Norfolk）的斯邦山（Spong Hill），该地有2000多座火葬墓，表明此地的居民约450—750人。[31] 这一数量大大超过了单个聚落所能承载（见后文）的规模，这表明，这些"铜器时代"（urnfield）的公社墓葬至少属于6个大型聚落、30个小型聚落。第二种较为普遍，也相对较小，包括纯土葬墓与土葬、火葬混合墓，这种公墓所容纳的墓葬从几十座到数百座不等。这些墓可能属于单个聚落，尽管大多数公墓缺少儿童墓葬的事实提出这样一个疑问，是不是公社所有成员都葬在这具有明显"村社"特征的公墓中。尽管两种公墓可能代表了对"村社"的两种不同定义，但为什么会有两类村社墓葬［有时甚至位于同一区域，如诺福克的诺里奇的凯斯托（Caistor-by-Norwich）与莫宁·索普（Morning Thorpe）[32]］，原因却很不清楚，或许因为公社中包含各种不同类型的氏族或半偶族（moieties）。

鉴于墓地的最初范围已经知晓，而且大部分的墓葬已经被发掘，于是可以估计聚落公社的规模，如在斯邦山所做的那样；尽管这种估算远没有想象中那么简单，但至少可为6世纪公社规模提供直观感受。根据对克里夫兰（Cleveland）的诺伊斯（Norton）的小型混合公墓的估算，此地的聚落人口为28人；根据对牛津郡的伯尔林斯菲尔德（Berinsfield）公墓的估算，此地聚落人口估计有30—40人；在莫

271

---

[29]　需要冷静思考的是，在超过1500座能够确定其年代的早期盎格鲁—撒克逊墓葬中，（迄今为止）只有50座左右得到了能使我们进行有意义的数据分析的相应规格的挖掘。其中约有十几座墓葬能够找到保存较完好的骨骼资料，可以据此分析死者的年龄和性别。Härke（1992a）。

[30]　在欧洲大陆上，同样的"青铜时代"墓葬在德意志北方和丹麦南方，特别是在石勒苏益格—荷尔斯泰因（Schleswig-Holstein）和下萨克森地区（Lower Saxony）被发现。

[31]　McKinley（1994），p. 70. Timby（1994）.

[32]　Myres and Green（1973）；Green et al.（1987）.

宁·索普，有大约 60 人。③ 后面会看到，这些对人口的估计与对聚落进行发掘时所显示的公社规模密切相关。

对盎格鲁—撒克逊墓葬本身的研究表明，6 世纪公社的内部结构随着年龄、性别、血缘的不同而分为层级，这些因素在服饰风格、死者随葬品的种类多寡方面体现得非常明显。考古学证据与文献材料都能表明年龄层的确存在，这说明等级地位在一定程度上与年龄段有关。死者随葬品数量、种类上所呈现出的趋向也反映出这种依年龄而筛选分层的情况。例如，女性随葬品的数量、范围在 10—12 岁显著增长，而男性则大体在 12 岁左右随葬全套成人使用的武器。10—12 岁这一年龄段与盎格鲁—撒克逊法提供的证据相印证。④

在 6 世纪，就服饰、随葬品而言，性别起着更为重要的决定性作用，尽管在这一领域，许多研究还有待进一步深入。⑤ 儿童通常以"中性"方式安葬，40% 的成年人也如此法安葬。⑥ 而某些相对常见的物件却仅见于某一性别。因此，别针、项链、腰链（腰间悬挂的金属串，包括真钥匙和"仿制的钥匙"）与女性随葬，而武器则与男性随葬。各种不同形制的骨灰瓮随性别的差异而相异，女性一般葬于相对短小的窄口容器中。⑦ 动物骨灰有时也见于墓葬中，而且与年龄、性别的联系同样明显；例如，马匹主要为成年男性随葬。⑧

随葬品随葬方式能体现社会认同感，有种以武器随葬，俗称"武士墓"的典型葬法。在 6 世纪，有约半数成年男性是依照以武器随葬的葬俗入葬的。对这些墓葬的详细研究表明，随葬的武器通常为非实用性套装；⑨ 换言之，这些武器并非为实战所用。而是精挑细选，且这种挑选一定程度上取决于死者的年龄。拥有武器随葬的墓中通常也包括高于社会平均水准的财富。然而，一些有武器随葬品的男性年纪甚轻，甚至不能在作战时使用其武器，另一些则严重残废。这

272

③　Sherlock and Welch（1992），p. 107, Scull（1993），p. 72, Boyle et al.（1995），p. 116 and Boyle et al.（1998）.

④　Härke（1997）. Stoodley（1998）and Crawford（1999）.

⑤　Stoodley（1999）.

⑥　Härke（1997），p. 132.

⑦　Richards（1987），p. 196.

⑧　见 Richards（1992），图 22；亦见 Hills（1998），从中可找到马匹比人们通常所认可的更为广泛地出现于东盎格里亚的火葬墓地中。

⑨　Härke（1992a）and（1992b）.

一证据（加上某些外在特点）表明，使用武器随葬品的墓葬并不一定代表死者曾是一名英勇的武士，相反在很大程度上只是某个势力日盛的家族、氏族成员身份的象征，或许只是移民族群的后代。

因此，社会等级、社会身份就这样反映于（至少间接地）土葬、火葬之上。随葬品的种类、数量、范围以及死者的穿着服饰、葬俗等作为一个整体，随年龄性别不同而有相应的变化，这是"社会的构建原则"中无须证明的事实。[40] 然而，当6世纪的盎格鲁—撒克逊葬俗明显受年龄、性别影响时，其血缘归属、种族属性、等级地位，以及宗教信仰或迷信崇拜这些社会身份的隐性方面，也必定在对死者的态度上有所体现；因此，葬俗与年龄、性别之间的关系并非绝对的，而且只能为审视6世纪错综复杂的社会关系打开一扇小窗。[41]

273

大多数的6世纪墓葬都有几种随葬品，直到6世纪后期，即便随葬品最丰富的墓葬也可能仅仅代表了广泛延续的墓葬财富中的顶点；[42] 根据墓葬财富划定该时期墓葬等级的大量尝试所得出的结论却根本站不住脚。在可鉴别的墓区，通常不能发现某一块墓葬地比其他墓区明显贫穷，这多是当时情景。[43] 如果说一个墓区确实似乎是代表了一些家庭，那么这就表明，等级划分主要适用于家庭内部，而不是家庭之间，该观点有来自各聚落的证据作支持（参见下文）。例如，在6世纪的狄斯河上诺伊斯（Norton-on-Tees）公墓，有武器随葬的男性墓与随葬精良的女性墓在数量上大致相当（大约各有12座），这表明，作为4个家庭（每个家庭由9—10人构成）的首脑，4对"首领"夫妇统领了3代人。[44]

一些文献材料对于血缘关系在决定盎格鲁—撒克逊公社之认同方面所起的核心作用深信不疑，同时也表明，公社中对血缘关系的判定在本质上是承认男女双方的平权（即父方与母方亲属并重）、从夫居和异族联姻（即公社内的每个人都需嫁或者娶外部族的男女，且大

[40]　Richards（1992），p. 144. 似乎不太可能断言，多数的随葬品都倾向于在死后的世界使用。

[41]　Pader（1982）；Richards（1987），p. 197, and（1995）.

[42]　Shepherd（1979）.

[43]　例如，可见伯尔林斯菲尔德、牛津郡、诺伊丁、克里夫兰和苏塞克斯（Sussex）之艾普当（Apple Down）的火葬墓群。Down and Welch（1990），图 2.8 and 2.9；Sherlock and Welch（1992），图 21 and 24；Boyle et al.（1995），p. 133 and 图 30；Härke（1997），p. 138。

[44]　Sherlock and Welch（1992），p. 102.

多数女性前往夫家与丈夫亲族同住）。[45] 社会与法律地位在一定程度上是由某个氏族成员的身份决定的，氏族不仅提供保护，而且提供资源。[46] 然而，识别公墓中各家庭的家长是有可能的，但要准确识别整个氏族或家庭却问题重重。尽管如此，似乎有理由这么认为，一组有着相同方位、相同中心（如围绕着一座核心墓葬）的墓葬是个人赖以栖身之所。如伯尔林斯菲尔德的公墓，某些可能与基因有关的后天性特征（如牙齿畸形或第六节腰椎增生）分布情况，与男性、女性、儿童分布情况支持着这样一种理论，公墓的不同部分代表了不同的家庭。[47]

聚落

自 20 世纪 70 年代起，一些聚落的大规模充分发掘为了解 6 世纪村庄的模式提供了一幅清晰的画卷。虽然这些村庄在规模、布局上的差异使得"村庄"一词的使用颇具争议，但大部分还是有着相似的共同特征的。首先，它们相对较小（其规模与土葬、混葬公墓所体现的人口数量相适应），且空间紧凑。一些地区曾进行大规模考古调查和发掘工作，例如，位于泰晤士河（Thames）流域之上游、下游沿岸阶地砾石层的早期盎格鲁—撒克逊聚落的分布就相对密集，间隔约为 2—5 千米。[48]

位于埃塞克斯郡，地处泰晤士河沿岸砂砾阶面而俯瞰泰晤士河口的穆金的盎格鲁—撒克逊聚落，至今仍是发掘最为细致的盎格鲁—撒克逊聚落。[49] 此地大约有 14 公顷土地在 20 世纪六七十年代经历了考古学家的调查，在此过程中，有 50 多座木结构建筑，200 多座凹陷式棚屋被发掘，但这些建筑并非全都处于同一时期。在 250—300 年，聚落的中心迁移了一千多米。发掘出的大量建筑遗址说明，在其存续的任何时段，只有大约 10 个家庭形成聚落，这与穆金所发掘的两处

⑤　Härke（1997），p. 137.

⑥　Charles-Edwards（1997）.

⑦　Boyle et al.（1995）.

⑧　Hamerow（1993），fig. 52；Blair（1994），figs. 16 and 24.

⑨　Hamerow（1993）. 位于皮克林河谷（Vale of Pickerin）之西赫斯莱顿（West Heslerton）的聚落已经被大规模地发掘出来，如果它的结果正式公布，会对我们关于此地区的聚落之了解有极大的贡献。其发掘的中期报告认为，该聚落的布局不同于我们已经开始从南部和东部英格兰的发掘中所期许的东西。Powlesland et al.（1986）and Powlesland（1997）.

同时代公墓所体现出的人口规模大致相当。越来越多的证据表明，这种聚落的中心之迁移在6世纪普遍存在。[50]

6世纪大多数聚落的第三个共同特点，以及由穆金与萨福克的西斯托尔（West Stow）所证实的，[51]即它们之间没有明显的边界或其他规划性标志（无论是公社共有的，还是强迫实行的，如公用的便道、标志为农场或地产的被围栏所包围的建筑物），没有明显的中心建筑或中心标志。偶尔能发现栅栏的痕迹，[52]但实际上，在6世纪末7世纪初之前，人们并未发现实质性的围栏。建筑群落司空见惯，大多数建筑呈东西走向，体现不出明显的布局规划，如围着天井分布的布局，因此人们很难确定它们是否为同一时代的。

但到6世纪末，据考古学报告显示，许多聚落有了明显的布局规划，实物搭建的围栏标志着地产或家庭的界线。这些特征的最早案例发现于诺森伯兰（Northumberland）的耶韦灵［Yeavering，埃德温（Edwin）王的一处土室别苑］[53]与汉普郡（Hants）肯德鲁的唐恩（Cowdery' Down），到了7世纪时，这种特征变得越发明显。尽管两者之间有较长的地理距离，这些聚落的布局规划却体现出惊人的相似性，如，两座或两座以上建筑的线状排列方式，由栅栏围成的长方形围栏——围栏内的建筑（于是进入这些建筑的通道得以控制）呈现出垂直式风格（perpendicular），而与围栏毗邻或通向围栏处还有另一所建筑。[54]

尽管考古学家仅有建筑地基的平面图（通常并不完善）可供参考，但6世纪的建筑遗迹证据表明，其建筑形制、建筑大小鲜有差别；当然，地面以上的显著差异是可能存在的。一项关于这些地基规划图的研究表明，在这些建筑中，至少有部分建筑在建造过程中使用了标准的建筑"模板"。这种模板不仅体现于建筑规模、建筑布局

275

---

[50]　Hamerow（1991）and（1992）.

[51]　West（1986）.

[52]　例如，在苏塞克斯的毕索普斯通（Bishopstone，意译为"主教产业"）和埃塞克斯的穆金的发掘。Welch（1992），fig. 16 and Hamerow（1993）。在靠近米尔顿—凯恩斯（Milton Keynes，或译米镇）的彭尼兰（Pennyland），以及在西斯托尔，所说的围栏最早出现于6世纪晚期。见 West（1986）and Williams（1993）.

[53]　HE ii. 14.

[54]　见 Hope-Taylor（1977），Millett with James（1984）and O'Brien and Miket（1991）。很有可能的是，展示出相互类似平面规划图的查尔顿（Chalton）和汉普郡（Hants）的聚落，是建立于6世纪的，但其确切日期和具体情形却不甚了然。亦见 Addyman（1972）。

上，甚至在英格兰建筑和大陆建筑的比较过程中，也可看出西北欧的木结构建筑传统在英格兰的长期存在、广泛传播。[55]

但是，关于一室或二室的盎格鲁—撒克逊房舍事实上如何使用，目前还远不清楚。各种功能，如炊事、储藏，可能分处不同的房屋建筑内，有关这些可见于 10 世纪的法典案例和其他文献。[56] 虽然如此，令人好奇的是，在盎格鲁—撒克逊建筑中鲜有炉灶被发现，这在文献资料中却是十分重要的，[57] 尽管这可能是由于许多情况下保存条件恶劣所致。[58]

到 6 世纪末 7 世纪初，数种建筑学创新成果被引进。首先，最为常见的是将基础壕堑运用到木结构围墙处，这一方法在 7、8 世纪广为流传。[59] 然而，最引人注目的变化或许是自约公元 600 年起少量超大型建筑（即占地面积大于 150 平方米的建造）。在这些超大型建筑中，有些与其附属建筑共享一堵或两堵山墙，但到 8 世纪，这种附属式堂室（annexed hall）却基本消失殆尽了。

276

过渡时期？

因此，6 世纪的公墓和聚落表明，在盎格鲁—撒克逊认同感从中发展而来的社会中，并不存在阶层的固化，上层人士自生至死都与公社紧密结合为一体。财富与权力的获得并不主要取决于出身，社会等级在很大程度上依赖于多重因素，如年龄、性别、血统以及积累动产的能力，尽管掌控土地的能力可能也有一定作用（我们将随后探讨）。当然，就随葬品而言，这一时期大多数公墓中都有着比其他墓葬更为丰厚的墓葬，[60] 而这些墓葬的墓主通常被解释为当地公社的首领——家族、氏族的首领，或者其他形式的半偶的族长——而不是有着跨地区统治权的王室成员。[61] 当然有可能的是，一些家族的年长者能够保持对几代人的控制，那么就有可能将来之不易的随身财富挥霍

---

[55]　Zimmermann（1988）and Tummuscheit（1995），Abb. 66，94，95.

[56]　Dölling（1958），pp. 55ff.

[57]　最为著名的是在比德的著作中，HE ii. 13。

[58]　Hamerow（1999）.

[59]　Marshall and Marshall（1994）and Hamerow（1999）.

[60]　对它的印证可见格洛斯特郡（Gloucester）莱希菲尔德（Lechfeld）的第 18 号墓，见 Boyle et al.（1998），图 3 – 7。

[61]　Scull（1993），p. 73.

于宴会之类的炫耀，伴以奢华随葬品的墓室。墓葬财富的巨大差异在聚落层面反映得并不明显这一事实支持着这样一种理论，等级划分在绝大多数情况下存在于家族内部，而不是家族之间。

　　向这一总体模式转变的种种迹象肇始于 6 世纪晚期。首批墓冢（或坟丘）的出现就是这些迹象中最为引人注目的。首批盎格鲁—撒克逊墓葬群出现于 6 世纪中后期，且出现于无冢墓葬（flat-grave）群中。到 7 世纪早期，在一些地区内，整片公墓大部分的或全部的墓葬都筑成丘状，同时也有一些孤立的、特别富有者的墓丘。[62] 对其随葬品的分析表明，这种墓葬形式的采用，标志着"对获取等级地位的人物……的限制"，尽管直到 7 世纪时这些孤立墓冢的出现，才明显反映这批精英群体的形成。他们的地位可能是人们所认定的，而非获取的。[63] 这种纪念性葬俗在后罗马时代的首次使用，似乎标志着在日益激烈的资源争夺和由此导致的社会动荡中，一种更加受限、更加封闭的等级划分体系出现。而墓冢也将成为子孙后代为建立与其祖先的联系，为宣示版图所有权而使用的一种可视化手段。[64]

　　6 世纪中后期，在一些火葬公墓中出现精雕细琢的土葬墓或许同样意义非凡。该现象最明显的例证是斯邦山的一组位于火葬公墓东北缘的 57 座土葬墓群。[65] 这些墓中包括一座墓室（chamber grave）与 4—5 座墓冢，这表明这些墓葬代表一支势力日盛的族群，他们于 6 世纪移居该地，并建立了一个近乎独立的精英公墓。[66] 这些土葬墓仅仅是公墓使用过程中的一支小插曲（最为晚近的墓葬是火葬，其出现时间晚于土葬），该情况表明，族群的后裔要么被公社余众同化，要么——似乎可能性更大些——在其他地区建造新的墓区。

　　在萨福克郡施耐普（Snape）的一座公墓，距离传说中的王室墓葬萨顿胡（Sutton Hoo）约 18 千米处，也于 6 世纪出现了一组独特的

---

[62]　Shepherd（1979）；以及 Struth and Eagles（1999）.

[63]　Shepherd（1979），p. 70. 在 7 世纪时，武器随葬品似乎越来越标榜着一个狭小的、高高在上的社会阶层，而不是广大的普通族群成员。因此，当"上层"群体［即那些以剑、战斧或短剑（seaxe）作为随葬品的男性］仍然保持在 6% 左右的比例时，那么，"中间群体"即从 43% 降至 17% 的比例，而那些男性无武器随葬墓的比例提升至 52%—77%。Härke（1998），p. 45.

[64]　见 Shepherd（1979），p. 77；亦见 van de Noort（1993）。

[65]　Hills et al.（1984）.

[66]　Scull（1993）. 无论如何，关于斯邦山之火葬墓与土葬墓群间的区别，并无明显的界定。Hills（1999）.

土葬墓群。施耐普墓群似乎建于 5 世纪或 6 世纪初，就本质而言，它其实是座小型火葬公墓；在 6 世纪中、晚期，一些人开始使用土葬（尽管这些土葬墓零落地散布于火葬墓中，而且没有像斯邦山的土葬墓那样形成单独的区域），一些人还有高级随葬品。[67] 起初，至少有 9 人是葬于墓冢之下的，其中有个人还异常富裕，葬于一座船墓中。在一座无冢墓葬中，死者葬于木船中，并以一对角质饮器随葬，其他一些墓则随葬了真船的部件或船模。将死者葬于船内的葬俗与该时期瑞典的精英族群有关；或许这些墓葬表明，一支势力日盛的世系正力图通过独特的葬俗表明其高贵的斯堪的纳维亚血统。[68]

　　6 世纪下半叶出现的另一现象，是萨林（Salin）装饰风格 I 型（一种广泛见于 5 世纪晚期、6 世纪上半叶金属饰品的动物纹饰）被装饰风格 II 型（与风格 I 型一样，是一种起源于斯堪的纳维亚的，更加复杂繁密的动物交织纹饰）所取代。这或许同样承载了社会变革问题，因为萨林风格 II 型分布有限，仅见于贵重的金属制品（最著名的是一组出自萨顿胡的金器）与手稿中。[69] 一份对风格 II 型纹饰及其在斯堪的纳维亚的带有装饰风格 II 型的器物的详细研究表明，风格 II 型是在政治冲突背景下引进的，而且被那些试图建立自己统治的新兴强大"等级"以图案宣传形式施用于公共仪式（葬俗只是其一种形式）中。[70] 令人遗憾的是，风格 II 型物品在英格兰极为罕见，而且在许多案例中，其背景模糊异常，可能在此只有诱惑性的作用。[71]

　　女性服饰，至少是精英阶层的女性服饰，在 7 世纪发生变化，用笨重的别针系于肩部的袍式女性服饰被模仿地中海风尚、装饰着精美别针和项链的裁制服饰所替代。先其一步出现的是 6 世纪晚期样式的别针，其出现或许反映了一种对上层"纹章"的全新关注。[72] 这一变化在盎格里亚地区尤其清晰，此地出现了精雕细琢的、较大的、堪称"华丽"的、旧式花纹的各种变化形式，尤其是在十字形与大号方头

---

[67]　Filmer-Sankey（1992），pp. 39 – 52.

[68]　其他 6—7 世纪早期火葬墓与后期土葬墓的实例包括诺里奇的凯斯托（Caistor-by-Norwich）和阿克堡（Castle Acre），都处于诺福克。Myres and Green（1973），pp. 171 – 172；C. Scull，pers. comm.

[69]　Speake（1980）and Høilund Nielsen（1997）.

[70]　Høilund Nielsen（1997）and Hines（1998），p. 309.

[71]　Høilund Nielsen（1999）.

[72]　Hawkes and Meaney（1970）.

别针上出现的装饰。此外，风格分析表明，这些别针的生产制作有着某种程度的集中管制。方头别针主要发现于随葬财富充盈的墓葬中，而且它或许是体现家族首领地位的一种形制。[73]

至于聚落，目前大量放射性碳的定年数据足以表明，大型建筑、高级聚落、布局规划——配以围栏和通行小径——在 6 世纪晚期、7 世纪早期已尽数引进（见上文）。但这些现象如何解释，它们之间关系如何，目前远不清楚。毫无疑问，耗费大量人力、木料修建的大型厅堂可被认为是"核心人物"的住宅，这些"核心人物"是那些建立起独立聚落，并在颇具特色的区域规划内展示建筑之华美风格的新兴地主。但尽管耶韦灵和肯德鲁的唐恩（Cowdery's Down）这两处聚落都是在 6 世纪晚期建造的，却直到 7 世纪才呈现出明显的高层级特点，虽则二者从一开始就使用了直线型排列风格和围栏。最后，在耶韦灵和肯德鲁的唐恩之实例中，其仔细的布局规划与围栏的使用清晰地表明，它们试图限制外人进入特定建筑、特定区域，其布局规划不一定表示其所处的高端地位。彭尼兰〔Pennyland，地处白金汉郡（Buckinghamshire）〕、里比十字交叉口〔Riby Cross-Roads，地处林肯（Lincolnshire）郡〕、色林斯〔Thirlings，地处诺森伯兰（Northumberland）〕和卡索尔摩〔Catholme，地处斯塔福德郡（Staffordshire）〕的聚落内既无大型建筑，也无特别丰富的物质文化（尽管都未充分发掘），但到 6 世纪末 7 世纪初，所有这些聚落都在其房屋和小牧场周边修造了篱笆和通往居住区的小径。[74]

6 世纪中期到后期还出现了首例标准化生产的后罗马陶器，即便不是大规模生产，至少其生产规模也大于早期盎格鲁—撒克逊陶器。在 5、6 世纪，陶器是手工制作的，且形制差别甚大。尽管主题相似，也反复使用一些印章标识，但想要找出两件形制、纹饰完全一样的器皿几乎是完全不可能的。然而，人们从分散于各处的公墓中发现了约 200 件器皿碎片（很明显，这只是器皿原品数量的一小部分），尽管它们和同时期其他陶器一样，遵循着相同的手工制作传统，但在装饰

[73]　C. Mortimer, pers. comm. ; Hines（1984），pp. 30 - 31 and（1998），p. 34. 在泰晤士河流域上游地带的撒克逊人居住区，自 5 世纪时就开始使用的打制的碟形别针（cast saucer brooches），在 6 世纪末和 7 世纪早期更加广为使用。Dickinson（1993），p. 39.

[74]　O'Brien and Miket（1991），Williams（1993），Steedman（1995）and Kinsley（2002）.

上却使用了既千差万别又规格统一的主题和印章系列。[75] 这种所谓的伊林顿—拉克福德（Illington-Lackford）风格的陶器分布于东盎格里亚的一个狭小区域（面积约 900 平方千米），此地以三座中世纪早期线状土筑工事为界。这些器皿产自小乌斯河（Little Ouse）流域的某个生产中心一说还仅仅是个理论，其分布机理目前尚不清楚。而且，不管其传播究竟是通过礼品交换、贸易往来，还是通过当地首领的重新分配方式，它们"通常被用于和控制依克尼尔德商路（Icknield Way）沿线的邻近各政治实体保持联系"这一理论却言之成理，意义重大。[76]

我们是否能从葬俗、聚落、陶器生产这多条线索发展中看出一种联系？它们是否反映了同一现象或者是线索，即使它们是间接线索，也表明这些条件恰在催生"一种共同的英格兰认同感"？[77] 在盎格鲁人生活区之外，社会变革波澜壮阔的感觉并不明显。注意到这一点相当重要。例如，精雕细琢的墓葬在肯特比较普遍，这种现象一直持续到 7 世纪，而在东盎格里亚之外，没有哪个地区的陶器可与伊林顿—拉克福德器皿媲美。[78] 此外，由于考古学定年不甚精确，在考古学报告中看似突然发生的变化，在现实生活中可能跨越了数代人。最后，由于考古学案例数量稀少，确切地将"史前"时代的发展与精确的历史时期相对应颇具难度，我们甚至不可能确定这些现象是否同时代发生的。于是，就可能将其视为 7 世纪丧葬行为和聚落发生更广泛、更剧烈变化的前兆，譬如"王公"墓葬与王室别苑的出现。[79] 仅此一点就足以警醒我们，莫要对这些变化进行一元化的目的论分析，也不要将其归因于王国形成那漫长、渐进而又无可避免的过程。这种变化肯定既非稳步推进，也非激进变革，而是偶尔零星发生的，在不同地

---

[75] Russel (1984), p. 525ff.

[76] 见 Russel (1984), p. 528。亦见 Williams and Vince (1998) 对这类陶器的认识，有些陶器似乎是早些时候生产于北莱斯特郡（Leicestershire）之查恩伍德森林（Charnwood Forest）的产品，分散至英格兰中部地区的东部和东北部，甚至偶尔分散至更远的地域。

[77] Hines (1995), p. 83.

[78] 其他一些假定的"工作坊"亦得到辨识，但只有伊林顿—拉克福德的陶器以足够的规模堪称它是被"批量"生产的。Myres (1977).

[79] 一些这类最著名的王者之墓葬有萨福克郡的萨顿胡和牛津郡的阿什塔尔（Asthall）。见 Carver (1992) and Dickinson and Speake (1992)。亦见 Boddington (1990) and Geake (1997)。

区以不同方式呈现的，在很大程度上是在特定时期发生的、大多未经记载的事件。作为历史上之"过渡"时期的概念已备受挑战，且理当如此，[80] 然而，这些发展具有延续性，这就说明它们远非7世纪朦胧之光投射于6世纪晚期的幻彩。

6世纪与王国的形成

在缺乏文献资料的情况下，对待考古学证据的一个麻烦在于辨别上文所列举的种种发展（如聚落、葬俗与物质文化）背后的共同原因。要实现这点，就必须从后世文献材料中的政治、军事战略角度审视考古学证据。此外，在回顾了6世纪公社已知社会结构的情况下，还须考虑在王国形成过程中，公社间各种关系所起的作用，而最为清晰的关系主要集中于贸易交换。

但是，我们还需要提醒自己的是，除却7、8世纪文献材料所提及的几个主要王国——肯特、东盎格里亚与中部盎格里亚、林赛（Lindsey）、代尔拉（Deira）、伯尼西亚（Bernicia）、麦西亚（Mercia）、苏塞克斯（Sussex）、威塞克斯、埃塞克斯之外还有若干小王国（见地图8）。[81] 关于这些王国如何形成，认可度最广的理论是强调以土地的征服为核心的。早期盎格鲁—撒克逊社会结构的流动性特点为野心勃勃的人们通过竞争获取地位、权力提供了广阔空间，且大量证据表明，这种竞争充斥于6世纪。这就催生了这样一种假设，中撒克逊时期（约650—850年）形成的各主要王国是6世纪众多小政治实体激烈竞争的产物，成功者击败、吞并失败者，并最终于7世纪形成少量有着跨地区权威的王朝。[82]

这一模式在许多方面与文献证据、考古学证据相符。在现存文献材料中，形成于7世纪末麦西亚或诺森伯利亚的一份文献，《诸部族土地税簿》（Tribal Hidage）尤为重要。人们普遍认为该文献是份贡赋清单，它列出了34个族群，包括（与各主要王国一道）数个小的

282

---

[80]　Halsall（1995）.
[81]　Yorke（1990），map 1.
[82]　Bassett（1989c）.

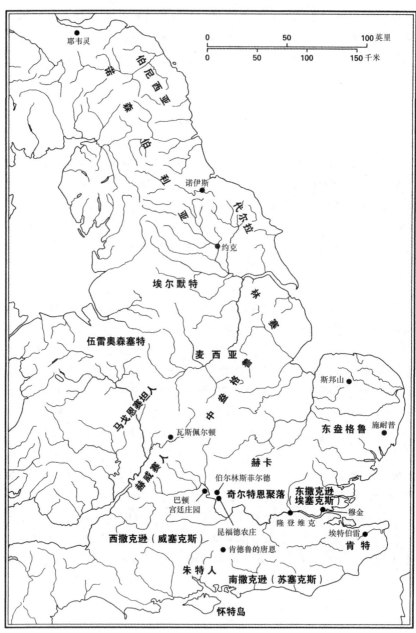

耶韦灵

伯尼西亚

部森伯利亚

诺伊斯

代尔拉

约克

埃尔默特

李塞

伍雷奥森塞特

麦西亚

中盎格利

斯邦山

马戈恩塞田人

瓦斯佩尔顿

东盎格鲁

施耐普

赫卡

赫威塞人

伯尔林斯菲尔德

奇尔特恩聚落

巴顿宫廷庄园

东撒克逊
埃塞克斯

穆金

隆登维克

昆福德农庄

埃特伯雷

西撒克逊（威塞克斯）

肯德鲁的唐恩

肯特

朱特人

南撒克逊（苏塞克斯）

怀特岛

地图 8　《诸部族土地税簿》形成时期主要的盎格鲁—撒克逊行省及第 10 章和第 17 章所提到的地点 ［据 Yorke（1990）作品中之地图 1 和地图 2 编辑］

行省（*provinciae*）或地区（*regiones*），以赫卡（*Hicca*）为例，其领地仅有 300 海得（hides）。[83] 人们不禁会将这些小族群视为 6 世纪的"化石"，由于某种原因，这些族群没有被较大的王国吞并，并力图维持某种形式的独立认同感。[84] 然而，这一论点无法得到证实，可能的情况是，在 6 世纪，还残存着许多名不见经传的小族群，在这些小族群中，至少有两个——埃尔默特聚落（Elmedsaetna，源自 Elmet）和怀特堡（Wihtgara，源自怀特岛）都占有 600 海得土地——有其自己的统治者（比德称之为王，即 *reges*）。[85] 6 世纪时，英格兰西南部与威尔士也有大批统治者，不列颠的教士吉尔达斯（Gildas）在其《论不列颠的衰亡》（*De Excidio Britanniae*）一书中针对这些小"王"直接表达了其"怨言"，他们这些人，就像他们的盎格鲁—撒克逊东部统治者那样，在罗马统治崩溃后攫取了权力。[86]

地名填补了画卷上的空白。那些以 *ingas*（指某某的人/扈从）作为词尾的词，现在被认定起源于 6 世纪末 7 世纪初，而不是像过去所认为的，源于 5 世纪到 6 世纪初以聚落为主的时期。[87] 据称，这些 *-ingas* 族群的形成并非以其共同的祖先认同感为基础，而是一种强调"占有性、强制性的描述"[88]。鉴于 *-ingas* 族群在《诸部族土地税簿》中是根据其占有海得（hide）的数量（如 *Faerpingas* 族群）而界定的，但情况似乎是，在此时他们已经拥有了某种程度的政治地位，尽管没有理由假定他们总是如此行事。无论他们的源起是什么，这些低层次的政治实体的版图都不可能有明确的边界；他们只可能由一组聚落构成，所有这些聚落都通过 *hidation* 体系（即依照拥有海得数量的计税体系——译者）向同一中心纳贡。

后世人的描述，如《英吉利教会史》（*Historia Ecclesiastica*）和《盎格鲁—撒克逊编年史》（*Anglo-Saxon Chronicle*）中，将诸王国的先祖描绘为当时那些希望获得万众瞩目的首领。这一描述使得这些史

[83] Davies and Vierck（1974）and Dumville（1989）. 见 Keynes（1995）以获得更具怀疑性的关于《诸部族土地税簿》的观点。

[84] Scull（1993），pp. 68－69.

[85] Yorke（1990），p. 11；Bede *HE* iv. 16, 19 and 23.

[86] Gildas，*De excidio Brit.*，ed. Winterbottom（text and trans.）.

[87] 于是，例如，黑斯廷斯（Hastings）一词来自 *Haestingas*，即黑斯塔（Haesta）的人/扈从。Dodgson（1966）.

[88] Hines（1995），p. 82.

料在那些力图找寻 6 世纪事件之准确记载的人们看来，变得不那么可信，然而，它们却非常清楚地阐述了一个问题：源起于土地争夺的战争司空见惯，领地扩张是权力的必要条件（sine qua non）。战神沃登（Woden）作为始祖出现于众多盎格鲁—撒克逊王室谱系中，这绝非巧合。[89] 这些谱系本身就表明，各主要王朝都源起于 6 世纪，尽管这需由史上确证统治者的纪年、由其半神话的祖先〔如威塞克斯的赛尔迪克（Cerdic）和东盎格里亚的伍发（Wuffa）〕的近似纪年推算而知。一些人认为，这些谱系仅仅反映了民间记忆的局限性：当这些口述历史首次形成文字时，它只会在时间上向前追溯数代，而不会探究更为遥远之事。[90] 然而，若从整体审视这些证据，那么似乎无可避免会得出 6 世纪存在王这个结论，即使其权力的性质、程度尚不清楚。当然，7 世纪初，肯特的埃特博希特（Æthelberht）王的法典暗示，他的权力及责任对象不仅包括其直接扈从，还包括"社会所有等级：贵族、自由民（ceorls）、非自由农以及奴隶"[91]。

这些王者源出何处？若吉尔达斯对晚期罗马时期不列颠撒克逊同盟的反叛行为记载属实，那么就存在这么一种可能性，例如，与法兰克人类似，6 世纪晚期的一些统治者"源起于"那些出没不定的劫掠者们开始控制他们业已开发的领地。[92] 促进不列颠东部王国形成的另一种可能性在于肯特精英们和东盎格里亚与墨洛温王室的联系。6 世纪后期，肯特精英与法兰克精英之间存在的密切联系，这点可从法兰克公主贝尔塔（Bertha）与埃特博希特国王的联姻得到证明；萨利安（Salian）法兰克人的法典中（可能出现于 5 世纪末 6 世纪初）中一条关于逃亡奴隶的条文也进一步证明，法兰克人与不列颠部分地区存在司法互助。[93]

284 　在 6 世纪后期聚落的考古报告中发生了一些变化，但它们并未提供有关领地征服或战争的直接证据，而与一些新兴精英，或许是统治家族的出现有关。如已经注意到的那样，这些变化是首批具有"特殊功能"的聚落的产生，如耶韦灵和肯德鲁的唐恩，它们都有着一

[89]　Yorke (1990), p. 16.
[90]　Yorke (1990), p. 4 and Scull (1993), p. 68.
[91]　Trans. EHD i. See Yorke (1990), p. 17.
[92]　我非常感激 Barbara Yorke 对此问题的建议。
[93]　Wood (1997), pp. 47 – 49.

种全新的建筑风格、布局，如我们随后会见到的首批贸易商站那样；其次是葬俗上的变化，精英们的墓出现了新的鲜明的表达方式。如果说夸耀炫富的葬礼是新贵家族为在乱世维持自身地位的举动，那么富者随葬墓的出现则表明，这些区域的地方霸权争夺激烈。[94] 再次便是，目前尚未被加以考虑，且难以解释的人口增长的证据。6 世纪所知的聚落与公墓数量远大于 5 世纪。一方面，这在很大程度上必定是由于 5 世纪的物质文化难以识别，另一方面是由于在 6 世纪的考古方面证据不明显的原住民与外来者文化的同化，如我们在本章前节所见。然而，即使 6 世纪的人口是在缓慢增长，也可能将土地争夺的激烈性推升到足以引起严重关切的程度。当然，到了 7 世纪，土地的掌控对维持地位、权力至关重要，土地不仅是种经济资源，还是种社会资源，[95] 且这对于幼子们借土地以维持、增强其权力来说是不可或缺的，而权力的增强又促进了土地的争夺，这一切最终促使权力集中于少数人之手。

如果说 6 世纪的英格兰充斥着各种在《诸部族土地税簿》中提到其名称的小的政治实体——其中一些至少还堪称王国，那么晚期罗马不列颠的基层行政机构必已迅速瓦解为众多大小不一的独立实体；这种小的独立实体之掌控领土的程度受制于晚期罗马的统治机构，的确，如我们随后可见，它们是否拥有固定界限的领地，还是一个未决的问题。有鉴于此，贸易交换网为后世统一搭建框架的潜力还是相当巨大的。[96]

在 7 世纪时，当大量由王室控制的贸易中心（或称 emporia-市 285 集）沿英格兰海岸和各大河流［主要的例证是南安普敦（Southampton），伦敦（London），约克与伊普斯威奇（Ipswich）］建立起来时，最有可能支撑起庞大而正规贸易网的是早已存在的交换中心。[97] 5、6 世纪商路的证据主要见于各聚落、墓葬中出现的非本土产品。当史前

---

[94] 同一时期梅斯地区的证据支持这种解释，即随葬丰富的墓葬是地方势力竞争的标志。这些墓葬在 6 世纪时梅斯周边 20—30 千米处甚为少见："在梅斯附近，人们的争斗可以通过向时常出入于此地的国王、主教、公爵和伯爵等人提出诉求而得以解决。在更远的地方，不易采用这种处理方式，于是为了争取权力和资源进行更公开的争斗就是必要的了。" Halsall（1995），p. 48.

[95] Charles-Edwards（1972）and Scull（1993），p. 77ff.

[96] 无论如何，贸易活动在最新的王国形成理论中受到的忽视令人惊异。

[97] Scull（1997）.

的这种交换网络的走向难以准确定义时，通过地图上各种进口商品的分布却揭示了这一网络的格局。例如，正如已经提到的，伊林顿—拉克福德陶器的分布，勾勒出以小乌斯河流域、依克尼尔德商路为中心的交换轮廓。对于描述此一时期的交换机制更具潜力的是一种更为普遍的人工制品琥珀珠，这种珠饰广泛见诸 6 世纪女性墓中。其分布（与 6 世纪引进不那么广泛的水晶一样）集中于几个"集聚点"，如林肯郡的斯利福德（Sleaford）、公墓，此处埋葬着约 1000 枚琥珀珠。[98] 在这些集聚点周围分布着许多拥有少量琥珀珠的公墓，最好的解释是，这是一种反映当地首领对琥珀进行重新分配的模式。对琥珀的获取有着严格的控制与特许的更进一步的证据是，在这些公墓中常会有一座女性墓，其陪葬的琥珀珠数量可为普通墓葬中的 10 倍。其他非地方产品的分布（如在铁矿非富集区出现铁）无疑也值得做进一步研究。[99] 即使是基于这些有限的证据，一幅关于 6 世纪贸易网的画卷也徐徐展开——它并非受市场驱动，也不以通货为基础，其中许多商品的重新分配权被当地公社的首领把持，尤其是那些象征物主声望的奢侈品。

6 世纪晚期，经济日渐规范化的迹象可从输入英格兰东南部的墨洛温金币与日俱增这一现象上得以体现，这种金币的使用早于首枚真正的盎格鲁—撒克逊货币之前 100 年。少量用以估算货币金银价值的度量衡（多数已经破损）葬于墓中；这些度量衡主要来自肯特；其早期财富源自它与法兰西亚、泰晤士河流域上游（如今被认为是威塞克斯王国的摇篮）贸易活动中的准垄断地位。[100]

286　　　就理想状况而言，有关交换的证据应当与生产方式的证据一并评估。罗马—不列颠经济的迅速瓦解导致手工业生产于公元 400 年陷于瘫痪——罗马—不列颠陶轮制陶业的突然消亡早已是老生常谈——在随后的 200 年间，生产手工业品的产地显然已不复存在。例如，人们发现了成千上万个盎格鲁—撒克逊别针，但存留下来的、用在别针生产上的模具数量却屈指可数。在产地无存的前提下，早期盎格鲁—撒

---

[98]　Huggett（1988），p. 89.

[99]　近期论及泰晤士河上游地区、东约克郡和皮克地区贸易模式的研究表明，即使在一个相当受限的地理区域内，获得商品的途径也是不同的。Loveluck（1994）.

[100]　Scull（1990）and（1997）.

克逊物质文化的生产方式——无论是家庭的、"流动性"的或是准专业性人士的生产方式——在很大程度上仍旧只是种推测而已。或许，我们能在 6 世纪后期看到某些局部重组迹象，如伊林顿—拉克福德陶器与方头别针之类的金属制品，但是直到 7 世纪，我们才于各贸易中心找到手工业集中经营之明证。

　　上文所勾勒的、带有"达尔文主义"（Darwinian）味道的王国形成过程中的"竞争性排斥"模式，是一种浅显之论，也并非未遭到批判，[101] 但其占据了这一领域的主导地位多年，鲜有真正对手。主要的具竞争性的理论（尽管二者并不完全对立）是强调盎格鲁—撒克逊诸王国主要是依据罗马—不列颠政治版图分立的。人们早就认识到，最初几个盎格鲁—撒克逊王国的名称源自罗马—不列颠部落或地区，如坎特瓦伦纳（Cantwarena）、伯尼西亚、代尔拉和林赛。这就催生了一种假设，最初的那些王国是以罗马时期的原有区域联合体为基础，由盎格鲁—撒克逊超王接管而组成的。现存一系列证据揭示了从罗马（实际上是前罗马）时代到撒克逊时代区域联合体是具有延续性的。[102] 其实，沿用原有边界、原有地理区划，这在本质上是可能的；但这并不一定暗示着这些边界是作为政治边界而加以沿用的。因此，7 世纪盎格鲁—撒克逊人接管英格兰中—西部[103]这一证据为了解6 世纪更东部地区所发生的情况提供了一种有趣的模式：即大规模的地域的延续与重组。但是，就考古学角度来看，情况似乎完全不同。简言之，光是划定晚期罗马—不列颠庄园（*villa*）或早期盎格鲁—撒克逊王室地产的界限就已困难重重，更遑论确定二者是否相同了。一则常被用来证实两者可能存在政治延续性的案例是耶韦灵的诺森伯利亚聚落，该聚落建于6 世纪，到 7 世纪已是座王室庄园。毫无疑问，耶韦灵从青铜时代起就是不列颠的宗教崇拜中心与行宗教仪式之地，但对这些场所布局的深入研究表明，我们不应该将任何解读政治连续

287

[101]　Halsall（1997）.

[102]　见 Balkwill（1993）and Barnwell（1996）中所举例证，提到海得（the hide）或者"一百"（the hundred）的单位可能源自罗马。

[103]　例如，可见 Pretty（1989）。巴塞特（Bassett）在他考虑到选择第一个盎格鲁—撒克逊主教驻地的标准时，认为："已经侧重于那些靠近于曾经具有地域性重要地位的地点……在罗马时期……在多数时期，依赖于它们又（或者依然）在 7 世纪具有重要的政治角色的地域，而且，有时候具有经济上的重要性，而不在于它们在晚期罗马的地位如何。"（1989b），p. 247.

性之存在程度的理由依托于地点的选择上。[104]

与其他西部行省不同，罗马不列颠并未完全落入蛮族之手，其陷落也没有那么迅速。原有的社会秩序、制度以及权力结构遭到了暴力的破坏。尽管取代旧制的最初几个盎格鲁—撒克逊王国社会政治结构不是全新的，但至少在东部和南部英格兰的多数地方，似乎并没有使用罗马—不列颠时期的政治结构元素。

结 论

最初的盎格鲁—撒克逊首领无法像昔日罗马统治机构那样，顺利地对他们的扈从征税，强迫其办事，而是通过劫掠与食物采集获取剩余产品。他们以这种方式积累的随身财富被用于豢养扈从（通过挥霍摆阔及仪式性赠予贵重礼品）。[105] 6 世纪晚期，"贵重商品"经济的没落初现端倪，与之相伴的还有陪葬墓的衰落与首批王公墓、上层人物之聚落的出现。到公元 600 年，首批盎格鲁—撒克逊贸易中心的建立指日可待。[106] 这些贸易、生产中心反映了日益严重的社会政治等级分化及其在更为辽阔的领地上之统治权，这使得 7 世纪精英们获取并重新分配剩余产品的效率大大强于其 6 世纪的先辈。[107] 简言之，在公元 600 年，盎格鲁—撒克逊社会看上去与 100 年前截然不同。但是如果就此认为这是稳步发展的结果，那就错了。尽管当今学术界有一种到更早的时期去探索中世纪王国起源的趋向，[108] 但 7、8世纪的王国在多大程度上植根于 6 世纪尚有争议。上文给出的许多解释仅仅是适度的推测，对于一段本质上是史前时期的历史进行研究，必须如此，文献与考古学双重证据表明，至少有部分最初的盎格鲁—撒克逊诸王国崛起于 6 世纪激烈的冲突竞争中，尽管其结果还远远不能确定。

---

[104] Bradley (1987).

[105] Scull (1992).

[106] 贸易商站有可能已经在 6 世纪期间已经建立于肯特的多佛（Dover）、萨莱（Sarre）、弗德维克（Fordwich）和桑威奇（Sandwich）.

[107] Scull (1997), p. 285.

[108] 见 Halsall (1995)。这种倾向在丹麦考古中特别常见，例如，可见 Axboe (1995)。

致　谢

笔者对塔尼亚·迪更斯（Tania Dickinson）博士、约翰·布莱尔（Dr. John Blair）博士、马丁·威尔奇（Dr. Martin Welch）博士以及巴巴拉·约克（Dr. Barbara Yorke）博士深表感谢，他们的批评、建议对本章的改进完善有着莫大的帮助。

张书理 译，徐家玲 校

第二部分　七世纪

第 十 一 章

7 世纪的拜占庭帝国

安德鲁·劳斯（Andrew Louth）

在拜占庭存续的大多数时期，几乎每个世纪都可以这样或那样的方式称其为转折时期，7 世纪尤其如此。在 7 世纪之初，拜占庭帝国是一个以地中海世界为核心的政治实体的　部分，这个世界，在几百年的时间内是以两方面因素而标识其特点的，一方面是外部因素，另一方面是内部因素。在内部，这个世界的基本经济单位是城市及其周边领地，这种结构虽然在政治上丧失了其大部分重要性，却仍然能保持其社会的、经济的和文化的地位。但是，在其外部，它是地中海世界：其东部与波斯帝国交界，环地中海地区形成了一个独立的政治实体——罗马（或拜占庭）帝国。在 7 世纪初，这一传统上的结构已经开始瓦解：意大利的大部分处于伦巴第人统治下，高卢在法兰克人手上，而西班牙的沿海地带，曾经最后由查士丁尼实施了收复罗马领土的政策而夺回，却很快又落入西哥特人手中。但是，到了 7 世纪末，这一整体的传统世界已经不复存在，而将被另一种格局所取代，这种格局将在数个世纪中居主导地位，并在今天仍然是这个区域的标识。将地中海世界与波斯帝国相分离的边界地区也消失了，在阿拉伯人于 7 世纪三四十年代征服了东方各行省之后，这一边界，即底格里斯河—幼发拉底河流域，成为新帝国的主动脉。这个新帝国先将首都确立于大马士革（660—750 年），后来迁移到巴格达（自 750 年以后），这个帝国，自 8 世纪中期开始，从西方的西班牙伸展到东方的奥克苏斯（Oxus）河谷与印度。这一帝国的规模远大于查士丁尼的拜占庭帝国——甚至大于当年的罗马帝国——而且与它的任何邻国相比都富裕无比，它使得欧洲、东亚和北非在它的周边重新组合，迫使拜占庭帝国（和新出现的法兰克帝国）降到从属地位。这种剧变，加之阿拉伯人对拜占庭其余土地的入侵，以及斯拉夫人及来自中亚平原进入巴尔干的各部族的入侵，激化了东地中海区域已经处于变革中的城市之转型。于是，到该世纪末，城市已经失去了其社会和文化的大部分重要性，仅保持了其设防聚落的地位，有时候也作为市场的中心而存在。① 唯一接近传统城市概念的地方是君士坦丁堡，而且在很大程度上是由于帝国宫廷所在地的缘故；但即使是君士坦丁堡，亦是勉强存续，而且仅仅是以一种大大弱化的形态保持其传统的模式。②

城市功能的这种剧烈转化导致人们自信的丧失，甚至质疑拜占庭帝国的地位。至少，拜占庭皇帝有两次放弃君士坦丁堡，将帝国的首都迁往靠近其传统首都罗马周边地区的意向：618 年，希拉克略（Heraclius）考虑过迁都于迦太基（Carthage），而 7 世纪 60 年代，康斯坦兹二世（Constans Ⅱ）在西西里驻留。从这两个事件中，我们可以看到地中海帝国的传统观念如何像幽灵一样萦绕在拜占庭统治者的想象中。事实上，7 世纪时除了看到这些戏剧性的和永久的变化之外，拜占庭的反应可以被认为是企图保持其理念中传统的东西。但是，作为拜占庭人的研究者，我们必须小心不被他们华丽的修辞方式所欺骗。这些词语——如我们所见，统治形式的变化远甚于语言上的修饰——谈到的是中央集权，权力越来越集中于皇帝和他的宫廷成员手中，牧首和圣索菲亚大教堂（Great Church of Hagia Sophia）的教士们对宗教事务的影响越来越大。然而，事实上，处于帝国外围的人物和事件经常比处于中心的人物和事件更为重要。7 世纪开始出现的变化在这整个世纪内并没有完成：事实上直到 8 世纪后期和 9 世纪，当阿拉伯（倭马亚）帝国将其首都从大马士革迁至巴格达时，阿拉伯人对拜占庭帝国的压力减弱，拜占庭帝国才最终完成了 7 世纪已经开始的转型。这时出现了一个以皇帝和首都为其文化核心的帝国，但是此时，很多东西的中心地位事实上并不在君士坦丁堡，而是在其周边

---

① 城市发生这一变化的速度以及对它的解释是仍有争议的话题。见 Foss（1975）和（1977）年的作品，他强调波斯入侵在 7 世纪前 25 年的影响，亦见 Haldon（1997），pp. 92 – 124, 459 – 461 所进行的讨论。

② 关于君士坦丁堡，见 Mango（1985）。

率先出现的。

7 世纪拜占庭帝国的历史很难重构。留传下来的资料稀少而且多数都是晚些时候的。③ 我们可以从狄奥菲拉克特·西摩卡塔（Theophylact Simocatta）的作品中和《复活节编年史》（*Chronicon Paschale*）中找到一些资料，这两者可能都是在 630 年前后，因希拉克略对波斯的胜利而处于兴奋状态中的那些作者在牧首塞尔吉乌斯（Sergius）的教廷中所写。乔治·比西迪亚（George of Pisidia）所写的庆祝希拉克略之胜利的作品也归于这一时代，但是，此后，拜占庭的历史记载停止了，直到 8 世纪末复又出现。于是，关于 7 世纪的政治历史，我们的主要资料就依赖这样两部多年以后的作品：写于 8 世纪晚期，意欲接续狄奥菲拉克特·西摩卡塔之历史作品的牧首尼基弗鲁斯（Nikephoros）的《简史》（*Brief History*）和 9 世纪早期，归于忏悔者狄奥方（Theophanes the Confessor）的作品。从某种程度上讲，从 630 年到 790 年间书面资料的缺失可以视为此间地中海社会之传统大多已经衰落的后果。古代城市的衰落意味着教育制度的传统基础的丧失：值得为之书写的人越来越少了。④ 值得写的东西也更少了：拜占庭东方行省沦陷于阿拉伯人以及其后的失败与损失的细节并非拜占庭作者喜欢的材料，这些细节要么被尼基弗鲁斯和狄奥方所忽略，要么从叙利亚和阿拉伯资料中吸收。同这些拜占庭历史学者们一样，我们可以使用一些东方的历史资料来补充现有史料方面的不足。有一位佚名的亚美尼亚（Armenian）作者所写的希拉克略时期的亚美尼亚史，被认为是亚美尼亚主教塞贝奥斯（Sebeos）所写，其写作日期确定为 7 世纪后半期。还有一部世界性的编年史，写于 7 世纪末，是埃及的奈桥主教约翰（John of Nikiu）所写，该文只余一些残篇和一部埃塞俄比亚语译本。此外，还有一些当时的和后期的叙利亚编年史：除了那些匿名作者的作品之外，也有那些由 11 世纪尼西比斯（Nisibis）的都主教埃利亚斯·巴尔－西纳亚（Elias bar Shinaya）和 12 世纪安条克（Antioch）的雅各派（Jacobite）牧首、叙利亚的米哈伊尔（Michael the Syrian）所编纂的历史作品，他们两个都用了早些年代的资

293

---

③ 关于文献资料方面的信息，见 Cameron and Conrad（1992）。

④ Whitby（1992）.

料。7 世纪的法律文献也极少，但是《农业法》（*Farmer's Law*）可能是属于 7 世纪的，同样，《罗得海商法》（*Rhodian Sea*）也可能属于这一时期。传统上说，7—8 世纪被视为拜占庭的"黑暗时代"，但现在的历史学者们已经开始认可，只有尊重传统的历史文献资料，人们才有可能谈及这一时期的文献欠缺的问题。因为事实上，这是以忏悔者马克西莫斯（Maximos the Confessor）为代表的、拜占庭神学上成果丰硕的时期。马克西莫斯可能是正教的东方之最伟大的神学家，而且，显然是最伟大的拜占庭神学家。然而，为了全面使用这些"非传统的"资料，须构架一部不同的历史，不是从体制的和政治的因素入手，而是从这类著作中之深思熟虑的世界观里挖掘资料。⑤ 但是，需要注意的是，在神学资料中有一种特定的缺失。它们都是出现于君士坦丁堡外围地区：马克西莫斯（Maximos）主要是在北非写作的，阿纳斯塔修斯（Anastasius）和"'天梯'［基督教中引导人们救赎奔向天堂的'天梯'，用的是《创世记》中雅各离家出走在草原梦中看到天梯的典故（《创》28：11 - 13）——译者］作者约翰"（*John of the Ladder*）来自西奈半岛（Sinai）。另外一些地方，如塞浦路斯（Cyprus）和巴勒斯坦（Palestine）都是大量优秀作品的家乡，而大多出产论争性质的作品或者是圣徒传记。我们对于 6 世纪中期君士坦丁堡的神学发展情况［如自查士丁尼时代以来、拜占庭的莱昂提乌斯（Leontius）和耶路撒冷的莱昂提乌斯］和 9 世纪学术的复兴［关于保护圣像者的神学家们、尼基弗鲁斯（Nikephoros）和斯图迪特的狄奥多勒（Theodore the Studite）、福修斯（Photios）及其他人］几乎一无所知。唯一的例外是反对破坏圣像的都主教哲梅纳斯（Germanus）的作品和那些破坏圣像者的对手们保存下来的一些支离破碎的线索。事实上，那个时期保留下来的所有的神学作品都出现于君士坦丁堡的外围地区。

　　本章将首先描述这一时期的政治史，然后描述这一历史时期所发生的转变。否则，这项工作无法进行，因为历史转变的因素——从城市的转变，到统治机构的变化和宗教的变化——是不容易准确地用时间界定的，因此，它们在历史叙事中找不到其自然的地位。

---

　　⑤　关于一位历史学家使用这些神学资料的典型努力，见 Haldon（1992）作品。

历史的叙述

7世纪自莫里斯（Maurice）登上皇帝宝座开始，迫使他的军队去抵抗越过多瑙河的斯拉夫人的入侵，当莫里斯命令他的军队在入冬以后继续对抗斯拉夫人的征伐时（因为冬天光秃秃的树干不能使斯拉夫人有所隐蔽），越来越增长的不满情绪达到顶点，导致了一次兵变。由一位低阶军官福卡斯（Phokas）率领，兵变者进入了君士坦丁堡，废黜了莫里斯，并杀死了他和他的儿子们。[⑥] 福卡斯于是即位称帝。但福卡斯的地位并不很稳固，面对着多起暴乱事件。最严重的一次是波斯的沙赫（*shah*）科斯罗埃斯二世（Chosroes）利用莫里斯之被害事件（590年当科斯罗埃斯因宫廷政变逃离波斯时，曾经受到了莫里斯的保护），打着为他原来的恩主复仇的幌子，向拜占庭帝国宣战。从入侵叙利亚开始，他发动的战争后来延续到626-627年。610年，福卡斯被迦太基（Carthage）总督希拉克略之子希拉克略（Heraclius）废黜，希拉克略夺得了皇位。据狄奥方讲，他之即位乃是受到了君士坦丁堡元老院之邀请。希拉克略的船只在桅杆上悬挂着圣骨匣和圣母玛利亚像：这是在6世纪的最后几十年持续出现的宣示政治权力来自超自然力量的标志。福卡斯很快被推翻且被杀死，希拉克略即位称帝，牧首在宫内的圣斯蒂芬（St. Stephen）小教堂为他加冕。同一天，他迎娶了他的新娘欧多基娅（Eudokia），并给她加冕称奥古斯塔。

希拉克略所面对的局势是严峻的。波斯人现在已经进入了小亚细亚 [611年，他们夺取了卡帕多西亚（Cappadocia）的凯撒里亚（Caesarea）]，在其北方，阿瓦尔人渡过了多瑙河后，构成严重的威胁：615年，这两方面的敌人将对君士坦丁堡发动联合进攻。拜占庭曾经打算与波斯议和 [据东方的史料记载是在611年，但希腊史料所记是615年，即当波斯军队进军至卡尔西顿（Chalcedon）之时]，但是议和的建议被拒绝了，因为波斯人认为拜占庭帝国已经可以任其宰割了。战争表现为一场高举基督和玛利亚旗帜的基督教军队与波斯

295

---

⑥　见Louth，前文第4章。

的琐罗亚斯德教军队的一场圣战。在进入小亚细亚的同时，波斯人进入了巴勒斯坦，于614年5月初占领了耶路撒冷、埃及和利比亚。现在被基督教徒认为是其"圣城"耶路撒冷的陷落，对于基督教帝国的拜占庭和对于上帝在人间代理人的皇帝来说，这委实是一场灾难；更坏的是"真十字架"（True Cross）这一圣物的丧失，它被运至波斯的首都泰西封，同时带去的，还有耶路撒冷的牧首扎哈利亚斯（Zacharias），及城陷时幸存的基督徒中的贵族们（据称数万计的平民被杀害）。[7]

直到希拉克略完成了与阿瓦尔人（Avars）的和约，才得以全力去打败波斯人。从622年起，他发动了对波斯人的一系列征伐。在626年，希拉克略尚在征途之时，波斯人与阿瓦尔人合军包围了君士坦丁堡，希拉克略自己没有回来，但派了一支野战军团驰援了由两个摄政者，牧首塞尔吉乌斯（Sergius）和执事官（*magister officiorum*）博诺斯（Bonos）领导的守城部队。君士坦丁堡被一支由阿瓦尔汗指挥的多个部族成员组成的庞大军队围困了10天，而波斯军队在萨哈尔瓦拉兹（Shahrvaraz）的率领下驻守在博斯普鲁斯海峡的亚洲一侧的海岸。一支斯拉夫人船队在金角湾、刚刚越过布兰舍内宫（Blachernae）的圣母教堂的岬角处海域被拜占庭船队击溃，这一围城战役失败了。君士坦丁堡的居民保卫其城池的胜利被认为是圣母的护佑，似乎那句著名的、牧首塞尔吉乌斯所写的对圣母的晚祷词中所言"献给您，无敌的指挥官"，就是为了庆祝这次胜利。希拉克略的进攻直抵萨珊帝国的腹地，现在，由于萨哈尔瓦拉兹所统帅的意欲控制君士坦丁堡的波斯军队的失败和皇帝的兄弟狄奥多勒（Theodore）对于由萨因（Sahin）率领的意在攻取君士坦丁堡的另一支军团的手到擒来的辉煌胜利，使波斯人感到绝望。希拉克略的胜利导致波斯的宫廷政变，科斯罗埃斯二世被杀。波斯人提出和平诉求。他们将曾经夺取的所有领土都归还给拜占庭帝国，底格里斯河—幼发拉底河谷再度成为前线。希拉克略夺回了"真十字架"，并带着它一路巡行于拜占庭收复的领地上，最后于630年3月21日将这一神圣遗存送回耶路

---

⑦ 关于耶路撒冷被波斯人攻陷之各种资料的更为全面的考证，见 Flusin（1992）。

撒冷。⑧

在这一阶段，人们似乎感觉到，希拉克略开始面对宗教问题了，这些问题自 451 年卡尔西顿宗教会议之后就一直像瘟疫一样困扰着拜占庭帝国。⑨ 在支持卡尔西顿会议和那些反对这次会议的人们——他们的敌人称他们为"一性论派"——之间的分裂，随着雅各布·巴尔·阿代（Jacob Bar 'Addai）于 542 年称圣，建立了独立的一性论派主教区，而变得体制化了。一性论派在东方各行省中有最大量的支持者，特别是在叙利亚和埃及（亚美尼亚的基督徒也拒绝承认卡尔西顿信经）。在科斯罗埃斯征服了东方各行省之后，试图利用基督教徒内部的分裂强化他对其新征服臣民的控制。在泰西封召集的一次会议上，科斯罗埃斯会见了一性论派、亚美尼亚派，还有聂斯脱利派基督徒的（建立在波斯的主要基督教派团体）首领们。这些聂斯脱利派的基督徒们否定了 431 年以弗所宗教会议上对他们的诅咒，并从此逃到波斯以摆脱拜占庭帝国的迫害。这次会议承认，聂斯脱利派基督徒可以在萨珊帝国的土地上保持他们的地位，但波斯权力集团仍将继续支持亚美尼亚的一性论派教徒和那些原属于拜占庭的、一性论教徒占有极大优势的行省——叙利亚和埃及——中的一性论派。一性论派教徒欢迎这一协议，安条克的一性论牧首阿塔纳修斯（赶骆驼者，Athanasius，the "Camel-Driver"）心花怒放地表示他已经"度过了卡尔西顿的黑夜"。

如果希拉克略准备保住他已经夺回的东方各行省，他就需要获得一性论教众的支持。他所推行的政策是由他的牧首塞尔吉乌斯所提议的，此人预见到这一问题，并且已经开始与一性论派会众谈判。塞尔吉乌斯自己是个叙利亚人，可能也有一性论派的背景。他的建议是在"一志论"（monenergism）[强调基督虽然具备人神两性，但他只存在一个行动（能力，$\acute{\epsilon}\nu\acute{\epsilon}\rho\gamma\epsilon\iota\alpha$）或一个意志（$\theta\acute{\epsilon}\lambda\eta\mu\alpha$），因此，这派有时也强调它的意志，称为 Monothelitism（一意论）——译者]派的基础上寻求教会的团结，所谓"一志论"，即如卡尔西顿信经所宣示的，基督有两个本性（人性和神性），但他只有唯一的亦神亦人

---

⑧　关于具体日期的讨论，见 Flusin（1992），ii，pp. 293 – 309，和其所引文献。

⑨　关于早期的宗教问题，见 Meyendorff（1989），pp. 333 – 373，及 Louth 所写本书第 4 章。

（divine-human）的行为。这一政策在亚美尼亚获得了一定的成功，但叙利亚的一性论派会众（雅各派）不肯就范，他们要求对卡尔西顿信经予以明确的否定。"一志论"最大的成功是在埃及，在那里，法西的基罗斯（Kyros of Phasi）于 631 年被指定为牧首和帝国政区长官（augustal prefect），他与埃及的一性论信众之主要群体［被称为"狄奥多西派"（Theodosians），该派是因 6 世纪亚历山大的牧首狄奥多西而得名］达成了一致。在 633 年 6 月 3 日，举行了一次严肃的圣体仪式来宣示正统教会与狄奥多西派的联合，其基础是措辞慎重，共九章的联合协议，该文件将"一志论"派置于西里尔—卡尔西顿主义的背景下，该思想体系曾经受到皇帝查士丁尼的支持并在 553 年的第五次全基督教主教公会议决议（Fifth Ecumenical Synod）上获得主教们签字赞同。⑩

　　但并不是仅有少数一性论派信众拒绝接受"一志论"派。在亚历山大，当基罗斯准备庆祝他实现了教义统一（ecumenism）的胜利时，一位著名的、广泛受到尊重的修道院院长索弗洛尼乌斯（Sophronius）站了出来。对于他来说，"九章"协议几乎等同于一性论。他向基罗斯抗议无果，遂向君士坦丁堡的塞尔吉乌斯抗议。塞尔吉乌斯被索弗洛尼乌斯的抗议所提醒，针对此事颁发了一道谕令（Psephos），在谕令中说，他禁止任何涉及基督是一个或两个行为意志的提法。但是这并不能使索弗洛尼乌斯满意，他复又向罗马教宗洪诺留（Honorius）投诉。但他似乎投诉未果，又从罗马转赴巴勒斯坦，于 634 年被选为耶路撒冷的牧首。在一份涉及教义的信件中，他指出"一志论"派是异端，但无论如何，信中并没有明显违背牧首的谕令之处。在索弗罗尼乌斯到任前，塞尔吉乌斯已经宣布了亚历山大的"一志论"派政策的成功。在给塞尔吉乌斯的回信中，洪诺留使用了用来定义"一志论"派的用语，即"一意论"（Monothelitism）。这一短语，即"一个意志"（one will），该教义思想即认为基督只有一个神圣的意志的思想，在希拉克略于 638 年颁布的《信仰告白》（Ekthesis，自然，毫无疑问，这份文件是出于塞尔吉乌斯的手笔）中被宣示为帝国的正统思想。

---

　　⑩　见本书第 4 章。

至此，这一宗教文献的直接目的已经被频发的事件所超越。因为，希拉克略对于波斯人的胜利被证明是一次得不偿失的胜利。即使在人们庆祝这一胜利时，巴勒斯坦和叙利亚已经开始受到来自阿拉伯部族的进攻，在仅仅十几年内，拜占庭帝国的东方各行省就丧失殆尽（这是最后的丧失），萨珊波斯帝国也完全崩溃了。633年，在加沙（Gaza）的边防军驻地受到了阿拉伯人的攻击。很快地，阿拉伯军队就移师北上。关于此后事件的发展顺序，各种史料的记载混杂不明。[11] 希拉克略凑集了一支军队，并试图击败阿拉伯人。决定性的战役于636年在雅穆克河（River Yarmuk）发生，在这次战役中，拜占庭大军被击溃。希拉克略绝望地放弃了东方边境。此前一年，大马士革已经陷落（或者更可能的是该城投降）于阿拉伯人，在638年，耶路撒冷城的牧首索弗罗尼乌斯向倭马亚朝哈里发投降。亚历山大城于642年被阿拉伯人夺取；尽管拜占庭后来夺回了该城，但它终于645年最终沦陷。此时，美索不达米亚已经陷落于阿拉伯人之手，随之失陷的是波斯帝国。拜占庭东方各行省失陷于阿拉伯人的速度之快至今仍是历史学家们未能解释的问题。无论如何，一种乍看起来颇为吸引人的观点——这些行省，因为它们都属于一性论派的信众所居地，在文化上已经与帝国相分离——却不能为我们所掌握的证据所认同：与上述观点相反的是，进入7世纪以后，在东方各行省还有许多证据能说明希腊化文化保持着相当的影响，而且，更确实的证据表明，希腊文化在东方各行省远比在其帝国的首都更有影响。[12]

希拉克略于641去世，他的死预示着一次王朝斗争。他的两个儿子：他的第一任妻子欧多基娅所生的皇子君士坦丁和他的第二任妻子（亦是他侄女）玛蒂娜（Martina）所生的皇子希拉克略 [也称希拉克隆纳斯（Heracleonas）] 同时继承了皇位。玛蒂娜被赋予特别的角色，以奥古斯塔的身份摄政。希拉克略在他的妻子欧多基娅死后迎娶他的侄女时遭到了反对，人们也反对与两个皇帝有着密切关系的玛蒂娜成为皇后。君士坦丁之死（据狄奥方所记录的谣言，是被毒害致

298

---

[11]　关于传统的记载，见 Donner（1981）和 Kaegi（1992）的记载，以及 Hillenbrand 所写本书第12章。关于使用阿拉伯语资料的困难，见 Cook and Crone（1977），以及 Patricia Crone 的后期作品 Crone（1980）和（1987）。至于对于早期伊斯兰教资料之使用方面的矛盾之处的清晰描述，见 Humphries（1991），pp. 69 – 103。

[12]　Cameron（1991）.

死）只增加了人们对玛蒂娜和希拉克隆纳斯的敌对情绪，人们要求在任皇帝应该与君士坦丁的儿子分享权力，他也叫作君士坦丁，但通常被称为康斯坦兹（Constans）。当来自安纳托利亚的军队出现在卡尔西顿支持上述提议时，希拉克隆纳斯似乎同意了他们的要求。但是，希拉克隆纳斯和他的母亲，以及这位太后的另外两个儿子，被废黜并被驱逐，康斯坦兹二世成为唯一的皇帝。

康斯坦兹时代，东方行省继续不断地沦陷于阿拉伯人之手。埃及也陷落了；阿拉伯人于642—643年攻入亚美尼亚。穆阿维亚（Mu'awiya）于647年率领一支军队侵入安纳托利亚，包围了凯撒里亚，并由此向安纳托利亚纵深处推进。阿拉伯人并不企图在此处定居，而是将大量掠夺物运回了大马士革。穆阿维亚理解阿拉伯人发展海上势力的必要，于649年率领了一支海上远征队向塞浦路斯推进，并夺取了康斯坦提亚（Constantia）。654年，罗得（Rhodes）岛被夷为平地，科斯岛（Kos）被夺取，克里特岛（Crete）遭到掠夺。翌年，为了粉碎阿拉伯人对拜占庭制海权的威胁，拜占庭海军船队在皇帝康斯坦兹统率下准备与阿拉伯海军决战，但失败了，康斯坦兹自己险些送命。哈里发奥斯曼死于656年，预示着穆阿维亚——他在叙利亚宣称自己是哈里发——与先知的女婿阿里之间的内战开始。内战以阿里去世，穆阿维亚于661—662年建立倭马亚王朝而终止；而由此引起的伊斯兰教中之"逊尼派"（Sunni）和"什叶派"（Shi'ite）之争至今仍然在持续。无论如何，这些年的内争给拜占庭人提供了有价值的休整间歇。康斯坦兹就能够将其注意力转移到巴尔干半岛，那里的阿瓦尔人国家已经衰落。658年，他率领了一支远征军进入了斯拉夫人定居地斯克拉维尼埃（Sklaviniai）。据狄奥方所记载，康斯坦兹在这里获得了重要的进展，竟然能将斯拉夫人战俘发配至遭到战争破坏且人口稀少的安纳托利亚地区以补充那里的人口。将斯拉夫人移民于安纳托利亚的这一政策在他的继承者君士坦丁四世和查士丁尼二世在位期间得到延续。

康斯坦兹也继承了其祖父的宗教政策。到7世纪40年代，对一意论的反对意见越发增加。引领此反对意见的是修士马克西莫斯（Maximos），他在后世以"忏悔者"（或译虔敬者。——译者）而著称，他原来与率先反对"一志论派"的索弗罗尼乌斯过从甚密。马克西莫斯在巴勒斯坦和塞浦路斯有许多支持者，但最重要的支持者在北非和意大利，当7世纪20年代末期时，他曾经被流放于北非。这些地区曾经是6世纪时反对查士丁尼所提出的与卡尔西顿派信条相妥协的"三章案"之发生地。[13] 在北非，召开了一些指责"一志论"的宗教会议，而马克西莫斯以一系列措辞犀利的文章和书信果断地批判一意论。在645年，前任君士坦丁堡牧首皮罗斯（Pyrrhos）到达了北非，作为皇太后玛蒂娜的支持者，他因玛蒂娜被废而受株连。在这一年的7月，在迦太基总督格列高利（Gregory）面前，举行了一意论派的前任牧首和马克西莫斯之间的论战，在这场论战中，皮罗斯承认失败，并皈依了正教。[14] 很可能，反对一意论派之精神的力量致使格列高利自己于646—647年称帝以对抗康斯坦兹，但他的谋逆是短命的，第二年他便在对抗阿拉伯入侵者、保卫自己的行省的战斗中去世。与此同时，皮罗斯则启程去罗马，以向教宗宣示他新发现的正统教义，马克西莫斯随其而行。648年，因阻止进 少的争端未果，牧首保罗（Paul）以皇帝的名义颁布了著名的《信仰诏示》（*Typos*），该文件禁止讨论基督有几个意志或者几个能力之类的问题。在罗马，马克西莫斯和其他在阿拉伯入侵时，或者因被帝国斥为异端而逃到西方的希腊修士们筹备了一次教务会议，这次会议最后于649年在罗马的拉特兰宫、在新任教宗马丁（Martin）御座前召开，会上，《信仰告白》和《信仰诏示》都被诅咒，参与此会者还有教宗塞尔吉乌斯、皮罗斯和保罗（该文件是以希腊文起草的——这一点从近期的研究中已经很明显地看出，其原文是希腊文，而拉丁文的版本是翻译本）[15]。这种违逆皇帝意志的行为是不可被忽视的。拉文纳总督奥林匹欧斯（Olympios）受命抓捕马丁并迫使各地主教们集中于罗马，接受《信仰诏示》。但是，当总督来到罗马时，他发现即使自己尽了最大努力，教宗马丁受大众拥护的程度仍然使他在试图逮捕教宗时面临很大的危险。他违逆了皇帝的意志，与马丁讲和，并由此出发去西西里对付阿拉伯入侵者。在西西里岛，他就像北非的总督格列高利一样，也可能被拥立为皇帝，但是他死于652年。第二年，新的总

---

⑬　见前文第4章。

⑭　对于这次争论的记录保存在马克西莫斯的作品中：Opusc. 28；PG91，cols. 288–353。

⑮　Riedinger（1982）。

督率领军队到意大利赴任，并成功地捕获了教宗马丁。马丁被押送至君士坦丁堡，被裁定为叛逆罪（奥林匹欧斯之谋反被引为其有罪的证据），并被处以死刑。死刑判决后来减刑为流放，他被发配至克里米亚（Crimea）的克尔松（Cherson），655 年，他病逝于此地。病中，他感觉到自己已经被那些应该支持他的人所遗弃（继承他之职位的人在他死前一年多就选出来了）。当时，马克西莫斯已经被捕，并且受到审判（罪名也是背叛），被流放到色雷斯，在这里，当局试图制止他继续反对一意论派。当这企图失败后，他再度被押解回君士坦丁堡受审，在此地，他被诅咒为异端，被割掉舌头流放至拉齐卡（Lazica），他很快于 662 年 8 月 13 日在当地去世。

在马克西莫斯死于流放地之时，皇帝自我放逐，离开了君士坦丁堡。662 年，康斯坦兹二世和他的宫廷移至西西里的叙拉古（Syracuse）。这一放弃被围攻的君士坦丁堡、重建罗马帝国的宫廷于大大缩小的帝国之中心的举动，使我们回忆起希拉克略和莫里斯的政策，说明在这一时期，人们并不认为拜占庭已经仅仅局限于东地中海区域。康斯坦兹显然是倾向于从他的西西里基地出发，从伦巴第人手上解放意大利。在到达叙拉古之前，他已经在意大利发动了一次征伐活动，这次征伐活动取得了一些成功，尽管他没能夺取贝内文托（Benevento）而很快在那不勒斯（Naples）息兵，但他还是对罗马进行了一次礼节性的探访。然而，他在西西里的驻跸特别不得人心，因为他使这个岛屿承受了不应有的经济负担。在君士坦丁堡，也因为皇宫的迁离而发生了激烈的敌对行动，668 年，康斯坦兹被他的一个侍从谋杀。

康斯坦兹二世的皇位由他的儿子君士坦丁四世所继承。在君士坦丁四世统治时期，倭马亚朝哈里发穆阿维亚多次采取军事行动想完成自 7 世纪 30 年代开始的阿拉伯人扩张事业，夺取君士坦丁堡，并因此而摧毁在地中海上抵抗阿拉伯统治的唯一重要的对手。当穆阿维亚在阿拉伯内战中战胜阿里之后，就恢复了对拜占庭的敌对行动。670 年，塞浦路斯岛、罗得岛和科斯岛，以及马尔马拉海南岸的基齐库斯镇（Kyzikos）都已经被阿拉伯海军所占领。672 年，士麦拿（Smyrna）也被占领，674 年对君士坦丁堡的主攻开始了。一支庞大的阿拉伯舰队封锁了君士坦丁堡；此后的 4 年一直封锁着君士坦丁堡，只是

301

在每年冬季撤回基齐库斯停泊过冬。每一年，君士坦丁堡的防卫都相当稳固，在最后一次海战中，拜占庭获得了重大的胜利。这一胜利的取得是由于拜占庭人使用了希腊火（Greek fire），这一名词在这次战争中被首次提及。这是一种极易燃烧的液体，估计其主要成分是原油，它以液体形态发射到敌人的船只上，引起敌船着火。在海战胜利的同时，拜占庭军队在安纳托利亚又突袭了阿拉伯军队，并将其打败。穆阿维亚被迫中断他对君士坦丁堡的攻击并请求议和。拜占庭所取得的这次重大胜利被证明是一个历史的转折点：阿拉伯人对君士坦丁堡的威胁暂时中断，而拜占庭在巴尔干半岛和西方的声望也因此而提升。来自阿瓦尔汗廷（在这一时期主要局限于匈牙利平原上）和巴尔干的斯拉夫人的使节到达君士坦丁堡朝拜，带着礼品，尊拜占庭为他们的宗主。

但是，巴尔干的局势很快面临变化。斯拉夫人在巴尔干半岛上从来没有形成任何统一的政治实体，但他们的出现使拜占庭人的生活范围局限于萨洛尼卡和其他沿海居民区。一支亚洲人群保加尔人（Bulgars）很久以来都属于欧亚草原上的游牧部落。拜占庭人已经与他们建立了友好的关系，并支持他们抵抗阿瓦尔人。但另一支草原部族哈扎尔人（Khazars）的到来，使得原来居住于里海北岸的保加尔人汗国开始瓦解，其中一支由阿斯巴鲁奇（Asparuch）率领于 670 年到达了多瑙河三角洲，意欲定居于多瑙河南岸传统上的"拜占庭"领土之上。拜占庭人没有从保加尔人那里看到什么威胁，但不愿意让他们进入多瑙河南岸地区。680 年，一支拜占庭海军舰队到达了多瑙河的入海口，拜占庭的军队也从色雷斯发兵至此，试图驱逐保加尔人。保加尔人避免与拜占庭军正面冲突，但却在拜占庭军队撤退之后突然发动反击，打败了拜占庭军。君士坦丁四世与阿斯巴鲁奇签订了协议，答应让保加尔人进入他们已经控制了的土地。作为这场战争的结果，一些此前忠实于拜占庭的斯拉夫人部落承认保加尔人是他们的领主。于是，一个保加尔—斯拉夫人国家开始出现，定都于普利斯卡（Pliska）。这个独立且经常怀有敌意的国家，如此接近君士坦丁堡，且完全能够控制自多瑙河三角洲到君士坦丁堡的通道，它的出现必然长期威胁着拜占庭帝国的稳定。

拜占庭强制性地将"一意论"作为帝国的政策，虽然它在马丁被捕和流放后的那些年内立即迫使教宗默许它的正统，但却注定被证明它在西方世界是完全不可能被接受的，西方教会一向视卡尔西顿信经是赞许教宗利奥一世的基督论的。到680年，君士坦丁皇帝开始认识到，与西方社会实现宗教统一，远比"一意论"理论不大可能与一性论教众（且他们多数都已经处于倭马亚帝国的统治之下）达成的统一更重要。他向教宗阿伽索（Agatho）建议，召集一次基督教主教公会议来谴责"一意论"理论。阿伽索热情地响应此事，在意大利和英格兰召集了宗教会议，以筹备这个意向中的全基督教主教公会议。教宗的使节们带着一些批驳一意论的会议文件到达了君士坦丁堡。第六次全基督教主教公会议于680年11月3日到681年9月16日在君士坦丁堡举行。"一志论"和"一意论"理论受到谴责，牧首塞尔吉乌斯、基罗斯、皮罗斯、保罗和彼得都被开除教籍，与之同时被处罚的还有罗马教宗洪诺留。但是，这次会议没有为维护正统教义且受到康斯坦兹迫害的马丁和马克西莫斯进行任何的辩解，也没有提到皇帝康斯坦兹和希拉克略。君士坦丁四世则在会议闭幕时被欢呼为"新的马西安""新的查士丁尼"。

君士坦丁之统治的后期，拜占庭重新获得相应的稳定。在684—685年，他率领了进入奇里乞亚（Cilicia）的成功征伐，这迫使哈里发阿卜杜勒·马利克（'Abd al-Malik）求和，并向拜占庭人付年贡。同罗马教会的宗教和解实现了意大利与伦巴第人在教宗斡旋下的和平。在北非，拜占庭人也能够阻止阿拉伯人与柏柏尔族群实现联盟，但这只是延迟了柏柏尔人皈依伊斯兰教的时间。

君士坦丁四世死于685年，由他的儿子查士丁尼二世即位。值得注意的是，君士坦丁四世和康斯坦兹二世在他们的统治时期都废黜了自己的兄弟——在君士坦丁四世时期，还遭到来自元老和军队的公开对抗——以保证他们的长子继承皇位。查士丁尼二世企图进一步推动已经由他的父亲所达成的相对稳定的国家，他率领了一支军队进入巴尔干半岛抵达萨洛尼卡。他持续实行他父亲和祖父的政策，将斯拉夫人迁徙至安纳托利亚，也将塞浦路斯的一些居民迁到基齐库斯（因阿拉伯人对君士坦丁堡的围困致使此地人口锐减），他还将叙利亚北部和黎巴嫩的马尔代特人（Mardaites）迁徙至伯罗奔尼撒和其他地方。他撕毁了与阿卜杜勒·马利克的和议，于692—693年在伊拉克攻击了阿拉伯军队，但他的斯拉夫人军队却逃离战场，引发了一场灾难。结果是亚美尼亚的君主们再度奉穆斯林为其宗主。

692 年，查士丁尼二世召开了一次宗教会议，称为第五—六次（Quinisext）全基督教主教公会议，因为它以涵盖着基督徒生活之方方面面的严格教规对第五次和第六次全基督教主教公会议通过的教义决议加以补充。为了召集这次会议，查士丁尼仿效他的父亲（可能更想效仿与他同名的那位皇帝）宣布他的身份既是皇帝也是正统基督教的监护者，这一理念也出现在他发行的钱币上，原来锻印于正面的皇帝像转移到其背面，而正面代之以基督像，即宣示他之获得皇权的来源。

695 年，查士丁尼二世在一次宫廷政变中被推翻，代之以莱昂提乌斯（Leontius），他是新近才被指定为希腊（Hellas）军区（*thema*）将军的。查士丁尼被行劓刑、流放至克尔松（Cherson），那是他的祖父早年流放教宗马丁的地方。莱昂提乌斯的统治持续了 3 年，此间，他目睹了拜占庭在北非之统治地位的结束。这一失败和随后失去迦太基的结局，导致了另一场起义。起义中莱昂提乌斯被废黜，代之而起的是基比莱奥特（Kibyrrhaiot）海军舰队的都统（*droungarios*）阿普西马尔（Apsimar），他为自己取了最具皇帝声望的名字提比略（Tiberius）。提比略·阿普西马尔的统治自 698 年到 705 年，此间，小亚细亚屈服于阿拉伯人持续进攻。而提比略则复又被查士丁尼所取代，后者在保加尔汗特尔维尔（Tervel）的帮助下沿着一条供水渠道回到了君士坦丁堡。查士丁尼最后 6 年充满恐怖与报复的统治终结于一场军事政变。此后，直到利奥三世于 717 年即位（这个皇帝在其登基的 10 年前后即发动了破坏圣像运动），先后有三位军事首领登上皇帝位，其统治年限极短，也无甚建树。

统治机构的变化

7 世纪初，拜占庭帝国的统治机构，包括军事的和行政方面的，基本上还是源自戴克里先和君士坦丁于 3 世纪晚期到 4 世纪早期的改革。到了 8 世纪末，一种完全不同的统治模式成形了。由于资料的匮乏，及对它们的各种不同阐释，我们对于拜占庭国家统治机构的初始状态有着较为清晰的了解，但对于其最后的状态却了解甚少，转变的性质和速度至今仍未能完全解决。总的来说，拜占庭社会转型的性质可以如此描述：在 7 世纪初，帝国是划分为行省的，由文职官员省督管理，这些官员虽然由皇帝任命，但却直接对自己直属辖区的大政区长（praetorian prefect，所有行省都分别归属于四个大行政区）负责，军队是完全独立的；到了 8 世纪末，帝国分为一些被称为"军区"（thema，themata）的区域，这些地区由被称为"将军"（strategos）的军事指挥官加以管理，他管理着行省的行政事务和军事，直接对皇帝负责。现在，让我们更仔细地考察这些变化。⑯

304

行政管理

从戴克里先到君士坦丁改革中，帝国所继承的行政改革，除了通过四个大政区进行管理外，还有几个中央部门，分别叫"皇室私产部"（res privata）、"圣库"（sacrae largitiones），它们由宫廷伯爵（comites）管理，从属于皇帝宫廷（comitatus）。皇室私产伯爵的责任是管理属于国家（原来只与皇帝的私产有关，如这一部门的名称所提示，但实际这一部门和国家财产部两者间的差别早已经被忽略了）的所有土地和财产：他负责征收所有属于国家的土地和房产的租金，并为国家回收所有无效产业。圣库伯爵控制着制币场、黄金（可能也有白银）的矿产源和国家兵器制造加工场所，在这里，兵器和甲胄都被饰以金银等贵金属。他也负责按期以金银支付军队的薪饷，监管宫廷、军队和文官的官服生产和征集。大政区长官负责管理帝国所划分各大政区的财政，这些大政区包括那些由省督（有着不同的头衔）管理的行省，数个行省组成州（dioceses），由州长（vicarii）统治。大政区长官负责供应军粮，或者军粮配额（annonae），它构成军队和文职官员的薪俸、军官及马匹草料，即草料配额（capitus），以及一些达到相应级别的公役人员之薪酬的大部分。大政区长还得维持公共驿站，而且有责任维护那些没有纳入罗马和君士坦丁堡的市政官

---

⑯　本部分论述受益于哈尔顿（Haldon）的深入而有力的关于行政变化方面的论述，见 Haldon（1997），pp. 173 – 253。

们，或者行省城市的市政官们及前线的将领们管辖范围的公共设施、道路、桥梁、驿站房舍及谷仓等。为了从事所有这些工作，政区长官得估算他们各自行政区内每年的需求，并通过普遍摊派或征税的方式——史称"小纪"（*indiction*）——获取它们。这一整套征收赋税、推动帝国运转的任务皆由大行政区长官监管，他将这些任务分配给其手下的州长（*vicarii*）和省督（*governors*）。只有皇帝及其宫廷驻在的大行政区长官才附属于皇帝的宫廷，一旦皇宫永驻于君士坦丁堡，这就意味着东方（*Oriens*）大行政区长官附属于皇帝宫廷。同样，在宫廷（*comitatus*）内较有影响的是"圣宫"（*sacrum cubiculum*）的高级官员，即内廷（*cubicularii*）阉臣。

　　到8世纪末，财政管理有相当不同的方式。在公共的和"神圣的"（即专属皇帝个人的）管理部门之间的区别消失了，取而代之的是"皇室私产部"（*res privata*）、"圣库"（*sacrae largitiones*）财政和大政区财政，一些地位和功能大致相近的部门或称"部"（*sekreta*），都直属于皇帝，通过皇帝任命的被称为政务大臣（*sakellarios*）的官员实施管理。这些部门的首领分别是"邮驿使"（*logothetes tou dromou*），负责管理驿站、外交和内部的安全事务；税务使（*General Logothete*），掌管"税务司"（*genikon logothesion*），主要管理财税事务；军务大臣（*Military Logothete*），负责军饷司（*stratiotikon logothesion*），掌管军饷支出。帝国有两个司库大臣："圣库长"（*chartoularios of the sakellion*），负责现金和大部分慈善机构的管理；及"督造使"（*chartoularios of the vestiarion*），负责制造钱币和军械。帝国还设置了国家直辖部门的管理人员：特政使（*epi tou eidikou*），负责管理国有工厂；大总监（*megas kourator*），负责宫廷和皇帝的产业；孤儿院总监（*orphanotrophos*），负责管理孤儿院。此外，还有一位官员称首席枢秘使（*protoasekretis*），负责记录。直接对皇帝负责，相对独立于政务大臣管辖之外的一些主要官员（*magistrates*）有：市政官（负责管理君士坦丁堡），大法官（*quaestor*）（处理司法事务），还有诉愿部（*Minister for Petitions*，处理民间对皇帝的申诉要求）。非常明显的且为表面的变化是语言的变化：旧的体制使用的是拉丁文的头衔，而新的体制用的是希腊文的头衔，说明了帝国的官方语言由罗马帝国的传统语言拉丁语转化为君士坦丁堡和希腊化东方的语言希腊语，这一变化是从查士丁尼时代开始的。更深入一些来看，这些变化是官员之实际职能的变化，官员们都成为以宫廷为基点的基础行政统治机构的臣僚。税务司（*genikon*）、特政司（*eidikon*）和军务司（*stratiotikon*）的划分分别源自大政区（事实上，如我们后面所见，即东方大政区）的税务所、特政所和军务所的机构；财政部（*sakellion*）源自 *sacellum*，即皇帝在"圣宫"（*sacrum cubiculum*）中的个人财务署；而 *vestiarion* 来自"圣库"内皇帝的司衣监（*sacrum vestiarium*）。

政务大臣（*sakellarios*）的位置可能透视出这一变化的实质。这一官员由于负责管理皇帝的个人财库而上升到官员中的顶级位置是他最接近皇帝个人的结果，这就说明了帝国的统治机构从一个基本的公共管理机制（由于它的统治者需要统治一个幅员辽阔的帝国决定了这种管理机制）向集中权力于宫廷的机制（此时，帝国几乎已经缩小为一个皇帝的指令即可达到的程度）变化。当然实现这种机制的背景是由于帝国领土在 7 世纪上半叶大幅缩减：随着北非的失陷，又失去了东方的各行省，到 8 世纪末又失去了意大利，同时，巴尔干半岛被斯拉夫人占领（以及保加利亚帝国出现在多瑙河的南岸），意味着拜占庭帝国已经萎缩为只剩东方大行政区和伊利里亚大行政区的少部分领土。君士坦丁堡的行政管理机构重组与帝国管理层官员以宫廷为中心的结构之形成是同时发生的。政务大臣这一官职权力的增长是从查士丁尼（查士丁尼二世——译者）时代开始的；在 7 世纪中期，从政务大臣在处理忏悔者马克西莫斯一案当中所扮演的角色即证实了政务大臣是一个有势力的廷臣，他负责处理对于皇帝来说最重要的事情。*Logothetes*（希腊化官衔名称的拉丁化拼写方式，其意与 *magister* 相近。——译者）这个职衔也是在 7 世纪早期的史料中出现的，但是，直到 8 世纪的资料中，仍然不断出现领有"大政区长官"这类传统头衔的官员，更不必说还保留着各行省的省督了。这种现象说明，有一个时期出现了体制重叠，新的管理体制已经出现，而旧的体制还保持着它的一些职能。但这整幅图景只在我们考虑到军事管理体制的变化时才出现。

军事制度

作为戴克里先和君士坦丁改革的结果，罗马的军队是与行政机构相分离的；于是，省督们不再指挥本省的军队（尽管他们仍然有责任为蓄养这支军队而征纳赋税）。军队分成了两部分：有守卫边境的军队，即边防军（limitanei），处于大公爵（duces）统帅下，还有一支野战军，称 comitatenses，它是机动的，分为不同的部队，由大将军（magistri militum）统率。此外，还有宫廷卫队和皇帝的侍卫，这支卫队的称号在5—6世纪发生了变化。到了9世纪末，出现了一种完全不同的体制，随着军队被划分为军区（themata），而以行省为基础的行政区划也被称为军区，都由一位将军（strategos）指挥，他有责任管理他那个军区内的民政和军事事务。对于这一变化发生速度如何，为什么会这样（是有计划重组的结果，或仅仅是对7—8世纪的社会问题的一种探索式反应）尚未达成一致的意见。然而，从理论上讲，总的来说存在着异议，这种意见一度获得多数学者的支持，包括伟大的拜占庭学者乔治·奥斯特洛戈尔斯基（George Ostrogorsky），他认为军区制下的军队建制是在皇帝希拉克略时期军队和帝国刻意重组的结果。于是，可以假定，有了农民军队之出现，这支军队以军区为单位，在这种体制下，土地按份额分给农民家庭，使他们成为小土地所有者，作为回报，每个家庭供养一名士兵。[17] 对于中期拜占庭帝国是以自由的农民所支持的这种多少有些浪漫主义的认识现在已经基本被放弃了。现在人们认为，这种转变发生在希拉克略统治时期之后很久，而且很可能是逐渐发生变化的。军区制下的士兵是由获得土地份额的家庭所支持的这种想法，似乎是很久之后发生的"普洛尼亚制"（pronoia）这一名词所表达的意思，在这种制度下，士兵们的确接受了土地并以服军役作为回报。但是，在12世纪之前没有证据说明"普洛尼亚制"的存在，而且，当时接受这类"普洛尼亚制"的人显然也并不是农民。

---

[17]　在 Ostrogorsky（1969）作品中，pp. 96 – 98 有简略介绍。更详细的内容见 Ostrogorsky（1958）。他的观念的浪漫主义色彩在其著作的1962年版本中有更明显的表现，Ostrogorsky（1962）。

　　这一问题的一方面，是术语问题。"军区"（thema）这一名词原来的意思是一个军事建制的单位，7世纪的史料中所提到的"*themata*"有可能是指那些军队建制，而不是他们所驻守的土地。即使它看起来指的是领地，但我们的资料都来自9世纪——到此时，军区制度已较为完善地存在——那么我们并不能肯定，这些资料在日期上并无错误。既然行政统治机构的变化已经讨论过了，那么很有可能（确实也似乎是这样）前后两种体制是重叠出现的：因为，即使在7世纪的史料中提到了"将军"和"军区"，但同时也提到了行省（*eparchiai*）和省督们，并在8世纪仍然使用将军（*magister militum*）这样的头衔。

　　第一批出现的军区有奥普斯金（*Opsikion*）、安纳托利亚（*Anatolikon*）和亚美尼亚（*Armeniakon*）及色雷斯（*Thrakesion*），同时还有第五个区域卡拉庇西阿尼（*Karabisianoi*）舰队，它包括爱琴海诸岛屿和小亚细亚西南沿海的一部分。后来，这些军区都被再度划分，但其原有的区划界限与已经存在的行省区划是一致的。关于这些军区之起源，一个没有标明时间节点的可能的解释如下：自拜占庭军队被阿拉伯人打败之后，其军队翻越托罗斯山脉（*Taurus*）退守于安纳托利亚。但如上所述，此败迹后数年内，阿拉伯人军队继续攻击安纳托利亚，最后导致7世纪60年代和70年代期间，哈里发穆阿维亚继续不断地企图横扫小亚细亚，并欲攻克君士坦丁堡。在这种长期受到威胁的情况下，拜占庭军队遂驻扎在小亚细亚的各个行省内。他们可能还是按照传统方式驻军，即由各地省督们从各行省居民身上征收赋税。那些开始被称为亚美尼亚军区和安纳托利亚军区的地区，是亚美尼亚的大将军（*magistri militum per Armeniam*）和东方大区的军事长官（*magistri militum per Orientem*）所指挥之军队驻扎的若干行省的统称。色雷斯军团占据了西部安纳托利亚的一些行省，统领这些军队的将军是"色雷斯大将军"（*magister militum per Thraciam*），他们是从色雷斯调来抵抗阿拉伯人的。也许就在同一时期，东方大区的军事长官（*magister militum per Orientem*）撤至小亚细亚。奥普斯金军团是临时分遣队（*praesentales*）军事长官（*magistri militum praesentales*）的军队，其中一些军队可能长期驻扎在君士坦丁堡对面的博斯普鲁斯海峡上。它们的名称源自拉丁语 *obsequium*（集训队），这个名词后来成为

308

一个官衔。在希拉克略时期，这位官员被指定去代表皇帝指挥那些受训学员：他是皇帝寝宫（*palatine corps of the domestici*）指挥官，被称为侍卫长（*comes domesticorum*），也被称为集训营长官（*comes Obsequii*）。卡拉庇西阿尼（*Karabisianoi*）是舰队的名称，形成了传统的督军府（*quaestura exercitus*）的一部分，其基地原来在萨摩斯岛。看起来，所有这些建制——被称为"*themes*"的军事编制单位都驻扎在小亚细亚——是在大约 7 世纪中期前后出现的。行政统治机构在什么阶段衰落，为什么衰落了，且代之以将军的军事统治，我们所知甚少。但大体上应该是迫于需要装备一支随时能够出征的军队的压力，加之以城市为基础的古代经济的衰落，意味着越来越以皇帝宫廷为中心的统治机制所支持的将军，逐渐承担了传统的统治精英们的职能。而传统的统治精英们，由于行政管理方面越来越增加的官僚主义性质，已经失去了他们存在的理由。

依法行政

鉴于在 7 世纪开始的内政和军事结构方面的变化，乍一看会令人感到惊异的是这一世纪立法活动似乎甚少。除了从《狄奥多西法典》和《查士丁尼民法大全》中所看到的 5 世纪和 6 世纪在立法改革方面的主要努力外，7 世纪几乎毫无建树。除了《农业法》——尽管该法典的编纂时间仍然存在争论，但它无疑是使用了查士丁尼时期和前查士丁尼时期的资料，7 世纪的皇帝们似乎极少有立法活动，而只有一些基督教会法性质的文件（例如，希拉克略于 632 年颁布的敕令曾强迫犹太人放弃其信仰，他的《信仰告白》和君士坦丁二世的《信仰诏示》等）。反之，在查士丁尼二世召开的第五—六次全基督教主教公会议上，出台了一部概要阐述教规的文献，它堪与伟大先驱者查士丁尼一世之民法大全相媲美（见下文）。对于此时期世俗立法活动之缺失的解释，可以回溯到罗马法的双重性质：它不仅仅是管理人们日常行为的系列法规的整体，更重要的，它是一种阐述世界观的方式，并且，由此而确立了罗马（或拜占庭）帝国所接受的价值观。如约翰·哈尔顿所述：

309

从这个角度来看，法律"体系"不再是对于人类世界进行干预、以规范人际关系或个人的行为的实践工具，却越来越成为一套理想化的理论体系（即使是理论上可阐述的，却不一定总是能够实现）。因此，皇帝们并不需要颁布新的立法，却更需要建立（或再建立）一种条件，在此条件下，传统的制度会再度成为现实。[⑱]

宗教与教会

一般地，人们承认，从 6 世纪下半叶以降，人们越来越渴望直接接触神圣的力量。而且，这种即时性的感觉是不能被证明的，因为这种接触的手段——对圣徒及其遗物的崇拜，甚至是对圣像的崇拜——在 6 世纪已经很普遍了。传统上，通过对皇帝的崇拜，表达了受神圣力量保护的皇帝的权威是合法的。皇帝崇拜的基督教化倾向于强化而不是削弱皇帝的权威，因为，作为唯一神的代理人，皇帝的地位与他仅次于唯一神的位置是相辅相成的，不可削弱。看来可以确定的情况是，这种基督教的皇权和与之有密切联系的基督教会的教阶制，被圣徒和圣像赋予的权威强化，可使人立即接触到超自然的力量。看来似乎有可能的是，甚至传统的皇权理论也越来越通过那据说是具有更直接神秘权力的圣像来阐释。在我们所描述的这个世纪的开始，明显的表现形式即，使用基督教圣徒之圣像，尤其是圣母的圣像作为军旗，以这种方式，基督教的军队就被认为是在为圣母而作战，处在她的保护（甚至是在她的协助）下，而且，圣母被宣称为君士坦丁堡的保护者。皇权的圣化之另一个表现形式也反映在确定一位皇帝当选并加冕时，牧首越来越具有重要性：从 7 世纪初开始，皇帝的加冕总是在一所教堂内举行，而从 641 年以后，就定在圣索菲亚大教堂内。的确，公共教堂在 7 世纪时可能经常感受到圣事之增多的压力：拜占庭东方的教会显然没有能够像西方教会那样，取得由教宗和各教区主教们对圣徒们及其圣像和遗骨进行管理和掌控的机制。[⑲]

---

⑱　Haldon（1997），p. 259.

⑲　Brown（1976）.

　　但是，如果在 7 世纪的拜占庭东方，涉及日益增长的圣事活动和 310
教会的等级性之间的紧张关系方面相关证据较少（在 8 世纪破坏圣
像的皇帝们得到的迅速支持似乎发生在高层教士中，这可能是在下层
教士中存在反对者的证据），但显然还有一些证据表明在地理概念上
的中央和边缘地区的对抗。除了自 7 世纪保存至今的丰富神学作品
外，我们很少知道首都的神学发展情况，一个简单的原因就是到 9 世
纪时君士坦丁堡没有一个人愿意想起此事。君士坦丁堡的神学研究是
从属于皇帝的，而且倾向于因政治需要而发生的"一志论"派和
"一意论"的教义理论，而在下一个世纪，就是破坏圣像理论了。对
抗所有这些理论的，即最后被认可为"正教"的反抗，来自边缘地
区，而且长远来看，特别是来自巴勒斯坦的教士，他们一直以对卡尔
西顿信经的虔信而著称。这一事实长期以来对于崇奉正教的拜占庭来
说，产生了古怪的结果，因此值得在此简要阐述之。对"一志论"
派的抵制是从索弗罗尼乌斯开始的，他曾经一直是巴勒斯坦的修道
士，后来成为耶路撒冷的牧首；抵制"一意论"派的领军人物是索
弗罗尼乌斯的学生马克西莫斯，他对巴勒斯坦正教会的影响极为深
刻，乃至于叙利亚和巴勒斯坦的"一意论"信奉者称这些正教徒为
马克西莫斯派。[20] 在 7 世纪下半叶，巴勒斯坦的正教（dyothelite）的
基督徒们发现他们已经处于一种新的局面。此前，他们已经服从的是
一种一直受到帝国倡导而后来又加以迫害的正统教义。现在，他们发
现他们自己处于被另一些基督教群体——"一志论"派、"一意论"
派，甚至是聂斯脱利派——反对的地位，也被非基督徒如犹太教徒、
撒马利亚人（Samaritans）和摩尼教徒（Manichees），甚至是穆斯林
所抵制。他们既得保护他们的信仰，同时还得努力弄清他们到底信仰
什么。为了做到这一点，他们得关注逻辑和教义概念方面的事情，要
保护自己且彰显自己地位的唯一方式是说服其他人：因为他们不再可
能诉诸世俗势力的支持。这种辨析且理解基督教之普世教义的一个因
素是同犹太人的对话——或可说是论战。自长期以来很少与犹太人对
话，或者只是简单地排斥犹太教之后，在 7 世纪后半期，和犹太人对

---

　　[20]　关于马克西莫斯本人就是巴勒斯坦人，但却一直在叙利亚生活的观点［见布罗克于 1973 年出
版的作品（1973），收于布罗克 1984 年作品中］，似乎在学者中已经失去了其可信性。

话的活动有了特别的发展。多数犹太人来自被阿拉伯人占领的土地：叙利亚、巴勒斯坦、西奈半岛和塞浦路斯。从这类著作的一些作品中可知，犹太人挑起了这种论战，而且迫使基督徒提出更新的涉及教义的问题，如对三位一体问题以及对于圣徒、圣骨和圣像的崇拜实践活动的辩护。[21] 除了这类教义的辨析之外，庆典仪式当中唱基督教教义诗歌的形式也诞生于巴勒斯坦，这种形式逐渐形成了修道院崇拜活动的支柱。这种方式实际上成为正教会即拜占庭教会，以及那些从拜占庭接受基督教义的教会所实行的礼仪形式。东正教会的这种教义辨析、辩护和庆典活动的重要转折时期是从 650 年到 750 年间。在大马士革的约翰之作品集中体现了这种转折，他自己就是由一位倭马亚朝的政务官员转而成为巴勒斯坦的修士，并认为自己就是拜占庭基督徒。这一转变的第一个证据就是对巴勒斯坦已经失去政治控制权的拜占庭皇帝发起的破坏圣像运动。[22]

如我们所见，这种形式的基督教被它的敌人称为"马克西莫斯派"，但是，正如 649 年的拉特兰宗教会议上肯定，且在 680—681 年的第六次全基督教主教公会议上所宣示的那样，它更归于马克西莫斯而不单纯地属于正统的（dyothelite）卡尔西顿派。因为作为神学家的马克西莫斯的天才就是将各支希腊神学意见都聚拢于一处形成宏大的神学集成。在此集成中的一支是亚历山大的伟大牧首阿塔纳修斯（Athanasius）和亚历山大的西里尔（Cyril of Alexandria）的经典神学，这支经典神学派别构成 4—6 世纪全基督教主教公会议所通过的教义理论的基础。另一个分支是 4 世纪卡帕多西亚（Cappadocian）的教父们，包括凯撒里亚的巴西尔（Basil of Caesarea）、纳齐昂的格列高利（Gregory of Nazianzus）和尼萨的格列高利（Gregory of Nyssa）等创立的基督教希腊化神学。还有一个分支是由 4 世纪埃及沙漠的沙漠教父及其后继者们在耶路撒冷东部的犹大（Judaean）沙漠、加沙（Gaza）的沿海沙漠和西奈半岛上荒芜山区的禁欲主义智慧构成。马克西莫斯将这三个分支的理论编织在一起，而完成这一集成佳作的最后一笔是使徒圣保罗的门徒狄奥尼修斯·阿莱奥帕吉特（Dionysius

---

[21] D'eroche (1991) and Cameron (1996 a).
[22] 关于这些事件的发展过程和大马士革的约翰在其中的作用，见 Louth (1996 b)。

the Areopagite）之名所写作的叙利亚修士的新柏拉图主义的形而上学哲学（可能是早期 6 世纪的作品）。正是马克西莫斯的这种神学观点激发出了大马士革的约翰的作品中那些表述更清晰，甚至可以说影响了枯燥的形而上的神学问题。马克西莫斯的神学观点，即人类、宇宙和《圣经》都是互相关联的，这种思想反映在拜占庭教堂穹顶。在这个空间内，如马克西莫斯在思索设计教会圣仪中所阐释的那样，叫作圣礼仪（Mystagogia），即教会圣仪典制，它包括教士和会众，展示了从创世之初到基督再次降临的整个基督教的奥秘，用这种方式深入人们的心灵，也照亮了宇宙的奥秘。[23]

　　但是，从这种令人炫目的回转（尽管是在用手势、运动、歌咏和色彩来表述，还是可以想象到它给最单纯的拜占庭基督教徒带来的深刻感触），我们可以看到，7 世纪自皇帝查士丁尼二世召集的所谓的"第五—六次全基督教主教公会议"通过了 102 款教规之后，拜占庭教会的详细图景。正如他的先驱者和与他同名的那位皇帝那样，查士丁尼二世希望通过召集一次全基督教主教公会议的方式来昭示自己行使皇权的威力，并为自己的统治树立一座标志性的丰碑。此前，所有被视为"全基督教会议"的决议都是用于解决一些压力急迫的教义问题，但是，目前"一志论"派／"一意论"争论已经解决，并没有什么教义问题需要召集"全基督教会议"来讨论。然而，最早的两次全基督教会议，如第二次和第三次君士坦丁堡会议，只发布了教义的规则，而早年的所有宗教会议既处理了教义问题，也实行了惩戒。因此，查士丁尼二世所称的所谓"全基督教主教公会议"，只颁布了教诫条款，被视为最后两次基督教全会（第五和第六次全基督教主教公会议）决议的补充，所以称为第五—六次全基督教主教公会议（Quinisext 或 Penthekte）。它也因特鲁兰（in Trullo）会议决议（或称 Trullan Synod）而著称，该会议因其所在会场——穹顶会议厅（troullos）而得名。

　　第五—六次全基督教主教公会议所通过的 102 款教规[24]包括基督徒生活中的许多方面，包括他们的宗教义务和在世俗生活中的行为方

---

[23]　关于马克西莫斯神学思想的介绍，见 Louth（1996 a）。

[24]　Discipline Générale, ed. Joannou, i. 1, pp. 98–241.

式。前两条教规界定了现存的传统，而其后的教规则作为对这两条教规的补充：教规一，确认了在前六次全基督教主教公会议上界定的信经是不变的信条；教规二确认了教会已经认可的（惩戒）信条的主体。[25] 其他的教规完善了这一教规的整体内容，而且，这一教规所规定的整个立法内容从某种方式上看堪与《查士丁尼民法大全》相媲美，因为它立足于通过一些更加详细的法规给基督徒的理想生活以一种最终的界定。它一直作为东方正教会的教会法基础。从这一角度看，有必要对最后一条教规加以关注，该教规肯定了按照教规确定惩罚措施时，政府必须考虑到犯罪的性质和对犯罪者的处置程度，因为制定教会法的最终目标是救治，而非仅仅是惩罚。这一教规再次肯定
313 了在较早的教规中所确立的一个原则，[26] 通常被称为"普适的"（希腊语：*Oikonomia*）的原则，它并不像在 7 世纪世俗法中使用的那个方式，即法典就是一种思想，人们使用它是试图在处理具体问题时适应这种理想，而不是如我们所看到的那样，不断颁布新的立法。

　　人们制定第五—六次全基督教主教公会议的教规时的一个原则是规制拜占庭教会的行为方式中与发展迄今的拉丁教会不同的东西。例如，教规第 55 款，禁止在星期六和星期天斋戒，只有圣星期天除外，这是直接针对罗马城内在大斋期的星期六实行斋戒规定的。更重要的是教规考虑到了已婚牧师的问题，即教士和执事们是禁止结婚的（已经结婚的人如果要想成为主教，就得与他们的妻子离婚，使其妻子成为修女，教规 12、48）：这一条也是与罗马教会的教规完全对立的，虽然这是在西方教会严格实行教士独身制之前的若干世纪。同样独立于罗马教会的教规反映在教规第 36 款，这里确定了各大教区牧首之间的次序，根据君士坦丁堡第一次全基督教主教公会议的教规（教规 3）和卡尔西顿公会议的决议（教规 28，但它被罗马所否定），将君士坦丁堡大教区列于罗马大教区之次，但拥有完全相同的特权。尽管教宗的使节（*apocrisiarii*）接受了这一教规，教宗塞尔吉乌斯却拒绝签字，查士丁尼二世极其坚决地试图迫使教宗接受其教规，却暴露了他的权力在意大利是极其有限的。教宗塞尔吉乌斯在罗马教会的

㉕　关于基督教会教规的简要论述，见 Young, Ayres and Louth（2004），chapter 36。

㉖　Canons of St. Basil 95（ed. Joannou, ii, pp. 193 – 8），cf. 3（ibid. pp. 100 – 101）；Canons of St. Gregory of Nyssal（ibid., pp. 203 – 209）.

弥撒中引入了"神的羔羊"（*Agnus Dei*）吟唱也许可以视为他对这一教规的抵制（见教规 82，以下将讨论到）。[27] 尽管教宗约翰七世（705 年）似乎已经接受了教规——查士丁尼二世复位这一年——召集的宗教会议通过的教规，但这并不代表西方教会长期赞同之。

其他一些教规规范了地方教会的生活，这里的所谓地方教会仍被认为是一个由主教管辖的城市教会，但是，如我们已经看到的，事实上的城市已经迅速地消失了。那些行省教会，即由都主教所领导的各城市教会每年要有一次集中（教规 8）。主教们得生活在他们的主教区中，如果他们在"蛮族"入侵期间被迫逃离自己的教区，得尽快回归（教规 18）。这种将主教们"绑定"在其城市中的担忧一方面是要保证他们得对自己的牧区保持监管，另一方面也是要保证他们掌管教会的财务，因为地方教会经常被视为一方土地所有者，教会的产业掌控在主教手中。要求主教们驻守其教区的规定得到严格的遵守，这从后来出现的许多证据中得到证实，特别是在科穆宁（Komnene）时期，当帝国越来越以君士坦丁堡为核心时，各行省的主教区被视为被主教们放弃的部分。[28] 教规中也有许多条款反对圣职买卖：在西方教会后来称为买卖圣职罪（*simony*）（教规 22、23）。立法涉及修道主义，像许多早期的立法一样，该教规试图将修士们限定在其修道院中，控制教职人士的权力（教规 40—49）。立法中涉及许多关于世俗人士之各种娱乐活动的禁令，包括不能掷骰子（教规 50）、不能看哑剧、不能看斗兽活动，也不能上舞台跳舞表演（教规 51），不能参与民俗的一些庆典活动，如五月节（*Kalends*）、祈愿节（*Vota*）或冬至节（*Brumalia*）——这些节日都有异教社区活动的背景。教规也不许女性在公众面前跳舞，在异教的庆典活动上跳舞，穿异性的服装，使用滑稽的、好色的和悲剧性的面具，在榨酒节念诵与狄俄尼索斯（*Dionysos*）有关的咒语等（教规 62）。所有这些都被教会视为"异教性质的"东西，尽管这类活动很可能并不应该被认为是异教传统的存续，而更

314

㉗　关于塞尔吉乌斯要求在弥撒中使用"神的羔羊"之措辞见于《大主教手册》（Liber Pontificalis）第 86 款（Sergius），第 14 条（ed. Duchesne, i, p. 376）。

㉘　见 Angold（1995），pp. 139 - 262。

是涉及俗人生活的传统庆典形式。㉙ 教规还禁止将传统的礼仪庆典形式与基督教的圣事相混淆（如教规 57 禁止在基督教的圣坛上供奉牛奶和蜂蜜），而且也有一些教规限定了结婚和离婚的仪式（教规 53、54、72、87、92、93）。不少教规中阐述了基督徒和犹太人之间的关系：教规 11 禁止与犹太人一起食用无酵饼，禁止同犹太人交朋友，禁止请犹太人医生给基督徒看病，或与犹太人混浴；教规 33 禁止使用"犹太人的"只在祭司家族后裔中任命教职的规则。所有这些教规都描述了犹太人可以继续存在的方式，但他们是和帝国的正教社会相分离的。事实上，7 世纪时对犹太人的更为激进的政策措施已经开始实施：他们被迫接受基督教洗礼，否则将会施予死刑。632 年，希拉克略的确实行了这样的政策，忏悔者马克西莫斯表示了他的反对意见，㉚ 该政策在 8 世纪和 10 世纪，即在利奥三世时期和罗曼诺斯一世·雷卡平时期（Romanos Ⅰ Lekapenos）再度实施。但是，对待犹太人的更正统的拜占庭态度由特鲁兰会议的决议传续下来，见证了基督教会只能实施有限的行政权力这一事实。㉛

　　还有两款教规见证了拜占庭世界之宗教艺术的地位。教规第 100 款禁止展示那些可能引起精神上之快感的图像，并阐述了身体的感觉如何轻易地支配了灵魂。第 82 款教规涉及宗教绘画问题，禁止将基督描绘为羔羊，这是一种很受群众喜爱的宗教艺术，它源自施洗者约翰（John the Baptist）对耶稣的描述，正像"上帝的羔羊，把世间的罪愆带走"（John 1：36）。但这些教规强调，这种象征意义自上帝之道化成人形就已经完成了其使命；现在，道成肉身的神的表现方式应该以一个男人的形象代表圣灵。这种以神学的术语表述的对宗教圣像画（icons）的担忧预示着其后的两个世纪内由破坏圣像运动而引起的争论。

　　然而，第五—六次全基督教主教公会议所制定的教规中展示的拜占庭帝国之相对确定的基督教生活的画面，却不是它的全部。7 世纪的后半期出现了以叙利亚文写作的关于世界末日的启示文献。其中一

㉙　见 Haldon（1997），pp. 327 – 337。

㉚　Devreese（1937）.

㉛　见 Louth，前文第 4 章。

种很快被译成希腊语，且把它归为 4 世纪早期的一位主教美多迪乌斯
［Methodios，据叙利亚原始文本所示，他是奥林匹斯（Olympus）主
教，而据希腊译本所示，他是帕塔拉（Patara）的主教］，㉜ 这部伪美
多迪乌斯的《启示录》反映了东方各行省失陷于阿拉伯人，或称以
实玛利人（Ishmaelites）、"沙漠上的野驴"（此处引用《圣经》典
故，见《创世记》16：12——译者）之手的事实，将中东的历史回
溯到《圣经》时代，并预示了以实玛利人将被"希腊人的"（这是叙
利亚文所用词语，在希腊文版本中是"罗马人"）国王在耶路撒冷最
后打败，这一胜利将在世界末日出现。㉝ 7 世纪末出现的这种对世界
末日的希望和担忧与早期 6 世纪约翰·马拉拉斯（John of Malalas）
的编年史中所表达的思想形成鲜明对比，但它在一定程度上揭示了这
个世界第 6 个千年（millennium）到第 7 个千年（约公元 500 年）
（原文如此，作者在这里用的是上帝创世纪年，即公元前 5508 年为创
世元年，如此推算到公元 500 年，恰是第 6—7 个千年，事实上是指
6、7 世纪——译者）是没有什么灾难的存续和过渡。

　　7 世纪末的拜占庭帝国仍然处于过渡和重塑的过程中，阿拉伯
对君士坦丁堡的威胁将持续到 8 世纪，而破坏圣像运动（对它的描
述不属于本章的内容）似乎可认为是拜占庭帝国在 7 世纪危机之后
寻求一种自我认同及对这种认同的表述方式的下一个阶段。㉞ 但是，
在 7 世纪末并没有出现任何破坏圣像的前兆：第五一六次全基督教
主教公会议对于宗教艺术给予了清晰明确的神学定义，而且，正如
我们所见，自 6 世纪末以来所发生的、通过采用超自然神的图像认
证政治权威的过程，在 7 世纪末有了进一步的发展，其表现形式即
基督的图像出现在帝国钱币的正面，而帝王形象被置于钱币的背
面。但是，从这一危机时期所出现的社会结构的变化也已经被感
知，尽管仍处于早期阶段，如相对于查士丁尼所希望看到的罗马帝
国相比，这个社会还有它的一些局限性。在第五一六次全基督教主
教公会议所通过的教规中，已经有了这样的概念，即在君士坦丁堡

316

㉜　这种对于其所在教区的混淆也可见于美多迪乌斯所写的具有权威性的作品的手稿中。

㉝　Alexander（1985），and Brock，*Syriac Chronicles*，trans. Palmer，pp. 222 – 250.

㉞　并非所有的学者都接受，7 世纪将被视为拜占庭帝国的危机时代，见 Treadgold（1990）and
（1997），pp. xvi and 287 – 413。

确立这一法规的基督教徒与那些向往罗马的基督教徒们之间已经有了不同的习俗：这种不同，在 8 世纪当罗马从拜占庭皇帝的势力范围内转移到法兰克人的势力范围内之时将深化。地中海不再能使其沿海地域统一，而是将分裂为若干社会区域，而各区域都在强调自己是已经失去的统一世界之继承者。

徐家玲 译校

第 十 二 章

穆罕默德与伊斯兰教的兴起

卡罗勒·希伦布兰德（Carole Hillenbrand）

前伊斯兰时期的阿拉比亚（Arabia）

　　传统上，学者们在南阿拉比亚（特别是西南角，现为也门）与半岛的其余部分之间划定了一条固定的分界线。然而，如我们随后将会见到，这种在南方与北方之间划定如此严格的分界线实属无益之举，事实上，这种分野是地理环境使然：在古代晚期，阿拉比亚大部分地区主要覆盖着沙漠，在沙漠的边缘地带点缀着些许绿洲；而在半岛的南部，古代所称的阿拉比亚乐园（*Arabia Felix*）（原文为拉丁语，专指阿拉伯半岛的南部，意为快乐的，或幸福的阿拉比亚。——译者）则享受着充沛的、有规则的雨露滋润，可以支持高度发展的农业，且有地域广阔而设计严密的灌溉系统的支撑。

　　南阿拉比亚的人口密度较大，其居民大部分在公元前 8 世纪前后即在此地定居务农，其城镇提供了一个有利于其政治制度和物质生活发展的环境。曾经有几个王国，或称城邦，如曼恩（Ma'n）、萨巴（Saba'）、加泰拜（Qataban）和哈德拉毛（Hadramawt）等在南阿拉伯的模糊不清的、以口头传颂为基础的历史轮廓中出现。这些国家能够享有短时期的独立权力或者能够一度联合起来，如在 4 世纪初的希米亚王国（Himyar）时期那样。[1]

关于阿拉比亚诸王国的一些可信的资料信息是支离破碎的。古典学者们编造了传说中的赛白人（Sabaeans）之奢侈生活的传说（特别是关于示巴女王的故事）。即使没有关于阿拉比亚统治者的可靠年表，考古学的证据却证明了此地存在一种成熟的城市文化。的确，南阿拉比亚人是高明的建筑师，留下了巨量的碑铭遗址和受希腊罗马时期艺术家启迪的雕像以及马里布（Marib）的著名灌溉工程。该工程在公元前 8 世纪首次被史料提及，在古代时期即被誉为一大工程奇迹！马里布大坝所支持的灌溉系统在其高峰期可支持两个肥沃的绿洲，其整体面积可达到一万公顷可耕地，而且一定养活了相当多的人口。近代德意志考古学家在马里布水坝地区的考古发掘事实上从碑铭所提供的证据中确认，大坝在前伊斯兰时期的某一时间点上的彻底"崩溃"（或者是不再试图维护它）之前至少有四次重要的损坏（约公元 370 年、449 年、450 年和 542 年）。大坝上固有的缝隙，即裂痕的累积，并不是那些建造它或者修复它的人们所能够理解的。因此，大坝的设计并没有考虑到这方面的因素，而且，前伊斯兰教时期的技术人员们修复大坝的方略——提升大坝的高度，却不得不用越来越薄的石料层来加固——却注定是只能治标而不能治本。大坝的每次损坏都必定引发大规模的经济上的困境和人口的变化。这些必将在其周边的地区产生颠覆性的多米诺骨牌效应，而且这一灾难引发的动荡会很快以接续发生的部落迁徙的形式波及阿拉比亚北部以及更远的区域。[2] 萨巴（Saba）的马里布大坝的崩溃事实上被记载于伊斯兰教的传说中，这一瞬间被视为南阿拉伯王国之衰落的标志。

关于文明开化的阿拉比亚之西南角的描述及于此。半岛的其他部分则在许多方面有明显的不同。在这里，人们的生活以沙漠为基点，并面对着应对其严酷生活的迫切需要。在这片广阔沙漠上生活的民众以游牧生活为主，过着居无定所的日子，驯化了骆驼并栽培椰枣。贝都因（Bedouin）牧民性格坚毅机智，驯养骆驼的人们住在沙漠深处，放牧羊群的人们则居住在环绕绿洲的农业区域附近，这些绿洲有雅特

---

[1] 关于前伊斯兰时期的阿拉比亚的一种清晰的概述，见 Lammens（1928）；Serjeant（1967）；Shahid（1970）。

[2] Brunner（1982—1983），i and ii；Glaser（1913）.

里布（Yathrib，后被称为麦地那）和海拜尔（Khaybar）等。在这里，农夫们种植椰枣和小麦。骆驼的驯养在阿拉比亚已经有数百年的历史。如14世纪著名的穆斯林思想家伊本·哈勒顿（Ibn Khaldun）在他对游牧生活进行的知名分析中观察到的，骆驼驯养者比牧羊人有更大的机动性，能够在诸水源之间更广阔的土地间驰骋。③ 半岛上之沙漠地区势力的平衡，依赖于骆驼驯养者群体，他们的牲畜能供养更多的人有肉食、乳汁和毛皮。他们与生活在绿洲上的半定居的农业部族相依相存，他们用牧产品与这些部族交换其他商品，包括武器。然而，驯养骆驼的部族有其军事上的优势，在一些时期，农夫们会花钱换取他们的保护。

在阿拉比亚北方、中部和东部生活的阿拉伯人没有集权化的管理机构。这种行政机构只存在于半岛的边缘地区，如在约旦（Jordan）的佩特拉（Petra）王国和叙利亚沙漠上的帕尔米拉（Palmyra）王国，它们在罗马时期曾经繁荣，并受到古典文化的深刻影响。贝都因社会拒绝接受政治概念上的权威，他们分散于相互平等的血缘群体中。这种"部落"组织在游牧与农耕部族的生活中普遍存在。一些较小的或较大的族群会认同一个共同的纽带，为了经济和防卫的原因而团结一致。在此，可引用伊本·哈勒顿对贝都因人的描述："他们的防御和保护只有在他们同处一个有着共同祖先的近亲血缘团体时才是成功的。"④ 各部落和血缘集团（在阿拉伯资料中，相关定义是非常不精确的）在其规模、结构和威望方面是很不相同的。有可能的是，较为广义的部落渊源是大家所共同认可的，但每日的生活琐事可能基于较小的、共享一方居处和水源的群体内。这些群体的组织并不是固定不变的，是在允许新人加入或者根据环境变化加以改变方面是非常灵活机动的。游牧群体经常占有着他们自己认定的牧场，而这片认定的区域并没有固定的边界。

原则上说，贝都因人社会是平等的，尽管每一个部落群体都承认一位首领［沙里夫（sharif）或赛义德（sayyid）］，首领的地位则依赖于他的个人魅力。这种部族的首领是选举的，也是世袭的，因为一

319

---

③ Ibn Khaldun, *The Muqaddimah*, trans. Rosenthal, p. 92.
④ Ibn Khaldun, *The Muqaddimah*, trans. Rosenthal, p. 97.

个新的首领一开始是从一个部落的精英团体中选出，但他也必须出类拔萃。他的责任包括协调争端，安置往来客人，保护自己的部落并监管部落的圣物（sacred symbols）等。在各部落群体间实施的正义和禁令，遵行严格的同态复仇法（lex talionis）原则：即当属于某个部落的人受伤害时，需要整个部落的人对于施害者的整个部落实施报复以维护整个群体的荣誉。不仅在定居地区，如麦地那和麦加城，而且在沙漠的游牧地区广泛存在这种相互报复的过程，可能会持续一个很长的时期，直到一个可行的解决办法产生。这一制度给予每个成员一个更宽泛的群体组织，以保障他的个人安全并保护其家人和财产。

　　贝都因部落的民众都是携带武器者；严酷的沙漠生活使他们需经常骑马（ghazw）穿越其他部落或者沙漠居民的领地。的确，这是一个军事化的社会。骑士（Ghazw）所应该遵行的规则是依据传统惯例。在他们艰苦的沙漠环境中，贝都因人部落民众长期以来一直崇尚男性之勇敢（muruwwa），其中，坚忍守成（sabr）、慷慨待客、勇敢和军事上的大无畏精神受到特别的赞扬。这一行为法则对于他们来说，可能比任何正式的宗教操守都更重要。

　　北部、中部和东部阿拉比亚半岛上的阿拉伯人的宗教习俗甚至比那些南部的宗教习俗更难以准确定义。贝都因人崇拜多神，且名目繁多，他们崇拜石头、树木和偶像。穆斯林传说中提到过前伊斯兰时期的预言者或巫师术士（kahins）；这些男人或女人们的职能似乎与突厥世界的萨满（shaman）有些相似，他们能够预示未来、给人们治病或者用水来占卜。他们并不与某些特定的神明相联属。贝都因人也对一些地区或处所称圣（haram or hawta）。[5] 其中一些职能性的圣所并不设卫兵加以保护；另有一些圣处则由一位世袭的宗教精英组织管理。这些圣处所在地成为济贫所或者用于民众大会，解决争端问题。圣所本身及其周边地区被宣布为不可冒犯之处，行杀戮之事及打斗等行为是被禁止的。一些圣所之确认是因它具有保护神的作用。于是，胡伯尔（Hubal）神就与麦加之圣所相联属，三女神组阿拉特（Allat）、阿尔-乌扎（al-'Uzza）（都正式地与维纳斯相比附）和玛纳特（Manat，命运女神）也在麦加城附近的圣处备受尊崇。与朝圣

　　⑤ Cf. Serjeant (1981).

仪式——包括一种纯仪式化的巡行模式——同时出现的年度市场贸易，也发生在这样的圣所。上述三位女神被抬高至"安拉的女儿"的地位，安拉作为创世之神，其重要性在半岛受到广泛的认可。这三位女神成了先知自己的部落——古来氏（Quraysh）部落——在他生前之宗教背景的一部分，在《古兰经》（Qur'an）（53/19－23）中受到攻击。⑥

　　要估量一下前伊斯兰时期阿拉伯人宗教行为和宗教信仰之重要性是很困难的。贝都因人并不为某些特定的神明而争斗，这些神明没有给他们提供先知来为他们制定族群的法规，也并不构成贝都因人部落社会之日常生活中或者仪式上或仇争中之冲突的原因。生活就是面对所有沧桑，直到人们各循其命，被其无法测度的命运所击垮。

　　这种悲情的世界观（Weltanschauung）在绿洲居民和游牧居民中是相同的。他们也共有其他的文化规范，超越了部落间的竞争，并培育着无所不包的团结、合　　，及作为阿拉伯人的自豪感。如所提及的那样，在每年的固定休战月份内，来自半岛各不同部分的阿拉伯人将在一起举行相应的朝圣仪式之前参与集市活动。在这类集市活动中，最有吸引力的当属诗歌吟诵，包括诗人们赞扬自己的部落、讽刺其对手之部落的诗歌。这种由来已久的口头诗歌传统，由记忆力惊人的成员使用高度完善的阿拉伯语完好地保存下来。这种语言的确是一种通行的共同语言（lingua franca），在前伊斯兰教时期，除了大量的不同方言差别外，这种语言能够为阿拉伯半岛上所有人群所理解，而且使他们具有族群的认同感并分享着共同的历史遗产。此外，不论这些部落之间的从属关系多么不稳定、部落之间事实上的联系如何，现有资料显示出，前伊斯兰时期的阿拉伯人相信，他们有一个共同的先祖，而且，在5、6世纪间，至少在他们的诗歌中共享着高度发达的阿拉伯文化。于是，阿拉伯人已经具备了语言上和族群上同一的基础，即使当时仍处于其初级阶段，穆罕默德才得以在此基础上建立最高层级的族群公社。将这同一的大厦凝结起来的元素是伊斯兰教，这是兴起于阿拉比亚半岛上新的一神教。

321

---

⑥　"你曾想到阿拉特，阿尔－乌扎和玛纳特，那第三者，另一个？……他们只是你给她们取的名字。"《古兰经》，皮克豪尔译。

在讨论前伊斯兰时期之阿拉伯时，有必要了解曾经在半岛上发生的外部宗教传统如何传入，以便更全面地审视在穆罕默德之家乡麦加的核心部分所受到的外部宗教影响。那里是否有导致一种新的宗教和新的社会聚落产生的特别的环境呢？首先，显而易见的是，伊斯兰文明的摇篮希贾兹（Hijaz）高原，并非如后来的穆斯林传说中所述那样的孤立、与世隔绝；对于阿拉比亚是无知和黑暗世界的这一虔诚的认识只是为了更好地弘扬新的信仰和它的文化特征。事实上，在伊斯兰教兴起之前的那些世纪中，希贾兹地区受到了混杂的外部文化与宗教传统的影响，并且其自身也影响着其周边的地区。

除了在地理上与周边地区的不同，希贾兹高原简单地把阿拉比亚半岛分割为"文明"的西南角与"落后"的其他地区。太多的学术上的假说，甚至近年来，都建立于这样一个二分法的基础之上，并据此推测这些前现代社会的静态模型。随着权力的平衡点之变动，在定居部族和游牧部族之间事实上的边疆地区也在发生变动。南阿拉比亚诸王国通常使用来自中部游牧部落［特别是金达（Kinda）部落］的雇佣兵；每隔一段时间，游牧部族就会侵犯南部的边界。同样，当南部的王国衰落之时，人口自南部向北部迁徙，这一定会改变阿拉伯半岛上其他地区的宗教和社会结构，而不单纯改变其人口。

到了 6 世纪末，犹太教和基督教已经渗透阿拉伯半岛各处，特别是在西南部，以及与拜占庭帝国交界的沙漠地区。4 世纪前半期的阿比西尼亚的尼古斯（Negus）之改宗基督教，使邻近南阿拉比亚的地方，产生了一个兴旺的基督教国家。[⑦] 有证据说明，4 世纪在亚丁（Aden）有一个基督教社团。在 5 世纪哈德拉毛的纳杰拉（Najran），这里著名的基督教徒们与叙利亚的一性派基督徒有过联系。在希贾兹的绿洲上存在过犹太教，在这里，犹太教徒们成功地经营着椰枣园。在南部阿拉比亚，一些精英人物皈依了犹太教。其中有希米亚国王优素福·阿萨尔（Yusuf As'ar），在穆斯林历史记载中被称为杜－努瓦斯（Dhu Nuwas），他在大约 510 年前后登基执政，并在其王国内推行他的犹太教信仰；他对信仰的狂热在屠杀纳杰拉的基督徒时达到顶峰。阿比西尼亚人可能是在拜占庭的鼓励下，于 525 年渡过

322

---

⑦　见 Cf. Gibb et al.（1960），Habashat；亦见 Glaser（1895）。

了红海，击垮了杜－努瓦斯和他的王国，建立了一个持续长达半个世纪之久的保护国。一个阿比西尼亚人冒险家阿布拉哈（Abraha）于是掌控了南阿拉比亚的权力，而且，根据穆斯林的历史记载（在《古兰经》中有间接的描述），他还发动了远至麦加的征伐。而另一支殖民势力萨珊波斯（Sasanian Persia）也将其官方宗教琐罗亚斯德教（Zoroastrianism）传播到南阿拉比亚。大约在 570 年到 575 年前后，波斯人占领了希米亚，一些当地居民皈依了琐罗亚斯德教。⑧

因此，认为阿拉比亚在宗教上是落后的这种印象是不正确的。必须肯定的是，犹太教和基督教都没有在半岛上站稳脚跟。阿拉比亚有其本土化的宗教传统，但它也受到了外部殖民势力传教活动的影响。犹太教和基督教的传播似乎是零星发生的，分布也不均匀。在希贾兹地区，邻近拜占庭属叙利亚边境的部族受到了基督教的影响：其中一些部族，如加萨尼人（Ghassanids）转向了基督教一性派的信条，而且——比较普遍的是——许多人会从叙利亚沙漠的柱头修士们（采用在柱头上静修方式的修道。——译者）那里寻求治愈。《古兰经》经常提到犹太教—基督教所熟悉的先知们，从经中提到他们时加注椭圆形符号的方式可知，麦加和麦地那地区一定非常熟悉上述宗教的背景；对于那些最先得知《古兰经》信息的人，并不需要详细讲述那些先知的故事，如约瑟（Joseph）或诺亚（Noah）的故事。

阿拉伯半岛对新月形沃土地带也能够产生影响。阿拉伯人曾经迁出阿拉比亚，进入拜占庭的领土。在拜占庭东部各行省，权力的钟摆向民众中的非希腊化因素倾斜，而且，这些人群在宗教信仰方面与他们的拜占庭统治者经常有着不同的追求。拜占庭属叙利亚和埃及的多数居民都是一性派信众，使用的是叙利亚语或者科普特语（Coptie）。他们对于君士坦丁堡强加于他们的卡尔西顿派基督教的存异心理随着其被歧视和被迫害而强化。

恰在阿拉伯征服开始之前，叙利亚行省再度处于拜占庭控制之下；希拉克略于 7 世纪 20 年代发动的征伐（在《古兰经》中亦有间接的描述）将在本卷的其他部分加以论述。但这些拜占庭的军事成功并不能阻止叙利亚城市衰落、瘟疫、人口的减少及回归游牧生活的

323

---

⑧　Bosworth（1983），pp. 593 - 612.

大潮。在阿拉伯人的入侵开始之时，希拉克略根本没有足够的时间重建中央集权，重组地方防御体系。

那么，另一个大国萨珊波斯此间又如何呢?[9] 6 世纪时，"众王之王"（Shahanshah）的帝国领土包括伊朗高原和今天的伊拉克。它与高加索（Caucasus）毗邻的北方边界坐落于阿拉斯河谷（Araxes valley）；在东方，边界城镇是梅尔夫（Merv），境外居住着草原上的突厥人游牧部族；其东南部，帝国的边境伸展到锡斯坦（Sistan），大体相当于今日伊朗和巴基斯坦两国边界之间的广阔土地。处于东安纳托利亚和北叙利亚的有争议的西部边界随着与拜占庭的国权之争而变动。虽然萨珊家族是波斯起源的族群，其首都却定于底格里斯河上的泰西封（Ctesiphon），靠近古代的巴比伦和后来的巴格达城址。的确，伊拉克是萨珊帝国的经济重心，供奉了帝国岁入的 2/5。在 6 世纪时，波斯包含其官方宗教琐罗亚斯德教的中央专制政权，及其庞杂的官僚体制与社会等级结构，试图保持其行省权力的独立性与离心离德的贵族们之间出现了紧张对立的迹象。库斯鲁一世·阿努什尔旺［Khusraw（或 Chosroes 科斯劳埃斯）Ⅰ Anushirwan，531—579 年在位］实行了广泛的改革，以强化中央集权的专制政体。特别是，他的财政改革为一支常备军队准备了岁入，这支军队的力量倚重它的重装骑兵，即装甲骑兵（cataphracts），这些骑兵在中亚对抗突厥人的斗争中练就了他们的作战技能。库斯鲁也征集阿拉伯人作为他的军队中的雇佣兵。

然而，这些改革并不能修复深深植根于萨珊帝国内部，特别是伊拉克地区人们的不满情绪和分裂现象。萨珊贵族是分层级的，上层人士没有机会从"众王之王"手中攫取权力，而下层绅士迪汉（dihqans，即土地所有者阶级——译者）们，也没有什么特权，经常处于统治政权与农民之间。萨珊帝国的宗教情况也并不统一。到 6 世纪时，其国家宗教即琐罗亚斯德教将会趋于保守，只能吸引有限的民众。在伊拉克，这种情况尤其突出，而基督教特别是一性派发展迅速，甚至发展到了波斯的上层阶级。萨珊王朝的伊拉克也是犹太人生活的强大中心，尽管有过 5 世纪和 6 世纪的阶段性迫害，犹太人仍然

---

⑨　见 Cf. Christensen（1944）；亦见 Frye（1984），pp. 116 – 180。

占城乡居民中的多数。伊拉克居民之大多数讲阿拉米语（Aramaic，324
波斯人在那里只是少数统治者），同时，阿拉伯语是加泽拉（Jazira）
和希拉（Hira）地区人们使用的语言。因此，可以看出，第一个受到
阿拉伯人军队屠杀的萨珊波斯人所辖行省伊拉克的居民，至少在宗教
上和族系上是异于他们的波斯宗主的，因此，一旦波斯人军队被入侵
的阿拉伯人打败，他们不会自觉地保护旧的体制（ancien régime）。

　　在阿拉伯入侵之前的这一历史时期，对于萨珊波斯和拜占庭来
说，都是一个灾难深重的时期。

　　库斯鲁二世·帕维兹（Khusraw II Parviz，591—628 年在位）于
602 年处决了阿拉伯莱赫米（Lakhmid）王朝的最后一位国王阿尔 -
努曼（al-Nu'man），于是移除了位于阿拉伯前线的萨珊王朝所支持
的国家。可能是由于在库斯鲁二世·帕维兹时期重新发起的对拜占庭
的战争，以及希拉克略进入萨珊人领土人获成功的征伐（627—628
年），底格里斯河东岸的地区变得荒无人烟。伊拉克的一部分受到瘟
疫、饥荒、洪水和地震灾害的打击。在库斯鲁于 628 年去世到亚兹达
吉尔德三世（Yazdagird III）于 632 年（穆罕默德在这一年去世）正
式即位之间的这一时期，曾先后有十个争权者觊觎波斯的皇权。萨珊
波斯帝国的确受到了严重的伤害。

　　前面的论述清晰地揭示，随着两大帝国的全面衰落，它们的边界
地区和与阿拉比亚相邻的各行省内部城市亦趋于衰落，遂产生了权力
的真空。其结局就是地方权力转向阿拉伯人游牧部族。新的征服者所
要进入的土地，在他们进入之前已经发生重大变化，而他们将促成更
大的变化。在阿拉比亚半岛上，到先知时代，将出现游牧部落之间的
权力平衡。他们对其进军途中两个严重衰落的帝国把握着平衡。他们
利用南阿拉比亚地区由于外来势力阿比西尼亚和波斯人的干预已经衰
落不堪的机会，深入了这一地区。许多牧民对于拜占庭和波斯的宗教
并无兴趣或少有兴趣，很可能是因为这些宗教总是被视为对大国权力
的认同。犹太教的影响也可能很有限。伊斯兰历史记载中经常提到哈
尼夫派（hanifs）[10]，他们是阿拉比亚的一神教派，他们与犹太教及基
督教无关，而是实践着纯粹的、阿拉伯之父亚伯拉罕（Abraham）的

---

[10]　Gibb et al.（1960），*hanif*.

宗教，是他在麦加为克尔伯（Ka'ba）神殿奠基。这种概念是其历史真实的反映还是返璞归真型的创造，以预示将不妥协的一神教置于其核心位置的伊斯兰教的产生，还有所争议。这足以说明，早期犹太教和基督教之一神论的发展在阿拉伯人中间已经广泛知晓，只是还没有扎下根基。阿拉比亚现在为一个新宗教的诞生提供了一片沃土，它将为一个前所未有的超部落实体奠定基础，而且这个实体将整合且发展为游牧部族的国家。穆罕默德则出现于这样一个历史的转折点。此前对于历史背景的讨论，将有助于我们理解一些因素——社会的、经济的、领土的、宗教的、人口的——这些为先知生涯的成功提供了保障，并有助于新宗教的发展。无论如何，伊斯兰教兴起这一现象不能简单化地加以解释。

资料问题

　　尽管已经有卷帙浩瀚的著作和当代关于伊斯兰教兴起及公元750年之前的早期穆斯林帝国之历史的诸多理论建树，然而许多详细的、能支持这一历史现象的"事实"结构，在史学编纂领域仍然是模糊不清的。伊斯兰教先知的生涯迅速成为穆斯林虔敬的传统和秘史：先知作为凡人生活时的重要阶段带有了虚拟的象征性的意义。在穆斯林传统中，关于伊斯兰教的兴起并不是"故事"或者扭曲的历史真实，如有些人所声称的那样。它是先知生涯和伊斯兰征服的确凿无疑的真实，这种观点广泛存续于大量的穆斯林历史编纂作品中，"可接受"版本的伊斯兰教兴起模式即以这些著作为基础。换言之，穆罕默德的战友们和他的继承者们所观察和记录的穆罕默德的言辞、观点以及行为，包括军事征伐活动都成为整个穆斯林社团的榜样和行为范式。随着时间的推移，这些记录被一些逸事资料所充实，以一种特定模式在其传播过程中得以丰富。这成为一种记载历史事件的模式，因此可以说，其内容构成是环环相扣，互相支持的。其征服过程也这样纳入神圣历史的架构中，而且，秘史是不容易被改变的，无论是在其细节方面还是在其整体进程方面。但这是不是意味着我们就必得接受它或者完全不接受它？在这里，我们会看到，一些客观控制的法则仍然可以用于处理穆斯林历史文献中所包含的信息，这些信息可以证实传说中的主线是大体准确的。也许正是这种控制之不足，曾经鼓励了相当多的、对于穆斯林所记载的伊斯兰教起源之可靠性的攻击；⑪ 但是我们应该记得卡尔·萨根（Carl Sagan）的格言，即"事实的缺乏并非是缺少事实"。在穆斯林的历史传说中被视为秘史的、约 620—660 年发生的事件，一旦以书面形式存续，就成为不可更改。这些事实当以这种方式出现时，并不服从于"普通"历史的法则；它们在不同的层面发挥着作用。但他们仍然尊重事实，确凿的历史事实是不需要怀疑的——而且不可在"原则上"怀疑，因为，它们都是以宗教的外观表现出来的。

　　至于这部秘史的核心部分，如我们将会看到的，是加上了来自口头传说的元素，或者简直是一种宣传；可以认为是与事实毫无关联的。当然，与先知其人的生活现实越远，这些传说就越倾向于陷入"正统的"历史范畴。但是，研究伊斯兰教兴起最早几十年的历史仍然有个棘手的问题存在：秘史将过去只作为一个整体来描述，其非常不同的内容构成了一个完整的体系，而且，它拒绝从内部对之加以个别分析。伊斯兰教传说中之进一步的意义，需要在这里加以阐述。关于伊斯兰教兴起的最早的信息来自口头传说。在一个部落社会中，记忆是一个精细调节的工具，由有经验的说故事者和诗人用叙述和讲演的方式表述一些非凡的壮举。然而，一个用口头传说方式构建的一个社会的"历史"，其时间框架则模糊不清了，而且缺乏准确的年代节点。口头传统不能用于重建有关一个历史人物或者详细的历史片断的准确的事件的顺序。这些论断绝不是暗示，那些大批量的伊斯兰教的历史资料（多数是源自 8—9 世纪的）是奠基于"故事"之上的。如我们已经提到的那样，秘史是有规范性的意义的，而且主要的事件和人物从一个很早的时期开始就被赋予信仰的榜样的价值。年代和细节在被奉为神圣的传说中成为确定不变的东西。

　　阿拔斯朝（Abbasid）统治时期的伟大穆斯林历史学家们〔而且，最重要的是阿尔 - 巴拉杜里（al-Baladhuri，死于 892 年）和阿尔 - 塔巴里（al-Tabari，死于 923 年）〕所提供的关于伊斯兰教兴起方面的已经被接受的观点来自几代人的口述传承（被虔诚信仰所关注的、

---

⑪　Seminal are Crone and Cook（1977）and Wansborough（1978）.

为了不忘记先知的生涯及伊斯兰教征服的伟大胜利而被详细记录的）和从最早写下来而现在不再存续的伊斯兰教历史资料中继承下来巨量文献的双重启示。事实上，一些伟大的阿拔斯朝历史学家们是"编撰者"；他们之中大部分是精心搜集和筛选其前人留下来的、有价值的信息（无论它们是零碎的或是完整的）的宗教性学者。这些琐碎的趣闻逸事以一种方式（即所谓的 *isnads* 方式，它追寻着叙述者的叙事链）结合在一起，以用来肯定所提到的数据之可信。因此，极有可能的是，尽管最早的大批量的伊斯兰教历史资料能够确定的（事件）年份远比其中许多事件被记载的年份晚很多，但它们的确包含了可靠的早期资料。这里，毫无疑问的是，许多传统主义者敏锐地意识到传播不可靠信息的危险，并不简单地鹦鹉学舌般地重复他们所继承下来的或者搜集到的东西，而是以真正的历史学家的本能去付出痛

327 苦的代价验证它。同样可能发生的是，确实在一些无可辩驳的时期，这种 *isnad* 方式，尽管重视一种对人物形象的感觉，却并不肯定它们是"可靠"的信息。另一些阿拔斯时代的历史学家们，如阿尔－雅库比（al-Ya'qubi，死于 897 年）和阿尔－马苏迪（al-Mas'udi）写出了历史摘要，这是对现在已经遗失的早期资料加以筛选和解释的结果。于是，在穆斯林的传统记载本身，就通过对不同资料之间的比较和鉴定，进行着内部的史学批评。

　　从对神圣历史的虔诚崇拜到为了宣传目的而将它公之于众，只有短暂的一步。早期伊斯兰教之征服的现象易于让人达到这一目标。阿拔斯朝的历史学家们很快地抓住了宣传穆斯林胜利的全部潜力——既是为了阿拔斯哈里发们的荣耀，也是为了伊斯兰教的光荣。军事上的成功被认为是神为世间人类所预定的愿望之展示，它义无反顾地将人们引向神的完全的和最终的启示——伊斯兰教。对一次著名战役的记载经常只有很少的具体信息，但是却以可辨认出来的 *topoi*，列出了多层面的象征意义，包括主要人物之间的高度程式化的意见交换。阿尔－巴拉杜里（al-Baladhuri）所描述的卡迪西亚（Qadisiyya）战役就是很典型的例子。"粗俗的"贝都因人阿尔－穆吉拉本·赛义德（al-Mughira b. Sa'd）骑着一匹瘦马，拿着一柄用破布包裹的破旧的剑，萨珊朝的骑兵拒绝他坐在"文明的"波斯人指挥官鲁斯塔姆（Rustam）旁边的遮阳华盖下。但穆斯林首领们在以后的交流下超越

了鲁斯塔姆：阿尔－穆吉拉无视鲁斯塔姆的傲慢嘲讽，说阿拉伯人是由于其经济上的艰难而进入了萨珊波斯领土，但穆吉拉说，是他和他的战友们来召唤波斯人接受伊斯兰教。⑫ 同样，关于穆斯林攻克一些个别城市的记载，也经常包括一些文献，被认为是该城向穆斯林投降的实际的条约。这些明显地有着日期、签章甚至是可付出之人头税的"准确的"数量——但是，并不能将这些契约不加分析地接受。⑬ 它们远不是"准确的"记载，而似乎是可回溯到穆斯林的各个征服阶段的理想化的设计。它们反映了在阿拔斯时期沙里亚（Shari'a，伊斯兰教天启法律）的立法活动中首当其冲要解决的立法问题，希望建立一个以《古兰经》和《逊奈》（sunna，事实上意味着先知之理想化的行为）为基础的执法模式。

　　《古兰经》本身就很难作为历史资料加以使用，尽管人们试图从这部经书中抽取出先知之生涯的轨迹。必须强调，通过该经书对于阿拉伯生活中一些方面的否定，透露了先知试图改革当时的社会条件和社会行为，但是，要从《古兰经》的暗示中追溯先知生活中的各个阶段，则容易导致不成熟的简单化的结论。人们甚至有过相当多的对于经书之章节的真实年代顺序的争论。《圣训》（Hadith），由先知的战友们和早期穆斯林的后几代人传下来的、将所谓的先知言辞和行为的集成，则被穆斯林学者们用于和《古兰经》相结合以澄清和扩充一些《古兰经》中的论断。然而，《圣训》也很难作为历史资料来使用。它们经常是像寓言一样支离破碎的片断，使得我们不可能将其拼凑为首尾连贯的文件。它们忠诚地反映了早期伊斯兰教礼仪和法律进程方面的流动性、多样性，以及在穆斯林时代前两三个世纪内虔诚的立法者们为创立"真正伊斯兰"的道路所做的努力。《圣训》也构成了先知之生活中"已经被接受的形象"的大部，即《穆圣行迹》［Sira，在 8 世纪由伊本·伊斯哈格（Ibn Ishaq，卒于767年）编撰，且被伊本－希沙姆（Ibn Hisham，卒于833年）修订的］的基础。尽管此书中充斥着神迹和传说的元素，它却成了当代先知传记，亦包括那些西方的东方学家所使用的基础资料。穆斯林学者意识到了与

---

　　⑫　al-Baladhuri, Futuh al-buldan, trans. Hitti and Murgotten, p. 412.

　　⑬　例如，阿尔－巴拉杜里（al-Baladhuri）所记载的哈立德·本·阿尔－瓦利德（Khalid b. Walid）在伊斯兰历（AH）14 年征服大马士革时的和约（第 187 页）。

《穆圣行迹》相关的这些史学问题，且全面分析了这些问题，然而他们之所以依赖该行迹的记载，只是苦于几乎没有任何其他的资料来源。

当然，穆斯林的史学传统虽然很难使用，却不可被摒弃，这不仅是因为它是有关伊斯兰教和早期伊斯兰教帝国方面可接触到的主要资料来源。近期，人们开始尝试走出穆斯林的历史传统，用非穆斯林的历史资料在穆斯林之外围构建伊斯兰教的早期历史。这条路径虽然激动人心，但却夭折于其萌发之时——基督教和犹太教的资料是在误解和歧视的棱镜中观察伊斯兰教兴起这一问题的。这些非穆斯林资料也跨越了一个宽泛的历史时期的框架，常受困于对所提事件的一知半解并且和穆斯林作品一样充满时代错误和观念错误。简言之，这些资料不够客观、不足以期待它们对穆斯林传统有所纠正。当然，7—8世纪基督教资料中所记录的事件需要更深入地了解，因为它们反映了基督教对于伊斯兰教之反响的大背景。然而，试图轻信和依赖那些不可信的非穆斯林资料去重建伊斯兰教早期发展的历史是很危险的。其他方面的问题，如关于穆斯林、犹太教徒和基督教资料之间可能存在的相互关系，仍然需要进一步加以考察。

当代的那些来自钱币、纸草、考古学和地面建筑遗址到底在多大的程度上验证了传统的穆斯林书面记载的真实性？如果在历史资料的论断和物质文化证据之间存在着统一性，那么，采用更积极的立场来评估伊斯兰历史资料中所提供的信息是否仍不合理？例如，现存的钱币就清楚地指明了古代晚期到早期伊斯兰教之政治模式的转变。[14] 阿拉伯人并没有立即制作他们自己的钱币。通过人们对早期伊斯兰教时期钱币演进的情况分析，人们可能追溯到制币厂的交接，而且所有这些都意味着统治机构的交接，从拜占庭和萨珊王朝的官员到穆斯林的官员。有非常明显的证据说明在拜占庭和波斯之间的分离继续被阿拉伯人所遵行，拜占庭和萨珊帝国的钱币在穆斯林征服之后继续流通，而且，有些形制的钱币仍然在继续锻制出来为穆斯林所用，即便它们在技术上已经过时。以亚兹达吉尔德三世（Yazdagird Ⅲ）和希拉克略（Heraclius）的名义锻制的钱币数量超乎寻常的多，就揭示出了这

---

[14] 有关例证见 Walker（1941 a）and（1941 b）；Grierson（1960）；Morony（1984），pp. 38 – 51。

方面现象。7 世纪中期出现了锻制着两种文字的钱币，钱币上有希腊语或者巴列维语（*Pahlavi*，中古时期波斯语或译钵罗钵语）同时锻制了阿拉伯语文字，而且钱币上渐渐出现了伊斯兰教的符号 [去掉了十字架和火祭坛代之以伊斯兰教的模式，如清真言（*Shahada*，或音译为夏哈达）或者哈里发立像] 表明了伊斯兰教自我意识的觉醒及自信，这种新币的发行在 7 世纪的最后 10 年达到高峰，它证实了帝国的钱币改革，及阿拉伯语已经正式成为伊斯兰帝国的官方语言，这些事件记载于书面历史中。钱币的证据揭示了伊朗和伊拉克统治的历任省督们不间断的名单，确认了关于帝国统治区域的信息。

现存的一些草纸文献主要可用于研究 7 世纪最后 10 年和 8 世纪的历史，尽管其中之一份文献的确定日期是 643 年，它肯定了穆斯林时期的开端是 622 年。[⑮] 同样的，一块开罗的碑铭（伊斯兰艺术博物馆，第 1508/20 号），属于一个名叫阿卜杜勒·拉赫曼·本·卡伊尔（Abd al-Rahman b. Khayr）的人，其确认年代为回历月尤马达月（Jumada）II 31，即 652 年 1 月到 2 月间。[⑯] 有一件无年代标识的草纸残片，是用希腊文写的，一位以色列考古学者在内盖夫（Negev）沙漠发现了它，该文献提供了另一个佐证。它的可信程度似乎无可怀疑。它提到了一些人名和他们的薪俸，看来是一个军队名册（*diwan*）；于是，它提供了能很好地以文字资料证实的军事管理方面的文献证据。

至于建筑学方面的证据，关于我们所讨论的这一时期的最好的遗迹是耶路撒冷的岩间圆顶清真寺 [Dome of the Rock，又称欧麦尔清真寺（Mosque of Omar），是现存最古老的伊斯兰教圣迹。其所屹立于其上的岩石被伊斯兰教和犹太教奉为神圣。相传伊斯兰教创始人先知穆罕默德由此处登霄。同时在犹太教传说中，希伯来人的祖先亚伯拉罕（易卜拉欣）在这里向神奉献自己的儿子。穹顶寺建于 685—691 年，供朝圣之用。——译者]，该清真寺的奠基碑铭上有 72 / 692 字样。东方学家中的《古兰经》学者们已经毅然将他们的关注点转离该岩间圆顶清真寺的碑铭以及长达 240 米的《古兰经》铭文。[⑰]　330

---

⑮　Grohmann（1952），p. 4.
⑯　Combe et al.（1931），p. 6.
⑰　Kessler（1970）.

尽管这一证据早于 1927 年就由范・贝尔凯姆（van Berchem）出版，却鲜有《古兰经》研究学者们提及，凭此铭文，更别说从中得出任何结论了。对于日后的研究，这是一项紧迫的任务。同样紧迫的是最近在也门被发现的豪华版的古兰经，现存放在萨那（Sana'a）的手稿馆；对它进行碳 14 测定得出了结论，其准确度达到 95%，这个重要文献的时间定年是公元 645—690 年。[⑱]

那么，如何才能继续前行？那些将伊斯兰教的早期历史视为史学理论中之"黑洞"的人们非常卖力地表达了这一观点，并专注于——显然表明，他们很少能意识到其中有许多不一致的地方——再现当时已经为众人所接受的伊斯兰教观点的各方面细节。其实，人们可以不采取这种荒谬不堪的方法，而是更小心地检验在构成伊斯兰教历史之整体的大厦中，哪些部分可以与外部的——或者是从物质文化的遗产中，或者从非伊斯兰教的文字资料中——证据相呼应。当这种方法被采用时，在历史发展图景中一些固定的分界点即可以被确立。在伊斯兰征服期间发生的一些事件的准确日期和过程其实很难确定，但相对早一些的关于新的伊斯兰帝国之建立的情况却可以通过早期倭马亚朝时期在广泛分布的制币场所锻制的阿拉伯—拜占庭和阿拉伯—波斯钱币的顺序所确定。如果在伊斯兰教的传统中有些固定的分界点可通过外部资料证实的话，那么，难道不能为一个能被更广泛接受的文字记载的整体事件，或者，至少还有一些更为详细的有重要意义的分界点找到根据吗？

人们曾经争论，最好的研究方法是综合处理分析历史学家和考古学家所取得的成果。这种方法听起来很有道理，但是如果用批判的眼光加以审视，就可以明显地看到，这两个学术支脉是不相啮合的。历史学家和考古学家各说各话，因为他们都各有完全不同的目标。考古学者得出了关于人们使用的陶器种类、研究人们居住于其中的房屋之种类，以及人们的定居形式等的大量细节，但大部分的伊斯兰教文字资料并没有涉及此类问题。考古学者仅仅证明了常识的推理，即从后期古代到伊斯兰时代人们日常生活的持续发展。一切问题都依赖于在这关键时代所提出问题的性质。考古学家对于伊斯兰教早期多数历史

---

　　⑱　Cf. von Botmer (1987), pp. 4 – 20.

学家传统上所记载的微观问题事实上什么也没说。但是，如果其焦点因此就转移到对宏观问题的关注，如 7—8 世纪黎凡特地区村庄和小镇的生活条件或者在草原或沙漠地区定居的性质，以及他们的农业开发问题，那么，毫无疑问，考古学家有其话语权。在这方面，对于 710—750 年，当倭马亚王朝的多数沙漠聚落建立之时，更是如此。但是，所有这些却无法解决 20 世纪 70 年代所发生的激烈争论。对于那些关于穆斯林传统记载中涉及 600—650 年事件的真实性之时，考古学者没有提供任何帮助——不仅是由于反映这一时期历史的、阿拉比亚的重要遗址，如麦加（Mecca）和麦地那（Medina）之考古发掘的缺失，也由于对于早期清真寺建立之具体时间的争论未果，而这些清真寺可以反映出使得先知将朝拜（qibla）方向由耶路撒冷转向麦加的启示是什么时候出现的。

穆罕默德的生平

关于先知生平之传统说法之大厦中的神秘"砖块"被永远不变地固定在穆斯林的观念中并被一代又一代的虔敬者所圣化。以穆斯林的观点讲，穆罕默德的经历并不是历史研究所能介入的主题。但历史学家们却不得不面对一个源自穆罕默德的新的世界性宗教和新的帝国。任何历史的分析，无论将是多么短暂，一定要从他的生活开始，并至少应该试图识别其主要的里程碑。以下对穆罕默德生平的简述奠基于传统的穆斯林资料；而在适当的时候，非穆斯林的作品也会被提到。

先知的出生无论从穆斯林的资料还是外部的资料中，都无法作准确的判断，但很可能就是在 6 世纪 70 年代。他生于麦加城内古来氏（Quraysh）部族的一个小的分支巴努·哈希姆家族（Banu Hashim），该家族受到一些尊重，但其财富和政治影响自 6 世纪 70 年代之后就衰落了。穆罕默德自幼父母双亡，成为孤儿（《古兰经》93/6 有明显的证据），[19] 由伯父阿布·塔里布（Abu Talib）抚养成人。青年时期，穆罕默德介入了商务活动，为一个富孀赫底彻（Khadija）做工，后

---

[19] "Did He not find thee an orphan and protect (thee)?", trans. Pickthall, p. 656.

来与她结婚（拜占庭历史学家狄奥方在 9 世纪早期的作品中提到了穆罕默德的孤儿身份和他的婚姻）。⑳ 这一婚姻产生了 7 个孩子，但其中只有一个叫法蒂玛（Fatima）的长大成人并成为穆罕默德的外孙——哈桑（Hasan）和更出名的侯赛因（Husayn）的母亲。

在他的中年时期（传统上认为是在先知 40 岁左右时），穆罕默德开始离开麦加在希拉山（Mount Hira）中长期修行深思，在那里，他接受了神的启示。这些启示深深地影响了他。经过开始的自我怀疑，在受到赫底彻全身心的支持后，他开始越来越追寻神对他的召唤。在大约 613 年时，他感到有必要开始把这些启示传达给他的麦加同胞。先知在最初传达的启示形成了《古兰经》中最早的《麦加篇》的内容（suras），这些启示强调世界末日将要来临，人们必须忏悔。《古兰经》的语言带有戏剧张力，能抓住听众的心。然而，它所传布的信息，却被人们置若罔闻。无论如何，穆罕默德却能够在他周围集合起一小群狂热的皈依者，他们"追随神"［此即穆斯林（muslim）一词的意思］。启示继续出现。随着伊斯兰教不妥协地强调一神崇拜，他们与遵行多神崇拜的麦加人之间的冲突（明显见于《麦加篇》从中间部分以后的记载中）变得更明朗化。穆斯林受到麦加人的迫害，其中一些，据伊斯兰教的历史传说，在大约 615 年前后迁徙到阿比西尼亚（Abyssinia），受到那里的尼古斯（Negus）的保护。然而，在这一阶段，穆罕默德仍然受到其家族和家族首领、他的伯父阿布·塔里布的支持。穆罕默德的一个主要的转折点出现于 619 年，即赫底彻和阿布·塔里布去世之时；他的另一位伯父阿布·拉赫布（Abu Lahab）担任其家族的族长，对穆罕默德的行为不予宽容。失去了家族保护的穆罕默德，不得不寻找另一个传播伊斯兰教的中心。

在大约 620 年前后，穆罕默德受到雅特里布（Yathrib）一些居民邀请，去解决他们的内部争端问题。他最后接受了邀请，于 622 年 9 月 24 日进入了雅特里布城（该城很快更名为 Madinat-Al-nabi，即先知之城——后来就被称为麦地那）。后来，当穆斯林历法开始使用之时，这一天被定为伊斯兰时代的开端，纪念穆罕默德自麦加至麦地那的希吉拉（hijra，迁徙）。从 643 年的一篇纪年为"622 年"的草纸

---

⑳ Theophanes, *Chronographia*, trans. Turtledove, p. 34.

文献中似乎可以肯定，622 年是一个新纪元的开始。在麦地那，阿拉伯人分为两个主要的、相互敌对的部落群体，即奥斯部落（Aws）和卡兹拉伊（Khazraj）部落。那里还有 3 个主要的犹太人部落：古赖兹（Qurayza）、阿尔－纳迪尔（al-Nadir）和加努加（Qaynuqa）。在这里，很难确定这些犹太人部落的准确"族群"归属（他们是说阿拉伯语的犹太人还是犹太化的阿拉伯人？）及他们所遵行的犹太教礼仪是哪个门派。然而，似乎能够肯定的是，他们在麦地那的经济生活中扮演着重要角色，而且同阿拉比亚其他地区的犹太人群体保持着联系。他们可能对于麦地那的阿拉伯人能够了解和熟知一神信仰及《圣经》故事有着重要影响。随后的 10 年内（622—632 年），先知在麦地那有了自由传播新兴伊斯兰教、公开崇拜一神并创建一个穆斯林社团［乌玛（umma）］的机会。新近来到的、麦加的穆斯林［所谓的迁士（muhajirun）在最早的希腊语文献和叙利亚文献中使用了这个词的这一形式］进入麦地那时没有任何财富或支持，需要融入麦地那社团之内。这一问题迅速被穆罕默德在迁士与麦地那穆斯林（所谓的辅士，即 Ansar）的个人之间建立"兄弟情谊"的制度予以解决，该文献称为《麦地那宪章》（Constitution of Medina）[21]，保存于伊本·伊沙克（Ibn Ishaq）的著作中，其真实性似乎是可以确定的。从麦地那时期开始之后的第二年或者第三年，穆罕默德表现出了作为仲裁者的伟大才华，他试图将麦地那的各类异质因素融合于一个统一的社团中。文献资料表明，即使在这一社团存续的早期，乌玛（umma）的性质也是明显的伊斯兰的——最高的权威是超部落的（supratribal），即属于神和他的先知穆罕默德——但该宪章也允许犹太人和多神崇拜的存在，这说明，穆罕默德在当时还不是无可置疑的麦地那的领袖。然而，当先知的地位变得稳固，一个绝对的穆斯林社团成为至高无上的社会层级时，这一文献的务实的外观很快被取缔了。

　　当穆罕默德在为乌玛奠定基础时，《古兰经》的启示继续出现；麦地那的启示篇都是更长的、关于穆斯林的个人行为和社团生活各方面之规范的宣言。在这里，很难论及麦地那内部发展的准确时间，但有一点很明显，即穆罕默德在开始时试图使麦地那的犹太人

333

---

[21]　Cf. Serjeant（1964 b），pp. 3 – 16.

接受伊斯兰教的启示，他希望这些犹太人融入自己的社团，但遭到了拒绝。狄奥方提到了他对犹太教和基督教之经典的熟悉。但是，《古兰经》的信息揭示了对犹太人越来越清楚的认识和更强调新的信仰伊斯兰教的独特性和原创性。《古兰经》也提到了伪善者（*munafiqun*）、伊斯兰社团中的破坏性的及不虔信的因素，社团威胁要毁灭《古兰经》。

　　在构建社团内部和谐的同时，穆罕默德还得抵制来自麦加的外部攻击，这些攻击威胁着乌玛的存在。伊斯兰传统资料记载了穆罕默德在一系列战役中抵抗麦加人的攻击，这些战役成为"圣战" [吉哈德（*jihad*）]——这一用语被穆斯林解释为反击外部侵略的防御性战斗——的最早形式。穆罕默德对抗其外部敌人的成功斗争与其坚定地移除麦地那内部威胁势力特别是犹太人势力的斗争是同时进行的。穆斯林反击麦加人的第一个重大胜利，是 624 年的白德尔（Badr）之战，这场战役毁掉了麦加人的威望，鼓舞了穆斯林的士气，这是这一新的信仰之真实性的有力证据。此后，穆罕默德处罚了麦地那的犹太人加努加部落，他们的财产成为乌玛的公产。一年之后，尽管麦加人在乌胡德（Uhud）一战中打败了穆斯林，但他们并没能驱逐穆罕默德。之后不久，穆罕默德转而对付第二个犹太人部落纳迪尔（Na-dir），将他们驱赶到海拜尔（Khaybar）和其他犹太人定居地。627年，麦加试图用武力占领麦地那的行动在所谓的"壕沟战役"中失败。此后，穆罕默德处置了余下的犹太人部落古赖兹，该部落的男人们被处决，女人和孩子被籍没为奴。

　　现在，穆罕默德在麦地那建立了绝对的权威，并把注意力转向麦加。从理念上，他更愿意将他的家乡和平地并入乌玛，乌玛很快包含了麦地那周边的一些部族；这种合并是通过智慧的谈判建立同盟关系，而非通过军事力量。和平进入麦加的准备工作经历了两年的时间。与此同时，穆斯林社团所囊括的范围也扩大到一些分布在叙利亚沙漠边缘的地区，在这些地区，穆罕默德进行了宣传，使人们接受伊斯兰教并同意接受乌玛的权威。628 年，他宣布，他希望进行一次对麦加的朝圣。他先到达麦加城圣城（*haram*）外围的阿尔 - 胡达伊比亚（al-Hudaybiyya），与麦加人签订了一则和约，麦加人允许他于第二年进入麦加城。此后不久，穆罕默德征服了犹太人的海拜尔绿洲。

先知对此事的决策是——他允许当地的居民（他们是掌握了现有的《圣经》的，"有经书的民族"）继续在此地居住，并遵行他们自己的信仰，但需要向穆斯林缴纳人头税［吉兹亚（*jizya*）］——于是，形成了此后对被征服者所实行的政策模式。629 年，按照阿尔－胡达伊比亚和约的规定，麦加人将他们居住的城市腾空三天，供穆斯林实施其"小朝圣"（'*umra*）。到了这一阶段，麦加人仍然拒绝穆罕默德提出的重归和平的建议。630 年 1 月，穆罕默德举行了胜利进入麦加城的仪式，麦加和平地归顺了他。几星期之后，他打败了来自阿尔－胡纳亚伊（al-Hunayn）的中部阿拉比亚一支部族的大规模敌对行动。

在他生命的最后几年——仅仅有两年时间——穆罕默德是在麦地那度过的，他强化了维护叙利亚北方商路的政策，扩大了乌玛的规模。早在 629 年，他已经派出了一支大军在他的义子扎伊德（Zayd）率领下攻向巴勒斯坦。这次征伐无果而终。但是，扩张的意志坚持不变更。穆罕默德自己于 630 年参与了一次进攻叙利亚塔布克（Tabuk）的征伐。这一年，许多部落的代表团来与先知谈判，可能意味着他们各自在政治上和宗教上于不同程度上归附了乌玛。

632 年，先知在麦加举行了辞朝（Farewell Pilgrimage）——这次，完全按照哈吉（*hajj*）的程序进行，这成为后来伊斯兰教之朝圣行为的规范——当他回到麦地那时，开始筹备跨越约旦河的征伐，而且他想亲自率军进行这次征伐。但在征伐开始之前不久，他意外得了重病于 632 年 6 月 8 日（狄奥方的作品中将这个日期提前了一年）去世。[22] 当他去世时，阿拉比亚之大部已经归顺于他。新的信仰伊斯兰教的基础已经奠定。一个强大的社团创造出来，这个社团将要迅速地发展为一个庞大的帝国。这之所以成为可能，归因于先知的杰出形象、他卓越的领袖气质和人格魅力，对先知的这些记忆激发了他的信众们继续完成他所开创的事业。然而，在我们注意到先知的性格和他在穆斯林的宗教生涯中之示范行为时，我们需要强调的是他只把自己看作一个凡人，而他的同时代人也这样认识他。他只是传达神圣启示的中介。与此同时，他能够使神的启示成为一切行为的基础并组织了一个使新的信仰永远传续的社会。

---

[22]　Theophanes, trans. Turtledove, p. 34.

那么，什么是先知所传授和实践的质朴的信仰，或者说"早期伊斯兰教"的显著特点呢？这是很难从《古兰经》中所提到的事实中阐述的，《古兰经》是一部启示的书，并不是按照专题组织构架的。然而，它却是确定伊斯兰教发展进程的最有价值的资料。启示是在相继出现的各阶段进行的，它反映了伊斯兰教作为无所不包的信仰和生活方式的内在定义，以及伊斯兰教将自己剥离犹太教和基督教的同时，脱离前伊斯兰时期的多神信仰环境的进化过程。伊斯兰教开始强调其不妥协的一神信仰，与原初阿拉伯人的偶像崇拜和基督教所强调的耶稣的神性与三位一体的教条形成强烈的对比。神是至高无上、无所不能、无所不知的最高的仲裁者；然而，他更接近民众而不是他自己（*jugular vein*）。早期伊斯兰教与其他近东一神信仰有着共同的特点：它与叙利亚的基督教相同，认为末日审判是迫在眉睫的可怕之事，而又像犹太教那样，穆斯林面向圣城祈祷，强调斋戒的重要性。但是，除了这一共同的遗产之外，伊斯兰教被认为已经将此前的神启推至完美和至善。

在他传播启示的开始，看来穆罕默德是将自己视为先知，是犹太人和基督徒共有的长长的先知名单中的诸多先知之一，他们是来"告诫"那些背离正道的一代一代的后人，神的审判迫近了，人们急需忏悔。《古兰经》提醒人们看到地狱中令人难忘的可怖的审判。如果一个人关注到神的创造之神奇，他必将承认神的无所不能。麦加篇的启示（*suras*）也强调了经常祈祷和对穷人行善事的重要性。逐渐地，对麦加人崇拜多神的攻击越来越多；克尔白（Ka'ba）神殿归于安拉（Allah），唯一的真神。当麦加人拒绝留意这一启示时，《古兰经》谈到了漠视先知的前人们遭遇的可怕命运。

如我们已经看到的那样，与犹太人的裂痕在麦地那时期变得更难以愈合。穆罕默德开始是将回历第一个月的（*Muharram*）的第10天作为穆斯林的守斋日［即赎罪日（*Yom Kippur*）］，并且，在某个时间，他采取了转向耶路撒冷祈祷的方式。星期五成为会众的聚礼日，就在穆罕默德居处的院子里进行。当他传播的启示不能得到麦地那的犹太人所认可时，这一危机导致对新信仰的重新界定；犹太人只接受了部分的启示（《古兰经》4/44）。在徒志（亦译为希吉来，623—624 年）之后第二年，祈祷的方向开始由耶路撒冷转

336

向克尔白（《古兰经》2/142—150），《古兰经》也强调亚伯拉罕（*Abraham*）作为阿拉伯人之先祖和第一位穆斯林的角色（《古兰经》3/67）。先知欲将亚伯拉罕（2/125）所建立的克尔白恢复到其原来的一神崇拜。在早期麦地那时代，与阿拉伯多神崇拜的分裂也变得越来越尖锐。新的信仰必须取缔并超越血祭（《古兰经》2/216）和古代多神的崇拜仪式，包括在神圣的月份里作战的禁忌（taboo）（《古兰经》2/217）。

朝圣作为伊斯兰教信仰的一个支柱，其地位是先知在其生前就确定的；通过先知在其生前最后一年朝觐的范式，克尔白成为皈依后的穆斯林朝圣（*hajj*）的中心。的确，到先知去世之时，伊斯兰教的五大支柱——表述信仰、斋戒、祈祷、施舍以及朝圣——就已经确定其地位。《古兰经》的启示被用于早期穆斯林的崇拜并被虔诚者所记忆。恰像他之前的摩西，作为"先知的封印"，穆罕默德开始在传教的同时投入了社会改革。他所传播的启示和他在麦地那的行为强调了兄弟情谊和相互团结，但乌玛仍然是一个奠基于新兴伊斯兰教之上的超部落实体。

先知更倾向于将伊斯兰教的启示传达给什么人？这一问题一直在争论中。人们提出了强有力的论证，认为先知之传播启示的行为是为了全人类，而不仅仅是为阿拉伯人。但与之相反的是，我们可依据《古兰经》中的事实说明，他是在他自己的背景下工作，他的传教活动是面向阿拉伯人的。被认为是先知写给当时各大国当权者，包括拜占庭和萨珊波斯的皇帝们，以及阿比西尼亚的尼古斯的书信——在信中，他邀请他们接受伊斯兰教——其真实性受到了质疑。然而，先知确实可能定期与那些与阿拉比亚相接壤之处的地方统治者联系，试图在边界地区或者是在拜占庭及萨珊波斯境内的阿拉伯人中传播伊斯兰教。这明显地在穆塔（Muta）的描述中，并通过他参与630年的塔布克征伐活动的故事中体现出来。

伊斯兰教的征服，632—711 年

先知632年去世后，伊斯兰帝国的形成分为两个阶段，但并非是硬性划分的两个阶段。第一个阶段是迅速而令人惊讶地、轻而易举地

337　对靠近阿拉比亚边境领土的一系列征服。这些征服迅速地将拜占庭属叙利亚、巴勒斯坦和埃及，以及萨珊朝统治下的伊拉克纳入了以麦地那为统治核心的世界内。第二阶段包括更长期和更困难的征服，这些征服活动将萨珊统治下的伊朗和东部中亚的部分地区和西部北非的沿海地带纳入这个世界。711 年是容易记忆的年代，在这一年，确定了伊斯兰帝国征服两端的边界，即西班牙和印度；这一年所确立的伊斯兰教的政治边境，广义地说，直到 11 世纪依然保持不变。[23] 到了 8 世纪早期，阿拉伯穆斯林帝国已经达到了其军事和有效统治的极限，其成功征服的浪潮将进入低谷——这个转折点在西方传统上以 732 年或 733 年的普瓦蒂埃（battle of Poitiers）战役为标志，该次战役的重要性曾经被严重夸大，但它却象征着穆斯林世界之领土开始萎缩，并进入一个巩固的时期。作为穆斯林扩张的一个结果，在 632 年到 711 年间，"萨珊帝国消失了，似乎它从来没有存在过似的"（伊本·哈勒顿）。[24] 拜占庭国家，尽管其黎凡特地区的占有地不断地缩小并被剥离，却能够为生存而挺身应战，这一时期穆斯林对于君士坦丁堡进行了几次决定性但终告失败的进攻。此后，阿拉伯人不再以拜占庭的首都为其渴求的最终目标。

在穆斯林旗帜下进行的第一阶段对外征服战争是明显地迅速而成功的。这些战争同第一任哈里发阿布·伯克尔（Abu Bakr）试图制服整个阿拉比亚半岛的事件同时发生。的确，这两方面的行动，即征服拜占庭和萨珊波斯的土地和在半岛内取得稳定的控制权，都是麦地那的新兴伊斯兰教政权最早的对外攻伐之剑，目标是传播它的新宗教并取得这一宗教的最高控制权。前两任哈里发阿布·伯克尔（632—634 年在位）和欧麦尔（'Umar，634—644 年在位）时期，完成了对整个阿拉比亚的征服，并占领了拜占庭的黎凡特各省和萨珊统治下的伊拉克。从一开始，麦地那的领袖们似乎就清楚地认识到保持持续的军事实力对于一个统一的乌玛的生存和它的领土扩张是非常重要的。关于第一阶段征服活动的准确编年记载和那些个别的穆斯林领袖人物的贡献是不可能被准确地重构的。甚至那些主要战役的日期和重要城

---

[23]　关于近期涉及伊斯兰教征服的第二手资料，可见 Donner（1981）；Kaegi（1992）。
[24]　Ibn Khaldun, *The Muqaddinah*, trans. Rosenthal, p. 1.

市的征服情况，也是争议的话题。然而，穆斯林的全面胜利是无可争议的。一开始，其攻击经常是在两条或数条战线上同时进行。他们并不总是受到麦地那哈里发的指挥或支配。通信的困难随着穆斯林军队进军距离的增加而增加。一些将军，如阿穆尔·伊本－阿斯（Amr b. al-'As）和哈立德·本·阿尔－瓦利德（Khalid b. al-Walid），有时随机按照他们自己的想法行事。甚至在穆斯林征服的最早阶段，也时而出现倒退现象，阿拉伯人有时候得多次尝试攻克一些城镇，如大马士革和亚历山大城（Alexandria）。但是，总体来看，阿拉伯人占据了他们所征服的土地，并开始创立一种基本的设施以统治新征服的土地。

　　萨珊王朝属地伊拉克对于穆斯林军队来说，是一个容易获取的目标。据穆斯林传统的记载，巴克尔部族的首领穆萨纳·本·阿尔－哈里斯（Muthanna b. al-Harith）在由"安拉之剑"哈立德·本·阿尔－瓦利德所率领的来自麦地那的军团支持下，攻克了守势孱弱的萨珊前线。在夺取了希拉（Hira）之后，阿拉伯人在卡迪西亚（Qadis-iyya，636 年）战役上，使萨珊军队遭到惨重失败，并建立了两处边塞堡垒巴士拉（Basra）和库法（Kufa），由此两基地向远东突进。在他们攻克了萨珊王朝的首都泰西封（Ctesiphon），并于 642 年在纳哈万德（Nihawand）取得了又一次胜利之后，阿拉伯人迅速成为萨珊王朝统治下的伊拉克及伊朗中西部的主人。最后一位萨珊朝的皇帝伊嗣俟三世（Yazdagird Ⅲ，亦译伊兹达吉尔德，旧唐书作伊嗣俟——译者）败退至呼罗珊（Khurasan），于 651 年逝于此地。

　　正像阿拉伯对萨珊属伊拉克的征服一样，对于拜占庭属地巴勒斯坦和叙利亚的兼并也几乎在这些最靠近边界的阿拉伯部族中发生，并得到麦地那的哈里发所派军团的支持。与拜占庭人的决定性战役似乎是在哈利德完成了其传说中的穿越伊拉克到叙利亚的干旱沙漠之举之后发生的 634 年的阿杰纳代因战役（Ajnadayn），和狄奥方所确定时间的 636 年 7 月 23 日的雅穆克河（Yarmuk）战役。大马士革和耶路撒冷 638 年沦陷，而且，随着 640 年攻克凯撒里亚（Caesarea），对叙利亚和巴勒斯坦的征服至此完成。在 644 年欧麦尔去世之前，阿拉伯军队已经深入了亚美尼亚，但还没有翻越托罗斯山脉（Taurus mountains）进入小亚细亚。对于埃及的征服是由另一位伟大的穆斯林将军阿穆尔（Amr）完成的，他移师于下埃及（639 年），在赫利奥波利斯（Heliopolis，640 年）打败了拜占庭军队，通过谈判夺取了亚历山大城（645 年）。于是，结束了穆斯林扩张的第一阶段。在634 年圣诞节，耶路撒冷牧首（patriarch）索弗洛尼乌斯（Sophronius）在耶路撒冷布道时强调，阿拉伯人占领伯利恒，是对基督徒之罪愆的惩罚，他呼吁人们忏悔以打败"以实玛利人"（Ishmaelites，即阿拉伯人），但是，拜占庭方面的这种最初的乐观态度很快就消失不见了。的确，在一封确定为拜占庭神学家忏悔者马克西莫斯（Maximos the Confessor）写于 634 年和 640 年间的书信中，极大地表达了他的现实态度，他谈道："一个来自沙漠的野蛮民族已经占有了原不属于他们的土地。"㉕

　　阿拉伯人更喜欢在陆地上攻伐，而且最好是在沙漠之国。但是，奥斯曼（Uthman）哈里发时期开始了一个新的发展——第一支穆斯林海军的征伐是由倭马亚（Umayyad）家族的叙利亚总督，未来的哈里发穆阿维亚（Mu'awiya）所统帅的。塞浦路斯于 649 年被夺取，对西西里的进攻也开始了，655 年阿拉伯人在吕西亚（Lycian）海岸战胜了拜占庭的舰队［船桅之战（the Battle of the Masts）］。但是，穆斯林第二阶段的征服持续了不止 60 年。人们可能在争议，其最初的锐气已经消失，征服者在新的领土上有许多需要建构的事务，而进一步的征服进展必将比先知去世之后的 10 年更为缓慢。另外一些因素也使得穆斯林对埃及西部和伊拉克东部的一些战略要地的夺取要进行更长期的斗争。在新的穆斯林社会内部为争夺哈里发之位而发生的争斗有损于穆斯林统治地位的确立。各地的不同条件也阻碍了穆斯林的军事领袖们。阿拉伯自埃及出发征服拜占庭属北非时，可谓步步有陷阱。即使从利比亚海岸直到大西洋沿岸地区的表面上的伊斯兰化也直到 7 世纪末才实现。向非洲南部伸展的天然屏障是阿特拉斯山（Atlas）。阿拉伯人的逐渐西进，恰是对埃及征服的自然延伸。北非的一个新因素是地方上的抵抗，这种抵抗由北非土著的柏柏尔人成功地组织，有的得到了拜占庭军队的支持，有的，则没有得到这种支持。然而，柏柏尔人适时转而皈依了伊斯兰教；的确，最终跨越了直

339

　　㉕　关于 Maximos，见 Louth，本书以上第 11 章。

布罗陀海峡（Straits of Gibraltar，710—711 年）的穆斯林军队，是以柏柏尔人为主体的，但却在阿拉伯人指挥下。但是，柏柏尔人接受伊斯兰教的速度并不那么迅速，也不是完全同步的。现存的最早的聚焦于对北非征服的穆斯林历史作品是由埃及的历史学家伊本·阿卜杜勒－哈基姆（Ibn' Abd al-Hakam，871 年）所写，他搜集的故事大多数来自口头流传。他的基本目标是强调穆斯林对埃及和北非征服的合法化。他的资料中提到了两个半传奇性的柏柏尔人英雄，战士库赛伊拉（Kusayla）和年长的女王卡希娜（Kahina），抵抗进入北非的穆斯林入侵者的势力以这两人为核心而聚集。尽管没有准确的编年史，但看来似乎阿拉伯人在沿北非海岸进军的过程中，其军队成分也在变化，吸纳了越来越多被伊斯兰教所吸引的柏柏尔人军士，如果不是受到它的戒律的吸引，至少也是受到了可拥有掠夺物和常规性薪俸这种利益的诱惑。一个重要的新城堡凯鲁万（Qayrawan，今日之突尼斯）于 670 年建立起来，成为穆斯林进一步西进征伐的基地。穆斯林对西班牙［阿尔—安达卢西亚（al-Andalus）］的征伐事实上是从他们进入摩洛哥之时，而且轻而易举地获得成功。到了 720 年，南部西班牙的所有主要城市，包括格拉纳达（Granada）、塞维利亚（Seville）和科尔多瓦（C′ordoba）皆沦于阿拉伯人之手。

　　在伊斯兰世界的另一端，对伊朗高原的征伐进程也开始缓慢下来。无论如何，帝国最东部的行省呼罗珊早已经成为阿拉伯人移民的定居点，并成为他们继续东行进入中亚的主要基地。[26] 在东方，与中国人对抗的塔拉斯战役（Talas，751 年，位于哈萨克西北部——译者）成为阿拉伯伊斯兰教东向领土扩张被阻止的标志，从此，开始了对已征服土地的巩固阶段。从 711 年起，阿拉伯人已经在北印度信德（Sind）地区建立了一个不大的穆斯林聚居地。于是，在先知去世之后 100 年内，阿拉伯穆斯林统治着一个强大的帝国，聚合了相当巨大的一群还没有接受伊斯兰教的臣民，但琐罗亚斯德教和北非基督教会的丧钟早已经敲响。在帝国的其他地方——埃及、叙利亚、伊拉克和西班牙——基督教和犹太教的社团将继续存在并在穆斯林的统治下保持其特点和自治权。

340

㉖　Gibb（1923）.

　　人们重墨描写伊斯兰征服的现象，但很少能得出肯定的结论。学者们强调拜占庭和萨珊帝国的衰落和它们对于和阿拉伯相邻的边界缺乏治安措施；他们声称这两大帝国的臣民对于其中央政权有对抗情绪，因而对于穆斯林的行为多少表示默许，或者是积极支持；而且，他们引用了诸多宗教方面、军事方面、人口方面和经济方面的因素来说明阿拉伯人引人瞩目的胜利。阿拉伯人对于他们的敌人而言似乎并不可能占有军事上的优势。自然，他们并没有什么秘密武器，也没有新的技术。确凿无疑的是，在一些军事领域，他们是经验不足的；例如，他们得向波斯人学习围城的战术。他们也不熟悉如何指挥海军。然而，从事游牧生活的阿拉伯人因其生活方式，成了军事化的、顽强的族群。他们可以在复杂的地形条件下长途远征，这一优势来自他们对沙漠的熟悉和他们骑乘的骆驼。也许，更重要的是，早期穆斯林军队有着其经验丰富的首领。

　　如前面已经提到的那样，马里布大坝的崩溃一定导致了巨大的人口变化，人们从阿拉比亚半岛的北部和东部边缘地带涌入拜占庭和萨珊波斯帝国。这些因素在研究阿拉伯征服问题并做出解释时不容忽视，但是，却也不能用以估量何以穆罕默德去世后在如此短的时间内实现了这些征服。其根本原因应该是宗教的推动力在早期军事胜利中占有重要地位，它给了阿拉伯人一种战胜其敌手的精神武器。没有这种推动力，穆斯林的成功可能只是昙花一现或者是地域性的。从一开始，这些被伊斯兰教信仰燃起的虔敬很可能形成了一个较小的精英群体，这些人曾经有幸在穆罕默德身边工作。这一内部的核心铸就了穆斯林社团之宗教、政治和社会的结构。伊斯兰教为早期阿拉伯国家提341供了存在的理由。这时的贝都因人不再沿用由来已久的边境攻击，之后再回到阿拉比亚的作战模式，他们也不再被拜占庭和萨珊帝国随心所欲地支配而整体地移居到边境地区，现在，由麦地那实施对穆斯林的统治，而贝都因人则在原超级帝国的土地上按照传统模式建立的驻军城镇内定居。然而，组成最早的穆斯林军队的普通游牧部族的成员似乎不大可能因宗教狂热的驱使而战斗。他们对于伊斯兰教的了解一定还是很浅薄的。伊斯兰的资料本身，也强调对于战争掠夺物的和经济利益的渴求使阿拉伯军士保持了忠诚。逐渐地，一次又一次的成功，一定带来更坚定的团结和更高的士气。一旦阿拉伯部族的军团驻扎在新的设防城镇，接受伊斯兰教的规则并以穆斯林的方式共同生活就成为军旅生活的一个重要方面。诵读《古兰经》和每天完成的伊斯兰教礼拜仪式有助于强化人们的这一理念，即当他们参与由唯一真神所认可的事业时必将成功。通过阿拉伯语言的凝聚力，伊斯兰教，使得阿拉伯人建立了一个游牧人群建立的最长寿的帝国。

当这些非凡的军事征伐和领土的获取在拜占庭和萨珊帝国的土地上发生的同时，伊斯兰教的国家雏形就以乌玛为核心发展起来。内部的分歧迅速出现了。的确，人们可能争辩，真正的统一只存在于先知穆罕默德之神圣魅力统治下的麦地那时期。他于632年意外去世给他的社团遗留下了混乱和无序。带有派别倾向的历史资料使先知对自己继承人的安排成为模糊不清的问题。他并没有留下男性继承人和一些认为自己有足够理由承担这一重任的杰出的候选者。据少数派"什叶派"（Shi'ite）的资料，穆罕默德将权力传给了他的堂弟和女婿阿里（'Ali）。但穆斯林的多数派"逊尼派"（Sunnis）却相信，指定阿布·伯克尔，即先知的岳父和忠实的朋友作为他的继承人（哈里发，khalifa，即"caliph"），是穆罕默德的真正愿望，也符合穆斯林社会中人们的一致期望。

伊斯兰教的政治思想家们倾向于将四位所谓的"正统"（Rightly-Guided 或可译为"受到过正确指导的"——译者）哈里发们（632—661年）统治的年代说成是政教合一的和谐时代。事实上，资料所揭示的东西是相互矛盾的：一方面是充满活力的扩张，另一方面是日益扩大的内部分裂。这四位哈里发中的三位是被谋杀的。哈里发阿布·伯克尔仅仅统治了两年，是一个守成的统治者。伊斯兰教的资料赞扬第二任哈里发欧麦尔，而他是在阿布·伯克尔于634年去世后，继承了哈里发一职，建立了真正的伊斯兰教政权。但是，归于欧麦尔的诸多成就中，许多应该是后人追忆的：伊斯兰国家一定经历了一个相当长的时期才取得了它的特定模式。无论如何，很明显，欧麦尔以其个人的铁腕力量维护了乌玛的统一。当他于644年去世之后，乌玛的内部分裂扩大，对外征服的动力在第三任哈里发和第四任哈里发奥斯曼（'Uthman，644—656年）和阿里（'Ali，656—661年）统治时期，暂时中断了。

早期伊斯兰政权是务实和创新的。在国家的顶端是哈里发，他向各个行省指定省督。这些行省通常以已经存在于前朝——萨珊帝国、拜占庭帝国或西哥特王国的领土管理单位为基础。穆斯林满足于使用既有的地方管理机构（的确，他们由于其自身管理经验的欠缺而只能使用这种方式）；这种模式有助于权力逐渐向新来者转移。即便如此，特别的伊斯兰教管理模式似乎也早就开始出现。最初，帝国是由麦地那的哈里发统治着，后来有一个短暂时期，即当倭马亚王朝掌控权力于 661 年定都于大马士革之前，是在库法。在此之前，对外征伐是乌玛的基本支柱。其战士有权力分享战利品；这些战利品作为动产可立即进行分配，其中 1/5 将送交哈里发用来资助社团中需要帮助的群体，其余部分在那些参加战斗的战士中间分配。伊斯兰传统也将建立"迪万"（diwan）的荣誉归于欧麦尔，这是一个经济体系，用来支付军事津贴，是奠基于超部落的准则之上的，即以皈依伊斯兰教者优先的准则。

"有经书的民族"（基督徒、犹太教徒、赛白人、琐罗亚斯德教徒，后来又增加了佛教徒）得到承诺，在伊斯兰教的国家中受到保护，同时拥有信仰自由，但他们得交付人头税（jizya）作为回报，这种人头税由非穆斯林的宗教社团中之宗教首领们协助收纳。早期伊斯兰国家限定了统治者和被统治者之间的界限。哈里发向他的臣民征税获取经济利益；除此之外并不要求其他的利益。是否皈依伊斯兰教并不是明显的重要因素。新的信仰在此早期阶段是针对阿拉伯人的。乌玛的排他性是强调了穆斯林生活区域的独立性。哈里发的臣民继续居住在早已经建立的城市区域，同时，征服者一般都居住在新建立的设防城镇，在战术上靠近空旷的地域。然而，虐待数量上远超出其族群的臣民并不符合穆斯林的利益，这些民众也能在不同的方面为伊斯兰国家做出贡献。

关于萨珊属伊拉克与征服者的谈判条件在伊斯兰教的资料中有详细的文献记录。其土地所有主阶级（dihqan）迅速与阿拉伯人谈判，以保住自己的土地。阿尔－塔巴里的编年史记载，伊拉克的地方居民修造桥梁，并为阿拉伯人充当士兵和斥候。一些萨珊军团，特别是被阿尔－塔巴里称作"哈姆拉人"（Hamra'）的军团皈依了伊斯兰教，被整编于穆斯林军队中，在卡迪西亚（Qadisiyya）战役前后协同提米姆部落（Tamim）作战。一些哈姆拉人是步兵，他们加入穆斯林一方

343

驻扎在库法。这类新皈依的非阿拉伯人，被称为麦瓦利（*mawali*，即亲族，如此称呼是因为他们得归附于一个阿拉伯部落）者，他们制造投石机，帮助阿拉伯人学会使用甲胄和重装波斯战马。于是，出现了这样一幅画面，在这里，一些波斯人群，包括那些被授予土地获益者和那些从军的民众，都和他们的征服者迅速地融合而生存下来。[27]

　　同样的情况是否能发生在拜占庭帝国？近期的研究揭示的一幅复杂图景表明，拜占庭的民众并不那么热烈地欢迎阿拉伯人。显然，地方上的一性派基督徒们因他们与君士坦丁堡的宗教差异而支持穆斯林征服者这一理由太过简单化。无论如何，确实有一些重要人物据称是支持了穆斯林；大马士革总督曼苏尔·本·苏尔俊（Mansur b. Sarjun）显然曾要求拜占庭人去攻城夺地。他的家族为倭马亚朝的哈里发们贡献了一批天才的管理者。根据布罗克（Brock）的论述，有可能估计到一些基督教民众对于权力转移到穆斯林手中的态度。[28] 12 世纪和 13 世纪的叙利亚作者依据更早一些时代的资料，主要是埃德萨的雅各（Jacob of Edessa，死于 708 年）和泰勒梅尔的狄奥尼修斯（Dionysius of Tell-Mahre，死于 845 年）的记载，表达了这样一种情绪，即在拜占庭和萨珊战争之后帝国瓦解，统治权从拜占庭人手中转移到穆斯林手中时，人们感觉到自己是被解放了。的确，阿拉伯人的入侵首先被视为对拜占庭的错误宗教政策的惩罚。[29] 一篇无名作者留下的聂斯脱利教派的资料，其写作日期确定是在 670 年和 680 年期间，也对征服者表达了一种肯定的态度，宣称他们的胜利是"来自上帝的"。这种观点在多大程度上归因于一种生存的渴望和欲同穆斯林新来者搞好关系的愿望却是很难说清楚的。

　　在前四位所谓的"正统的"（Rashidun）伊斯兰教哈里发统治期间，并没有确立明确的继承原则。欧麦尔于 644 年被谋杀使穆斯林社团陷于危机之中，这种危机直到奥斯曼即位时也没有解决；奥斯曼（Uthman）是在欧麦尔弥留之际于其病榻前召集的讨论其继承人的会议上作为妥协的结果脱颖而出，当选为哈里发的。随着奥斯曼的即位，穆斯林国家目睹了麦加精英们越来越居于社团主流的位置。首

---

[27]　Cf. Morony (1984), pp. 181ff.

[28]　Brock (1982).

[29]　Brock (1982).

先，倭马亚家族的成员，除了其中极个别的成员如奥斯曼本人，都曾经是先知在其建立新的信仰和新的社团时的主要敌人。奥斯曼所实施的裙带原则，即将其倭马亚家族的亲属都置于重要的统治地位上的原则，是很不受民众欢迎的。然而，也不能将引起穆斯林社会内部动荡的所有责任都推到奥斯曼身上：他担任哈里发的时期，也正是穆斯林社团出现了广泛不满和动荡的时期。征服步伐的减缓及随之而来的战利品的减少，驻防城镇内部的争斗，对于哈里发之位应该由先知的血亲掌握的这一理念之支持者越来越多（在阿里的追随者，即所谓的 *Shi'at'Ali*——"什叶派"一词就由此而来——之中，这种思想尤其居主导地位），以至于最终导致哈里发奥斯曼于 656 年在麦地那被谋杀，年迈的哈里发在阅读《古兰经》时被杀害。奥斯曼之死在伊斯兰教社团内部发展的历史上影响深远。阿里在前三任哈里发的任命中错失机会，这次终于坐上了哈里发之位，但是在他为期两年的任期内，伊斯兰社会动荡不安，随后他也被谋杀。阿里在宗教上无可挑剔的地位和他与穆罕默德之间密切的血统及姻亲关系无力阻止伊斯兰社会内部出现的分离因素，特别不能制止那些声称要为倭马亚家族的奥斯曼复仇的呼声。这一危机导致了阿里和以天才的叙利亚总督穆阿维亚（他早在欧麦尔时期就统治着这个行省）为首领的倭马亚家族一派之间的内战。在穆罕默德去世之后的 30 年内，伊斯兰帝国的最高权力开始转移至麦加的古来氏一族精英手上。倭马亚家族自 661 年到750 年统治了这个帝国，在伊斯兰教的政治和社会方面带来了重要的变化。

　　要以公平的观念看待倭马亚王朝是很困难的。[30] 关于该王朝的现存当代史料为数极少，该王朝的成就都已经被阿拔斯朝的编年史家们带有偏见的记载而歪曲了，阿拔斯家族是倭马亚家族的竞争对手，他们在 750 年的起义中取代了倭马亚朝的统治。什叶派群体通常诟骂倭马亚家族是政治上的僭越者而不是真正合法的统治者，他们仅仅是将世袭继承的原则塞进乌玛社团中的"酋王"（kings）。倭马亚王朝也受到了虔诚的非什叶派群体的反对。关于这方面，可从资料中有所揭示。更近期的研究，即对倭马亚统治的重新评价过程已经公正地表

---

[30]　关于一个清楚的概括，见 Hawting（1986）。

明，倭马亚家族是一个国际化帝国的真正建设者。在这一过程中的主要人物有穆阿维亚（661—680 年在位）和阿卜杜勒·马利克（'Abd al-Malik，685—705 年在位）。在倭马亚王朝统治时期，雏形的伊斯兰教国家摆脱了拜占庭帝国和萨珊波斯帝国的文化束缚，进入了其成熟期：这一过程可通过独立于书面文件的钱币系统、建筑和碑铭方面的证据来说明，这些书面文件虽然存在阿拔斯朝的偏见，但也能证明这一点。

　　穆阿维亚将首都迁移至他自己的权力范围之内，即大马士革，这是一个古代晚期的重要都市中心，在战略地位上看，也更适合于由此地管理一个庞大的伊斯兰教帝国。在大马士革，阿拉伯穆斯林中的统治者精英们与被他们征服的基督徒民众近距离生活，在基督徒们已形成的等级中，穆斯林挑选了其高层次的管理者。拜占庭的统治模式及其社会，与新的伊斯兰教的组织结构形成了共生与合作的关系。穆斯林与基督徒们一度在同一座宗教建筑内各自进行宗教祀奉。哈里发宫廷成为基督徒和穆斯林进行开放式宗教问答讨论的会场。两方互相影响并在哈里发御座前辩论时练就了他们的辩论技巧。在阿卜杜勒·马利克（685—705 年）统治时期，他们的自信剧增，启动了宗教纪念建筑物建设的项目。随着伊斯兰教的传播及其成功，清真寺也发展出了一种容易辨认的建筑风格。倭马亚时期大马士革的清真寺是伊斯兰教宗教优越性的典型代表。更为明显的是岩间圆顶清真寺（Dome of the Rock）的传播意义，它矗立于犹太教和基督教的宗教中心耶路撒冷，以古兰经的碑文加以装饰以宣示伊斯兰教的胜利。阿拉伯语——上帝以此神圣语言作为媒介将其最后和最完全的启示传达给人类——成为唯一正统的语言和钱币上锻制的文字。倭马亚朝的哈里发们更倚重阿拉伯民族中的穆斯林而不是非阿拉伯人穆斯林。皈依伊斯兰教的柏柏尔人和波斯人受到歧视，他们对于统治者的不满在 7 世纪以后日益增长。伊斯兰教传播的国际性方面，即古兰经所提到的人类皆兄弟的说法，开始得到强调，而作为原初启示中的"阿拉伯人群体"退居次要地位。伊斯兰教是阿拉伯人的，也是柏柏尔人和波斯人的。这种重新定义伊斯兰教的愿望导致了倭马亚王朝于 750 年灭亡。

　　在前面的论述中，我们已经展示了，尽管在穆斯林社会早期出现了关于先知的真正继承人性质的内部争论，这些争论削弱了帝国，导致了内战和几位哈里发之暴死，但在穆罕默德于 632 年去世前后削弱了帝国即开始的伊斯兰的领土征服，到 732 年止已经创造了一个从西班牙伸展到印度和中亚的庞大帝国。萨珊政权被摧毁，拜占庭受到了严重削弱。关于阿拉伯伊斯兰教扩张之成功这一现象的原因之探讨是复杂的，但一支从阿拉比亚半岛冲出来的游牧民族的冲击力，伊斯兰教启示的出现以及穆罕默德的生涯，使得这一新的信仰成为支撑战争胜利的鼓舞人心的主要动力。征服之后是巩固，在倭马亚时期一系列非常有天赋的哈里发以叙利亚而不是阿拉比亚为其统治中心，建立了一个政权系统用以统治这一庞大的帝国。阿拉伯语是这个国家的通用语言（*lingua franca*），而伊斯兰教，一个被清晰界定的新宗教，成为这个帝国之统治精英们的信仰。

徐家玲 译校

第 十 三 章

皈依大公教会的西哥特王国

A. 巴尔贝罗（A. Barbero）和 M. I. 洛林（M. I. Loring）

随着 589 年西哥特人在托莱多第三次大宗教会议（Third Council of Toledo）上抛弃了阿利乌斯主义（Arianism），从此开始了其王国历史演进的一个新阶段。宗教统　使得哥特贵族与原罗马人的上层名流之间最终建立了友善关系，并使得大公教会——这个重要的古罗马文化的主要智库，在王国的政治生活中的地位日益提高。[①] 教会活跃的政治作用主要体现在从 589 年开始，在华丽的王城托莱多所召开的一系列全国性大宗教会议上。在这些会议中，教会似乎扮演着王权与显贵之间的仲裁者的角色，但仔细品读这些会议的决议，会发现教会愿意与世俗贵族团结一致、相互支持的趋向。另一方面，国王们只是特别依托和利用这些宗教会议来维护他们的权威，并总是有义务面对强有力的世俗贵族与教会进行协商，这是中央权威疲软的主要原因之一。宗教的统一也推进了大公教会对于西哥特王国社会生活中的精神层面和世俗层面的逐步渗透，其中，精神层面的渗透塑造了整个居于统治地位的意识形态体系。

宗教的统一

586 年春天，国王莱奥维吉尔德（Leovigild，568—586 年在位）去世，由其儿子雷克雷德（Reccared）继承王位。雷克雷德早已获准

[①] 朝这个方向的最初的探索，参见 Barbero 和 Loring，前文第 7 章。

共治多年：按照编年史家比克拉罗的约翰（John of Biclaro）所说，这次继任毫无困难。[2] 在其统治的第一年，这位新国王寻求与其父的遗孀哥苏埃塔（Gosuintha）联手，以过继的方式认她为自己的母亲，并试图与法兰克国王缔结一项和约，尽管这时勃艮第的贡特拉姆（Guntramn）仍然在纳尔榜内西斯（Narbonensis）边境虎视眈眈地制造紧张局势，这已成为莱奥维吉尔德统治时期的一大特征。同时，雷克雷德抛弃了阿利乌斯主义，改宗大公派教会信仰，他在召集阿利乌斯派神职人员的会议上公布了这项决定，并迫使这些人仿效他。这项决定除了出自某些个人动机，还旨在通过确保罗马出身的贵族和大公教会的支持，完成其父的政治重任。

　　这位国王的新的宗教取向——同时也是在追寻其父的目标——代表着雷克雷德在政策上的彻底转变，即脱离了此前以阿利乌斯教义进行宗教统一的政策，这很快引起阴谋与叛乱：其中一次叛乱是由依靠着各方面西哥特贵族支持的梅里达（Mérida）的阿利乌斯派主教苏纳（Sunna）领导的；另一次可能更加严重的叛乱，是由太后哥苏埃塔和主教乌尔迪达（Uldida）领导的；第三次叛乱由纳尔榜（Narbonne）的阿利乌斯派主教阿塔罗库斯（Athalocus）领导。此时，法兰克人在纳尔榜的进犯又加剧了叛乱造成的动荡不安。改宗之后，雷克雷德已经派遣新的使臣到法兰克国王那里传达他改宗的消息。他成功地与奥斯特拉西亚的希尔德贝（Childebert of Austrasia）缔结了一项条约，其中包括雷克雷德与希尔德贝的妹妹、太后哥苏埃塔的外孙女克洛德斯达（Clodosinda）的联姻。然而勃艮第的贡特拉姆（Guntramn）拒绝签署和约，并于589年入侵塞普提曼尼亚（Septimania）。这次袭击可能与亲阿利乌斯派叛乱同时发生，被卢西塔尼亚公爵（dux of Lusitania）克劳迪乌斯（Claudius）彻底击溃，他曾经在很长一段时间里多次击退法兰克人入侵。雷克雷德与克洛德斯达计划的联姻也没能发生，因为他在同一年似乎已经与巴达（Bada）结婚了，她的名字显示她是西哥特出身。这一婚姻与之前同哥特贵族结盟的新

---

　　② 众所周知，关于雷克雷德（Reccared）统治早期的历史，得益于比克拉罗的约翰（John of Biclaro）的《编年史》（*Chronicon*），这部书的内容涵盖到590年，包括托莱多第三次大宗教会议的法令。另外的史料来源是格列高利《历史》（*Hist.*），截至591年，塞维利亚的伊西多尔的《哥特史》（*Historia Gothorum* of Isidore of Seville）、教宗大格列高利的信件集，还有《梅里达诸教父生平》（*Vita Patrum Emáritensium*）——一部与500—600年梅里达（Mérida）大主教区主教们有关的圣徒传记作品。

策略相呼应，旨在遏制叛乱。

国内局势得以控制，法兰克人的威胁得以遏制，使得雷克雷德能够制定宗教统一的政策。为达此目的，他于 589 年 5 月 8 日在托莱多召集了一次大宗教会议。③ 据该会议的决议显示，有 63 位主教参加，但并未详细说明参会牧师、修道院院长及西哥特贵族的数量。主持这次集会的是利安得——塞维利亚的主教（Leander of Seville），他住在君士坦丁堡，因此对拜占庭帝国的基督教传统很是熟悉。另外还有尤特洛皮厄斯（Eutropius）——塞尔维塔（Servitanum）的修道院院长。会议由雷克雷德本人宣布开始，他向会议公布了一份手写的信仰声明，其中详细说明了三位一体的正统教义，谴责并诅咒了阿利乌斯派，声明将拥护尼西亚、君士坦丁堡、以弗所和卡尔西顿这四次全基督教主教公会议确立的教义。这项信仰声明由他和王后巴达两人共同签署。

当国王离会时，全体会众起立，向上帝和国王欢呼。随后，8 名主教和数名牧师以及哥特显贵签署了另外一份信仰声明，其中郑重地宣誓放弃阿利乌斯派信仰。然后，在会上讨论了神职人员的戒律和组织规则，形成了 23 条教规。这些规则中，包括国王为确认这些教规并将其上升为民法地位的敕令，附有由国王发起的全体到场主教们的署名。最后是塞维利亚的利安得所撰写的对于会议情况的总结性训诫词。在此进程中，只有 8 名主教宣誓放弃阿利乌斯派教义。其数量之少，加之会议之前已经平定了亲阿利乌斯派的并不强大的反抗，似乎显示许多人早已经仿效这位国王改宗——国王是在 587 年受洗的，而至这次会议召开，大公教会的信仰已经在相当程度上被人们所接受。虽然雷克雷德在 590 年不得不面临一场由普罗旺斯公爵（*dux provinciae*）、国王的内务总管（*cubiculum*）阿吉蒙德（Argimund）领导的另一场叛乱，但记载这一事件的比克拉罗的约翰并没有将这场叛乱与亲阿利乌斯派的反抗联系起来，随后也没有任何证据显示阿利乌斯派教会组织的存在。尼西亚信经被相对容易地接纳，是由于哥特贵族与

③　关于此会的主要史料来自该会议的决议，以及比克拉罗的约翰（John of Biclaro）的记载。这次会议及其他西哥特大宗教会议的决议收录在 *Concilios Visigóticos* 一书中，由 Vives 编辑（1963）；有关这次会议的一项详细的研究可见 Orlandis and Ramos Lissón（1986），第 197—226 页；亦见 Orlandis（1991）和 Abadal（1962—3）的作品。

罗马世界两者文化交往达到高级阶段，也是由于君主政体的强化，尽管在君主政体的问题上，西哥特王国与自我标榜为罗马帝国继承者的拜占庭有分歧。

在这方面，有必要指出的是，在签署会议决议之时，雷克雷德改名为弗拉维乌斯（Flavius），这是君士坦丁王朝皇帝的姓氏，从那时起为所有西哥特国王一直沿用。国王以这种方式，表达自己是罗马皇帝们，尤其是基督教罗马皇帝们的政治继承者。同样地，比克拉罗的约翰将这位西哥特国王与君士坦丁和马尔西安做比较，后两位皇帝分别推动召开了尼西亚会议和卡尔西顿会议，约翰将托莱多第三次大宗教会议看作罗马帝国全基督教主教公会议的延续。但约翰和托莱多第三次大宗教会议的法令都拒绝承认 553 年由查士丁尼召集的君士坦丁堡第二次大公会议的决议。这次会议做出的决定为大多数西方教会所反对，其中包括西班牙（Hispania）的教会，其神职人员是最激进的反对者。④ 西班牙主教独立于东部帝国宗教政策的态度，无疑加速了西哥特国王雷克雷德最终放弃阿利乌斯主义，接受尼西亚大公教会教义，并表明自己是正统教义的拥护者。

从托莱多第三次大宗教会议以来，西哥特王国以及西哥特社会，就处于以各个层面的精神和世俗生活的相互渗透为典型特征的历史环境之中。因此，雷克雷德在一次宗教集会的演说当中，指出一国之君的职责不但要关注世俗事务，而且要关注宗教事务。作为回应，神职人员向这位国王致辞，他们赞美雷克雷德所行的是使徒的业绩，这就暗示着：由于他的这些业绩，这位国王已经得到尘世的以及永生的荣耀。这些教规与以下的神学原则相协调：他们并不仅仅是规定了礼拜仪式和组织的问题，也涉及非严格意义上的教会事务。众所周知的第18 条教规，确立起一年一度由都主教召开教省主教会议的规定，改变了旧的教会法所规定的两年一度召集教省主教会议的规定，并规定各地行政长官（iudices locorum）和财务使们（actores fiscalium patrimoniorum）必须服从主教们的监督，主教可以拒绝为行为不当的官员们行圣体礼。

关于雷克雷德统治后半期的记载不如前期详细。伊西多尔（Isi-

---

④　Barbero de Aguilera (1987), pp. 123 – 144.

dore）写道：他与拜占庭人和巴斯克人争斗，但是他低估了这些战争的严重性，将其视同竞技场上的表演项目。巴斯克人的敌对活动一定仅限于劫掠，但拜占庭的反击必定是更大规模的。可能的情况是，拜占庭成功地收复了之前被莱奥维吉尔德占领的某些领地。我们所知的信息来自一份卡塔赫纳（Carthagena）——拜占庭行省的首府城市——的铭文。大约在 589—590 年，拜占庭人和西哥特人交战，据记载，罗马贵族、西班牙军队司令（*magister militum Spaniae*）科曼西奥鲁斯（Comenciolus），被皇帝莫里斯派去反击蛮族敌军（*hostes barbaros*）⑤。在这次出征期间，雷克雷德还请求教宗大格列高利对拜占庭人施加影响，以求获得一份在拜占庭征服时期与西哥特人之和约的文本——曾经在大格列高利的影响下，塞维利亚的利安得和这位国王改宗了大公教会教仪。教宗建议雷克雷德反对这一和约，可能是因为在此和约中拜占庭所记录在案的占领地大于雷克雷德时期的占领地。

与其父莱奥维吉尔德不同，雷克雷德保持了与贵族们的良好关系。据比克拉罗的约翰记载，他将前任各代国王，特别是他的父亲没收贵族的财产归还给了这些贵族。教会也受益于他对教堂和修道院的基金和捐赠。据伊西多尔记载，他的赋税政策大致同前，他或者批准免税，或者确保拥有相应职能的官员不越权进行不公平的征税。雷克雷德在托莱多第三次大公会议上制定了这项法令，将对财税官员的监督权交给主教们。他还颁布了一项法律来加强这种监督的作用，命令主教可以公开谴责任何滥用职权的行为。⑥

雷克雷德去世于 601 年，由他的儿子利乌瓦二世（Liuva Ⅱ）继任，这是该家族的第四代王位继承者。两年之后他被废黜。维特里克（Witteric）领导了这场阴谋，导致利乌瓦二世被废并死亡。维特里克来自高级贵族，曾经参与梅里达（Mérida）的阿利乌斯派叛乱，反对雷克雷德。随后，他通过告发他的同谋者的方式保全了自己的生命。通过废黜利乌瓦二世，贵族们实质上阻止了王位继承之世袭原则的确立，在此之前他们借由雷克雷德的政策，实力大增。将王权的荣光限制在一个家系中，这势必强化王权制度，削弱贵族的地位。维特里克

⑤　该铭文见于 Vives（1969），pp. 125 – 126。
⑥　*LV* xiii. 1 – 2. 407 – 408.

一度把持权力（601—610 年在位），但没有改变前任国王们对法兰克人和拜占庭人的政策，也没有任何证据显示他在宗教政策上有任何改变。他也是一场阴谋的牺牲品：使他登上王位的阴谋活动又在他身上重演了。

西哥特的君主政体与拜占庭在该半岛统治的终结

从 610 年维特里克被刺身亡到苏恩希拉（Svinthila）631 年被废黜之间，出现过几位国王。⑦ 这两位国王统治期间最重要的成就是摧毁了拜占庭在该半岛的势力。这些君主懂得如何利用拜占庭帝国经历波斯战争带来的危机，最终将拜占庭人逐出西班牙⑧。其他常规事务是与阿斯图里人（Astures）和巴斯克人的斗争。尽管西哥特取得了一些胜利，但这些人没有被击溃，直到托莱多王国灭亡，他们一直是西哥特的敌人。这个时期也以王位的争夺为标志：弑君和废黜国王事件发生的频率骇人。虽然这一时期没有在托莱多召开大宗教会议，但教会继续通过教省主教会议干预世俗生活，国王继续在宗教事务中发挥作用。

关于国王干预宗教事务之最重要的例证是国王贡多马尔（Gundemar，610—612 年在位）的决策。他与整个王国的主教达成协定将卡萨基纳西斯行省的地区性宗教省会移到托莱多。事实上，托莱多已经成为与卡佩塔纳（Carpetana）教省和凯尔特伊比利亚（Celtiberia）教省相关的都主教领（metropolitan see）在发挥作用，而此两省似乎已经从卡萨基纳西斯脱离出来。现在，托莱多成为卡萨基纳西斯所有教会的宗教首府，对于卡塔赫纳（Cartagena）这个仍处于拜占庭控制下的城市行使大主教职权，因此这就强调了西哥特君主权与拜占庭帝国的关系。托莱多都主教职位，作为王城的主教，转而成为西哥特教会的首席教士，其权威延展到整个王国。这是通过 681 年托莱多第

---

⑦ 这一时段的资料，我们继续依靠伊西多尔的《哥特人史》（the Historia Gothorum of Isidore of Seville），它所记载的时段接近苏恩希拉（Suinthila）在位期间；这一时期的一些信息在法兰克人的《弗雷德加编年史》（Chronicle of Fredegar）中得到补充，它涵盖有关西哥特王国某些资料。还有《754 年编年史》（Chronicle of 754）由一位穆斯林统治下的西哥特传教士撰写，也叫《穆扎拉布编年史》（Mozarabic Chronicle）。还有若干行省会议的法令集和国王西塞布特（Sisebut）的书信集等。

⑧ 有关 7 世纪的拜占庭参见 Andrew Louth 所作前文第 11 章。

十二次大宗教会议的第 6 条教规确立起来的，贡多马尔的敕令就保存在这些法令中。

贡多马尔死后，西塞布特（Sisebut，612—621 年在位）登上王位。他是一位非常有学问的人，他的一些书信、诗文，以及一部使徒传记作品《圣德西德里乌斯传》（*Vita Sancti Desiderii*）保存下来。他作为一位宗教人士享有美名；他的一些信件反映出他曾尝试使伦巴第国王皈依大公教会教义。他的宗教观点是明确的，尤其表现在通过立法制约犹太人方面[⑨]。反犹太人法律在罗马法中有古老的根基。收录在托莱多第三次大宗教会议第 14 条教规中的一些规定，禁止犹太人与基督徒通婚，禁止其购买基督徒奴隶或担任公职，这些规定不过是《狄奥多西法典》（*Codex Theodosianus*）中那些条例的复制，后来收入《阿拉里克法律要略》（*Breviarium Alarici*）中。雷克雷德曾经通过颁布一部法律，迫使对基督徒奴隶行割礼的犹太人无偿地释放他们。西塞布特力度更大，他禁止犹太人拥有基督徒奴隶（这类规定在《查士丁尼法典》中也曾经出现），还迫使犹太人毫无保留地出卖或释放这些基督徒奴隶，不得求取补偿和效忠（*obsequium*），也就是说，放弃对这些奴隶的控制权。他还下令没收前任国王给犹太人的馈赠赏赐，并重申了禁止犹太人与外族人通婚的古老命令，希伯来人如果劝诱基督徒皈依犹太教，则判处其死刑，随后没收家产，同时用多种刑罚惩处皈依犹太教的基督徒。

反犹法律使希伯来人在社会、经济、政治关系中边缘化，这一定间接地导致大量的犹太教徒改宗。伊西多尔不无批判意味地指出，西塞布特迫使许多犹太人改宗大公教信仰，事实上这正是 633 年托莱多第四次大宗教会议上所谴责的焦点。由于宗教原则和政治原则的同一，分析一下托莱多第三次大宗教会议就可以明白，犹太人由于隔离于属于上帝的虔信者（*fides*）之外，因而被排斥于追随国王的附庸（*fides*）之外。这样看来，他们不仅造成了宗教问题，也造成了政治问题。从这种意义上讲，民事的立法及大公教会的法规制定非常重要，强调了所谓的犹太人问题，也包括那些脱离犹太教的改宗者。这类改宗者的数量不断增加，是教士和君主们意图消灭犹太教信仰而持

352

---

⑨　*LV* xii. 2. 13 and 14，pp. 407 – 408，418 – 420.

续努力的结果。

　　西塞布特还是一位杰出的勇士。他在位期间，对拜占庭人和半岛上的半独立人群发起了数次军事行动。据伊西多尔记载，西塞布特赢得了对拜占庭人的胜利，占领了拜占庭人的一些城市，其中就有马拉加（Malaga）。这一点我们可以从 619 年在塞维利亚召开的一次教省主教会议的法令集中得到。这场战败使得拜占庭地方长官，显贵者恺撒里乌斯（Caesarius）求和。虽然西塞布特与恺撒里乌斯的通信中并没有提到这项和约的重要细节，但可以相信拜占庭的领土已经被限制在卡萨基纳西斯城和沿岸其他一些据点。在西塞布特派遣将军出去打击的半岛上的那些半独立人群中，伊西多尔提到了罗科纳斯人（Roccones），该族群曾经受到苏维汇人（Sueves）攻击，现在则被苏恩希拉公爵（dux Suinthila）打败，还有阿斯图里人（Astures），他们在起兵叛乱之后就被雷奎拉（Requila）将军击败。

　　似乎是一场阴谋终结了西塞布特的杰出统治，因为伊西多尔声称这位国王可能是被毒死的。他的儿子和继承人、年轻的王子雷克雷德二世（Reccared Ⅱ），在登上王位几天后就去世。最后，苏恩希拉（Suinthila，621—631 年在位）登上王位，他是一位老道的行省公爵（dux provinciae）和经验丰富的将军。在其统治之初，他亲自发动了对巴斯克人的一场战争，据伊西多尔记载，巴斯克人袭击并摧毁了塔拉戈南西斯（Tarraconensis）。当他们被打败之后，即被强令为哥特人建造奥罗吉库斯［Ologicus，即奥里特（Olite）］城堡。就像之前的莱奥维吉尔德建造维多利亚城（Victoriacum/Vitoria）那样，苏恩希拉下令在巴斯克人居住区建造这一要塞，就是要限制巴斯克人在埃布罗河（Ebro）河谷一带的攻击。对阿斯图里人和巴斯克人的长期战争背后，隐藏着这些族群与西班牙—哥特社会在社会结构方面的差异。巴斯克人和阿斯图里人仍然保持着过去部落的特征，虽然偶尔被哥特君主打败，但哥特君主从来没能完全统治他们。[10] 苏恩希拉对拜占庭人取得了更大的军事胜利。据伊西多尔记载，相较于所有其他国王，苏恩希拉取得了一项更胜一筹的军事胜利，因为他是第一位统治整个西班牙内海的国王，这意味着他终结了拜占庭人在该半岛的存

353

_____

[10]　Barbero and Vigil（1974），pp. 51 – 67.

在，这个事件被定位在 623—625 年。[11]

苏恩希拉让其子雷奇默尔（Recimer）与其共治，但这对父子在631 年的一场政变中双双被废，这场政变由显贵者西森纳德（Sisenand）发动，得到了法兰克国王达戈伯特（Dagobert）的帮助。这位法兰克国王从图卢兹（Toulouse）派遣一支军队，由阿邦当西尔（Abundancio）和韦内朗多（Venerando）两位将领统率，到达萨拉戈萨（Saragossa），西森纳德在这里被哥特人拥立为王。弗雷德加（Fredegar）使用这一史实资料来说明苏恩希拉是一个不公正的国王，所以哥特人憎恨他。这与伊西多尔早年间的挽歌相悖，伊西多尔将苏恩希拉描述为借上帝之护佑接受权杖的人，说他具备一个好的君主所应有的全部美德，称他是"穷人之父"。这种反差可以解释为，在其统治的最后数年，苏恩希拉与教会和贵族的关系恶化导致其被废。在 633 年托莱多第四次大宗教会议上，西森纳德对王权的控制变得合法，塞维利亚的伊西多尔是其始作俑者，会上，苏恩希拉被指控犯有各种罪行。这次会议试图迫使苏恩希拉正式放弃他的权力。这位被废的国王并没有丢掉性命，但他和他的家人被开除教籍并流放，动产也被没收。据这次会议的神父讲，他们的地产是通过苛捐杂税从穷人手中攫取的。在 7 世纪，这等于是说他们的地产是从教会手中攫取的。

王权的神圣化和王权制度的发展

这里，有必要将苏恩希拉的被废置于贵族与国王之间为维护自己的利益而导致紧张关系的大背景中来理解。如我们所看到的，受到晚期罗马和同时期拜占庭模式影响的王位共治体系并不能杜绝暴力废黜国王事件的发生。正如那些法兰克国王所经历的，这种暴力事件不但严重削弱了王权的权威，而且危及王国的稳定，将国家暴露在传统敌对势力的侵扰之中。在苏恩希拉被取而代之以后的统治期内，政治领域被宗教人士的活动所主宰，他们通过强化王权制度并规范王位继承程序，在贵族与君主之间的紧张冲突中找到了一条出路。教会扮演的

---

[11]　Vallego Girvés（1993），p. 307.

354　角色远非仲裁人，它与贵族联手，通过宗教会议强化了教会和贵族在管理国家中的作用。

其中第一次宗教会议由西森纳德（631—636 年在位）召集，旨在使他的王位继任合法化。塞维利亚的伊西多尔是 633 年托莱多第四次大宗教会议的关键人物，会议所推出的政治和宗教信条要归功于伊西多尔。尽管事实上这次会议的目标之一是使西森纳德的掌权合法化，同时还试图避免暴力行为的升级，因为暴力行为可能会危及国王的生命和哥特王国的稳定。第 75 条教规一开始就提醒人们回顾一下对国王宣誓忠诚的神圣誓言，人们如果背弃对国王之承诺，就等同于背弃了对上帝的信仰，因为他们是以上帝的名义做出承诺的。这条教规还强调，无论何人违背了对国王的誓言都将被开除教籍。同样，它坚持王权的神圣本质和君主的神授地位，鉴于此，任何人都不应该企图伤害他的性命：*nolite tangere Christos meos*，这是神父们所铭记于心的。这条教规还强调，国王们应该平静地死去，并且应由贵族和主教选择他的继任者，这是一个被后来的历次宗教会议不断发展的选任原则。

这次会议，因采用了与国家议会相同的结构，对于西哥特教会和王国的生活具有重要影响。虽然自托莱多第三次大宗教会议开始，有过一系列全体的大宗教会议，但却是第四次大宗教会议（the Fourth Council）的神父们做出了决定，宗教会议的召开应该常规化，以使之与教省主教会议相区别，并指出，大宗教会议需要考虑的是信仰或者所有教堂之日常事务的问题。这些大宗教会议召集了 11 次，总是由国王提议召集，会上除了号召主教纠正滥用教规和教理的问题外，还主张召集会议对国王诏令（*tomus regius*）进行审议，所有这些问题对于王国的管理都有重要意义。[12] 鉴于此，这些会议的内容不限于教会问题，还延展到与理论原则一致的政治利益问题，这就维护了精神权力与世俗权力之间的和谐统一，这在托莱多第三次大宗教会议中已经显而易见。

---

[12] 托莱多会议的连续召开从 589 年第三次会议开始，到 702 年第十八次会议截止。然而第九次和第十一次具有省级会议的特征，第十四次会议中仅涉及了理论问题。第十八次会议的法令没有保存下来；这些会议的法令集是托莱多的西哥特王国的重要史料来源。关于托莱多会议，见 Abadal（1962-3），pp. 69-93，和 Orlandis and Ramos-Lissón（1986）；acts ed. Vives（1963）。

在基恩提拉（Chintila，636—639 年在位）短暂的任期内，召开了两次托莱多大宗教会议，分别是第五次和第六次。第五次大宗教会议是在他统治之初的 636 年召开，之前会议涉及的公共利益的议题，几乎是这次会议处理的唯一问题。这些教士一方面坚持国王之人身的不可侵犯性，禁止伤害国王的性命，禁止侵犯他的子孙后代或财产；另一方面为避免更进一步的阴谋，对于那些在国王生前犯谋逆罪的予以开除教籍。为了强化这一点，参会教士们声称，以后的会议上都要颂读第四次大宗教会议的第 75 条教规，因为它首次讨论了这些问题。教士们还规定一定要从哥特贵族中遴选国王，王位继承人不允许剥夺其附庸（*fideles regum*）的产业，或者凭借他们的忠诚获得的合法财产。

两年之后，在 638 年的托莱多第四次大宗教会议上（原文如此，从上文看，应该是第六次大宗教会议，下面的提法也有问题——译者），再次提出了这些议题，并进而规定不能剥夺王的附庸们的公职，他们不但可以保有从君主那里获得的财产，而且可以传给他们的子孙后代，除非他们不再奉献他们的忠诚并不再提供可靠的服役（*fidele obsequium et sincerum servitium*），违背了对君主的忠诚誓言或者未能履行他们的职责。参会的神父们决定：更为正当合法的是，上帝的教会将掌控君主们赋予教会、供其永久支配的产业，因为这些财产是穷人们的福祉。大会再次坚持国王及其子孙后代及财产的不可侵犯性，并规定：任何企图伤害国王性命的人都应由国王的继承者进行复仇，否则将会被认同为犯罪者的同党。最后，关于王位继承，对获得王位的途径进一步限制。任何通过暴力夺取王位的人，以及由于宗教惯例削发或被耻辱地剃须的人，以及身为奴隶者及外邦人都不能被选为国王。

西森纳德和基恩提拉的统治是西哥特王国政治制度发展的一个里程碑。随后的历届托莱多会议通过神化国王个人，强化了君主制度。为国王涂圣油的传统可能是在托莱多第四次大宗教会议上首次制度化。王者的涂油礼，是一项授予国王神圣地位的仪式性的行为，西哥特的教士们受到《圣经》之先例中的启发，采用了这项仪式。它还通过使国民与国王之间依靠效忠誓言建立起来的联系神圣化，而强化了王国的内聚力。这种发誓的方式似乎起源于日耳曼，看上去是古老道义之上的重要的附加因素，即不可对国王和哥特人的王国有谋逆之心。然而，更多的积极成分亦得到发展：例如，王的附庸有义务保护国王的生命和国家的利益。[13]

356 　　同时，这些法规给予参会教俗贵族参与国家管理以宗教上的支持，并强化其财产权利。它们青睐一种选任国王的制度，教俗贵族同时拥有选任国王的权利。它们强化了王的附庸们凭借其效忠于国王而获得财产和担任公职的权利。在这里有必要强调，维系着国王与其臣民（包括教士）之间关系的"服从"（*fides*）或者"忠诚"（*fidelitas*）的意义，这些语汇用于表述个人与个人的依附关系，它不仅有详尽的对国王和国家的义务，而且也包括国王一方对其附庸的相应责任。

　　尽管之前的会议采取过预防措施避免通过暴力方式继任王位，而另一种方式——幸运的是不流血的——阴谋方式，旋即而来。据弗雷德加记载，国王基恩提拉计划让其子在自己死后继承王位。年轻的图尔嘉（Tulga）被立为王，但在其统治的第三年他就被废黜并被削发做了修士。根据托莱多第四次大宗教会议的建议，这就最终取消了他继承王位的资格。贵族基达苏伊塔（Chindasuinth）取代他，被为数众多的哥特"元老们"和大部分民众推举为王。

基达苏伊塔和雷切苏伊斯的统治

　　基达苏伊塔和他的儿子雷切苏伊斯（Reccesuinth）的统治历经了一个较长的时期（642—672 年），在此期间两人完成了大规模的立法活动，其中以《法律书》（*Liber Iudiciorum*）的颁布为顶峰。这是一部法律汇编，由基达苏伊塔时开始，而由雷切苏伊斯在 654 年完成。[14] 这部新法典合并了为数众多的称为《旧律》（*antiquae*）的法条。这些旧律大部分是对莱奥维吉尔德法典的修订，还有一些是对雷

---

⑬　关于附庸所发誓言的内容及涉及义务，见 Barbero and Vigil（1978），pp. 126 – 154.

⑭　这部 *Liber Iudiciorum* 由泽莫尔（Zeumer）在 1902 年与其他西哥特法典一起编辑出版，冠名为《西哥特法典》（*Lex Visigothorum*）。西哥特法律一直是各派学者因其领地特征激烈争论的焦点，参见 García Gallo（1942 – 43）and（1974）and D'Ors（1956），还有一些意见，强调其早期阶段作为国家的法律的特征及其第二阶段涉及地方管理方面的特征，这是 *Liber Iudiciorum* 的创举，参见 Thompson（1969），pp. 57 – 58，King（1972），pp. 6 – 18，and Pérez Prendes（1991），pp. 71 – 78。

克雷德和西塞布特立法的修订。但相当多的法令是由基达苏伊塔和雷切苏伊斯制定的新法，虽然其中有一些仅仅对《阿拉里克法律要略》（*Breviarium Alarici*）的旧法做了微小的改动。[15] 这部新法典取代此前所有较早的没有收入《阿拉里克法律要略》的法典，尤其是其没有收纳进夫的罗马法。这部法典无论如何不能被认为是一部具有日耳曼特征的法典，因为它是按照罗马法制传统制定的，使用的是罗马法的概念，只在特别情况下才运用日耳曼的法律原则。[16] 它的颁行反映了，经过两个世纪之久的积累，为适应当时的社会环境而调整法律的需要，不再适应社会需求的旧法被修改了。在雷切苏伊斯的法律中，值得关注的是那些严酷的反犹法律，其中从事逾越节的庆祝活动和其他仪式例如割礼，都是被禁止的。在其后的统治中，一些新的法律被纳入这部《法律书》（*Liber*）中，到厄维克（Ervig）统治时期发行了一个重新修订的版本。

357

收入《法律书》中的法令显示，大多数西班牙—哥特人口仍然保持着被奴役的身份。考虑到"被释奴"（freedmen）这一词语出现的频率，这时的被释奴数量是很多的，但是没有提到佃农（tenant farmers）的存在。直到619年的一份会议资料才证实到隶农（*coloni*）的存在，这种缺省状态与佃农生活境况的恶化有关；他们除了被束缚在土地上，还受到其主人（dominus）的约束，于是，立法者最终忽略了佃农与隶农之间的细微差别，将两者都归入农奴（*servi*）的范畴。[17] 这种解释与被释奴境况的演进是一致的，他们使自己的释奴逐渐加强了依附性，甚至持续至其终老，并将这种依附性传给他们各自的后代子孙。这种依附性纽带的强化也延伸到自由的被保护人（*in patrocinio*），作为被释奴，他们从其保护人（*patroni*）那里获得财产，被保护人对于这部分财产只有有限的处置权，并需付出其劳役作为回报。被保护人的依附关系也是世代相传的。[18] 从这里可以看出，对于多数劳作于地主之土地上的、身处奴役地位的人的束缚，因少数保护

---

⑮ 基达苏伊塔的99条法律和雷切苏伊斯的87条法律是这两人统治时期的重要史料来源，此外还有宗教法令集提供的史料，以及弗雷德加和《754年穆扎拉布编年史》（*the Mozarabic Chronicle of* 754）提供的较少的信息。

⑯ Zeumer（1944），p. 81.

⑰ King（1972），p. 161.

⑱ Barbero de Aguilera and Vigil（1978），pp. 22–33.

人或者主人（*domini vel patroni*）的利益而被强化了。[19] 这个保护者之社会群体在司法领域的卓越性表现，西哥特法律在执行刑罚裁决和赔偿金的时候，对于贵族和一般自由人是有区别的。在涉及地位卑微的人之诉讼案件中，高贵者（*maiores*）总是得到更高额度的赔偿，而尽可能使卑微者（*humiliores*）丧失自由。

358　《法律书》中的立法也反映出在领土管理上的创新，其特点是彻底取消了军队和民政管理的分界，类似于拜占庭的管理方式。[20] 因此，到基达苏伊塔统治时期，各行省督军（或公爵，*duces provinciae*）们在其旧有的军事权力之上，又增加了其他一些具有司法审判性质的权力，取缔了原来的省督（*rectores*），该职位不再被提及。在另一个较低的层级，这种演进开始得更早。民政官（伯爵，*comes civitatis*）从其在图卢兹的西哥特王国出现之初就承担了军事、司法和财政权力，其权力随着古罗马的地方行政官的消失而增长，然而，保民官（*defensor civitatis*）一职晚至基达苏伊塔统治时期才被提到。伯爵（*comes*）统辖之下有另外两位地方行政的代理人，即伯爵助理（*vicarius comitis*）和千夫长（*thiufadus*）。后者源自军队千夫长一职，就如行省公爵（*dux*）那样，在其权力范围内增加了司法职能。到这一时期，公爵（*duces*）和千夫长（*thiufadi*）可能也负有财政职责，虽然这种职权直到厄维克于 683 年颁布的一项取消税赋的敕令中才被提到。一些公爵似乎已经担任了宫廷总务伯爵（*comes cubiculariorum*）以及其他宫廷职务，例如圣库伯爵（*comes scanciarum*），这类与君主私产有关的职务，无疑是必定要担负起供养一支军队的责任。[21]

另一个革新之处是，国王重要的有权势的依附者或其"财务官"（*servi fiscales*）开始承担国库资源和王室地产管理者的角色，甚至包括了一些原御前省（*officium palatinum*）官员的责任（御前省，即由服务于国王和王国中央行政系统的不同部门组成的宫廷朝臣机构），他们的头目是领有伯爵（*comes*）头衔的权臣。由此，国王可通过忠

---

[19] 最近的历史编纂学出现了这种假设：在蛮族君主统治下，奴隶制得到强化，并且奴隶必定没有消失。无论如何，我们认为，通过保护人—被保护人关系减少对自由农民群体的奴役，这是更重要的事实。比较 Loring and Fuentes（1998）。

[20] 我们没有采用 Thompson（1969）的观点，第 216 页。他认为这些革新是剥夺西班牙—罗马贵族政治权力的政治措施的结果。参照 García Moreno（1974a）对于西哥特王国行政管理的详细研究。

[21] Barbero and Vigil（1978），pp. 84–85.

实于自己的官僚体制来制衡贵族们的权力。在 683 年托莱多第十三次大宗教会议上的决议试图终止奴隶和被释奴对这些职能的垄断，可以作为这种现象存在的例证。这种解决方案很像拜占庭所实行的方法，在牺牲中央行政机构某些职能的代价下，皇帝的内务总管（*cubicu-lum*）的权力日盛，这个机构正是由奴隶和宦官组成的。

　　基达苏伊塔（642—653 年在位）的统治是强硬而有力的。据弗雷德加记载，他打压贵族，下令处死了 200 个高级贵族（*primates*）和 500 个中级贵族（*mediocres*），流放了其他人，并将他们的妻子和女儿及家产赐予自己的附庸（*fideles*）。基达苏伊塔以法律手段来实现他的政策，强化王权，并在其统治的第二年颁行了一部法律，旨在打击逃亡者和那些被指控犯有叛国罪者或阴谋策划者。[22] 那些企图反对国王和哥特民族统治的人可能会判处死刑和没收家产。这部法律是如此严苛，在减轻量刑的情况下，国王只能将死刑改为将罪犯致盲或退回被没收财产的 1/20 作为补偿。此外，为使该法律的实施更有保障，重要的达官贵人、平民及教士都得为此专门宣誓。两年之后的 646 年，基达苏伊塔召集了托莱多第七次大宗教会议，讨论这些行为的严重性，并决定如果神职人员犯了这类罪将被解除职务并开除教籍。开除教籍的惩罚同样延展到包括平信徒。它还强调神职人员应保持对国王的忠诚，提醒他们遵守誓言，不要背弃自己的承诺转而赞同其他君主的声明。因为他的严苛，基达苏伊塔作为一位国王受到其同时代人的苛责。因此托莱多的尤吉尼乌斯（Eugenius）为他作了一首诗，在写给他的碑文中描述他不敬神、不公正、没有德行。然而，基达苏伊塔与其他杰出的神职人员建立了友谊，例如萨拉戈萨·布劳里奥（Saragossan Braulio），他在政治事务上为基达苏伊塔提供建议，例如让其子参与共治，他还是基达苏伊塔在立法工作中的合作者。除了他的立法工作，必须将国库的整顿归功于这位国王，这无疑得益于他对贵族财产的没收，可能还得益于较高效率的税收。与前代相比，他统治期间的法律体系和货币体系得到改善，这就是他的这一整顿活动的成果。[23]

　　359

---

[22]　*LV* ii. 1. 8, pp. 53 – 57.

[23]　Grierson（1979）, xii, p. 86.

基达苏伊塔持续地采取强化王权的措施，在 649 年使其子加冕参与共治，亦是另一项试图建立一个辉煌朝代的措施。雷切苏伊斯确实于 653 年在其父死后继承了王位，虽然这次继任远非和平的。一位西哥特贵族弗洛亚（Froya）试图夺取王位，他与巴斯克人结盟进军埃布罗（Ebro）河流域，包围了萨拉戈萨。㉔雷切苏伊斯（653—672 年在位）的统治意味着贵族及教会和王权之间关系的变化。在其统治的第一个月，这位新王自作主张召集了托莱多第七次大宗教会议（原文如此，上文提到其父召集了第七次托莱多大宗教会议，但此处又是第七次，根据相关资料的查证，这一年的大宗教会议应是第八次——译者），会议在 653 年 12 月召开，其主要任务就是修订其父的政治纲领。大多数主教参加了这次会议，并首次有一群修道院院长和来自御前省的世俗显贵（如果我们忽略不计那些在第三次托莱多会议上宣布放弃阿利乌斯派信仰的哥特贵族的话）参加该次会议。他们的出席是一次革新，此后成为惯例，它使教会和贵族在日后的发展过程中有了更大的内聚力。配合修订法规的任务，会议讨论了针对那些按照反外逃和叛国法被指控叛国罪的人给予减刑的可能性。经过了长时间的讨论，宽容之心战胜了因违背以上帝名义所立誓言带来的不便。然后讨论了所有英明的统治者都必须执行的条款。需要特别详细说明的是王位继承应该由主教和宫廷显贵在托莱多选举产生，或者在前任国王去世的地方进行。最终，会议作为高等法院行使其职能，发布了一项法令。在斥责了王公贵族的贪婪之后，会议进而对两种财产进行了区分：在基达苏伊塔登基之后获得的财产和他在登基之前就已经拥有的通过继承或者其他合法途径获得的财产。按照会议的决定，后者可以传给子孙后代，但前者只能由雷切苏伊斯作为王室财产所有，"通过这种方式，每个人可以获得本应属于他的，剩余部分将按照这位君主的意愿用来救济他的国民"㉕。

上述针对基达苏伊塔登基之后财产的规定对于贵族和教会的利益是极为重要的，它尽可能地防止了某个家族的地位过度提升，以保证王权的荣耀由一支血脉传承，并保证他们能享用国库的财富，这是他

㉔ 关于基达苏伊塔之即位，见 Orlandis（1977），pp. 168 – 169。

㉕ "ita ut iuste sibi debita quique percipat, et de reliquis ad remedia subiectoru m… principis voluntas exerceat", Vives（1963），p. 292.

们的"正当"权利；同时托莱多第五和第六次大宗教会议中确立的对君主的宣誓效忠的制度。雷切苏伊斯在该会上颁布的另一项法律是强化宗教会议的管理，确保此后没有人能被君主随意地剥夺财产，并修订准则使滥用权力没收的财产可以被归还。此外，与这项宗教法令同时颁行了另一项法律，规定所有在苏恩希拉统治时期由国王获得的财产，如果尚未通过遗嘱的方式处置，应该被纳入王室财产，并由继任者处置。

旺姆巴（Wamba）、厄维克和军事改革

雷切苏伊斯的继承人旺姆巴（672—680 年在位）是西班牙西哥特国君王中最为著名的统治者之一，这得感谢与这位国王同时代的托莱多大主教朱利安（Julian）所写的《历史上的旺姆巴》（*Historia Wambae*）（原文如此——译者）一书。该书开始于旺姆巴于雷切苏伊斯的国王选举，这是一座距离王城 190 千米远的小城，选举发生在切提克斯（Gérticos）去世当天，旺姆巴直到 19 天后才在托莱多接受皇室的涂油圣礼。尽管从朱利安的言语中可以推断涂油仪式早已被时人知晓，但却是第一次被证明存在，它是由都主教基利克（Quirico）所主持的。

这一年，旺姆巴不得不面对一场由尼姆（Nîmes）伯爵希尔德里克（Ilderic）牵头，在塞普提马尼亚发动的起义。旺姆巴派遣行省督军保罗（Paul）去镇压，但是保罗反而带领塔拉戈南西斯（Tarraconensis）当地贵族中的一支重要军队造反了。保罗和希尔德里克及其下属达成协议，并且在纳尔榜（Narbonne）自立为王。他接受涂油礼并且写信给旺姆巴，称自己是"受膏为东方之王的弗拉维乌斯·保罗"（*Flavius Paulus unctus rex orientalis*）。接着他在西哥特人传统的敌军中瞄准新的盟友，例如法兰克人和巴斯克人。[26] 那时旺姆巴正在对付巴斯克人，他以一场速决战征服了巴斯克，并迫使他们接受一项释放人质及缴纳贡税的合约。之后这位国王赶赴高卢，在征服了塔拉戈南西斯地区的巴塞罗那（Barcelona）和赫罗纳等城市之后，他

---

[26]　因为法兰克人参与起义，参见 Fouracre 所写本书第 14 章。

兵分三路，以分别穿越比利牛斯山（Pyrenees）三条不同的隘口，占据了一些防寨并驻兵保卫。在纳尔榜地区，他将各路军队整合，攻取了纳尔榜和其他城市，并最终占据了保罗退守于其中的尼姆，保罗在此地缴械投降。这场获胜的战役并没有以对反叛者的杀戮作为结束，旺姆巴接受了纳尔榜大主教请求宽恕自己和其他参与叛乱人士的请愿书，赦免了他们。当这位国王凯旋托莱多时，耀武扬威地押解保罗和他的同谋与自己的军队一起入城，在公众面前游行于大街上，受到羞辱。

　　由于这场反叛和他对保罗征战的胜利，在这之后不久，旺姆巴公布了一项重组军队的法案。[27] 主要分为两部分：一部分是针对来自外部的攻击，另一部分则针对内部的叛乱。在第一部分中，它要求主教、各等级的牧师、军事首领、公爵、伯爵、千夫长、伯爵助理（uicarius）和侍卫（gardingus）以及任何一个在发生了袭击事件的领地上的人，或在方圆 160 千米的邻近领地上的人们，都必须立刻在这些公爵、伯爵、千夫长或者伯爵助理告知这种危险时，起而驰援。[28] 他们都有义务带领自己的武装部队前往，如果他们没有履行义务，并且相关行省受到破坏或者有人被俘，那么他们将会遭受惩罚。主教和其他高级教士也要因该事件导致的损失而从他们自己的产业收入中给予赔偿，否则将会被流放；同时，剥夺低等级的教士和任何等级的平民在司法程序中做证的权利，并被籍没为奴或者顺从国王的意志而被流放，他们的财产将被没收充公以作为对失去财产者的补偿。在第二种情况下，就国内叛乱而言，对平民和主教的惩罚是同样严格的：都是没收物资和流放。

　　这个法律文本证明了一个无疑具有重要意义的现象：在 7 世纪的最后几十年里，西哥特军队仍然没有失去它的公众特性，因为这支军队是由法律控制，这决定了军事首领的权威，他们都得接受官方的指令。它由各种不同类别的军队所构成，包括公有的和私人的。西哥特

---

　　[27] *LV* ix. 2. 8，第 370—273 页。关于这部法典和后来厄维克的法律之描述，参见 Barbero and Vigil（1978），第 140—150 页，Pérez Sánchez（1989），第 155—174 页。

　　[28] *Gardingos* 一词，根据 *Sánchez Albornoz*（1974），第 77—88 页中的描述，是指源自日耳曼人侍从兵（*comitatus*）的王室侍从，类似于墨洛温朝的亲兵近侍（Merovingian antrustiones）；虽然在此处而言，他们似乎被赋予军事指挥权。然而，就资料本身来看，我们不能将他们与那些有行政管理权的人们相提并论：旺姆巴的法律并没有把这类人与那些有权号召人们武装起来战斗的高级官员置于同等地位。

王国的军事首领在受命后持有永远的兵权，并且从大地产上获得给养和兵员的补充使军队不断强大，这些财产是指挥官们私人占有或因担任官职所获取。除了这种军队，还有来自教职人士的军队，其组建方式相同，另外也有一些并不担任公职的大地主的军队。

旺姆巴的统治在 680 年 10 月突然因一次阴谋而终止，这是通过不流血的、貌似合法的手段实现的。根据几个月后在托莱多召开的第十二次大宗教会议的决议可知，这位国王得了一场重病，在御前显贵们面前接受了赦免并按照宗教传统接受了削发。根据托莱多第六次大宗教会议的决议，表明他不再具有继续占据王位的资格。显然，旺姆巴也签署了文件，该文件被大宗教会议详细审核确认，在此文件中，旺姆巴选择厄维克（Ervig）作为他的继承人，并请求托莱多的都主教朱利安立即给他涂油。然而，9 世纪末以后出现的一部阿斯图里亚斯编年史记载，旺姆巴被下了毒，反叛者剃光了他的头发，给他穿上教士的衣服，因此迫使他不再享有参与公共生活的权利，并以修道士的身份终老。这个叙述旺姆巴被废黜退位的说法似乎是有理可循的，因为在教父们出席的托莱多第十二次大宗教会议上所制定的第二条规则就讨论了这类失去自我意识者之接受惩戒的条例，会议上显然针对这位国王而宣布，"他们无论用何种方式接受处罚，都将永远不可再佩戴军事徽章"[29]。

旺姆巴的退位一定是与他所制定法令强加于教俗贵族之军事义务所产生的恶劣结果相关的。他的继任者厄维克（680—687 年在位）在其统治初期即开始修订这部法律，尽管这项任务十分复杂，并经历两次大宗教会议之后才在 681 年托莱多的第十二次大宗教会议上正式生效。[30] 这次大宗教会议同意使那些将因上述法律的颁布而失去权利的贵族们得以恢复了其旧时代的尊严和履行私人行为的权力。同样，那些曾经反对国王或大主教（patria）被开除教籍且受到新王庇护者得到了赦免。两年后在托莱多召开的第十三次大宗教会议上完成了这些任务，并决定归还那些曾经参加保罗的叛乱，甚至是在基恩提拉国王时代已经因其叛乱罪而名声受损害的那些人的个人行为权利；会

363

---

[29]　"*hos qui qualibet sorte poenitentiam susceperint ne ulterius ad militare cinculum redeant*"，Vives (1963)，p. 389.

[30]　该会议的决议和厄维克所制定的法律是研究其统治时期资料的主要来源。

议上也同意归还那些已被没收且还没有被王者赐予他人，或者因回报臣下的军役服务（*causa stipendii*）而转让的财产。在第二条法令中，出席会议的人请求代表那些因为不公正指控或迫于皇室压力而忏悔且失去尊严的人，确认教士和贵族都能享有程序保障，只能在由同阶层的人们所组成的法庭上接受公开审判。这一准则造成以教会与贵族为一方的势力和以皇权为另一方的势力出现明显的对立；它直陈国王们都是欺诈性审判的煽动者，并指责他们对贵族和教士暴力逼供，以证明他们有罪。这种方式使那些因反对王国而获罪之人成为无辜牺牲品。

厄维克对教会和贵族还做出了其他让步。这次大宗教会议的第三条法令批准了一条减免贡赋的王室敕令，该敕令中关于国王执政第一年所收取的税赋将用于公共事务的条款被删除，但那些已经收缴，却未由其征收者上交国库的贡奉除外；对于那些抵制这一让步的人则处以开除教籍的处罚。大宗教会议重视这则法令，不仅使其成为一则法令，而且将它融入行为准则，这似乎表明教会和贵族是这场财政特赦的主要受益人。这次大宗教会议的第六条法令也试图针对君主们所沿用的传统官僚主义之发展加以限制。此后，只有国王的释奴和财务奴隶（*servi fiscales*），才能够担任宫廷官员或者国库或者国王个人财库的管理者，而不是其他的奴隶或被释奴，以这种方式防止他们变得高傲，成为"其主人的刽子手"。

厄维克不仅通过大宗教会议整改旺姆巴的政治制度，而且使用民政立法颁布涉及军队的新法案。[31] 这位立法者抱怨，那些有义务带着其农奴赶赴战场的领主们所率领的战士不足其农奴总数的1/12，他确立了一系列法律原则，要求其所有的臣民响应王的号召，在指定的日期内加入国王的军队，或公爵（*duces*）和伯爵（*comites*）的军队。这部法律详尽说明每个人必须要遵守此法，无论是哥特人或罗马人，自由人或被释奴隶，亦包括财务奴隶（*servi fiscales*），都要率领占其农奴 1/10 数量的人应召入伍，并以自己的财产装备他们。如有任何抗命之举，那么，公爵、伯爵或侍卫，都将被剥夺财产且流放。千夫长和其他阶位较低者将会被处以削发的

364

---

③① 　*LV* ix. 2. 9，pp. 374 - 379.

刑罚，或被施刑 200 鞭并支付一定量的黄金，那些拒不执行者，将导致其遭受永久的奴役。

这部法律与旺姆巴所颁布法令中的一些内容有着密切的联系，但却缓和了对未完成任务者的惩罚。值得注意的是，神职人员被免除了参与战争的责任。另一项革新之举是根据当事人在统治机构或军队中的不同层级确定不同的惩治措施：只有那些低等级的人，且只有在其没有付出所要求的经济补偿时，才会受到削籍为奴的惩罚。最后，在旺姆巴时期，人们得尽全力提供军队，而厄维克的法律只要求率领 1/10 的农奴。所有这些修正并没有改变自旺姆巴以来所形成的西哥特军队之半官半私的性质。尽管国王并没有放弃亲自任命军官和指挥军队的权利，军队仍然是由多数的私人团体构成。

厄维克的立法工作没有停留于新法的颁布，因他也对《法令集》（Liber Iudiciorum）进行了新版本的修订工作，这部法令集在他统治的第一年，即 681 年 10 月 21 日颁布发行。在这部法典中由厄维克颁布并收集的法令中，那些反犹法令很引人注目。这些法令在托莱多召开的第十二次大宗教会议中由厄维克提出，并得到与会者批准，其中第八条条例非常严酷，甚至超过了先前立法的严酷程度。犹太教作为一个被明令禁止的宗派，犹太人被要求在一年时间内改变自己的宗教信仰，对逾越节和其他宗教习俗如割礼的禁令被一再重申。尽管未来民事和法规的制定将持续针对犹太教，由于这些措施，民事和法规只能是处理那些已经转变为基督教徒的犹太人了。

艾吉卡（Egica）及其建立家族继承制的企图

687 年 11 月中旬，在厄维克临死前，他将娶了自己女儿丝希罗（Cixilo）的女婿艾吉卡确定为王位继承人，超过了他自己的男性子嗣。这种继承方式似乎是同一个强势的贵族集团达成一致的结果，因为 6 个月后，在 688 年 5 月，艾吉卡召集了托莱多第十五次大宗教会议，想摆脱自己与岳父家族妥协的状态。关于艾吉卡与旺姆巴家族的联系，在 9 世纪末的阿斯图里亚斯的编年史中有所反映。艾吉卡在向第十五次大宗教会议提交的《陈情书》（tomus）中陈述，他受限于两条互相矛盾的誓言。在他和丝希罗结婚时，厄维克曾要他发誓必须保护国王的子孙；但是作为国王，厄维克同样要求他发誓公平地善待那些忠心于他的子民。在艾吉卡看来，厄维克家族在厄维克执政期间通过滥用职权及不公平的财产罚没获得收益，而大宗教会议相信，如果不犯伪罪证显然是不能同时恪守两则誓言的，所以第二条誓言应该更占优势，因为它的内容更加翔实、更有权威性，而且，它也强调艾吉卡不能置王室家族于不受保护的境地，而且，对王室的保护并不能阻止艾吉卡对他们有合法的诉求。在这个问题的背后，即艾吉卡对于违背誓言的恐惧的背后，核心问题是从厄维克时期起所没收的财产之最终归属问题，这笔财产业已传给厄维克的子女。而这位新的君主试图从他的姻亲手中收回这笔财产，以削弱他们的地位，防止他们将来有可能起来反对自己。

693 年，艾吉卡重新召开托莱多大宗教会议——第十六次会议，该会议的决议表明，此前不久发生了一起重大的国内叛乱事件。这场反叛是由接替托莱多大主教朱利安职位的西斯伯特（Sisbert）领导的，据该会议的决议称，他试图剥夺艾吉卡的土位并杀死他。这次大宗教会议行使了最高法庭的权力，它宣告西斯伯特有罪并免除了他的职位。然后与会人员再次接受了王室成员神圣不可侵犯的准则，由于国王是上帝所选中的受膏者，民众就要全身心地坚持对国王忠诚宣誓的义务。他们为那些被控告犯有叛国罪的人颁布严酷的惩戒法令，强化了原有法令的严酷程度。也就是说，对于教职人士，则行免职和流放的处罚；对于平民，则削减其应由国库发放的薪俸，免职，且没收财产（财产归国王所有）。而将他们逐出教会是一项额外的惩罚。

因这一事件的发生，艾吉卡所制定法律增加了两条。[32] 其一，民众向除国王之外的人宣誓，或者在法庭之外宣誓，对他们的惩罚将比照叛国罪施行。其二，则是规范实行效忠宣誓的方式：御前省的成员要亲自在国王面前表示尽忠，其他自由民则在被称为"证誓官"（*discussores iuramenti*）的人面前宣誓表示忠诚，证誓官为接受民众的忠诚誓言而在王国各处巡视。御前省成员和其他自由民如果没有正当理由而逃避这一责任，将会被剥夺财产，同时他们的家人和奴隶将交

㉜ *LV* ii. 5. 19, pp. 118 – 120 and ii. 1. 7, pp. 52ff.

由国王随意支配。这些法令强调所有附庸并不仅仅是一个权力受到限制的团体，他们需要对国王负责（这个解释在西哥特史籍资料中根深蒂固），包括他们的臣仆下人，也得服从国王的权力。

694 年，第十七次大宗教会议在托莱多召开，它的当务之急是处理犹太教问题。在艾吉卡向大宗教会议上提交的《陈情书》中，这位国王宣称了莫须有的犹太人的阴谋，并断言犹太教与海外的希伯来人相互勾结，认为他们在阴谋共同反对基督徒。该文件还声称，尽管他对犹太教很宽容，并且曾经将那些从犹太人手中夺取的基督徒奴隶归还给他们（因为这些奴隶对国王不够忠诚），但是犹太教徒却以转变信仰之真心承诺作为掩护，继续积极沿袭他们的宗教习俗和礼仪。最后，他要求会议针对犹太人及其财产做出一项确凿的决议。大宗教会议在会议的第十一条法规中回应了这位国王的诉求，同意剥夺犹太教徒的所有财产，包括妇女和儿童，并将其降为奴隶，分散发配到西班牙的所有行省。如果他们坚持自己对基督教的不忠（言行），那么将永远无法恢复自由民的身份。这位国王可以授予犹太人所控制的基督徒奴隶以身份解放令状，同时授予他们以前主人的部分资产。最后，7 岁及以上的孩子得离开他们的犹太父母，以接受基督教的教育。哥特人占领下的高卢地区（纳尔榜地区）由于瘟疫肆虐，人口骤减，所以对这里的犹太人没有实施上述法规，但他们得奉献自己的资产来帮助当地的公爵。

总而言之，这个假想中的犹太教阴谋反抗基督教，特别是反对哥特王国的传说，没有任何历史根据，是不能被接受的，尽管有记载说海外的希伯来人可能是造成非洲东部和北部被穆斯林所征服的原因，因为在那里，犹太人享受着更为宽容的宗教政策。这项法规的内容代表西哥特历代国王的全面反犹立法行动达到了顶点。值得指出的是，这些在第十七次大宗教会议上制定的严酷措施旨在针对那些皈依基督教的犹太人，而非犹太教徒，因为有文本断言"他们玷污了在圣母教堂中接受洗礼时所获得的信仰"[33]。在这个宗教和政治的分界线很

---

[33] "*tunicam fidei, qua eos per undam baptismatis induit sancta mater ecclesia maculaverint*", Vives (1963), p. 535.

367　难被区分的时期，属于上帝的信仰也同样属于君主，那些没有进入某一地区之主流宗教的人们开始因他们的宗教信仰被边缘化，而最终被指控想要为他们自己的利益而夺取王位和王国。

在第十七次大宗教会议上另一个有趣的现象是对国王的妻子及儿孙的保护，在以前的大宗教会议上已经提到保护和帮助王室家族的问题，目的是防止对他们人身施暴或剥夺其财产。迫使其削发或贬为修士是不允许的，另外，每个人都有义务在王国的所有教堂里为王室家族作日常祈祷，这些都是强制性的。第十七次大宗教会议强化了这些措施，包括已经受到保护的王室成员——王后丝希罗，且更加充分地扩充了关于王室子女财产的问题。国王的子女，只要在法庭程序上没有发现他们有罪，就应当毫无疑义地拥有因世袭继承权所获得的他们父辈的赠予，或者通过正当手段获取的财产，他们也同时拥有自由处理这些财产的权利。最后，如果他们被置于不受保护的境地，那么大主教必须提供帮助。为了保护国王的后代，所有这些由大宗教会议制订的保护国王后代的规定，是为了确保王室地位始终高居于所有贵族之上的新的元素，从而保证享有最高尊严的王权不会传到家族以外。在厄维克统治期间，第十三次大宗教会议第一次做出这样的保证，尽管后来遭到艾吉卡的质疑，部分承诺也没有得以实现，但并不妨碍他为他的家族子孙争得相应的利益。

为了强化家族传承的原则，艾吉卡也诉诸承认王室家族中的一个成员享有与在位者"共治"的实践手段，在这种情况下，在《穆扎拉布编年史》中提及他的儿子维蒂札（Witiza）从 698 年开始与艾吉卡共同执政（共治）。一本名为《西哥特王室编年史》（*Chronica Regum Visigothorum*）的王表中有一条说明了，作为对此前所形成之"共治"惯例的发展，维蒂札于公元 700 年年底在艾吉卡还健在之时，就接受了君王涂油礼。涂油礼使得维蒂札与王位的联系程度大大超过与他父亲共治或仅仅是保障子承父业这一规则的意义，因为涂油礼使得维蒂札披上了宗教神圣的外衣。他作为一位事实上的（*de facto*）国王，上帝通过接受涂油仪式为这个王国选择了它的继承人，而涂油仪式毫无疑问是由他的同人及前辈所主持的。通这一仪式，王家权力通过血缘纽带的传承方式，因神的恩典（*gratia Dei*）得到了长久留存。

维蒂札、罗德里克（Roderic）和
西哥特王国的终结

有关于维蒂札（698/702—710 年在位）的统治情况是极少为人所知的，后来传说故事中出现的这位君王的形象也是较为模糊的，并且留下的是好色的坏名声，他从大主教和人民那里肆意搜刮，最终激起了上帝的愤怒。像晚期西哥特诸王所做的那样，维蒂札在继承了西哥特国王位后，在他统治初期，即主动赦免了那些在他父辈时遭到种种罪名谴责的哥特贵族。据《穆扎拉布编年史》记载，他恢复了他们的贵族身份和土地。这些被维蒂札宽恕并重得王室眷顾的都是曾经加入西斯伯特叛乱的人。维蒂札为这些曾受他父亲迫害的贵族平反的敕令大概颁布于他统治初期召集的第十八次托莱多大宗教会议，但这次会议上的所有法案都没能保存下来。

754 年的《穆扎拉布编年史》有一条模糊的记载说，在 701 年，维蒂札和艾吉卡离开王宫，在西班牙各地区间迁徙，这是由于该书作者之前所记载的一场大灾难而致。这一事件与一个名叫塞尼奥弗莱德（Seniofred）所掀起的反叛相关，此人于 7 世纪末已经开始在托莱多私自锻制钱币。塞尼奥弗莱德很有可能与大主教西斯伯特共同发起了这场发生于 693—694 年的叛乱，因为叛乱的发源地就是托莱多，并且作者所提到的瘟疫，是他对艾吉卡统治时期大灾难的唯一记载。通过托莱多第十七次大宗教会议的记录，这场流行瘟疫在 694 年左右毁灭了纳尔榜地区的行省，很可能由纳尔榜延及比利牛斯山的南麓，这场瘟疫的毁灭性影响一直持续到 701 年。一部有关逃亡奴隶的法律在 702 年年底，艾吉卡去世之前被颁布，因该文件是在科尔多瓦（Cordoba）签发的，证明托莱多已经被放弃。[34]《穆扎拉布编年史》提供了两位国王在 698 年到 702 年间短暂共治时期的信息。编年史中提到泰奥德米尔伯爵（comes Teodemir）成功地击退了来自海上的拜占庭的袭击，这条信息有关拜占庭与穆斯林在北非的斗争，这一争端

368

---

[34]　*LV* ix. 1. 21.

导致 698 年迦太基的陷落。

　　维蒂札统治的最后时期因为没有关于他的去世及围绕继承人确定等方面的明确记载，不为人所知。但是，可以肯定的是这个过程一定是复杂、不太平的。《穆扎拉布编年史》称维蒂札在他父王去世之际，是在国内外完全稳定的环境下继承王位的；而罗德里克（Roderic）于 711 年继承王位时则是伴随着国内大范围的动荡不安。我们同样也可以从基督教徒和穆斯林的资料中得知，维蒂札的子孙尝试保持其所继承的王国之所有土地和这个王国。另一方面，在《西哥特王室编年史续编》（*Continuatio Soriensis of the Chronica Regum Visigothorum*）中记载，维蒂札之后两位国王相继承嗣大统，分别是阿奇拉（Achila）和阿尔多（Ardo），第一个统治了 3 年，第二个统治了 7 年。从塔拉戈纳和纳尔榜发行的、印上了阿奇拉名字的钱币上可以推断出阿奇拉应该是维蒂札的一个儿子，但是这一身份确认却与维蒂札的家族与穆斯林合作以及乐意接受伊斯兰统治权的事实相悖。考虑到这些因素，我们完全可以推断出，维蒂札作为王国最高统治者的消失——可能归于自然原因——引起了一个时期的内战，《穆扎拉布编年史》明确描述了这一内战，在它的评论中，提到了罗德里克突然攫取了这个王国，同样也评论了当穆斯林对这一王国开始入侵时，该国正陷入一场内战之中，并且穆斯林的入侵最后湮没在了内战之中（*intestino furore confligetur*）。

　　就是在干预这场内战的前提下，发生了穆斯林的军事入侵。以支持一位觊觎王位者夺取王权为目标的外部势力的武装干预此前也曾发生，但是这一次却对西哥特王国产生了深远的影响。7 世纪末最后的 30 多年内，阿拉伯人在击退了拜占庭军队，征服了柏柏尔人部落，占领了西北非之后，通过西哥特国家的内战看到了入侵伊比利亚半岛的好时机。在 710 年 7 月，塔里夫（Tarif）指挥了一次小规模入侵；第二年春天，塔立克·伊本·吉亚德（Tariq ibn Ziyad），即伊弗里基亚（Ifriqiya）省督穆萨·伊本·努赛（Musa ibn Nusayr）的一个柏柏尔人被释奴，带着一支大军横扫了西班牙。托莱多的国王罗德里克正在北方攻打巴斯克人时，获悉一支大多由北非柏柏尔人组成的穆斯林军登陆的消息。罗德里克重组军队后，向半岛南部行军。据穆斯林资料记载，两军最后的决战发生于瓦迪拉卡（Wadi Lakka）——当时的一个地名，已经被确定为在卡迪兹（Cadiz）省的瓜特莱特河（Guadalete）或巴拉特河（Barate）区域。据《穆扎拉布编年史》记载，罗德里克在这里被他的军士出卖，他们加入了欲夺取王位的敌方阵营之中，国王罗德里克在这场战役中战败被杀。正如我们所见，西哥特王国军队大多是由私人雇佣兵组成，这显示出其体制上的弱点，这一弱点又为伊斯兰军队所利用。但是据《穆扎拉布编年史》记载，事后穆斯林军队杀死了罗德里克的政治对手。

据《穆扎拉布编年史》记载，塔里克随后行军至托莱多，在维蒂札的兄长、塞维利亚大主教奥帕（Oppa）的积极配合下占领了王城。编年史中认为奥帕在其中起到了决定性的作用，以此强调内战如何有助于穆斯林取胜。而且有理由认为，维蒂札和他的家族在入侵者进驻该地这一问题上是负有责任的，因为他似乎从一开始就与穆斯林合作。对于托莱多之入侵的迅速成功表明，从很早的时候开始，甚至从开始登岸之时，就意图夺取西哥特王国。托莱多的《穆扎拉布编年史》告诉我们，王城中的部分贵族被处死，大主教辛德莱德（Sindered）放弃了托莱多和伊比利亚半岛，以逃回罗马。占据这座城市之后，对于王城之贵族（*nobiles viros*）的屠杀在征服其他城市时并没有发生过，而托莱多之都主教的逃跑或流放，可以理解为是一种策略，以避免会选出一位具有协调组织能力的国王去组织抵抗。这样一来，伊斯兰军队只需要面对地方上的局部抵抗了。[35]

由于塔里克的成功，伊弗里基叶的省督穆萨亲自和他的儿子阿卜杜勒·阿齐兹（'Abd al-'Aziz）带领一支新的阿拉伯和柏柏尔人的军队于 712 年夏天来到伊比利亚半岛。他们在伊比利亚半岛驻守到 714 年，这一年，在大马士革的穆萨被哈里发召回，穆萨和塔里克离开伊比利亚半岛，向大马士革行进，阿卜杜勒·阿齐兹则留下来接管伊比利亚半岛的军队和统治机构。在此时，只有塔拉戈南西斯和纳尔榜的西北地区脱离了穆斯林的统治，在这里，阿尔多继承阿奇拉的王位，统治 7 年之久。阿奇拉的 7 年统治时期在《穆扎拉布编年史》的记载中有所反映，它强调，瓦利阿尔 - 胡尔（Valí al-Hurr）在 716—719 年统治了整个西班牙，包括其近处（*citerior*）和远处

370

㉟　Garc′ıa Moreno（1989），第 189 页。

(*ulterior*)，这次对西班牙的快速征服以 721—725 年对纳尔榜的占领达到其顶峰。

总之，西哥特王朝君主政体的终结是由各种不同且相互关联的因素作用的结果。放在第一位的应该是政治因素，其中最重要的无疑是伊斯兰扩张的强大趋势，但还必须加上维蒂札去世之后的内战。国王附庸们有极大的自主行为权力，它掩饰了明显的中央集权制，这意味着，入侵者可以和不同行省的公爵、伯爵们达成具体的协议，毫无疑问，这些首领更关注如何保持自己的地位而非保卫托莱多王国。西哥特王国灭亡的另一个原因可能是艾吉卡颁布的反对奴隶逃亡法，这是一个广泛的问题，它反映了大众对现行社会秩序的抵制和对政治变迁的冷漠。这无疑是奴隶、被释奴和自由民的实际状态，尤其是大量受到保护的人对制度的高度依赖也显示出他们的奴性。最后，无论政治宗教制度发生什么样的变化，犹太民族都不得不期待一个积极的未来。[36]

李心昌、刘恋 译，徐家玲 校

---

[36] 见 Toch，后文第 20 章，因为在西哥特时期的任何时代，没有证据表明有大量犹太人在西班牙存在。

第 十 四 章

7 世纪的法兰西亚

保罗·福拉克（Paul Fouracre）

　　叙述 7 世纪法兰克历史最重要的关注点在于统治家族墨洛温。这是因为关注讲述其周边发生事件的极少数法兰克人，其主要的兴趣只在于那些通过在王室任职参与政权的一小部分社会精英。对所有的现代评论者来说，国王和王后的日常生活，皇室内外的权力分配都成了我们了解历史事件所依据的重要准则。这一时期的年代记正是按照各代国王统治区域任期时长编成的。墨洛温王室自身的名声不好——他们因"懒王"之名而恶名远播。考虑到我们资料的类型，7 世纪只能以墨洛温王朝而定性：最悲观的观点是，墨洛温王朝仅存的能挽回自己声誉的事情是它见证了一个新的统治家族，加洛林家族的兴起。"墨洛温王朝的衰落，加洛林王朝的兴起"是研究 7 世纪法兰克王国的基调。但是，7 世纪历史最重要的不在于它是从墨洛温王朝到加洛林王朝过渡的开端。更为重要的是，这一时期见证了一种政治文化的成熟，它远比墨洛温和加洛林王朝持续的时间更久，传播范围超出了法兰克王国。在唯一的王者统治下，随着直接税的逐渐消失和领土的扩张，7 世纪见证了一个由社会上代表不同势力的群体之间达成共识后的一个王国的发展。从加洛林王朝的视角来看，是利益分享的需要呼吁着一个更广泛利益的联合，而毫无竞争力的墨洛温家族自然就失去了权力。尤其是 9 世纪早期的两本文献《梅斯年代纪》（*Prior Metz Annals*）和艾因哈德的《查理大帝传》（*Life of Charlemagne*）影响了

372　我们关于此时期之历史的认识。① 事实上，这些作品的作者所持的观点一直都是不断地称赞加洛林家族在 751 年夺取王位的政治手腕。他们所描述的，是墨洛温家族如此彻底的衰败，加洛林家族的介入是一种迫切的道义需求。

　　艾因哈德关于墨洛温家族最后成员们之描述引人注目，却完全是一种误导。他告诉我们，墨洛温家族已经失去了活力，他们不再能驾驭曾经拥有的广阔领地。他们所保有的仅是一处庄园（Villa）和他们的长发，这种发型是其原有之权力的象征。墨洛温家族的最终继承者，即查理大帝的更为强劲的祖先，对墨洛温王朝名义上的统治者仍很尊重，并且使他们继续行使仪式上的职责，这看起来更为荒唐可笑——他们驾着牛车举行其相关仪式。② 当代历史学者们对于艾因哈德写作时带有偏见这一点并无异议，他显示出对墨洛温王朝的礼仪上的东西视而不见，而且，他的记录明显是出于第二手或者第三手资料。然而在他生前所能见到的真正的墨洛温家族的资料，已经时常被人们读到。表面上看，这些史料证实了艾因哈德的观点，或者说，他所强调的大家的观点。然而，在我们所描述的这个时期的另一端，图尔的格列高利对整个 6 世纪法兰克人之发展的颇为悲观的看法使我们完全有理由相信，7 世纪时墨洛温王朝会进一步衰落。③ 乍一看，把格列高利之流畅的历史叙事和 7—8 世纪艰涩零碎的年代纪的描述进行对比似乎可以得到其王朝衰落的印象，但是我们必须谨慎，不要过分相信这一论断，这本质上只能算作文学层面上的对比。

　　就 7 世纪和 8 世纪早期原始资料而言，我们就必须依赖上文所提及的年代记，即《弗雷德加编年史》中的第四卷，它把我们带回到642 年的历史，但这却是在 20 年后编纂成书的，而且，当作者结束其编纂工作时，《法兰克人历史》（*Liber Historiae Francorum*）的记载已经延续到 727 年。④《法兰克人历史》也是加洛林王朝鼓励编写的

---

① *Annales Mettenses Priores*, pp. 1 – 19, 其第一部分的翻译（含注释）。Fouracre and Gerberding（1996），pp. 330 – 370；Einhard, *Vita Karoli* Ⅰ, c. Ⅰ, trans. Dutton（1999），pp. 16 – 17.

② Einhard, *Vita Karoli* Ⅰ, c. Ⅰ, Dutton（1999），pp. 16 – 17.

③ *Gregorii Episcopi Turonensis*, *Decern Libri Historiarum*. 关于格列高利的史学观点，见 Goffart（1988），pp. 112 – 234, 和 Heinzelmann（1994），pp. 136 – 167。

④ *The Fourth book of the Chronicle of Fredegar*, cc. 20 – 90, pp. 13 – 79. 关于编年史及其续集（*Continuation*），Collins（1996）；*Liber Histiriae Francorum*, cc. 37 – 53, pp. 306 – 328；cc. 43 – 53, 翻译与评注，见 Fouracre and Gerberding（1996），pp. 79 – 96。亦见 Gerberding（1987）。

《弗雷德加编年史》的基础，该编年史之第一部分，即7世纪中期到8世纪早期的部分是借鉴《法兰克人历史》的。为了补充这一时期相当贫乏的编年史，我们也可以从墨洛温王朝或之后不久的众多圣徒传记中获得一些史实。实际上这些传记是如此之多，以至于构成《日耳曼历史文献集成》（Momumenta Germaniae Historica）系列丛书中分量极重的5个大卷。⑤还有一本书信集，以及一些其他的个人书信得以保留至今。⑥7世纪仅存一篇（614年）关于世俗法律的信，但是却有多达10次大宗教会议的会议记录。⑦此外，这一时期还有将近200份特许状保留下来，其中有37份是原始文献。⑧另外，还有一些资料可以添加进这个资料目录中，其中马尔库夫的《公文范例集》（Formulary of Marculf）⑨一书中提供的特许状之范本及注释，最后，还有法兰克之外的作者，包括来自英国的埃迪乌斯·斯特凡努斯（Eddius Stephanu）和比德（Bede），来自西班牙的托莱多的朱利安（Julian of Toledo），以及来自意人利的助祭保罗这些人的作品提供的信息。⑩如我们所见，从这些史料中可以读出墨洛温王朝在走向其终点之时加速衰落的信息。另一方面，我们也可以绕开所谓"墨洛温家族的衰落和加洛林家族的兴起"这一问题，客观地观察7世纪的历史。于是，让我们从7世纪之初，法兰克统一于一个首领下开始这段历史的描述，这种模式拉开了统治者和被统治者之间的距离，并且使政治共识成为可能。

613年，勃艮第王塞乌德里克（Theuderic）攻击了他的兄弟奥斯特拉西亚王（Austrasia）塞乌德博尔特（Theudebert），以报复塞乌德博尔特在三年前对阿尔萨斯（Alsace）进行的突然袭击。塞乌德里克在曲尔比赫（Zülpich）的激烈战争中打败了塞乌德博尔特，并且占领了后者在科隆（Cologne）附近的财库。他先是监禁了塞乌德博尔

---

⑤　*MGH SRM* ⅲ - ⅶ.

⑥　*Epistolae S. Desiderii Cadurcensis.*

⑦　*Clotharii* Ⅱ *Edictum*，*MGH Cap.* 1，pp. 20 - 23；*Concilia Galliae* 511 - 695，pp. 273 - 326.

⑧　ChLA 13，14 关于其原始文献。*Diplomata，charae，epistolae. Leges，aliaque instrumenta ad res Gallo-Francicas spectaantia*，ed. J. Pardessus for all charters. 王室令状最近编辑成册，收于 *MGH Diplomata Regum Francorum*.

⑨　*Marculfi Formularum Libri Duo.*

⑩　*The life of Bishop Wilfrid* by Eddius Stephanus；Bede *Ecclesiastical History of the English People*；Julian of Toledo，*Historia Wambae*；Paul the deacon，*Historia Langobardorum*.

特，随后将其杀害，并杀害了他的小儿子。然后，塞乌德里克转而针对他的叔叔，纽斯特里亚（Neustria）的克洛塔尔二世（Chlothar Ⅱ），但是还没发动进攻他就去世了。克洛塔尔二世利用墨洛温家族的对手死亡之机转而攻击勃艮第，并俘获了塞乌德里克的祖母布鲁内希尔德（Brunehild）和她的三个曾外孙。克洛塔尔二世将他一生争斗的对手布鲁内希尔德以酷刑杀害，并且杀死了她的两个曾外孙。这场残杀的最终结局是克洛塔尔二世统一了组成法兰克帝国的三个王国，表面上看来，克洛塔尔不可能成为胜者。就在几年前他作为纽斯特里亚王得以存活，而他的侄子塞乌德里克和塞乌德博尔特联合起来抵抗他的时候，他们之间还处于一种平衡状态。在 613 年克洛塔尔从一个弱者摇身一变成为统治者，与其说是通过征服不如说是机缘使然，他之所以能够占优势是因为这个法兰克人与墨洛温家族非凡的亲属关系：在奥斯特拉西亚和勃艮第，一个来自纽斯特里亚的墨洛温家族成员总比一个非墨洛温家族成员更占优势。

　　根据《弗雷德加编年史》的记载，克洛塔尔通过与每个王国内的权势人物协商的方式控制了勃艮第和奥斯特拉西亚。[⑪] 这种观点使很多历史学家认为克洛塔尔依靠这些人成就了其事业，为回报他们在自己对抗布鲁内希尔德和塞乌德里克的儿子们时提供的帮助，克洛塔尔在 614 年的《巴黎敕令》（*Edict of Paris*）中颁行了保障这些人地位的法规，使他们享有世袭特权。《巴黎敕令》经常被认为是墨洛温王朝命运转折的标志：此后，国王的权力受到了特许权的束缚，因为这则敕令将贵族的独立性视为神圣。用这种方式阐释《弗雷德加编年史》和《巴黎敕令》并无益处，因为它强调的是墨洛温王朝最后变成什么样子，而不是 613—614 年到底发生了什么。事实上，使得克洛塔尔成为奥斯特拉西亚和勃艮第国王的动力，是派系政治的结果，也就是说，所有和约都产生于克洛塔尔和反对布鲁内希尔德的特殊权贵们之间，而不是像通常在国王和贵族之间产生。其次，我们很清楚地知道，《巴黎敕令》实际上并没有使用大多数人所期待的那种方式保障这些权贵的地位。该敕令包括 24 条（*capitularia*），但第 12 条中的一则法规却经常被引用。它规定，从此以后，伯爵们（即法

---

⑪　Fredegar, *chron*. Ⅳ. 40－42, pp. 32－36.

官，*iudices*）应该从他即将当政的地区内选择。[12] 乍一看，这项规定
是积极地鼓励其他国家一向所努力防范的事情：失去对那些植根于地
方行省的官员的控制，他们支持地方的利益而不是中央政权的利益。
然而，第 12 条中的其他条款则明确地说明了为什么伯爵必须是他所
管理的地域内有世袭地产的人，因为这样的安排就有可能采取扣押其
财产的方式来控制他们的行为。这并不是实行一项新的特许原则，这
种思想类似于 6 世纪的一项立法，强调了这样做的理由是伯爵们有可
能滥用其权力非法攫取他人的财产。如果他这样做了，那么就要反过
来去剥夺他的财产。[13]

　　因此，克洛塔尔二世获得勃艮第和奥斯特拉西亚的手段和不久
之后他所颁布的法律不能够用来说明墨洛温王朝的王权已经进入一
个最终衰落的阶段。在《巴黎敕令》之后，墨洛温家族还会存续 ┃375
137 年，并且，613—614 年的某些事情有助于我们理解为什么这个
王朝持续了这么长时间，而不是为什么它最终走向了衰亡。这是因
为这些东西反映了墨洛温王朝晚期政治的两项重要特征：首先，它
们揭示了企图通过在王室内获得影响力以表达自己观点的贵族之间
的竞争方式；其次，它们展示了那些从王室权威（或换言之，国
家）那里获得实施公权之职能的机构和个人，在其能够保障自己的
财产合法化的时期和地域如何得到一定程度的地方支持。这两种力
量都在把人们聚集在围绕着国王的政治活动中，而不是把人们推向
自救和公然对抗。

　　克洛塔尔继承了苏瓦松王族系统，其后所有墨洛温国王都是他的
直系后裔。因此巴黎北部接近苏瓦松的这块地方成了墨洛温王朝特殊
的故乡。巴黎北部 12 千米处，建于 7 世纪早期的圣德尼（St. Denis）
修道院也成为最重要的皇室修道院。在整个 7 世纪，这个地区之外的
皇室动荡很少。613 年之后，勃艮第再也没有独立的王。据弗雷德加
所说，在面积和人口上等同于纽斯特里亚和勃艮第之和的奥斯特拉西
亚在一些时段内是被纽斯特里亚王统治的，即从 613 年到 622 年，从
628 年到 632 年，还可能从 656 年到 662 年和从 679 年之后。在其他

---

⑫　*Chlotharii Edictum* c. 12，MGH Cap. 1，p. 32：“Ut nullus iudex de aliis provinciis aut regionibus in alia loca ordinetur.”

⑬　*Edictus Chilperici* c. 8，*MGH Cap.* 1，pp. 9 – 10.

时间段，奥斯特里亚由其独立的国王统治，但是任何一个奥斯特拉西亚人的王朝亦没有传续到两代以上，考虑到613年之后王室对单一继承人的限制，后一项失败一点也不令人惊诧。至于7世纪后期，生育事故和三起暗杀事件的发生使得克洛塔尔的继承人非常之少。因此，只待时日，墨洛温家族唯一可能称王的人就只剩下了未成年的孩子。孩子能成为国王是通过将王宫设在固定的中心这种统治模式的发展，权贵们随时准备前来朝觐，既使其位于很远的地方亦是如此。正是在克洛塔尔和他的儿子达戈伯特（Dagobert，死于638年）的统治下，来自法兰克各个地区的领主开始习惯于出席纽斯特里亚的王廷会议。这在将来引起的麻烦是权贵们对于国王给予纽斯特里亚人之特权日益不满，并越来越趋向于在王廷见面的时候发生争斗。

　　克洛塔尔开始通过其设在勃艮第和奥斯特拉西亚的王宫来实施对此两地的控制。在这两处当时没有国王的宫殿内，最重要的角色就是"宫相"，即勃艮第的瓦纳查尔（Warnachar）和奥斯特拉西亚的拉多（Rado）。"宫相"是这两块土地上最为重要的王室成员之外的领导者。他的影响力来自他作为国王和权贵之中间人这个特殊地位，他在7世纪不断增长的权力反映出王室政治活动不断集中于王宫。然而，在622年，克洛塔尔让他的儿子达戈伯特做了奥斯特拉西亚的国王。10年后如果有什么事情可以回溯到的，可能就是在622年，奥斯特拉西亚人要求有他们自己的王，一方面是要摆脱他们对纽斯特里亚人的依附，另一方面就是要巩固他们的地位以面对来自其东部边界的民族所施加的压力。626年，勃艮第的宫相瓦纳查尔去世。根据《弗雷德加编年史》，勃艮第的领主们请求克洛塔尔不指定继任者，而是由勃艮第人直接管理他们的事务。此后，勃艮第人进入纽斯特里亚的宫殿，例如，从这里参加了第二年在巴黎附近的克雷希（Clichy）举行的会议。《弗雷德加编年史》中对于这次会议的记载是非常有用的。⑭它展示了国王和权贵每年进行的集会具有协商的意义，艾因哈德也模仿着描述这类集会，这些集会对于加洛林国王来说和墨洛温国王时期一样重要。这项记录也描述了那些带有军事侍从的领主们相聚时怎样发生冲突，而国王又是怎样在权贵们的不同派系间维系和平的。成功

---

⑭ Fredegar, *Chron.* Ⅳ. 55, p. 46.

的管理意味着从权贵们之间的动态竞争中获取力量而不是让这些争斗失控。

当克洛塔尔在628年去世后，其子达戈伯特在纽斯特里亚和勃艮第接替了他的位置，并为他的同父异母兄弟查理伯特（Charibert）在卢瓦尔河南部建立了一个附属国。但是3年之后查理伯特就死了，据说，达戈伯特随后就杀死了查理伯特的小儿子，南部王国结束了，墨洛温家族再次回归到只有一个国王的状态。在克洛塔尔死后，达戈伯特亦巡视了勃艮第，让那里的人意识到他已经是国王。他就像早期中世纪的国王都会做的那样，通过主持司法审判来树立自己的权威。次年，他又巡视了奥斯特拉西亚，随后，如《弗雷德加编年史》中以颇不赞同的口气所述，他在纽斯特里亚建立自己的长驻居所。由于628—629年达戈伯特一连串的活动，人们对他的印象是一个不断巡视的国王，一个真正强有力的统治者。但是一俟他在纽斯特里亚定居下来，除了二次突袭奥斯特拉西亚之外，就再没有关于他巡视活动的记录了。这三次军事行动之中有两次是于630年和631年率军进攻文德人（Wends），一次是在632年正式将他的儿子西吉伯特（Sigibert）安顿在奥斯特拉西亚王的位置上。虽然，勃艮第人对于他们与特里亚人共有一个王，并没有什么不满，然而，奥斯特拉西亚人很明显是不乐于这样做的。根据《弗雷德加编年史》记载，当达戈伯特选择定居纽斯特里亚而不是奥斯特拉西亚的时候，奥斯特拉西亚人是非常消极的，因此他们在反抗来自其东部边界的文德人的压迫中表现极差。当他们再次拥有自己的王之后，他们恢复了抵抗力并且勇敢地投入战斗。这表明，为了召集有效的军队，拥有一个王是非常有必要的，即使是像西吉伯特这样的年仅两岁的娃娃国王。后来的一些证据表明军事义务的执行是奉王室的命令。从《弗雷德加编年史》中我们可以看到另一个重要因素是王室的赠送，当达戈伯特立西吉伯特为奥斯特拉西亚王的时候，他移交给他"必需的财富"。[15] 通过这种方式获得奖励的期望使人们热衷于战斗。最终，在奥斯特拉西亚设立新的工廷使某些领主能够在以王廷为基础的统治机构内维持他们显赫的地位。因此，

377

---

⑮　Fredegar, *Chron.* Ⅳ. 75, p. 63: "Tinsaurum quod suffecerit filium tradens."

西吉伯特到达奥斯特拉西亚之后，当地军力的恢复是由于强化了当地贵族之间的等级秩序，广泛提高了他们的士气。

在这些贵族中，从奥斯特拉西亚重新立王一事中受益最大的是兰登的丕平（Pipin of Landen，也被称为丕平一世），他最终成为西吉伯特之王廷的宫相，和达戈伯特在奥斯特拉西亚建立宫廷时居同一职位。丕平和梅斯（Metz）主教阿尔努尔夫（Arnulf）领导的派系最初巩固其至尊地位与 613 年克洛塔尔进驻奥斯特拉西亚有关。从达戈伯特离开纽斯特里亚，到西吉伯特来到奥斯特拉西亚期间，丕平似乎面对着来自他的奥斯特里亚同伴们的反对。然而，西吉伯特被立为王，使丕平一派重新确定了他的领导地位。但是，要看清这一时期奥斯特拉西亚内部政治活动几乎是不可能的；即便知道了加洛林家族最终代替墨洛温家族而成为整个法兰克王国的统治者，也很难客观估量丕平和他的家族的相对重要性。

在克洛塔尔和达戈伯特的统治下，法兰克保持强盛，能够阻挡邻近民族侵占其领土的企图。在莱茵河的东岸，法兰克人一直保持着对萨克森人（Saxsons）、图林根人（Thuringians）、阿勒曼尼人（Alamans）和巴伐利亚人（Bavarians）的影响。《法兰克人历史》中关于克洛塔尔和达戈伯特一起在威悉河（River Weser）附近与萨克森人对战时有一段很长的且带有传奇性的描述，但是作者似乎把克洛塔尔二世和克洛塔尔一世（死于 561 年）相混淆了，只是克洛塔尔一世确实与萨克森人作战，并且使他们缴纳贡赋。萨克森人一直对法兰克人纳贡，直到达戈伯特免去他们的纳贡义务而以服军役代之。[16]图林根人和阿勒曼尼人是由法兰克公爵领导的，并且达戈伯特有能力让巴伐利亚人服从他的命令。《弗雷德加编年史》隐含着所有这些蛮族的土地都应该被看作法兰克人的领土之意，至少是涉及抵抗斯拉夫族群的文德人和亚细亚族群的阿瓦尔人（Avars）保卫法兰西亚的事件。

在整个 6 世纪，斯拉夫人族群已经定居在了今天所称的中欧腹地，其西界远达易北河（River Elbe）北部，在南部远达今奥地利

---

⑯　*Liber Historiae Francorum* c. 41, pp. 311 – 314.

（Astria）低地，恩斯河（Ens）与多瑙河（Danube）交汇处。⑰ 6世 378
纪末期，中亚游牧民族中的一支阿瓦尔人在潘诺尼亚（Pannonia，今
匈牙利）地区兴起，并且征服了他们周边的所有斯拉夫人部族。这
一行动的结果是促进了以前分散的各斯拉夫人群体联合成一个大的政
治军事联合体，这种发展的第一个成果是7世纪20年代反抗阿瓦尔
统治的起义。根据《弗雷德加编年史》（记录这些事件的唯一史料）
所述，实际上是一个叫作萨莫（Samo）的纽斯特里亚法兰克人在623
年成为新成立的斯拉夫人王国的领导者，该王国似乎是建立在阿瓦尔
人基地北部的波希米亚（Bohemia）地区。⑱ 在萨莫的领导下，斯拉
夫人，或者说是文德人渗透到法兰克人的领土深处。究竟有多么深
入，却很难描述。当然，图林根人遭到了袭击，而且《弗雷德加编
年史》谈到奥斯特拉西亚人在保卫"他们的边疆"，但是当达戈伯特
在630年袭击文德人时，他们在一个叫作沃加斯提斯堡（Wogastis-
burg）的地方避难，此处似乎在波希米亚境内更远处的东方。因此，
较为公允的印象可能是，波希米亚地区的斯拉夫王国突然袭击了图林
根，深入其腹地，但实际上，这个王国阻止了斯拉夫人和日耳曼人的
边界继续向西推进。当7世纪中期，《弗雷德加编年史》的记述结束
之时，我们几乎听不到任何更多的关于东部疆界的情况了。当我们再
次听到这一消息时是在8世纪末期，其间东部边界情况似乎并没有改
变多少。

在南方，法兰克人的邻居是伦巴第人、西哥特人和巴斯克人，在
西边是布列塔尼人，从6世纪末期起伦巴第人在意大利建立王国，他
们似乎一直在向法兰克人缴纳贡赋，午贡为12000索里达（solidi）。
直到617年，他们付了一笔巨款，才从这贡赋负担中解脱出来。正如
这一纳贡事实所示，伦巴第人明白法兰克人在军事力量上的优越性，
而7世纪时，法兰克人在某些情况下也会干涉伦巴第的事情。根据
《弗雷德加编年史》，伦巴第人最关心的是怎么对付贡德伯尔加
（Gudeberga）女王，她是塞乌德林达（Theudelinda）的女儿，后者是
个法兰克人，甚至可能是墨洛温家族的后代，先后嫁给两任伦巴第人

---

⑰　关于斯拉夫人占有地及其文化的发展，见 Kobylinski，后文第19章。
⑱　Fredegar, *Chron.* Ⅳ. 48, pp. 39–40.

国王阿果（Ago）和阿吉卢尔夫（Agilulf）。[19] 在贡德伯尔加的后人统治时期，尤其是当她的兄弟于 626 年死后，伦巴第王室和贡德伯尔加保持着密切的联系。和她结婚就能获得一条登上王位的捷径，于是，毫不奇怪，她的两任丈夫一旦登上王位就试图废黜她。在这两次事件发生时（即 629 年、641 年），贡德伯尔加都是在强大的法兰克人的抗议下得以释放。很可能，她生活中的沧桑变化也反映了，鉴于伦巴第人在意大利之地位的不断稳固，他们也企图推翻法兰克人的监管。633 年，伦巴第人在普罗旺斯（Provence）打败了法兰克人。尽管助祭保罗认为这次的胜利是侥幸，因他们使用的是诡计而不是强大的军队。[20]

西哥特人很忌惮法兰克人。在这一时期，他们占据了处于高卢的飞地塞普提马尼亚（Septimania），但是在 630 年，他们却没能抵抗在勃艮第（Burgundy）聚拢的、支持西森纳德（Sisenand）争夺王位的军队。《弗雷德加编年史》记载说，法兰克侵入西班牙纯粹出于雇佣兵的原因，西森纳德曾经许诺给达戈伯特一个非常有名的金盘。在西哥特拒绝交出金盘的事件中，法兰克人获得了数额多达 20 万金索里达的补偿。[21] 我们有理由怀疑这一金盘事件，但是关于这时有一大批黄金注入法兰克经济是存在一些古钱币学的证据的。[22] 在比利牛斯山脉（Pyrenees）的西端，法兰克人面临的是巴斯克人，从 6 世纪末期以后就有迹象表明巴斯克人向北攻击法兰西亚，向南挺进埃布罗（Ebro）河谷。据说达戈伯特的同父异母兄弟查理伯特在 613 年以图卢兹（Toulouse）为据点征服了巴斯克人。在 7 世纪时，图卢兹似乎是这一地区内法兰克人主要的堡垒，正如此地自 6 世纪早期克洛维即在此地驻防以对付哥特人一样。然而，在 635 年，巴斯克人再次进入曾经是查理伯特的王国，于是达戈伯特集合了另一支勃艮第人的军队把他们赶回了山区，并强迫他们的首领同意向法兰克国王称臣。但是在一则描述罗兰在朗塞瓦尔（Roncesvalles）之灾难的传说中，一部分被击退军队遭到了伏击，并在比利牛斯山谷被击溃。

---

[19] 对贡德伯尔加（Gundeberga）的记载在《弗雷德加编年史》（Fredegar, Chron. IV. 51, 70, 72, pp. 41 –43, 59 –60）中是三个章节论述的主题。

[20] Paul the Descon, HL V. 5, pp. 185 –186.

[21] Fredegar, Chron. IV. 73, pp. 61 –62.

[22] Kent (1972).

在调动了一支军队把巴斯克人搞定之后，达戈伯特又利用这支军队的威慑力，迫使布列塔尼人让步，"使他们马上为他们的错误做出补偿，并且臣服于他的统治"[23]。人们只能猜测这个事件背后的事情，因为关于7世纪法兰克人与布列塔尼人之间的关系我们几乎一无所知，不过《弗雷德加编年史》的叙述中提到了布列塔尼人并不认同法兰克人的领主地位，还抢夺了法兰克人的财产。联系到6世纪晚期的一些事件，这可能意味着布列塔尼人侵占了南特（Nanter）和雷昂（Rennes）周围的土地。与6世纪冲突的事件相对立的是，布列塔尼在636年，当法兰克军队还没有调动之前就投降，布列塔尼人的首领朱迪卡（Judicael）来到克雷希向达戈伯特屈服。第二年，巴斯克人的首领也来到克雷希，并正式臣服。

从《弗雷德加编年史》中可以很清楚地看到，达戈伯特素孚众望。历史学家一般都把他看成是最后一个完全控制了法兰西亚的墨洛温家族的国王，最后一个从征战前线回来的一个"征战型国王"（Heerköning），他使他的王国成为打击邻近民族的鞭子。但是关于法兰克人的权力在达戈伯特之后即走向衰落这一假设是需要一些限定条件的。首先，我们必须记住这完全是以《弗雷德加编年史》的记载为基础的。该作品的作者不仅对于法兰克直接相邻民族的王朝政治非常感兴趣，而且对拜占庭的事务也有兴趣。因此"外交关系"在他的叙述中得到突出的描写。当他的作品写到642年终止后，我们就不得不依赖《法兰克人历史》了，这本史料的视角相对较低，比如说它从来没有提到意大利或者西班牙。我们可能从这个记载的缺失中推测出，在7世纪中期之后，法兰克人对他们邻近民族的影响实际上是日渐衰弱，对于边界的控制亦已然不复存在。然而，与上述观点相反的是，助祭保罗认为在7世纪60年代的法兰克人仍然是令人畏惧的，并且我们也可以从当时的作者托莱多的朱利安那里看到法兰克人在673年入侵塞普提马尼亚的详细描述。[24] 如我们将要看到的那样，在673年帝国中心的冲突使它的外部边界压力看起来非常令人惊诧。朱利安有趣的描述中的一些事件可以解释这种外部压力：在西哥特人占

---

[23]　Fredegar, *Chron.* IV. 78, pp. 65 – 66："Dagobertus ad Clippiaco resdens mittit nuncius in brittania que Brittones male admiserant veluciter emendarint et dicione suae se traderint."

[24]　*Historia Wambae* cc. 11 – 29, pp. 510 – 525.

领下的塞普提马尼亚的一次内战中，交战的双方都有法兰克人军队服役，此外还有边界以外的法兰克人军队的干预。看起来，在7世纪末期，法兰克人似乎还拥有很多战士，至少从这一点可以认为，在达戈伯特去世之后法兰西亚并没有"衰落"。实际上，从整体上来看，墨洛温王朝这一时代，无论国王们的命运怎么样，法兰克的边界和相对于其邻国的实力几乎没有什么显著变化。因此，当我们评价达戈伯特的成就时必须牢记这一点。其次，我们在评价达戈伯特作为"武士王"的身份时，必须注意到，当630年和635年军队集结在勃艮第为他去对付西哥特人和巴斯克人的时候，他是驻留在纽斯特里亚的。在这里，军事组织反映了王国内的政治结构，在这一政治结构中，领导权是掌握在公爵和伯爵手中的，他们率领自己的军队，作为王室的侍从也代表国家作战。关于这一点，达戈伯特的"成功"，与其说是不断巡游的结果，不如说是以王廷为基础的精明管理。正是基于权贵想同王室合作的愿望，才使达戈伯特在638年能够把它的王国传给他只有8岁和5岁的两个儿子。

381　　墨洛温王朝娃娃国王的现象经常受到人们的诟病，但是很少得到解释。王室和更广泛的权贵集团的合作使娃娃国王这一可行性在社会学领域内得到很好的解释，这是由于已经形成了一个有高度整合的精英权力阶层。王廷在权力整合的过程中起到重要的作用，因为不仅很多权贵从儿童时代起就在王廷接受教育，而且它也有助于在那些支持王室的成员中形成一种公众的认同感。这个来自不同区域的集体领导层促进了一个在相当灵活的习惯法下政治文化的发展，这种文化协调着各种传统关系。比如在法律层面上，习惯法既包括罗马行省的法律文献，也包括很多来源不确定的礼仪程序。㉕ 这种灵活性对于有可能使那些来自不同文化背景的民族进行协商是必要的，并且也从中产生了一个被法律所认可的共同的权力概念。于是，在当时记载政治活动时就特别强调法律上的程序。因此，政治文化有其典型的务实元素，而且有与之相对应的文字表述方式，在行政管理和保护财产方面的文献中这种术语得到了广泛应用。在这里，精英们再一次被吸引到保存着官僚主义风气的宫廷，并产生了诸多由王家权威所支持的文件。在

㉕　Cf. *Fouracre* (1986)，pp. 40－43.

一个独一的政治团体形成过程中，军队也发挥着重要作用，因为单一的权贵很少敢离开这个集结起来的军队，而当所有的首领们都集中起来时它就可以行动了。

社会宗教因素在社会整合过程中也发挥着重要作用。7世纪见证了基督教文化脱离传统的城市大本营，深深渗透到乡村地区的显著发展。社会精英们通过在他们的土地上建立修道院来参与这项活动。同时，这些人越来越多地在基督教会的各等级中占据了领导地位。通过这种方式参与遍行于整个法兰西亚的共同事业，形成了一种可以超越种族和地域差别的宗教认同感。鉴于王廷的批准似乎仍然在主教任命问题上成为基本因素，鉴于墨洛温家族的成员本身都是诸多修道院的主要赞助人，王廷于是成为人们获得精神世界权力和世俗世界威望的入口，因此，它有助于使贵族的权力神圣化和合法化。理解墨洛温王朝娃娃国王现象的关键是要注意到这些趋势都是在不断自我完善的。在由娃娃国王统治的时期，精英阶层不会轻易瓦解。只要这些权贵仁墨洛温王权的原则下保持团结一致，他们自己的合法统治地位最终是依赖于王权之庇佑的，于是，摄政太后或者宫相就可以打着娃娃国王的旗号统辖整个宫廷。

修道院的建立是记录最完善的关于7世纪教堂不断增多的典型标志。通常，修道院数量的激增被归因于受到了在勃艮第建立了吕克瑟伊（Luxeuil）修道院的爱尔兰人、圣者科伦巴努斯（Columbanus）的影响。科伦巴努斯于610年被布鲁内希尔德和塞乌德里克驱逐出了勃艮第后，走遍了纽斯特里亚和奥斯特拉西亚，最后在意大利建立了博比奥（Bobbio）修道院，615年死于此地。根据近期一位学者的观点，"受科伦巴努斯影响的贵族成员名单读起来就是法兰克贵族的名人录"[26]。科伦巴努斯对他们的影响是双重的。首先，他鼓励人们在远离高卢—罗马（Gallo-Roman）南部的传统修道主义中心的地方建立修道院；其次，他引进了一个新的修道主义形式，主张修道院从当地主教区独立出来。很明显这两个创新对法兰克贵族来说是非常有吸引力的，从637年到7世纪60年代晚期，流传下来了一系列共9个特许文件，在这些文件中，主教们依据科伦巴努斯修道院的传统授予

---

[26] Geary（1988），p. 172.

那些新老修道院以独立地位。历史学家发现，这次科伦巴努斯运动和爱尔兰—法兰克的修道院运动同样重要。[27] 这里早已经能够显示出北部和东部法兰西亚的大家族是怎样介入宗教领域，并获得精神统治方面的威望，因为修道院的建立者经常会变身为成功建立修道院的赞助圣徒。墨洛温家族的政治行为也可以参照修道院这个新模式进行解释，因为统治者利用科伦巴努斯的修道院独立观念，阻止拥有无限权力的大主教们插手名副其实的修道院政治（Klosterpolitick）。

但遵循科伦巴努斯修道传统之修道院的创新性和重要性也受到了质疑。[28] 人们对于这个具有共同修道规则、定义清晰的修道主义运动的认识，现在似乎来自人们通过那些被授予特权的令状去确立一个通用的术语表达方式，而不是通过任何实践的证据。而且，科伦巴努斯的重要性也似乎是由于颇具说服力的传记作者博比奥的乔纳斯（Jonas of Bobbio）的记载而被夸大了。事实上，7 世纪中期的法兰西亚也有其他一些设立了修道院并影响了贵族的爱尔兰人。因此，在这里实际上发生了很多次爱尔兰—法兰克（Iro-Frankish）修道主义运动。而且，那里的修道士们宣称要遵循各种各样的修道规则，但实际上，他们可能只列出了一些著名的修道院院长的名字（科伦巴努斯亦在其中），并不是只依照以这些人所命名的那些规则来生活。新建立的

383　修道院和旧的主教辖区也并没有任何冲突，只是依其所在地的差异有着纷繁复杂的关系。例如，641—684 年的卢昂大主教奥多因（Audoin），为他在雷贝斯（Rebais）建立的修道院获得了脱离大主教控制的第一个现存的独立法令，但是当他自己担任了主教之时，似乎就肆意干预其主教辖区内之修道院。同样的，在乡村地区建立新修道院的事实并不意味着城市和市郊的修道院传统走向终结。这些受到限定的情况表明，尽管科伦巴努斯式的修道主义由于有了很好的历史记载而的确很有代表性，但它只是为满足从其领主们开始的农村居民的需求，而更为广泛的从城市向农村传播的基督教文化之一部分。但是在乡村，基督化的进程是非常缓慢的，因为除了对人们坚持异教传统而经常出现的抱怨外，考古发掘还表明，至少直到 7 世纪晚期，在很多

---

[27]　对于这一时期法兰克修道主义论述的经典性作品见 Prinz（1965）。
[28]　Wood（1981）搜集了对于科伦巴努斯修道主义之传统观点予以批判的相关数据。

农村社区，公墓还没有按照基督教的模式修建。随着基督教化的过程，也开始有了重新组建的围绕着领主的庄园和教堂周围的居民区。而且，在很多地方，这种模式在7世纪晚期刚刚开始出现。㉙

基督教文化对政治活动的影响表现在那些年轻时曾在宫室内生活的人身上，他们后来成为主教或者建立了修道院，甚至自己成了修士。在7世纪中后期，在克洛塔尔二世、达戈伯特和他的儿子克洛维二世（Clovis Ⅱ）的宫廷中，法兰西亚的很多地区都是由受到这种教育的人来管理。630—655年，其中卡奥尔（Cahors）主教德西迪里厄斯（Desiderius）的一些信件和他的个人回忆录使我们能多少了解身处这种老同窗关系网内的成员们的实际感受。在一封致卢昂地区主教奥多因的著名信件中，德西迪里厄斯回忆了他在宫廷的朋友圈。㉚这个圈子里包括德西迪里厄斯和他的两个兄弟，还有奥多因、埃利希斯［Eligius，后来成为努瓦永（Noyon）地区的主教］、保罗［Paul，后来成为凡尔登（Verdun）地区的主教］和苏尔皮奇乌斯［Sulpicius，后来成为布尔日（Bourges）地区的主教］。令人吃惊的是这个群体和那些与德西迪里厄斯保持通信联系的更广泛的群体都是由那些在阿基坦、纽斯特里亚和奥斯特拉西亚等地区占据着重要地位的、出身于高卢—罗马和法兰克族系的人们构成。最初是王室使他们聚到一处，之后他们就相互联系，这是王室和宗教整合力量的有力证据。在这里，由于我们对基督教会的情况了解比较多，因此我们必须使用主教们的实例去了解所有的权贵成员。

《德西迪里厄斯生平》（*Life of Desiderius*）表明，在主教控制下的卡奥尔，仍然保持着原有的公共服务体系和防卫力量㉛。在约18位7世纪的主教之中，大部分人的"生平"记载道，他们也都在以相似的公众人物身份有效地将主教和伯爵的职责相结合。但这些高贵的教会人士是以谁的名义在进行统治呢？关于这个重要问题有两种截然不同的说法，表达了对于7世纪历史的不同解读。如果认为，这些主教是在被称为虚拟的"圣公会共和"（episcopal republic）体制内独立

384

㉙　Fouracre（2000），pp. 126 – 129，对于这一过程进行了较为概括的讨论；Theuws（1991）则较为详尽地考察了当地的基督教会情况。

㉚　*Epistolae S. Desiderii Cadurcensis* Ⅰ，no. Ⅱ，pp. 30 – 31.

㉛　*Vitas Desiderii Cadurcensis*，cc. 16 – 17，pp. 574 – 576.

地行使其权力，于是，其结论就必然是，7 世纪中叶的墨洛温国家已经失去了对其大部分领土的控制。[32] 而从另一方面看，如果相信主教是以国家的名义进行统治，那么就可以认为，当时墨洛温国家的实力还相当强大。[33] 第三种更为中立的观点事实上更好地解释了这种现象：主教们和他们的那些俗界的伯爵同僚们一样，拥有来自王室的广泛权力，但是关于地方和中央的政治考虑决定了他们怎样行使这些权力。为了保持独立，主教和其他正式掌控权力的贵族们必须摆脱当地竞争对手的抵制，这些地方势力有可能从宫廷寻求支持并纠集贵族社会的军队来对抗他们。[34] 正如我们在圣徒传记中所见，这类军队的调动可以通过正规的司法程序去实现。实现该司法程序要求，王廷处于政治活动中心，而贵族也愿意支持司法程序。7 世纪的大部分时间里，在法兰西亚的大部分地区这种情况比比皆是。不管是世俗的领主还是教会的领主通常都有他们的对手，所以从总体上说这些主教起到了扩展中央权力范围，而不是缩小其范围的作用。从达戈伯特之死到 8 世纪初查理·马特（Charles Martel）出现之间的法兰克历史，事实上是从这种紧张对立的政治状态的初现到有所逆转，以及王朝是如何试图自我修复的这一发展过程的记述。这也正是我们现在所要讨论的这段历史。

达戈伯特死于 638 年 1 月 19 日，他的儿子——8 岁的西吉伯特三世在宫相丕平（Pippin）和科隆（Cologne）主教朱尼贝尔特（Chunibert）的辅佐下继续管理奥斯特拉西亚。纽斯特里亚和勃艮第的王位则由达戈伯特 4 岁的儿子克洛维（Clovis）继承，他由母亲南特奇尔德（Nantechild）及宫相埃迦（Aega）辅佐。关于南特奇尔德我们所知甚少，但可知她同 7 世纪另外四个摄政王太后中的三人布鲁内希尔德、巴尔希尔德（Balthild）和希姆奈奇尔德（Himnechild）一样，是强有力的统治者。她们与宫相享有同等的权力，这种权力来自王室的管理和以国王名义进行的统治对国家政体的影响。南特奇尔德还和达戈伯特的儿子们平均分配了其丈夫的财富。641 年，南特奇尔德发动了一场突然爆发于奥热尔（Augers）宫廷的争斗，和 627 年

---

[32]　主教在城镇从事统治的观点，见 Prinz（1974）。
[33]　比如说可以参考 Durliat 的论点（1979）。
[34]　Cf. Pouracre（1990），pp. 32 – 33.

克洛塔尔二世在克雷希参与的内斗一样。还是在 641 年，埃迦去世，南特奇尔德的同盟者厄琴奥德（Erchinoald）成为宫相。之后，南特奇尔德和厄琴奥德开始恢复勃艮第的宫相制，将一个叫弗劳查德（Flaochad）的人擢升为贵族，并把南特奇尔德的侄女嫁给了他。但是不久后南特奇尔德去世，弗劳查德和南部勃艮第的"罗马贵族"（patrician，即统领）威尔拜德（Willebad）之间的暗斗突然爆发成为两个贵族派系之间的战争。此时已 8 岁的国王克洛维二世不能控制这种暴力局面。威尔拜德被杀，之后不久弗劳查德也去世了。接下来发生了什么就不可知了，因《弗雷德加编年史》（Chronic of Fredegar）的记载到此结束，但是随着 10 年之后的一些资料的出现，可以清楚地看到，来自勃艮第和纽斯特里亚的贵族重新组成了一个统一的政治共同体（political community），并同时参加这个共同体的会议。因此，尽管《弗雷德加编年史》的作者在描述 7 世纪发生的事件时，除了描述科伦巴努斯与塞乌德里克和布鲁内希尔德之分歧外，用了较多的篇幅描写这一"弗劳查德事件"，但事实上，"弗劳查德事件"的影响可能并不大。

奥斯特拉西亚的丕平（Pippin）在达戈伯特死后大约一年后去世，宫相之位由奥托（Otto）接任。但《弗雷德加编年史》明确记载丕平的儿子格里莫阿德（Grimoald）希望接替父亲之位并和科隆的朱尼贝尔特密谋以达到这个目的。两年之后（641 年），奥托被谋杀，格里莫阿德代替了他。同时，图林根（Thuringia）发生的事件提供了一个很好的例子，那就是如果一个地方首领敢于对抗权贵同盟内的其他成员，那么他就必须要面对整个权贵集团施予他的压力。结局是，拉杜尔夫（Radulf）最后使他的整个统治区脱离了墨洛温王朝的版图。这就是 639 年图林根公爵拉杜尔夫反抗西吉伯特时的情况。拉杜尔夫先是被西吉伯特封为公爵，而且在保护图林根免受文德人袭击时表现很出色，但同时也意味着他有了保护自己的军队，而这支强大的军队又使他能够对抗西吉伯特的权威，这也可能是因为他和另一个公爵阿达尔吉塞尔（Adalgisel）的不睦造成的。奥斯特拉西亚人这时只能用武力回应，征集了一支军队攻打拉杜尔夫。拉杜尔夫赢了这场战争，开始独立统治，并通过和文德人结盟保护自己的地位。即使如此，他没有建立一个独立王国，也没有像《弗雷德加编年史》所声称的那样，在事实上否认了墨洛温家族作为领主的地位。⑤ 这种像某些首领或者某些地区割据的情况在墨洛温王朝和加洛林王朝时期都很常见，一些统治者和一些地区以自己的方式统治，但并不真正成为一个完全独立的政治实体。这种保守主义是上层精英之间高度整合的另一种标志，在很大程度上说明了为什么法兰西亚能够在长时期内保持疆域的稳定。

386　　　接下来的10年发生了什么我们所知甚少，可是根据这一时期的圣徒传记和书信，可以推测出这是一段和平时期。西吉伯特大约于645年结婚，而克洛维于649年结婚。两位国王的王后都比国王多活了20年，并且作为遗孀在国王死后发挥了重要作用。克洛维娶了盎格鲁—撒克逊人巴尔希尔德，她后来成为一本圣徒传记的主角。⑥ 据说巴尔希尔德曾是厄琴奥德的一名家奴，她拒绝了主人的性侵，并成功地嫁给了国王。但是她的故事并不仅仅是"麻雀变凤凰"（rags to riches）那么简单，她很有可能是出身于盎格鲁—撒克逊的贵族，甚至是一位公主，而不仅仅是奴隶。她的丈夫克洛维死于657年，《法兰克人历史》中的一份讣告记载了这件事，并且暗示他死于暴力。⑦ 于是巴尔希尔德成为摄政，辅佐她三个儿子中的长子——8岁的克洛塔尔三世。西吉伯特娶了一位名叫希姆奈奇尔德的妻子。她似乎并不是西吉伯特的儿子达戈伯特的生母，但是她最终成为摄政者，辅佐她的女儿比利琪尔德（Bilichild）的丈夫、巴尔希尔德的第三子希尔德里克（Childeric）。这场婚姻的缔结和一位纽斯特里亚国王进入奥斯特拉西亚就是后来人们所知的"格里莫阿德政变"。这件事很惹人注目，因为它看起来像是加洛林家族试图从墨洛温家族手里夺取王位的一次早期尝试。⑧

早期西吉伯特国王死后留下一幼子达戈伯特。但是宫相格里莫阿德没有帮助他登上王位，而是将他逮捕并削去了象征他王者身份的头发，移交给普瓦蒂埃（Poitiers）主教。主教将达戈伯特流放到爱尔兰。之后格里莫阿德将自己的儿子扶上王位，并使这位国王取了一个

---

⑤　拉杜尔夫的事迹参见《富尔达年代记》，Chron. Ⅳ. 77, 87, pp. 64 – 65, 73 – 74。

⑥　Vita Balthild，翻译并注释，Fouracre and Gerberding（1996），pp. 97 – 132。

⑦　*Liber Historiae Francorum* c. 44, Fouracre and Gerberding（1996），p. 89.

⑧　对这些事件的不同解释，参见 Krusch（1910），Levillain（1913）和（1945 – 1946），Ewig（1965），Gerberding（1987），pp. 47 – 66, Wood（1994），pp. 222 – 224, 和 Becher（1994）。

墨洛温家族的名字——希尔德贝（Childebert），宣称他曾经被西吉伯特领养。希尔德贝的统治长达 5 年，直到发生了反对格里莫阿德的政变。接下来，我们无从得知希尔德贝的情况，但是格里莫阿德落到了纽斯特里亚人手里，在巴黎痛苦地死去。662 年，巴尔希尔德的小儿子希尔德里克与比利琪尔德订婚，成为奥斯特拉西亚国王。伍尔弗阿尔德（Wulfoald）为宫相，希姆奈奇尔德为摄政王太后。在这个显然很平常的故事背后存在着复杂的年代问题，主要是因为这一时期唯一叙述连贯的史料《法兰克人历史》记载，是克洛维二世结束了格里莫阿德的统治，这就意味着格里莫阿德统治结束的时间在 657 年秋之前，而希尔德里克在奥斯特拉西亚的即位不可能早于 661 年。[39] 传统上，人们认为 656 年西吉伯特国王之死，是这一系列事件的开端。如果我们试图使这一时间与领养者希尔德贝统治时期符合的话，就和《法兰克人历史》的记载产生了冲突。那些坚持《法兰克人历史》之真实性的学者们则质疑西吉伯特 651 年后仍在世的证据。[40] 一个更加复杂的问题是西吉伯特的儿子达戈伯特是否在流放之前有过一段时间的统治，提出这一问题者的根据是，人们有可能混淆了 8 世纪的国王达戈伯特、宫相格里莫阿德和他们在 7 世纪的同名者。

试图解释这些事件不如努力弄清楚它们发生的年代，许多历史学家认为查理曼的某一位祖先的确曾经发动对墨洛温王朝的政变，这是不言自明的，但失之于时机不成熟，而非行动的失误。从这一政变的后果回溯到这一事件的另一种考虑，认为纽斯特里亚人最初是支持格里莫阿德的，但后来又背叛了他。编年史的年代定然有问题，但是如一位历史学家最近所揭示的，我们有可能得出一个比查理的祖先在完成其历史使命之前进行过夺权尝试这种说法更令人满意而更少年代错误的解释。[41] 一种新的解释更强调女性人物在此历史背景中的作用，认为如果希姆奈奇尔德不是达戈伯特的生母，那么她很有可能为了保住自己的地位，参与了放逐后者的谋划。为了她的政治生涯，希姆奈奇尔德与格里莫阿德进行这样的密谋是有必要的，而从格里莫阿德方面来看，他的儿子与希姆奈奇尔德的女儿联姻可以提供一条通往王位

---

[39] *Liber Historiae Francorum* c. 43；Fouracre and Gerberding (1996)，pp. 87 – 88.
[40] Gerberding (1987)，pp. 47 – 66.
[41] Wood (1994)，pp. 222 – 224.

的捷径，恰如伦巴第人通过和贡德伯尔加结婚而成为国王一样。当格里莫阿德失去支持时（这在那个允许继任者为被谋杀的前任复仇的时代并不奇怪），希姆奈奇尔德于是很可能为比利琪尔德另觅了佳婿，现在又与巴尔希尔德议定将她嫁给希尔德里克。这种论点有助于解释希姆奈奇尔德之影响的持久，此前，如果认为是格里莫阿德一人操纵了政变则无人注意到这一点。所有的研究者们都多少承认这种观点：在当时，一个非墨洛温血统的人成为国王是不能被接受的。

关于希姆奈奇尔德的摄政时期我们所知甚少，而对巴尔希尔德的摄政时期知道得较多。这是因为《巴尔希尔德生平》（*Life of Balthild*）中包含了这一时期的资料。她从 657 年开始摄政，直到 664 年她的长子克洛塔尔 15 岁成人为止。在王室里和她一同参政的有巴黎和卢昂的主教，还有一些不知名的世俗首领和宫相等。一开始时，宫相由厄琴奥德担任，658 年或 659 年他死后由埃布罗因（Ebroin）接替。对埃布罗因的记载比 7 世纪任何其他非王室的世俗人物都多，这主要是因为他在广为流传的《勒弗德加尔之殉道》（*Passio Leudegarii*）一书的记载中是头号反面人物，这本书讲述的是埃布罗因的主要政治对手——欧坦（Autun）主教勒弗德加尔（Leudegar）殉教的故事。埃布罗因的恶行随后变得人尽皆知，我们现在也很难公正地去评价他的历史地位。尽管如此，很明显埃布罗因和他在纽斯特里亚贵族中的支持者将许多人排除在权力分配之外，打乱了法兰克王国的政治平衡。这个过程无疑开始于巴尔希尔德。需要再次强调的是我们的资料来源于教会，但是可以看到巴尔希尔德将她的支持者安插在遍布纽斯特里亚、勃艮第王国的权位之上，比如她任命他们做欧坦、里昂、图卢兹的主教。另外据《巴尔希尔德生平》记载，她迫使"高级教会"，也就是主要的异教场所，接受修道院的规章。她还让当地主教允许其以科伦巴努斯的方式保持独立，也就是她所谓的"修道院政治"（*Klosterpolitick*）。[42] 在一份英文史料《威尔弗利德生平》（*Life of St. Wilfrid*）中，揭示了巴尔希尔德为了实现对教会和王国的控制，是如何处死里昂大主教奥农蒙德（Aunemund），并强调另外 8 位主教

---

[42]　*Vita Balthildis* c. 9, Fouracre and Gerberding（1996），pp. 125 – 126.

也是被巴尔希尔德杀害的。[43] 关于这次大范围的杀戮并没有更多的资料可证实，但是却有另一份记载说明了奥农蒙德的死因，及此后其职位被王太后的宫廷牧师担任。[44] 这一记载也提醒我们不能简单地将这一时期的政治看作王室的"中央集权制"和"地方分权制"的对抗，因为它告诉我们，里昂的当地人民是怎样和王室联合打倒奥农蒙德的。另外，奥农蒙德除了在里昂拥有庞大的势力，在贵族阶层中的地位也很高，甚至有人认为他曾给巴尔希尔德的儿子克洛塔尔（Chlothar）施行了洗礼。

当克洛塔尔成年并正式即位之后不久，巴尔希尔德就被迫退出政治舞台，进入谢勒（Chelles）的修道院，但是埃布罗因仍然掌权。如果说，比德（Bede）所讲述的故事，即在668年他从罗马出发去坎特伯雷（Canterbury）途经法兰克境内时，大主教狄奥多勒（Theodore）和修道院院长哈德良（Hadrian）全程都被埃布罗因的人监视是千真万确的话，那么此时宫相的管理和权力无疑是真实有效的。[45] 但是这种管理方式——宫相通过国王实行管理，并且禁止其他贵族接近国王——无疑破坏了法兰克政治的纽带，即传统共识。根据比较接近于这个时代的《勒弗德加尔之殉道》一书的记载，埃布罗的专制发展到了不经他的允许，勃艮第的贵族就不得前往王廷述职的程度。[46] 但后来，在673年克洛塔尔三世去世后，埃布罗因试图阻止政治共同体扶植一位新的国王，却没有成功。接着这些人突然开始一起攻击宫相埃布罗因，他无力抵抗。《勒弗德加尔之殉道》一书强调，贵族会议这样做的原因是因为他们害怕埃布罗因会控制新国王［即巴尔希尔德的次子塞乌德里克（Theuderic）］，而且，如果不对他加以控制，任其滥用国王的名义，他就可以攻击任何他想攻击的人。[47] 埃布罗因被夺权并流放。纽斯特里亚人和勃艮第人邀请奥斯特拉西亚国王希尔德里克当他们的国王，以代替他的兄长塞乌德里克。但是事实证明，重建共识是不可能了，因为，很自然地，希尔德里克带来了

389

[43] *The Life of St Wilfrid* c. 6, pp. 13 – 15.

[44] *Acta S. Aunemundi*，翻译并注释，Fouracre and Gerberding（1996），pp. 166 – 192。

[45] Bede, *HE* IV. I.

[46] *Passio Leudegarii*，翻译并注释，Fouracre and Gerberding（1996），pp. 193 – 253，此处，c. 4，pp. 220 – 221。

[47] *Passio Leudegarii* c. 5，Fouracre and Gerberding（1996），p. 222.

他的奥斯特拉西亚随从。现在王室分裂为两派，一方是以欧坦的勒弗德加尔为首的纽斯特里亚—勃艮第人党，另一方是以宫相伍尔弗阿尔德为首的奥斯特拉西亚党。勒弗德加尔指责希尔德里克背叛了其不干涉地方事务的承诺，有趣的是，他还企图使希尔德里克和他的妻子比利琪尔德分手。因此希尔德里克、伍尔弗阿尔德（和希姆奈奇尔德）一起反对勒弗德加尔并将他像对埃布罗因一样流放也就不奇怪了。这一事件发生于 675 年的复活节。大约 6 个月后，纽斯特里亚人杀死了希尔德里克和怀孕的比利琪尔德，以及他们尚在襁褓中的儿子达戈伯特。他们决心消灭墨洛温王朝的奥斯特拉西亚支脉。

　　希尔德里克死后，埃布罗因和勒弗德加尔从流放中归来，成功地安排了一次戏剧性的赛事进入王宫，与塞乌德里克一起组建了新的政权。埃布罗因认识到他在此阶段处于弱势，于是转而向东，去西奥斯特拉西亚征集军队。《勒弗德加尔之殉道》一书中记载，埃布罗因为了达到这个目的必须扶植一个听命于自己的国王，所以他拥立了一个假称克洛维的王，宣称他是克洛塔尔三世的儿子。之后他进攻纽斯特里亚的王廷，逮捕了塞乌德里克，杀害了厄琴奥德的儿子、新上任的宫相勒弗德希乌斯（Leudesius）。随后，埃布罗因派遣军队前往欧坦，攻打他的老对手勒弗德加尔。尽管这位主教被捕，但是埃布罗因的军队却没有攻下里昂和普罗旺斯（Provence）。接下来，埃布罗因抛弃了假冒者克洛维，恢复了塞乌德里克的王位，当他再度成为宫相之后，他就开始采用司法程序来惩罚敌人。勒弗德加尔被刺瞎双眼且在身体残疾后，终于 677 年或 678 年被处死。埃布罗因也于 680 年送命，他在计划暗杀另一个敌手之时，对方先发制人将他杀死。这些事件基本上是依据《勒弗德加尔之殉道》的叙述。[48] 尽管这部史料明显具有倾向性，它大体上还是得到了其他早期史料的证实。

　　《法兰克人历史》表明卢昂的奥多因是埃布罗因的盟友，他是整个法兰西亚最受尊敬的人之一。[49] 这一联盟的形成说明，这位宫相不仅仅是一个持不同政见者，还代表了纽斯特里亚家族上层社会中的一

390

---

[48] *Passio Leudegarii* cc. 4 – 35, Fouracre and Gerberding (1996), pp. 220 – 248.

[49] *Liber Historiae Francorum* c. 45, Fouracre and Gerberding (1996), pp. 89 – 91.

个派系。当这个派系之外的贵族意识到他们会被排除于左右王权的人之外，从而再也不能参与决策以捍卫自己的地位时，就会在某种程度上发生解体。当时的史料记载的很清楚，如果国王或者宫相不听从贵族的建议，他们就会被认为是难以忍受的危险人物。对于这种人们所认定的不合法行为的修正办法，就是要推翻犯下这种非法行为的政权，这种事件就发生在 673 年和 675 年。但是旧秩序的瓦解是有限度的，因为大范围和长时间的无秩序会损害权贵的财产及特权。这最后一个原因或许能解释为什么埃布罗因在重新掌权后可以重建某种政治上的共识，并回过头来运用司法程序而不是武装对抗来达到自己目的。值得注意的是，埃布罗因所做的第一件事是重建所有权关系方面的秩序。

尽管大部分历史学家都同意这一时期的动乱之发生是由于以王廷为中心的政治共同体内部的争斗，而不是由于地方势力试图与中央政权分离，但它确实导致了卢瓦尔河（Loire）南岸的一个独立公国的形成，这就是阿基坦（Aquitaine）。在这个公国内，以图卢兹为其基地的公爵卢普斯（Lupus）似乎参加了 673 年反对埃布罗因的行动。也正是卢普斯领导了法兰克人对西哥特所属的塞普提马尼亚的进攻，这在前面一章已经提到。在大约 673 年到 675 年之间于波尔多（Bordeaux）召开的一次宗教会议上，他以国王希尔德里克的支持者身份出席，尽管有一则史料宣称他被卷入了对这位国王的谋杀事件，但是很明显，国王死后他并没有加入埃布罗因一派。正和此前不久的图林根的拉杜尔夫类似，他自行其道，由于对整个地区的军事上的控制，他足以保住自己的地位。因此，纽斯特里亚人没收了卢普斯家族于奥尔良地区的领地，这使得他不可能再回头。这场动乱造成的另一个后果就是此前纽斯特里亚和奥斯特拉西亚之间（自早期 7 世纪以来）时而紧张的关系变得和谐了。

希尔德里克及其家族成员被谋害，意味着分离的奥斯特拉西亚王国将走向末日，除非奥斯特拉西亚人再为自己找到一个墨洛温家族血统的人。他们找到了这个人。这个人就是达戈伯特，20 年前被流放到爱尔兰的西吉伯特三世的儿子。此后人们所能想象到的这一时期所发生的事件是通过阅读另一部编年史，即《法兰克人历史》中难以按时间顺序理解的片段中得知的。对于这部著作的最新研究有力证实

391　　了接下来发生事件的顺序为⑩：希尔德里克死后，伍尔弗阿尔德逃回了奥斯特拉西亚，并从政治舞台上消失了（同希姆奈奇尔德的遭遇一样）。一个叫作马丁（Martin）的权贵和一位很有可能是马丁之亲属的人物丕平——他们很可能是格里莫阿德家族的成员，历史学家们称这一派系为"丕平派"（Pippinids）或"阿尔努尔夫派"（Arnulfings）——成为奥斯特拉西亚贵族的领袖。丕平派成员在格里莫阿德垮台之后，重获他们的财富。也正是这一派成员通过英格兰主教威尔弗利德从爱尔兰找回了达戈伯特。但是埃布罗因和纽斯特里亚人却并不承认达戈伯特作为国王的身份，这就迫使奥斯特拉西亚人不得不为了自己的独立而战。奥斯特拉西亚人在达戈伯特领导下征集了一支大军来攻击埃布罗因的军队。在阿丁（Ardennes）地区的一次大战中，马丁和丕平被打败，后来马丁被杀。这件事发生的时间却不能确定，但是根据《威尔弗利德生平》的记载，达戈伯特于 679 年 12 月被杀害，因为他没有与贵族们很好地协商，而且他对百姓增加了贡赋。⑪也许，他试图恢复自己遗产的行为有点过分。尽管奥斯特拉西亚人又一次处于没有国王的状态，但他们还是保持了独立，这也许是因为埃布罗因在同年死去。继承其位置的宫相瓦拉托（Waratto）与丕平缔结了和约。

　　在这一事件中，纽斯特里亚内部似乎有两派意见，一派如瓦拉托和卢昂的奥多因，主张和丕平达成某种协议。而另一派，如瓦拉托的儿子吉斯勒马尔（Ghislemar）和他的女婿贝尔查尔（Berchar）主张攻打丕平。后一派人物也许还在为 10 年前和希尔德里克的奥斯特拉西亚人随从共事的不快经历而恼怒。从奥斯特拉西亚人方面来看，接近王室并在军事、政治、司法上影响王室，都是保护自己之势力和特权的必要的自卫手段，财政上也有很大的吸引力。684 年卢昂的奥多因去世，结束了他由克洛塔尔二世开始持续到他生命尽头的职业生涯。在他在世的最后一年，还在投身对奥斯特拉西亚的和平使命，他在奥斯特拉西亚是被当作圣人来崇拜的。随后，瓦拉托于 686 年去世，他的女婿贝尔查尔成为宫相，一些心怀不满的纽斯特里亚人将矛

────────────
⑩　Gerberding（1987），pp. 78 – 84.
⑪　*The Life of St Wilfrid* c. 33, pp. 66 – 69.

头指向了奥斯特拉西亚的丕平。次年，即687年，贝尔查尔和塞乌德里克三世与丕平在索姆（Somme）河附近交战，丕平获胜。他在这场著名的泰特里战役（Battle of Tertry）中的胜利经常被认为标志着墨洛温时代的结束和加洛林统治的真正开端。这个观点最先在9世纪早期的《梅斯年代纪》中被提出，但这部年代纪并未反映出，事实上7世纪丕平和奥斯特拉西亚人的战斗是被纳入墨洛温的旧体制，并不是要取代它。[52]

丕平显然非常富有，权力很大，其家族的土地一直延伸到默兹（Meuse）河东岸。但是他的权力并不足以在687年征服纽斯特里亚和勃艮第。[53] 大约在泰特里战役发生的一年之后，贝尔查尔在其岳母、瓦拉托的寡妻安斯弗莱德（Ansfled）授意下被杀。丕平的儿子德罗戈（Drogo）娶了贝尔查尔的遗孀安斯特鲁德（Anstrude），丕平接替了宫相之位。德罗戈的婚姻和泰特里战役的胜利这两件事都有助于丕平进入纽斯特里亚的王廷，自然也有助于丕平扩大他在奥斯特拉西亚的影响。因此，应该说"加洛林王朝的兴起"是在泰特里战役之后，而非之前；此事件借助于纽斯特里亚的帮助，但直到714年丕平去世时，加洛林兴起之势还很不明朗。我们用以重新构建丕平之权力增长因素的材料，一如既往，其起源和定位都是教会性质的，但这至少表明了丕平的影响力之所在。他取代了贝尔查尔之后，可以看到他意图在其儿媳的家族所在地卢昂地区产生影响。689年到691年之间，他强行流放了奥多因的继任者卢昂主教安斯伯特（Ansbert），用自己的一个支持者格利弗（Gripho）取而代之。同样，701年，他的另一个属下成为圣万德里尔（St. Wandrille）附近一所修道院的院长。7世纪最后10年和8世纪早期，丕平才在其他地区出现，他以极大的兴趣关注那些自桑布尔河（Sambre）流域呈弧线状穿越他的家族在默兹河流域的领地、经莱茵河下抵摩泽尔（Moselle）河谷地区的修道院和主教辖区。这些修道院分布在洛布（Lobbes）、蒙斯（Mons）、尼韦勒（Nivelles）、福赛斯（Fosses）、斯塔维洛—马尔梅第（Stavelot-Malmedy）、凯撒斯维特（Kaiserwerth）、圣胡伯特

---

[52] Annales Mettenses Priores, Fouracre and Gerberding (1996), pp. 359 – 361.
[53] M. Werner (1982) 对丕平家族和他们的土地做了仔细调查。

（St. Hubert）和埃希特纳赫（Echternach）等地。他手下的主教辖区
有乌特得勒（Utrecht）、通格莱斯—马斯特里赫特（Tongres-Maas-
tricht）、科隆、特里尔、梅兹和兰斯。这个名单虽然给人以深刻印
象，但人们立即会注意到卢昂没有被包括在内，丕平对教会机构的影
响并没有延伸到纽斯特里亚政权的塞纳—奥塞河（Seine-Oise）核心
地带。

　　同样，尽管丕平让他的儿子格里莫阿德接替他成为宫相，但并没
有完全取代国王身边古老的纽斯特里亚家族。他的长子德罗戈被赐予
香槟（Champagne）公爵领地，但是即使他能够与瓦拉托的女儿结
婚，也没能占有卢昂地区。这一联姻产生的他的儿子雨果（Hugo）
的确是在卢昂长大，但却由瓦拉托的遗孀安斯弗莱德抚养。这一时期
的王室档案表明，丕平的影响力在纽斯特里亚增长缓慢。691—717
年，纽斯特里亚王室颁布的现存 19 份原始文献提到了与纽斯特里亚
贵族相关的 80 个人名。[54] 在这 80 人中，只有 19 位在不同程度上和奥
斯特拉西亚或者是丕平家族有关，而在 702—726 年期间由奥斯特拉
西亚丕平家族签署的文献中之证人名录上出现的 58 个人中间，只能
找到这 19 位中的 6 位。丕平显然没有像希尔德里克在 20 年前所尝试
的那样，在纽斯特里亚王廷安插众多自己的手下。两份纽斯特里亚王
室判决书上罗列了案件听审时出席的所有贵族。从这些列表中可以看
出，除了西阿基坦王国以外的所有贵族仍然在出席纽斯特里亚法庭。
如果丕平希望通过召集法庭使自己的行为合法化，这说明他本身也受
到这些权威的约束。上述文献中的一件和另外两份判决书很好地说明
了这一点，据记载，当丕平家族试图染指纽斯特里亚最重要的圣德尼
（St. Denis）修道院之土地和特权时，法庭的判决是不利于丕平家族
的。所有这些与《梅斯年代纪》及艾因哈德（Einhard）所描绘的画
面截然不同，在他们笔下，丕平全权控制了围绕着国王召集的会议。
同样，他们坚持认为这一时期所有的国王都无所作为，这一看法是错
误的，至少在 695—711 年在位的希尔德贝三世是个反例。

　　希尔德贝的父亲塞乌德里克三世很有可能是相继掌权的权贵们的
傀儡，如人们在 673 年所担心的那样。塞乌德里克三世的长子克洛维

393

---

　　[54]　*ChlA I4*, *documents nos.* 572–579, 581, 583–591, 593. 还可参见 Fouracre（1984）。

三世（691—695 年在位）在他即位时尚未成年，而且在他成年后也只坐了三年国王的宝座，但是他的弟弟希尔德贝成年后却统治了 15年。或者这就是《法兰克人历史》的作者特别关注他，称他为"闻名的""著名的""公正的"的原因。[55] 正是在希尔德贝统治时期，制定了反对丕平家族的三个判决书，在他的统治时期，我们看到了地处偏远地区的普罗旺斯的统治者安特诺尔（Antenor）出现在纽斯特里亚的王廷。这时在马赛也开始出现印有其名字的钱币。因此，希尔德贝可能是凭借自身的能力而在政治上很有影响。但是在他死后，马赛就不再锻造王室钱币了，很有可能这个时候安特诺尔开始反对丕平。根据一部 9 世纪的史料，大约也在这一时期，阿勒曼尼人和其他东部地区的族群首领开始摆脱其他的政治联盟，因为"他们不能再像以前那样侍奉墨洛温国王了"[56]。但是，在 7 世纪初，希尔德贝的死造成一定程度的政治疏离之前，王国的建立或许可以归功于希尔德贝和丕平的强力结盟。国王可以吸引人们的支持，以使王室法庭作为执法权的首要工具有效运行，而且，丕平的军事权威阻止了可能扰乱法庭活动的派系斗争。而丕平作为绝对军事领袖的威望来自对弗里斯兰人（Frisians）和莱茵河东岸部族作战的胜利。《法兰克人历史》将这些战役归到希尔德贝统治时期。

394

　　安特诺尔和阿勒曼尼人的表现说明，随着丕平和他的家族日益增长的权势带来了迅速增加的怨恨。于是，在 714 年，丕平家族遭到了灭顶之灾。丕平染病，他的儿子格里莫阿德在来看望他的时候被谋杀。德罗戈于 707 年死去，而下一代的男性成员还都很年轻，所以丕平为了保护自己家族的利益，试图将他的一个孙子塞乌都阿尔德（Theudoald）任命为宫相，他的妻子普莱克特鲁德（Plectrude）则起着摄政的作用。实际上，丕平还有另一个妻子和儿子查理（Charles），但这时查理显然是这个家族被边缘化的成员，被排除在财富和权力之外。[57] 当丕平于 714 年年末死后，纽斯特里亚人迫使塞乌都阿尔德离开，并且和弗里斯兰人结盟攻打丕平家族在默兹河流域

---

[55]　*Liber Historiae Francorum* c. 49，p. 323，将 Chidebert 的即位描写成"vir inclytus"，c. 50，p. 324 评价他为"bonae memoriae glorious domnus Childebertus rex iustus"。

[56]　*Erchanberti Breviarum* c. Ⅰ，p. 328.

[57]　Fouracre（2000），p. 56.

的核心地区。责任落到了查理的肩上，也就是以后人们熟知的查理·马特，他征集了家族的支持者和家族的财富，率军以游击战争方式打击得胜的纽斯特里亚人和弗里斯兰人。于是，714 年的诸多事件导致了长时期的战争，最终摧毁了墨洛温王朝的旧秩序，法兰克王国第一次被分解，随后形成了以查理·马特为核心的政权。和父亲丕平不同，查理最终使墨洛温王权成了一种摆设，并且在没有国王的情况下执掌大权。他葬于纽斯特里亚最神圣的圣德尼修道院，而事实上这所修道院之前是他家族的对立派别。

　　我们现在是遵循着涉及 7 世纪法兰西亚历史的书面资料所记录的基本事件的进程前行。这些史料中所体现出的一个最突出特点是在法兰西亚政治生活中王室的重要地位。在此背景之下，政治史一般揭示的是国王、王后、宫相、贵族之间的相互往来。决定这种相互关系的因素首先是克洛塔尔二世治下法兰克的统一促成了一个跨地域的政治精英阶层，从而出现了长期的和平。与 6 世纪不同，7 世纪的法兰西亚相对很少发生内部纷争，从达戈伯特与文德人、巴斯克人和布列塔尼人的战争始，至 7 世纪末弗里斯兰人被驱赶至法兰西亚的东北部为止，来自外部的威胁也很小。但是，和平时期没有战争能带来的战利品，资源短缺时政治领袖就处于相互竞争的压力之下，他们的团结受到挑战。尽管权贵之间的竞争会被王室巧妙地控制，但是当竞争发展成为失控的内部争斗时，王室的统治就会陷入瘫痪，如 7 世纪 70 年代中叶的事件所揭示。"内部争斗"（Feuding）和"派系斗争"（faction-fighting）是阐释这种行为的最好用语，因为，它们强调的是，派系之间的冲突是发生于一个单一的政治集团内，而不是发生于不同的族群、社会或宗教群体内。这一观察使我们看到，7 世纪的法兰克社会至多是面临着一定程度的结构性不稳定，但由此并不能推论出它处于普遍的不稳定或政治混乱。

　　事实上，是法兰克政治的整体稳定使得幼年国王的现实成为可能。在支撑公共权力的直接税消失后，公共权力依然存在。在没有中央政权的监督时，王室权威在各地被滥用，而且，通过对备受恩宠的教会组织的土地行使豁免权，国王实际上避免了他们的官员在王国的很多地区滥用王权。但是公共权力的概念只掌握在可以从它获益的人们手中，他们也许可以摆脱中央政权的直接控制，或者可以像那些享有豁免权的人们那样，免于向国王纳税和服役。这些人如果否定国王的权威，其权力的合法性就会被质疑。即使是查理·马特也必须表面上服从墨洛温王朝。由此，随着财政权落入权贵们手中，政权通过权势者的结合而不是官僚的管理而产生，公共权力正逐渐从财政现象变为文化现象。晚期墨洛温王朝正是沿着这些路径发展的，而不是"罗马"模式的或者是中央集权的政体，抑或被"日耳曼化"的或贵族政体颠覆的结果，后者还是对于泰特里战役中奥斯特拉西亚人之所以能打败纽斯特里亚的一种解释。[58]

在社会层面上，权力的基础最终取决于对土地的控制，因为土地是提供可再生财富的资源，这些财富是由自由的和不自由的劳动者的辛勤劳作创造出来的。与此同时，对高价值的可动产——珍宝等财富的需求也很高，它可以通过农产品交换获得，或者在更大层面上，通过战争或者政治手段获取。这一时期的文字作品中满是对珍宝的描写。这类珍宝的储存是掌权的前提，它可以确保人们的忠诚，而且，对于执掌公共权力的一个很大的吸引力，就是它提供了获得可动财富的途径——司法罚款和尚残存的小额税收。赐予教会豁免权的同时，就给了它们保持统治机构之利益的权力，这和已完备的货币机构一同刺激了广大农场主。不管是归因于上述因素，还是归功于地主权力的大幅度提高，或者是一段时期的和平稳定的红利，7 世纪农村的生产力开始上升。于是，古代经济增长的第一个标志出现了（尽管很不清晰）。在这一大背景下，我们可以看到在 7 世纪 70 年代货币体制由黄金向白银的转变，在一些地区也出现了人口增长的迹象。于是，7 世纪的法兰西亚在经济、政治、文化方面都走向了成熟。法兰克已经发展成为一个王国，尽管其资源贫乏，政权组织形式亦不成熟，但是却将成为一个庞大的王国。所有这些都是墨洛温王朝给后继者的遗赠。

396

王向鹏 译，徐家玲 校

---

[58]　K. -F. Werner（1972），pp. 493 – 494.

第 十 五 章

爱尔兰的宗教与社会

克莱尔·斯坦克里夫（Clare Stancliffe）

社会、宗教和基督教的到来

当初，基督教在罗马帝国内经由星罗棋布的地中海城市西向传播；爱尔兰却属于化外之地，是一个纯粹的农业社会，没有城市，甚至没有小集镇，没有城市下层和中产阶级，没有货币，没有大规模商品生产，几乎没有贸易。罗马帝国是一个等级社会，上有皇帝，下有根据地理界限划分的行省；行省之内，城市各有所属。然而，爱尔兰没有政治统一。虽然超王可以获得广泛认可，但是其统治权却取决于各个部落，或者"图阿斯"（单数 tuáth，复数 tuátha）首领们的承认。[1] 这些小部落是基本的政治实体，此部落的人在彼部落没有任何权利——除非两个部落之间（如往常那样）曾经有过协议。

虽然与晚期罗马帝国不同，爱尔兰早期社会在许多方面还是与其他中世纪早期社会具有可比性。它的基本单位不是个人，而是家族血缘集团。家族要为自己成员的过错负责，也要为他们的安全负责。除了维持和平以外，这种家族还是农业制度的基础：绝大多数耕地归于家族属地（kin-land）。个人虽然可以耕种土地，但非经许可不得将其转让到家族以外。[2] 除了个人之间的血缘纽带以外，人们也可以通

---

① Cf. Charles-Edwards (1989), pp. 34 – 39. 见 Davies，前文第 9 章。
② Kelly (1988), pp. 100 – 102.

过社会上盛行的爱尔兰儿童寄养习俗，建立亲密的关系。③至于妇女的地位，爱尔兰社会属于典型的父系社会：妇女通常处于父亲、丈夫或者儿子的权威之下，独立活动的空间有限。④

爱尔兰社会是等级社会，从法律上可以分为几个等级，不同等级 398 拥有不同身价。基本社会结构包括国王、贵族和平民。三者都是自由人，拥有法律独立性。在其之下是半自由人，最底层是奴隶。不过，爱尔兰社会的一个显著特征是，国王和贵族不是唯一拥有特权的团体。在他们之外，还有一个专业人员阶层，他们凭借自己的学识或者某种技能而拥有特权地位。一篇芒斯特（Munster）法律论文区分了"高贵艺人"和"依附艺人"⑤。后者包括律师（brehons）、医生、铁匠、工匠、竖琴手、驾车人和魔术师。只有诗人被列为"高贵艺人"，其中才华出众者身价堪比部落之"王"⑥。他们也可以自由来往于若干部落之间——律师可能也享受这项特权，这使他们区别于贵族，甚至国王。⑦正是由于这种特权的存在，爱尔兰才具备了一种强大的文化内聚力，一种整体意识——虽然它在政治上是四分五裂的。

"诗人"一词译自爱尔兰语filid（单数fili），但这种译法容易引起歧义。filid在词源学上有"看见"和"预言家"之义，它承袭了异教德鲁伊（druids）的地位和许多职能。为了巩固自己的地位，每个国王都豢养宫廷诗人为自己歌功颂德。诗人还能讲数量惊人的故事，是宗谱传说、历史传统和地名故事的储存库。⑧基督教在6世纪一旦被爱尔兰社会接受，随之而来的新的拉丁文化与诗人和律师的知识就产生了大量互动。⑨互动早在600年前后就开始了，而且留下了浩如烟海的方言材料——都是西欧其他地方不多见或未知的材料。虽然这些资料大多出现于我们所谈的时代之后，但是我们要记住：律师和诗人不仅在爱尔兰早期社会起过重要作用，而且为我们留下了了解

---

③ Kelly（1988），pp. 86 – 90.
④ Cf. Kelly（1988），pp. 68 – 79, 104 – 105.
⑤ Uraicecht Becc 6, 37, trans. MacNeill（1921 – 1924），pp. 273, 277.
⑥ Uraicecht Becc 37 – 38；16, 20, 译者 MacNeill（1921 – 1924），pp. 277, 275；cf. Bretha Nemed Toisech 17, 译者 Breatnach（1989），pp. 17, 37。
⑦ Kelly（1988），pp. 4 – 5, 46.
⑧ Byrne（1973），pp. 13 – 16；Kelly（1988），pp. 43 – 49.
⑨ Cf. Ó Corráin, Breatnach and Breen（1984）；McCone（1990），chs. 1 – 2, esp. pp. 1, 22 – 28；Charles-Edwards（1998），esp. pp. 70 – 75.

那个社会的许多资料。

在法律文本用文字记录的基督教时代，德鲁伊充其量只能算依附艺人，但是，种种迹象表明，他们曾经享有后来被诗人（*filid*）独占的特权地位。[⑩] 他们起初属于异教的祭司阶层，后来虽然因固守异教礼仪而丧失特权，但是他们却一直存续到我们所论述的这个时代。一个 7 世纪的作家觉得有必要警告国王们勿听德鲁伊说话；[⑪] 即使在基督教主导的时代，德鲁伊的符咒仍然令人恐惧。这也许就是基督教创制"护心经"（*Lorica*）以免心灵遭受戕害的原因之一。[⑫]

我们只能间接了解爱尔兰原始的"异教"，但是它似乎无处不在：山川河流都有女神的名字，比如，"阿努的乳房"（Paps of Anu），或者，香农河（Shannon）和波瓦涅河（Boyne）。树木和水井都有神性。[⑬] 部落的祖先可以追溯到鲁格神（Lug）或者其他神，[⑭] 王权是神圣的。国王们定期举办赛会（*óenach*），以便臣民聚集，进行经济洽谈、赛马或者其他活动。这类赛会通常是在某处古老的坟场举行，起初似乎既有宗教意义，也有实际意义。尤尼尔人（Uí Neill）在泰尔敦（Teltown），而伦斯特人（Leinstermen）在卡尔芒（Carman），都是在鲁格神日（Lugnasad）举行这类赛会，这个节日象征着丰收的开始，是以鲁格神（Lug）的名字命名的。撒梅恩节（Samain，11 月 1 日）、伊姆伯尔克节（Imbolc，2 月 1 日）、白尔泰恩节（Beltaine，5 月 1 日）和鲁格神日（Lugnasad，8 月 1 日）是异教年历上的 4 个重大节日。[⑮] 这一切都说明，在前基督教时代，"宗教"是无法同爱尔兰社会分离的：人们所居住的土地、历法、作为部落（部族）生存核心的国王和人们集会的场所，无一不具有宗教意义。这就意味着，当这个社会皈依其他宗教时，需要进行一系列复杂的调整。

---

　　⑩　Uraicecht Becc 37，译者 MacNeill（1921 – 1924），p. 277；cf. Bretha Crólige 51，译者 Binchy（1934），pp. 40 – 41；Mac Cana（1979），esp. pp. 445 – 446, 456 – 460；Stancliffe（1980），pp. 78 – 83。

　　⑪　De Duodecim Abusivis Saeculi，p. 51。

　　⑫　例如，关于 8 世纪之"护心经"（Breastplate），见 St. Patrick，Greene and O'Connor（1967），pp. 27 – 32。亦见 Hisperica Famina ii，pp. 23 – 31；Kelly（1988），p. 60。

　　⑬　Tírechán，Collectanea，cc. 39 and 51, 1；Low（1996）.

　　⑭　E. MacNeill（1921, 1981），pp. 46 – 57.

　　⑮　Binchy（1958）；M. MacNeill（1982），esp. i，pp. 1 – 11, 287 – 349.

基督教可能在公元 500 年以前已经在整个爱尔兰传播，[16] 但是，我们根本无法确定它是否已经为大多数人民接受。爱尔兰的第一位主教是来自欧洲大陆的教士帕拉迪乌斯，此人于 431 年由教宗西莱斯廷派往"信仰基督的爱尔兰人"中间。基督教大概通过非正式途径传入爱尔兰：我们推测主要是经过不列颠。帕拉迪乌斯的传教在罗马被视为成功，传教的地点可能是伦斯特（然后延伸至爱尔兰的东南部和中东部）。于 600 年左右写作的伦斯特人科伦巴努斯仍然记得爱尔兰是通过教宗而接受基督教的。[17]

　　另外一个于 5 世纪爱尔兰传教的是帕特里克（Patrick），根据他的名字可认为是不列颠人。他传教的时间晚于帕拉迪乌斯，而且可以认为是在爱尔兰的北半部从事传教活动。[18] 后来被称为他的主要教会驻地的阿尔马（Armagh），可能只是他建立的教会之一，还有一位学者对此有所怀疑。[19] 帕特里克没有明确提到帕拉迪乌斯，因此无法了解他与这位早些时期的传教者是否有联系。幸运的是，帕特里克有两份书面资料幸存于世：一份是他的信函，一份是他的《忏悔录》（Confessio）。它们生动地描述了 5 世纪在爱尔兰传教所面临的问题和危险。作为一个外来者，帕特里克没有家族的保护，受到爱尔兰人的鄙视。为了自由旅行和传教，他只能与权贵们交谊：国王们有能力向外族人提供保护（其他阶级也能这么做，但是他们提供的保护时段是有限的）。因此，我们发现帕特里克向国王们和律师们（brehons）馈赠礼物；他甚至出资请王公们护送。尽管如此，他还是经常受到攻击，随时都有性命之忧。[20] 他使"成千上万人"皈依基督教，其中有工者，也有女奴。[21] 不过，爱尔兰的皈依是一个缓慢的过程：传教工作必须一个部落一个部落地推进。他可能向国王、贵族和特权阶级寻求支持（虽然其传教对象不局限于他们）。但是，国王们即便支持他，也没有足够的力量废除异教；相反，德鲁伊们却有能力发动一场

---

⑯　Patrick, *Confessio* 34.

⑰　Charles-Edwards (1993a), pp. 1 - 10; Columbanus, *Epistulae* v. 3.

⑱　Stancliffe (2004).

⑲　Doherty (1991), pp. 71 - 73; cf. Sharpe (1982).

⑳　Patrick, Confessio 21, 35, 37, 51 - 53, 55; and Epistola i, 10; Charles-Edwards (1976), esp. pp. 54 - 55.

㉑　Cf. Mytum (1992), p. 44.

全面而有力的抵抗。[22] 除此之外，早期的传教士似乎得不到外来的支持：罗马教廷似乎没有与帕拉迪乌斯的传教团保持联络；帕特里克传教时，至少在不列颠就有人反对——虽然他也从不列颠得到过经济支持。[23] 即便如此，帕特里克的传教最终开花结果：他除了教化爱尔兰人——其中一些是他准备培养为牧师的本地孩子，还鼓舞了一些不列颠人追随自己。其中只有一个人的名字留传后世，他就是劳斯的莫希泰厄斯（Mauchteus of Louth）；但是，爱尔兰人从不列颠人那里学会了拉丁语——这个事实说明不列颠人大量参与了 5 世纪和 6 世纪的爱尔兰教会建设。[24]

401　　　　异教在爱尔兰根深蒂固，这使基督教获得正式接纳的时间远远超过了一个世纪。各个国王和部落皈依的进程显然不同。不过，鉴于由德鲁伊、诗人和律师构成的特权阶级共同把持着整个爱尔兰的教育和法律机构，我们可以认为，基督教教堂和教士融入爱尔兰社会和法律组织时就是爱尔兰最终接纳基督教的标志。爱尔兰最早的教会立法工作——所谓"帕特里克的第一次教省会议"——仍然将基督徒描述为异教社会中的一个团体：他们通过教会而不是爱尔兰的法官来解决纠纷；他们不能像异教徒那样，在德鲁伊［肠卜僧（aruspex）］面前发誓；教堂不得接受异教徒亲属的捐赠。后者可能是指想在异教和基督教阵营之间脚踏两只船的部族成员；[25] 但是，考虑到早期爱尔兰社会中礼品交换的意义，这意味着"一个族群分裂为基督徒和异教徒两个社会群体"。[26] 虽然这些教会法规难以确切定年，但是，定年为 6 世纪上半叶的观点占了上风。[27] 编年史中也有异教传统在 6 世纪上半叶继续存在的记载：南部尤尼尔族的超王，塞巴尔（Cerball）的儿子迪亚梅德（Diarmait）在 560 年前后举行"塔拉节庆典"，这是超王的一种异教登基仪式。这说明此时的迪亚梅德即便

㉒　Stancliffe（1980），esp. pp. 63–67, 77–92.

㉓　Patrick, *Confessio* 45–54, and cf. 13 and 26; Stancliffe（2004）.

㉔　Patrick, *Epistola* 3, and Confessio 50–51; Sharpe（1990）; Greene（1968）; McManus（1984）; Dumville,（1984c），p. 19–20; Stevenson（1989），pp. 144–147; Dumville et al.（1993），pp. 133–145.

㉕　First Synod of St Patrick 21, 14, 13. Cf. the latter with Apgitir Chrábaid 19.

㉖　Charles-Edwards（1976），p. 56.

㉗　Hughes（1966），pp. 44–50, also Dumville et al.（1993），pp. 175–178.

已经受到基督教影响，但基督教尚未站稳脚跟。[28] 与此形成对照的是，来自尤尼尔北方属国——也是对手——的科伦巴在 563 年建立了艾奥纳修道院。后来的传奇将其描述为诗人的保护者。虽然传奇的真实性无法证实，但它们意味着至科伦巴于 597 年去世为止，基督教会——至少是艾奥纳教会——已经与诗人们达成谅解。有一个事实可以证明这种谅解：据传，诗人达兰·弗盖里（Dallan Forgaill）曾经为科伦巴的去世写了一首挽歌。迄今，这首晦涩难懂的古爱尔兰语挽歌仍然幸存于世。[29]

自然，这个证据说明 6 世纪下半叶是基督教被全面接受为爱尔兰宗教的时间。在 7、8 世纪的法律文献中，教士已经与诗人一样，被列入特权阶级。[30] 其时，如我们所见，德鲁伊虽然没有消失，但是其地位卜降了。引人注目的是，参加帝博格（diberg）仪式者大有人在——这似乎是一种发誓杀人的异教仪式，（通常）由 9 个男子参加。[31] 可见，虽然活跃的异教活动已经微不足道，但是它们在 7 世纪仍然延续下来。

除了这些与基督教公然作对的"强硬的"异教活动，几个"柔软的"异教人物或者仪式在基督教伪装下也得以延续。以下是几个著名的例子：布里吉特（Brigit）原为异教的女神，她似乎演化为一个基督教圣徒；异教的神井现在处于基督教圣徒的庇护之下；在鲁格神日的节日庆典（可能也包括向克罗帕特里克山朝圣）中，圣帕特里克似乎取代了凯尔特的鲁格神的形象。[32] 除了这些例子以外，我们也可以看看其形象延续到现代的仙女们，她们正是以前的异教神灵。[33] 这种宗教调和的实例早在 7 世纪就开始了。同时，如何调和圣经说教和爱尔兰社会准则一直是 7 世纪讨论的主题。一派——罗马派（Romani）——试图使爱尔兰服从大陆教会的说教，另一派——爱尔

[28] Annals of Ulster s. a. 558, 560, and cf. 561; Binchy (1958), pp. 132 – 138; Byrne (1973), pp. 94 – 104; cf. Charles-Edwards (2000), p. 294.

[29] 更多的研究见 Clancy and Márkus (1995), pp. 96 – 128; 亦见 Stokes (1899); 以及 Adomnán, Vita Columbae i. 42; 见 Herbert (1988), pp. 9 – 12; Sharpe (1995), pp. 89 – 90, 312 – 314。

[30] 见下文，pp. 417 – 418。

[31] Sharpe (1979), esp. pp. 82 – 92. 他们的牺牲被认为是对众神的献祭？Cf. Ellis Davidson (1988), pp. 58 – 82.

[32] Kenney (1929), pp. 356 – 8; Ó Catháin (1999); Logan (1980); M. MacNeill (1982).

[33] Cf. Tírechán, Collectanea 26. 3; Danaher (1972), pp. 121 – 122, 207; Mac Cana (1986), pp. 66 – 67, 72 – 74.

兰派——试图借助旧约《圣经》为爱尔兰传统习俗，如多配偶制度和直系堂亲、表亲结婚制度，提供合法依据。[34]

教堂和修道院的建立

关于爱尔兰第一座教堂的史料，我们几乎一无所有。帕特里克自己的作品证明他没有固定的主教管辖区。[35] 他可能是北爱尔兰唯一的主教，在散居各地的教堂会众之间穿梭旅行。[36] 他身边有爱尔兰本地的教士，他在贞女和修士中间进行职业培训。但是，他的工作条件不会允许他为教会建立一个组织——那时教会才刚刚诞生。[37]

另一则史料是讨论过的"帕特里克第一次教省会议"制定的教规。它们规定，一位主教负责一个 *plebs*。该词的拉丁语意思是"人民/民族"，此处的意思几乎可以肯定就是爱尔兰语的"部落"（*tuath*）。[38] 以后的文献确认，每个"部落"都有自己的（首席）主教。[39] 这意味着爱尔兰拥有的教区远远超出了 100 个。因此，按照北欧的标准，每个爱尔兰主教管辖的教区很小。一个貌似合理的观点声称，一个如 *Domnach Mór*［多姆纳赫·莫尔，或 Donaghmore（多纳赫莫尔）］像这样其后带有族群名字的地名，就是该族群的主教堂或者"母"教堂：就得配置一位主教。同理，由 cell 加一个族群的名字构成的地名也可以这样理解。关于 Domnach 地名，有一件饶有兴味的事实：由于该词作为教堂的含义至 6 世纪中期为止已经不再使用，而一幅标有 Domnach 地名的地图（地图 9）可能记录了约 550 年以前建立的教堂——虽说没有理由认为此图很完备。[40] 邻近东海岸中心地区的、相对稠密的地名群尤其引人注目，因为它们与奥克西琉斯（Auxilius）、塞孔蒂努斯（Secundinus）和伊森尼努斯（Iserninus）的

403

㉞　*Bretha Crólige* 57；Ó Corráin（1984），pp. 157 – 161. 关于罗马派和爱尔兰派的问题，见后文论述。

㉟　Patrick，*Epistola* i.

㊱　Cf. Patrick，Confessio 43，51；Thompson（1985），pp. 148 – 149.

㊲　Sharpe（1984b），pp. 239 – 242.

㊳　*First Synod of St Patrick* 1，3 – 5，23 – 30；Hughes（1966），pp. 44 – 51，esp. 50；Charles-Edwards（1993b），pp. 138 – 139，143 – 147.

㊴　"Rule of Patrick" 1 – 3，6；Críth Gablach 47，trans. MacNeill（1921 – 1924），p. 306；Charles-Edwards（2000），p. 248. 该问题的复杂性的讨论，见 Etchingham（1999），pp. 141 – 148。

㊵　Flanagan（1984），pp. 25 – 34，43 – 47；Ó Corráin（1981），p. 338；Sharpe（1984b），pp. 256 – 257；（1992a），pp. 93 – 95.

404

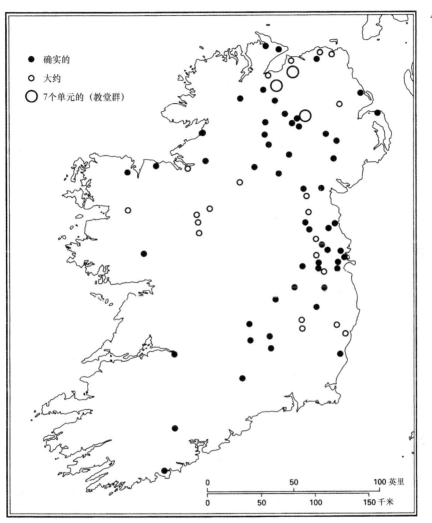

地图 9　有着 *domnach* 地名的教堂分布图［资料来源：Flanagan，in Ní Chatháin and Richter（1984），map 5］

活动区域发生重合——这些人是 5 世纪的传教士，可能是帕拉迪乌斯 403
传教团的成员。⑪

---

⑪　Dumville et *al.*（1993），pp. 51 - 53，89 - 98；cf. Hughes（1966），p. 68 以及结尾的地图。

　　修道院制度在早期爱尔兰教会的作用是一个相当有意义的问题。帕特里克引入了修道院理想，他的作品显示，许多人成为修士和贞女。贞女们有的来自社会最高层，也有的来自最底层，都遭受过许多迫害。不过，贞女们似乎不是住在专门的机构，而是住在家里。关于修士们的材料较少，不过，他们也许是以独身教士的身份工作，居住的地方也许是一种教士—修士社区，而不是与世隔绝的修道院。[42] 在皈依基督教的初期，爱尔兰可能既缺少人手，也缺少供人们建立独立修道院的足够规模的土地捐赠。

　　有些被后世追认为著名修道院圣徒创始人的传教士，其忌日在爱尔兰编年史中通常定于537年和637年之间。例如，地处香农河畔的克朗麦克诺伊斯（Clonmacnois）修道院的创建者席亚兰（Cíarán），同样地处内陆的科罗纳德（Clonard）修道院的创建者芬尼安（Finnian），据记载都是在549年死于瘟疫（可能是英年早逝）；地处贝尔法斯特（Belfast）湖畔，清苦的班戈（Bangor）修道院——科伦巴努斯曾经受训的地方——的创建者康麦格（Comgall），和德里（Der-ry）、达罗（Durrow，在内陆的）及艾奥纳（Iona 苏格兰）修道院的创建者科伦巴［或者柯伦西尔（Colum Cille）］，地处威克洛山脉（Wicklow Mountains）的格伦达罗（Glendalough）修道院的创建者凯文（Kevin），地处芒斯特，从南部海岸往黑水（Blackwater）方向的利斯莫尔修道院（地图10）的创建者卡萨克（Carthach）。他们只是诸多名人中的一部分。这些编年史资料证明，那个时代涌动着一股建立修道院的热潮。于公元600年前后写作的科伦巴努斯证实了这一点。他提到，一些追求更严格修行生活的修士放弃了最初工作的地方。芬尼安曾就这个问题质疑过吉尔达斯（Gildas）。吉尔达斯的许多回复幸存于世——虽然都是残片。[43] 这些证据证明了已经成形，但并不很艰苦的宗教团体确实存在，随之而来的是追求更严格的宗教生活的热潮。这种热潮在爱尔兰似乎开始于540年前后，是在英国的禁欲主义者影响之下萌发的。[44] 他们背后是卡西安（Cassian）和其他高

---

　　[42] Herren (1989)，esp. p. 83；Charles-Edwards (2000)，pp. 224 – 226.

　　[43] Columbanus, *Epistulae* i. 7；Sharpe (1984a)，esp. pp. 196 – 199；Gildas, *Fragmenta*. 这位芬尼安可能与科罗纳德修道院之创建者不是同一个人。

　　[44] 见 Stancliffe 所写本书第16章，pp. 437, 439 – 441。

卢基督徒的鼓舞。鼓舞他们的宗教理想就是远离尘嚣，培养摆脱自我的美德和博爱的美德，以使自己能够作为天堂居民开始新的生活，与天使和上帝相伴。为此，他们采用了住院修士的通常修炼方法。许多人为了阅读《圣经》而学习拉丁语。这为他们阅读教父们的作品和古代文化典籍铺平了道路。同时，爱尔兰人也为拉丁语和古爱尔兰语的知识和文化做出了自己的贡献。[45]

在爱尔兰，接受这种宗教理想者为数不多，但是，其意义却非同小可。忠实的追随者所做出的榜样至少使人们见识了全然不同的生活方式。当爱尔兰北部最强大的国家尤尼尔的王公科伦巴支持隐修制度的时候，情况更是如此。许多狂热的追随者离开了自己的部族，作为游方修士（peregrini）远走他乡。这是要斩断自己的俗根，抛弃一切，去追随"贫穷的、谦卑的、永远宣讲真理的"基督。[46]他们之所以选择如此严厉的苦行生活，有一个相当重要的原因：在一个离家不远的修道院修行，有亲情拖累，一个人很难与世隔绝。正是由于这个原因，科伦巴于563年从爱尔兰远行到不列颠成为游方修士（peregrinatio）。[47]从历史的角度来看，这种宗教历练意义重大，因为它引起了大量信仰坚定分子的流动。有些人只是简单地退隐到人迹罕至的地方，比如，在乱石丛生的西海岸，分布着许多隐修院。但也有些人去往爱尔兰大陆；有些人坐船到不列颠，科伦巴就是这样；有些人沿着更严峻的苦行道路，离开海岛，移居大陆。科伦巴努斯就是在591年从班戈航行到法兰西亚。更多的远行者追随这些先驱者，整个迁徙运动有助于不列颠北部的基督教化，也有助于欧洲大陆一些地区的基督教复兴。科伦巴努斯的大陆生涯，以及他在勃艮第的吕克瑟伊（Luxeuil）和意大利的博比奥建立的修道院，具有极其重要的意义，因为它们铸就了爱尔兰、法国和意大利之间持久的联系，同时也使人们不得不考虑爱尔兰基督教风格在欧洲大陆能够被容忍到什么程度。[48]

新生的爱尔兰修道院迅速地吸引了来自大陆的加入者和土地捐赠，后来成为兴旺的修士和教士的培训中心，产出了《圣经》和礼

406

---

[45] 见 Fontaine，后文第 27 章；Richter（1999），pp. 137–156。
[46] Columbanus, *Epistulae* ii. 3；Charles-Edwards（1976）；Hughes（1987），no. xiv.
[47] Cf. Herbert（1988），p. 28；Vita Sancti Endei c. 6；Stancliffe，后文第 16 章，p. 454 及 n. 136。
[48] 见 Fouracre，前文第 14 章。

拜式手稿，培育了基督教会必备的拉丁语文化，从而确保了爱尔兰基督教会的未来。理论上，部族的主教制教堂完全可以完成这些工作。实际上，它们只完成了九牛一毛。它们的牧师工作颇有价值，但是过于平凡，所以或许无法吸引像科伦巴努斯那样能干的加入者。科伦巴努斯赞许地引用哲罗姆的话，大意是说：主教应该模仿使徒，而修士应该"跟随完美无瑕的教父"[49]。

　　修道院制度也会影响世俗社会，因为牧师工作都是由受过修道院训练的教士完成的。像在高卢一样，他们将禁欲主义标准施加于整个教会。"帕特里克第一次教省会议"接纳已婚牧师，但是6世纪的禁欲主义者坚持教士独身，而且企图将一夫一妻制强加于俗界，甚至还附加了长期节欲标准。[50]毫无疑问，大多数俗人置之不理，但是修道院土地上的佃户迫于压力只能服从。也有一些俗人主动服从。他们可以拜访修道院，在那里逗留一段时间。他们可以听从告解神父——通常是一位修士——的宗教指导。定期忏悔大大有利于良知的改造。[51]爱尔兰人也许在根据不列颠的先例进行革新：他们认为，再严重的罪行，甚至杀人，都可以通过悔改、忏悔和补赎得到宽宥；如果需要，可以多次宽宥。这种做法与大陆形成对照：在欧洲大陆，严重罪行（包括普遍存在的通奸）不仅需要"公开忏悔"，而且一生只有一次。结果，人们直到临终才愿意忏悔——如果他们已经做了忏悔，就不得不像居家修士那样度过余生，以免再次犯罪；他们甚至不能恢复与其配偶之间的关系。爱尔兰的补赎制度则截然不同，如果需要，补赎可以多次进行。一个人完成了补赎，就可以自由地重返普通人的生活。[52]实践中，这种制度可能使用得更多。阿多姆南（Adomnán）记载，几个补赎的罪人在艾奥纳岛找到了科伦巴。[53]这样，禁欲主义者对爱尔兰社会的基督教制度施加影响的空间相当大，虽然我们还不能说他们代表爱尔兰教会的唯一观点：一份8世纪的法律文献显示，主

　　49　Columbanus, *Epistulae* ii. 8.

　　50　Finnian, *Penitentialis* 46; Hughes（1966），ch. 5, esp. pp. 424 – 3, 51 – 55; cf. Markus（1990），pp. 181 – 211.

　　51　Adomnán, *Vita Columbae* i. 32（cf. Sharpe（1995），p. 293, n. 144），iii. 7; Frantzen（1983），pp. 8 – 12, 30 – 39; Ó Corráin, Breatnach and Breen（1984），pp. 404 – 405; Etchingham（1999），pp. 290 – 318.

　　52　Finnian, *Penitentialis* 35; Frantzen（1983），pp. 5 – 7; O'Loughlin（2000），pp. 49 – 66. 亦见 Scheibelreiter, 后文第 25 章。

　　53　Adomnán, *Vita Columbae* i. 22 and 30, ii. 39.

教或者牧师拥有一位妻子是完全合法的，虽然她们的地位低于贞女。因此，在婚教士和对俗人的宽松态度可能与禁欲主义理想一直并存至我们的时代。[54]

教会、家庭和土地

教会的兴旺需要捐赠。与中世纪早期的其他地方一样，捐赠品主要是土地，虽然人口、牲畜、珠宝，诸如此类都可以被捐赠。捐赠对象不是作为非人格机构的"教会"，而是某个活着的或死去的个人。几个世纪中，通常的做法是将土地捐赠给教会人员，供其建立教堂。这个教会人员就是那座教堂的"圣徒创建者"——这就是为什么在爱尔兰，那么多的捐赠都是默默无闻的本地圣徒。如果一个教会人员为教会在几处接受了建立教堂的堂址捐赠，他在这些地方建立的教堂就会联合为一个集团，由其本人管理——即使它们分布于爱尔兰各地。他去世以后，这些教堂归他的"继承人"管理，继承人就是主教堂——通常就是圣徒创始人的墓地所在地——的领导人。现代史学家经常称这类集团为教堂群（*paruchiae*）。有时——特别是对圣帕特里克或者修士圣徒的——捐赠中，捐赠对象是已故圣徒。在这种情况下，受赠者实际上是圣徒的继承人，捐赠品加入圣徒的教堂群。正如我们下面会看到的，到 7 世纪后期为止，这类教堂群通过接收以前的教堂得到扩张。

在爱尔兰社会，世袭继承是普遍的原则，它自然也适用于教堂。[408] 因此，教堂群的领导职位通常在圣徒创始人的家族中传承。[55] 这不一定导致修道院院长结婚和教会世俗化：艾奥纳是一个恪守修道院教规的经典例子，但是其大多数院长都像圣徒创始人科伦巴一样属于尤尼尔家族；要么是叔侄继承，要么是堂兄弟继承。在另一个例子中，贵族菲斯·菲奥（Fith Fio）创建德拉姆利斯（Drumlease）教堂，特别规定其主权将传给自己的亲属——如果可以找到合适人选（善良、

---

[54]　Hughes（1966），p. 135；Etchingham（1999），p. 70；cf. Doherty（1991），p. 65；Cogitosus, *Vita Brigitae* c. 32（AA SS edn. c. viii, 39）.

[55]　Ó Riain（1989），p. 360；Etchingham（1999），pp. 224 – 228.

虔诚、尽责）。⑤⑥ 对某一座教堂拥有持续利益的家族也可以代表捐赠者
的家族管理教堂——在一个礼尚往来而非人情淡薄的社会，这种做法
司空见惯。有时，捐赠者只需要共同体的祈祷：如在惠特比教省会议
（Synod of Whitby，664 年）以后隐退到爱尔兰的那个贵族，其土地在
梅奥（Mayo）被科尔曼（Colman）所收买，就属于这种情况。捐赠者
家族也许得到了在此地修建坟茔的权利，不过，受赠的教堂仍然保有
实际的独立性——就像艾奥纳那样。⑤⑦ 然而，在一些情况下——可能
在很多情况下，捐赠者为了自己家族而对教堂保留有较广泛的利益。
有时，就像在特里姆（Trim）那样，捐赠者将土地赠送给亲戚，因
此捐赠者和教堂创始人属于同一个家族。⑤⑧ 这样，尽管土地被赠送给
了教堂，但是它实际上被保留在家族之内。在爱尔兰，通常只有国王
才拥有可供捐赠的大面积土地，所以这一点尤其重要。爱尔兰法律禁
止"家族土地"转让，除非得到家族全体成员的同意。更有甚者，
捐赠之后的 50 年内，家族都有权收回土地。一个男子对于自己取得
的土地，拥有更多处置权；然而，即使这样，他要转让土地仍然有数
量限制。⑤⑨ 在教堂，保有家族利益的捐赠更容易获得认可。

　　最简单的捐赠形式之例证可见于艾奥纳的赠予。此处，达尔里阿
达（Dal Riada）国王科纳尔（Conall）将他的岛屿捐赠给科伦巴。⑥⑩
阿多姆南记载，修士们自己耕种土地——可能在捐赠的时候岛上没有
（常住）人口。不过，有时候捐赠附带着在土地上生活和耕种的人
民。在这种情况下，土地上的人民就成为修道院依附农民（manaig）
或者佃户。⑥① Manaig（单数 manach）在古爱尔兰语中意为"修行
者"，但是，他们只有成为教堂"大家庭"的成员以后，才与修士等
同。在这样的大家庭中，修道院院长相当于一个家庭的家长。因此，
没有他的同意，他们不能签订契约。不过，在日常生活中，他们不会
像正式的修道士那样完全服从院长。而且，他们要么作为农夫，要么

409

　　⑤⑥ *Additamenta* 9；Doherty（1991），pp. 78 – 79.

　　⑤⑦ Bede, *HE* iv. 4；Adomnán, *Vita Columbae* i. 8；Macquarrie（1992），pp. 110 – 114；Sharpe
（1995），pp. 16 – 18，26 – 28，277 – 278.

　　⑤⑧ *Additamenta* 1 – 4. Byrne（1984）；cf. Etchingham（1999），pp. 227 – 228.

　　⑤⑨ Charles-Edwards（1993b），pp. 67 – 70；Mac Niocaill（1984），pp. 153 – 154；Stevenson（1990），
pp. 31 – 32.

　　⑥⑩ *Annals of Ulster* s. a. 574；cf. Sharpe（1995），pp. 16 – 18.

　　⑥① Doherty（1982）；Charles-Edwards（1984）.

作为武士，与自己的妻子同住；有时候，他们的居住地离教堂很远。[62] 他们承认院长的权威，除此之外，其主要特征是拥有严格的婚姻制度（一夫一妻制，在大斋节禁止性关系），对教会负担纳税义务，包括什一税和丧葬费，并安排一个儿子读教会学校。但是，他的儿子可以结婚、继承财产，而且作为一个修道院的依附农民（*manach*）继续耕种土地。依附农民是修道院与爱尔兰社会保持密切联系的方式之一。

财富通过土地捐赠转归教会的一个后果是，世俗王朝对教堂的控制权越来越感兴趣。得不到王位的王室成员会争夺教堂的领导权，势力不济的部族教堂其独立性会遭受政敌的威胁。教俗利益的错综交织在 8 世纪非常普遍，但是，这种情况在 7 世纪下半叶就开始了。[63]

教堂的多种用途

如上所述，早期爱尔兰教会的基调是多样化，而不是禁欲主义。我们逐个考察一下这些教堂，就能发现这一点。首先看看阿尔马教堂（地图 10）。7 世纪的时候，它自称是帕特里克的主教堂。这不可能。但是，它可能是帕特里克所建立的教堂之一。考古学证明，建于 5 世纪的"纳夫塔山"（Na Ferta，即坟丘）脚下的教堂要早于山顶的教堂。[64] 阿尔马教堂这个名字里包含着异教女神麦卡（Macha）的名字，它距基督教以前的祭典地——传说中的伊梅恩麦卡（Emain 410 Macha）——仅有 3 千米。空中摄影和早期地图显示了阿尔马教堂的内、外活动区布局。7 世纪的《天使书》（*Liber Angeli*）显示，阿尔马教堂那时是一个综合性教会机构，拥有贞女、忏悔者和已婚人士。他们在教堂北区参加圣礼。而主教、牧师、修士以及其他男性教会人员在南区——据说此处收藏了大量圣物——参加圣礼。最高级别是所谓的大主教。朝圣者、病人和避难者也被提及。阿尔马教堂地处山 411 顶，规模狭小，即使加上外围区域（*suburbana*），仍然无法为避难者

㉒　这里有"家生的"和"自由的"依附农民；cf. Hughes（1966），pp. 136 – 142；Doherty（1982），pp. 315 – 318；Charles-Edwards（2000），p. 118。

㉓　Ó Corráin（1981）；Charles-Edwards（1989），p. 36；（1998），pp. 70 – 74；Doherty（1991），p. 63。

㉔　*Liber Angeli* 1, 7 – 9, 17；Muirchú, *Vita Patricii* bii. 6, and ii. 4 and 6（pp. 108 – 112, 116）；Hamlin and Lynn（1988），pp. 57 – 61；Doherty（1991），esp. pp. 72 – 73；cf. Sharpe（1982）。

410

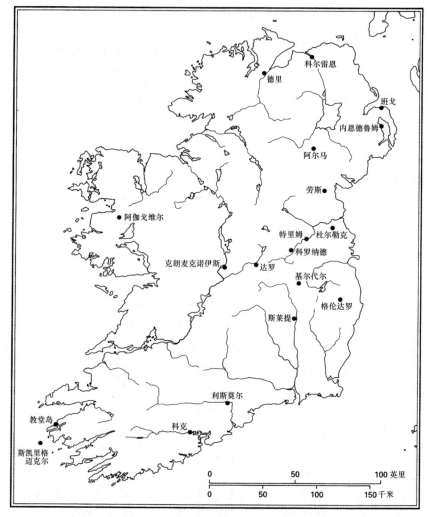

地图 10　文献中所记载的爱尔兰教堂名称

411　提供足够的地方。^{⑥⑤} 到 7 世纪后期为止，它一直谋求尤尼尔王朝的支持，同时，也培植与阿尔斯特（Ulster）的达尔菲塔克（Dal Fiatach）王朝的关系。^{⑥⑥}

---

⑥⑤　*Liber Angeli* 6, 14–16, 19.

⑥⑥　Muirchú, *Vita Patricii* i. 10–12, ii. 4–14（pp. 74–81, 116–123）；Moisl（1987）.

伦斯特（Leinster）的基尔代尔（Kildare）教堂拥有类似的内、外活动区，[67]与过去的异教有某种联系。教堂对面有一个复杂的社区，这里存在着皇家利益——这次是尤顿拉尼格（Uí Dúnlainge）王朝。一个显著特征是，基尔代尔教堂是一个双重修道院，据说由圣布里吉特（St. Brigit）所建，其中有主教及教士和修女。它由女修道院院长和主教共同管理。到7世纪晚期的时候，它已经自称是一个内部分区的木制大教堂，修女和教士以及俗家男女可以同时举行圣礼，但是男女信众都无法看到对方。圣布里吉特和她的首任主教被分别置于祭坛两边的神龛，他们的坟墓都"由金银王冠和各种圣像装饰"。像阿尔马教堂一样，基尔代尔教堂是一个"避难城"，或者避难所，挤满了寻求衣食者，或者求医者，或者捐赠者，或者看热闹的人。[68]教堂之所以能够满足如此多样的需要，主要是通过内部分区来实现的。它还为静修的教士预备了专用密室。宗教会议的规则要求最神圣的区域只供教士使用（参见阿尔马教堂南区）；第二个区域对"没有邪念的"人们开放；外区对所有人开放，包括寻求避难的违法犯罪者。[69]有的时候，像在阿尔马教堂和内恩德鲁姆（Nendrum）教堂那样，一些教堂中的内部分区现在仍然依稀可见。[70]

与基尔代尔教堂喧嚣的人群相对的另一个极端是偏远的沿海岛屿上的隐修所。[71]最引人注目的是斯凯里格·迈克尔岛（Skellig Michael），它是一块金字塔状的双峰巨石，峭立于距凯利（Kerry）海岸14千米的大西洋上。大隐修所坐落于东北峰下面，内有两个小祈祷室，6个蜂窝状棚屋，一个布满石头十字架和石片的小墓地和一个小花园。它最多可以容纳一位修道院院长和12位修道士，是一个集体隐修地。这里的生活肯定是永远艰苦，不过，斯凯里格还有一个更加艰苦的隐修地。南部峰顶有一个微型隐修居所，它只有一间祈祷室，一间木屋和几个蓄水盆。要到达那里，必须攀爬岩石[72]。

412

[67] Swan (1985), pp. 84–89, 98.

[68] 见 Cogitosus, Vita Brigitae c.32 (AA SS edn c.viii, 39)。亦见 Doherty (1985)；Ó Corráin (1987)，pp. 296–307。

[69] Collectio Canonum Hibernensis xliv. 5, e; Doherty (1985), esp. pp. 56–59.

[70] Herity (1984); Edwards (1990), pp. 105–121.

[71] Herity (1989).

[72] O'Sullivan and Sheehan (1996), pp. 278–290; Horn, Marshall and Rourke (1990).

斯凯里格修道院的敛心默祷功能十分明显：它相当于"海洋中的一片沙漠"[73]。不过，并非所有岛屿都无人居住，并非所有海岛教堂都是敛心默祷的隐修地。在大陆与斯凯里格之间——或者说，大陆与贝金尼什（Beginish）之间的海峡中，有一个教堂小岛，它起初只有一个木制祈祷室和木屋，后来以石头改建。这个地方可能一开始是一个隐修地，后来才演变为一个世代相传的教堂。[74] 帕特里克会章规定，每一个部族不仅要有一座主教堂，还应该建立一些小教堂供依附农民使用，由（至多）一位牧师管理。[75]

至于各部族的主教堂，是由主教领导的，可能一开始就是多功能的共同体。于7世纪晚期写了其作品的提莱尚（Tírechán）称地处克库太莫尼〔Corcu Teimne，西康诺特（Connacht）〕的赛勒托克（Cell Toch）教堂的首任主教兄妹为"帕特里克的修行者"，称一位主教和一位修女为附近更出名的阿伽戈维尔（Aghagower）教堂的创始人。[76] 7世纪期间，这些部族的主教制教堂衰落了，被新建的修道院取代。[77]许多教堂依附于这些修道院。比如，赛勒托克教堂依附于克朗麦克诺伊斯修道院。有时候，这种依附关系会使教堂失去主教，东北部的科尔雷昂教堂就是这样。然而，它还经常作为主教制教堂发挥作用，像以前那样，由一位主教为部族服务；不过，它现在服从于——经常是纳贡于上级教堂。那些并入阿尔马教堂的，如阿伽戈维尔（Aghagower）教堂，则保留了自己的主教制教堂地位。

现在，让我们转向克朗麦克诺伊斯、班戈和艾奥纳这样的修道院。它们起初是为了用于隐修而建于没有宗教历史的地方，因此，也许——至少在初期——有别于建立于部族属地的主教制教堂和像阿尔马教堂和基尔代尔教堂那样拥有避难权的教堂（更重要的是，也许建立在以前的异教性质的地基上）。[78] 艾奥纳当然具有不同于基尔代

---

[73] Cf. p. 459 below.

[74] Cf. O'Kelly（1958）；Ó Corráin（1981），pp. 339 – 340.

[75] "Rule of Patrick"，11 – 16.

[76] Tírechán, Collectanea, cc. 37；39, 8；47, 4. 这些遗址处于西港湾（Westport Bay）和马斯克湖（Lough Mask）之间。见 Herren（1989），p. 83；以上，注释42；Charles-Edwards（2000），pp. 225 – 226。

[77] Doherty（1991），esp. pp. 60 – 66，73 – 81；Charles-Edwards（2000），pp. 55 – 60，251 – 257；以下，pp. 418 – 200。

[78] Cf. Ó Corráin（1987），pp. 301 – 303；克朗麦克诺伊斯和艾奥纳也是这些文献所描述的"宗徒城市"的典型。

尔教堂的优势。它为朝圣者建造了一个招待所，但是，这些朝圣者给人的印象是一些寻求精神指导或者短期宗教生活的人，而不是挤到神殿里期望奇迹出现的人——虽然这只是部分修道院院长的看法，而不是这些平信徒自己的看法。[79] 圣科伦巴的遗物肯定不会放在神殿吸引朝圣者；一位科伦巴修士担心人们涌到岛上参加他们保护人的葬礼，但是上天突降的一场风暴打消了他的顾虑；风暴阻止了他们，结果只有修士们出现在葬礼现场。[80] 艾奥纳修道院在岛上的位置使其既能远离喧嚣，又能通过海路保持交通畅顺。除了艾奥纳岛上的主要修道院，在其他岛屿还有附属修道院，其中有些专职供应补赎者或者隐修者以饮食；同时，艾奥纳修道院在人口稠密地区的附属机构负责教牧工作——就像诺森伯兰的林迪斯法内（Lindisfarne）和梅尔罗斯（Melrose）修道院的子机构所证明的。[81] 如此，由于有阿尔马为教俗隐修者、补赎者和寻求避难者一应人等提供食宿，艾奥纳修道院自身得以保持一个修道院联合体的基本职能——正如我们理解的那样。不过，科伦巴联合体作为一个整体完成了阿尔马的大部分职能。

然而，在与周围社会保持距离方面，艾奥纳仍然可以做得非常出色。爱尔兰内陆的机构至少要为依附其的农民和补赎者提供服务。一份法律文书规定，一座合格的教堂应当拥有足额教士提供洗礼、圣餐仪式、弥撒、为死者祈祷和传教服务；应当款待积极生活的人，敛心默祷的人，以及暂时附属于它的补赎者。[82] 另一份文件简明地规定，一座教堂具备的三要素是修士、学生和补赎者。[83] 此处意谓"学校"。基础的教育也许相当多的地方都有，但是要进行高深的研究恐怕得求教于名师，或者修道院学校。我们知道，科伦巴努斯就是这样离开故土，师从班戈的悉尼里斯（Sinilis）。[84] 于是，到 8 世纪中期为止，爱尔兰规模不等的教堂可能大多数已经成为多功能的共同体；甚至那些原为隐修目的而设的机构，都已经如此（充分地）融入普通世俗社

[79] Cf. Adomnán, *Vita Columbae* i. 30, 32, 44, with Amra Choluimb Chille vi and vii.

[80] Adomnán, *Vita Columbae* iii. 23.

[81] Adomnán, *Vita Columbae* i. 21 and 30, ii. 39, iii. 23; Bede, *Vita Cuthberti* cc. 9, 15 – 16; Thacker (1992).

[82] *Bretha Nemed Toísech* 3, 6, 12; cf. *Collectio Canonum Hibernensis* xlii. 1.

[83] *Collectio Canonum Hibernensis* xlii. 15.

[84] Charles-Edwards (1998), pp. 66 – 67, 74; Ó Cróin'ın (1982), pp. 283 – 286 and (1995), pp. 174 – 189.

会，以至于相互之间争斗不已：764 年的克朗麦克诺伊斯和达罗就是这样。

414　　　因此，早期中世纪的爱尔兰存在各种类型和各种规模的教堂；这些绝不会都是我们所理解的"修道院"。为了消除早期中世纪的现实与大众的错误理解之间的距离，有四个问题值得重视。其中一个是主教和修道院院长的相对重要性，这一点我们留待以后讨论。此处只看其余部分。第一，表面现象具有欺骗性：几个看似偏远的修道院实际上毗邻大路，例如克朗麦克诺伊斯修道院。斯凯里格修道院和艾奥纳修道院确实分别代表了集体隐修机构和住院隐修机构，但是二者都不一定典型。第二，有一个随时间而发生的问题。比如，教堂岛屿也许开始只是一个隐修居所，但是后来却演变为一个家族教堂。其他隐修居所可能演变为完全的修道院。威克洛山中的格伦达罗修道院就属于这种情况。⑧ 最重要的是，这类修道院演变为多功能共同体的过程令人费解：那些以修行为主的修道院竟然能够萎缩为整个教堂家族的极小部分。至公元 700 年为止，这种发展的程度如何，我们不得而知。但是，我们忍不住这样想：当 7 世纪中期或者晚期的科吉托苏斯（Cogitosus）将基尔代尔修道院描述为"我们所称的修道院城市（*monasterii civitatis*）"的时候，其根据是修道院周围聚集了大量的人群（虽然基尔代尔修道院没有围墙）；他是这种称谓的首创者，其本意是描述一个新的发展。⑧ 如果真如他所说，那么他很快就有了模仿者；阿多姆南倾向于使用"修道院"（*monasterium*）一词，收藏于艾奥纳修道院的早期编年史使用了"教堂"（*eclesia*）一词，至 8 世纪为止，"城市"（*civitas*）一词潜入编年史，甚至艾奥纳的编年史。⑧ 这也许只是不同作者使用了不同词汇，但是，这也许昭示了一种变化：由以修行为基础的共同体向多样化共同体转变，同时，修行成为微不足道的部分。

　　第三，术语学在这方面也许会帮助我们，但是，在其他方面，它也会令现代读者迷惑不解。所以，一个决定性的问题是"修士""院

　　⑧ Cf. Oengus, *Félire Oengusso*, prologue 193, 209; *Vita Sancti Coemgeni* cc. 6, 16, 24 – 25; Henry (1964), pp. 50 – 51.
　　⑧ Cogitosus, *Vita Brigitae* c. 32 (AA SS edn c. viii, 38).
　　⑧ *Liber Angeli* 17, 21; MacDonald (1982), and cf. Annals of Ulster s. a. 555, 558, 635; MacDonald (1984), pp. 273 – 281; Charles-Edwards (2000), p. 119.

长"和"修道院"这些词语的含义是什么。如"帕特里克会章"所示，即使（至多）由一位牧师管理的小教堂也由依附农民（*manaig*）支持。*Manaig* 是古爱尔兰语，意谓"修行者"，实际上是修道院的佃户；教堂的领导人（要么是牧师，要么是供养牧师的平信徒）在法律术语上是这些"修士"的"院长"，因此这座教堂可以被称为"修道院"。另一方面，在这些小教堂里，没有人从事我们所理解的修行活动。[88] 因此，如果说 7 世纪的每一个爱尔兰教堂都是修道院，这一说法在技术上是成立的；但是，它掩盖了，而不是揭示了，早期爱尔兰教会的多样化特性：那时的教堂包括像基尔代尔那样融入社会的修道院，包括像斯凯里格那样远离社会的修道院，也包括像艾奥纳那样简单的修道院，还包括由一位牧师管理众多佃户的基本的微型教堂。

415

复活节之争论

基督教最重要的节日复活节没有固定的日期。由于太阴历和太阳历计算日期的方式难以统一，所以确定复活节落在哪个星期天的规则略有不同。[89] 多年以来，这些不同的方式仍然推算出同一个星期天；不过，却不会总是这样。英国和爱尔兰教会采用 84 年复活周期，将复活节定于相应的太阴历 14—20 日之间的那个星期天。这种计算方法明显基于由阿纳托利乌斯（Anatolius）提出，但是由萨尔皮西乌斯·塞维鲁（Sulpicius Severus）（约公元 400 年）修改的规则。[90] 然而，当科伦巴努斯 591 年到达大陆的时候，他发现法兰克教会和罗马教廷使用的是阿基坦的维克托（Victorius of Aquitaine）的计算表（457）。这是对亚历山大 19 年复活节周期的调整，有些不尽如人意。所以，7 世纪 30 年代前后，罗马教廷放弃了这种调整，支持真正的亚历山大（或者"狄奥尼索斯"）体系，后者最终获胜。虽然维克托体系和亚历山大体系在几个重要部分不一样，但是它们总体上达成共识：人们还是会在同一个复活节星期日举行庆典，而不列颠人和爱尔兰人遵行的 84 年复活节周期经常会推算出不一致的日期。

---

[88]　Charles-Edwards (1992)，p. 67.

[89]　关于所有这些，见 Charles-Edwards (2000)，pp. 391–415.

[90]　McCarthy (1994).

在科伦巴努斯大陆职业生涯的早期，就有人反对他的复活节周期。但是他拒不接受他认为有缺陷的维克托体系。不过，当他去世以后，他在吕克瑟伊和博比奥的追随者被迫接受了该体系。[91] 教宗洪诺留与博比奥较为熟悉，遂警告他说，爱尔兰整体上都在采用不同的标准确定复活节日期，因此，628 年前后，他就复活节问题致函这个爱尔兰人，明确地以绝罚（excommunicato）相威胁，除非他们保持与其他教区一致。[92] 教宗此举促使爱尔兰南部基督徒召开教省宗教会议进行讨论，之后，向罗马派出真相调查团。632 年左右，调查团回来报告：罗马教会的所有民族都在同一天庆祝复活节，那一年（631）爱尔兰复活节与罗马复活节相差一个月。这个报告使爱尔兰南部同意遵行维克托体系。但是，爱尔兰其他地区直到 7 世纪晚期才最终同意遵行维克托体系——然后是教廷同时采用的亚历山大体系。科伦巴努斯（艾奥纳）教会集团直到 716 年才采用维克托体系。所以，7 世纪的很长时间充满了论争，对立的"罗马"派和"爱尔兰"派分别召开宗教会议。两派不同的削发仪式——作为牧师和修士标识的理发方式——是效忠"罗马"或者"爱尔兰"的外在标识。更有甚者，两派在训诂方法和途径上可能也不相同。[93]

复活节论争后果深远。这件事令人困惑，因为它有时只是被当作令人遗憾的意见分歧，但是有时，比如 669 年狄奥多尔（Theodore）到达英格兰以后，"凯尔特"复活节的追随者发现自己被贴上了异教徒和分裂者的标签，所行之圣礼也被视为无效。在爱尔兰背景下，这件事十分重要，因为它提出这样一个问题：爱尔兰应该在多大程度上与大陆保持一致，或者说，它可以在多大程度上发展自己的风俗？[94] 虽然复活节日期最终得以统一，但是在某些方面，爱尔兰教会仍然在根据爱尔兰法律发展自己的特色，[95] 塑造迥异的体制。这场论争还引出相关的问题：决策如何做出？谁是权威？[96] 可以看出，爱尔兰人喜

[91] Stancliffe (2001), esp. pp. 205–208, 213.

[92] Bede, *HE* ii. 19; Cummian, *De Controversia Paschali*, pp. 90–91.

[93] Ó Néill (1984); cf. Sharpe (1992b), pp. 44–45; Charles-Edwards (2000), ch. 9, esp. pp. 396–405, 411–415.

[94] Columbanus, *Epistulae* iii. 2–3. Cf. Charles-Edwards (2000), p. 391 and n. 1.

[95] Cf. Ó Corráin (1984); Mac Niocaill (1984).

[96] Cf. Charles-Edwards (2000), pp. 411–415.

欢在《圣经》中和教省会议讨论中寻求答案，而不愿意交由教会权威阶层——主教或者教宗——决定。[97] 然而，84 年复活周期的支持者有时与罗马派一样，喜欢求助于权威。不过他们重视权威是因为权威人士与上帝更近，他们的生活圣洁，他们对《圣经》的解释本领高超，而不是因为他们在教会中权高位重。[98] 所以，复活节论争也带出了对教会权威的不同理解。这也有助于解释爱尔兰的传统主义者为什么觉得没必要建立由一个人领导全国教会的等级制度。然而，复活节论争和随之而来的与大陆的联系已经将这种等级观念引入爱尔兰的罗马派；基尔代尔和阿尔马的教会旋即发现，这些观念可以加以利用。

417

组织问题

早期爱尔兰教会的组织是一个复杂而重要的话题。实际上，颇为有趣的是，它与当时的其他地方教会组织在一些方面略有不同——而且，的确从那时开始。然而，不幸的是，相关材料零散阙如，而且解读困难，这就是近期学术争论的起因。[99]

一个根本原因是爱尔兰的政治权力变幻不定，缺乏一个像罗马帝国为欧洲大陆提供的那种固定的框架和单一的大权独揽的等级体制。比如，在 7 世纪的伦斯特，行省"超王"的权威从威克洛山南部的尤切因斯莱戈（Uí Cheinnselaig）家族转移到威克洛山西北部的邻居和竞争对手尤顿拉尼格（Uí Dúnlainge）家族和尤麦尔（Uí Mail）家族。这样的王朝和地理位置的变化在每个层次的爱尔兰"超王"那里都频繁发生，使欧洲大陆的那种稳定的教会等级体系——在这个体系中，（固定的）省会城市的主教永远是都主教——难以立足。这样，伦斯特的"超王"也会认为自己的地位与其他各省的"超王"相同。因此，行省之间没有公认的共主，如是，也没有任何一个教会能够被公认为爱尔兰教会的领袖。

当我们将目光转向教士所处的社会结构时，我们同样发现了有趣

---

[97] Columbanus, *Epistulae* ii. 3 – 5, 7 – 8; *Epistulae* v. 10 – 12. Cf. Charles-Edwards（2000），Hughes（1987），no. xv, pp. 6 –17; pp. 274 –277; Sheehy（1987）.

[98] Columbanus, *Epistulae* i. 5; Bede, *HE* iii. 25; Stephanus, *Vita Wilfridi* c. 10. Cf. Stancliffe（1999），pp. 131 –133.

[99] 这一学术争论由 Sharpe（1984b）开始。

的差别。社会当然是分等级的。如同普通世俗等级从底层的农民，经由各级贵族，终至顶端的国王，在知识分子中也分等级。后者似乎为调整神职人员提供了榜样；爱尔兰法律文献显示，那里并不仅仅存在一个依圣职品级确立的教阶体系，而是平行的三个系统。第一个是从下层的司门员（doorkeeper），经由驱魔员（exorcist）、颂经员（lector）、副助祭（subdeacon）、助祭（deacon）、牧师（priest），终至顶端主教（bishop）的教阶体系。第二个是从粗通赞美诗的颂经员，经由较高级知识分子，终至顶端大师级教会学者的基督教学者体系。第三个是从诸如磨坊主这样的底层人员，到顶端的堂长（*airchinnech*）或者教堂主管（拉丁语为 *princeps*）的教会事务人员等级体系。[100] 由此可见，在欧洲大陆，主教是他那个教区基督教会的唯一首脑，负责教导和保卫信仰，管理教会财产；而在爱尔兰，他的职能可以分别行使。当然，一个人可以既是受职主教，又是受过高等教育的学者，或者既是主教又是教堂堂主。但是，这些角色经常是分离的。这意味着一些领导人或者专家在他们各自专业领域里的地位相当于部族首领或者诗人：主教、大师级教会学者、重要教堂的首脑，[101] 以及最受尊敬的修士——虽然律师们并未构建一个七重神品体系。

以上至少较为系统地描述了 7 世纪为止神职人员地位的状况。现在，让我们回到有史料佐证的最早时期。"帕特里克第一次教省会议"的法令显示，教堂及其财产由主教控制；每位主教的司法管辖范围是 plebs，即"人民"。几乎可以肯定，它就是一个部族的区域。[102] 因此，我们可以想象每个部族属地构成一个小主教教区，有自己的主教母教堂。在部族属地里面，还有小教堂，其中许多是集团教堂，各由一位牧师服务。至少从理论上说，这些教堂由部族的主教指导。至 7 世纪晚期为止，由这些小教堂构成的教堂网络之稠密，令人诧异。[103]

然而，就在这同一时期，即 6 世纪和 7 世纪，兴起一股禁欲和隐

　　[100]　Breatnach（1987），pp. 84 - 85，在这里，小的差别被详细列出；cf. Charles-Edwards（2000），pp. 124 - 136，264 - 277，esp. pp. 267 - 271，276 - 277；Picard（2000）；亦见以下的注释。关于与欧洲大陆教会组织的比较，见 Scheibelreiter，后文第 25 章。

　　[101]　见 Charles-Edwards（2000），pp. 132 - 133，267，不是所有的教会首脑都可达到这样高的层级。

　　[102]　First Synod of St Patrick 1，4，5，23 - 27，30（关于其日期，见以上注释 27）；cf. Charles-Edwards（2000），pp. 247 - 50。

　　[103]　"Rule of Patrick"，esp. 11 - 16；Ó Corráin（1981），pp. 336 - 340；Sharpe（1984b），pp. 254 - 259；（1992a），pp. 86 - 109。

418

修热潮；我们已经看到，几所修道院由此诞生。我们应当记住，是圣人们，而不是主教们，一直在设法吸引平信徒的虔诚。平信徒关心的是代自己祈祷的那个人的说情能否打动上帝。正如《圣凯恩奈克传记》（*Life of St. Cainnech*）中的故事所说，一个像圣凯恩奈克那样的苦行僧比养尊处优的主教制教会的领导人更能满足平信徒的愿望。[104] 而且，相比于最初的主教制教堂，这些修道院有时与一个民族的统治者联系不多，所以更能吸引众多的资助人。在边界"无主区域"或者在小规模（和不具威胁性）的部族那里建立的教堂中，这种现象尤其常见。地处德伯内·柏瑟拉（Delbnae Bethra）王国的克朗麦克诺伊斯修道院就是一个很好的例子。它建于康纳特（Connacht）和南尤尼尔两国的界河——香农河畔，因此可以吸引两国的资助人。[105] 修道院可能得到地处其他部族的地产；当我们回想起同一个圣徒创始人所建的修道院可以在他的墓地所在的教堂领导下发展为教堂群，我们也可以开始看到它们如何在权势和财富上使那些较早建立的、独立的主教制教堂黯然失色。另一个重要因素是，爱尔兰的主教制教堂只有小教区，由于政治和社会环境不同，它们没有获得欧洲大陆主教所拥有的地位和权威。提莱尚在描述科尔库赛（Corcu Saí）的老教堂时，说它"邻近杜尔勒克（Duleek）修道院的塞伊里吉（Saírigi）教堂"的时候，这就说明了爱尔兰的主教制教堂如何发现自己被附近的一所修道院超越。这座教堂历史悠久，曾经是科尔库赛的主要教堂，但是，它到 7 世纪晚期已经变得默默无闻，所以作者在描述其位置时只能联系建立较晚但是更有名的杜尔勒克修道院。[106]

在欧洲大陆，主教们竭力保证对自己教区的一切——包括隐士和修道院——的控制权。451 年的卡尔西顿公会议明确地将修士置于教区主教的管辖之下，这个规定在西班牙和高卢的教省会议上得到重申。[107] 然而，在爱尔兰，没有相应的教规。恰恰相反，当一次法兰克宗教会议要求"非经主教批准和院长同意"，修士们不得离开自己的修道院另觅他所的时候，这同一条规定在爱尔兰教规集中发生重大变

419

---

[104] Charles-Edwards (2000), pp. 262 – 264; cf. Doherty (1991), p. 65.

[105] Charles-Edwards (2000), p. 26, and cf. p. 257.

[106] Tírechán, *Collectanea* c. 27. Doherty (1991), esp. pp. 54, 60 – 61, 65 – 66, 73 – 75.

[107] Bittermann (1938), esp. p. 200, n. 8; cf. Gregory of Tours, *Hist.* viii. 15.

化：修士只需"院长批准"即可离开。[108] 既然科伦巴努斯和阿达姆南的《圣科伦巴传》（*Life of St. Columba*）都强调院长的同意，对主教只字不提，这似乎说明爱尔兰修道院的创始人们从未服从过主教的权威。[109] 8 世纪或者 9 世纪的"帕特里克会章"确实指定主教向统治者和教区财务总管（*erenaghs*），以及本部族属地的教士提供精神指导；据说这显示了主教对修道院教堂的影响力。[110] 然而，这个文本可能出自热衷于维持部族主教制教会权利的阿尔马教堂。[111] 无证据证明主修道院的院长认可了文本的主张；欧洲大陆的科伦巴努斯修道院所提供的史料和比德关于艾奥纳修道院的记述都指向一个结论：教区主教们并未获得爱尔兰修道院的监督控制权。[112] 这一结论得到阿达姆南的佐证：他记述了一个赫布里底修道院院长公然漠视"帕特里克会章"的规定，召唤一位主教，强令其任命一个庸才以圣职。我们注意到：这个院长受到了神的惩罚，但其行为却没有被主教所纠正。[113]

至此，我们前面关于平行教阶制度讨论的重要意义是显而易见的；因为重要教堂的首脑与部族属地主教并列，而且享有同等地位。比如，科伦巴修道院联合体的首脑就是艾奥纳修道院的院长；这意味着他与一个部族属地的主教地位相等——虽然他在教会品级上只是一位牧师。更有甚者，我们知道，艾奥纳修道院的这位牧师/院长还有权任命属下的爱尔兰和达尔里阿达修道院的院长；惠特比教省会议（Synod of Whitby）之前，还可以选任诺森伯兰的主教。由他选任的主教归他管辖。正因为如此，诸如埃当（Aidan）、芬南（Finan）和科尔曼（Colman）这样的修道院只能遵行艾奥纳修道院的复活节推算法。即使他们想遵从罗马的推算，也没有那样的自由。[114]

当教会权威分散时该如何决策？这个问题的答案似乎一直是通过教省会议。会议的代表来自一个地区的所有重要教堂——主教制教堂

---

　　⑩ i Orléans（ad 511），*canon* 22；ed. Gaudemet and Basdevant i（1989），p. 84；*Collectio Canonum Hibernensis* xxxix. 16.

　　⑩ Columbanus, *Epistulae* i. 7；Adomnán, *Vita Columbae* i. 6.

　　⑩ "Rule of Patrick" 1, 6 – 7. Sharpe（1984b），p. 253；cf. Charles-Edwards（1992），p. 75.

　　⑪ Cf. Charles-Edwards（1992），pp. 69 – 75；Doherty（1991），pp. 61 – 66, 73 – 79.

　　⑫ Jonas, *Vita Columbani* ii. 23 and Stancliffe（2001），pp. 201 – 202, 207 – 208, 212 – 216, 219. Bede, *HE* iii. 4；Stanclifle, 后文第 456 页。

　　⑬ Adomnán, *Vita Columbae* i. 36；cf. "Rule of Patrick", 3.

　　⑭ Bede, *HE* iii. 4 and 25.

或者修道院；它使主教、堂长、教会学者和修士们能够会聚一堂。[115]照理说，会议应当讨论《圣经》里阐述的原则性问题，若做不到这一点，也可以讨论对教父的作品、早期教规和圣徒实例中的问题理解上的偏差；最理想的，是达成一致意见。[116] 实际上，由于会议讨论的是教会事务，其决议并不会由国王们强制实施，[117] 因此，同意——即使只是求同存异——是唯一的出路。然而，在 7 世纪，复活节论争导致势不两立：一派认为，如果爱尔兰内部无法达成一致，应当将问题交由罗马；另一派仍然坚持爱尔兰内部解决，反对求助于外来权威。

421

复活节论争和爱尔兰与大陆的密切关系为教会组织的观念发展打下了坚实基础。有证据表明，到 7 世纪晚期为止，在部族教堂的级别之上有三类组织机构。第一类是教阶制度，它主张应该由一个爱尔兰教堂领导爱尔兰各地的所有教堂。首先揭出权利主张的是基尔代尔教堂，它声称自己的管辖权（parroechia）覆盖全爱尔兰，"从大海到大海"——然而它并没有说清楚如何能够影响其他教堂。[118] 紧接着是阿尔马教堂。它在 7 世纪晚些时候声称自己在爱尔兰至高无上。这个主张可能不仅仅是对基尔代尔教堂的回应，也是对诺森伯兰教堂的回应。后者抓住北爱尔兰与罗马复活节相抵触这个机会，谋求北爱尔兰的教会领导权。[119] 阿尔马教堂的主张是在《天使书》（Liber Angeli）中提出的，它表达得十分明确，而且远较基尔代尔教堂具体。其依据是：因为圣帕特里克教化了整个爱尔兰，因为阿尔马教堂是他缔造，所以上帝把爱尔兰的所有部落都置于帕特里克/阿尔马教堂的管辖之下。其他独立的教堂居次要地位，是因帕特里克的慷慨而得以分享上帝所赐之恩宠。但是，帕特里克/阿尔马教堂保留了多种特权，包括在爱尔兰的至高无上地位和受理上诉的权利，其地位仅次于罗马；它也声称自己与所有主教制教堂和首教堂（domnach）的关系特殊，同时也邀请所有修士抛弃原有的修道院，投奔帕特里克教堂。在这里，我们看到了爱尔兰教会真实的等级观念。在这个等级体系中，阿马尔大主教位居魁首，其他教堂屈居第二。

[115] Charles-Edwards（2000），pp. 274—281.
[116] Ó Cróinín（1995），pp. 152-153.
[117] 关于此规则的例外，见 Charles-Edwards（2000），pp. 280-281。
[118] Cogitosus, Vita Brigitae, preface.
[119] Charles-Edwards（2000），pp. 429-438.

第二类组织机构是由各部族集合而成的小教省。一个罗马派会议的教规显示，教会等级制度确实存在：不仅有一位可能包括四个部族的小教省的都主教，而且还有一位高于都主教的主教——其级别与伦斯特或者芒斯特那样的"超王"国土（令人困惑的是，它们也名为"行省"）相当。[120] 我们不必根究细节，只需留意这样一个事实就够了：这些教规似乎确实意味着有一个类似欧洲大陆的教会组织存在，它以超王的政治组织为教省，有少量的相应的超级主教，而不仅仅是一个教会首脑。

根据我们掌握的史料，第三类教会组织迥然不同：提莱尚记载，各个大教堂竞相要求各独立教堂向自己表示某种服从，或者与自己组成联合体。[121] 这种要求基于一个公认的原则（《天使书》也承认其有效性），那就是：圣徒创始人或其继承人所建立的教堂都应当是他的联合体的一个组成部分（paruchia），即在他的管辖之下。因此，野心勃勃的修道院就宣称，一座引发争议的教堂实际上由它们的创始人或者它们的一位修士所建立。这有时是——但不完全是——大鱼吃小鱼的问题。阿尔马更愿意采用巧妙的方式争取主教制和首座教堂：与它们建立体面的关系，保留其自己选择堂长的权利，而不是将阿尔马的提名强加于它们。[122] 有时候，它们至少感觉到接受阿尔马的邀请符合自己的利益。斯莱提（Sletty）主教制教堂甘居阿尔马教堂之下就是一个经典的例子：该教堂是伦斯特——7 世纪晚期的一个中等部族——南部的尤白尔切（Uí Bairrche）的首座教堂。通常认为，这是一个先发制人的决定，旨在避免被基尔代尔强行接收。[123] 不过，不管方式怎样，最终形成了几个教堂或者教区联合体，其中最重要的是由阿尔马或者克朗麦克诺伊斯那样的大教堂领导的联合体。有时候，像斯莱提教堂和阿尔马教堂那样，一个教区的成员并非都属于它们的上级教堂所在的那个教省。我们可以把这些相互竞争的联合体分布图想象成一张拼布床单，（比如）科伦巴联合体属下的教堂是一种颜色，

---

[120] *Collectio Canonum Hibernensis* xx, 如 Charles-Edwards 所翻译的［（1992），pp. 65 – 66, 72 n. 50, and（2000），pp. 126, 423 – 426］。

[121] 例如，Tírechán, *Collectanea* cc. 7, 22, 25, 47. 4 – 48. Cf. Charles-Edwards（1984），pp. 167 – 9; Doherty（1991），pp. 62 – 4. Charles-Edwards（2000），pp. 250 – 257。

[122] Additamenta 9; Doherty（1991），pp. 73 – 81。

[123] Additamenta 16; Doherty（1991），pp. 75 – 78。

（比如）阿尔马属下的教堂是另一种颜色，以此类推。然而，不幸的是，由于证据不足且对一些教堂的归属存在争议，任何类似的地图都会显得残缺不全。

至此，读者们可能都会困惑。基尔代尔教堂和阿尔马教堂怎么会同时自称爱尔兰教堂之魁首？在爱尔兰的地方性机构中，没有一位至高无上的全国性主教，只是在每一个超王领地才有一位超级主教。如是，基尔代尔和阿尔马如何自圆其说？更有甚者，独立教堂组成联合体，联合体成员可能不在同一个超王国（over kingdom），这种现象岂不是与地方性模式发生抵牾？

以上疑问有些可以立即解决。首先，基尔代尔和阿尔马声称自己在爱尔兰至高无上，科吉托苏斯（Cogitosus）和《天使书》的断言证明它们确实这么做了，但是不能证明它们的主张被接受了。恰恰相反，《天使书》里有确凿的证据证明阿尔马拒绝接受基尔代尔教堂的主张；摆莱尚虽然代表阿尔马教堂写作，但是他公开承认爱尔兰的其他教堂拒绝接受它的主张。[124] 爱尔兰教会法汇编从未提及某座教堂被公认拥有至高无上地位，就是证明。[125] 然而，这并不能排除一种可能性：至 7 世纪晚期为止，阿尔马教堂可能被公认为同级教堂之首（甚至在伦斯特）。[126]

直到最近，爱尔兰教会法关于教省的令人迷惑不解的、有时自相矛盾的规定也被视为想象的产物，并非真实存在。它们大多被视为罗马派教省会议的产物，是罗马派将欧洲大陆的教阶体制强加于爱尔兰教会的一次不成功尝试。[127] 然而，人们最近将注意力集中于几个证据，提示人们认真对待这些教会法。比如，一些爱尔兰文本提到"主教中的主教"，或者"至高无上的、高贵的主教"，这说明主教职位确实存在层级。[128] 更重要的是，后来的编年史在记载葬礼时提到，一些主教的辖区超出了一个部族属地，有时是一个行省。不过，与欧洲大陆一样，行省的"超级主教"的职责不局限于

423

---

[124]　*Liber Angeli*, esp. 32；Tírechán, *Collectanea* c. 18.

[125]　这里，我同意 Charles-Edwards 的观点［(2000)，pp. 424 – 426］；至于相反的意见，见 Etchingham (1999)，pp. 155, 160 – 161。

[126]　Sharpe (1984c)，p. 66；Breatnach (1986)，pp. 49 – 51；Charles-Edwards (2000)，p. 426.

[127]　Sharpe (1984c)，pp. 67 – 68.

[128]　Etchingham (1999)，pp. 72, 156, 162；Charles-Edwards (2000)，p. 259.

一座教堂；因此，比如，基勒辛（Killeshin）的迈尔－莫埃多克
（Mael-Moedhoc，卒于 917 年）和基尔代尔的安姆查特（Anmchad,
卒于 981 年）被记载为大主教或者伦斯特主教。[129] 遗憾的是，我们
不知道这些"超级主教"在教阶体制中是否具有固定职责，或者，
424　这些称谓是否是一种赋予个人的荣誉称号。[130] 这些不确定性使我们
难以确定：一种区分等级的地方性教会组织体系是否真的获得了普
遍认同。

　　至于第三类组织机构，即教堂联合体（paruchiae）或者教区，
其证据至少是有说服力的。关于这些联合体的作用，需要指出两
点：第一，一座教堂虽然可以隶属另一座超王国的教堂，但是我们
不应将其视为常态。诸如阿尔马、基尔代尔和艾奥纳这样的大教堂
确实拥有分布广泛的下属教堂，但是更为常见的是，大多数下属教
堂就在主教堂附近。例如，科克（Cork）教堂群就是这样。[131] 于
是，地域纽带和联合体纽带经常会互相加强。第二，我们不能这样
假想：小教堂一旦进入一个由大教堂主导的联合体，就会失去自己
的特性。在涉及艾奥纳教堂联合体的史料中，确实发生过这样的案
例：艾奥纳修道院的院长确实把联合体当作统一的机构来管理。他
任命小修道院的院长，在修道院之间调动修士。[132] 不过，像艾奥纳
这样的集权程度是不多见的；最常见的是，当一座教堂"拥有"一
座小教堂的时候，我们应当看到这种关系的经济性质。小教堂通常
缴纳某种形式的贡物，不管贡物是一种象征，还是一种经济负担；
但是，它一般可以保留自己的地位。因此，一座主教制教堂可以从
属于一所修道院，但是它仍然保留自己在当地部族的主教制教堂功
能——虽然不会总是如此。[133]

　　总之，我们可以说爱尔兰教会确实形成了主教组织，且确实组合
而成为教省。然而，最强大的修道院的地位超越了这个体制，它们似

---

　　[129]　Etchingham（1999），pp. 177 – 188；Charles-Edwards（2000），pp. 260 – 1. 这些事例说明，这
类头衔是属于某些个人的，而非属于一个固定的教堂，如同各省的超王地位也会转换一样。
　　[130]　Cf. Davies（1992），p. 14.
　　[131]　Hurley（1982），pp. 304 – 305，321 – 323.
　　[132]　MacDonald（1985），esp. pp. 184 – 185；Herbert（1988），pp. 31 – 35.
　　[133]　Hurley（1982），pp. 321 – 324；Sharpe（1984b），pp. 243 – 247；（1992a），pp. 97 – 100，105 –
106；Charles-Edwards（2000），pp. 251 – 257；cf. Charles-Edwards（1989），p. 36.

乎从未被主教有效控制。此外，修道院首领的地位与主教相当，其联合体拥有许多教堂，因此控制着这些教堂的资源。[134] 这意味着这些首领几乎等同于早期爱尔兰教会的权势者。如此，阿尔马教堂在公元700年的权力实际上基于它自己的声望、土地、联合体成员的数量和国王们的支持，而不是来自《天使书》自命不凡的声明。公元700年的阿达姆南，科伦巴联合体的学者和领导人，（至关重要的是）尤尼尔超王的第四个堂兄弟，可能比阿尔马联合体的主教影响更大。他在698年比尔（Birr）教省会议上的成功证明了这一点。会议上，他推动了一项保护教士、妇女和儿童免受战争侵害的法律；而且在阿尔马主教的领导下，召集数十位国王和高级教士来支持这些法律。[135] 这说明大修道院院长在早期爱尔兰教会的领导权拥有潜在的空间。

425

郭建淮 译，徐家玲 校

---

[134] Sharpe (1984b), pp. 263 – 264.
[135] Ní Dhonnchadha (1995).

第 十 六 章

不列颠人、达尔里阿达爱尔兰人[*]和 皮克特人中的基督教

克莱尔·斯坦克里夫（Clare Stancliffe）

第一节　克莱德湾（Clyde）/福斯湾（Forth） 南部的不列颠和海外的不列颠人

罗马统治在不列颠结束以后的几个世纪，对于不列颠教会的发展具有决定性意义，正如它们总体上对于不列颠政治、种族和社会结构具有显然决定性意义一样。无论将现有残缺不全的资料拼凑成完整图案有多么棘手，我们还是要以这几个世纪的主要成就为目标。它们不仅见证了基督教在即将到来的盎格鲁—撒克逊异教徒控制地区的巩固，而且见证了基督教向北部和西部的进一步渗透。更重要的是，这些成就是在罗马—不列颠城市和农庄（villas）不复存在，盎格鲁—撒克逊人在不列颠东部和南部大规模定居的情况下取得的：这些正是罗马—不列颠教会兴旺发达的地区。鉴于对后罗马时代的解释经常要涉及基督教在罗马治下的不列颠的命运，我们将对此做一个简要介绍。

罗马统治的背景

至 4 世纪早期君士坦丁一世皈依基督教为止，伦敦、约克和

---

* 文中所指是达尔里阿达爱尔兰人（Dalriadan Irish）——译者注。

（有可能）林肯（Lincoln）已经有主教。① 对于基督教截至 410 年的进展情况说法不一：我们缺少文字证据，而考古证据有不同解读方法。除非像在多塞特（Dorset）郡的庞德伯里（Poundbury）一样有明确的基督教符号或者铭文作为支撑材料，否则我们无法确切区分基督教葬礼和异教徒葬礼。基督徒的坟墓通常是东、西朝向，无陪葬品，但是，异教徒的坟墓也可能是这样。墓葬偶尔也可能有陪葬品，或有不同的朝向。② 在识别基督教教堂的时候，也会产生类似的问题，比如锡尔切斯特的所谓"教堂"③。将基督教的可靠证据绘制成图（地图 11）以后，展示出基督教的证据从不列颠东部的约克向南扩散；在不列颠南部，基督教的证据一直向西扩散到多塞特。相反，西部地区，甚至中西部的部分地区，除了在建筑材料和少数轻便证据上偶尔看到一些零散的基督教符号以外，大部分是空白。④ 然而，我们必须提出这样一个问题：这类地图是否反映了罗马—不列颠时期基督教的真实分布状况，或只是基督教分布的可辨认的考古证据？一个警示信号是基督教的考古证据与"文化互动"或者罗马化之成功的证据之间的关系。⑤ 因此，考古学自身无法说明西部不列颠的人口是异教徒还是基督徒。

对此，到爱尔兰传教的帕特里克为我们提供了颇受欢迎的旁证。帕特里克的出生日期大概在 4 世纪的末期或者 5 世纪的上半叶。在他那小康之家，信奉基督教者至少可追溯到他之前的两代人：其父乃教堂助祭，祖父乃牧师；他们拥有的地产面临爱尔兰人的劫掠，所以应该处于不列颠西部容易进入爱尔兰海的地方。虽然帕特里克及其他被俘者"没有服从我们的牧师"，他们至少都是正式的基督徒。⑥ 这颇受欢迎地确认了基督教团体在当时已经正式出现于缺乏考古证据的地区。

然而，考古学的价值在于揭示基督教皈依者所在地的类型和所属的阶级。一代人以前，罗马—不列颠的基督教在人们眼中只是一个

---

① Mann（1961）; cf. Toynbee（1953）, pp. 1 – 4.
② Rahtz（1977）, p. 54; Farwell and Molleson（1993）, pp. 137, 236; cf. Watts（1991）, pp. 38 – 98.
③ Toynbee（1953）, pp. 6 – 9; Frere（1976）; King（1983）.
④ Thomas（1981）, pp. 106 – 107, 138; Morris（1983）, p. 16; Watts（1991）, pp. 90, 144; Mawer（1995）.
⑤ Jones and Mattingly（1990）, pp. 151, 299.
⑥ Patrick, *Confessio* 1; *Epistola* 10. Dumville *et al.*（1993）, pp. 13 – 18.

428

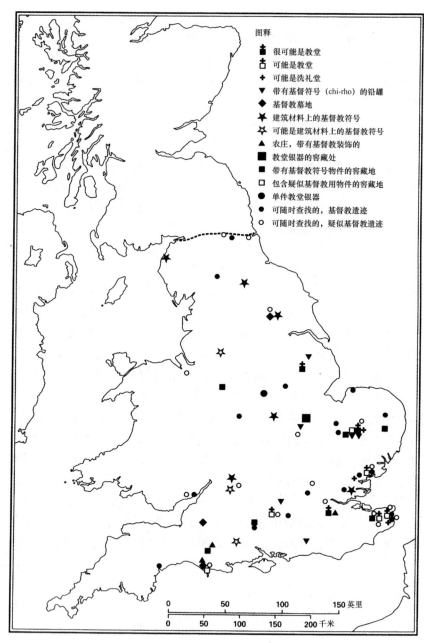

图释

▲ 很可能是教堂
⌂ 可能是教堂
✝ 可能是洗礼堂
▼ 带有基督符号（chi-rho）的铅罐
◆ 基督教墓地
✹ 建筑材料上的基督教符号
✩ 可能是建筑材料上的基督教符号
▲ 农庄，带有基督教装饰的
■ 教堂银器的窨藏处
■ 带有基督教符号物件的窨藏地
□ 包含疑似基督教用物件的窨藏地
● 单件教堂银器
● 可随时查找的，基督教遗迹
○ 可随时查找的，疑似基督教遗迹

地图 11　罗马—不列颠时期基督教的考古学证据

都市的、贵族的事物。考古学确认了这一点，最引人注目的证据就是 427
林肯郡广场中央的教堂遗址和肯特郡鲁林斯通别墅的家庭教堂的遗
址。⑦ 然而，考古学也发现基督教已经传至罗马要塞里奇博罗（Rich-
borough，肯特郡）、伊克灵厄姆［Icklingham，萨福克郡（Suffolk）］、
阿什顿［Ashton，北安普顿郡（Northamptonshire）］和威根霍尔特
（Wiggonholt，苏塞克斯郡）等小城镇。⑧ 这有助于我们理解在一个货
币经济瓦解和复杂的分配制度导致城市生活和农庄（villas）社会终 429
止的时代，基督教是如何在不列颠继续生存下去的。

　　当然，即使在发现基督教存在证据的地方，也不能说明基督徒
与异教徒之间的比例。各种相去甚远的假设因此而生。最合理的方
式是对比大陆的宗教状况，特别是异教遗留的程度。在不列颠，正
在使用的异教神殿的数量似乎在 4 世纪中期达到高峰，显然比大陆
上要晚。然而，截至 4 世纪晚期和 5 世纪早期，这个数字急剧下
降，虽然不如外国迅速。⑨ 到吉尔达斯（Gildas）从事写作的 6 世
纪上半叶，不列颠社会实际上已经正式基督教化。吉尔达斯严厉批
评主教们是因为他们谴责罪恶不力，而不是——我们应注意——因
为他们宽恕异教徒。⑩ 这并不排除少数异教神殿逃脱了吉尔达斯和
主教们的视野，散落于穷乡僻壤［如《圣萨姆森传》（Life of
St. Samson）所述之康沃尔的情况］；但是，这也说明异教的"令人
瞩目的"存在是不可能的。⑪

　　背景交代完毕之后，我们现在转向一个令考古学家长期以来困
惑不解的问题。人所共知，罗马时期基督教存在的考古学证据主要分
布于不列颠东部。然而，后罗马时代可见的基督教证据在地图所显示
的却是另一番景象：即石碑上通常刻有人们所说的纪念性铭文，⑫ 其
中许多可以确定属于基督教（地图 12）。它们大部分定年于 5—7 世
纪早期，虽然最近有人声称杜姆诺尼亚（Dumnonia，德文郡和康沃

⑦　Toynbee（1953），pp. 9 – 12；Meates（1979），esp. pp. 18 – 19，40 – 48，53 – 57；Jones（1994）.

⑧　Brown（1971）；West（1976），p. 121；Morris（1983），p. 18.

⑨　P. Horne's graphs, apud Dark（1994），p. 33. Cf. Salway（1981）and（1984），pp. 734 – 739.

⑩　Gildas, De Excidio.

⑪　Cf. Vita Samsonis cc. 3，48 – 50；cf. Olson（1989），p. 16. 关于耶韦灵，见 Thacker 所写本书第
17 章。

⑫　But see Handley（1998）.

尔郡）的一些证据的时间跨度要大得多。约 150 件铭文出自威尔士，另有 50 件出自杜姆诺尼亚，少量散布于马恩岛（*Isle of Man*）和不列颠北部，也有一些出自布列塔尼。[13] 这种分布状况的显著特征是它们

430

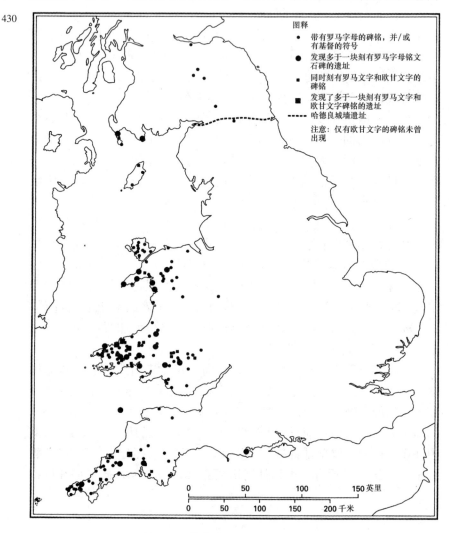

图释

● 带有罗马字母的碑铭，并/或有基督的符号

● 发现多于一块刻有罗马字母铭文石碑的遗址

■ 同时刻有罗马文字和欧甘文字的碑铭

■ 发现了多于一块刻有罗马文字和欧甘文字碑铭的遗址

‑ ‑ ‑ 哈德良城墙遗址

注意：仅有欧甘文字的碑铭未曾出现

| 0 | | 50 | | 100 | | 150 英里 |

| 0 | 50 | 100 | 150 | 200 千米 |

地图 12　带有后罗马时代铭文的石碑

⑬　Morris（1983），pp. 28 – 33，and cf. 20 – 23；Nash‑Williams（1950）；Okasha（1993）；Thomas（1991 – 1992）；and cf. Thomas（1968）；Macalister，*Corpus Inscriptionum* i and ii Davies *et al.*（2000）.

与较早的地图所显示的基督教证据大不相同，实际上只是偶尔触及罗马化地区。更为重要的是，基督教的碑铭模式在不列颠事实上没有延续性，但是可以与欧洲大陆类比。在欧洲大陆，HIC IACET（躺于此）这样的句式于4世纪晚期出现于特里尔，420—450年出现于里昂，此后被更长的句式——如 HIC REQVIESCIT IN PACE（安息于此）——所取代。⑭

如何解释这两幅地图之间的断裂？一代人以前，一位著名的考古学家推测，在罗马—不列颠，基督教只有在政府和商业精英中才有信奉者；而且，由于没有赢得农村人口，它也随着精英阶层的消失而消失。所以，不列颠以后只好由大陆传教士再度教化；这些传教士活跃于西部海域——拉丁文铭文就是见证，而且据说还引入了隐修制度。其中堪为典范者是尼尼安（Ninian）：他献给高卢修士——主教圣马丁（St. Martin）的惠特霍恩（Whithorn）教堂就是保有铭文石碑的遗址；大概3个世纪以后（731年），比德在《基督教会史》中提到——他小心地使用了"据说"一词——尼尼安在罗马受训，在皮克特人中间传教。⑮

罗马不列颠基督教完全消失之说已经遭到令人信服的反驳。⑯ 然而，旧典范仍在产生影响。盎格鲁—撒克逊人的肯特不是由不列颠本地教会所教化，而是由罗马派出的传教士教化。这个事实有时归咎于基督教未能像在欧洲大陆那样，在罗马—不列颠站稳脚跟。⑰ 同样，隐修制度的出现有时仍被视为与西部海域和至少一部分铭文石碑的分布有关，被当作罗马统辖的基督教会向中世纪早期基督教会转折的节点。⑱ 我们以后将再次探讨不列颠教会未能教化盎格鲁—撒克逊人这个问题；同时，我们将检视催生原始理论的史料，重新考虑罗马统辖的基督教会与中世纪早期基督教的转折点，并且特别留意北部和西部不列颠。

429

430

431

---

⑭ Knight（1981），pp. 57–60，并见 Handley（2001），esp. pp. 186–188；cf. Okasha（1993），pp. 116–121。

⑮ Radford（1967）and（1971）.

⑯ Wilson（1966）；Thomas（1981），esp. pp. 240–274，351–352.

⑰ Frend（1979）and（1992）；但现在需要见 Stancliffe（1999）。

⑱ Thomas（1981），pp. 347–351.

罗马统辖的不列颠基督教会：持续还是文化断裂？

乍一看，罗马—不列颠基督教地图与竖石上的拉丁铭文分布图之间的对比强烈，但是，我们已经看到，早期地图只体现基督教的现有考古资料。拉丁铭文分布图同样需要正确解读。铭文不一定都属于基督教，并非都与高卢有关。有些与爱尔兰—欧甘文字（它们可以是异教的，也可以是基督教的）极为相似；[19] 南威尔士的双语铭文（以罗马字母和欧甘字母铭刻）证明，二者是有关联的。可以辨认出基督教形式的，就属于基督教证据；但是，我们应当防止这样的错误假设：没有这种基督教铭文，就没有基督教存在。先不提只有富人才可能这样被纪念，我们必须承认这类纪念物是一种文化现象：那个社会的人们以这种方式来纪念某些人物，至少其中一些是基督徒。然而，再往东部或者南部 160 千米，人们可能同样是基督徒，但是却没有采用竖石铭文这种纪念形式。

如果我们翻开第三幅地图（地图 13），情况也是这样。该图显示"埃克莱斯"（教堂）地名的分布。这些地名来自通俗拉丁语 *eclesia*（埃克莱希亚）或者它的凯尔特语派生词，意为"教堂"。它们的分布自然证明了其中一些地方——虽然绝非全部——在盎格鲁—撒克逊人占领以前就有教堂。[20]（威尔士和康沃尔被特意留了空白，原因并非是它们没有这类名字，而是这类名字在我们这个时代以后很长一段时间仍然不断地被创造出来。[21]）我们此处不去探讨现存教堂地名分布不均衡的复杂原因。当然，我们至少可以注意：除了东南部的三个例子（它们可能很早就借鉴别的地方[22]）之外，它们在盎格鲁—撒克逊人占领地区直到 7 世纪才大规模出现——而此时他们自己也在基督教化。无论怎样，在保存了这类地

[19] Bullock (1956)；Thomas (1994)，esp. pp. 67 - 87；Handley (1998).

[20] Jackson (1953)，p. 412；Cameron (1968)；Gelling (1978)，pp. 82 - 83，96 - 99；Barrow (1983). 关于对埃克莱肖福斯（Eccleshalghforth）之标准文集的补充，在 1471 年被证实是诺森伯兰沃克沃思（Warkworth）的一处地产的名字。Beckensall (n. d.)，p. 24.

[21] Cf. Roberts (1992)；Padel (1985)，p. 91.

[22] Gelling (1978)，pp. 82 - 83.

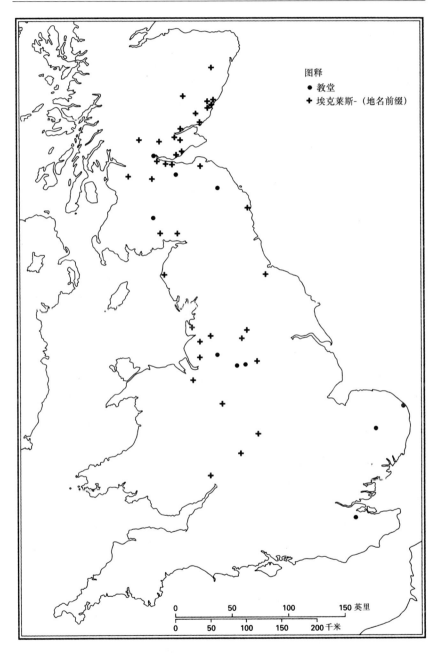

图释
● 教堂
✚ 埃克莱斯-（地名前缀）

地图 13　具有"埃克莱斯"（Eccles-）地名的分布

432 名的地方，它们无可争辩地证明，不列颠基督教大约在铭文竖石时代就已经存在。更重要的是，教堂地名主要填补了罗马—不列颠基督教的考古证据与随后几个世纪的基督教铭文之间的地理鸿沟。至于西部和北部不列颠，虽然其铭文竖石的做法——和程式——可能借鉴了外国经验，但是也没有必要认为基督教自身也这么做了。在不列颠内部，邻近地区之间的传播会更加容易。

基督教在不列颠向西北部传播的假设得到多方面证明。其连续性在东南部威尔士及其毗连的英格兰地区也许最显而易见：在与罗斯（Ross）相邻的埃克莱斯威尔（Eccleswell），在吉尔达斯记载的卡利恩［Caerleon，位于新港（Newport）之外］的两个居民的名字和墓地（殉道者圣地?），显示他们在罗马时代殉道，在作者写作的时代（约530年）显然仍受到崇拜。[23] 基督教在同一区域的存在于《圣萨姆森传》里得到佐证；圣萨姆森是6世纪南威尔士的圣徒，卒于布列塔尼，传记记述了他在布列塔尼的生活。但是，对于传记的成书年

434 代多有争论，7世纪的说法似乎最为可信。作者记录了自己在不列颠的旅行和信息的传播。[24] 传记假定了南威尔士的隐修制度与欧塞尔（Auxerre）的哲梅纳斯（Germanus）的不列颠之行（429年，也许440年前后）之间的关联。不管我们是否相信这个假定，萨姆森早年在修道院师从伊尔蒂德（Illtud）一事可能说明：伊尔蒂德修道院是5世纪的某个时间建立起来的——大概在兰特维特［Llantwit，即兰伊尔蒂德（Llan Ilduti）］。[25]

罗马基督教的连续性及其向西部和北部的传播在帕特里克的著作中也能看到。我们已经知道，这些意味着爱尔兰海附近存在着一个基督教共同体，而帕特里克自身就是基督教西传爱尔兰的主要证据。他的信件说明不列颠的酋长科洛提库斯（Coroticus）与基督教和罗马社会有联系——这种联系我们在接下来的那个世纪在吉尔达斯那里也可

---

[23] Cameron (1968)，p. 89；Gildas, *De Excidio* x. 2；cf. Wendy Davies (1978)，pp. 121 – 159 and (1982)，pp. 141 – 146；Watts (1991)，pp. 76，126 – 127. 同样情况见于中部威尔士，见 Knight (1999)，p. 137。

[24] *Vita Samsonis*, Preface 2；and cf. i. 52；i. 7, 41, 48. 没有证据说明此书的作者知道比德的著作，因此可以把其写作时间定于8世纪之前，如 Flobert 所提倡，见 pp. 108 – 111；cf. Duine (1912 – 1913 and 1914 – 1915)；Hughes (1981)，p. 4；Wood (1988)，pp. 380 – 384。

[25] *Vita Samsonis* i. 7 and 42；cf. Knight (1984)，pp. 328 – 329.

以找到；㉖ 再者，它意味着基督教越过了旧日罗马边界，向哈德良长城以北的不列颠地区传播。虽然我们不太肯定，但是，科洛提库斯可能是斯特拉斯克莱德（Strathclyde）——以敦巴顿（Dumbarton，在克莱德河畔）为中心的一个不列颠王国——的统治者；㉗ 帕特里克的信件显示，科洛提库斯及其部下都是名义上的基督徒。㉘ 基督教传入今日之苏格兰的文字记述可以被确认：最近刚刚证实，惠特霍恩的拉提努斯石碑（Latinus stone）上刻有君士坦丁大帝式的基督符号。这证明5世纪时，那里有基督教活动。而其他石碑以及“埃克莱斯”地名的分布则证明，在公元600年前后，基督教已经在克莱德—福斯河（Clyde-Forth）一带传播。㉙ 虽然基督教存在的证据不是很多，但是，那时异教存在的证据也如凤毛麟角。唯一的例外是北诺森伯兰的耶韦灵（Yeavering）地区，那里的异教很可能属于盎格鲁—撒克逊入侵者，而不属于布列塔尼人。㉚ 因此，事实似乎是这样的：旧日的罗马边界变得毫无意义，基督教传到了不列颠各个王国，甚至可能继续北上，在皮克特人中间也取得进展。

惠特霍恩的例子——其遗址最近几年得到部分发掘——可以解释潜伏在这些泛泛推断背后的一些复杂问题。比德声称，惠特霍恩是不列颠主教尼尼安的驻节地，他在那里非同寻常地为布列塔尼人建立了一座石筑教堂；至少在比德那个时代，该教堂献给了图尔的圣马丁。㉛ 教堂遗址可能在山顶——发现拉提努斯铭文的地方和后来中世纪教堂所在地。不过，近期的挖掘集中于下面的南山坡，即当初宗教中心区的外围区域。考古发现了一个综合性小区，它以农业开始，然后见证了石灰的输入，石灰可能是为附近的（山坡上？）修筑重要建筑（群）制作灰泥或者混凝土所用。在挖掘区域，还发现了一些用枝条编织的篱笆或者以树桩筑墙的房屋，并有金属加工的痕迹，5世纪后期到6世纪中期从东地中海进口的双耳细颈椭圆陶罐的碎片，以及玻璃容器的碎片。双耳细颈椭圆陶罐可能装着葡萄酒和橄榄油，餐

435

㉖　Patrick, *Epistola* ii；以下，注释40和43.
㉗　Binchy (1962), pp. 106–109；Dumville *et al.* (1993), pp. 107–115, esp. 114.
㉘　Patrick, *Epistola* 5, cf. *Epistola* 2.
㉙　Craig (1997)；Thomas (1991–1992)；Barrow (1983)；cf. Thomas (1968)；Alcock (1992).
㉚　Cf. Hope-Taylor (1977), esp. pp. 158–161, 244–267, 277–278, 287–289, and Scull (1991).
㉛　Bede, *HE* iii. 4.

具也来自北非。其时，在惠特霍恩，内外区之间的界限被打破，考古发现的区域大部分属于内区，葬礼就在那里举行。地中海贸易终结于6世纪中期前后；但是，与欧洲大陆的国际贸易旋即恢复，活跃于整个7世纪：进口商品中有55件圆锥形玻璃烧杯。㉜在有些方面，文字资料与考古证据一致。很显然，惠特霍恩是一个非同寻常的、文明程度很高的遗址。它与地中海，接着是法兰西亚，有着广泛的联系；至少遗址的一部分属于基督教，一些刻有十字架符号的出土石碑证实了这一点，也与那里的墓地情景一致。不过，仍然存在问题。比如，进口玻璃器皿是为了主教举办时尚酒会，㉝还是为款待住在附近的世俗领主——他们的垃圾可能已经覆盖了我们的遗址？㉞无论何种情况，它都说明惠特霍恩是一个相当文明的世界，是"后罗马"的而非"蛮族的"世界：公元400年的时候，惠特霍恩还处在罗马帝国边界之外。想起这些，就知道它多么卓尔不凡。

吉尔达斯的证据与不列颠基督教会的轮廓

关于6世纪不列颠的知识在相当程度上依赖于作家吉尔达斯一个人的著述。他的代表作《不列颠的毁灭》（*De Excidio Britonum*，经常被写成 *De Excidio Britanniae*）极为夸张地谴责当权者——世俗君主和主教——的失败。吉尔达斯多处引用《圣经》文字，以便这些君主和主教们看清楚服侍上帝时之口惠而不实与上帝的实际要求之间的鸿沟。他的呼吁非常急迫：他接受了《旧约全书》中的观点，认为上帝会以瘟疫或异族征服的方式来净化一个有罪的民族——盎格鲁—撒克逊人的最初征服即为明证。㉟在他写作的时代，可能是6世纪30年代早期，㊱不列颠被分割为多个不列颠和日耳曼王国或者社会集团。从佛兰伯勒岬（Flamborough Head）到索伦特海峡（Solent）对角线东南一带由日耳曼人占据。虽然自此前44年吉尔达斯出生以来，

436

㉜　Hill（1997），esp. chs. 3 and 10.

㉝　见 Gildas' 所论证据，见后文注释44。

㉞　Cf. Thomas（1992），pp. 10–13；Hill（1997），pp. 299，320.

㉟　例如，可见 Gildas, *De Excidio* i. 13；xxii–xxiv.

㊱　Cf. Dumville（1984b）；Stancliffe（1997），pp. 177–181.

不列颠人与盎格鲁—撒克逊人一直和平共处，[37] 但是，他的同胞们的表现却总是会引起新的灾难，除非他们悔过自新。

如果能够充分体谅吉尔达斯的偏见和夸张，我们可以了解更多。首先，虽然不列颠分裂为几个王国，但是吉尔达斯仍然把它当作一个统一的实体，其著作涉及了从西南部的杜姆诺尼亚（Dumnonia），经迪费德郡（Dyfed），到威尔士北部的格温内思郡（Gwynedd）的广大地区。[38] 其次，其著作不间断地记述了自殉道时代到他那个时代的不列颠基督教历史，[39] 其中称不列颠人为"公民"（cives），称拉丁语为"我们的语言"[40]，其拉丁散文风格显示了其修辞术方面的训练即晚期罗马教育的痕迹。[41] 这一切都暗示了自罗马—不列颠时代以来的历史连续性。他的著作自始至终假定所有不列颠人至少是名义上的基督徒：主教们遭到苛评是因其未谴责罪恶和传播上帝启示，而非因其未宽恕异教。[42] 反之，撒克逊人"被上帝和人类所厌恶"[43]。

吉尔达斯的书让读者看到了一个富有的国立教会及其教堂建筑和教阶制度。权力和责任落到主教们头上；教职令人垂涎，人们从当地的国王那里购买主教和牧师职位；如果在本地买不到，就跑到国外去买。[44] 教士结婚得到承认，尽管牧师授职以后不一定允许继续发生性关系。[45] 隐修制度已经出现，隐修者人数很少，但是受到作者高度评价。[46] 在后一个方面，《不列颠的毁灭》是不同于吉尔达斯作品的一部后期作品。这是一封仅存残篇的信件，其目的是回答他人对各种问题——特别是生活舒适的修道院与严苛苦行生活追求者之间的冲突——的求教。[47] 重要的是，在《不列颠的毁灭》和《残篇》（Fragmenta）里，隐修制度发展了，多样化了。[48] 稍后我们会讨论这个问

437

---

[37] Gildas, *De Excidio* xxvi. 1.

[38] Gildas, *De Excidio* xxviii; xxxi; xxxiii. 1; cf. Dumville（1984a）.

[39] Gildas, *De Excidio* xxviii; xxxi; xxxiii. 1; cf. Dumville（1984a）.

[40] For example Gildas, *De Excidio* xxvi. 1; xxiii. 3.

[41] Lapidge（1984）; Orlandi（1984）; Wright（1984）; Kerlou'egan（1987）, pp. 559 – 564.

[42] Gildas, *De Excidio* lxxvi; lxxxiii. 1 – 2; lxxxv. 2. 可参见前文注释11。

[43] Gildas, *De Excidio* xxiii. 1; cf. xcii. 3.

[44] Gildas, *De Excidio* xxiii. 1; cf. xcii. 3.

[45] Hughes（1966）, pp. 41 – 43.

[46] Herren（1990）, pp. 71 – 76.

[47] Gildas, *Fragmenta*; Sharpe（1984a）.

[48] Herren（1990）.

题，但是，目前我们应当注意吉尔达斯的人生跨越了一个重要时刻：《不列颠的毁灭》属于古代晚期与中世纪早期，而《残篇》属于隐修制度扩张阶段，令我们想起爱尔兰伟大的苦行者科伦巴努斯的世界。[49] 以下论点似乎可以成立：我们此处看到了因果相报，吉尔达斯在《不列颠的毁灭》中富有激情的布道立竿见影，鼓舞了许多人加入隐修士队伍。[50] 如果 536 年的自然灾害和 6 世纪 40 年代的瘟疫发生于本书出版之后，《不列颠的毁灭》一书的作用还会大大加强——很可能会这样。[51]

其他史料证实了，或者说，补充了吉尔达斯的证据。我们掌握了6 世纪前后两次不列颠的教省会议对各种犯罪的处罚规定。一次题为"北不列颠宗教会议"，为我们提供了吉尔达斯所未涉及地区的重要信息。它提到了主教、牧师、助祭、博士（教会学者）、修道院院长和修士的身份地位。[52] 然而，由于现有史料不全，我们对不列颠教会组织机构的了解仍然不够全面。迪费德郡是一个很好的例子，那里的每个百庄区（cantref，中世纪威尔士土地、行政和司法单位，字面意义为"100 个村庄"——译者）都有自己的主教——这意味着迪费德郡的教区都是小规模的、地方性的。[53] 迪费德郡曾经被爱尔兰人大规模殖民，不一定能代表所有地区；但是，它也不一定非典型。兰达夫（Llandaff）特许状——现仅存 12 世纪编辑版本的《兰达夫书》（Book of Llandaff）——所提供的史料暗示，在迪费德郡东方，也就是赫里福德郡（Herfordshire）西南部的埃尔基恩（Ergyng），在 6 世纪时有一个主教区，它的规模可能与迪费德郡主教区相当。不过，它后来可能向西扩张到格温特郡（Gwent）。[54]《萨姆森传》指向了不同的证据——如果我们相信它的话。此处，我们看到埃尔基恩的（我们假定）杜布里兹（Dubricius）主教在兰特维特修道院［现代格拉摩根（Glamorgan）郡南部］为萨姆森授职，甚至在迪费德郡的科尔

---

[49] Cf. Davies (1968)，p. 141；Columbanus, *Epistulae* i. 6.

[50] Sharpe (1984a)，p. 199.

[51] Cf.（with caution）Keys (1999)，pp. 109–118.

[52] *Sinodus Aquilonalis Britaniae* 1–3. 关于博士（*doctor*），见 Scheibelreiter，后文第 25 章。

[53] Charles-Edwards (1970–1972).

[54] Hughes (1981)，esp. pp. 7–8. Cf. Wendy Davies (1978)，ch. 8, esp. pp. 144–145, 149–150, 152–159，他认为其变化是以另一种方式：大部分的 6 世纪教区后来都处于埃尔基恩的管辖之下。Knight (1984)，p. 341.

迪岛（Caldey）上的皮罗（Piro）修道院为他授职。这不可能发生在 ⁴³⁸埃尔基恩的一个地方性教区；不过，杜布里兹每年都在那里度过大斋节，我们从此可以看出科尔迪与埃尔基恩之间的特殊关系。[55] 再者，萨姆森获得授职的时候，并无资料具体指明是哪个教区的圣职。[56] 那么，也许有一些修道院是由一个较远教区，而非本地教区的主教领导；也许在地方性教区主教以外，还有一些修道院主教。地方性主教似乎控制修道院，这与他们的爱尔兰同行不一样；不过，我们不应当过分强调这种差别。[57]

至于不列颠教会的真正的权力和影响力在何处这一问题，我们应当仔细考虑比德的故事中所暗示的不列颠教会与奥古斯丁的关系。据比德说，奥古斯丁召集不列颠的主教和教会学者（博士）到自己面前，在商讨无果后，以施行奇迹的方式向其展示了罗马方式的正确性。不列颠代表团显然对此深信不疑，但是他们要求召开代表性更为广泛的第二次教省会议。7 位不列颠主教和许多学识渊博之上（*doctissimi*）——他们大部分来自班戈修道院——莅临会议；到会之前，他们曾经咨询一位神圣的隐士。做决定时，他们对他言听计从。[58] 此处需注意两点：第一，博士，特别是修道院博士，与主教一起参加了这两次会议。在"北不列颠会议"的教规中，博士们被指定负责——甚至向主教——分配补赎任务。[59] 他们与主教们一起出席与奥古斯丁会晤的宗教会议，其身份等同于出席 7 世纪爱尔兰宗教会议的教会学者，其地位与主教相当。[60] 因此，不列颠教会的重大事务似乎不仅仅是主教们关心的问题，也是教会学者关心的问题。第二，人们求教于和听命于隐士这件事意味着其神学智慧和道德威信被公认为至高无上。我们不知道这是否是此前一个时期以来禁欲主义运动的结果，但看起来很有可能。因此，作为不列颠教会的领导者，不列颠主教们不是 7 世纪早期的唯一权威，此时的史料也没有提及"超级主

---

[55]　*Vita Samsonis* i. 13, 15, 33 – 36; cf. Hughes (1981), p. 15.

[56]　*Vita Samsonis* i. 43 – 45.

[57]　见 Charles-Edwards（1970 – 1972），esp. p. 260；Sharpe（1984b）；Ó Cróinín（1995），p. 162；Mac Shamhráin（1996），ch. 6，esp. pp. 168 – 172, 206；cf. Hughes（1981）.

[58]　Bede, *HE* ii. 2; cf. Stancliffe (1999), pp. 124 – 133.

[59]　*Sinodus Aquilonalis Britaniae* 1.

[60]　Charles-Edwards (2000), pp. 276 – 277; Kelly (1988), p. 41.

教"或者都主教。相反，这次教省会议显然十分重要，而且会议允许博士与主教一起参加决策。

439

修道主义

修道院制度很有可能在 4 世纪末或者 5 世纪被从高卢引进不列颠。高卢是两次修道院运动的发源地。一次运动是创始于修士出身的主教图尔的马丁（卒于 397 年），通过他的门徒，且通过经由苏尔皮奇乌斯·塞维鲁（Sulpicius Severus）的圣徒传记而得以传续。另一次运动起源于普罗旺斯（Provence）的两个中心：一是莱兰岛（Lérins）修道院；二是修士约翰·卡西安（John Cassian）的作品，此修士来自东方、造访过埃及沙漠修士，并于 5 世纪早期定居马赛以后撰写沙漠修士们的传记。这两次运动都可能影响到 5 世纪的不列颠。

早期不列颠的修道院制度是一个复杂的问题，部分原因是关于其起源和成就，关于其与主教和大陆教区的关系，有着太多猜测；同样重要的原因是，"修道院制度"和"修道院"的定义混乱不清。一方面，我们能否分辨修道院和教士团体，就是个问题。6 世纪，至少有一些可以称为修道院团体的成员按照修士的戒律生活，他们由一个院长领导，只有少数由助祭或者牧师领导。[61] 同时，鉴于教士可以合法结婚，而且可能拥有自己的家庭，鉴于吉尔达斯的《不列颠的毁灭》一书暗示的教士与修士的不同责任（即后者不负责牧师工作），我们推断，牧师工作不是修道院的职责，而是每个世俗教士的职责。[62] 然而，教士家庭也可能像在大陆那样，集中生活；随着时间推移，教士团体和隐修士团体之间的界限似乎越来越模糊。[63]

还有一个混乱源于"修道院制度"和"苦行生活"的定义重叠——如《萨姆森传》所示。萨姆森幼时进入伊尔蒂德修道院（兰

---

[61]　Praefatio Gildae 1 - 2；Vita Samsonis i. 13 - 15, and passim.

[62]　Hughes（1966），pp. 41 - 43；Gildas, De Excidio lxv；Herren（1990），pp. 74 - 75；Victory（1977），p. 51. Pryce（1992），pp. 51 - 52 所描述的两者之不同似乎很少用 6 世纪的事例。

[63]　Davies（1982），pp. 149 - 150.

特维特），成年以后希望进行更加严格和虔诚的修炼，于是离开戒律宽松的伊尔蒂德修道院，转入科尔迪岛上的皮罗修道院进行深造。在院长醉酒跌入水井以后，萨姆森继承了院长职务，依照修道院会章管理众修士。他十分节制，被看作一位"隐修士"（hermit），而不仅仅是"住院修士"（cenobite）[64]。造访爱尔兰以后，萨姆森辞去科尔迪岛修道院院长职务，携三个同伴在塞汶河（the River Severn）附近的"沙漠"要塞建立了一座隐修所。不过，他没有与同伴一起修炼，大部分时间独居山洞祈祷，只在星期天弥撒时暂回要塞。在受到一次宗教会议召唤脱离隐居以后，他勉强同意接管了另一所修道院，旋即被授以主教职位。但是，他声称自己奉召像游方修士（peregrinus，或"朝圣者"）那样生活。[65] 在凯尔特国家，这个词（peregrini）有特殊含义：指为基督而离乡背井，义无反顾。因此，萨姆森取道南威尔士，造访其家族的几所修道院，来到康沃尔，在那里向异教徒布道，建立了一所修道院，最后渡海到布列塔尼，再建修道院，并且寿终正寝。[66] 此处，我们看到一种隐修使命可以表达为修道者、隐士或"游方修士"。而他所造访的家族修道院更像一种家庭苦行生活，不像成熟的修道院生活。大量迹象表明，这种修道院的领导权通常在家族内传承。在这种情况下，对禁欲主义和隐修制度进行严格区分是不适当的。[67]

萨姆森放弃了制度宽松的修道院，转向制度严格的修道院以求独居祈祷的愿望，与 6 世纪吉尔达斯的《残篇》中的证据吻合。这揭示了隐修活动的多样性。一些修道院饮食精美，有鸡蛋、奶酪、牛奶、蔬菜、面包，也有肉和啤酒；而另一些修道院食物匮乏，极端禁欲主义者的主食仅有面包和水。伊尔蒂德的修士似乎通过农耕自给自足，班戈—伊斯—科德的修士们肯定从事体力劳动；但是，在其他地方，体力劳动显然由特定的劳工修士承担，而不是所有修士的任务。在极端禁欲的地方，甚至不得用牲畜犁地，所有农活由

440

---

[64]　Vita Samsonis i. 6 – 10, 20 – 21, 36.
[65]　Vita Samsonis i. 40 – 45.
[66]　见以下后文第 443—444 页；亦见 Davies，前文第 9 章；Olson（1989），pp. 9 – 20。
[67]　Vita Samsonis i. 14, 16, 29 – 31, 40, 45, 52. Hughes（1966），pp. 76 – 77. Cf. Markus（1990），pp. 66 – 68；Stancliffe（1983），pp. 30 – 38；Knight（1984），pp. 328 – 329.

修士亲手完成。⑱

　　这就是后世所谓的威尔士教会的创始人圣徒时期。不幸的是，这方面的可靠史料匮乏，虽然古文物收藏家保存至今的兰德威－布李菲铭文（Llandewi-brefi）——关键词现已磨损不见——至少可以为 7 世纪的威尔士的保护圣徒圣大卫（St. David）之存在提供证据。他的去世记载于 601 年的威尔士编年史，也记载于此前约 12 年前各种各样的爱尔兰编年史，这意味着正好在 6 世纪晚期全盛时期的中段。这一点貌似可信，但是无法证实。⑲ 11 世纪里吉法尔克（Rhigyfarch）的传记所描述的圣大卫教堂的极端禁欲主义生活方式，似乎不是 11 世纪 90 年代的空穴来风，吉尔达斯的《残篇》也有类似描述；不过，我们无从得知它基于何种史料。⑳ 不过，即使不考虑这些后期史料，6 世纪对有些人来说仍然是禁欲主义热情高涨的时期，一些新修道院由此建立（如萨姆森的修道院），可能使修士数目不断上升。这一点在吉尔达斯的《残篇》中有所暗示，在比德的著作中得到佐证：比德在记述 7 世纪早期的班戈—伊斯—柯德修道院时，说它有 2000 多个修道士。㉑ 这一定是一个庞大的修道院——至少在 616 年的诺森伯利亚大屠杀（牺牲者是生活于其中的 1200 位修士）之前是这样。

海外的不列颠人

　　5、6 世纪的不列颠人仍然生活在罗马的外围，与前罗马帝国的地区存在着贸易往来。㉒ 这与文化和宗教联系相匹配。吉尔达斯把拉丁语看成"我们的"语言，他的一些同胞到国外接受神职册封，有着不列颠姓名的牧师在 6 世纪中期担任了桑利斯（Senlis）主教［哥诺提埃努斯（Gonotiernus）］，或者，在 591 年成为勃艮第修道院院长［卡兰图库斯（Carantocus）］。因此，不列颠人似乎早于或者与爱尔

　⑱ Praefatio Gildae 1, 2, 22, 26, and cf. 7 – 10; Vita Samsonis i. 12, and cf. i. 35; Gildas, Fragmenta 2 – 4; Bede, HE ii. 2.

　⑲ Gruffydd and Owen（1956 – 58）; cf. Nash-Williams（1950）, p. 98, no. 116. Davies（1978）, p. 132. Annales Cambriae s. a. 601; cf. Miller（1977 – 1978）, pp. 44 – 48; Hughes（1980）, pp. 67 – 100, esp. 90 – 91.

　⑳ Rhigyfarch, Vita Davidis cc. 21 – 30.

　㉑ Bede, HE ii. 2; Stancliffe（1999）, pp. 124 – 129; cf. Herren（1990）, p. 77.

　㉒ Campbell（1996）.

兰的"游方修士"科伦巴在其大陆旅行时同行。[73] 不列颠基督教会最引人注目的记载是他们的一位主教在 6 世纪 60 年代和 70 年代的遥远的加莱西亚之行。[74]

最密集的殖民区是阿莫里卡半岛（Armorican peninsula）的西、北部——6 世纪晚期更名为布列塔尼（Brittania）。它在行政上隶属一个教省——基于古罗马卢格杜南西斯第三行省（Lugdunensis Ⅲ），省会是图尔；在昂热（Angers，453 年）、图尔（461 年）和瓦恩（Vannes，462—468 年）召开的一系列行省主教会议展现了前布列塔尼时代的教会机构体系：雷昂城（Rennes）、南特城（Nantes）和瓦恩城（civitates）有主教，克里奥索里泰斯人［Coriosolites，可能以阿勒特（Alet）滨海要塞为基地］和西部的奥西斯米人（Osismii）中可能也有主教——虽然这里的主教驻节地无法确定。[75] 关于不列颠牧师在阿莫里卡的第一个可信证据是"不列颠主教"曼苏埃图斯（Mansuetus）在 461 年图尔教省会议上的签名——虽然他可能只是一位来访主教。[76] 不列颠牧师对（不列颠）居民积极行使职责的确凿证据是一封信。这封信是 509—521 年图尔、雷昂和昂热主教写给两位有着不列颠名字的牧师洛沃卡特（Lovocat）和卡提赫恩（Catihern）。两位牧师携带着便携式圣坛，到处行游，为个人的家庭主持弥撒。令主教们恼火的是，随行的圣杯管理者是被称为"女执事"（conhospitae）的女性教职人员。[77] 这些细节极为重要。首先，在西方教会中，妇女扮演了重要角色，其功劳堪比东方教会的女执事，但是鲜有证据支持。埃帕恩（Epaone）教省会议（517 年）和奥尔良教省会议（533 年）禁止授予女性以"执事"一职，应当是对东方礼仪西传的反应，布列塔尼女执事的存在为此提供了证据。[78] 其次，便携式圣坛

442

[73] Gildas, *De Excidio* xxiii. 3；lxvii. 5 - 6. Councils ofOrléans v and Paris iii, *ConciliaGalliae*, ed. Munier and de Clercq in CCSL 148，pp. 160，210. Jonas, *Vita Columbani* i. 7；13，15 and 17；Dumville（1984c），pp. 20 - 21.

[74] Thompson（1968）.

[75] Pietri and Biarne（1987），pp. 11 - 16；Duchesne（1910），pp. 245 - 249；Chédeville and Guillotel（1984），pp. 114 - 115，142 - 143；Tanguy（1984），一些学者认为，里塔尔德（Litard）在奥尔良教省会议上签字为"德乌克苏马"（de Vxuma）主教似乎是来自奥西斯米：cf. de Clercq in CCSL, p. 13；Gaudemet and Basdevant（1989），pp. 90 - 1；Duchesne（1910），p. 244，n. 1.

[76] Munier in CCSL, p. 148.

[77] Jülicher（1896），p. 665.

[78] Cf. Dani′elou（1961），esp. pp. 22 - 24；Pontal（1989），p. 67 n. 67, and pp. 264 - 265.

的使用说明了在教会建立以前，农村居民如何举行圣事活动。最后，它给人一种印象：牧师们不受主教的有效监督，而在自行履行宗教职责，因为主教们写信时采用的口气好像是这两位牧师都不是在主教教区活动——实际上，两位牧师的活动区域可能在克里奥索里泰斯人的土地上；不过，主教们没有通过他们的教区主教，而是直接写信给他们，这可能暗示着，不列颠人的殖民引起了教区秩序的错乱。⑦

　　教会组织（如果全面存在的话）的错乱在雷昂教区和瓦恩教区西部确实发生过。这方面的史料是个空白。567 年的图尔宗教会议企图将未经大主教同意的主教授职定性为非法，不管他是"不列颠人还是罗马人"⑧。在布列塔尼人控制的地区，这项禁令肯定无法执行。至 9 世纪中期为止，史料状况有了改善，我们从中发现在布列塔尼有五个主教区。瓦恩和阿勒特主教区延续下来——尽管后者由一名威尔士苦行者圣马洛（St. Malo）所建，另一个主教区位于附近由威尔士圣徒萨姆森创建的多尔（Dol）修道院。在布列塔尼西部，以前的奥西斯米人领土上现在有两个主教区，一个在北方的圣波尔－德莱昂（St. Pol-de-Leon），一个在南方的坎佩尔（Quimper）。⑧ 在前加洛林时代的史料中，只有与多尔修道院相关的证据，那就是《圣萨姆森传》。但是，除了提到萨姆森觐见希尔德贝（Childebert）国王——见下文——以外，它对我们了解他的大陆事业没有任何帮助。不过，我们知道多尔一开始是一座修道院，其创建人萨姆森在离开不列颠时已经拥有主教品级；他去世以后，多尔修道院仍然由主教负责，因为《圣萨姆森传》提到后来的主教勒弗切卢斯（Leucherus），而传记的被题献者是主教蒂格尔诺马格鲁斯（Tigernomaglus）。⑧ 但是，我们不知道这些主教是像欧洲大陆通常那样，领导一个教区，还是仅仅领导多尔分散的下属教堂。在圣波尔的创建人、著名的保罗·奥勒利安（Paul Aurelian）的案例中，其圣徒创建人传记似乎为他的布列塔尼职业生涯提供了更多的旁证，包括一位土著酋长向主教座捐赠一座废弃的要塞和希尔德贝国王的授权。然而，传记虽然记述了一些较早期

---

⑦　Cf. Jülicher（1896），p. 671. Tanguy（1984），p. 99，认为 Languédias（Côtes-du-Nord）一名来自 *Lann-Catihern*。

⑧　Council of Tours 567, c. 9；Concilia Galliae, ed. de Clercq（1963），p. 179.

⑧　Smith（1992），pp. 15，70，153 - 156. Cf. Ch'edeville and Guillotel（1984），pp. 142 - 144.

⑧　*Vita Samsonis* Preface 1；and ii. 1, 2, 15.

的历史，作者却是在 884 年写作的，那时令人信服的原始传说只是用于宣传目的。[83] 因此，我们不能相信传记提供的细节；对于 9 世纪及其后的其他布列塔尼圣徒传记，同样如此。

在地方层面，9 世纪时的教堂网络密布：每个村社（或称 *plebs*，布列塔尼语 *ploue*）都有自己的教堂，配备有为数不多的牧师。这些"村社"（*ploue*）教堂可能在 9 世纪主教区形成之前，即构成了布列塔尼教会的基层组织；不过，我们要当心，对此别做过多猜测。[84] 此外，布列塔尼存在一些隐修据点，通常在近海的岛上；[85] 也有驻院修道院。创建多尔修道院及"全省多所修道院"的圣萨姆森，据说到纽斯特里亚觐见希尔德贝国王，替布列塔尼王公朱德瓦尔（Judwal）求情。他做到了；而且，在驱赶了一条龙（！）之后，他被赐予塞纳河口的一块土地，建立了一座新的修道院，即彭塔勒（Pentale）修道院。龙的故事显然是古老神话的翻版，但是彭塔勒修道院是真的，它周围的土地直到法国大革命时　自是多尔修道院的地产。[86] 海上联络显然得以维持，整个事件意义重大，因为它说明布列塔尼教会没有与法兰克主流隔绝。约 562 年召开的巴黎教省会议佐证了这一点：会议署名人员当中有一个叫"萨姆森"的，他可能就是我们所提及的那个萨姆森。[87] 大约 60 年以后，朱德瓦尔的孙子，布列塔尼的朱迪卡（Judicael）国王，被召到达戈伯特（Dagobert）宫中。他拒绝与国王一起吃饭，"因为他内心虔诚，敬畏上帝"；不过，他愿意与国王的大臣奥多埃努斯（Audoenus）一起吃饭，因为后者受过科伦巴隐修精神的影响。据以后的传记所述，朱迪卡最后归隐于布列塔尼森林中的圣梅恩修道院，而他的弟弟则向北方旅行，建立了一座修道院，即后来的"梅尔河畔圣若斯"（St. Josse-sur-Mer）修道院［蒙特勒伊（Montreuil）附近］。[88]

在所有这些方面，史料的局限性十分明显。从 9 世纪回溯，6 世

444

---

[83]　Merdrignac（1993），pp. 14，91 – 92；Jackson（1953），pp. 41 – 42；cf. Chédeville and Guillotel（1984），pp. 139 – 140。

[84]　见 Wendy Davies（1983）；Chédeville and Guillotel（1984），pp. 126 – 129。

[85]　Cf. Ch'edeville and Guillotel（1984），pp. 121，125 – 132；Giot（1982）。

[86]　*Vita Samsonis* i. 52 – 59；cf. Flobert（1997），pp. 12 – 13；cf. Merdrignac（1993），pp. 95 – 98。

[87]　*Concilia Galliae*，ed. de Clercq（1963），p. 210；cf. Pontal（1989），pp. 151 – 155。

[88]　Fredegar，*Chronicle* iv. 78；Chadwick（1969），pp. 288 – 289；Merdrignac（1991），p. 129。

纪和 7 世纪早期被视为 "圣徒时代"。这些圣徒都被描写为苦行者。
其多数来自南威尔士，经康沃尔（Cornwall）到布列塔尼，建立隐修
所和修道院，虽然朗德韦内克（Landevennec）修道院的著名创建者
温瓦罗（Winwaloe）据说出生于布列塔尼一个不列颠移民家庭。[89] 这
些圣徒的姓名可以证明他们的不列颠来源，他们的宗教活动时常跨越
英吉利海峡。[90] 但是，后来的圣徒传记关于修道院圣徒创始人的材料
与我们掌握的 6 世纪材料——洛沃卡特和卡提赫恩收到的信件——和
9 世纪小村社之圣职人员的资料，为何无法吻合？6 世纪的布列塔尼
当然有一些苦行者：一个是只生吃草药的温诺克（Winnoch），他 6
世纪后期前往图尔，准备到耶路撒冷朝圣。不幸的是，他在图尔因饮
酒而一命呜呼。[91] 洛沃卡特和卡提赫恩可能属于吉尔达斯在《不列颠
的毁灭》中所谴责的、不列颠基督教会的前禁欲主义时代；诸如萨
姆森那样的游方修士（peregrini）可能是从吉尔达斯的《残篇》所推
论出的隐修精神大复兴的一个组成部分。[92] 既然漂泊海外的游方修士
都被视为一种禁欲主义的理想，布列塔尼肯定会吸引大批与萨姆森类
似的禁欲主义者；他们建立的机构在 9 世纪早期大多会发展为小的牧
师团体。而另外的村社（ploue）教会也许代表着小群体的世俗牧
445 师——如洛沃卡特和卡提赫恩——所建之教会的继承者。9 世纪的圣
徒传记作品将所有的圣徒创建者都描写成苦行者，自然会造成误导。
这种现象之出现一方面因为它们仅仅选择并写出了那些苦行者圣徒的
生平（vitae）；或者，由于它们将所有的教堂创建人都描写为苦行
者——这就是它们在《圣萨姆森传》影响下，在 9 世纪所形成的写
作风格。

　　不过，虽然有诸多不确定性，一些事实还是浮现出来。第一，
不列颠移民不是被阿莫里卡文化同化，而是带来了自己的宗教传
统。他们似乎带来或者发展出 "村社的"（ploue）教堂、修道院主
教和我们在不列颠西部和爱尔兰所看到海岛隐修所这样的模式，同
时还与不列颠群岛保持着不间断的、紧密的联系——这一点在传记

⑧⑨　Wrdisten, *Vita S. Winwaloei* i. 1 – 3.
⑨⓪　Bowen (1969), pp. 92 – 98, 160 – 190.
⑨①　Gregory, *Hist.* v. 21 and viii. 34.
⑨②　Sharpe (1984a), pp. 199 – 202.

手稿的字里行间表现得淋漓尽致。[93] 第二，大陆的不列颠人参加了科伦巴的传教活动，爱尔兰人与布列塔尼人保持着联络：科伦巴的一个门徒在布列塔尼人影响深厚的地区——就在后来被称为"布列塔尼"的地区外边的库唐斯（Coutances）——建立了一座修道院；[94] 地处布列塔尼西部的朗德韦内克修道院仍然保留着爱尔兰削发仪式和教规——直到818年，虔诚者路易命令它与圣本笃规章保持一致。[95] 第三，虽然如此，没有证据显示布列塔尼教会在我们所描述的这个时代被当作分裂者。图尔的格列高利可以心安理得地向一个虔诚的布列塔尼朝圣者授职，主教们可以作为使者来往于布列塔尼人和法兰克人之间。[96] 公元600年前后，布列塔尼人大概还保留着"凯尔特"复活节推算方式，而不是阿基坦的维克托复活节；但是，在法兰西亚仍然存在分歧。不过，由于布列塔尼人分散地居住于他们自己的属地，这不会引起麻烦。我们可以假定它们在818年以前相安无事——这段和平期可能始于（626—627年）马孔教省会议上吕克瑟伊修道院的皈依。虽然有这些特质，我们也不应当视布列塔尼教会完全孤立于法兰克教会。虽然它不在图尔都主教的有效控制之下，但是，素有圣洁之称的修士们将二者联系起来：他们是多尔修道院和彭塔勒修道院的萨姆森，圣若斯（St. Josse）隐修所的布列塔尼人创建者圣若斯，该隐修所后来以他的名字命名；还有勃艮第的卡兰图库斯（Carantocus）和桑利斯的哥诺提埃努斯也是不列颠人，或者布列塔尼人——这个时期无法将二者区分开来。这样，我们的最后结论是：不列颠牧师在这几百年并非局限于布列塔尼，他们也在欧洲大陆其他地区零散定居，虽然与我们熟悉的爱尔兰游方修士们（peregrini）相比，他们渐渐被人遗忘。

不列颠教会、盎格鲁—撒克逊人和罗马传教团

6世纪中期后，不列颠人经历了重大变化，也许是在气候问题和

[93]　Smith（1992），pp. 167 - 177.
[94]　Jonas, *Vita Columbani* i. 21；cf. Fleuriot（1980），p. 151.
[95]　Wrdisten, *Vita S. Winwaloei* ii. 12 - 13.
[96]　Gregory, *Hist.* v. 21；v. 26；ix. 18.

瘟疫发生之后。盎格鲁—撒克逊人的扩张将不列颠人挤压到杜姆诺尼亚、威尔士和斯特拉斯克莱德王国的较少罗马化、较为贫瘠的区域，而 597 年奥古斯丁来到不列颠使盎格鲁—撒克逊人皈依基督教，也使他们有被迫服从教会之虞。奥古斯丁的传教标志着盎格鲁—撒克逊人历史记载的开端，与此同时，不列颠人遭到驱逐和遭受惨败，导致几乎没有资料得以传世。其结果使得我们要以罗马人和盎格鲁—撒克逊人的视角，特别是以诺森伯利亚史学家比德的视角，来观察这两种基督教传统的对抗。比德继承吉尔达斯的衣钵，将不列颠人描写为罪人，而且还增加了一条罪责：他们从来没有向盎格鲁—撒克逊人传教。比德将不列颠人描写为性格内向的族群，当奥古斯丁要他们放弃自己的风格，接受他的领导并且加入他的传教事业时，他们对他嗤之以鼻。事实上，他们喜欢自己的习俗，不喜欢"普世的"教会；他们是如此的非基督教信仰者，当盎格鲁—撒克逊人从别处接受基督教时，他们并未表示尊重。他们甚至一直拒绝与盎格鲁—撒克逊人来往。[97]

比德的评论影响巨大，但是漏洞百出。他指责不列颠人从未向盎格鲁—撒克逊人传教，可能是对一份文件的误解；他的其他批评是着眼个例，以偏概全。[98] 实际上，不列颠人的传教记录按照当时的标准是值得称颂的。[99] 至于他们拒绝加入奥古斯丁的传教事业的原因，首先得问问教宗格列高利为什么在第一次派遣奥古斯丁的时候，忽视不列颠教会的存在，为什么挑衅性地将不列颠主教当作奥古斯丁的下属，而不是同僚？他似乎想将不列颠教会整合进他所建立的英格兰教会，而不是相反。[100] 因此，虽然不列颠人拒绝放弃复活节周的传统计算方法和加入奥古斯丁传教事业是不争的事实，但是达成协议的真正障碍是奥古斯丁作为盎格鲁—撒克逊国王的主教而来，他没有向不列颠人提供安全保护，却明确要求他们服从自己的权威。不列颠人担心服从一个坎特伯雷（Canterbury）主教会损害他们未来相对于盎格鲁—撒克逊人的独立地位，这是可以理解的。

虽然不列颠人未加入奥古斯丁的传教事业，他们可能实际上对盎

[97] Bede, *HE* i. 14, 22; ii. 2, 20; v. 22.
[98] Stancliffe (1999), pp. 108–110.
[99] 上文，pp. 400, 432–435；Davies，前面第 9 章，Thacker 以下第 17 章。Thompson (1963).
[100] Bede, *HE* i. 27. vii and 29; Stancliffe (1999).

格鲁—撒克逊人的皈依起到了某种作用。居住于塞汶河下游、巴斯（Bath）和马奇文洛克（Much Wenlock）之间（大概如此）的赫威赛人（Hwicce）和马戈恩赛坦人（Magonsætan）可资证明。比德没有记述他们的皈依，但是，在他的著作中，赫威赛人特别作为一个皈依多年的基督教民族出现。墓葬资料显示，他们在 7 世纪已经都是基督徒。另外一个有力证据是：伍斯特（Worcester）的圣海伦（St. Helen）教堂原本是一个不列颠教堂，它落成时间要早于 680 年左右的盎格鲁—撒克逊人大教堂，该地区的其他教堂的情况也都是如此。[101] 同样不引人注意的不列颠人使盎格鲁—撒克逊人皈依，以及盎格鲁—撒克逊人对先已存在的不列颠教堂接管的事实之争论涉及威塞克斯西部，以及诸如韦尔斯（Wells）和舍伯恩（Sherborne）那类教堂之起源问题；同时，从特威德河（Tweed）北部和奔宁山脉（Pennines）西部的情况来看，也可以推测到不列颠人对诺森伯利亚的教会做出了贡献。[102] 类似的情况在东部不太可能发生，虽然祭祀地点的连续性可以在圣奥尔本斯（St. Albans）教堂，也可能在林肯郡、拜尔的圣保罗（St. -Paul-in-the-Bail）教堂那里看到。[103] 不列颠人使盎格鲁—撒克逊人改变信仰的唯一明确的文字证据是一个谜一样的断言：一个名为伦恩（Rhun）的不列颠人为诺森伯利亚的埃德温（Edwin）及其人民施洗。这则资料较晚，似乎与比德的早期作品发生冲突；但是，它来源于较早的史料，包含一些比德作品中没有的精确信息，所以，我们不能不假思索地抛弃伦恩与埃德温的皈依有某种关系的想法。[104]

至少在某些地区和某种情况下，可能会发生双方协作的情况。这在一定程度上是环境杂乱所致：这种环境使人们难以完全区分"凯尔特的"和"罗马的"——尤其是在被传教的地区。环境复杂化的原因之一是除了不列颠人和罗马传教团之外，还有第三方参与其中：它就是由埃当（Aidan）率领的爱尔兰诺森伯利亚传教团——埃当是

---

[101] Bede, *HE* iv. 13; Sims-Williams (1990), pp. 54 – 91, esp. 75 – 79, 83 – 86; Bassett (1992), esp. pp. 15 – 26.

[102] Yorke (1995), pp. 177 – 181; Loyn (1984), pp. 13 – 15; Stancliffe (1995), pp. 76 – 80; cf. Barrow (1973), pp. 7 – 68, esp. 26 – 7, 64 – 5 and Gelling (1978), pp. 96 – 98.

[103] Morris (1989), pp. 35 – 39; Jones (1994); cf. also Stancliffe (1999), pp. 121 – 122.

[104] *Historia Brittonum* c. 63; cf. Chadwick (1964); Jackson (1964).

爱尔兰殖民区达尔里阿达（阿盖尔）的艾奥纳修道院的修士。此时，艾奥纳修道院与不列颠教会的基督教礼仪没有太大区别；然而，比德告诉我们，虽然存在着复活节周之争，埃当仍然受到罗马传教团的尊敬。[105] 同样，被艾奥纳人基督教化的诺森伯利亚国王奥斯威（Oswiu）与被罗马人基督教化的、来自肯特的王后，肯定相互承认对方对教会的忠诚。这一切说明，在 664 年惠特比宗教会议之前，来自艾奥纳的爱尔兰传教团与罗马传教团是相互承认的；因为前者与不列颠人所行礼仪相同，他们在传教区域——主要在诺森伯利亚和麦西亚（Mercia）——有很大的合作空间。两名不列颠主教和一名盎格鲁—撒克逊主教在 665 年前后共同为查德（Chad）授职一事也确认了这类合作时有发生。[106]

　　爱尔兰人像不列颠人和罗马教会那样参与传教是环境复杂化的第一个原因。第二个原因是，虽然所有不列颠教堂和爱尔兰教堂在公元600 年奉行一样的礼仪——使它们有别于欧洲大陆基督教会的礼仪（比如，如何计算复活节日期），不同地区在不同时间采用罗马复活节周：爱尔兰南部，在 632 年前后；爱尔兰中部，在 640—690 年之间；在爱尔兰人传教的盎格鲁—撒克逊人地区，在 664 年；许多杜姆诺尼亚不列颠人，在 675 年前后；其他不列颠人（可能是斯特拉斯克莱德的不列颠人），以及除科伦巴集团的教堂以外的爱尔兰其余地区，在 700 年前后；皮克特人和以艾奥纳为首的科伦巴集团，在 716年左右；威尔士人，在 768 年。更重要的是，各个不同的大陆传教团带给盎格鲁—撒克逊人的大陆传统和礼仪自身也不统一：除了罗马教廷传教团，还有意大利其他地区的传教团，以及勃艮第传教团——他们可能来自欧洲大陆的爱尔兰人团体；而且，计算复活节日期的方法也不止大陆体系一种。[107] 因此，虽然已经没有大陆传教士使用"凯尔特的"复活节计算方法，仍然有人比奥古斯丁——或者，比德——对它更为同情；那些已经采用罗马复活节体系的爱尔兰人或许也与他们有同感。

　　上述几段不容易读懂，但是，它们应该会使人感受到 664 年以

[105]　Bede, *HE* iii. 25（p. 296）.
[106]　Bede, *HE* iii. 28.
[107]　Campbell（1986）, pp. 57–59；Charles-Edwards（2000）, pp. 405–411.

前不列颠复活节之争中的错综复杂。这使得他们，也许与我们的感觉一样，不可能将所有这一切简单地划分为"罗马的"，或者"凯尔特的"两极。然而，7世纪60年代，发生了三个事件；在它们之间，这些将真的会导致这样一种两极分化。第一个事件是664年的惠特比教省会议，在这次会议上，诺森伯利亚国王决定接受罗马复活节周而驱逐那些拒绝承认这一规则的人；第二个事件是任命罗马化的威尔弗利德（Wilfrid）为诺森伯利亚主教；第三个事件是教宗册封的"不列颠岛大主教"狄奥多勒（Theodore）于669年抵达坎特伯雷。[108] 结果是试图实施这样一个观念：固守传统的复活节推算方法和削发仪式的不列颠人和爱尔兰人是异端，其教令无效。不管他们的苦行多么虔诚，他们都不能被封为圣徒：恰恰相反，他们的遗骸应当被焚烧。[109] 诸多怨恨和敌意由此而生，并且在731年对比德于不列颠人的看法造成深刻影响，虽然双方的关系因权势者而异。比如，作为主教，埃塔（Eata）和卡斯伯特（Cuthbert）相对于威尔弗利德持有一种更为中庸调和的态度；作为诺森伯利亚国王，阿尔德弗里希（Aldfrith）与他的前任埃克弗里斯（Ecgfrith）态度也有所不同。[110] 在不列颠这一方，对待盎格鲁—撒克逊人基督徒也存在着不同态度。最极端的是迪费德郡的教士。根据675年前后阿尔德海姆（Aldhelm）写给杜姆诺尼亚国王的信，他们强迫来访的盎格鲁—撒克逊人基督徒在享受圣餐前苦修40天，而杜姆诺尼亚的不列颠教士却无须这么久的苦修。[111]

结 论

资料的缺乏使我们难以精确描绘这个时期不列颠教会的图景。需要我们时刻记住的也许是教会的多样性。6世纪前半期，它与欧洲大陆联系密切，属于亚罗马世界；然而，至700年时，它已经被局限于不列颠罗马化程度最低的地区，而且因拒绝参与盎格鲁—撒克逊人地

449

---

[108] Bede, *HE* iv. 17, 亦见 Thacker, 后文第 17 章。

[109] Bede, *HE* iii. 25; iii. 28 – iv. 2. *Penitential of Theodore* i. v and ii. ix; Stephanus, *Vita Wilfridi*, chs. 10, 12, 14 – 15; Aldhelm, *Epistulae* iv.

[110] Cf. Kirby (1995).

[111] Aldhelm, *Epistulae* iv; cf. trans. Lapidge and Herren (1979), pp. 140 – 143, 155 – 160.

区的奥古斯丁传教事业，疏远了主流基督教会。(112) 不列颠教会内部也一度变化多端。因此，遭受吉尔达斯攻击的世俗教士与带头复兴宗教精神的少数苦行僧共存于不列颠教会中。同时，我们自然也要小心，别纠缠于《不列颠的毁灭》那个时代教士的堕落和阿尔德海姆时代迪费德郡教士的严厉和冷漠，好像同一群人参与了两个时代。实际上，我们应当认识到，后者是隐修精神复兴的极端发展，其自身是对吉尔达斯所攻击的教士堕落的反动；而且，除了吉尔达斯以外，任何人都没有批评过它的极端发展。(113)

450 吉尔达斯和比德的批评尽人皆知。这些批评应当与不列颠教会所取得的一些积极成就相抵——这些成就通常与爱尔兰、威尔士或者“凯尔特”教会有关，与不列颠教会无关，不过，它们发源于我们所论述的这个时代的不列颠教会。6 世纪的宗教复兴最为重要，因为它表明凯尔特教会取得了重要的发展。(114) 例如，从禁欲主义角度来看，生活的圣洁备受尊崇；这使那些以上帝为中心的苦行者的权威可以与高级教士一比高下，二者结合的新途径由此而生。(115) 第二个成果是游方修士（*peregrinatio*）传统，它引导萨姆森、科伦巴努斯和其他许多修士云游他乡，也引导不列颠人到海外，在加莱西亚创建了一个社区。(116) 第三，不列颠人一直是“私人的”、可重复进行救赎的核心，救赎苦行孕育了一种基督教道德意识，使人民的宗教精神变得有血有肉，而不只是墨守成规；最早的赎罪规则书的作者尤尼阿厄斯（Uinniaus）可能就是一个 6 世纪的不列颠人。(117)

总之，不列颠教会似乎是具有创新意识的，而不是保守的。无独有偶，有证据显示，在不列颠教会中，至少有一部分人具有使命感，觉得有必要把福音带给他人，而不是像比德所说的那样拒绝帮助邻居。最典型的例子就是帕特里克（Patrick）在爱尔兰人中的传教；虽然帕特里克遭到 5 世纪不列颠保守的教会机构的批评，但

(112) Cf. Campbell (1996), esp. pp. 94 –96.

(113) Gildas, *Fragments* 3; Stancliffe (1999), p. 110.

(114) Cf. Sharpe (1984a), esp. pp. 199 –202.

(115) Bede, HE ii. 2; Stancliffe (1999), pp. 131 –133; Cogitosus, Vita S. Brigitae, preface; Charles-Edwards (2000), pp. 264 –81; Stancliffe (1989), pp. 39 –40.

(116) Charles-Edwards (1976); cf. Stancliffe, 前文第 15 章, pp. 405 –406。

(117) Frantzen (1983), pp. 4 –60; Dumville (1984c).

是，长期来看，他的榜样还是激励了其他不列颠传教士。我们对他们的名字所知甚少，但是语言学证据明确指出，不列颠人是爱尔兰皈依基督教的主要因素。[118] 同样，在不列颠北部，不列颠人似乎不仅把基督教传给自己的同胞，也传给其南部的皮克特人。[119] 这一切意味着，我们不应该假设不列颠教会从一开始就对外族人心存戒备，以至于从未考虑加入奥古斯丁对盎格鲁—撒克逊人的传教事业——只因当初人们对它的态度不够恰当，使其感到自己是被强制性地服从政治对手。[120]

不列颠教会不仅具有精神活力，而且也可能创造我们意想不到的文化成就：吉尔达斯的《不列颠的毁灭》辞藻华丽，语言夸张，后来的科伦巴努斯也使用了同样恰如其分，但行文流畅、富有表现力的风格；爱尔兰人大概就是师从了不列颠人。[121] 至少有一个威尔士南部的纪念铭文采用了六步韵诗体。[122] 不列颠人很可能写过未能流传下来的书信、史学作品，甚至圣徒传记。[123] 在艺术领域，最近有一种观点认为，一件装饰华丽的古代晚期罗马诗人维吉尔的手稿是亚罗马—不列颠的杰作。[124] 也许我们应当把一些悬挂起来的不列颠装饰碗当成艺术成就，而不仅仅是考古物件。这一切应当使我们以新的眼光审视不列颠历史上的"黑暗时代"。

451

第二节　不列颠北部（包括现代苏格兰）

由于广阔山地和山脉阻断了东、西交通，不列颠北部在苏格兰和英格兰政治实体明确形成以前很久已经独具特色。不过，此时使用"不列颠北部"，而不使用"苏格兰"一词，不仅仅是因为需要避免时代错误的术语：那时的苏格兰居民不但有不列颠人、达尔里阿达爱

⑱　Stancliffe（2004）；Greene（1968），pp. 78 – 85；Sharpe（1990），esp. pp. 92 – 93；Dumville et al.（1993），pp. 139 – 145.

⑲　见 Stancliffe 后文 pp. 451 – 454。

⑳　进一步的论述，见 Stancliffe（1999）。

㉑　Cf. Winterbottom（1976）；Wright（1984）and（1997），pp. 82 – 87；Kerlouégan（1987）.

㉒　见 Nash-Williams（1950），p. 77，注释 62；cf. 亦见注释 139。

㉓　Cf. Jackson（1964）；Hughes（1980），pp. 68 – 73，88 – 94；Sims-Williams（1998）；Stancliffe（1999），pp. 124 – 129.

㉔　Dark（1994），pp. 184 – 191.

尔兰人（拉丁语为 *Scoti*，"苏格兰人"一词由此而来）、皮克特人，还有——到了我们所描述的这个时代的——盎格鲁—撒克逊人，这些人各有自己的语言和政治与文化认同（见地图5）。更为难以捉摸的是，北部不列颠是一个富有弹性的概念，它既可以大到包括亨伯河（Humber）以北的所有地区，也可以小到只沿着泰恩河（Tyne）/索尔维湾（Solway）一线伸展的、哈德良长城以北的地区，或者可以小到只包括福斯湾/克莱德湾一线、短命的安东尼长城以北的地区。这种弹性不无益处，因为亨伯河与福斯湾/克莱德湾之间的盎格鲁—撒克逊人和不列颠人同时面对南方和北方，因此在不列颠南、北方之间的宗教和文化影响传递中扮演关键角色。

北方的不列颠人和南方的皮克特人

如我们所见，5世纪和6世纪，基督教从罗马统治地区传播到两条长城之间的不列颠人地区：帕特里克致科洛提库斯（Coroticus）的信件、埃克莱斯（*Eccles*）地名的分布和自惠特霍恩和切斯特霍姆（Chesterholm）远至北方的卡兹塔尼（Catstane）一带散布的基督徒拉丁铭文——位于爱丁堡附近的一片5—7世纪长石棺墓地之中，都暗示了这一点。[125] 爱丁堡（Edinburgh）以东约50千米是不列颠沃塔第尼人［Votadini，或者戈多丁人（Gododdin）］的一个重要防寨特拉普雷朗（Traprain）；经过发掘，这里发现了一处建筑物的地基，似乎是一座教堂。[126] 不列颠人诗歌《戈多丁人》（*The Gododdin*）描写了沃塔第尼武士进攻皈依基督教的盎格鲁—撒克逊人（虽然不得不承认，此诗歌在几个世纪以后才有了书面形式，因此其细节已经改变）。[127]

然而，不列颠北部的民族——采用最狭义的说法，福斯湾/克莱德湾地峡以北的皮克特人和达尔里阿达爱尔兰人——的情况如何？不幸的是，皮克特人自己几乎没有留下任何书面资料，我们只能依靠他们的邻居盎格鲁—撒克逊人和达尔里阿达人所提供的资料（二者在不同时期都尝试过控制皮克特人的教堂），以及考古证据和地名证

452

　　[125]　Thomas（1991–1992），p. 4；Dalland（1992），pp. 203–204. 见前文第429—435页。
　　[126]　Smith（1996），pp. 25–26.
　　[127]　Wendy Davies，前文第9章。

据。首先是比德的记载：

> 　　在 565 年……一个叫科伦巴的牧师兼修道院院长自爱尔兰来
> 到不列颠……在北方皮克特人的王国内传播上帝之道……人们
> 说，住在大山这边的南方皮克特人早已抛弃了偶像崇拜的谬误，
> 通过可敬的和神圣的尼尼安主教的讲道接受了真正的信仰。尼尼
> 安主教原为不列颠人，此前已经在罗马接受了正统信仰教导和真
> 理的奥秘。他的主教座……通常被称为惠特霍恩。[⑫]

　　由此可见，皮克特人的皈依分为两个阶段：南方的皮克特人
［即福斯河和格兰屏（Grampians）山区之间的皮克特人］由在罗马
受训的主教尼尼安皈化；北方的皮克特人被爱尔兰修士科伦巴皈化。
可以推断，比德在这里沿用了皮克特人的资料，而不是科伦巴的资
料；[⑫] 比德同样可以采用惠特霍恩的尼尼安的资料。

　　比德的著作是在他所描写的事件发生以后很久才写成的，因此令
人疑窦丛生。第一，两个传教团分别来到皮克特人的两个不同的政治
实体，这画面似乎过于完美。历史的真实情况可能更复杂一些：比
如，一则早期史料提及科伦巴到泰河（Tay）流域的部落——即南方
皮克特人——中传教。[⑬] 第二，比德误以为科伦巴到不列颠的目的就
是传教：阿多姆南（Adomnán）的《圣科伦巴传》显示，虽然他确
实向一些皮克特人家族传教，但是，这不是他的唯一关注点。比德也
许同样误解了尼尼安——我们缺乏关于他的资料——的活动：《尼尼
安传记》（其史实较为欠缺）中所示，尼尼安在皮克特人中的传教活
动并不突出。第三，在描写这两个对比鲜明的传教团时，比德无疑经
过了深思熟虑。他强调尼尼安在科伦巴之前被罗马培训为主教，不由
使人想起一件事：大约在 710—715 年，皮克特国王向比德的贾罗修
道院询问罗马复活节之事，旋即将遵循另类复活节周的科伦巴教士驱
逐出境。对于这个国王来说，宣布自己的教会组织无可争议地源于罗
马，要早于艾奥纳的科伦巴教会——在那里，起领袖作用的是牧师院

453

---

⑫　Bede, *HE* iii. 4.
⑫　Cf. Kirby (1973), pp. 21－24；Duncan (1981).
⑬　见后文第 458 页。

长——是十分便利的事情。

不幸的是，我们所掌握的有关尼尼安的资料太少，不足以探究比德著作背后的真相。一些现代学者怀疑尼尼安是否造访过皮克特人，另一些学者承认他传播福音，但是原则上不认为他在罗马接受训练。然而，比德描绘的南方皮克特人首先从其南部的后罗马时代不列颠教会获得基督教的传承（虽然这不能排除爱尔兰人的贡献）看似准确。其证据有三：刚才提及的关于尼尼安的文字证据；带有"埃克莱斯"（Eccles）词形的地名证据；作为辅助性证据的长石棺墓地的考古材料。Eccles 地名的意义在于，该词对于不列颠人来说指"教堂"，但是在讲盖尔语（Gaelic）的苏格兰人中，或者讲英语的民族中，不具有典型性。而这两个民族都在苏格兰东南部留有印记，这让我们在辨别不列颠人的贡献时能够自信一些，虽然我们必须承认并非所有带有 Eccles 词形的地名都属于前科伦巴时代；这种地名仍然可能是在约 800 年以前出现的。不过，即便美中不足，Eccles 词形的地名仍然为不列颠人在南方皮克特人中的传教贡献提供了珍贵的证据。它们也证实了比德对南、北方皮克特人教会起源之辨别的准确性：在福斯河和格兰屏山区之间有 15 个 Eccles 地名，再往北部，只有一个。[131]

墓地的证据与 Eccles 地名证据吻合：尸骨东西向置于石砌墓穴的长石棺墓地区域跨越福斯河南北。[132] 如果强调这些长石棺墓地就是基督教墓地，而不是代表始于前基督教时代且与基督教葬礼并立的葬礼，是轻率的。[133] 不过，这类墓地的分布确实证明了福斯河南北部的共同文化特征，因此使基督教从一地向另一地的传播成为可能。这种联系也出现于戈多丁对一个皮克特人的描写中：这个皮克特人是基督教不列颠武士的一员，他在进攻盎格鲁—撒克逊人之前，参加了爱丁堡的宴会。[134] 我们随后会再介绍皮克特人。不过，我们首先必须集中讨论比德著作中的第二个传教士科伦巴。

[131]　Barrow（1983）；前文第 433 页，地图 13。

[132]　Alcock（1992）；Foster（1996），p. 79；Smith（1996），pp. 27 – 29。

[133]　见 Alcock（1992），p. 127；Proudfoot（1996），pp. 440 – 444；Burt（1997）；Yeoman（1998），p. 83。

[134]　Hughes（1970），p. 13。

艾奥纳修道院及其延伸

正当基督教在东部从长城之间的不列颠人传到福斯河北部的皮克特人之际，在西部的达尔里阿达爱尔兰殖民地也在以艾奥纳修道院为基础形成重要的基督教中心。标志就是达尔里阿达已经大体上基督教化了——虽然有几个值得注意的例外情况。[135] 当时，在 563 年，尤尼尔王朝的科伦巴以一个游方修士［peregrinus，即"朝圣者"（pilgrim）］的身份离开爱尔兰，其原因也许是他在爱尔兰无法彻底摆脱王族内部的政治斗争。[136] 科伦巴在马尔（Mull）岛西端附近的艾奥纳小岛，建立了艾奥纳修道院；虽然他时不时返回爱尔兰，却是以艾奥纳为基地度过余生。艾奥纳因此成为跨越阿盖尔和爱尔兰本土的科伦巴教会联合体的主要修道院，而且在 597 年科伦巴去世后仍然保持着这种地位。

关于科伦巴，我们所拥有的最早史料是他去世后不久的一篇爱尔兰语颂词挽歌。作者是一位专业诗人，挽歌采用了晦涩难懂的风格；但是，由于它贴近当时的科伦巴，而且为我们提供了评价这位圣人的世俗观点，因而极为珍贵。[137] 这是它与《圣科伦巴传》不同的地方。后者成书于主人公去世一个世纪以后，作者阿多姆南为 679—704 年之间的艾奥纳修道院院长。阿多姆南除了使用较早的、现已失传的传记材料以外，还采用了修道院内部代代相传的资料，其作品极具史料价值。[138] 这使艾奥纳成为我们所描述的这个时代记载最为完整的爱尔兰修道院。

现存的文学作品、手稿和石雕证据揭示了艾奥纳是中世纪早期主要的文学艺术中心之一。正当科伦巴的修士们在 7 世纪以前大量产出了拉丁语和爱尔兰语的诗歌、圣徒传记、圣地文献和法律文书之时，

455

---

⑬　Cf. Adomnán, *Vita Columbae* ii. 22 and 24；Sharpe（1979）and（1995），pp. 327 – 328，n. 258；Dumville *et al.*（1993），pp. 188 – 189.

⑬　Cf. Adomnán, *Vita Columbae*, Second preface（at 4a）；*Annals of Ulster* s. a. 561；Byrne（1973），p. 95；Herbert（1988），pp. 27 – 28. 亦见 Stancliffe，前文第 15 章，第 405 页。他渡海到艾奥纳的时间在《阿尔斯特年代纪》确定为 563 年，但比德认为是 565 年，*HE* iii. 4；见 Duncan（1981），pp. 4 – 7 and 10。

⑬　Clancy and Márkus（1995），pp. 96 – 128.

⑬　Herbert（1988），pp. 12 – 26，134 – 148.

它自成立以来所保存的历史记录就静静地躺在我们所继承的爱尔兰编年史藏书中。[139] 阿多姆南也可能评注过维吉尔的《田园诗》（*Georgics*）和《牧歌》（*Bucolics*），这说明那里至少有过一些古典诗歌研究。[140] 在艺术方面，艾奥纳及其附属修道院似乎是海岛上的装饰型手稿起源及发展中心。其初期非常简单，只有一篇被装饰过的"卡萨克"（*Cathach*，一种赞美诗）和福音书或者新约《圣经》片段，现存于达勒姆（Durham），而在《达罗福音书》（*Book of Durrow*）——该书可能属于 7 世纪后半叶——完成时臻于繁荣。这是一部装饰华丽的福音书，其凯尔特语卷轴和螺线的底部被交错的动物装饰连接于一页，既显示了日耳曼人的贡献，也显示了地中海和皮克特世界的影响。石雕的主要成就出现于这个时代之后，但是十字架（可能是木质的）已经开始竖立，简单的石刻十字架也已出现。[141]

这些成就取决于才华出众的领导、系统的组织和国王与贵族的资助。在阿多姆南的著作中，科伦巴是一个真正的圣人。他经历过神秘的启示，喜欢先知的预言，以其深刻的洞察力和仁慈心管理自己的修道院。他也会出于政治需要与国王们打交道。实际上，科伦巴可能是在达尔里阿达人与他在爱尔兰的北方尤尼尔亲族之间建立联盟的倡导者。达尔里阿达国王捐赠了艾奥纳以供科伦巴建立修道院，国王的继承人则享受科伦巴的祈祷——甚至在发动侵略战争期间。[142] 阿多姆南还将科伦巴"封为"达尔里阿达国王，当然，这更可能反映出阿多姆南的关注点，而不是科伦巴本人的关注点。[143] 科伦巴与王室的联系以及他本人的宗教虔诚，使他能够获赠土地，在爱尔兰的尤尼尔南、北部（达罗和德里）及在苏格兰的达尔里阿达建立教堂，而在苏格兰的泰里岛（Tiree）和其他岛上，以及在苏格兰本土奥湖（Loch Awe）上的赛勒迪乌因（Cell Diúin）都建立了其附属机构。科伦巴

456

---

[139]　Smyth（1972）；Bannerman（1974），pp. 9 – 26.

[140]　Kenney（1929），no. 113, pp. 286 – 287；Lapidge and Sharpe（1985），no. 1235, p. 327；Stancliffe（1997），p. 169, n. 371.

[141]　Adomnán, *Vita Columbae* i. 45；*Argyll* Ⅳ, pp. 180 – 192.

[142]　*Annals of Ulster* s. a. 574 and 575；Adomnán, *Vita Columbae* i. 7 – 8；Herbert（1988），pp. 28 – 29. 比德声称，皮克特人国王赠送了艾奥纳岛（*HE* iii. 4），见 Bullough（1982），pp. 82 – 83。

[143]　Adomnán, *Vita Columbae* iii. 5, and the note by Sharpe（1995），pp. 355 – 356；cf. Adomnán, *Vita Columbae* i. 9.

直接任命所有附属机构的首脑，他们通常是其家族成员。[144] 他去世以后，这种家族联系以典型的爱尔兰方式延续下来。在 7 世纪时，8 位修道院继承人中有 6 位来自尤尼尔家族。但是，这并没有降低修道院院长的素质，他们都是独身的修士。[145]

比德对于艾奥纳修道院联合体管理机构的描述十分重要：

> 二者（艾奥纳和达罗）在不列颠和爱尔兰派生出许多修道院……其中，他埋葬于其上的海岛修道院凌驾于其余修道院之上。这座海岛永远由一位牧师——院长统治。按照不同寻常的安排，整个教省，甚至包括主教，皆服从其权威。[146]

因此，虽然也需要与资深修士磋商，但艾奥纳修道院院长在实行全面掌控；诺森伯利亚的史料显示，这包括任命主教和决定诸如复活节论争那样的重大事务。[147] 这并不一定影响主教们对本教区的日常牧教工作施行有效监管，但是确实置院长于权威地位——在其他地方的教会，这种权威属于主教。这种模式在早期爱尔兰教会发展到什么程度，对主教和院长的相对地位产生了什么影响，是当前学术争论的主题。[148]

艾奥纳修道院的统治并未覆盖苏格兰达尔里阿达全境，我们还有必要对其地理范围做一评述。一些教堂完全独立于艾奥纳修道院，由达尔纳莱德（Dal nAraide）——爱尔兰东北部与达尔里阿达人相邻的敌对部落——的修士所建。泰里岛上既有科伦巴修道院，也有非科伦巴修道院。[149] 延伸至大峡谷（Great Glen）的狭长海湾的入口处、马尔岛东部的战略要地利斯莫尔岛（Lismore）有一座重要教堂，由莫罗格［Mo Luag，或者卢盖得（Lugaid），592 年卒］所建。在埃格岛

---

[144] MacDonald (1985)；Herbert (1988), pp. 34 – 35.

[145] Herbert (1988), p. 310, and cf. pp. 36 – 56.

[146] Bede, *HE* iii. 4. On *omnis provincia*, Wallace-Hadrill (1988), pp. 93 – 94.

[147] Cf. Bede, *HE* iii. 5 and 25；v. 15 (at pp. 228, 294, 296, 506)；但是关于 v. 25 见 Picard (1984)；Charles-Edwards (1992), pp. 72 – 73.

[148] 见 Charles-Edwards' 的简要评述，Bede, *HE* iii. 4, Wallace-Hadrill (1988), p. 230。Sharpe (1984b) and (1992a), pp. 97 – 109, 而 Etchingham (1994) 强调在爱尔兰的正统文献中，主教的重要地位一直持续着，但并没有深入地讨论比德的描述和阿多姆南的《科伦巴传》I. 36。见 Stancliffe, 前文第 15 章的深入论述。

[149] Adomnán, *Vita Columbae* i. 36 and iii. 8; cf. Sharpe (1995), notes 107, 182, pp. 279 – 280, 303.

（Eigg）上，一位叫多南（Donnán）的修士于 617 年与同伴们一起殉道；再往北去，斯凯岛（Skye）对面，迈尔·鲁巴（Mael Ruba）于 673 年创建了阿普克罗斯（Applecross）修道院（地图 5）。它与爱尔兰大陆的班戈有联系。[149] 这些机构以及其他记载不详的机构将不在艾奥纳管辖范围之内。[150] 不过，在 7 世纪，艾奥纳的管辖范围向东南方向急剧扩张——虽然不是永久扩张。

决定性的一步发生在 634 年：这一年，诺森伯利亚国王奥斯瓦尔德（Oswald）请求艾奥纳派出传教士皈化他新夺得的王国——此前，他本人在流放期间已经在艾奥纳受洗入教。应奥斯瓦尔德邀请，艾奥纳派出传教士埃当。埃当是艾奥纳修士，因向诺森伯利亚人传教而被册封为主教，他在圣岛［Holy Island，即林迪斯法内（Lindisfarne）］上建立了修道院。有了国王奥斯瓦尔德的积极支持，埃当及其同伴得以在诺森伯利亚建立基督教会。实际上，此举还有助于南部麦西亚的皈依。至 664 年的惠特比教省会议为止，这种广泛的传教活动扩大了艾奥纳的管辖范围。[152] 类似的情况也可能发生在皮克特人身上，不过真相更加不确定，需要进行个案研究。

基督教与皮克特人

鉴于有关皮克特人的史料奇缺，学者凯斯琳·休斯（Kathleen Hughes）断言，基督教与人们的读写能力密切相关，因此其发展在 7 世纪的皮克特人中进展缓慢，直到 8 世纪前期才取得国王全面支持。[153] 不过，她对史料的处理遭到批评。[154] 她的结论受到以下事实影响：在皮克特人居住区发现的石刻符号——比如月牙形和"V"形，或者"皮克特大象"——没有显示基督教信仰的任何痕迹（"一类"石刻）。然而，在 8 世纪，我们在加工后的石料上看到了雕刻精细的十字架；这些石料的一面是十字架，另一面是诸如狩猎和战斗的世俗

---

[149]　*Annals of Ulster* s. a. 592, 617, 673; Anderson (1965), esp. pp. 29 – 30, 32; MacDonald (1974); Mac Lean (1997), pp. 173 – 176.

[150]　见后文第 459 页和注释 163。

[152]　Bede, *HE* iii; Thacker, 后文第 17 章。

[153]　Hughes (1970).

[154]　Henderson (1987), esp. p. 48; Forsyth (1998), pp. 39 – 42.

场面，还配以皮克特符号（"二类"石刻）。二类石刻肯定说明了基督教与武士贵族之间的和解。不过，我们应当谨防这样的结论：一类石刻没有十字架，就一定说明它们属于异教，而非世俗性质。实际上，有人指出，精细的二类石刻来自基督教信仰浓厚的环境，非一日之功所能形成；因此，它们表明，早在7世纪，基督教已经在皮克特人中站稳脚跟。我们的结论是：我们不应该根据一类石刻和二类石刻的分布来绘制皮克特人皈依基督教的图画。

不幸的是，考古学对于说明皮克特人皈依过程的帮助有限。我们只能将葬礼证据置于从属地位；[155] 虽然我们可以大胆地认为东北部的巴格海德（Burghead）和南部的阿伯内西（Abernethy）在基督教化以前，都是异教遗址，但是我们无法确定这种转变发生的时间（地图5）。[156] 因此，我们只能依据埃克莱斯（Eccles）地名的分布情况和现有的文字材料来考察。看上去，南部皮克特地区是从南方的不列颠人那里获得基督教信仰，时间大概在5世纪和/或6世纪。此外，关于科伦巴在6世纪晚期使一些"泰河部落"皈依之事，我们有同时期严密证据可资证明。[157] 至7世纪早期为止，有证据证明基督教已经在皮克特人（或者，至少在南方皮克特人）上层站稳脚跟，因为比德提到，在7世纪20年代，一个诺森伯利亚王公在与达尔里阿达爱尔兰人和皮克特人共处期间，皈依了基督教。[158] 而且，在7世纪晚期诺森伯利亚与南方皮克特人交往时，它似乎已经是一个基督教国家了。[159]

以莫里湾（Moray Firth）为中心的北部皮克特则是另一种景象。阿多姆南证明，科伦巴是在这个地区的异教徒中活动。当他到因弗内斯（Inverness）附近的王室城堡谒见皮克特国王布里德伊（Bridei）时，就遭到国王的继父——一位异教徒祭司（*magus*）——的反对；据说科伦巴行奇迹的力量赢得了国王的尊敬，然而却没有史料提及他

[155]　Contra Smith (1996), pp. 27–29；亦见前文注释133。
[156]　Ritchie (1989), pp. 12–16；Proudfoot (1997), esp. pp. 58, 61。
[157]　*Amra* i and viii：Clancy and M′arkus (1995), pp. 104–105, 112–113, and cf. 118–119。
[158]　Bede *HE* iii. 1；and, for Eanfrith′s Pictish links, Kirby (1976), p. 289；Miller (1978), p. 47。
[159]　Bede *HE* iii. 25；iv. 3；Kirby (1973), pp. 10–11。

接受了基督教。⑯ 我们不知道哪位皮克特国王最先受洗，不过，如果皮克特人最高层在 7 世纪后半叶仍然坚守异教信仰的话，诺森伯利亚史料很可能有相关记载。科伦巴确实促使斯凯岛上和因弗内斯周围个别贵族及其家族皈依基督教；一座修道院也许在 7 世纪早期建立于迪尔［Deer，彼得海德（Peterhead）西部］。⑯ 在整个 7 世纪，科伦巴修道院的修士也许一直在完成这项工作：在述及 7 世纪 60 年代和 80 年代的瘟疫时，阿多姆南说，生活在不列颠的爱尔兰人和皮克特人是仅有的幸免于难的民族——他将这两个民族的幸免归功于圣科伦巴；至今为止，"建造于这两个民族地区的"科伦巴修道院"仍然备受尊崇"⑯。我们可以把这段话与比德对艾奥纳教堂的记载相提并论；"一直以来，在主管北爱尔兰人和所有皮克特人宗教事务的修道院中，艾奥纳名列榜首"。此处，比德确定无疑地表示，虽然皮克特人的基督教信仰来源不同，到公元 700 年前后，艾奥纳一直被视为所有皮克特人的教会首领。⑯ 在多诺赫湾（Dornoch Firth）南岸的塔尔巴特［Tarbat，波特马赫默克（Portmahomack）］最近发现了一座重要的皮克特修道院，发掘工作正在进行。⑯

　　除了向个别家族布道和与国王们交流以外，爱尔兰修士可能还通过云游（peregrinatio，即一种苦行流放）的方式传播基督教。阿多姆南提到，修士们坐船"寻找海洋中的沙漠"；科伦巴利用布里德伊国王对奥克尼群岛（Orkney Islands）一位属王的影响，为这些修士求得保护——如果他们登陆奥克尼群岛的话。他们真的如期而至。⑯ 在诸如罗纳岛（Rona）这样遥远的地方——距刘易斯群岛（Butt of Lewis）末端东北 70 千米，或者在不那么与世隔绝的埃拉赫·安·纳奥伊姆（Eileach an Naoimh）上——马尔岛以南，发现了一些隐修居所。⑯ 其他苦行者的足迹在前维京时代远至法罗群岛和冰岛。⑯ 冰岛

⑯　Adomnán, Vita Columbae ii. 33 – 35 (and i. 37). Cf. Anderson (1973), p. 100 and n. 95, and p. 248; Bede, HE iii. 4; Duncan (1981), pp. 7 – 10, 27.
⑯　Adomnán, Vita Columbae i. 33; ii. 32; iii. 14. O'Rahilly (1946), p. 373.
⑯　Adomnán, Vita Columbae ii. 46.
⑯　Bede, HE iii. 3; Henderson (1967), p. 79.
⑯　Harden (1995); Carver (1999); cf. Higgitt (1982).
⑯　Adomnán, Vita Columbae ii. 42; see also i. 6 and 20.
⑯　Nisbet and Gailey (1960); Argyll v, pp. 170 – 182; cf. also Lamb (1974) and (1975 – 1976).
⑯　Radford (1983), pp. 14 – 21.

荒无人烟，但是奥克尼群岛有人居住，其居民很可能由于苦行者的远航而初次接触基督教。所以，我们有必要记住，一位离群索居的修士和一位生活于人群之中的牧师之间的区别，在中世纪早期不像今天看起来那么明显：史料充分证明，这些爱尔兰外邦人常常身兼二任，[168] 隐修居所可以发展为大修道院。[169] 除了小礼拜堂的废墟和十字架石板这些考古学证据以外，教父（Papar）地名的分布表明前斯堪的纳维亚时代的教堂地址，有的只是隐修居所［如法内岛（Farne Island）］，有的是修道院［如林迪斯法内（Lindisfarne）］。苏格兰有 27 个地名带有 Papar 字样，主要分布于赫布里底（Hebrides）群岛、奥克尼群岛和设得兰（Shetland Islands）群岛。[170]

惠特比教省会议（664）以后的诺森伯利亚、皮克特人和艾奥纳修道院

在 664 年惠特比教省会议上，诺森伯利亚国王奥斯威决定抛弃艾奥纳所支持的观点，采纳罗马复活节周和削发仪式。这是一种高度政治化的决策：从他儿子——德伊勒的附庸国王手中收回主动权，宣布与科伦巴教会分道扬镳，与他试图控制的南部英格兰的基督教传统保持一致。同样重要的是，他也接受了自君士坦丁大帝以来即赋予统治者在教会中之重要地位的传统。迄今为止，诺森伯利亚主教一直由艾奥纳指派的爱尔兰修士担任；现在，他们都将由国王提名的盎格鲁—撒克逊人担任。有一封著名的教宗信函敦促国王主动将"你的全部岛屿献给基督"，奥斯威作了回应。[171] 诺森伯利亚君主统治权延伸至不列颠人、皮克特人和北方的达尔里阿达人，随之而来的是教会的统治权。[172] 主管皮克特人事务的临时性主教辖区设立在福斯湾（Firth of Forth）南端的阿伯孔（Abercorn），卡斯伯特（Cuthbert）在任梅尔

460

---

⑯　E. g. Columbanus and Fursey：Stancliffe（1989），pp. 39 – 40；cf. Charles-Edwards（1976），pp. 54 – 58. 亦见 Stancliffe，前文第 15 章，pp. 405 – 407。

⑯　E. g. Jonas, Vita Columbani i. 6 and 10.

⑰　MacDonald（1977）；Crawford（1987），pp. 164 – 167；Pringle（1994），p. 21.

⑰　Bede, HE iii. 29（pp. 320 – 321）.

⑰　Bede, HE iv. 3；Stephanus, Life of Wilfrid, cc. 21 and 53；Kirby（1976），pp. 289 – 291；Moisl（1983），pp. 117 – 120；Charles-Edwards（1992），p. 66, n. 19.

罗斯（Melrose）修道院副院长期间曾经造访过它北边的教堂。[173]

　　诺森伯利亚在北部不列颠的军事优势于 685 年被皮克特人推翻，它控制皮克特教会的意图尝试就此终结；阿伯孔主教辖区亦不复存在。不过，两个民族之间的紧密联系得以延续，当然，现在建立在更加平等的基础之上。诺森伯利亚的新任国王阿尔德弗里希（Aldfrith）有一半爱尔兰血统，曾经求学于艾奥纳。他荣登诺森伯利亚王位可能要归功于导致他的前任下台的皮克特/爱尔兰联盟。[174] 他是于 679—704 年担任艾奥纳修道院院长的阿多姆南的朋友，他统治期间的政治稳定有利于艾奥纳、皮克特和诺森伯利亚教会之间的广泛联系。关于复活节推算方式的争论仍然存在，但已经不再是一个民族对立的问题：阿多姆南自己已经接受罗马方式，而且还劝说大家同样接受——虽然劝说对象不包括他自己所属的艾奥纳派。[175] 他的《科伦巴传》（*Life of Columba*）已经被视为一种颂词，其中表明，在复活节问题上遵从罗马并不是放弃对圣科伦巴的炽热之爱，圣科伦巴可与基督教历史上任何一位伟大的基督的门徒——包括圣彼得和圣保罗——相比肩。[176] 在阿多姆南领导下，艾奥纳达到鼎盛，具体表现在他成功地劝说了大约 40 位牧师和 50 位国王同意立法，使教士、妇女和牧师免
461　遭战争之祸（697 年）。法律文件的签署者以阿尔马（Armagh）主教为首，大部分都是爱尔兰人，但是也包括皮克特国王及其主教库莱顿（Curetán）。[177]

　　8 世纪 20 年代发生了重大变化。首先，据比德记载，皮克特国王奈齐坦（Nechtan）决定遵行罗马式的复活节推算方法和削发仪式，向比德在苇尔茅斯（Wearmouth）/贾罗大修道院的院长求教以驳斥传统派，还向其索要建筑师以便为他建造一座献给圣彼得的石砌教堂。[178] 其次，爱尔兰编年史记载，716 年，艾奥纳采用了罗马式的复活节周；717 年，国王奈齐坦驱逐了科伦巴修士和教士；718 年，艾

　　⑰ Bede, *HE* iv. 26; Bede, *Vita Cuthberti*, ch. 11; Kirby (1973), pp. 9 – 12.

　　⑭ Moisl (1983), pp. 120 – 124.

　　⑮ Bede, *HE* v. 15; Picard (1984), pp. 60 – 70; Herbert (1988), pp. 48 – 50; Charles-Edwards (1992), pp. 72 – 73.

　　⑯ Adomnán, *Vita Columbae* ii. 32; Herbert (1988), pp. 142 – 144.

　　⑰ Ní Dhonnchadha (1982), esp. pp. 191, 214.

　　⑱ Bede, *HE* v. 21.

奥纳采用了罗马削发仪式。编年史还显示，在艾奥纳院长职位的继承上，发生了一些混乱。[179] 对于这条证据的传统解释是：奈齐坦在 710 年和 715 年间的行为与奥斯威在 664 年的行为如出一辙，他接受罗马礼仪的原因可能是听从了一个名为埃克伯特（Ecgberht）的诺森伯利亚游方修士的说教，同时也由此获得亲自控制皮克特教会的机会，而不是一味受制于艾奥纳修道院院长。从此，国王及其贵族便可有效地资助和影响皮克特教会。[180] 这种解读方式近期受到一些学者的挑战，他们强调，奈齐坦国王的行为可能受到了艾奥纳修道院群体中的改革派的影响。与阿多姆南一样，这些改革派支持罗马复活节制度。基于这种观点，奈齐坦驱逐残余的科伦巴教士只是一种微不足道的即时行为，接近贾罗/韦尔茅斯基本上是出于政治原因：皮克特人于 711 年败于诺森伯利亚人，因此企图与诺森伯利亚教会结盟。[181] 奈齐坦有必要与诺森伯利亚结盟，有必要结束那些宗教礼仪以免为诺森伯利亚的干涉提供借口。就此而论，我们可以接受后一种观点，同意艾奥纳共同体内部的改革派为奈齐坦的行为铺平了道路。但是，根据传统解读方式，皮克特教会由受制于艾奥纳的教会转变为国王辖下的独立教会这一事实，被比德的另一段话证实。这段话在描述艾奥纳作为皮克特教会的领导角色时，用了过去式。[182] 这说明比德在 731 年写这段话时，艾奥纳已经不再是皮克特教会的领导者。因此，奈齐坦不是第一位支持皮克特教会的皮克特国王，而是第一位宣布由王室控制皮克特教会的国王。

郭建淮 译，徐家玲 校

---

⑰　*Annals of Ulster*, s. a. 716, 717; *Annals of Tigernach* i, pp. 185 – 6; Herbert (1988), pp. 57 – 62.

⑱　Henderson (1967), pp. 82 – 84; Kirby (1973), pp. 19 – 20; Foster (1996), p. 90; for Ecgberht's role, Duncan (1981), pp. 20 – 23, 26 – 27, 34 – 35.

⑱　Veitch (1997), pp. 635 – 642; cf. Smyth (1984), pp. 137 – 139.

⑱　Bede, *HE* iii. 3.

第 十 七 章

7 世纪的英格兰

阿兰·撒切尔（Alan Thacker）

导言：比德的影响

我们对 7 世纪英格兰的描写不可避免地受到一种史料的支配：成书于 734 年的比德《英吉利教会史》（*Ecclesiastical History of the English People*）。那本书既给英格兰历史的书写带来勃勃生机，也带来问题。因为比德是一位聪明、娴熟的作家，有自己的议题；我们只知道他有选择地告诉我们的事情，而且无法借助其他文字资料评价他对事件的解读。比德的记载集中于对他而言最重要的话题，那就是基督教在英国人民中的进展。他从一个与众不同的角度构筑历史：表现他的人民，英格兰人（*gens Anglorum*），尤其是英国人中他所属的那个分支，即诺森伯利亚人，受上帝召唤，在人类拯救史上扮演了一个特殊角色。他们是一支新以色列人，被赋予天命——在他们的岛屿和大陆邻居中传播真正的信仰和礼仪。按照比德的观点，在他自己的时代，他们背离了天命，必须被重新召唤，回归正道。《英吉利教会史》充满了这种担忧。它回避了艰难的当代事件，集中记述英国人民（特别是诺森伯利亚人）光荣而富于典型意义的近期历史——7 世纪的历史，表现他们如何在国王们和不辱使命的牧师们指导下接受和传播基督教。①

---

① Thacker（1983）；Wormald（1983）；Campbell（1986），pp. 1–48.

比德虽然深谙政治，但是基本上对政治和物质文化不感兴趣。他
只是在必要时才将自己的叙述置于某个政治背景之中，只要足以使他
重构自己以教会史为主体的资料即可。因此，他自然对拥有长久基督
教历史的肯特要比对后来皈依的麦西亚熟悉得多。而且，对教会的关
注使比德有了一个与众不同的族群视角。对他来说，居住在不列颠各
个王国中的日耳曼人在皈依一个统一的教会时，获得了一种一致的认
同。他们都可以被列入同一个名称：英国人，即盎格鲁人（Angli）。 463
而且，他们还被用来与不列颠人——被比德敌意对待的民族——形成
鲜明对照。比德断言，不列颠人没有将基督教信仰带给异教的英国
人，辜负了基督徒的使命。② 除了被当作外部敌人以外，不列颠人在
《英吉利教会史》的描述中基本不被涉及。

除了比德的著述以外，为数不多的叙事资料都过于简单，而且都
是圣徒传记。其中只有一种资料——里彭的斯蒂芬（Stephen of Ri-
pon）对诺森伯利亚主教威尔弗利德（Wilfrid）的著名记述——能够
让我们借以核对《英吉利教会史》。结果是令人不安的。它表明，在
处理一个复杂人物——有争议而且对他记述的皈依故事必不可少——
时，比德经过精挑细选、深思熟虑。③ 而对于其他的文字资料——法
律条文、为数不多的行政文件和基督教悔罪规则书——本身不属于叙
事体，只能在比德包罗万象的视野里阅读。对于幸存的建筑物和考古
学所提供的物证，也只能如此对待。因此，比德是我们观察 7 世纪英
格兰的一面透镜。至少，是一面非同寻常的透镜。

7 世纪英格兰的政治景观

在比德的著作、特许状以及后来的其他资料中，出现过十几个政
治实体，它们在 7 世纪期间由各自的王们统治。那些拥有自己的一个
（或多个）主教、寿命最长——存在于整个 7 世纪——的实体，在北
方有伯尼西亚（Bernicia）和代尔拉（Deira，它们在 7 世纪的多数时
候，很不稳定地被统一于诺森伯利亚），在中西部和南部有威塞克

---

② Charles-Edwards (1983)；Thacker (1996).
③ *Vita Wilfridi.*

斯、麦西亚、肯特、东盎格里亚、埃塞克斯和苏塞克斯。有时，我们也会读到赫威赛（Hwicce）、林赛、怀特岛、中盎格里亚和不大确定的马戈恩赛坦（Magonsæte）、萨里（Surrey）；在南九黎（South Gywre），我们听说过一个盎格鲁—撒克逊首领（princeps）④（参见地图8）。当时嵌入这个政治景观——特别是在西部——的国家，是当时的不列颠诸王国，它们在这个世纪的后期面临的压力与日俱增。在威尔士，格温内德（Gwynedd）、波伊斯、格温特（Gwent）或者格里威星（Glywysing）以及迪费德诸王国基本上保持了独立地位，虽然诺森伯利亚的国王们在北方取得胜利，而且在633年以前一度将势力延伸到安格尔西岛和曼恩岛。⑤ 在西南部，不列颠最大的王国杜姆诺尼亚正在被威塞克斯同化。⑥ 在南部彭奈恩山脉，我们听说过一个叫埃尔默特（Elmet）的不列颠王国，它在7世纪中叶以前被诺森伯利亚征服。在英格兰西北部和苏格兰西南部有一个雷吉德（Rheged）王国，可能在7世纪晚期被诺森伯利亚吞并。在苏格兰，同样是7世纪晚期，诺森伯利亚将统治权延伸到迄今属于皮克特人和达尔里阿达苏格兰人的领土（参见地图5）。因此，在7世纪50—70年代的鼎盛时期，最强大的政治实体诺森伯利亚的版图在东部从亨伯河（Humber）到福斯湾，在西部从兰开夏（Lancashire）到索尔维湾（Solway Firth）以外。⑦ 当时，英格兰人的活动重心在约克、班堡，以及泰恩河（Tyne）和威尔河（Wear）之间的大修道院，相当于一个中部王国，其地位如后来的苏格兰之于英格兰。⑧

比德告诉我们，7世纪时，亨伯河南部（最初不包括肯特）的英格兰诸王国承认一个不列颠共主，古英语为 bretwalda。⑨ 这个称号是否被赋予权威及被赋予多大的权威，尚未可知。几乎可以肯定的是，它是针对个人的称呼，其权威大小与拥有者的资源情况和性格相关。有证据显示，比德所列举的霸主，其大多数——如果不是全部——在自己的领土以外具有影响力，即便不能说他们统治了整个英格兰南

---

④ Bassett（1989a）；Yorke（1990）；Kirby（1991）；HE iv. 19.
⑤ Davies（1982），90–102；HE ii. 5.
⑥ Yorke（1995）.
⑦ 现在见 Rollason（2003）.
⑧ Campbell（1982）.
⑨ HE ii. 5；Anglo-Saxon Chronicle s. a. 827.

部。至多,不列颠共主(*bretwalda*)可以认为是一类高级国王,他们向下面的王国(临时性的)征收贡品。[10] 自东南部的肯特王国和东盎格里亚王国在 7 世纪前几十年的短暂统治以后,7 世纪亨伯河南部的高级政治的主线就是诺森伯利亚与麦西亚的争霸战。正如大卫·罗拉森(David Rollason)最近所强调的那样,赌注不可能更高了。信奉异教的麦西亚国王彭达(626×633—655 年)在位期间导致诺森伯利亚两位最成功的国王毙命,有能力对它发动攻击,甚至围攻它的首都班堡,经常对诺森伯利亚的生存构成威胁。同样,当他败亡在诺森伯利亚人之手以后,有一段时间,麦西亚作为一个政治实体不复存在。[11]

政治叙述

7 世纪英格兰各主要王国极其变幻莫测的命运显示了这个时期政治权威的不稳定和脆弱。[12] 这个世纪初,英格兰国家的主要焦点在东南部。英格兰南部的公认霸主是富裕的肯特王国国王埃特博希特(Æthelberht,616 年卒),他使自己的人民接受了基督教。然而,在埃特博希特死后,肯特遭受了政治和宗教分裂。至 7 世纪 20 年代,霸权转移到东盎格里亚(East Anglia)国王莱德瓦尔德(Raedwald,616×627 年卒)手中。此人既保留了古老神祇的祭坛,也崇拜新神。[13] 地处萨顿胡的王室坟墓,尤其是一号王堆发现的著名船葬反映了东盎格里亚王国的财富和势力。[14] 虽然如此,东盎格里亚的霸权仍然是昙花一现。莱德瓦尔德死后,霸权转移到刚刚统一的诺森伯利亚国王埃德温(616—633 年在位)手中。后者曾经在莱德瓦尔德的宫廷避难。[15]

亨伯河北部的两个英格兰王国伯尼西亚和代尔拉的合并是一个渐进的过程,由伯尼西亚国王、信奉异教的埃特弗里希(616 年卒)开

---

⑩ John (1966), pp. 1 – 63; Stenton (1970), pp. 48 – 66; Yorke (1981), pp. 171 – 200; Wormald (1983); Fanning (1991); Rollason (2003), ch. 2; *HE* ii. 5; *Vita Wilfridi c.* 20.

⑪ Rollason (2003), ch. 2, *HE* ii. 20, iii. 9, 16 – 17, 24.

⑫ 最好的论述,见 Campbell (1982)。

⑬ *HE* ii. 15; Yorke (2003), pp. 243 – 257, esp. 244 – 245.

⑭ Bruce-Mitford (1975 – 1983); Carver (1992) and (1998).

⑮ *HE* ii. 9. 12.

始，然后由他的征服者和继承者、基督徒和代尔拉人埃德温继续下去。埃德温在 616 年的埃德尔河（Idle）之战中打败了伯尼西亚人，夺得南方的霸权。也许出于爱国主义情怀，诺森伯利亚人比德认为他对 7 世纪不列颠的 4 个族群——英格兰人、不列颠人、皮克特人和爱尔兰人——都拥有统治权。只有肯特在其权力之外。在埃德温统治期间，在 7 世纪 20 年代中期，罗马传教士保利努斯（Paulinus）在诺森伯利亚建立了新的基督教机构。但是，埃德温于 633 年失败并死于不列颠（和基督徒）王格温内德（Gwynedd）的卡德瓦隆（Cadwallon）及其异教同盟者麦西亚国王彭达之手，保利努斯的努力付诸东流。[16]像在其他地方那样，埃德温死后，异教死灰复燃。一年之内，诺森伯利亚瓦解它的叛教继承者所统治的领土之内。不过，至 634 年止，在一个新的伯尼西亚霸主奥斯瓦尔德国王（642 年卒）统治时期，联盟得以恢复。奥斯瓦尔德国王被比德称为"基督教国王"（*christianissimus rex*），是其《英吉利教会史》中的主人公之一。他在哈德良长城以北很远的"天堂之地"（*Hefenfelth*）打败了不列颠敌人，重建诺森伯利亚在南部的统治权，维持对北部不列颠人、皮克特人和爱尔兰人的霸主地位。然而，他于 642 年在梅瑟费尔思（Maserfelth）——一般认为在希罗普郡（Shropshire）的奥斯沃斯特里（Oswestry）——之战中败亡于彭达及其同盟者之手，他所取得的成就毁于一旦。[17]

经过一段极度混乱之后，诺森伯利亚的统治权在奥斯瓦尔德的继承者奥斯威（Oswiu，642—670 年在位）手中得以恢复。麦西亚的彭达——诺森伯利亚的政治宿敌——在 655 年的温瓦伊德［Winwaed，利兹（Leeds）附近］之战中败亡以后，奥斯威将麦西亚大部分领土置于自己控制之下，将彭达的基督徒儿子皮达（Peada）设置为自己在麦西亚南部的附庸。然而，麦西亚人在 658 年将诺森伯利亚人驱逐出中心地带，以彭达的儿子基督徒伍尔夫赫尔（Wulfhere，674 年卒）为首建立了一个新政权。[18]虽然如此，他们显然还在一个时期内

466

---

[16]　*HE* ii. 5, 9 – 20.

[17]　*HE* ii. 5; iii. 1, 6, 9; Stancliffe and Cambridge（1995）.

[18]　*HE* iii. 24.

继续进贡。[19] 奥斯威像他的两个伟大前任一样，对爱尔兰人和皮克特人提出了类似的主权要求。[20] 在奥斯威的儿子和继承人埃克弗里斯（Ecgfrith，670—685年在位）治下，诺森伯利亚人在一定程度上保持了对南部的政治控制，直到679年在特伦特（Trent）战役中败于埃塞尔雷德（Æthelred）。[21] 这场战役最后解决了在代尔拉人、诺森伯利亚人和麦西亚人之间争执已久的、对林赛省及此前的王国（现代林肯郡）的控制权问题；从此以后，它被牢牢地控制在麦西亚的势力范围之内。[22]

埃克弗里斯统治初年，诺森伯利亚继续统治北方的权力得以确认。7世纪70年代，他残酷镇压了皮克特人起义。[23] 684年，他对北爱尔兰的苏格兰人发动了一次野心勃勃的远征。685年，他在第二次进攻皮克特人时败亡。据比德记载，从那以后，诺森伯利亚王国的权力"渐渐烟消云散"。皮克特人收复了失地，达尔里阿达王国本土的苏格兰人和至少一部分被征服的不列颠人恢复了独立地位。[24] 埃克弗里斯的失败不仅标志着诺森伯利亚人对北方扩张的终结，也标志着对亨伯河以南的英格兰任何主权要求的终结。从此，麦西亚国王埃塞尔雷德成为南部的主宰。

以斯塔福德郡（Staffordshire）和德比郡（Derbyshire）的利奇菲尔德（Lichfield）、塔姆沃思（Tamworth）、雷普顿（Repton）为中心的中部王国麦西亚作为一个有效政治单位出现较晚，接受基督教也较晚。[25] 虽然异教信奉者彭达的儿子皮达与奥斯威的女儿结婚时皈依了基督教，彭达也默许了这一事实，但第一位主教却是由得胜的奥斯威在7世纪50年代中期亲手任命的。麦西亚的征服虽然由于650年代中期的挫折而暂时中断，但是在658年重获独立地位以后又再度开始。彭达的儿子伍尔夫赫尔（658—675年在任）和埃塞尔雷德（675—704年当政）巩固和继续其父亲的事业。在679年麦西

[19]　*Vita Wilfridi* c. 20.

[20]　*HE* ii. 5.

[21]　*HE* iv. 21 – 22.

[22]　Eagles（1989）；Vince（1993）.

[23]　*Vita Wilfridi* c. 19.

[24]　*HE* iv. 26.

[25]　Dornier（1977）；Brown（2001）.

亚取得决定性胜利以后，英格兰南部的大多数王国和行省落入他们手中。在《英吉利教会史》于 731 年完成之时，麦西亚国王埃特博德（Æthelbald，716—757 年在位）已经是"直到亨伯河"一带的南部霸主——实际上是不列颠共主（bretwalda），虽然比德没有这样称呼他。㉖

　　除了诺森伯利亚和麦西亚，7 世纪晚期最强大的王国是威塞克斯。虽然它在名为《诸部族土地税簿》（或称《部落海德税簿》）的文件（下面讨论）中被称为进贡国，它的 10 万海德巨额应税面积——是其他国家的 3 倍多——足以显示其重要性。它与麦西亚的竞争在 628 年以前已经十分明显，那时它的国王们在赛伦塞斯特（Cirencester）与彭达交战，被彭达打败；塞尔吉里斯（Cynegils）国王在诺森伯利亚的奥斯瓦尔德支持下接受基督教可能是针对此事寻求强大的新盟友。整个 7 世纪期间，当东进的道路被麦西亚阻断以后，它似乎又以不列颠人为代价西进。㉗ 7 世纪 80 年代，凯德瓦拉（Cædwalla）国王野蛮地征服当时仍然信奉异教的怀特岛，灭亡岛上的王国，将王室家族斩草除根。成为国王以前，他就杀了麦西亚的盟友，苏塞克斯（Sussex）的国王艾特尔威尔（Æthelwealh）；685 年以后的 20 年左右，那个国家在宗教事务上一直听命于温彻斯特（Winchester）的西撒克逊主教。㉘

政治发展的动力

　　现在有一个普遍的说法：大多数——如果不是全部的话——英格兰王国诞生于 6 世纪晚期。它们的出现被视为一个竞争过程的结果，在这个过程中，成功的族群吸收或者征服独立的部落组织——拉丁语文献所称的行政区（regiones）或者行省（provinciae），或者，其地名以-ingas 为结尾的地区；这是主导 7 世纪政治的持续性动力。㉙ 然而，

㉖　HE iii. 24, 30；iv. 12；v. 23；Vita Wilfridi c. 20.
㉗　HE iii. 7；Yorke (1995)，pp. 57–60.
㉘　HE iv. 15–16.
㉙　特别需看，Bassett (1989b)。

这种整齐划一的模式存在着问题。[30]

首先，虽然各个组成部分的命运多变，但是 7 世纪英格兰的政治框架可以说是相对稳定的。在已知拥有独立地位的王国中，相当一部分在此期间继续存在。其重要的损失是代尔拉，它融入了诺森伯利亚，634 年以后，它的国王通常来自当权的伯尼西亚王朝。680 年代灭亡的怀特王国也可能——虽然无法证明——仍然是一个成熟且独立的政治实体。[31] 其次，也有新的国家出现。其中一些只是昙花一现——根据某些个人（ad hominem）为某些王室成员临时而设。以下是一些著名的例子：中部盎格鲁和南部麦西亚的王国于 7 世纪 50 年代由彭达和奥斯威为皮达而设，萨里王国于 7 世纪 70 年代为弗里苏沃德（Frithuwold）而设。[32] 诸如赫威赛和马戈恩赛坦这样的存续时间较长的国家，可能直到 7 世纪晚期才真正出现（像它们的主教辖区一样）。最难解释的可能是林赛王国。虽然皇家宗谱表明它在 7 世纪的某个阶段是独立国家，但是却无相关证据佐证它在 7 世纪就是如此。它似乎一直被麦西亚或者诺森伯利亚统治，后者派出的官员［郡长（ealdormen）或者行政官（praefecti）］在林赛可能被视为国王。[33] 7 世纪的威塞克斯有多重国王。在某些情况下，近亲属——通常是从父亲获得继承权的兄弟——分享王权。但是，也有许多下属国王。他们可以解释为下属行省或者王国统治家族的后裔，也可以解释为皇室的支系。我们没有理由认为威塞克斯通过聚合现存小王国的方式进行扩张。下属王权可能是在吞并的领土上设立，分配给皇室成员。[34]

研究这类问题的一份关键文件是《诸部族土地税簿》（Tribal Hidage）。一般认为，这是向麦西亚——也可能是诺森伯利亚——共主缴纳的贡金细目，开始时间可能是 7 世纪。[35] 它省略了诺森伯利

[30] 关于这一点，我特别感谢 Dr G. Halsall，他在其 1997 年提交历史研究所的一篇论文《盎格鲁—撒克逊王国的起源问题：一位墨洛温人所述》描述了他所遵循的理念，并慷慨地使我能看到一份他未发表的论文。

[31] Yorke（1989）。

[32] Blair（1989）and（1991）；Dumville（1989）；Sims-Williams（1992），pp. 16－53。

[33] Thacker（1981）；Vince（1993）。

[34] Yorke（1995），pp. 79－84。

[35] 关于其文本和重要性的分析，见 Davies and Vierck（1974）；Brooks（1989）；Dumville（1989）；Higham（1995）。

亚，但是其以海德为地产单位的评估却广泛涉及其他政治单位：以麦西亚的中心地带为开端（评估额 30000 海德），以东盎格里亚（30000 海德）、埃塞克斯（7000 海德）、肯特（15000 海德）、苏塞克斯（7000 海德）和威塞克斯（100000 海德）为结尾。其中还有 28 个纳税单位，评估额高至 7000 海德（林赛、赫威赛、马戈恩赛坦和里欧赛特），低至 300 海德不等。其中所反映的政治局势十分复杂，而且无法全面了解。此处能说的是，那些列在麦西亚后面的实体通常被当作它的次王国或者附属国。然而，即使果真如此，也没有理由假定所有的，或者大多数纳税单位都曾经是独立实体。甚至最大的假定附属国——评估额与一度独立的小王国不相上下——也许一直是一个大国的下属单位。实际上，我们甚至没有必要假定所有这些附属国都是部落单位；至少一部分小单位可能原本是由君王在动荡不安的地区设置的行政区。[36]

469

7 世纪政治中的另一个变化是政治优势从东南部的诸王国转移到中、北部，从肯特和东盎格里亚转移到诺森伯利亚和麦西亚。对这种变化的一个解释是后者（与同样在 7 世纪晚期崛起的大国威塞克斯一道）皆与不列颠人交界，更具有扩张的机会。这种扩张与战斗和抢劫相伴而生，为国王们带来声望和资本（即财富和土地），吸引更多的、政治权力赖以存在的个人追随。大量史料证明，英格兰人惯于互相攻伐，因此政治平衡的改变实际上显示西部的不列颠诸国在某种程度上更是软弱的靶子。可能由于政治和经济原因，它们在这个时期似乎一直在衰落。

族群认同

要探讨不列颠人的作用，就必须评估这个时期不列颠群岛的族群认同。[37] 族群和政治认同在欧洲大陆十分确定，但是英格兰诸国的统治精英们——无论他们源自何处——在这方面的表现显然不尽人意（如果他们曾经表现良好的话）。[38] 一些国家的术语中虽然包含了盎格鲁和撒克逊因素，但是在词语使用时仍然难以看到其统一性。实际

---

[36] Cf. Campbell (1982).

[37] 关于这方面的近期讨论，见 Frazer and Tyrrell (2000)。

[38] 见 Hamerow，前文第 10 章。

上，最近的一种观点认为，在 7 世纪，如果他们有族群认同的话，甚至那些自己贴上"盎格鲁人"（*Angli*）标签的种族，如诺森伯利亚人，却自视为撒克逊人——这是他们自罗马时代晚期就采用的族群名称。[39] 据比德记载，在不列颠人中间，也有一个名词专门指代英格兰人，即"日耳曼人"（*Garmani*）。[40]

这类集合名称的存在带来一个问题：英格兰精英们在多大程度上自我认同为英格兰民族——8 世纪所说的盎格鲁人（*gens Anglorum*）——中的成员？当然，比德对这种英国性的阐述最为典型，如帕特里克·沃莫尔德所说，这是生活在诺森伯利亚但是也以坎特伯雷大主教为整个世界的一位牧师所具有的典型观念。[41] 在《英吉利教会史》中，比德热切地强调英格兰人的共同文化、共同语言和宗教统一性。不过，他不是第一个表达这种情感的人。如尼古拉·布鲁克斯（Nicholas Brooks）所说，一份代尔拉文稿在公元 700 年前后所记载的关于大格列高利称呼盎格鲁人的故事——格列高利以双关语称呼被俘到罗马的异教徒盎格鲁人，视他们是可以从上帝的愤怒（*de ira Dei*）中拯救出来的民族——清楚地表明，有文化的代尔拉牧师可以自视为一个大民族的一部分。[42] 像比德一样，他们这样做是在遵从也许由坎特伯雷制定的纲领。尤其是，"盎格鲁人"（*Angli*）一词的升级——它取代了早期的"撒克逊人"一词——可能反映了坎特伯雷更偏好于教宗格列高利的称呼。

当然，很难确定这种情感有多少被带进政治活动。如芭芭拉·约克（Barbara Yorke）所指出，比德自己既不相信也不追求和谐共存的政治统一。[43] 而且，这些英格兰王国一有机会，就互相残酷攻伐，彭达的事例清楚地告诉我们，在这样的互相厮杀中，它们会毫不犹豫地与不列颠人结盟。[44] 总之，在新生国家的掌权者通过宗谱和起源神话构造自己的过去的时候，新的、更集中的认同正在不列颠形成。至少在诸如肯特这样的事例中，这类神话的构造——包括与南斯堪的纳维

470

---

[39]　Brooks（1999）.

[40]　HE v. 9.

[41]　Wormald（1983）.

[42]　Brooks（1999），p. 19.

[43]　Yorke（2000），pp. 71–76.

[44]　*HE* ii. 20；iii. 1.

亚的联系——至少可以追溯到 6 世纪，即使它在 8 世纪经过更新和改造。[45] 在东盎格里亚，一种新的政治文化已经在 6 世纪晚期开始孕育，而且以斯堪的纳维亚的深刻联系为中心。[46] 这些新生的族群强烈要求忠诚。比德所记载的巴德尼（Bardney）的修士们如何处理诺森伯利亚国王奥斯瓦尔德的遗骸很具揭示意义：因为他"来自异国他乡，攫取了凌驾于他们之上的王位，所以即使他带着他们以往的仇恨死去时，他们也要追逐他"[47]。

巴德尼地处有争议的林赛行省，亨伯河以南，有理由认为这是一个族群忠诚特别复杂的地区。我们已经援引过的佚名作品《格列高利教宗传》（*Life of Pope Gregory*）讲述了将诺森伯利亚国王埃德温的尸体从林赛的哈特菲尔德·查斯（Hatfield Chase）——他被杀的地方——转移到他的同族妇女主管的惠特比王室修道院。这次交接涉及亨伯河正北部的一所王室修道院，"南方英格兰人"修道院的一位牧师和哈特菲尔德·查斯附近的一位下层居民（*maritus*）。值得注意的是，这位惠特比作者称埃德温为"我们亨伯河民族的国王"（*gens nostra quae dicitur Humbrensium*）；他似乎认为亨伯河两岸的居民是一体的。亨伯河不足以分割他们，他们是连成一体的。巴德尼的修士们之所以拒绝接受奥斯瓦尔德，是因为他不仅仅（*tout court*）是一个诺森伯利亚人，而且是一个伯尼西亚人，一个杀害埃德温的王朝的一员，一个要求亨伯河两岸居民像自己的臣民那样效忠的国王。[48]

679 年麦西亚在特伦特之战中获胜，一个叫"伊玛"（*Imma*）的诺森伯利亚贵族（*iuvenis de militiaregis*）被一个麦西亚贵族（*gesith*）俘虏。伊玛的遭遇说明——也许在我们意料之中，这种新的认同在统治精英中间最为强烈。[49] 比德明确地说，伊玛害怕泄露自己的贵族身份会给自己带来杀身之祸——为那个麦西亚贵族的亲戚偿命。为了活命，他声称自己是一个为诺森伯利亚军队的贵族步兵（*milites*）送饭的穷村夫（*rusticus pauper*）。他可能逃脱了极刑。此处的寓意很明显：

45　Behr (2000).

46　J. Hine, in Carver (1992), pp. 315–329; Yorke (1990), p. 61.

47　"quia de alia provincia ortus fuerat et super eos regnum acceperat, veteranis eum odiis etiam mortuum insequebantur"; *HE* iii. 11.

48　Earliest Life of Gregory, cc. 12–19.

49　*HE* iv. 22.

依附农民对宗族（gens）的认同不如贵族武士那样强烈。处死一个诺森伯利亚村夫（rusticus）不足以抵偿麦西亚贵族的亲戚的性命。[50] 我们难以确定一条界限。归还埃德温尸体的故事说明，一个非贵族的平头百姓也许对宗族（gens）有一定的参与意识；但是，伊玛的故事说明，居于从属地位的农民可能没有这种参与意识。

除了这些正在出现的、以新生王权和贵族政治为中心的英格兰人的认同，我们必须提及那些自我认同为不列颠人或者爱尔兰人的民族。对于比德来说，地处英格兰王国之外的不列颠人，大多出于原住民的仇恨（odium domesticum）而反对英格兰人。其中一部分处于独立地位，一部分在英格兰人统治之下。[51] 那么，我们能不能假定在英格兰诸王国，自认为不列颠人的人如凤毛麟角（我们已经看到，威塞克斯是一个例外），如果有的话？在那些国家中，很难看见不列颠人的考古资料和语言学资料，这在一定程度上证实了比德的观点。一个似乎可信的解释是，我们看到的基本上是一个精英阶层的消失，那些遗留下来的最卜层人民从来就未融入精英阶层，因此可以毫不费力地适应他们的新统治者。

然而，最近有人提出，至少在诺森伯利亚，我们可以看到另一番情景；比德对不列颠人的仇恨反映了一种立场，特别是诺森伯利亚人的立场。反映诺森伯利亚人对不列颠人军事行动的证据相当多，反映两个民族之间强烈敌意的证据也相当多。在迪河畔的班戈修道院，诺森伯利亚人埃特弗里希（Æthelfrith）于 616 年屠杀了几百名不列颠修士，比德对此事的描述带有沾沾自喜的味道。同时，在指责残酷的暴君和恶名昭彰的统治者圭内斯的卡德瓦隆时，他又显得言过其实。这两件事说明，在比德心中存在着一种根深蒂固的仇恨。[52] 英格兰人对后来成为诺森伯利亚地区的征服可能特别残暴，造成了无情的破坏、倒退，或者驱逐了土著不列颠人。在这种情况下，地名证据和其他语言学证据可以如此解读：它们表明在 7 世纪的后继者中，不止精

472

---

[50] Cf. Higham (1995), pp. 225 – 226; Moreland (2000), pp. 47 48.

[51] HE v. 23. 特别有意思的是比德对于显然是弄错了的梅瑟费尔思（Maserfelth）的奥斯瓦尔德之死亡地的探访，此处包括一个死者被他认定是不列颠人。战败地的位置并没有被认定，这次战役是在边界的一处沼泽地，此地也有可能是这样的各族群混居地。无论如何，这个不列颠人被描述为是一个旅行者（HE iii. 10）。

[52] HE i. 34；ii. 20；iii. 1.

英阶层自认为英格兰人。[53]

在英格兰人与爱尔兰人的关系方面，问题要少得多。在 7 世纪，爱尔兰人拥有自己的语言，至少一部分拥有独特的宗教习惯，包括削发仪式和复活节日期推算方式。显然，在盎格鲁—撒克逊王国，他们的人数相当多，但是并没有带来任何问题。比德显然总体上对他们抱有好感；对他来说，他们是"一个无害的民族（*gens innoxia*），对英格兰民族（*natio Anglorum*）一直很友好"。比德虽然不赞同艾奥纳修道院那种特立独行的传统，但是他尊其为诺森伯利亚人教堂之母，在《英吉利教会史》中，艾奥纳依从正统复活节是一个高潮。[54] 他对爱尔兰人鲜有不公。一个值得注意的例外是，他将苏塞克斯王国的博沙姆（Bosham）修道院贬为没有对异教的南方撒克逊人造成任何影响的"不起眼的修道院"（*monasteriolumpermodicum*）。此话的动机可能是想强调诺森伯利亚人对那个王国改奉基督教所做的贡献。

英格兰人与法兰克人

7 世纪早期，距英格兰人最近的欧洲大陆邻居墨洛温王朝法兰克人与英格兰东南部的王国关系尤其密切。580 年以前，肯特国王埃特博希特（Æthelberht）已经迎娶巴黎国王查理伯特一世（567 年卒）之女贝尔塔（Bertha），后者带来了法兰克扈从。[55] 这次联姻确定无疑地显示，法兰克人在肯特社会最高层是一个显而易见而且可以接受的元素。最近甚至有人提出，这可能意味着墨洛温享有最高领主地位。[56] 埃特博希特之子伊德鲍尔德（Eadbald）也娶了法兰克女子艾玛（Emma）。后者可能是后来的史料所提到的厄琴奥德（Erchinoald）王公——纽斯特里亚国王的宫相（mayor of the palace）——之女。此后，几个肯特王室成员的名字——包括伊德鲍尔德之子厄尔肯伯特国王（Earconberht，640—664 年在位），伊德鲍尔德之孙女厄尔肯哥塔（Earcongota，死于法兰克女修道院）——与他们的纽斯特里亚表亲便有了密切联系，或者干脆一样。[57]

53 Rollason（2003），ch. 3.
54 Thacker（1996）.
55 Wood（1999），pp. 70–74.
56 I. Wood, in Carver（1998），pp. 235–241.
57 Wood（1994），p. 177.

　　到 7 世纪中叶，阿纳（Anna）国王治下的东盎格里亚也进入了这张关系网：它的公主嫁给了厄尔肯伯特。厄琴奥德不仅庇护来自东盎格里亚的爱尔兰人，也可能帮助他的半肯特、半东盎格里亚的女亲威厄尔肯哥塔及其东盎格里亚的亲属进入纽斯特里亚的布利耶的斐尔穆蒂耶（Faremoutier-en-Brie）大修道院。显然，在这件事上，他得到了他以前的奴隶纽斯特里亚王后巴尔希尔德（Balthild）的协助，后者可能也出身于东盎格里亚。[58]

　　盎格鲁—法兰克之间的联系远不止王室之间的交往。在肯特和英格兰东南部其他地方的高级遗址中，发现了大量的法兰克钱币和服饰物品。我们同样知道在 7 世纪中后期，包括本尼狄克·比斯科普（Benedict Biscop）和威尔弗利德在内的诺森伯利亚高级教士，首先到肯特，然后再从那里前往法兰西亚和罗马，搜集工匠、书籍和基督教崇拜所需的物品。[59] 这个诺森伯利亚主教威尔弗利德想在法兰西接受圣职，然后按照法兰克同行的做法进行主教区管理。[60] 虽然有沟通方面的问题，法兰克主教们仍然在威塞克斯主持宗教仪式，仍然在 664 年确定了教会纪律的诺森伯利亚宗教会议上起领导作用。[61] 在 7 世纪 30 年代，东盎格里亚——其国王西吉伯特在莱德瓦尔德统治期间被流放到高卢——在勃艮第人费利克斯主持下接受基督教信仰，建立了邓尼奇（Dunwich）主教领。[62]

　　这样，英格兰、爱尔兰和法兰西在许多方面形成了一个高层次的互联互通的世界。比如，阿吉尔伯特主教在爱尔兰长期学习以后，于 7 世纪中叶到达威塞克斯。威尔弗利德算是互联互通的典型。据说在 7 世纪 50 年代，他被授以甲昂主教职位。676 年，他居中调停，帮助被流放的达戈伯特二世（Dagobert Ⅱ）从爱尔兰回到奥斯特拉西亚的法兰克王国。此举十分成功，也招致国王的劲敌纽斯特里亚宫相（maior）埃布罗因（Ebroin）的不共戴天之仇。[63] 所有这些阶层的来往十分频繁，至少在基督教会内部，异族的出身和异族语言显然不是

⑱　Fouracre and Gerberding (1996), pp. 97–114; Thacker (2002), pp. 58–59.
⑲　Bede, Opera Historica i, ed. Plummer, pp. 364–404.
⑳　Vita Wilfridi c. 12.; HE iii. 28.
㉑　HE iii. 7, 18.
㉒　HE iii. 15; Campbell (1986), pp. 49–84.
㉓　Vita Wilfridi c. 28; Wood (1994), pp. 231–232.

474　高级职位的障碍。

国王与王权

　　王权是6、7世纪英格兰政治中的关键因素："人民不创造国王"，如爱德华·詹姆斯（Edward James）所说，"国王造就人民"[64]。7世纪的盎格鲁—撒克逊王权可能只是近期的发展。占统治地位的王室家族似乎多数出现于6世纪晚期。比如，一个富有而显赫的统治阶级就在那个时候首次出现于东盎格里亚，他们葬于陪葬丰厚的古坟岗，其中最著名的是7世纪早期萨福克的萨顿胡王冢，里面的珠宝、银器、盔甲和武器令人眼花缭乱。[65] 同样在7世纪早期，诺森伯利亚的耶韦灵建造了庞大的木建筑群。它有一系列高大的厅堂，其中最大者可容纳300多人，而且厅堂内的一个奇怪的讲坛，似乎是一个圆形剧场的一部分，可能是设计来组织公众集会的。[66] 这些发现说明当时的统治者拥有巨额财富和抱负，还有国际交往。萨顿胡遗址显示葬于其中者是一个不亚于同代墨洛温王朝诸国王的人物，他拥有做工精美的黄金和石榴石带扣、挂钩和钱包搭扣，一个带有异国风情的仪式用魔石或者权杖，一件仿造罗马阅兵盔甲的豪华头盔，来自罗马东部的银币和来自法兰西亚的金币。当然，这些极尽奢华的描述来自比德的作品，与霸主埃德温（Edwin）和莱德瓦尔德（Raedwald）有关。这些证据至少说明，7世纪的英格兰存在着这样一些统治者：他们试图吸收罗马化（Romanitas）元素，他们的生活具有公共维度，"在某种程度上是仪式上的"[67]。

　　虽然8世纪晚期的英格兰国王宣称其家族谱系是延续自欧洲大陆之神族后裔的王室家族，但是那种血统在6世纪以前并没有包括历史人物。[68] 在始于6世纪晚期、7世纪早期起源神话的构造过程中，文字记载大概是最后阶段。虽然其宗谱包含沃登（Woden）及其他异教神祇，但是现在一般认为，他们是基督教作家利用异教历史杜撰的，

---

[64]　James（1989），p. 47. 对于盎格鲁—撒克逊王权的更深入的研究，见后文 Wormald，第21章。

[65]　Bruce-Mitford（1975－1983）.

[66]　Hope-Taylor（1977）.

[67]　Campbell（1982），p. 58；Filmer-Sankey（1996）.

[68]　Dumville（1976）；Sisam（1953）.

目的是为那些已经改奉基督教的王室保护人增加威望。[69] 然而，夏洛特·贝尔（Charlotte Behr）最近指出，这可能是一种过于狭隘的、怀疑论的观点。她利用地名资料，对肯特的一些上层社会——主要是女性——墓葬中发掘的金铂片或者垂饰造像进行了研究，确定无疑地认为，在6世纪的英格兰存在沃登崇拜。在重要的，可能是王室的地产中心发现陪葬有金铂片的坟墓，在南斯堪的纳维亚也有相同发现。她认为，这意味着"大迁徙时代的国王们企图将自己的理想与神祇——特别是主神沃登——联系起来，以证明自己的神圣出身"[70]。7世纪的英格兰王权并非一成不变，国王们会提出新的特殊地位诉求，在这个方面异教和基督教思想可以互相影响。[71]

　　关键的问题是王室的地位。像爱尔兰一样，英格兰有可能到处是国王，每个部落都有一个带有王权性质的统治王朝。然而，在7世纪的史料中，王室地位属于有限的、相互联系的一些家族，他们各自拥有刚刚提到的那种族谱，比如肯特王国的沃登神嫡传的瓦兴盖斯家族（Oiscingas）和东盎格里亚王国的伍芬加斯家族（Wuffingas）。[72] 不过，显而易见，也有许多具有某些较低层次的家族——比如，其成员被史料称为"小国国王"（reguli）、"酋长"（duces regii）、"头领"（principes），其家族在某种意义上讲，也是王族。[73] 有资料显示，至少一部分小家族出身于或者自称出身于某个大的王室家族。例如，怀特的国王们可能与肯特的国王们有亲戚关系；[74] 赫威赛的国王们的名字显示，他们可能衍生自诺森伯利亚王室——该王朝建立于7世纪50年代奥斯威短暂征服麦西亚以后。[75]

　　很显然，在王室地位和王权级别上存在着模糊不清之处。一个解释我们已经讨论过，那就是那些先前独立的王朝虽然被降格，但是仍然自称拥有王权。另一个解释在史料中更清晰一些，那就是与墨洛温

---

⑥⑨　特别见 North（1997），pp. 111–117。
⑦⓪　Behr（2000）.
⑦①　进一步了解教会和国王的角色，见 pp. 484–485。
⑦②　Dumville（1976）.
⑦③　Campbell（1979）；Thacker（1981）.
⑦④　Yorke（1989）.
⑦⑤　Finberg（1972）；Pretty（1989），p. 176. cf. Bassett（1989b），p. 6；Sims-Williams（1990），pp. 16–53.

王朝一样，王位属于王室家族的所有男性成员。[76] 这就可以解释我们已经讨论过的威塞克斯和埃塞克斯多层次王权的成因。[77] 在这种情况下，一个统治者——打个比方说——可以是"主要的"国王，家族其他成员可以根据权力的大小拥有特设的次级王国，或者高级官职。虽然彭达任命自己的儿子皮达为中盎格鲁国王，比德仍然可以称皮达为"首领"（princeps）。[78] 在威塞克斯，国王伊恩的法律所说的郡长，在一定意义上显然就是官员，他们与王室家族的"国王"（reges）或者"次级国王"（subreguli）相同。

朝廷

7 世纪的英格兰国王在做什么，其权力的性质是什么？首先，他们是军事首领。他们的魅力和个人的勇敢依赖于他们身处其中的新兴家族（gentes）的生存。一向强调修道院作用的比德对此十分清楚。他理想中的国王诺森伯利亚的奥斯瓦尔德（634—642 年在位）因为生性好战——为保卫人民和扩张权力而战——而备受赞赏。像东盎格里亚的西吉伯特（Sigiberht，630/1—? 7 世纪 40 年代早期）那样的修士国王因为个人虔诚而受到赞赏，但是比德认为他不具备国王所特有的素质。[79] 根据詹姆斯·坎贝尔（James Campbell）令人信服的观点，这个世界的权力规则在著名的诗歌《贝奥武夫》（Beowulf）中表现得淋漓尽致，虽然这部诗歌的年代尚未确定。国王的生活中离不开个人扈从的伴随，扈从应当随时为国王而牺牲，他们的忠诚因得到黄金和珍贵兵器这类礼物而得到保障。这是一个只能因失败和死亡而终止的动荡不安的世界，因为成功的本质就是要掠夺财富，这必然会招致更多的敌人前来血亲复仇。[80]

如善辩的坎贝尔所说，所有这一切在萨顿胡的陪葬品中，在耶韦灵的豪华殿堂中，在 7 世纪相继掌权的英格兰国王频频出现的暴力死亡中都有所表现。然而，这个高度个人化的世界还有另一个公共的方面。军事活动可能首先依赖于生活在国王宫廷的年轻的王室扈从

76　Halsall，未发表的论文，1997。
77　Wood（1977），pp. 17 – 23；Yorke（1990），pp. 52 – 57, 142 – 146, and（1995），pp. 79 – 84.
78　Campbell（1979）.
79　HE iii. 18；Wallace-Hadrill（1971），尤其是 pp. 72 – 97。
80　Campbell（1982），pp. 53 – 56.

（*comites*，*gesithas*），但是也肯定离不开那些更经常固定于自己地产上的、招之即来的年长扈从。而且，自由民在战争时期也有义务听从国王的召唤。比如，在伊恩的法律文书中，也有相关条款对那些拒绝履行兵役义务的土地贵族（*gesithcund man*）、无地贵族和非贵族自由人（*ceorl*）进行严惩。[81] 这项条款肯定与前面提及的早期宪章中那三大著名义务——兵役、筑防和建造桥梁——有关系，这为此后开始的大规模的边境土方工程的建设提供了必要措施，如在东万斯代克（Wansdyke）所出现的那样。[82]

国王还是极为复杂的统治机构的首领，在公共事务中发挥作用。他应当咨询郡长和"其他高贵的顾问（*gethundene witan*）"[83]。他的领土被划分为一些行政单位，例如肯特的"莱斯"（*lathe*），或者西撒克逊的"郡"（*scir*）。各行政单位由一位官员，即郡长治理，他们有可能是国王的亲戚，但是其职务是可以撤销的，不能世袭。这种单位被定义为"小区"，西撒克逊法律中提到的早期出现的郡，和《诸部族土地税簿》中提到的一些小单位，也许都是例证。[84] 国王可以通过这些单位运作一套精心组织的、以海德（足以供养一个自由家庭的土地数量）为估价单位的标准化评税体制。这种体制可以被当作"义务登记册"，而不是所有权登记册[85]。王室行政中心通常设在重要的罗马或者前罗马遗址上，或者其附近，是政府征收地租或者实物和劳役的地点，也是解决争端和举行全地区宗教活动的地方。[86]

7世纪英格兰王权的经济基础是国王对境内所有土地持有者或者耕种者征收供养费（*feorm*）的能力。这种捐税的实质内容和精心安排在7世纪西撒克逊国王伊恩（688—726年在位）的法律中可见一斑：每10海德土地每年应缴10桶蜂蜜、300块面包、12艾姆伯（amber，14世纪之前不列颠社会的重要度量单位，用来量取液体，有观点认为相当于4蒲式尔——译者）的威尔士麦芽酒、30艾姆伯纯麦芽酒、2头成年奶牛或者10只阉羊、10只鹅、20只母鸡、10块

477

---

[81]　*Laws of Ine* 51.
[82]　Cunliffe（1993）.
[83]　*Laws of Ine* 6.2. Cf. 前言中所论 *ieldestan witan*。与之相同观点见 Wood（1977），pp. 4 - 29。
[84]　E. g. *Laws of Ine* 36.
[85]　Faith（1997），p. 10，引用 J. Bossy。
[86]　关于近年来的评价，见 Faith（1997），esp，尤其是8 - 11。

奶酪、1 满艾姆伯的黄油、5 条鲑鱼、20 磅饲料和 100 条鳗鱼。⑧ 这些捐税汇集于各地王室地产中心，国王及其随从四处游动，要么将实物捐税消费掉，要么收取折算出来的等价物。因此，7 世纪的英格兰国王们通常处于巡游状态。⑧ 虽然，如诺森伯利亚的埃德温那样的强大国王也许会在耶韦灵建造他的巨型木结构建筑群，但一般而言，统治者都没有固定的首都。即使像耶韦灵那种富丽堂皇的建筑综合设施似乎也都无法长存。埃德温去世不到 50 年，它就被放弃了，被附近另一处地方取而代之。⑧

立法与司法

国王们在司法和争端解决方面扮演着重要角色。比如，他们毫无
478 疑问地参与了立法活动。比德的一段著名文字记载，肯特国王埃特博希特（卒于 616 年）接受基督教信仰以后，为人民"深思熟虑地制定……确立了判决标准"⑨。这些由埃特博希特首次记录下来的判决标准（*domas*）几乎可以肯定并非由他创造，而是源自确定的惯例（*Tæw*）。另外，在惯例的取舍上，（如比德所说）埃特博希特的顾问们，即贤人（*sapientes*）也起了作用。⑨ 在埃特博希特的开拓性法典之后，他在肯特的直接继承人希罗特尔（Hlothere，673—685 年在位）和威特莱德（690—725 年在位）都先后制定了法典。从法典序言可以看出，它们都是习惯法的扩充。立法过程的性质在威特莱德法典中表露得相当清晰：国王实际上是将得到全体同意的、由名人会议（*eadigan*）制定的法令添加到人民的司法惯例中。⑨

这些早期法律的目的引起了许多讨论。如果它们是罗马化（*Romanitas*）的重要标志，为什么要用英语书写？如果它们被当作习惯法判决和惩罚的唯一典型样本，这样选择的基础是什么？很明显，它们是被用来修订现存法律的；在确保自己新近取得的地位于本地法律

---

⑧　*Laws of Ine* 70. 1.

⑧　Stenton（1971），pp. 286 – 289；Charles-Edwards（1976）；Campbell（1979）；Yorke（1990），pp. 162 – 167.

⑧　*HE* ii. 14；Hope-Taylor（1977）.

⑨　*HE* ii. 5，如 Wormald（1999）所译，p. 29。

⑨　*Laws of Wihtred*，preface.

⑨　*Laws of Wihtred*，preface.

和惯例中具有充分的根据方面，教会有着特别明显的兴趣。埃特博希特法典经过精心编排。它一开篇——这很重要——就规定了保护教会的条文，然后依次规定有关国王、伯爵、自由民、围墙、伤害、妇女和奴隶的条文。[93] 这一切根本不可能是修正或者创新。帕特里克·沃莫尔德最近令人信服地提出，这些条文之所以被选中主要是因为法兰克立法者已经对它们发表过意见。换句话说，将法律文本化是国王和良好的管理机构的职能，这一点在肯特的近邻和最强大的基督教邻国中已经有了先例。同样，条文的选择也有相应的先例。[94]

　　到7世纪晚期，至少有一个国家——国王伊恩（688—726）治下的威塞克斯——效仿了肯特王国。[95] 伊恩的法典没有经过像肯特的前驱者那样的精心编排，似乎缺乏事先的策划。如沃莫尔德所说，它的条文给人的印象是对个案的反映。法典最初的核心内容经过——可能许多年——不断增补。因此，立法并且使之成文化那时可能已经成为"国王职能的一部分"[96]。虽然伊恩国王承认他的顾问和郡长的作用，也承认教会的贡献，具体来说，就是他的主教（温彻斯特的）海德（Hædde）和（伦敦的）厄尔肯华德（Earconwald，卒于694年），但有迹象显示，国王对立法的控制得到强化。[97] 与肯特的国王们不同的是，伊恩颁布法律如同下命令，其目的在于确保法律不被官吏或者臣民滥用。他的序言假定，一切法律——现存法律或者新编法律——的制定都是国王的事情。[98] 这具有重大的实际意义。尤其是，许多犯罪的责任人都得向国王缴纳罚金（wite）。[99] 犯罪赔偿的极限当然是封地——这由家族决定。血金（blood price）的价目由法律规定，目的在于为当事人解决纠纷提供一种替代途径。他们并不会设想王室官吏将参与交易。但是，国王的作用仍然不可忽视。除了有关为国王服役人员的案件以外，那些无亲属之人、外邦人或者商人的"边缘案件"都归他管。虽然私人在司法中也存在着经济利益，但是

479

---

[93] *Laws of Wihtred*; Wormald（1999），p. 96.

[94] Wormald（1999），pp. 100 – 101；亦见 Wormald 后文第 21 章。

[95] *Laws of Ine*; Wormald（1999），pp. 103 – 106.

[96] Wormald（1999），pp. 104 – 105.

[97] *Laws of the Earliest English Kings*, p. 36；Wormald（1999），p. 104.

[98] *Laws of the Earliest English Kings*, p. 36.

[99] E. g. *Laws of Ine* 3. 1 – 2, 6. 2 – 5, 7, 9, 10, 13, 14, etc.

最大利润落到了国王手里。到 7 世纪晚期为止，英格兰的国王们从罗马人那里不仅学会了通过立法职能抬高自己的身份，而且也学会了通过立法创造收入。⑩

教会的影响

导言：史实的记述

6 世纪 90 年代，大格列高利在罗马遇到盎格鲁奴隶以后，就开始构思使英格兰改宗的计划。那时，埃特博希特国王的宫廷已经出现过基督徒。埃特博希特迎娶墨洛温国王查理伯特之女贝尔塔为妻，贝尔塔从图尔带来主教柳德哈德，在埃特博希特的首都坎特伯雷的一个不列颠教堂——献给著名的图尔的忏悔者主教圣马丁的教堂——开始了基督教礼拜活动。⑩ 596 年，罗马派出意大利修士奥古斯丁和第一个传教团，阿尔勒、图尔和马赛的高卢主教们奉命沿途协助，包括提供翻译人员。⑩ 597 年，传教团抵达肯特东部的萨尼特（Thanet），在埃特博希特及众臣（gesiths）面前讲道，并且受邀定居于坎特伯雷。到了 598 年，教宗就宣称有 1 万英格兰人改宗。国王本人是否在改宗者之列尚未可知，但是他在 616 年去世以前肯定已经受洗。597 年或者 598 年，奥古斯丁被按立为主教，为其按立者可能是高卢都主教阿尔勒。⑩ 601 年，由修士和教士梅利特斯、贾斯特斯和保利努斯率领的第二个传教团从罗马派出，所携带的建立新教会所需物品一应俱全，包括礼拜仪式所用的器皿和圣物。同时，格列高利宣布了人事安排。奥古斯丁将接受作为都主教权威标志的大披肩，在伦敦设立都主教座，在南部任命 12 个副主教。另一个配备 12 个副主教的都主教座将在北部设立，地点在约克。它将在奥古斯丁去世以后完全脱离伦敦。⑩ 虽然该计划未能得到完全实施——它可能缺乏可行性，但传教团在短期内确实取得了一些引人注目的成就。奥古斯丁以罗马为榜

480

---

⑩　Wood（1999）.
⑩　Wood（1999）.
⑩　*HE* i. 23 – 33；Mayr-Harting（1991）.
⑩　不甚清楚的是，他是否在首次通过高卢的旅行时就被按立，如比德所想象的，或者是在以后的访问时。（*HE* i. 27）
⑩　*HE* i. 29.

样，在坎特伯雷建立了主教座堂，奉献给神圣的救世主；在郊外建立了一座墓地教堂，奉献给圣徒彼得和保罗。他首先册封梅利特斯和贾斯特斯为副主教，分别管辖东撒克逊人地区和肯特西部。东撒克逊国王埃特博希特的侄子很快也模仿自己的最高领主；604年，埃特博希特在伦敦设立了一个主教座。

616年，基督教的保护人埃特博希特去世，他的侄子埃塞克斯的萨伊伯特（Sæberht）紧随其后。之后，新的宗教遭遇反动潮流。埃特博希特和萨伊伯特的继承人都是异教徒，梅利特斯（Mellitus）和贾斯特斯（Justus）从自己的主教座逃亡高卢。反动潮流在肯特昙花一现，但是在埃塞克斯，直到7世纪50年代都没有主教。[105] 不过，传教士们取得一次举世瞩目的成就：625年，不列颠共主诺森伯利亚的埃德温在迎娶埃特博希特的女儿埃特布尔希（Æthelburh）以后，皈依了基督教。在比德笔下，埃德温此举是在咨询首席顾问和郡长以后所做出的决定性一步。比德对异教祭司科伊弗伊（Coifi）的叛教作了戏剧性描写：科伊弗伊亲自亵渎和烧毁了重要圣地古德曼哈姆（Goodmanham）的祭祀区和偶像。627年，国王及其儿子们、贵族们以及许多平民在约克受洗入教。更大规模的皈依发生于伯尼西亚，其时国王就住在耶韦灵大木宫或林肯的林赛。保利努斯（Paulinus）自己被奥古斯丁的第三任继任者贾斯特斯册封为约克主教。这些成功是昙花一现。随着埃德温于633年在哈特菲尔德的覆灭，诺森伯利亚王国分崩离析，其统治者叛教。当他们的继承人基督徒奥斯瓦尔德在诺森伯利亚重建教堂时，没有依靠坎特伯雷，而是依靠艾奥纳的达尔里阿达爱尔兰修道院——在埃德温统治时期，他曾经在那里避难。[106]

罗马传教团在诺森伯利亚的失败代表着英格兰皈依基督教的第一个阶段结束了。7世纪中期那几十年间，传播基督教的主动权掌握在艾奥纳修士手里。他们的传教活动由爱尔兰人埃当领导，不是在代尔拉的约克，而是在伯尼西亚的林迪斯法内站稳了脚跟。在比德的《英吉利教会史》中，这件事成为几个著名章节的主题。[107] 比德将林迪斯法内的基督教团体加以理想化，称其为执行伟大的格列高利所指

481

---

[105] *HE* ii. 2–8.
[106] *HE* ii. 9–20; iii. 1–3.
[107] *HE* iii. 3, 5–7, 14–17.

定路线的模范修道院。他宣称，它的牧师和教士生活简单，衣着朴素，传教热情高涨，积极投身于普通大众，传播上帝的福音。[108] 在埃当及其后继者主持下，以隐修为显著特征的基督教精神牢牢扎根于诺森伯利亚，继而在诺森伯利亚共主的支持下，于 7 世纪 40 年代被引入威塞克斯，在 7 世纪 50 年代被引入麦西亚和埃塞克斯。当 60 年代的大瘟疫横扫英格兰，带走坎特伯雷的狄乌迪第和诺森伯利亚的图达时，前者的有效管辖权可能在很大程度上只限于肯特。[109]

保利努斯被赶出诺森伯利亚一事造成传教活动中断，使教会纪律和礼仪问题浮出水面。艾奥纳传教士在某些问题上遵守独特的爱尔兰习惯，比如削发仪式和至关重要的复活节日期推算方法。结果，他们庆祝教会主要节日的时间就未必与肯特的罗马传教士的后继者相同，这对诺森伯利亚宫廷来说尤其棘手，因为在奥斯威（655—670 年在位）统治期间，来自肯特的王后遵从的是罗马礼仪。这些问题对当时的人们很重要，而对精于计算和诠释的比德来说尤为重要，[110] 在 664 年的惠特比宗教会议上得到解决。在那次由奥斯威国王召集和主持的著名会议上，阿吉尔伯特（Agilbert）主教及其门徒威尔弗利德（Wilfrid）代表罗马派，林迪斯法内的科尔曼（Colman）主教和惠特比女修道院院长希尔德（Hild）则力挺艾奥纳礼仪。奥斯威支持罗马派，遭受挫败的科尔曼不顾其修士同伴的反对，离开了诺森伯利亚。科尔曼的继任者图达去世以后，好斗的罗马派胜利者威尔弗利德于同年获得诺森伯利亚主教座。不过，对他的授职存在争议。他赴高卢寻求被按立圣职迟迟未归期间，在林迪斯法内受训但是接受了惠特比教规的查德（Ceadda）被安插到主教座上。665 年前后威尔弗利德归来以后，这个问题仍然数年悬而未决。

482　　基督教在英格兰人中间传播的第三个阶段开始于 669 年。那一年，英格兰坎特伯雷主教的当选人在罗马去世，教宗任命了一位讲希腊语的老修士——塔尔苏斯的狄奥多勒（Theodore of Tarsus）接任。这次不被看好的任命是一次引人注目的成功。狄奥多勒为衰败的坎特伯雷教会注入了活力，按照自己家乡的教会模式重塑都主教职权。到

---

　　[108]　*HE* iii. 26. Cf. Bede, *Vita Cuthberti*.

　　[109]　*HE* iii. 21 – 24, 27; iv. 1.

　　[110]　Bede, *Opera de Temporibus*, ed. Wallis (1999).

了 679 年，他不再以坎特伯雷都主教自居，而是接受了不列颠大主教头衔。同时，他将英格兰第一位传教士大格列高利的信仰发扬光大，也提升了惠特比修道院——保利努斯的庇护者埃德温的葬身之地——的地位。因此，自相矛盾的是，他利用格列高利的声望推翻了格列高利的计划，因为格列高利计划在盎格鲁人（*gens Anglorum*）中设立两个都主教，而他主张——可以这么说——设立一个独立的、由一位首脑人物领导的教会。他还利用自己的权威作了另一项改革：将迄今按照每个主要的王国或者行省一位主教——至多两位——的原则设置的较大的英格兰主教辖区进行分割。瘟疫过后，在英格兰诸国只有两位主教拥有无可挑剔的授任证书，这个现象有助于狄奥多勒政策的实施。[⑪] 不过，改革与威尔弗利德发生冲突。当初到达英格兰时，他曾经确认过威尔弗利德担任大诺森伯利亚主教的任命。

在那个时代，除了狄奥多勒之外，威尔弗利德是最有影响力的教士。他赞助艺术，与国王们保持良好关系，从北方的伯尼西亚到南方的麦西亚（远至苏塞克斯）创建了一个修道院大家庭，坚守早年在客居高卢时养成的主教威严。作为约克主教，他将约克变成诺森伯利亚教区的主教座所在地。7 世纪 70 年代，他达到事业的顶峰，成为埃克弗里斯（Ecgfrith）的王后埃尔特斯莉希（Æthelthryth）的朋友，并且在她的帮助下建立了赫克瑟姆（Hexham）大修道院。然而，他在 678 年与埃克弗里斯发生争执，被驱逐出诺森伯利亚。狄奥多勒趁机将他的主教辖区一分为三。威尔弗利德激烈反对，亲自跑到罗马，求教宗帮忙推翻这次分割。一段短暂的囚禁之后，他回到英格兰，到南方促使异教王国苏塞克斯和怀特帢依基督教。在那里，他卷入了西撒克逊国王凯德瓦拉（Cædwalla）的残酷征服。埃克弗里斯驾崩以后，狄奥多勒决定和解，求助于麦西亚国王埃塞尔雷德（Æthelred）和埃克弗里斯的姐妹惠特比的艾尔弗莱德（Ælfflæd）。686 年，与埃克弗里斯的后继者阿尔德弗里希（Aldfrith）的和解终于达成，威尔弗利德被复位到缩小的约克主教座。但是，他还在为官复原职而努力，690 年被再次驱逐出诺森伯利亚，到麦西亚的埃塞尔雷德宫廷避难。他漫长而大起大落的职业生涯，包括在 703 年第二次赴罗马申

---

⑪　*HE* iv, cc. 1 – 2, 5 – 6, 17; Thacker（1998）.

诉，终结于 710 年——那一年他在自己创建的赫克瑟姆教会的主教任上去世。[112]

狄奥多勒死于 690 年，留下一个地位与 669 年他接手时全然不同的英格兰教会。他扩大了主教的数目，召集他们开会。在他的主教座上，他创办了一所卓越的学校，该学校尤以东方的、安条克派神学见长，是培育主教的温床，它的得意门生遍布威塞克斯、诺森伯利亚和赫威赛。[113]他通过自己的悔罪条例书中所列出的一系列裁决，为平信徒制定了行为准则。尤其重要的是，他在伟大的格列高利庇护下，利用自己在整个英格兰教会中无可争议的权威，创造了大主教一职。这些成就改变了罗马传教事业的命运，也改变了坎特伯雷主教座的命运——即使在 735 年约克建立了都主教座以后，它的优势地位基本未受到挑战。

在诺森伯利亚，经过惠特比会议的激烈争论之后，问题得到解决。主教区的建立和随之而来的卡斯伯特（Cuthbert）——685—687年林迪斯法内的主教——祭祀仪式就是最佳证明。卡斯伯特是一个苦行者，在艾奥纳接受训练，因此遵从罗马复活节，死后被林迪斯法内和比德追认为爱尔兰—格列高利修道院牧师的榜样。他的精美随葬物品有丝绸法衣，一枚黄金和石榴石胸十字架，一把象牙梳子，一本小福音书和一个便携式镶银圣骨匣。这些物品显示，他的陪葬品即使不如威尔弗利德的陪葬品那么富丽堂皇，也绝对称得上丰富多彩。698年，在创制不久的高卢仪式完毕以后，他的不朽遗体升天，为这种新的综合体盖棺定论。[114]

皈依的影响

在 7 世纪之初，英格兰的精英大都是异教徒。我们可能永远无法知道他们的宗教信仰的性质，因为比德选择告诉我们的东西实在太少。不过，他确实清楚地表明，到 7 世纪早期的时候，诺森伯利亚至少有一个祭司阶层，由一位"高级祭司"（*primus pontificium*）领导，此人不能携带武器或者骑乘雄性马。此前，崇拜仪式将集中于圣所举

---

[112] *HE* iv. 13；v. 19；*Vita Wilfridi.*

[113] Bischoff and Lapidge（1994）；Lapidge（1995）；Stevenson（1995）.

[114] *Two Lives of St Cuthbert*, ed. Colgrave；Bonner, Rollason and Stancliffe（1989）.

行，圣所可能是一个壕沟围绕的广场，广场上可以摆放偶像和祭坛。[115] 我们无从得知这几个方面能否作为一个明确等级制度或者系统的宗教存在的证据；不过，7世纪英格兰的异教的存在可能极为广泛——它与社会活动及人们行事态度相关——尤其是，它确定了人们对超自然性在日常生活中作用的认识。

也许，我们不应该将盎格鲁—撒克逊后期的异教和基督教看成两个敌对的、互相封闭的系统；6世纪晚期新兴的精英阶层在与基督教会接触以后，其宗教态度会发生变化。至少有一个英格兰统治者企图将这两种宗教结合在一个松散的结合体内：众所周知，强大的东盎格里亚国王莱德瓦尔德（Rædwald，卒于616×627）建立了一个圣所，同时为异教神祇和基督设立祭坛。[116] 东盎格里亚王室有时被视为传统异教的堡垒，这一点从萨顿胡古坟岗下面的丰富船葬品可以看出来。不过，目前没有必要解释萨顿胡。不可否认的是，东盎格里亚国王们的大墓冢与埃特博希特及其配偶在坎特伯雷埋葬于教堂内的水泥棺形成鲜明对照；他们很可能有马匹殉葬，甚至人类殉葬。不过，萨顿胡一号王冢那样的豪华古坟葬仪可能既涉及宗教信仰，也是俗家仪式。[117]

英格兰皈依的主要影响最终归于精英阶层的一个信仰体系。它的动因很明确。格列高利及其所遣之人很清楚，关键人物是国王们，他们在模仿自己的蛮族邻居接受基督教时，选择了罗马派中最有影响力的成分。他们的随从和贵族通常会跟随他们，强大的国王甚至影响到他们的附庸。埃特博希特自己的皈依毫无疑问是在仿效强大的邻国，即与自己联姻的墨洛温王朝的国王们。随后，他把自己在埃塞克斯的侄子引进基督教会。类似的模式在诺森伯利亚的共主中间也可以发现。例如，正如奥斯瓦尔德应西撒克逊国王塞尔吉里斯（Cynegils）之要求使自己接受洗礼作为联姻之代价，皮达在迎娶奥斯威的女儿时，也照此例皈依了基督教。

基督教为国王们带来很多东西。比德发现，随着其"罗马化"

---

[115] *HE* ii. 13；Blair（1995b）；North（1997）.

[116] *HE* ii. 15；Yorke（2003）.

[117] Cf. Halsall（1995），esp. pp. 61–63.

（*Romanitas*）的程度不断加深，国王们在立法中承担了新的职能。[118]
埃特博希特的法典开宗明义地宣称，法典是奥古斯丁主教在世期间成
文的。[119] 诸如威特莱德法典和伊恩法典这些后来的法典也记载了主教
的参与。法典将教会权力和特权神圣化，由此可清楚地看到教会对立
485 法过程的参与之深。[120] 除了成文法，还有特许状。特许状中庄严而华
丽的安色尔字体在外观上使人联想到教会手抄本福音书的神圣性。这
类文书借用了大格列高利的证书格式，为国王们处置财产提供了一种
新的选择：在 7 世纪，财产处置的主要受益人是教会，特别是王室修
道院。帕特里克·沃莫尔德指出，虽然这些文书比较特殊，而且来源
多种多样，但以奥古斯丁或者狄奥多勒为代表的教会在特许状引进方
面起着主要作用。[121]

尤其重要的是，教会为正在孕育中的英格兰王权获得威望提供了
至关重要的新工具。王室的圣徒将国王与超自然现象联系起来。他们
可以使王室后裔特殊化，使王室驻地成为崇拜中心。如珍妮特·纳尔
逊（Janet Nelson）指出，一个基督教圣徒与一个神圣者的区别在于，
圣徒死后通过外部确认过程得到认可，而神圣性乃神圣者先天继承的
品性。[122] 不过，不可否认的是，神圣的国王死后会获得一些神圣特
性。[123] 如果牧师们因此在对待和认可这些人物时保持谨慎，他们也发
现这些人是非常有用的。牧师们很关心国王们能够为教会做些什么，
他们可以将王室圣徒，特别是神圣的国王，作为行为榜样。[124] 比如，
从比德的著作中，我们可以提炼出一位模范国王的概念：其个人品德
"符合教会要求"；可以提供"保护、捐赠、慷慨赠予、进行基督教
战争，尤其是服从它的（教会的）说教"[125]。

很明显，皈依改变了国王及其随从。至于它对下层社会的影响，
我们所知甚少。比德记述得很清楚，至少在诺森伯利亚发生过大规模

---

[118]　*HE* ii. 5.
[119]　*Laws of the Earliest English Kings*, pp. 4 – 17, at p. 4.
[120]　*Laws of the Earliest English Kings*, pp. 24, 36.
[121]　Wormald（1984）.
[122]　Nelson（1986）, pp. 69 – 74.
[123]　Thacker（1995）, pp. 98 – 104; Cubitt（2000）.
[124]　Nelson（1986）, pp. 69 – 74. Cf. Wallace-Hadrill（1971）, pp. 47 – 97.
[125]　Wallace-Hadrill（1971）, p. 86.

的皈依；许多平民（*plebs perplurima*）跟随埃德温国王皈依基督教。[126] 这种新宗教给人们造成深刻印象的最重要的方式是迁移崇拜地址，修改崇拜历法。不过，宗教崇拜圣地及历法也会有一定的延续。罗马传教士的创始人格列高利教宗自己也料到他的使者会接收异教崇拜场所和建筑，然后用于基督教崇拜。虽然格列高利对600年左右的英格兰局势可能所知甚少，但有证据显示，在异教肯特的后期，王室地产中心与皈依基督教后可辨识出来的类似异教崇拜场所之间存在着某种关联。[127] 如果这种模式保持不变，崇拜场所可能也不会改。最近有人提出，中世纪古德曼哈尔的教区教堂就在埃德温的圣所旁边。[128] 基督教最大的节日——救世主的复活——还保留了英语名称，这也说明了历史的连续性。据比德的应时巨作《时间推算》（*De Temporum Ratione*）记载，"复活节"（*Easter*）一词源于盎格鲁春季女神"伊斯特尔"（*Eostre*），传统上她在4月即复活节月接受崇拜。[129]

一个主要的非连续性元素已经被发现，它被认为是来自基督教的影响。在丧葬传统上反映出来的陪葬品的消失，一直被视为基督教会的胜利。[130] 不过，这个实例几乎可以肯定是太简单了。陪葬品本身并不能说明它是属于基督教的还是异教的：一位被尊为圣徒的主教圣徒很容易像一位异教武士贵族那样把自己的职业标志作为陪葬品。此后很久，教会才坚持要求为死者挑选独特的埋葬场所，或者举行独特的葬礼。[131]

我们可以分辨出基督教被精英阶层正式接受的精确日子和长期的、无法精确界定的基督教化过程。至于幸存于早期英格兰王国的不列颠人的基督教文化在这个过程中起着什么作用，学术界一直都有争论（如果过去有这样的争论的话）。[132] 此处，比德的偏见尤其突出。他对不列颠人出了名的厌恶令人怀疑他在自己的历史著作中将不列颠人排除在外。他一边指责不列颠人在使英格兰异教徒改宗方面未尽到

[126] *HE* ii. 14.
[127] Behr (2000).
[128] Blair (1995b).
[129] North (1997), pp. 178, 227–228；Bede, *De Tempore Ratione* c. 15.
[130] E. g. Campbell (1982), pp. 48–9, 51.
[131] Bullough (1983). 关于基督教的逐渐发展，亦见 Wood, 后文第26章。
[132] 见 Rollason (1989), pp. 3–20；Sims-Williams (1990), esp. pp. 54–85；Stancliffe (1997), 以及 Stancliffe, 前文第16章。

自己的责任，一方面明确表示英格兰人对外与不列颠诸国的基督教居民有过接触。例如，他对于在西撒克逊王国和赫威赛王国边界举行的奥古斯丁橡树会议上，奥古斯丁与不列颠教会人员会见的叙事方式，显然说明了这一问题。⑬

　　然而，对曾经沦为英格兰统治者之臣民的前罗马—不列颠人中间遗留的基督教信仰，比德只字未提。一些迹象显示，这可能比比德的沉默本身更重要。尤其是在东南部，不列颠第一个殉道者阿尔班的下葬地似乎仍然是活跃的异教崇拜场所。同样，在肯特，奥古斯丁似乎还遭遇了另一位不列颠殉道者西克斯图斯（Sixtus）。他有效终止了人们对西克斯图斯的崇拜，以对一位同名的、258 年去世的教宗殉道者的崇拜取而代之。⑭ 不过，这类崇拜的幸存并非制度性存在，意义不大。甚至可以说，这些崇拜可能只是昙花一现。

　　其他地方也有相互接触的迹象。在威塞克斯的西部，存在着大量的、组织良好的不列颠人。664 年，英格兰主教温尼（Wini）在两个不列颠主教协助下，将查德册封为诺森伯利亚主教。⑬ 在西部两个王国赫威赛和马戈恩赛坦（Magonsæte）皈依的过程中，不列颠人可能也发挥了作用，⑬ 在麦西亚本国，有一个实例可以证明利奇菲尔德（Lichfield）的主教座就是不列颠教会所在地。⑬ 在东盎格里亚和东米德兰，与不列颠基督徒接触不多，如果有接触的话，相关证据也都显示双方充满敌意。⑬ 在北方，在比德自己的家乡诺森伯利亚，相关证据也是模糊不清的。有证据显示，约克的威尔弗利德作为主教，在其权力鼎盛时期曾占用了空闲的不列颠教会场所——该地可能在彭奈恩山脉西部。⑬ 比德提到一个不列颠人受益于一个教会场所（可能在希罗普郡的奥斯沃斯特里）的治疗能力：这个场所是诺森伯利亚的基督徒国王（*rex christianissimus*）奥斯瓦尔德与异教徒彭达作战时阵亡的地方。⑭ 不过，总的来说，如果比德和威尔弗利德传记的作者可信

---

⑬　*HE* ii. 2.

⑭　Sharpe（2002），pp. 124 – 125；Brooks（1984），p. 20.

⑬　Bede, *HE* iii. 28；Yorke（1995），pp. 43 – 51, 66 – 72.

⑬　Sims-Williams（1990），pp. 55 – 86.

⑬　Gould（1973）.

⑬　E. g. Felix, *Vita Guthlaci.*

⑬　*VitaWilfridi* c. 17.

⑭　Bede, *HE* iii. 10.

的话，不列颠人对于英格兰诺森伯利亚的基督教发展，几乎没有任何帮助。

早期英格兰教会的性质和组织

7世纪的英格兰教区很大，而主教很少。英格兰的主教们无疑拥有很高的社会地位，也有极少数（如威尔弗利德主教）对政治涉入很深，但其势力却没有法兰克和意大利同行们强大。牧师和助祭也可能不多。即使有，亦多集中于前面提及的王室地产上获赠丰厚的宗教团体内。对于这些团体的性质，存在着许多争论。它们是着重内省、自律、关心王公贵族庇护者今生来世的精神和道德福祉的严格的修道院呢，还是各有自己的大教区（parochia），建立于或邻近于王室地产中心、专门为这些地产上的每个成员提供圣事服务的各牧区活动中心网络的有序组成部分呢？其确切地位也许就在二者之间。似乎很清楚的是，一位7世纪的英格兰国王的信仰并不纯粹是私人事务，这对其扈从影响很大；这就是为什么罗马传教士把注意力集中在国王身上，为什么在埃德温国王统治期间会发生保利努斯所主持的那样大规模的皈依。另外，那个时代的人们似乎能够区分在教堂工作的教士与在修道院修行的修士。而且，这些早期宗教团体的分布说明，它们肯定不是系统完整的组织，很可能在功能上各不相同。在这个初级阶段，各个团体，无论是教士（clerici）还是修士（monachi），是否都具有牧师职能，仍然是一个悬而未决的问题。不过，似乎可以肯定，许多团体都有，或者至少打算承担这些职能。[141]

正如我们看到的那样，圣徒崇拜可以大大增加基督教对于国王们的吸引力。它也能够提供一种接近老百姓的重要手段；圣徒的坟墓和遗物被视为人类与超自然力量交流和利用它为自己服务的主要手段。当传教士们到达时，英格兰还没有自己的圣徒，他们（几乎可以肯定从罗马）带去的圣物轰动一时。[142]不过，到7世纪中期的时候，英格兰人在他们的墨洛温邻国的影响下，开始在他们的主教座教堂，尤其是在他们的王室修道院，供奉自己的圣徒。到8世纪，这个已经开

488

---

[141]　Blair and Sharpe（1992），特别是 Blair, Cubitt, Foot 及 Thacker 的研究；Cambridge and Rollason（1995）；Blair（1995a）。

[142]　Thacker（2000）。

始的转变过程将会加快，大多数大教堂将拥有自己本地的圣徒。[143]

在此发展过程中的关键性组织是家庭修道院、王室圣徒安息的地方和王室家族传统与财富的储存库。这类组织通常由一位王室女院长主持。它们一直被误称为"混合修道院"，实际上它们是由男性牧师团体主持圣事的王室女修道院。7世纪的典型例子有惠特比的诺森伯利亚大修道院和地处谢佩岛（Sheppey）的肯特修道院及萨尼特的明斯特（Minster in Thanet）。像奥托统治下的德意志王室女修道院那样，它们在一个男性成员经常被杀的不稳定世界中求生存，而且随之带走了皇权所赖以存在的脆弱的个人忠诚，它们是家族地产和财富增长的稳定中心。[144] 这些女性团体可能由古老的前基督教模式发展而来。夏洛特·贝尔（Charlotte Behr）令人信服地告诉我们，异教肯特时代晚期的大量王室珠宝上都雕刻着丰富的沃登神像，显然多为女性佩戴，这说明上层妇女已经在家族宗教和政治权力传递中发挥了重要作用。[145]

489

经济与社会组织

领土结构

7世纪的英格兰是典型的农业社会。一般来说，主要居民区就是地产中心，里面有王宫或者重要教堂。一般认为，土地的占有是由大的号称"多重地产"的单位组合起来的。[146] 这种单位便于少数人控制和使用人力，在某种程度上讲，是相当分散的领地资源。多重地产由"多层级聚落"组成。基本特征是以王宫——其中有领主和他的宫室，也许还有重要教堂——为核心；周围属于"畿辅"，由依附佃户以及地位几乎可以肯定是奴隶的人居住；外围定居群落必须向主人缴纳地租、食物贡品和提供各种劳役，也许包括协助主人直接在领主自营地上劳作。正如琼斯所相信，至少在某些情况下，这种土地单位就是早期的郡或者小行省的另一种形式。不过，罗莎蒙德·费思（Ro-

---

[143]　Blair（2002）.

[144]　Thacker（1992），pp. 142–145；Foot（2000），pp. 35–61.

[145]　Behr（2000）.

[146]　典型的论述见 Jones（1976），pp. 15–40。近期讨论见 Faith（1997），pp. 11–14。

samond Faith）最近指出，随着"对人民的统治和控制逐渐演变为对土地的占有"，早期的郡发展成为地产。[147]

在这些地产上分布着许多聚落。"一个以血亲关系为纽带的族群，共同生活在被自己土地环绕着的核心聚落，长期以来这被视为北欧村落的基本类型"[148]，人们常常假设它是英格兰的普遍现象。然而，早期的情况大多悬而未决。我们虽然在一些地方发现了所谓稳定的"前村庄核心区"——可能原本是养活一个家庭的早期农场，但是在另一些地方，居住地似乎是流动的，尽管它们所在区域的边界是固定的。[149] 这些居住地的物理特性很难确定，不过可以肯定它们是木结构建筑群，可能是农场及其附属建筑物。

社会组织

对于了解早期英格兰诸王国的社会结构，法律是最佳的资料来源。从阅读这些法律获得的关于早期英格兰社会的经典看法认为，英格兰社会的基石是逢勃向上的自由农民，他们的耕地足以养活家庭以及依附者，只需向领主支付少量杂役——如果有领主的话。他的基本支持系统是他的家族，家族有权就其本人和家人所遭受的伤害而获得赔偿；如果其他手段失效，可以通过血亲复仇强制执行赔偿。不过，虽然他们以生来自由人为社会基本元素，法律还是呈现了社会的高度分化，暗示了复杂层级的存在。因家庭成员被害而对一个家庭赔偿的偿命金（wergilds）存在巨大差异，这说明早期英格兰社会存在着极端的不平等。7 世纪早期异常丰厚和面面俱到的陪葬品证明了这种不平等。而且，对许多人来说，家族的义务无法提供足够的支持和保护。为此，大多数人必须依靠一个领主。在早期法律中，领主（hlafordas, dryhten）的存在是理所当然的，领主的作用无所不在。例如，威特莱德法典含有对伤害自己主人的奴隶（esnas）实施惩罚，或者规定主人证明仆人无罪的条款。[150] 伊恩法典表明，自由民，甚至贵族（gesithcund）也可能有他们的领主。[151] 他们还将领主的权利视为

490

[147]　Faith（1997），p. 11.

[148]　Faith（1997），p. 129.

[149]　Taylor（1984）；Hamerow（2002），esp. pp. 93 – 99, 120 – 124.

[150]　E. g. Laws of Wihtred 9 – 10, 23 – 24.

[151]　E. g. Laws of Ine 50, 70.

理所当然，不仅通篇规定伤害他们要支付的罚金，而且明确规定他们要为自己的奴隶（theowas）或者仆人（geneatas）的行为担负法律责任。[152]

早期法律中对于贵族（eorlcund or gesithcund）的描述，即出身于公爵（eorl）或者国王侍臣贵族等级者，表明存在一个贵族阶级。在法律上，他们的人身安全及其家庭安宁受到高额罚金保护，罚金数目可以是杀害一个非贵族自由人的两倍。国王从各级贵族中挑选侍臣、顾问、郡长、主教和武士，各人言谈举止显然代表着他的身份。当被俘的伊玛（Imma）声称自己是一个贫穷的农民时，他的外表和言谈举止暴露了他不是农民，而是贵族（de nobilibus）。他的命运相当于一个下等人：他被卖给伦敦的一个弗里斯兰（Frisian）奴隶贩子。同样，他的最终得救得益于他的贵族身份：被国王希罗特尔（Hlothere）赎回，这是他以前的女主人埃尔特斯莉希王后的侄子。[153]

这个贵族阶级显然拥有土地，而且可以被授予土地。伊恩法典允许一个世袭贵族成员（gesithcund）拥有 3—20 海德的地产，他掌管的家庭可以拥有一位管家（reeve）、一位铁匠和一位奶妈。他也可以自由离开这块土地，或者被驱逐出去。贵族们似乎可以拥有支付劳役和地租，也许按照固定租约持有土地的佃户。有人提出，他们自身也可以以固定期限租佃土地。[154] 关于这些土地是属于可撤销的皇家特许权，还是不可剥夺的家族权利，存在着许多争议。伊恩法典显示，至少有些地产属于暂时性持有地。不过，好像也有不可剥夺的家族土地。这种土地的传承方式不得而知。如果类比王权，可能存在着某种共同继承。这将导致继承权的分散。通过特许状把土地"登记"到教会名下可以规避这种结果。不过，这样做的前提是首先建立家族修道院——比德谴责这种做法。直到后来，也就是公元 700 年以后，"特许保有地"（bookland）在俗界的出现，才使这种修道院失去了存在价值。[155]

贵族等级以下是蓬勃向上的自由民（ceorl），他传统上被视为早

[152] E. g. *Laws of Ine* 3. 1 – 2, 22.

[153] *HE* iv. 22.

[154] *Laws of Ine* 44. 1, 51, 63 – 68; Charles-Edwards (1976).

[155] Faith (1997); Brooks (1971).

期英格兰社会的中流砥柱，其地位很难界定。"农民"（Peasant）一词带有错误含义；在许多方面，他的财产和法律特权使其地位更接近贵族，而不是贫穷的、经济上处于依附地位的佃户和劳动者。伊恩法典赋予自由民的赔偿金是200先令（是有土地的皇家侍臣的1/6），他拥有足够土地养活一个家庭，包括他自身、家人、仆人、不自由的佃户和奴隶。这就是英格兰的评估单位"海德"（不是按照公顷单位），比德称为习惯性的（*familia*），海德与自由民的地位、与其作为自由人的权利和义务息息相关。[156] 自由民的"农场和个人财产权利"[157]受法律保护，它们相当于罗莎蒙德·费思在英格兰许多地方发现的海德家庭农场。这类财产可能是继承的，在某种程度上是可分割的。这种土地有时被人为分割，有时被统一耕种。[158]

自由民以下是各种各样的、被边缘化的小土地持有者，他们的土地不足以养家糊口，而且通常须向主人支付各种杂税。在7世纪的英格兰，小土地持有者的数量可能很大。在埃特博希特法典中，有3个级别的半自由人"莱特"（*laets*）；在伊恩法典中，自由度更低的半自由人包括租种主人土地、缴纳地租的"盖弗尔捷尔达"（*gafolgelda*），和接受主人土地和牲畜、为主人耕种土地和支付其他劳役的"基布尔"（*gebur*）。[159]

处于社会最底层的是奴隶。教宗大格列高利在罗马市场遇到盎格鲁儿童奴隶的著名故事只是几个故事中的一个，它说明在6世纪晚期和7世纪，英格兰可能是闻名遐迩的奴隶来源地。[160] 获得奴隶的途径多种多样。根据比德对盎格鲁奴隶伊玛之命运的描写，也许战俘奴隶，或者掳掠奴隶最为常见。不过，作为对重罪或者轻罪的处罚，奴隶也可能是司法判决的结果，甚至可能有人自愿为奴。当然，原有奴隶的生育也会造成奴隶数目增加。[161] 伊恩的法律认为对英格兰和不列颠臣民的奴役是理所当然之事；它们甚至允许全家沦为奴隶。[162] 法律

492

[156] E. g. *HE* i. 25；ii. 9；iii. 4, 24；iv. 13；19；Charles-Edwards（1972）.

[157] Faith（1997），p. 116.

[158] Faith（1997），pp. 126 – 140.

[159] *Laws of Æthelberht* 26；*Laws of Ine* 6. 3；Chadwick（1905）.

[160] *Earliest Life of Gregory the Great* cc. 9 – 10；HE ii. 1.

[161] Cf. McCormick（2002），p. 744.

[162] E. g. *Laws of Ine* 3. 1 – 2, 24, 48, 54. 2.

对许多犯罪处以高额的国王罚金，也许当事人可以选择沦为奴隶以为替代。[163] 所以，在 7 世纪的英格兰，奴隶制可能是常见之事。史料经常提及奴隶的事实可以证明，奴隶数目众多。有些证据出自比德，他的著作提到，苏塞克斯国王艾特尔威尔授予威尔弗利德一块 87 海德的地产，后者在 7 世纪 80 年代将上面的 250 名奴隶释放。[164]

伊恩法典还有一项其他早期法典所没有的内容——威尔士人（Wealas）。他们遭受法律歧视：冒犯他们时处的罚金通常只有他们冒犯英格兰人所处罚金的一半。[165] 不过，威尔士人的成分极其复杂。相关法律涉及无地之人、持有半海德到 5 海德土地之人、威尔士租地农（gafolgelda）和为国王服役的威尔士骑兵。[166]

城镇和贸易

7 世纪的英格兰城镇很少。有一两个诸如坎特伯雷那样的，也许还有约克那样的罗马城镇可以说仍然是权力中心，或者它们很早就开始了复兴的早期。伦敦对于罗马传教士们仍然十分重要，可以吸引他们于 604 年在那里建立主教座，在 7 世纪 30 年代以前仍然可以作为锻压币厂的所在地。到 7 世纪晚期，东南部出现了一些沿海贸易中心——史学家所知道的"维克"（wics），或者"商业中心"，除罗马文明之都伦敦之外，最出名的在南安普敦［如汉姆威（Hamwih）］、伊普斯威奇（Ipswich）和奥德维奇［如伦登维克（Lundenwic）］。[167] 那时，肯特的国王们在伦登维克设立专属王室的城镇长官（reeve），处理涉及人民财产的纠纷。[168]

在这些中心所从事之贸易的性质，我们不甚了解。几乎可以肯定的是，贸易中心的商人们进口大量外来奢侈品，这都是王室和精英阶层为显示其身份而需要占有并在他们之中分配的。大量考古资料证明，这些商品在 7 世纪进入英格兰。作为交换，他们似乎也出口牲畜，或者牲畜制品，比如兽皮：在汉姆威发现的大量兽骨说明，通过

---

[163] E. g. *Laws of Ine* 3. 2.

[164] HE iv. 13；Pelteret（1995），p. 137.

[165] *Laws of Ine* 23. 3, etc.

[166] *Laws of Ine* 23. 3, 24. 2, 32 –33.

[167] 有关最近期的讨论和相关书目，见 Hill and Cowie（2001）。亦见 Lebecq，后文第 23 章。

[168] *Laws of Hlothere and Eadric* 16.

攫取贡品或掠夺战利品的方式，他们获得大量畜群并加以宰杀。[169] 虽然（至少在威塞克斯）禁止将本部族成员出卖到海外，战俘、自愿或者司法审判所造成的奴隶几乎可以肯定是另一项重要出口商品。伊玛的故事说明，伦敦是从事这类战俘交易的国际贸易基地。[170]

这一切说明，在7世纪的英格兰，经商的动机是贡品索取和权力运作，而不是自由市场交易。其中所涉及的货币使用程度无法确定。不过，我们确实知道，至7世纪30年代为止，东南部的英格兰国王们拥有锻压币厂，产出像"斯利姆萨斯"（thrymsas，可能就是早期法律中所说的"先令"）那样的金币。这种含金量不断降低的金币一直生产到7世纪晚期，才被银币所取代，这种银币就是钱币奖章收藏家所知道的"塞阿塔斯"（sceattas）。除了带有诺森伯利亚国王阿尔德弗里希名字的金币以外，其余金币主要流通于英格兰东南部。[171] 主要贸易中心的分布情况显示，至7世纪晚期为止，英格兰是北海贸易据点之一。贸易中心集中于南部和东部的英格兰诸王国，远离西部的不列颠诸土国。

结论：英格兰的黄金时代？

7世纪结束的时候，英格兰人的新兴基督教文化进入了人们通常所说的黄金时代。这是一个创造卓越文学成就的时代。古英语作品的出现令人印象深刻：在整个欧洲，英格兰的法典第一次以本民族语言编写，并且随着涉及问题复杂、范围广泛的伊恩（卒于725年）法典的完成达到鼎盛；而且，几乎可以肯定的是，已经出现了相当复杂的诗歌。更为显著的是新兴修道院的拉丁文化。在诺森伯利亚，8世纪早期出现的几部圣徒传记以其人物描述的栩栩如生和个性突出而著称于世。在威塞克斯，阿尔德海姆（Aldhelm）的作品以其学识渊博、结构精巧而著称，即使它在现代人眼中似乎缺乏吸引力。[172] 首屈一指的是当时的领军人物比德，作为一位史学家、圣徒传作者、评注

494

---

[169] Campbell (1982); Hill and Cowie (2001), pp. 89 – 92.

[170] Laws of Ine 11; HE iv. 22. Cf. McCormick (2002), pp. 737 – 738.

[171] Campbell (1982), pp. 62 – 63; Gannon (2003), pp. 7 – 13.

[172] Aldhelm, Prose Works, ed. Lapidge and Herren; Poetic Works, trans. Lapidge and Rosier; Orchard (1994).

家、计算家、科学家、诗人和文法学家，他的成就主宰了我们对那个时代的记载。他是最杰出的，但却不是唯一；他的学生卡斯伯特在其师傅去世时写的那封信显示，在苇尔茅斯（Wearmouth）和贾罗，同样能够驾驭纯正拉丁语者不止一人。[173]

在视觉艺术方面，英格兰、爱尔兰与更多异域元素的融合产生了一系列伟大的稿本——大部分是福音书文本，饰以精美插图和高雅书法。手稿制作始于达罗，以林迪斯法内福音书，苇尔茅斯—贾罗的《圣经》法令全书和已经遗失的威尔弗利德作品的紫色书页达到高潮。[174] 在建筑方面，新建了石筑教堂，已经遗失的威尔弗利德巴西利卡式基督教堂是其中之一。它带有结构复杂的拱形游廊和画廊，精致的教堂地下室简直就是罗马地下墓穴的翻版。在雕刻方面，鲁斯威尔十字碑及其同代的石雕上造型丰富的人物尤其代表了古典文化的复兴。

至 8 世纪早期为止，英格兰——特别是诺森伯利亚——富有的修道院虽然地处基督教边缘地带，但是绝非遥不可及的穷乡僻壤。它们与法兰西亚和南部高卢的重要文化中心没有中断联系。由于不断发展礼拜仪式、赞美诗和教宗的礼仪，它们与罗马的联系最为紧密。[175] 苇尔茅斯—贾罗的男女修道院特别引进了精于罗马礼仪和圣彼得大教堂赞美诗的专家，并积极从事《圣经》文本研究。把赛奥勒弗里斯（Ceolfrith）的三大卷《圣经》全书原稿之一设计成礼物十分恰当：礼物送到罗马，立刻展示了西方拉丁世界最富有、最发达的一所修道院的成就，也得到了永恒之城的回赠。

当然，这些都是精英阶层所取得的成就。诸如苇尔茅斯和贾罗那样的修道院采用罗马建筑风格，饰以玻璃窗户，铺有加工细致的石制地板——名闻遐迩的原始镶嵌画（*opus signinum*），确实显得富丽堂皇。而且，它们都非常富有。在重要史料《诸部族土地税簿》中出现了评估面积达到 110 海德的大地产，它超过了一个小行省或者王国的 1/3。修道院就是这些大地产的中心。[176] 它们绝非与世隔绝。根据

---

[173]　Bede, *Opera Historica* i, pp. lxxii – lxxv, clx – clxiv.

[174]　*Vita Wilfridi* c. 17; Alexander（1978）. 关于艺术和建筑，见 Wood 以下第 28a 章。

[175]　See esp. McKinnon（2000）.

[176]　Bede, *Opera Historica* i, pp. 367 – 368, 370 – 371.

较晚一些的史料，贾罗以"埃克弗里斯港口"（Ecgfridi）著称，我们因此猜测它的创建者想把它建成重要商业中心，或者军事和行政中心。[⑰] 大量依附者——也许奴隶——辛勤劳作，支撑着位居社会中心、拥有特权的教士团体的文化活动。基督教加强了600年以前开始分化的社会结构。所以，从各个方面来说，7世纪是英格兰全面成为基督教欧洲一分子的开端。

郭建淮 译，徐家玲 校

---

⑰　Symeon of Durham, Libellus de Exordio ii. 5. 我非常感谢严·伍德（Ian Wood）使我关注到这一参考文献。

第 十 八 章

斯堪的纳维亚

洛特·海德格尔（Lotte Hedeager）

　　我们对铁器时代晚期斯堪的纳维亚（今天的丹麦、瑞典和挪威）社会情况的认识主要基于它们的经济特点，这包括农业聚落、经济和社会、贸易和城镇化等。如果与有关丧葬遗址的研究联系起来，这些资料就能够揭开斯堪的纳维亚地区包括早期国家形态在内的社会和政治模式的面纱。[1] 然而，近年来有关前基督教社会晚期意识形态的问题开始成为研究热点。[2] 众多新的考古发现引起人们对"祭祀场所"的极大兴趣。同时，大多数新发现的窖藏金币有助于在解释此类现象时使用诸如此类"意识形态""国王""贵族"或者类似的人物头衔的词语。[3] 这提供了一个与古代北欧文学相印证的资料，成为宗教史和地名研究的新动向。一股新的跨学科研究之风正在围绕此类问题发展，在这里，宗教的、司法的和政治的状况被视为紧密交织的问题，它对于政治权威、神话和记忆、祭祀活动、精湛的手工艺制作和权力的运行等方面之联系，出现了不同的解释。[4] 在此后的论述中，我决定主要集中关注这些新的前沿问题。但是，首先要把斯堪的纳维亚作

---

　　[1] Mortensen and Rasmussen（1988）and（1991）；Fabech and Ringrved（1991）；Hedeager（1992a）.

　　[2] 迈尔（Myhre）（2003）提供了最新的概述。

　　[3] 在最重要的场所中值得注意的是菲因（fyn）岛的古默（Gudme）/隆德堡（Lundeborg）：Nielsen，Ransborg and Thrane（1994）；Hedeager（2001）；Sorte Muld on Bornholm：Watt（1992）；Uppakra in Scania：Larsson and Hardh（1998），近期的 Hardh（2003）；Borg in Lofoten：Munch，Johansen and Roesdahl（1988），Munch（2003）。

　　[4] 除了我自己从 1992 年以来进行的工作外，还有许多斯堪的纳维亚学者的实质性的研究：例如，Herschend（1993），（1994），（1996）and（1998）；Kristoffersen（1995）and（2000a）；Johansen（1997）；Skre（1998）；Jakobsson（2003）。

为中世纪欧洲的一部分来特别关注。

铁器时代晚期的历史环境

　　人们所知的斯堪的纳维亚的中世纪历史开始于公元 1000 年前后，比西欧和中欧的历史晚了 500 年。仅仅是因为从这时开始斯堪的纳维亚形成了统一的王国，基督教会作为异教的斯堪的纳维亚地区的一支重要力量开始建立起来。从那时起，斯堪的纳维亚地区逐渐有了自己的有文字记载的历史。到此时冰岛（Iceland）已经被纳入斯堪的纳维亚区域，许多有关斯堪的纳维亚历史的文字记载实际上来自冰岛。

　　当然，此前的斯堪的纳维亚并不是完全没有文化。如尼文字（runic script）被使用于魔法巫术，也用于信息传递、保存符咒，及纪念的目的等，主要是刻在木头上，也会刻在骨头、金属或者石头上面。但是这种文字没有延伸出文学内容。如尼文字并非为斯堪的纳维亚地区所独有：我们知道在 5—6 世纪的欧洲有许多日耳曼民族都有早期的如尼文字，在英格兰（England）、尼德兰（Netherlands）、德意志（Germany）和中欧都有使用。⑤ 但是，在这些地区罗马文字很早就被采用了，只有在斯堪的纳维亚地区如尼文字进一步发展到维京（Viking）时代。这就是为什么在该地区如尼文字如此闻名，这也是为什么要直到晚至 12 世纪斯堪的纳维亚地区才有自己的文字记载的相关历史。但是，这并不意味着斯堪的纳维亚地区的人们没有历史，或者没有对于古代历史的了解。实际上恰恰相反，他们的历史传统是通过口头上代代传颂的，并且在构成要素和表现形式上有规则和习俗的规定。

　　从 20 世纪 90 年代开始的斯堪的纳维亚地区铁器时代传统的研究，与 12—14 世纪古代北欧人的资料（包括许多来自冰岛的材料）处于同等地位。这得益于考古学的新方法，它关注人们的认知结构、思维方式、宇宙哲学和信仰体系。然而，使用 13 世纪古代北欧人的资料来建构铁器时代晚期（从 6 世纪到 11 世纪）的历史显然需要有所保留。这些资料源自基督教时代早期，因此不会作为"纯粹异教

⑤　Düwel（1978）.

主义"的反映被加以处理。尽管这样，若抛弃这些经过千辛万苦获得的、似乎没有价值的资料，而将考古学家置于从北方看不到任何可资借鉴的资料的状况下，却又太过了。如果谨慎地使用，这些古代北欧人的资料还是能提供一些有价值的信息。此外，一种基于非西方前工业社会人类学的研究方法为考古学者提供了一个综合性的理论框架，使他们得以理解考古学和文献以外的材料。由于缺少如现代社会所做的经济、政治和宗教机构的区分，前基督教时代的斯堪的纳维亚可以被当作传统的社群；在此两种状况下，全球化的视野都会强调其社会的发展趋势是从孤立逐渐走向一体化。因为人们认为众多的宇宙哲学的信息是包含在神话中的，⑥ 所以，《诗体埃达》（*Poetic Edda*）和冰岛人斯诺里·斯蒂德吕松（Snorri Sturluson）的《埃达》（一部颂扬王者的诗学手册）的古代北欧文学中的神话备受关注。这些中世纪盛期的文本当然并不一定符合铁器时代晚期的物质证据，但是它们可能创造了一个貌似真实的场景。表现出前基督教世界的智慧和知识的核心的神话，可能包含着长期存续的关键元素，只是被嵌入了多层新的意识，使之适应新的背景。例如，一些广泛的异教智慧带着传统秘教知识的伪装，仍旧保存于宗教改革时代之前的冰岛社会中，在17世纪转变成撒旦崇拜和巫术。⑦ *Galdur*（galdring，即着魔，入定）、魔法棒（*galdraastafir*）、*runs*（秘密的或者神秘之事）、诗歌（*skaldskapur*）和变形术（*hamrammr*）等太多植根于日常生活中的概念，被认为不具备其原有的意义。来自卑尔根（Bergen）的布里根（Bryggen）的如尼文字的诗句也表明埃达诗歌在中世纪晚期仍旧在挪威（Norway）被传颂。从另外一个角度来看，它令人信服地说明诸如《诗体埃达》之类的神话文献，一些古代北欧吟唱诗人的诗歌和斯诺里的《埃达》包含的神话能够用来解释北欧社会有关生命和死亡的根本性的观念。当冰岛大部分民众成为基督徒时，这些观念仍旧得到了相应的保存。⑧

　　斯诺里在写作《埃达》文本时的角色长期存在争议。一些学者视他为一个创造性的文学艺术家。其他学者把他作为前基督教时代之

---

⑥　E. g. Weiner（1999）.

⑦　Hastrup（1990），p. 401.

⑧　Clunies Ross（1994）.

神话的可靠传播者，⑨ 他并没有明显的理由贬低祖先的信仰，尽管他可能并没有继承它。⑩ 虽然斯诺里的作品受到了基督教的广泛影响——因为他是在一个基督教社会中写作的，但是人们仍旧对其提出疑问，他是否利用古老的和人们所熟悉的神话来塑造一个他的读者们所熟知的前基督教时代宇宙观的虚假形象。在一个基督教社会中，前基督教时代的传统仍旧鲜活地存在着，可能通过一个基督教徒的眼光被感知，并且因此被歪曲。我们也不能不重视一些"传统的虚构故事"的可能性，像斯诺里这样的作者极力把传统的神话融入一个新的框架之内，强调"古代"与他们生活的新时代之间的联系性。斯诺里的故事影响了许多斯堪的纳维亚以外的其他中世纪早期文本的细节。尽管有这些问题，我们仍不能够忽视斯诺里作品的信息和《诗体埃达》提供的信息。我们在对待原初神话和信仰体系问题上，不能仅仅认为那是前基督教时代晚期斯堪的纳维亚的产物。相反，它们的根基深深触及传统的异教世界，⑪ 换言之即铁器时代晚期的情况，上述这些研究成果对于研究这几个世纪历史的考古学家必定是有价值的资源。

　　用罗马字母拼写的古代北欧语写作的、伟大的斯堪的纳维亚早期文学作品中，还包括斯诺里·斯蒂德吕松的其他作品，例如《挪威列王传》（*Heimskringla*），大约成书于 1230 年前后。该作品歌颂挪威国王的历史，目的是描绘挪威诸王连绵不绝的血统来自传说中的瑞典国王英格林加（Ynglinga）［《英格林加传奇》（*Ynglinga saga*）］。在大约 1200 年前后的丹麦（Denmark），萨克索·格拉马蒂库斯（Saxo Grammaticus）写出了他的拉丁文作品《丹麦人的业绩》（*Gesta Danorum*）：一部讲述丹麦人从史前时代到当代的历史，同时赞颂了丹麦的国王。这些历史记载在时间上回溯久远，而在描述国王、英雄和事件时可能与历史的真实亦相去甚远，也可能根本不存在，它们不能被简单地用来作为历史资料来考察 5、6、7 世纪斯堪的纳维亚的历史。其唯一的可能是，这些故事是以其他任何的中世纪早期欧洲作品中有

499

---

　　⑨　总体上现代学者表达的是"积极"方面的观点，除了 Holtsmark（1964）；De Vries（1970）；Turville-Petre（1975），还包括其他人。

　　⑩　Hultgard（1999）。

　　⑪　Meulengracht Sørensen（1991）。

关斯堪的纳维亚的信息为基础的。

欧洲史料中的斯堪的纳维亚

　　"我的舰队从莱茵河口驶向大海，向着太阳升起的地方前进，到达钦布里人（Cimbri）那里［大概是日德兰（Jutland）岛］，此前无论从海上还是陆上没有任何罗马人曾经到达这里。"这是在大约基督诞生时代的《安戈拉铭文》（Monumentum Ancyranum）中元首奥古斯都的话。这句话从他的已经遗失的自传中摘录，被铭刻在小亚安戈拉（Ancyra，现在为 Ankara）的一座庙宇的墙壁上。从那时开始，斯堪的纳维亚成了罗马人眼中公认的遥远的国度。虽然我们可以在早期希腊史料和罗马历史学家老普林尼（Pliny the Elder）（79 年卒）的著作中发现零散的"信息"，但是在世纪末期罗马史家塔西佗的作品《日耳曼尼亚志》（Germania）中，我们找到了有关罗马帝国北部邻居日耳曼尼亚地区（位于莱茵河和多瑙河沿线的罗马边界以北，维斯图拉河以西的欧洲）的真实的描述。《日耳曼尼亚志》这部作品可以被认为是根据奥古斯都有关遥远未知地域的钦布里人所在岛屿的叙述的"信息"进行合理推测的结果，也就是说使用了军事术语。塔西佗描绘了在罗马世界之外但是引起罗马人兴趣的其他地区的情况。他的《日耳曼尼亚志》辨析了日耳曼尼亚各地区和日耳曼人各族群的区别。他们民族众多，有哥特人、斯韦尔人（Svear）、伦巴第人、苏维汇人、赫卢利人等等，他们在中世纪早期作为部落的名字再次出现。塔西佗描绘的许多事实和人种志上的细节在 5—6 世纪以后伦巴第人的传统中实际上仍未改变。[12]

　　有关斯堪的纳维亚的更有价值的地理记载来自 2 世纪中叶希腊地理学家、天文学家和数学家托勒密（Ptolemy）的著作。从约公元 90 年到 160 年间他生活在亚历山大（Alexandria）。作为一位地理学家，他试图描绘并测量包括西北欧在内的那些当时已知的世界。他的世界地图更接近于地理上的实际情况而不是像中世纪晚期的世界地图，那时的地图是以耶路撒冷为中心而绘制的。在他的八卷本的《地理学

---

　　⑫　Ausenda（1995），pp. 32 – 33.

指南》［*Geographica*（Guide to Geography）］中，托勒密说，钦布里半岛以东有 4 个岛群，阿罗西亚诸岛（北日德兰岛）、撒克逊诸岛（西日德兰岛和南日德兰岛）。还有那些被称为斯堪迪埃（*Skandiai*）群岛的三个小岛和一个位于最东部，正对着维斯图拉河口的大岛，而最后这个大岛才是真实的斯坎迪亚（*Skandia*）。他也提到几个不同民族的名字（*Geographica* 2：Ⅱ）。

托勒密提供的信息被 550 年前后的东哥特史家乔代尼兹再次提及，后者在君士坦丁堡写出了《哥特史》（*De Origine Actibusque Geta-rum*）。《哥特史》是部分基于 6 世纪上半叶意大利拉文纳的东哥特宫廷总管罗马元老卡西奥多有关哥特历史的作品（现在已经散失）写成的。

乔代尼兹的作品开篇介绍地理状况，其中有关斯堪德扎岛（*Scandza*，即斯堪的纳维亚）的描写相当全面。此处不仅提到托勒密记载的情况，而且对大量有名称的部落地区进行了甚为全面的论述，其中为首的是极北地区的阿多吉提人（*Adogitti*）。乔代尼兹仔细地考察了他们生活的特别环境。在该地区的夏天日照不间断地持续 14 天，而在冬天无日照的时间长达 40 天。他解释说，这是因为在夏天太阳整个运行过程都是可见的，而在冬天太阳始终在地平线以下（*Getica* Ⅲ：19－20）。无论这一说法对于那些居住在君士坦丁堡或者拉文纳的人来说是多么奇怪，但它却是有关斯堪的纳维亚北部状况相当准确的记载。

乔代尼兹提到众多族群的名字，有芬兰人（Finn）、拉普人（Lapp）、斯韦尔人、东哥特人、高特—哥特人（Gaut-Goths）、瑞典人（Swede）、丹麦人（Dane）和赫卢利人。这些都是中世纪早期欧洲在其他背景下被世人所熟知的名字。详尽的描述可能出自国王罗杜尔夫·乔代尼兹（Rodulf Jordanes）。相关文献提到：他离开他的王国，可能是位于挪威南部罗姆斯达尔（Romsdal）的拉尼人（Ranii）国家，去寻求东哥特国王狄奥多里克（Theoderic）的安全庇护。[13] 可能是他（实际上是他的许多臣民）向卡西奥多提供了有关 6 世纪初斯堪的纳维亚人的情况。尽管其中有些族群可人致通过语言学和考古学的证据在

501

[13]　参看 Skre（1998），ch. 5. J. 2。

地图上标注出来，⑭ 但乔代尼兹的著作绝对复杂难懂，它作为资料的价值多有争议。⑮ 然而，它说明了部落群体是斯堪的纳维亚地理细节的基础，同时罗杜尔夫的文献说明国王是部落政治的核心。

除其他地方以外，这种认识尤其得到图尔的格列高利有力的支持，他描写了一件与此相似的真实的历史事件。他的《法兰克人史》记载了 6 世纪末以后的历史。该书谈到 515 年前后一位丹麦国王基罗德里克（Chlochilaic）［希耶拉克（Hygelac）］率领一支舰队突袭弗里斯兰海岸，但命丧于国王塞乌德里克（Theuderic）的儿子塞乌德博尔特（Theudebert）之手，后者率领大军被派遣到此处（*Historiae* Ⅲ：3）。这段文献包含着许多有趣的情节。⑯

首先，也是最重要的是，这个事件本身就很特别。最简单的理由是格列高利的其他作品极少关注斯堪的纳维亚和东北地带，而在此处竟然记载了它。其次，值得注意的是格列高利使用 *rex* 的头衔来称呼这位丹麦国王。格列高利在使用涉及王室的术语时极为谨慎。他经常使用 *dux* 的头衔来称呼周边地区的国王或者那些臣服于法兰克君主的地区国王，例如布列塔尼人（Breton）、弗里斯兰人（Frisian）、大陆的撒克逊人（Saxon）、图林根人（Thuringian）、阿勒曼尼人（Alamanni）、巴伐利亚人（Bavarian）。因此当他提到基罗德里克时使用 *rex* 头衔，他即承认这位丹麦舰队的领导人实际上是一位独立于法兰克人的国王。最后应该注意的是，无论是格列高利还是其他法兰克资料都没有提及 515 年以后的丹麦人。对此现象的解释是，因为基罗德里克的胜利是对丹麦人的一次沉重的打击，在接下来的一个世纪，丹麦人都不再袭击或试图控制法兰克人控制的弗里斯兰沿海。这个故事在日耳曼史诗中流传，例如在很久以后的古英语史诗《贝奥武夫》中。⑰ 这首英语史诗突显了与该事件的重要性。斯堪的纳维亚南部从未落入法兰克人的控制之下，因为它们相距太遥远，但自从 515 年丹麦人离开法兰克人的领土以后，他们就从欧洲历史上彻底消失了几个世纪。

⑭　Callmer（1991）。

⑮　特别注意参看 Svennung（1967）and（1927）及后面的参考文献。

⑯　正如 Wood（1983）所指。

⑰　例如 Storm（1970）。

"斯堪德扎"——一个欧洲起源的神话

虽然如此，但是在6—7世纪，在欧洲日耳曼民族大迁徙时代的记忆中，斯堪的纳维亚却有着独特的地位。许多日耳曼民族，至少是他们的王室，宣称那里是他们的祖源之地。在中世纪早期，大陆和英格兰的民族中有三种不同的起源神话：回溯到特洛伊（Troy）和特洛伊的英雄（像罗马的起源神话），回溯到巴勒斯坦和《圣经》的民族，或者回溯到斯堪德扎岛，即斯堪的纳维亚。[18] 前两种起源说因为古希腊—罗马和基督教在古代晚期的影响而被接受；因为这种思维的缘故，其中最早的第三种起源说并没有被立即接受。

乔代尼兹在他的《哥特史》序言中描述了斯堪的纳维亚，随后是有关哥特人从那里迁徙的漫长历史的记载。乔代尼兹自称他的这些知识来自阿布拉比乌斯（Ablabius）（Getica Ⅳ：28），后者在5世纪中叶写了一本《哥特史》。这可能被囊括到卡西奥多的作品中，并经由它供给乔代尼兹，乔代尼兹的《哥特史》完成于551年。但是这并不能够解释为什么这种迁徙的历史在早期大多数民族/王室起源神话中被不断重复，诸如伦巴第人、勃艮第人（Burgundian）、盎格鲁—撒克逊人、赫卢利人和许多其他民族的神话。

因为卡西奥多写作《哥特史》的目的是使东哥特人和其王室的起源阿玛利（Amali，又译为阿玛尔）能够比得上罗马人的起源（来自特洛伊）。因此他很明显地"接受"和发展了阿布拉比乌斯的文献中有关他们起源于斯堪的纳维亚的记载。但是这还不够，卡西奥多还模仿罗马王室的族谱编造哥特王室的族谱。在罗马王室族谱中从埃涅阿斯（Aeneas）到罗慕路斯（Romulus）经历了17代，他就附会到从狄奥多里克的外孙阿塔拉里克（Athalaric）回溯到哥特的第一代王高特/伽普特（Gaut/Gapt）也经历了17位阿玛利家族的哥特国王，高特是奥丁（Odin）神为自己所取的名字。[19]

---

[18] Hachmann（1970），pp. 109 ff.

[19] 在 Grimnismal 中（54），这首诗部分地也可能是全部形成于9世纪晚期或者10世纪的挪威。古北欧人认为 Gapt 是 Gautr，奥丁神的名字之一 [North（1997）]。无论如何最后都归一为 Gautr，明显是与斯堪的纳维亚的异教徒万神有关。也可参见 De Vries（1956），p. 41。

503　　　卡西奥多和乔代尼兹都使意大利的基督教东哥特人和他们强有力的国王把其族谱回溯到斯堪的纳维亚和一个异教神；而这发生在这个民族皈依了基督教的两个世纪后。然而，东哥特人与其他日耳曼民族并没有本质的区别，例如在7世纪居住于意大利的伦巴第人[20]或者在英格兰的盎格鲁—撒克逊人，[21] 对于这些民族，"基督教"作家认为他们的"基督教徒"民族和"基督教国王"皈依前生活在一个异教的史前时代。

斯堪的纳维亚的起源神话更多的由早期中世纪欧洲的日耳曼各族群保存下来，而不单纯是几代作家的相互传抄。在欧洲，新的日耳曼人军事首领和国王之间创造新的政治思想时，神话扮演了重要的角色。[22] 考虑到在赫卢利人的例子时，这种神话起了一个特别关键的作用。

赫卢利人是声称来自斯堪的纳维亚的众多日耳曼民族中的一支。他们本部族的历史从未被书写下来——至少可以说没有保存下来——我们只是从其他材料中知晓他们。他们是日耳曼民族中相对被记载较多的，而且，他们与斯堪的纳维亚的联系显然比较真实。从早至3世纪离开其斯堪的纳维亚的先祖们的家园之后，他们就被文献资料提及，有时是作为罗马人在欧洲和小亚的辅助军队，另外在267年他们追随哥特人和其他族群穿过巴尔干半岛（Balkans）进行一场劫掠之旅。

希腊—拜占庭史家普罗柯比（Procopius）生活在约490年至555年间，因此他是乔代尼兹同时代的人。他的作品多次提到赫卢利人。在512年被伦巴第人打败后，他们得到皇帝查士丁尼的允许迁居到伊利里亚［位于现代的南斯拉夫（Yugoslavia）境内］。在这种环境中，他们许多人更想要向北迁移回到他们祖先的家园。这引发了一次分裂，有一个群体停滞在多瑙河而其他人向北迁移。普罗柯比详细地描写了这次迁徙活动（*Wars* Ⅵ：14，Ⅷ：36，ⅩⅤ：1-4）。比如，书中提到"他们到达了瓦尼［Varnii，石勒苏益格（Schleswing）地

㉑　首次有关伦巴第人的记载是在643年，此时他们已经统治了意大利。有关伦巴第人和国王罗萨里（Rothari）家族的历史成为后来大约30年后成书的传奇文学作品《罗萨里敕令》（*Edictus Rothari*）的部分内容。可进一步参看 Gasparri（1983）and（2000）。

㉑　依据比德（Bede）的《英吉利教会史》（完成于731年），Ⅰ.15。

㉒　Hedeager（1997），（1998）and（2003）；Geary（2003）；Hill（2003）.

区〕，然后快速穿越丹麦人的领土，渡海到达极北之地（Thule，斯堪的纳维亚半岛）。在那里他们得到当地一支人数众多的族群高特人的接纳"。

此后，普罗柯比的作品记述南方的赫卢利人由于没有合适的王族成员而缺乏一个王朝（Wars Ⅵ：15，27–33）。一支代表团被派往斯堪的纳维亚的族群那里请回一名合适的候选人。然而，候选人不幸身亡，代表团再次成行。他们请来了达提乌斯（Datius），同时伴随他的还有200名年轻武士组成的私人亲兵队。而此时南方的赫卢利人放弃了等待，他们请求皇帝查士丁尼从他们中遴选一名国王。查士丁尼挑选了苏亚图斯（Suartus），而此时代表团和达提乌斯以及他的亲兵队也到达了。这引起了又一次分裂，因为一些人宣誓效忠这位国王，而另一些人宣誓效忠另一位国王。当查士丁尼选择支持达提乌斯时，斯堪的纳维亚国王苏亚图斯和他的支持者就离开了罗马人的领土，成为在匈牙利（Hungary）的格庇德人（Gepid）的盟友。㉓

换言之，有关赫卢利人之斯堪的纳维亚起源的历史传说，的确反映了历史的真实。自然会产生这种疑问，那些声称其祖源来自斯堪的纳维亚的其他日耳曼族群是否与赫卢利人相同。当然，涉及这些早期欧洲移民神话因素的真实性问题仍旧有诸多争议。㉔ 但是，关键的要素并不是确定那些以小族群方式从斯堪的纳维亚迁出的规模，而是他们的王族身份与斯堪的纳维亚相联系，以及他们的国王由于是高特或者奥丁神/沃坦（Odin/Wotan）神——一个明显与日耳曼人异教相联系的角色，很可能就是斯堪的纳维亚的众神——的后裔而具有神圣性。

后来的古英语诗歌《贝奥武夫》的大部分内容也很好地勾画出植根于5—6世纪的传奇故事。威尔菲加人（Wylfingas）的统治家族

504

㉓ Heather（1998）。

㉔ 例如文献学和历史学上：Weibull（1958）；Svennung（1967）and（1972）；Wagner（1967）；Hachmann（1970）；Goffart（1980）and（1988）；Gasparri（1983）and（2000）；Heather（1989），（1993），（1994），（1995）and（1998）；Wolfram（1990）and（1994）；Puhl（1994）；North（1997）；Hedeager（2000）。考古学上：Hachman（1970）；Svennung（1972）；Hines（1984），（1992），（1993），（1994）and（1995）；Menghin（1985）；Busch（1988）；Häsman（1988）；Heather and Matthews（1991）with refs.；Kazanski（1991）；Godlowski（1992）；Härke（1992a）and（1992b），（1993），（1998）and（2000）；Christie（1995）；Bierbrauer（1994）。

在语源学上等同于东盎格里亚的伍芬加斯王族（Wuffingas），两个家族间可能有亲属关系，伍芬家族被认为在5世纪晚期和6世纪生活在现在瑞典西南部和挪威东南部。并且，考古学的成果表明东盎格里亚的王族与6—7世纪的斯堪的纳维亚王族有血缘联系，至少揭示出萨顿胡（Sutton Hoo）的船葬与中部瑞典马拉尔（Malar）地区的文达尔（Vendel）和瓦尔斯盖尔德（Valsgärde）的船葬有关联。㉕

斯堪的纳维亚的动物造型艺术

505　　　　虽然关于5、6、7世纪斯堪的纳维亚南部王族与大陆王族之间存在紧密联系的书面证据较少，但是考古资料却很丰富。在当时的文献资料中记述的日耳曼王族/民族中斯堪的纳维亚起源的神话得到了考古资料的印证，尤其是武器、首饰，最重要的是图像。㉖ 在5世纪中叶，整个大迁徙时代的欧洲，在斯堪的纳维亚、大陆和英格兰都出现了一种新型的图像造型风格。最早的动物造型风格的发展与斯堪的纳维亚南部关系密切。㉗ 5世纪上半期，在该地区出现了多种多样的造型生动、带有几何图形特点的，其中一部分经常带有人类形象（面具）的图像。㉘ 它被称为尼达姆（Nydam）风格或风格Ⅰ型㉙（参见图1）。它作为5世纪后半期到6世纪末的艺术代表出现在大陆和英格兰，㉚ 而此时从意大利到北欧国家出现了一种新的同质的风格Ⅱ型。㉛ 风格Ⅱ型类似于风格Ⅰ型，极富统一性。在欧洲大部分地区都发现了这两种风格类型的首饰和武器㉜（参见图2）。

　　从大约5世纪初开始直到7世纪，北欧的造型艺术世界作为一种具有重要象征意义的风格类型在大迁徙的日耳曼民族中被广泛传播。

㉕　Bruce-Mitford（1979）；Lamm and Nordström（1983）；Newton（1983），p. 117.

㉖　Hedeager（1998）.

㉗　Roth（1979）；Haseloff（1981）and（1984）.

㉘　Haseloff（1986）.

㉙　Salin（1904）.

㉚　Roth（1979）；Haseloff（1981）；Hines（1984）；Näsman（1984），地图10及（1991），图8.

㉛　Salin（1904）；也可参见Lund Hansen（1992），p. 187以及文学作品。

㉜　Karlsson（1983）.

它被模仿，被精心制作，成为一种令人印象深刻的精品艺术类型。[33]
风格 II 型持续发展到 7 世纪晚期，此后它就不再可能仅仅限于通俗的
日耳曼动物造型风格。一旦大公教会得以深深扎根，即发展出了一种
新的图像风格：它混合了海岛和法兰克的因素，与 678—679 年始于
弗里斯兰的爱尔兰人（Irish）/盎格鲁—撒克逊教会式风格密切相关，
在 8 世纪上半期扩展到德意志中部和南部。[34]

　　这种新的风格毫无疑问与传教活动有关，并可以在大量不同的基
督教会器物上发现，它并不能被单纯界定为"教会艺术"。各种各样
的几乎与之同时的同类世俗物件，也以这种新的基督教风格加以装
饰：衣服的装饰、骑马的装备、马镫、马鞭、手镯等等，象征着那些
器物之所有者们的新的思想规范模式。特别是在斯堪的纳维亚南部，
也并非没有受到依附于拉丁教会的欧洲骑士精英和他们的强有力统治

**图 1　从丹麦西兰（Sealand）出土的早期动物造型风格的银
制别针** [据 Aberg（1925），图 161]

[33]　Speake（1980）；Høilund Nielsen（1997）。

[34]　Roth（1979），p. 86。

者的思维范式的影响。虽然北欧动物造型风格继续独立发展，但是随着碎片化的动物形象被广泛地再现而逐渐恢复了它们的兽形特征，8世纪以后的新式图像开始吸收了一些海岛元素，例如装饰性的植物主题，但是这些元素很简略。⑤

　　在斯堪的纳维亚，维京时代保持着一个信奉异教的武士阶层和碎片化的国家结构。因此，异教神话和图像的象征——动物造型风格——直到这个时代的末期在这个武士社会的宇宙观中仍旧继续扮演

507

图 2　从挪威霍达兰（Hordaland）出土的，风格 Ⅱ 型的银制别针［据 Aberg（1925），图 169］

一种组织性的角色。虽然仍旧使用，但是北欧动物造型风格从 1100 年前后停止了发展。㊱ 在这种情况下，这种造型风格的要素，尤其是图像要素，被极为谨慎地选择，正如仪式中使用的物品那样被非常认

508

---

　　⑤　Karlsson（1983）；Hedeager（1999a）.
　　㊱　这些物品并没有在新的信仰体系和政治及社会潜在的限制下幸存下来。当然，这能够让当时的人们——尤其是精英阶层——接受不同的品位，因此以 1200 年前后在教会的影响下更乐意使用新的风格这一事实加以解释。然而更为令人信服的说法是，在基督教背景下动物造型缺乏存续和更新的潜力，是因为它植根于一个完全不同的信仰体系中［Hedeager（2003）］。

真地选择，因为这些物件是被植入特殊品质，带有重要信息、用于交际的承载体，这些信息包括社会关系、组织成员关系和族群身份等。[37]于是，造型风格也必定被视为关乎创造和维持社会—宇宙秩序，并参与到使权力合法的活动中。保持这种造型风格也被认为是精英阶层以同样的方式维护宗教仪式的功能、神话、传说和象征性的事物—简言之，即所有能体现他们群体身份的事物——的策略之构成部分。以这种视角来观察，日耳曼人的动物造型风格就获得了一种更加重要的新功能。

因此，即使人们对于这种动物造型装饰的象征功能或者精英特征不存在争议，但也无法解释这些动物造型的象征意义，或者为什么动物造型装饰特别承载了如此重大的作用。然而，动物造型风格的饰品作为前基督教时代物质文化不可分割的部分，暗示着在前基督教世界的观念中这种动物也无疑具有重要地位。[38]如果是这种情况，那么通过关注这些动物和对其图像的描述就有可能更为接近6、7世纪间斯堪的纳维亚地区核心认知结构。

斯堪的纳维亚社会的核心认知结构

无疑，从4世纪到11世纪这800年期间，斯堪的纳维亚人的观念发生了变化。动物造型装饰的变化也是这种逻辑的结果。但是不管任何风格的变化和新要素的出现，仍旧还有维系这种共同风格的一个基本要素，即"动物"（animal）。这种本来只作为一种简单的类别要素的造型艺术，在传统文化史考古学上适合于从年代学和风格类型方面进行分类，但我们观察的视角从研究这种艺术的动物形象转变为内涵复杂的涉及人们认知观念的考古学主题。图像表现模式并不总是关注能否再现动物的自然形态，于是，对于动物造型模式也不再能仅仅用艺术表达的角度来解释。图像表现模式是在一独特的文化代码内使用的，而动物的图像模式因此成为认知结构的组成部分。就其本身

㊲　Earle（1990），p. 73；De Marrais, Castillo and Earle（1996）.

㊳　Kristoffersen（1995）and（200b）；Glosecki（1989）；Hedeager（1997），（1998），（2003）and（2004）；Gaimster（1998）；Andrén（2000）；Lindstrøm and Kristoffersen（2001）；Magnus（2001）；Jakobsson（2003）.

而论，这种风格不仅仅基于"为艺术而艺术"的缘由，而是必须被视为深植于社会结构背景下的一种文化知识的形式。动物图像模式于是必定成为感知动物及理解其意义的一种表达方式。[39]

北欧动物形象的装饰并不仅仅与动物相关，它自身就是动物，完整诠释着多面、复杂的动物主题。它包括动物的整体或其半身，大小不等的动物，动物的某个肢体或结构完整的动物，或者有头无身和有身无头的动物形象。这种复杂的表现手法揭示的一个事实是，这些形象远不是可能对自然界之动物形象的描绘，因此这些风格也并非意在反映真实的动物，这种复杂手法所表现的动物形象，更严谨、更张扬、更模棱两可，并非自然主义手法所能及。在这里，创造出的各种形象通过穿越所谓的"天然"疆界[40]，影响了所有类别。如果仔细观察这种模棱两可的造型可以发现，它完全表现出一些其他的东西，反映出层层隐藏的含义，使这一形象风格比使用其他方式，如文字或者语言进行表述所能实现的风格更为强大。它们的复杂（从结构上说）构图风格含有一种完全抽象的原则，可能是潜意识里反映了社会秩序和宇宙的物理秩序。[41]

主要属于6—7世纪艺术风格的另外一种特征是，若干动物的头部互相嵌入，成为彼此的一部分，而且在此复杂的结构中加上了人物的描绘。人体也被分块表现，人脸（面具）也包含在对动物的描绘中，例如鸟兽身体的一部分（通常是它们的腿部）加上人头或人脸之一部分。因此，这种处理手法不仅是跨越了不同动物种类的界限，而且是跨越了动物与人之间的界限。

可以认为，这种动物造型风格有意或者无意地反映了6—7世纪前基督教社会的认知结构。即使当这种风格的认知结构层面包含有抽象和经常性的无意识原则来反映社会和宇宙秩序，仍很难说这是一种有意识的神话表现方式。同时，在神话层面上，是透过明显的视觉信息来加以表现的，并且伴有肖像和口头传颂相关的类似"故事"。但是这种层面可以通过这几个世纪的自然主义，及由此更

[39] Morphy (1989)，p. 2.

[40] Morphy (1989)，p. 5；Ingold（2000），p. 130；Kristoffersen（2000b），p. 265；Lindstrøm and Kristoffersen（2001）；Jakobsson（2003）；Hedeager（2004）.

[41] Roe（1995），p. 58.

容易快速获得的肖像艺术得以体现。下面将介绍两个实例。

首先，要特别关注这种金箔。虽然它们的主题和设计确定是北欧 510
风格，但是这类金箔源于古代晚期艺术，并刻有拜占庭皇帝的浮雕[42]
（见图3）。它描绘的许多场景中有几个显然是北欧神中的核心神话的
图释，[43] 例如巴尔德尔（Balder）之死[44]（参见图4）和为了拯救世界
把右手放入芬里厄（Fenris）狼口中的提尔（Tyr）（斯诺里《埃达》，
第24章和第33章）[45]（参见图5）。两者都属于5—6世纪的核心神
话。[46] 但是，大多数金箔片反映的是在其至高权威时期的奥丁神，即
他幻化为一只鸟在通往来世的路上（参见图6）。一头由马、驼鹿和
山羊三种形象混合的大型动物守护着他。经常可以从它的口部看出呼

图3 瑞典利拉乔利（Lilla Jored）出土的金箔片
［据 Hauck（1985–89），第107号］

㊷ Hauck（1985–89）.
㊸ Hauck（1986）.
㊹ Ellmers（1970），p. 210；Hauck（1978），p. 210 and（1994）.
㊺ Oxenstierna（1956），p. 36；Ellmers（1970），pp. 202，220；Hauck（1978），9. 210.
㊻ Hedeager（1997）.

511

图 4　丹麦法克瑟（Fakse）出土的金箔片 [据
Hauck（1985－89），第 51 号图]

吸的迹象。这显示出这种动物具有活力。在奥丁神的旅行中常伴有鸟
和蛇的出现。在这种表现方式中变形（萨满）[47] 的因素，似乎是可信
的："人"幻化为鸟，及其动物随从（蛇、鸟和巨大的四足动物）构
成了反映宇宙哲学世界的金箔片的基本部分。[48] 这些金箔的专有名称
起源于晚期罗马皇帝的徽章，将罗马皇帝与阿西尔（Asir）国王相比
较，更凸显出强烈的象征意义。[49] 在古代北欧文学中随处可见奥丁神
的其他幻化；他超越人和动物的界限，也穿越男性和女性的界限。他
具备特殊的魔力（seiðr），即变形术。这种特殊技能使他成为阿西尔
的国王。[50]

---

[47]　Price（2002）解释了北方的这些宗教活动与萨米（Sámi）人中的"萨满"文化有关，并且斯
堪的纳维亚半岛的大多数部族共享这种文化。

[48]　Hedeager（1997），（2004）.

[49]　Axboe（1991）；Andrén（1991）.

[50]　例如 Hedeager（1999a）；Price（2002）；Solli（2002）。毫无疑问，seiðr，狂喜和灵魂旅行之间的
关系表明这种宗教混杂有众所周知的"萨满"的因素：Strömbäck（1935），（1970）；Ohlmarks（1939）；
Brøgger（1951）；Buchholz（1971）；Ellis Davidson（1988）；Eliade（1989），等等；也可参照 Polomé
（1992），他反对这种解释。参看 Karl Hauck 的全面研究，其主题是关于 A 类和 C 类金箔片 [Mackeprang
（1952）]，说明它们是同一个人的象征 [Hauck（1974）极可能是奥丁神；详尽的参考书目参看 Hauck
（1985－1989）]。奥丁神被描绘成魔术家和萨满 [Hauck（1978），p. 211]。

512

图 5　瑞典特罗尔海坦（Trollhattan）出土的金箔片［据 Hauck（1985 – 89），第 190 号图］

其次，从大迁徙时期到维京时代发现的具有动物形象的人物画，主要出现在 6—7 世纪富裕武士的装备上，例如在瑞典中部马拉尔地区的文达尔和瓦斯盖尔德（Valsgärde），以及东盎格里亚的萨顿胡都有发现。最常见的形象是所谓的狼武士，[51] 但是也有身披野猪皮或者变幻成野猪的武士形象。[52] 武士头盔有完整的动物象征。在其顶部有一只猪或者一只鹰，或者就是头盔的组成部分。[53] 那时这些华丽的头盔包含三种动物，都是"萨满"信仰体系中的象征：蛇从地狱获取知识，鸟在世界各个角落翱翔以获取消息，大型动物保护着进入来世的旅行。

513

作为古老的北欧文学作品中被不断重复表现的主题，我们发现了人和动物之间的二元关系。用语言表述出来就是"hugr""fylgja"和

[51] Høilund Nielsen（1999），p. 332.

[52] Hedeager（2004），fig. 16.

[53] Bruce-Mitford（1979），p. 35；Glosecki（1989）；Hedeager（2004），fig. 22.

图 6　丹麦斯克吕斯楚普（Skydstrup）出土的金箔片 ［据 Hauck（1985-89），第 166 号］

"hamr"。"hugr" 的含义是指能够脱离躯体，幻化成动物或人形的 "精神" 或者 "灵魂"[54]；"fylgja" 的含义是指自我的第二重身体，或者另一个自我[55]，或者最后的 "皮肤" "斗篷"，或者 "动物的衣服"[56]。它被表现为保护精神，同时依附于精神并具有独立性，经常是人和动物从出生起就一直拥有，直到死亡。当人死亡时它们把其能力转移到本家族的另一位成员身上。"fylgja" 经常被表现为一个动物（或者一位女性），它经常只是在危急时刻现身才可见，可能是在清醒时或者是在睡梦中。它虽然是 "灵魂" 的外在形式，但它是个人幸运和命运的具体化。其概念大部分时候通常等同于极难被证明的 "hamr"[57]。

　　因此，这种形象艺术、动物装饰品和古老的北欧文学展示出来的是人与动物之间形象互变的观念。尤其是在 6—7 世纪狼、野猪、鹰和蛇成为人与动物形象互换的装饰品的组成要素。这些动物具有人不

[54]　Ellis Davidson（1978）.
[55]　Simek（1966），p. 96.
[56]　Glosecki（1989），p. 186.
[57]　Orchard（2002）；Raudvere（2001），pp. 102ff.，and（2003），p. 71.

具备的行动能力，即能够跨越进入来世的"门槛"。人只有借助某种动物的外在形式才能够跨越生死之界。这种通过动物与来世相联系，以及"fylgja"作为个人命运化身的认识，有助于我们理解为何动物装饰能够作为一种结构性的角色在斯堪的纳维亚和日耳曼社会中一直保存到基督教传入巩固时期。[58] 最后，但同样重要的是，这种形象艺术可以说明为什么野性危险的动物作为一种艺术表现形式对于斯堪的纳维亚、大陆和盎格鲁—撒克逊前基督教时代武士阶层是如此重要。

礼物馈赠和政治威信

尽管绝大部分日耳曼人中有一个或者多个王，但是他们中间仍旧缺乏强有力的中央统治权力。这些部落是由相对独立和自治的群体构成，以同一片地理区域内的血缘关系和居住情况为基础。一个部落包含众多个次级部落，次级部落又包括独立的群体，这些群体通常都有自己的土。部落不仅是一个政治意义上的整体，也是拥有共同信仰的群体，他们的国王是神的后裔。尽管这些国王通过联姻或者馈赠礼物结成远距离的关系网，但是他们仍不能在部落内部形成一种政治独尊地位。武士阶层扮演了重要的角色，因为他们像国王一样拥有自己的武装扈从。国王与贵族的关系，国王或者贵族与武士扈从（hird）的关系类似于国王与国王之间那种互惠关系，虽然或多或少地存在本质上的不对称。[59]

无论是古老的北欧或者中世纪早期欧洲的文献资料都表明馈赠礼物是建立和维持那些政治联盟的关键手段。无论是君主与武士扈从或者武士阶层内部都是如此。不管其特征是可转让或者不可转让的，[60] 具有特殊象征价值的可移动财产作为礼物从 5 世纪以后被作为赠品流通。[61] 礼物馈赠无疑是第一个千年后半期重要的政治手段，但是大迁徙时代不仅出现了获取黄金的特殊时机，而且同时显示出它们的价值具有超常的可投资性。金银在政治策略中可以充当重要的角色，因为

515

---

[58]　Hedeager（2003）and（2004）.

[59]　Bazelmans（1999），pp. 3ff.

[60]　Cf. Parry and Bloch（1993），p. 8.

[61]　Bazelmans（1992），（1999）and（2000）.

它们在很大程度上可以从本地系统之外的世界获取。

　　赠予荣誉性礼物的观念内含于宇宙哲学世界和文化价值体系中，同样具有高度的仪式性。经常作为奢华装饰的金银在重现铁器时代晚期的社会时在礼仪场合扮演了重要角色。即使整个铁器时代晚期礼物馈赠都具有高度的仪式性，但强烈竞争性的装饰在5—6世纪（和维京时代）仍旧很突出。

　　严格地说，斯堪的纳维亚的"黄金时代"就是大迁徙时期。在5—6世纪的几代人窖藏了大量的黄金。这些黄金储藏品令考古学家和宗教史学家着迷，冲击着他们的理论世界，因为黄金就是现代社会的关键词："财富"和"权力"。虽然人们对这些储藏品的意义内涵尚未达成共识，但从利益和经济实力的角度，很容易解释关于黄金储藏的"理性"观点。广义地说，它们被解释为财富，即意味着可回归流通领域的"经济"积累——或者，作为战略上的礼品，它也是仪式性的祭品，可用于超自然的世界并与神建立联系。近来后一种解释成为主流。[62]

　　大迁徙时期的窖藏品包含有大量珍宝：经常是饰以丰富多彩的动物形象的金箔、指环、项圈和臂环——所谓的有支付功能的圈环、带有浮雕的胸针等。如果这些金属制品被作为礼物流通，它们在考古学方面就不会有任何的记录。然而，如果礼物馈赠策略包含有竞争或炫耀的因素，那么礼物馈赠会更加集中地纳入政治战略的程序，于是，我们就期待着从地窖和坟墓中出土的用于仪式消费的艺术品中找出证据。[63] 这是大迁徙时期的显著情况，黄金窖藏反映了一个短期的"投资领域"。[64]

　　从一种现代和理性的经济视角来看，虽然许多黄金储藏处于边缘地区，但总的来看与肥沃的农业地区有关。最明显的是在瑞典，那里发现的大部分黄金是来自瑞典最肥沃的斯卡尼亚（Scania）和西约特兰省（Västergötland）（大约22千克，换言之，占了这一时期的瑞典大陆所发现黄金的一半以上）。[65] 这些窖藏的黄金出现于聚落中心区

516

---

　　[62] 相关的讨论尤其可以参见 Geisslinger（1967）；Herschend（1978 – 1979）；Fonnesbech-Sandberg（1985）；Hines（1989）；Hedeager（1991），（1992a）and（1999b）；Fabech（1994a），（1994b）and（1997）；Wiker（1999）。

　　[63] Barrett, Bradley and Green（1999），p. 240.

　　[64] 相当于维京时代的窖藏［Hedeager（1999b）］。

　　[65] Hedeager（1999b），p. 246. 在丹麦的黄金总数约为50千克；在挪威非常少（估计有1/3 或者更少）［Hedeager（1999b）］。

或非常靠近民居的地方，也有的出现在边缘地带。窖藏地通常处于某种特别的边缘地带，如沼泽、溪流和海岸等相对于农耕区而言的边缘地带。它们必定反映了过去某种仪式活动的类型，因为这些储藏地的选定显然经过了深思熟虑。

在大迁徙时期，使用诸如河流、溪流、沼泽等地自然疆界用于储藏财富这一事实，说明了这些地方对人们认识自然环境有着重要作用。这一时期的特征是定居结构和土地使用发生广泛变化。当旧的疆界改变，新的土地开垦为耕地使用时，其文化景观和认知必定要发生很大程度的重组。这里将成为人们的居住地，就要成为生活在这里或者即将生活在这里的人群感知零散的自然知识和宇宙哲学的新领域。这些窖藏地都是有意地置于可耕地/人群聚居地与荒地之间，(66) 通常是位于陆地与海洋、土地与河流之间的过渡地带，在这些地方，绝大多数场所都以奥丁神、提尔神、弗雷神（Freyr）和上帝之名命名。(67) 从文化景观的视角来看，水陆之间的过渡地带具有特殊的地位，暗含着它能够与来世沟通。一旦将财富窖藏于此，一代一代的窖藏物通过在人们头脑中创造一处圣地的观念构成了这种自然景观。它们代表着过去与现在，此岸与彼岸之间的联系，同样，他们赋予这片土地以合法性，使其成为生活在该地的人们的零散的自然知识的一部分。尽管这些窖藏地都很隐秘，但它在子孙后代中仍然是“可见的”，继续扮演着人们联系过去的生动角色。(68)

黄金的窖藏发生于大迁徙时代，整个斯堪的纳维亚所有在肥沃地带定居的社会组织都经历着巨大压力和激烈变化的阶段。它们也许在 517
这种资源消耗型政治联盟和远距离的关系网中扮演着一种重要的媒介作用，且在一个微弱的多等级的政治结构中依据宇宙世界观念组织或重组其文化景观。

居住格局的社会分层

铁器时代晚期斯堪的纳维亚的居住结构发展出从规模和功能上都

(66) 也可参见 Johansen (1996), p. 97。
(67) Jakobsson (1997), p. 91; Andersen (1998), p. 26.
(68) Hedeager (1999a).

明显具有等级制度的特点。自 20 世纪 70 年代以来，斯堪的纳维亚考古学领域发展出了一个"核心区"的观念，以特指几个世纪以来特别富裕的聚落遗址，在那里经常发现的大量金属品表明金属铸造活动的扩大。[69] 而 800 年以前的北欧王国没有任何有关特殊的宗教场所或者政治权威的文字证据，考古学的资料和地名证据为分析该地区的居住结构等级体系提供了唯一的根据。

　　然而，古老的北欧文学确实解释了一些斯堪的纳维亚"权威"领域的特定基本要素。例如，在这些文献中"会堂"（hall）承担了意识形态领域的重要作用。[70] 即使在古老的北欧文学中会堂占有突出的地位，那么值得注意的是"会堂"这个词从没有作为斯堪的纳维亚的地名出现。这可以解释为何在当时的斯堪的纳维亚的语言中经常用其他词语，例如 sal，如乌普萨拉（Uppsala）、翁萨拉（Onsala）、奥登萨拉（Odensala），或者仅只是萨拉［sal（a）］：神名中与 sal 相联系的角色总是奥丁神，众神之王。[71] sal 一词有时与 zulr（thyle）联系在一起，其意义是指一种特殊类型的领袖或者祭司。Thyle（蒂尔）被认为是一位诗人，一位古代斯堪的纳维亚的诗人、吟唱诗人或者说故事的人：换句话说，这类人是神话和魔法知识宝藏的保存者，这些知识对于通晓诗歌《埃达》和维护政治权威是必备的基础。他是祭司的领袖，他通晓祭祀活动并能够用专属的语言表述出来。他的基本职能是演说，也就是当众吟诵诗节和宗教故事，了解并宣布法律，或者作为国王或伯爵的代言人出席宴会、祭祀活动或立法大会。[72] 换句话说，他代表国王，是掌控了社会神秘知识的专门人才之一。

　　很明显 sal 的含义是国王或者伯爵的集会会堂、祭祀会堂或者立法会堂：这些地方集合了"公共活动场所、法庭和礼拜堂"的多种功能。[73] sal，即会堂，是人类微观世界的中心，是稳定和贤明领导的象征。会堂也是公共宴饮之所，其目的是建立忠诚与虚构的血缘关系的纽带；酒精是达到狂喜的媒介，人们借此实现与超自然事物的联

518

---

[69]　Larsson and Hårdh (1998)；Hedeager (2001)；Hårdh and Lasson (2002)；Jørgensen (2003)．

[70]　Enright (1996)；Herschend (1997a)，(1997b)，(1998) and (1999)，p. 414.

[71]　Brink (1996)．

[72]　Brink (1996)，pp. 256－257.

[73]　全面的描述参见 Herschend (1998)。

系。[74] 高座席（high seat），也就是带有高柱脚的座位，是用来与超自然世界联系的渠道。由于配备高座席的会堂是被作为地理上和思想意识上的领导中心，这就能够解释为什么在文学作品中伯爵和国王仅仅通过破坏其对手的会堂就能够压制和毁灭对方。[75]

　　这里发现了大量可以反映地方领主之礼仪活动的金箔（guldgubber）：即小块的薄金箔（最大约 1 厘米左右），上面经常表现一个男人或一个女人的形象，但无论是男人还是女人都作为单一主题出现，一些动物形象的出现也是如此。成对人物的主题经常是表现一对脸对脸侧立的爱情伴侣，他们穿着精美的服饰并经常佩戴首饰或者带着其他诸如木杖、口杯等随身用品（参见图 7）。

图 7　丹麦菲英岛（Fünen）伦讷堡（Lundeborg）出土的金箔画（"Guldgubbe"）（绘图：Eva Koch）

---

[74] Enright（1996），p. 7.
[75] Herschend（1995），p. 221 and（1997b）.

这类金箔在斯堪的纳维亚到处都有发现，其中几处直接与一些地名和宗教名称相关，例如丹麦菲英岛的古默（Gudme）和博恩霍尔姆（Bornholm，神的居所）的古迪杰姆（Gudhjem），时间可追溯到6世纪初到10世纪。[76] 这种以一对伴侣为主题的金箔之广泛出土，与铁器时代和维京时期一种特殊的建筑有关：即长屋，一种仅有一个大房间的厅堂。金箔如此频繁地被发现于中心部位支撑屋顶的柱脚处令人惊异：换言之，即在高座席的支柱处，如在瑞典西南部的斯罗埃涅（Sloinge）、海尔戈（Helgö），可能还有瑞典中部马拉尔地区的斯维图纳（Svintuna）和挪威的博尔（Borre），罗弗顿（Lofoten）的迈雷（Maere）、博格（Borg）等处所见。[77] 总共在整个斯堪的纳维亚的31个地方发现了2600枚金箔。其中大约2300枚出现于博恩霍尔姆岛古迪杰姆附近的索特莫尔德（Sorte Muld），几乎都镌刻一个形象，[78] 而有224枚金箔展现的是上面所见的两种形象。[79]

依据《埃达》诗歌《斯基尼斯马尔》（Skirnismal）的描写，弗雷神和葛尔（Gerr）举行婚礼时，神就在高座席上就座。这个神话的场景可以被理解为是一个入会仪式，其作用是彰显新君主的地位和权威。[80] 带有一对伴侣主题的金箔被认为是与享有高座席职位相联系的仪式性意义，如同在《斯基尼斯马尔》中所行的"圣合礼"（hieros gamos）（即神圣婚礼，适合于用在神与神，神与人，人与人等。此处寓有深刻的宗教意义。——译者），被解释为因其与高座席的关联而被神化了。贴在高座席支柱上的金箔形象恰是一位新国王或者新伯爵就职仪式的一部分：象征着他已经占有这个高座席。[81]

历史和考古学上的资料互相印证，说明高座席在行使特殊的领

[76] Watt (1992).

[77] Nordén (1938)；Lidén (1969)；Munch, Roland and Johansen (1988)；Myhre (1992)；Herschend (1995)；Lundqvist et al. (1996)；Munch, Johansen and Roesdahl (2003).

[78] Watt (1992).

[79] Andréasson (1995).

[80] Steinsland (1994), p. 627.

[81] Steinsland (1991) and (1994), p. 630.

袖权力过程中居于绝对中心地位，且高座席的支柱也被神化。[82] 这种现象从大量的传统文化中可以看出，在这些文化中，支柱或木桩都被赋予特殊的神圣职能。[83] 这可以用来理解宇宙秩序，在其中"距离"的表象和内容是关键。[84] 这种宇宙秩序的物质基础就是高座席的支柱。

会堂的多种功能已经超出了其作为一个场所的价值。会堂处于众多农村民居的中心部位；从铁器时代晚期以来它就是核心区域的心脏。[85] 现在我们逐渐了解了这些遍布斯堪的纳维亚各地的会堂，例如在丹麦的古默/伦讷堡（Gudme/Lundeborg）、索特莫尔德、莱尔（Lejre）、提索（Tissø）、托夫特加德（Toftegard）、博埃斯伦德（Boeslunde）、乔隆德（Jørlunde）、卡尔马加德（Kalmargard）、北斯内泽（Nørre Snede）、斯腾汀盖特（Stentinget）、德伦施泰德（Drengsted）和里伯（Ribe）；挪威的特隆赫姆（Trondheim）、凯于庞（Kaupang）、哈马尔（Hamar）和博格（Borg）；瑞典的斯罗焕涅、海尔戈、比尔卡（Birka）、乌帕克拉（Uppakra）、瓦（Vä）、乌普萨拉（Gamla Uppsala）古城区、霍杰斯（Högum）、文达尔和瓦尔得加德（Valdgarde）。[86] 这些会堂典型的特征是都位于距海岸几千米的内陆地区，濒临海滨的一个或者多个登陆点或者港口。[87] 尽管其中还存在争议，但是通过这些核心地带实现了对更大区域的某种形式的政治或者宗教控制；其影响辐射的范围远远超出这个区域。另外，其中有些地方有一些特殊建筑物似乎作为一种异教的"*vi*"实行崇拜的功能，如在西兰的提索（Tissø），它的实际含义是"提尔"（Tir's/Tyr's）湖[88]。

从瑞典和挪威获得的基本的地名学证据表明，这些核心地带不是被狭义界定的某处场所，而是应当被理解为稍小或者更大的、各有许

520

---

[82]　尤其要注意参见 Herschend（1994），（1997a），（1997b），（1998）and（1999）。

[83]　Eliade（1989）.

[84]　Helms（1988）and（1993）.

[85]　这些地方的一种可能的等级划分出现在 Näsman（1999），p. 1；Jørgensen（2003）。

[86]　Mauch *et al.*（1988）and（2003）；Duzko（1993）；Jørgensen（1995）and（2003）；Brink（1996）；Callmer（1997）；Larsson and Hårdh（1998）；Hedeager（2001）；Hårdh and Larsson（2002）；Skre（2004）.

[87]　Fabech（1999）.

[88]　提尔神是阿西尔众神中的战神［Jørgensen（2003）］。

多不尽相同但又具有同等重要性的功能和活动的地区。[89] 地名学证据和考古的发现都说明这是一种重复出现的模式。这就意味着把某个场所称作"贸易中心""祭祀场所""会议或者处理某些事物的场所"是不充分的，只是强调了它诸多功能中的一项。而这些场所应当被视为多功能的复合型场所。此外，它们的"官方"职能是贸易和市场所在地，也是立法和祭祀中心，其核心区域也可能与一些特殊的功能相联系，例如熟练的首饰、武器和裁缝手艺，[90] 以及通过宗教的专业人士实施特别的祭祀活动。这些地方也居住着享有特权的武士或者侍卫。一些核心区域的存在可以追溯到 4 世纪（例如古默/伦讷堡），但是大多数是在 400 年后出现的。许多地方直到中世纪仍旧保持着权力中心和经济活动中心的地位。

公元 500—700 年的斯堪的纳维亚：新兴王国和王权中心

西罗马帝国寿终正寝之后，墨洛温王朝和随后的加洛林王朝通过军事征服、远程结盟和礼品馈赠结成的关系网获得了对周边王国的控制权。它们的政治和经济组织形式，即核心区的生产基地、市场和货物集散地，是通过斯堪的纳维亚那些小王国反映出来的。国王和贵族必须购买大量的奢侈品来履行必要的社会和宗教义务以维持权威。许多金属器物，主要是武器、首饰和饮器在考古报告中司空见惯，而木雕器物、华贵的服装和毛皮制品、食品、酒精饮料等类似的东西很难被保存，因而很少被发现。对外部世界原材料的需求是斯堪的纳维亚北部资源被大力开发的背景，[91] 也是与北方萨米（Sámi）人建立密切联系的背景。这两种情况都明显影响了铁器时代古代晚期北欧人的宗教。[92] 新兴的斯堪的纳维亚的武士社会基于它与周边势力的联盟和军事实力，以及不断变化的政治格局，要求

521

---

[89]　Brink (1996). Fabech 在许多文章中利用考古学的事例研究发展了这种模式；更新的作品见 Fabech (1998)。但是，在文化景观中之礼仪性证据的模式，即在这种总体模式下具备重要作用的模式，仍然是大家争论的话题。见 Hedeager (1999b)。

[90]　Jakobsson (2003).

[91]　Myhre (2003), p. 91.

[92]　Price (2002); Solli (2002).

有丰富的农业资源，用于其社会的建构。重新规划可耕地，强化生产进程，提高资源的利用率，建立一种等级分明的定居结构，等等，都反映了这种需要。高密度民居组成的庄园和大量的资源消耗证据，包括技艺高超的金属制品和舶来的奢侈品等，在这几个世纪有了发展。

　　然而，在此背景下，墓葬资料却相对较少。总体而言，在铁器时代晚期，丧葬主要是火葬，通常丧葬品受到严重的损坏，只有小部分碎片保存了下来。但这仍旧能够确定丰富的物质文化于斯堪的纳维亚精英阶层中的存在。这一时期建造了一些令人印象深刻的墓碑，主要位于斯堪的纳维亚半岛。他们出现于挪威东南部的内陆地区，普遍位于最发达的农业区，紧邻河流和重要的陆路交通线，以及沿海有战略意义的地点。其中一个著名的墓园是在西福尔郡（Vestfold）的博尔（Borre）。那里大型墓地和巨大的墓冢令人印象深刻；最早的墓碑大约建造于 600 年前后，而其他的墓碑在随后的岁月里一直持续建造直到 900 年前后。在一部吟游诗人（Skald）的诗歌《英格林加塔尔》（Ynglingatal）中，提到博尔是英格林加（Ynglingas）王室的墓地。诗中宣称该王朝在 7—9 世纪时统治着西福尔郡。[93] 与此同时，类似的墓碑也出现在瑞典哥得兰（Gotaland）、斯维阿兰（Svealand）和梅代尔帕德（Medelpad）。它们也位于耕作区最肥沃的地带。在与乌普萨拉古城区 ［Old（Gamla）Uppsala］ 一座古老的教堂相邻的地区，后来发现了三座斯堪的纳维亚最大的墓碑。它们都是火葬墓，其安葬期自公元 500 年前后和6 世纪早期起。随葬品内残片的性质表明了死者的身份。乌普萨拉古城是维京时代斯韦尔（Svea）王国宗教和政治中心，可能从大迁徙时代就已如此。紧邻乌普萨拉古城有两处特别的墓葬地，分别是文达尔和瓦尔斯盖尔德。这里的墓冢埋藏有未完全烧毁的舟船的残骸，随葬品包括来自东盎格里亚地区萨顿胡的物品。[94] 这些墓葬的

522

　　[93]　Myhre（1992）and（2003）.《英格林加塔尔》被斯诺里·斯蒂德吕松在 1230 年首次提及，但是它可能来自 9 世纪（Myhre（1992），p. 301）。

　　[94]　Lamm and Nordström（1983）.

时间可追溯到 500 年到 800 年前后。[95]

在丹麦，从大迁徙时代的储藏地和 6、7、8 世纪富裕的居民点发现了丰富的考古资料，而同时期的墓葬则比较稀少。无疑在这些时代是完全实施火葬的。例外的是在博恩霍尔姆，在那里有丰厚随葬品的土葬习俗仍在持续。[96] 而丹麦唯一值得注意的墓冢却是位于西兰的莱尔古城，时间可上溯至 6 世纪。在诗歌《贝奥武夫》和 1200 年前后萨克索·格拉马蒂库斯的诗作《丹麦人的业绩》中都提及了莱尔古城，把其作为大迁徙时代丹麦斯基尔东王朝（Skjol-dung dynasty）的王室中心。一处新发掘的占地规模宏大的庄园有力表明了莱尔作为早期丹麦历史上的王朝中心具有特殊地位。目前，已发掘出了大约 50 所民居的遗迹，其出现时间应该是从 7 世纪到 10 世纪间。在这个时段里曾经有过四个大会堂（大约 50 × 11.5 米）和四个小会堂（大约 40 × 6 米）。在这些地方大约发掘出接近 4000 件小的物件。除了大量品质优良的高级物件，如从加洛林地区和盎格鲁—撒克逊地区进口的珠宝、钱币、砝码、银锭、铜螺栓和玻璃外，还有一些工具和农具等。[97]

莱尔展示了铁器时代晚期王国的结构。人们推测，6、7、8 世纪期间，这里的王权得以建立和巩固，博尔和乌普萨拉古城的王朝中心也同时建造。无论文献证据是否包含一些重要的历史真实核心，考古学上的证据却已经指出，在 500 年前后整个斯堪的纳维亚已经建立了一个新的政治结构。与此同时，关于起源的神话、王室谱系、神话故事和传说与动物造型风格的象征性语言等都应该被视为是这个新兴的武士精英阶层思想的表现，也是日耳曼王室出现的先决条件。它们以自己的方式，在建立这些新王国中充当了组织者的角色，并证明了共同的文化符号。

随着神话成为反映武士精英阶层的政治理想和在一种特殊情况下的立法模式，动物造型风格的图像则在一种明显的背景下表现出来，描绘出了一种前基督教时代象征性的宇宙观和在精英阶层中共有的日

523

---

[95]　Arrhenius（1983），p. 44.

[96]　Jørgensen（1990）；Jørgensen and Nørgård Jørgensen（1997）.

[97]　Christensen（1991）；Jørgensen（2003）.

耳曼人的身份认同。5、6、7 世纪的特色是很大程度上欧洲各地区——从南端的意大利到北端的挪威等——之间的接触，创生了一种普遍的共同的经验，与一些研究者企图仅仅通过历史资料加以还原的碎片化和分裂的欧洲形成鲜明的对比。

马锋 译，徐家玲 校

第 十 九 章

斯拉夫人

兹比格涅夫·科布林斯基（Zbigniew Kobylinski）

拜占庭历史学家、凯撒里亚的普罗柯比（Procopius of Caesarea）在其《秘史》（*Secret History*）中写道，查士丁尼（527—565 年在位）登基后，匈奴人（Huns）和斯拉夫人［斯科拉维诺伊人（Sclavenoi）和安特人（Antes）］几乎每年都对伊利里亚（Illyria）和整个色雷斯地区进行侵扰，在从爱奥尼亚海湾（Ionian Gulf）到拜占庭门户附近的区域内大肆劫掠。希腊和刻松（Chersones，在色雷斯）受打击甚重，当地居民受到入侵者的压迫。[1] 然而，这些突破多瑙河边界，又迅速地占据了北起易北河下游和波罗的海、南至亚得里亚海的半个欧洲，给拜占庭帝国以极大威胁的神秘斯拉夫人究竟是谁？关于斯拉夫人的最早记录来自普罗柯比写于 6 世纪前半叶的《战记》（*De Bellis*）。他在书中描述的斯拉夫人的形象是：他们身材异常高大强健，皮肤黝黑，头发略红，浑身沾满了污垢，居住在相互独立但肮脏的窝棚中，过着居无定所的生活，其生活方式野蛮而原始。[2] 根据普罗柯比的记述，斯拉夫人还没有形成君主制，在很长时间里仍生活于民主制度下。他们崇信一神——雷电之神（the creator of lightning），认为他是世界万物主宰，并用牛和其他动物对其进行祭祀。打仗时，他们徒步而行，群拥而战，手持小盾和长枪，不穿甲胄。在普罗柯比之后（6 世纪末或 7 世纪初），另一位被称作伪莫里斯（Pseudo-Mauric）的

---

① Procopius, *Secret History* (*Historia arcana*) xviii. 20.
② Procopius, *Wars* vii. 14, 22 – 30.

人在其著作《伪莫里氏兵法》（*Strategikon*）中对斯拉夫人情况做出了补充。据该书记载，他又将其称为"斯科拉维诺伊人"和"安特人"，是一群没有组织、缺乏秩序、行动分散，但又绝不接受奴役与压迫的人。这些斯拉夫人与艰苦条件做斗争，能忍受酷热、严寒、潮湿的环境，缺少衣服和其他生活必需品。他们居住于难以深入的森林、河岸、沼泽和湿地。③

525

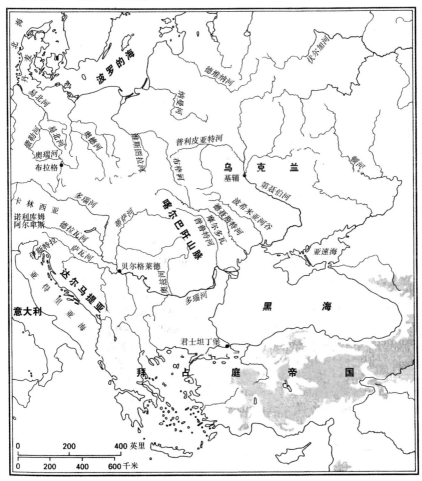

地图14　斯拉夫人：地理环境

---

③　*Strategikon* ix. 3. 1; xi. 4. 1 – 45.

　　斯拉夫人来自何方，源于何族，何时开始迁徙？虽然至少在 19 世纪前半期就已经对此有了较为深入的研究，但这个问题至今仍受到历史学家和考古学家们的广泛关注。学者们基于不同视角（语言学的、历史学的、考古学的和人类学的），对斯拉夫人的起源地形成了诸多不同的观点，包括从西部的易北河（Elbe）到东部的乌拉尔山（Ural Mountains）、从北部的第聂伯河（Dnepr）源头到南部的多瑙河（Danuse）和巴尔干（Balkans）的大半个欧洲。

　　关于斯拉夫人"故乡"的问题始终是学术界讨论的热点，产生大量结论不尽相同的研究成果。造成这一局面的原因，除了不同学者依据的材料不同，或对相关问题的思考方式的差异，还有巨大的政治影响，而且时至今日，政治因素甚至决定了学者看待斯拉夫人起源问题的基本态度。在中欧地区，历史学和考古学的研究经常用于证明现代政治边界的观点，或支持通过领土合并改变政治边界的需要。一些地区在不同的时期出现过主张斯拉夫人起源于本地的各种原生理论（Autochthonous theories），其中多是对外族征服和丧失独立性的反应。例如，19 世纪，巴尔干对奥斯曼统治的反抗与波西米亚对奥匈帝国霸权的抗争。最强烈的一次反应是在第二次世界大战结束后，这是纳粹泛日耳曼主义（Nazi Pangermanism）的必然结果。21 世纪初，在进入欧洲一体化时代，历史研究的政治属性逐渐褪去之时，我们或许能够更加客观地、中立地去探讨斯拉夫人的起源问题。

　　目前，语言学研究在探讨斯拉夫人起源问题上占有很重的分量。在语言学家中有一个基本假设：最初，存在一个普遍的原始斯拉夫语（Proto-Slavic language）；后来，它在斯拉夫人移居的过程中不断分化，并形成了不同的语言和方言；此外，还存在比原始斯拉夫语出现更早的是波罗底—斯拉夫语族（Balto-Slavic linguistic community）。语言学家试图通过阐明这种演变的时间表与原始斯拉夫语的起源地来确定斯拉夫人的起源。因为斯拉夫语和波罗底语显然存在紧密联系，很多学者认为波罗底—斯拉夫语族很有可能早在公元前 2000 年前后就已存在。另一些学者认为，斯拉夫语和波罗底语的紧密关系是两个族群相互邻接造成的，而波罗底—斯拉夫语族的分裂只是在斯拉夫人开始迁徙之前不久。尽管学者们试图通过不断的努力，基于欧洲广大地区的地名、河流名，来确定斯拉夫语的起源，并通过已知的植物、

动物和地理称谓来界定其源流，但他们的观点仍存在难以调和的巨大 527
分歧。

　　在斯拉夫人迁徙前的古代文献中，没有涉及"斯拉夫"这一名称的相关文字资料，因此，对历史文本的研究似乎在解决斯拉夫人起源问题上并没有多少帮助。即使如此，学者们最终还是在老普林尼（Pliny the Elder）、托勒密（Ptolemy）或塔西佗（Tacitus）等人的作品中找到了斯拉夫人的蛛丝马迹。维尼迪人/维尼特人（Venedi/Venethi）的定居地引起了学者的关注，因为这些人被认为与斯拉夫人有关。通过对1世纪老普林尼在和2世纪亚历山大的托勒密提供的关于这些人群的信息的分析表明，维尼迪人活跃于奥德河以东、波罗的海以南广阔的中欧地区。然而，另一些学者却认为这些古代作家实际上说的是两支不同的族群：维尼迪人生活于波罗的海沿岸狭小区域，而维尼特人则占据了中欧和东欧广大区域。与此相反，根据塔西佗在公元1世纪末的记述，维尼特人居住在东欧多树的草原和森林地区，在苏埃比人（苏维汇人，Suebi/Sueves）的东边、佩乌西尼人（Peucini，生活于黑海草原）和芬尼人（Fenni）之间，占据着欧洲的东北边。塔西佗所记述的维内西人的活动区域与托勒密书中的斯塔瓦诺伊人（Stavanoi）的活动区域基本一致，而后者则被认为是斯拉夫人。斯塔瓦诺伊人的周边是位于黑海草原的萨尔马特阿兰人（Sarmatian Alans）与波罗的海沿岸的波罗的部落——卡林迪安人（Galindians）和苏多维安人（Sudovians）。他们占据着广阔的中欧低地地区。

　　东哥特历史学家乔代尼兹（Jordanes）参考了晚近时期（6世纪前半叶）的《哥特史》（Getica）的记载，认为维尼特人（分裂为斯克拉文尼人和安特人）活跃于喀尔巴阡山以北，维斯图拉河上游、多瑙河上游和第聂伯河（Dnepr）中游之间的地区。④ 这支维尼特人（被确认为斯拉夫人）区域与塔西佗书中所述的维内西人和托勒密书中所述斯塔瓦诺伊人信息一致，但这样就必须接受维尼特人和维尼迪人分属不同族群的论点。7世纪的作品《拉文纳宇宙图》（Ravenna Cosmography）将斯拉夫人的起源地划在了斯基泰（Scythia）一带的

---

④　Jordanes, *Getica* iv. 34 – 36.

东欧草原地区。虽然这种划分并不准确，但是资料中维尼特人和斯塔瓦诺伊人的活动区域说明斯拉夫人起源于乌克兰地区。然而，仅凭借这些文本文献所提供的零散信息，还远远不能明晰地说明斯拉夫人起源的问题。

528　　　　虽然我们还不能将考古发现所指示的物质文化与特定的族群明确地联系到一起，但在面对这些不确定性时，考古学却是确定斯拉夫人起源地的最佳选择。我们很容易错误地将所谓的"考古学文化"（即某个区域出现了一种特定形制或可以确定具有相同形制的一些制成品）与人们从此后之文献中各族群的部落界限相联系。凭借考古文献，人们尝试将斯拉夫人或原始斯拉夫人划分到不同时期的不同文化之中。在很长时间里，斯拉夫人被划归于现代波兰地区的青铜时代晚期、铁器时代早期的卢萨蒂亚文化（Lusatian Culture）和中欧同一区域的各种前后相继的考古文化之中。自 20 世纪 80 年代以来，一个持相反观点的学说也在悄然兴起。这一学说主张，在中世纪早期（5 世纪中期），相当于现代波兰、波西米亚、斯洛伐克和乌克兰的领土应属于日耳曼人部落而不是斯拉夫人部落。

据考古学家证实，大约在公元 1 世纪前半叶，中、东欧的大部分地区曾经历了一次普遍的倒退，社会文化和制度也衰落了，经历数百年形成了一个独特的文化区域。从哥特人占据的黑海和亚述海（Sea of Azov）地区到多支部落分别划地而治的易北河谷地（Elbe valley）的东欧地区遍布了蛮族的足迹。原有社会组织由东向西逐渐瓦解、消失：首先是东部的乌克兰和摩尔达维亚（Moldavia）地区（4 世纪末 5 世纪初），接着向东南部和南部蔓延，到达波兰西部（5 世纪前半叶）、波兰中部（5 世纪末 6 世纪初）、波兰的波美拉尼亚（Pomerania，6 世纪前期），最终结束于易北河、萨勒河（Saale）一线（6 世纪末）。在这些地方，我们可以看到逐渐出现了或多或少的不同种类文化的融合，形成了一种全新的文化类型。曾在这里盛行的大型定居点消失了，这种定居点有着与地面水平的桩柱式木屋、独立的手工制作区域和以一片空地为中心呈辐射状的结构，及具有不同礼仪功能的建筑等。大型的制陶和制铁中心也随之衰落。由拥有武器和装饰品的墓葬构成的大型墓地也不复存在。取而代之的是朴素、平等的物质文化：小型的沉于地面以下的方形木质建筑，内有手工陶器，但没

有用于装饰的铁器。多数研究者将这一现象归因于斯拉夫人对原住民
的取代。

如果我们同意以上对考古发现的解释，在探寻斯拉夫人起源地
时，我们应当首先对乌克兰西部地区加以考察。5 世纪初或是更早的
4 世纪末，在波希米亚河谷上游（upper Boh）、德涅斯特河谷（Dnes-
tr）和普鲁特（Prut）河流域地区，出现了最早的带有石质脚炉的沉
于地下的方形木屋。其中存有朴素的蛋形手工陶器碎片。这些发现表
明了所谓的布拉格文化（Prague Culture）的存在，而它也与斯拉夫
人有关，并在此后向西北和西南方向传播。最耐人寻味的现象是，在
所谓的切尔尼亚霍夫文化（Chernyakhov Culture）中表现出了最早的
斯拉夫文化特色。大多数考古学家都认同，切尔尼亚霍夫文化这一物
质文化表明了在黑海地区存在着一个多族群的哥特人政权。更具价值
的是，这些斯拉夫特色以其古典形态出现，而这一古典形态之后的欧
洲中部、东部和南部广大地区都有再现。这说明，斯拉夫文化模式的
出现和之后构成民族特征的物质文化是在外来的、多民族的文化环境
中形成的，而其动因则是为了与其他族群相区别，实现自我界定。

斯拉夫人什么时候、为什么来到德涅斯特河和普鲁特河流域？斯
拉夫人或其祖先很有可能早在古代末期就已经在德涅斯特河上游和中
游的森林地区生活，而当时他们并没有明确的族群意识。2 世纪的扎
鲁宾齐文化（Zarubintsy Culture）和之后的基辅文化（Kiev Culture，
3—5 世纪）是斯拉夫人在此地之存在的代表性文化。在埃尔曼里克
（Ermanric）的统治于 375 年被匈奴人的进攻所覆灭等重大事件的政
治刺激下，4 世纪末 5 世纪初，这些没有活力的文化经历了不为人知
的变化，而这也促使更大的文化统一，并给南部黑海草原的邻居造成
了压力。可以设想，德涅斯特河和普鲁特河流域的斯拉夫人正是在这
一背景下开始其民族演变进程，生活在这一区域的其他族群［日耳
曼人和萨尔马特人（Sarmatian）］也参与到了这一进程当中。

借着匈奴人入侵使哥特人国家被削弱之机，居于第聂伯河上游和
中游的另一支原始斯拉夫人沿河而下向南部和东南部迁徙。与以切尔
尼亚霍夫文化为代表的原住民的相互交往促进了与布拉格文化有关的
平克夫卡文化（Penkovka Culture）的兴起，而其特征是出现于 5 世
纪的、屋角带有石砌壁炉的方形木屋。乔代尼兹的书中所记述的哥特

人首领韦尼蒂亚里乌斯（Vinitharius）与安特人的武装战争可能是这次迁徙的历史反映。⑤ 通过对其首领博兹（Boz）的名号"国王"的判断，可以认为安特人试图在哥特人国家的周边，甚至在哥特人的土地上建立自己的"国家"。代表了仍驻留于第聂伯河河谷和中游地区原始斯拉夫人原住地的物质文化集合，被考古学家称为克洛琴文化（Kolochin Culture），是基辅文化的变形。因此，平克夫卡文化、布拉格文化和克洛琴文化，这三个考古文化覆盖了从东部的第聂伯河河谷到西部的喀尔巴阡山这一广阔的区域，并表明了斯拉夫人在5世纪和6世纪初占据了该区域。被乔代尼兹和普罗柯比称作斯科拉维诺伊人和安特人的两支斯拉夫人分别属于布拉格文化和平克夫卡文化，也并非没有可能。斯拉夫人在6世纪也正是从这些地区沿两个主要方向迁徙：沿喀尔巴阡山西麓分别向西北和西南。虽然还缺乏相关的考古资料，但也存在克洛琴文化向西迁移到波兰东部和中部的可能。

在文献中，斯拉夫人人口快速增长的问题经常会引起讨论。虽然这些人从乌克兰开始在相对较短的时间里能够占据欧洲的大部，但没有明确迹象显示其起源地人口的减少。乌克兰富饶的黑土地加上对外族人口的同化导致了人口的膨胀，使他们能够持续拓殖土地。在伪莫里斯《伪莫里氏兵法》中提到，斯拉夫人常将外族囚徒吸收到自己的族群中。⑥ 这里需要注意的是：建立在以家庭种植农产品和国内规模手工艺品的自然经济基础上的斯拉夫文化模式，虽然十分贫穷且缺乏活力，但对于那些位于罗马帝国境内的，在强大的政治组织瓦解后陷入混乱的人群无疑有着巨大的吸引力。日耳曼人建立的"附庸国"（client states）在很大程度上依赖于与罗马帝国的交往或为帝国提供军事服务，而斯拉夫人则完全独立于罗马的帝国体系。而且，在斯拉夫人穿过罗马帝国境内时，与日耳曼人不同，他们不愿将自己纳入罗马帝国的政治、经济体系中，他们也不希望像其他游牧民族那样劫掠原住民，而是想获得长期定居且适宜耕种的土地。基于此种情况，他们无疑会不断地吸收原住民，将其斯拉夫化。借此，我们也得到了对斯拉夫人人口快速增长现象的解释。

531

---

⑤ Jordanes, *Getica* xlviii. 246–248.
⑥ Strategikon xi. 4. 4–5.

斯拉夫人沿喀尔巴阡山东麓向西北方向扩张，穿过波兰南部，来到维斯图拉河河谷，并进一步向西扩张，于6世纪初到达了今克拉科夫（Cracow）周边地区。据乔代尼兹记述，他们深入到了维斯图拉河源头，6世纪又向北方富饶的波兰中部［库亚维亚（Kuyavia）地区］进发，还可能进入了布格河（Bug River）流域。虽然如此，在6世纪初，整个西里西亚（Silesia）与波兰中、西部还处于斯拉夫人定居地的外围。这点也得到了普罗柯比的证实，当他写到赫卢利人（Heruli）于509年被伦巴第人打败后，大约在512年经过所有斯科拉维诺伊人的部落，而后又穿过了大片无人区到达瓦尔尼人（Warni）地区（在易北河中游），由此去往丹麦，并从那里乘船去了图勒（Thule，斯堪的纳维亚）。⑦ 其中的无人区一定是指西里西亚。这一地区似乎在566—567年仍然是荒废之地，据图尔的格列高利（Gregoryof Tours）记述，当时阿瓦尔人（Avar）向法兰克人领地进军，经过波兰南部地区时出现了供给短缺，这说明了他们穿越的是废弃区域。⑧

但是，带有石质壁角炉、沉于地面的方形木屋的典型斯拉夫民居，已经在6世纪的奥德河（Oder）与尼斯河（Neisse）中游出现，而且我们在7世纪初（或根据最新的年轮年代学资料，最迟在7世纪中期）的易北河中游也发现了它们。日耳曼部落的迁出可能为斯拉夫人定居这些地方提供了条件。531年，法兰克人和萨克森人联合征服图林根人（Thuringians）建立的王国；568年，图林根人和萨克森人族群又一同加入伦巴第人（Lombards），开始了对意大利的征服；595年，墨洛温家族（Merovingians）消灭了萨勒河流域的瓦尔尼人——日耳曼人在易北河以东欧洲地区的最后一个独立的政权。由此，到6世纪下半叶，在易北河和萨勒河流域出现了允许斯拉夫人进入的一个政治上的、很可能也是移居的真空地带。关于斯拉夫人与日耳曼人交往的考古证据支持了6世纪末日耳曼人迁离与斯拉夫人迁入的直接联系，同时也显示了斯拉夫人对留下的原住民的同化。狄奥菲拉克特·西摩卡塔（Theophylact Simocatta）的《历史》（*History*）证

532

---

⑦ Procopius, Wars vi. 15. 1 – 4. 关于这方面，亦见 Hedeager，前文第18章。
⑧ Gregory, Hist. iv. 29.

实了 6 世纪末斯拉夫人在波罗的海地区的出现，他在其著述中提到拜占庭军队约在 591 年抓住的两个俘虏，据信是来自"西海"（Western Sea）沿岸。⑨ 通过《弗雷德加编年史》我们知道，塞尔维亚人（*Surbii*）于 632/633 年在德万（Dervan）的带领下加入了文献中所称的"萨摩国家"这一部落联盟（state of Samo），但他们长期处于法兰克人的霸主权威之下。据弗雷德加所述，被称作文德人（Wends）的斯拉夫人在 632 年以后，加入了对墨洛温王朝西部萨勒河地区的军事进攻，并可能一度吞并了这里的部分地区。⑩ 但不甚清楚的是，最早在易北河地区定居的斯拉夫人是来自喀尔巴阡山和苏台德山脉（Sudeten Mountains）北麓（即通过波兰南部的地区），还是来自南部，通过波西米亚地区，人们可能猜测他们早在 6 世纪中期就已在此定居。与在易北河一样，斯拉夫人在这里也与遗留下来的日耳曼人直接交往，相互融合。此外，在 6 世纪中期，少数斯拉夫人群体还从波西米亚向南进入现代奥地利北部地区。

与斯拉夫人迁入相关的一个特别现象是在 7 世纪初首次出现的保护聚落区的据点（要塞），文献记载中最早的实例可能是萨莫为对抗法兰克人而建立的沃加斯提斯堡（Wogastisburg）。除了其军事作用外，这些据点还可能在宗教礼仪和祭祀方面有其特定作用。这种堡垒式建筑的出现可以追溯到 4、5 世纪第聂伯上游地区的防寨——神殿。后来，斯拉夫人建立的这种要塞成为相当于现代波兰、德国东部和波西米亚地区的典型定居点。它们可能构成了文献中所说的由 *archontes*、*hegemones* 或 *etnarchai* 领导的被称作"小部落"（small tribes）的中心（或标有界标之区域）。这些"小部落"一直独立存续到 10 世纪，当时，第一个稳固的斯拉夫国家组织在这里建立起来。根据近期的理论，这种变化的机制是军事征服，而这里王公的随从在国家组织的兴起中发挥了至关重要的作用。

斯拉夫人扩张的第二个主要方向是拜占庭帝国周边，很可能是来自乌克兰西部地区的斯拉夫人最早在这里建立了定居点。他们穿过摩尔达维亚（Moldavia），沿喀尔巴阡山东麓到达南部的多瑙河下游，

---

⑨　Theophylact Simocatta, *Historiae* vi. 2. 10 – 16.

⑩　Fredegar, *Chron.* iv. 68. 关于奥地利东部的情况，亦见 Fouracre，前文第 14 章。

然后，沿多瑙河北岸向西。根据普罗柯比的记述[11]，斯拉夫人第一次对拜占庭帝国的侵扰是在查士丁一世（Justin I）统治时期，并很可能是在 523 年（虽然一些作者认为是早于此时的 518 年）。古代末期多瑙河一线和巴尔干半岛的族群状况十分复杂。除希腊人（Greeks）和马其顿人（Macedonians）外，这一地区的原住民还有早在罗马进行政治征服前就已经深受其文化影响并逐渐罗马化的色雷斯人部族（Thracian tribes）、盖塔—达契亚人（Geto-Dacians）、伊利里亚人（Illyrians）和凯尔特人（Celts）。4 世纪末，在诺利库姆（Noricum）、潘诺尼亚（Pannonia）、达尔马提亚（Dalmatia）和莫西亚（Moesia）等北部和西部行省的居民大多会说拉丁语，采用了罗马文明中的各种技术手段，并接受了包括宗教信仰在内的罗马生活方式。大批没有被罗马化的色雷斯人和伊利里亚人村社只能在巴尔干半岛上环境恶劣的山区生活。从巴尔干半岛的东南部到巴尔干山地南部，尤其是黑海沿岸和色雷斯与马其顿的许多城镇，希腊文化的影响十分巨大，尽管斯拉夫人已在政治上控制了这一地区，但在城市的中心地区仍保持着希腊的特性。

　　4 世纪末 5 世纪初，这些行省受到了许多蛮族——尤其是匈奴人的侵扰。持续不断的侵扰和战争的破坏使北部行省（多瑙河沿岸）的人口剧减。在这一地区居住的主要是大批被称为"同盟者"（foederati）的蛮族群体。在此地区可遇见萨尔马特人、阿兰人、哥特人和匈奴人等族群，他们构成了当地乡村的主要人口。在这一地区，只有城镇仍旧坚守着罗马化。5 世纪 30 年代，匈奴人占领了多瑙河地区，在征服当地居民后，以蒂萨河（Tisza）为中心建立了强大但短命的帝国。当 453 年阿提拉（Attila）去世，匈奴帝国（Hun Empire）在内达奥（Nedao）之战中被格庇德人（Gepids）和其同盟击溃，多瑙河流域的最高政治权力被日耳曼人所控制，尤其是以原罗马达契亚（Dacia）行省为中心的格庇德人、定居于潘诺尼亚行省的各部族（尤其是东哥特人），以及有段时间是在逐渐衰落的西罗马帝国周边的奎代人（Quadi）、赫卢利人和汪达尔人。474 年，东哥特人从潘诺尼亚迁移至下莫西亚（Lower Moesia），并在狄

---

[11]　Procopius, *Wars* vii. 40.

奥多里克的率领下于 489 年年底进入了意大利。[12] 在打败奥多亚克后，他们成为意大利和原构成西罗马帝国领土残余部分（包括诺利库姆、达尔马提亚和潘诺尼亚部分地区）的统治者。东哥特人的统治一直持续到 6 世纪中期被拜占庭帝国征服时，而达尔马提亚被并入拜占庭帝国，潘诺尼亚被伦巴第人占据，诺利库姆则成为被东方皇帝逐出的法兰克人的领地。处于匈奴人统治下小斯基泰地区（Little Scythia，在多瑙河三角洲）在 4 世纪末被同样来自东方的保加尔人（Bulgars）占据。

斯拉夫人进入的是一片多族群的、社会经济和文化繁复的区域。早于 6 世纪上半叶，在多瑙河流域就已经出现了斯拉夫人定居点。在 5 世纪中期匈奴帝国瓦解和由此造成的一系列重大变革后，斯拉夫人南下扩张的时机业已成熟。这一扩张首先出现于多瑙河中、下游地区。大约在 6 世纪中期，斯拉夫人已经在这一地区建立起了定居点。据乔代尼兹记述，"斯科拉维诺伊人在从诺维杜努姆（Noviedunum）和莫尔西安湖（Mursian lake）地区到德涅斯特河的城镇中定居了下来"[13]。使用这一记载来确定斯拉夫人的居住地遭遇了诸多困难。诺维杜努姆的城镇通常位于多瑙河河口，莫尔西安湖即是通常所说的巴拉顿湖（Lake Balaton），或者是指蒂萨河与多瑙河泥泞的汇流处，或是西面较远的奥尔特河（Oltul river）口。在 6 世纪初，斯拉夫人定居点并未向西扩展多少，但到了 6 世纪中期，斯拉夫人却沿多瑙河向西达到了铁门（Iron Gates）和巴纳特（Banat）。普罗柯比对乔代尼兹提供的信息做了补充，他写道："斯科拉维诺伊人和安特人……在多瑙河北岸不远的地方有自己的家园。"[14] 在其作品的另一处，普罗柯比也写道："在多瑙河的另一边……主要居住着他们（斯科拉维诺伊人和安特人）。"[15] 而能够明确斯拉夫人定居多瑙河中游的资料则相对较少。只有普罗柯比提供的伦巴第王公希尔迪吉斯（Hildigis）与斯拉夫人达成的和约[16]，说明斯拉夫人在 539 年前不久，曾在伦巴第人统治区域附近出现，而这很可能是摩拉维亚—斯洛伐克（Moravi-

---

⑫ 见 Moorhead，前文第 6 章。
⑬ Jordanes, *Getica* v. 35.
⑭ Procopius, *Wars* vii. 14. 30.
⑮ Procopius, *Wars* v. 27. 2.
⑯ Procopius, *Wars* vii. 35. 13 – 22.

an-Slovak）地区，因为在流向多瑙河中游地区的瓦赫河（Váh）和莫拉瓦（Morava）河流域考古发现的、属于布拉格文化的定居点和墓地证实了他们在这一区域的活动。斯拉夫人从这一地区继续扩张至较远的波西米亚，由此进入易北河地区。

关于文字所记载的斯拉夫人在多瑙河以北定居的情况，已经被考古证据所确认。在南部斯拉夫人与拜占庭帝国直接接触的区域，即北至多瑙河下游，在喀尔巴阡山东麓和普鲁特河之间的瓦拉几亚（Wallachia）和摩尔达维亚地区，6—7 世纪的考古遗址与布拉格文化和平克夫卡文化是相似的。这些文化是由不同的因素混合而成的：有斯拉夫的、达契亚—盖塔人（Daco-Getic）的、达契亚—罗马（Daco-Roman）的和拜占庭的等。这些因素中，最早的是摩尔达维亚（Moldavia）地区 6 世纪上半叶的科斯蒂沙—波特萨纳（Costişa-Botoşana）型文化。这反映了斯拉夫文化与原住民文化之间的交融，以及斯拉夫人沿喀尔巴阡山东麓定居的事实。此外，在多瑙河北部罗马尼业地区 6 世纪下半叶的伊波泰斯蒂—丘莱尔—琴德斯蒂文化（Ipoteşti-Ciurel-Cîndeşti Culture）群遗址中，发现了属于 6 世纪下半叶斯拉夫类型的陶器，佐证了文字资料中关于斯拉夫人出现的记载。

在这些经过喀尔巴阡山进入特兰西瓦尼亚（Transylvania）东南部的各种混合文化中，与斯拉夫人的出现相关的特征首先体现在陶器上，如布拉格型和与之相关的科尔恰克（Korchak）型文化，此外，我们还能发现早先在乌克兰看到的建筑类型（带壁角炉的沉入地面的方形民居），以及火葬和葬仪。达契亚—罗马因素反映在与达契亚文化相关的一些手工陶器和特定的建筑类型（如带自立式壁炉的沉入地面的建筑）中，但最为突出的是时常出现的、反映了罗马行省地区文化的轮制陶器。这些文化中的第三种因素反映了拜占庭在诸如轮制陶器、特色装饰品（扣子、耳环）和钱币等制作技术的影响上。虽然人们基本上承认了伊波泰斯蒂—丘莱尔—琴德斯蒂—科斯蒂沙文化是多民族融合而成，但斯拉夫人却仍是 6 世纪时多瑙河下游北部地区的最主要人口。文字资料还使我们看到了另一个证据——来自巴尔干地区的囚徒，他们从 6 世纪中期起被大批逐出巴尔干，其中许多人都留在了多瑙河以北，没有返回家乡。据文

535

献记载，斯拉夫人在多瑙河的领地持续了数十年相对平稳的状态。这种和平迁入的方式促进了那些无论是自愿还是被迫到此的新迁入人口与当地人口的深入交往。这也加速了对新来者的同化进程，以及对外来人口的吸收和斯拉夫化。

6 世纪末 7 世纪初摩尔达维亚的苏查瓦—希伯特文化（Suchava-Şipot Culture）反映了斯拉夫人的第二波迁居浪潮。这次有一个不同的特点，因为大多数元素都是与斯拉夫物质文明相关联的。平克夫卡文化即是其中的鲜明一例，它常被认为与安特人相关。该时期文化的装饰品被划归为马尔蒂诺夫卡（Martynovka）型文化，与黑海北岸（North Pontic）联系密切。这也可能证明了当时斯拉夫人与阿兰人和该地区其他游牧部落的接触。自斯拉夫人在其多瑙河的定居点立足之后，他们向南的第二阶段扩张也随之展开。这一迹象首先出现于 6 世纪中期。当巴尔干大片地区已被斯拉夫人占据时，斯拉夫人定居点也在 6 世纪末到 7 世纪中期这段时间里急剧增长。在此之前，多瑙河以北的斯拉夫人在 6 世纪的最初几十年，甚至是在 5 世纪末就洗劫了这里，他们或是自我组织，或是在主要来自多瑙河三角洲区域的小塞西亚的保加尔人的帮助下进行的。

斯拉夫人在 6 世纪上半叶实施侵扰的主要目的在于掠夺，极具破坏性。在查士丁尼一世统治时期（527—565 年），拜占庭帝国正为恢复罗马帝国往日疆土而长期征战，斯拉夫人的侵扰增多。[17] 查士丁尼一世试图巩固东北边疆，重建了被毁的多瑙河防线，并在巴尔干半岛内部——如在沿巴尔干山的要道的附近——兴建军事要塞，强化已有的防御工事。防御工事本身并不能抵御北部蛮族的浪潮，自查士丁尼一世时期开始，斯科拉维诺伊人和安特人经常袭击整个色雷斯和伊利里亚地区（据普罗柯比记载，每年如此），抢劫财物和牲畜，掠夺大量战俘，占据防御工事，而面对的仅仅是来自帝国军队的微弱抵抗。特别是，545—551 年，斯科拉维诺伊人的踪迹甚至遍布最远的巴尔干行省。550 年，在获知大批拜占庭军队就在附近后，一大批正准备进攻萨洛尼卡（Thessalonica）的斯科拉维诺伊人放弃了原计划，转而从纳伊苏斯/尼什（Naissus/Niš）地区，"穿过所有伊利里亚山

---

⑰　关于查士丁尼时代的统治，见 Louth，前文第 4 章。

地"，在达尔马提亚（Dalmatia）定居。⑱ 还是在这一时期，我们可以确定，在上、下莫西亚（Moesia Superior and Inferior）的无人区，有一些零星的斯拉夫人定居点。同时，我们也应该注意当时还有一些斯拉夫人在拜占庭军队充当士兵。⑲

阿瓦尔人的出现使欧洲这一地区的情况更加复杂，并促进了这里的进一步发展。这些游牧民族在突厥人（Turks）之前离开中亚，大约于558年来到黑海草原，并卷入了拜占庭人、黑海和亚述海沿岸各草原民族与波斯人之间的政治斗争。他们无视拜占庭人的存在，对乌屈列格尔人（Utrigurs）和萨比日人（Sabiri）发起了进攻，并打败了第聂伯河和德涅斯特河之间的安特人。随后，他们转向西方的法兰克人，并与其爆发了两次战争（561—562年和566—567年）。接着，他们又卷入到了伦巴第人与格庇德人的冲突中，并在征服格庇德人后占领了蒂萨河谷（Tisza Valley）地区。其后，阿瓦尔人又于568年占据了伦巴第人在潘诺尼亚的土地，而伦巴第人则被挤到了意大利北部。⑳ 借此，阿瓦尔人很快便占据了自喀尔巴阡山东麓到阿尔卑斯山东麓这一广阔的中欧地区。他们征服了这一地区所有的族群，首先是原住的格庇德人，还有斯拉夫人。除了阿瓦尔人自己，他们的王国中还居住着与之结盟的其他族群——尤其是保加尔人。文字资料告诉了我们有关阿瓦尔各王国中出现的斯拉夫人的情况，其中包括斯拉夫人加入阿瓦尔人领导的各种军事行动——尤其是在巴尔干半岛上的行动的相关信息。

至少于6世纪末，瓦拉几亚的斯拉夫人可能并没有被置于阿瓦尔人统治区域内，但他们的确参与了与阿瓦尔人的共同军事行动。拜占庭人试图阻止此事，遂在这些斯拉夫人和阿瓦尔人之间挑起争端。例如，578年，拜占庭鼓励阿瓦尔人攻击瓦拉几亚斯拉夫人，以阻止他们攻击巴尔干。阿瓦尔人的使者告诉拜占庭皇帝，他们的可汗"希望消灭他与罗马人的共同敌人——斯科拉维诺伊人"㉑。其他生活在多瑙河河谷的斯拉夫族群都处于阿瓦尔人的统治下，并受到压迫。根

⑱　Procopius, *Wars* vii. 40. 7.
⑲　Procopius, *Wars* v. 27. 1 – 2.
⑳　关于伦巴第人进入意大利的情况，见 Moorhead，前文第 6 章。
㉑　Menander Protector, *Historia* II. 30.

据成书于 640—660 年的《弗雷德加编年史》记载，斯拉夫人参加了阿瓦尔人的军事扩张，在战斗中贡献甚大却只获得了少量的报酬，他们须向阿瓦尔人进贡，并承受着种种其他的负担。[22] 然而，考古发现却显示了一种与上述记载不同的斯拉夫人与阿瓦尔人之间的关系。7世纪，在摩拉维亚和斯洛伐克（Slovakia）出现了混合型的斯拉夫—阿瓦尔物质文化（Slavic-Avar material Culture），这被解释为阿瓦尔士兵与斯拉夫农民间的关系平和而融洽。人们还认为，至少一些斯拉夫人部落的首领成为阿瓦尔人贵族的成员。也正是在阿瓦尔人统治多瑙河流域之时，斯拉夫人的定居点扩张到多瑙河中游和阿尔卑斯山东部地区。到 6 世纪中期，斯拉夫移居者已经由北方或东北方进入原潘诺尼亚地区，尤其是滨河诺利库姆（Noricum Ripensis）的西北和东北部分，我们也可以在现代奥地利东北部的多瑙河地区找到这一时期斯拉夫人的定居点。这一地区发现的斯拉夫人与日耳曼人的融合，也表明了二者在移居该地时和平交往的事实。

538　　　与阿瓦尔人向西方的政治扩张相关联的、斯拉夫人从东部沿主要河流的河谷开始的第二波殖民浪潮，受益于伦巴第人向意大利北部的迁移（568 年）。到 580 年前后，斯拉夫人定居点似乎在北部已经覆盖了穆尔河谷（Mur Valley）和卡兰塔尼亚（Carantania）东部。到587—588 年，他们溯萨瓦河谷（Sava Valley）而上，似乎到达了今天的卢布尔雅那（Ljubljana）地区。他们于 591 年前到达德拉瓦河（Drava/Drau）上游，早于公元 600 年，即到了索卡/伊松佐（Soča / Isonzo）河谷和韦帕瓦（Vipava）河谷。我们保有着关于自诺利库姆和潘诺尼亚主要城镇被毁以来，阿瓦尔—斯拉夫人军事扩张和随后他们殖民进程的明确信息。579 年之前，波埃托维奥［Poetovio，今天的普图伊（Ptuj）］和维尔努姆［Virnum，在克拉根福（Klagenfurt）附近］被毁；588 年前，萨瓦河谷的赛勒耶［Celeia，今天的切利耶（Celje）］和埃默纳［Emona，今天的卢布尔雅那（Ljubljana）］双双陷落；约 591 年前，德拉瓦河谷上游的特尼亚［Teurnia，霍尔茨（Holz）的圣彼得（St. Peter）］和阿根图姆［Aguntum，在里恩齐（Lienz）附近］被占。我们还知道，斯拉夫人和巴伐利亚人（Bavari-

---

㉒　Theophylact Simocatta, *Historiae* viii. 5. 13.

ans）曾于592年和595年在德拉瓦河上游爆发冲突。考古发现的一些被毁的伦巴第—罗马人（Lombard-Roman）定居点也证实了这些史实。例如，在克拉尼（Kranj）的一处该类型定居点于580—590年被毁，而且，伦巴第人在兹勒尔河谷（Ziller Valley）下游的梅克拉里埃（Meclariae）要塞于585年后不久被毁。在阿尔卑斯山东部地区，尤其是卡兰塔尼亚（Carantania）西部，由于多山地形的限制，斯拉夫人并未密集地、均匀地在此定居。我们可以推定这里的主要人口是原住民，可能也有一些留居于此地的日耳曼人。该地可追溯至7、8世纪的最早文化群——卡兰塔尼亚文化群（Carantanian Group）的特点支持了以上观点，我们在其中可以找到许多与后古代时期物质文化有密切关系的材料和同一时期日耳曼文化的相似之处。

6世纪的最后几十年和7世纪初这段时间里，阿瓦尔人针对拜占庭帝国东部的军事活动增多。二者多次达成和解，以拜占庭人支付大量贡金告终。拜占庭人试图将阿瓦尔人的注意力引向东方，但却并没能使巴尔干的行省免于毁灭性的打击。在进攻巴尔干的军队中有大批的斯拉夫人，他们有些处于阿瓦尔人的统治之下，有些则是作为同盟者。这一时期，斯拉夫人在巴尔干的定居活动也日渐频繁。约581年，许多斯拉夫人族群在萨洛尼卡地区定居下来，并在那里形成了"马其顿斯科拉维尼亚"（Macedonian Sclavinia），如以弗所的约翰［John of Ephesus，亦称阿米达的约翰（John of Amida）］于581年所告诉我们的：

被诅咒的斯拉夫人活动于整个希腊、萨洛尼卡和色雷斯全境，攻陷了许多城镇和要塞，将之付之一炬，奴役人民，并使自己成为整个国家的统治者。他们凭借武力定居下来，把这里当作自己的家园。甚至在今天（584），他们仍然生活在这里，在罗马的土地上过着安逸的生活，毫无忧虑和恐惧。他们奴役人民，杀害无辜者，焚烧房舍。

据推测，在586年前后对萨洛尼卡进行了大肆掠夺后，部分斯拉夫人部落与阿瓦尔人一同来到伯罗奔尼撒（Peloponnese），占领了半岛西部肥沃的土地，使当地希腊人逃到了西西里和其他岛屿。据

539

《莫奈姆瓦夏编年史》（*Monemvasia Chronicle*）记载，在587—588年：

> 阿瓦尔人和他们的斯拉夫同盟者攻占了整个萨洛尼卡和希腊、古伊庇鲁斯（Old Epirus）、阿提卡和埃维厄（Eubea）。他们进攻了伯罗奔尼撒，并以武力占领了那里。他们定居于此，驱赶并屠杀当地的希腊人民。在斯拉夫人屠刀下得以幸免的人们四散而逃，帕特拉斯（Patras）的居民逃到了卡拉布里亚（Calabria）的里奇奥（Reggio）地区，阿尔戈斯（Argos）的居民逃到了被称为奥罗伯斯（Orobos）的岛上，奥伦特（Orynt）的居民逃到了埃伊纳岛（Aegina）……只有从科林斯到马莱阿斯角（Cape of Maleas）的伯罗奔尼撒东部，凭借当地多山和难以深入的地形，才免遭斯拉夫人的侵袭。

斯拉夫人于582年对西尔米乌姆（Sirmium）的攻占，削弱了北方边境的防御，使蛮族得以进入巴尔干。这一时期，诸如马尔斯城堡（Castra Martis）、拉提阿利亚（Ratiaria）、伊斯克尔（Oescus）和阿克拉（Acra）等多瑙河沿线的城镇从历史记载中消失了，6世纪以后再也没有文献提及它们。阿瓦尔人和斯拉夫人的劫掠征程扩展到黑海和亚得里亚海沿岸。许多达尔马提亚的城镇成为它们的牺牲品。592年，拜占庭帝国在多瑙河下游一线做了阻止蛮族入侵的最后努力。对波斯战争的结束，使莫里斯皇帝（Maurice，582—602年在位）能够将军队派到北方边疆。帝国与阿瓦尔人和斯拉夫人之间的战争主要在多瑙河一带展开，双方互有胜负，直到602年莫里斯皇帝在一次军事政变中倒台并被杀害。从此，多瑙河边界的有效防御不复存在，巴尔干也向蛮族的迁入敞开了门户。只有少数多瑙河地区的要塞和城镇坚持到了7世纪的最初几十年。7世纪初时，也可以看到阿瓦尔人进攻了与拜占庭人结盟的安特人（602）。[23] 这是文字资料中对安特人的最后一次记载，一些学者认为这次进攻结束了安特人的部落联盟。考古发现支持了这一观点——平克夫卡文化此时消失了。然而，根据后来发现的许多属于

---

[23] Theophylact Simocatta, *Historiae* viii. 5. 13.

与科尔恰克（Korchak）物质文化有血脉关系的卢卡·拉吉科维兹卡文化（Luka Rajkovetska Culture）的器物，平克夫卡文化所处的区域内并没有出现人口的灭绝。

7 世纪初的最初几十年，拜占庭帝国处于最危急的时期。受到 540 东方波斯的威胁，它不能有效地阻止斯拉夫人移居巴尔干半岛。福卡斯皇帝（Phokas，602—610 年在位）和其继任者希拉克略皇帝（Heraclius，610—641 年在位）曾试图花重金使阿瓦尔人放弃对帝国的进攻。[24] 但是，他们却没能阻止阿瓦尔人的劫掠。612—614 年，达尔马提亚遭受了尤为严重的侵袭。该行省的首府萨罗纳（Salona）沦陷。亚得里亚海沿岸和一些岛屿上的城镇逃过了这次劫难，达尔马提亚其他地区的居民在这些城镇组织了自卫。626 年，阿瓦尔人和波斯人——其中还包含有大量的斯拉夫人，对拜占庭发起了联合进攻，从海上和陆地上将君士坦丁堡（Constantinople）包围。凭借海上优势（用了包括希腊火在内的诸多策略），君士坦丁堡得以解围，而阿瓦尔人经此一役，实力大受打击，在巴尔干的军事优势也由此丧失。

与此同时，阿瓦尔人在国内东北和西北部的统治也受到了挑战。一些周边的斯拉夫人部落起义反抗阿瓦尔人，并最终促成了一个短命政权——文献中记载的"萨莫国家"（state of Samo）——的兴起。[25] 关于这个政权的记载见于《弗雷德加编年史》。[26] 根据弗雷德加的记述，在克洛塔尔二世（Chlothar Ⅱ）统治时期，法兰克商人萨莫于623—625 年前后来到了斯拉夫人定居的地区，而此时正值斯拉夫人起义反抗阿瓦尔人的统治。他加入斯拉夫人起义队伍中，并在不久后成为他们的领导者。萨莫领导下的斯拉夫部落联盟的兴起威胁到法兰克人，所以，法兰克国王达戈伯特（Dagobert）于 631 年率军进攻萨莫，但兵败沃加斯提斯堡——一个我们之前说到的、尚未确定具体地点的斯拉夫人定居点。[27] 萨莫国家是第一个被证实的斯拉夫人国家，它一直存续到 658—669 年，萨莫逝世后，国家瓦解。《弗雷德加

㉔　亦见 Louth，前文第 11 章。
㉕　见前文第 532 页。
㉖　Fredegar, *Chron.* iv. 48, 68.
㉗　见前文第 532 页。

编年史》提供的少量信息并不能使我们明确这个政权的具体疆界，但通常认为它的中心位于摩拉维亚。它具有由多支斯拉夫人部落组成联盟的特征，其中包括了捷克人（Czechs）、居住在易北河的索布人（Sorbs），可能还有卡兰塔尼亚的斯拉夫人（Carantanian Slavs）。达尔马提亚在当时也有可能脱离了阿瓦尔人的控制。阿瓦尔人国家存在着来自黑海和里海草原地区，以及政权内部诸多问题的困扰。鉴于这些问题，阿瓦尔人国家之政治体系的影响也因此没能超出多瑙河区域。

541　　　　斯拉夫人移居巴尔干半岛这片新土地经历了漫长的过程，前后用了数十年的时间。不应该认为斯拉夫人移民是通过一次汹涌的移民浪潮，进入这片原属巴尔干行省的荒凉之地。人类学的研究和对南斯拉夫物质文化的分析也明确地表明，原生活在这一地区的族群在基因方面和文化方面，对南斯拉夫人的构成有着巨大的贡献。但是，也应该注意到斯拉夫人在人口数量上有着明显的潜在优势，这也使他们能够同化这里的原住民。这一进程与斯拉夫人向多瑙河的扩张同步进行，而同时期在瓦拉儿亚、摩尔达维亚和特兰西瓦尼亚（Transylvania）东南部发现的物质文化的特性也从侧面证实了这些地方居民的同化。含有多支族群因素的新兴文化也可见于7、8世纪在南斯拉夫人领地西北部的物质文化群，如所谓的卡兰塔尼亚文化群（Carantanian Group）和伊斯特里亚（Istria）的文化群。

　　　　斯拉夫人最早定居于巴尔干半岛时——据推测，移居大约发生于6世纪中期——并未对人种学和定居模式产生更大的影响，但到6世纪晚期，他们便完全占据了自潘诺尼亚到爱琴海（Aegean Sea）之间的巴尔干中心地区。虽然6世纪末的巴尔干半岛上只有很少的考古证据，但我们还是可以看到，在斯拉夫人开始移居多瑙河与巴尔干山脉（Stara Planina mountains）之间的保加利亚地区的同时，他们也占据了希腊的大部分地区。保加利亚北部最早的斯拉夫人遗址同样也可追溯到6世纪。从出土器皿的外观上看，诸如波品纳一号（Popina I）遗址和其他此种类型的考古遗址，与7世纪中期在摩尔达维亚出土的希林卡一号文化遗址（Hlinca I Culture）有很多联系，而这些联系则被认为是东斯拉夫人新一波移民浪潮的表现。波品纳一号类型的物质文化并没有人口混居的迹象，而这也被多瑙河南、北之间不同的政治形势和定居情况所解释。6、7 世纪，蛮族不断进攻巴尔干诸行省，文字资料记载了当时许多残忍的掠夺和杀戮行为，迁入者与原住民的关系十分紧张，后者则逐渐逃到有防御能力的地方。这也是导致一些人可能会疑惑，在多瑙河南部的早期斯拉夫定居点存在许多相对"单一"类型物质文化的原因之所在。但是，随着时间的推移，我们可以在这些快速发展的斯拉夫文化中看到更为发达的文化以及与罗马及罗马化人口有紧密联系的其他斯拉夫群族对它的影响，而这些斯拉夫文化也迅速被分别纳入它们的文明圈内。我们对斯拉夫人在早期迁移阶段对巴尔干半岛其他地区文化的吸收情况知之甚少。在伯罗奔尼撒（Peloponnese）西部的奥林匹亚（Olympia）一处 6 世纪或 7 世纪的斯拉夫人火葬遗址中，有一种类型的骨灰瓮与布拉格文化类型的陶器十分相似。希腊和马其顿的放射形图案的胸针（Radiate fibulae）也与斯拉夫人的迁居有关。出土钱币之缺失的时间顺序间接地显示了斯拉夫人迁居的进程：在马其顿，出土时间最近的钱币是查士丁二世（Justin Ⅱ，565—578 年在位）时期的；而在伯罗奔尼撒，时间最近的则是康斯坦兹二世（Constans Ⅱ，641—668 年在位）时期的。

542

　　距我们较近的一次迁徙发生在 7 世纪上半叶。这一时期，许多新的族群迁入了巴尔干，也包括已经在此定居的族群在这一区域内部的迁移，即"内部殖民"（internal colonisation）。新来的族群主要有塞尔维亚人（Serbs）和克罗地亚人（Croats）。据 10 世纪君士坦丁·波尔菲洛格尼托斯（Constantine Porphyrogenitus，即紫衣家族的君士坦丁）的记述，塞尔维亚人和克罗地亚人是在希拉克略皇帝统治时期，从比喀尔巴阡山更远的北方来到了这里。据信，他们从阿瓦尔人手中解放了达尔马提亚，并在那里定居下来。文字材料显示，641—642 年前后，斯拉夫人占领了达尔马提亚全境。当时，修道院院长马丁（Abbot Martin）奉教宗约翰四世（Pope John Ⅳ）之命，向斯拉夫人为被掠的俘虏和圣物支付赎金。斯拉夫人对达尔马提亚沿海和岛屿地区的迁居一直持续到了下一个世纪。与此同时，斯拉夫人还占领了伊斯特里亚，第一次进入阿尔卑斯山东部地区，但直到 7 世纪初，他们才开始从达尔马提亚向该地区扩张。除了一些无可遁形的大型城镇被毁，这里的主要城镇都存留了下来。其中，特尔杰斯特/特里雅斯特

（Tergeste/Trieste）曾被伦巴第人夷为平地，但拜占庭人重建了这里，并以此保持着对伊斯特里亚半岛（Istrian peninsul）的统治。此外，这里还存留着大批被罗马化的人口。斯拉夫人和这些罗马化的人在这里长期共存，其范围也超过了其他斯拉夫人区域。这对伊斯特里亚的斯拉夫文化产生了巨大影响，并使之包含了许多晚期罗马文化的因素。7世纪初，剩余的巴尔干地区也被斯拉夫人占领。同时，斯拉夫人还迁入了色雷斯地区。在7世纪，我们还可以看到，斯拉夫人从四面八方迁入特兰西瓦尼亚（Transylvania）。

　　拜占庭帝国并没有阻止斯拉夫人移居巴尔干。对帝国的皇帝来说，只要这些新来的人口服从中央的统治、缴纳赋税，新的农业人口迁入这片被毁的、人口剧减的区域还是一件十分有利的事情。开始时，巴尔干的斯拉夫人自我独立，拥有自己的政权。Sclavinia一词经常见于拜占庭文献，其含义很可能是：一个独立于帝国统治的斯拉夫领地。最初，帝国试图通过迁居改变这种形势。拜占庭帝国对巴尔干的斯拉夫人的政策不尽相同。到了7世纪下半叶，帝国试图将首都周边的族群吸纳到都市的社会经济体系中。这一举措在色雷斯取得了一定成功：680—687年，组成了原本只包括欧罗巴（Europa）和亚德里亚诺波利斯（Adrianopolis）等早期行省的色雷斯军团（Thracian theme）——这也表明帝国恢复了对这些地区的控制。但是，在那里生活的一些斯拉夫部落似乎仍处于自治状态。在马其顿和希腊，以武力制伏当地的斯拉夫人更为困难。帝国曾组织了对那里的斯拉夫人的军事征服（康斯坦斯二世于656年、查士丁尼二世于686年）。大批在征服中被俘的斯拉夫人被安置到了小亚细亚（Asia Minor）。被征服的斯拉夫部族被迫向拜占庭进献贡品，提供军事协助以及履行其他各种义务。在应对斯拉夫人部落的反叛时，拜占庭曾不止一次改变了自己的军事策略。在其他地区，斯拉夫人保持了相对独立的状态。695年，帝国又组成了包括阿提卡、比奥蒂亚和一些岛屿等除斯拉夫人占据的希腊地区的希腊军区（Helladian theme）。

　　在离欧洲主要中心部分较远的周边地区，拜占庭帝国的统治更是名不副实。较早时，我们知道社会经济变化导致了斯拉夫部落组织结构转变为分立的国家——虽然其政治制度还很不完善。在外来因素的影响下，这一转变进程中的某一重要因素有时会因此而发挥作用，如7世纪末在巴尔干半岛东北部出现的保加尔人国家。这个政权是由源于突厥游牧部落的所谓原始保加尔人（Proto-Bulgars）组成的。7世纪末大保加利亚（Great Bulgaria）瓦解后，这些人沿多瑙河三角洲来到"小斯基泰"（Little Scythia）。在可汗阿斯巴鲁奇（khagan Asparuch）的带领下，他们沿着草原古路离开了亚述海和黑海草原。拜占庭帝国在意识到这些保加尔人的威胁后，派军队与之战斗，但最终以失败告终。这些原始保加尔人迁到了下莫西亚（Lower Moesia），并根据西奥法奈斯·赫莫洛盖特斯10世纪早期的记载，于678—680年征服了已定居于此的斯拉夫族群七部落（Seven Clans）和塞维尔人［Severs/塞维埃尔扎尼（Siewierzanie）］，并将他们安置在了自己新征服的领地周边——阿瓦尔人和保加尔人之间以及巴尔干山脚的地区。保加尔人对多瑙河、巴尔干和黑海间地区的统治也因此得到了巩固，并进而威胁到了拜占庭控制的色雷斯。这迫使拜占庭帝国与其在680—681年签订了"屈辱的"条约。条约给予了他们在本已取得控制权的那些地区的定居权，但须向拜占庭帝国进献贡品。虽然斯拉夫人此时在政治和经济上处于游牧民族原始保加尔人的统治之下，但他们不仅仍然保持着自己的民族血统和组织形式，而且还拥有自己的部落首领。

544

在西北方向，在阿尔卑斯山地区的斯拉夫人领地的南部，也形成了原始国家（proto-state）形态的政治组织。6世纪末7世纪初，卡兰塔尼亚斯拉夫人从阿瓦尔人的统治下获得独立，但是其独立性不如居住在喀尔巴阡山谷地的部落。在7世纪30年代阿瓦尔政权危机时期，卡兰塔尼亚开始脱离阿瓦尔人的统治。此后，文献中出现瓦鲁克王公（Prince Valluk）统治着维尼迪安边区（Vinedian March，即卡兰塔尼亚）的记载。关于卡兰塔尼亚与萨莫国家的关系问题仍有争议，但二者之间确实存在着为对抗共同敌人而进行的一些合作。萨莫国家瓦解后，当阿瓦尔人重新占据其大部分土地时，卡兰塔尼亚在德拉瓦河与穆尔河谷地区保持了自己的独立，并曾有效地抵御了来自西边的伦巴第人和巴伐利亚人与东边的阿瓦尔人的进攻。这一时期，在卡兰塔尼亚发生了内部的合并与社会经济的变革，这也促使了该地区早期国家形态的出现。

我们现在知道，直到公元 700 年，斯拉夫人是如何殖民欧洲东半部并巩固了其西部边界，从北方的易北河和萨勒河起，几乎沿直线向南，直到亚得里亚海的伊斯特里亚半岛的地区。

胡鹏 译，徐家玲 校

第三部分　专题研究

第 二 十 章

500—1050 年欧洲的犹太人

迈克尔·托克（Michael Toch）

导论与史料

中世纪早期，犹太人在欧洲主要地区形成了自己的生活方式。这一时期，地中海希腊化的古犹太人分别融入拜占庭—南意大利人、罗马人（Roman）、加泰罗尼亚—南法兰西人和阿拉伯—西西里人（Arabic-Sicilian）的各个分支中。此后，与早期十分不同，阿什肯纳齐（Ashkenazic，欧洲西北和北部）和塞法尔迪（Sephardic，伊比利亚）犹太人成为各具特色的实体。在欧洲东部（很可能）也还有犹太人，除他们与拜占庭帝国尚不明确的关系外，我们对其几乎一无所知。犹太人信奉相同的信条，但在语言、宗教传统和礼仪、社会组织、职业以及法律地位等方面都各不相同，使我们不能从表面确定的某一特征中，轻易地推出简单的历史结论。中东，尤其是巴勒斯坦（Palestine）和巴比伦（Babylonia）等重要中心有着重要的地位，那里的犹太生活——包括人口、宗教和知识等方面，在不同时期都对其他地区的犹太人造成了不同程度的影响。与之相比，这一时期的欧洲犹太人（European Jews）在人口数量和知识贡献上都鲜有作为。但是，现代历史学家通常高估了他们的重要性。于是，这些历史学家忠实地继承了中世纪教士对欧洲犹太人的观点，认为犹太人呈现出远超他们实际存在和影响力的挑战力。

所以，我们的观念受到含混不清、严重有失公允的文献传统的左右不是偶然的。欧洲绝大部分地区存在大量来源于基督教会的文本——圣徒的生平和圣迹、编年史与史籍、墓志铭、正式书信、宗教会议决议、教规教法集成、神学论著，以及与之配套的法典、帝国与王室的法令和宪章等。然而，依据最近对圣徒传记和宗教论辩术的研究，这些文献中的大部分需要审慎对待，这提醒我们不能盲目地将这些文献作为第一手材料使用。欧洲基督教会的神职人员把犹太教和犹太人选定为供内部基督徒消遣的道德和神学对立面。并不是所有比喻性参考文献都能说明犹太人的真实存在——如7世纪或8世纪的爱尔兰基督教会律令集中对犹太人的谴责之词即是一个极端的例子。①

很长时间里，只有地中海南部保存了犹太人自己记录的资料，如用希伯来语写的墓碑铭文和家族史。② 欧洲犹太人创作的第一批文学作品也是如此：从9世纪起其希伯来语宗教诗歌在意大利南部出现。③ 稍后，首先在穆斯林西班牙，然后在德意志和法兰西出现了《问答》（Responsa）典籍。这些经过拉比深思熟虑的审议和决定，是对诉讼和宗教律法事务咨询的答复，构成了中世纪犹太人内部生活的主要资料。④ 尽管塔木德经学院（Talmudic academies）的巴比伦首领们进行讨论主要是为了规范穆斯林西班牙和拜占庭的犹太人，但从中还可提炼出一些有效信息。⑤ 到10世纪末，开罗"经冢"（Genizah 又译为开罗密库，或戈尼萨——译者）存留的大量资料开始向我们展现生活于包括阿拉伯西西里在内的穆斯林世界中的犹太人的景象——其中也有相对很少的涉及穆斯林西班牙和拜占庭犹太人的资料。⑥ 经冢收藏的数千份文献中几乎没有提及拉丁人的欧洲，直接反驳了盛行的关于犹太人（成群）往来各大洲的观点。⑦ 实际上，与意大利、中东和北非相比，在欧洲北部和西部基本上没有犹太人自己记录的文字资料，而这也反映了犹太人在这里的规模。同样基于此，9

---

① Linder（1997），pp. 593 – 595. 见 Lotter（2001）and Toch［（2001a）and（2001b）］之间的争论。

② Noy（1993）and（1995）；Klar（1944/74），pp. 11 – 41 = Salzman（1924）。

③ Klar（1944/74），pp. 55 – 108，cf. Schirmann（1966）. 10 世纪的《雅煞珥书》（Book of Yosippon）是一部古代以色列人的历史，也是在意大利写成，见 Bowman（1993）。

④ Bar-Ilan University（2002）. 关于其翻译，见 Agus（1965），Mutius（1984 – 1990）；关于其起源，见 Grabois（1987/93）。

⑤ Mann（1973）；cf. Brody（1998），pp. 19 – 34.

⑥ Mann（1931），pp. 3 – 59；Ashtor（1964）；Goitein（1968）；Ben-Sasson（1991）；De Lange（1996）；Gil（1997）；Simonsohn（1997）。

⑦ Toch（2001c）.

世纪后期到 11 世纪间出现的文献资料则说明了犹太人的存在发生了决定性改变。恰当地讲，直到此时，才在法兰西、意大利、西班牙和德意志出现了记载日常生活器具、财物、土地的拉丁文文书和希伯来文契约。

人　口

古罗马时期，犹太人是帝国一些城镇人口的重要组成部分。在拜占庭时期，主要是在小亚细亚，其次是希腊（萨洛尼卡）和一些岛屿（塞浦路斯、克里特和罗得岛），犹太人社区的建立最迟可追溯到前基督教时代和狄奥多西二世（Theodosius Ⅱ）时的君士坦丁堡，甚至可能更早。[⑧] 此后，史料提到了许多地名，大多在小亚细亚[⑨]，但这些零散记载无法还原当地的发展情况。例如，一首 10 世纪宗教诗歌的作者自称是"幼者米拿现（Menahem the Small），奥特朗托（Otranto）社区的拉比·毛代凯·考利兹（R. Mordecai Corizzi）之子"。他的家庭可能是从今天阿尔巴尼亚（Albania）的科里察（Koritsa）迁到意大利的，而这也是那里有犹太人生活的唯一证据。由于米拿现经常使用希腊语词汇，他肯定有着拜占庭的文化背景。[⑩] 当文献中刚刚出现关于卡拉派首领（Karaite）和稍后的图德拉的本杰明（Benjamin of Tudela，约 1160 年）的记载时，犹太人定居点的数量迅速增加。[⑪] 通过严谨的思考，我们可以设想，从 10 世纪中期或稍后期，在拜占庭帝国重建东部和地中海地区影响下的犹太人数量重新增长的情景。有两个现象可确定他们是拜占庭犹太人。首先，虽然拜占庭帝国对犹太人基本是持敌对态度，但东部帝国境内一直有犹太人出现；其次，在包括巴勒斯坦、埃及和北非（下面的则不包括这三个地方）在内的中东，以及意大利南部等拜占庭境内，存在着犹太人居住地在

⑧　Jacoby（1993），尤其是 pp. 126 – 127, and（1995）。

⑨　这些地名包括亚得里亚堡、科林斯、斯巴达、开俄斯、皮莱伊（Pylae）、马斯塔沃拉（Mastaura）、阿塔莱亚（Attaleia）、西纳达（Synnada）、尼西亚（Nicaea）、科泰乌姆［Cotyaeum，今土耳其屈塔希亚（Kutahya）——译者］、阿莫里亚（Amorium）、霍奈（Khonai）、斯特罗毕洛斯（Strobilos?）、塞琉西亚（Seleucia）等。见 Starr（1939），passim；Ankori（1959），pp. 113 – 119。

⑩　Roth（1966b），p. 257。

⑪　Ankori（1959），passim；Adler（1907）。

地理上的伸展和迁居的浪潮。甚至在阿拉伯征服后，巴勒斯坦、埃及和北非还与犹太人的拜占庭（Jewish Byzantium）保持着一些联系。虽然除了文化上的联系外并没有其他直接证据，但拜占庭犹太人确实以意大利为中介，"哺育"了大部分中世纪的欧洲犹太人。⑫

据碑铭研究和文本资料显示，罗马是最早的犹太社团，可以追溯至共和时期，而犹太人也一直居住在那里。⑬ 在罗马以北，6 世纪早期的热那亚（Genoa）和米兰（Milan）文献中，也提到犹太人组织起了具有一定规模的社团。此后它们便从记载中消失，8 世纪，又重新出现 [帕维亚（Pavia）、阿斯蒂（Asti)]，但时有时无且仅为个别现象，从 10 世纪起，数量和细节大为增多 [拉文纳、维罗纳、帕维亚、特雷维索（Treviso）卢卡、里米尼、安科纳]。⑭ 在阿拉伯人和诺曼人进入之前，罗马以外的犹太人主要集中在南部，即处于拜占庭统治下或受其影响较大的大陆和西西里。古代后期，他们在阿普利亚（Apulia）和卡拉布里亚（Calabria）的城镇人口中占有很大的比例。
398 年，皇帝洪诺留发现城镇的统治受到了挑战，他们要求免除自己对库里亚（curiae）的义务。⑮ 包括西西里在内的南部核心地区在 6 世纪的资料中仍占有重要地位，这些资料包括墓碑铭文和教宗格列高利一世的大量书信，在文献稀少的 7 世纪也是如此。⑯ 在拉齐奥（Lazio）南部 [泰拉奇纳（Terracina)]、坎帕尼亚 [Campania，韦纳弗洛（Venafro）、那不勒斯和诺拉（Nola)]、阿普利亚 [Apulia，塔兰托（Taranto）、奥里亚（Oria)]、巴西利卡塔（Basilicata）行省北部边界的韦诺萨（Venosa）、西西里 [帕勒莫（Palermo）、阿格里琴坦（Agrigent）、叙拉古（Syracuse)]、撒丁岛 [Sardinia，卡利亚里（Cagliari)] 以及坎帕尼亚和西西里的教宗圣领的文献（本类文献未提及具体位置）中，都提到了犹太人。后来，很难确定是发生了严重的纷乱，或是缓慢的衰落，抑或是转入地下，但除了在诺萨的城镇和乡村里涉及犹太定居点的铭文记载和其他地区的文字几乎保持连续

550

---

⑫ Zimmels（1966）. A case study；Ta-Shma（2001）.
⑬ Toaff（1996）.
⑭ Colorni（1980）.
⑮ *Codex Theodosianus* xii. 1. 158 = Linder（1987），no. 29.
⑯ Noy（1993），*passim*；Linder（1997），pp. 417–443；Colafemmina（1980）.

外，资料都出现了断层。[17] 而到了 10 世纪初，犹太人又再次出现于大陆上诸如加埃塔（Gaeta）、贝内文托（Benevento）、卡普亚（Capua）、那不勒斯、萨勒诺（Salerno）、西彭托（Siponto）、拉韦罗（Lavello?）、特兰尼（Trani）、塔兰托、奥里亚、巴里（Bari）和奥特朗托（Otranto）等地，尤其在阿拉伯西西里数量众多。后来，相关文献被开罗经家很好地保存了下来，记录了大批从北非和埃及涌入的犹太人。[18] 与古代后期相比，此时意大利南部的犹太文化轮廓有了根本性的转变。丧葬习俗显示，直到 6 世纪，意大利犹太人还通过使用与其毗邻而居的民族的语言，尤其是将其与希腊—拜占庭的散居者相联系的希腊语，来表明自己的身份。而此时，他们只需使用希伯来语，使用犹太经典中的词语、美索不达米亚经学院关于《塔木德》知识的思维方式，即可发展出巴勒斯坦经典中丰富的宗教诗歌。[19] 此外，创世神话也说明南欧犹太人和中东宗教、律法中心的重新建立起了知识纽带。[20]

我们对西哥特西班牙（不包括以下被视为高卢之所属的塞普提马尼亚）的认识十分有限。5、6 世纪铭文的数量不多，只有四五块在东部沿海的塔拉戈纳（Tarragona）和托尔托萨（Tortosa）的墓碑铭文，以及一些法令。[21] 这最多只能说明犹太人在少数一些地方的生活情形。与之形成鲜明对比的是，从西哥特人皈依了罗马派基督教（589 年）到 771 年穆斯林征服这段时期，文献数量激增。这几乎全部来自基督教会和宫廷的法律文书，明显是教会以其逐渐高涨的宗教热诚影响了王室。[22] 还有诸如塞维利亚的伊西多尔、托莱多的朱利安和其他不甚重要的作家以同样的论战风格写的神学和历史学文章。[23] 这些数量巨大且充满热情的作品与中世纪早期欧洲的作品完全不同。学者通常解释为，这些作品是针对犹太人的传教活动、经济或社会控

551

[17]　Leon（1953/54）；Klar（1944/74），p. 16 = Salzman（1924），p. 68.

[18]　前文注释7。

[19]　Simonsohn（1974）；Zimmels（1966）；Klar（1944/74），pp. 55 – 108；cf. Schirmann（1966）.

[20]　在南意大利：Klar（1944/74），pp. 12 – 16 = Salzman（1924），pp. 62 – 67；参见 Bonfil（1983）。在西班牙：Cohen（1960 – 61）。在纳尔榜：Régné（1912/81），pp. 13 – 30，参见 Grabois（1997）。

[21]　Noy（1993），pp. 247 – 261；Linder（1997），pp. 217 – 233（*Lex Visigothorum* or *Breviarum*）.

[22]　Linder（1997），pp. 484 – 538（Toledo iii – xviii），257 – 332（lv）. 关于此项立法，亦见 Barbero and Loring，前文第 7 章。

[23]　Albert（1990）；Cohen（1999），pp. 95 – 122；González-Salinero（1999）.

制，或其他现象中表现的扩张主义的现实挑战的反映。只有数量众多的伊比利亚犹太人才能被确定可以产生这种威胁。由此，便设想出了一个由地主、贸易商人和奴隶贩子组成的犹太贵族集团。[24] 但是，除了法律和神学的论战文章，并没有其他证据支持这个假定的或由其衍生出的推论。如果将这些现象分别加以考查，则可以理解这种矛盾：一方面，由于政治和信仰意图尚不明确，将犹太教视为必须消灭的敌人，这种宗教情绪逐渐增长；另一方面，极少数在 7 世纪被迫改宗基督教的犹太人成了"地下"犹太人（crypto-Jews）或移居他地。711年伊比利亚犹太人和阿拉伯征服者的合作是传统观点的一个重要支撑。然而，通过对资料的研究，我们可以发现所谓的"第五纵队"（fifth column）纯属虚构。[25] 它属于"犹太人的背叛"这一盛行主题，对它的文学叙事可追溯至圣徒传记中对 508 年西哥特的阿尔勒（Arles）的围困。[26] 通过在西哥特西班牙和塞普提马尼亚的发展，以及侨居国外的西班牙人的促进下，它成为服务于论战的文学创作。即使真正的犹太人在统治者和教士的观念中显得尤为突出，但是他们在西哥特西班牙却未能成为具有重要地位的实体。

在安达卢西亚（Andalusia）被征服数百年后，以三种语言写的文献开始对犹太人进行记述。[27] 他们拥有阿拉伯名字，用阿拉伯语进行交流和书写，且据开罗经冢文献的记载，他们已经完全适应了北非—东方犹太人的身份。因此，这也证明了自 711 年之后，北非的大批犹太人移民潮出现，他们创立了塞法尔迪（Sepharad）犹太人族群，即在其文化特征和数量上与来自中东的犹太人截然不同的新伊比利亚犹太人。只有在科尔多瓦（Córdoba）以南的卢塞纳（Lucena），找到了一个"没有非犹太人的犹太城镇"。据稍后的阿拉伯文献证实，9 世纪中期的巴比伦圣哲作品的记述只是略有夸张。[28] 犹太人几

---

[24] 如是说法见 Bachrach (1977) and Lotter (1999) 的论文。

[25] Roth (1976)；Toch (2001b)，pp. 474 – 477；亦见 Katz (1937)，pp. 114 – 117。关于阿拉伯征服西班牙之前的事迹，见 Barbero and Loring，本书前文第 13 章。

[26] Cyprianus, *Vita S. Caesarii*, *MGH SRM* iii, p. 468.

[27] Mann (1973)，pp. 485 – 487；Ashtor (1964)；Baer (1929)．Cf. Beinart (1992)，pp. 14 – 20；Roth (1994)，pp. 73 – 112.

[28] Mann (1973)，p. 487；M'aillo Salgado (1993)．Bachrach (1977)，pp. 69 – 70，由于错误地把安达卢西亚城当作加泰罗尼亚的奥苏纳〔Ausona，即比克（Vich），认为在西班牙马尔克（March）建立过程中，有雇用犹太人当兵、雇用其居民和启用官员的制度〕。

乎生活于所有的主要城镇、许多较小的城镇和乡村。他们在科尔多瓦、塞维利亚、卡勒塞纳（Calsena）、卢塞纳、格拉纳达（Granada）、伊利贝里（Illiberi）、巴贾纳（Badjana）、哈恩（Jaén）、托莱多（Toledo）、卡拉塔尤（Calatayud）和萨拉戈萨（Saragossa）等地都被明确地提到。在这一背景下，出现了许多犹太名人，如哈斯代·伊本·沙普鲁特（Hasdai ibn Shaprut，约915—约970/975 年），他是科尔多瓦（Córdoba）埃米尔阿卜德·阿尔-拉赫曼三世（'Abd al-Rahman Ⅲ）的医生和高级外交官、高产的作家，他不知疲倦地保护海外犹太人，并赞助希伯来—阿拉伯诗歌创作和犹太经典研究。[29] 与以上论述的意大利的情况相似，西班牙出现的犹太文化源于中东地区，作为犹太文化和律法中心，并在很短时间里形成了自己的独特形态，而阿拉伯因素是其重要构成。这些确实是中世纪塞法尔迪犹太人"黄金时代"的开始。[30] 犹太人口在安达卢西亚（al-Andalus）急剧增长，使得基督教地区也出现了犹太人。从 9 世纪以后，犹太人，零散分布在东北部的赫罗纳（Gerona）、巴塞罗那（Barcelona）、塔拉戈纳、托尔托萨等城镇和乡村地区，北部的普恩特·卡斯特罗（Puento Castro）、布尔戈斯（Burgos）附近的卡斯特罗赫里斯（Castrojeriz）、莱昂（León）、萨哈古恩（Sahagún）和贝罗拉多（Belorado），西部的科英布拉（Coimbra）、科伦纳（Corunna）、梅里达（Mérida）和贝雅（Béja），其中一些人有着阿拉伯名字。[31] 除了偶尔出现的宗教狂热，边界战事和殖民拓展使各基督教国家的统治者采取了比之前西哥特人更为宽容的宗教政策。

在罗马高卢（Roman Gaul），犹太人只留下了一些短暂停留的痕迹，可能是逐利四方的商人留下的。[32] 铭文记载有限，时期较晚且局限在南部：7—10 世纪的四块铭文石碑分别出土于纳尔榜（Narbonne）、奥什（Auch）、阿尔勒和维埃纳（Vienne）。[33] 与之相反，两百年间（449—647/653 年）文学和法律文献十分丰富：西多尼乌斯·

---

[29]　Ashtor (1973), pp. 155 – 227; but cf. Roth (1994), pp. 79 – 86; Cohen (1960/61), pp. 115 – 119.

[30]　Cohen (1960/61), pp. 94, 113 – 123; Ashtor (1973), pp. 228 – 263, 382 – 402; 相关文章见 Beinart (1992); Assis (1995). 相关一些细致的注释，亦见 cf. Cohen (1994)。

[31]　Cantera Burgos (1966); Ashtor (1973), p. 116; Romano (1991).

[32]　于是，我对此一证据的阅读被 Blumenkranz 所引用 [（1969）和（1974）]。

[33]　Noy (1993), pp. 263 – 270, 281 – 283.

阿波利纳里（Sidonius Apollinaris）和教宗格列高利一世的书信，图尔的格列高利（Gregory of Tours）等人写的圣徒传记，格列高利所写的《历史》（*Histories*），以及塞普提马尼亚（Septimanian）和法兰克教会文书等。从 465 年（瓦恩，Vannes）到 647/653 年（索恩河畔沙隆，Chalon-sur-Sône）共有 13 种文献。这些丰富的文献资料都成为证明大批犹太人在整个高卢地区定居的证据。然而，如果进一步分析这些资料，写作风格和文献本身都有一些问题。在圣主教们所显现的圣迹中，我们可以找到关于这些城镇中的犹太人改信基督教的记载。[34] 广为流传的奥古斯丁会（Augustinian）关于犹太人最终会改信基督教、使之看到光明的信念，[35] 确实能够突显圣主教的价值、作为其圣迹的证据。此外，这种行为缓和了教会斗争、重建了城市内的和谐，而且根据最近研究，还达到了对圣徒传记的修饰作用。出于双重目的，圣徒传记还记述了犹太人对辖区主教逝世的哀悼。[36] 与之相似，犹太人还被描写成圣徒的拥护者，如对圣马丁（St. Martin）在波尔多（Bordeaux）显示圣迹消除了一个犹太人的怨恨。[37] 据这些文献的有力证明，当时在许多地方都存有犹太社团组织——图尔奈（Tournai）、巴黎（Paris）、南特（Nantes）、图尔（Tours）、奥尔良（Orléans）、布尔日（Bourges）、波尔多和乌塞斯（Uzès）。没有其他证据的支撑，这种文学手法的记述很难说明犹太人是否真的存在。因此，可能除克莱蒙（Clermont）外，认为中世纪早期犹太人在高卢中部、西部和北部定居的观点并不可信。这也不能排除个别犹太人偶尔在这些地方出现。然而，固定的犹太社团的出现明显可追溯到罗马时期，并且在纳尔榜、阿尔勒和马赛（Marseilles）等地都有。它们应被视为后古代和中世纪早期地中海沿岸文化的组成部分。

　　7 世纪中期到 8 世纪中期，没有文献提到法兰克人地区的犹太

---

　　[34] 布尔日有两次相关记载，见 *MGH AA* iv. 2, p. 24；*MGH SRM* iv, pp. 374–375。亦见 Clermont：Gregory, *Hist.* v. 11, ed. Buchner, i, p. 298；Venantius Fortunatus, *Carmina* v. 5, *MGH AA* iv. 1, pp. 107–112. In Uzès：Aronius (1902), p. 12。

　　[35] Blumenkranz (1949)；Cohen (1999), pp. 23–71。

　　[36] Toch (2001b), pp. 469–474 及所列参考资料。

　　[37] Gregory, *Libri Quattuor de Virtutibus S. Martini*, iii. 50, *MGH SRM* i. 2, p. 644；同样，亦见 Gregory, *Hist.* v. 6；iv. 5, ed. Buchner, i, p. 292；ii, p. 8。

人。查理大帝（Charlemagne）时期，在皇帝的随从中间和其他地方存在一些少量涉及犹太人的逸闻趣事和律法文书。[38] 据资料显示，如在一段医生的记载中，确实存在逐利四方的犹太商人，但并没有在如一些人声称的亚琛（Aachen）形成固定的犹太社团。虔诚者路易（Louis the Pious）统治期间及其后，开始出现变化。在不断增加的相关文献中，至少有一个确定的和数个可能的证据揭示了从西班牙迁出的犹太人的存在。[39] 还有证据显示，法国南部犹太人口在 8—9 世纪时可能有较大的增长。[40] 从那里，犹太定居点沿罗讷河（Rhône river）向法兰西中部的维埃纳、里昂（Lyons）、梅肯（Mâcon）和沙隆（Châlons）等地扩张。[41] 从 10 世纪逐渐开始，至迟到 11 世纪早期，在曼恩—安茹（Maine-Anjou）、布戈涅（Bourgogne）、香槟（Champagne）、洛林（Lorraine）和诺曼底（Normandy）等地出现了一些犹太社团。[42] 法兰西的阿什肯纳齐犹太学者的智力创作，尤其是现在被认为是标志着犹太社团组织和生活方式的宗教—律法文献的出现，有力地证明了犹太人口的增长。他们的作品形成了独特的风格，能用自己的方式重新撰写圣哲传记。到 11 世纪，他们的创作和律法研习自成一体、独具特色，不再依附于巴比伦圣哲的羽翼之下。[43]

　　法兰西北部与日耳曼地区的犹太社团先后按文化亲缘关系共同增长。[44] 这里的诸如科隆（Cologne）和特里尔（Trier）等后古代中心地区也没有犹太人连续出现的迹象。[45] 9 世纪和 10 世纪早期的一些资料片段中还声称这里有逐利四方的犹太商人。在后来的一个世纪里，更多的犹太人从意大利和法兰西来到了这里。[46] 犹太人于 9 世纪末在

554

---

[38] Aronius（1902），nos. 68，71－75，80.

[39] Linder（1997），pp. 341－342，367.

[40] Noy（1993），pp. 281－283；Linder（1997），pp. 443－444，368－374；Dhuoda，*Liber Manualis*，*PL* 106，col. 117. 关于与纳尔榜相关的传说，见 Grabois（1997）。

[41] Linder（1997），pp. 333－338，341－343，368－369；*Agobardi Opera*，*Epist.* 11，14，pp. 195，231.

[42] 有关拉丁文资料，见 Devroey（2000），pp. 347－353；希伯来文资料，见 Gross（1897/1969），*passim*。

[43] Agus（1966）；Grossman（1995）.

[44] Toch（1998a），pp. 5－6，80－82.

[45] 对于科隆，这种持续发展被考古学者的武断解释所推测见 Toch（2001a），pp. 12－13，note 26。相关考古记录见 Lapp（1993）。

[46] Grossman（1975）and（1982）. Cf. Schwarzfuchs（1980）提出了另一种观点，认为北部法兰西的犹太人社团来自德意志的移民。

梅斯（Metz），稍后在美因茨（Mainz）建立了第一批定居点。只有在 10 世纪下半叶的希伯来文献中才有少量关于犹太组织结构的记载。这些到了 11 世纪末则变得十分普遍，犹太社团在特里尔、科隆、美因茨、斯佩耶尔（Speyer）、沃尔姆斯（Worms）、雷根斯堡（Regensburg）和布拉格（Prague），可能还有马格德堡（Magdeburg）等地都是人数众多，十分兴旺。11 世纪中末期，阿什肯纳齐犹太人在法兰西北部和日耳曼的分支开始进行地域扩张。英格兰的犹太人显然是在诺曼征服时从诺曼底迁徙而来的。11 世纪的少数东欧犹太人则是源于拜占庭和日耳曼地区。[47] 大约 1100 年以后，大规模的犹太定居点才在这些中世纪外围地区出现。

　　因此，犹太人迁居欧洲的早期定居历史应被分为两个区域：南方和北方；两个时期：从古代晚期到大约 800 年的时期以及此后到大约 1050—1100 年。古典时期，其人口数量可能不断衰减的犹太社团只存在于地中海沿岸地区；在拜占庭、罗马城以南的意大利以及法兰西南部和西班牙东部的一些地方。9 世纪末，各地区的人口数量都出现了新的增长，开始时较为缓慢，后逐渐变快。在西班牙（可能也包括西西里），这种增长明显与穆斯林的宽松统治、来自北非的移民以及同东方犹太学术中心建立了新的联系等因素有关。在意大利和法兰西南部，犹太人扩张的资料仍不明显，但却有相同的趋势。在高卢中部和北部及日耳曼西部，在希伯来语中称为"*Ashkenaz*"或"*Lothir*"的犹太人的出现呈现出新的现象，而这是完全依赖于南方移民而出现的新形势。南方移民充实了这里的人口和文化，并在一个时期内向北部传播、转化。到 11 世纪，北方和南方的犹太人都发展成熟：作为立足于欧洲的一个族群，强大到足以对中东宗教权威中心宣告其文化上的独立。

职　业

有一种关于早期中世纪犹太人谋生方式的观点至今仍占据着主导

㊼　Mann（1920），ii, p. 192; Starr（1939），pp. 183，192–193; Agus（1965），nos. xix, xxi, lxv. 关于无可确知的卡扎尔王国（Chazars' kingdom）、基辅罗斯（Kievan Russia）和匈牙利的情况见 Dunlop, Ettinger and Scheiber in Roth（1966）。

地位：他们享有统治者给予的特权和保护，特别是凭借《塔木德》的律法（Talmudic law）、社团组织和家庭纽带，同时凭借其天赋和或流散（Diaspora）的经历，犹太人成为众所周知的经营着欧洲与中东及穆斯林西班牙间远程贸易的商人。早期，他们被认为与其他东方人一同经营这类贸易；从加洛林时代到 11 世纪，他们则独自经营。许多学者甚至认为他们对商业，特别是奴隶贸易活动形成了真正的垄断。[48] 这种观点必须被摒弃。它明显与当代（19 世纪和 20 世纪）的论战与护教学有关，假定了一个根本不存在的体系和目标。它的文献基础非常薄弱，虽然很少有令人着迷的解释，却颇能让人信服。

　　在我们所描述的这一个时期，教宗格列高利一世在其书信中对地中海地区给予了可信的全面关注。他提供的信息与在罗马城出土的中世纪碑铭研究相印证，记载了各种职业的存在。许多犹太人成为西西里的教宗地产上的科洛尼（colonii）；但在埃特鲁里亚（Etruria）他们也是地主，由基督徒的科洛尼或原住民（originarii）为其工作；或作为贵重金属和器物的买主；或作为因负债累累而在帕勒莫将其船只卖掉的船主；或可能是往来于马赛和罗马之间的商人；或是在那不勒斯居住，向本城官员们供应高卢奴隶的承销商。[49] 还有文献记载，犹太人的船只也活动于普罗旺斯（Provençal）沿海，为被围困的那不勒斯城运送食物。[50] 一些犹太商人出现在 6 世纪和 7 世纪的拜占庭。[51] 在君士坦丁堡有一个玻璃匠，显然是令人难以置信的：他的职业为一个圣迹的出现提供了合适的舞台和方式，他的儿子在掉入熔玻璃的炉子里后，皈依了基督教，竟奇迹般地活了下来。[52] 一个犹太包税人到

556

---

[48]　关于更深入的历史描述见 Devroey（2000）and Toch（1998a and b, 1999, 2000a and b, 2001a and b）。

[49]　Gregory, *Registrum Epistularum* ii. 38, v. 7, viii. 23, iv. 21, i. 45, vi. 29, ix. 105（see Linder（1997），pp. 423, 428 – 429, 432, 426 – 427, 418, 431, 436）；*Epistulae* ix. 40, *MGH Epp.* ii, p. 68. 于 Clermont（Venantius Fortunatus, *Carmina* v. 5, *MGH AA* iv, p. 110）中所见的关于犹太人科洛尼的描写可能只是文学上的夸张，见 Goffart（1985），pp. 486 – 487。

[50]　Gregory of Tours, *Liber In Gloria Confessorum*, c. 95, *MGH SRM* i. 2, p. 809；Procopius, *Gothic War* i. 8, p. 85.

[51]　*Doctrina Jacobi*, pp. 214 – 219；Nelson and Starr（1939）.

[52]　Evagrius, *Ecclesiastical History* iv. 36, p. 241；Gregory of Tours, *Glory of the Martyrs*, c. 9, trans. Van Dam（1988），p. 29；*Georgii Syncelli Ecloga Chronographica* ii, p. 654. 但是可见 Benjamin of Tudela 和开罗"经冢文件"（Cairo Genizah）中对后期玻璃工人的描写：Adler（1907），pp. 26, 30；Goitein（1967），index. 在早期近代的德国，制作玻璃是犹太人的手艺。

图尔收税，立即被一个改宗的犹太人所杀。一些犹太香料商人实际上是经营大宗香料（*magna species*）的商人，在克莱蒙很活跃，在法兰克国王希尔佩里克（Chilperic）的宫中就有一个"侍奉他的香料商"[53]。人们无法确定，布尔日的犹太医生是真实存在的，还是为了显现一次治病的圣迹创作的文学虚构。[54] 根据以上犹太人迁居年代的概述，在墨洛温王国内出现的少量犹太人极可能是来自南方的访客。

　　后来的资料记述了地中海犹太人更多的生计方式，并显示了经济加快发展。在意大利北部，一个原来与查理王宫有关系的犹太人被认为是制作贵金属制品的能工巧匠。在意大利半岛腹地，还有更多从事这一行业的人员，当然，还有相当数量的工匠和商人。[55] 在拜占庭、穆斯林西班牙和西西里，可以找到更多的犹太商人，尤其是工匠，以及经营纺织、皮革和稍后资料显示的丝绸等行业的作坊主。[56] 据11世纪的开罗经家文献显示，当时犹太人在埃及、马格里布与穆斯林西班牙和西西里等地间的贸易活动频繁，但其中并没有来自基督教欧洲的犹太人。[57] 医生的形象仍时常出现，其中对医生的一些提法颇有隐喻性，但也有一些真正的历史人物，如10世纪出自奥里亚（Oria）的沙贝泰·东诺罗（Shabbetai Donnolo），是中世纪最早的医药学作者、卓越的哲学家，或前面已提到的与之同时代的西班牙的哈斯代·伊本·沙普鲁特。[58] 甚至于教宗格列高利一世在西西里的犹太人科洛尼，亦可能在11世纪的希俄斯岛（Chios）有其继承人，[59] 尽管当时的农奴身份可能更多是法律意义上的而非经济上的。

　　犹太人拥有农业用地的情况完全被9—11世纪意大利、基督教西

───────────────

[53] Gregory of Tours, *Hist.* vi. 5；vii. 23, ed. Buchner, ii, pp. 8, 118.

[54] Gregory of Tours, *Hist.* v. 6, ed. Buchner, i, p. 292.

[55] *MGH SRL*, p. 372；Linder（1997），pp. 349 – 350, 159, 375 – 376, 384 – 385；Starr（1939），pp. 124, 161, 169；Mann（1931），p. 24；Milano（1954），*passim*；Colorni（1980），p. 260.

[56] Merchants：Mann（1920），i, pp. 87 – 93, 204 – 205；ii, pp. 87 – 92, 214, 344, 364；Starr（1939），pp. 121, 191, 214；De Lange（1996），pp. 21 – 27；Linder（1997），pp. 151 – 152, 159. Crafts：Starr（1939），pp. 137, 148, 167 – 169；Goitein（1967），p. 50；Bresc（1998）；Jacoby（2001），esp. p. 12；Ashtor（1973），pp. 271 – 275；Cohen（1960/61），pp. 66 – 67.

[57] Ben-Sasson（1991）；Simonsohn（1997）；Goitein（1968），p. 211；Gil（1997），i, pp. 559 – 570；cf. Citarella（1971）；Toch（2001c）.

[58] *MGH Form.*, p. 448；*Annals of St Bertin* s. a. 877；*Gesta Episcoporum Leodiensium*, c. 44, *MGH SS* vii, p. 216；*Life of St. Nilos*；Starr（1939），p. 162. 关于东诺罗其人，见 Sharf（1976）。

[59] Linder（1997），pp. 160 – 163；cf. Argenti（1966）.

班牙与法兰西南部和东部中心地区等地的拉丁文特许状所证实。(60) 而犹太人实际拥有的农耕地肯定还不限于这些幸存的教会特许状所提及的。地产的所有、流转和抵押的实际诉讼问题在犹太著作《问答》中也多次出现。(61) 它们在指导穆斯林西班牙和南部法兰西希伯来人行为方式的正式文书中占主导地位。(62) 很明显，非犹太人在为他们的犹太人地主耕种着这些土地，其中葡萄园多于耕地，有时他们的身份类似于分成制佃农。重要的是，整个地中海地区只有拜占庭没有涉及犹太人拥有土地的记载，这可能是相关文献的缺失。但是，更有可能的是，这里一直对犹太人采取严格限制的政策，而且，高度的城市化阻碍了犹太人取得土地。如果情况属实，那么帝国的影响并未波及意大利南部，因为那里的犹太人已被证实拥有农业耕地。

法兰西北部和日耳曼地区所拥有的涉及土地所有权的文献数量远不能与南方所发现的相比。(63) 这种对比反映了两个地区之间的重要差异。在北方，当拉丁语作家尚未被卷入宗教斗争中时，犹太人在他们 558
眼里仅是商人或医生。(64) 他们观察到的并没有错误。根据希伯来文献记载，从10世纪下半叶起，商业在法兰西中部和北部以及日耳曼西部地区的犹太人日常营生中有明显的支柱性地位。在美因茨被称作“散居犹太人之光”（Light of the Exile）的杰绍姆·本·耶胡达（Gershom ben Jehuda），那个时代（约960—1028年）阿什肯纳齐犹太人最重要的宗教首领曾经简明地指出：“他们（犹太人）依靠商业/买卖营生。”(65) 希伯来文献也能够校正拉丁文献中的一些偏颇之处。犹太商人的活动十分频繁，但大多发生于各地方市场沿线和著名

(60) Italy: Colorni (1980), pp. 247, 248, 257; Starr (1939), p. 141, 257; *MGH Diplomata Regum et Imperatorum Germaniae* ii. 2, p. 520. Spain: Romano (1991), pp. 328 – 331; Linder (1997), p. 559; Baer (1929), p. 2; Blumenkranz (1960), p. 23, nn. 132 – 135. France: Linder (1997), pp. 443 – 444, 365 – 375; Latouche (1966); Blumenkranz (1960), pp. 24 – 30, and (1989).

(61) 作者正在做这方面工作。

(62) Rivlin (1994); Mutius (1994), (1996) and (1997).

(63) 在梅茨，于945年之前：见 Blumenkranz (1960), p. 29, n. 195；在奥尔良附近，是972年之前：Halphen and Lot (1908), p. 82；在11世纪的诺曼底，见 Golb (1998), pp. 552 – 553；在10世纪的雷要斯堡：见 *MGH Diplomata Regum et Imperatorum Germaniae* ii. 1, p. 279。这还不包括希伯来文的记录，见注释61。

(64) Notker, *Gesta Karoli* i. 16; ii. 14, *MGH SRG* xii, pp. 19 – 20, 77; Linder (1997), pp. 348, 344, 333, 336, 341, 351, 349, 377 – 378, 380, 382; *MGH Leges* i, p. 363, cap. 19.

(65) Mutius (1984), i, p. 58. 更多的资料见 Toch (1998b) and (2000b)，亦见 Brody (1998), p. 134，其中涉及商人进入一处集市，可能是9世纪中期圣德尼的集市。

的内陆市场之间，有时也包括海外市场，如往来于匈牙利和波兰，可能还包括罗斯等地。关于各个大陆间贸易的文献十分有限，也未有奴隶贸易的记载。他们购买、运输和出售各种日常商品和较昂贵的商品：盐、葡萄酒、染料、药材、咸鱼、牲畜、皮草、成衣和纺织品，也有丝绸、镀金的铜质器皿，以及一些贵金属。消费者都是主教和基督教教职人员，有一份文献还提到了主教的司库，还有一份文献包括一位匈牙利王后（文献中仅提到的一位皇室成员）在内的贵妇人，及权贵和伯爵们等，总之，就是社会上层人士。在拉比讨论的诸多问题中，最重要也是令他们最悲哀的事，是犹太人之间相互借贷时，北方直接课以利息，南方则以地产作抵押。因此，为商业投资创造资本，并且在规模有限且高度私有化市场中的相互竞争，在早期阶段都是个问题。当竞争失控后，对犹太人的憎恨、迫害和基督教当局的反犹煽动也接踵而至。[66] 在最早的犹太社区律法中，有两则意在抑制这种混乱局面的法规：一是 Herem ha-yishuv，即赋予社区成员以投票权来决定新来者可否入住；另一条即 Maarufiya（该词源于阿拉伯语），在此制度下，社区为每名商人指定一位潜在的顾客。[67] 货币的兑换和金银的交易是商人活动的一部分，这两项活动非常重要，需要借助宗教权威来监管以防止犹太人在其内部互相牟利。在这个缺乏货币的时代，无论是否附有利息，商人肯定会将一些资金留作放贷之用，尤其是针对那些对他们拥有特权的主顾。但是，根据多数文献的印证，将

559 早期金钱借贷理解为源于以实物作为支付手段的债务更为合适。[68] 虽然以贸易作为谋生手段在犹太人中具有明显的优势，但并不是所有的犹太人都是商人。还有身份低微的匠人、充当奴婢的犹太男女，甚至还有奴隶。显然，这些下层的犹太人没有独立的法律身份和经济地位，必须依附于富有的商人家庭而生存。

在我们所考察的整个时期，上述家庭中也包括了非犹太人奴隶，而这也引起了很大的宗教方面的骚乱。这些骚乱在多数情况下只不过

---

⑥⑥ 见希伯来文的一个恐怖故事，人们将其说成是发生于 10 世纪晚期法国的一次宗教迫害的事例：见 Habermann, *Book of Persecutions*, p. 12, cf. Chazan (1970)。偶然地，对它的描述令人奇怪地同图尔的格列高利所描述的相同：Gregory, *Hist.* vi. 17, ed. Buchner, ii, pp. 34–36。

⑥⑦ Rabinowitz (1945)；Eidelberg (1953)。

⑥⑧ 例如上文注释 40 中所列之《多达家书》（Dhuoda *Liber Manualis*）；或科隆的大主教阿诺（Anno）所著，*Vita Annonis* iii. 11；*MGH SS* xi, p. 502。

是宗教论战的性质，利用奴隶和奴役状态的渲染，以证明社会秩序的败坏——按照奥古斯丁的神学理论，犹太人总是处于社会上层而非下层。现代历史学家往往将这些激愤的言辞作为犹太人从墨洛温时代到 11 世纪一直控制奴隶贸易的证据。其中，还有一些学者指出，遍及欧亚大陆的犹太“殖民地”的基础结构，必然服务于奴隶贸易中转站。但是，多数这类奴隶贸易中心，如经常提到的凡尔登（Verdun），并未发现有犹太人。最近，通过对拉丁语、希伯来语和阿拉伯语文献资料的重新评价，我们发现只有两个欧洲犹太人可以确定是在从事奴隶贸易，一个是在 6 世纪，另一个是在 9 世纪。此外，在大量宗教会议的戒规中可能有一次确实与（基督徒和犹太人所从事的）奴隶贸易有关。其他文献中谈到了家内奴隶，可能也是通过做奴隶中转生意的商人进行买卖的。即使加上一些未被记载的奴隶商，仍不可能形成一个自欧洲东部边界到伊比利亚半岛和东方伊斯兰世界的、贩卖着成千上万的欧洲奴隶——萨卡里巴（*Sakaliba*）——的网络。(69)

早期中世纪的犹太人是否拥有对商业的主导权，甚至是独占权？考虑各种理由，答案必然会是否定的。首先，我们必须意识到其中的夸张成分。例如，一个学者试图突出犹太人在早期中世纪的影响，将某个普里斯库斯（Priscus）描述成“一个富有的犹太商人兼政府官员，与国王做生意，控制着索恩河沙隆的锻压币厂”(70)。如果我们在这件事上相信图尔的格列高利，普里斯库斯确实是一个犹太人，并可 560
能是商人，且与希尔佩里克国王做生意。那么其他的论断就没有被文献所证实。学者们经常被时而有细微变化但却屡屡出现的“犹太人和其他商人”（*Judei et ceteri mercatores*）这一用语所误导。(71) 与其将这个用语解读为犹太人是众所周知的商人，“其他商人”是附加成分，莫如把它理解为初始文本的作者之突出各类人等特点的辨识性语言：犹太人以其所信奉的宗教来界定，而基督徒则以其职业来界定，

(69) Gregory i, *Epistulae* vi. 29; ix. 105, Linder (1997), pp. 429 – 430, 436; *Agobardi Opera*, p. 195; Meaux-Paris 845 – 846, can. 76: Linder (1997), p. 548. 关于相关资料和学者们的想象，特别是 Charles Verlinden 的论点，见 Toch (1998b), (1999) and (2000a)。最近的有关奴隶贸易的分析见 McCormick (2002), pp. 733 – 777，其对一些资料的阐释很不相同。犹太人在伊斯兰世界的奴隶贸易问题仍然有待于研究，但也可见否定的意见，见 Goitein (1968), p. 140, and Roth (1994), pp. 153 – 162。

(70) Bachrach (1977), p. 56. 资料原文（note 54 above）：“Iudaeus quidam Priscus nomine, qui ei ad species quoemendas familiaris erat”。

(71) Linder (1997), pp. 344, 349, 377, 380, 382, 384, 389; *MGH SS* iii, p. 758.

于是出现了"商人、犹太人和其他人"。这个用语提供了由整个现代学术研究支撑的毋庸置疑的证据：在加洛林王朝及其以后时代，除犹太人外，还存在其他商人集团。[72] 此外，伊本·胡尔达兹比赫（Ibn Khordadbeh）在 9 世纪中期对"拉唐犹太商人"（*Radhanites*）的描写——迄今为止，仍然被认为是往来于西班牙和印度之间从事贸易的欧洲犹太人的关键证据——现在已经完全证明讲述的是东方犹太人。[73] 而据资料丰富的开罗经冢文献显示，这里的犹太人的经济活动遵循着十分不同的模式，且未显示出欧洲犹太人在国际商贸中的地位。该文献是在大约公元 1000 年，即地中海贸易扩张时期，由商人们所记录的其商务合作伙伴的信息，其中大量商业信息提到了欧洲各地的商人，但几乎没有欧洲的犹太人。这些文件提到，来自拜占庭的犹太人，只有当他们自己在地中海上被阿拉伯海盗掠夺，带至亚历山大（Alexandria）索取赎金时，才有相关的文献记录。[74] 因此，如果存在贸易体系，欧洲的犹太人和伊斯兰世界的犹太商人也并没有同步运作。[75]《问答》典籍提到学者、圣哲和学生的经常性交流，但几乎没有贸易联系的记载——甚至在欧洲的阿什肯纳齐和塞法尔迪犹太人之间也没有这类交往。一旦对于奴隶贸易的证据由于误读而有了折扣，各大陆间的贸易体系就肯定会在规模上比上文所说的情况缩减不少。该贸易规模与人口规模一致，在我们所论及的这一时期的大部分时间内，或者数量很少（在南方），或者完全不存在（在北方）。当 11 世纪犹太人口开始增长时，是比犹太人强大的各种强权主宰了欧洲贸易。

561　　在南方，犹太人找到了许多赖以谋生的职业，包括工匠、商贸和从事地产方面的劳作等。在北方，他们赖以谋生的方式确实多与商业有关，而他们在加洛林王朝晚期以后的到来则反映了当地经济活动的复兴。但是，犹太商贸在东西方贸易中并未占据主导地位。总之，三种关于犹太人的神话——犹太人无处不在，掌握着商业霸权和奴隶贸

---

[72] For instance Verhulst (1970) and (1995)；Devroey (2000)；McCormick (2002).

[73] Gil (1974). 关于其资料，见 Pellat (1993)。

[74] 上文，注释 56，Mann (1920) and Starr (1939) 的参考书目，亦见 Goitein, p. 211。一个可能的例外，尽管并无确切日期，是一个在埃及（？）的拜占庭犹太人与克里特岛的联系：De Lange (1996), pp. 21-27。

[75] 见 Toch (2001c)。

易——必须被打破。

基督教社区的犹太人

关于犹太人对其寄居社会的态度，有一类以不同版本出现的原始文献，用尖酸刻薄的希伯来语模仿基督教《福音书》写成，名为《耶稣生平》（*Toldot Yeshu*）。即使自里昂的阿戈巴德（Agobard of Lyons）起，基督徒便知道了该文献的存在，但人们还是难以确定其成书时间，而且它可能是源于欧洲以外的地区。[76] 据《耶稣生平》与那些在礼拜仪式和宗教诗歌方面的其他的资料显示，在早期中世纪的犹太文化中，有一种"论争的必要性"（polemical imperative），几乎与基督教对犹太教的态度相匹配。12 世纪以后的现存文献显示出了两个群体之间相互吸引和互相攻讦、同化融合和势不两立的繁复情形。[77] 近期人们对中世纪基督徒和犹太人宗教论战的重新审视，修正了相互分立和隔离的传统图景，使我们看到了持续的双向交流，二者都吸收了对方关于上帝的爱、神圣性和纯洁性等特征。[78]

我们所知道的有关基督徒对犹太人的态度方面的资料要多于其他资料。通过对现存的主要文献——教职人员著作的考察，教会对犹太人和犹太教的基本态度，混杂着对抗、焦虑和成效甚小的遏制。人们通常试图将早期中世纪的犹太教解读为一个拥有很多资源、具有现实威胁的宗教。根据这一观点，为了防止教会干涉，它一定会与世俗——如典型的贵族利益结成同盟。这反过来扩展为国王们的"犹太政策"，即有利于一群重要的犹太人臣民，而与本应处于同一阵营的教会发生矛盾。由此，基督教教士就将之视为真正的威胁和具体关注的事务。

另一种尝试是，教会将犹太教描绘为直接拒绝基督教真理的信仰和行为的载体，而这也是基督教中存在"论争的必要性"的出发点。[79] 在该论述中，犹太人的作用是形象的、人格化的。然而，奥古斯丁

562

[76] Krauss（1902）；cf. Bonfil（1994b）.

[77] Sapir Abulafia（1985）；Marcus（1996）；Toch（1998a），pp. 120 – 142.

[78] Yuval（1999）and（2000）.

[79] Cohen（1999），pp. 5 – 65, the quotation on p. 39.

（Augustine）在神学上却简明地主张，犹太人排斥基督教的行为由于他们作为事实上目击了基督教真理的"保有圣书的民族"（bookkeepers）而获得些许宽容而获得平衡。这两项原则融入了广泛的、被多次效仿的帝国宪法，尤其是《狄奥多西法典》（*Codex Theodosianus*），以及大量教父时期的作品中。[80] 它们也扩散到了史学、圣徒传记和宗教会议法规等题材中。神学论文、论战文章和教会立法通过对拒教原则的演绎，在《旧约》和《新约》的基督教注释中，重新确定了顽固的邪恶与犹太人的关联。在圣徒传记和历史编纂中，犹太人被设定为含蓄的宽容原则的补充角色，虽然拒教，但却最终见证了基督教真理和圣洁。这种模棱两可的语词、语法和句法在中世纪的初期就已出现。教会内部直到 6 世纪才有所发展，之后的加洛林王朝则出现了新的反犹太教浪潮。[81] 因此，"对犹太人和犹太教的解释，根植于基督教神学和解经原则，并不断延续"[82]。

此类作品构成了我们可用的绝大多数资料。它们提供了少量具体问题的细节——犹太人对其奴隶犯下的罪行，犹太人引诱或强迫基督徒改宗的罪行，以及犹太人对基督徒专横的罪行。如果对记载内容加以考察，则会发现犹太人强迫非犹太人改宗犹太教是最重要的争论问题。文献记述通常是一样的，将犹太人刻画为对朴实的、没有能力捍卫自己信仰的基督徒施以诱惑的狡诈的人。[83] 学者们基本上接受了这些文本是犹太教确实成功地赢得了皈依者的证据。仅凭奴隶制并不能说明什么，因为奴隶不能明确其主人的意志。犹太奴隶贩子也被利用起来：他们购买奴隶是为了充实以色列族群。[84] 据认为，古代后期和中世纪早期有大量皈依犹太教的人群，他们构成了 11 世纪法兰西中部和北部的犹太人口。[85] 这些观点的可能性很小且没有依据。很难发现前面讨论中所设想的、以割礼损害其名声的奴隶贩子。他们也向我们展现了一种为宗教而放弃利益的另类商人：虔诚的犹太人必须遵守

563

　　[80]　Linder（1978），pp. 400 – 413. 关于这方面的文献与作者，见 Linder（1987）；Blumenkranz（1963）；Schreckenberg（1995）。
　　[81]　Albert（1996）；Heil（1998a and b）。
　　[82]　Cohen（1999），p. 94.
　　[83]　例如，见 Amulo, PL 116, cols. 170d –171a。
　　[84]　例如，见 Blumenkranz（1960），p. 160. 亦见 Toch（2000a），有更多令人质疑的案例资料阅读。
　　[85]　Bautier（1991）。

《塔木德》箴言，禁止将皈依犹太教的奴隶卖给外邦人（Gentile）。这一证据说明改宗只可能存在于家庭奴隶中，被作为商品的奴隶和庄园（latifundia）中工作的奴隶群体是完全不起作用的。即使每个犹太家庭都参与到强迫改宗的活动中，但前面讨论的有限的犹太人数量只能带来有限的改宗者。这种结果确实并不明显。罗马出土的墓志铭很少提到改宗事件，罗马之外的也只有唯一一次，且这些全部是中世纪以前的。[86] 在 500—1050 年这一时期，在整个欧洲我们只知道有 6 次确定的改宗事件。他们来自受人尊敬的家庭，大多数是在自我反省后自愿作出决定的牧师。[87] 在 11 世纪末期日耳曼的丰富的希伯来文资料中，超过 120 名犹太男女中有 3—4 位有姓名记载的改宗者于 1096 年在美因茨、沃尔姆斯和科隆被杀。[88] 所以，在我们讨论的 6—11 世纪，改宗事件虽然存在，但很难被称作是大量的，且大多是迷失的牧师的改宗。因此，犹太教和基督教之间的"传教竞争"（missionary contest）主题应被限定在文学话语的范围之中。[89]

　　当然，犹太人改信基督教的例子更具说服力。除了圣主教们劝说改宗的圣迹和存疑的被迫洗礼的记录[90]，有足够的证据证明在我们讨论的 6—11 世纪里，个人确实屈从于宗教怀疑、诱惑或压力。[91] 在拜占庭的短期统治中，以及在阿拉伯征服前的近一个世纪里的西班牙，将强迫犹太人改宗作为全社会的统治政策，而且肯定造成了一定的后果。在 10、11 世纪的法兰西和日耳曼，资料记载了主教强迫整个犹

564

---

　　[86] 在罗马，595 块墓志铭中有 7 个可识别其身份，见 Noy（1995），nos. 62, 218, 224, 392（?），489, 491, 57；在罗马城外，298 个墓志铭中间只有一个可识别其身份，Noy（1993），no. 52。

　　[87] Blumenkranz（1960），pp. 161–162, 166–167；Golb（1987），pp. 2–15, 21–31。一位基督教女士在纳尔榜嫁给一个犹太人并改宗，可能是 13 世纪的事而非 11 世纪：Mann（1931），pp. 31–33。

　　[88] Neubauer and Stern（1892），pp. 10/103 = pp. 56/184, 22/126；Salfeld（1898），p. 110。

　　[89] Contra Blumenkranz（1961）and（1960），pp. 159–211。关于对古代晚期改宗现象之滥用法律规则和文本方面的证据，见 Rutgers（1995b）；Goodman（1994）。

　　[90] 前文注释第 34；Stemberger（1993）。

　　[91] Sidonius Apollinaris, Epistolae viii. 13, MGH AA viii, p. 144；Gregory, Hist. vi. 17, ed. Buchner, ii, pp. 34–36；Gregory, Registrum Epistularum i. 70, PL 77, col. 526b；Gregory, Registrum Epistularum i. 45, i. 69, ii. 38, iv. 31；v. 7；viii. 23, 见 Linder（1997），pp. 418, 420–421, 423, 427–429, 432；Doctrina Jacobi；Starr（1939），p. 137；Amulo, PL 116, col. 170d；MGH Epp. v, p. 239；Aronius, Regesten, p. 51；Halphen and Lot（1908），p. 82；Salzman（1924），p. 80；Baer（1929），p. 2；Cantera Burgos（1966），p. 361 及注释 11；Linder（1997），p. 438；De Lange（1996），p. 22/3；Habermann, Book of Persecutions, p. 11。

太社团实施洗礼的实例。[92] 其中有些明显是为显示基督教神圣性而进行的虚构。即使他们的冲突距离 1096 年残暴的强迫改宗有一段时间，但在剩下的记载中，一些是深思熟虑后的设想，一些则是付诸实践的尝试。被迫改宗是困扰 11 世纪阿什肯纳齐犹太圣哲们的最重要的问题。在这一紧迫情势下，他们最终创设了一个宗教律法原则：背教并不祛除犹太性，"即使他有罪，他仍是以色列人"[93]。在 500—700 年这一时期，犹太人还必须面对经常由狂热的主教煽动起来的暴民袭击会堂的问题。[94] 这种市民大辩论的形式，十分像东地中海兴盛一时的全社会的宗教大辩论在公元 700 年后即消失了。

与这种对抗事件相对，也有迹象显示了一些较为缓和的关系。在 6 世纪的那不勒斯和阿尔勒与 10 世纪的奥里亚这 3 个有大量犹太人的地方，犹太人与基督徒共同保卫着他们的城镇。[95] 在整个 6—11 世纪里，诸多基督教的宗教会议都制定律条禁止教职人士和普通基督徒同犹太人通婚，共餐同饮，一同沐浴、宴庆、住宿，甚至祷告。[96] 虽然这些规定只是在一次又一次宗教会议上被转抄，而且可能只是做了更多的文辞修饰，但是，这种劝诫也许暗示了日常生活不像激烈宗教争论那样。在里昂的阿古巴（Agobard of Lyons）于 9 世纪早期针对其所在城镇的犹太人的书信中，透露出可使犹太人与基督徒混居的理念，即使其中不乏许多夸张性的描述。[97] 在教宗格列高利一世的书信中，可以看到犹太人和基督徒的混居状态近乎常态。[98] 在格列高利看

[92]　Linder (1997), pp. 622 – 633, Aronius, *Regesten*, nos. 123, 124, 125, 142, 144, 160; Habermann, *Book of Persecutions*, pp. 19 – 21. Dagron and Déroche (1998), pp. 28 – 38, 43 – 45; Chazan (1970/1); Linder (1997), pp. 414 – 420.

[93]　Grossman (1988a), pp. 122 – 127, 163 – 164, and (1995), pp. 152 – 155; Katz (1958)。

[94]　在罗马，发生于 508—512 年；在米兰，于 523—526 年：见 Linder (1997), pp. 203 – 205。在拉文纳，于 509—526 年：见 *Anonymus Valesianus*, cap. 81。在克莱蒙，于 576 年：见 Venantius Fortunatus, *Carmina* 5. 5, *MGH AA* iv, pp. 107 – 112, Gregory, *Hist.* v. 11, ed. Buchner, i, p. 296, 亦见, Goffart (1985)。在奥尔良，早于 585 年（？）: Gregory, *Hist.* viii. 1, ed. Buchner, ii, p. 160。在泰拉奇纳，于 591 年；在帕勒莫，于 598 年；在卡利亚里，599 年；在那不勒斯，于 602 年：Gregory, *Epistulae*, Linder (1997), pp. 417, 421 – 422, 433 – 435, 438 – 439, 442。关于东方帝国，参见 Dagron and Déroche (1998), pp. 18 – 22。

[95]　Procopius, *Gothic War* i. 10. 90; *Vita Caesarii*, *MGH SRM* iii, pp. 467 – 469; Italy, Roth (1966), p. 107.

[96]　Linder (1997), 索引, 对基督徒的禁令; *Vita Beati Ferreoli*, p. 101. Cf. Blumenkranz (1965)。

[97]　*Agobardi Opera*, pp. 115 – 117, 191 – 195, 199 – 221, 且，特别是 pp 231 – 234; cf. Cohen (1999), pp. 123 – 145。

[98]　Linder (1997), pp. 417 – 443. 关于格利高利作品的神学方面，见 Cohen, J. (1999), pp. 73 – 94。

来，如果可能，应当用非暴力或不用残酷的教会审判形式让犹太人改宗。极端的和非法的对抗与暴民骚乱必须加以控制。如果需要，他们
应当被保护，而这也并未超出（基督教）罗马法设定的明确界限。应当鼓励他们的奴隶加入基督教，但须谨慎行事，以免貌似损害私有财产权利。格列高利的书信是具有激烈论战性的虚构世界中唯一的现实声音，虽然如此，他还是受到了教父确立的准则、自己的信念，以及基督徒和犹太人紧张关系的限制。

在全欧洲发现的法律条文或实践中，犹太人的地位并不都是一致的。只有在拜占庭，犹太人才被视为少数族群，被查士丁尼立法所包容，同时又受到轻蔑和歧视。拜占庭官方有着强烈的宗教歧视色彩，根据君士坦丁堡的文献记载，在法律上，犹太人社会身份低贱，职业低下，并生活于城市的隔都之中。[99] 学者们坚信，在地中海其他地区，犹太人的罗马公民身份和较高的社会地位一直持续到了 11 世纪，最终受到了拜占庭和（或）基督教的影响才有所降低。犹太人的罗马公民身份确实出现在了税单（*Breviarum*）和其他早期法律文书中。教宗格列高利一世也将之作为一个现实问题有所提及。[100] 即便如此，一些相关规定还是常被破坏，少有尊重。如前所述，格列高利自己时常要出面解决关于强迫改宗和破坏犹太会堂的法律规范与基督狂热行动的冲突问题。除了罗马公民身份，对奴隶和地产的拥有、对当局立场的支持和墓志铭上的荣誉称号都证明犹太人有较好的社会地位。但是，正如已经讨论过的，犹太人经手奴隶买卖未必意味着他们拥有大量地产，及具有较高的社会地位。作为法官、收费官员和征税人的犹太人确实是在基督教宗教会议上被当作公开谴责的对象提到过。[101] 犹太人拥有奴隶同样也经常被谴责，这些文本更多的是以一个混乱的世界为隐喻——犹太人统治着基督徒，而为人们所熟知。但没有证据能够直接证明这些官职或功能的存在。[102] 铭文的记载均是古代晚期而不

---

[99]　Jacoby（1993），pp. 129 - 132. 亦见 Louth，前文第 4 章。

[100]　*Breviarum* ii. 1. 10；Gregory，*Registrum Epistularum* ii. 6；see Linder（1997），pp. 218 - 219，422.

[101]　Clermont 535，Macon 581/3，Paris 614，Clichy 626 - 627，Toledo iii 589，Toledo iv 633，lv xii. 3. 19；Meaux-Paris 845/6，Pavia 850，Benevento（?）and Siponto c. 900，Rome 1078；Linder（1997），pp. 320，470，474，478，479，484，490，540，541，548，549，551，559；Amulo，*PL* 116，col. 170d.

[102]　波斯的税收官和锻压币人撒罗蒙（Salomon）被 9 世纪的《达格伯特行迹》（*Gesta Dagoberti*）确定为 7 世纪的人（*MGH SRM* ii，p. 413），即使确有此人，他也肯定不是犹太人。

566

是中世纪时期的，虽然并不确定，但更有可能的是犹太人的社会地位较低，而不是与之相反，尤其是在罗马城。[103] 由此，情况再清楚不过了。在地中海地区，以其拥有的地产看，一些犹太人有较高的社会地位；而以其职业看，一些犹太人的社会地位则较低，且多数为城镇人口。个体犹太人的地位可能与犹太人总体地位吻合：在 5 世纪后期，有一个犹太人是纳博讷的一个基督徒财主的委托人；一个世纪后，有一个犹太人同时拥有一个基督徒和一个犹太人两个委托人。[104] 到 11 世纪中叶，意大利南部的希伯来文献与法兰西犹太社团资料中的犹太人，是根据能力差异、家庭血缘，并以"村民"为最底层的等级结构划分的。[105]

在北方，犹太人的地位是由贵族特权所决定的。在 2 个多世纪里，我们所了解的信息来自数量很少的特许状。其中，皇帝虔诚者路易（Louis the Pious）在 822 年和 827 年授予了 3 份特许状，日耳曼的亨利四世（Henry IV of Germany）在 1090 年授予了 1 份特许状。[106] 接受者是："住在里昂城的大卫（David）、大卫的祖父、约瑟夫（Joseph）和……（遗缺）与他们的配偶；拉比多纳图斯（Donatus rabbi）和他的孙子塞缪尔（Samuel）"；"萨拉戈萨城的居民亚伯拉罕（Abraham）"。在施佩耶尔（Speyer）有"卡洛尼姆斯（Kalonymus）的儿子犹大（Iudas）、马苏拉姆（Massulam）的儿子大卫、古塞尔（Guthiel）的儿子摩西（Moses），以及他们的配偶……儿子和在法律上附属于他的人"。很明显，这些特权并未包含在从加洛林王朝到萨利克时期的"犹太法"中。然而，9 世纪的 3 份特许状被认为包含了具有典型的帝国文书形式的内容。用词表现出了君臣的话语方式，将统治者的保护列在署名当中："在我们的荣誉和保护之下。"（sub mundeburdo et defensione nostra）这些特权扩展到了财产、迁徙和行动的自由。特别许可内容包括在帝国内获得和贩卖非基督徒奴隶及雇用基督徒仆人。对继承者也免除了税赋、关卡费和官文证明。他们遵守自己的律法，如果纠纷在其内部不能解决，可以诉至皇帝。一份特许

[103]　Solin (1983), p. 715; Rutgers (1995a), p. 186.
[104]　Sidonius Apollinaris, *Epistolae* iii. 4, MGH AA viii, p. 90; Gregory, *Hist.* vii. 23, ed. Buchner, ii, pp. 118–120.
[105]　Klar (1944/74) = Salzman (1924), cf. Bonfil (1983); Grabois (1997).
[106]　Linder (1997), pp. 333–338, 341–343, 391–396; cf. Patschovsky (1993), pp. 333–336.

状描述了这一体系的运作方式：高迪奥库斯（Gaudiocus）在 839 年与其两个儿子在法兰克福觐见了皇帝路易，请求收回其在法兰西南部受到"敌视和侵害"（animosities，nay，depredations）的财产。[107] 而另一个犹太人乐于成为贵族的"我们的忠实"（fidelis noster）的仆人，充当巴塞罗那居民和秃头查理之间的信使，宣传尽忠，并于 876 年将 10 镑银币作为表示虔诚的礼物赠予当地主教。[108] 由此出现的特权地位与活跃在加洛林王朝晚期的商人形式相符合。实际上，加洛林王朝授予的特许状与基督徒商人获得的特权在形式和内容上十分相似。而作为回报，他们都要进献银币："以此虔诚地服侍我们的宫殿。"到 11 世纪，统治者不再需要商人直接建造宫殿，这显现出了市场经济的成长。但是，他们仍保留了对犹太人和非犹太人商人的管理和征税权。当这些资金被作为馈赠时，它们便呈现了出来，如 10 世纪被赠予特雷维索、马格德堡和梅泽堡（Merseburg）的教堂时，11 世纪被赠予里米尼或赫罗纳的教堂时。[109]

犹太人之先祖的迁徙、定居和对统治者的依赖，以自己的方式演变为传奇故事，并成为犹太人社会形象的标志。一个佚名的希伯来传奇描述了一个名叫雅各布·本·耶库蒂尔（Jacob ben Yekutiel）的富有、虔诚的鲁昂犹太人，在 1007 年以个人名义与罗马教宗交涉，拯救了一个被迫改宗的犹太人。在成功之后，他与其他 30 名犹太人被佛兰德尔伯爵鲍德温（Count Baldwin of Flanders）庄重地邀请到自己在阿腊斯（Arras）的住处。[110] 据 12、13 世纪的日耳曼犹太人相传，一位名叫查理（Charles）的皇帝邀请著名的卡洛尼姆斯家族的祖辈从卢卡搬到其居住的美因茨的官邸。[111] 在纳尔榜，当地犹太人服从来自巴比伦、作为大卫王朝（Davidic dynasty）后裔的领袖家族——他们被国王丕平（King Pippin）或查理邀请到此，管理犹太人和 1/3 的城镇。[112] 这一故事甚至进入早期的法国传奇中，并在最近扩展为对

[107] Linder（1997），pp. 365 – 367.

[108] Linder（1997），p. 367.

[109] Linder（1997），pp. 375 – 380，382，384 – 385；Thietmar of Merseburg，Chronicon，MGH SRG iii，p. 758；Colorni（1980），p. 237；Baer（1929），p. 2.

[110] Habermann，Book of Persecutions，pp. 20 – 21，cf. Chazan（1970/1）；Stow（1984）.

[111] Grossman（1975）.

[112] Régné（1912/81），pp. 13 – 30，见 Grabois（1997）。这类传说之更深入的方面，见 Bonfil（1983）；Marcus（1993）。

"封建制法兰西的犹太王"存在的证明。[113] 这也许是幻想，但较高的社会威望不仅仅是一种奢望。它确实描述了 11 世纪在德意志犹太人上层社会的生活方式：他们有着犹太人和非犹太人的家仆和奴隶，拥有昂贵的服饰，显赫的人物收到巨额的嫁妆和馈赠，及妇女使用的金银贵重饰品。但是他们很少有像地中海南部犹太人那样的地位象征——地产。[114] 拥有较高地位的犹太人，仍然明显出现在关系十分紧张的第一次十字军运动的环境中，当时的希伯来文献就谈到了身份高贵的犹太人（包括犹太妇女）与生活在基督教城镇居民和主教区当中的人社会地位平等问题。[115] 早期出现的慈善事业，尤其是当群体组织出现时，清楚地表明了并不是所有的犹太人都能平等地获得名誉和财富。[116]

568

　　总之，社会地位较高的犹太人，不是源自中世纪犹太传奇中所说的古代血缘，也不是一些现代学者所主张的，源自古代晚期的地产所有者。[117] 而是在其所依赖并影响的新的环境中出现的新的现象：商人家族的迁徙和定居，他们（和其他族群一同）融合于加洛林王朝晚期和后加洛林王朝的经济中，接着与当权者建立紧密的联系，而生存在底层的犹太人通过服侍商人和贵族精英维持生活。

结　论

　　到 11 世纪中叶末期，欧洲不同的犹太社团展现出了新的形象，首先在他们的文化方面。经过长期的发展，他们通过信使、手稿流传、教义问题的交流和《问答》，逐渐在早期中世纪的巴比伦文化的基础上，发展为拉比犹太教。通过在穆斯林西班牙、拜占庭和意大利的集中发展，《塔木德》学习的形式和内容以及宗教礼仪都得到传

---

[113]　Zuckerman (1972).

[114]　Agus (1965)，索引条目：clothing, dowry, wedding gift, employee, inheritance, jewellery, wills and testaments. Cf. Grossman (1988b)。

[115]　Agus (1965)，no. lxxvi；Neubauer and Stern (1892)，pp. 86, 101, 116ff, 126, 128, 143, 160, 164, 171, 176.

[116]　Agus (1965)，索引条目：charity, social stratification。

[117]　Agus (1969)，esp. p. 168；Golb (1998)，pp. 33 – 135.

播。[118] 这一发展也显示了对早期知识和宗教差异等社会价值的吸收。[119]
它是一个扬弃的过程，首先是从依附于巴勒斯坦文化转变为依附于巴
比伦文化，然后，到 11 世纪中叶后，从巴比伦权威宗教的统摄中脱
离。这种转变体现为意大利和西班牙 11、12 世纪的起源神话和祖先
传说。[120] 其中，有一个文化转变值得特别注意。在包括西班牙在内的
伊斯兰世界中的犹太人，在语言上对周围环境开放。然而，在意大利
南部和地中海其他地区的犹太人，却不再以希腊语和拉丁语作为其发
展共同文化的语言。他们不再使用那些已经成为基督教教士的主体语
汇，而是重新采用了自己独有的拉比专用希伯来文，因此，在他们与
周围世界之间立起了一道屏障。[121]

这是在犹太人更多地进入城镇、人口渐多、更加兴盛时完成的，
必然因此更为引人注目。虽然仍居住在少数的城镇中，但在一些地
方，他们构成了当地城镇人口的很大一部分。例如，在 11 世纪的美
因茨达到了 1/10 或是更多，在德意志和伊比利亚地区的一些城镇也
达到了相当的数量。这对接下来的时期也意义重大，因为犹太社会结
构囊括了大量中产阶级。在内部，这导致了社团结构的分化，社团从
此为经济精英和文化精英所控制。犹太社团的结构和立法在 12、13
世纪的快速增长，是这一发展的鲜明表现。作为坐商，到 12 世纪也
是资金借贷者，他们与其所寄居的、人口不断增长的社会频繁接触。
这种情况也出现在了南方，这里犹太人所有的大量地产在 12、13 世
纪最终解体。[122] 与北部相似，南部（犹太社区的）经济增长迅速也主
要依靠信贷和借贷。

因此，从 11 世纪起，欧洲南部和北部的犹太人都脱离了早期中
世纪时以庇护为特征的生存方式：他们人数很少，与人数更少的权力
精英关系密切，在南部，犹太人在职业和文化模式上与所寄居的社会
少有差异。11 世纪也是欧洲最终排斥犹太人的漫长进程的开始。在
新的环境和社会剧烈变化的情况下，对基督教信仰来说，不论好坏，

569

---

[118] Simonsohn (1974); Bonfil (1983), pp. 152 – 155; Gil (1993); Brody (1998), pp. 100 – 134.

[119] Grossman (1980).

[120] Bonfil (1983) and (1994a); Cohen (1960/61).

[121] Bonfil (1996), pp. 3 – 63, esp. pp. 24 – 25; 关于个人的联系，见 I. Yuval。关于在穆斯林和基督教统治下犹太人内部的矛盾，见 Cohen (1994)。

[122] Régné (1912/81), pp. 164 – 184, 有关纳尔榜的情况。

犹太人越来越少地被视作《圣经》民族。此外，虽然较早的具有辩论性的反犹太教的认知与真实犹太人的情况难以分离，但这种话语的方式和内容，开始渗入官方政策和大众观念两个领域。从这一时期起，犹太人的形象和基本特征被刻画为无所仰赖的少数族群，并面临着该社会角色所带来的危险。

这些发展是随着并依赖于更大的社会发展：城镇化和经济增长，宗教的讨论、集中化和统一化，以及逐渐加速的整体性社会的发展。因此，在全欧洲经历变化之时，犹太人问题陆续地、大量地产生：一个从公元400—800年、以拜占庭和欧洲南部为中心、延续了很长时间的后古代，接着是从8世纪后期到11世纪的早期发展时期，尤其是阿尔卑斯山以北和伊比利亚。这转而引起了中世纪中期欧洲犹太人的兴盛，以及由于各种原因伴随这一增长而出现的边缘化。在内部和外部因素共同作用下，11世纪成为欧洲犹太人的一个全新纪元的开始。[123]

570

胡鹏 译，徐家玲 校

---

[123] 在此感谢我的朋友耶路撒冷希伯来大学的以色列·于瓦尔（Israel Yuval）和康斯坦兹大学的亚历山大·帕齐霍夫斯基（Alexander Patschovsky），他们在极短促的告知后，对本章的内容进行了审阅。

第二十一章

君主与王权

帕特里克·沃莫尔德（Patrick Wormald）

导言：君王的世界

综观公元后的第一个千年，世界上很多已知的区域都是在君主的统治之下。到了第二个千年，绝大部分地区处于君主统治之下。在公元前第一个千年，许多最为自信的社会并非如此。有关支撑欧洲文明的犹太文化、希腊文化以及罗马文化的记载中充满了对个人权威的怀疑。最不容易令人相信的，就是王或皇帝即是事物的自然秩序。

对中世纪早期君主制的探讨应该从这一时期最受尊崇的反君主制传统开始。《圣经·旧约》为中世纪早期的统治者们提供了主要的榜样。《列王记》（*Books of Kings*）对于犹太教和基督教的信徒而言是非常熟悉的，其对丁王的统治来说是一个负面的宣传。当以色列人要求撒母耳（*Samuel*）为他们立一位王时，撒母耳预言有一位王将会使上帝的子民变成他的奴隶。① 接着就列出了一个离经叛道者的名录。在6—7世纪，稍有知识的欧洲人都能够了解罗马王政的垮台。塞维利亚的伊西多尔（Isidore of Seville）生活于王权最有影响力的时代，他认为"王"（*rex*）这个词出自 *regere*，该词的意义不仅仅是"统治"（*ruling*），而且要行为正义（*recte facere*）。他写道："正如古语所言，如果你行为正义就是王；否则就不再是王。"因此，当罗马

---

① Samuel 8：4 - 17.

人无法忍受王们傲慢的统治时，就建立了任期只有一年的统治机构与两名执政官。因为在罗马人看来，王权的标志不再是于人们忠告下的善行而是君临天下的傲慢。② 古代智者的教诲说，王权是理想状态下一种值得赞扬的统治方式。然而，它却具有最为堕落的专制倾向。

对于西方中世纪早期处于相同发展阶段的社会来说，这些前车之鉴是一个很好的警示，他们做出了反对君主制的抉择。然而，到了公元 700 年，在罗马帝国的废墟上遍地都是君主。从东南到西北，毫无疑问最强大的是以大马士革为基础的伊斯兰的哈里发阿布杜勒·马利克（Abd al-Malik）。他享有的权力无论从范围还是从强度而言，都接近罗马帝国皇帝，这位中国以西唯一的统治者。③ 在当时，罗马帝国自身，也就是君士坦丁堡的统治正处于纷争（这种纷争并非偶然发生）之中。当时的合法皇帝查士丁尼二世是希拉克略（Heraclius）王朝的最后一位皇帝，该王朝的功劳在于拯救了东罗马帝国使其免于覆亡。然而，该帝国所统治的领地仅仅是其所继承国土之可怜的碎片。④ 仅仅小亚细亚是安全的。巴尔干的大部分区域已经掌握在不知其名称的蛮族手中，其所统治的范围亦无定论。我们知道，阿瓦尔人（Avars）已经臣服于一位可汗（khagan），他们辉煌的日子到公元 700 年时已经一去不复返了，因为一份法兰克语的文献将可汗理解为一个统治者的名字。另一支于公元 700 年定居于多瑙河南部的突厥人部族——保加尔人的统治者阿斯巴鲁奇（Asparuch），也一定成了一位"可汗"，这一点可从其后人留下的铭文中得到印证。⑤ 阿瓦尔人和保加尔人宣称，他们在一定程度上已经统治了多支斯拉夫人部族。然而，巴尔干半岛大多数区域都居住着一些斯拉夫人，他们对其他权力集团要么仅仅是名义上的效忠，要么就是没有任何效忠。⑥ 与拜占庭人相比，斯拉夫人确实缺乏君主政体。像大多数帝国一样，君士坦丁堡喜欢拥戴唯一的统治者，却很难发现斯拉夫人会适应这一情况。

公元 700 年，帝国对其意大利前哨拉文纳的直接统治仅剩下 50

---

② Isidore of Seville, *Etymologiae* ix. iii. 4–6；伊西多尔可能借鉴了 Orosius, *Historia adversus Paganos* ii. iv. 13–15，早期中世纪的时期，等于西方的 J. R. Green's *Short History of the English People*。

③ 见 Hillenbrand，前文第 12 章。

④ 见 Louth，前文第 11 章。

⑤ 关于阿瓦尔人，见 Fredegar, *Chronicon* iv. 48。关于早期保加尔人的称谓，见 Stepanov (2001)。

⑥ 见 Kobyliński，前文第 19 章。

年了，但在意大利南部尤其是在西西里，皇帝仍能行使更大的权力。[7] 意大利北部的主要统治者都有某种借口自称为罗马帝国的继承人。伦巴第人的王库尼佩特（Cunipert）的头衔中包含了君士坦丁的首名（praenomen）弗拉维乌斯（Flavius），并且成为第一个发行拜占庭模式的金币的伦巴第统治者。[8] 但他的王权在拜占庭皇权的干扰下并不稳固。正如他的父亲一样，他通常要面临来自半独立状态的贝内文托公爵（Duke of Benevento）带来的压力。他年幼的继承人利乌特佩尔特（Liutpert）也遭遇了极为罗马式的命运，被谋杀在浴室中。与此同时，拜占庭帝国在西班牙境内最后一块领地也与近东地区一样丢失了。[9] 西班牙的西哥特王国和伦巴第王国有很多共同之处，如西哥特王的名字（nomen）弗拉维安（Flavian），又如其需要调解家族统治原则与要求获得（或提供）强权统治地位的军事贵族之间的关系。通常的解决之道就是突现的继任者与前任的家庭联姻，如艾吉卡王（Egica）就是厄维克王（Ervig，680—687 年在位）的女婿，但是这一方式不可避免地要受到宫廷阴谋的干扰。艾吉卡的儿子就被 7 世纪中期一位王的孙子所继承，而且他的统治也一直充满了争议，很多有权或无权的反叛者都试图宣示自己的继承权。[10] 充满争议的王位继承是一个奢侈品，没有哪一位中世纪的王国有能力负担。在艾吉卡逝世后的 20 年内，西哥特人统治下的西班牙被伊斯兰教徒吞并了。

及至公元 700 年，在阿尔卑斯山和比利牛斯山以北地区，罗马的统治已经结束很久了。表面看来，政治局面存在着很大的差异。在法兰克人统治下的高卢，唯一的王是希尔德贝三世（Childebert Ⅲ），他像墨洛温王朝后期的其他几位王一样幼年即位，但是与他们之大多数不同的是，希尔德贝三世在其王位上坐到了自己成年。诸多幼王的出现反映了西欧实行严格的王权世袭制。然而，这也意味着实际的权力往往掌握在作为摄政者的宫相手中。[11] 在公元 700 年，这些宫相中最为强势的是奥斯特拉西亚的丕平二世（Pippin Ⅱ），正是他的后人阻止了穆斯林对高卢的入侵，最后控制了法兰克王国与伦巴第王国。

573

---

[7]　Brown（1984）.

[8]　Grierson and Blackburn（1986），pp. 56 – 66.

[9]　见 Barbero and Loring，前文第 13 章。

[10]　Claude（1971），pp. 195 – 198；Collins（1983a），pp. 112 – 116，120.

[11]　见 Fouracre，前文第 14 章。

与罗马人不一样，法兰克人的领地越过了莱茵河。他们获得了多方面的成功，他们的文献称弗里斯兰人拉德博德（Radbod）为"公爵"，而没有政治图谋的盎格鲁—撒克逊人将其视为"王"。阿拉曼人（Alaman）与巴伐利亚人都在公爵的统治之下，他们实际上处于自治的状态，并且很快渴望正式独立，尽管很久以来丕平王朝日益增强的权势不允许他们长期享有这种独立。盎格鲁—撒克逊传记作家、传教士卜尼法斯（Boniface）提到图林根人（Thuringian）的"暴虐的公爵们"，意思可能是指他们的地位类同于公爵。[12] 在北方的撒克逊人那里，盎格鲁—撒克逊历史学家比德（Bede）在 731 年撰写其著作时，其眼中还没有形成正式的王者统治，而在法兰克人那里已经毫无疑问地建立了君主统治。然而，在他们北方的丹麦人却至少出现了一位王即昂根杜斯（Ongendus），关于他和他的先人以及他的后人没有任何记载传世，尽管他"比野兽还凶残，比顽石还坚硬"，但是他给到访的圣威利布罗德（St. Willibrord）以非常礼遇。[13] 据推测，他行使权力的方式就是命令一些人在日德兰半岛（Jutland）修筑前线防御工事，即著名的丹麦防线（Danevirke）。

574　　　不列颠群岛是君王统治较为模糊不清的地域，无论是在还保持着罗马影响的日耳曼人的区域，还是在完全没有王的凯尔特人的区域。在盎格鲁—撒克逊的地区，有王统治的地域不多，相应地在西部和北部地区就比较强势。[14] 在东南部较小的领域，如在肯特（Kent）、埃塞克斯（Essex）和苏塞克斯（Sussex）等地，王权是共享的，但肯特的威特莱德（Wihtred）摆脱了他的搭档，并且实行了富有成效的统治。在西南地区，威塞克斯王伊恩（Ine of Wessex）（尽管他在一段时期内显然是与其父亲共享统治权）控制的领地在这一时期已经扩展到塔玛尔河（River Tamar）一带。在泰晤士河以北，东盎格鲁（East Angles）是在阿尔德沃尔夫（Aldwulf）统治之下的一个独特的王国，但是中部地区其余部分、直到威尔士边境这一区域构成了埃塞尔雷德（Æthelred）的麦西亚王国（Mercia）的疆域；在公元 700 年

---

[12] Wallace-Hadrill (1971), p. 19 (n. 65); Werner (1972), pp. 503 – 514; Willibald, Vita Bonifatii c. 6; Mordek (1994); Wood (1994), p. 163.

[13] Alcuin, Vita Willibrordi, c. 9.

[14] 见 Thacker, 前文第 17 章。

或其后不久，塞汶河（Severn）岸边处于依附地位的 7 个公国的统治者都不再自称为王。然而，阿尔德弗里希（Aldfrith）统治之下的诺森伯利亚（Northumbria）成为疆域更大的王国。它的疆域范围达到了福斯河（Forth）并且越过了索尔威（Solway），这在一定程度上能够说明诺森伯利亚政局不稳的状况，在历史学家们看来，8 世纪晚期的诺森伯利亚已经变得声名狼藉。不列颠人的不列颠就像一个政治拼图，王们的统治也是非常的模糊。对于威尔士 4 个主要政治区域的统治者而言，我们可知道摩根·阿普·阿斯罗伊（Morgan ap Athrwys）这个名字，因为他统治东南部区域的特许状保存了下来。伊德沃尔（Idwal）、瓜鲁克（Gwalluc）、卡杜根（Cadwgan）都是格温内德（Gwynedd）的王。波伊斯（Powys）与迪费德（Dyfed）是根据后世统治者的谱系推测出来的。⑮ 在威尔士之外，斯特拉斯克莱德的贝利（Beli of Strathclyde）与杜姆诺尼亚的格莱恩特（Geraint of Dumnonia）在历史上是有据可考的。但格莱恩特是 6—9 世纪仅有的一位消除了康沃尔独立倾向的王，这是真实可信的。相比之下，爱尔兰的档案就比较丰富，足以列出很多位王。艾奥纳修道院院长阿多姆南（Abbot Adomnán of Iona）于 697 年写的作品中提到保护修士们不受战争危害的"法律"保护者不少于 44 人，他们都可以被称为王。⑯ 从尤尼尔（Uí Néill）的超王林格塞赫（Loingsech）到诸小王，无论他们的地位多么弱小，在爱尔兰人看来都是王。其他的王室"保护者"分别是明斯特（Munster）、阿尔斯特（Ulster）、伦斯特（Leinster）以及康纳特（Connacht）的统治者。与他们处于同一时期的还有达尔里阿达（DálRiada）王欧初（Eochu），这是在锡利群岛（Isles）与阿盖尔（Argyll）居住的爱尔兰人［或者，如罗马人和一些爱尔兰人更愿意用的名称，苏格兰人（Scottish）］的一个分支，他们的扩张将会彻底改变不列颠北部的政治格局。同时，在这个清单上，除斯拉夫人的王以外，不列颠东北部的皮克特人（Pict）的王同样也是欧洲政治舞台上最不出名的王。一个族群也可能有很多位王，但仅有一个王室系谱

---

⑮　Davies（1978），pp. 68，79，88 – 89，见 Davies，前文第 9 章。

⑯　Ní Dhonnchadha（1982）：一部自传体的《功绩篇》（tour de force）因无与匹敌的爱尔兰年代纪和家族谱系的详尽而得以补充。

为子孙后裔保存了下来。在 697 年，他们中的典型代表是德里雷（Derilei）的儿子布里德伊（Bridei）。有趣的是，他的出身表明他是依据其母亲的身份得以即位的。[17]

这些人几乎都有个可以恰当地称为"王"的头衔。甚至阿卜杜勒·马立克（Aba al-Malik）这个名字亦是意为"王之子"的阿拉伯语，可汗（khagan）这个称号是突厥蒙古语，相当于波斯语中的"众王之王"（Shahanshah）的意思。[18] 这个唯一的政治标签明显涵盖了多种不同的功能。一个王的称号也许是从博斯普鲁斯海峡到泰湖（Loch Tay）所有的统治者共享的。君主制仍然是常态。本章主要就是要探讨个中缘由。没有任何一个中世纪早期的政体，甚至阿卜杜勒·马立克，像他们的前辈或后人那样拥有强大的人力物力。因此，王室的行为完全被动地依赖于一些人的赞同，否则他们将会反抗王室。所以，问题是什么可以轻言为早期中世纪社会的政治文化：理论体系是清晰的，但作为一个整体的精英阶层却是设定的。君王们是什么角色？他们应该如何行事？在后罗马时代的欧洲，这些仍然是没有定论的问题，所以其答案也就随着环境的变化出现很大的差异。这也就意味着对这些问题作出回答时要考虑到每一个王国的特殊性。首要一点不可忘记的是，这些王国的统治方式是没有先例可循的。

帝国的统治

为什么本章所涉及的整个领域就像是一幅关于公元 700 年君主政体的镶嵌画，主要的原因是显而易见的。综观此前的 7 个世纪，它直接或间接地受到了罗马经验的影响。无论其制度多么完善，罗马帝国实际上就是专制君主体制。后罗马时代王权的历史开始于博斯普鲁斯海峡的"新罗马"（New Rome）。每当给元老院写信时，罗马皇帝通常都会用一个固定的程式简洁有力地表达他们与国家的关系："如果

---

[17] Anderson（1973），pp. 175 – 176. 关于皮克特人多重王的可能性探讨见 A. A. M. Duncan 未出版的著作。

[18] Kollautz（1954），pp. 136 – 137，但须参见 Pohl（1988），p. 396，n. 15.

你们安好，那就好。我与军队亦平安。"[19] 皇帝（imperator）一词的首要及根本概念，就是元帅（commander-in-chief）。正是军事指挥权使得罗马再次成为君主国，这与它的基本原则相悖。皇帝们在凯旋仪式上——仅仅适用于皇帝——是以全副戎装凸显其作为胜利创造者的伟大形象。[20] 钱币的正面几乎镌有皇帝的肖像，而其反面则镌有与每位皇帝有关的军事题材的内容：胜利女神；复仇的马尔斯（Mars）；一名俘虏或者受到羞辱的蛮族；一位忠诚的士兵正参加誓师大会或者正接受他的奖励。[21] 然而，这可能过分强调了帝国统治的军事本质。皇帝们是有教养的上层阶级中的杰出成员之一。从最早的有历史记载的时期以来，罗马军事贵族便带有浓厚的平民色彩。人们可接受的罗马帝制之面相必然是平民性的，虽然它的躯干是军事性的。[22] 皇帝们难得上前线。4世纪90年代后的两个世纪里，他们完全停止了征伐活动，但却在钱币上继续强化其尚武形象，以给臣民们提供一种不确定的保证；出现这两种情况可能是因为真实的军事形势的恶化。[23] 从306年至602年，军事将领很少能染指皇位。[24] 只有在西部帝国的最后20年中司令官可以任意废立皇帝：这种局面在蛮族士兵选择蛮族王进行统治时达到其合乎逻辑的结局（dénouement）。

因此，像查士丁尼（Justinian）这样一位自称战胜过众多蛮族的皇帝，也很少见他离开过皇宫。皇帝莫里斯（Maurice）有意在590年亲征时，却被元老们所劝阻，先是因一次日食，后来遭到一头长相凶残的野猪所攻击，最后是波斯使者的到来。[25] 610年波斯威胁的重新逼近——这是薛西斯（Xerxes）时代以来最确切的一次威胁——促使皇帝重新复活了亚历山大大帝（Alexander）的角色，而且比此后

576

[19] 西塞罗的著作中清晰地表明这种程式的拉丁形式，Ad Familiares xv. 1. 2：S. V. V. B. E. E. E. Q. V.；si vos valetis bene est ego exercitusque valeo。希腊版本中尤利西斯恺撒和奥古斯很常见，戴奥（Dio）称为习以为常的，Roman History lxix. xiv. 3；see Millar（1992），p. 353。

[20] Campbell（1984），pp. 133 – 142；McCormick（1986），pp. 112 – 115. 大量的研究都来源于这两份重要的资料。

[21] Campbell（1984），pp. 142 – 146，182 – 184. 例如，Kent（1978），nos. 168，178，204 – 205，213 – 214，235，238，244，252，263 – 264，294 – 296，312，318，341 – 342，347，349 – 350，356。

[22] 参见 Millar（1992），pp. 63 – 66，关于皇帝的军事环境。

[23] McCormick（1986），pp. 41 – 44，47，78. Kent（1987），nos. 695，702 – 703，705 – 706，711，726，729，731，738 – 740，743，745 – 746，752。

[24] Jones（1964），pp. 322 – 325。

[25] Theophylact，Historiae v. xvi. 2 – 6；Ⅵ. i. 58，Ⅵ. iii. 5；cf. Mi. Whitby（1988），p. 156。

千年以来的效仿者们发挥得更好。[26] 比西迪亚的乔治（George of Pisidia）特别留意到，希拉克略曾用皇帝的红色厚底高靴跟一个战士的黑色靴子交换。这个举动的激励作用在当时甚至远超过亚历山大大帝的例子。希拉克略的目标是重新夺取耶路撒冷，找回真十字架；他的行动是真正意义上的第一次十字军运动。一套著名的镌刻了大卫王生平的银盘肯定是为了纪念他而制。[27] 军事化的《旧约》中的英雄们以一种新的精神激励了皇帝们的统治。即便如此，希拉克略的钱币仍然保留着醒目的平民色彩——查士丁尼一世曾去除钱币上的头盔图案——只是在阿拉伯人围城时，君士坦丁四世（Constantine IV）使之有了短时间的恢复。[28] 从那以后，拜占庭皇帝就经常出征，只是很少上阵。不过，太过好战的形象也是错误的，它与敌人的行动一样是致命的。拜占庭的末代皇帝就是手握剑柄死在战场上的少数几位皇帝之一。

按照定义，皇帝们是领军统帅。绝大多数的罗马人与绝大多数的罗马历史学家一样，可能将他们的统治者主要看作一名军人。但是，根据臣民自己在石碑上或莎草纸上的记录或狄奥多西二世（Theodosius II）和《查士丁尼法典》中的描述，当在处理数以千计的涉及臣民的事务时，皇帝总是被当成一个审判官。查士丁尼在《法学阶梯》（*Institutes*）中写上的一段文字将影响许多世纪："皇帝陛下的卓越不仅是依靠战争而且还依靠法律的武器……所以，罗马皇帝……对于正义的忠实，恰如击败敌人时的表现。"[29]

我们倾向于将罗马设想成一个拥有令人生畏的军事力量的帝国，它能够把自己的意志强加给一个庞大的人类群体，直到最终被一系列无法掌控的势力所吞噬。但皇帝们在发挥自己的立法作用时比其他社会团体更消极。促使帝国管辖权不断扩展的主要原因是皇权在诸希腊城市所唤起的一种期待，这些城市的政治文化传统喜欢寻求君主的庇佑。皇帝从一开始就置身于请愿活动的洪流之中，各种对法律的不满

㉖ 关于亚历山大的魅力和不幸的后果，见 Campbell (1984)，pp. 391 – 393, and Matthews (1989)，pp. 137 – 138。

㉗ Ma. Whitby (1994, and cf. 1995)；Mango (1994)，pp. 122 – 131.

㉘ Breckenridge (1959)；Whitting (1973)，pp. 33 – 39, 133 – 152, 154 – 158.

㉙ *Corpus Iuris Civilis* XVI．I．xxiii. 下列所述，见 Millar (1992)，chs. V – VIII and "Afterword"；Honoré (1978)，chs. I – 4, 8 – 9；(1981)，chs. I – 2；(1982)，chs. I，B – 9；(1986)。

弥漫在他们周围，引人注目。㉚ 而"向恺撒陈情"的愿望自然而然地
产生了多数的敕答（rescript）文件，而不管这些文件的正式地位如
何；而绝大部分敕答文件被保留下来写进《查士丁尼法典》的事实，
表明它们是被当成了正式的法律条文。君士坦丁统治时期似乎出现一
个变化——这从其后的《狄奥多西法典》（Theodosian Code, 438）中
可以看出——这部法典定 311 年为起点，表明它只辑录那些带有
"神圣的普遍性"的法律。但真正发生转变的不是请愿的压力，而是
回应这些请愿的方式。在君士坦丁统治下，"圣宫助理（Qaestor，或
译为大法官——译者）"成为帝国的发言人。曾在东哥特王朝担任过
此职的卡西奥多（Cassiodorus，506—512 年在任）对这个职位的描述
是：法律的专业知识是不可缺少的，但修辞技巧更关键。㉛ 通常，呈
递给皇帝的请愿书需要某种固定风格的修辞技巧——一个有素养的希
腊—罗马人的标志，这种修辞技巧最初博得了皇帝的欢心，现在则支
配着他发表公告的措辞。㉜ 后来的皇帝们倾向于对那些不满予以斥
责，后来将它们辑入以皇帝的名字命名的巨型法典中，这使他们自己
越来越像法律的制定者。

　　这就是这一时代或所有时代中最重要的一次立法活动，即编纂查
士丁尼《民法大全》（Corpus Iuris Civilis）的历史背景。㉝ 甚至在这
里，皇帝的包罗万象的首创地位在一定程度上是虚幻的。该编纂工作
各个步骤的整体框架都是大法官特里波尼安（Tribonian）制定的；他
的前瞻性似乎是典型的查士丁尼风格。东方的知识分子总是将法律视
作以拉丁文化衡量希腊哲学的领域。从 3 世纪开始，他们就聚集在贝
鲁特（Beirut）法学院——那里的教员都是特里波尼安的同行。㉞ 因
此，查士丁尼的圣殿对于"罗马人的公共理性"（吉本语）来讲，可
以被认为是以希腊知识阶层重塑罗马帝制的关键阶段。于是，另外两
件令人迷惑的事实可以清楚了。第一，查士丁尼这部伟大的法典当然
是用拉丁文写成的，但在他统治的后 30 年的《新律》（Novels）则几

578

　　㉚　见 Halsall 的讨论，前文第 2 章。
　　㉛　Cassiodorus, Variae Ⅵ.5, cf. x.6. See Honoré（1986）（特别是 pp.147-150 对 Ausonius 之页献的
论述）and（1993）。
　　㉜　见 Wieacker（1963），but also Voss（1982）。
　　㉝　见 Louth，前文第 4 章。
　　㉞　Collinet（1925）.见 Honoré（1962），pp.85-96。

乎是采用希腊语。如果拉丁文还能在法律实践中继续发挥作用的话，是不会这么快被遗弃的。第二，539 年后，查士丁尼用任何一种语言编纂的法典在数量方面显著下降。尽管被认为是极端重要的人类理智的一座丰碑，《民法大全》在当时却没有立即得到共鸣。查士丁尼的继承者一直到希拉克略都很少颁布法律。除了试图将正统的学说予以法律条文化以外，希拉克略似乎就没有颁布过任何法律。⑤ 利奥三世（Leo Ⅲ）的《法律选编》（*Ecloga*，741）的序言就写得很中肯："考虑到我们的先辈所颁布的法律已写在许多书中……但意思比较晦涩……因此我们决定……要更清楚地复述一次。"㊱ 序言之后用希腊文写的 18 个简短的条款最接近中世纪早期统治者通常应用的"学说汇纂"。另外，序言中两次引用"智慧的所罗门"，这个榜样人物在往后的数个世纪里对西方立法者的影响要大于任何一个罗马人。

罗马历史的一个微妙之处在于，"皇帝"（imperator）以其朴素的非正式的"元老式"风格让位于"巴西勒斯"（*basileus*）——这一头衔曾用来表示希腊式自由相对于波斯独裁者之奴役的不同。多数学者认为希拉克略在 629 年正式使用这一称呼。㊲ 实际上，说希腊语的人在几个世纪里都使用着"emperors"这种表述。因此，巴西勒斯的"正式"出现（如果这是 629 年所发生的事的话）仅仅是表明罗马统治一直以来强加于希腊化的影响终成定局。㊳ 最坚定地抑制皇帝权威的有教养的东方人，却最终促成了皇帝的行为方式。

这个重大转变最鲜明地反映在宫殿的新意义上。这个词起源于这样一个事实，即帝国首要的统治中心是位于帕拉丁丘（Palatine）上的公认的最气派的私宅。没有人会把君士坦丁堡的神圣宫殿错认为是一个贵族的住宅。到 5 世纪时，它已占地达 25 万平方米。㊴ 从帝制的角度看，晚期罗马"宫廷文化"的复兴，是自迈锡尼时代以来黎凡特以西地区未曾有过的，这尤其表示两层含义。第一，预示和促成

---

⑤ *Ius Greco-Romanum* Ⅰ. i. xxv, ed. Zepos; Cf. Haldon (1900), pp. 254 – 264.

㊱ Burgmann, *Das Gesetzbuch*; trans. Freshfied, *Ecloga*, pp. 67 – 69.

㊲ *Ius Greco-Romanum* Ⅰ. i. xxv, ed. Zepos; Cf. Brehier (1906); Rosch (1978), pp. 37, 106 – 107, 170; Chrysos (1978).

㊳ 这可能是 Millar 的中心思想，Millar (1992) (e. g. pp. 613 – 615)；他在 Millar *et al.* (1967) 一书中已有暗示。

㊴ Mango (1986), p. 28; cf. *Constantin* Ⅶ 统治末期的宫殿平面图, ed. Vogt (1935 – 1940), 1. Finsen (1962) 展现出 1 世纪帕拉丁宫殿。

了官僚政治的出现。宫廷职员的数量现在已经达到四位数，但在最初时还不到 200 人。[40] 发展中的政权机器给受教育的地方人士提供了进入权力阶层的新途径。对皇帝而言，这带来了更系统化的征税和保存档案的制度，远超出在帕拉丁山上有可能做到的。[41] 第二，宫殿的升格要求一套复杂精细的宫廷礼仪，"拜占庭"变成了宫廷礼仪的一个代名词。很难断定君士坦丁七世在 10 世纪汇编的涉及宫廷礼仪的法典有多少是源于 6 世纪或 7 世纪。但该书第一卷里有引自 6 世纪"贵族"彼得（Peter the Patrician）《论执事长官》（*De Magistro Officiorum*）的内容，其附录显示，那时皇帝已经采用拜占庭的传统进行加冕：牧首给唯一的居长位的皇帝加冕，居长位的皇帝给居副位的皇帝加冕，不过没有涂油礼一类的事项。[42] 烦琐的外交礼仪也同样引人注目，不久之后它将受到西方世界的憎恶和嘲笑。当然，这类礼仪所针对的波斯使者可能对此印象深刻。[43] 但宫廷仪式中最耀眼的地方可能是作为宫殿附属场所的露天竞技场（*Hippodrome*）的中心部位。皇帝们总是在竞技场或露天剧场向罗马人民发表演讲。尽管如此，在君士坦丁堡，竞技场内的蓝党和绿党都已不再是公共意见的表达者了；他们更多的是列班于向皇帝欢呼的群体之中，充当礼仪性角色。描述竞技场大部分活动情形的《礼仪书》（*Book of Ceremonies*）提供了非常典型的事例。[44]

580

对宫廷礼仪的痴迷是普罗柯比（Procopius）没有用来攻击查士丁尼丧失了帝王尊严的少数几个事例之一。但他最令人难忘的极少数印象是作为一个皇帝，查士丁尼在其宫殿的走廊里来回踱步，他彻夜不眠，有时经过自己的桌子时会胡乱地吃几口东西。[45] 如果想要对查士

---

[40]　Heather（1994a）.

[41]　Jones（1964），pp. 412 – 462，572 – 592；Kelly（1994），pp. 161 – 167；cf. Sirks（1993），pp. 49 – 56.

[42]　*De Ceremoniis* I . 91 – 95，其中在 1. 38 章节中，将其与 10 世纪的宫廷礼仪做对比，见 Av. Cameron（1976），pp. 154 – 179，关于查士丁二世的加冕，并见 Theophylact，*Historiae* 1. i. 123，l. X. 19 对于莫里斯加冕的记载；亦见图尔的格列高利在其 *Hist.* V. 30 一书中对于提比略加冕的记载。

[43]　*De Ceremoniis* I . 87 – 90；Al. Cameron（1976），p. 257；关于加洛林王朝的观点，见 Notker，*Gesta Karoli Magni* II. 6，带有 Leyser 评论，Leyser（19880，pp. 134 – 42。

[44]　Al. Cameron（1976）.

[45]　Procopius，*Anecdota*，12.（此段对查帝的描述是完全恶魔化的："有人说，皇帝不时突然从其王座上起身到处游荡，他的确从来也不习惯很长时间坐着不动，有时他的头突然不见了，而其身体的其他部分则忽隐忽现飘忽不定……他难道从来没有真正酒足饭饱过，也没有酣睡过，而只是随便胡乱地吃上几口摆放在其面前的饭菜，并于深更半夜在皇宫内来回游荡，好像被魔鬼不能平息的恶灵附体了一样。"——译者）

丁尼持有一种更富同情心的看法的话，首先是他的敬业精神激怒了普罗柯比。公元 7 世纪 30 年代以后，宫廷官员再也没有时间去写历史、颂词甚至批评性文字，这就是为什么称为拜占庭黑暗时代的原因。东罗马的贵族阶层不再是以服务于国家文化功能为己任的精英阶层，而是沦落为一个相应的侍从阶层——它对于文化的要求不再是其资质而是选择，其教育也只专注于它所认识的那个世界的遗存。[46]

在建造君士坦丁堡城的过程中，有一年君士坦丁皇帝隐居在尼西亚（Nicaea），于帝国的主教们中间，讨论三位一体的构成问题。这是拜占庭帝国从未忘记的形象。12 年后他的葬礼在他新建的十二使徒教堂里举行。他的身份"等同于使徒"（*isapostolos*）。他的继承者们不仅是教会利益的保护人，还是教会学说的保护人。拜占庭的皇帝首先奉行了欧洲君主们直到启蒙运动前一直支持的原则：统治者就臣民的信仰向上帝负责。[47] 这里可以合理地将皇帝在教会事务上的声望看作那些具有希腊观念背景的人认可帝国主宰力量的一种体现。[48] 皇帝们似乎也提供精神性指导。因为牧首阿卡西乌斯（Acacius）以皇帝芝诺（Zeno）的名义公布了《合一通谕》（*Henoticon formula*，482 年），立即招致教宗格拉修（Gelasius）在一封重要信件里的抵制。[49] 皇帝主持了6—7 世纪的主教会议，会议期间都在为皇帝大唱赞歌。[50] 691—692 年的"第五—六次宗教会议"（Quinisext Council）被贴上了查士丁尼二世的标签，并在他的影响下制定了一个基督教社会的行为规范，当中所采取的办法为加洛林王朝提供了先例。[51] 尽管如此，正如事实所表明的那样，人们可以设想东西方在教会学说上存在明显分界。查士丁尼一世的教义诠释都是他自己完成的（借此我们知道为什么在《民法大全》中没有阐释这理论体系）。[52] 皇帝们也是教义的当然制定者。据说希拉克略就曾经拒绝承认以他的名义发布的《信仰诏示》（*Ecthesis*）出自牧首塞尔吉乌斯（Sergius）之手。[53] 使

581

---

[46] Whitby（1988），pp. 347 – 357；Haldon（1990），pp. 388 – 399，426，etc.

[47] Ensslin（1967），pp. 7 – 13；Lane Fox（1986），pp. 643 – 662.

[48] Sansterre（1972）.

[49] 见 Louth，前文第 11 章。

[50] Chrysos（1979）.

[51] Herrin（1987），pp. 284 – 286（其主要观点，见 pp. 116 – 118）。

[52] Honoré（1975）.

[53] Léthel（1979），pp. 48 – 49，104.

皇帝们卷入教会争论问题的理由是，他们有责任制定正统教义且维护教会和谐。相反，东方教会的忏悔者马克西莫斯（Maximos the Confessor）既要否定皇帝，也否定任何一任教宗对帝国教会的干涉，从而开启了一个辉煌的拜占庭传统。[54]

皇帝作为使徒的身份可以通过另外一种方式，即照顾穷苦人的方式得到清晰的体现。事实上，异教的皇帝通过具有商业组织形态的合法团体向人民提供生活必需品的做法，不同于《旧约》和《新约》中反复强调的以援助穷人为目标的宗教义务。[55] 普罗柯比详细记载了查士丁尼在首都和其他地方为患有不治之症的人建立的收容所，以及为传教士和行商建立的救济院（xenodochia）。[56] 这揭示出，那些通常用来歌颂伟大壮举的词汇，现在也应该用来歌颂这些平凡的基础设施了。查士丁尼和狄奥多拉（Theodora）对悔改的妓女所做的工作甚至引起远方的持基督教一性论的编年史家奈桥的约翰（John of Nikiu）的注意。[57] 这并不仅仅是"非正统信仰"皇帝的荣誉。

在饱受创伤的 7 世纪，帝国经历了领土的丧失、收复和再丧失，给帝国的宗教领导权带来了新的危机。[58] 希拉克略的"大卫王银盘"增强了《旧约》中严阵以待的人们受到上帝垂爱的意识。转折点是希拉克略采用了新头衔"pistos basileus"，或者按拉丁语中的近义词"rex fidelis"，即"忠诚的君主"。[59] 当查士丁尼二世把自己的肖像换到钱币的反面，而在正面刻上基督的肖像时，拜占庭是新的"神圣社会"的观念达到了顶峰。皇帝准备强行实施上帝的律法以反对偶像崇拜。同时，这种强烈意识的一个危险的副产品就是加大了对上帝最初子民的压迫。到 7 世纪 30 年代时，希拉克略已着手计划强迫犹

---

[54] 在"一志论派"（Monothelite）争论中，给出一个重要的启示和主题，Herrin（1987），pp. 206 – 219, 252 – 259。

[55] 关于这方面见 Brown（1993），pp. 78 – 103, 15 – 27. Peregrine Hordern 未出版的著作对我产生了重要影响。

[56] Procopius, *Buildings* I. ii. 14 – 17；I. ix. 1 – 10, 12 – 13；I. xi. 23 – 7；II. x. 25；Iv. x. 21；V. iv. 17；v, vi. 25；v. ix. 4, 22, 27, 34 – 35, 38, etc.

[57] *The Chronicle of John of Nikiu*, pp. 139, 143.

[58] Av. Cameron（1979）；Haldon（1986）；cf. Haldon（1990），pp. 281 – 375.

[59] 见 *De Ceremoniis* I. 69 所述，一些以"正教皇帝"为主题在竞技场上的反复操练，可以回溯到这一时期；当典礼上展示的用鲜花装饰的十字架明显是在昭示其战胜了"最近的异教徒"（Constantin VII, ed. Vogt, II, pp. 137 – 9）；但是在希拉克略战胜波斯时的激昂的背景下，这种表现也并非不合时宜。

582　太人受洗。[60] 在新的以色列世界，留给旧信仰的空间越来越少了。

大马士革

伊斯兰和中亚的历史在《剑桥史》中有其专门的论卷。但是，它们各自形成的帝制模式至少同6—7世纪新罗马的帝制一样引人注目。这些替代型的模式可以适用后罗马时代其他地区的政权。征服文明世界的阿拉伯人来自一个这样的社会，其首领只限于那些"族长"（shaikh，长老）圈子里，因此，伊斯兰新帝国的权力结构似乎不太可能由其创建者借鉴太多外部的东西，而且，由于征服急剧推进，使"肥沃新月地带"的大部分权力组织都没有受到触动。中东地区的人们可能且的确期待着服务于新的统治者并利用之，恰如他们对旧时的统治者一样。[61] 这样，哈里发制度的轮廓从很多方面来看都类似于罗马和波斯的霸权统治。他们甚至比5—6世纪的皇帝们更少地出现在战场上。哈里发同样也是宫廷的傀儡。《一千零一夜》（Thousand-and-One Nights）所描述的奢华的、永不湮灭的巴格达早在倭马亚王朝的沙漠之宫（qu'sur）就有预示。[62] 人们知道，查士丁尼二世曾为阿卜杜勒·马立克修建清真寺的计划提供人力和物力支持。[63] 更为根本的是，神的"哈里发"（God's caliph）所承担的审判官职责隐含于《古兰经》对于大卫王和所罗门的角色定位。人们发现，倭马亚王朝颁布敕令的方式具有帝国统治的风格，它能够略带夸张地宣称，"不经叙利亚的哈里发许可，任何一个统治者或法官都不能做出裁判"[64]。另外，还存在一种不可磨灭的印象，即哈里发的立法活动更多地源于新征服的臣民的压力，其中包含了他们对统治者应有的期待，而不是源于那些将其奉为大汗或先知的继承者的人。

总的来说，阿拉伯政制不太可能完全不受古代政治文化的影响，更何况现在还受到强烈的宗教意识形态的渗透。认为倭马亚王朝的建立者穆阿维亚（Mu'awiya）堪类比希拉克略（hiraqliyva）的看法是值

---

[60] Sharf (1971), pp. 43–47; cf. Haldon (1990), pp. 345–8.

[61] Nasrullah (1950), pp. 154–157. 萨珊王朝前的迪赫坎（dihqan）王国在巴格达，参见 Kennedy (1981), pp. 101–102, and (1986), p. 11 etc.。

[62] Hillenbrand (1982); See note 58.

[63] Theophanes, *Chronographia* AM 6183; Gibb (1958).

[64] Crone and Hinds (1986), pp. 44–48; cf. Gibb (1955).

得商榷的。[65] 事实上，哈里发的权威受到一种观念的鼓舞，即先知穆罕默德升入天国后，真主必须留下一个代理人在世间引导大众，虽然这个人在领受启示方面几乎没有特权。[66] 因此，如果说拜占庭皇帝是一个拥有类似宗教性权威的政治首领的话，那么哈里发正好相反，他是一个行使政治权力的宗教权威。阿卜杜勒·马立克在发行哈里发货币时不得不遵照阿拉伯的标准，在币面刻上《古兰经》中的文字，而不是他本人（当然更不是别人）的肖像。[67] 倭马亚帝国沙漠边缘上的那些沙漠宫殿对罗马—波斯风尚的热爱也并不是全然不受约束的。[68] 古赛尔阿姆拉（Qusayr'Arnra）古堡的墙壁装饰着一幅壁画，画中世间的王们［包括被俘的西哥特王罗德里克（Roderic）］来到泰西封（Ctesiphon）一个旧时的王廷，在一个具有清晰回音的房间里向他们的领主行臣服礼。[69] 但是在阿尔马佳（Khirbat al-Mafjar）离宫之时，萨珊王宫的礼仪方式似乎已经被有意地"放弃"了。[70] 征服者对于他们脚下的新世界没有那么着迷，也不会去嘲笑之。

巴尔干

拜占庭北部敌人的政治文化没有留下自己的任何记忆。不过，皇帝莫里斯的《伪莫里氏兵法》（*Strategicon*）倒是给人们提供了一个很好的了解机会。这部所谓的纪实体散文并没有像古典民族志那样迷恋蛮族人的古怪行为。书中写道，"斯基泰人（Scythians，指阿瓦人和突厥人）有一种君主形式的政府"[71]。这当然是正确的。正如阿瓦人从历史的篇章中被剔除一样，法兰克人的文献用一系列令人迷惑的名称（大量地将之错当成人名）称呼巴尔干人。实际上，每一种名称都来源于其他草原帝国政治词汇。[72] 不论它们在阿瓦人那里会表

---

⑥⑤　Crone and Hinds（1986），p. 115. 伟大的伊朗王库思老一世之后（Shah Khusro I）另一种滥用的词是 *kisra l'arab*。

⑥⑥　Crone and Hinds（1986），p. 105 and *passim*。

⑥⑦　Grierson（1960），但是请注意，"Aba al-Malik"最早发行的货币上是有肖像的，是他自己的肖像还是穆罕默德的？

⑥⑧　关于这方面的争论，见 Hillenbrand（1982）；MacAdam（1986）；Helms（1990）；这里我要感谢 Iowe guidance on the matter to Dr Jeremy Johns 的引导。

⑥⑨　Grabar（1954）；Almagro *et al.*（1975）。

⑦⓪　Hamilton（1959）：但我倾向于 Dr. Julian Raby。

⑦①　Maurice, *Strategicon* XI. 2（pp. 360-361）；译者 Dennis（1984），p. 116。

⑦②　Pohl（1988），pp. 292-306；见原文上文第 572 页，注释 5。

达什么含义，但"可汗的领地"（Khanate）都无可争议地被认为是一个草原政权。在细节上加以变更后，这种情况同样适用保加利亚人。可汗必定是亲自统领军队，[73] 在某种意义上他们也是立法者。[74] 尤其是，他们发展出一种使草原霸权能够与罗马平等往来的意识形态，其他蛮族很少能做到这一点。当阿瓦尔汗准确使用一种草原风格声称"阳光普照之处，没有任何一个人可以跟他平起平坐"时，有一个外交官将之与埃及暴君塞索斯特利斯（Sesostris）的故事相类比，正如在几十年前另一个人对"诸王之王"的使者所做的那样。[75] 游牧部落第一次在政治上面对罗马帝国时，需要学习波斯的手腕：像是在充满杀机的外交小步舞曲中翩翩起舞的舞伴。他们做事的风格不是来源于罗马，但也不单单来源于波斯，十有八九也来源于中国。

《伪莫里氏兵法》中的斯拉夫人正好是另外一副形象。"他们绝对反对被奴役或被统治……他们当中有许多王，互相之间关系不和。"[76] 斯拉夫人有统治者，但其数目众多且互不待见，因此不能被看作一个组织化的政治体。这种评价有其他依据。斯拉夫人的族长在塞萨洛尼卡（Thessalonica）发动多次围攻的戏剧性场面中只扮演着一个几乎无足轻重的角色。[77] 他们中有些被称为 rhex，不过拜占庭却是在了解拉丁—日耳曼君主国后才习惯这个词语。[78] 斯拉夫人自有的词语可能是 knez，是表示"（地方）领主"的基本名词。[79] 他们能够形成军团，但却没有潜力像滚雪球一样结成日耳曼人那样的国家。[80] 《伪莫里氏兵法》将之归于战争技术的落后。无论如何，斯拉夫人文化总是厌恶政治上的结合。文德人（Wends）曾选择一个法兰克出身

[73] Pohl (1988), p. 177; 但也可参见 Menander, *Fragment* 12 (5) (pp. 136 – 137)。*Miracles de Saint Démétrius* i. 13 (Ⅱ, p. 46)，和 Fredegar, *Chronicle* Ⅳ. 48，可汗倾向于使用那些英勇善战的人。

[74] Browning (1975), pp. 124 – 125.

[75] Theophylact, *History* Ⅵ. Ⅺ. 8 – 15; *Menander* Ⅵ. Ⅰ, pp. 64 – 67 (cf. v. Ⅰ, ⅩⅤ. 3, pp. 48 – 49, 150 – 151).

[76] *Strategicon* xi. 4 (pp. 370 – 373, 380 – 381), trans. Dennis (1984), pp. 120, 123.

[77] Menander, *Fragment* 21, pp. 194 – 195; *Miracles de Saint Demetrius* i. 13, ii. 1, 2, 4 (Ⅱ, pp. 46 – 47, 87, 95, 112, 122 – 124). 库伯（Kouber）（ii. 5）是一个例外，他是前罗马时期的保加利亚人（Ⅱ, pp. 38 – 50）；还有一个比较积极的马富罗斯（Mauros），服务于罗马 ii. 5 (Ⅱ, pp. 151 – 158)。

[78] Theophylact, *History* Ⅰ. vii. 5, Ⅵ. vii. 1 – 5, and especially Ⅵ. ix. Ⅰ; cf. Procopius, *War* Ⅴ. Ⅰ. 26, and M. Whitby (1982), pp. 426 – 427.

[79] Kahl (1960), pp. 178 – 179: 显然不可能是"król"（etc.）这个词，这个单词毫无疑问反映的是"威严的王者"这一概念，来源于查理时期，见 Wolfram (1970), p. 7。

[80] Pohl (1988), pp. 97 – 98, 126 – 127.

的贸易商人萨莫（Samo）作为他们的"王"，因为他帮助他们起义反抗阿瓦尔人的头领；萨莫统治了 35 年，但没有建立一个王朝（他一共有 12 个妻子和 22 个儿子），也没有出现任何君主制的统治机器。[81] 正如斯拉夫民族主义者一再发现的那样，反对建立国家并不是那样不合时宜。斯拉夫人社会可能向往着群龙无首的生活，因为他们的土地由他们自己的酋长管理，正如前殖民时期非洲一些地方的情况一样。本章所提及的，为其他文化所熟知的王权对于斯拉夫人来说并非必需。

蛮族王权：凯尔特人

本章剩下的部分将要说明，附属于罗马帝国的西方君主国，其君主政体实质上也起源于罗马帝制。问题是罗马因素是否是唯一的。在后罗马时代掌控欧洲局势的人物中间，他们的传统做法中有哪一点预示着王权？对此问题的最佳答案要从欧洲西北部说凯尔特语的民族那里开始寻找。历史上，罗马帝国没有统治过爱尔兰或苏格兰，所以，他们的王权有可能是土生土长的。事实上，人们在阐述古代社会的本土性政治组织时，凯尔特人的例子经常会被错误地当成他们的论据。[82]

首先要说明的是，这里提到的"凯尔特人"必须专指"爱尔兰人"。关于 7—8 世纪时对于爱尔兰的研究素材非常丰富。威尔士到中世纪盛期时才开始出现同类资料且很少涉及早期时代的情况。苏格兰则几乎没有任何类似的东西。[83] 勉强可以同爱尔兰相提并论的是不列颠人（Briton）或皮克特人。只有爱尔兰能为自己的历史梳理一条不间断的线索。第二点也是具有深刻影响的一点是，绝大部分的爱尔兰世俗文化文本都是由那些将"过去"奉若神明的人创

㉛　Frendegar, *Chronicle* IV. 48, 68. 评价见 Pohl（1988），pp. 256 – 261. Cf. , however, *Gesta Archiepiscoporum Salisburgensium*, pp. 7 – 15, 卡林迪亚（Carinthian）统治者中的第一位是萨莫，见 Fouracre, 本书第 14 章及 Kobyliński, 本书第 19 章。

㉜　下面的内容借鉴了沃莫尔德（Wormald）1986 年的著作，但重要的内容写于 1983 年。间隔不足阻碍了继承权和典礼的讨论。For which cf. O'Corráin（1971），pp. 85 – 8, Wormald（1986a），pp. 158 – 160, and（for Scotland）Wormald（1996），pp. 134 – 137 及注释 5。

㉝　这一时期凯尔特国家的发展，见 Davies, 本书第 9 章，以及 Stancliffe, 本书第 15、16 章。

作和保存的。其中，"诗人"（*Filid*）被认为是直接传承于前罗马时代高卢和不列颠的德鲁伊教专职人士（*druids*）。"德鲁伊"的名号已经跟这种异教祭司的作用一起被遗弃了。诗人是一个特权阶层，其成员身份由世袭而来，也有进入本阶层专属学校接受专门教育而得。他们的专长是记录传统文化的方方面面：从撰写家谱和萨迦，到赞颂统治者（他们也创作讽刺文字指责或诅咒统治者，并以此获得威望），再到维护和解释法律——这原是作为知识团体之一员的"古代法官"的职责。⑭ 我们现在所知道的许多爱尔兰早期的王权理论及其诸多实践活动的信息，都是这些爱好保存素材的专业人士流传下来的。

　　过去，"本土"学者极力强调爱尔兰传统文化中的前基督教因素，但现在这么做是不合时宜的。最新的观点是，不管在（基督教）史前社会中的地位如何，诗人这个阶层在开始把自己的传统纳入基督教历史发展轨迹时，实际上同修道士集团的目的是一致的。

586　传统文化一旦付诸文字，便受到罗马—基督教的深刻影响。⑮ 事实是，两者已经互相融合，当然，在其中前基督教成分无疑要多于其他的"原始"政治文化。但是，如果要判断它在事实和意念上影响历史发展的程度的话，只能通过考察诗人阶层对爱尔兰统治者已有的权能的挑战。

　　爱尔兰语中用来表示王的词是 *Ri*，跟拉丁或梵文近义词 *rex* 或 *raj* 是同源词。一些人反复暗示，被 *Ri* 所任命的官职都具有一种准宗教色彩——这在三个文化中都非常类似。所以，早期爱尔兰王权就被认为是"神圣的"⑯。但到 7 世纪时，爱尔兰传统已完全基督教化，正如小册子《世间的十二种恶习》（*On the Twelve Abuses of the World*）所反映出来的那样。"不公正的君主"的"滥权"所带来的灾难，正好映衬着《莫兰约书》（*Testament of Morann*）——据推测成书于前基督教时代——中所预言的"真正的"王的降临会导致的结局："土地上的果实将消失……飓风和暴风雨的冬天将妨碍土地的丰收和大海

---

　　⑭ 例如，Dillon (1946), pp. 259 – 263；Kenney (1968), pp. 19 – 26, 34 – 46；Byrne (1973), pp. 13 – 16, and (1974)；Mac Cana (1979)。

　　⑮ 首先，见 McCone (1990), pp. 22 – 27。

　　⑯ Binchy (1970), pp. 1 – 12.

的美好馈赠", 等等。[87] 如果这个小册子对当时的人而言是"异教"的话, 将很难成为阐述中世纪早期王权的文献。其中定义的正义包括保护陌生人、受监护的未成年人和寡妇, 惩罚小偷和通奸者, 保卫教会以及援助穷人。对于一位非正义的君主而言, "像现在许多在他之下的罪人一样, 他将来会受到痛苦的报应"。这是《旧约》教授爱尔兰人王应该作为和不作为的标准, 一如它曾教导拜占庭人和后来教导法兰克人那样。人们还要特别关注贫困者, 猛烈回击冒犯上帝和教会的人。另外, 一部被误认为是杰罗姆 (Jerome) 编写但实际上是由当地人编写的爱尔兰教规这样说道, "王的话像一把处决犯人的剑、一条吊死犯人的绳索, 君言将铸成监狱, 使人流放"。那些杀害主教、修道院院长或书吏的人将被钉死在十字架上。据载, 746 年时有多人因"妨碍圣帕特里克圣所"而被处决。[88]

如果说"过去"能对改宗后的王权产生持久影响的话, 它所呈现出的不是有意识的异教冲动而是传统诗人阶层对王的蔑视——《旧约》中的先知如以利亚 (Elijah) 的言行也给予这种态度新的合法性。不是只有爱尔兰人以这种行为方式追随圣马丁而受封圣徒, 但他们可能特别易受到它的影响。科伦巴努斯 (Columbanus) 对法兰克王臭名昭著的恶习的抨击并不是一个孤立的现象, 他还曾准确地预测了王的死亡。[89] 这里还有两个与此相关的细节。第一, 爱尔兰王比他们的日耳曼同行更容易放弃自己的宝座而选择修道士的生活。[90] 第二, 爱尔兰宗教会议从来不由王主持。697 年的教省立法会议 (Synod of Birr) 有许多王出席, 但主持会议的却是修道院院长阿多姆南 (Adomnán)。可以想象, 对一种预洗礼氛围的抵触促使爱尔兰王室慢慢谋求完全的教会领导权。

尽管爱尔兰王的形象有如修士一样古板沉闷, 但他们却比西方其他地方的君主更多地死在战场上。根据《阿尔斯特年代纪》 (*Annals of Ulster*), 自他们进入当代 (这个场合下是指公元 600 年) 至 707

---

[87] *De Duodecim Abusivis*, ed. Hellmann, pp. 52 – 53, 译者 Laistner (1957), p. 145。

[88] O'Corráin, *Breatnach and Breen* (1984), pp. 390 – 391。

[89] 在这种情况下, 预言像爱尔兰传说中的"三重死亡" (threefold death) 那样显著 (如下文), Adomnan, *Life of Columba* I.36; For the overall problem, Wood (1989)。

[90] Stancliffe (1983): 盎格鲁—撒克逊人的例子, 见后文第 596、604 页。

年，至少有 50 位王伤亡。[91] 武装冲突似乎是导致死亡的最重要原因。[92] 了解了这么多王死亡的原因后，我们是否可以超越这么一个预期，即王愿意在战争中领导他们的子民，就像世界上许多的酋长一样？答案只是——如公元 700 年欧洲君主名录所显示的——爱尔兰存在着许多王。王国（tuatha，字面意义为“部落”）的数量在 80—185 之间。[93] 王国小而多的一个重要原因是，不管有没有得到王室血统具有神秘性这种不可磨灭的意识的支撑，爱尔兰传统的强大力量却阻止了众多次级王权的灭亡。当欧洲其他地方的权贵（如果得以幸存）已经变成“地域性小王”（*subreguli*）或“低级长官”（*praefecti*）时，爱尔兰的权贵却依然能够把持着王的头衔。[94] 在有关中部地区诸王朝的记载中，许多无名的王是在“尼尔战役”中战死的，而在欧洲编年史看来只是一场贵族间仇杀的牺牲品而已。进一步说，众多的王权受到一个精细的等级制度的规范：任何一个王（*ri*）都要臣服于一个“大王”（*riuri*，“*great king*”），“大王”要臣服于“大王之王”（*riri-*
588 *uirech*，“*king of great kings*”），而最末者是省区之王（*ricoicod*，“*king of a fifth*”，他们分别掌管爱尔兰五省区，即阿尔斯特省、伦斯特省、明斯特省、康纳特省、米斯省）。正像其他地方一样，领主的特权包括命令下属履行军事服务。[95] 因此，在“尼尔战役”中死去的王侯的名录表明这种封建权力不只是停留在抽象的法律概念的层次。

王室的另外一项权力是收取贡物，像中世纪早期通常的情况一样，这是征收粮食的形式。王可以在民间巡游，享受子民们的殷勤招待，但收取被征服者之贡物的更安全的办法是征收牲畜。[96] 在当时，

---

[91] 《阿尔斯特年代纪》只是对 7 世纪即他们同时代做的一个大概的计算；将休斯和史密斯进行比较，发现这一现象始于 6 世纪，但只有在 7 世纪中期才有详细的叙述。Hughes（1972），pp. 115 – 119，Smyth（1972）.

[92] 在这 50 位王的统计中遗漏了那些未能确认登上王位的王室成员。

[93] O'Corráin（1987），pp. 10 – 11.

[94] 需要获得这种资格，Charles-Edwards（1989），pp. 34 – 38，但亦见 O'Corráin（1987），pp. 9 – 10. Wormald（1986a），p. 165；在王国的数字和规模上，将爱尔兰和其他凯尔特地区特别是苏格兰进行对比，但是不应该只以单一的皮克特王国的君主名录为基础，Davies（1993），pp. 105 – 110；阿多姆南对皮克特王布里德伊（King Bridei）王朝的等级“regulus”描述为有爱尔兰等级阶层的特征，Adomnan，*Life of Columba* Ⅺ. 42。

[95] 埃尔及亚拉（Airgialla）对尤尼尔家族（UíNéill）的军事义务，见 Binchy（1970），p. 31，亦见 Charles-Edwards（1989），p. 381；欧文（P. Irvin）在未发表的文章中将明斯特王（Munster kings）对卡舍尔家族（Cashel）的军事义务进行对比，Byrne（1973），pp. 196 – 199。

[96] 关于这一过程，Charles-Edwards（1989），pp. 28 – 33 总结出一个清晰的逻辑结构。

征收牲畜做贡物和掠夺牲畜之间的区别并不清晰。[97] 另外，在传说中，死于家中的王要比死于战场的王多。一个可能的原因是，造访一位大人或在餐桌上的仪式会促成一种信任感，但这种场合却也有可能突然迸发出矛盾。因此，尽管基督教爱尔兰早期的大部分资料都是关于传统学术而非武士文化的，但仍然有很多内容涉及诸王的冲突。这是因为王数量的繁多以及君主等级制度的机制——两者都受到了爱尔兰传统的影响。

爱尔兰王频繁现身社会环境方面的主要文献，是一些法律著作以及有关王室权利义务的准法律公文。文献记录的日期一直到 12 世纪，当中反映出王权在晚近时期得到加强。[98] 然而，对这一状况的概述在《科里斯·贾巴拉》（*Crith Gablach*）中就可以找到——这本小册子可能写于 8 世纪早期，使用的是更早期的材料。[99] 该书主要讨论从最底层的农民到金字塔顶端的王的身份问题，其中作者根据占有物质资料的不同来区分社会等级，为此还列举了各阶层人的家庭收入，包括王和农民的。涉及的权利和义务不仅包括提供粮食和军事服务，还有召集集会（*oenach*）的事项，这是王与人民的主要连接点。其他的社会人员还有王的人质、乐师和杂耍人。书中规定每一项王室活动都对应着一周中的一天：宴饮、审判、凯尔特棋盘游戏（*fidchell*）、狩猎、两性关系、赛马以及审判。这里的关键问题是，它把君主的生活方式 ⁵⁸⁹ 整合到罗马—基督教一周七天的时间框架内：两性关系被限定在星期四，是因为爱尔兰宗教会议禁止在星期日，以及星期三和星期五这两个斋戒日内行房事。[100] 能够摆脱这些程式化事务的是军事和立法活动，这是欧洲君主所共有的活动主线，它伴随着同样的宴饮和狩猎的社会特权。

还有另外一份主要探讨其他议题的文献，从它的字里行间也可以看出一项类似的规定王室活动节目的计划。7 世纪末期，一项"圣帕特里克的生活训诫"被引入塔勒（Tara）的一处宫殿，以约束那些

---

[97] 在传说故事中，因伦斯特王（Leinster king）拒绝向塔勒（Tara）王的女儿纳贡，尤尼尔家族发动战争，迫使伦斯特王国缴纳一定的牲畜作为贡品。Dillon（1946），pp. 103 – 114。

[98] *Leborna Cert. The Book of Rights*, ed. Dillon；Byrne（1973），pp. 43 – 47；亦见 O'Corráin（1978），pp. 26 – 30。

[99] Crith Gablach, ed. Binchy；Mac Neill（1923）；Charles-Edwards（1986）。

[100] *The Irish Penitentials*, ed. Bieler, pp. 116, 265；Charles-Edwards（forthcoming）。

围绕在恶毒的王拉奥克莱尔（Laogaire）身边的"王们、总督们、公爵们、亲王们、侯爵们"。这个宫殿被称作"*palatium*"（殿堂，附带一个饭厅），另外，结合附近拉格尔（Lagore）或诺斯（Knowth）的情况推测，在基督教历史时期，都是使用类似的词语表示宫殿。[101] 像中世纪早期的许多王一样，拉奥克莱尔在决定改宗时不得不召集"年老者和所有元老"的集会进行咨询。[102] 阿多姆南所描述的皮克特宫廷也大体如此。[103] 因此，当外国人在造访爱尔兰王室宫廷时无论被告知王的举止有多奇怪，他眼前所看到的一切将是非常熟悉的，宫廷的规模之小也在意料之中。

有一本法律册子《卡拉特尼亚的错误判决》（*The false judgements of Caratnia*），讲述呈给一位传奇王的诉讼案件是如何转交给他的法官卡拉特尼亚处理。王宣布，卡拉特尼亚对所有 51 件诉讼案件的判决是错误的。但卡拉特尼亚每一次都能据理力争，证明自己正确。一位爱尔兰王可能会像罗马皇帝一样屈从于诸如请愿之类的压力，但法官才能够保证给予可靠的答复。[104] 事实上并没有早期爱尔兰王的法律公告留存下来。爱尔兰及威尔士法基本上是由法学著作构成，这些著作是专业的法律精英们自己创作和传播的。但是，做出"好的审判"是一个理想王的首要必备条件。除了一周中有两天进行审判活动外，《科里斯·贾巴拉》还设想了王可以颁布法律的条件（通常是发生紧急事件）。该书同样断言，"这样的人不算是一个王……如果他没能因为人们违反法律而收取罚金的话"[105]。在一份关于法庭人员组成的资料中，王看起来像是主持人，甚至是判决人。[106] 一位富有传奇色彩的爱尔兰王科麦克·麦克艾瑞特（Cormac mac Airt）曾著有《指令》（*Instructions*）一书，以期获得更多的王室审判权。[107] 他跟罗马的第二

[101] Muirchu, *Life of Patrick cc.* 15，19，见 Eogan and Byrne（1968）；有关塔勒的实际历史和其他所谓的王室中心机构，见 Wailes（1982）。

[102] Muirchu, *Life of Patrick c.* 21.

[103] Adomnan, *Life of Columba* Ⅱ. 32－35；cf. *Annals of Ulster* 729, and Alcock（1988）.

[104] Kelly（1988），Appendix Ⅰ，no. 5：这份附录对现存的爱尔兰法律文献具有非常重要的指导意义。参见上文 p. 24, and Kelly（1986），p. 80。

[105] Kelly（1988），pp. 19－24；Charles-Edwards（forthcoming）．参见 Binchy（1971）；O'Corráin et al.（1984），pp. 386－387 and notes；Gerriets（1988）；McMone（1990），pp. 9, 24。

[106] Kelly（1986）and（1988），Appendix 1, no. 71.

[107] *The Instructions of King Cormac mac Airt*，ed. Meyer；cf. O'Cathasaigh（1977），pp. 10－11, 59－65, 105.

位王努马·庞庇里乌斯（Numa Pompilius）有相类似之处；他们共同揭示了法学如何找到理想的王的原型。一位爱尔兰王只有在法学家的陪伴下才能够宣布法律，查士丁尼、爱德华一世和拿破仑都是这么做的。与那三位君主不同，他可能缺乏资源或没有义务去实施法律。但他和他们一样，仍然能够代表法律。

没有理由怀疑，爱尔兰王在他们统治的社会里所拥有统治权会比同侪的少。同样不可置疑的是，他们的沉默跟知识团体的优势地位相关。爱尔兰的王比其他地方的王要少一些权力；法学家、诗人和预言家则要多一些权力。但并不是因为这些行业的强势导致王的弱势。相反，是王权的弱势给这些行业留下了发展空间。[108] 而这些行业的传统是否本来可以抑制王们像西方其他地区的同行那样支配社会资源，这是另外一个问题了。到中世纪盛期时，爱尔兰、威尔士和苏格兰已经建立起精细复杂的权力统治结构。建立了官员等级制度，也强化了征税制度和服役制度。意识形态问题在此非常重要。传统的凯尔特学术不会反对逐渐上升的王权，也不会反对求诸基督教。剩下的问题是，这种趋势在一个其文字作品主要由法律著作和冒险故事（saga）（萨迦即传奇故事、冒险故事、英雄事迹，尤指古代挪威或冰岛讲述冒险经历和英雄业绩的长篇故事。——译者）构成的时代能走多远。如果说到公元 700 年一切看起来都还顺利的话，很可能是因为我们被蒙蔽了而没有发现证据。但无论如何，爱尔兰社会没有必要阻塞在时间隧道里，从而扭曲同时代评论家及其在现代的一些支持者的判断。

蛮族王权：日耳曼人

着眼于本章的研究目标，如王自己的名字，又如被统治的人们宣称的那样，日耳曼人的王被语言学家定义为日耳曼语系的王。本部分所涵盖的王是那些在后罗马时代统治过意大利、西班牙、高卢以及不列颠等主教区的王。做出这一限定是有些犹豫的，因为许多现代的学者都不能确信他们的社会或统治者能否归为"日耳曼"族系[109]。

---

[108]　Davies（1993），especially pp. 122 – 123.

[109]　见 Halsall，前文第 2 章。

591　　　这一难题有两方面的根源。首先，有这样一个重要的事实，即在日耳曼早期历史中我们没有见到像凯尔特吟游诗人（*Celtic filid*，bard，原指在凯尔特人中写作颂词的人；推而广之，泛指部族中擅长创作和吟咏英雄及其业绩的诗歌的诗人和歌手。早在公元1世纪，拉丁作家卢卡努斯就把吟游诗人说成是高卢或不列颠的民族诗人或歌手。吟游诗人在古凯尔特人社会中享有特权。他们吟诗赞美部族首领，并歌颂英雄事迹，庆祝法律的颁行。高卢的吟游诗人在罗马帝国统治下已经销声匿迹，但是在苏格兰的盖尔语地区吟游诗人一直存在到18世纪。——译者）这样的人士或阶层。日耳曼在过去的历史中没有"保证人"。几乎所有我们所了解的关于日耳曼人的历史，包括入侵时代之前、之间以及之后的历史，无论是否出于罗马人之手，都是站在罗马人的立场上撰写的。[⑩]　其次，日耳曼人在入侵之前很久就已经受到了罗马人的影响，其受影响的方式和程度都与抵挡住了罗马人征服的凯尔特人不同，后者并未受到影响。[⑪]　众所周知，"蛮族"王室有很多特殊的习惯，如向追随者授予金戒指或军事装备，或者是将敌人的首级悬于木桩之上，这些都是获胜的君主们常做的。[⑫]　然而，这样描述显然远不够充分。那些特殊的习惯在蛮族中变得根深蒂固。罗马的遗产是如此彻底地被湮没了，以至于学者们对之几乎无法辨识，甚至当时的人也无法做到。日耳曼王与拜占庭皇帝可能拥有一个共同的祖先，但他们的差异比大猩猩与黑猩猩的大得多。因此，探讨日耳曼王权的历史仍然是有必要的，无论称为"日耳曼的"是否有意义，为了方便起见，以下的论述不加引号，即日耳曼的。

最初的王

有两方面的原因表明在蛮族入侵之前日耳曼的王权已经很古老

[⑩]　格法特对其中心思想和主要的内容有重要的研究，Goffart（1980），ch. 1, and（1988）.

[⑪]　Thompson（1965），特别是第2—3章；Hedeager（1988）；Todd（1992），特别是第3、5—6章；Heather（1994c）。

[⑫]　例如，*Inscriptiones Latinae Selectae* no. 2313 描述的是一支军团在哈德良（Hadrian）指令下接受了金项圈和臂章；L'Annee Epigraphique（1956），p. 124 提到了一个战士从马可·奥勒良（Marcus Aurelius）手中接受了马和武器。见 Campbell（1984）的概括性描述，pp. 198 – 203。关于将首级钉在木桩上，见 McCormick（1986），pp. 18, 36, 40 – 41, etc.，以及图片6。人们或可以在贝奥武夫的悼词上考虑到这种精神（第3169—3182行）；关于奥古斯都，见 Dio, *Histories*, lvi. 42，还有阿提拉 Jordanes, *Getica* xlix. 256 – 258。

了，但每一方面都显示其权力和责任与演变之后相比存在着很大的差异。首先，最早的一部日耳曼方言的作品，即乌尔菲拉（*Ulfila*）在 4 世纪翻译的哥特语版本的《圣经》，其中创设了很多关于统治的词汇。最突出的是 *reiks* 一词，其意思是像尼希米（Nicodemus）那样的犹太人会堂的统治者，以及法利赛人的领袖，实际是"恶魔之王"（Prince of Devils）[113]。尽管在哥特语中被限定为一个名词，但其他衍生的意义却很广泛，没有比 *reich* 这个词更能说明问题的了。这里有两个重要的情况，首先它普遍性的起源强有力地证明了这个词语是从凯尔特语中借鉴而来的。因此，这可以回溯到远古时期，当时凯尔特人与日耳曼人之间有着紧密的联系。其次，普罗柯比认为 *rhex* 这一头衔不仅用于东哥特的狄奥多里克（Theoderic）这样强大的首领身上，而蛮族群体亦常常称呼其首领为 *rhex*（王）。东哥特王国的钱币上 *rix* 一词的出现就是有力的证据。[114] 一方面，乌尔菲拉时代的 *reiks* 的权力到了狄奥多里克时代已经有了很大程度的增长。另一方面，早期日耳曼王权的称呼不仅多种多样，而且不固定。相同的情况也发生在另一单词"王权"（*kuningaz*）上面，虽然这一单词显然未收录在乌尔菲拉的词库里，但是它却有着很大的应用前景。可以确定的是芬兰语和斯拉夫语都借鉴了西日耳曼语。很明显，用斯拉夫词 *kenz* 称呼明显软弱无力的酋长，可能意味着这个词没有得到乌尔菲拉的采纳。[115] 没有理由认为，一个仅仅表示"血缘家族成员"（membev of a kin）的词会有什么特殊的含义，除非"血缘家族"是指"部落"或者"部族"：被如此称呼的统治者就是这样变成民族认同的中心和象征。[116] 而如果这就是这个词的基本含义的话，那么可以期待，当新的民族形成的时代到来时，它将获得新的含义。

其他关于早期日耳曼王权的证据当然是来源于罗马作家，而他们的说法同上面提到的那些词汇的说法事实上是一样。塔西佗认为日耳

---

　　[113]　Wolfram（1967），pp. 3 - 6；Heather and Matthews（1991），pp. 190 - 195.

　　[114]　Procopius, Wars v. i. 26；De Vries（1956），pp. 303 - 305；Wolfram（1967），pp. 41 - 42

　　[115]　De Vries（1956），pp. 291 - 292；Kahl（1960），pp. 178 - 184，238 - 239（n. 212）；前文，p. 572。有关北日耳曼语中该单词的形式问题，见 Kahl（1960），pp. 198 - 204；以及（1965），p. 347。

　　[116]　*Green*（1965），p. 317，n. 4；Wallace-Hadrill（1971），p. 13

曼人有王，恺撒却否认这一点，这最好地解释了他们通常居住在太过偏远的地方而不能引起恺撒的注意。塔西佗有一个著名的论断，即"他们的王是按照出身推举的，而选拔将军则以勇力为标准"，这意味着王不是将军。显然，他们在司法和宗教领域也没有很大影响。[117]然而，恺撒和塔西陀都一致认为，将军们比王们更令人敬畏。[118]并且，两位作者对于早期日耳曼社会都做了很多的描述，以表明是什么导致了转型的发生。每一位作者都暗示首领往往通过很好的待遇来吸引士兵作为随从，并且以财宝尤其是武器的形式来分享战利品，这是他们提供军役服务的保障。（"侍从从慷慨的酋帅那儿可以得到战马和无比锋利的长矛，筵席饮宴是他们唯一的报酬，饮食虽然粗陋，但供设却甚为丰富。这些恩典的财源都是从战争和劫掠中得来的。"参见塔西佗《阿古利可拉传，日耳曼尼亚志》，马雍、傅正元译，商务印书馆1959年版，第54页。——译者）因此，无论王的地位如何，在更普遍的条件下，2世纪晚期以来战争能够带来荣誉与战利品的预期，这就是战争带来的奖励。一位由于德行出众而在紧急情况下被推举为首领者（dux ex virtute）的人很可能成为他自己和他的家族永久的王，一位王确实可能成为首领（dux）。同时，士兵的行动也会破坏原有的部落组织，然后新的领袖去重组新的民族。这反过来解释了一个王室头衔出现的缘由，其意义即为一位统治者就代表了全体民众。[119]

这样的模式的确弄清了从古代晚期起甚至到日耳曼诸王们控制了西部大多数地区时的情况。[120] 4世纪众多作家称哥特人统治者阿塔纳里克（Athanaric）为法官（iudex）而不是王（rex），阿米亚努斯·马尔切利努斯（Ammianus Marcellinus）是其中之一。阿塔纳里克当然是一位军事统帅，并且是王朝的一员。如果说罗马的标签能有一定意义，那么他还负责立法，也许还负责宗教事务。然而，他不是罗马

---

[117] Caesar, Gallic War vi. 21 – 23; Tacitus, Germania x – xii.

[118] Caesar, Gallic War i. 31 – 53; Tacitus, Annals i. 55 – 68, ii. 9 – 17, 26, 44 – 46, 62 – 63, 88. 所有这方面的问题，见 Schlesinger (1956), pp. 116 – 121; Wallace-Hadrill (1971), pp. 5 – 7。

[119] 对这方面较为完整的阐释，见 Forsee Wormald (1982), pp. 145 – 146, and (1986a), pp. 163 – 164。

[120] 接下来，见 Wallace-Hadrill (1971), pp. 8 – 20, 特别是詹姆斯较为完整的调查，James (1989)。

人意念中的那种"哥特王"⑫，普罗柯比对赫卢利人（Heruli）曾经有过详尽的记述。他们决定除掉他们的 rhex（王），他们对这位王没有丝毫的尊重。后来，他们被说服，因为"没有领袖或统帅"会使他们的生活陷入困境。因此，他们派遣了一个使团直接前往"极北之地"（Thule）（很明显是斯堪的纳维亚），去寻找一位有"王室血统"的人来做他们的王，结果发现很多人都有王室血统。像任何一位优秀的古代历史学家一样，普罗柯比也是一位爱讲述蛮族故事的狂热者（afficionado）。但这个故事能够证明日耳曼人对待王室血统（nobilitas）是非常严肃的，尽管不能确认其中的原因。⑫ 最后，比德记载 8 世纪的古撒克逊人"没有王"只有众多的总兵（satrap）……当战争……爆发时他们就会抛弃众多的总兵……仅仅服从那一位能够带领大家持续应对战争的"首领"。⑫ 这与公元前 1 世纪与公元 1 世纪之间的日耳曼人制度非常相像，王与贵族（nobilitas）具有很强的一致性。因此，像恺撒一样，比德不能甄别王就很正常，王的经历和行动不一致。比德所说的"总兵"很可能就是其他文献所说的王，他那个时代的撒克逊人的行省都督（duces）就发展为他所理解的那种王。到底有多少此类关于日耳曼王权的例子已经无从考证。君主制将重新出现在罗马的土地上。相较于凯尔特人，日耳曼人的王权几乎没有削弱，这一结论应当是比较保险的。最后，这就是为什么是王权而非皇权成为西方随后一个千年甚至更久的核心制度的原因所在。

594

权力中的王⑫

在王转变为公爵（dux）的过程中，罗马的案例像罗马的钱币和政策一样是确定无疑的。在战争中，蛮族经常能够遇到皇帝。随着时

---

⑫　Thompson（1966），pp. 44 – 46；Wolfram（1975）；但是有关泰米斯蒂乌斯（Themistius）引用句子的真实意思，见 Heather and Matthews（1991），pp. 42 – 43，n. 91；also Heather（1991），pp. 98 – 107，120 – 121。

⑫　Procopius，Wars vi. 14 – 15；cf. Av. Cameron（1985），p. 219，有关这方面的插曲，见 Hedeager，前文第 18 章。

⑫　Bede，HE v. 10。比德也提供了客观的证据，证明盎格鲁—撒克逊人是日耳曼神沃登的后裔，i. 15；关于这方面宗谱的文献资料，见 Sisam（1953）；Dumville（1976）。

⑫　爱尔兰王权的继承问题被忽略了，伍德注重墨洛温王朝的重要性，如 Wood（1994），pp. 58 – 60，91 – 101，123 – 136，234 – 238，而对西哥特、伦巴第和西撒克逊的君主制应在细节上进行研究。

间的推移，在皇帝的军队中，各个级别的职位都能发现蛮族的身影。帝国的胜利、打败蛮族、对军队的慷慨，这些常见的画面不仅通过许多的凯旋门传遍各个行省，而且会通过钱币和勋章在帝国境内外流传。[125] 那些绝大多数居住于罗马边境内外的民众，对皇帝都保持着很好的印象，在人们的潜意识中，统治者即军事统帅。一个强有力的例证就是，一位在萨顿胡（Surton Hu）受人敬仰的盎格鲁—撒克逊王就以罗马皇帝自居，从全副武装的大军到使节官邸的旗杆都显示出罗马皇帝的排场。[126] 尽管萨顿胡可用以解释后罗马时期统治者所采纳的风格，但仅此一例并不充分。两个相似的军用文物说明了这一点。一顶金属头盔上描绘了伦巴第王阿吉卢尔夫（Agilulf）登基的场景，在高城内民众的欢呼声中及胜利女神的羽翼下阿吉卢尔夫登上王位，远远超越了其粗糙的工艺，是在宣告后罗马时代的来临。阿吉卢尔夫有着飘逸的长发和胡须，手持战剑，帝国皇帝都极少有此装束。然而，这仍然是一个罗马式的庆典。[127] 萨顿胡头盔也有古代世界的技术原型，但其最接近的相似物存在于6、7世纪瑞典的类似墓葬中。后来的文物风格与阿吉卢尔夫的工匠几乎没有共鸣。[128] 无论罗马的根源如何，军人的伦理已经彻底地深入人心。

　　萨顿胡墓葬有很多珍宝、武器以及一些本身就是珍宝的武器：这明显是一位军事首领的历史遗迹，宣示着其军事权力而非君主权力。595 无论如何，不能证明这是一位王者的遗迹。萨顿胡可能是一个王朝首领们的公墓，晚一些时期这些首领被认作王。[129] 然而，一个半世纪之前，著名的法兰克王希尔德里克一世（Childeric Ⅰ）（希尔德里克一世是法兰克人的首领，从457年或458年起成为萨利克法兰克人的王，并且还是罗马行省比利时高卢的总督。著名的法兰克人的王克洛维一世即为希尔德里克一世的儿子。——译者）的军事权力像萨顿

---

[125]　Campbell（1984），pp. 35 – 36，72 – 85，142 – 148，182 – 184；McCormick（1986），pp. 24 – 28，32 – 34，57 – 58；关于通过这种图像向日耳曼内陆渗透的更多信息，见 Hedeager（1978）。

[126]　W. Filmer-Sankey（1996）.

[127]　插图、分析和参考文献，见 McCormick（1986），pp. 289 – 293。

[128]　Bruce Mitford et al.（1975 – 1983），ii，pp. 186 – 197，205 – 225；Campbell（1992），pp. 92 – 93：不能排除萨珊帝国预言者与日耳曼崇拜沃登神没有关系，Ellis Davidson（1988），pp. 88 – 89。

[129]　关于这一问题，最初的讨论，见 Wallace-Had rill（1960），后来他放弃了这一问题（1971），pp. 69 – 71，and（1975），pp. 53 – 56。最近此问题再一次被讨论，见 Campbell（1992）。即使这些公墓是东盎格鲁军事首领的，就像比德根据自己的经历去看待古撒克逊语情况那样，对比德用当代语言描述7世纪早期的历史，我们仍可能有争议。Bede's HE ii. 12，iii. 18，以上 p. 593。

胡的主人一样强大，其墓室中有他的印戒。481 年，当克洛维（Clov-is）的父亲在图尔奈（Tournai）被埋葬之时，蛮族军事首领的世界与后罗马基层官员的属地汇合了。[130] 除了哥特人的区域之外，综观 6—7 世纪的欧洲，图尔奈与萨顿胡是仅有的最为壮观的军人墓葬的代表。[131] 罗马帝国晚期皇帝的军事权能逐渐弱化，其中的一个原因可能是上层社会浓重的平民色彩，相反，后罗马属地西部的精英则牢牢掌握了战斗中的指挥权。

从人种上讲，所有那些以军人身份被埋葬的人都属于已经越过罗马边境的日耳曼语族，这种情况的可能性极小。[132] 然而，那些贵族为自己起的名字明显地具有日耳曼传统特色。当这些名字大量出现时，两个元素中的一个或另一个组成了日耳曼语的名字，这些名字往往带有好战的色彩：

Ag（il/n）/Ecg.	（剑）刃	（C）Hild：	战斗
Ang：	（矛）尖	Gais, Gar：	矛
Asc/Æsc：	长矛	Grim：	面具、头盔
B（e）adu：	战斗	Gunt/Gu/yth：	抗争，战斗
Brand：	剑	Hath/Head：	战斗
Brunn：	胸甲	Sige：	胜利
（C）Hari/Here：	军队	Vig：	战争、战士

其他名字的构成词也同样具有相关的含义，"狼"（Wulf Wolf）与"大乌鸦"[（C）hramn（raven）]都是英雄传说中战场上的野兽。[133] 这一类的证据需要仔细处理，但是有很多 6—7 世纪的人名需要思考其军事含义。[134] 此外还有一个重要的词源学的知识点，即在 6 世纪的盎格鲁—撒克逊人中，"指挥官"（*dryhten*）一词是王常用的日耳曼语词汇，其意为"军事首领"[135] 这一名字的使用并不局限于关

596

---

[130]　相关描述见 James（1988），pp. 58 - 67；进一步的讨论，见 James（1992）。
[131]　地图，见 Engel（1970），p. 64；哥特人，见 James（1980b），pp. 23 - 37。
[132]　James（1978）。
[133]　Förstemann（1900）。
[134]　Venantius Fortunatus, *Ad Chilpericum Regem*, lines27 - 28（然而，这是一个错误的词源）；Felix, *Life of Guthlac* c. 10。
[135]　Green（1965），part ii.

于战争的文学作品。其语义的核心贡献是形成了法兰克法典中一个专门用来描述王挑选的随从的术语即"亲兵"（antrustiones）。⑬ 从很早时代——甚至指《贝奥武夫》这样的英雄史诗时代——起，军人社会的节律和"英雄时代"繁乱的地缘政治关系就非常明显。对克洛维而言也是如此：当拉格纳查尔（Ragnachar）的随从们抱怨克洛维仅仅靠伪造的金臂环就把他们收买了时，克洛维认为他们背叛了自己的领主从而不配享有更好的臂环。⑬

　　再者，日耳曼人的战争经历主要是指统治者的作战指挥及其随从的冒险行为。到 685 年，诺森伯利亚王国有 8 位王，只有奥斯威（Oswiu）得以善终。东盎格鲁有四位王阵亡。西吉伯特（Sigeberht）的事迹非常有教育意义，他隐退于修道院中，当面临麦西亚人（Mercian）袭击时，他拒绝出战。东盎格鲁人"将他硬拉到战场上，希望士兵们在这位最勇敢的领袖的带领下会少一些逃兵。但是他却牢记自己的誓约，除了一根木棒之外，拒绝携带任何武器，结果被杀"。⑬ 因此，那些建立萨顿胡墓的人坚信一位王在战争中的作用，而不考虑王是否愿意参与战争，这就不足为奇了。有一位与西吉伯特同时代且同名的法兰克人，比较而言，这位法兰克的西吉伯特就对自己的职责深信不疑。甚至在他小时候，他就亲临战场镇压图林根人的叛乱。但西吉伯特三世的军队遭到了屠杀，他骑在马上为溃败的军队号啕大哭。⑬ 这可能就是墨洛温王朝（Merovingian）的王权在奥斯特拉西亚（Austrasia）终结的开始。军事领导权渐渐地转移到宫相手中，最终，那些掌握真正权力者被称为王。

　　与爱尔兰同侪相比，早期日耳曼王们不再是立法者。像罗马帝国早期一样，在后罗马时代西部的属地，王室的立法源于民意。⑭卡西奥多所著的《信札》（Variae）是出于一位意大利贵族的"美

　　⑬ Lex Salica xlii. 1 - 2；lxx - lxxi, lxxiii；cf. Pactus pro Tenore Pacis lxxxiv, xci. Cf. 有关法兰克王的"leudes"，见 Wood（1994）。Dryhten 和 leudis 出现在 7 世纪肯特法典（Kentish laws）中的王室内容部分：《埃特博希特法典2》（Laws of Æthelberht 2）；《威特莱德法典5, 9—10》（Laws of Wihtred 5, 9 - 10），ed. Liebermann。
　　⑬ Gregory, Hist. ii. 42；Campbell（1982），pp. 53 - 55。
　　⑬ Bede, HE iii. 18；Campbell（1982），p. 56。
　　⑬ Fredegar, Chronicle iv. 87. 见 Fouracre，前文第 14 章。
　　⑭ 下列所述，与 Wormald（1977）中的句子一样，但目的是扩大、清晰地说出那些不充分的内容，这个目的在 Wormald（1998），ch. 2（1999）中得到继续。

文学"（belles-lettres）。作为意大利东哥特王的司法官（Quaestor）与禁卫军长官（Praetorian Prefect），他延续了其家族担任公职的传统，至少有两代能够追溯到罗马帝国时代。[141]《信札》不是法律，但是该书很多内容（适当地）回答了法律问题。意大利的新主人宣布采用卡西奥多的言论来治理违法现象，其中包括司法不公、刑事犯罪、奴隶逃跑、性侵犯、巫术与杀人以及财产权长期被侵占等。在对领土存有贪欲的哥特人和寻找强大庇护者的罗马人那里，哥特人军事手段的应用是很重要的。[142] 圣西多尼乌斯（Sidonius）的书信与诗歌描述了与卡西奥多相类似的高卢人，积极地鼓励他们的西哥特和勃艮第统治者接受相似的职责。[143] 蛮族王也准备担当罗马皇帝与禁卫军长官在法律领域的角色。[144] 接下来合乎逻辑的事情就是他们应当继续颁布法典，他们主要的立法典范就是 438 年颁布的《狄奥多西法典》。据伊西多尔记载，在尤里克（Euric）王的治下，哥特人才开始有了"成文法"。在此之前，他们仅仅受到传统与习惯法的统治。[145] 他没有记载尤里克仅仅是为哥特人立法。阿拉里克二世（Alaric Ⅱ）颁布了一部罗马法的《法律要略》（Breviarium），这也并不意味着他的父亲对罗马人不关心[146]。卡西奥多在《哥特贵族》（comes Gothorum）一书中的规则区分了三种诉讼形式，第一类诉讼是"根据我们的法令进行判决的"，涉及哥特人之间的诉讼；第二类诉讼是"在一位罗马法学博士的合理建议下进行判决的"，涉及罗马人和哥特人之间的诉讼；第三类诉讼是"遵照罗马检察官意见"进行判决的，涉及罗马人之间的诉讼。哥特人受到移植而来的"文明的"成文法的

597

---

[141]　Cassiodorus, Variae i. 3 – 4；他以王的名义为其父亲和祖父所写的传记：关于他自己的生平，见 Variae ix. 24 – 25。

[142]　见 Variae ix. 18 – 20［《阿塔拉里克敕令》（The Edict of Athalaric）（阿塔拉里克，狄奥多里克的孙子）］；关于罗马和哥特的关系，见 i. 18；ii. 16 – 17；iii. 13；iv. 28；vii. 39, 42；viii. 28［关于波埃修（Boethius），见 Consolationi. 4］。

[143]　Sidonius, Poems vii. 311 – 313；v. 562；xxiii. 447 – 449；Letters ii. 3. 3；v. 5. 3；viii. 4. 3. Cf. also Gregory, Hist. ii. 33.

[144]　十分中肯的评论，见 Collins（1983a），pp. 27 – 29。

[145]　Isidore, Historia Gothorum xxxv. 关于这一不断思考的问题，见 Wolfram（1988），pp. 194 – 197 及注释。

[146]　关于尤里克法典（Euric's Code）是"个人行为"的争论向着对阿拉里克的"领土权"（有利的）理由方向发展：King（1980）。《法律要略》（Breviary）似乎也反映了其实很惧怕法兰克人的罗马人的支持（Gregory, Hist. ii. 36 – 37），是统治当局在大公教会第五纵队之压力下的让步（Gregory, Hist. ii. 36 – 37）。

治理，罗马人则受到他们自己的法律制度的约束。但根据卡西奥多的全部作品来看，这远不是一个二元的法律制度。[147] 以王所颁布的成文公告进行统治，这就像受到成文罗马法或者不成文的蛮族习惯法的统治一样必要。关键的一点是日耳曼王们取代罗马皇帝成为新法律的制定者。

在 7 世纪中期，西哥特法的主要内容是由基达苏伊塔（Chindasuinth）和雷切苏伊斯（Reccesuinth）颁布的。这是罗马立法特权在后罗马时代最充分的展示。他们仿照十二铜表法把它编成十二册，表明要取代先前的所有法律。事实也确实如此。[148] 可以理解的是，这部罗马化程度最深的中世纪早期法律是唯一废止《罗马法》的法律，但罗马的启示已不再是唯一起作用的影响力。在托莱多的全西班牙大宗教会议上同时公布了雷切苏伊斯法典及厄维克的修订本。雷切苏伊斯的法令备受指责。厄维克邀请教父们审查他的法令。[149] 雷切苏伊斯法典的第一册渗透着伊西多尔的理论。法律是"整个政治躯体的灵魂"。王是头脑，指引着整个政治体，但头脑和身体的其他部分一样都属于同一个躯体。[150] 西哥特的立法者仿照狄奥多西打造了这个教会与王国密切合作的格局，也为后面的查理提供了借鉴。

伦巴第的《罗萨里敕令》（Edict of Rothari）与西哥特法典几乎出现在同一时期。相比于西哥特法，它明确声称要遵循"伦巴第人的古代法"。这个态度非常严肃，整部法典——特别是涉及族间仇杀的法规——几乎不可能包含《罗马法》的东西。[151] 但如果这是罗萨里给伦巴第人汇编的《伦巴第法典》，那么他有责任写出"首席法官"和"最快乐的军队"（most happy army）——他们出现在后记中——

---

[147] Variae vii. 3. 如山姆博士（Dr Sam Barnish）所强调，颇受争议的《狄奥多里克敕令》（Edict of Theoderic），是东哥特的狄奥多里克的作品，即使不可能没有经过卡西奥多的润色。它是为哥特人和罗马人制定的法典。尽管在 Anonymus Valesianus ii. 12. 60 中可能被解读成是狄奥多里克特别为哥特人的立法。

[148] LV II. 1. 10；西哥特法令需要时间来验证其可行性，见 Nehlsen（1977），pp. 483 – 502，and Collins（1985）。

[149] Council of Toledo VIII, X, P. 265, XII, P. 383. 关于这些，见 King（1972），pp. 23 – 39；从政治其意识形态一样重要，Collins（1983a），pp. 115 – 129。

[150] LV I. 2. 2，II. 1. 4. 一个好例子即是法典的作者（至少是编者）是伊西多尔（Isidore）的学生——萨拉戈萨的布劳里奥主教（Bishop Braulio of Saragossa），见 Lynch（1938），pp. 137 – 140。

[151] EdictumRothari, 386.

已经知道的东西。罗萨里的法典首先标志了他的民族在文明世界里的
新位置，这是毋庸置疑的。其中的许多东西是"文明开化的"。罗马
因素和西哥特因素的影响是深刻而全面的。就像罗马法的情况一样，
那是真实的和可追溯的。至于法典的"蛮族性"，主要是相对于罗马
法律文化在意大利广泛留存这个事实而言。[152] 对此，最好的证据是：
除西哥特法以外，它在法庭诉讼中最终被援引的频率超过后罗马时代
的其他任何法律。

在欧洲北部也发生了一些可与之比较的事，但有一些重要的区
别。法兰克人最早的法律《萨利克法典》，后来归之于克洛维时代，
几乎是确凿无疑的。[153] 但其最早的序言将它归于四个"来自莱茵河对
岸"的佚名人士，因此可以推测成书于蛮族入侵时代之前。[154] 王室的 599
赞助者们在 7 世纪并没有《萨利克法典》的姐妹法典《里普利安法
典》（*Lex Ribuaria*），也没有最早的《英格兰法典》。[155] 这证明，日耳
曼政治文化最初在王室立法方面和凯尔特人一样迟疑不前。王作为明
确的立法者是罗马化的又一个征兆。但克洛维的继承者和艾特尔鲍尔
德之后的盎格鲁—撒克逊诸王更为专注教会、法律和秩序本身的问
题。法兰克王希尔德贝二世（Childbert Ⅱ）和威塞克斯的伊恩（Ine
of Wessex）对在周日工作的人进行惩罚。希尔德贝二世甚至禁止复
仇行为。[156] 法兰克王通过给臣民颁布成文法律使其"文明化"[157]。王
变成社会和平的守护者，从这一点可以追溯早期王具有立法的权能，
虽然他们最初没有提出这种要求。欧洲北部罗马化的程度远远不及欧
洲南部。法律诉讼所援引的法律很多时候都不是基于成文法，因为不
可能所有法律都以成文法的形式出现。[158] 但德意志王在新征服的臣民

---

[152] Bognetti (1939)；Wickham (1981)，pp. 36 – 39, 69 – 70.

[153] Wood (1994)，pp. 108 – 113——特别冷静的分析。

[154] *Lex Salica* (65 *tit*.)，Prologue. The "Epilogue"，*Lex Salica* (65 *tit*.)，p. 253，一份具有争议的后期
墨洛温王朝文本，将这部法典描述为 *primus rex francorum*。但如果早期加洛林王朝是用了"长序言"
(Longer Prologue)，*Lex Salica* (100 *tit*.)。那么，序言 (Prologue)，会解析克洛维的意见，对此，我们
无须迟疑地照此办理。

[155] 比德第一个认为埃特博希特 (Aethelberht) 是以自己的名义颁布了这部法典，Bede. *HE* Ⅱ.15；
印刷版法规 (*Gesetze* Ⅰ, p. 3) 开端的条款是醒目的手抄本 (*rubric*)；Wormald (1995)，p. 983.

[156] *Decretio Childerberti* Ⅲ.7，Ⅱ.3；Law of Ine 3 – 3.2 (以及 Wihtred 的法，9, 11)；见 Wormald
(1995)，pp. 977 – 987.法兰克王室对待偷盗行为的惩罚，见 Murray (1988)。

[157] *Pact*，*Lex Alamannorum* Prologue；*Lex Baiwariorum*，Prologue. Wood (1994)，pp. 115 – 117.

[158] Nehlsen (1977)，pp. 453 – 483；Fouracre (1986)，pp. 29 – 37；Wormald (1986b)，pp. 152 – 157.

的压力下变成立法者，以前希腊城市也这么施压于罗马皇帝。甚至在成文法还只是奋斗目标而未形成事实的一些地方，有一种残留于日耳曼和凯尔特社会的观念在增强，即王代表正义。这种观念在加洛林王朝时期得到普及。

以日耳曼人开始熟悉罗马的年代为标准，中世纪早期西方的王们继承了大规模的宫廷统治机制。随后它的规模一直在缩小，直到再次类似于奥古斯都的水准。墨洛温和伦巴第王判决的证书表明他们已经正式"居住在他们的宫殿"，由一群宫廷官员服侍。[159] 托莱多大宗教会议的决议受到宫廷长官署（officium palatinum）之长官（comites）的审查批准，[160] 但准确表达这一职位的词语是 gardingus，也用来指代那些"伯爵"（count）。这个词起源于西哥特语，意为"房子中的人"（house-man，可以对照盎格鲁—挪威人的 garth），严格等同于墨洛温的 domesticus。[161] 在这个时代及以后的很长一段时间里，西方诸王的家就是他的"会堂"。盎格鲁—撒克逊的历史学家们现在已经对萨顿胡和耶韦灵（Yeavering）的双折画烂熟于心。其中之一描述了武士也为之战斗和死亡而使用的技术；另一则表现他们唱歌、饮酒和生活的场景。[162] 这里，贝奥武夫在希奥洛特（Heorot）王室会堂里的欢乐宴会即使不是同一时代的事情也无关紧要。耶韦灵会堂的面积是 25 × 12 平方米，这对于中世纪早期的王室生活而言已经足够了。

拜占庭的模式在西方并不是没有影响。西哥特和伦巴第王在经过充分考虑后定都于托莱多（Toledo）和帕维亚（Pavia）。[163] 西哥特的莱奥维吉尔德（Leovigild，568—586 年在位）被伊西多尔看作"在君臣都穿着同样的衣服坐着同样的椅子时，第一个公开穿上御袍坐上御座的人"。他可能还戴着一顶王冠；西哥特众王用于奉献的王冠留存了下来。[164] 莱奥维吉尔德肯定也是第一位在金币上雕刻自己名字和肖

⑮　*Diplomata Regum Francorum*, nos. 48 – 9, 60, 64, 66, etc.；*Codice Diplomatico Longobardo* Ⅲ（Ⅰ），12, 14 – 15, etc. 文献资料的评估，见 Bruhl（1968）。

⑯　*Council of Toledo* Ⅷ, p. 289；Ⅸ, p. 307；Ⅻ, pp. 402 – 403；ⅩⅢ, pp. 434 – 435；ⅩⅥ, p. 521.

⑯　Claude（1971），p. 15.

⑯　Hope Taylor（1977）.

⑯　Ewig（1963）.

⑯　Isidore, *Historia Gothorum* LI；Talbot Rice（1966），pp. 181 – 181. Julian's *Historia Wambae* c. 26 描述了造反的保罗伯爵用这种方式给自己加冕，说明这一时期用这种方式加冕的王很常见。

像的西哥特王，显然是在模仿拜占庭。[165] 当一个法兰克王也如此行事时，普罗柯比认为是对皇帝特权的公然侵犯。[166] 拜占庭的一个迷人的和几乎普遍存在的影响是竞技场仪式。阿吉卢尔夫（Agilulf）在米兰剧院宣布儿子的继承权。法兰克人的王希尔佩里克（Chilperic）在苏瓦松（Soissons）和巴黎修建圆形露天竞技场，他的堂兄弟在阿尔勒（Arles）举行战车竞技。[167] 坎特伯雷的街道设计也被修改，使所有的道路都通向剧院。最显眼的耶韦灵建筑群之一也仿照剧院设计。[168] 不过最后要说明的是，虽然这些建筑如此多地模仿拜占庭，但并不能缩小东西方之间的鸿沟。

后罗马属地的官府当然有它的行政官员；并且，不仅在讲日耳曼语的英格兰，而且在法兰克、意大利和西班牙，一些官员还使用日耳曼语的称谓。[169] 关键的一点是，这些政治机构无论在规模上抑或在精神上都非常不同。卡西奥多的《信札》记载，为了元老阶层的利益，狄奥多里克政权系统地尝试延续后罗马宫廷管理模式，从中发现新的治理良策。狄奥多里克建造宫殿来容纳这种管理模式。[170] 但后罗马时代的绝大多数行政机构都像早期皇帝一样定期巡游，这种流动性不利于发展庞大的统治机器。[171] 前面提到的西哥特、伦巴第或法兰克的官僚机器很小以至难以辨认。《罗马帝国晚期人物传》（*Prosopography of the Later Roman*）中列举了罗马帝国的一大批官员，这跟继之而起的诸多国家的情况形成鲜明对比。[172] 就法兰克国家组织中的所有罗马遗老遗少而言，持续不断的感觉是行政官员已有了显著不同。[173] "神圣皇寝总管"被"宫相"取代：宫相并非宦官，而是具有军事背景且军事能力不断强化的贵族。社会又回到了统治者的首席助手是他的副

601

[165]　Grierson and Blackburn（1986），pp. 49 – 51.

[166]　Procopius, *Wars* Ⅶ. 33. 2 – 6; cf. Collins（1983b），pp. 27 – 30.

[167]　Paul, *HL* Ⅳ. 30; Gregory, *Hist.* Ⅴ. 17; Procopius, *Wars* Ⅶ. 33. 5. Cf. McCormick（1986），pp. 312 – 314, f, 残暴冷酷的西哥特人唤起罗马人的必胜信念。

[168]　Brooks（1984），pp. 24 – 5; Hope Taylor（1977），pp. 119 – 122.

[169]　最为明显的是法兰克人的 *graphio*（cf. Anglo-Saxon *gerefa* = reeve），是与 *comes civitatis* 相对应的，见 Murray（1986）。

[170]　Cassiodorus, *Variae* Ⅶ; cf. Barnwell（1992），part Ⅲ; Ward-Perkins（1984），pp. 158 – 166; Johnson（1988）.

[171]　Cf. Millar（1992），pp. 28 – 53, 203 – 272.

[172]　Jones, Martindale and Morris（1971 – 1992）; Jarnut（1972）; Ebling（1974）; García Moreno（1974）.

[173]　Ganz（1983）; Barnwell（1992），pp. 101 – 108; Wood（1994），pp. 262 – 263.

指挥官的时代。重大的回转也影响了表示"服务"的专门术语。未来非常重要的称谓"总管家"（*seneschal*）是一个其后缀表示卑贱身份的（像 *marshal*）的日耳曼词。在前去地方官府（有可能的话）履行更有职权的职务之前，年轻贵族作为王的随从人员特别要在餐桌上和马厩中像学徒一样服侍。[174] 在王的寝宫执勤是为了在他的公共宴会和狩猎活动中服侍。不管如何描述，后罗马管理机构都不能被称作官僚机构。因此，王不再具备像皇帝一样的征税能力，在他要负责的贵族集团的观念中，所谓的恩赐是指土地而非官职。[175]

在后罗马时代的形形色色的各王国中，有像东哥特这样的失败案例，也有一些最终强大的国家尤其是法兰克王国，它们之间最主要的差别不在于一个是阿利乌斯派异端，另一个是正统基督教派，而在于宗教差异之下的具体事项，即根据古典时代末期军队和平民相分离的标准所产生的蛮族人和罗马人之间的鸿沟。那些得以强大的国家是能够融合精英阶层的国家。融合的代价是使对于社会等级制度基本无益的军事价值观成为占优势的因素，领主会堂中的招待活动成了团结上层社会的轴心。[176]

蛮族王鲜有例外地将基督教当作帝国遗产的一部分加以吸收，所以他们必然渴望拥有君士坦丁的地位。克洛维的第一项工程建设就是在巴黎修建一座神圣使徒的教堂，他死后就安葬在那里；他的曾孙克洛塔尔二世（Chlothar Ⅱ）614 年时在这里举行墨洛温王朝最大的一次宗教会议，这些都不是巧合。[177] 但是，西方的局面由于信仰上的逆反趋势而复杂化。拉丁教会受到他们之中一位最伟大的神学家奥古斯丁的启发，比东方人更怀疑世俗权力在精神事务上的作用。在皇帝们信仰阿利乌斯派时，日耳曼诸王加入了教会，而且有些王朝还在很长一段时期内保持了这种信仰。在奥古斯丁的北非，汪达尔王唤起了人们对于迫害者戴克里先的记忆，而不是对第十三使徒君士坦丁皇帝的

---

[174]　Cf. Claude (1971), p. 208, 关于西哥特宫廷长官署（*officium palatinum*）*gardingi* 的职责，列表中显示似乎是负责分配净水的官员。

[175]　这一争议问题不在这里讨论。但是我发现威科姆（Wickham）在 1984 年和 1993 年作品中用了一个不可回答的案例（揭示罗马举世税这一野心）。

[176]　见 Heather (1994b)，especially pp. 192 – 197。

[177]　Périn (1992)；Wood (1994), p. 154.

记忆。[178] 尽管如此，王们通过最知名的殉道者教化后罗马时代的西方社会。523 年被法兰克人杀死的勃艮第王西吉斯孟德（Sigismund）的祭仪看起来像是一种集合了中世纪政治上之受害者的宗教奉献仪式，一直到西蒙·德·蒙福尔（Simon de Montfort）时代都保持了这一习俗。[179] 尽管如此，奥斯瓦尔德（Oswald）的封圣则是另外一种景象。尽管存有质疑，奥斯瓦尔德可以被认为是为了基督而死于异教敌人之手。作为一个殉道者，他是基督教战争的英雄。正如比德所说的，奥斯瓦尔德使他同胞中的其他战争英雄黯然失色。[180] 在此不能忽视其他与之类似的英雄的名望，《贝奥武夫》的作者认为那是对于一个精彩壮观的人生的唯一奖励。

　　一般来说，日耳曼王们都想做教会的领袖。现有的证据参差不齐，但可以认为，墨洛温王朝的大宗教会议与西哥特王治下的教会和国务会议很相似。[181] 有一首奇特的诗作表明，库尼佩特应该因那一次在意大利召开的结束"阿奎莱亚"分裂的会议受到赞扬。[182] 诺森伯利亚的奥斯威（Oswiu of Northumbria）不是教士，却在惠特比（Whitby）宗教会议上做出最重要的决定。[183] 在这个问题上，西哥特王是学习君士坦丁的最好的学生，再一次为后继者加洛林家族做了示范。新皈依的雷克雷德（Reccared）被第三次托莱多宗教会议（the third Toledo Council, 589）称赞为"新的君士坦丁，新的马西安（Marcian）"，从那以后，西哥特就坚定地模仿拜占庭的做法。为此他们差点就变成犹太人的迫害者。另外，基督徒对于《旧约》故事的兴趣的提升，可能会损害此前与上帝有特殊关系的受益人的利益，正如伊西多尔所说的那样。[184] 西班牙人是所有西方人中最早发现《旧约》可 603 以为基督教信条和战争特权的融合提供最好的意识形态基础的人群。他们的王是第一批施行涂油礼的王，这可能发生在 631 年，但肯定不

---

[178] Moorhead（1992）；但是与科洛弗的著作中的现实做对比，Clover（1986）。

[179] Wood（1994），p. 52；墨洛温王朝政治迫害的宗教祭仪与此类似。pp. 142, 230。

[180] Bede, *HE* Ⅲ. 9 – 13.

[181] Wood（1994），pp. 105 – 106.

[182] Carmen de Synodo Ticinensi, pp. 189 – 191.

[183] Bede, *HE* Ⅲ. 25.

[184] Collins（1983a），pp. 129 – 142. 注意帕维亚苏特里宗教会议［the Pavia Synod（n. 171）］上的 the *Carmen* 佩卡塔利特（Perctarit）曾强迫犹太人洗礼。

晚于 672 年。[185] 特别要注意的是，教会有义务为王室的胜利进行祷告。卡尔·埃德曼（Carl Erdmann）发现西班牙很早就出现十字军的观念，这与欧洲其他地方不同。[186]

正如在拜占庭一样，圣经中的典范更有吸引力。其中反复提到要帮助苦难者，这促使奥斯瓦尔德王砸烂自己在复活节宴会上吃饭所用的银质餐盘，分赠给乞丐们。与查士丁尼同时代的法兰克人修建了救济院。[187] 圣德尼已经成为墨洛温王朝的"专门守护者"，大多数的王们都埋葬在他的修道院中。但另一方面，克洛维二世因为剥掉了教堂后殿的银子去援助穷人而使修士们蒙羞。[188] 因此，晚期罗马帝制的一个悖论又重新出现于后罗马的西方属地：因权力不断上升而同人民产生距离的王（但他们又不像深居在君士坦丁堡宫殿中的皇帝那样与民隔绝）与那些拥有最少特权的臣民的关系却更密切。

结论：慵懒的王权

749 年至 750 年之间的冬天，圣德尼修道院院长和一位卜尼法斯派的英格兰主教拜访教宗。他们是受一位身份隐秘但并不难猜测的当权者的委派去询问，如果法兰克王没有"王的权力"是不是合适？历史上最著名的一个具有诱导性的问题得到了适当的答案："教宗扎卡里亚（Zacharias）告诉丕平，有王室权力的人应当称王，比徒有王虚名的人称王更好。"由此，丕平"根据法兰克习俗被选为王……由大主教卜尼法斯施涂油礼……被法兰克人推选为王……而那个被错误地称作王的希尔德里克被削发送入修道院"[189]。

自从那个时候起，扎卡里亚的回答看起来是唯一可能的回答。这是因为它带来了加洛林家族的统治地位，而且它也符合艾因哈德（Einhard）《查理大帝传》（Life of Charlemagne）中的记载，晚期墨

---

⑱⑤　King（1972），pp. 48 – 9（n. 5）.

⑱⑥　Erdmann（1935/1977），pp. 6, 22, 30, 39, 43, 82（停滞在他的法语区观念，）；与 McCormick 的讨论相对比，McCormick（1986），pp. 304 – 312。

⑱⑦　Bede, *HE* Ⅲ. 6；Wood（1994），p. 184.

⑱⑧　Wood（1994），p. 157："peculiaris patronus noster"和对他的善行所给予的墨洛温式的回报，见 *Diplomata Regum Francorum* 48, 51, 61, 64, etc. 。

⑱⑨　Annales Regni Francorum, s. a. 749 – 750, pp. 8, 10.

洛温王朝毋庸置疑地沦为了笑柄。这些背景决定了人们对于 8 世纪 50 年代以前印象最深刻的不是日耳曼王权拥有令人敬畏的力量，而是"影子王"（*roi fainéant*）的观念，即王权的衰落。但至少有一位法兰克贵族不认同教宗的说法。[⑨] 写于 8 世纪 20 年代的《法兰克人史》（*Liber Historiae Francorum*）的作者历数了以往法兰克的辉煌。他并不是敌视加洛林家族的军事成就，也不是藐视墨洛温家族当时所处的位置。至少他关注的一位新近的王——希尔德贝三世（Childbert Ⅲ）很好地履行了职责。所谓的职责是"主持正义"，很明显指的是不偏不倚地调解大贵族间的纷争，以及赏赐给那些最值得赏赐（即已拥有特权）的人以特权。这绝不是表明，这种形式的王权将走向自我毁灭。更进一步说，教宗的观点并没有被与《法兰克人史》一书作者同时代的古撒克逊人所接受。他们能够激烈反对查理的基督教征服战争可以被部分解释为是依赖于这样一种制度，在其中，统治者被认为是通过抽签的方式暂时地掌握"王的权力"。[⑩] 甚至同时代的比德——一个艾因哈德式的强烈哀叹祖国诺森伯利亚的王权散失的人——他从奥古斯丁和（也许是）爱尔兰人那里学到，至善（*summum bonum*）不是这个世界的规则。他不能抑制对于像伊恩这样强有力的王的赞美，后者放弃了一切进入了圣彼得的门槛。[⑫]公元 700 年时，欧洲的王权仍然受到希伯来和罗马以及凯尔特和日耳曼蛮族传统的模糊不清的遗产影响。

但那就是对于像扎卡里亚这样一个住在拜占庭卡拉布里亚（Calabria）的讲希腊语的人所能期待的答案，并且，扎卡里亚的职位体现了"古罗马帝国的幽灵，戴着王冠坐在废墟上"（霍布斯的经典表述）。这不仅是对加洛林家族一直保持支持的法兰克贵族的答案，也是扎卡里亚的固定通信者卜尼法斯的答案，他继续担当撒母耳的角色，用油膏立丕平为扫罗王（Saul）（此为《圣经》典故，以色列人出埃及后，在宗教领袖撒母耳执政后期，就民众要求立了扫罗为以色列人的王。见《旧约·撒母耳记上》8：1 - 22；10：1 - 9。——译

---

⑨　下文所述，见 Gerberding（1987）。
⑩　Cf. Mayr-Harting（1996）.
⑫　Bede, *Epistola ad Ecgbertum Episcopum* 10 - 13, pp. 413 - 417; *HE* Ⅴ. 7. 19. Cf. Stancliffe（1983）; Thacker（1983）.

者）。卜尼法斯支持他的英国同胞麦西亚的艾特尔鲍尔德（Aethelbald of Mercia）的王权，尽管他认真地恐吓对方（他脑海里回荡着伊斯兰西班牙的受害者的命运），根据上帝的律法，若不能有效行使，王权将会招致哪些结果。[193] 现在，西欧的未来将取决于像君士坦丁堡的巴西勒斯（*basileis*）和巴格达的哈里发一样的王们，他们是上帝在世间的代理人。

　　　　　　　　　　　　　　毛欣欣 译，徐家玲 审校

---

[193]　*Bonifatii Epistolae*, no. 73.

第二十二章

地中海经济

S. T. 洛斯比（S. T. Loseby）

背景：考古证据与先行者

能够塑造6、7世纪地中海经济整体阐释框架的影响因素有两个：一个是可获得的证据；另一个则是在此之前的地中海古代经济的性质。文字史料的局限性众所周知，特别是能够用来进行认真定量分析的公文类史料没有保留下来的情况下。通常，我们所掌握的资料仅仅是故事，而不是经济史资料的记录。只有少量简短的文本资料的内容才部分或全部地涉及经济事务。然而，在大多数情况下，我们所依据的材料，仅仅是许多对经济事务漠不关心的作者在著作中提供的一些坊间逸事的记载，在这些著作中，商人或者贸易品转瞬即逝的登场几乎总是无关紧要的内容。例如，图尔的格列高利记录了588年一艘来自西班牙的运载"常规货物"的船只如何停靠在马赛（Marseilles）。他描述这件事情是为了说明当时瘟疫暴发的背景，瘟疫正是通过人们购买这些货物而从港口散播出去的，但是由于缺少这一时期有关西班牙与法兰克之间进行地中海贸易的直接参考资料，这种贸易的性质仍然只是一种推测。① 即使是那不勒斯的莱昂提乌斯（Leontius of Naples）的《慈善家圣约翰传》（*Life of St. John the Almsgiver*）对7世纪早期亚历山大教会（the church of Alexandria）的商贸关系提出了一系

---

① Gregory, *Hist.* ix. 22.

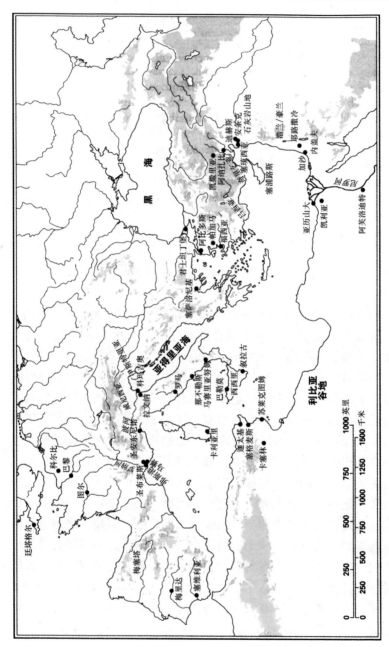

地图 15 地中海经济：文中提到的遗址和地区

列独特的见解，但是，由于该书将这些商贸关系的价值定位为书中主 605
要人物慈善行为的例证，而较少涉及贸易的自身价值。②

　　这一时期的经济史必定要通过从各种背景资料中捕获这样珍贵的
信息而得到构建，并且通过对它们进行精心重组以达到更矫饰的整体
论述。非常经典而又最富雄心的例子便是亨利·皮雷纳（Henri
Pirenne，又译为亨利·皮朗）的论文，甚至自他那引发争议的遗作 607
《穆罕默德与查理曼》（*Mahomet et Charlemagne*）出版以来，其影响
一直笼罩在这一主题上。在该文中，他提出古代经济经历了5世纪的
蛮族入侵后，毫发无伤地存续下来，但是7世纪伊斯兰教的兴起，破
坏了地中海地区的统一性，摧毁了古代经济。尽管皮雷纳的许多批评
者已经证明他的很多观点十分脆弱③，但是这一论断确立了此后数十
年间关于后罗马时期地中海经济史研究的框架。一种令人印象不深的
研究方法已然从主题上将那些碎片式资料组织起来，以期确定地中海
经济的一般模式，这种方法在由迪特里希·克劳德（Dietrich Claude）
汇编的有关中世纪早期西地中海贸易参考文献的目录纲要中达到极
致；与之前的研究方法相比，这种方法具有双重的优点，它比此前那
些先驱者们方法更加全面，结论也更为谨慎。④ 尽管此类著作为可获
得的史实提供了一套非常宝贵的（实质上也是确定的）全集，但是
它仍无法改变史料大量匮乏，且在某些时候是完全不可克服的状况。
在一定程度上，这是早期中世纪文献史料常见的不平衡性所造成的结
果；我们拥有的史料更多地集中于某些地区，而另一些地区的史料则
乏善可陈。更常见的是，存留下来的那些证据，其数量有限而又充满
坊间逸事的性质使得用任何一个逸事的细节来阐明整体的经济环境都
明显存在风险。我们对于中世纪早期商品交易原因的认知，是混合而
成的，它由各种混杂的、片段性的信息拼凑而成，既不具有典型性也
没有可比性，事实上也从来都不是全面的。

　　举一个例子，一个叫雅各布（Jacob）的犹太商人受君士坦丁堡
（Constantinople）某位尊者的委托，在632年前后从君士坦丁堡出发

---

② Leontius, *Life of St. John the Almsgiver.*
③ Pirenne（1939）. 皮雷纳引起的评论与续论不胜枚举，可主要参见 Riising（1952），以及 Hodges and Whitehouse（1983）的作品。
④ Claude（1985）.

去非法售卖价值 2 磅黄金的纺织品，他每年会收取所售货物价值的 10% 左右作为佣金。⑤ 雅各布仔细考虑了在非洲或高卢（Gaul）寻找买家的可能性，但是最后他成功地在迦太基（Carthage）秘密地卖掉所有存货。除去许多庞杂的内容，例如包括雅各布从犹太教转而皈依基督教这样的故事（后者也许才是这个可能虚构的故事要阐释的重点），在这个故事中，商业贸易的背景（*mise en scène*）似乎非常可信，但是商业贸易的许多细节仍然少见而神秘。⑥ 例如，这个记载是有关 6、7 世纪受世俗贵族委托而为其代销货物的地中海商人的唯一记录，也是唯一关于主动选择另外市场的行为的明确陈述。然而这个记载仍然没有涉及雅各布是否只代表他的主顾，及他的佣金是以现金支付还是实物支付，他是否打算利用这次商旅航程为自己牟利，比如顺便带回一些货物在君士坦丁堡出售等内容。尽管雅各布的故事很吸引人，但是由于没有可供对比的史料，所以难以评价作为研究这一时期常态商业行为的史料，它是否存在价值。那些来自不同地区、不同时间的趣闻逸事有着各自不同的侧重点和遗漏之处，因此，我们使用出现在某一个故事中的细节描述，去弥补仅出现在另一个故事中的某个细节。文字史料使我们可以看到当时可能的情形；在 7 世纪 30 年代，雅各布进行这种商业行程的目的也引起了学者的兴趣。但是这些记载提供的信息太少，以至于无法展现出当时的典型情况。

对于中世纪早期地中海经济特质略显枯燥的讨论，长期以来围绕着屈指可数的文献资料以及皮雷纳留下的基本框架进行，自从 20 世纪 70 年代新考古资料不断出现，这种讨论开始有了新的活力。通过对特定地区的案例研究，或者通过对更广阔地区的田野调查及研究，乃至对一些特定地区长期不变的经济结构的考察，如叙利亚（Syria）北部的石灰岩山地，不断变化的城乡定居模式激发了学者对经济关系的许多洞见。⑦ 对考古发现的分析得出了某种手工品生产和行销的更明确的信息。尤其是，成千上万陶片的复原（对它的所有者而言，破损即无用，但是对于考古学家而言却因其在地下未遭破损而价值连城），不仅可以对作为贸易商品的陶器本身进行详细研究，也可以对

---

⑤ *Doctrina Jacobi* v. 20，及在 Dagron 与 D'eroche 作品中的相关评注（1991）。
⑥ 其他关于这一时期商人活动的资料的汇集，见 Claude（1985），pp. 167–244。
⑦ 有关综述，见 Ward-Perkins 的有关评论（2000a）。

当时的食品交易进行详细研究，这些食品包括诸如橄榄油、葡萄酒以及鱼酱这些地中海膳食结构中的主要食物，它们在古代通常被装在双耳细项陶罐（amphorae）中运输。目前，经过许多艰苦的研究，学者们已经可以确定大量出产此类陶器的产地，也可以确定最常见和行销最广泛的陶器的分类和生产日期，且精确度不断地提高。[8] 考古发现的陶器可用各种方式进行分析，例如用来展示消费模式，这种消费模式隐含在来自特定地点的双耳陶罐的复原品上（地图16），或者隐含在某种样式的陶器的行销中（地图17a与17b）。所有这一切为进行统计分析提供了大多数的连续性资料及可能性，显而易见，这是由于缺乏有关它们的文字记录。陶器的行销不仅可以用来表明交易网络的存在，而且可以用来揭示贸易体系随时间的推移而发生的演变。

610

　　同文字史料一样，考古证据在范围上具有局限性，在解释上具有开放性，这是目前仍然存在的问题。在文本史料中最常被提及的早期中世纪贸易的许多产品，从香料到奴隶，是无法进行考古学意义上的复原的。而同双耳陶罐一同流通的其他类型的容器，如木桶、麻布袋以及皮质容器，一般也无法在地下存留。对其他可复原物生产和行销的进一步分析，诸如玻璃制品或者建筑石材，在不久的将来也许是可行的，但是我们对于后罗马时代地中海经济的考古学认知，将仍然主要取决于陶器考古证据。[9] 这与理想的情况相去甚远，但是它表现的景象可能代表了更广阔的经济图景。[10] 陶器是一种在整个古代晚期世界都在制造的日用品，从产于北非地区、大量销售各地的标准精致陶器，到家庭手工制作的用于家内所需的基本款，其形制各有不同。因此，陶器生产与行销的模式可以揭示从跨地域经济到本地经济各层级的经济情况。制陶业相对复杂的情况可能也是表明当时经济整体复杂性的一个可靠的指数。我们可以合理地进行假设，在能够大量生产并广泛销售高质量陶器的时代，其他日用品手工业如纺织业、伐木业，

611

612

⑧　在大量的文献中，应先阅读约翰·海耶斯（John Hayes）关于非洲红釉陶（African Red Slip ware）的具有开创意义的著作，见 John Hayes（1972）and（1980），被学者们广泛使用的最常见的双耳陶罐分类原则则是由 Riley（1979）及 Keay（1984）确立的。

⑨　除了尤为有价值而又十分不典型的建筑石材，目前这样的分析仅对容易辨认的商品的生产和流通可行，例如，有关大理石的内容，见 Sodini（1989）。

⑩　Peacock（1982）。

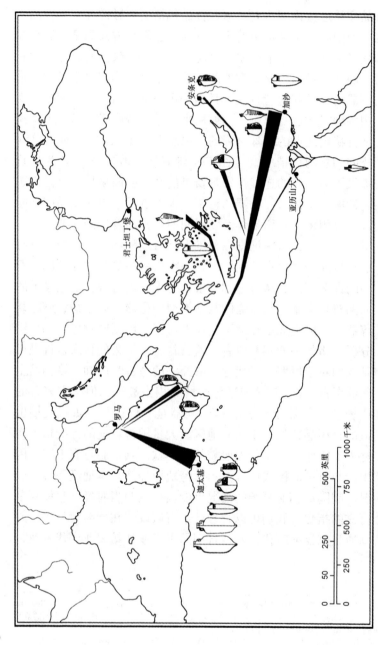

地图 16 罗马巴尔比地下博物馆（Crypta Balbi）7 世纪晚期文化堆积层中的进口双耳陶罐；箭头代表依据陶罐陶罐容量而计算出的进口数量［依据 Panella and Saguì（2000），fig 4］，陶罐规制见图 8。

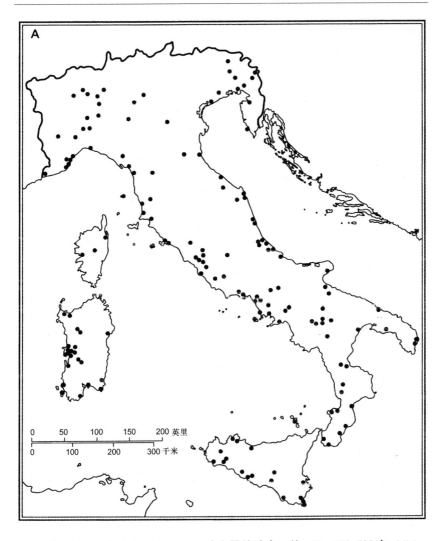

地图 17a 意大利出土非洲红釉陶器的地点：约 450—570/580 年［依据 Tortorella（1998），图 7］

610

611

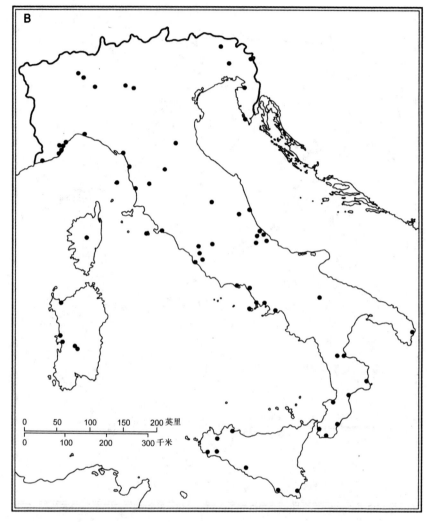

地图 17b　意大利出土非洲红釉陶器的地点：约 550—7 世纪［依据 Tortorella（1998），图 8］

612　也能够在相似的水平上运作。另一方面，日用品基本依赖本地生产的情况，可能暗示着当地没有对陶器的需求，或者缺少区域内陶器行销的运输条件和市场体系，因此它反映的是一种较为简单的经济体系。6、7 世纪双耳陶罐被广泛用作容器，加之人们倾向于将陶器作为实

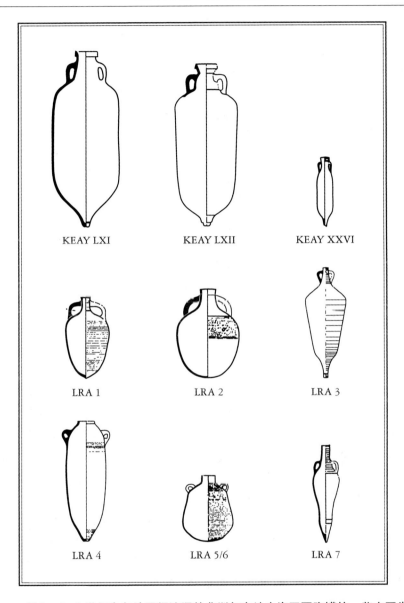

图8 6、7世纪在各地区间流通的非洲与东地中海双耳陶罐的一些主要类型 [非洲：凯伊XXVI 型（KEAY XXVI）（斯帕塞翁，spatheion）；凯伊LXI 型（KEAY LXI）；凯伊LXII 型（KEAY LXII）。东地中海：LRA 1–7 型（LRA 即晚期罗马形制的双耳陶瓶——译者）]

612 用的容器和其他更贵重的货物一同船运，这也就意味着陶器的分布可能暗示着贸易的一般模式，而不仅仅是制陶业特有的贸易体系。[11] 有关中世纪早期地中海出口生产的考古学观点，不可逆转地偏重于那些能生产一些广泛行销各地的陶器的地区，例如非洲的精陶或者叙利亚的双耳陶罐。即使如此，这种曲解也并不是完全具有误导性的，因为恰恰是这些地区在区域性经济层的重要性，使它们能够保持葡萄酒、橄榄油和陶器的生产与行销的工业化规模。

更严峻的困难在于，就其本身而言，陶器发现地的分布图与统计资料的积累从来不能揭示中世纪早期地中海经济是如何运作的，如同它们在理想情况下表现的那样。文字史料至少能告诉我们一些故事；考古学者则必须根据考古资料提供他们自己的故事。尽管近年来在鉴定特定种类的陶器以及确定其年代方面，考古学已经取得显著的进展，但是这些商品在地中海周边运输的方式、原因以及出于何人的利益等问题，仍然是需要解释的事情。例如，考古发掘物显示出，圣布莱斯（St. Blaise）的居民至少在 6 世纪晚期仍能获得来自地中海遥远地区的进口商品。[12] 圣布莱斯是古代晚期被重新占领的普罗旺斯地区的一座山堡（Provençal hillfort，一种依山势而建，拥有防御工事居高临下的定居点——译者）。他们喝着加沙（Gaza）的葡萄酒，这种葡萄酒产于当时一家特级葡萄酒庄（grands crus），装在独特的细长形栗色双耳陶罐中船运过来，这种陶罐就是专家学者熟悉的晚期罗马双耳陶罐（Late Roman Amphora，LRA）类型 4（地图 16 与图 8）。他

614 们用精美的餐具吃饭，这些餐具在位于今天的突尼斯地区的作坊里制成；这就是无处不在的非洲红釉陶，它是当时占主导地位的国际性陶器，也是古代晚期所有种类陶器中被研究得最透彻的一种。然而，虽然我们能够越来越准确地将那些在考古遗址中（如圣布莱斯）发现的某些物品进行分类、确定它们的年代，但却并不能帮助我们理解它是如何到达那里的。假设某些物品的出现与贸易有关，这似乎合情合理，但是，这种需要将葡萄酒从巴勒斯坦（Palestine）的生产者手中运到普罗旺斯山顶的终端消费者手中的贸易，它的数量和性质仍然只

---

⑪ Peacock and Williams (1986).

⑫ Démians d'Archimbaud et al. (1994).

是一种推测。习惯上，讨论这一时期的考古文化堆积层时，"非洲陶器"与"东地中海陶器"的区别也成为其关注的一个问题，在后文中，它将被作为一种退而求其次（faute de mieux）的具有启发性的研究手段。但是，在任何一个指定遗址发现的各占相当比例的此类物品，不能过于肯定地用来反映生产地区与消费地区之间直接贸易的规模；例如许多东方的物品，可能就是通过诸如迦太基这样的中途转运港进入西方市场的。沉没在地中海的少数船只残骸已经得到复原，它们通常也运载着各种不同的货物，这种情形凸显了隐藏在考古发现最终分布背后的贸易的多样性与复杂性。⑬ 这些情况与其他相似的问题使得考古发掘的陶器——如圣布莱斯地区发现的陶器——所提供的信息既令人振奋而又不完整，就像商人雅各布的故事一样。虽然如此，考古资料还是有其自身的优点。因为它提供了一幅历时性变化的图景，因此与其说它是一张有关历史的照片，不如说它是一部有关历史的电影。尽管发掘物自身并不能说明生产分配的社会与经济基础，但是它们可以与同时期的其他考古群集物相对照来揭示贸易的结果。目前，地中海周边每一个拥有丰富文化堆积层的主要的新考古发掘点——例如联合国教科文组织（UNESCO）在迦太基、君士坦丁堡的萨拉尚（Saraçhane）或者罗马的巴尔比地下博物馆的各个项目——都如同突然扭转的考古万花筒，以略微不同的模式重新排列出土物品的碎片。然而，尽管地中海经济模式的整幅图景处于不确定状态中，它的细节也还十分粗略，但是伴随着逐渐增多的可信性，它的一些大致轮廓可以被构建起来；这些大致轮廓可以有效地和文本资料提供的各种观点相比照。

考古证据可用性的增强将改变学者们对古代经济运转的认知。一些有学术影响力的历史学家曾经倾向于对贸易持怀疑态度，他们强调在生存需求高于商业需求的地方，经济体系是一种原始主义的经济。⑭ 在这种极简主义观点下，市场经济的作用完全是地方性的。普遍的贫困限制了需求，而在供货方，专业化、投资和创新的缺乏，过高的运输成本，相比于使生产和利润最大化而言，社会精英阶层更重

⑬　Parker（1992）.
⑭　尤其要参见 Jones（1964），pp. 824 – 858 and（1974）；Finley（1985）.

615

视土地所有权和炫耀性消费的态度，所有这一切都被认为共同遏制了贸易的发展。只有国家机构，因为面临供养大量官员及首都膨胀的人口的必要，才从事着长途的粮食运输，但这尽可能地通过阿诺纳制度（annona，原文该词后并未有 system，但是从上下文可知，其指代的乃是阿诺纳制度，而非作为税收的阿诺纳——译者）完成，这种制度本质上是一种强制购买与分配制度。[15] 因此，在古代以及我们所讨论的时代中发生的贸易，其中许多不是从商业视角来看待的，而是被视为国家、权贵以及后来出现的其他富有的机构（如教会）对资源进行再分配的方式，并不诉诸市场经济。[16]

　　这种解释是基于文本史料得出的，但是考古学上的证据通过展现大量的贸易成果，暴露了我们史料的局限性以及极简主义观点的过度悲观性。地中海周边考古遗址中，甚至是在一些相对简陋的农村遗址中，发现了大量古代晚期的非洲红釉陶，这些陶器表明存在着高品质产品的大规模生产。这种大规模生产足以负担起产品在海外市场的销售，甚至能够使产品行销到那些出产本地精制陶器的地区，与当地产陶器在市场上竞争。如非洲红釉陶这样的贸易商品的流通肯定受到由国家掌控的贸易流通方式的影响，但却不能被这种流通方式所制约。同样地，尽管国家直接负责地区间大部分粮食的交易，双耳陶罐生产的范围以及它们分布的极度复杂性却显示出，至少这种交易中的某些部分是出于商业需求的。既然文字史料极大程度地忽略了这些制陶业的活动，那么其他产品例如纺织品的交易也很可能同样没有为文字史料所记载，虽然在考古学上这一点还不能得到轻易地确定。[17] 一些考古学家从商业利益驱动的角度，明确地对古代经济做出了更多的解释；另一些考古学家则满足于通过平淡描述与贸易相关的发掘物的分布情况，来含蓄地解释古代经济。[18]

　　当然，这些解释都不否认帝国利益对于古代经济社会中地区间贸易的发展与性质的重要影响。即使考古学证据强烈地表明商业领域的

---

　　⑮　Durliat（1990）.

　　⑯　Whittaker（1983）.

　　⑰　来自埃及的幸存下来的档案资料属于例外，见 Johnson and West（1949）；关于纺织品，见 Wipszycka（1965）and van Minnen（1986）。

　　⑱　Carandini（1981）and（1986），十分有用的学术史评论，见 Wickham（1988）；Panella（1993），提供了对考古证据最出色的分析；Reynolds（1995）。

重要性被低估了，罗马国家的需求的确深刻地改变了地区间贸易的走向。例如，4世纪帝国在君士坦丁堡建立新的首都，产生了交易的新流向，这种新流向一定程度上导致东地中海部分地区的农业生产和乡村聚落在古代晚期出现了前所未有的密集化态势。[19] 与此同时，在西部，非洲地区在国家经济中所占的统治地位，则被认定是支撑非洲红釉陶在国际上流通的关键因素。更广泛而言，罗马国家以各种方式间接地刺激了商业贸易的发展。为了缴纳农业税，农民需要将他们的剩余产品作为商品销售，从而转变为货币。最初是出于财政目的而锻制的这些货币，成为帝国范围内充当交易媒介的单一货币。阿诺纳制度的行政与财政基础可能是为了公众利益，但是如同我们看到的那样，它也使私人商号参与其中。[20]

在地中海的东部盆地，国家经济与商业经济交织在一起，这造成了地区间贸易网体系的复杂性。这种复杂性将在6、7世纪的东地中海地区持续存在，并直到拜占庭帝国崩溃前夕才最终被打破。[21] 然而在西部，罗马帝国在5世纪出现了财政和军事机构的崩溃，这使得商业贸易一直处于一种衰退的模式中。此后查士丁尼一世对西部进行了收复运动，西地中海的部分地区——特别是阿非利加——作为收复的结果重新合并到东方的体系中，但是这种合并对于减缓这种衰退并无任何帮助。6、7世纪的标志并不是与过往的根本性决裂，而是继承自古代的经济系统在这一时期中不断收缩。一方面，这支持了认为地中海经济的商业部分一直以来都很重要的观点，就这一点而言，无论是否有帝国的支持，它都能够持续存在；例如，非洲的陶器在海外市场上的统治地位，在经历了汪达尔人（Vandal）征服带来的破坏以及东方皇权在这里重新恢复后，仍然保存了下来。[22] 另一方面，自西罗马帝国灭亡后，西部很明显也没有出现全新的地区间贸易网体系。因此，对6、7世纪地中海经济的宏观描述——只要这样的事实存在——涉及罗马帝国军事、政治和（尤其是）文化权力的崩溃对古代贸易体系持续运转的影响。这种崩溃在西方是逐渐发生的，在东方

---

[19] Abadie-Reynal（1989）.

[20] Hopkins（1980）and（1983）；Mattingly（1988）；Wickham（1988）；McCormick（1998）.

[21] Kingsley and Decker（2001）.

[22] Panella（1993），特别是 pp. 641-654。学者已经做出各种努力，专门依据这些政治变迁来解释陶器的考古证据［e. g. Fulford（1980）and（1983）］，但是这些解释都不能令人信服［Tortorella（1986）］。

则表现得更为猛烈。但是，地中海是不同海域的复合体，就这一点而言，它总是会培植一种复合型经济。[23] 因此，在着手进行宏观叙述之前，首先要关注隐藏在泛地中海经济表面下的地方贸易及区域贸易的范围，以及在这些子系统中流通的商品。

内容：贸易的范围与产品

陆路运输与水路运输在成本上的巨大差别，是前工业化经济的一个典型特征。尽管缺少来自罗马时期的准确信息，但是它与几世纪后的保存较好的资料相一致，这些资料显示陆路运输的成本是水路运输成本的6倍，是海路运输成本的20多倍。通过使用戴克里先（Diocletian）价格敕令中对官方运输税费的规定，琼斯（Jones）生动地描述了这一点。这条税费规定表明从叙利亚船运粮食到西班牙，其成本远低于使用马车陆运120千米的成本。[24] 在正常情况下，经陆路运输诸如粮食这样低价值或大量的货物没有任何商业利益上的意义；国家这样做是为了确保基本物资的供应，而在这种情况下，高昂的费用并不是国家主要关心的问题。此外，如果遇到顺风，海运更加快捷，尽管地中海在一年中差不多有一半的时间被认为太危险不适于航行，这些危险在文字史料中被频繁地强调。[25] 例如，在慈善家约翰（John the Almsgiver）的教区中，至少有13艘属于亚历山大教会的船只在亚得里亚海（Adriatic）遭遇到暴风雨的袭击，被迫丢弃所有的货物；那些在起航前习惯于在船上喷洒约旦河（the River Jordan）圣水的亚历山大城的船长们也采取了合理的防御措施。[26] 然而，这些风险是十分值得人们去承担的，因为地中海沿岸的中心地区，或者那些邻近可通航水路的地区提供了进行商业贸易的可能性，而这种可能性在内陆地区则是不存在的。在详细叙述被陆地包围的城市在饥荒时期的问题时，如距离海岸200千米远、坐落在群山间的卡帕多西亚（Cappadocia）地区的凯撒里亚（Caesarea），纳齐昂的格列高利（Gregory of

---

㉓ Braudel (1972), p. 17.

㉔ Jones (1964), pp. 841–842; 参见 Durliat (1998), pp. 92–93. 有关弱化这种差别的重要性的不完全令人信服的论述，见 Horden and Purcell (2000), p. 377。

㉕ Claude (1985), pp. 31–32.

㉖ Leontius, *Life of St John the Almsgiver* c. 28; Antonini Placentini Itinerarium ii.

Nazianzus) 总结了一份适用于整个 6、7 世纪的地理结构性制约因素的摘要:"沿海的城市可以毫无困难地在这样物资短缺的时期维持下来,因为它们能够卖掉自己的产品,并通过海洋得到供给物资;但是对于我们内陆地区而言,我们的剩余产品是无用的,我们的物资匮乏是无法解决的,因为我们没有卖掉产品的途径,也没有买进我们所缺物资的途径。"㉗ 相对便利的水路运输不仅在危急时刻是至关重要的;它也可能为通往更广阔的市场售卖剩余产品提供了固定的途径。

这种天成的海上"连通性"对地中海经济的存在是必不可少的先决条件。㉘ 然而,实际上,地中海沿岸相似的生态资源也许会减少商业贸易的可能性,在地中海沿岸地区,物产上的差别更倾向于存在于区域内部而不是各地区之间。最重要的是,所有地区都能够生产 6 世纪地中海的三种主要产物:谷物、橄榄油和葡萄酒。㉙ 除了供应帝国首都以外,地区间食品的运输通常对于生计而言并不是必要的。当不可避免地出现粮食歉收时,坏消息和必要的救济通常都不能迅速抵达,如此,远方的生产者与供应商就没有机会利用短期的危机进行投机行为。㉚ 同时,在通常的情况下,船行数万米运输的货物,或许可以与那些短程陆运而来的同类货物进行价格竞争,但是几乎不可能同当地葡萄酒和橄榄油相竞争。亚历山大的圣米纳斯教堂(church of St. Menas)曾向慈善家约翰提供产自巴勒斯坦的昂贵的葡萄酒,他十分喜欢这种葡萄酒令人陶醉的酒香,然而,由于约翰十分节俭的性格,他摒弃该酒而选择了来自马里欧提斯湖(Lake Mareotis)的本地葡萄酒;它的味道并没有什么特别之处,但是价格低廉㉛。

在 6、7 世纪,如同在整个罗马时期及中世纪时期一样,由于运输成本之高与人民的相对贫困状态,于生产者与消费者而言,贸易网体系中最重要的级别仍然是本地贸易。绝大部分人直接从事劳动密集型的农业生产。他们的主要目的是为自己及家人种植足够一年的食物

㉗ Gregory of Nazianzus, *Orations* xliii. 34.

㉘ "连通性":见 Horden and Purcell (2000),ch. 5。

㉙ Cassiodorus, *Variae* xii. 22. 1 关于葡萄酒、谷物与橄榄油作为农业的三个"优质果实"的内容。Justinian, *Institutiones* iv. 6. 33 引证了在不同地区以不同价格销售的这三种同样的货物。

㉚ Cassiodorus, *Variae* iv. 5,亦见 Ruggini (1961),pp. 262 – 276,以及 *Miracula Sancti Demetrii* i. 9. 76,关于狄奥多里克国王(King Theoderic)与圣迪米特里厄斯(St. Demetrius)试图利用各自的权力来解决这一问题的论述。

㉛ Anon., *Life of John the Almsgiver*, c. 10.

（饥饿的威胁是真实存在的），同时也可以缴纳国家赋税与地主的租

619　税；当这些租税需要用现金而不是实物支付时，参与市场经济则是他
们将产品转化为货币的必要途径。如果在租税之外还有剩余产品，他
们最可能在当地用其交换其他食物或者手工业品。这种级别的贸易通
常不是文字史料关注的内容，尽管在偶然的逸事记载中证实了它的存
在。例如，在入侵了汪达尔人占据的非洲后，拜占庭人通过与农民混
在一起这样简单的手段进入苏莱克图姆（Sullectum），这些农民在黎
明时分推车进城，很明显是每天都在发生的事情。㉜　一份来自撒丁
（Sardinia）卡利亚里（Cagliari）的铭文碎片列出了莫里斯（Maurice，
582—602 年在位）统治时期，市政管理机构对那些用驮畜、小船或
者最简单的步行方式运入该城的货物征收的实物关税的细目。在描述
了经由陆路与海路运至当地市场上的一系列基本商品后，这份铭文对
农民生产者与其周边地区社群之间的常态关系进行了不同寻常的审
视㉝。当然，作为回报，这些社群也允许专业技能如农产品一样进入
其市场内。在查士丁尼（Justinian）统治时期，充满活力的埃及村庄
阿芙洛迪特（Aphrodito）至少供应了 60 个店主、工匠和分属 19 个专
门职业的专业人员——其中包括一个有些财产的制陶工——所需。㉞
这种本地范围的贸易通过陶器生产与行销的模式正变得更加明晰可
辨。即使如此，对这个时期常见商品的研究仍然处于初始阶段，这些
商品不变的性质与家庭生产方式意味着这个进程十分缓慢。尽管考古
学也可以向我们展示大量的关于特定遗址粮食供应物的信息，例如，
通过对花粉粒的分析，或者对更有说服力的动物遗骨的分析，目前，
确定这些本地范围贸易的基本价值——以及地中海经济中的无数微观
经济的基本价值——的确比将这类贸易网体系的运作置于有意义的比
较分析中更为容易。㉟

　　同样的情况不再适用于区域性的贸易网体系，此类贸易构成了地

　　㉜　Procopius, *Wars* iii. 16. 10.

　　㉝　Durliat（1982）. 参见来自奇里乞亚（Cilicia）阿纳扎比（Anazarbe）的 5、6 世纪的关税表：
Dagron and Feissel（1987），pp. 170 - 185（no. 108）。

　　㉞　*Catalogue général d' antiquités égyptiennes*, ed. Maspero，Ⅲ. 67283, 67288；Jones（1964），pp. 847 -
848；Keenan（1984）. 来自阿芙洛迪特的资料存留下来是一个特例，我们不应该无视它是一个在尼罗
河（Nile）附近的地位降级的城市，而不是一般意义上的村庄。

　　㉟　对普通商品的研究，特别是意大利地区的研究，见 Saguì（1998）。

中海贸易的中间级别。考古出现的 6、7 世纪陶器的数量不断扩大，复杂性也不断增长的事实，可用来分析这类贸易体系作为具体的存在物越来越可辨识的特点。古代晚期，地中海的许多地区维持着精制陶器的生产；这些生产组织经常在许多区域的中心地区进行生产，有时会将产品出口到毗邻地区以外的其他地方，但是从未达到它们曾有意识地模仿的非洲红釉陶曾经在整个地中海广泛流通的程度。例如在南高卢地区，从 4 世纪晚期开始生产一种精制陶器，这种生产在某些地方一直持续到 7 世纪。这种陶器有很多不起眼的名字，包括源自早期基督教的印纹陶器的衍生品（*dérivées des sigillées paléochrétiennes*, DSP）或者橘/灰色印纹陶。这些陶器并不大量出口海外，除非出口到地中海沿岸的加泰罗尼亚（Catalonia）和利古里亚（Liguria）地区；甚至在高卢，它们的分布也形成了几个明显的组别，于是，朗格多克（Languedoc）出产的橘色 DSP 在普罗旺斯（Provence）很少见，反之亦然，灰色的普罗旺斯类型在朗格多克也十分少见。㊱ 同样地，在东地中海地区，越来越多的精制陶器被鉴定出来，这些陶器都倾向于在特定的地区内流通销售，如来自小亚细亚（Asia Minor）帕加马（Pergamum）的金属釉陶器，埃及版的红釉陶（Red Slip Ware），或者君士坦丁堡出现的玻璃釉白陶（Glazed White Ware），这种白陶在之后的数个世纪中继续在君士坦丁堡的消费市场中占主导地位。㊲ 这些地区性类型的陶器偶尔会行销得更远，但是在东部只有小亚细亚西海岸地区的福西亚（Phocaea）出产的红釉陶达到远销国际的程度，但还远不能和非洲红釉陶相媲美。㊳

　　尽管这种对陶器销售模式的三级分法——本地的、区域的、国际的——稍显不成熟，但是陶器的考古证据为中间级别经济的持久复杂性提供了有益的说明，特别是在文字史料中很难确定此类贸易网体系的情况下。在这里，本地市场与区域市场之间的差别很少得到如卡西

619

㊱　Reynolds（1995），pp. 36 - 37；Rigoir（1998）. 同时期南意大利红色描漆陶器的分布模式也是相似的情况：Arthur and Patterson（1994）。

㊲　Hayes（1992），pp. 12 - 34；Panella（1993），pp. 657 - 661, 673 - 677；Sodini（1993），pp. 173 - 174. 关于埃及见 Bailey（1998），尤其是 pp. 8 - 58。

㊳　福西亚红釉陶：Martin（1998）。在东部地区，福西亚红釉陶只是在埃及很少见。尽管它在西方的销量从来不能与非洲红釉陶在东方的销量同日而语，但是它也到达了西方市场：Reynolds（1995），pp. 34 - 36, 132 - 135。

奥多（Cassiodorus）那样细致的描述，他描述了南意大利卢卡尼亚（Lucania）地区马赛里亚努姆（Marcellianum）附近的一个圣泉处的圣西普里安（St. Cyprian）节日背后隐含的商业内涵："来自拥有勤劳人民的坎帕尼亚（Campania）、物产富饶的布鲁提恩（Bruttium）、盛产牛的卡拉布里亚（Calabria）或者富裕繁荣的阿普利亚（Apulia）的所有闻名遐迩的出口货物，同卢卡尼亚本地的产品一起展示，彰显了最好的商业贸易的辉煌，以至于你会觉得如此多的商品是从许多不同的地区集中到了这里。"[39] 这样的集市可能也促进了被称为凯伊（KEAY）LII 型的双耳罐装载的葡萄酒的流通——促进了节庆消费——如今这种双耳罐已经被确定产于南意大利和西西里地区。[40] 不过关于当地的无赖农民抢劫外来商人的记载，破坏了节日喜庆的景象。另一种主要的产品是谷物，它很可能已经在这一带成为商业流通的商品。例如，尽管教宗格列高利一世（Gregory Ⅰ）常年渴望通过西西里来确保罗马的粮食供应，通常是借助帝国职能部门或依靠大量的教宗地产，但是他也会通过从公开的市场上购买粮食来确保供应。591 年，他曾花费 50 磅重的黄金从西西里尽可能多地购买额外的粮食储存起来，用以应对罗马的农业歉收。[41] 与此同时，在亚平宁山（Apennines）的另一面，亚得里亚海顶端的威尼西亚（Venetia）和伊斯特里亚（Istria）的居民也在生产葡萄酒、鱼酱、橄榄油与盐，以及谷物；这些货物中的一部分是为拉文纳地区（Ravenna）准备的，但是它们也在市场上出售。[42] 两个世纪后，波河（Po）河源区的科玛吉奥（Comacchio）的商人与伦巴第人（Lombards）达成协议，协议给予他们沿河进行贸易的权利而免受伦巴第人的袭击，作为交换，他们向伦巴第人缴纳实物通行税，其中，食盐再次成为重要的商品。[43] 准确地说，盐是一种能够在一定距离内流通的日用商品——人人都需要盐，如同卡西奥多所言——但是并不能流通到太远的地方。地中海沿岸的广大地区都能进行盐的提纯，而长途海运则会有使盐受

---

[39] Cassiodorus, *Variae* viii. 33.

[40] Arthur (1989)；Pacetti (1998).

[41] Gregory Ⅰ, *Reg.* i. 70；Arnaldi (1986). 格列高利对危机的预感似乎非常准：参见前文注释30。

[42] Cassiodorus, *Variae* xii. 22, 24, 后者描述了威尼西亚的居民如何直接用筒形的盐块交换粮食。

[43] Hartmann (1904), pp. 123–124, 关于 8 世纪早期科玛吉奥的 "法令汇编", 见 Balzaretti 的译文及相关讨论, in Balzaretti (1996).

损的风险，与葡萄酒不同，我们并不了解特定类型的盐是否具有某种
优势。它在这些文本中的出现表明这些文本所描述的贸易实际上是一
种区域内的贸易。

　　中世纪早期的地中海因此维持了一系列的区域性经济，其中一些
地区的经济表现得比其他地区更为发达，或者说更具有活力。特别是
意大利地区多变的历史已经表明，对经济变化的概括性解释——如战
争或生态环境危机的影响——是不充分的。[44] 此类研究的扩展使我们
有希望形成比较研究的观点，有希望更深刻地理解早期中世纪贸易的
复杂性。但是对于更大规模的地中海经济而言，我们必须回到那种在
地中海沿岸地区陷入政治分裂后很长一段时间里，将生活在罗马帝国
内海周边（甚至是一些生活于远海岛域）的人们持续联系起来的贸
易活动。"远程贸易"这个术语曾经是对此类贸易的一种习惯性表达
方式，现在看来这不是完全有益的表达，因为正如我们看到的那样，
真正重要的因素不是距离的长短，而是可以通往海洋或可航行水路的
通道。在这个意义上，同附近毗连的梅塞塔（Meseta）高原相比，迦
太基或罗马地区距离西班牙沿海地区的居民更"近"；同样，如果我
们现在渡过直布罗陀海峡，那么在臣属于后罗马的不列颠西部地区，
我们会看到分散于这里的地中海陶器似乎比其在法兰克北部地区更常
见。虽然那个描写一位亚历山大的船长从埃及航行至不列颠的著名故
事很可能是杜撰的——无论他多么的不经意，但是 6 世纪时，下埃及
（Lower Egypt）的凯利亚（Kellia）修道院与康沃尔（Cornwall）的廷
塔格尔（Tintagel）借助海洋的纽带，对非洲红釉陶以及东方的双耳
陶罐有着同样的喜好，这一点则不是虚构的。[45] 最"长距离"的贸易
可能是通过各种短途行程得以实现的，商船沿海岸线从一个港口辗转
到另一个港口，或者利用海中的岛屿作为踏脚石而横穿整个地中海。
从埃及航行到不列颠的想象不应掩盖这种可能性。[46]

622

---

[44]　Wickham（1994），pp. 752 – 756，Marazzi（1998b），关于制陶业见 Saguì（1998）。

[45]　Leontius，*Life of John the Almsgiver* c. 8. Kellia：Egloff（1977）；Ballet and Picon（1987）. Tintagel：Thomas（1981），以及 Dark（1995）中的论文。

[46]　有文献证明的路线见 Rougé（1966），pt I；利用考古发现的陶器来推论远距离贸易中转站的尝试性研究，这一研究宣称有更直接的交通运输。见 Claude（1985），pp. 131 – 166，及 Reynolds（1995），pp. 126 – 136. Pond：Socrates, in Plato, Phaedo, 109b："我们居住于陆地的一小部分……如同池塘周围的青蛙与蚂蚁生活在大海的周围一样。"

贸易体系中的"远程"级别的贸易经常被认为是一种非主流的现象：因其奢侈的本质、小规模、边缘化的价值，而不予考虑。或者是为了迎合个别隐修者为体验真正的埃及禁欲主义的热情，又或者是为了满足某些机构、最明显的就是修道院更多的需求，在6、7世纪，可能属于这类商品的一类食物是从东地中海地区、阿拉伯半岛以及印度海运到西方消费者手中的，包括具有异域风味的水果、坚果，特别是一些香料。[47] 法兰克国王克洛塔尔三世（Chlothar Ⅲ，657—673 年在位）授权给他在科尔比（Corbie）的新建修道院的代理人，让他们每年从位于普罗旺斯弗斯港（Fos）的王室货栈中——视情况而定（selon arrivage）——领取一个用进口商品构成的丰裕之角（希腊传说中给宙斯哺乳的羊角，装满花果及谷穗表示丰收的羊角状物，是丰收富饶的象征。——译者）[48]。除了橄榄油、鱼酱、西班牙兽皮以及埃及莎草纸，他们的购物清单中还有十多种不同的东方水果、草药、香料，总共825磅重的货物。与位居清单首位的重达10000磅的橄榄油相比，这些商品可能显得有些微不足道且很琐碎，然而它可能代表了单个群体的商品年消耗量，这一点是值得铭记的。尽管这些"奢侈品"最终的收货人通常是一些机构，但是毫无疑问大部分的此类贸易属于商业行为；塞维利亚的伊西多尔（Isidore of Seville）曾经警告那些无耻的商人不要因为胡椒仅按重量计算价值，或者因为鲜胡椒更重，就为了获得更多利润而在胡椒中掺杂铅屑或银屑。[49] 虽然只有少数幸运者需要像一位6世纪的法兰克国王那样留意不要吃太多的枣，但是这种贸易的范围以及它的经济价值都不应该被过度地低估。[50]

不过，科尔比文书中对橄榄油数量的规定表明，区域之间的地中海贸易真正的价值存在于其他地方，并且涉及主要商品的装运。通过对发掘出来的大量盛装橄榄油、葡萄酒、鱼酱以及其他商品的双耳陶罐碎片的研究，此类贸易的规模现在已经得到充分的证实。我们仍有许多研究要做，例如，需要进一步对了解较多的双耳陶罐的类型进行

623

---

[47]　Hermits：Gregory, *Hist.* vi. 6. Monasteries：Lebecq (2000)，及后文第23章。

[48]　Levillain (1902)，no. 15，pp. 236 –237. 近期的讨论（附带之前的参考文献），见 Loseby (2000)，pp. 176 –89 以及（更乐观的论述）见 Horden and Purcell (2000)，pp. 163 –166。

[49]　Isidore, *Etymologiae* xvii. 8. 8.

[50]　有关枣的危险性见 Anthimus, c. 92. 有关水果、坚果及香料的文书类文献，见 Claude (1985)，pp. 81 –84，以及有关香料贸易的更广泛论述，见 Miller (1969)。

图 1　狄奥多里克的寝陵,拉文纳,约公元 526 年

图 2　圣胡安·德·拉·佩纳教堂,西班牙,公元 661 年建

　　图 3　王者基督(Christ in Majesty),带有传播福音的标志,阿吉尔伯特(Agilbert)的石棺棺首雕塑,茹阿尔修道院教堂的地下室(Crypt of Jouarre)[塞纳—马恩省(Seine et Marne)],7 世纪晚期

　图 4　教堂穹顶,克拉赛的圣阿波利纳里教堂,摩西与埃利亚斯,6 世纪中期

图5　圣马太,《杜若之书》(*Book of Durrow*,或译《达罗福音书》),圣三一学院,都柏林

图6　雷切苏伊斯（Reccesuinth）贡奉的王冠,出自瓜拉扎尔
（Guarrazar）宝藏,国家考古博物馆,马德里

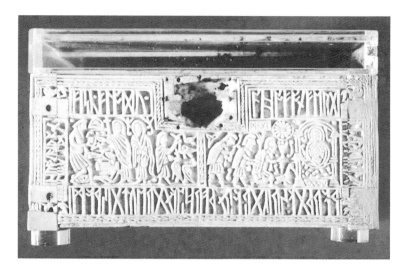

图 7　法兰克人首饰盒,匠人韦兰德,大英博物馆

图 8　圣索菲亚大教堂,伊斯坦布尔(君士坦丁堡),537 年竣工

图 9 雕有大天使长的象牙板,大英博物馆

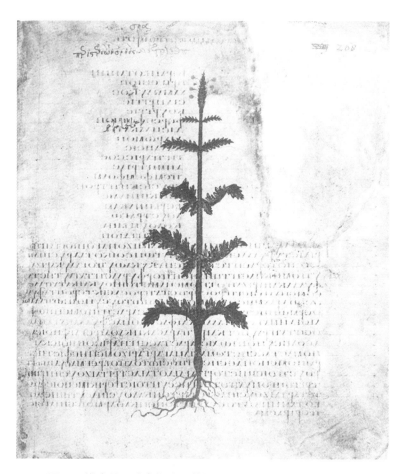

图 10　维也纳·迪奥斯库里德斯, fol. 20r. "苦艾"(Artemesia spica-
ta),及晚近的小草书抄写本并阿拉伯文和拉丁文译本

精细划分，以便将其与特定的产地或特定的时期相联系，或者对属于
6、7 世纪的考古发现中的一些"未知物品"的大部分进行鉴别。[51]
不管怎样，随着双耳陶罐资料的持续积累，对中世纪早期将粮食行销
到地中海周边地区的贸易网体系的范围与复杂程度的研究，已经出现
新的见解，一些总体的趋势正越来越清晰地呈现出来。像陶器一样，
某些类型的双耳陶罐似乎主要在本地范围内或者区域范围内流通，但
是其他类型的双耳陶罐在 6、7 世纪期间则遍布整个地中海地区。值
得注意的是，这些类型的双耳罐或者出自非洲，或者出自东地中海沿
岸地区，出口地区形成了一个从爱琴海（Aegean）（LRA 2 型、LRA
3 型）绕过小亚细亚（LRA 1 型）、叙利亚和巴勒斯坦（LRA 4 型、
LRA 5 型、LRA 6 型）到达埃及（LRA 7 型）（地图 16 与图 8）的圆
弧带。[52] 因此，我们可以看到，这些容器的考古证据很明显与精制陶
器的考古证据相吻合。而那些精致陶器的考古证据恰恰强调了非洲与
东地中海地区产品在贸易体系中的地区间级别贸易中占有优势。

在阿非利加的例子里，这种商品在贸易中的优势至少可以追溯到
3 世纪，但是东部出口商品的兴起则是较晚出现的情况；来自这里的
双耳陶罐只是从 5 世纪晚期才开始大量流通到地中海的西部地区。[53]
就这一点而言，6、7 世纪的模式是始于罗马共和国时期的一系列发
展过程的最后阶段，在这个时序中，不同的地区——意大利、高卢中
南部、西班牙、阿非利加、近东——相互接替成为整个地中海经济中
的主导力量。在这方面，如同在其他方面一样，6、7 世纪更像是古
代经济体系的最后表演，而并非新时代的序曲。乔治·特卡伦科
（Georges Tchalenko）在对叙利亚石灰岩山丘地区保存完好的村庄遗
址进行开创性的考察时，最早强调了古代晚期近东地区乡村的非凡活
力。[54] 在吕西亚（Lycia）崎岖多石的海岸地区，在小亚细亚南部海
岸的奇里乞亚，在叙利亚南部裸露出玄武岩的华尔（Haur）地区，

624

---

[51] 关于"未知物品"中高比例的未知物的论述，见 Arthur（1986），pp. 655 – 666，Panella
（1993），pp. 662 – 663，有关双耳陶罐资料的潜在价值及一些普遍性问题，见 Arthur（1998）。

[52] 在各种研究中，有关非洲双耳陶罐的研究，见 Keay（1984）and（1998）；Empereur and Picon
（1989）；Panella（1993），pp. 662 – 672。关于东地中海地区的双耳陶罐的内容，Reynolds（1995），pp. 38 –
85，对相关资料进行了综述。

[53] Panella（1993），pp. 625 – 648.

[54] Tchalenko（1953 – 1958），有关 Tate（1992）的重要的再思考，以及 Sodini et al.（1980）中有
关 Déhès 的特殊情况的内容。

以及在巴勒斯坦南部内盖夫（Negev）干涸的河道地区，证明农村经济迅速增长的类似证据一直不断地出现。[55] 无论如何，这些地区的大部分地方在农业上都属于一种边缘化地区，只能在拥有极大的决心与投资的条件下才能够得到耕种。但到了 6、7 世纪初，它们所支撑的定居点密集而繁荣，在面积上史无前例，这在某些情况下这种情形从未再现过，这也有助于解释考古证据得到相对完好保存的原因。

人们很容易认为上述地区是通过中心地区，比如安条克（Antioch）和它的外港塞琉西亚（Seleuceia，针对石灰岩山丘地区），或者加沙（针对内盖夫地区），将它们的剩余产品整合入地中海的经济体系中来，而这种整合使得这些边缘地区的开发不仅实际可行，而且的确有利可图。[56] 这些农村地区的不断繁荣同许多陶器出现在海外市场，在时间上的巧合十分引人注目，这些陶器包括安条克、奇里乞亚（Cilicia）以及塞浦路斯（Cyprus）周边的地中海东北角地区手工作坊制作的陶器 LRA 1 型，主要产自加沙周边地区的陶器 LRA 4 型。LRA 1 型陶器是古代晚期所有类型的东方双耳陶罐中流通范围广、最常被发掘到的陶器，大概被用来作为运输橄榄油和葡萄酒的容器。LAR 4 型陶器，则几乎可以确信与文本史料中周期性出现的特定商品——加沙的葡萄酒——联系在一起。这些双耳陶罐在西地中海地区考古堆积层中的广泛出现，证实了图尔的格列高利、塞维利亚的伊西多尔以及其他古代作家在著作中所提到的这一商品，不是文学幻想也不是充满诗意的虚构。[57] 这种情况完全与早期罗马的模式相一致，农村的发展、在某一地区的投资，与从这个地区向地中海其他地方输出大量出口商品的情况相伴。[58]

625　　这种现象在一些方面可能还存在着难以理解的内容。许多地区间

---

[55] 概述见 Sodini（1993）；Foss（1995）and（1997）；吕西亚见 Foss（1994）；奇里乞亚见 Eyice（1988）；浩兰见 Dentzer（1985）and Sartre（1985）；内盖夫见 Shereshevski（1991），及 Foss（1995）对其进行的评论。

[56] Van Alfen（1996）；Decker（2001）。

[57] Gregory, *Hist.* vii. 29, Gregory, *Glory of the Confessors*, 64, Van Dam 译, pp. 70 – 71；Isidore, *Etymologiae* xx. 3. Bonifay and Villedieu（1989）中关于高卢地区的东方双耳陶罐的论述，Gutiérrez-Lloret（1998a），pp. 165 – 167 关于西班牙地区双耳陶罐的论述，Arthur（1998）关于意大利地区的论述。Mayerson（1985）and Gatier（1988），关于文本的梳理，以及 Kieslinger（1999）对葡萄酒贸易的整体论述。

[58] 例如，北非地区，见 Mattingly（1988），以及 Vera（1983）关于投资策略的论述。

的贸易严格看来可能并不是必需的。通常情况下对热切的地中海消费者而言,那些距离他们更近的生产者制造的橄榄油、葡萄酒或陶器一定是现成的。而考古学无法向我们解释为何安条克的橄榄油、加沙的葡萄酒,或非洲红釉陶应该得到比这些商品更多的价值和重视(就非洲红釉陶而言,许多当地的陶器很明显是模仿非洲红釉陶生产的)。6、7世纪的文本史料只略微暗示出质量上的差别。图尔的格列高利似乎通过与当地的葡萄酒进行比较——可能是在酒的醇度与口味方面比较——将加沙的葡萄酒描述为一种"更强劲"(*potentiora*)的饮品,随后他甚至可能还建议酒应该基于纯度和浓度的不同来销售,如同现今的方法一样。[59] 但是令人遗憾的是,史料中从来没有提及这些产品拥有多大程度的优势。价格上的一定涨幅对于体现运输成本和可能存在的商品稀缺性价值一定是很重要的,但是这个涨幅足以将除了贵族之外的其他消费者排除在外吗?尽管到6世纪非洲红釉陶独特的市场渗透力正处于衰退中,但是它表明部分的地区间贸易曾迎合较少的专属客户,然而令人沮丧的是,它的真实规模仍然难以了解。虽然考古发现的陶器能揭示随着时间的推移,不同地区商品在发掘物中的相对比例所发生的变化,但是利用它们来评价6、7世纪地区间贸易绝对数量的变化则极为困难。[60] 即使如此,农村的调查数据以及陶器的分布状况都表明,对于各地域之间这一层级贸易的参与非但不是一种附带的现象,反而与大规模的专门生产、大宗商品和区域性繁荣紧密相关。它们也说明在6、7世纪的大部分时段内,地中海沿岸地区仍然被融入一个主要的经济体系中。那么,是什么原因推动了这种经济的发展?而这一经济体系又继续存续了多长时间呢?

方法与结局:地中海地区间贸易网体系的命运

　　6、7世纪地中海经济中最大的玩家很显然是拜占庭帝国,它

---

[59]　Gregory, *Hist.* vii. 29.

[60]　Fentress and Perkins（1987）中关于利用非洲红釉陶的考古数据对6、7世纪地区间贸易绝对数量的变化进行的创新性研究,展示了一个从5世纪早期就已经开始、在7世纪中期就被遗忘的稳定的衰落进程;迄今为止只有Zanini仍在进行这项研究,见Zanini（1996）。

独自维持着支持大宗商品在地区间进行常规性大规模运输的通道与动
626　机。来自地中海周边最富裕地区埃及的部分剩余农产品被长期运往帝
国首都君士坦丁堡，以确保首都的粮食供应。查士丁尼一世于 533 年
再度收复阿非利加后，该地区的部分产品也弥补了国家经济收入，这
也在迦太基与君士坦丁堡之间建立起了固定的贸易联系。[61] 帝国军事
及行政管理机构的需求继续驱动着由货币流通、税收以及费用支出组
成的财政周期的运转，如同我们所见，这个财政周期对于生产分配而
言是一个重要的刺激动因。在整个东部帝国这种情况是普遍存在的。
例如，在小亚细亚的内陆，查士丁尼一世缩减了从君士坦丁堡到东方
前哨主干道沿途的帝国运输系统的规模，将部队后撤，他的这种做法
被认为使附近的土地所有者陷入了破产，因为这种做法既剥夺了他们
用实物缴纳赋税的机会，也使他们失去了那些能够将其剩余产品转化
为现金的消费者。[62] 这件逸闻简洁地说明了国家是如何刺激经济行为
的，但它也证实了通往地中海的门户所带来的持续的优越性。如同纳
齐昂的格列高利一样，在他之后的约翰·利多斯（John Lydos）也清
楚地指出这一点："这个纳税人破产了……由于他居住在远离大海的
地方，无法出售他的谷物。"如前所述，继续向南，沿海的吕西亚与
奇里乞亚地区在这个时期依然保持繁荣。地中海为沿海地区的生产者
提供了更广泛的在市场上出售剩余产品的机会，无论是与国有经济有
关还是无关的生产者。

　　然而在地中海西部，5 世纪时国有经济已经崩溃，这种崩溃在一
些地区是永久性的，在另一些地区则是暂时的；尽管国有经济的财政
基础和物质基础可能存留了下来，但却一直处于一种需要不断修复的
涣散状态中[63]。在这里，许多地区间的贸易本质上必然是商业化的。
世俗贵族从事所谓的"捆绑贸易"，他们的物资在各地区之间穿梭运
输，或者他们在非商业的基础上与其他人分享物资，但是作为西部地
区政治分裂以及几个行省内拥有大片土地的富豪贵族阶层已经消失的

　　[61]　Panella（1993），pp. 655 – 657. 缺乏文本资料方面的证明，但可参见 Theophanes，AM 6100，I.
296，2 – 3，有关反对福卡斯（Phokas）统治的起义而导致运粮船无法从非洲启程的内容。
　　[62]　John Lydus, De Magistratibus iii. 61；Procopius, Secret History 30, i – ii（强调的重点稍有不同，但
是对查士丁尼抱有的敌意是相似的）。讨论见 Hendy（1985），pp. 295 – 296。
　　[63]　参见 e. g. Hendy（1988）and（1993），关于西部的货币制度的内容，以及后文 Blackburn 的第
24 章。

结果，这种贸易也必然大大地被削弱。⑭ 然而，主要的教会则继续拥有大量的土地资源以及经常性的国际往来。大格列高利（Gregory the Great）的信函表明，在 6 世纪末，罗马教宗在地中海贸易中表现得极为活跃，不仅在为罗马贫民征集帝国的粮食供给中表现活跃（或许正逐渐地取代国家政府成为粮食供给的主要组织者），而且在教会地产的产品重新分配方面也十分活跃。⑮ 对教会而言，在非商业基础上对这些物资进行交换可能更为便利，尽管在实际中这种交换并不总是如它听上去那样简单。格列高利花费了 8 个夏天来安排船只，将造船用的木材从南意大利运到埃及，以满足亚历山大城牧首（patriarch of Alexandria）尤罗吉乌斯（Eulogius）的请求；我们始终没有查明他最后是否成功了。⑯

大概不是所有的"捆绑贸易"都会这样错综复杂，但是无论如何，这种性质的交易似乎可能说明只有一小部分教会组织参与地中海经济的地区间贸易。在一封写给尤罗吉乌斯的信中，格列高利讽刺性地援引了基督关于充分发挥自身才能的格言中的短句"你们去做生意，直到我回来"⑰；如同慈善者圣约翰说明的那种传统环境，亚历山大教会当然也是海外贸易尤为积极的参与者，611 年，慈善者圣约翰在尤罗吉乌斯死后 4 年继任为亚历山大城牧首。它的直接利润通过维持一支大型的航海船队得以确保，但是同样重要的是它作为匿名股东的角色，用现金、货物，甚至船只为亚历山大商人们的贸易风险做担保，这些商人反复遭遇到的不幸通常都通过教会来解决。想必这些善行——凡人的及神佑的——是以分享一部分利润为代价得以实现的，尽管史料选择不详细叙述这样的主题。然而，很明显这些背后有教会财力支持的商人，在怎样经营业务方面也享受很大的应变处理的权限。一些专门研究地区间贸易的学者，通过"一个号称高卢行者（Gallodromoi）的人"如何拒绝还贷的故事中进行判断，这个人的商

⑭ 见 Whittaker（1983）中关于晚期帝国时期捆绑贸易的重要性的论述（笔者认为其有些夸大）。
⑮ Marazzi（1998a）.
⑯ Gregory Ⅰ, Registrum vi. 58, vii. 37, viii. 28, ix. 176, x. 21, xiii. 43（596 – 603）.
⑰ Luke 19. 13. Gregory Ⅰ, Registrum vii. 37. 格列高利强调他不会从事贸易（大概提及了政治形势），但是也表明对于尤罗吉乌斯取得的经济上的成功，他感到很欣慰。

号可能主要与高卢地区有业务关系。[68] 约翰记载的其他关于慈善的事迹描绘出亚历山大与巴勒斯坦、亚得里亚海、西西里、非洲甚至不列颠之间的联系。[69] 一个关于这些贸易商（不是所有的商人都能确保自己能返回故乡）如何经营各种商品的简单提示，出现在一个来自亚历山大名为彼得（Peter）的亚麻经销商的墓志铭中，602 年这个商人在帕勒莫（Palermo）去世。[70]

628

　　很少有圣徒传记的作者如同那些歌颂慈善家约翰善行的人们一样乐于将他们的主人公与商人联系在一起，许多的城市并不像亚历山大城那样，位于地中海与印度/阿拉伯半岛贸易网体系天然的重合之地，有着适于进行贸易的理想的地理位置。[71] 因此，只能猜想拥有同样财富与地位的东方教会，如安条克与君士坦丁堡，会在多大程度上支持类似程度的地区间贸易。虽然并不能确定罗马教会是否经营自己的船队，但是教宗格列高利一世的确代表罗马教会经常与商人打交道，当然很多情况下是当时的政治形势以及罗马食物供给制度独有的历史传统，将很多与贸易有关的问题强加于格列高利身上的。[72] 其他的西方教会——以及统治者——似乎更倾向于临时性（ad hoc）地同个体商人打交道。在 6、7 世纪的西方史料文献中，相当多的商人只是被顺便提及，其中几个人据说是出身于东方。例如，甚至在拜占庭人再征服之前，迦太基地区就已经有很多的东方商人，而 6 世纪的意大利和西西里也有一些东方商人。[73] 从东方出发抵达西班牙的希腊商人们，沿河而上行至梅里达（Mérida），"依据习俗"自荐觐见当地主教，随行的有一个名为保罗的东方人。[74] 在巴黎，叙利亚商人尤西比乌斯（Eusebius）打败前任主教教士出身的兄弟继任主教（图尔的格

⑱　Leontius, *Life of John the Almsgiver* c. 36. 这个术语与地下交易之间的联系后来成为众所周知的事情：Claude (1985), 185, n. 137. 5 世纪在亚历山大还存在着一群被称为"西班牙行者"（*Spanodromoi*）的商人：Palladius, *Lausiac Hist.* 14。

⑲　Leontius, *Life of St John the Almsgiver* c. 18（巴勒斯坦）（参见 Anon., *Life of St John the Almsgiver* c. 9）；c. 28（亚得里亚海），c. 11（西西里），c. 25（非洲）（参见 John Moschus, *Pratum Spirituale*, 76），c. 8（不列颠）。有关讨论见 Hollerich (1982) and, 更广泛的讨论见 Wipszycka (1972)。

⑳　CIL x. 2. 7330.

㉑　Mundell Mango (1996).

㉒　E. g. Gregory Ⅰ, Reg. i. 70, iv. 43, ix. 10, ix. 40.

㉓　Procopius, Wars iii. 20. 5（Carthage）. 关于意大利与西西里地区，参见上引书 iv. 14. 7（叙拉古 Syracuse）；v. 8. 21（那不勒斯 Naples）；Gregory Ⅰ, Reg. iv. 43（西西里）；前文注释 69。

㉔　Vita Patrum Emeretensium iv. 3. 保罗之前曾是一名医生，这提醒人们并非所有在西方文字史料中被提及的叙利亚人或希腊人（更不用说犹太人）都被不假思索地认为是商人；参见 Ruggini (1959)。

列高利以嘲笑的口吻记载其通过贿赂而继任），迅速地为他的家人雇用了叙利亚人伙计（fellow-Syrians）。[75]

像尤西比乌斯这样的人升迁到有名望的职位，这一点令人感到很有趣。同样有趣的是，考古记录中体现出的东方向西地中海地区出口商品的全盛期，与 5 世纪到 7 世纪早期的西方史料文献中记载的东方人客串的情况是同时发生的，这些东方人中一部分人的身份被鉴定为商人。但是要避免用少数个人沉浮不定的生涯对这种情况进行过度推断。[76] 有关这种情况的文档资料太贫乏，且语焉不详。我们无法从中获悉这一时期从事海外贸易的大部分商人的确切出身，我们也无法据此构建一幅他们进行商业活动的整体图景，这些商业活动可能被确信为是这一时期的典型行为而不是个别行为。显然有一些商人专门从事地区间贸易（虽然不是很令人感到意外），特别是从东地中海地区到西地中海的贸易。前文提到的雅各布便是其中之一。但是，他们的商业策略似乎随着他们与教俗资助人的关系变化而变化。在 6、7 世纪，大多数商人可能既不为国家服务，也不为特定的教会或修道院服务，而他们又并非完全独立。最简单的情况是，富裕机构中的成员最可能成为这些商人的客户；希腊商人在到达梅里达时对主教的例行拜访，只是一种常识性的礼貌行为。更重要的是，商业投机包含着大量的风险；除了最富有的商人之外，所有的商人都需要拥有闲置资本、商品及船队的资助人（或者至少有存货的地方），或者有能够在遭遇商业风险时帮助其摆脱经济困境的资助人。[77]

与此同时，在东地中海地区，能够提供这种财政支持的最大的资助人仍然是拜占庭帝国。帝国的阿诺纳制度可能将运货商与埃及向帝国首都常规的粮食运输捆绑在一起，当然这种捆绑并没有严格到禁止他们同时谋求私人利润。[78] 为了弥补他们为国家服务而造成的亏损，这些船东（navicularii）似乎享有一系列财税上的优惠。其中一些优

---

[75]　Gregory, *Hist.* x. 26. 尤西比乌斯和他的亲友可能并不是叙利亚人；叙利亚人（*Syru*）及不经常使用的希腊人（*Graecus*）概念，似乎被西方作家普遍用来指代所有的东方人。

[76]　考古证据：Claude（1985），pp. 167 – 200. Devroey（1995）关于皮雷纳与其他人对夸大法兰克地区外国商人数量和潜在重要性的观点的批判。

[77]　查士丁尼试图将航海贷款的年最高利率设定为 12%，这一做法似乎并不受欢迎，因为航海损失的风险更大：Jones（1964），pp. 868 – 869。

[78]　McCormick（1998），特别是 pp. 65 – 93，对阿诺纳制度贸易所带来的利益的细致分析，充实了 Wickham（1988）的意见。Durliat（1990）则持有更悲观的观点。

惠是免交土地税，以及免除为市议会提供服务；而另一些优惠则给予他们更为直接的商业利益，包括由国家分担造船的大部分成本，将损失的风险转移给国家（随之而来的是欺骗国家的机会）。最重要的是，只要他们履行了对国家的义务，服从一定的限制条件，这些船东就被允许顺便进行他们自己的业务，而不必缴纳商人必须承担的各种繁杂的关税。埃及运送阿诺纳时，满帆航行的大型船队使得地中海看起来像陆地一样，一旦船队抵达君士坦丁堡，船长们就可以为了自己的利益而采购货物，他们的返程航行事实上是由国家资助的。[79]

　　回程货物中的一种必定是产自帝国首都附近福西亚地区的变种版红釉陶，这种陶器广泛地行销于东地中海地区，并在较小的程度上销售到西地中海地区。[80] 533 年，拜占庭帝国恢复对非洲地区的统治，这可能成为非洲红釉陶在东地中海地区重新销售的有利因素。[81] 在所有的情形中，这些出口的陶器都是附加在其他货物身上具有从属性质的货物，因而它们也表明了贸易的一般趋势，但是陶器的考古证据表明国家利益对于商品分布的影响很难在实际中保持始终如一的效果。在西部，国家利益似乎促进了阿诺纳的主要供应地非洲的商品出口；但是在当地产的双耳陶罐或其在东方的对应物——埃及产的精制陶器之间，在海外传播方面不存在可比性，与大量进口的 PRS（Phocaean red slip，福西亚红釉陶——译者）之间也没有可比性，如果在埃及与君士坦丁堡之间的贸易本质上是互惠的，那么我们可以期待在那里发现 PRS。[82] 当君士坦丁堡周边形成了货物运流时，可能其他主要的中心城市，如安条克与亚历山大，会协助其构建起东地中海各地区级别的贸易，在这些贸易网体系中，国家的和商业的航运业的相对重要性是非常难以评估的。[83] 许多商船与商品被吸引到帝国主要的经济中心，两份记录了驶入阿比多斯港（Abydos）的船只应缴费用的铭文残片为确认这些商船的属地和商品的种类提供了珍贵的原始文本史

[79]　有关船队规模的记载，见 Theophylact Simocatta, History ii. 14. 7（6 世纪 80 年代末）；关于返程货物的记载，见 Procopius, Buildings v. i. ii.

[80]　Abadie-Reynal（1989），esp. pp. 150 – 157，及前文注释 38 中援引的著作。

[81]　Panella（1993），pp. 658 – 661.

[82]　Abadie-Reynal（1989）有关东西方销售分配体系中可能存在的差异的论述。在埃及，本地产和塞浦路斯产的精制陶器比 PRS 常见得多：Ballet and Picon（1987），pp. 26 – 28。

[83]　除了君士坦丁堡，在亚历山大和安条克也存在关于国家供给体系的有限证据，特别是 Justinian, Novels vii. 8，但是其他地区是否存在相关证据还处于推测中：见 Carrié（1975）and Durliat（1990）。

料，但是没有资料表明这些内容是与国家贸易有关，还是与私人贸易有关。[84] 阿比多斯港控制着君士坦丁堡外的赫勒斯滂海峡（Hellespont）和塞琉西亚，同时为安条克提供贸易上的便利。在任何情况下，国家利益自身都似乎不足以解释考古证据所表现的地区间贸易的所有方面。考古证据显示，东地中海所有沿岸地区不仅相互之间继续用双耳陶罐盛装粮食进行贸易，而且也继续同西地中海地区进行贸易。这意味着存在几个环环相扣的区域间经济体系。在考古发现的一些5、6世纪的陶器中，东方双耳陶罐所占比例正逐渐提高，而这种提高只可能来自商业贸易，这可能表明私人船东发现了新的有利可图的市场。[85] 同样的情况无疑也适用于更具活力的东方贸易体内的地区间贸易，特别是考虑到私人商号的规模，以及那些参与阿诺纳制度的商人所享有的商业优惠。而将贸易划分为"国家的"或"捆绑性的"（即非商业性的）的贸易，或者"私人的"（商业性的）的贸易，这种划分就过于僵化了；它忽视了这些不同类型的贸易相互依存的程度。

公众利益与私人利益之间的盘根错节意味着6、7世纪地中海各地区间的贸易模式并非简单的综合体系。[86] 但是，我们必须要描述出在地中海东部与西部之间的基本差别。在东地中海地区，如我们所见，所有的证据都指向古代晚期农村经济的普遍繁荣，这种繁荣与向海外市场的商品出口联系紧密；在西地中海地区，在一段时间内地区间贸易的成交量与复杂程度都在逐渐衰退，而且贸易商品主要是非洲的产品。如果西班牙、高卢或意大利的生产者经常将剩余产品销往海外，他们也几乎不会用双耳陶罐盛装剩余农产品运输到海外市场，或在农产品之外船运精制陶器。尽管非洲陶器在整个6世纪及进入7世纪时继续广泛行销于地中海周边地区，但在5世纪末以前，在西地中海地区到处都可以看到简化生产的迹象。[87] 在非洲红釉陶的三种主要

　　[84] Abydos (of c. 492)：Durliat and Guillou (1984)；Dagron (1985)，pp. 451 –455. 塞琉西亚（可能最早追溯到查士丁尼一世统治早期）：Dagron (1985)，pp. 435 –451。

　　[85] 东方的巡行路线：Abadie-Reynal (1989)；Panella (1993)，pp. 657 –673；Kingsley and Decker (2001)。关于出口到西部的东方商品：Reynolds (1995)，pp. 70 –83。

　　[86] 关于考古学的最好的论述，见 Panella (1993)，但是对7世纪特性的描述现在看来过于悲观。关于5、6世纪贸易的综述，见 Ward-Perkins (2000b)。

　　[87] 然而，这种情况开始的准确时间是有待进一步讨论的问题；它可能开始于汪达尔人征服这里之前：Panella (1993)，pp. 641 –645。

类型中，只有一种产于突尼斯北部地区的 D 型陶器到约 550 年时仍在生产，这种陶罐的流通样式在接下来的 7 世纪中大量减少。[88] 目前学术界仍然无法对古代晚期的非洲双耳陶罐做出同样细致的分类和年代确定，但是考古证据表明在其种类与复杂程度上也存在着同样的缩减。来自非洲塞格麦斯（Segermes）和卡塞林（Kasserine）附近以及利比亚山谷（Libyan valleys）实地考察的数据，进一步提示 6、7 世纪农村经济的发展高峰期已经过去，但是这种衰落可能是从 6 世纪中期开始加剧的。[89]

相反，在东地中海地区，生产以及海外贸易的模式仍然维持多样化、多中心化的态势，古代晚期村落的繁荣景象可能在整个 6 世纪都一直持续不变。此前急剧扩张与投资的时代可能在一些地区已经结束，例如叙利亚的石灰岩山区，但是这种情况可能从巩固经济，而不是从经济萧条的角度更容易理解，特别是与其相似的地方，如巴勒斯坦内陆地区，仍保持着繁荣的经济发展态势。无论如何，几乎没有迹象表明，在公元 600 年之前东地中海地区的生产销售出现了普遍的危机。[90] 东方双耳罐产地范围的模糊性，以及它们分布的不均衡性，尤为明显地反映出这里的生产规模和贸易网体系的复杂性。尽管这些双耳陶罐中的许多都归入了可能和特定产地联系在一起的几个大类中，但是这些主要的类别掩盖了种类繁多的次级分组，同时很大一部分的类型至今仍未能确定其出处；这一切意味着有大量独立的生产者与经销商参与海外贸易。

东方与阿非利加的陶器在销售网络上的重合，证实了地中海地区在经济上相互依赖的关系一直持续到 7 世纪。然而，在这种共有的物质文化表象之下，裂隙正在开始出现。这个迹象在非洲红釉陶——这个古代晚期地区间贸易的缩影——缓慢而又不可阻挡的消退过程中表

632

---

[88] Reynolds（1995），pp. 12－14，28－34，书中援引了一个情况，即红釉陶从 533 年的 15 种减少到一个世纪后的 3 种。这可能过于精确，但是整体的趋势是十分明了的。参见 Mackensen（1998）关于 7 世纪非洲红釉陶生产的论述。

[89] 非常有用的综述（及进一步的参考文献），见 Mattingly and Hitchner（1995），特别是 pp. 189－196，209－213。

[90] 关于 550—610 年的叙利亚石灰岩山丘地区的“萧条”，见 Tate（1992），pp. 335－342，本人认为此著作观点过于夸大；参见 Orssaud（1992）关于陶器连续性的论述。关于 6 世纪晚期叙利亚与巴勒斯坦一般状况的讨论属本章内容的范围之外。相关概述见 Foss（1995）；Kennedy（2000），以及 Louth，前文第 4 章。

现得最为明显，最初从内陆地区消退，然后从地中海的沿海地区消退。[91]（见地图 17a 与 17b）。要从正确的视角来看待这种发展；意大利亚平宁地区的农民或者阿拉伯沙漠边缘地区的居民能够买到非洲红釉陶，蕴藏在这种情况中的经济一体化比它最终的消失更值得注意。但是这个时代很快就要结束了。例如，在考古证据相对丰富，同时又得到充分研究的意大利地区，直到 6 世纪早期，内陆农村考古遗址出土的陶器仍然与那些在城镇遗址中出土的陶器相同；随后，除了城市或沿海的中心地区，进口陶器逐渐消失了。在意大利的一些地区，这只是物质文化更激进转型的一方面，这种转型表现在陶器生产的基本模式中，甚至表现在木制盘子的使用中，它不仅暗示着海外贸易的衰落，同时也暗示着区域生产与销售体系的崩溃。在意大利的其他地方，精制陶器的制造与销售情况表明经济的退化比较缓和，但是在这里进口商品变得越来越少了。[92] 总的来说，在西部的其他地区，情况基本与此相似。在地中海的西班牙和法兰克，考古发现的陶器证据使学者越来越可以辨别本地或者区域内贸易网体系的变化程度与复杂性，而到 7 世纪这些地区与更广阔的地中海经济的联系，日益表现为偶然发生的个别现象。[93]

尽管非洲红釉陶逐渐缩小的销售范围对于地区间贸易的持续收缩而言，是一个具有独特价值的指示器，但是近来的考古发掘成果表明最后的危机直到 7 世纪才出现。内战、与波斯帝国之间两败俱伤的斗争、阿拉伯人的征服，所有这些造成的政治动荡吞没了拜占庭帝国的边界，带来了东地中海地区经济的深度重组。[94] 它最重要的结果是形成了贸易的区域化，这早已成为西部世界的经济特征。在拜占庭所控制的区域内，这种重组似乎与生产组织上普遍而相对激烈的变化同时发生，可能也同消费者品位的变化同时发生。例如，PRS 的制造在 7 世纪中期骤然终止，被君士坦丁堡周边的玻璃釉白陶所取代；这些属

---

[91]　概述见 Panella（1993），pp. 673 – 680；Reynolds（1995），pp. 31 – 34. 关于区域的最新资料：Tortorella（1998）（意大利）；Gutiérrez-Lloret（1998b）（西班牙）；Bonifay et al.（1998），esp. pp. 361 – 365（高卢南部）。

[92]　Arthur and Patterson（1994），esp. pp. 425 – 459, and Fontana（1998）及 Saguì（1998b）中的其他论义，以及 Wickham（2000b）对意大利地区差异的评论。

[93]　见前文注释 91，及 CATHMA（1993）关于朗格多克的内容，Pelletier（1997）关于普罗旺斯的内容。

[94]　Haldon（1990）and（2000）。

于不同的制陶工艺传统，白陶最初的销售范围十分有限。[95] 然而，在阿拉伯人征服的领土上，陶器的风格则没有大的变化；例如在巴勒斯坦和约旦，既有的地方精制陶器仍在继续生产，如果说有什么变化的话，那就是它们的品质得到提升。的确，对聚居地与产品的考古证据表明持灾变说观点的学者对阿拉伯人带来的影响的解释是严重错位的。[96] 如同 5 世纪汪达尔人征服非洲的例子一样，在政治变革与经济变革之间不存在简单划一的一致性，没有必要中断被征服地区与帝国统治地区之间的贸易。7 世纪 80 年代，朝圣者阿库尔夫（the pilgrim Arculf）描述了他在朝圣途中亲眼所见的事情，他提到了耶路撒冷每年一度的集市，"几乎来自世界各地的、所有种族的、不计其数的大群的人"来到了集市。[97] 即使如此，红釉陶在各地区的变种最终都还是走向了停产；但它们不再被广泛地销售到海外市场，而是慢慢地被其他种类的容器所取代，只有在埃及，由当地的红釉陶器和晚期罗马类型的双耳陶罐代表着古代晚期的制陶工艺传统，在这里继续存在了几个世纪。[98] 到 8 世纪为止，东地中海地区多中心的贸易体系已经瓦解，在其身后只留下了一系列一直存在的区域性经济。这些区域性经济中，有些地区得到了很好的发展，特别是叙利亚和埃及地区，但是看起来这两地经济之间的重合度也远不如前，它们也不再以地中海为重心了。

与此同时，在地中海西部地区，7 世纪时已有的经济发展趋势并没有如此剧烈地干扰到现行的趋势。跨地区级别的经济继续缩减，没有新的海外贸易体系出现来取代地区间贸易。但是最近的考古发掘已经表明西地中海地区经济衰退持续的时间远比此前学者们认为的要长。在非洲，陶器、灯具以及双耳陶罐在非洲的小范围生产一直持续到阿拉伯人征服时期，并在其后继续存在。[99] 与此同时，现在已知的西地中海地区日益增多的优秀考古遗址，在当时仍继续接收来自非洲

---

[95]　Hayes（1992），pp. 12–34.

[96]　Sodini and Villeneuve（1992）；Watson（1992）；Schick（1998）；Walmsley（1996）and（2000）.

[97]　Adomnán, De Locis Sanctis i. 7；参见 Arthur and Oren（1998）关于整个 7 世纪，在阿拉伯人征服之后很长时间内，仍坚持从非洲和其他东方地区进口商品至埃及销售的论述。

[98]　Walmsley（2000），pp. 317–31，叙利亚缓慢变化的相关内容；Bailey（1998），pp. 8–58 有关埃及地区的论述。

[99]　Mackensen（1993），特别是 pp. 493–494；Reynolds（1995），pp. 31–34, 57–60；Ben Abed et al.（1997）。

和东方的进口商品，在某些情况下，整个 7 世纪都是如此。例如在法国南部，从 6 世纪开始，马赛重新开始充当它在前罗马时期的地中海与西北欧地区之间商业贸易中介的角色。尽管马赛港到 7 世纪晚期的时候已经很明显处于衰落中，但是非洲产的陶器和一些东方产的各式双耳陶罐仍然能运抵这里，这显示出不仅地区间的陶器和食物的流通仍在持续，而且它绝不局限于帝国皇权在西方的前哨地区。[⑩]

在罗马，巴尔比地下博物馆发掘出的两个在时间上接近、包括大量陶器的考古堆积层，似乎标志了古代地中海经济体系的最后消失。[⑩] 巴尔比地下博物馆很可能是一个与这一时期的帕拉齐尼斯（Pallacinis）的圣洛伦佐（St. Lorenzo）修道院有关联的遗址。第一批堆积层中的陶器集群可追溯到约 690 年，非洲红釉陶差不多是其中唯一的精制陶器，但是在普通陶器方面，尽管大多是本地生产的，却也包括零散的来自非洲和东方的进口陶器。[⑩] 其中的双耳陶罐也以非洲样式为主，还包括各种东方的进口商品、南意人利产的容器，以及大量未知样式的陶器。无论这些未知的陶器产自哪里，它们只能意味着贸易方面更大的差异和复杂性（地图 16）。同一遗址的第二个堆积层，时间可追溯至约 720 年，提供了一个直接而又令人震惊的可进行比较的切入点。它既不包含非洲红釉陶，也没有任何古代晚期非洲或东方制造的任何一类标准形式的双耳陶罐。相反，所有可鉴定的双耳陶罐都产自意大利南部和中部地区。双耳陶罐碎片在陶器集群中的整体比例甚至从 46% 降至 25%，这可能反映了进口商品贸易的衰落，或者更可能反映了对其他样式容器的需求在逐渐增长。[⑩] 而在 7 世纪晚期的堆积层中，大概 80% 的陶器都是从意大利以外的地区进口的，在更晚时期的沉积层中（指 8 世纪初的沉积层——译者），几乎没有一件陶器来自比西西里更远的地方。看起来，尽管罗马仍需要进口商品，不过是从距离它更近的地方获得这些商品，在这个过程中促进地

635

[⑩] Bonifay and Pieri（1995）；Bonifay 等（1998），特别是 pp. 357 – 358；Loseby（1998）and（2000）。参见 Mannoni，Murialdo 等（2001），有关 7 世纪晚期利古里亚（Liguria）的 S. Antonino di Perti 的物质的内容。

[⑩] Saguì，Ricci and Romei（1997）；Saguì（1998a）；Bacchelli and Pasqualucci（1998）；Ricci（1998），

[⑩] 本章所述时代地中海周边地区的普通陶器的低水平流通，即更深程度的经济一体化的标志，见 e. g. Reynolds（1995），pp. 86 – 105。

[⑩] Arthur（1989）及（1993）中关于意大利地区双耳陶罐衰退的考察研究内容；Hayes（1992），pp. 61 – 79，关于较晚时期君士坦丁堡的中世纪双耳陶罐系列的内容。

区经济发展出新颖多样的生产模式。[104]

　　很明显，过分强调单一考古遗址的做法流于简单化，或更概括地说，认为用陶器的销售分布情况能够全面演绎地中海经济体系脉络的情况，这种观点也显得过于简单化。但是巴尔比地下博物馆的考古证据，以及其他已发现的属于 7 世纪文化沉积层的考古遗址的考古证据——这些考古遗址规模虽小但数量不断增多——越来越符合一些学者通过文字史料中不成体系但也更多样化的表述而得出的关于古代贸易体系结束时间的结论。最著名的是，如我们在本章之初提到的，亨利·皮雷纳已经讨论过毁掉罗马经济传奇的并不是 5 世纪的蛮族入侵，而是阿拉伯人 7 世纪的征服。[105] 他使用的史料证据是有选择性的，他的推论也有着严重的缺陷，但是他在年代方面的考证值得认真对待。确实，迪特里希·克劳德对关于中世纪早期西地中海地区贸易的文档类史料进行了非常彻底的分析，在他的分析中，他很谨慎地倾向于皮雷纳关于地中海贸易低谷期时间的观点，即低谷期处于 7 世纪晚期到 8 世纪中期之间。[106] 但是皮雷纳从伊斯兰教兴起的角度对这种现象进行的单一因果的解释则是不严谨的。当然直到 7 世纪晚期西方也不是一切照旧的。与此同时，在东部，阿拉伯人的征服只是拜占庭帝国内部社会结构急剧转型过程中的一个因素，帝国版图大大缩小，失去了它最富庶的行省，甚至更多的资源。其结果是国家对剩余产品的控制加强了，一旦君士坦丁堡与迦太基之间的联系被最终打破，它就会转而依靠黑海与爱琴海北部来获得供给。[107] 相反，在阿拉伯人新征服的地区，经济的变革则是渐进式的，这更符合其自身特点。即便如此，这些地区参与地中海贸易的证据还是逐渐地减少了。这可能是因为倭马亚国家（Umayyad state）将权力和征税权都下放到地区一级，又或者因为是主流贸易重新定位为面向东方美索不达米亚和印度洋市场。[108] 如同皮雷纳宣称的那样，地中海从来不是一道障碍，但是它的确不再是周边的拜占庭人或者阿拉伯人地区间贸易的主要中心。

　　让我们回到西地中海地区：巴尔比地下博物馆出土的两个陶器

---

[104]　Marazzi（1998a）.
[105]　Pirenne（1939）.
[106]　Claude（1985），p. 303.
[107]　Haldon（2000），esp. pp. 255–260.
[108]　见前文注释 96，以及 Kennedy 对倭马亚王朝的论述，Kennedy（1995）。

群的对比，为古代晚期贸易网体系的崩溃提出了完全不同的新的解释，这次崩溃从 5 世纪开始逐渐地对地中海沿岸周边所有地区产生了影响。在 6、7 世纪，参与地区间贸易的最明确的标志物——进口陶器，首先从地中海内陆地区退出，然后从某些沿海地区退出，最终甚至从罗马本土退出。引起这种收缩的原因是多样的，但是它的渐进性、没有任何有关环境变化和普遍的生产技术变革的明确迹象，也没有关于 6、7 世纪出现任何地区间新贸易网体系的描述，所有这些都表明这种解释实质上是一种框架式的概括性解释。在 3 世纪，意大利的农民可以买得到也能够买得起非洲红釉陶；而在 7 世纪，他们则不能。在供货方，流通中的非洲红釉陶的绝对数量几乎肯定是减少的，政治上的崩溃终结了或限制了由国家主导、主持的销售网络的基础，使进口商品有机会在内陆流通的地区性市场经济一体化也在一些地区因持续不断的战争而被破坏，在意大利这种情况尤为明显。在需求方，国家需求可能极大地减少，许多私人消费者越来越贫穷，在一些地区甚至区域内的经济体系也遭到如此严重的破坏，商业贸易已经收缩到最原始的水平。[⑩] 罗马国家基本的"量入为出"政策的原动力，主要是为了确保其自身的生存，但是它附带地提供给农民能够将极少的剩余农产品转化为利润、购买力和物质财富的机制。罗马经济就像有时被认为的那样远不是由国家主导的经济，但是在一些重要方面，它是得到国家支持的。这意味着帝国在西部统治的崩溃不会彻底毁掉经济，但是它会逐渐地破坏西部的经济。商品减产、价格上涨或者销售困难、需求减少，这些因素相结合，对经济具有严重的腐蚀性；由于消费者变得贫穷，所以进口商品越发缺乏，价格也更昂贵。即使非洲红釉陶这样大量生产、广泛散播的商品也逐渐地转化为一种奢侈品。

　　尽管地区间级别的贸易网体系以某种形式一直在西地中海地区存留到 7 世纪末，但是与其说它成为一种经济现象，不如说它发展为一种文化现象更为贴切。仍能购买到非洲地区制造货物的范围缩小了，这表示非洲货物的产量也下降了，不过商品分布的模式证明直到 7 世纪，地中海周边地区的人们在理论上仍可以购买到非洲的产品。问题在于他们不再买得起这些商品。地中海经济范围的缩小，不仅是地理

637

<hr />

⑩　Wickham（1998）提供了对经济级别结构的其他解释，强调了需求的重要性。

学意义上的缩小，同时也是社会意义和政治意义上的缩小。巴尔比地下博物馆的发掘表明只要地区间的贸易继续存在，它就会满足罗马城内一部分人的需求。他们能够得到购买进口商品的这种特权可能是国家主导贸易的结果，不过普罗旺斯地区的港口能够持续地进口许多不同的海外商品，这种情况表明这种贸易也具有商业性，而且不仅限于拜占庭帝国控制的地区。的确，科尔比（Corbie）文书中提到，尽管内陆运输的成本昂贵，但是墨洛温（Merovingian）国王们决定将种类繁多的地中海进口商品重新分配给他们选定的受益人，这项决定表明北方世界的贵族们几乎令人感动地仍醉心于某种源自古代的根深蒂固的习惯：教会用油灯而不是蜡烛照明，特许状写在埃及的草纸上而不是皮纸上，食物用异国的香料调味，而且可能仍会偶尔伴以一杯浓烈的加沙葡萄酒佐餐。所有这一切在物质层面上构成了对罗马统治的尊重，诠释了西方贵族对古代晚期及拜占庭帝国文化的长期欣赏。在法兰克，所有这一切都是一种选择，而并非经济上的必要，这种情形一直持续到此类进口商品的供应最终停止。[⑩] 在罗马、非洲和东方，进口商品的终止引起的危机在经济迅速重组所建立起的常规性地区供给贸易网体系下很快得到缓解。但是，在西方没有哪一个地区的需求足以使必须依赖于地区间贸易成为必要。只有罗马的世界体系曾经使地中海经济成为必需品，也只有领略过这种经济的社会才会一直将这种经济作为文化现象维持到7世纪末。[⑪]

　　在诸如罗马与马赛，或者迦太基与那不勒斯这样受到历史惠及的地方，考古学上的证据表明古代晚期的贸易网体系直到7世纪末仍奄奄一息地维持着。的确，直到那时为止，地中海经济的许多基本特征——主要的商品出口地区、在海外市场流通的陶器与双耳陶罐的种类、贸易的一些主脉络——仍然可以被识别出那些属于公元500年时地中海经济的特征。但是这期间，在西方整个经济体系已经衰退，如此，参与地区间的贸易逐渐地成为一种特例的而不是常规的经济行为。在东方，这一级别的经济崩溃更加突然而复杂，但是结果同西方是相似的。8世纪仍有一些从事贸易的商船继续往来穿梭于地中海

----

⑩　Loseby（2000），pp. 189 - 193. 有关照明的习惯，见 Fouracre（1995），pp. 68 - 78。

⑪　关于作为世界体系的罗马帝国的论述，见 Woolf（1990）。

上，地中海周边一些地区的经济也呈现一片欣欣向荣的景象，尽管其 638
他地区，例如法兰克南部、北意大利的部分地区，可能还有北非地
区，深陷在经济衰退的泥潭中。[112] 不管怎样，本章所描述的地区间的
地中海经济在公元 700 年前后已经不复存在。在这个有限的范围内，
亨利·皮雷纳的直觉是正确的。当一个整体的、复杂的地中海经济
（与一系列偶然发生的交易相对比）在中世纪开始慢慢地再现时，它
的组织形式、贸易活动的中心以及流动趋势都将与古代的地中海经济
大相径庭。[113]

王翘译，徐家玲校

---

[112]　Horden and Purcell (2000), pp. 153 – 172，阐述了涉及地中海贸易持续性的最新观点，但是在本章作者看来，这种观点在否定中世纪早期变化的问题上有矫枉过正之嫌。McCormick (2001) 对随后时代的发展甚至持更为乐观的观点，但其观点尚未得到考古证据的证实。有关区域内经济的变化，见Wickham (1998) and (2000a)。

[113]　本人非常感谢 Ruth Featherstone, Paul Fouracre, Brigitte Resl, BryanWard-Perkins and Chris Wickham 对本章草稿内容的评价，感谢 ESF 资助的"罗马世界转型"项目（Transformation of the Roman-World）中负责"生产、销售与需求"部分的研究小组所有成员的帮助，从他们的研究中本人收获颇丰。

第二十三章

北海（5—8 世纪）

斯蒂芬·雷贝克（Stéphane Lebecq）

欧洲北部的海域是世界上最繁忙、使用率最高的海域之一——通过英吉利海峡（the Channel）与北海（North Sea），将大西洋（Atlantic）与波罗的海（Baltic）连接在一起，如今，这已经是众所周知的事实。但是它们是从什么时候开始在欧洲的交通贸易体系中发挥重要作用的呢？尽管皮西亚斯（Pytheas）、恺撒（Caesar）、斯特拉波（Strabo）、普林尼（Pliny）、塔西佗（Tacitus）、托勒密（Ptolemy）以及其他人在他们的旅行回忆录或者地理游记中留给我们大量的相关记录，但是很明显，在古代世界，北欧地区对人们而言只是一个遥远的地平线。那里几乎是最遥远的地方，就像它的某些居民，如加莱海峡的莫兰人（the Morins of the Pas-de-Calais），维吉尔（Virgil）曾经将其描述为最后的人类（*extremi hominum*）。[①] 那时，地中海是贸易交往的主要中轴线，不仅仅是东西方之间的，也是南北方之间的。北海地区在那时仅仅是交往体系中一个遥远的终点，只举一个例子——罗马治下的不列颠与欧洲大陆之间的贸易往来主要由于帝国的军事要求及其对金属矿产的需求。通过对文字史料、考古学资料、钱币学资料的研究，可以清晰地知道，北海地区是中世纪早期在西方世界的经济及贸易交流系统中开始扮演至关重要的角色。

欧洲中世纪经济史的奠基人亨利·皮雷纳是第一个断言 8 世纪时西方世界政治经济重心开始从南向北迁移的学者。这正是伊斯兰教徒

---

① *Aeneid* viii. 727.

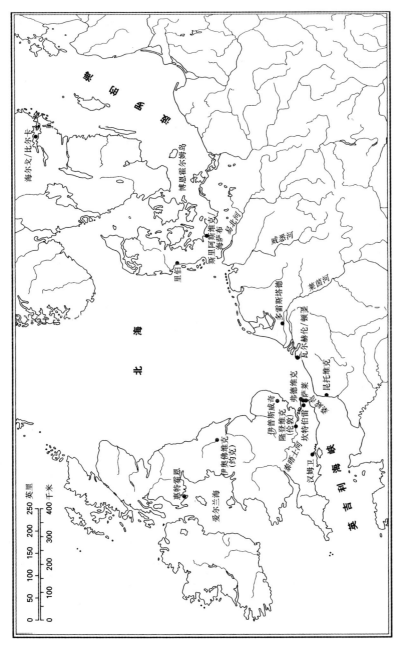

地图18　北海商业中心

639 闪电般征服继而成功吞并地中海海岸及沿海大部分地区的时候。正是在这个时期，北海地区开始成为欧洲贸易交往体系中十分活跃的角色——即使直到 11 世纪初的时候它仅处于一个适度的水平上。[2] 最近的考古学和钱币学研究在一定程度上已经开始填补十分零散的文字

641 史料留下的空白。证实了亨利·皮雷纳的所有年表的准确性，但是也对他的解释提出了挑战。[3] 事实上，首先，北欧第一次发展出真正的海上经济似乎是在 6 世纪末 [此时，北海盆地内主要的凯尔特人与日耳曼人（Celtic and Germanic migrations）的迁徙浪潮已经结束] 与 9 世纪整个进程之间 [此时，越来越多的维京海盗（Viking piracy）开始破坏西方世界的交往]。其次，这种现象不能解释为地中海世界转型的结果。最后，这种现象可以通过北海沿岸地区特有的原因，尤其是种族、政治和社会环境的变化以及自身的经济发展状况加以解释。但是，在开始讨论这一新的海洋经济的出现之前，我们有必要回顾一下 6 世纪末北海地区的历史。

古代晚期的遗产

自 3 世纪开始，北方海路的交往，特别是不列颠群岛（British Isles）与欧洲大陆之间的交往，被海上的民族迁徙及与之伴生的海盗行为打断。即使罗马帝国出于确保其沿海地区防务的目的而亲自掌控了这些活动中的大部分，但这种迁徙与海盗劫掠在之后的两三个世纪中依然很猖獗。[4] 然而，凯尔特民族在西部海域的迁徙活动（从爱尔兰到西部不列颠；从苏格兰到南不列颠；从西南不列颠到布列塔尼）于 6 世纪后半期开始减缓。[5] 在东方，经历了两个世纪之久的所谓的"撒克逊人"大迁徙及海上劫掠后 [在这里，事实上，同撒克逊人一起的，还有来自丹麦北部的朱特人、来自石勒苏益格—荷尔斯泰因（Schleswig-Holstein）的盎格鲁人、来自尼德兰（Netherlands）的弗里斯兰人（Frisians），甚至来自莱茵河与默兹河（Meuse）三角洲地区

---

② Pirenne (1939), *passim*.

③ Hodges and Whitehouse (1983).

④ Higham (1992); Jones (1996); James (2001).

⑤ Thomas (1986); McGrail (1990).

的法兰克人]，⑥ 525 年前后，丹麦王基罗德里克（*Danus rex Chlochi-laichus*）[可能是史诗《贝奥武夫》（*Beowulf*）的主人公希耶拉克（*Hygelac*)]对高卢北方海岸的进攻是文字史料中明确记载的日耳曼民族的最后一次海上迁徙活动。⑦

当然，这种不安全因素使得沿着北方和西方海路间进行的和平交往更加困难，但未必就是不可能的，一些古代的航线仍然很繁忙。例如，我们都知道，在 450 年到 650 年期间，从东地中海地区到遥远的西北欧洲之间存在着相对重要的连接路线，这条路线沿着西班牙与高卢的海岸延伸。《慈善者约翰传记》（*Life of John the Almsgiver*，此人是亚历山大牧首，逝于 619 年）向我们描述了一艘商船从亚历山大（Alexandria）起航，装载一船谷物，航行 20 个昼夜抵达 "不列颠群岛"[也就是说可能是在古代被称作卡斯特里德斯（Cassiterides）的群岛——锡利群岛（Isles of Scilly）以及不列颠岛本土西南部]，返航时装载了一船黄金与锡。⑧ 由于此事的发生距罗马帝国崩溃以及罗马和平（*pax Romana*）之后很久，读者可能很容易将这段描述看作一种虚构。但是，在爱尔兰[加兰内（Garranes）和克拉赫（Clogher)]、不列颠远西端[康沃尔的廷塔格尔（Tintagel）、威尔士的迪纳斯波伊斯（Dinas Powys)]以及北部地区[敦巴顿岩（Dumbarton-Rock)]的几个贵族或王侯的遗址中，发现了大量 5、6 世纪时期产自东地中海、中地中海与西地中海地区的广口罐、碗以及双耳陶罐（即考古学家所称的陶器 "A" 和陶器 "B"），证实了这种联系在黑暗时代（Dark Ages）一直持续着。⑨

但是像这样证据充分的例子（从某种意义上而言）是非常罕见的，因为通常情况下文字史料都记录得十分概略。一些爱尔兰圣者传记略微提到了有关大西洋岸高卢地区与西北欧遥远的凯尔特人国家之间的关系，除了这几个少见的、较晚时期的而且有时无法确定的记录之外，⑩ 6 世纪的史料没有向我们描述任何在欧洲大陆与不列颠群岛之间的商业交往活动。最重要的罗马港口[如欧洲大陆上的盖索里

642

---

⑥ Myres（1989）；Jones（1996）.

⑦ Gregory, *Hist.* iii. 3.

⑧ Leontius of Naples, *Life of John the Almsgiver*, ed. Festugière, pp. 353 – 354 and 452 – 453.

⑨ Thomas（1988）and（1993），pp. 93 – 96；Fulford（1989）.

⑩ James（1982），pp. 375 – 378；Johanek（1985），pp. 227 – 228.

阿库—波罗尼亚（Gesoriacum-Bononia），即布洛涅（Boulogne）］，或者不列颠岛上的杜波瑞斯［Dubris，即多佛尔（Dover）］或者鲁图庇埃［里奇博罗，Rutupiae（Richborough）］不再被提及。在第一时期（1—3 世纪）这些港口都是与掌控着帝国与布列塔尼亚（Brittania，Britany）行省之间联系的不列颠舰队（Classis Britannica）有关的军事港口，在较晚时期（4—5 世纪），则与帝国的"撒克逊海防"（Litus saxonicum）的海岸防御体系有关。⑪ 即使古代城市的名字，如罗托马古斯［Rotomagus，鲁昂（Rouen）］，纳姆内特斯［Namnetas，南特（Nantes）］，伦蒂尼乌姆（Londinium，伦敦）或者埃勃拉库姆［Eboracum，约克（York）］，仍然出现在史料中，却也不再作为港口被提及。

当然，这并不意味着在群岛与大陆之间所有类型的关系都不复存在了，相反，因为民族迁徙导致积极活跃的以海谋生的人群最终定居在西北欧的所有海岸地区。自此之后（从 6 世纪中期开始），在西部航线沿途几乎都是连绵不绝的凯尔特人的定居地。在加勒多尼亚（Caledonia，苏格兰古名）有越来越多来自海伯尼亚（Hibernia，爱尔兰古名）的斯科特人［Scotti，即爱尔兰人（Irish）］——特别是在达尔里阿达（Dál Riada，苏格兰西北部地区）地区——以及在坎布里亚（Cambria，威尔士的中世纪名称）地区——尤其是在迪费德（Dyfed）地区⑫；在古代的阿莫里卡（Armorica）可以看到越来越多的来自坎布里亚和杜姆诺尼亚（Dumnonia，康沃尔以及半岛西南部）的不列颠人（Brittones），这里在 6 世纪后半期开始被称为布列塔尼亚（布列塔尼）。⑬ 航海的日耳曼人不仅定居在不列颠的东部和南部，尽管近期有与此相反的观点，⑭ 但在这些地方的沿岸地区必定还居住着人数众多而密集的盎格鲁—撒克逊人（Anglo-Saxons）。⑮ 这种重要现象在一些欧洲大陆的沿岸地区也存在，特别是在布洛涅（Boulonnais）、贝辛［Bessin，位于巴约（Bayeux）附近］以及卢瓦尔河（Loire）下游河谷地区，在这里，撒克逊人的聚落很早就

643

---

⑪　Johnson（1976）and（1977）.

⑫　Thomas（1986）.

⑬　Fleuriot（1980）；Cassard（1998），pp. 15 – 57.

⑭　Higham（1992）.

⑮　Myres（1989）；Jones（1996）.

已经通过文字史料和地名得到确认。同样的情况在下述地区也十分明显：如蓬蒂厄［Ponthieu，北皮卡迪（Picardy）的一个沿海地区，在康什河（Canche）与索姆河（Somme）两河之间］及卡昂［Caen，在对这里的墓地进行考古发掘时发现了撒克逊人的踪迹，特别是在蓬蒂厄地区的弗隆（Vron）和努维永（Nouvion），或者弗莱努维尔（Frénouville）、赫罗维耶特（Hérouvillette）、吉伯维尔（Giberville）以及圣马丹—德丰特奈（St. Martin-de-Fontenay，在诺曼底）地区等］。[16]

　　文化上与语言上的相对同质性就源于这些迁徙活动与沿海岸分布的聚落［西部凯尔特人聚落；中部和东部的日耳曼人——或者如当今的语言学家对它的称呼，北海日耳曼人（*Nordseegermanisch*）］。事实上，这种广泛的语言一致性促进了西北欧洲不同的海岸地区之间的交往，也必然有助于对一些特殊器物的考古分布进行解释，如"D型陶器"（碗盘）和"E型陶器"（陶轮生产的壶和罐），这些器物发源于西高卢（Gaul）地区，在爱尔兰、苏格兰、西南不列颠以及锡利群岛的许多6世纪遗址中都有所发现；[17] 同样地，被称为"盎格鲁—撒克逊"胸针的饰品，其中几种（盘形或扣形）不仅在英格兰南部［肯特地区、苏塞克斯以及怀特岛（Isle of Wight）的墓葬中］有所发现，也出现在蓬蒂厄和康什河地区的所有墓葬中。[18]

　　如果这种贸易发生过，那么这将意味着确实存在某种包括人力、船只、码头，可能还有一些贸易机构在内的交通运输体系。但是能够提供支持的考古证据相当匮乏——只在英格兰和欧洲大陆的一些墓葬中发现过少数的磅秤，[19] 而除了可能对船只进行记载之外，文字史料对此所言甚少。例如，在吉尔达斯（Gildas）的《论不列颠的毁灭与征服》（*De Excidio et Conquestu Brittaniae*）中，提到了凯尔特人的 *currucae*［十分著名的克勒克艇（Curaghs）］，和乘着"三艘我们称之为长船，而撒克逊人称之为 *Cyuli*"的船到来的撒克逊人（*tribus ut linguaeius Saxonum exprimitur cyulis，nostra longis navibus*）。[20] 因此，根

---

⑯　Lebecq（1989）；Welch（1991）.

⑰　Thomas（1990）.

⑱　Welch（1991）.

⑲　Steuer（1987）.

⑳　*De Excidio et Conquestu Brittaniae*，*cc.* 19 and 23，ed. Winterbottom，pp. 94 and 97.

据吉尔达斯的记录，6世纪的不列颠人（Britons）或者罗马—不列颠人（Romano-Britons）（至少）知道两种类型的船只。恺撒在公元前1世纪时，艾奥纳的阿多姆南（Adomnán of Iona）在9世纪的时候都曾描述过克勒克艇，即兽皮船。克勒克艇可能是靠船桨与帆驱动，很可能看上去像在布洛埃特［Broighter，即爱尔兰的德里郡（Co. Derry）］出土的公元前1世纪的金质模型，又或者像在基尔纳鲁安石柱［Kilnaruanepillar，爱尔兰的科克郡（Co. Cork）］上雕刻的船只。其次，还有长船（longae naves），可能是依靠帆来驱动的木板船，就像公元1世纪库诺贝林（Cunobelin）发行的货币上表现的那样，或者像圣彼得港［St. Peter Port，格恩西（Guernsey）］3世纪的船只残骸展示的那样。㉑盎格鲁—撒克逊人，如我们刚描述过的，使用被他们称为cyul（i）的长船（古英语中称ceol，现代英语中称平底船，keel），这个词可能用来指像在石勒苏益格—荷尔斯泰因地区发现的著名的4世纪尼达姆船（Nydam boat）那样的船，也就是说，大体上与古代的盎古鲁斯（Angulus）或盎格尔恩（Angeln）相近。根据比德（Bede）的记载，盎格鲁人（Angli）就来自这里。这些船是长形的鱼鳞板木船，在民族大迁徙时期，这种船可能更多的是靠桨而不是靠帆来驱动航行的，如同我们在西多尼乌斯（Sidonius，5世纪）和普罗柯比（Procopius，6世纪）的著作中看到的那样。㉒从船头到船尾，所有这些种类的船都有着对称的结构和相对平坦的船底，所以它们几乎可以在任何地方登陆。

　　因此，这种船的登陆点一定非常多，特别是在北海南岸地区的沙滩上，而且，贸易运输一定非常分散，以至于很难确定3世纪末（此时罗马帝国的港口开始衰落）到7世纪初（此时，真正的港口复兴开始了）真正的贸易口岸。但是，在各处都发现海滩市场或者贸易口岸的遗迹也不是不可能的，因为它们可能与高层次的人口定居地或者当地的权力中心有联系，如同在波罗的海的菲能岛［Isle of Funen（Fünen）］发掘出的古默/隆德堡（Gudme/Lundeborg）的丹麦原型一样，在那里发现了大量3—6世纪的昂贵物品，特别是黄金制

㉑　McGrail（1987）and（1990）.
㉒　Ellmers（1972）；McGrail（1990）.

品。㉓ 都柏林湾（Dublin Bay）南端的达尔基岛（Dalkey Island）卫城的情况可能也是这样，在这里，发现了 5、6 世纪的来自地中海和阿基坦（Aquitaine）的进口货物。㉔ 其他类似的情况可能发生在邦努维尔［Benouville，位于奥恩河口（Orne），在卡昂附近］，在这里考古学者们已经发现了可能与附近内陆墓葬中的发现物有关的物品；在位于肯特地区的旺特苏姆海峡（Wantsum Channel）岸边的萨莱（Sarre）发掘出了一个属于 6 世纪的大型墓葬，出土了包括磅秤在内的大量物品；㉕ 或者是弗里斯兰（Frisia）的威伊纳尔杜姆（Wijnaldum）地区的土堤（terp，也就是沿海平原的人工护堤），6、7 世纪的许多非常昂贵的物品进口到这里或者在这里改造。㉖

　　但是，所有定居在航海国家的新居民都没有制作钱币。如果他们需要钱币，他们仍然会使用晚期罗马帝国、拜占庭帝国的钱币，如索里达（solidi），或者重量为索里达的 1/3、被称为特里恩泰斯（trientes）或泰米赛斯（tremisses）的钱币，后者是由高卢地区的法兰克人制币场重新锻制的。然而，我们并不能肯定他们需要钱币，除了它的金属重量以外（这可以解释磅秤的用途，在肯特墓葬中就发现了磅秤那些一样）。根据人类学对蛮族社会早期历史的观点，在黑暗时代的北欧各民族之间的交易主要由分散的或者偶然的联系、物物交易、互相交换礼物构成——所有的实践都是外交、联姻或者社会习俗礼仪的一部分。㉗ 因此，5、6 世纪时进入不列颠群岛的欧洲大陆的货币似乎主要是被用作饰品。

　　这也许就是东盎格鲁君王［可能是国王雷德瓦德（Redwald）］大约于 625—630 年被葬于萨顿胡（Sutton Hoo）的社会背景，也是解释在他的墓葬中——著名的 1 号船葬——发现各种成色的钱币的原因。㉘ 除了来自东方的、产自斯堪的纳维亚和莱茵河地区（Scandinavianand Rhenish）的陪葬品外，还有来自 37 个不同的法兰克人的锻压币厂锻制的 37 枚特里恩泰斯（trientes）。这样一份人工制造的收藏

645

㉓ Thrane (1987)；Clarke and Ambrosiani (1995) . 2

㉔ Hodges (1982)，p. 67；Edwards (1990)，pp. 41 – 43.

㉕ Hodges (1982)，p. 69 and (1989)，pp. 55 and 92 – 93.

㉖ Heidinga (1997)；Besteman et al.，即将出版。

㉗ Grierson (1959) and (1961).

㉘ Evans (1986)；Carver (1998).

品，可能是一份外交礼物。（为何不是来自一个已去世的法兰克妻子的陪嫁呢？）这份藏品加上三个空白的硬币胚和 2 个小金属锭，可能是支付给那些将死者的灵魂摆渡到另一个世界的 40 个桨手和摆渡者的报酬，如同菲利普·格里尔森（Philip Grierson）所认为的那样。[29]这些财富似乎使萨顿胡成为不列颠群岛与欧洲大陆之间，在这个时期和平而尚不具有商业性质的交易往来的最好例证。但它也是这种交易往来的最后一个考古学上的例证；因为，从 7 世纪开始，情况开始发生了改变。

海洋经济的发展

事实上，到公元 600 年，北海地区的贸易开始具有更为清楚的结构。自从民族大迁徙时代以来几乎对这一主题一直保持沉默的文字史料，也开始再次提及独立的、职业的商人。这些史料提到了古代海滨城市和港口活力的商业复兴，直到那时这种港口活动才为人所知，但是这种复兴的存在与传播往往是通过考古学来证实的。最后，我们看到这场商业复兴的主要促进者，欧洲大陆上的弗里斯兰人和海岛上与世隔绝的盎格鲁—撒克逊人开始仿照法兰克钱币锻制货币，而法兰克货币本身则是模仿晚期罗马帝国与拜占庭的货币锻制而成的。

要解释这场商业复兴，必须要引用海上民族大迁徙运动的结束以及北海沿岸地区共享同一文化视野的各民族的定居，因为人种学上的解释显然不够充分。气候明显好转的情况延伸到西北欧，这里很快将摆脱古代的最后一场大瘟疫的威胁（鼠疫，由于它从东部开始蔓延，因此有时也被称为"查士丁尼瘟疫"，这场瘟疫在南欧的致死率远高于北欧地区）。这一地区开始受益于自 3 世纪以来就没有出现过的人口和经济的增长。[30] 人们目睹了北海周边地区更强大的贵族制国家与君主制国家的兴起。这些国家（例如，南英格兰地区的法兰克人）将通过外交或联姻的手段，实行某种海外霸权。[31] 但是，首先，他们想要鼓励、支持以及影响生产与贸易活动，并在那些日后能够更有效

646

---

[29]　Grierson（1970）.

[30]　Lebecq（1997）.

[31]　Wood（1983）.

控制的地方发展港口活动，来引导未来的剩余产品进入境外市场。

　　因此，在 6、7 世纪之交，整个北海盆地，从欧洲的大西洋沿岸地区直到位于现在荷兰中心的默兹河与莱茵河大三角洲地区，似乎都受到这场商业复兴的影响。此处，我们只需要提及艾奥纳的阿多姆南在他的《圣科伦巴传记》（*Life of St. Columba*）中提到的那些在 6 世纪末经常出入于赫布里底群岛海域（Hebridean waters）的 "来自高卢各行省的高卢水手"（*Gallici nautae de Galliarum provinciis*）；[32] 或者博比奥的乔纳斯（Jonas of Bobbio）在他的《科伦巴努斯的生平》（*Life of Columbanus*）中提到的那些 "载着苏格兰商人的商船"（*navesquae Scottorum commercia vexerant*）出现在卢瓦尔河河口地区的南特，准备载着一船葡萄酒起航。[33] 比德本人在他的《英吉利教会史》（*Ecclesiastical History of the English People*）中，将约 604 年的伦敦描述成为 "许多通过海路到达这里的人"（*multi populiterra marique venientes*）经常出入的集市（*emporium*），几十年后，他认出了这其中的一个弗里斯兰奴隶贩子。[34] 考古学家们发现了从 7 世纪初开始的第一批海港遗址，如顿堡［Domburg，旧时的瓦拉卡（Walacras）或瓦尔赫伦（Walcheren），在荷兰的泽兰（Dutch Zeeland）地区］[35] 或者伊普斯威奇（Ipswich）［从前的基伯斯维克（Gipeswic），在萨福克（Suffolk）地区］。[36] 最后，钱币学家发现在公元 600 年左右，不仅在如位于塞纳河河口的鲁昂这样的古代遗址中，而且在那些之前根本不制作货币的新民族中——弗里斯兰人和盎格鲁—撒克逊人之中，货币的锻制量都增加了。[37]

　　最初，这是在低地国家的弗里斯兰人之中出现的情况，他们在模仿马斯特里赫特（Maastricht）的法兰克人锻造的金币特里恩泰斯（*trientes*）之后，开始制造更多自己的货币。在发掘出有重要钱币储藏的荷兰遗址之后，钱币学家将这些钱币描述为 "德隆瑞吉类型"（Dronrijp type）。随后，盎格鲁—撒克逊人开始制作钱币，先是在肯

32　Adomnán, *Vita Sancti Columbae* i. 28 ; Thomas (1990).

33　Jonas , *Vita Columbani* i. 23.

34　*Bede* , *HE* ii. 3 , and iv. 22.

35　Lebecq (1995).

36　Wade (1988) ; Hodges (1989) , pp. 97 - 101.

37　Grierson and Blackburn (1986).

647　特（可能在坎特伯雷地区）地区进行，然后在伦敦。这些斯利姆萨斯（*thrymsas*）——根据古英语中意指泰米赛斯（*tremisses*）的单词，来为其命名是很合适的——的制作，最初是偶尔发生的个别现象。然而，在 7 世纪期间，这种钱币制作逐渐增多，可能是由于其形象出现在某些货币上的国王的推动，例如 616 年，肯特的埃特博希特（Æthelberht）的继任者伊德鲍尔德（Eadbald）所发行。[38] 弗里斯兰人与盎格鲁——撒克逊人制作的这些最初的货币在时间上的巧合性令人感到忧虑。如果我们可以继续解释这种发展——通过权力诉求而促进的货币生产流通方面的发展，以及通过颁布授权书而促进的货币影响力方面的发展——那么对贸易的需求可以解释这种现象的同时性，特别是在英格兰东南部与默兹河和莱茵河的河口之间。证据就存在于制作钱币的手工作坊经常建立在港口地区这样的史实中，正是在这些遗址中出土了最重要的货币。

　　7 世纪初，港口活动逐渐增多，这些活动不仅影响了已经提到过的古代城市，如南特、伦敦或者鲁昂，而且还影响了所有的新兴城市，这一切将带来欧洲经济良好的发展前景。这些港口中的第一代港口，主要活跃在东南英格兰与默兹河和莱茵河大三角洲之间的地区。[39] 在文献中，它们被称为港口（*portus*）、市集（*emporia*），或者更多的时候被称为维克（*vici*）——来自拉丁语单词 *vicus*（城镇）的日耳曼语形式 *wik*，这个日耳曼语单词出现在许多结尾为-vic,-wich, -wijk, -wig 形式的地名中。主要的港口如下：

　　昆托维克［Quentovic，昆塔河（*Cuenta* 或 *Quantia*，即康什河）附近的镇子］，位于蓬蒂厄，在布洛涅（Boulogne）以南 20 千米左右的地方。英语文字史料中第一次提及这里，是 7 世纪末的时候。然而，在萨顿胡宝库中的一枚货币上出现的名字昆塔（*Quantia*），以及在克朗达尔（Crondall）的钱库中一枚钱币上出现的名字 *Wic in Pontio*（蓬蒂厄的 Wic，640 年）表明了一段可以回顾到 7 世纪上半期的历史。负责制造昆托维克货币的第一批制币场长官的名字——达古尔法斯（*Dagulfus*）、杜塔（*Dutta*）、安格鲁斯（*Anglus*）、顿纳（*Don-*

[38]　Grierson and Blackburn (1986).

[39]　Hodges (1982), pp. 47 – 65；Clarke and Ambrosiani (1995), pp. 5 – 45；Verhulst (1999), pp. 44 – 47.

na）、艾拉（*Ela*）——表明了他们盎格鲁—撒克逊人的出身，这强调了南英格兰和即将成为墨洛温纽斯特里亚（Merovingian Neustria）地区的重要港口之间存在着的联系。根据埃迪乌斯·斯特凡努斯〔Eddius Stephanus，即里彭的斯蒂芬（Stephen of Ripon）〕在他的《威尔弗利德生平》（*Vita Wilfridi*）中描述的 *via rectissima*，他的同胞能通过这里直接去往罗马的道路。⑩

瓦尔赫伦/顿堡位于荷兰泽兰地区内的一个小岛上，在这里，根据非常细致的考古发掘，在接近公元 600 年的时候，一个新的港口开始在此地发展起来。它位于被大洪水破坏的一处 2 世纪时期的古代避难所附近，在这里发现了大量的来自北高卢与英格兰地区的 7、8 世纪的货币。⑪

多雷斯塔德（Dorestad）坐落在莱茵河三角洲一个起点上的罗马要塞附近，即在莱茵河干流北转（斯堪的纳维亚方向）以及莱克河（Lek）向西流（不列颠岛方向）的地方。如同昆托维克的名字一样，⑫ 多雷斯塔德这个名字只出现在 7 世纪末之后的历史文献中，但是在制币场长官马德里努斯（Madelinus）与里默阿尔杜斯（Rimoaldus）主持下于 630—640 年前后开始制作的货币中就已经出现了这个名字。尽管这个港口最初自然是属于弗里斯兰人的，但却是在 7 世纪末以后，当它和整个莱茵河的弗里斯兰地区（Rhenish Frisia）被纳入法兰克人统治之下，才发展得更快的。考古发掘的成果已经揭示出多雷斯塔德的发展得益于一个沿着莱茵河两岸码头/泊船港形成的庞大系统组成。⑬ 正因如此，它成为莱茵兰（Rhineland）、英格兰东部和斯堪的纳维亚（Scandinavia）之间贸易的主要中转站。到 9 世纪时，多雷斯塔德的知名度之高以至于它在文字史料中被描述为"著名的维克"（*vicus famosus*），甚至是十分"知名的维克"（*vicus nominatissimus*）。⑭

隆登维克（Lundenwich，或 Lundenwick），伦敦郊区，就因为受

640

---

⑩　Lebecq（1993）；Zedelius（1991）。

⑪　Lebecq（1995）。

⑫　Lebecq（1991）。

⑬　Van Es and Verwers（1980）；Van Es and Hessing（1994）。

⑭　Lebecq（1983），vol i, pp. 149－150（来自 *Vita Gregorii Traijectensis* by Liudger，及 the *Annales Xantenses*. a. 834 中的相关内容）。

新的地名时尚的影响，也被 8 世纪的史料重新命名。如果我们相信过去 30 年间所发现的撒克逊人大量实物，那么该港口似乎位于泰晤士河（Thames）与海岸之间，因此它仅仅位于这座古代城市上游不远处。㊺

上文已经提到过的伊普斯威奇，与多雷斯塔德一样已经完成了系统地发掘。这些发掘结果表明这里是一个从 7 世纪初就开始有人口居住的遗址，并且在这里发现的陶器数量可观，主要是产自东盎格里亚（East Anglian），但是也有来自莱茵兰、默兹河盆地及佛兰德（Flanders）地区的陶器。㊻

肯特人的港口在坎特伯雷周边发展起来：弗德维克（Fordwich），在 675 年的一份契约中提到过；桑威奇（Sandwich），在斯蒂芬的《威尔弗利德生平》中被认为是安全的港口（portus salutis）；萨莱，最早在 6 世纪就曾被提及，如果有人相信当时这一地区被授予豁免权而不用向教会缴纳运输税的话，那么它的商贸活动似乎至少持续到 8 世纪；当然，不能忘记位于坎特伯雷东北方的边缘地区（suburbium），在这里最近刚刚确定了斯陶尔河（Stour）两岸的一处维克（vicus）。㊼

此后在 7 世纪及整个 8 世纪时期，环海的商贸活动范围扩大，吸引了更远的地区进入，就如比德和阿尔昆（Alcuin）留给我们的《威利布罗德生平》（Life of Willibrord）中的描述所表示的那样。㊽ 这个盎格鲁—撒克逊修道士首先离开诺森伯利亚（Northumbria）去爱尔兰，在那里他继续和他的一些同胞隐退进入莱斯·迈洛斯吉（Rath Melsigi）修道院［即克鲁安·迈洛斯吉（Cluain Melsige），现在是卡洛郡（Co. Carlow）的科洛迈洛什（Clonmelsh），在爱尔兰西南部］。约 690 年，他从这里出发前往弗里斯兰，走遍那里每个地方。他前往瓦尔赫伦与异教徒战斗，去往乌得勒支（Utrecht），在那里建立了他自己的大教堂。从这个地方出发——莱茵河三角洲——这个时期贸易交往体系的中心地区，因此也成为独立的弗里斯兰人与征服者法兰克

㊺　Vince (1990).
㊻　Wade (1988); Hodges (1989), pp. 97–101.
㊼　Hodges (1989), pp. 92–94; Lebecq (1999).
㊽　Bede, HE iii. 27; and Alcuin, Vita Willibrordi.

人之间争论的主题——威利布罗德不仅向南沿莱茵河与摩泽尔河（Moselle）而上建立他在埃希特纳赫（Echternach，在今天的卢森堡地区）的修道院避难所，而且还向遥远的东北方行进，在这里他最终在丹麦下船，并试图使这里的国王昂根杜斯［Ongendus，昂甘图（Angantyr?）］皈依基督教。将威利布罗德从北欧海域的一端带到另一端的长途朝圣之旅（peregrinatio），只能通过贸易交往范围的扩大来加以解释，而这种扩大的范围，是由那些保证这个时代交通运输体系的商人/航海家划定出来的。商业活动范围扩大的标志是威利布罗德在其行程中可能到访过的那些地方港口活动的发展。这种发展是双重的：从古代开始陷入低迷的古代港口重新振兴，如前述埃勃拉库姆（Eboracum）；以及新港口的诞生，如汉姆威（Hamwih）、里伯（Ribe）或者更晚时期的斯里阿斯维克—海萨布（Sliaswich-Haithabu）。

埃勃拉库姆，更精确地说是它周边进行贸易的郊区，为了符合新的地名命名惯例（如隆登维克的命名），被重新命名为伊奥佛维克（Eoforwich）。接下来，维京人将其改为约维克（Jorvik，即约克）。毫无疑问在罗马边墙的南部，在费舍尔格特（Fishergate）地区，在乌斯河与福斯河（Ouse and Foss）两河的交汇处也可以看到这种维克（vicus）出现。在这里，考古学家们不仅发现了许多7—9世纪的精美建筑，而且发现了许多重要的特别是原产于莱茵兰地区的进口物品。这表明，在8世纪后半期，如阿尔特弗利德（Altfrid）在《留得格利生平》（Vita Liudgeri）中所提到的，弗里斯兰商人们就在这里建立了他们的社区。[49]

汉姆威位于未来的南安普顿（Southampton）城址处，在文字史料中被视为720年前后威塞克斯（Wessex）与塞纳河流域之间商贸交往的要地。然而，考古发掘表明，公元700年前后即出现了一个按计划（或规划?）而建的港口，它与欧洲大陆（塞纳河流域下游地区、巴黎地区之间，以及联系没有如此密切的莱茵兰地区）有密切联系，尤其是它靠近中心地区，特别是在温切斯特（Winchester）的王室驻地。这就是我们为什么认为汉姆威是由688年到726年期间的

---

[49] Hall (1978) and (1988).

威塞克斯国王伊恩（Ine）所创建的原因。[50]

650   里伯位于西日德兰半岛（Jutland）下方一条流入北海的小河岸边，很可能建立于8世纪初。它不太可能如同早期的假设那样由弗里斯兰人建立，而更可能由一个新兴的丹麦人君主所建立。（为什么不是在威利布罗德遇到的国王昂根杜斯统治时期建立的呢？）这个聚落似乎并没有等待太久就迎来了西欧商人和他们的金钱，在这发现的大量货币几乎使人认为这些货币是在这里制作的。[51]

    斯里阿斯维克，施莱海湾（Schlei）的维克（wik），是到8世纪中期为止由西欧人在波罗的海地区——或者更准确地说，是在石勒苏益格—荷尔斯泰因地峡尾端地区——建立的第一个贸易点。这个定居地［考古学者们所谓的"南部定居地"（Südsiedlung）］直到9世纪初仍在勉强地维持着基本的生计，来自埃菲尔山区（Eifel）的玄武岩以及来自波罗的海的琥珀在这里进行着交换。随后，丹麦国王戈弗雷（Godfred）在原址北面几百米处有组织地重建了这个贸易点［定居点A（Siedlung A）］。斯堪的纳维亚的史料以及此地居民的后裔认为这个地方应该以它的斯堪的纳维亚名字海萨布命名。[52] 它将控制一条通往波罗的海的新航路，特别是通往瑞典（Sweden）核心地区的马拉尔湖（Lake Malar）地区的航路，在这里海尔戈（Helgo，从8世纪中期开始）以及比尔卡（Birka，在9世纪初接管）地区的新的市集（emporia）将依次发展起来。[53]

    这个援引自理查德·赫德杰（Richard Hodges）的"商业中心的地名辞典"[54]，几乎可以无限地扩展下去。如果考古学揭示了贸易活动，那么文本——尤其是圣徒传记，则清楚地表明传教士、修道士或者主教也使用了这些航路，这种情形似乎越来越经常化。[55] 例如，《科伦巴努斯生平》（Vita Columbani）揭示了公元600年前后阿勒特（Alet）［今天的圣马罗（St. Malo）］与南特地区在同爱尔兰之间的贸易交往中的作用；里彭的斯蒂芬的《威尔弗利德生平》（Vita Wilfri-

---

[50] Hodges (1980) and (1989), pp. 80 – 92.

[51] Bencard (1981); Jensen (1991).

[52] Jankuhn (1986).

[53] Clarke and Ambrosiani (1995), pp. 68 – 76.

[54] Hodges (1982), pp. 66ff.

[55] Lebecq (1999).

di）解释了 7 世纪末桑威奇、昆托维克和弗里斯兰（可能是多雷斯塔德）之间的联系；威利巴尔德（Willibald）的《卜尼法斯生平》（Vita Bonifatii）说明了 8 世纪初隆登维克、昆托维克以及多雷斯塔德之间的关系；修女胡格伯克（Hugeberc）的《威利巴尔德生平》（Vita Willibaldi）说明了 720 年前后汉姆威和鲁昂之间的关系；《安斯噶尔生平》（Vita Anskarii）则展示了 9 世纪上半期多雷斯塔德—斯里阿斯维克/海萨布—比尔卡路线的重要性。因此，我们可以相对容易地概述出 7、8 世纪北欧地区的海上贸易交往网络的主要线路：从爱尔兰沿岸和西不列颠通向布列塔尼地区（主要是南特）的港口以及大西洋高卢（AtlanticGaul）地区；从威塞克斯沿岸（特别是汉姆威）通往塞纳河流域与巴黎（Paris）盆地；从英格兰东南地区港口（伦敦和坎特伯雷附属区）通往昆托维克，即通往高卢北部和纽斯特里亚真正的大门；从东英格兰与东南英格兰（仍然包括伦敦，还有伊普斯威奇和埃勃拉库姆）通往默兹河与莱茵河大三角洲地区〔瓦尔赫伦/顿堡（Walcheren/Domburg），特别是多雷斯塔德地区，这里是通往弗里斯兰、奥斯特拉西亚以及莱茵兰的大门〕；从莱茵河三角洲特别是从多雷斯塔德通往丹麦，然后穿过丹麦到达斯堪的纳维亚以及波罗的海地区。⑤

7—8 世纪期间，不仅北欧所有海域内的海上联系成倍地增加，而且航海技术也发生了变革。从这个时期开始，欧洲大陆、不列颠岛以及斯堪的纳维亚的船只越来越多地装备了船帆。也许，萨顿胡一号墓葬中的船只还不是这样的情况，这只船是按尼达姆船的航海传统建造的；虽然如此，它的长、宽比例表明存在着原初形态的船帆。⑤ 对 8 世纪在哥得兰（Gotland）岛的石柱雕刻上描绘的船只而言，显然就是这样的情形。同样，8 世纪末与 9 世纪初在昆托维克和多雷斯塔德锻造的货币上出现的船只显然也是这样的。这些货币中的第一批，可以追溯到查理（Charlemagne）统治时期，这些货币上的船只形象的类型，可能仍受到古代货币的影响。随后的一批货币可追溯到虔诚者路易（Louis the Pious）统治时期，它们详细地表明 9 世纪北海地区

651

⑤　Johanek (1985).

⑤　Evans (1986).

船只变化后的样式，尽管它们仍然是沿用古代日耳曼人的方法，用鱼鳞式重叠构造法建造。这种建造方法虽然保证了船体的柔韧度与灵活性，但是相对于长度而言，船帆的传动装置需要增加船的宽度。而且这种船的侧翼吃水更深，就如我们将在未来称霸北海海域很长时间的两大类型船只上能看到的那样。这两大类型船分别是柯克船（kogge）的前身，即东弗里斯兰人的平底船，以及莱茵河三角洲即南英格兰水手们的圆底船，这可能是霍克船（hulk）的前身。[58] 我们可以推测，船帆的使用开始于大三角洲，传播到英格兰海域，然后随着西方人向东扩张的脚步，传播到斯堪的纳维亚和波罗的海海域。无论具体细节如何，它的传播引起了重要的经济结果：帆的使用可以减少对船员数量的需求（自此以后，一艘 20 米长，载货 10—20 吨的船只，其船员减少到 4 人或者 5 人），这就使船只可以承载更多的货物及旅客，它使跨海航行更容易、更快捷，最重要的是成本更低。

　　这种运输系统允许考古学家们发现的各种货物，沿着 7—9 世纪的商人/航海家们频繁出入各条航线及其终端进行传播。例如，其中
652　包括拉隆德（La Londe）的陶器，近来确定了这种陶器的生产中心位于鲁昂附近。这些陶器是在汉姆威遗址上发现的主要进口商品，它证明了《威利巴尔德生平》中暗示的塞纳河下游流域和威塞克斯沿岸地区间联系的重要性。[59] 或者莱茵兰地区的产品：即分别在科隆（Cologne）和科布伦茨（Coblenz）附近生产的所谓的"巴道弗"（Badorf）或者"塔汀"（Tating）陶器；用埃菲尔山区的玄武岩制造的磨石；玻璃器皿；武器装备等。它们的发现似乎勾勒出了"大弗里斯兰贸易"的路线，事实上在法兰克人占领莱茵河三角洲后，这种贸易成为法兰克—弗里斯兰人（Franco-Frisian）的贸易。[60] 这些产品不仅被运往多雷斯塔德这个天然的无与伦比的转向台，同时也被运往伦敦、伊普斯威奇、汉姆威、约克、拉格尔地区的爱尔兰人的古老住宅（crannog）、里伯和斯里阿斯维克—海萨布的丹麦人港口地区，甚至不久以后运往瑞典中部，即海尔戈和比尔卡地区。[61] 弗里斯兰人

[58] Ellmers (1972); McGrail (1987) and (1990).
[59] Hodges (1980) and (1991).
[60] Lebecq (1986).
[61] Lebecq (1983), i.

和盎格鲁—撒克逊人引入了新式的银币，并使之扩散开来，这一点可能比其余的所有事件都能更好地展现 7 世纪末及 8 世纪期间海上贸易的强劲势头。

就是在此时，西方货币史上发生了真正意义上的变革。[62] 直到 670—680 年前后，整个西方在货币制作上依然忠实于古代或拜占庭的规格，忠实于制作特里恩泰斯（trientes）、泰米赛斯（themisses）或其他斯利姆萨斯（thrymsas）。这些货币可能都是使用黄金制造的，但是由于黄金越来越缺乏，白银开始在货币制造中发挥更重要的作用。在这个时期，英格兰东南部以及弗里斯兰的工场开始生产纯银币。最初，它们并不比最初的特里恩泰斯轻很多，但是学者们普遍认为它们更好地适应了市场的需求（贵金属生产市场，当然也包括与购买力被完全高估的货币之间严重不匹配的销售市场）。第一批样品尽管通常没有铭文，但是受到之前已有货币样本的启发，会带有可能与凯尔特人的或者更普遍的史前时代传统有关的雕刻风格。这些是自从 17 世纪末开始被称为塞阿塔斯（sccattas）的银币，这一称呼源于对盎格鲁—撒克逊法律的误读。事实上，当时的盎格鲁—撒克逊人称它们为"便士"（pennies），而当时欧洲大陆的民族则称它们为"德尼耶"（deniers）。

毫无疑问，这些第一批发行的所谓的塞阿塔斯，实际上应该被称为"原初便士"（proto-pennies）或"原初德尼耶"（proto-deniers），它们是在肯特锻造的。但是很快南英格兰与诺森伯利亚的所有工场都开始生产这样的货币，在那些即将处于法兰克人统治下的弗里斯兰与莱茵河三角洲地区的工场也同样开始生产这种货币（尤其是多雷斯塔德地区）。这表明这些地区的经济在很大程度上相互依赖。考古发现的多种钱币，像藏金窖（能够构建起相对的年代学）以及单独分散的货币，表明塞阿塔斯的使用几乎立刻就甚为普遍。首先它们可以用于小规模的交易。在北海周边中部开始发行后，新货币的流通范围在 7 世纪末到 8 世纪中期囊括了整个西方。第一批类型"原初便士"（在公元 700 年前锻造）主要发现于肯特和埃塞克斯（Essex）的金窖中，较晚的一批则发现于弗里斯兰和欧洲的其他地区，最后一批的

653

---

62 Hill and Metcalf（1984）；Grierson and Blackburn（1986）.

发现范围，其半径明显扩大，从斯堪的纳维亚到整个高卢，甚至是南高卢地区。诚然，一些锻压币场被建立在距离第一批货币生产中心遥远的地方，例如卢瓦尔河下游河谷地区。⑥ 紧随在英格兰与弗里斯兰国王之后，法兰克的国王们以及制币场很快就完全放弃制造金币，而只制作银"德尼耶"。查理时期货币的一致性与标准化措施一经确立（就在 8 世纪末），就意味着在几乎整个西方，金币与古代地中海的货币标准的结束，直到 13 世纪为止。

　　新货币的成功可以说是因为它满足了也反映了当时经济现实的需求，更深层的原因是由于北方地区的商人与船员从此以后施加于整个大陆地区的影响。这些商人与船员以新的维克（wiks）以及复兴的古代城市为基础，开始了他们的商业活动，这些活动弥补了南部商路缓慢衰退及作为商贸中介的地中海的逐渐丧失所带来的后果。

北海及其内陆

　　这场从公元 600 年前后开始席卷北海地区的商贸旋风对整个西欧产生了如此深刻的影响，因为在整个 7、8 世纪，在沿海地区及其遥远的内陆地区之间出现了一体化的进程。一方面这缘于沿海地区对内陆地区的社会与经济精英的吸引力，另一方面缘于沿海地区人口对于内陆市场的逐渐渗透。

　　首先，我们必须提及沿海地区从早期开始的、对于修道运动的吸引，特别是爱尔兰地区。后者发展出了一个滨海或海岛隐修制度的原型，一种纯粹是在海洋影响下形成的吸引/排斥辩证统一的产物。它的艰苦严苛（隐居的那些严苛的条件，风与水）促成了禁欲主义与苦修主义最极端的形式。斯凯里格·迈克尔（Skellig Michael）修道院就是一个很好的例子，这所修道院大概建于 7 世纪，位于远离凯利（Kerry）海岸的一处屹立于海中的与世隔绝的岩石之上。⑭ 爱尔兰的修士们是"向神朝觐"（peregrinatio pro Deo）的追随者，他们都抱有隐修的原初观念，他们先是将这种观念带入苏格兰的岛屿（563 年进

654

---

⑥　Hill and Metcalf (1984). 更多详细论述见 Blackburn，后文第 24 章。
⑭　Edwards (1990), pp. 116 – 120.

入艾奥纳），然后是带入英格兰地区（635 年进入林迪斯法内地区），最后带入欧洲大陆。这种隐修制度尽全力来调和处在特定海洋环境中的修道院制度与隐修生活道德伦理原则上的矛盾，调和苦行主义与社会生活的矛盾。即使本尼狄克精神（Benedictine spirituality）已经成为西欧修道院生活的主导力量，沿海地区的吸引力仍然十分强烈。在法兰克和盎格鲁—撒克逊的贵族对这种新范式的宗教生活的拥护下，以及在这些君主们——他们通常是沿岸旷野荒地（saltus）的所有者——对这种宗教生活的有意支持下，建在远离海岸的岛屿上、欧洲大陆滨海地区、河流入海口末端或者靠近入海口的地方，甚至在那些河流入海口的下游支流地区的修道院数量在 7 世纪都大幅增加。其中最著名的是英格兰的惠特比女修院（Whitby）、苇尔茅斯修道院（Wearmouth）、贾罗修道院（Jarrow）和克罗斯兰修道院（Cross-land）；欧洲大陆上的努瓦尔穆捷修道院（Noirmoutier）、丰特内尔/圣万德里尔修道院（Fontenelle/St. Wandrille）、朱米埃日修道院（Jumièges）、森图拉/圣里基耶修道院（Centula/St. Riquier），以及根特地区的圣伯廷修道院（St. Bertin）与圣皮埃尔和圣巴冯修道院（St. Pierreet St. Bavon）。[65] 此外，对修道院建筑的描述每次都津津乐道于其位置上的优越性，即靠近商船队频繁出入的水域，就如同津津乐道于与世隔绝对于苦修生活的必要性一样。这就是为什么这些修道院成了经济发展的一极，它们天然地具备作为港口的基础设施条件，以及同内陆之间良好的交往体系。在这个交往体系中不仅可以发现结盟的家族之间的关系网，而且可以看到那些被授予他们的、有朝一日将成为避难所的土地。

　　这些维克（wiks）的发展——最初往往是自发的——避开了君主的控制。也就是在这个时期，内陆的君主国试图插手维克的事务，或者其他国王多少具有重新（ex nihilo）建立一些新维克的念头。[66] 无论如何，对于统治者而言，这是控制维克操控下的海上航线的问题，是鼓励和发展海外联系和未来扩张的政策的问题，是促进他们自己地产上剩余产品出口的问题，是在维克创造的利润中保持他们自己那部

---

[65]　Lebecq（1989）and（2000）.

[66]　Sawyer（1977）.

分份额的问题。我们看到了威塞克斯和丹麦地区的国王们在 8 世纪初各自建立了汉姆威和里伯，或者在 9 世纪初重建了斯里阿斯维克—海萨布。到目前为止，我们还很少看到法兰克的国王们 [特别是在达戈伯特（Dagobert）统治时期]，或者后期有实权的宫相插手于昆托维克和多雷斯塔德维克的事务。这些地方是巨大的、富有的内陆地区的海上出口，而那些内陆地区拥有大量财政的和世袭的财富。[67]

因此，7 世纪末前后，当法兰克统治者一旦完全控制了它们（即 *wiks*）后，他们便赋予了昆托维克和多雷斯塔德以海关与货币体系。这些地方被委托给重要的官员管理，查理后来授予这些官员在各自管辖权内全权管理海关和所有货币的权力。管辖权的范围最可能包括昆托维克的整个纽斯特里亚（Neustria）海岸地区，及多雷斯塔德的整个奥斯特拉西亚和弗里斯兰海岸地区。[68] 就像 7 世纪末肯特王希罗特尔（Hlothere）在法律中提到的维克的行政官员（*wic-gerefan*，*wik* 的负责长官）一样，[69] 法兰克的君主赋予在财政长官（*procurator*）或行政长官（*praefectus*）管辖下的、昆托维克和多雷斯塔德地区的领主侍从官（*ministeriales*）在任时自由处置事务的权力。他们不仅负责确保这一地区的治安和交易的合法性，而且负责向过往的船只征收靠岸费（*ripaticum*）及对卸下的货物征收关税 [通过 9 世纪史料判断最可能的是征收收益的 1/10（*decima*）]。[70]

国王与诸侯们，以及各自王国内的权贵们，并不是唯一被港口和沿海地区商贸活动吸引的人。由于他们期望在来世得到救赎，国王与诸侯权贵们希望教会也能够得益于这种商贸活动。因此，从 8 世纪初开始，法兰克的统治者们将他们在多雷斯塔德港口贸易中征收的税款的 1/10 奉献给乌得勒支主教座堂。随后这一主教座堂立即在这里建立了重要的教区和洗礼教堂，可能相当于 *Upkirika*，即后来的史料中提到的"高教会派"（high church）。[71] 既然我们可以看到许多宗教（修道）居所认为自身是名副其实的"海洋之窗"，对所有类型的贸易开放，那么在昆托维克存在着更多关于此类情况的证据。不仅仅是

[67] Lebecq (1986).

[68] Lebecq (1991).

[69] Whitelock 译，*English Historical Documents*, i, p. 395. 见 Sawyer (1977).

[70] Lebecq (1983).

[71] Lebecq (1983); Van Es and Hessing (1994).

附近大型的修道院，如圣瓦斯特（St. Vaast）修道院、圣伯廷修道院和森图拉/圣里基耶修道院，以获取份地［即 mansi（曼苏）或者 setici（塞蒂西）］的方式在维克或其最近的地区［如在图博森特（Tubersent）或者在坎比格奈鲁勒斯（Campigneulles）地区获得地产］，而且一些较远的修道院也在王室的特许下被吸引到那里。例如，菲利耶—昂伽蒂纳伊斯修道院（Ferrières-en-Gâtinais），查理将圣若斯修道院（St. Josse）周边的铺面（cella）赐给它。丰特内尔/圣万德里尔修道院由于不满足于它自己在塞纳河下游地区港口（portus）的收益，而接受了维斯库斯港（portu Wiscus）内的数个曼苏（mansi），其中在一块靠近昆托维克码头（quae vicinaest emporio Quentovico）的"曼苏"上可能修建了圣彼得教堂。在 9 世纪时，这里将成为修道士逃避诺曼人（Normans）入侵的避难所之一。因此，我们就能够理解为何在 8 世纪末，被指定为仓埋在昆托维克的财政长官（procurator），负责监督这一地区所有海关行为，甚至与盎格鲁—撒克逊的国王们特别是麦西亚国王奥发（Offa of Mercia）进行谈判的，是当地身份最高的人——圣万德里尔修道院院长杰罗阿德（Geroald, abbot of St. Wandrille）。[72]

即使是像圣日耳曼德普莱（St. Germain-des-Prés）这样的修道院，已经成为一个海上小镇（villasupra mare）的主人［可能是基尔波夫港（Quillebeuf），位于塞纳河流域下游］，也没有从昆托维克或多雷斯塔德的实际收入中收取过任何收益。因此，最迟在 779 年，[73] 这里已经谨慎地获得了对这两个港口所有运输税的豁免权，同时，在鲁昂、亚眠（Amiens）和马斯特里赫特（Maastricht）等北高卢所有开放海上贸易的港口也获得此项特权。很明显，巴黎的修道院希望能从这一特权中获益。如果我们接受目前对伊尔密依财产清单（the polyptych of Irminon，可追溯到 820 年前后）中某些内容的解释[74]，就会看到这所修道院要求来自维莱蒙得（Villemeult，位于博斯地区）和科姆布斯－拉－维勒［Combs-la-Ville，位于布里（Brie）地区］的成

---

⑦ Lebecq (1989) and (1993).

⑦ *Chartae Latinae Antiquiores*xvi, ed. Atsma and Vezin, no. 625, pp. 38 –41.

⑦ Devroey (1984).

员承担远至昆托维克的常规运输服务。⑦ 我们可以很容易地想象这些马车将土地上的剩余产品运至港口——例如北方民族需要的葡萄酒。我们可以同样容易地想到这些马车不会空车而返，圣日耳曼德普莱修道院的修道士就是在昆托维克的市场上购买回程运载的货物。这些货物可能是一些基本物资，例如矿产品或者纺织品，在我们掌握的史料或者那些教会礼仪书中大量强调这些物资产自不列颠，那些岛屿上的抄胥们（scriptoria）在这类书上留下了其美名。

　　但是当内陆地区的领主们及机构（指修道院、教会——译者）安驻在海岸和港口地区时，这些开启了北海地区商业复兴的商人/航海家们，正在借助那些可以在任何海岸停靠上岸的船只沿河逆流而上开始探索欧洲大陆的市场。特别是那些塞纳河流域的撒克逊人与莱茵河流域的弗里斯兰人尤其如此。我们设想一下将人口从威塞克斯吸引到塞纳河流域，特别是吸引到巴黎地区的商品，是葡萄酒而不是在汉姆威发掘出来的大量来自拉隆德的陶器。在634—635年颁布的一项特权里，法兰克国王达戈伯特授权予圣德尼（St. Denis）修道院在每年10月9日，即他们的守护圣徒节之日，或者换句话说是大概在新酿的葡萄酒上市的时候，开设集市。最初它只是纯粹的地方性集市，后来可能成为整个巴黎地区最大的葡萄酒交易集市。无论如何，圣德尼修道院的修道士们从中获利颇丰，因为根据王室特权条款的规定，他们是集市开放期间唯一的市场税［teloneum，（toll）税收］征收人。⑦ 很遗憾，葡萄酒在北方非常缺乏，因此，709年的一份公文提到撒克逊人（可能是西撒克逊人）时，他们是唯一被提及的外来人，称他们是圣德尼集市中最勤勉的顾客群体之一，这一点就不会令人惊讶了。⑦ 753年的一份公文则在这类顾客名单中添加了弗里斯兰人，他们的地位被设想处于从属地位。⑦

　　弗里斯兰人习惯主要是在离他们最近的内陆地区，即在莱茵兰地区，寻找海边平原地区十分缺乏的葡萄酒。此外，他们还获得木

⑦　*Das Polyptychon von Saint-Germain-des-Prés*，ed. H·agerman，pp. 58 and 139.
⑦　Lebecq（1989）and（2000）.
⑦　*Chartae Latinae Antiquiores* xiv，ed. Atsma and Vezin，no. 586，pp. 49 – 54.
⑦　*Chartae Latinae Antiquiores* xv，ed. Atsma and Vezin，no. 598，pp. 15 – 21.

材、谷物以及莱茵兰当地的产品——陶器、玻璃器皿或者武器装备等，在多雷斯塔德和所有北欧主要地区大量出现。这就是为什么我们在 8 世纪史料中发现弗里西亚人在摩泽尔河（Moselle）上的特里尔（Trier），然后在 9 世纪史料中看到弗里斯兰人出现在克桑腾（Xanten）、杜伊斯堡（Duisburg）、科隆、美因茨（Mainz）、沃尔姆斯（Worms）、斯特拉斯堡（Strasbourg）及其他莱茵河沿岸地区。在其中几个城镇中，他们建立了通常是与大的宗教机构有关的移居地。例如，在特里尔，一个弗里斯兰人带着他的财富（*sua substantia*，财富必定包括船只与奴隶）投身于圣马克西敏（St. Maximin）修道院，以便为了教会的利益去进行海外商贸旅行，此前他一直为自己的利益而进行海外商贸旅行。在科隆，弗里斯兰人的定居点是在郊区的圣哲罗恩教堂（St. Géréon）附近发展起来的，毫无疑问，它依赖并处于该教堂的保护之下。在杜伊斯堡，弗里斯兰人为普吕姆修道院（abbey of Prum）服务，这修道院拥有位于鲁尔河（Ruhr）与莱茵河交汇处的浮动码头。在沃尔姆斯，弗里斯兰人是主教座堂监督下唯一经营市场的外域商人[79]。考虑到这些情况，我们可以相信 826 年黑埃尔默德（Ermold the Black）对"弗里斯兰人与航海人群"（*Frisionibus atque marinis*）的抱怨不仅仅是矫饰的文字，就是这些人进入莱茵河上游流域，运走了阿尔萨斯（Alsace）和孚日山（Vosges）地区生产的所有产品——特别是葡萄酒、谷物和木材。[80]

在所有这些例子里，北方商人/航海家的需求及他们的出现只能刺激这些古代城市、城市郊区的教堂以及它们河边的港口地区的商贸活动，他们时常在这里频繁出入。从 7 世纪开始，贸易活动的迅速发展使得北海整个内陆地区的贸易条件都得到了切实的改善，也都从相对和平的环境中获得利益。最重要的是，它在逐渐整合小规模生产而使其成为有组织大庄园的发展进程中获益，据此，具有人身依附关系的农民与自由小农——被授予真正的经营自由权——在经济学上被认定比在旧式大庄园（*latifundia*）中劳作的神职人员的奴隶更具生产积极性。很明显，这两个经济主体（内陆地区的生产者与来自海洋

658

79　Lebecq（1983）.
80　Ermoldus Nigellus, *Première épître au roi Pépin*, lines 97 – 120.

的商人）都对对方的行为及活动成效产生了具有决定意义的影响。只从我们掌握的史料中举一个文献记载最完整的例子，特别是商人/航海家们刺激了葡萄酒生产者的生产力，而葡萄酒生产者也促进了商人/航海家们改善他们的运输体系。

结　论

北欧的海域在 8、9 世纪之交形成了一个单一的经济体系。商人/航海家从一个港口到另一个港口，他们在沿河逆流而上到达内陆生产地区的核心时从不犹豫，正是他们的商贸活动使得北海经济体系得以复苏。从欧洲大陆朝北方行进，从卢瓦尔河、塞纳河与莱茵河流域购买谷物、木材，尤其是葡萄酒；从阿基坦、巴黎盆地和莱茵河河谷的手工作坊购买手工制品或半成品；从弗里斯兰和其他地方购买亚麻布；更不必说此时正在加洛林君主（Carolingian monarchy）的兼管下进行制作的银币，这些银币在宫廷，在多雷斯塔德，在昆托维克以及许多其他造币工场中进行制作。还有来自北方的奴隶、金属、皮毛，来自海洋哺乳动物的油、海象的象牙、波罗的海的琥珀，以及其他所有这样很少留下考古踪迹的产品。这样五花八门的贸易并非没有混乱，国王们不满于港口的治安保障，他们甚至采取立法等措施来保卫他们的侨民，抵御最不守道德规范的商人们。796 年，在查理与麦西亚国王奥发之间关于这个问题的通信，形成了弗兰克·斯坦顿（Frank Stenton）所说的"英格兰历史中的第一次商业条约"。[81]

从第一次磕磕绊绊地试图对 6 世纪北海地区的商业贸易活动进行分析时，我们已经取得了很大进展。在最后的分析中，7 世纪开始北欧地区发展出一个真正意义上的海洋经济，这并不是伊斯兰教世界封闭了地中海的结果（直到更晚的时期伊斯兰教世界才封闭了地中海），而是三种因素结合在一起的结果。首先，我们必须承认内陆地区的活力，它受到 3 世纪以来从未见到的农业蓬勃发展的激励，由更加强大的贵族和宗教机构组织，并得益于相对和平的环

---

[81]　Stenton（1971），p. 221.

境，即早期加洛林时期的加洛林和平（*pax Carolina*）。其次，充满活力的海上环境，从不列颠东南部到莱茵河河口之间北海的中心地区开始，随后延伸到新的空间范围，从爱尔兰直到斯堪的纳维亚。659这个环境受益于航海技术革新，受益于银币在各个方向上的推广使用，受益于更好地适应商业贸易的数量与价值。最后，我们看到商业贸易的两个动力因素集合在贸易的中间地区：沿海地区的大修道院、市场、集市、滨河城市，及它们的近郊（*suburbia*）地区和教堂、河港，尤其是海港。

所有这些仍是亨利·皮雷纳的理论，西方的重心的确从南向北转移，6 世纪时地中海的重要性被北欧海域所取代。后者在 7、8 世纪则成为长途贸易的主轴线，这条轴线在 8 世纪以后延伸至波罗的海，因此也为通过俄罗斯河道与近东（Near East）和远东（Far East）连接起来做好准备。这条新贸易路线将要取代旧有的地中海线路数个世纪之久，考古发现也许很好地证明了这条贸易路线上交通运输的增长；在瑞典核心地区的海尔戈遗址上发现了一支原产于爱尔兰的牧杖和一尊克什米尔（Kashmir）产的小型佛陀（Buddha）雕像，它们相互之间只距离几米远，但却同是 8 世纪的产品。[82]

但是，通过利用葡萄酒、武器装备以及银币这些强大的"名片"，西方的商人/航海家们渗透到斯堪的纳维亚水域。他们不仅将帆的使用介绍给维京人，也将后者贪婪的目光吸引到他们的船上、贸易路线、港口、教堂，最终到达他们的土地。这些北欧海盗对诺森伯兰（Northumberland）沿岸〔林迪斯法内（Lindisfarne），793 年〕以及弗里斯兰沿岸（810 年）地区的侵袭，无疑标志着另一个时代的开始。直到这些来自北方的掠夺者中断了海上联系两个世纪之后，大约在公元 1000 年前后，新商业贸易的地图才被大体地画出轮廓。它的范围将延伸到可与维京人的航行范围相匹敌〔从纽芬兰到白海（White Sea）（即里海。——译者）地区，以及到俄罗斯的河流地区〕。原有的港口太易受攻击而让位于新的港口，新港口更好地植根于自身所处之环境，得到更好的保护，因此将出现港口的重新分布，同时也将有新一代的贸易发起人（*animateurs*）。弗里斯兰人、盎格

---

[82] Hodges and Whitehouse（1983）.

鲁—撒克逊人、法兰克人和凯尔特人也将让位于爱尔兰—斯堪的纳维亚人（Iro-Scandinavians）、盎格鲁—丹麦人（Anglo-Danes）、佛来芒人（Flemings），以及那些来自默兹河地区的民族，和后来的那些来自汉萨同盟土地上（Hanseaticlands）的人。

王翘 译，徐家玲 校

第二十四章

钱币与钱币制造

马克·布莱克本（Mark Blackburn）

5 世纪早期罗马世界的钱币由金币、银币以及铜币多个系统构成。[①] 至 8 世纪时，西欧完全使用白银制造单一面值的大而薄的加洛林便士（Carolingian penny）。从古典向中世纪的发展过程中，欧洲的锻压币系统发生了重大变化，但这种变化不是一蹴而就的，而是一个逐渐发展演变的过程。本章将阐述 5 世纪时期最早的日耳曼人货币制造状况，及至 7 世纪后期银币制造的发展过程，而这一过程的重点将在《新编剑桥中世纪史》第二卷中加以阐释。

4 世纪后期及 5 世纪见证了中欧和东欧民族空前大规模的迁徙运动。多数定居在前罗马帝国内的部落以及新建立的日耳曼王国都曾在某种程度上成为罗马皇帝的雇佣兵或者与皇帝缔结协约，这使他们慢慢接受了罗马帝国权威的观念，虽然这种观念不是特别明确。作为雇佣兵，他们将获得大量钱币，其中主要是金币。即便在进入欧洲之前并不制作钱币，但供奉与掠夺给了他们对待钱币的经验。毫无疑问，这也是我们在新建立的多数日耳曼王国看到的货币流通和货币制造受到鼓励的原因。只是在英格兰和高卢北部边境地区，在罗马帝国统治系统崩溃以后，货币流通曾有过短暂的停滞。一个世纪之后甚至更晚时期，这些地区才从邻近的日耳曼人那里重新学会使用货币。

这些新建立的国家在货币制造过程中都经历了两个时期：一个是

[①] 关于晚期罗马货币的概论，见 Grierson and Mays（1992）and Kent（1994）；关于早期中世纪除拜占庭之外的欧洲货币，见 Grierson and Blackburn（1986）；关于拜占庭货币，见 Grierson（1982），Hendy（1985）and Hahn（2000）。

"伪帝国的"（pseudo-imperial）时期，这一时期的货币是由在位的或
661　前几任罗马帝国皇帝允准发行的；另一时期是"国家的"（national）
时期，这种货币的镌刻和图像刻意标示着国家的独立性。在不同的王
国这种变化是在不同时期发生的，且有着不同的表现方式。5世纪后
期，最早废除罗马帝国银币和铜币的是意大利的奥多亚克（Odova-
car）和北非的汪达尔王国。西哥特人和法兰克人在6世纪晚期才改
造了他们的货币制度，前者公开地采用王室货币，后者选择允许发行
多样的、半私人性质的货币。一个世纪之后，意大利的伦巴第人最后
一个放弃罗马帝国传统，开始采用王室和市政系统的货币制造系统。
当然，官方的拜占庭货币仍然在其统治区域内的意大利、西西里以及
巴尔干的部分地区继续流通。

尽管很少有文字资料描述过中世纪早期货币的性质，但这一时期
确实有大量货币留存下来，我们通过对货币上的文字、图案及其模
具、重量、金属材料组合成分，以及当时的环境进行研究，仍可以对
当时的货币的使用制度获得一些了解。罗马帝国晚期，货币的制作集
中于少数几个制币场（mints）中，在西部帝国的意大利有4所［罗
马、拉文纳、米兰以及阿奎莱亚（Aquileia）］；高卢有3所［阿尔勒
（Arles）、里昂（Lyons）和特里耶（Trier）］；伦敦的制币场在325年
关闭，后来似乎于4世纪80年代又恢复了生产，而在篡位者马克西
穆斯（Maximus，410—411年在位）统治时期，巴塞罗那曾短期生产
过货币。至7世纪时，意大利只有少数货币制造场，而高卢有几百
所，西班牙大约有50所，英格兰有一些。因此，这一时期货币生产
基本上仍由古老的罗马帝国控制，但如人们所料，地方性质的货币制
造已开始大规模发展。

4世纪时期，罗马已发行了以金、银、铜三种金属材料精心制作
的不同面值的货币，但是至5世纪早期，银币和铜币生产大量减少。
在高卢和不列颠，因流通中的银币不足而使其减少了重量，少量在高
卢新制作的货币变得更轻。而铜币的发行仅限于其最小面值的努姆斯
（nummus）。只有金币的生产（产量和规格）适中，在流通中仍占主
导地位。在三种面值的金币中，即：索里达（solidus），相当于其一
半面值的塞米西斯（semissis），其1/3面值的泰米赛斯（tremissis），
最大面值与最小面值的金币是接下来两个世纪西欧主要制造的货币。

因此，作为 6 世纪和 7 世纪早期中世纪时期货币制度中最引人注目的金币的主导地位，早在晚期西罗马诸帝时期就确立了。

金币的地位已超过了它自身的内在价值，因为它作为帝国金属，需要镌刻一位皇帝的名字——如果在位皇帝在政治上不受欢迎，那么将锻制上一任皇帝的名字。地位较低的统治者冒险将他们自己的名字锻制在他们自己发行的钱币上，如法兰克国王狄奥德博特（Theode-bert，534—548 年在位）所行，他的鲁莽行为受到普罗柯比的严厉批评："在野蛮人世界中……任何人……无权将自己的头像印在至高无上的金币上。"② 银币和铜币则不同，不管上面有无皇帝的头像，统治者皆可以更加自信地将头像锻制于其上。这种现象成为一种习俗，在令人崇拜的金币上印皇帝的头像是皇帝的特权，它使"伪帝国"金币的存在延续了更久的时间。

西哥特人、苏维汇人、法兰克人、勃艮第人、盎格鲁—撒克逊人以及伦巴第人的钱币体系基本上是单一的金币体系，伴有地方上小范围流通的小额银币和铜币。甚至在拜占庭帝国，银币也逐渐被废弃，只是偶尔在一些仪式上使用。面额较高的金币和小面额的铜币"米尼"（minimi）之间没有面值适当的中间货币。然而，5 世纪后期，意大利的奥多亚克和后来的东哥特人在意大利重新制定了令人印象深刻的三种金属货币的面值，从而使得各种交易活动都有了充足的货币流通。同样，在北非，汪达尔人重新建立了一套银币和铜币的钱币系统，但通常没有金币。在上述这两个地区于 6 世纪 30 年代和 40 年代被帝国收复后，查士丁尼维持了当地银币和铜币的生产。到了 6 世纪的第三季（即 575 年之后——译者），欧洲银币的制造主要局限于拉文纳，其经济影响力也开始下降。

中世纪早期，贵金属远比当今时代更有价值，因此，标准的金币有着更高的面值。例如，1 索里达在 452 年的罗马能够买 90 千克的猪肉，因此，它几乎不能适应地方上的商品交易。③ 相反，努姆斯（nummus）是一种面值极小的货币，5—6 世纪，索里达与努姆斯的汇率在 1∶7200 到 1∶12000 之间波动。6 世纪早期一个房屋建筑工匠每

662

---

② Procopius, *Bell. Goth.* ii. 33. 5 – 6.
③ Spufford (1988), p. 8.

天能赚到 200 努姆斯的酬劳。

意大利和北非

　　毫不令人奇怪的是，见证了罗马文化和罗马制度之最强势存在的意大利，不仅继承了罗马的锻压币体系，而且在其影响下进一步发展了自身的货币制度。奥多亚克（Odovacar，476—493 年在任）作为统领着一支由日耳曼人和匈奴人混编军队的高官，他并不是以篡位者的身份统治意大利，而是代表最后一位西罗马皇帝尤利乌斯·尼波斯（Juius Nepos，477—480 年在位）以及东罗马芝诺（Zeno，476—477年、480—491 年在位）进行统治；因此，他发行的绝大多数货币上都印有这些皇帝的名字。同样的情况也发生在狄奥多里克（490—526 年在位）之后的东哥特国王身上，他们与奥多亚克类似，在查士丁尼一世于 535 年对其征服之前，代表着东罗马皇帝对意大利进行统治。

　　从奥多亚克统治时期开始，货币制度在三个方面有了长足的发展。首先他恢复了银币的制造，镌刻了芝诺的名字，并在米兰、拉文纳和罗马三个地区建立相当规模的锻压市场，这成为整个东哥特时期保持下来的一大特点。其次，尽管铜币生产已经停止了，但在罗马则发行了刻有芝诺名字的约值 40 个努姆斯（nummus）的大面值铜币。重要的是这些铜币似乎参与了甚至刺激了阿纳斯塔修斯于 498 年在君士坦丁堡实行的货币改革，实行了以相当于 40 个努姆斯（nummi）的福里斯（follis）为最大面值的一套铜币体系。以芝诺名义发行的铜币上的图像与 4—5 世纪发行的钱币上之皇帝半身像很不同，因为它追求的是与皇帝真容相似的自然形象，而非刻板的肖像。这种观念与其他设计和铭文的特点类似，包括使用 "sc"（Senatus consulta），其目的是回到帝国早期的货币制度。但这种货币的生产日期并不清楚，可能不是由奥多亚克最先开始，而是由东哥特首领狄奥多里克于490 年至 491 年控制罗马时发行的。④ 随后有大量匿名的铜币出现，

---

④　Grierson and Mays（1992），pp. 186 – 187，认为此事发生于 477 年；Kent（1994），pp. 218 – 219，认为此事发生于 490—491 年，即在狄奥多里克统治时期。

一般认为这些铜币是罗马"市政"（municipal）或"元老院"（senatoria）发行的，这种铜币存在于整个东哥特时期。

奥多亚克统治时期钱币的第三个特征是银币和铜币上锻制着他的名字"FL ODOVAC"，或者是其姓名首字母再加其肖像。这是最早也是当时唯一在铜币上锻制的蛮族首领肖像——8世纪伦巴第国王埃斯图尔弗（Aistulf，749—754年在位）是另一个著名的例外。肖像中的奥多亚克没有戴帽子，但留有浓密胡须，且无佩戴徽章，这强调了他并非皇帝身份。这些钱币在拉文纳锻压制造，其制造时间可能在477年奥多亚克承认尤利乌斯·尼波斯的皇帝身份之前，或者是490年他与东哥特人战争时期。⑤ 这为狄奥多里克在金币上锻制自己名字或姓名首字母提供了先例，并可能鼓励了贡萨蒙德（Gunthamund，484—496年在位）为迦太基的汪达尔人发行自己的王室货币。

于是，在许多方面，奥多亚克的货币制度为东哥特人庞大且令人印象深刻的货币制度树立了楷模。在这种制度下，罗马、拉文纳和米兰继续生产金币，而且，在540年米兰陷落之后，帕维亚（Ticinium）发行的金币上一直锻制在位皇帝的名字，除了巴都埃拉（Baduila，541—552年在位）时期，因为巴都埃拉一直抵制查士丁尼一世的征服，因此更倾向于在其金币上锻制已故很久的阿纳斯塔修斯的名字。另一类更重要的特例是华丽的、三角形索里达（triple solidus）币，形状类似勋章，在狄奥多里克的正面半身像周围印有他的名字及头衔（REX THEODERICVS PIVS PRINCIS）。尽管这种金币是用来庆祝重大事件的（这一观点仍有争论），⑥ 然而由于其勋章状特征，它不应该被认为是破坏了金币上仅应该锻制皇帝的名字这一约定。

在奥多亚克创造"半西利夸"（half-siliqua）银币的基础上，狄奥多里克创造了更小面值的1/4西利夸（quarter-siliqua）银币。奥多亚克在钱币上或锻制皇帝的名字芝诺，或者是他自己的名字。而东哥特人与其不同，他们通常在钱币上锻制皇帝肖像，并围绕肖像锻制皇帝的名讳，而钱币的另一面则锻制国王的名字或其姓名首字母的组合

664

---

⑤　Grierson and Blackburn（1986），p. 28；Kent（1994），pp. 213–214.

⑥　Arslan（1989）认为这标志着意大利在493年被最后征服；见 Alfoldi 1978年和1988年的版本所言，公元500年是狄奥多里克登基统治东哥特人的第30个年头；而 Grierson（1985）认为，他对法兰克人和勃艮第人的征服是在508年或509年。

图案。以此表明此钱币是一种得到皇帝保护的王室钱币。尽管 3 所意大利的锻压币场都参与制造银币，但在狄奥多里克的继承者统治时期，540 年之前钱币生产主要集中在拉文纳，其后在帕维亚。东哥特王国的铜币制造与此不同，因其至少有 5 种面值的钱币是由罗马大批发行的，且这些铜币上未发现任何皇帝或国王的名字，因为是元老院正式负责这些铜币的发行。狄奥达哈德（Theodahad，534—536 年在位）时期的铜币"弗里斯"是例外，其上锻制了国王的半身肖像，他企图以此方式让后人永远纪念自己。[7]

同时，在北非汪达尔人的货币制度中也可发现十分有趣的现象。汪达尔人似乎在西班牙时期（409—429 年）并没有制造钱币，但是在其北非王国内，即以迦太基（439—533 年）为基地，存在一种稳定的新型钱币制度。5 世纪时期，他们可能制作了两类"伪帝国的"银币，以皇帝洪诺留（Honorius，395—423 年在位）的名义发行，[8]另外发行了多样的铜币"米尼"。"伪帝国"钱币发行时间很短，因为在这个世纪末贡萨蒙德（484—496 年在位）已经开始实施一种王室钱币制度，与奥多亚克的独立钱币制度类似，并不提及皇帝的名字。他们发行了面值 100、50 和 25 第纳里（denarius）的 3 种银币以及 1 努姆斯面值的铜币，这种体系一直持续到拜占庭帝国再征服之前。与此同时，出现一种不明来源的城市钱币，即一些面值为 42、21、12 和 4 努姆斯的铜币，显然是仿照罗马发行此种钱币，但其面值系统与罗马城市钱币不同。这种铜币有两个系列，早期的铜币上造有神圣的迦太基王（Carthago）手持玉米穗，后来的铜币上有站立的士兵和一个带有"迦太基"（KARTHAGO）图标符号的马头。

一种古怪的辅币补充了大量发行的铜币，并为意大利和北非之间的联系提供了更多的证据。这些辅币中有"塞斯特"（sestertii）、"阿司"（asses）、"都庞第"（dupondii）3 种，这里包含着大量主要属于公元 1 世纪的古老而破损的铜币，其中"塞斯特"上雕刻了 LXXXⅢ（83）面值标志，"阿司""都庞第"上雕刻有 xlii（42）面值标志。

665

---

⑦　Cassiodorus, *Variae* i. 6. 7.

⑧　Kent（1994），pp. 232–233，猜测这种"伪帝国的"银币可能起源于汪达尔时期之前。

显然，它们属于 5 世纪或 6 世纪，但是其起源却不清楚，⑨ 因为它们的面值与迦太基货币制度相符，且在北非发现了一些样本，在意大利发现的更多。

随着查士丁尼一世部分地实现了帝国的重建，他开始决定是否需要在所有征服地实施统一的货币制度。很明显，帝国内部银币已经不再流通，因此查士丁尼一世继续了迦太基和意大利银币生产系统，采纳了这些银币在当地的面值和重量标准。铜币生产与此不同，因为自从阿纳斯塔修斯于 498 年进行改革之后，君士坦丁堡已经生产了许多其面值相当于 40 努米的铜币"弗里斯"，为了调整金币和铜币的等值交换，查士丁尼一世几次修订了这些铜币的重量和图案。因此，可以说非洲和意大利所使用的铜币本质上仍是君士坦丁堡所发行的。在帝国重新征服后的 10 年间，这两个地区所生产的银币和铜币达到最大规模，因为汪达尔人和东哥特人原来的钱币被重新锻制成拜占庭钱币。金币"索里达"和"泰米赛斯"在罗马生产，随后由拉文纳的东哥特人继续生产。显然，535 年西西里岛被收复之后，现在成为第三个锻压币场所在地。⑩ 至 7 世纪和 8 世纪时期，这一锻压币场逐渐发展成为帝国规模最大的锻压币场。汪达尔人统治时期的迦太基没有金币制作，查士丁尼一世征服以后，最初用君士坦丁堡的金币支付当地军队的薪饷，但是从 537 年开始至 698 年阿拉伯人征服这座城市之前，迦太基生产一种特殊的金币，只包含金币"索里达"⑪。自 553 年拜占庭帝国征服西班牙东南部沿海一带作为其立足点，至 624 年，帝国可能在西班牙领地的行政中心卡塔赫纳（Carthagena）建立过一所锻压币场。在拜占庭统治的主要时期，卡塔赫纳生产相当数量的金币"泰米赛斯"，即西班牙西哥特人流通的主要面值金币，而且这种西班牙金币不可能由迦太基提供。⑫ 在巴尔干半岛，东哥特在西尔米乌姆（Sirmium）的殖民地，是狄奥多里克于 504 年从格庇德人（Gepids）手中夺取的，也成为意大利战争的牺牲品，于 540 年复被格庇德人夺取。当地发行一种"半西利夸"银币，开始时是锻制有

666

⑨　Morrisson（1983）认为起源于北非；Grierson and Blackburn（1986），pp. 28 – 31，认为是起源于意大利。

⑩　Hahn（2000），pp. 47 – 48.

⑪　Morrisson（1988）.

⑫　Grierson（1982），p. 56.

狄奥多里克名字的意大利形制的银币，在格庇德人统治时期继续流通，直到 6 世纪 80 年代格庇德人被阿瓦尔人打败之后，这种钱币才停止生产。[13]

拜占庭帝国在 20 多年间维持了对意大利统治的最后"小阳春"（Indian summer）时期，后来伦巴第人于 568 年至 569 年入侵并建立了自己的王国。最初，伦巴第人在意大利北部伦巴第地区立足，随后扩大到托斯卡纳（Tuscany）地区及意大利中部及南部，统治着由贝内文托（Benevento）到斯波莱托（Spoleto）的广阔地区。在北部意大利的托斯卡纳及贝内文托等地发行了三种不同系列的钱币，斯波莱托没有制造自己的钱币。在意大利北部最早的钱币包括模仿查士丁尼一世（565 年去世）、查士丁二世（565—578 年在位）及莫里斯（582—602 年在位）统治时期拉文纳地区的钱币"泰米赛斯"，这种钱币可能在他们征战意大利时期流通。这些仿制品开始时维持着与初始钱币相似的质地和较好的品相，但是对于莫里斯时期钱币的仿制品持续发行了几乎一个世纪之久，逐渐成为程式化的东西，出现毫无意义的铭文，及一种特殊的、碟形的、宽而平的钱币。托斯卡纳则制造了一种特殊的钱币，这种钱币是在希拉克略（610—641 年在位）及康斯坦兹二世（641—668 年在位）时期钱币的基础上设计出来的，其背面镌有平头十字架图案。这些钱币仍然在造型上有所发展，与伦巴第地区比较大的钱币不同，尽管也呈现环形文字，但它们更加小而厚。至 7 世下半期，钱币上的锻压文字只剩下"V"和"I"两个系列了。上述两种钱币系统逐渐发展为具有本地区特色的地方钱币，对无特性的"国家的"钱币制度产生了影响。然而，这种明显向伦巴第国家钱币的过渡到 7 世纪末才开始，而在两个地区再次形成了不同的发展路径。在伦巴第王国，库尼佩特（Cunipert，688—700 年在位）创立了一种王室钱币，这种钱币保留了以前宽厚的造型，并将皇帝的半身肖像改换为国王的肖像，以有翼的圣米迦勒（St. Michael）形象取代了有翼的胜利女神形象。托斯卡纳的钱币制度与此相反，演变为一系列由城市发行的钱币体系，钱币上面镌刻有城市的名称或其字

---

[13] Metlich（2004），pp. 43 – 44，认为"狄奥多里克"钱币即是后来东哥特钱币中的"格庇德人"钱币。

母：比萨、卢卡（Lucca）、皮斯托亚（Pistoria，原文如此，似应是
Pistoia，不确定。——译者），很可能还有丘西（Chiusi）。上面提到
的第三种钱币系统是7世纪末贝内文托公国（Duchy of Benevento）方
开始制作发行的钱币，即归于吉素尔夫一世（Gisulf Ⅰ，689—706年
在位）创建的伪帝国钱币"索里达"和"泰米赛斯"。尽管贝内文托
钱币制度流行了近两个世纪，但不属于本节所要阐述之内容。

高卢和伊比利亚，伪帝国钱币制度

　　高卢和伊比利亚半岛的钱币流通与上述地区不同。5世纪早期，
这些地方的银币和铜币已出现短缺。因此，5世纪和6世纪时期，西
哥特人、苏维汇（Sueves）人、勃艮第人以及法兰克人主要生产金
币，这些金币主要是仿照罗马帝国钱币的传统及设计图案。除此之
外，偶尔发行少量的银币和铜币。这一"伪帝国"钱币时期一直持
续至6世纪80年代，之后才出现特殊的"国家的"钱币制度。

　　西哥特人最先开始发行自己的钱币。我们发现这种钱币体系仿照
了罗马政区长官普里斯库斯·阿塔罗斯（Priscus Attalus）时期发行
的钱币体系，普里斯库斯·阿塔罗斯在410年阿拉里克一世（395—
420年在位）围攻罗马城后被拥立为帝。当年以他的名义锻制的钱币
很少，而且他曾经伴随西哥特人于412年跨越阿尔卑斯山，进入高
卢。两年后，他再次在高卢被哥特人拥立为皇帝，于是他在414—
415年于纳尔榜锻造了一些"索里达"和"西利夸"钱币。[⑭]此外，
西哥特发行的钱币完全由无名的伪帝国钱币组成，这些钱币发行于西
哥特人以图卢兹（Toulouse）为中心的高卢时期（418—507年）和
西班牙王国时期的前75年（507—711年）。这种钱币显然出现于421
年之前，其生产很可能已获得洪诺留（Honorius）皇帝的许可，因为
钱币上印有洪诺留的名字，这位皇帝曾经允许西哥特人以同盟者
（feoderati）身份定居于高卢西南部。值得注意的是，于西哥特钱币上
锻制的先后继任的皇帝名号中，缺失者显然没能与西哥特人保持和

------

⑭　Kent（1994），pp. 138–142.

平，因此西哥特人不愿意在钱币上承认他们作为皇帝的权威。[15] 这与6世纪东哥特人在钱币上用已故皇帝名字代替当朝皇帝的名字这一做法类似。西哥特人发行的钱币主要是"索里达"和"泰米赛斯"，却找不到任何关于锻压币场址的线索，但5世纪时，大多数钱币更可能是在首府图卢兹制造的。一些锻制有洪诺留和瓦伦提尼安三世（Valentinian Ⅲ，425—455年在位）名字的稀有银币也被认为是西哥特人制造的。507年，西哥特人"武耶战役"（Vouille）战败后被逐出高卢，其钱币的发行出现了明显的断层，伊比利亚的钱币系统因其特定的风格和地区布局，与阿纳斯塔修斯在君士坦丁堡于507年开始发行的新系列"索里达"，开始相互区别。"泰米赛斯"钱币具有东哥特特征，只有狄奥多里克时期使用。508年，狄奥多里克帮助西哥特人对抗法兰克人，并成为年轻国王、其孙子阿马拉里克（Amalaric，507—531年在位）的摄政。之后，虽然皇帝的名字改变了，但印着胜利女神手执棕榈枝和花环的图案一直持续至西哥特伪帝国钱币制度的末期，成为哥特人钱币设计的典型特征。这时已经有迹象表明钱币统一的政策和细致的管理政策一直存在，但法兰克人统治时期这种管理程序却不太明显。

　　苏维汇人也是最早自行制造发行钱币的王国之一，其钱币制造开始于5世纪30年代或40年代，开始时仿效洪诺留（393—423年在位）的"索里达"钱币，以及瓦伦提尼安三世的"泰米赛斯"钱币。由于411年洪诺留统治加莱西亚（Gallaecia）时，允许苏维汇人以"同盟者"（foederati）的身份居住于此地西部地区（即西班牙西北部），因此洪诺留的名字可能用于苏维汇人钱币上。至其国王雷奇阿利乌斯（Rechiarius，438—455年在位）时期，苏维汇人开始向南部和东部扩张远至梅里达（Merida）和塞维利亚（Seville），在汪达尔人途经上述地区进入非洲之后，这成为他们政治前途的分水岭。雷奇阿利乌斯是仅有的两位将名字压制于钱币上的苏维汇国王之一——而且是在稀有的银币"西利夸"上，这种银币仿效了洪诺留时期发行的钱币，但是在其背面增加了"IVSSV EICHIARI REGES"字样，并加上字母BR（是布拉加"Bracara"的缩写，即葡萄牙北部的首都布

　　⑮　Kent（1994），pp. 220 – 221.

拉加）。苏维汇人没有在钱币上经常更替当朝皇帝的名字，但是却一直时断时续地发行"索里达"和"泰米赛斯"两种钱币近150年，直到其后来被莱奥维吉尔德（Leovigild，568—586年在位——译者）征服，并于585年被合并于西哥特王国时为止。在最后几年，钱币制造出现了向"国家的"钱币体系过渡的迹象，例如铭文中出现的几个锻压币场的名字或名字的缩写，其中一篇特殊的铭文中写道"ODIACCA REIGES"，这个词被解释为最后一位苏维汇国王奥德卡（Audeca，584—585年在位）的名字。

勃艮第人的王国是短命的，于534年被法兰克人征服，但其留下了一个规模不大却十分精密的钱币体系。现在只有贡多巴德（Gundobad，473—516年在位）、西吉斯孟德（Sigismund，516—524年在位）和贡多马尔二世（Gundomar Ⅱ，524—532年在位）最后三位国王时期的钱币，可通过其图案设计中的名字首字母加以辨识。这些钱币中包含自阿纳斯塔修斯皇帝时期（即始于491年）开始的，锻有当代皇帝名字的索里达和泰米赛斯，伴有一些贡多巴德和西吉斯孟德时期发行的少量银币，及西吉斯孟德发行的铜币"努米"，锻制着卢迪南［Lugdunum，即里昂（Lyons）］锻压币场的缩写符号L. D.，此地区有可能还制造其他钱币。很可能，这些钱币之前身就是那些出处不明，至今不能与西哥特人发行的其他高卢钱币相区别的钱币系列。

与其他多数日耳曼人王国相比，法兰克人制作自己钱币的进程比较缓慢。直到6世纪早期，可能是507年他们征服图卢兹的西哥特王国之后，才开始制造金币。5世纪中期，当他们占领高卢北部及德意志西部时，好像已经开始制造一些特别薄而轻的银币，其中一部分效仿特里尔的瓦伦提尼安三世发行的钱币，另一部分印有马约瑞安（Majorian，457—461年在位）和安泰米乌斯（Anthemius，467—472年在位）的名字。[16] 然而，很难确定每套钱币的地位，它们是否由法兰克人制作，抑或只是马约瑞安在高卢忠实的军事首领（*magister militumi*）准罗马人埃吉迪乌斯（Aegidius）或他的儿子赛阿格里厄斯（Syagrius）制作。这些易毁损的钱币多数出现于随葬品中，但是制作这些钱币的初衷可能还是为了货币的流通。

669

---

[16]　Lafaurie（1987）；Kent（1994），pp. 171 – 172, 187, 198.

法兰克6世纪的金币在图案设计和分布区域上很容易与西哥特的钱币区分。它包括印有阿纳斯塔修斯和查士丁一世名字的"索里达"金币，以及印有从阿纳斯塔修斯到查士丁二世（565—578年在位）时期所有皇帝名字的"泰米赛斯"金币，表明这些金币是在这一时期锻造。而这些金币有多种样式和设计图案，特别是6世纪中期的"泰米赛斯"金币，显然这一时期有着许多制币场在从事钱币生产。除了这些伪帝国钱币，还有两种王室钱币存在。一种由小面值的银币和铜币组成，币面上锻制着希尔德贝一世（Childebert Ⅰ，511—558年在位）及其继承者的名字或姓名首字母。这些钱币在勃艮第和普罗旺斯地区生产，主要在里昂和马赛，延续了勃艮第和东哥特王国发行的小额辅币系统。另一种是上文提到的梅斯的狄奥德伯特（Theodebert of Metz，534—548年在位）锻压的"索里达"和"泰米赛斯"钱币，是狄奥德伯特为了庆祝539年至540年对意大利征服胜利，占领了其北部大量领地而发行，在钱币上戴头盔的国王肖像周围印有"DN THEODEBERTVS VICTOR"字样，这应该是普罗柯比所提到的，日耳曼人已经占领了西部所有的土地，包括普罗旺斯，他们的国王能够在阿尔勒主持赛车竞技，甚至毫无顾忌地在金币上锻制他们自己的肖像和名字。[17]帝国的压力获胜了，狄奥德伯特的开拓性行为并没有被他的同时代国王或直接继承者所仿效。然而，狄奥德伯特开了先例，一个世纪以后，西哥特人和法兰克人都趋向于建立他们自己的特殊的"国家的"钱币系统。

"国家的"钱币系统的确立

有两套较为简单而规范的钱币系统出自西哥特人。[18] 550—575年间，伪帝国钱币"泰米赛斯"从其特征和高仿的模式方面看，已经完全是西哥特人的设计了，而皇帝的名字已经很难看得清。其重量标准已被调整至与法兰克人的"泰米赛斯"一致，且从式样的多样性可见，很明显，当时确已有为数不少的制币场在运营，即使它们还没

---

⑰　Procopius, Bell. Goth. iii. 33. 5 – 6.
⑱　Miles（1952）；Grierson and Blackburn（1986），pp. 49 – 54.

有被命名。故而，这已是一种典型的西哥特式钱币，但它公开地转变
为王国的钱币是受到政治事件的推动。曾于整个 6 世纪 70 年代积极
征战拜占庭人与苏维汇人的莱奥维吉尔德（568—586 年在位），开始
被卷入一场与其谋逆的儿子赫尔蒙尼吉尔德（Hermenigild，579—584
年）的内战，后者在南部地区以塞维利亚（Seville）为中心建立了一
个独立王国。⑲ 至于究竟是莱奥维吉尔德最先以自己的名义发行钱
币，⑳ 还是其子赫尔蒙尼吉尔德率先自己发行钱币以稳固其王者的权
力，㉑ 我们不得而知，但可以肯定的是两位竞争者都在用钱币达到宣
传之目的。赫尔蒙尼吉尔德的钱币采取了惯用的西哥特式，但造有其
名"ERMENIGILD"，还有"杰出的王者"（rex inclitus）或"王命神
授"（regi a Deo vita）字样。莱奥维吉尔德的钱币亦采用类似式样，
或造有"杰出的王者"（rex inclitus）的头衔，或造有"我主莱奥维
古尔德"（Dominus nostra Luvvigildus rex）字样。之后，莱奥维吉尔德
做了改进，他将背面图案设计为台阶上的十字架，并加印了那些从赫
尔蒙尼吉尔德手中重新夺回或从苏维汇人手中夺取的锻压币场的名
字，如"取胜的梅里达"（Emerita victoria），"经上帝而夺取的塞维
利亚"（Cum Deo Ispali adquisita）等。

　　最终，随着内战于 584 年结束，莱奥维吉尔德对钱币进行了更彻
底的改革，他将自己正面半身像锻制于钱币两面，并将其重量恢复至
罗马标准，但他将金之纯度降至 75%。发现于科尔多瓦（Cordoba）
的新式钱币上造有"两次占领科尔多瓦"（Cordoba twice obtained）的
字样，提示了如下史实的发生：莱奥维吉尔德于 572 年首次从拜占庭
手中获得该城；之后于 584 年由赫尔蒙尼吉尔德手中复得此城。随
即，我们看到参与运营的锻压币场至少有 20 所，在随后的统治期中
增至 35 个或以上。在西哥特式钱币上发现被提名的锻压币场总共有
80 余处之多，但由于其中很多是小的且未经确认之地，它们可能在
阿拉伯统治时期未能存续，或失去了其资质。超过 60% 的钱币锻造
于西班牙南部与中部的 4 个最主要锻压币场（梅里达、托莱多、塞
维利亚和科尔多瓦），而中等产量的锻压币场包括位于南部的巴尔比

---

⑲　关于莱奥维吉尔德统治时期的具体内容，见 Barbero and Loring，前文第 7 章。
⑳　Gomes, Peixoto and Rodrigues (1985)，p. 28.
㉑　Grierson and Blackburn (1986)，pp. 49 – 51.

(Barbi)、格拉纳达（Granada）附近的埃利柏尔利（Eliberri）和图奇（Tucci），以及位于东北部的塔拉戈纳（Tarragona）、巴塞罗那（Baecelona）、赫罗纳（Gerona）及纳尔榜。[22] 在前文提及的葡萄牙北部和加莱西亚的苏维汇人统治过的区域，也很快出现过一些小的锻压币场，表明那里有一种不同的管理体系。

莱奥维吉尔德最后发行的系列钱币确立了一个锻压币体系的出现，此体系几乎未经改变而沿用至西哥特时代结束。钱币两面均锻制国王正面半身像的统一模式，在基达苏伊塔（Chindasuinth）和雷切苏伊斯（Reccesuinth，649—653 年在位）联合统治时期必定要被打破，当时因需要将二者的名字均造于钱币之上，制造者只好将他们的名字组合刻印于背面的中心部位。自此，钱币样式更加多样，有的在背面锻制王者的名字首字母，有的在背面锻制台阶上的十字架；而在正面则锻制发行者的正面或侧面半身像。厄维克（Ervig，680—687 年在位）统治时期，有一个独特的图案：基督的正面头像被置于一个小的台阶十字架之上，很明显，这种图案比查士丁尼二世的"基督半身像"钱币样式年代要早些，该钱币同样以一个十字架为背景，在大约 692 年通行于君士坦丁堡。这些似乎折射出一个流行的神学争论，即如何以艺术形式描绘基督。[23] 莱奥维吉尔德时期之后的钱币含金量，约达到 75% 的纯度标准，一直沿用至 7 世纪早期，之后其浮动于 50%—70%，并一直持续至 7 世纪末。在阿拉伯人于 711 年征服前的最后十年，金币纯度下滑至 35%。

一直以来，我们认为西哥特人仅仅发行高面值的金币，但近来一系列小铜币的出现，改变了我们的这一想法。[24] 有至少 4 种不同类型的铜币，出自塞维利亚、梅里达，可能还有科尔多瓦和托莱多。尽管具体时间难以确定，但它们似乎应该是 8 世纪的钱币。这些钱币在西班牙南部和中部被发现，同时还有一些略早的北非铜币米尼（minimi）及更晚一些的阿拉伯钱币"费尔斯"（fels）。

墨洛温王朝的"国家"钱币几乎与西哥特式钱币形成于同一时期，但却采取了完全不同的形制。第一批过渡性的图案出现于 6 世

㉒　Metcalf（1986）.

㉓　Grierson and Blackburn（1986），pp. 51 – 52.

㉔　Crusafont i Sabater（1994）.

纪，偶尔，通常在被损毁的伪帝国铭文中，还能辨识出一个地名或一个人名（锻压币场或锻压币者）。在钱币"泰米赛斯"上几乎找不到国王的名字，在这方面，奥斯特拉西亚的西吉伯特一世（Sigiber Ⅰ，561—575 年在位）的名字的出现据目前所知是最早的。6 世纪 80 年代钱币制造有更为显著的变化，且广泛采用了新图案。一般而言，正面是王的半身像，背面是十字架图案，同时有锻压币场和锻压币者的名讳。至 6 世纪末，一种锻压币模式已经确立，并一直持续至 751 年墨洛温王朝结束。

与西哥特式钱币的集中控制、管理有序截然相反，法兰克的造币体系似乎非常混乱。只有少量的钱币上锻制了国王的名字，而其他的一些钱币上的标识表明是由宫廷（*In palacio fitur*，*Palati moneta*，*Racio domini*，*ect.*）发行。很明显，有些属于教会（*Racio ecclesiae or Racio followed by a saint's name*）发行，但大多数只有制造地之名，当然，通常还有制币工匠的名字。这已被解释为准私人造币，造币者可以为城镇或为了自己的利益用可通行的钱币兑换旧币、外币及金银锭块等。然而，对锻压币必定还有一定程度的行政控制以维持其重量和纯度标准，一些标准化的图案被发现于一些特定地区的钱币上。

法兰克人统治下的普罗旺斯钱币体系明显不同于这种多样化的锻压币体系，它具有显著的东哥特遗风和普罗旺斯贵族统治下的管理体系。富有文化内涵的伪帝国钱币一直在发行，至希拉克略统治时期（610—641 年在位），且在西吉伯特二世（Chlothar Ⅱ，613—629 年在位）到达戈伯特二世（Dagobert Ⅱ，676—679 年复位）时期的王国被沿用。[25] 这些钱币有相当多的统一图案——皇帝或国王的半身像，台阶上的十字架或球状物（*globule*），通常在边缘处还有重要锻压币场的名字：马赛、阿尔勒、乌寨斯（Uzès）或维维耶（Viviers）；没有锻压币场或锻压币者的名字。大量"索里达"及"泰米赛斯"被继续锻压，有趣的是，7 世纪 70 年代，当银德尼耶（*deniers*）取代了金币时，国王的名讳不再锻制于银币之上，而代之以贵族的名讳，这表明一种传统的概念，即黄金是最贵重的金属，只有皇帝或国王的身份才能与之相称。

672

㉕ Rigold（1954）.

　　墨洛温王朝的金币体系非常庞大。时至今日，有几百个锻压币场所锻制的成千上万的标本留存，其中许多锻压币场址已无法考辨，因为地名太过普通或已改变。产量最多的锻压币场位于一些重镇，如索恩河畔沙隆（Chalon-sur-Saône）、巴黎、勒芒（Le Mans）、鲁昂（Rouen）、昆托维克（Quentovic）、多雷斯塔德（Dorestad）、美因茨（Mainz）、特里尔等，但很多必定位于一些小的聚落或私人领地。部分钱币流失，说明这些钱币偶尔退出了流通领域。但这些高品质的钱币并未被弃之不予以研究，这便使其发掘记录仍具较大吸引力，表明它们是一种非常坚挺有效的流通钱币。7 世纪期间，钱币的流通应该已经进一步扩大，如果事实如此，这现象就出现于一个用黄金制作钱币的规模受到限制这一背景之下。自 7 世纪初，墨洛温王朝的"泰米赛斯"的纯度开始从约 90% 下滑。从一系列不同时期的窖藏钱币及一些能被准确辨别日期的王室钱币的纯度可证明，其金币的含量有一个大幅度的不断下滑，630 年前后钱币含金量在 70% 左右，650 年前后约为 50%，670 年前后约为 30%，只是这些数据应该只能用来表明一种大体趋势，因为相似日期的钱币亦可能有很大变数。[26] 7 世纪 70 年代初，质地较差的金币"泰米赛斯"已被新的优质银币"德尼尔"所取代。[27] 从古代向中世纪行进的旅途上，钱币制造已经达到另外一个高度。

673　　　在罗马军队和行政管理机构于 410 年从不列颠撤出后不久，由于不列颠钱币的进口渠道完全被切断，故其不再使用钱币。在接下来的 200 年间，盎格鲁—撒克逊人并未建立自己的锻压币场，以至于他们错过了西方的伪帝国钱币体系阶段。再次被盎格鲁—撒克逊人发现的罗马铜币，以及当时从大陆进口的金币在 5—7 世纪偶尔会作为个人装饰品或墓葬中的供奉而被使用。已知最早的盎格鲁—撒克逊"钱币"——锻制了王后贝尔塔（Bertha）的牧师、6 世纪末的坎特伯雷（Canterbury）大主教柳德哈德（Liudhard）名字的华丽金箔充其量只是用作装饰的徽章。在整个 6 世纪期间，进口的金币逐渐也开始被用作钱币。至约 620 年，在萨顿胡（Sutton Hoo）船葬中收集到的 40 枚

---

[26] Kent (1975)；Brown (1981)；Stahl and Oddy (1992).
[27] Blackburn (1995).

金币都是当时欧洲大陆流通的金币，可能曾经用于地方上的流通。[28]
630 年前后，因需要将更古老的墨洛温"泰米赛斯"重制，使其与流
通中耗损后的纯度相匹配，在英格兰东南，盎格鲁—撒克逊人生产了
第一批统一钱币。其产量较少，但却是流通货币。至 645 年前后，在
克朗达尔［Crondall，汉普郡（Hants）］出土的 100 枚窖藏钱币中，
有 2/3 是这些新的盎格鲁—撒克逊钱币。

　　盎格鲁—撒克逊人的金币体系模仿的是法兰克人的钱币体系，主
要由"泰米赛斯"组成（可能是先令"*shillings*"，在法典中是 *OE
scillingas*）。只有极少数的钱币印有一位国王——如肯特的伊德鲍尔
德（Eadbald of Kent，616—640 年在位）的名字——而另外的一些一
般都刻有一处锻压币场（London）或一位锻压币工匠（Witmen、Pa-
da 等）的名字。[29] 有些图案是对晚期罗马钱币的抄袭，以表明持有这
种钱币的盎格鲁—撒克逊人对罗马帝国的敬重。至 650—675 年间，
钱币生产规模已被扩大，锻压币场已从东南部延伸至东盎格里亚
（East Anglia）和约克（York）地区。然而，与法兰克王国一样，贵
金属的含量正逐渐下降，且在 7 世纪 70 年代，暗淡的黄金先令被好
成色的新银币，即第一批英格兰便士所取代。

结　语

　　自从罗马帝国在欧洲西部解体之后，在两到三个世纪中，其钱币
有了重大演变，几乎已经使生活于 5 世纪的人无法辨认。至公元 700
年，每一个成形的王国均有其自己独特的锻压币体系，且其钱币已成
为可用的国家象征，表明其独立性和——人所期望的——稳固的财政
状况。这一进程的实现表明诸王国自身的发展。伪帝国阶段的钱币体
系很难诠释。对帝国钱币体系的仿制可能部分地受到经济因素的影
响——当国家要建立一种新的流通体系时，通常会借鉴其统治区域内
流通中的成功的钱币体系。但正如普罗柯比的评述及钱币铭文的图案
所示，帝王制造金币的特权也是一种强大的力量，且在 5 世纪和 6 世

674

---

[28] Stahl（1992），不认为这种钱币来自法兰克王国。
[29] Metcalf（1993 4），i, pp. 29 – 62.

纪大部分时间皇帝对新生的日耳曼王国似乎维持了强大的影响力并强力推行着自己的钱币体系。多数王国似乎曾经为其锻压币体系寻求合法性、暗示其钱币制作受到了皇帝的恩准——或者通过一种古代协议，如在苏维汇人和汪达尔人那里所做的那样，或者通过东部在位皇帝的不断允准，如在东哥特人、西哥特人和法兰克人那里所行。然而由于这些无名的仿制钱币体系表面上的混乱，可能很容易掩盖一些重要的发展痕迹，而这些均产生于有组织的锻压币体系和规则的钱币体系。伴随着其转变为所谓的"国家"钱币体系，当锻压币场和（或）锻压币者的名字展现在钱币上，且锻压币者可自由采用新图案这些事实，我们可更清晰地窥探到隐藏于其背后的组织方式。[30] 然后我们便可明白这些王国在发展自己的钱币体系方面取得了多大的进展。

毛欣欣 译，徐家玲 校

---

[30] Hendy（1988）.

第二十五章
教会的组织结构

乔治·谢尔贝尔利特（Georg Scheibelreiter）

导　言

　　到 3 世纪晚期，当基督教开始受到大规模迫害之时，基督教信仰者的社团已经在罗马帝国内部创造了教会组织的基本模式。在 3 世纪的头十年内，我们在德尔图良（Tertullian）的作品中看到了在基督教信仰和罗马的法律体系之间已经有相互关联的最早迹象；同时，亚历山大的克雷芒（Clemens of Alexandria）与奥利金（Origen）的作品中已经有基督教信仰与当代哲学相结合的尝试。但是，在君士坦丁时期，教会与国家之间发生了关于教会分离与自治方面的激烈争论。在这一时期，新获得解放的教会已经明显就位，但在罗马帝国东部，教会已经取得了领导地位这一点却不容忽视。在这里，基督教可以利用传统文化中已经确立的经济和管理条件来建设自己，因此，它迅速达到了组织管理方面的较高水平。在西方，条件却不那么有利。那里的文明程度与东方相比略欠发达，而且最初部分地受到了异教和蛮族因素的威胁，这些因素的克服是缓慢的。地中海的城市文化在西方并不像在东方那样强大，而且，由于这一点，教会缺乏一个形成完整结构的基础。直到 6 世纪，西方的教会一直在忙于解决基础性的问题。因统一的西部帝国被分割为一些蛮族王国，而其首领首先需要皈服于大公教会（Catholicism），使这一任务的实施更受到阻碍。于是，拖延了基督教会由一个仅仅部分有效的、经常碰到困难的教派发展为一个有着多个分支的统一组织的转型发展时期。这一时期一直延续到 7 世纪末，在此期间，曾经高度发展且其有影响力的非洲的教会消失了，而西欧的基督教不得不在实践上向凯尔特人（Celtic）及日耳曼人（Germanic）的精神境界作部分妥协。

676　　　　公元 500 年到 700 年间教宗权力的发展揭示了一些问题：在罗马市民中间存在着不断发生的争执，还有与东哥特人和伦巴第人的争执，而且教宗得经常地卑躬屈膝、依赖于君士坦丁堡的皇帝，由此处于一种防卫的地位。然而，虽然在蛮族王国里，那些新的基督教会是在罗马控制下发展起来的，但他们却更忠实于他们自己的国王。罗马教会只是在教宗大格列高利时代（590—604 年）以降才越来越有影响，而其发展进程贯穿整个 7 世纪。

教会的组织结构借鉴于世俗的模式，但它并不是在所有的地方都同样有效。社会和政治的变化需要教会的神职人员适应这种局势。在教会组织方面的巨大断层变得越来越明显，这促使教会任用一些神父，他们在欧洲的一些地区直到 8 世纪才开始有了影响。大型宗教会议作为人们阐述自己观点的平台，且作为教会发展的一个阶段，都是在希腊的东方举行的，而且只是在表面上关注着不那么重要的西方基督教。在西方，教会生活是沿各个蛮族王国的边界组织的，在这里，唯一引起矛盾的问题是授圣职给不合适的人。在 6 世纪，主教们开始有了世俗的生计，而且，他们越来越成为蛮族国王们的官员和贵族们所统治之地域的顾问。由于时代的巨变和世俗生活的随意性，教士独身的问题成为棘手的事，这与东方教会的态度产生了第一次重要的冲突。这是教士们在立法问题上所能保持的唯一影响，因为他们已经没有能力保护他们在古代晚期的特权了。然而，在地方统治者所召集的教务会议（synods）的助力下，神职人员为他们自己创造了特殊的身份，但将其付诸实施却不会总是很容易的。

教会的经济组织在古代晚期的开始阶段已经发展起来：在东方，它有一套连贯的且有力的支持系统，而在西方，经济上的支持却不成系统。6 世纪时，教会的捐赠并非完全自愿，而是实行了带有强制性的星期日供奉，神职人员们的生活也是由教会资助的。在 7 世纪，所谓的"私家教堂"（*Eigenkirche*）出现了，而且，直到 11 世纪格列高利改革之前，它一直是西方基督教会的典型现象。

基督教会的礼仪在公元 500—700 年有过它的第一个辉煌时期，它脱胎于在拜占庭影响下产生的各种祈祷和教会礼拜形式，它形成了最早的一批大型礼仪活动。这一时期开始出现的灵修（Spiritual welfare），起初保留了华丽的布道辞。但它迅速地让位于以话题方式简略地传达神的启示。基本的布道形式是以这种方式开始的。在 6—7 世纪时，洗礼和补赎有了现在的形式，即儿童的洗礼、个人忏悔以及私下的告解。

由于 6 世纪修道院在西方的建立，基督教徒生活方式的一个重要方面开始成为西方教会的一个机构。在大陆派（本笃会，Benedictine）和爱尔兰派基督教传统之间出现的关于是否建立附属于大主教的修道院的争论，成为当时的主要问题。随之而来的，中世纪的教会组织必须处理的一些难题变得明显。

这些就是我们所描述的这一时期伴随着教会的发展过程而出现的基本问题。以下，涉及每一件重大的教会组织和结构问题时，我们都会更加详细地加以解释，以给予这幅总的画面以更深的阐释。

教　宗

阿卡西乌斯分裂（Acacian schism）和"合一通谕"造成的分裂是 5 世纪的遗产，教宗卷入了这些矛盾，直到 5 世纪末。这些争论导致教宗格拉修（Gelasius，492—496 年在任）发表了声明，其中，他阐明了自己在教会中的地位和他关于世间权力的立场。他对于主教的"权威"（*auctoritas*）和皇帝的权力（*potestas*）所持有的不同看法，导致皇帝阿纳斯塔修斯一世（Anastasius Ⅰ，491—518 年在位）的强烈反对。然而，这并没有使格拉修处于政治上的劣势，因为他受到了国王狄奥多里克（Theoderic）的支持，这位国王作为一名阿里乌斯派（Arian）教徒，对皇帝的敌对态度并不在意。到 498 年，由于在教宗选任方面的争执（劳伦琴分裂，Laurentianschism），使情况变得更加糟糕。两位教宗的候选人所表现出来的政治上的毫不留情的方式损害了教宗的名声。在劳伦琴于 506 年去世后，由于受到皇帝的敌视，教宗西默克斯（Symmachus）被迫在西方寻求更有力的支持，但是，他对引领法兰克人和勃艮第人皈依大公教会方面并无建树。这对于以后的历史会有很重要的意义。

　　教宗霍尔米兹德斯（Hormisdas，514—523 年在任）于 519 年带来了与君士坦丁堡的和解，结束了阿卡西乌分裂，但他也与西班牙和高卢教会建立了强有力的联系。此后几十年内，教会在政治上的和神学上的斗争无疑使教宗处于极大的困境之中，此间，许多权力丧失了。教宗权力的最低谷是 553 年，此时，在"三章案"的争论中，教宗维吉里乌斯（Vigilius）被皇帝拘捕。此外，意大利遭受伦巴第人入侵所形成的政治问题也将教宗领带到了灾难的边缘。

　　大格列高利（Gregory the Great，590—604 年在任）就在此时成为教宗。作为一个新的有着外向发展倾向的教宗代表人物，大格列高利承认了皇帝是上帝所选择的领袖，但他对基督教徒之权力的概念却不止于此。他相信，皈依了基督教的新的民族群，同时也要在政治上接受安抚。完整的牧灵（pastoral）效果现在成为教宗所关注的问题：要达到这一点，必须将罗马教会的地产进行重新组织，随之就是一些社会改革（包括阻止人们剥削租佃农，监视官员们的行为，关注社会救助等）。通过他的《牧灵规章》（Regula Pastoralis），也可看到格列高利通过实践性的教育，努力改善教职人员的教育水平。格列高利把他的传道计划与促进修道主义发展相联系，使慈善救助事业在全社会所有层面的民众中取得理解和称道。这种思想反映了他对于教阶制的认识，当他以和平方式反对"普世牧首"（Ecumenical Patriarch）的头衔——君士坦丁堡的主教以此头衔挑战罗马的特权地位——时，自称为"神的众仆之仆"（servus servorum Dei）。[1]

　　格列高利赢回了教宗在意大利的声誉，而且它永远不能再次被完全毁灭。但是，在 7 世纪，教宗们开始强烈地依附于皇帝。"一意论"（Monothelitism）的分歧导致皇帝的干预，它在教宗马丁一世于653 年被强制性流放时达到顶峰。当"一意论"被君士坦丁堡会议（680—681 年）所诅咒之后，教宗与皇帝之间的紧张局面仍然持续，这种剑拔弩张的局面导致教宗塞尔吉乌斯一世（687—701 年在任）

---

① Markus（1997），pp. 94 – 95.

时期的又一次危机。查士丁尼二世于 692 年召集的所谓"特鲁兰会议"（Trullanum Council）在教宗领导之下西方教会的斗争宣言，但这次之所以没有能够使教宗束手就擒，是由于意大利军队的反拜占庭立场。这一事件标志着教宗领与拜占庭之决裂的开始，而且，他们开始转向西方新兴的基督教会。

西方的基督教会在其基督教信仰方面满怀自信，他们尊罗马为使徒的城市。但是，另一方面，西班牙和高卢（法兰西亚，Francia）的教会却不这样敬仰罗马。587 年之后，托莱多（Toledo）成为西班牙教会的自治中心，它与罗马的联系在 7 世纪弱化了。在里昂（Lyons），这里的都主教威胁说，他们要成为自治的法兰克教会的一部分，要确立完全独立于罗马教会的地方领导权。阿拉伯人之扩张至西班牙半岛，以及加洛林帝国（Carolingians）在法兰西亚的崛起，将排除这种在西方建立统一教会的威胁，于是，教宗的集权第一次有可能发展起来。

为了发展教宗的集权，就要求有一套教会的官僚体系。这种需求的出现是由于牧灵关怀和罗马大教区管理的实际需要。早在迫害时期，教会已经有了文书（Notarii）一职；6 世纪时，这些文书被统一组织在书记署（schola notariorum），其首领就被称为首席书记官（primicerius）[②]，在他之下是一些书记员（cundicerius）。文书们负责监察内政事件和那些犯罪事件，但有时也出任外交使节。首席书记官在圣彼得宗座空位和教宗选举过程中发挥了重要的作用。

教宗座的另一层级官员是保民官（defensores）（教会相关职位的称呼，很多是借鉴于罗马的，此处如是。——译者）：其多数是俗人和律师，他们在 4 世纪时出现，是穷人的保护者。自大格列高利之后，保民官们形成了一个由七人组成的工作班子（collegium），其首领即首席保民官（primiceriusdefensorum），负责领导罗马教会内的司法活动，是总辩护人。自 6 世纪以来，书记官和保民官曾经从下级教士中任用。比这个群体更重要的官员是罗马城的七位执事。他们也与所谓的"首席教会"中的神父们形成了一个工作班子（collegium）。由于他们处于教会生活的核心（cardo）位置，他们开始被称为枢机

679

---

② 该名称原义为"在蜡封（cerae）写字板上首先签字的人"。

教士［从公元 500 年之后称为 *diaconi*（执事），而在约公元 700 年之后，被称为 *presbyteri*（司铎或长老）］。此外，罗马周边各大教区的主教参会者，也被视为枢机主教（*cardinales episcopi*）而参与教宗的教仪活动。

　　5 世纪时，唯一的教宗司库人员（*scrinium*）出现了，他的工作就是管理罗马教会的财产和收入。*Scriniarii* 和 *chartularii*（此两处拉丁原文都是司库之意，但称呼上的区别意味着什么，尚有待深入研究。——译者）这两个教职是在格拉修一世时期被提及的。自 6 世纪以降，一些专管支付的人员已经确立为教宗财富的管理人员：首先是财务总管（*acarius*）和财务协调官（*sacellarius*）的出现。这些岗位的设置是效仿了君士坦丁堡皇帝的宫廷大臣建制；另外，*vestiarius* 和 *nomenculator* 这两个官职是处理民众诉愿的，其原型也借鉴于拜占庭皇帝的廷臣建制。③

　　Apokrisiar（即教宗使节，*resposalis*）这一职位自 5 世纪以后在拉文纳和君士坦丁堡获得了重要的地位。自公元 500 年后，这一岗位设置成为帝国首都的固定性安排。教宗使节的出现，或者其长期缺省，很快被解释为教宗与皇帝之关系的标志。

　　大格列高利指定了一位副手置于总执事（archdeacon）之下作为他的代表，并进而依赖于他如帝国圣宫主管（*cubicularii*）那样直接在其身边的人们。修士们第一次被纳入管理人员之中，诚然，他们只是像劝谏官（*consiliarii*）那样，处理一些局部事务。

　　至于教宗的选举，在教宗西默克斯（498—514 年在位）时代已经颁布了一项有关选举方式的敕令，其中确立了他所指定的继承者，排除了社团中所涉及的其他人。一个世纪之后，这些规则最后被废除了，但在涉及选举新教宗的问题上，一般民众仍然受到限制。总的来说，教宗的选举在法律上和礼仪条件上都有着严密的组织。选举和加冕仪式在拉特兰（Lateran）教堂进行，然后在拉特兰宫接受民众的欢呼拥戴，通过这一仪式，标志着新教宗获得了行政权力。最后，候选人在圣彼得大教堂称圣、登上圣彼得宗座，作为仪式的结束。通过这一仪式，对于教宗之权力重要性的认识有了明显变化：罗马大主教

680

---

③　Plöchl（1953），pp. 128 – 131；Angenendt（1990），p. 244.

的选举，成为教宗之普世性的一个标志。④

都主教与大教区体制

自 3 世纪以后，在统一的教会中存在隶属关系的迹象就已经很明显。325 年尼西亚全体主教公会议的决议所规定的授圣职的规则预示着教省（church provinces）的出现。人们已经接受了这样的观点，即大教区（dioceses）［dioceses，也是罗马帝国晚期地方行政建制的一个层级，位于省之上，"大区"（prefact）之下——译者］的建制是依照世俗体制的结构而形成的。主教区的边界通常相当于世俗的行政区划，但这并非定则。一些主教区（bishoprics）是围绕着并非城镇建制的居民区而建立的，它们也可以扩展到几个乡镇的组合。但教区却主要依附于大的城市居民区。

都主教（metropolitan）是一个宗教行省的首领，他驻在行省的行政首府。他的工作包括主持行省的宗教界人士会议和颁布"正式文件"（litterae formatae），该文件是主教们对其教区进行控制的手段。无论如何，这种都主教的建置并不是处处存在。在北非，首席主教（primate）担任着都主教的角色。首席主教是行省的主教，它的被任命有着最长的历史，因此，这一岗位与任何都主教区都毫无关联。一个例外是迦太基的主教位置，与阿非利加省的"首席主教"同时存在，领有"Primus totius Africae"（全阿非利加省首席主教）的名称，因为他担负着召集和主持全阿非利加省主教会议的职责。

在意大利，则有特别的安排。米兰与阿奎莱亚（Aquileia）一样，成为若干省区之上的都主教领。在这些行省［威尼西亚（Venetia）、雷蒂亚（Rhaetia）、伊斯特里亚（Istria）和诺利库姆（Noricum）］中，城镇规模比较小，于是，米兰因其作为皇帝驻地的位置和它在人口数量上的地位具有其优势。无论如何，这两个都主教领都逊于罗马领，因罗马的使徒领传统意味着它被赋予优先地位。帝国之古代首都罗马的主教曾经控制了 10 个行省，以及西西里岛和科西嘉岛，它们与那些意大利近邻地区（suburbicarian Italy）被列入行省体

---

④ Angenendt（1990），pp. 43 – 44.

系的数字相吻合。

在高卢也同样，教会的结构与帝国行政机构的一致性是显而易见的。高卢大政区（*Gallican prefecture*）的首府于 392 年转移到阿尔勒（Arles）是随着阿尔勒教会之重要地位崛起、超越了纳尔榜而实现的。都主教领在高卢之有序发展是随着这一地区在 6 世纪的政治分裂而衰落的。⑤ 阿尔勒恺撒里乌斯（Caesarius of Arles）宣称，鉴于教宗已经授权，作为高卢教会的最高首领，而且他首先是西哥特王国的臣民，后来又是东哥特王国的臣民，他既不能参加 517 年于勃艮第举行的埃帕恩教省会议（Synod of Epaon），也不能参加法兰克人的宗教会议。

在西班牙，其主教最早获得了首席主教（*prima cathedra episcopatus*）头衔。直到 6 世纪，这里显然没有都主教的权力。在西哥特人皈依大公教会之后，托莱多（Toledo）成为西哥特王国基督教会的中心和政治中心，此前，这种双重角色唯有君士坦丁堡才享有。此前一直隶属卡塔赫纳（Cartagena）都主教的托莱多主教，于 589 年成为这里的首席主教。西班牙的其他主教们都得一年一度来托莱多觐见述职（*ad limina*）；他们也得由托莱多的首席主教在国王的首肯下被任命、被批准或被解职。656 年之后，首都的主教成为王国议会中的高级官员，这一荣誉原来是授予那些受神职时间最长且特别受到尊敬的教士的。西班牙首席主教这一非凡的特权地位事实上削弱了都主教结构的基础，而且他与国王的强有力联系鼓励着一种世俗因素的发展。

在英格兰，由于来自罗马的传教者再度出现，使当地很难在坎特伯雷教会基础上建立新的都主教领。在这里，大主教占有这样一种位置，它并不源于同旧时行省平行（*comprovinciales*）的共生机制上，而是直接通过教宗的权威发生作用。教宗授予大主教以委任书（*pallium*），该文件表示他的法定权力是由罗马授予的。这一新的安排，导致新的头衔"大主教"（archbishop）的出现，随后于 8 世纪由英格兰传教士们带到欧洲大陆，这一建制有助于使衰落中的都主教管理系统复兴。大主教领即联合若干较小教区的机构，它鼓励了与罗马有着强大联系的教会内部的一个等级制度的形成。

---

⑤ Heuclin（1998），pp. 69-70.

在东方，都主教制度被破坏的原因不仅是由于君士坦丁堡的牧首之权力难以置信地上升，而且由于所谓的"自治的"（autocephalous）大主教领的出现。帝国的教会生活逐渐地完全集中于君士坦丁堡，而牧首则迅速取得了授圣职、支配教职人员和教授下属的权力。他们没有副手相辅佐，其生存依托于政治势力和个人之间的竞争。这些情况影响了个别教会之地位的认定，如我们在查士丁尼一世时期君士坦丁堡的文件《教职录》（*Notitia Episcopatum*）⑥ 和 6 世纪后半期的文件《安条克职衔录》（*Notitia Antiochenain*）中所见。

　　根据教会的法规，主教们的任命应以教士和民众的选举为基础。但在东方，这越来越与皇帝的立法和元老院的决策相悖。事实上，皇帝的意志是决定性因素。但任职年龄不得小于 35 岁，必须长期驻守本教区，且禁止长期脱离大主教区，这些条件是决定教职选任所需考虑的 些因素，然而事实上很难按律而行。被指定任职者需要付一笔费用，以预先提防有可能因教职买卖而获罪，这也是个可质疑的规定。⑦

　　在西方教会，任命神职的权力似乎同样是国王的权力。在西哥特王国，这仍然是一项不可挑战的程序，而法兰克人则不断地抗议此举。甚至在 614 年，国王克洛塔尔二世（Chlothar）承认了教会的权利和相关规则，但在实践中却没有真正改变什么。⑧ 法兰西亚之主教们的位置仅在教会内部的各层级内不可能随意地做决定。随着他们获得了"保民官"的地位，主教们就有了在公众生活中的责任。在 7 世纪时，这些责任的增加扩充至征收税赋，这就使主教与教产和国王建立了更密切的关系。因此，一个主教领（*episcopal dominium*），或者领主，逐渐地发展起来，这使得国王更有必要对他所拥有的主教施加影响。⑨ 另一方面，在高卢，自 5 世纪中期以后，主教一职给予元老层的成员以影响公众的机会，于是迅速导致主教职成为世袭性很强的位置。都主教会议于 7 世纪后半期的衰落，也促成了任教职者在基

682

---

⑥　按照这一文件的规定，有 33 个都主教领和 36 个大主教自治领都归属于君士坦丁堡的牧首。

⑦　L. Bréhier in Fliche and Martin (1948)，p. 538.

⑧　*Concilium Parisiense a. 614 cc. 2, 3*. 无论如何，根据同年克洛塔尔二世的敕令规定［*Edictum*, c. 1: "*certe si de palatio eligitur, per meritum personae et doctrinae ordinetur*". Pontal (1986), pp. 225－234；Heuclin (1998)，p. 190]，这一条件已经受到了限制。

⑨　Heinzelmann (1976)，*passim*；Kaiser (1981)，pp. 55－74；Scheibelreiter (1983)，pp. 172－201.

督教会名义下的自治权：主教们开始几乎毫无阻碍地管理自己的教区。

683 　　在大教区的教职人员中，位置最高的是总执事（archdeacon，或总司祭）。总执事被认为是主教在宗教会议中的代表，而且，他的工作包括管理大主教的宅邸和大主教区的其他教会。总执事的进一步责任，是他被指定为审判官，领导照顾穷人的工作，教导年轻教士，监管教士的德行和灵修，在大主教位空缺的时候管理教区等。他的权力完全隶属主教的权威和指令，他由主教从执事（deacon，或译助祭——译者）的圈子中选择他的代表。[⑩] 这是一个位高权重的职务，是获得主教这个职位的前提。在高卢法兰西亚，总执事经常成为主教们在教会内部最危险的敌人。主教们因此试着指派他们去做神父的工作以摆脱这些制造麻烦的总执事。[⑪]

　　教会的总铎（archpresbyter，或称长老）原是主教座堂（cathedral）最老资格的教士，他在宗教仪式中有优先位置。按圣秩，他高于总执事，但作为管理人员，则低于总执事。他在其任圣职的位置上，是主教所指定的代表，但主教在指定这位代表时需要得到所有教士的赞同。曾多次出现总铎试图取代总执事的现象，但没有成功。

　　理财师（Oeconomus）的基本职能是在大主教区内管理财政事务。首先，在法庭上，他是教会财产的法人代表，他监管教堂的建筑和维修，分配教职人士的生活所需。除此之外，他还监督那些为教会工作的农奴们，在大主教空缺时对他们实行管理。理财师的教职一般是执事。6世纪末，在法兰克王国，由一位称为副主管（vicedominus）的人士掌管理财师所承担的工作。在从事经济管理的同时，他还有责任打理主教宅邸。

　　在整个西方，这些机构的发展都在教区缺省时从内部产生威胁。[⑫] 5世纪，监察员（interventor）或仲裁者（intercessor）的职衔已经在阿非利加出现，并可以认为他们都是教区的管理者。在意大利和高卢，访任者（visitator）一职在晚些时候出现，他被相应的都主教领或教省会议赋予同监察员一样的权力。指定这一位置是由于主教的

---

⑩　Plöchl（1953），p. 154.

⑪　Scheibelreiter（1983），p. 103.

⑫　Plöchl（1953），pp. 162 – 163.

死亡、重病或者离职。从法律上讲，这一职位的待遇等同于代理主教。他的工作原来包括处理紧迫的业务，并对于教产进行详细的记录。他也需要组织一轮新的主教选举。6 世纪出现于西班牙的教区长官（commentator）一职具有同样的职责：一个邻近的大主教区主教通常会被指定任此职。所有这些安排表明当主教权力缺失时，现存的教产管理方面的弱势。无论如何，这些官职在 7 世纪时消失了，因为他们不可能完成他们在控制和完善秩序方面的职能。

主教领的组织结构在英国有相当不同的发展。在那里，神职人员被期望由修士来担任。在教区的中心，主教座堂的修道院建立起来，并培养出了真正的修道人员，他们不得与主教座堂其他部门的教职人员相混淆。与爱尔兰不同，这种修道主义并没有破坏性的影响，而是在教区的组织结构内部形成了一种特有的组织灵修生活的模式。

教宗使节

西班牙的教宗使节（vicarius papae），主教塞维利亚的芝诺（Zeno of Seville，472—486 年在任）据说曾致力于维护教规。[13] 教宗领于是引入了一种特别的安排以控制一个处于教阶之外的自治教会。教宗霍尔米兹德斯（Hormisdas，514—523 年在任）于是将塞维利亚主教的权力限制于贝蒂卡（Baetica）和卢西塔尼亚（Lusitania）这两个行省。与此同时，教宗也明确规定都主教区的权力不可僭越，即使由教宗使节召集的教省会议也不成。因为，517 年时，埃尔切（Elche）主教约翰也肩负着保存宗教会议章程、教宗法令和向罗马传送教会执法案例（causae ecclesiasticae）的职责，人们可能怀疑教宗派驻塞维利亚的使节是否是长期行为；其实不然，使节个人的特权似乎是由一些特定的教宗所授予的。随着西哥特人于 587 年之后皈依大公教会，教宗在西班牙的影响随之结束，我们所论及的这类教宗使节制度也终结了。赠予主教塞维利亚的利安得（Leander of Seville，579—600 年在任）的主教披风（pallium）是个人的荣耀，也是塞维利亚的传统之

---

⑬　这是教宗辛普利修斯（Simplicius，468—483 年在任）所授予的权力，后来被菲力克斯二世（Felix Ⅱ）所取缔。

一部分；然而，它并不代表着教宗使节制度在此地的重现。

在阿尔勒，有一份教宗使节于 417—418 年被任命的文件，而在 5 世纪的后半期，亦出现了罗马所期待的涉及阿尔勒当地之基督教的情况和存在的问题的报告。阿尔勒主教被指定召集教省会议，并为高卢的教士们颁发推荐信。无论如何，在公元 500 年，阿尔勒和维埃纳 (Vienne) 之间存在着竞争，在教宗的许可下，维埃纳著名的主教阿维图斯 (Avitus) 的权力扩充至阿尔勒，在其领地上授圣职。由此，发生了一次冲突，这次冲突于 514 年，教宗授予阿尔勒的恺撒里乌斯 (Caesarius of Arles) 以主教披风之事而结束。通过这件事，阿尔勒的恺撒里乌斯成为由国王狄奥多里克所统治的高卢和西班牙各行省之上的最高都主教。除去宗教上的特权，恺撒里乌斯得在对于罗马的问题上特别小心：他得把高卢宗教会议的决议向罗马通报并保证他自己不定期地 (ad hoc) 监督主教位空缺的教区。这种表现对于一位教宗代理人并不是必须做到的。它明显地不是出于制度上的安排，而是依教宗的意愿 (ad nutum pontificis) 而下的临时性指令。

教宗维吉里乌斯 (Vigilius，537—555 年在任) 想要依照皇帝查士丁尼一世的愿望恢复阿尔勒的教宗使节编制。而另一方面，教宗贝拉吉一世 (Pelagius Ⅰ，556—561 年在任) 宣布阿尔勒主教是高卢的首席主教 (primate) 和罗马使徒领的代理人，但当时的主教一定申请了要获得教宗使节的地位。从教宗大格列高利的信件中可清楚地看到，7 世纪初的时候，阿尔勒都主教已经被认为是教宗在高卢所派驻的一个特别的仲裁者。[14] 随着这位主教代表罗马教宗实施总领教务的责任，他被认为是教宗在国王希尔德贝二世 (Childebert Ⅱ，575—596 年在位) 王国内所设的代表。只有他有权签发其他主教们出门巡游的许可，另外一项授予他的职责是主持一个 12 人会议来商讨处理人们的信仰问题。[15] 尽管教宗要求国王支持这一体制，但教宗使节这一职位在法兰西亚 (Francia) 并无未来，问题在于，阿尔勒主教是否在这一理念上成为所有行动的责任人。7 世纪时，里昂 (Lyons) 在高卢将成为教会的首领。由于地理上的原因，阿尔勒不可能维持其

---

⑭　Gregory, *Papae Registrum Epistolarum* i. 6. 53.

⑮　Gregory, *Papae Registrum Epistolarum* i. 5. 58 – 60.

在法兰克王国的中心角色，因法兰克王国正在向北方和东方拓展。

随着君士坦丁堡牧首权力在卡尔西顿会议之后将其权力拓展至伊利里亚（Illyricum）[16]，曾经派驻萨洛尼卡的教宗使节，在4世纪末即被人们所遗忘。当535年（或545年），皇帝查士丁尼一世提高了他之出生城市"查士丁尼首城"（*Justiniana prima*）的地位，使之成为都主教领的首府，它获得了原属于教宗使节驻地萨洛尼卡对各行省的司法权。教宗塞尔吉乌斯被迫同意给予"查士丁尼首城"这一位置，但它的地位只是由于皇帝的要求而提升，只是在称呼上发生了变化。而关于教宗对此地之教宗使节的任命，人们没有听到任何消息。甚至当大格列高利承认了此地的新任教宗使节，并赠予了一件主教披风之时，这一现状没有任何变化。教宗通过派他的行政官员干预此地的教省会议而扩大了其在巴尔干地区的影响。7世纪时，萨洛尼卡又被两次（在649/653年和681年）确认其教宗使节驻地的位置，但这似乎是个空缺的传统位置，反映了"查士丁尼首城"这一插曲的存在。

以上对于教宗使节之历史的审视表明，教宗试图拥有那些教会自治且在对外来影响持开放态度的地区扩大自己的影响。在西方，教宗使节这种形式并没有保留下来，而且，随着都主教体系和举行教省会议之权力的衰落，教宗使节再没有可运作的基础。在东方，政治和宗教的发展强化了它们之间的分离因素，于是，教宗使节只有临时性的影响，并没有成为组织管理教会的长期结构性因素。

686

堂区组织

堂区（*Parochia*）的这一名词原意为主教管理下的城镇社团。农村的教会社团原称为牧区（*diocesis*）：它们是地方教会管理的单位。自5世纪末以降，这两个词语的用法是可以互相替换的。[17] 自6世纪以来，堂区这个用语就有了现代语汇中的意义。在7世纪时，*diocesis*意为主教辖区。概念的变化说明了教区中之宗教生活的变化。对于个别的社区，主教不再是直接的管理者。

---

[16] 卡尔西登会议，c. 28款明确规定亚细亚教区、黑海（Pontus）教区和色雷斯（Thracia）教区现在归属于君士坦丁堡牧首。

[17] Vogt in Jedin（1975），p. 226.

在 4 世纪时，在古代晚期那些大的都主教领［（metropolitan seas），罗马、亚历山大和迦太基］，未来的堂区组织已经非常明显。大约于公元 400 年的西班牙，在城堡（castella）、村庄（vici）和农庄（villae）内，教堂的出现已经很普遍。当时没有特定的堂区教会，只有一些并没有常驻神父的教堂，由神父们履行其职责时而在此举行正式的宗教仪式。在 6 世纪，它们偶尔会成为堂区教会。

在高卢南部，教堂建立在曾经的异教中心。在后几个世纪，堂区制度是同人们皈依基督教的长期进程相联系的，尽管在大约公元 600 年时，将大教区划分为堂区的规范化制度还不存在。

在英格兰，可以发现 7 世纪的地方教堂散在于整片国土上，但是并不存在常驻神父。相反，与那些耸立于一些显要地段、以供个别信徒在农村区域敬拜的十字架相比，它们更像祷告堂（oratoria）。修道院附属教堂［或可音译为"敏斯特"（minster）。——译者］对于宗教社团的生活特别重要，它有时候附属于大的修道院如惠特比（Whitby）、巴尔金（Barking）和苇尔茅斯（Wearmouth）。它们通常在农村地区提供牧灵服务。[18]

687　　　在 7 世纪时，农村堂区的网络变得强大起来。从南方向北方，组织体系慢慢地发展。英格兰和莱茵河右岸地区都在 8 世纪时接受了他们最早的相当于堂区的组织管理。[19] 这一发展的核心人物似乎是阿尔勒的恺撒里乌斯（Caesarius of Arles）。他强化了教会财政在国家中的地位，而此前教会财政只被允许在紧急时用于帮助大主教堂。他也允许用农村的教士从事传教活动，并鼓励建立地方的学校以教育修士的方式教育当地青年。

6 世纪时农村教堂的增加导致神父之角色的确定，并确认了他们的特权。在 506 年，西哥特的埃吉得（Agde）大宗教会议强调，教徒的婚礼必须在大教堂或者堂区教堂内举行。6 世纪前半期，法兰克的大宗教会议间接地反映了农村堂区的增加。他们享有与大主教堂同

---

[18]　Mayr-Harting（1977），pp. 246 – 247. 关于在 7 世纪时，堂区组织是由一位主教负责，还是由修道院抑或类似社团组织堂区活动这些问题完全没有一致的意见。在所谓的"敏斯特"（即修道院附属教堂）方面的争论，见 Foot（1989），pp. 43 – 54，（1992 a），pp. 185 – 192，以及（1992 b），pp. 212 – 225 和 Thacker（1992），pp. 140 – 151. 亦见以下的论述，第 708 页注释 53. 据 Vita Fulgentii 一书中（cc. 6,7）的描述，汪达尔人统治下的非洲教会可能在公元 500 年前后就有了堂区组织。

[19]　在意大利，pieve（堂区）这个名词在 8 世纪才第一次出现。

样的权力，这使得他们能参与最重要的宗教典礼。[20] 后来，这种规则不再制定，于是，我们可以得出结论，即在农村社区已经有足够多的教士了。然而，在西班牙，教士的数量似乎还不大够。在那里，许多教士不得不在星期日同时照顾几所教堂，因为这些教堂没有自己的驻会教士。

大宗教会议（councils）和教省会议（synods）

在325年的尼西亚会议上，曾经规定每一行省应该每两年举办一次教省级的宗教会议，所有主教均须参加。都主教是省级会议的主持人，[21] 省级宗教会议需要解决的是确定教会纪律与宗教礼仪、选举主教的法律程序以及统筹主教领的建立或分割方面的问题。

在东方，省级的教务会议是完全有效的。而在西方，都主教领的组织机构还没有那么充分发展，教务会议并不能达到像东方教务会议那样的重要程度；而在意大利，这种会议似乎从来没有召集过。这种最低级别的教会会议是否来源于一个世俗的模式仍然还是一个疑问，但其组织方式却有些相似的迹象。北非教会的所谓全体主教会议（plenary council），即囊括几个行省的联席会议，是教务会议的最发达的形式，这种会议每年召集一次，每省派三位在教务会议上选出来的代表参会。迦太基主教担任会议主席，会议处理整个阿非利加的宗教事务。

罗马的教务会议有其特殊的地位，因为它召集了意大利邻近地区（suburbicarian）的所有主教与会。在这种教务会议上，罗马主教的强势地位和无限的权威是很明显的，但这种会议同时也埋影响着其他教会管辖的重要区域的事务。在这种教务会议上通过的决议对于整个教会来说经常都是重要的。一些重要的行省如米兰、阿奎莱亚和拉文纳也召集若干教省的联席会议，这种联席会议后来成为教会会议的正式模式。

在高卢，没有一个特别有优势地位的教会所在地能举行这类省级

688

---

[20] The councils of Orléans (511), c. 25, Clermont (535), c. 15.

[21] 需要注意的是，前君士坦丁时期的教会召集的宗教会议已经被称为"全体宗教会议"（concilium）或宗教会议（synodus）。

会议。因为高于都主教层面之权力的概念事实上已经衰落了（除非有教宗的支持），早期 6 世纪教会的会议多少带有"民族性"的特点：于是，在南方是哥特人统治范围内的埃吉得，在勃艮第人区域是埃帕恩（Epaon），而在法兰克人统治区是奥尔良。后来，在法兰西亚，已经不存在一个为所有法兰克人管辖下的领地上召集的统一的宗教会议，而是在各个分裂的法兰克王国（Teilreiche）内各自召集自己的教务会议，在此基础上来明确各个教会所管辖的地域。㉒ 当时并没有发展起与罗马的强有力关系，人们并不记得教宗参与一些宗教会议之事，人们也不关注西哥特人或者盎格鲁—撒克逊人（Anglo-Saxon）教会所面对的问题，同样，西班牙大宗教会议的丰富立法传统对于法兰克人来说也是一片空白。在法兰克人的教务会议上，经常讨论的是宗教行为问题，因为对于这些问题从来没有过明确的规定，因而时常出现社会和戒律方面的问题。

在英格兰，自 673 年赫特福德（Hertford）大宗教会议开始，坎特伯雷的狄奥多勒（Theodore of Canterbury）开创了一个连续举行教务会议的时期。狄奥多勒的目标是创建英格兰教会的基本结构。会议讨论的主题有教士们的生活方式和精神福祉、主教的职权、修道院的性质和婚姻问题，但首要的是大主教区之间的边界划分难题。作为"民族的"大宗教会议，所考虑的重大问题是世俗权力对于教会事务的影响和参与问题。自赫特福德大宗教会议之后，英格兰排除了国王的参与（king free）：大主教居主席位置。考虑到王者们所掌控的权力，这显然是避免政治介入的最好途径。㉓ 与此同时，历史学家们也承认，无论盎格鲁—撒克逊的最高领主们（bretwalda）是否可能有过多广泛的权力，但从不包括召集、领导或主持整个英格兰大宗教会议的权力。

689　　在古代晚期，罗马帝国教会的公会议之召开都是因统治者的愿望而行，这间接决定了它的内容及形式。㉔ 法兰克王克洛维（Clovis，481—511 年在位）在他的王国内行使了皇帝的权力。当他于 511 年

㉒ Pontal（1986），pp. 113 – 168.

㉓ 由于同样的原因，盎格鲁—撒克逊举行教省会议的日期都定于圣灵化体日（incarnatio verbi）之后。

㉔ 教宗在多数情况下由他的使节所代表，会议讨论的结果将告知教宗。在大利奥（440—461 年在位）之后，教宗们都反复尝试修正宗教会议的决议。

去奥尔良城召集大宗教会议时，这一会议程序在教会看来，完全符合程序。国王作为教士审判者（*mens sacerdotalis*）的身份是被认可的，他也宣布会议程序（*tituli*）。通过这一宣告，国王成为一位圣者，成为宗教法权的掌控者。随着墨洛温王国于 7 世纪晚期衰落，法兰克的教务会议活动因国王不再能出面组织而结束。

国王在西班牙教会中的这一地位自 589 年的托莱多大宗教会议（Council of Toledo）之后更加强化。召集宗教会议，决定会议将讨论的议题，给予宗教会议决议以法律效力都是国王的权力和责任。西班牙的宗教会议于是越来越像旧时罗马帝国的宗教会议。他们通过一部继承顺序法而保证了国王的领导权。西哥特王并不仅仅在保障一种基督教的生活方式，他也在行使其权力时使自己带着基督教徒的精神气质。这些都是 7 世纪西班牙宗教会议的元素，由此，西班牙的教省会议成为西方最先进的教会会议。

教士（clergy）

自 4 世纪以来，在教会就有了坚振礼（conviction），对于每一层级的教士，都必须行不同的步骤。这是任用教职人员的条件，并按照其能力水平创建等级。在 5 世纪，高级教士（*clerici superioris*）和下级教士（*inferiorisordinis*）之间已经确立了不同的等级标志。主教、神父（priests）和执事（deacons）属于第一等级，并由主教特别按立。他们的特殊身份是被国家所认可的。下层教士的地位没有那么清楚的界定。最经常提到的是副执事（subdeacon）、辅祭员（acolyte）、驱魔人（exorcist）、司门员（ostiarius）及颂经人（lector）。这些层级并不是在各个时期的所有地域都存在；况且，也没有必要发展所有层级。一些教职位置的属灵的性质甚至有争议。

颂经人的位置被认为是进入教职生涯的第一步，并且经常由男孩子占据。他的职责就是在宗教仪式上读经，吟诵诗篇等。在罗马，颂经人在行弥撒时形成了唱诗班；而在东方，唱诗人和读经人是分开的。在《古代教会律令集》（*Statuta Ecclesiae Antiqua*）中提到吟诗人（*psalmista*）位于颂经人之下，服从于颂经人。颂经人需要受过良好的教育，因为享有好的教育经常是进入高层级的一个条件。

690

司门员（ostiarius）的权力很难阐释。在古代晚期，这是教士的一个层级，但在 6 世纪时，它不再由教职人员担任。在特鲁兰大宗教会议（*Trullanum*，692 年）之后，这一名称不再提及。司门员的工作是在履行教仪时监管会众，而在授圣职时，要有一个正式举行的仪式将教堂的钥匙交予此人。

驱魔人的任命不需要正式的授职仪式。要担任此职必须具有上帝所赋予的超凡能力。他照看新入教的信徒和癫痫病患者（*energumeni*）。但是，他的工作并不太重要。在 6 世纪，担任此职的人已经很少见，而且此后不久似乎就消失了。

辅祭员除了还保有其希腊语词名称外，在东方几乎很少提到它。而在西方，他负责慈善方面的工作，并执行圣仪中的服务性工作（奉圣体，协助坚振礼的进行）。在罗马，有 42 位辅祭员，每位执事身边大约有 6 位辅祭员。在阿尔勒的恺撒里乌斯时期以后，高卢的文献记载了这一教职的存在。

副执事（subdeacon）之位置是从 4 世纪执事（deacon）的位置中分离出来的。副执事的职责并不是在所有方面都可清晰辨别。在罗马，他们似乎是 7 位执事的助手，但后来逐渐地脱离了教会礼拜活动和圣仪，以利于负起教会财产管理的责任。

执事和神父（或称司铎）之职责很难区分得清。执事似乎经常是主教的直接下属，有时候，甚至在主教处理世俗事务时也充当他的代理人。他的责任包括管理教会财产，也选择将充任圣职的候选人。他的地位经常高于神父。在罗马，自 6 世纪以来，助祭们形成 7 人组成的团队，其最高首领即首席执事，或称总执事（archdeacon）。这些人成为大主教区主教之下最重要的神职人员。

在东方教会，女执事（deaconesses）有一定的重要性。她们必须是 40 岁以上的处女或者是只嫁过一男的守寡者。她们的身份之被认可是通过按手礼和祝告仪式。圣体室是不允许她们进入的；但是她们为女性的洗礼做准备工作，照顾病人，并保持着与神父的联系。

自 4 世纪之后，曾有过教士和主教之间区别的争论。开始，是关于不同层级教士的权力问题。在 7 世纪早期，塞维利亚的伊西多尔（Isidore of Seville）坚持说，作为教职人士，神父和主教是没有什么区别的，但是，早在 5 世纪时，神父就经常被认为是或者被称为助理神父（secundi sacerdotes）。只有当神父分配到属于他自己的教堂时，才有资格实施洗礼和奉行圣体礼；但他并不是总有资格布道。在高卢，总铎（archipresbyter）这一教职被创立出来，其前提即在一所教堂内会同时有数个神父参与教仪活动。[25] 总铎只负责堂区的灵修，首先是为了监视本堂区其他教职人员的生活方式。在 7 世纪时，这一位置经常被平信徒所占据，从那些在教省会议上颁布的决议中可见，对此项行为是禁止的。有权势的平信徒在宫廷中有效地代表教职人员这一事实，一定在促使那些看来似乎适应于这一角色的平信徒出来任教职方面发挥了一些作用。但是，这些具有平信徒身份的总铎在 8 世纪再度消失，这可能是在教会倡导下所发展的第一阶段，后来，平信徒再度成为一所教堂的法定代表。

在西班牙，每所主教堂都有一位总铎，他的工作是将教会财产的 1/3 用于宗教目的。在 7 世纪，他被授权在大型宗教会议上代表主教，这一般意味着，他的地位优于总执事（archdeacon）。

在英格兰，由修道院修士补充大教堂神职人员的倾向在继续发展。于是，多数教职人员都来自大主教堂的修道院。人们认为，只有那些亲身经历过最高层级的禁欲生活和洁净生活的人们，才能够使教众获得救赎。

最初，一位教职人员被要求在最初层级的授神职仪式上证明他自己，然后才能晋级。但是，为了便于传道，教宗格拉修一世（Gelasius Ⅰ）在涉及一些节日庆典及四季节（Ember Days，主要在西方教会中庆祝，据推测源自凯尔特人的古代宗教，是祈盼五谷丰登的春季节日，在大斋期第一周内的星期三、星期五和星期六举行。传统上，这个节日是祈祷的日子和主教们奉斋的日子，亦是授神职的日子。——译者）时态度十分灵活。授神职的年龄并没有严格的规定，但却有最低受任年龄。[26] 在教会内部任职的资格先是良好的身体条件。因此，那些外观有明显缺陷的人以及有精神缺陷或者有癫痫症的人通常被排斥于授任神职的人员之外。有德的生活方式和信仰的坚贞被认可，也是必要条件。新皈依者或背教的基督徒也不会被授圣职，

---

[25]　The Council of Tours (567)，c. 20，提到了 Archipresbyteri vicani。

[26]　于是，辅祭员和副执事的任职年龄不得低于 21 岁，执事最低任职年龄为 25 岁，神父的任职年龄必须大于 30 岁，主教的任职年龄必须在 45—50 岁。

那些有了过错而在实施忏悔的人士、奸商及好寻衅闹事之人也被认为不适合于在教会任神职。但是，这些标准也经常被忽视，如人们经常抱怨有不合格人士（*indigni*）获得圣职，就证实了这一点。授圣职于奴隶、依附农或获释自由民也是有问题的，这是由于在古代晚期和早期中世纪时期他们的社会地位很低下。原来在俗界做官、被控有杀戮行为或者参与被废止的异教节庆活动的人也被排除于任教职的候选人之列，在5—6世纪，此类禁令逐渐消失，这是因为一旦进入高层级的教职人员行列中，就意味着放弃世俗生活。

在教会内部指派一个神职人员，原则上取决于教士和民众的选举。但是，在选举主教时，留给民众的全部权利只是欢呼当选的完成，而作为首领的俗人之影响增加了。邻近区域的主教们和都主教经常会做出最后决策。日耳曼统治者对于选举的结果有很大的影响，因为主教本人即是统治者，他对于国王负有一系列职责。除了前任主教的意向（他们经常会是亲属关系），虚伪不实的人们之赞助、教唆或圣职买卖都是不可忽视的因素。选举和授任的过程中也经常出现阴谋活动和遭到意想不到的攻击，在这时，遵行"民众的呼声等同于神的声音"（*vox populi equals vox Dei*）的原则。授圣职的仪式总是在行圣灵化体仪式之时。主教必须在礼拜日受圣职，神父们和执事们则在四季节的礼拜六（Ember Saturday）或者在耶稣受难日（Passion Sunday）之前的星期六受任圣职。

受任教职之灵修方面的要求是具有神学及布道的知识。最初，这种训练是以古典的和世俗的方式进行的，因为正规的神学教育在当时是欠缺的。《古代教会律令集》（*Statuta Ecclesiae Antiqua*）表明一位被指令为主教的候选者必须能熟练地解说《圣经》且具有领导水平，他必须知道教会规则，并赞同教会的基本信仰。这些要求在6世纪时变得模糊不清：神职人员的训练很贫乏；关于这些，法兰克教省会议几乎只字未提。总的来说，人们都赞同的是，一个俗人如果希望成为神父和主教，必须用至少一年时间学习教会的规则。阿尔勒的恺撒里乌斯要求每个执事都得通读《圣经》四遍；特里尔的主教马格内里希（Magnerich）则只要求读一遍。6世纪的大宗教会议规则中仅要求教职人士能掌握读、写技艺。没有受过教育的执事和神父被督促着克服他们的不足。

在很长时期内，西方的神学争论是不可能发生的。即使完成了在教会生涯中的各层级进阶之后，神职人员的神学资质仍然平平。[27] 为了在一定程度上提高神学人员的资质，一些为神职人员设立的学校于6世纪建立，但这些学校很难被描述为成形的机构。因此，西哥特王国的教省会议文献规定，年轻的讲经人必须在主教家中学习基督教的基本原理。在高卢，阿尔勒的恺撒里乌斯为农村的神父们写了一个简单的建议，以有助于当地年轻教众神学知识的提升。受过礼仪教育的主教们只在6—7世纪的西班牙才能找到。他们是在修道院学校中长大的，在那里，每一个神职人员都从主教手中拿到了一本教士手册（*libellus officialis*），即《圣事手册》。

693

但是，神职人员并不只被要求去读书：他们也得记住诗篇、赞美诗、圣诗及洗礼仪轨等。

也有特别的规则用来规范教职人员的道德行为。因此，他们被禁止参与一些公务活动，如管理物件和财产、担任法律辩护人、放贷和担任公职。他们不允许作为艺人（*theatricus*）参加表演活动，也不得参与星象占卜或魔法等。这种与世俗社会分离的行为之困难程度可从6—7世纪的一些更多的禁令中得知：教职人员不得赌博，不得携带武器，不得饲养鹰和猎犬，不得进入公共场所或穿着奢华的衣服招摇过市等。[28] 教会也要求教职人员有自己固定的任所（*stabilitasloci*）。神父和执事们只在持有主教正式批件时（*litterae formatae*）方可外出旅行。与世俗民众共同生活，也需要得到主教的批准。[29]

大宗教会议立法的核心问题是关于教士独身问题。自4世纪以降，高级教士不得结婚。教宗大利奥要求副执事之上的所有各层受圣职者都要独身。独身是使任教职者没有继承人的最好保障，因为，如果教职人员有继承人，会构成对教产的威胁。在大格列高利时期，已经结过婚的高层教职人员无须离婚，但他们必须过完全禁欲的生活。在法兰西亚，要求完全禁欲的誓言扩及辅祭员和驱魔人，而且他们的

㉗ Scheibelreiter（1983），pp. 100 – 101.

㉘ Riché（1962），pp. 324 – 335；Scheibelreiter（1983），pp. 76 – 91.

㉙ Riché（1962），pp. 336 – 350；Scheibelreiter（1983），pp. 91 – 98；Heuclin（1998），pp. 190 – 195.

妻子必须遵守这一要求。而那些鳏寡之人，则不得再度结婚。[30] 然而，很显然，直到 6 世纪时，不结婚的主教仍然很少见。一位主教的妻子被称为主教夫人（episcopa），并经常在教区管理中充当重要角色。她主要从事慈善活动，但也要参与布置主教的教堂，使之端庄肃穆。图尔大宗教会议（567 年）上提到，一位没有夫人的主教就得由教职人士服侍他。同一次宗教会议也提到了各级教士的夫人们（presbytera, diaconissa 和 subdiaconissa）[31]，所有这些结了婚的女性都被社会所认可，但是她们不得与其丈夫有性生活。

当阿利乌斯教派的教士们皈依大公教会时，出现了关于教士独身方面的新问题。这些教士要求在新的教阶层次中继续维持他们的完整婚姻生活。589 年的托莱多大宗教会议决定将这类教士降格为颂经人。[32] 在 7 世纪时，西班牙的副执事要求有第二次结婚的权利。他们争辩说，他们在受神职时并没有接受祝圣礼（benedictio）。这就是祝圣礼被引入授圣职仪式的原因。蓄妾行为受到严厉的惩罚；589 年，教会规定，犯有此罪的教士必须褫夺其教职，遣送至修道院，他的姬妾将被削籍为奴。大约在 7 世纪中期，人们企图结束对于那些教士们（副执事以上的教职人员）受圣职之后诞生的孩子如何处置没有相关规定这方面的弊端，决定剥夺他们的继承权。与此同时，他们得永远做教会的奴隶。但所有这些规定在东方教会是没有的，在 682 年召开的特鲁兰会议中，东方教会的神父们获得了结婚的权利。

教会的权利

早在 4 世纪时，教职人员在教会内享有的特殊地位就被国家所承认。这一定对教会的司法权有影响。然而，长期以来，教士们欲进入"特权之门"（privilegium fori）的努力成效甚微。事实上，查士丁尼在《新律》中的立法强化了宗教法庭的权力，而且，在东方帝国，629 年之后宗教法庭对于教士们的审判权是绝对的。

---

[30]　ii Mâcon (585), c. 16. 这种"完全洁净"的说法来自圣保罗（《哥林多前书》6：5）（但查中文版的或在中国出版的《圣经》书卷中，找不到这条训谕。——译者）。但是，这仅仅意味着是暂时的：Heuclin (1998), pp. 112 – 114。

[31]　ii Mâcon, cc. 14 and 20.

[32]　iii Toledo (589), c. 3.

日耳曼人的法（leges）与教会法相比是有差别的。教省会议与西哥特人在民事法与世俗法庭问题上相争。世俗法庭在任何情况下都得把实施权力给予主教。633 年的第四次托莱多大宗教会议确定，有关主教们的犯罪行为的案件要由宗教会议处理，[33] 但这一原则却经常在实践中被破坏。在法兰西亚，王室法庭对于教士们也有司法处置权，但是，在 614 年的《巴黎敕令》中，涉及教会人士（homines ecclesiastici）的民事司法权移交给了主教法庭。事关教职人士的"小诉讼案"（causae minores）也指定由主教法庭处理。另一方面，在伦巴第人那里，教会解决民众争端问题是一种例外。在解决内部争端问题时，教职人员也服从国王的法庭。甚至当一位主教出任国王法庭的主审时，这种案件也交由世俗法庭审理。

对主教提出的罪行诉讼案的程序一开始是根据罗马法来组织的。与神父们和执事们的合作已经出现于世俗权威与宗教权威之间。低级教职人员需要面对世俗法庭回答问题，说明他们是否被拘捕于事发现场并供认。尽管这种形势令人困惑，但日耳曼法表现了一种对于世俗法庭教职人员越来越多的保护（通过付偿命金）和对教会财产的特殊保护。

教会法庭的组织并不十分正规，缺乏明确的责任分配机制。在主 695 教区最重要的法庭是主教法庭（episcopal court），在这个法庭上，总执事（archdeacon）越来越经常地出任主审的角色。申诉的正式渠道是向立法会议提出。在非洲，则向非洲首席主教（primate）提出。该申诉程序是罗马申控程序的简化形式。自大格列高利之后，日耳曼法对此模式的形成也有其影响。教会法庭可以给出的惩戒也还没有明确的界定，但后来发展出的原则，却是能够被认可的。被认定有权决定惩戒方式的是主教、大宗教会议和教宗，但是对于每个执法者的执法资格，仍然存在争议。

Depositio（dismissal，即被免职或申诉被驳回），意味着失去在教会内的位置和尊严，随之失去的是所有的权利和收入，而且，它还意味着败诉者从教职人员队伍中除名，而且永远不得再行任职（depositio perfecta）。其原有职位不受影响，但是被惩戒的教士却不得使用

[33]　与之相应的规则是，君士坦丁堡牧首区的一位主教得在 Sinodus Endemousa 面前回答问题。

之。在表面上的行为就是，他们得脱去教袍，摘除其阶位的标识。一种较温和的形式就是部分免职。这意味着降低其等级，但并没有完全解除其在教会中的职务。

除籍（*Excommunication*），意味着失去教会成员的权利。它主要是对俗人的惩戒，但它也在非常严重的案例中用于惩戒那些教职人士。完全除籍意味着被排除于宗教社团的生活空间之外，而部分除籍只是指被排除于公众礼拜活动之外。除籍可以是永久的，也可以是有时限的，除籍可以简单地公布，或者正式地公之于众（即诅咒，anathema）。

停职（*Suspension*），是临时性的惩戒，它主要针对教职人员，主要是剥夺其在教会礼拜仪式上行使其职责或者权利，包括授神职权及行政职权，或者只是剥夺其行政职权。*Interdict*，即停止宗教活动，主要有效地实施于对俗界某一地区或某些个人的惩戒，在6—7世纪，还看不出来它的重要性。轻一些的处罚包括：将犯错者逐出教区，强行迁徙出境，没收或者减少其收入，被监禁于修道院，或者进行斥责。此外，这些处罚行为也可能当众实施。

教会作为一个组织系统的扩充和强化，导致宗教立法的强化与扩展。法律是由皇帝们、国王们和教宗们及大宗教会议制定的。在这里，东方的教会开了先河。无论如何，东西方教会的联系在阿卡西乌分裂（484—519年）期间被削弱了。在东方，在基督论（Christological）方面的激烈争论与政治密切地结合，因此，就越来越需要通过强化立法程序使之标准化。

696　西方的教会法汇编最初依赖东方的收录，由于还有部分内容来自教宗的敕令，于是混合了东西方的资料。对于教会法汇编的接受并不意味着接受其中所有的立法内容。这些东西部分取自私人著作，具有法律效力。而在西方，这被认为是异端，反映了这些被借鉴的东西在精神同化方面的欠缺。显而易见，这里一定还保有许多未知的因素，我们必须加以重构或者假设。[34]

西方最早的教会法令集是所谓的《罗马古法集》（*Vetus Romana*，成书于350—410年），它记录了尼西亚会议和撒尔底迦（Sardica）

---

[34]　在 Plöchl（1953）的作品 pp. 251－259 的描述是最实用的。

宗教会议的教规。到了 5 世纪前半期，相关教令集出自《伊西多尔教令集》（*Versio Isidoriana* 或称 *Hispana*，《西班牙教令集》），该教令集最早出现于阿非利加或者意大利。更新一些的，但更重要的是《古法集》（*Prisca* 或 *Itala*《意大利古法集》），该教令集是在大约公元 500 年时在罗马辑成，在大主教格拉修一世（Gelasius Ⅰ，492—496 年在任）和霍尔米兹德斯（514—523 年在任）两位教宗任期期间开始在罗马搜集成书的，该教令集致力于实现标准化并移除宗派性的法令及非规范化的文本，同时特别强调了教宗的立法权。这些教令集得到了广泛的认可，这一认可来自阿非利加大宗教会议对于已经确定的和经过实证的案例的定论。在高卢，著名的《古代教会律令集》（*Statuta Ecclesiae Antiqua*）引起了最多的关注。它将大约出自 450 年的阿尔勒教令与高卢决议以及东方宗教会议文献及教宗法合归一处。后来的 6 世纪作品则限于法兰西亚，但它们对西方基督教会的立法之发展做了颇有见地的观察。《马丁教令集》（*Capitula Martini* 或 *Collectio Martini Bracarensis*《布拉加的马丁教令集》）是 6 世纪另一部最重要的法令集成。这部法令集是于 540 年前后在伟大的宗教领导者布拉加的马丁的圈子中形成的。他特别致力于使教职人士和俗人较好地了解宗教会议和教宗的文献，这显然对于他是特别重要的目标，即他内心认定的使命。

教会经济

直到 6 世纪，教会财产与收入都是按照《罗马法》的原则处理的。随着日耳曼诸王国的建立，这一准则因人们更乐于使用各种法典中的相应措施而缺失了。在墨洛温王朝的法兰西亚，教职人士逐渐摆脱了人头税的负担，然而财产税还保持着，不过仍存在着许多的特权。当时的一个原则是，教会的财产属于教会这个特定的组织机构，而不是在不同教会工作的教职人士们。规则是，除了个人的继承权，授教职后教士们得到的一切都属于教会，而不是他个人。但是在大宗教会议上出现了诸多抱怨，反对教士们因他们自己的原因或者他们亲属的原因使用教会的财产，表明这个领域不存在明确的法律界定。主教们得负责编造详细清单，上面写明各类不同的教

697

会财富的目录。

根据《西哥特罗马法》（*Lex Romana Visigothorum*），教会的财产是圣产（*res divina*）。这种观念被遵行的程度可以从这一事实看出，即为资金计，教会财产被管理者抵押出去，可视同于买卖圣职。每所教堂都拥有从它建立之时起所获得的财产，为了保护它们，大主教的确认是必需的。在确认声明（*petitorium*）中，教堂的创建者必须遵守这些规定，将他所掌控的全部权利交予教会。这样，教堂才可能获得祝圣。这类建立教堂的方式在教宗管理的意大利、西班牙和法兰西亚非常普遍，于是，私家教堂（*Eigenkirche*）事实上在这类教堂出现后衰落了。关于私家教堂的讨论出现了不同的理论，在这里就不予赘述了。[35] 甚至在教会建立之初，即前君士坦丁时代，私家教堂的礼拜活动已经发生。地主们之产业的发展以及它对财产立法的影响也制约着这一局面：所有属于教会的财产都归于圣堂所在地。于是，这就多少解释了在这个时代之社会结构中"私家教堂"创立的前提。事实上，不仅仅那些创建私家教堂的人可以高姿态地维护自己的财产，而且由大主教培训出来的教职人士（*clerici*）的那些保护人也同样如此。很明显，在所有那些掌权者公开、合法地掌控土地和民众的地方，其规则也延及教会。于是，私家教堂的现象反映了当时的权力和权利意识。这里，我们却不能通过私家修道院（*Eigenklöster*）的形成所反映出的东西而对其中的宗教思想进行更深入的探讨。

当初，教堂的维持靠的是自愿者的捐款。在教宗达马苏一世时期（Damasus Ⅰ，366—384 年在任），基督教制定了一项针对财产征税的特殊原则。它由于受到许多大宗教会议的支持，在 6 世纪被普遍采用。由各独立教堂献给主教的一项义务性税收于是被称为主教税（*cathedraticum*）。但这笔税收是否是普遍安排，却不甚清楚；它最早被提及是在 572 年的第三次布拉加大宗教会议上（Third Council of Braga），在 7 世纪时曾在西哥特人召集的一些宗教会议上多次遭到反对。这些给予教堂的虔诚者的贡奉自 6 世纪以后曾经由神父们享用。现在，在星期天由俗人向圣坛奉献的一种供物也被认为是宗教义务而受到鼓励。

---

　　[35]　Feine（1950），pp. 195 – 208.

管理教会财富的人是主教：没有他的安排，不能做出任何决定 698或进行任何改变。在东方，查士丁尼的法典确立了处理这些财富的人员之等级规定。这些人被分为保民官（*defensores*，保护教产的利益）、地产管理员（*dioketai*，管理教会地产）和司库员（*custodes*，管理教会的动产），而且，也有一些起辅助作用的副手。这些财产管理人必须每年向主教汇报财产运作情况。在西方，则没有这样不同作用的管理人。只有一位被称为理财师（*oeconomus*）的管理者。国王克洛塔尔二世在《巴黎敕令》（Edict of Paris，614 年）中强调教堂的经济管理者应该从财产所在地的（*pagi*）居民当中选择。大主教的影响由于日益专门化的教区管理而衰落了，但教宗则在处理各项事务中更加活跃。教宗这种干预活动当大格列高利掌握权力之后即强化。作为一个经验丰富又极富行动力的人物，他重组了彼得宗座的产业（*patrimonium Petri*），并全面地重新安排了教会经济的管理。

教会财产主要用于宗教活动，用于关注慈善事业和供养教职人士。教宗辛普利修斯（Simplicius）于 475 年通过了一则法令，将教产的使用分成四个部分，除了上述三项外，也供养主教。但是，在 6 世纪时，又恢复了将教产分为三个部分的规定，这时则不再提到对教会活动的支持了。6 世纪时，教士也不再从他的社团民众中获得供养费，而是改为从教会财产中获取工资。这笔工资必须保证他能维持符合他级别的生活水平。为此，有严格的法规规定了每所教堂内工作的教士数量。

有诸多限制来防止教会财产的转让。于是，修道院院长和神父们需要大主教的许可才得以授任。在意大利，483 年大政区长官巴西琉斯（*praefectus praetorio* Basilius）颁布了禁止转让教会收入的禁令。但是，在 507 年的一个立法会议上这一决定被推翻，因为当时这一禁令的公布并无教宗和教士参与。与此同时，为回应这一禁令的颁布，这次会议做了一项决定，即俗人无权制定这类法令。无论如何，国王狄奥多里克通过了另一则法令来保护教会的财产。教宗西默克斯（Symmachus，514—523 年在任）界定了被永久分离出去的教产（*permanent estrangement*）与临时享有的收入（*usus fructus*）的差别，但与此同时，他发布禁令不得将教产出售。教会的财产只能用于——在临

时享有的收入中——教士、修士、穷人和外来人的开支。㊱

　　之所以还存在教产转移的危险是由于教会财产经常被租赁给俗人，其初衷是为了教会的利益。在法兰西亚，*precaria verbo regis*（在国王的命令下，将教会土地租借给俗人的机制）体制在前加洛林时期并不存在，尽管强制性的租借行为会在国王或宫相的要求（*petitio*）下发生。持续的不确定性围绕着有关教职人士的继承问题出现：为了教会的利益，这种继承，即自然的继承，是受限制的，但在教会的财物与个人财产方面很难有明确的分离。教会在有关遗嘱、自由馈赠及管理者的决策方面经历过太多的争论。㊲ 主教的财产经常以一种自由馈赠的方式被他的妻子宣称享有继承权，但却受着特别严格的规则之限制。㊳ 在这种情况下，非基督教徒的亲属则完全被排除于继承者之外。

教会礼仪

　　在教宗大利奥（Leo the Great，440—461 年在位）和格列高利二世时期（715—731 年在位），罗马的礼拜仪式是很繁复的。最古老的用于弥撒礼的祈祷书（*sacramentaria*）可以上溯到教宗利奥一世、格拉修一世与格列高利一世时期，这些由不同的数位教宗新近使用的祈祷词，被神父们抄录下来，存在拉特兰宫档案中。

　　《利奥祈祷书》（*Sacramentarium Leonianum*）（或称《维罗纳祈祷书》*Veronense*）代表着不同的弥撒小册子的集成，对于同样的弥撒礼提供了不同的形式，或者是另外的礼仪方式。其初始部分已经遗失，其内容只包含自 4 月至 12 月的弥撒程式。其作者可能是一位尽其所能搜集他所知的一切东西的编辑者，而且由于这一原因，他有时在其内容排序上会犯一些错误。《格拉修祈祷书》（*Sacramentarium Gelasianum*）是罗马式礼拜资料的再现，因为它出现于法兰西亚。至于《格列高利祈祷书》（*Sacramentarium Gregorianum*）

699

　　㊱ 关于在高卢的政教关系方面的详细论述，见 Lesne（1910），pp. 143 - 194 。关于教会内的财产占有和国家关系方面的综合论述，见 Ganz（1995）。
　　㊲ Plöchl（1953），p. 245.
　　㊳ 图尔的格列高利作品中，以 Le Mans：*Hist.* viii. 39 为依据，提到了一个典型例证。

则有两个不同传承的版本。其中第一个即所谓的哈德良版本，它是由教宗哈德良一世（772—795 年在位）送给查理大帝的，而且由于其原本遗失了礼拜日的弥撒部分而在法兰西亚有所增补。另一版本是帕多瓦版本（*Paduense*，因其手稿所在地而得名）。这一弥撒祈祷文集之所以与教宗大格列高利相关联，因它是一位思路清晰、理解深入、思想开放的修士的作品，而这位教宗被认为是一位基督教会的组织者。然而，由于它已经包括了 3 月 12 日的格列高利纪念日，它有可能是在格列高利二世时期最后定稿的。而上述第一个版本早在洪诺留一世（Honorius Ⅰ，625—638 年在位）时期就已经使用，而且，由于它已经提到了罗马教会的各个分支教会，有可能是为了彰显对教宗的崇拜而编辑。

另一方面，《格拉修祈祷书》只提到了行弥撒礼的时间，因此似乎是　本针对神父的弥撒礼集。它可能并不是源自罗马的作品，因为它承认许多坎帕尼亚（Campanian）的圣人，而且将其节日与更普遍地出现于基督教会传统中的节日相混淆。总的来讲，它与 6 世纪时封圣的教父圣者有关联。拉文纳的主教马克西姆（546—556 年在位）有可能是《格拉修祈祷书》的作者，而且，从任何方面看，它都比《格列高利祈祷书》要早。它到达法兰西亚的时间应该不早于 628年，因为它已经包括了光荣十字架节（Raising of the Cross，9 月 14日），这一节日之最初设立是在皇帝希拉克略夺回耶路撒冷之时。

上述各祈祷书使人们能探析弥撒的形式，但它们并不含有对礼拜仪式的指导。要获得具体的指导，还需要回去查找《罗马教仪书》（*Ordines Romani*）。这些《罗马教仪书》的小册子（*libelli*）记载了在不同的圣礼时使用的礼拜仪式、典礼和行诸圣事［授任神父、圣体血仪式（eucharist）和圣周（holy week，即复活节前一周——译者）的礼仪］时之祈祷内容。例如，第一教仪书（*Ordo* Ⅰ）是于 7 世纪末出现的，它以非常精确的顺序描述了在教宗弥撒上诸圣事的外部程序。这里，应该假定是受到拜占庭影响的。也许"教仪书"本身是在教宗维塔利安时期（657—672 年在位）编辑成书的，这位教宗也在《学院圣诗》*schola cantorum*（即 *Vitaliani*，《维塔利安圣书》）一书中向拉特兰会议推介了新的赞美诗。这是礼拜仪式和圣诗的一个新的发展时期，它不同于受到拜占庭影响的传统的罗马模式。本尼狄

700

克·比斯科普（Benedict Biscop）尽力把这种新的罗马礼拜方式引进英格兰。在680年，他说服罗马的圣马丁修道院院长约翰，后者是圣彼得大教堂的主领唱（archicantor），随他一起去在教仪方面教导英格兰的神父们，并为他们写礼拜书。

从施牧的角度看，《祈祷书》和《教仪书》的普遍流传不应该使我们认为，这些祈祷词和圣歌是依托于严格的批准程序的。祈祷词的内容仍然是可以自由变化的，而且，主教们自己也可以进行创作。[39]一种统一的高卢式的教仪并不存在，也没有典型的地方形式。同样，大量的本尼狄克派规则倡导一种强有力的由教区组织的礼拜仪式。[40]另一方面，在罗马，7世纪的拜占庭模式将参与礼拜仪式的人们变成了听众和旁观者。从施牧的角度看，在这里的高卢和西班牙民众还能理解礼拜用语时，并不拘泥于这种模式。英格兰遵循着罗马的模式。《格拉修祈祷书》和《格列高利祈祷书》被交替使用，而且，它们经常被融合起来以适应"个别教堂和修道院的口味"。[41]

在一天的特定时间进行祈祷也是礼拜仪式的一部分。这一习俗通过修道院被引入大教堂的教职人员中，并由此传播给民众。阿尔勒的恺撒里乌斯要求神职人员和民众整天祈祷。在斋戒期间参与礼拜仪式的人们须每小时祈祷一次，这被认为是虔诚的表现。在西班牙，人们并没有参与这类活动，但是，在农村教会，如同在其他地方一样，人们在早祷与晚祷时吟唱诗篇。阅读经典的顺序依照教仪年的开端来规定：在罗马，是在春季大斋期的前一周，而在法兰西亚，基督降临节（Advent）标志着一年的开端。尽管《格拉修祈祷书》和《格列高利祈祷书》是以圣诞节作为教仪年的开端，但据说这时的圣诞节是定在3月1日，是与前基督教时期的罗马历相对应的。在西班牙，选定了11月17日作为教仪年的开端，因为它被认为是为庆祝圣诞节进行长期准备的开始。

7世纪时，与日常服饰有别的教仪礼服，是非常明显的（与通常

---

[39]　于是，在高卢和西班牙，于6世纪中期之前，福音书的阅读和布道是在准备祭坛供奉和慕道者弥撒之后。538年，教宗维吉里乌斯发送一篇《祈祷规则》（ordo precum）给布拉加教会，承认了教仪进行过程中可以有极大的机动性：见 Heuclin（1998），pp. 201 – 205。

[40]　在罗马，6世纪时，圣餐之前的祝祷被面向教众的祈祷所取代：见 Heuclin（1998），pp. 205 – 210。

[41]　Mayr-Harting（1977），pp. 272 – 275.

的神职人员的法衣是不同的）。执事穿着的是礼拜吉服（*dalmatica*）；所有其他神职人员，自辅祭员到主教穿着的是所谓的法衣（*planeta*），即非常宽大的、做工精细的长袍。它使得人们拿着弥撒书或圣仪备品时不至于使手裸露出来。

牧区关怀

在 6 世纪时，宣教是牧区关怀的主要手段。它也是一种间接的传教手段，因为人们认为，非基督徒出于好奇也来参加礼拜活动，并由于听到宣讲而皈依基督教，其价值是受到高度评价的。阿尔勒的恺撒里乌斯相信上帝的话（包括宣讲者的解说）很重要，不逊于基督的身体。显然，这种意见在很大程度上受益于在高卢受到高度评价的演讲术传统，但它也表明在民众中对此缺乏兴趣。教会早在《古代教会律令集》（*Statuta Ecclesiae Antiqua*）一书中就威胁民众，凡那些在礼拜现场听宣教时退场的人将受到逐出教会的惩罚。阿尔勒的恺撒里乌斯通过关闭教堂大门的方式迫使教众留在教堂内，只在最后祝福程序完成之后才开门放人。无论如何，参与宣教活动的听众们之表现也证明了这一点，有欢呼，也有表示不赞成的唏嘘声。道德上的警告，有的是故意而为之，时而产生了不愉快的反响。多数宣教活动仅持续半个小时，他们所讲的内容也很简单，这是由于自 6 世纪以来，教士们受教育的程度比较低。然而，在一个教育衰落的时代，一定程度的理解还是能够达到的。恺撒里乌斯要求他的所有同事在每个星期日和假日宣教，而在大斋期一天要进行两次。这位阿尔勒主教能够适应不同程度的理解力。因此，他把他的宣教模式教给他的同事们，并把它们散发出去作为布道词的第一个集成。

总体而言，宣教是为教历年内之各不同节日量身定做的。但是布道首先是用于解决基督教徒所讨论的当前问题。布道的基本目标是使人们从唯物资需要的日常生活中解脱出来。人们得考虑来世和永生的问题，而不能心无旁骛地生活。大格列高利要求有欢呼的内容，目的是要向那些于窘困的生活环境中疲于奔命的人们心中输入新的希望。此外，布道本身是要鼓励听众们采纳积极的基督教徒的生活，其核心即是具备相应的美德、社会关系和对教会的支持。保持星期日作为休息日的必要性也影响着会众；首先相关的是停止农业劳动，对于犹太教过于刻板的安息日也是直接的抵制。在传教区，对于星期日作为休息日的尊重被认为是基督教的标志，因为原来是将星期四——朱庇特日（the day of Jupiter）——作为休息日的。

洗礼，作为最初进入基督教会的仪式，于是也予以大量关注。因此在6世纪的高卢，越来越多的婴儿和幼童被洗礼，通常是在堂区（最基层的教区。——译者）的教堂内。然而，我们对于洗礼活动的了解，原来仅基于阿尔勒的恺撒里乌斯的记载。原来的洗礼日是定于在复活节前夜，后来，则在圣诞节或一些知名的圣徒日。在婴儿洗礼方面，通常在斋戒时期进行的为洗礼所做的长期准备工作被缩短了。首先，婴儿们被施敷油礼（competentes，按手礼并在其前额上涂油）。此后，在罗马，对家长进行的"考核"（scrutinia）紧随其后。对于（成人）受洗者，则要对其生活方式和信仰进行严格考核。再早一些，在阿非利加和高卢，则表演驱魔仪式（exorcism，意即把附着于人体内的魔鬼驱赶出来。——译者）孩子的教父母需要教给受洗的儿童极少量的一点宗教知识（信条、主祷文等）。在教仪年（教会将每天应行教仪按日历编排，形成"教历"，按"教历"组织每天的宗教活动。——译者）的其他时间内，缩短为洗礼做准备的时间或者要求直接接受洗礼也是不被拒绝的。洗礼之后就是"封印"仪式（consignatio），以十字架划出印记。在庆祝了驱魔的成功之后，需要有坚振信仰的声明。在高卢，声明之后是为新受洗者濯洗其足部。西班牙之洗礼的不同特点是确定了学习信经的严格日程。在棕枝主日（Palm Sunday）的仪式上颂读信经，然后在濯足节（Maundy Thursday，复活节前的星期四，纪念耶稣为他的门徒们洗脚。——译者）复述之。与高卢不同的是，在西班牙，洗礼是针对成人的。

一般地，忏悔与告解仪式是主教的事；只是在罗马，忏悔与告解才是神父的责任之一。在濯足节，表示悔罪之人将再度被基督教社团所接受。悔罪仪式的开始是行按手礼，并向人们展示他们穿过的表示悔罪的粗山羊毛披毡（Cilicium）。悔罪者必须穿着特别的衣服，并把他们的头发卷起来。悔罪者得脱离公众生活，并且，他们得保证他们在整个悔罪过程中实行斋戒并狂热地祈祷，做许多表示悔过的善事，并为教会做最基本的服务，如清洁教堂等。赎罪活动的一个延续性的后果是需要在婚姻生活中保持禁欲，并被逐出神职人员的队伍。在这类事务上的严格规定使得赎罪活动出现了问题，特别是行过临终忏悔而又康复了的人们仍然得面对这样的后果。诸如维埃纳大主教阿维图斯（Avitus of Vienne）或鲁斯普主教富尔根蒂乌斯（Fulgentius of Ruspe）这样德高望重的主教也只能想一些应急性的解决办法，如简化赎罪行为对死者的影响，而使他们的配偶承诺将代之赎罪。在7世纪的西班牙，无数的悔罪者采取集体自杀的形式，使自己摆脱悔罪的精神负担。这种困境是无法逃脱的。因此，赎罪的概念不仅退化为一种荒诞不经的行为，而且很清楚的是，公开悔罪现象之衰落成为不可避免的事。在私下里进行个人忏悔的时机已经成熟。这特别被爱尔兰的修士们所促成，尽管它是在欧洲大陆开始的。到6世纪末，一位忏悔过的神职人员之恢复神职已经成为可能。他得在一所修道院内经历一个时期的赎罪活动，并放弃圣体血仪式。在一定程度上说，这是公开的行为，但并不阻止他恢复神职。阿尔勒的恺撒里乌斯也鼓励一种形式的私人忏悔，即采取自我惩戒的方式并考察一个人的良心。在570年，维埃纳的菲利普主教（Bishop Philip of Vienne）指定神父塞乌达里乌斯（Theudarius）作为整个主教区的忏悔神父。许多人求助于他，私下里忏悔他们的过错。这一方式打开了私下实行忏悔之门。大格列高利承认，人们所知的犯罪者的祈祷是寻求救赎的一种手段，因此，在7世纪时，赎罪行为不再以公开惩戒的方式进行。

病危者的临终涂油式的实施也被证实出现于7世纪时。在西班牙，用于该仪式的圣油是在科斯玛斯与达米安节（Cosmas and Damian，9月27日）加以祝圣的。在涂油时，对于身体和灵魂的祈祷，是同耶稣之受难相联系的。在高卢，俗人也使用圣油在世俗意义上医治病人，或者用于驱魔，甚至阿尔勒的恺撒里乌斯也鼓励这么做。但是，对于病者而言，如果他去教堂参与会众的仪式并接受涂油礼会更好。

修道主义

5世纪，当修道院在帝国东方的数量已经大批量增加之时，西方刚刚看到其修道主义的开端。作为受到高度敬仰的思想，其特别的价

704　值在蛮族迁徙的时期得到了强化。但是，如果说，修道主义在东方远不是一种体制而只是一次运动，从体制的角度看，它在西方已经变得很强大了。这将成为拉丁修士典型的务实的生活方式，他们不是盲目地抄袭东方的方式，而是根据实际情况进行调整。这在早期修道规则〔那些卡西安的约翰（John Cassian）和马卡利乌斯（Macarius）所制定的规则，以及《四教父之规则》（Regula Quattuor Patrum）〕中已经很明显了。在高卢南方成为早期西方修道主义的中心之时，已经集合了一些修道院院长，他们就修道院内部结构达成了共识。

　　修道主义成为西方宗教生活中非常重要的因素，但直到6世纪时，才出现了重要的西方修道规章。现在，它的发展触动到主教们的利益。他们想使修道主义处于他们的司法管辖权力之下，因此有权补充卡尔西顿会议的规则。[42] 而在意大利，人们可以看到事实上主教对于修道主义的影响力是多么不同。在受到拜占庭影响的南方，主教对于修道士负有教区关怀的责任，而在高卢—伦巴第地区，修道院是更为独立的。首先，大格列高利将修道院置于主教的普遍监管之下，在西班牙和高卢早已如此了。这种权力之主要聚焦点是在修道院院长之选举和认可方面实施其影响，同时控制修道院财产。但是，在7世纪时，这一体系开始松动：在爱尔兰的影响下，修道院与主教间的联系是通过特权和豁免权而提升的。

　　在意大利，东方模式占主导地位。[43] 埃及的隐修士模式，通过将希腊文本《长者言录》（Apophthegmata Patrum，拉丁文称 Verba Seniorum）的译本传入意大利而在6世纪得以保持。在集体住院型（coenobitic）修道院内，如同在公元500年的《东方修道规章》（Regula Orientalis）中所示，情况是相同的。法尔法（Farfa，约创立于公元500年）修道院的创建者劳伦蒂乌斯（Laurentius）是来自叙利亚的。[44] 与此同时，汪达尔王国的避难者们将阿非利加影响带入南部意大利，在这里，一个修道士的团体也于卢库勒斯城堡（Castellum Lucullanum）的圣塞弗里努斯的墓穴所在地建立。

　　在此修道主义的背景之下，我们看到了两个有决定意义的修道规

---

[42]　Baus, in Jedin (1975), p. 267.
[43]　Jenal (1995), pp. 131 – 141.
[44]　Penco (1959), pp. 22 – 23.

则，即所谓的《上师规章》（*Regula Magistri*）和《本尼狄克规章》（*Regula Benedicti*）。[45] 在这两部书中存在很强的正式联系。现在，人们相信，匿名者所写的、基本上是内容更为广泛的《上师规章》是比较早期的作品（大约成书于公元 500 年到 530 年之间）。它基于不太发达的住院式集体修道主义，并使用了更多的伪经文献。它可能是在罗马写成的：尤吉皮厄斯（Eugippius，死于 530 年）知道此书，而且似乎本尼狄克也知道此书。但是，对于本尼狄克的规章来说，它吸纳了更广泛的修道主义的作品，如《圣徒传》（*Vitae Patrum*），巴西尔与帕科米乌斯（Basil and Pachomius）拟定的教规，以及奥古斯丁的《修道的历史》（*Historia Monachorum*），此书融合进了他以自己的具体实践为基础创建一种修道模式的体验。在他的教规之背后最基本的思想是，当修道士们对所有事物表达其看法时必须凝思冥索于基督身上。该作品的撰写非常严谨，它将在其后的时代有广泛的传播。

在 6 世纪下半期，卡西奥多试图把教士打造成知识精英，这在当时是非常不平凡的。在他的卡拉布里亚的维瓦利乌姆（Vivarium）修道院中，他创建了一种学习的程序，此程序比通常所用的《圣功课》（*lectio divina*）前进了一大步。在他的教规中，他指导下的修道士在其学术活动中拥有一座藏有《圣经》和世俗作品的图书馆以及一间缮写室。在卡西奥多于 583 年死后，这一学术活动衰落了，但他对学习重要性的强调将成为中世纪修道主义传统中一直存续的特点。[46]

在奥古斯丁的庇护下，阿非利加的修道院于 5 世纪早期很繁荣。然而，汪达尔人的入侵迅速导致修道传统的衰落。许多修士和修女转而皈依了阿利乌斯派。修道规则的传统仍在延续，但问题在于，奥古斯丁基本的原则是否还被涵盖于其中。在 534 年之后，阿非利加成为反对查士丁尼一世之宗教政策的避难地。在 7 世纪时，阿非利加也有拜占庭式的修道院。这种修道主义的重要代表人物是忏悔者马克西莫斯（Maximos the Confessor，于 662 年去世），在 645 年于迦太基发生

705

---

[45] Jaspert（1971）提供了研究的参考书目。

[46] 这方面的论断近期遭到了质疑。卡西奥多可能只向古典作品中寻求有助于更深入理解《圣经》的东西。修道主义的"知识性"远不是他所意识到的。维瓦利乌姆修道院因此也只是他所理解的"早期修道主义"的诸多形式之一。因此，维瓦利乌姆修道院只是"早期修道院的诸多形式之一"，见 Jenal（1995），pp. 660–661。但这并不能改变这样的事实，即卡西奥多推动了他的修士们进入文化活动之中，而且，他并不喜欢静思和粗重的体力劳动。关于这方面进一步的阐释，见后文 Fontaine，第 27 章。

的宗教争论中，他是一意教派理念的勇敢反击者。所有这些随着阿拉伯人入侵北非而结束。

　　在西班牙，隐修主义的传统于 6 世纪时仍然于加莱西亚（Galicia）、阿斯图里亚（Asturia）和巴列阿利群岛（Balearics）占主导地位。[47] 从这一世纪的中期起，更多的修道院开始建立起来。布拉加的马丁（Martin of Braga）首创了杜米欧（Dumio）修道院，该修道院的法规显示了埃及的影响。570 年，在阿非利加的多纳图斯派避难者在众多迁徙至此的修士们的帮助下奠基了塞尔维坦姆（Servitanum）修道院。除此之外，也存在利安德（Leander）和塞维利亚的伊西多尔（Isidore of Seville）兄弟在理论和实践上的影响，他们是《守贞与弃世之规则》（*De Institutione Virginum et Contemptu Mundi*），及《修道规则》（*Regula Monachorum*）的作者。7 世纪的每一位伟大的宗教领袖［比克拉罗的约翰（John of Biclaro）、萨拉戈萨（Saragossa）的布罗里奥（Braulio）和布拉加的弗鲁克图索斯（Fructuosus）］都与住院式集体修道方式有着强有力的支持关系。不同系列的修道规则已经缺失了一部分，但它们的内容是可以加以删减的，反映了西哥特修道系统在精神上的开放性。对于写作知识的理解，包括世俗的文学是受到鼓励的，手稿的产出是一项重要的活动。[48] 修道院的思想来自奥古斯丁、杰罗姆（Jerome）和约翰·卡西安（John Cassian）。修道院所坚持的宗教理念是相当保守的。这里特别值得赞许的是古代晚期的《修道章程和约》（*Pactum of the Regula Monachorum*）（第 22 章），其中规定，每一位新的修士都得宣布，他的决定是完全自愿的，他的责任是实践修道的法规。

　　在爱尔兰，修道主义是早期中世纪一个最具影响力的宗教现象，尽管它发展的详细情况我们并不知晓。[49] 在任何其他的西方教会，也没有发生过修道主义的这种转变。在这里，我们可以承认是 6 世纪的伟大修道院院长，如菲尼安（Finian）、康麦格（Comgall）、不雷丹（Brendan）和克伦西尔［Columcille，即科伦巴（Columba）］等人的贡献。这些人所建立的修道院成为爱尔兰基督教会的核心。他们建于

　　[47]　DíazyDíaz（1970），pp. 49 – 62；Linage Conde（1973），pp. 244 – 250.

　　[48]　Riché（1962），pp. 342 – 350. Orlandis（1991）.

　　[49]　Hughes（1966），passim；Mayr-Harting（1977），pp. 78 – 85. 另见 Stancliffe，前文第 15 章。

科罗纳德（Clonard）、班格尔（Bangor）、克朗麦克诺伊斯（Clonm-
acnoise）、克兰弗特（Clonfert）、利斯莫尔（Lismore）、莫维尔
（Moville）和基尔代尔（Kildare）的修道院都受到王公和国王们的支
持。一所修道院包括有一群独立建筑的集合体，被围墙所包围。与外
部世界的联系由创立了这个大家庭的修道院院长作为代理者。这些修
道院中之每一座，迅速发展为一个修道院社区（paruchia），即成为
一个牧区关怀的中心，它对大主教区的结构造成了干扰。大主教领于
是必须适应修道院的结构模式，而且事实上成为它的附属机构。修道
院院长成为这个群的领袖，其中一位修道士成为主教。这种司法和行
政管理上的分割有悖于传统基督教的秩序，而且保持着在欧洲大陆被
视为异常的爱尔兰修道传统之特殊性。

　　有着数所修道院的大型修道院处于广泛发展的修道院社区之中
心，其在教会内部的等级相类于都主教省。基尔代尔修道院成为伦斯
特（Leinster）诸城的都主教领，阿尔马（Armagh）修道院成为阿尔
斯特（Ulster）的都主教领，而修道院院长成为大主教。由于强有力
的家庭纽带，建立修女院是很困难的，因家庭经常会迫使女性嫁人。
于是男女共处的修道院得到了发展，在这种模式下，修道士们承担沉
重的体力劳动，并例行圣礼。[50] 在爱尔兰式的修道院中，修道法规并
没有占据主要的角色。它基本奠基于约翰·卡西安（John Cassian）
的传统之上，该传统极其强调灵修—禁欲的规则。更重要的是关注生 707
活榜样的影响。男孩子们与年长一些的修士共居一室；他们同时起
床，同样守夜并一同唱歌。"以这种方式，孩子们被引入精神生
活。"[51] 圣功课（lectio divina）事实上避开了异教的古典学作品，但
修士们学习解经、语法和计算（推算年代学的时序）的基本知识。

　　英格兰教会的早期历史也受到修道主义的广泛影响。[52] 爱尔兰的
影响随着基督教的诺森伯利亚在政治上的统治地位而在此地占主导地
位。克伦西尔（科伦巴）曾经在皮克特人（Picts）当中传教，后来
在艾奥纳（Iona）建立他的第二所修道院而成为北英格兰的修道主义
之父。按照艾奥纳的模式，他又在北海的岛屿林迪斯法内（Lindis-

[50] Ewig in Jedin（1975），pp. 100 - 102；Angenendt（1990），pp. 205 - 208.
[51] 51Mayr-Harting（1977），pp. 159 - 160.
[52] 见 Thacker，前文第 17 章。

farne）建立了一所修道院，它成为非常典型的爱尔兰模式的修道院主教领。

　　7世纪中期，在法兰西亚和罗马的影响下，一种独立的盎格鲁—撒克逊修道传统开始发展，这种传统与约克的威尔弗利德（Wilfrid）与本尼狄克·比斯科普（Benedict Biscop）有特殊的关联。在664年的惠特比教省会议上（Synod of Whitby），威尔弗利德克服了爱尔兰修道院的至高地位。在里旁（Ripon）和赫克萨姆（Hexham）的修道院与约克的都主教领一道取代了林迪斯法内的修道院成为罗马派教仪的中心。林迪斯法内成为罗马式的修道院。著名的修道士卡斯伯特（Cuthbert，死于687年）的生平传记证明了，这一变化并没有影响到基督教的本质，或者更确切地说，没有影响到修道院的本质，这位卡斯伯特在梅尔罗斯（Melrose）和里旁的修道院里过着爱尔兰式的修道生活，后来转而归于罗马派修道运动，但并没有改变他的行为方式和生活态度。与此同时，坎特伯雷（Canterbury）的学校由于阿非利加的修道院院长哈德良和塔尔苏斯的狄奥多勒的作用得到了复兴，后者曾受教宗派遣来到英格兰任大主教。无论如何，这一时期在英格兰修道院传统中最重要的角色是本尼狄克·比斯科普。此人曾经在莱兰（Lérins）受教育，也曾6次游历罗马，在674年，他建立了芒克韦尔茅斯（Monkwearmouth）的修道院和贾罗（Jarrow）修道院，这两所修道院后来形成连锁性的修道社团。修道院的创建者在访问了许多大陆修道院后，起草了一份修道院院规。他所建立的图书馆是当时最著名的，在这里，无数来自意大利的文献珍藏找到了它们的归宿。这样一个场所为修道院文化所提供的可能性可以在比德的杰出著作中见到。另外一个在7世纪出现的英格兰修道院学派之转折的典型事例可见于修士出身的主教阿尔德海姆（Aldhelm，逝于709年）的作品，他是在南方工作的。英格兰修道院比爱尔兰修道院更突出地成为教育场所，这是由于，与爱尔兰修道院不同的是，英格兰修道院并没有与牧区关怀建立密切联系。无论如何，近期的研究确定，它们并未完全摆脱这一责任。较小的修道团体能够更容易地承担教区关怀的责任，因为他们几乎完全没有涉及文化活动。㊳

　　㊳　Blair（1995），pp. 193 – 212；Cambridge and Rollason（1995），pp. 87 – 104.

在盎格鲁—撒克逊，男女同修的修道院有了特别的发展，这类修道院多数由女修道院院长主持。[54] 纯粹的女修道院似乎并不存在。女修道院院长决定修会的规则，修道院的纪律、祈祷和工作，而且主持事实上的祝圣与忏悔仪式。这样组织起来的修道院中，男女修行者可以生活在一个共同的修道团体中，或者他们可以分成两个各自独立的男修院及女修院。温布尔内（Wimbourne）的女修道院院长泰塔（Tetta）"通过一扇窗户向修士们发布指令"[55]，并且从来不允许任何男人——不管是修士还是俗人（有一次，甚至拒绝了一位主教）——进入她的房门。行这种模式的最著名的修道院是惠特比［Whitby，斯特里内沙克地方的（Streaneshalch）］修道院，创立者是希尔德（Hild，死于 680 年），她是诺森伯利亚国王埃德温家族的后裔，也与肯特王室有血缘联系。

高卢早期的修道主义之发展的主要地区是罗讷河（Rhône）流域和阿基坦。[56] 莱兰的岛屿修道院在 6 世纪仍然享有声望，因为阿尔勒的恺撒里乌斯曾经是这里的学生和赞助者，通过他所制定的对于修士和修女的院规，对于极远的北方有着重要的影响。法兰克的两位王后拉德贡德（Radegund）和布鲁内希尔德（Brunehild）在普瓦蒂埃（Poitiers）和欧坦（Autun）建立的修道院中就使用了恺撒里乌斯所制定的规则。在他的修道院规中，恺撒里乌斯将莱兰的传统与他所极为推崇的奥古斯丁的原则相结合。除了恺撒里乌斯这些规则之外，其他修道院规也被使用于 6 世纪和 7 世纪，如《塔尔纳腾西斯教规》（*Regula Tarnatensis*）和《费雷奥里维奇教规》（*Regula Fereoliwhich*）都部分地融进了本尼狄克和科伦巴学派的规则。［如在《贝桑孔的多纳图规章》（*Rule of Donatus of Besancon*）中所见］。在高卢的中部和西部，马丁派的传统一直很强势。这是具有隐修士特点的规则，刻意抵制具有"地方固定风格"（*stabilitasloci*）的规章。那里有许多随意建立的修道地点，但都迅速地衰落了。在整个 6 世纪，人们缺乏训练能力和组织能力，甚至这里的大宗教会议也在寻求帮助。在法兰克的影响下，修道院被更多地视为"职业的祈祷团体"，这些修道院在许

---

[54]　Hilpisch（1928），passim；Prinz（1988），pp. 658 – 683.

[55]　Mayr-Harting（1977），pp. 151 – 152.

[56]　Prinz（1988），pp. 19 – 117. 关于克洛维受洗前的局面，亦见 Biarne（1997），pp. 115 – 126。

多情况下被其奠基者视为进行家族性纪念活动的场所。[57]

  修道主义进一步发展的决定性因素是于 590 年在法兰西亚出现了爱尔兰派的科伦巴（死于 615 年）及他的 12 个门徒。[58] 他与一所严格的为寻求精神的福祉而工作的住院式集体修道院相关。这种关联性使得他成为法兰西亚教会的一部分，但是，从另一方面看，他仍然驻留于爱尔兰的修道传统之内。他为自己在勃艮第建立的几所修道院［昂内格雷（Annegray）、吕克瑟伊（Luxeuil）和方丹（Fontaine）］写了两套修道法规：《修道法规》（*Regula Monachorum*）（确定了修道禁欲生活的基本原则）和《住院式集体修道法规》（*Regula Coenobialis*）（确定了在修道生活中犯禁条的惩戒制度，是以记事本的形式）。这两部书都反映了他在爱尔兰的母修道院班戈（Bangor）所使用的理论与实践。通过在禁欲主义和社会影响之间相当偶然的联系，科伦巴在一个相当实用的高卢基督教会中引入了一种新的宗教观念。科伦巴的修道主义在整个法兰西亚，而且毫无疑问在 7 世纪欧洲有着相当的重要性。世俗贵族以勃艮第吕克瑟伊修道院为榜样建立了许多修道院。一个新的因素是这些修道院不再服从大主教的控制。许多来自科伦巴学派的主教给予他们自己建立的修道院以"极大的自由"。由于这种自由，主教失去了修改修道院规章的权力，失去了指定修道院院长和授圣职的权力。但是，无论是修道制度的无序还是教阶结构的变化都不能与当年在爱尔兰的情景相比；被授予特权的修道院更成为教宗的附属物。在科伦巴修道主义传统中的这一特别之处在伦巴第王国受到了尊崇，这可从博比奥（Bobbio）修道院所获得的特权中看到，而且它的影响扩及拜占庭统治下的意大利。

徐家玲 译校

---

[57] Wallace-Hadrill (1983), pp. 60–61.

[58] Riché and Prinz in Clarke and Brennan (1981), pp. 59–87；Wallace-Hadrill (1983), pp. 63–74；Prinz (1988), pp. 121–151.

第二十六章

基督教化和基督教思想的传播

严·伍德（Ian Wood）

西部罗马帝国衰落之后的 3 个世纪，在许多方面来看，也是西欧兴起的开端。在宗教方面尤其如此。到了 5 世纪早期，罗马帝国在理论上讲已经是基督教的帝国。但这并不否认在其疆域内存在着异教徒：当时有许多异教徒处于社会不同阶层。在上层阶级中，还存在着异教知识分子，也有许多平民异教徒——特别是在农村的下层阶级中间，生活在城市中的异教徒也很多，包括罗马城本身——那里继续行那些被教会谴责为偶像崇拜的仪式。无论如何，自 4 世纪以降，基督教就是皇帝和国家的宗教，教会也较完善地建立起来。当时基督教会有许多崇拜中心，特别是在城镇中；它被赠予庞大的地产并拥有相当数量的收入，它也有一个等级分明的教职人员系统。它的上层教士们在许多宗教会议上订立法规，规定基督教徒的行为方式，他们在帝国内部属于最有影响力的人物。

蛮族的入侵虽然颠覆但并没有摧毁这种现状。在一些边缘地区，教会受到了相当程度的迫害。在不列颠，自撒克逊人入侵之后，残存的教会势力主要被局限于其西部地区，尽管在较为偏东的地区也有基督教社团存在，它们幸存下来的事实主要可从一些地名中得知，但是也能从中看到类似异教崇拜的残存现象，在阿尔班（Alban）和西克斯图斯（Sixtus）的异教。① 在日耳曼尼亚（Germania）和贝尔吉卡（Belgica）等行省，一些主教区面临着相当程度的衰落：有一两处地

---

① Wood（2000）.

方，主教的任命不再持续，一些基督教会的组织也因此衰落下来，直到一两个世纪之后，在人们热切恢复教区管理的时期，才重新恢复起来。无论如何，就大多数情况而言，教会还是生存下来了，但失去了一些建筑和产业。的确，教会和教职人士在构筑后罗马世界的过程中充当了重要角色，他们协助其教众与蛮族入侵者达成和约，保存了帝国的行政统治和文化传统并使之在所谓的后继国家内传续下去。

　　尽管后罗马时期见证了在那些于帝国时期仍然保持其异教传统，或者是在蛮族定居时又回退到异教传统中的农村社会基督教的传播，但正是那些新近进入原属于帝国领土上的人们，在罗马衰亡后的那些世纪经历了基督教化的过程。这并不是说，在中世纪的早期阶段，基督教不曾在那些尚未进入原帝国领土上的蛮族民众中间传播。事实上，基督教在蛮族民众当中传播的历史在蛮族人群迁入帝国境内之前很久就开始了。最为重要的事实是，居住在多瑙河北岸的泰尔韦（Tervingi）部族，即多数历史学家所称谓的西哥特人中间，已经存在基督教社团。[2] 很有可能的是，基督教是通过这一部族于 3 世纪 50 年代对卡帕多西亚（Cappadocia）入侵后掠夺的战俘而传入的。约在340 年，一伙哥特基督徒来到了君士坦丁堡。在这里，这伙哥特人中的一个叫乌尔菲拉（Ulfila）的，被当时最有政治影响的神父——尼科米底的尤西比乌斯按立为主教。这一任命的一个结果是，乌尔菲拉与传统上被标识为“阿利乌斯派”的基督教社团为伍，该社团的正确名称应该是霍姆恩（*Homoean*）派［来自希腊语，意为“子类父”，即圣子与圣父本质相类，或可译为“圣父—子相类论”（类同质）而非如尼西亚派正统信条那样，强调“子与父同质”。——译者］，尤西比乌斯和当时的皇帝君士坦提乌斯二世（Constantius Ⅱ）都倾向于这一派别。这一派别反对基督教正统信条中所强调的，基督的三位一体（Christian Trinity）之三个位格共有“一个本质”，乌尔菲拉的追随者们强调圣父、圣子和圣灵之间的差别。乌尔菲拉后来回到了他所出生的土地上，在那里，他工作了 7 年，直到对基督徒的大迫害将他驱赶到帝国内部避难，可能是在 347 年或 348 年。除了作为主教在哥特人中间工作之外，他开始将《圣经》译为哥特文字，只

---

②　Heather and Matthews（1991）.

是没有翻译特别好战的《列王记》。他很可能在回到巴尔干地区之后与其他人一直在做这项工作。与此同时，尽管经历了 4 世纪 40 年代的迫害和 369—370 年的另一次迫害，基督教在泰尔韦部族首领阿塔纳里克支持下得以存续。

在 376 年，即在第二次迫害之后的第 6 年，外部环境的变化突然改变了基督教在哥特社会中的地位。作为匈奴人（Hunnic）攻击的结果，一伙泰尔韦人在弗里蒂格恩（Fritigern）率领下，向皇帝瓦伦斯（Valens）请求在帝国内部寻找庇护地。很可能当时向他们提出的一个条件就是接受基督教的霍姆恩（即"类同质"）派，或者如对它的诽谤者所言，即"阿利乌斯派"基督教。[3] 乌尔菲拉自己可能参与了这一谈判，但无论如何，皇帝瓦伦斯如他之前的康斯坦提乌斯二世一样，接受了霍姆恩派教义。弗里蒂格恩和他的随从们接受的这一派基督教是与后来确定为正统的基督教义相对立的，这是一件极其重大的事件，因为西哥特人似乎通过自己的基督教信条选择影响了其他蛮族民众。

西哥特人于 376 年进入罗马帝国，并且于 378 年打败瓦伦斯的军队，标志着一个蛮族入侵和定居的世纪之开始。406 年，汪达尔人、阿兰人和苏维汇人越过了莱茵河。到 411 年时，勃艮第人（Burgundians）在贡提阿利乌斯（Guntiarius）的率领下活跃于高卢地区。随后的 10 年内，西哥特人进入了西班牙。在这个世纪的后半期，东哥特人迁入了巴尔干半岛，然后于 489 年，在狄奥多里克大王的领导下进入了意大利。80 年之后，伦巴第人，即最后一支强大的日耳曼部族，将继他们之后进入曾经的帝国领土。所有这些民众后来都被贴上了"阿利乌斯"派的标签。此外，历史学家们，无论是古代的还是当代的，都认为他们所信奉的阿利乌斯派信仰来自西哥特人的影响。乔代尼兹（Jordanes）宣称东哥特人和格庇德人（Gepids）是从他们的邻居西哥特人那里接受基督教的。[4] 此外，特里尔的尼塞提乌斯（Nicetius of Trier）似乎是在哥特人的影响下与伦巴第的阿利乌斯派发生联系的。[5] 另一方面，不甚清楚的是，究竟是哪些人对于汪达尔人之皈

712

---

③　Heather (1986).
④　Heather (1986). Jordanes, *De Origine Actibusque Getarum*, 133.
⑤　*Epistulae Austrasicae* 8, 11 – 14.

依基督教产生了影响；⑥ 事实上，即使在那个时代，人们也注意到影响汪达尔人的并非西哥特人。叙达提乌斯（Hydatius）确信加拉提亚（Galatian）的主教阿贾克斯（Ajax）是向苏维汇人地区传播阿利乌斯教的传教者。⑦ 事实上，这些民众之接受阿利乌斯派基督教的路径是大相径庭的，把它们都直接归因于西哥特人的影响是很危险的。

　　而且，过分强调阿利乌斯派基督教在这些民众中的影响则更为危险。在 417 年，或者在大约这一时期写作的奥罗修斯（Orosius）认为，勃艮第人是皈依了大公教会的罗马派神父的。在认为勃艮第人是大公教会信徒这一看法上，至少在 5 世纪的前半期，奥罗修斯得到了希腊历史学者索克拉特斯（Socrates）的支持。⑧ 相反，在 6 世纪后期，图尔的格列高利认为基督教的勃艮第人在 516 年之前曾经是阿利乌斯派教徒。⑨ 自然，勃艮第人的国王贡多巴德（Gundobad）和他手下的一些人在 5 世纪最后几十年和 6 世纪前 15 年是阿利乌斯派基督徒。与此同时，重要的是吉比重恩家族（Gibichung）及他们的勃艮第人支持者中有许多大公教会的信徒。事实上，他们可能接受了奥罗修斯的意见，即勃艮第人先是皈依了大公教派，贡多巴德视为勃艮第人中间唯一的阿利乌斯派统治者。他的宗教立场可能受到了他的阿利乌斯派导师和他的姻亲里西默（Ricimer）的影响。

　　恰如格列高利所认同的，勃艮第人属于阿利乌斯派，这一结论是被误导的，同样，他所坚持的、法兰克人是直接由异教转为大公教会基督徒的这一结论也是错误的。法兰克人在 3 世纪时最早出现在我们的史料中，在那个时期，他们已经定居于下多瑙河地区成为罗马人的直接邻居。在 4 世纪时，作为一个族群，法兰克人给帝国带来了不断的（可能是并不严重的）威胁；与此同时，个别法兰克人也成为帝国军队中的忠实士兵。当 406 年，罗马前线被突破之时，法兰克人并没有出现在入侵者之中。他们进入当年罗马领土的进程是缓慢的，且非冒险性的。然而，在他们的国王克洛维（Clovis，481—511 年在位）统领下，他们建立了一个王国，统治着莱茵河流域到布列塔尼

---

⑥　Courtois（1955），p. 36，提到了两种可能性；Thompson（1982），p. 157，仅仅鉴别了一个时间问题。

⑦　Hydatius, Chronicle, 228, s. a. 465 – 466.

⑧　Wood（1990），pp. 58 – 61.

⑨　Gregory, *Hist.* ii. 9.

之间的土地，并迅速扩展到南部进入阿基坦，后来进入勃艮第和普罗旺斯（Provence）。还是克洛维领导了他的民众皈依了基督教。根据格列高利的记载，国王的勃艮第人妻子克洛希尔德（Chlothild）曾经试图使克洛维皈依，然而没有成功。但是战争中的危机使他开始呼唤他妻子的神，并于此后与兰斯（Rheims）主教探讨了基督教的问题，在取得了自己统治下的民众之认可之后，皈依了大公教会。其皈依日期，按照格列高利的说法，是在 496 年。[10]

格列高利强调克洛希尔德所起到的作用，并提到战争时期克洛维的皈依，可能有其合理性。而在另一些方面，格列高利显然是错误的或者是误导的。对于克洛维之决定皈依基督教的更可以接受的时间是 507 年，是在一场与信奉阿利乌斯派的西哥特人相对抗的战斗中，当时，他很可能是在寻求高卢和大公教会中之教士和拜占庭皇帝对他的支持，他很可能认为拜占庭皇帝——事实上，他的想法是错误的——是正统教会的皇帝。他的洗礼可能发生在一年之后。[11] 然而，比皈依的准确日期更重要的是，法兰克人的领袖并没有直接从异教转向大公派教会。尽管克洛维从其统治开始时[12]，就曾经接受了大公教派的主教们之建议，在他接受洗礼时所写的一封信非常清楚地说明，他曾经长期受到异端派基督教的影响，[13] 而且，首要的例证就是，他的妹妹伦特伊尔迪斯（Lenteildis）据说曾经皈依了阿利乌斯派基督教。[14] 显然，阿利乌斯派曾经在法兰克的宫廷中颇有影响，但法兰克人作为一支在转而皈依大公教派前没有被异端所污染的部族这一典型形象的出现，实际上仅仅是 6 世纪的宣传。

714

在基督教化过程中，勃艮第人和法兰克人并不是仅有的在选择阿利乌斯派还是大公教派之间犹豫不定的部族。同样的情况发生在西班牙的苏维汇人当中，他们在 5 世纪时由大公教派转向阿利乌斯派，可能是在他们的西哥特邻居的压力之下。[15] 伦巴第人则比任何其他民众

---

[10]　Gregory, *Hist.* ii. 29 – 31.
[11]　Shanzer (1998).
[12]　Epistulae Austrasicae 2; Wallace-Hadrill (1962), pp. 166 – 167.
[13]　Avitus of Vienne, *Epistola* 46; Shanzer (1998), pp. 31 – 37.
[14]　Gregory, *Hist.* ii. 31.
[15]　关于苏维汇人之皈依基督教，见 Thompson (1982), pp. 196 – 197, 203 – 206；亦见 Barbero 和 Loring，前文第 7 章。

都更为频繁和长期地改变他们的教义信条立场。[16] 他们在 548 年宣称自己是大公教派信徒，[17] 但在 20 年之后，他们无疑是阿利乌斯派信徒。尽管阿利乌斯派信徒的国王阿吉卢尔夫（Agilulf，590—616 年在位）确实有一个信奉大公教派的妻子和儿子阿达劳尔德（Adaloald，616—626 年在位），但为了取悦于阿利乌斯派的阿利奥阿德（Ar-ioald，626—636 年在位），他废除了阿达劳尔德的继承权。这类变化存在于 7 世纪大部分时间里。在宫廷里，阿利乌斯派和大公教派似乎并没有表现出这两派坚定分子之间的敌意，除了阿达劳尔德之被废之外。根据大公教派的助祭保罗的记载，施洗者约翰（John the Baptist，此处应该是神迹奇事之类的描写，施洗者约翰显然不是这个时代的人物。——译者）曾警告一个盗窃罗萨里（Rothari，636—652 年在位）之墓穴的贼，尽管这位国王曾经是阿利乌斯派信徒。[18] 伦巴第人的教义选择可能更是受到了政治因素的影响而非宗教的认定，特别在涉及与罗马的关系上和面对拜占庭在意大利制造的种种威胁之时。

　　到了 6 世纪末，这些定居于罗马帝国土地上的蛮族群体的大部分都已经接受了基督教：当然，大多数已经成为大公教派信徒。甚至西哥特人也于 589 年放弃了阿利乌斯派基督教。[19] 一些仍然居住于原罗马帝国边疆地区的或者远离其边疆地区的部族也被基督教化了。多瑙河北岸奥地利瓦尔德威特尔（Waldviertel）的鲁吉（Rugi）部落在 5 世纪末之前显然属于阿利乌斯派。[20] 再向北，图林根（Thuringian）的王室家族早在墨洛温王朝时期可能就已经成为大公教派信徒。虽然人们并没听说图林根公主拉德贡德（Radegund）何时从异教或阿利乌斯教派转向大公教会，但她后来创建了一座修道院，并且成为法兰克王国的一位圣者。[21] 基督教，甚至是大公教派基督教，因此可能在法兰克人于 531 年征服了图林根人之时已经越过了莱茵河。

　　还有一支部族，他们在进入帝国原有领土之前后并没有接受基督教，此即盎格鲁—撒克逊人。无论如何，到 6 世纪 90 年代，肯特王

⑯　Christie（1995），pp. 183 – 190.
⑰　Procopius, *Wars* vii. 34. 24.
⑱　Paul the Deacon, *HL* iv. 47.
⑲　Collins（1983），pp. 53 – 58.
⑳　Eugippius, *Vita Severini* v. 1.
㉑　For her Vitae, ed. B. Krusch, MGH SRMii（Hanover, 1888）.

国有些人试图在其近邻的基督教人群中寻找传道者。对于宗教帮助的请求似乎已经既不能从不列颠也不能从法兰克人那里得到回应，但是，肯特人寻求传道者的消息被大格列高利获悉。[22] 在此欲使肯特人基督教化的地方愿望之背后是什么人在起作用，并无相关记载，但是人们可以猜想埃特博希特（Æthelberht）国王宫廷的成员可能涉及其中，埃特博希特可能是在 590 年之后才登上王位的。在他父亲统治时期，埃特博希特迎娶了一位基督教徒的法兰克人公主贝尔塔（Bertha），而她带来了一些基督教徒随从人员，其中就有一位主教柳德哈德（Liudhard）。[23] 很有可能的是，这位王后和她的家族对于埃特博希特和他的宫廷有些影响，尽管比德并没有谈到这些，然而格列高利的一封信却说明了，贝尔塔在促成人们接受基督教信仰方面本可以做得更多。[24] 也有可能，埃特博希特在任何派别的基督教传教者进入他的国家之前已经皈依了他的妻子所接受的基督教，然而在比德的记载中也并未重点提及。[25] 可以肯定的是，大格列高利回应了肯特需要传教士这一信息。向异教徒传播基督教是他最钟爱的事业，于是，他派出了奥古斯丁和一群修士，去指导肯特的基督教化。[26] 此外，格列高利和奥古斯丁等法兰克人也在其中热心支持传教活动：墨洛温国王和教士们将于几十年内继续表现出他们对于英国人之基督教化的兴趣。反之，不列颠人则维持着一种对于传教活动比较冷漠的姿态，至少在不列颠的东南角如此，尽管他们似乎与奥古斯丁保持过密切的联系。[27] 然而，再向不列颠西部看去，那里的人们似乎更积极一些。[28]

　　奥古斯丁对肯特的传教活动是成功的，埃特博希特在英格兰的声望意味着埃塞克斯（Essex）和东盎格里亚（East Anglia）也接受了基督教。政治因素在保障英格兰的基督教化方面起到了主要作用，强有力的统治者对他们的弱小邻邦施加压力，督促他们接受洗礼，向他们的王国派遣传教士等。[29] 在许多方面来看，英国人的基督教化，至

[22] Wood（1994 b）.

[23] Bede, *HE* i. 24.

[24] Gregory the Great, *Register* xi. 35.

[25] Wood（1994 b），pp. 10 – 11.

[26] Markus（1997），pp. 177 – 187.

[27] 至少，这是米恩斯（Meens，1994）的观点。

[28] Sims-Williams（1990），pp. 78 – 84.

[29] 见 Angenendt（1986）。亦见塔克尔（Thacker），前文第 17 章。

少如比德所描述的那样，是由上而下进行基督教化的古典模式。但这种宗教与君主相结合的模式有它的落后方面。在埃特博希特去世时，肯特一度出现了异教的反动，而在埃塞克斯，这种反动持续得更长一些。[30] 在东盎格里亚，在国王雷德瓦德（Redwald）统治的一个时期内，王廷似乎沉溺于宗教的统一活动中。然而，雷德瓦德的一个被保护人（protégé）埃德温（Edwin）——由于雷德瓦德的帮助，他得以登上诺森伯利亚王国的宝座——通过他与基督教徒埃特博希特之女儿的联姻促进了英格兰北方基督教的发展。然而，基督教的命运仍是与国王联系着的。当埃德温于 633 年的战斗中去世后，就出现了异教的反动，直到一个新的基督教国王奥斯瓦尔德（Oswald，他是在被流放于爱尔兰期间接受的基督教）即位之后，形势才有了转机。结果，除了罗马人和法兰克人之外，爱尔兰人也对英国人的基督教化，起到了一定的作用。

尽管爱尔兰从来不曾是罗马帝国的一部分，然而，基督教越过爱尔兰海却是在一个相当令人惊异的很早的时期。早在 431 年，教宗西莱斯廷（Celestine）就派遣了帕拉迪乌斯（Palladius）到爱尔兰"信基督的人群中"担任主教。[31] 在帕拉迪乌斯之前确立基督教信仰的爱尔兰人很可能是依赖于贸易的联系。其中也有一些基督徒，像帕特里克（Patrick）那样，是作为奴隶被带到不列颠的。帕拉迪乌斯的传教阶段及他的影响不大可能加以评价，因为缺乏证据。而帕特里克作为一名福音传播者的工作却容易被评价，虽然唯一可依靠的证据是帕特里克个人的作品。[32] 在他的笔记中，我们知道他小时候就被爱尔兰入侵者俘虏，沦为奴隶后逃跑，随后再度回到爱尔兰时，就开始作为传教者工作。他谈到了与爱尔兰国王们之间的谈判，谈到他和一位对他怀有敌意的教士一起回到不列颠，谈到一位不列颠的海盗杀害并俘虏了帕特里克所接受的一些皈依者等，尽管他的记载比当代的历史学者们可能期望的东西要模糊一些。帕特里克的作品并没有记录他之传道行程所发生的时间，也没有与该行程相关的明确的地理位置。但他几

---

[30] Bede, *HE* ii. 5.
[31] Prosper, *Chronicle* s. a. 431; Charles-Edwards (1993). 关于爱尔兰的基督教化问题，可进一步参见斯坦克里夫（Stancliffe）所写的前文第 15 章。
[32] Ed. Ho wlett (1994).

乎是在 5 世纪后半期特别活跃，而且是在爱尔兰的东北地区。似乎有理由认为，他被葬于唐帕特里克（Downpatrick）。㉝ 然而，我们不可能将帕特里克的个人作品与阿尔马（Armagh）的教士们从 7 世纪之后所进行的宣传相联系。的确，我们难以看到，帕拉迪乌斯和帕特里克对于教会的早期发展所做的工作是怎样发展成为 6 世纪中期爱尔兰那些完备的教堂的了。在那个时期，一种占主导地位的修道院传统确立了。其中一个具代表性的角色就是科伦巴 ［Columba，下文称科伦巴努斯（Columbanus），作者在本文中使用了不同的拼写，似乎指的是同一个人。——译者］，他于 563 年在苏格兰海岸建立了艾奥纳岛（Iona）上的修道院,㉞ 636 年，奥斯瓦尔德（Oswald）正是向这所修道院求助，欲在诺森伯利亚重新建立基督教组织。㉟

爱尔兰人的活动不仅局限于盎格鲁—撒克逊人中间。在 6 世纪 90 年代早期，修道士科伦巴努斯离开了爱尔兰来到法兰克王国，在那里，他建立了一些修道院，其中最为著名的是吕克瑟伊（Luxeuil）。科伦巴努斯于 610 年被赶出勃艮第后，先去了布雷根茨（Bregenz）后来又去了意大利的博比奥（Bobbio）。㊱ 尽管人们经常容易夸大科伦巴努斯个人传播基督教的贡献，但对于他的学生却不是这样。在他的直系弟子中，尤斯塔修斯（Eustasius）继承了科伦巴努斯做吕克瑟伊的修道院院长，负起了向巴伐利亚人（Bavarians.）传道和组织传道工作的责任。㊲ 同样重要的是一些在尤斯塔修斯和他的继承者瓦尔德伯特（Waldebert）任院长时期受到吕克瑟伊影响的教士们之领军人物。在这些人中间有一些主教，包括努瓦永的埃利希斯（Eligius of Noyon），在恢复法兰克东北方教会的工作中十分活跃。还有一些参与了在盎格鲁—撒克逊英格兰传教的活动。㊳ 更重要的是，阿曼杜斯（Amandus）即是其中一员，他在促进基督教在今日比利时的发展中充当了重要角色。但是，他也介入了在巴斯克人（Basques）和斯拉夫人中间的传教活动。阿曼杜斯受到了吕克瑟伊修道院传统的影

717

㉝ Dumville (1993), pp. 184 – 185.
㉞ Annals of Ulster s. a. 563 (4).
㉟ Bede, *HE* iii, 3.
㊱ For the chronology, Wood (1998), p. 105.
㊲ Jonas of Bobbio, *Vita Columbani* iii. 8.
㊳ Campbell (1986), pp. 49 – 67; Wood (1991 a), pp. 8 – 9.

响，而且，这所修道院似乎也接受了大格列高利的思想，阿曼杜斯可能是第一位进入西方推行一种普世基督教观念的人。[39]

作为那些受吕克瑟伊修道院影响而力行传道工作的结果，墨洛温王国的东北部比早些时候更深入地接受了基督教化，而莱茵河以东的土地也受到了相当程度的基督教影响。基督教似乎自罗马时期始，就已经在奥格斯堡立足。[40] 而在巴伐利亚的其他地区，基督教会之存在的证据甚少——而且，很遗憾地，关于尤斯塔修斯传教的记载甚不准确。然而，到了 7 世纪末，意欲在斯拉夫人中间传教的埃默莱姆（Emmeram）在雷根斯堡（Regensburg）建立了一所教堂。但他似乎并非第一个做此事的人。[41] 再向北去，基利安（Kilian）于 689 年之前在维尔茨堡（Würzburg）甚为活跃，这一年，由于在当地统治家族内部的婚姻问题上发生的冲突，他成为殉道者。[42] 因此，在 7 世纪末之前，如同在图林根一样，巴伐利亚已经实现了一定程度上的基督教化。从语言因素来判断，这里的基督教化主要是受到法兰克人的影响。[43]

传教活动也在弗里斯兰（Frisia）出现。在这里，盎格鲁—撒克逊人似乎起到了主导作用。诺森伯利亚主教威尔弗利德（Wilfrid）于 678 年在此地居住一段时间并传播基督教。[44] 在此后的几十年内，另一些盎格鲁—撒克逊人也在莱茵河下游地区开始传教。他们中间有诺森伯利亚的埃克伯特（Ecgberht）的学生，他自己则在爱尔兰定居。[45] 埃克伯特的学生中最重要的是威利布罗德（Willibrord）。[46] 他也来自诺森伯利亚。的确，在参与埃克伯特的学生群体的活动之前，威利布罗德是里旁的威尔弗利德（Wilfrid）修道院中的修士。他于 690 年来到弗里斯兰，并在阿尔努尔夫（Arnulfing）家族的首领丕平二世支持下，于 696 年在乌得勒支（Utrecht）定居，并继续在弗里斯兰人中间传道，直到他于 739 年去世，但他的传道工作被时不时发生的法兰克

718

---

[39] Fritze (1969), pp. 78–130; Wallace-Hadrill (1983), pp. 72–73.

[40] Wolfram (1987), pp. 115–116.

[41] Arbeo of Freising, *Vita Haimhrammi*.

[42] *Passio Sanctorum Martyrum Kiliani et Sociorum Eius*.

[43] Green (1998 a), pp. 325–340, and (1998 b), pp. 343–361.

[44] Eddius Stephanus, *Vita Wilfridi* c. 26.

[45] Bede, *HE* v. 9.

[46] Bede, *HE* v. 10–11.

人与弗里斯兰人之间的战争冲突而打断，每到这时，他就退居到位于摩泽尔河（River Moselle）一条支流上的埃希特纳赫（Echternach）的修道院中。716 年，温弗利斯（Wynfrith）参与了他的事业。然而，当时是战争时期，温弗利斯后来回到了威塞克斯。3 年之后，威利布罗德去了罗马，接受了卜尼法斯（Boniface）这个名字。受到罗马教宗格列高利二世之指派去调查日耳曼地区的宗教情况并向教宗报告，他回到日耳曼地区协助威利布罗德（Willibrord）的工作，直到 722 年。随后，他转而在黑森（Hesse）、图林根（Thuringia）乃至巴伐利亚工作。直到 754 年，他才回到弗里斯兰，后在多克姆（Dokkum）殉道。[47] 该地区的偏远之处仍然属于异教地区。

卜尼法斯公开声明他的意向是使日耳曼人（Germani）基督教化，特别是大陆上的萨克森人。事实上，这并不是他的成就。尽管在查理·马特（Charles Martel）于 738 年打败了萨克森人之后，出现了短暂的狂热期待，但在这个世纪的前半期基督教并没有实现向萨克森地区的传播。卜尼法斯在欧洲大陆长达 4 年的传道生涯是在弗里斯兰的异教徒中间度过的。当然，在黑森和图林根也有异教徒：特别是那些奉盖斯玛尔（Geismar）的橡树为圣物的人群。[48] 无论如何，卜尼法斯将其更多的精力用于确立基督教会的一些特有的模式，继更早的传教活动之后确立了基督教会的组织，促进了修道院在莱茵河以东的发展。他所建立的最大的富尔达（Fulda）修道院，后来在他殉道之后保存他的遗体。这所修道院与其他修道院，如吕克瑟伊、埃希特纳赫、科尔韦（Corvey）修道院等一样，时常是传教者的派出地，也是传教人员之休整基地。也许更为重要的是，它们也是 9 世纪的学术中心。

最早的《卜尼法斯生平》（*Life of Boniface*）可能是在美因茨写的，当时，卜尼法斯是这里的主教。美因茨和富尔达是崇拜卜尼法斯的中心，但它们并不孤立。圣者卜尼法斯的第二部传记是在乌得勒支写出来的，可能是在 9 世纪早期。[49] 卜尼法斯也在《乌得勒支的格列高利的生平》（*Life of Gregory of Utrecht*）一书中有着重要的地位，该

---

[47] Willibald, *Vita Bonifatii* c. 8.

[48] Willibald, *Vita Bonifatii* c. 6.

[49] *Vita（Altera）Bonifatii*.

传记是由留得格利（Liudger）所写，可能写于公元 800 年到 809 年之间。[50] 这一文献中将这位盎格鲁—撒克逊人为描述在弗里斯兰生活了 11 年之久的一位伟大的传教者是不准确的。它还将格列高利描述为卜尼法斯的最宠爱的学生之一：从卜尼法斯书信中是得不出这种印象的。无论格列高利与卜尼法斯如何亲近或者如何不相待见，格列高利似乎都是弗里斯兰和日耳曼北部之传教活动最重要的赞助者。格列高利的传记作者和学生留得格利，在弗里斯兰和明斯特（Münster）

719　地区都很活跃，他还在明斯特建立了主教领。[51] 应该是在同一时期，诺森伯利亚人威尔海德（Willehad）开始从事传教工作，先是在弗里斯兰，随后在不来梅周边地区，他也在这一地区建立了大主教区。[52] 格列高利的另一个学生勒比恩（Lebuin），在萨克森地区传教。[53] 他要以和平手段传教的意图完全被暴力下的基督教化所取代，这种暴力来自查理大帝对这一地区的征服。

　　因此，8 世纪和 9 世纪早期，在德意志北部地区就有了教会组织。在 9 世纪，传教的区域扩展到斯堪的纳维亚。威利布罗德已经到过丹麦，[54] 而留得格利曾经想这么做，但被查理大帝阻止了。[55] 在 9 世纪 20 年代，开始了对斯堪的纳维亚的传教事业，这是在虔诚者路易对丹麦王国进行外交介入的背景下开始的。兰斯（Rheims）主教埃博（Ebbo）开始了这一基督教传教事业，它被安斯卡（Anskar）所继承，并向瑞典发展。[56] 安斯卡在丹麦人和瑞典人中间的传教事业很是成功，尽管有过偶尔的挫折，但却是暂时的，例如，他设在汉堡（Hamburg）的日耳曼传教基地就在 845 年被维京人（Vikings）摧毁。他的继承人，在汉堡—不来梅联合教区工作的林贝特（Rimbert），开始接手他的工作，但维京人势力的逐渐扩大中断了斯堪的纳维亚的传教活动。安斯卡和林贝特的工作是北德意志地区基督教化的自然发展。安斯卡可能就是写了威利哈德所施的一次神迹的作者。[57] 因此，

[50]　Liudger, *Vita Gregorii.*

[51]　Altfrid, *Vita Liudgeri.*

[52]　*Vita Willehadi.*

[53]　*Vita Lebuini Antiqua.*

[54]　Alcuin, *Vita Willibrordi* c. 9.

[55]　Altfrid, *Vita Liudgeri* i. 30.

[56]　Rimbert, *Vita Anskarii.*

[57]　Anskar, *Miracula Willehadi*.

斯堪的纳维亚之传教活动的失败，揭示了当地基督教化的长期历史，它可上溯到 7 世纪或者更远一些的时段。

除了基督教化过程中的持续漫长之外，它的历史可以根据多方面资料重构。但这些资料却很少被作为传教的历史记录而受到重视。圣徒们的生平事迹为一些特定人物的活动提供了珍贵的证据，但是，这些著作对精神因素、教牧事业及虔诚奉献有特别关注。他们很少有兴趣关注在一个更宽泛的基督教化的历史环境中其教民的生活。在这里，乌得勒支的格列高利的生平、留得格利的生平和勒比恩的生平是非常出色的。在比德之《基督教会史》（*Ecclesiastical History*）中持续不断地描写盎格鲁—撒克逊人的基督教化问题，这也是非同寻常的。早期中世纪再没有其他历史学家如此直接地关注一个民族整体的基督教化问题，甚至图尔的格列高利也没有做到这一点，尽管他对于克洛维之皈依基督教于墨洛温王朝兴起之重要性做出了解释。但是，从某种意义上说，与比德的作品具有同样意义的是 871 年在萨尔斯堡所写的《巴格阿利亚和卡兰塔诺的皈依》（*Conversio Bagoariorum et Caran-tanorum*）（此处地名为拉丁文属格，应是下文 Bavaria 和 Carinthia 的古称。——译者）虽然它写得相对简短，但却是关于教会于巴伐利亚和卡林西亚（Carinthia）建立起来的最珍贵的记录。[58] 下一部堪与比德作品相媲美的是 11 世纪晚期所写的《汉堡历代主教历史》，由不来梅的亚当（Adam）所写。

早期中世纪的许多资料的确可以用来构建一个蛮族人群基督教化的历史，[59] 但如上述情况所提示，确认他们之间互不相同的，而且有时相互冲突的目标是同样重要的。例如，奥罗修斯提到了在东方和西方的教会中充斥着匈奴人、苏维汇人、汪达尔人和勃艮第人这一事实可以证明，正统基督教在这些民众中的传播是在 417 年之前，但这也可能同样仅仅视为作者为支持自己的理论而做得过分乐观的断言，他的理论是，在那个时期，形势并非如异教罗马人所强调的那样糟糕。同样，图尔的格列高利记载西哥特人和勃艮第人的阿利乌斯派信仰及法兰克人的大公教派信仰时，几乎完全决定于他的观念，即法兰克人

720

是"上帝的选民"，他们的成功是依托于他们的正统信仰和神的关爱。同样，比德强调了奥古斯丁的传教活动，而对于贝尔塔（Bertha）和柳德哈德（Liudhard）的传教活动不予置评，可能反映了他的观点，即肯特教会的起源问题只与教宗有关。

　　这种偏见也反映在圣徒们的生平记录中。[60] 有的时候，这些偏见导致了完全错误的结论。于是，7 世纪圣徒桑斯的伍尔弗拉姆（Wulfram of Sens）的生平，使他成为异教统治者拉德博德（Radbod）统治时期弗里斯兰之基督教化的领军人物。[61] 然而，这一现存的记载却在年代学上无据可查。最大的可能是，该作者尽管是在写一位的确在传播福音的主教之生平事迹，[62] 却更改了发生的事件，企图挑战威利布罗德在传教方面的声誉，而在此之前不久，阿尔昆就写出了威利布罗德的生平。[63] 同样不可能的是留得格利对于卜尼法斯在弗里斯兰传教活动的记载，它在《乌得勒支的格列高利之生平》中，将其活动年代从 3 年扩展到 13 年之久。这里，作者似乎意欲证实卜尼法斯创建了沃尔登（Woerden）、阿赫迪安赫芬（Achttienhoven）和韦尔森（Velzen）等地的教会，且由于它们与卜尼法斯的联系而创立了一种受到卜尼法斯认可的传教模式。

　　另外，更带政治色彩的偏见可能还出现在其他方面。在他记载卜尼法斯于图林根的活动时，威利巴尔德（Willibald）将当地教会的贫穷状态归于狄奥博尔德（Theobald）和海登（Heden）的统治，他们的统治不得人心，导致许多人转而臣服于萨克森人，当时对基督教的热情减弱，异教繁荣。[64] 另一方面，海登也被认为是威利布罗德（Willibrord）所建立的埃希特纳赫的修道院的赞助者，[65] 这说明，威利巴尔德对海登的含蓄批评多少有些奇怪。可能的解释是，海登曾对加洛林王朝有过反叛行为，于是被驱赶至图林根。[66] 综合世俗的和宗教的政策，都对威利巴尔德的描述不利。他对卜尼法斯在莱茵河东岸

721

[60] Wood（1999 a）.
[61] *Vita Vulframni*.
[62] Lebecq（1994）.
[63] Wood（1991 b），pp. 12 – 14.
[64] Willibald, *Vita Bonifatii* c. 6.
[65] Wampach（1930），nn. 8, 26.
[66] *Passio Kiliani* c. 14.

传教活动的记载恐怕会导致人们低估早期数代传教者的活动，那些传教者的成就只能通过语言方面的证据加以评价。[67]

更复杂的事件似乎也导致了威利巴尔德叙事中的其他问题。例如，《卜尼法斯生平》描写了他的目标是在巴伐利亚建立4个主教区，但他只提到了3个主教区的名称——萨尔斯堡、弗赖辛（Freising）和雷根斯堡。[68] 第4个主教区帕绍（Passau）的名称他不能提出来，因为该教区的主教维威罗（Vivilo）早已经得到教宗格列高利三世的任命。此外，对于另外3个他已经指出名称的主教区，也没有一个是由卜尼法斯所建立的。在7世纪晚期萨尔斯堡就有一位主教，[69] 同样，在弗赖辛和雷根斯堡也都有主教，而在弗赖辛，柯比尼亚诺（Corbinian）的主教领早于一代人之前就已经建立起来。[70] 雷根斯堡和弗赖辛的情况可见于阿尔贝欧（Arbeo）所写的两部传记中，即他为埃默莱姆（Emmeram）和柯比尼亚诺所写的传记。两部传记都写于威利巴尔德的《卜尼法斯传》之后不久。这两部传记说明，有不同的基督教群体在争夺巴伐利亚教会的归属权。尽管人们对于威利巴尔德的作品给予高度重视，但埃默莱姆和柯比尼亚诺之受到敬拜是在739年之前这一事实说明，阿尔贝欧对于巴伐利亚教会所做记载之基本过程，即使不那么详细，却更值得称颂。[71]

其他资料也反映了同样的问题。所有的圣徒传记文本都是为了一些特别的原因而写作的。一些是为了推动对圣徒的崇拜，另一些是为了一些特别的法律意义上的诉求，或者倡导一种特别的修道思想或神学立场。[72] 阿尔昆所写的《威利布罗德的生平》（*Life of Willibrord*）从许多方面看来，作为叙事作品都是失败的，他的写作目的并不是要记录历史，而是要在福音传播者和圣迹创造者之间达成一种恰如其分的平衡。圣徒传记的作者和从事基督教化研究的学者所要达到的目的很少能确切地达成一致。因此，对于基督教之传播的历史描述，必须相当小心地加以鉴别。

---

[67] Green (1998 a), pp. 325 – 340, and (1998 b).

[68] Willibald, *Vita Bonifatii* c. 7.

[69] *Vita Hrodberti*: Wolfram (1987), pp. 118 – 124.

[70] Arbeo of Freising, *Vita Corbiniani*; Wolfram (1987), p. 125.

[71] Wood (1994 a), pp. 307 – 309.

[72] Wood (1999 b).

除了所有这些问题，早期中世纪之基督教化的基本描述是很清楚的，[73] 尽管我们必须承认有关这些记载都是强调福音之传播的自上而下的模式，因为，是国王们和公爵们更多地吸引着我们的书面资料的注意力。不大具有戏剧性的是那些通常无人记载的小范围的传教活动——尽管这类工作的结果，至少可在莱茵河东岸和英格兰西部发现。同样困难的是确定这样的事实：人们是从哪类宗教皈依的，或者他们皈依了哪个基督教派别，而这些是如何发生的，等等。无论如何，这些都是值得研究的问题。

在罗马帝国内部长期存在于原住民中的异教传统和蛮族人群中的异教主义之间可能是存在差别的，但它们之间也有相似之处。

在异教主义和半基督教之间，以及基督教异端的行为之间也显然有其共同的特点，这些也是一些传道者的目标。的确，在各类异教人群和半基督教人群当中加以区分是相当困难的。[74] 在晚期罗马世界或后罗马时期，日耳曼多神崇拜的族群对众神的崇拜现象并不典型。在一封致卜尼法斯的信中，温彻斯特主教丹尼尔谈到了众男神和女神，并没有提他们的名字。[75] 托尔神 ［Thor，多纳尔神（Donar）］、沃登神（Woden）和萨克斯诺特神（Saxnot）被认为是特别典型的异教崇拜之神，[76] 后来，沃登神在古英语的魅力语言中出现。[77] 人们也崇拜朱庇特（Jupiter），他与托尔神神性相近，而马尔斯神（Mars）与萨克斯诺特神神性相近，墨丘利（Mercury）与沃登神神性相近。[78] 黑森盖斯玛尔地方的橡树（他被卜尼法斯砍倒了）据说被人们认为是朱庇特的橡树；[79] 换言之，它可能被奉为托尔神的橡树。更多的日耳曼人的异教崇拜可以由个别神明与每周的特定日期相联系这一现象得知：蒂乌神（Tiw）与星期二（Tuesday）相联系，沃登神与星期三（Wednesday）相联系，托尔神与星期四（Thursday）相联系，弗里亚

---

[73] 见 Brown（1996）；Fletcher（1997）.

[74] *Indiculus Superstitionum et Paganiarum.*

[75] Boniface, *Ep.* 23.

[76] Ed. Boretius（1883），p. 222.

[77] Mayr-Harting（1972），pp. 26 – 27.

[78] E. g. *Indiculus Superstitionum et Paganiarum*, ed. Boretius, pp. 222 – 223. 关于罗马的阐释（*interpretatio Romana*），见 Wood（1995），p. 54；亦见 Wallace-Hadrill（1983），pp. 18 – 19，提到了一些法兰克人可能也崇拜罗马诸神。

[79] Willibald, *Vita Bonifatii*, c. 6.

神（Frija）与星期五（Friday）相联系[80]——在罗马的日历中，同样的日子分别称为卢娜（月神，Luna）、墨丘利（信使神，Mercury）、朱庇特和维纳斯（金星，爱神Venus）等。地名有时也表明一个与特定的日耳曼神明相关的地点，而且有一些艺术品也带着某些神的图像方面的信息。人们曾经推测，在北德意志地区发现的大量所谓的 *bracteates*（金箔片），很可能与沃登神的崇拜有关。[81] 然而，我们在这里所提到的，以及上述的阐释，仅仅是一种假说，在任何情况下，这些事实不能成为证据来说明那些特别的神明在4世纪、5世纪和6世纪进入罗马帝国的，或者是那些仍然居留于日耳曼地区的那些族群的宗教崇拜中占主导地位。

　　有许多提到崇拜或偶像的参考资料中，并没有明显地与日耳曼人的多神崇拜有任何联系。[82] 比德并没有提出雷德瓦德可能献祭牺牲的那些邪恶之神的名称，[83] 那些由专职祭司科伊弗伊（Coifi）供奉牺牲的古德曼哈姆（Goodmanham）神殿中的众神也没有被列出名称。[84] 相关资料中所提到的772年被查理大帝摧毁的偶像和伊尔敏苏尔（Irminsul）圣所，并没有特别提到那里在供奉哪一位神明。[85] 偶像和崇拜似乎在弗里斯兰很平常，尽管涉及崇拜哪一种神明的详细情况并没有在圣徒传记中提及：有时候，人们也许怀疑是对那哈勒尼亚（Nehalennia）的崇拜，这是在罗马时期所确认的。被8世纪的资料最全面描绘过的圣所是献给弗赛特（Fosite）神的岛屿，可能是海利戈兰德岛（Heligoland）。[86] 据阿尔昆讲，没有任何异教徒敢于触摸岛上的动物或饮用泉水。而威利布罗德（Willibrord）竟然用圣泉之水施洗礼。[87] 同一处所后来被留得格利（Liudger）所造访，他也在那里施行了洗礼。他的传记补充了阿尔昆对于这一岛屿之上的圣殿的描述，该圣殿后来被这位圣者所摧毁。[88] 一个重要的印象是有一个崇拜

[723]

---

[80]　E. g. Mayr-Harting (1972), p. 25.

[81]　Hauck (1957), pp. 361 – 401. 亦见 Axboe 的评论 (1995), pp. 231 – 232。

[82]　Wood (1995), pp. 255 – 257.

[83]　Bede, *HE* ii. 15.

[84]　Bede, *HE* ii. 13.

[85]　Wood (1995), pp. 253 – 237.

[86]　Wood (1995), pp. 255 – 260.

[87]　Alcuin, *Vita Willibrordi*, 10.

[88]　Altfrid, *Vita Liudgeri* i. 19, 22.

当地重要的神明弗赛特的圣所，但却位于一条主要的海路上。无论这一崇拜地是否有一个像古德曼哈姆的科伊弗伊那样的专职祭司，或者是否有一个祭司群体，却没有任何地方提起——但是，在其外部的英格兰，却很少有关于日耳曼人祭司的迹象。[89] 在近海岸处的瓦尔赫伦（Walcheren），阿尔昆的确记载了一尊偶像的护卫者。[90] 他企图杀害威利布罗德，但没有成功。

　　总的来说，并非对主要众神、神龛和圣处祭司的祭拜，构成了同时代资料中谴责的异教传统。这些神是存在的，但他们似乎并不是中世纪传教者面对的主要问题。对他们的信奉显然也有限，也许仅限于一些特定的群体或阶层，而且这些神可以很轻易地被放弃。在资料中更占主导地位的，也可能是更顽固的、迷信或巫术的威胁。[91] 有许多著作描写这些东西，特别是在《对乡民之劝诫》（De Correctione Rusticorum）一书中，此书由布拉加的马丁在 572 年之后不久写于伊比利亚半岛，[92] 还有两篇被认定为 7 世纪努瓦永主教埃利希斯所写的两份布道词，[93] 以及在 8 世纪前半期活跃于南日耳曼地区[94]吕克瑟伊修道院的创建者与改革者皮尔敏（Pirmin）所编的《斯科拉普苏斯唯一教规集》（Scarapsus de Libris Singulis Canonicis）。尽管这三部著作很重要，但它们也给历史学家留下了解释的空间。埃利希斯的布道词和皮尔敏的《教规》（Scarapsus）大幅度地借鉴了布拉加的马丁的作品，而马丁的作品又主要借鉴了希坡的奥古斯丁和阿尔勒的恺撒里乌斯的著作，后者的作品对于 7 世纪的布道词作品有直接的影响。[95] 于是，对于 5 世纪北非及 6 世纪普罗旺斯——这两个深度罗马化的地区——之异教的谴责，在 6 世纪加莱西亚乡村地区和 7 世纪高卢的东北部被再度使用——这两个地区曾经被容纳于罗马帝国，但很少受到罗马文化影响，且被蛮族入侵者占据。这些同样的谴责也在 8 世纪的阿勒曼尼亚（Alamania）再度被使用。要考察所有这些区域的迷信达到什么

724

---

[89] Wood（1995），pp. 257–259.

[90] Alcuin, *Vita Willibrordi* c. 14.

[91] Flint（1991）.

[92] Martin of Braga, *De Correctione Rusticorum*.

[93] *Praedicatio Sancti Eligii*；亦见 Hen 的评论（1995），p. 197。

[94] Pirmin, *Dicta de Singulis Libris Canonicis*（Scarapsus）. 对 Pirmin 的评价见 Angenendt（1972）。

[95] Boudriot（1928）.

程度，并且，这些作品的内容究竟有多少仅仅从文本上判定是非常困难的。布拉加的马丁、埃利吉乌斯的布道词和皮尔敏对于早期作者之记载的依赖是毋庸置疑的——由此就出现了大量错误地将文学的借鉴视为对当时实践情况的记载。与此同时，有足够的证据，包括写作的和考古学方面的，显示了他们所确定其名称的各种行为，甚至不是当年奥古斯丁和恺撒里乌斯原来所指责过的那些行为，在早期中世纪已遍及整个西欧。

在早期中世纪时期所编辑的完整的迷信行为的详名录是《迷信与异教之表现》（*Indiculus Superstitionum et Paganiarum*）。它显然是在743—744 年写成的。其间，卜尼法斯召集了三次教会的会议，其中一次即著名的全日耳曼宗教会议（*Concilium Germanicum*，743 年），另外两次分别是在埃斯蒂内斯（Estinnes）和苏瓦松（744 年）召开的会议。⑨⑥ 在全日耳曼宗教会议的规则与《迷信与异教之表现》一书之间明显的相似性说明，《迷信与异教之表现》［以下简称《表现》（*Indiculus*）——译者］中的内容被引用来构成这次会议活动的一部分。令人遗憾的是，《表现》一书失之于其极端的表述方式，它只列出了一些迷信行为的表现形式，却没有试图去描述它们。无论如何，他们之中的大多数表现形式都可以与其他资料中出现的实践方式相趋同。只有一种，即文献中所称为 *yrias* 的，是未经证实的，同时，也只有另外的一种，*de petendo*（或可能是 *petenstro*。一种花卉，称百里香。*quod boni vocant Sanctae Mariae*（善良的人称其为圣母玛利亚之花。——译者）被证实为不可能有任何程度的确切解释。

在《表现》中列举的30 项迷信和异教行为中，有两条认为对墨丘利（Mercury）和朱庇特（Jupiter）的崇拜，大体上相当于对沃登神和托尔神的崇拜，以及信守该神的斋日属于迷信行为。其他涉及用黏土和碎布制作的偶像，以及在战场上抬出的偶像等。圣所和圣处中包括泉水和在森林中举行的仪式等也列在其中，同样包括在异教庆典中使用的木制的手和足。《表现》一书中也提到了2 月所举行的 *spurcalia* 庆典，这种庆典也是在石头上进行的。*Nodfyr*，即钻木取火，似乎等同于施咒。所有这些可能都是形形色色的正式崇拜活动，同

725

---

⑨⑥　Ed. Werminghoff（1906 – 1908）.

样，其中也列出了一些显然与死者相关的仪式。与之相关的头两条，是针对在墓穴附近所犯的亵渎之罪，而其他的条目则涉及日常生活中的迷信行为。护身符的使用也在所列条目之上，同样列举的还有在村落（villae）周边挖掘壕沟以辟邪神之举。月亮被两度引起关注，一是月食，由于一些人认为女人可以吃掉它，如同她们可以吃掉男人的心脏。有一条提到了暴雨、犄角和蜗牛也涉嫌迷信行为。涉及占卜者有四个条目，包括一条是通过动物的脑子进行占卜，另一条是依赖于对炉灶之火的观察等。另外有三个条目是涉及半基督教的行为：在教堂内亵渎圣物，给圣徒们献祭，以及相信所有死者都是圣徒等。

　　除了提及沃登神和托尔神之外，该文献的重要之处在于它涉及自然宗教、占卜、迷信和对死人的禁忌等。这种自然宗教同样也明显地见于考古的记录中。对于圣泉的供奉是众所周知的。有证据表明，在葬仪中包括有安葬时的宴会，在一些墓穴中还发现了与占卜相关的禽鸟遗骨。⑰ 似乎，6、7、8 世纪基督教传教中面对的主要问题是，人类认定自己与自然的关系和与死者的关系，而不是对日耳曼人万神殿中众神的成体系的崇拜，构成了迷信的大部分内容。⑱ 这种模式的迷信可能在西欧的大部分地区——无论曾经处于罗马帝国领土上还是之外，都十分普遍。同样明显的是，有不少这类"迷信"行为仍然保留在基督教社团中。在莱茵河东西两岸基督教会的建设中要采取更高的标准，这是卜尼法斯的职业生涯中最明显的特征，而不需问他究竟多么希望向异教民众布道，这一点从《表现》一书中可以很明显地看到，而且可以肯定的是，这本书描述的是在一个基督教国家中可发现的（非基督教）宗教行为。

　　至于在墨洛温朝和早期加洛林朝直接边境之外的异教，最有启发性的证据是在弗里斯兰。《留得格利的生平》提供了他在异教社区工作的证据，补充了弗赛特岛上的证据。公认其中大部分内容都是概括性的：除了对弗赛特圣殿的评价，神龛只是顺便被提及。但是，这部著作的开头，却有着长长的、详细的对于留得格利之家庭的描述。⑲圣者的祖母是一个极其顽固的异教徒：当她的儿媳只生出了几个女儿

---

⑰　Salin（1959），pp. 35 – 39.

⑱　Wood（1995）.

⑲　Altfrid, *Vita Liudgeri* i. 1 – 7.

时，这位老太即下令将婴儿丽阿芙堡（Liafburg）溺死。但这孩子顽强地活了下来，只是因为她存活的时间够长，使得慈悲的邻居能给她喂食蜂蜜。要杀害一个吃过东西的孩子是不合法的。然而，这个故事并不是从理论上谈及牺牲，而是弃婴，即包括了弗里斯兰牺牲举动的社会传统。特别在《桑斯的伍尔弗拉姆传》（*Life of Wulfram of Sens*）中，提到溺婴这种供奉牺牲的通常形式时，[100] 揭示了水是弗里斯兰宗教中最重要的因素，考虑到这一地区的自然地理环境，这就毫不奇怪了。

726

《伍尔弗拉姆传》（*Life of Wulfram*）在论及弗里斯兰的异教崇拜方面所列举的证据的重要性不亚于留得格利一书。然而，它是约公元800 年之后的伪证。说它是伪证，不仅由于该文本作者声称该作品写于圣者伍尔弗拉姆死（他死于 7 世纪 90 年代）后不久；而且其所描述的事件也完全不真实。[101] 另一方面，毫无疑问，伍尔弗拉姆是一个传道的主教，而且似乎给他写传记的作者是以关于他的真实信息为其工作依据的。[102] 此外，该作品诞生地是圣万德里尔（St. Wandrille）修道院，该院的修士们可能早已掌握关于弗里斯兰之异教的其他资料。修道院院长万多（Wando）曾经于 719 年到 747 年被流放至马斯特里赫特（Maastricht）。[103] 他有可能曾经与威利布罗德有过接触，也可能将那些在弗里斯兰传教过程中的信息带回了自己的修道院。于是，尽管《伍尔弗拉姆传》的记载是一篇谎言的集成，却也会偶然正确地展示一幅关于异教行为的图画。当这幅图画所表现的情景与那些在其他资料中发现的东西相重叠之时，是可以相对照地使用的。

在《伍尔弗拉姆传》中，要用抽签方式决定谁去投水做牺牲的。[104] 抽签似乎是弗里斯兰异教主义的构成部分。根据阿尔昆的记载，当威利布罗德亵渎了弗赛特岛时，当时的国王，似乎是拉德博德（Radbod），抽签来决定是否给予威利布罗德处罚。抽签的结果是，威利布罗德的一个同伴殉难了。[105] 在弗里斯兰社会，抽签的重要性后

---

[100]　*Vita Vulframni* cc. 6 – 8.

[101]　Wood (1991 b), pp. 12 – 14.

[102]　Lebecq (1994).

[103]　Wood (1991 b), pp. 12 – 14.

[104]　*Vita Vulframni* cc. 6 – 8.

[105]　Alcuin, *Vita Willibrordi*, c. 11.

来因其存续于基督教时期而得到进一步肯定。在 9 世纪早期的《弗里斯兰法典》（*Lex Frisionum*）中，一个基督教版本的抽签方式被用来找出杀人犯。[106] 抽签方式并不仅见于弗里斯兰：它似乎在西欧和斯堪的纳维亚的一些地区也很常见，在那里，人们找到了 9 世纪时的证据。[107] 它显然在弗里斯兰的宗教实践中占有重要地位。

　　另一方面，伍尔弗拉姆一书既十分重要，又最令人质疑的问题是这位圣徒对于拉德博德的态度。由于伍尔弗拉姆死在拉德博德之前很久，关于这位圣者劝导这位国王皈依基督教的企图，并使他逃离诅咒这些事件就不能被认为是历史事实。[108] 即使如此，在这些故事中也有与其他信息相吻合的因素。因此，根据《伍尔弗拉姆传记》所记，拉德博德是差一点就完成了洗礼，他事实上一只脚已经踏进了洗礼盘，但是当他听说，如果他接受洗礼，他将与他的那些未曾受洗的祖先相脱离——当他可以上天堂时，他的祖先们却将停留在地狱中——他就退却了。[109] 在涉及某些人的祖先时，在其他作品未曾提得如此明确，但维埃纳的阿维图斯在给克洛维写信鼓励他加入基督教时，却对克洛维摆脱其祖先影响大写特写。[110] 这个问题可能对这位准备受洗者意义重大。

　　据伍尔弗拉姆传记称，当拉德博德退回了已经迈出的一条腿后，他被魔鬼所造访，魔鬼促使他回到对众神的崇拜之中，向他承诺，他会因此得到天国的居所。一座漂亮的房舍即刻出现了，但当十字架出现时迅即消失，但拉德博德却上当了，以异教徒的身份死去。[111] 圣徒传中所揭示的拉德博德之死，显然是虚构的，但它却含有对于异教传统中之死后世界（阴间或冥世）信仰的内容。北方人的神话中明显地提到了一个与瓦哈拉神殿（Valhalla，北欧神话中奥丁神的殿。——译者）相类似之处，而在墓葬中出现的物品可以说明，阴间或冥世深受异教信仰者所关注。

　　异教主义包含着多重的信仰，基督教尽管定义比异教精确，却也

[106]　*Lex Frisionum* 14.
[107]　Rimbert, *Vita Anskarii* cc. 18, 19, 24, 26, 27, 30；Wood（1995），p. 260.
[108]　Lebecq（1994）.
[109]　*Vita Vulframni* c. 9.
[110]　Avitus, Ep. 46.
[111]　*Vita Vulframni* c. 10.

并非一神教：它是由许多"微型基督教社会"组成。[⑫] 然而，对于多数基督徒来说，他们有一个共同接受的核心：对于《圣经》的信仰；实施特定的教仪和排斥其他仪式等。布拉加的马丁在他的《对村民之告诫》一书的初始，是从世界之初创，撒旦、亚当、夏娃的坠落和大洪水的发生作为开端来批判异教迷信的。他把异教的起源置于《圣经》文本的背景之下，开始描述魔鬼和它的恶灵使节们是如何开始欺骗人类，诱惑他们去高山和树林中奉献牺牲，并以异教之众神的名字自称。由此，他们开始使用圣殿，用来崇拜偶像，将鼠类、蠕虫和蝗虫等奉为神明。占卜问卦也繁荣起来。马丁在批判这些现象时强调上帝创造一切，上帝是不朽的，随之，他批判那些在受洗后沉溺于偶像崇拜、犯杀人之罪和伪证罪的人将下地狱。他强调洗礼时誓言的重要性，然后在摒弃魔鬼及所有邪恶之事的前提下，解说了基督教中的词汇。对于石块、树木、泉水的崇拜，以及在十字路口敬拜路神以及燃烧谷物的仪式，都被他指责为偶像崇拜。占卜、预言以及将一些特定的日子奉献给偶像的行为，庆祝火神日（Vulcanalia）和每月的第一天（Kalends），以及那些装饰着日历表的仪式等都被他描述为对魔鬼的崇拜。如果一位妇女在结婚之日召唤米涅尔瓦（Minerva）和维纳斯（Venus）就是要召来恶魔，这与使用草药和咒语是一样的行为。在所有的地方都要出现十字架的标记，要向上帝祈祷，要忏悔，要行善事，要相信复活，要参加礼拜日的礼拜活动并祈祷。

728

　　马丁的作品于是不仅界定了异教主义，也规定了基督徒的生活。在这方面，皮尔敏追随着他。《斯卡拉普苏斯》一书的卷首内容在很大程度上借鉴了马丁的作品，尽管皮尔敏在描述偶像崇拜的起源时是按照他自己的方式，他简要描述了道成肉身（the Incarnation）、耶稣的受难与复活（the Passion）、地狱的折磨、耶稣升天（the Ascension）、圣灵降临（the Pentecost），及使徒们的分散传教和教会的结构。随后，他列出了一个相当详细的应该被摒弃的异教行为录，界定了基督教徒是不行任何异教行为的人。该著作结束时罗列了一系列基督教徒之义务，比马丁所列举的更为充实。什一税（Tithes）是被要求的义务，忏悔也是如此；对信教孩子们的教育有明确要求，教父母

---

⑫　Brown（1996），pp. 216－232.

的责任也很明确。教会对于基督教的构成因素在 6 世纪晚期到 8 世纪之间发展成形。

埃利吉乌斯的布道词，如同皮尔敏的《斯卡拉普苏斯》（*Scarapsus*）一样，对基督教义重要性的强调及对异教行为的指责均可见于《对乡民之劝诫》（*De Correctione Rusticorum*）一书中，而温彻斯特的丹尼尔在 720 年致卜尼法斯的建议信中，也强调了信仰的重要性。[113] 因此，基督教化的过程，包括传播《圣经》的教育，谴责迷信，推动基督教徒的生活方式，包括特别的仪式和宗教义务之实施。要对所有这些进行监督管理，一个有组织的教会是必要的。

首先，教会的组织是建设一个宗教场所和一支神父队伍。人们有可能通过对于圣马丁和他的追随者们建立的教堂而看到 4 世纪晚期和 5 世纪早期图赖讷（Touraine）的基督教化。[114] 不同于祷告堂，教堂需要有一位或几位神父固定任职，以保障日常基督教崇拜的诸项事宜。教堂建筑的重要性在《巴格阿利亚与卡兰塔诺的皈依》（*Conversio Bagoariorum et Carantanorum*）一书中最为明显，该书在描述巴伐利亚和卡林西亚之基督教化时，主要讲述的是教堂的建立。主教职和大主教区的建立是要监督地方上教会的工作，行使一些必要的职权，如洗礼和此后不久发生的，或者同时进行的，或者先于地方教会建立而举行的授圣职仪式。

一个大主教区的创建，无论它对于基督教义的传播有何等必要性，并不一定要在教会内部获得一致同意。给一个主教领所分配的土地会被认为是减少了一个已经建立之教区占有的领地。在 8 世纪，科隆敌视一个在乌得勒支的大主教区[115]，而在 9 世纪，它的主教反对汉堡和不来梅的合并。[116] 卜尼法斯面对着一种相当不同的模式的对抗——教宗扎卡里亚（Zacharias）质疑维尔兹堡（Würzburg）、布赖堡（Buraburg）和埃尔福特（Erfurt）是否适合于成为大主教区的中心，其理由是，这类中心似乎不应该建立于封建地产之上或者小城镇中，因为他担心这样会削弱大主教的权威。[117] 尽管这样的规则在那些

---

[113] Boniface, *Epistola* 23.
[114] Stancliffe (1979).
[115] Boniface, *Epistola* 109.
[116] Rimbert, *Vita Anskarii* c. 23.
[117] Boniface, *Epistola* 51.

罗马文明、包括城市化影响下的地区是可行的，但在自由的日耳曼却无法实施。

监督自然是必要的，如果教会意欲维持一个统一的正统基督教的话。在巴伐利亚、图林根（Thuringia）和黑森，卜尼法斯所面对的问题与其说是异教的问题，莫如说是迷信行为的遗存问题，这对于基督教会来说是不可接受的。同样的问题可在西部的沃兰西亚看到。两位异端分子阿达尔伯特（Adalbert）和克莱门斯（Clemens）都是教职人员，即使他们真正的信仰十分怪异，且实际都与偶像崇拜有关。[118] 阿达尔伯特自诩为圣徒，为自己祝圣了教堂，并在泉水和野外竖立十字架和神龛。他也把自己的头发和指甲奉献出来用作人们崇拜的圣迹。克莱门斯抵制教父们的教诲，宣称基督已经将偶像崇拜者和基督徒们从地狱解救出来。这两位教父的异端倾向对于卜尼法斯和教宗来说，都是十分清楚的。然而，另一方面，这里仍然有讨论的空间。卜尼法斯认为，如果一位教士不按照规则实行洗礼，就是行异端之事，然而，教宗扎卡里亚则反其道而行之，认为这种洗礼是有效的，而卜尼法斯欲再度施洗礼才是异端。[119]

尽管《对乡民的劝诫》和皮尔敏的《斯卡拉普苏斯》这两本书的重要性受到普遍认同，但仍然在基督教会和基督教徒生活是否可以接受什么的问题上有多种意见。卜尼法斯比教宗在执行洗礼方面采用了更为洁净的方式，而在其他事务上，他却更为现实。他与教宗扎卡里亚不同，他认为，在城市内建立大教区中心的传统不适用于自由的日耳曼。同样，他也清楚地知道，实行越来越严格界定的婚姻亲等的禁令是非常困难的，这种婚姻的层级在 7 世纪早期已经从第三亲等或第四亲等扩及第六亲等。[120] 的确，卜尼法斯在当时的教宗管辖下是如此紧张乃至于请求坎特伯雷大主教诺塞尔姆（Nothelm）查阅当年大格列高利对于此类问题的敕答（Responsiones）文件。[121]

正是大格列高利的书信中比前加洛林时期的任何其他的大量残存证据都更清楚地体现了，在基督教会内部，对于前《圣经》时代的　　　730

---

[118]　*Boniface*，*Epistolae*59，60，62，77；Council of Soissons（744），cc. 2，7，ed. Werminghoff；Willibald，*Vita Bonifatii*，c. 7.

[119]　Boniface，*Epistola* 68.

[120]　Goody（1983），pp. 134 – 144.

[121]　Boniface，*Epistola* 33.

东西，划定何者为可接受的，何者为不可接受的界线之困惑。[122] 在
601 年 6 月，格列高利回复了奥古斯丁派出传教助手的请求，派出了
由梅利特斯（Mellitus）率领的第二支去肯特的传教团，梅利特斯带
了一封教宗致埃特博希特（Æthelberht）的信，告诉这位国王应该摧
毁偶像和神龛。与此同时，格列高利一定又慎重地考虑了他所了解的
传教过程，因为在同年的 7 月，他又给梅利特斯发了一封信，命令他
建议奥古斯丁不要破坏异教神龛，而是以圣水洒扫这些神殿，并在其
中供奉圣迹，建立祭坛。他也指令梅利特斯告诉奥古斯丁，使用异教
向恶魔供奉牲畜的方式，鼓励民众在殉道者的纪念日宰杀牲畜，并设
酒宴来纪念这些殉道者。格列高利显然是逐渐地接受了，异教行为的
一些残余因素可以保存在基督教会内部发挥其作用。格列高利，或者
说，《敕答集》（Libellus Responsionum）的作者——比德和其他一些作
者将此《敕答集》归于格列高利，也看到了对于已经被社会所接受
的一些传统行为持宽容态度的优势。[123] 于是，第一代表亲之间的婚
姻，一个男人与他兄弟之寡妻的婚姻将被否定，但与那些仍保持异教
信仰的群体成员所订立的相关婚约，则取宽容态度。格列高利在其实
施基督教化的最后阶段，并没有要求人们与过去的异教信仰完全
决裂。

　　格列高利的通信反映了奥古斯丁所遇到的异教行为，以及要由基
督教会取而代之。它也提供了一种深入了解福音的办法。另外还有其
他一些内容。就多数情况而言，可能的传教形式是由客观环境所决定
的。在一个正式接受基督教的国家内传教，与在那些异教的国家内传
教，但那里的统治者对于传教者能够宽容，其机遇是不同的，而且，
那些地方的统治阶层因态度不同，传教者的机会也不同。传教活动在
下述情况下是敏感的：毫不令人惊异的是，他们倾向于——至少在那
些传到我们当代人手中的记载中——获得王室成员的支持，或者，至
少是得到他们的许可，即至少能给予他们相对的人身安全的东西。在
法兰克王国内部，一位如埃利吉乌斯这样的主教在已经建立起来的教
会内是作为官员而出现的。在肯特，奥古斯丁获得了一位国王的许

---

[122]　Gregory, *Register* xi. 37, 56；Markus（1970），pp. 29 – 38.

[123]　Bede, *HE* i. 27.

可，这位国王可能在主教奥古斯丁来到肯特之前就已经接受了基督
教。在墨洛温王朝的法兰西亚和奥古斯丁的肯特王国，传教活动是可
以在基督教会社团内进行的，即在主教官邸或者在修道院中进行。而
在其他地方，这类基地和隐居处是不可能存在的。无论如何，异教的
国王们仍准备允许教会人士前来传教。麦西亚（Mercia）[124] 的彭达
（Penda）[125] 和弗里斯兰的拉德博德（Radbod）在这方面都持宽容态
度。然而，在萨克森（Saxony）、勒比恩（Lebuin）至多受到一些贵
族成员的支持，但他显然是被另一些人反对的。

731

尽管环境不同，在所有这些情况下，传播教义仍是传教活动的
核心。有的时候，这种活动需要翻译者。诺森伯利亚王奥斯瓦尔德
（Oswald）一开始就给爱尔兰传教士埃当（Aidan）做翻译工作。[126]
在有些传说中，语言的问题是一个值得考虑的问题。奥古斯丁是带
着法兰克人翻译者去肯特的。[127] 有时候，奴隶亦被购买来，训练成
传教士，让他们回自己的祖国传教。这是 9 世纪时安斯卡（Anskar）
所使用的政策，[128] 但是，这一政策很可能在更早的时候就被威利布罗
德使用过，他曾经带了 30 位丹麦人回到弗里斯兰。[129] 更早些的传教
士，包括埃当和阿曼杜斯，也购买奴隶并训练他们成为教士，[130] 而大
格列高利早就指导过他的代理坎迪杜斯（Candidus）去做同样的事
情。[131] 这些自由人很可能在继续协助传教工作，但资料中没有更多
提及。

传教士的信息大体上就是陈述对基督的信仰，同时摒弃了偶像崇
拜。据称是埃利吉乌斯所写的布道词和温彻斯特的丹尼尔写给卜尼法
斯的信件都说明，在 7、8 世纪在田野上所传播的基督教义与布拉加
的马丁所写的《对民众的劝诫》和皮尔敏的《斯卡拉普苏斯》等作
品的内容几乎相同。但是，丹尼尔确实有他自己的独特说法。他指

[124] Bede, *HE* iii. 21.
[125] 尽管圣徒传记作者抱有敌意，但从阿尔昆的《威利布罗德生平》（*Vita Willibrordi*）、《维尔弗拉
米尼生平》（*Vita Vulframni*）以及阿尔弗利德的《留得格德生平》（*Vita Liudger*）的描述中，基督教在
拉德伯德统治时期显然有过多次传播。
[126] Bede, *HE* iii. 3.
[127] Bede, *HE* i. 25.
[128] Rimbert, *Vita Anskarii* c. 15.
[129] Alcuin, *Vita Willibrordi* c. 9.
[130] Bede, *HE* iii. 5; *Vita Amandi* c. 9.
[131] Gregory, *Register* vi. 10; 见 Markus (1997)，pp. 177 – 178，关于一次讨论。

出，众神没能对破坏其偶像的基督徒们进行报复，同时，基督徒们占有了最肥沃的土地。[132] 勒布恩据说曾经提醒他的撒克逊听众注意，法兰克的基督教帝国的威胁已经到他们的大门口了。[133] 其圣徒传说，勒布恩的劝诫被人们当作耳旁风。尽管这一据称是他的演说词，仅仅是文学的虚构，或许是 9 世纪时的作品，这时，一些异教人群可能已经看到基督教之法兰克人的教诲比之勒布恩的演说更有力，内容更丰富，且更成功。追随着威利布罗德自爱尔兰来到大陆欧洲，且在古老的萨克森人部落从事传教事业的两位赫瓦茨（Hewalds）被蛮族人杀害了，因为这些蛮族人害怕这两位基督徒的传道信息可能被证明会对地方上的"酋帅"（satrap）有吸引力。[134] 于是，威利布罗德下令摧毁 732 这些施迫害者和他们的村庄。一些人显然愿意倾听和相信那些传教者对他们的所言。

　　酋帅们对于赫瓦茨之传教活动的反应说明了即使在异教徒生活区，基督徒也可能获得听众。的确，很少有与那些第一次来到其所选传教区的传教者极端对立的例证。据阿尔昆所言，威利布罗德受到了拉德博德和丹麦王昂根杜斯（Ongendus）的热烈欢迎，据说这位丹麦王比任何野兽更残酷，且比任何石头都强硬。[135] 尽管威利布罗德在丹麦一无所获，但他显然没遇到任何困难就见到了这位国王。可能是日耳曼民众中间的好客传统，使得这里的传教活动有了便利条件。[136]

　　与此同时，传教者明显的与众不同的、使得人们把他们视为"另类"的生活方式，可能带来问题。比德在描述赫瓦茨派传教者们的殉道时强调说，他们背诵《诗篇》、念诵祈祷词、举行弥撒，以证明他们是基督徒，而这些东西首先使他们引起那些杀害他们的人的怀疑。[137] 显然，这是在比德的著作中对于事实的重构，但它也是对应于其他事实的。例如，卜尼法斯就是在他准备为新入教的基督徒行入道

---

[132]　Boniface, *Epistola* 23.

[133]　*Vita Lebuini Antiqua* c. 6.

[134]　Bede, *HE* v. 10.

[135]　Alcuin, *Vita Willibrordi* c. 9.

[136]　Wood (1987), pp. 349 – 351.

[137]　Bede, *HE* v. 10.

礼的那天殉道的。[138] 后来，在 10 世纪的最后 10 年内，布拉加的阿达尔伯特似乎承认了基督教的教仪与基督徒的生活方式与原住民之间是有差距的，给他写圣徒传的奎尔福特的布鲁诺（Bruno of Querfurt）也如此声称，布鲁诺本人也是传教士。[139] 毫无疑问，基督徒的仪式表演使传教者个人感到安慰，但是有时，这种表现太过张扬而与他们的传教对象格格不入。

相对于一些传教者所行的这种激进行为，简单地吟唱《诗篇》、念诵祈祷文和举行弥撒则更为危险。显然，当传教者攻击异教神殿和其他崇拜场所之时，他们更接近于被私刑处罚。即使在罗马帝国领土上，图尔的马丁也多次受到被激怒的异教民众的攻击；[140] 在墨洛温时期，当克莱蒙的加鲁斯（Gallus of Clermont）亵渎了特里尔地区的一处圣殿时，侥幸逃脱了殉道的命运。[141] 威利布罗德在瓦尔赫伦（Walcheren）破坏了一尊偶像时挨了打。[142] 但当他在弗赛特神殿上打破了禁忌时，异教民众只是抽签（sortes）后选择对他的惩罚方式，作为抽签的结果，只有威利布罗德的一个弟子被杀。[143] 威尔海德（Willehad）也是由于抽签而幸存下来，即使一些异教民众认为他反对崇拜偶像是应该被处死的。[144] 另一方面，当他的一位随从破坏了德伦特（Drenthe）的一处圣殿时，他和他的随从是冒着生命的危险的。[145] 当卜尼法斯砍倒了盖斯玛尔的橡树时，据说他并没有受到当时集合于此的异教者民众的对抗。[146] 但是，盖斯玛尔受控于法兰克人势力，而且，很可能卜尼法斯在上述实例中是可以依赖于当地的地方长官（mayors）的支持的。

一些传教活动时而有亵渎神灵的情况，可能是有世俗势力支持的背景。自然，当基督教化过程中要以武力作为手段时，他们是与世俗势力相配合的。阿曼杜斯在根特地区对于背教者如此之多而感到震

---

⑬　Willibald, *Vita Bonifatii* c. 8.

⑲　Bruno of Querfurt, *Vita Adalberti* c. 26；Wood（1987），pp. 358 – 359.

⑭　Sculpicius Severus, *Vita Martini* c. 15.

⑭　Gregory of Tours, *Vitae Patrum* vi. 2.

⑭　Alcuin, *Vita Willibrordi* c. 9.

⑭　Alcuin, *Vita Willibrordi* cc. 10 – 11.

⑭　*Vita Willehadi* c. 3.

⑭　*Vita Willehadi* c. 4.

⑭　Willibald, *Vita Bonifatii* c. 6.

惊，他曾经敦促主教努瓦永的埃卡利乌斯（Aicharius）向国王达戈伯德请求一书面令状，授权他们进行强制性的皈依。[147] 无论如何，在早期中世纪涉及福音之传播的主要武力行为是萨克森地区的基督教化，这与查理大帝时期对他们的征服有关。从 772 年起，查理大帝开始进攻萨克森，到 804 年，他摧毁了伊尔敏苏尔（Irminsul），他大规模地驱逐原住民，以解决萨克森问题，基督教化是查理大帝之政策的核心。[148] 776 年，萨克森人承诺他们将接受基督教，作为他们臣属于法兰克王的一个条件。778 年和 782 年，他们在异教首领维杜金德（Widukind）率领下起义反对加洛林统治者，很可能特别是要反对查理大帝的第一个萨克森牧师会（Saxon capitulary）所传播的极端的基督教。[149] 785 年，维杜金德接受了洗礼及和平条件，但在 782 年到 804 年间仍然有异教的反抗。

萨克森起义表明，用武力强迫的方式实行宗教变革是无用的。最后，萨克森人的确接受了基督教，但即使在 9 世纪后期，人们仍然害怕异教强盗所掌握的暴力行动。[150] 问题在于，萨克森的基督教化是否真是由武力达成的，而不是由长期以来之信仰、禁忌和社会习俗的改变。究竟是什么因素最终达成了这样的改变，是不可能确定的。传教可能是有些效果的，尽管通过布拉加的马丁和皮尔敏的作品判断，传教士们所宣传的信息对于那些持有完全不同的宗教观和宇宙观的异教民众来说，并不具有不言自明的吸引力。有时候，传教士会找到表达基督教信息的一种方式，去挑战公众的想象并促进其皈依。在 8 世纪晚期，巴伐利亚的传教士因戈（Ingo）对待异教贵族的基督教奴仆远比对这些贵族尊重，而在贵族中间引起了震惊。[151] 他用金杯给这些奴仆们盛装食品和酒，而将他们的主人关在门外像喂狗一样给东西吃。在其他更多的情况下，传教的成功可能归因于大格列高利的同化政策，即尽可能把更多的异教传统纳入新的基督教庆典中。然而，长远来看，多数地方的基督教传播是通过更有影响力的教士们坚持不懈的影响和榜样的力量。奥古斯丁、弗斯（Fursey）、乌得勒支的卜尼法

734

[147] *Vita Amandi c.* 13.
[148] Büttner（1965），pp. 454 – 487.
[149] *Capitulatio de Partibus Saxoniae.*
[150] *Vita Liutbirgae c.* 12.
[151] Conversio Bagoariorum et Carantanorum c. 7.

斯和安斯卡据说都因他们的生活方式吸引了皈依者。在这个层面，在许多方面都是正式的和外向过程的基督教化能够推动人们信仰的转变，即更深入地进入个人的生活层面。然而，这种皈依不在我们所研究的西欧之基督教化的历史范畴之内，而是属于虔诚的和修道主义的历史了。

徐家玲 译校

第二十七章

教育和学术

雅克·方丹（Jacques Fontaine）

476 年西部帝国最后一个皇帝的统治被推翻标志着罗马帝国的灭亡。但是在接下来的两个世纪里，这种政治的崩溃只是部分地影响罗马世界的经济和社会结构，而对其教育和文化影响更少。实际上，与希腊文明中的古典教育思想（*paideia*，派代亚）相比，在 3—5 世纪期间，罗马世界的教育和文化发生了巨大的变化。这一时期我们现在称之为古代晚期时期。但是一直到 5 世纪末以后，最后一批古典学校才开始一个一个地逐渐消失。至少对曾经的西部帝国来说是这样的。对于东部帝国而言，直到 7 世纪，随着波斯人、阿瓦尔人、斯拉夫人和阿拉伯人的入侵，古典文化和文学创作实践之间的传递才渐趋消逝。最终出现了拉丁世界和一个希腊帝国在语言交流上的彻底分裂，希腊帝国放弃双语体系并完全希腊化，这成为其维系生存的策略的一部分。

20 世纪的研究打破了传统的观点，即罗马帝国政治和军事的崩溃导致西部世界在"大规模入侵"之中的"蛮族化"。罗马帝国崩溃之后的"中世纪时期"，被吉本公开地贬称为"蛮族和宗教的胜利"[1]，而 18 世纪晚期的这一观点直到 1962 年皮埃尔·里歇（Pierre Riché）的著作出版前，都没有改变。[2] 里歇的《西方蛮族的文化与

---

[1] Gibbon (1839), 12 cap. 71, 2, p. 392.

[2] Riché (1972) 和这位作者的其他作品：见 Sot (1990) 的书目，pp. 15 – 22；但也可看 Illmer (1971) 的书目；1971 年的 *Settimane* 集中于讨论中世纪早期学校的内容：*La Scuola* (1972)；以及 *La Cultura* (1981)。

教育》（*Education et culture dans l'Occident barbare*）更为接近历史事实，接受了吉本的观点提出的挑战。这本书从许多为古代晚期文明与那些在 5 世纪期间存续于罗马帝国西部的所谓"日耳曼"王国之间重要的政治、社会和制度，甚至财政方面的延续性进行辩解的著作中找到了理论支撑。③

　　因此，我们必须注意两点，以避免顾此失彼：一方面，406 年之后由于内战和蛮族入侵引起的物质生产被破坏，公共教育机构日渐瘫痪，几乎没有任何知识含量的教育方式以及日耳曼入侵者的生活方式都对古典文化的根基造成了致命的破坏，甚至对西方文字的文明也是如此。另一方面，这种文字的文明，被保有晚期罗马文化思想的受过传统教育的精英保持了其活力，后来被发展着的新的教育方式保存了下来。④ 为了训练未来的神职人员和修士，甚至还包括那些将要接受洗礼的人，基督教会较早地开始将这些新的教育方式付诸实施。当市镇和各行省中罗马贵族家庭的教育正维持原样或恢复着其古代地位的时候，主教辖区和修道院逐渐取代了晚期帝国中的公共学校。⑤

　　文化的传承得益于对政治和军事建构冲击的后续影响。在城镇和一些幸存的、被修复的，甚至是被新主人均分的大庄园中，作为罗马身份认同的最基本构成要素的文化活动，被充满自豪地推动着。那里的人们继续进行着读写训练，以及抄写和修正古典著作的手抄本；他们仍然以散文和诗歌的形式撰写铭文；他们教孩子们学习传统的拉丁文，而鲜少涉及希腊文。在其他地方，日耳曼人君主们的宫廷很乐于欢迎罗马的书生，这些诸侯需要他们来管理好自己的新领地，起草日耳曼人与被征服的罗马民众之间各自权利义务的文书。在多数"被占领"地区，这些书生们在人口和文化上的优势预示着在向着罗马化——拉丁化文化发展的进程中，这种跨文化因素的集合过程。这一过程在一些民族中尤为迅速，如在哥特人那里，他们很早就与罗马周

---

　　③ 特别是在 Werner 的作品中（1989，1992），pp. 173 – 211（两部著作都有完整的参考书目）。关于财经方面的延续，见 Durliat（1990）。
　　④ 关于文化界定和分期的一篇很有用的论述见 Martin（1976）。亦见 Marrou 的遗作（1977）。
　　⑤ 西多尼乌斯·阿波利纳里（Sidonius Apollinaris）与他的儿子一起阅读并阐释了特伦斯（Terence）和米南德（Menander）的著作：见 *Epistolae* 12，1 – 2；培拉的保利努斯（Paulinus of Pella）要他的全家人都去高卢接受教育：见 *Eucharisticos* 60 – 67。家庭教育的功能自最古老的罗马教育时期就已经存在，见 *Libri ad Marcum Filium* of Cicero；亦见 Marrou（1950），pp. 316 – 318。

边（*Romania*）世界的文明有了长期接触，即算不上是文化渗透。

737　　　　这种（文明的）延续更直接地体现在宗教社会中。新的基督教文化的原则和程序，即预科教育（*propaideia*）综合了古希腊时期人文主义（派代亚）观念的精华，这是397—421年由圣奥古斯丁（St. Augustine）在他的著作《论基督教教义》中确立的。事实上，这种传道的规划沿袭了一种新的文化程序，与一种教育思想紧密相连，从本质上来说这是宗教的教育，目的是宣扬和传递基督教教义的要旨。⑥它远远超出了西塞罗（Cicero）所曾经捍卫的一种理性文化的灵性（*cultura animi*）的结论和经典方法，与若干年前诺拉的保利努斯（Paulinus of Nola）在《圣经》文献中提到过的一种文化内核（*cultura cordis*）如出一辙，因此，奥古斯丁将这个词理解为 *cor*（核）。⑦传统的智力训练发现它趋向于对现存的自然环境做精神上的定性。以古代观念亦即西塞罗式观念的理解于是变成了达到一种超越它的宗教目标的一种方法：个体的人在《圣经》（其通过圣灵保持了上帝的存在）中，社团生活（*vita communis*）中，或者修道院中，与上帝相遇。所有的文化活动——写作或阅读、说或写、对经文的听或阅读，交谈（*confabulatio*）或者更广泛地集中思考（*collatio*）时的精神交流，恰应和了一种对于上帝进行神学思考的概念性的体系——于是就卷入了特定的宗教活动中。⑧通过承认那些世俗作者们有一种进行文化基础训练的价值，而将他们的知识综合起来，这种对古典文化进行选择的激进方式也可以看作基督教的文化转型。⑨它创建了一种新的文明：正如亚历山大的克雷芒（Clement of Alexandria）在3世纪所回溯到的，它包含了只有基督是唯一"教仆"（*pedagogue*）的

---

　　⑥　见对 Combes and Farges（eds.）的作品（*Euvres de St Augustin*，特别是 Moreau, Bochet and Madec, 1997 的新版）的介绍和注释；Marrou（1958）的经典注释见，pp. 329 – 540；亦见 Duane and Bright（1995）。

　　⑦　Cicero, *Tusculanesii.* 13："ut ager... sine cultura fructuosus esse non potest, sic sine doctrina animus. . Cultura autem animi philosophia est"；Paulinus of Nola, *Epistolae* 39, 3："qualem agri tui speciemfieri a uilico tuo postulas, talem Deo Domino cordis tui redde culturam"。保利努斯所用的这个名词 *cor* 可回溯到《圣经》文献中，即，使它在《圣经》的拉丁译本中亦有圣诗作者的意思，见 Bauer and Felber（1988）。与奥古斯丁丁之用法的比较，见 Maxsein（1954），pp. 357 – 371；关于 Paulinus 的论述，见 Fontaine（1972），pp. 585 – 586。

　　⑧　Marrou（1937），pp. 209 – 286。

　　⑨　这一点引自 Brown 风趣且正确的规则"基督教的改宗"（"The conversion of Christianity"），这也成为 Brown 作品的名称，（1971），ch. 7（p. 82）。

"派代亚"（*paideia*）观念，正如奥古斯丁后来在其著作《论教师》（*De Magistro*）中所写，要教导那些信仰者"变得像小孩子一样"，使得他们能够在自己的指引下前行，以保利努斯的观念来看，就是对人的灵魂的启迪。[⑩]

在古代晚期这最后几个世纪里，古代的文化形式于是伴随着没有受到暴力阻断的"文化"（*cultura*）之内容和意义的变化而缓慢延续着。6—7世纪的这种双重文化视角中，文化和教育的历史显然如《论基督教教义》（*De Doctrina Christiana*）一书中所提倡的，以提出问题和解决问题的方式缓慢同化。当时这本新的《论演说家》（*De Oratore*）开始被那些反映了并非常了解他们那个时代之文化和教育的伟大的基督教作者们阅读、抄写和使用。[⑪]（此处的《论演说家》是借用西塞罗的原著，以说明《论基督教教义》在基督教作家和传播者们中间占有的训练语言能力的重要地位。——译者）这种缓慢的转变随着地域和空间的不同，各有差异：自4世纪以来，它以一种不均衡的节奏在罗马世界地域化的进程中，及在北方凯尔特（*Celtic*）和日耳曼人国家中的新基督教区域中悄然发生着。这些变化的节奏受到政治史震动的影响，这种震动或可助益，或可阻碍教育之重组，也将会繁荣或者颠覆此种文化活动。6世纪末意大利的废墟和西班牙的重建便是鲜明对比！

6世纪末以及随后的几十年中，政治和宗教领域的变化日渐加速：从查士丁尼长期统治的结束（565年）到波斯人和斯拉夫人对帝国的冲击（622—630年），这一期间拜占庭帝国衰落、勃艮第人和东哥特人的阿利乌斯派王国消失，西班牙的西哥特人改宗尼西亚派大公教会教义（589年）。这是逝去的古代与欧洲新兴基督教时代争辩最为活跃的时期。伟大的作家们——和行动家们[⑫]——通过著作卷入了

---

⑩ 《路加福音》18：16，《马太福音》18：3。例如，于所有基督教教育的福音的和基督论的基础，见 Fontaine（1992a），pp.6-10。拉比们（*rabbi*）和教师（*didaskalos*）的语义值在基督教的福音书中相当于"先生"（magister）。

⑪ 例如，大格列高利的《牧灵规章》（*Regula Pastoralis*）就受益于奥古斯丁的论述：*Regle pastorale*，ed. Judic et al.，pp.39ff；而在伊西多尔那里，也如是，见 Fontaine（1983a），ii，pp.794 ff and 933（list of references）。更广泛论述的作品见，Opelt（1974）。

⑫ 图尔的格列高利，大格列高利和塞维利亚的伊西多尔都是大主教，担负着重大的福音传播和教会管理的责任。俗人卡西奥多和波埃修都在东哥特国家担任高官。

这场文化的争论，这些著作使他们获得"中世纪奠基者"的声誉。[13]
这些作者有意大利的卡西奥多、高卢/法兰西亚的图尔的格列高利、教宗大格列高利以及西班牙的伊西多尔。他们是否仍然是"古代的"抑或是已经是"中世纪"了呢？值得注意的是，最近的一篇关于历史时代分期的文章可能已经摒弃了过于简单地认识古典时期向中世纪转变的观点，乃至于要称呼一些人"更为古代"，另外一些人"更为中世纪"[14]。

739　　　　纵然这些智慧的伟人间存在差异，但其贡献的共同特点揭示了文化发展的进程，因为文化差异很难在瞬间消失。事实上，在所有上述四位智者之明确的理论和无声的实践中，我们都可以看到同样的关注点：即维系最基本的语法训练，否则，基督教的信息不可能以口头的或书面的拉丁语形式正确地传续下来；要保证这一信息正确地传给每一个基督教徒成员，而无视他们的家庭背景、生活状态、文化水平，抑或是语言能力的差异；要针对此目标去揭示、去实践、去教授一种在多少顽固地坚守古代传统信仰的渎神者与基督教信仰之间寻求真正平衡的态度，而且采取一些能够使精英们接受的必要的变化。为了做到这一点，卡西奥多和伊西多尔特别通过编纂百科全书的方法，将重点放在了信仰之上——即使算不上是恢复古典文化。两位格列高利则更注意到应该适应普通民众的紧迫性——甚至目不识丁者（这并不是意味着他们是没文化的），各自以自己的方式大胆使用一种能够适应那些没有受过教育的听众，至少那些在传统概念中教育程度较低的人能够接受的文学形式，成为后人的榜样。

　　　　7世纪，这四位作者的影响被正在发生全面文化转型的西方欧洲世界所感知。最为活跃的中心开始由地中海向西方、北方和西北方转移，新的成员不断加入这场"欧洲文化萌生"（incubation of European culture）的运动中来。[15]甚至在被伊斯兰教徒征服以前就不断衰落的拜占庭阿非利加总督区，持续遭到拜占庭人及伦巴第人破坏的萧条的意大利，不断衰弱的墨洛温王国——因为衰弱而不断分裂和瘫痪，所

---

　　　⑬　Rand（1928）.

　　　⑭　Banniard（1980），pp. 113 – 114，宣称弗尔图纳图斯（Fortunatus）和伊西多尔是"更为古代的"，但图尔的格列高利和大格列高利则是"更中世纪的"。亦见 Fontaine（1983a），ii, pp. 807 – 830，对于伊西多尔的评价。

　　　⑮　Curtius（1938），p. 130. 关于另外的提法，见 Fontaine（1983a），ii, p. 826。

有这些在欧洲的南部，即原西罗马帝国的中心区域，形成了所谓的"萧条地区"（depressed area）。在那里，文化，尤其是文本文化，进入了某种停滞期。更有创新意识的中心则出现在其他地区：意大利北部、法国北部的修道院、拥有来自比埃佐（Bierzo）的作家以及修道院学校的西班牙西北部，甚至在新欧洲的更广泛的领域、在"伊西多尔文化复兴"（Isidorian renaissance）萌生地，先是贝蒂卡（Betica），随后是托莱多（Toledo）和加莱西亚（Galicia），甚至是爱尔兰（Ireland）。

但是在后续两个世纪中，不列颠群岛起而成为新型文化的领导者。[16] 从 5 世纪开始就同时接受了基督教和拉丁化的爱尔兰的凯尔特人，将会向英格兰，后来是向欧洲大陆、高卢和德意志地区输出他们的修道院生活理念。他们的修道院生活模式纯洁、严谨，同时关注智力教育，甚至是文字上的训练。随之，从 6 世纪末开始基督教化的盎格鲁—撒克逊人将使拉丁文化在南部英格兰再生，于诺森伯利亚（Northumbria）诞生，这是来自爱尔兰、高卢和罗马的各文化支脉相互碰撞的结果。这种拉丁化势必造就其最伟大的代表，博学的、有文学修养的、具有艺术美感的修道士——尊者比德（Venerable Bede，逝世于 735 年），他被理所当然地看作最后一位"中世纪伟大的奠基者"，以及最直接的加洛林王朝文化复兴（Carolingian reformatio）的先驱者。于是，人们可以看到，7 世纪几乎称不上是欧洲文化的最低点。

无论其功过如何，皇帝查士丁尼的长期统治时期（527—565 年）占据了 6 世纪历史想象的主要空间。这位皇帝尝试收复前西方帝国的一部分，从而建立以罗马地中海为边界的帝国领土的统一行动以失败告终。[17] 但是，从文化方面、从保证其传承的古代制度体系方面看，拜占庭在西方的干扰产生了反方向的影响，而上述所有三方面因素对于发展中的变化都是有影响的。的确，依地点和时间的不同，这种变化可以看作一种复兴或一种挑战，也标志着一个节点。

事实上，查士丁尼以古代的模式恢复公共学术体系的措施只在西

740

---

⑯　关于基督教文化在爱尔兰和不列颠的发展，见 Stancliffe，本书第 15 章和第 16 章。

⑰　关于查士丁尼的目标和战略，见 Louth，前文第 4 章。

方帝国的诸首府（迦太基、罗马、拉文纳）产生了持续性的效果，在这些地方，这种公共学术体系成功地存续到了查士丁尼时代。在教宗维吉里乌斯（Pope Vigilius）的要求下，查士丁尼在554年颁布了《国事诏书》（*Pragmatic Sanction*），在决定其他事情的同时，重新确立了官方传统的薪资体系，向"文法学家、演说家、医生和律师"支付薪资，"以促使我们在意大利共和国内年轻人活跃地参与自由学术研究活动"[18]。但是拜占庭在意大利征服的困难使得查士丁尼既没有时间也没有所需的经费将此英明的决策付诸实施。在阿非利加，再征服开始于533年，无论如何，皇权的恢复有利于学术和文学生活的恢复。在此前很长时间里，这里的学术和文化生活，由于汪达尔人对大公教会罗马人的敌对行为而萎缩不堪。大约于550年，语法学家弗拉维乌斯·克莱斯科尼乌斯·科里普斯（Flavius Cresconius Corippus）的《约翰史诗》（*Johannide*）使用维吉尔的六韵诗称颂拜占庭将军约翰·特罗吉图斯（John Troglytus）战胜柏柏尔人的胜利，是最后的一部描述战争主题的罗马史诗。之后，到566年，他又以拉丁文的赞美诗形式歌颂查士丁尼皇帝及其司法官（*quaestor*）阿纳斯塔修斯。

　　在西班牙南部，自554年到624年，皇帝（*basileus*）的士兵只占领了一片狭长的沿海地带，其深入腹地的程度各有差异，很难有机会获得同样的文化活力。拜占庭贵族科曼恩提卢斯（Commentiolus）于589年或590年间，在他的首府卡塔赫纳（Cartagena）已修复的墙上所镌刻的九言律诗与非洲的长诗《约翰史诗》（*Johannide*）几乎无可比拟。[19] 但最近一首被鉴定为马拉加主教塞维鲁的一套以圣经故事为题材的赞美诗仍然在遵循古老的朱万库斯（Juvencus）的《死与再生之书》（*Evangeliorum Libri*）的传统。这样的发现说明了贝蒂卡（Betica）的罗马西班牙人作为文化的"开拓者"，已经意识到希腊这个来自另一个不同的政治和文化世界的外来者的存在：最有教养的人们最后从中看到了破坏自身创造力的挑战。从拜占庭的占领到其在西

741

---

　　[18] Justinian, *Novella*, *pro petitione Vigilii*, Novellae 7, 22: "annonas quae grammaticis uel oratoribusuel etiam medicis uel iurisperitis antea dari solitum erat... erogari praecipimus, quatenus iuuenes liberalibus studiis eruditi rem publicam floreant."
　　[19] Vives (1969), inscr. 364, p. 127. 两位大主教卡塔纳赫的利西尼阿努斯（Licinianus of Carthagena）和马拉加的塞维鲁（Severus of Malaga）都是用拉丁文写作的罗马西班牙人：见 Isidore, *De Viris Illustribus* 42–43；特别是塞维鲁（马拉加主教?）的版本，见 *In Evangelia*, ed. Herzog et al.。

班牙出现后几十年的编年史中，即在塞维利亚（Seville）的伊西多尔（Isidore）的文学作品中，使人们更多地想到这一点。当然，一些南部西班牙的罗马人已经去东方接受教育，就像比克拉罗的约翰（John of Biclaro）在东方学习到 558 年；伊西多尔的兄长利安得（Leander）在 6 世纪 80 年代于东方学习，他们当时还没有意识到寻求拜占庭的支持来对付仍是阿利乌斯派的西哥特人是错误的行为。

　　但是随着西哥特人皈依大公教会，改变了西哥特王国和东方帝国之间权力的平衡，也改变了贝蒂卡的居民对于定居于其行省南部的希腊人的态度。利安得的弟弟、后来继承了利安得成为塞维利亚主教的伊西多尔，希腊语水平一直很差。他明确选择站在哥特人一方，而不是拜占庭人一方，后来在 624 年，他庆祝希腊皇帝（*basileus*）的最后一批战士被驱逐出西班牙，这一事件将重新实现半岛的统一。[20] 伊西多尔对于东方基督教的不信任是与他的"民族的"政治立场相一致的：619 年在塞维利亚的大宗教会议上，他指定了一个被谴责为"无首领派（*acephalous*）异端"的叙利亚人担任主教职。[21] 相反，在他为自己的图书馆题字的铭义上，仍然表现出对 3 世纪伟大的基督教学者，被 552 年查士丁尼召集的东方基督教大会诅咒的希腊人奥利金的由衷赞赏。[22] 我们必须以双重视角去了解伊西多尔著作的意义。即使伊西多尔有可能依靠相应的工具手册和从希腊文翻译的神学选集，但事实上，他的语法类、百科类、历史类和宗教类作品的灵感都来自拉丁文的资源。对于他，西班牙文化应该有能力与查士丁尼时代的文学作品相竞争，也应该能适应教会和西班牙王国的需求。

　　这类现象却没有发生在高卢／法兰克王国，东方的士兵们从未涉足此地。但一个孤立的案例，即后来在北意大利的拜占庭总督区重建的拉丁学校，间接证明了对这里有益的影响。阿尔卑斯山南的韦南蒂乌斯·弗尔图纳图斯（Venantius Fortunatus）的确是在拉文纳从事过出色的研究，这使他后来在图林根和北高卢的法兰克人宫廷就任时展示出其对于古诗词的卓越天才：成为 6 世纪末北高卢的珍稀人才

742

---

　　[20]　见伊西多尔之 *Historia Gothorum* 的第二版最后一章；并见 Teillet（1986）。

　　[21]　Council of Seville ii, canon 12：*De quodam Acefalorum episcopo*, 拒绝接受皇帝芝诺的"合　通谕"（*Henotikon*）的基督教"一性派"信众与东方的五大牧首决裂，这些人被称为"*acephalous*"（即无首领派）。

　　[22]　关于这些段落，见 Fontaine（1983a），ii, p.756；以及其评注 pp.757, 851－852。

（*rara avis*）。

但拜占庭再征服的军事活动在重建西方文化方面并非是完全的、积极的影响。它还使意大利陷入无休止的战争（536—555 年）痛苦中；它摧毁了东哥特王国，并在同时摧毁了意大利人和哥特人已经富有成果的合作，这种合作表达了同化的希望，这本可与半个世纪以后，西班牙—罗马人和西哥特人给西班牙带来的成功的结果相比拟。㉓ 这种同化的昙花一现，在 6 世纪初意大利两位元老波埃修（Boethius）和卡西奥多身上表现出来。两人仍然能够接受希腊的语言和文化。与罗马显赫的安尼修斯（Anicii）和西马库斯（Symmachi）家族相关的哲学家安尼修斯·曼利乌斯·托尔加图斯·塞维里努斯·波埃修（Anicius Manlius Torquatus Severinus Boethius）留下的著作是对中世纪文化的三重贡献。他撰写了涉及 4 个数学解题艺术的 4 篇论文，首先使用了"四术"（*quadrivium*）一词为之命名。他开始了翻译亚里士多德著作的工程，但他在 525 年被处以死刑无情地打断了这项工作，但是幸好他已经成功地翻译了斯塔吉利特（Stagirite）的逻辑学作品。这使得亚里士多德的逻辑学支配了西方思想达 500 年之久，而亚里士多德的其他作品，直到 12 世纪才通过阿拉伯人的翻译在西方为人们所知。因此，拜占庭的再征服即使不是严重的破坏，也是减缓了西方思想的发展。除了一些少有的、杰出的人之外，西方人却不再读希腊文。波埃修的第三个文化贡献是矛盾的，缘于他的生命戏剧性的结束。他被判处死刑，才得以在狱中完成了其最后的古典哲学散文诗歌的杰作（*chef d'œuvre*），该诗韵集（*prosimetrum*）在狱中定名为《哲学的慰藉》（*The Consolation of Philosophy*）。它以对祝福未来的好运，或论述邪恶、论述真的善行和愉悦，论述天意和自由意志理性和激情的冥想与沉思，这本书可作为（本来如此）古典智慧的灵修经典来阅读。㉔

743 波埃修去世前后，在意大利还有另外两个人从这个世界隐退。这二人对于文化的未来，特别是修道院文化的未来都有重要的意义。早在 496 年，努尔西亚（Nursia）的本尼狄克隐退到苏比亚科（Subia-

---

㉓ 关于拜占庭人在意大利的统治，见 Moorhead，前文第 5 章。

㉔ 关于波埃修，见纪念他 1500 年诞辰（480—1980 年）的研究文集，特别是看 Gibson（1981）的作品。关于《哲学的慰藉》，见 O'Daly（1991）and Courcelle（1967）。

co），537 年，卡西奥多隐退到维瓦利乌姆（Vivarium）。本尼狄克曾经到罗马求学，后来放弃了研究而去"沙漠"中寻找上帝："看到很多人奔向罪恶的深渊，他抽回了——可以说是——迈向世俗世界的一只脚，他担心如果自己刷新了对这个世界的认知，他自己将会迷失在这个巨大的鸿沟里。"㉕　在这种叙事性的修辞手法之下，其思想很明确：传统类型的世俗研究工作似乎不能满足本尼狄克对于完美生活的渴望，他义无反顾地放弃了学问，选择了隐修者的、后来是集体修行的苦行生活。

杰罗姆（Jerome）的门徒们于 4 世纪开始的基督教禁欲者的生活完全基于智力和对《圣经》的虔诚冥想，对于《圣经》的阅读，有时是集体参与，有时是个人行为：即在仪式典礼上是集体行为，而当静修"圣功课"（lectio divina）㉖ 时，是个人行为。因此，自然而然地，本尼狄克在 6 世纪中期在卡西诺山修道院给他的修士们制定的院规中，将这种颂读功课在修道院时间表中列于重要位置：集体颂读在 8 个"圣书颂读（opus divinum）室"中进行，而把韵律课纳入每日集体祈祷的活动中。但是他也规定私人的颂读自始至终贯穿修士们的个人生活。在其规则的最后一章，本尼狄克列出了个人阅读的作品目录：其中不仅有旧约和新约作者的作品，还有"神圣的大公教父们的作品［即我们所称谓的教父文学（patristic literature）］"，"教父们召集的会议，会议的法规［可能是约翰·卡西安（John Casian）的两部重要作品］"，以及"他们的传记［无疑是《沙漠诸教父传》（Lives of the Fathers of the desert）］"，最后，是"我们的教父"圣巴西尔的教规（Rule of our Father St. Basil）（显然是其拉丁语译文）。㉗

奇怪的是，本尼狄克的院规并没有提及任何学派或者任何基础训

㉕　Gregory the Great, *Dialogues* 2, prologue: "Sed cum in eis multos ire per abrupta vitiorum cerneret, eum, quem quasi in ingressum mundi posuerat, retraxit pedem, ne, si quid de scientia eius adtingeret, ipse quoque postmodum in inmane praecipitium totus iret."

㉖　关于"圣功课"（lectio divina），见 *Dictionnaire de spiritualite*, Paris（1976），ix, cols. 470 – 487. 其实践操练早在 3 世纪就在一部著名的文件中有描述，Cyprian, *Epist*. i. 15: "Sit tibi vel oratio adsidua vel lectio: nunc cum Deo loquere, nunc Deus tecum." 它在修士们的修行活动中占有非常重要的位置：见 *Regula Benedicti* 48, ed. de Vogue（1977），vii, pp. 338 – 349 评注。

㉗　*Reg. Ben.* 73, 3s.: "sermo divinae auctoritatis Veteris ac Novi Testamenti... liber sanctorum catholicorum Patrum... Collationes Patrum et Instituta et Vitas eorum, sed et Regula sancti Patris nostri Basilii." 所有这些构成了 *doctrinae sanctorum Patrum*；必须理解的是，根据 de Vogue, *La Regle* iv, p. 110，指的是"所有教父的作品，基督教会的和修道院的"。

744 练：但在修士们必备的文具中，他提到了一支笔和几块写字板。㉘ 院规的序言将修道团体定位为：为上帝服务的经院（schola），但是对于"经院"这个术语的解释，好像是通过修道院的集体修行（vita communis）方式训练出参加精神之战的一个精英群体。㉙ 修道院的生活方式是"将个人置于基督的、即主耶稣的学校中"，即使在此不断改变自己的环境中，知识文化的教育永远还是必要的，它同精神进步——从心内寻找上帝——紧密相连。

由此，我们可以看到，世俗教会很早就认识到将这些为宣告和阐释上帝之启示而奉召的神职人员组织起来实施知识和宗教教育的必要性，但是对于执行其管理职责的教会，特别是省级大主教辖区的教会，教育也是必要的。《论基督教教义》一书首先是针对这些宣教师的培训。6世纪的第二个25年（即626—650年），连续发行的3个文件规定并计划了旨在培养未来的神职人员的新机构的建立。这些文件分别出现在高卢南部、西班牙和罗马。529年，在普罗旺斯的韦松拉罗迈讷（Vaison-la-Romaine）召集的一次大宗教会议，规定了"在一个教区任职的牧师"需要遵循意大利的古老传统，"如古代的优秀教父们那样，虔诚地培养出年轻的颂经人"，通过教授他们唱颂诗、颂读神圣经典和上帝之法，"以保证培养出有造诣的继承者"㉚。两年后，于531年，托莱多的第二次大宗教会议规定了欲加入教会的儿童，"应该在教堂内，在主教——被指定占有这一位置的人——面前接受教育"，直到18岁，然后自主选择加入教会或过世俗的生活。㉛最后，在罗马，535年，卡西奥多计划在紧邻教宗阿加皮图斯一世（Pope Agapitus）图书馆的地方，仿照"以往的亚历山大和现在叙利

㉘ Reg. Ben. 55, 18 – 19："quae sunt necessaria... grafium... tabulas".

㉙ Reg. Ben. prologue, 45："Constituenda est ergo nobis dominici scola servitii." De Vogue, La Regle, iv, p. 63，承认在此文本中"scola一词的释义……似乎超出了我们概念中的学校"，意即它可能有多种解释；亦见 Illmer（1971），p. 193. 其内涵包括军事训练的象征（militanda）（在罗马帝国时代，scola还有禁军的意思。——译者）和教育（magisterio... doctrinam）。

㉚ Concilium Vasense c. 1："Placuit ut omnes presbyteri, qui sunt in parrociis constituti, secundum consuetudinem quam per totam Italiam satis salubriter teneri cognovimus, iuniores lectores... secum in domo... recipiant, et eos quomodo boni patres spiritaliter nutrientes psalmis parare, divis lectionibus insistere et in lege Domini erudire contendant, ut et sibi dignos successores provideant."

㉛ Toletana Synodus ii（第二次托莱多大宗教会议），1："ut mox cum detonsi vel ministerio electorum contraditi fuerint, in domo ecclesiae sub episcopali praesentia a praeposito sibi debeant erudiri." 对于 electorum 的颂读（见 Mansi, Vives 赞同之）可能应该更正为 lectorum ［在诺瓦拉的手稿文本《大宗教会议文献集成》（collectionconciliaire）中读到］。

亚的尼西比斯"方式，建立一所基督教大学，也就是仿照奥利金（Origen）时期亚历山大的"学校"（Didascaleion）和小亚细亚尼西比斯的神学注释学院的模式。[32] 这项计划的失败和卡西奥多要继续从事自己事业的渴望，使得卡西奥多退出了世俗世界，在几十年后，在卡拉布里亚以另一种方式，即在他建立的维瓦利乌姆修道院实现了这一愿望。

745

新的大主教区和牧区机构的出现是主教们实行牧区关怀（pastoral cares）的结果：在一些教省会议的规章中首先提出了牧区关怀的问题。[33] 早在 6 世纪初普罗旺斯一位主教的传记中，就可清楚地看到教会意识到了自身的文化责任：奥古斯丁之后的一个世纪，即 503—542 年任阿尔勒（Arles）主教的恺撒里乌斯（Caesarius），在向基督教教众宣教方面起到了决定性的作用。像前几个世纪的主教们一样，他和牧师们一起过集体的生活，他出席每日的三次宗教仪式，并指导教徒阅读经典，向他们提问。同时，他向他的教众——其基本成分都是农村民众——使用适应于他们的语言水平讲道，以保证他们能够很好地接受他的思想。他认为自己使用这种质朴的语言（sermo humilis）传道，也反映了耶稣基督本人的谦卑。[34] 他对于牧师生活和神职人员培训的想法，和他为适应新环境而使用通俗语言的传道实践，对于神职人员的文化修养，及通过训诫和个人颂读《圣经》活动对基督教会众进行口语教学产生了持久的影响。存在于"多毛的高卢"（hairy Gaul）和"罗马行省"之间的、罗马文明的历史和族群的二元性在帝国晚期增强，此时，高卢分成两个行政区。[35] 法兰克人在北部原"多毛的高卢"占领区域的密度加重了高卢北方与更深入地"罗马化的"高卢南方的矛盾，而在北方，法兰克人和高卢—罗马人（Gallo-Romans）之间文化交融的发展有了较好的平衡。日耳曼人在基本口语方面、身体健康方面和军事方面的基本教育同罗马传统的书写文化

㉜ Cassiodorus, Institutiones, praef. : "ut, sicut apud Alexandriam multo tempore fuisse traditur institutum, nunc etiam in Nisibi civitate. Syrorum Hebreis sedulo fertur exponi."

㉝ 关于其细节，见 Scheibelreiter，前文第 25 章。

㉞ 关于卡西奥多的传道信件及他渴望指导民众甚至使他们去阅读《圣经》的作为，见 Delage（1971），pp. 143ff. 关于他主张谦卑（sermo humilis）的理论和实践，见 Auerbach（1958），pp. 25 – 53。

㉟ 这可见于 5 世纪初 Sulpicius Severus, Dialogues i. 27 and ii. 1. 关于其文本，见 Fontaine（1983b），pp. 189 – 191 and（1994），pp. 17 – 32。

开始接触，而书写文化成为较好地管理那些王国所不可或缺的因素。在日耳曼宫廷中实施并被接受的这种新教育方式，使得关于"七艺"的理论让位于获得实证经验和实用的技巧：例如土地测量和建筑学、医学和法律等。然而，如果可以认为宫廷像一个"管理学院"[36]，我们必须注意到，这个比喻早在 3 世纪的末期即"四帝共治"时期就出现了，皇帝们出于其新体制下对于管理人员需求的激增而需要训练更多的管理人员的考虑，恢复了欧坦（Autun）的"美尼安学校"（Menian schools）。[37]

当 6 世纪的北部高卢人享受着他们的艺术和文化觉醒时期之时，另一种风格的基督教拉丁文化在欧洲西北部群岛发展起来。在 525 年和 540 年之间，修士吉尔达斯（Gildas）可能在英格兰南部写了他的奇文《论不列颠的毁灭》（*On the Ruin of Britain*）一书。作为第一部见证了岛屿拉丁文化的作品，它至今仍然值得（或已经获得）的最高评价是，它将"高傲（伪装的）的勇气与巴洛克式的优雅"联系在一起。[38] 这种奇怪的混合预示着岛屿拉丁文化的创意将在其后的世纪得到发展。

在急于应对形态各异的政治变革的罗马世界（*Romania*）的不同区域，文化的发展或停滞在公元 600 年前后表现得更为突出。查士丁尼于 565 年去世之后，在 575—626 年这半个世纪期间，由于来自帝国东方和北方的连续攻击，东方帝国的衰落日益加剧。拜占庭治下的非洲面对内部柏柏尔人的攻击，也变得越来越不安全。意大利遭遇了伦巴第人的入侵和殖民，伦巴第人的入侵从 568 年开始，并在此后几十年内使意大利再度陷入无序和不安全中。590 年，当后来的大格列高利继任教宗位时，罗马正遭受着洪灾、瘟疫和饥荒之灾。

在高卢，尽管王国分裂和大领主们的血腥竞争导致了政治的动荡和内战，书面文化仍然在法兰克贵族中间传播；它甚至吸引了希尔佩里克（Chilperic）这样一些精通文学的王公贵族；并且最重要的是，这种文化在墨洛温王家族领地上的多达 200 处的修道院中持续并发展

---

　　⑯　Riche's *formula*（1962），p. 284.
　　⑰　*Panegyrici Latini* 5（= 9）："Eumenis pro instaurandis scholis oratio"；以及更详细的描述，见第 5 章，它呼唤着在未来的生涯中从事高级管理工作的人才，这些高级管理领域等待着这些学校的学生。
　　⑱　Kerlouegan's phrase（1993），p. 9.

着。同时，占压倒性优势的改革（对其自身改革）愿望在整个教会显露出来。这种改革的愿望可通过那些仍然用规范的拉丁语写作，于560—637 年在高卢召集的几乎所有 30 次大宗教会议通过的《法令集》（Acts）而看到。[39] 几年后，西班牙出现了政治、宗教和文化的复苏，这种复苏在那时的西方社会是独一无二的。在 567—586 年，西班牙半岛几乎完全统一在阿利乌斯派信徒、托莱多（Toledo）国王莱奥维吉尔德治下，该国王承诺将实现异族通婚，加速了西哥特人的罗马化，于是，一个西班牙—哥特（Hispano-Gothic）民族形成了。[40] 随之出现了宗教的统一，由于莱奥维吉尔德的儿子和继承者雷克雷德（Reccared）于 587 年改宗了罗马大公教派，随后所有西班牙的西哥特人在 589 年的托莱多教会上都皈依了大公教会。这种情形对于文化的恢复是必要的，并且这种文化的传承一直持续到 6 世纪末之前。塞维利亚主教伊西多尔在下个世纪的前 30 年，直到他 636 年去世，都在通过教会和识字的君主如西塞布特（Sisebut）国王一道，以自己的笔和作品致力于这种文化传承。

这是 6 世纪中期意大利陷入困境的标志——最具创新性的文化活动都以两家几乎是在意大利半岛最南端的私人修道院之围墙内的一处私有地产为庇护所。这就是维瓦利乌姆，靠近现在斯奎拉切（Squillace）（Calabria，卡拉布里亚）附近的弗拉维乌斯·马格努斯·奥里利乌斯·卡西奥多元老（Flavius Magnus Aurelius Cassiodorus Senator）的家族产业，最后在 550 年被没收。他在那里实现了自己于 535 年拟订的计划，但却是以另一种形式，从而更符合于这个时代的不祥命运。事实上，他组建了一个修道院团体，并建立了一座图书馆，图书馆内有一处书苑，用来翻译希腊语的著作；他把这处书苑变成了一个异常活跃的文学作品的编辑中心。从维瓦利乌姆开始，从事古代和基督教文化研究的手稿后来传播于整个欧洲。以奥古斯丁传统的开放精神，卡西奥多于是教给西方修道院把对于书写的热爱和对上帝的渴望协调起来。[41] 他的两本《指南》（Institutions）的标题来自昆体良

---

[39]　版本：当属有着卓越法语译文的、由 Gaudemet and Basdevant（1989）主编的研究作品，见 Pontal（1989）。

[40]　关于其细节，见 Barbero and Loring，前文第 7 章及第 13 章。

[41]　关于卡西奥多，见 O'Donnell（1979），和 Leanza（1986）出版的 Colloquium。

（Quintilian），采用拉克坦提乌斯（Lactantius）和罗马法律文献的标题传统，其意思很明确，即"指南"。第一本书《神学指南》（*Divine Institutions*）专注于圣经书籍的阅读和逻辑顺序的表达；第二本《人文指南》（*Human Institutions*），用来阐释世俗文化，主要是 4 世纪的新柏拉图主义者曾经编入哲学入门中的包括的七种人文学科（*liberal arts*）的删节本。[42]

　　这两本指南的目录（*aide-mémoire*）在教育方面是意义重大的，值得重视之处是它对未来文化的影响，而不是相对比较简明的内容。其中所搜集的每一种知识事实上都伴有系统的参考书目和评注，这使得人们可以想象，在维瓦利乌姆的图书馆中，特别集中了许多手稿——《圣经》的、教父的、"技术方面"的、拉丁语和希腊语的等等。这些作品和卡西奥多翻译的一些副本后来扩散到诺森伯利亚和查理大帝宫廷，见证了卡西奥多的工作在保留中世纪文化层面上具有的深远影响。[43] 伊西多尔将在他的《词源学》这本书的开头部分大量地转述（却并没有说明）卡西奥多《指南》之第二册的内容，但是他会以直接的、全局的精神回顾过去，然而卡西奥多却在其作品中清楚地标识了他对奥古斯丁和其《论基督教教义》的引述。[44] 卡西奥多的教育理念中最适度的也可能是最有效的方面是他涉及抄胥的内容。他关注抄胥们的所有智力的和宗教方面的工作，也关注他们的物质需求，他在 90 岁时为他们写了论文《正字法》（*On Orthography*），作为其《指南》的一个附录。[45] 卡西奥多保留了古代晚期文人对抄写和校正手稿的品位，为中世纪修士们从事理论学习和实践活动奠定了基础。他们对于所有的修道院作品中对古代典籍抄本（*ars antiquaria*）的尊重，起因于对传道和灵魂之争的理解，卡西奥多对此活动进行了

748

---

　　[42]　在哲学教育中，这种功能波菲利乌斯（Porphyrius, 234—304? 年）转移到七艺中，如 Hadot 曾经表述的那样（1984）。这种学习计划后来被奥古斯丁基督教化了，他把这种教育置于围绕着理解《圣经》而设计的基督教文化的初始教育程序中。

　　[43]　见 Courcelle（1948），pp. 342 - 388；and Holtz in Leanza（1986），pp. 281 - 301。

　　[44]　在其 *Institutiones* i. 16. 41，卡西奥多热烈地推荐 *De Doctrina Christiana*，且以清晰的方式阅读之，但伊西多尔则展示了这些从卡西奥多那里借用的内容，却没有任何引用的说明，这就使读者以为自己直接进入了他所给予的古代的智慧。见 Fontaine, in Leanza（1986），pp. 72 - 91。

　　[45]　亦见 *Institutiones* i. 30, *De arte antiquaria et de commemoratione orthographiae*。

明确的阐述。⑯

在卡西奥多死后 15 年，格列高利于 590 年成为教宗，他显示出与卡西奥多的很多共同之处。他也出身于一个大家族，他也接受了古代风格的教育；他也曾经有一个世俗的职业，他在进入圣安德鲁（St. Andrews）的罗马修道院前是罗马城的市政长官。但是他深厚的修道院职业经验促使他对世俗文化保持更远的距离。恰如圣本尼狄克的传记作者在他的第二本书《对话录》（Dialogues）中所说，格列高利意识到并保留了对修道院沉思生活的渴望。然而，自从成为"上帝的代理人"（God's Consul）之后，他使罗马教宗积极有效地促进了文化的剧烈转型。在对《列王记》做的评注中，他以通俗的语言阐明了他对于世俗文化持有强有力的奥古斯丁式的立场：一个人在攀登高峰以提升自己进入冥想的生活之前必须穿过对自由艺术思考的平原。⑰

大格列高利应用语言和写作的水平证明他在青年时代穿越这片平原时已经充分利用了他的时光。格列高利非常能够理解他所面对的公众们的差异、他们的需求和他们的文化水平，从而不断地改变自己的训诫方式。他认为，关注听众身份的多样化、他们的生活状况、他们的听讲能力是"教牧关怀"最根本的主题。他甚至在《对话录》中运用了其谦卑的身份（stilus humilis），对不同的听众——受过教育或没有受过教育的人——进行训道。⑱ 从纪实的观点看，这些《意大利诸教父传》似乎揭示了 7 世纪初城乡不同人群之文化水平的颇有意义的片段。格列高利的信件和训道词不仅证明了他的才华，也证明了那个时期拉丁语在意大利仍然是活的语言。这种语言仍然忠实于古代的和教父们训诫的纯文化，仍然知道如何以其艺术的技巧，"使自己完全适应每一个人，以全部解救他们"（《哥林多前书》9:22）（《哥林多前书》此段的原话是："向没有律法的人，我就作没有律法的

（右侧边注）749

⑯　抄写《圣经》文献对于修士来说是一种传教活动的"前提"："manu hominibus praedicare, digitis linguas aperire"，也是反对撒旦的斗争："tot enim vulnera Satanas excipit, quot antiquarius Domini verba describit"。

⑰　Gregory, In Reges v. 30："Hanc quippe saecularem scientiam omnipotens Deus in plano anteposuit, ut nobis ascendendi gradum faceret, qui nos ad divinae Scripturae altitudinem levare debuisset."评注：Riché (1972), pp. 197-200, and Dagens (1977), pp. 37ff.

⑱　Cf. Banniard (1992a), pp. 112-127.

人，为要得到没有律法的人。其实我在神面前，不是没有律法，在基督面前，正在律法之下。"《圣经》简化字新标点和合本，中国基督教两会 2002 年版。——译者）这种理念不断在格列高利的读者中结出果实，尤其在牧师中，他始终是这方面的榜样，包括他对这种文化的严谨且中庸的态度，这对基督教布道者是很必要的，舍此亦无他者。

在一个行省的主教辖区内，而且也是一处著名的去往圣·马丁（St. Martin）墓朝圣之行的中心，572 年到 594 年担任图尔主教的格列高利（因此他几乎与同时代的大格列高利同龄）是 6 世纪末南部中央高卢文化革命的典型例子。他也是"元老"的儿子，接受过家庭教育，也在他的叔叔、克莱蒙费朗（Clermont-Ferrand）主教加鲁斯（Gallus）的教堂（*domus ecclesiae*）接受过神职教育。格列高利在成为图尔主教之后，完成了他的 10 卷本《历史》（很长时间内被称为《法兰克人史》）。他在该书开头对整体历史的概述并非其原创，难以与他在该著第 6—10 卷中对于 580—591 年墨洛温社会经常发生的暴力变迁的生动描述相比。在该著的前言中，格列高利对高卢—罗马文化的严重衰落深表遗憾；如果我们只是如一些古代的修辞学家所言，认为它只是"自降身份"（*locus humilitatis propriae*）的言辞，于是只是把古代晚期的前言看成是礼节性的陈词滥调，那就大错特错了。由于感觉到这种退变（*deterioration*），他有时很辛苦地，但却是用生动而个性化的拉丁语与读者交流，这种感觉来自他仍然清晰地了解何为更正确的语言和他对于古代的和教父的文学作品的大量直接的阅读。[49] 他写的大量的关于图尔的马丁（Martin of Tours）、布里乌德的朱利安（Julian of Brioude）、沙漠教父们（Desert Fathers）和过去一些苦行者和殉道者的生平和神迹奇事的圣徒传记作品满足了未受教育者不断增长的需求。这样的作品和越来越多的地方出现的圣徒传，以及这些圣徒传的文本多多少少在教会的礼拜仪式中被颂读或者将在 7 世纪被颂读，见证了活跃的基督教文化在高卢人中间的传播。高卢/法兰西亚必然比罗马周边（Romania）任何其他地域都会出现更

---

　　[49]　在其《历史》的最后一页，他一再为其使用"粗俗"的文风而致歉。这些声明不应该仅仅从文字上来理解，也不能被视为纯粹的常规性的辩护：事实毫无疑问是位于两者之间。见 Heinzelmann（1994），特别是 pp. 7 – 10。

多的圣徒传作品。

托莱多王公们的朋友、西班牙教会的重组者塞维利亚的伊西多尔（Isidore）在 7 世纪的前 30 多年内所写的至今尚存的 16 部作品完整地阐述了西班牙拉丁语文化的再生，早于 6 世纪时由乌赫尔的贾斯特斯（Justus of Urgel）和贝沙的阿普灵吉厄斯（Apringius of Beja）开始的罗马边缘地区文化复兴活动就预示了这种拉丁文化的再生。这样的作品还有布拉加（Braga）的马丁的改革行为和丰富多彩的文学作品，当时布拉加还属于苏维汇（Sueve）统治下的一个叫加莱西亚（Galicia）的地方。⑩

伊西多尔的复兴源于一个特别不寻常的历史时期：王国的统一、西哥特人（Visigoths）皈依大公教会和西班牙—哥特意识形态的产生。这种宗教的、社会的和充其量是文化的变迁是利安得的功劳，他是伊西多尔的哥哥、589 年托莱多第三次大宗教会议的倡导者，随后，伊西多尔自己组织了 633 年的第四次大宗教会议，这次会议，才可以称得上是一种"有组织的活动"⑪。两人都著书立说倡导自己的行动：利安得为反对阿利乌斯派而据理力争；伊西多尔致力于向那些于社会变化中形成的新的不同社会群体中的人物——如王公、主教、牧师、修道士和俗人，哥特人和罗马人——传播智力、道德、历史和宗教的新文化。

处于一个必须面对的这一目标付诸实现的间隔期，伊西多尔没有视而不见，而是写出了"关于某些事物起源"的百科全书《词源学》（Etymologies）。这套分为 20 册书的"数据库"集中了借鉴于古代和教父时期的基本知识。这本书采用词源及其同义词的条目形式，也包括反义词和简要注释。但是这本旁征博引的教育手册也确定了一些词的定义，从而为维护和宣传拉丁语词汇及一种语法知识的正确用法而做出了贡献——这种语法知识的思想方法可上溯到希腊化时期的文

751

---

⑩ 修道院院长马丁当时是布拉加的主教（561—580 年在任），他将其特区关怀的范围扩至当时仍然是半异教的加莱西亚农民和苏维汇的王公之中，他在塞内加（Seneca）鼓励下为这些人写了小的《道德/伦理实践指导小册》。6 世纪下半期的其他西班牙作者对地中海地区和西班牙半岛西南部的描述非常生动：见 Fontaine（1997），vii，pp. 774ff。

⑪ Orlandis and Ramos Lisson（1986），ch. 4，p. 261：*La obra constituyente del IV Concilio de Toledo*。

化。㊼ 简言之,《词源学》作为一种文化记忆的宝库,不断储存着西方化的拉丁语智慧和语言。它成为发展速度特别快、持续时间亦特别长的传播最广泛的著作,而且随着其广泛的流传,其手稿抄本数量大大增加,从而证明了上述论断。㊽ 伊西多尔也给这些手册添加了宗教的诠释,历史的作品、训诫和道德论述,以供牧师和俗人使用,甚至用于制定修道院的规则。

　　他非常在意地奉献给同时受益于罗马和哥特人的新的西班牙国家一种历史和精神的标签。这种意识激发了《赞美西班牙》(*Praise of Spain*)一文的想象力,这是以抒情笔调所写的《哥特史》(*History of the Goths*)的前言,她曾经嫁给了罗马,又刚刚庆祝了与"征服"她的哥特人的第二次婚姻。㊾ 然而,伊西多尔的新西班牙视角没有使他忽略整体的历史、文学史或宗教礼仪史。㊿ 西班牙的再建及其新文化以一种为新天主教团体发布宣言的形式达到顶点,恰与托莱多第四次大宗教会议通过的条款处于同一时代:即三册装的《教规》(*Sentences*),这三本书包含教义、灵性和道德,引导那些应对新社会负责的人们。㊱ 但是在他的国家却没有一本书能够成功预言:7 世纪,西哥特的西班牙(Visigothic Spain)几乎没有实施伊西多尔的伟大计划。这一计划的实施是要反对贵族的利己主义,反对腐败社会的无政府状态,反对由于对犹太人变本加厉的不宽容而引起的社会动乱。后来,是在西班牙的外部,伊西多尔的思想和他的文化在一场教会和文化的改革(*reformatio*)中才找到了其最有效的应用,即我们所称的"加洛林文化复兴"㊲(以往译为"加洛林文艺复兴",事实上,这次所谓的"复兴"是新兴蛮族国家开始挖掘和继承罗马—希腊文化的时期,不可与近代早期的"文艺复兴"同等对待,故译为"文化复

㊼ 见 Fontaine (1983a) 所做的深刻研究,包括其第二版的一部重要的参考书目 vol. iii。亦见 Fontaine (1996),及 Dıazy Díaz (1982)。

㊽ 一个基本的、广为接受的观点,来自权威性的证据 (codicological data) 见 Bischoff (1960)。

㊾ *De laude Spaniae* (end):"Et licet te sibimet eadem Romulea virtus primum victrix desponderit, denuo tamen Gothorum florentissima gens post multiplices in orbe victorias certatim rapuit et amavit."关于这一文本和关于伊西多尔对于哥特王国的赞颂,见 Teillet (1986),pp. 463 – 502,特别是 pp. 498ff。

㊿ *Chronicon*;*De Viris Illustribus*;*De Origine Officiorum* (in two books)。见 Clavis Patrum Latinorum (1995),nos. 1190 – 1215。

㊱ 见 Cazier (1986) 所做的可信的研究,pp. 373 – 386,and (1994)。

㊲ 关于加洛林人如何接受伊西多尔的思想,见 Fontaine (1992b)。亦见 *La Scuola*,in *Settimane* (1972)。

兴"。——译者）。

海岛上的民族为什么成为伊西多尔文化和理念最好的传播者，这是有着充分理由的。在最古老的爱尔兰和盎格鲁—撒克逊的拉丁语作品中，对语法和学识的强调回应了那些年轻的基督徒之基本需求，这些基督徒仅仅刚刚摆脱异教文化和他们自己的母语。海岛文化的两支火种（double flame），特别是自 6 世纪后半期以后，不仅归因于爱尔兰修道士中的游方使徒（peregrinatio Scottorum）在大不列颠和欧洲大陆的推动，而且首先归因于岛上拉丁语文化的高涨：就是在 597年，既是修道士又是传教士的奥古斯丁（Augustine）被格列高利指派为坎特伯雷主教。此前不久，科伦巴努斯（Columbanus）离开班戈（Bangor）修道院从爱尔兰到欧洲大陆。他和他的门徒在欧洲大陆创建了新的修道院，从勃艮第（Burgundy），经由瑞典（Switzerland）远至阿尔卑斯山南（Cisalpina），在那里，博比奥（Bobbio）的修道院于公元 614 年建立。在大不列颠和爱尔兰，5、6 世纪之交也似乎是一个发生重大变化的时期。

因他们的行为、思想和文学遗产，这些"中世纪伟大的奠基者"们使 7 世纪的文化换了一副崭新的面孔。他们利用了古代教育的遗产和在牧区推动下对受教育的基督徒新的要求——这种要求在牧师、修士和俗人之间是不同的。为了适应不同条件下对宗教生活的责任和义务，他们赋予那个世纪多样化的文化活动以积极的动力。这样的活动在北部和西北部的传播中呈现了强大的活力，即在这一地区，加洛林时代将开创其教会和由此而来的文化的改革。

西班牙处于伊西多尔时代的盛期，但这个世纪的其他时段却没留下像伊西多尔那样富了创新和有创造力的人物/头脑。王国的首都托莱多是文化活动的中心。许多哥特贵族的子女们都去那里接受教育。城市入口处的阿伽利（Agali）修道院不仅为修士和牧师提供教育，也接纳俗人。甚至在宫廷，某些受教育的王公也遵守伊西多尔的朋友国王西塞布特（Sisebut）——时期创立的传统，经常对于托莱多的诸位主教们行使一种保护，而这些主教们留下了语法、诗歌和历史及神学的著作。其中最杰出的人物是 679—690 年在首都的主教——朱利安（Julian）。他是神学家、《圣经》评注家、诗人、礼拜仪式作者，他还是一部语法书的作者，是《保罗反对旺姆巴的起义》（Re-

bellion of Paul against Wamba）一书的记录者，这本编年史因其叙事的生动故事情节，是西哥特时代唯一可以与图尔的格列高利的作品相媲美的著作。同时，一场非同寻常的文学活动正在西班牙西北部比埃佐（Bierzo）的荒僻山区开展着。修士弗鲁克特奥斯（Fructuosus）和瓦莱里乌斯（Valerius）的作品表达了简朴的天主教文化中的狭义的禁欲主义理想，其与伊西多尔的传统相去甚远，而与海岛上修道者的传统颇为相似。这段时间，即使有公元 650 年之后在帕维亚（Pavia）的一个奉行大公教信仰的王朝的推动，意大利伦巴第地区的拉丁文化仍进展很慢；但是从下一个世纪以后，文学作品在这里开始出现。

尽管 7 世纪的欧洲文化发展有些迟缓，包括在高卢/法兰克人中几乎不知道那几位因其平庸的编年史闻名的作者：弗雷德加（Fredegar）、利古热的"保民官"（Defensor of Ligugé）和科尔比的狄奥弗里德（Theofrid of Corbie）等，但是文化活动的复兴可以用准物质文化的风行来衡量，尤其是通过 7 世纪后半期手稿的抄写和传播来衡量。此一世纪后半期，在这个领域取得的进步，通过今天的写本学的研究，可追溯这些书籍及其携带者从西班牙到爱尔兰，再到德国，从罗马到大不列颠群岛之间传播的手段。我们可以举一个例子加以说明，对伊西多尔《论自然》（*Treaty on Nature*）的一部最古老的手稿的研究，可以使我们看到它在 7、8 世纪的各国宫廷中连续的再版和在欧洲的传播。[58] 这些古老手稿的稿本谱系图是根据常见的问题依据传统语文学的分类法建立的，由于在《古代拉丁文献集成》（*Codices Latini Antiquiores*）一书中可见的写本学分析，通过这种稿本关系图的研究能预测时间和空间。于是，就有可能补充一些有关"自西塞布特到查理这个时期，《论自然》（*De natura rerum*）一书传播"的文化史中的新篇章，并且有可能展示 7 世纪时三组手稿的祖先——西班牙的，从高卢到意大利的，从岛屿到德国的将其文本传到我们这一时代的路径。[59] 甚至可以确定的是，在大不列颠群岛，更可能是在爱尔兰完成了该文本的注释并增加了一章内

---

[58] Fontaine（1960）.

[59] Fontaine（1960），pp. 69 – 84，以及 7、8 世纪所见到的古典学说的谱系图（p. 70 图），反映在一幅地图上（p. 84 图）。

容。当然，我们必须尽可能地具备更加充分地使用批判性的手段，从而为以后的学者对于特定的缮写室中的抄胥们之拉丁语拼写及其特点从事研究提供素材。因此，人们可以通过手稿学所提供的可能性追溯现存文化的具体史实并绘制出手稿传播的地理范围：所以，文本编辑者的语言任务已与历史学家密不可分，并能帮助历史学家打开新视野。

占爱尔兰人（Scotti）的旅行及游方使徒们（peregrinatio）的朝圣理想在相当程度上也为古代手稿在大不列颠和欧洲大陆的传播做出了贡献。[60] 爱尔兰人科伦巴（Columbanus）的旅行就是学习古代经典的例子。6世纪初，他从勃艮第穿越阿尔卑斯山，沿路建立了许多修道院：从昂内格雷（Annegray）和吕克瑟伊（Luxeuil）到圣高尔（St. Gull）、布雷根茨（Bregenz）和博比奥。另一个很显著的例子是：诺森伯利亚的修道院院长本尼狄克·比斯科普（Benedict Biscop）于653—668年曾不止6次到达过罗马。[61] 不仅由于他坚持不懈地把大量珍贵的手稿带回英格兰北部，有些手稿甚至在维瓦利乌姆被抄写后传回到欧洲。[62] 比斯科普也将罗马圣彼得大教堂的圣歌带到了诺森伯利亚，以便于他直接向诺森伯利亚的修士们教授拉丁文的圣咏。

这样的成就不是孤立的。这解释了拉丁文化在岛民中的迅速传播和他们的知识储备以及他们对拉丁语的了解。塞维利亚的伊西多尔的几部著作早于7世纪中期就传至爱尔兰，说明了这种丰富资源的多样化特点。在这个罗马人从未征服过的岛上，基督徒的皈依和修道院（它们占绝对优势，甚至主教们都是修道院院长[63]）生活的发展，加之当地以拉丁语作为书面语，这些变化使新的文学作品不断涌现。从最古老的天主教圣徒传记中可以看出，新时期的文学作品即使不是和凯尔特文学传统交融的话，亦处于并存状态。[64] 人们也可能从一些奇

---

[60] 始于古代作品的传播，见 Levison（1946）和 Laistner（1957）。关于科伦巴，见 Clarke and Brennan（1981）所编文集中的文章，亦见 de Prisco in Polara 所做的书目（1987），p. 278。关于爱尔兰人和大陆的关系，见 Lowe（1982）and Picard（1991）。

[61] 关于本尼狄克·比斯科普和他的旅行，见 Hunter Blair（1970），pp. 135 – 183。

[62] Courcelle（1948），pp. 356ff and 374ff.

[63] 关于爱尔兰修道院—主教的问题，见 Stancliffe，前文第15章。

[64] 有关对这些发展的细致解释，见 Stancliffe（1992）堪称典范的研究。

异的拉丁化的诗歌"*hisperic*"中看到，仅这些奇怪的《西方讲演录》（*Hisperica Famina*，爱尔兰语或高卢语？）的标题本身就需要进行其神秘的词源方面的研究。[65] 对生僻字的爱好（有时借用于希腊语和希伯来语）、交集的构词法和诗行的韵律，构成了优美的富有艺术性的语言，其含混的语意有时被一种新鲜的灵感所弥补，这种灵感并非没有品位。从这些"游方学者"的回忆录中，对于内陆和沿海风景的描述打开了远离地中海古典世界的一个原始世界的诗意之门。

　　凯尔特—罗马人的文化影响在英格兰与那些 669 年从罗马到坎特伯雷的新的传教影响相交织：阿非利加修道院院长哈得良曾是那不勒斯（Naples）主教，而东方的修道士狄奥多勒（Theodore）曾是塔尔苏斯主教。[66] 这些罗马、高卢—罗马和爱尔兰流派的完美结合在诺森伯利亚体现得尤为明显。盎格鲁—撒克逊修道士尊者比德（Venerable Bede）的文学和精神天赋使他成为最后一个，但并非不足道的中世纪奠基者。[67] 在他的《英吉利教会史》（*Ecclesiastical History of English People*）（如果严格按照原文译，应该是"英格兰人民教会史"此处从陈维振、周清民译法，商务印书馆 1997 年版。——译者）一书中，比德表达了对两名罗马传教士作品的高度赞扬："二位在宗教和世俗文学能力方面都受过相应的教育，自从盎格鲁人征服不列颠后，肯定再没有更快乐的时光。"[68] 直到 7 世纪中期，罗马人的影响才开始渗透到诺森伯利亚的修道院林迪斯法内［635 年由艾奥纳（Iona）的埃当（Aidan）建立］和惠特比（Whitby）。[69] 这可以从分别于 674 年和 685 年建立的苇尔茅斯和贾罗修道院所实施的修道院教育中得到清晰的印证。

　　比德在贾罗修道院的半个世纪时间里（685—735 年）学习了大量的知识，同时再次发现了把罗马的庄重与古典的灵活性相联系的一种纯净拉丁语的秘密。他描述了自己所过的这种宁静但辛劳的生活，

---

[65] 这种研究始于 Herren（1974）and（1987）的注释本。两个版本都有详细的参考书目。

[66] Cf. Bischoff and Lapidge（1995）. 关于 7 世纪的英格兰，亦见 Thacker，前文第 17 章。

[67] 对于 Hunter Blair（1970）之研究的补充，见 Bonner（1976）and King and Stevens（1979）。亦见 Diesner（1981）。

[68] Bede, *HE* iv. 2："et quia litteris sacris simul et saecularibus... abundanter ambo erant instructi... neque umquam prorsus ex quo Brittaniam petierunt Angli, feliciora fuere tempora".

[69] 关于艾奥纳及其影响，见 Stancliffe，前文第 15 章、第 16 章，关于诺森伯利亚修道院，见 Thacker，前文第 17 章。

获得了思想的和精神上的双重愉悦："因此，我的一生都在这里度过，我倾尽全力专注于对《圣经》的思考，同时每天在教堂内参与日常宗教活动，倾听圣咏，我总是发现这里有可学习的、可训诫的、可写的甜蜜生活。"[70] 对于文学生涯的热爱和对上帝渴望的完美结合，还有比修道院更好的例子吗？同时，人们也会发现比德的方式已不再与伊西多尔的方式一致。同英格兰南部马姆斯伯里（Malmesbury）的奥尔德海姆（Aldelm）一样，比德也不相信修辞学、辩证法和古老的宇宙哲学（很遗憾，宇宙哲学没有被伊西多尔天主教化），他更倾向于《圣经》的绝对权威。在前基督教的智慧中，他只认可唯一的去除了古代异教痕迹的语法和在修道院生活中与推算历史时期有关的学术：宇宙学、天文学和日历估算。虽然他赞扬狄奥多勒和哈德良的世俗知识和神学知识，但他也确实不认可古代的文化，至少在理论上是不认可的。

756

　　岛屿文化必然在欧洲大陆出现奇迹，在恢复修道院生活中占主导地位的宗教训诫方面，在正确使用拉丁语方面——这对于修道士们的基础文化教育和维系宗教服务方面都是不可或缺的。岛屿文化所产生的对于所有新旧规则的虔敬，表现在7、8世纪的一些大陆修道院如本笃派和科伦巴派修道院中实行的所谓"混合型"院规的传播。[71] 另外，比德将用以留下最美的文学作品范式的纯净的岛屿拉丁语，与许多欧洲大陆人使用的拉丁语发生了激烈的碰撞，后者在其实用性方面，即使还算不上是语法方面甚至是字母书写（litterati）方面都已败落。这是因为尽管凯尔特人和撒克逊人都具有运用双语的能力，但却改用一种与其母语——凯尔特语和日耳曼语没有任何联系的习得拉丁语（Latinophones）说话和写作。矛盾的是，这种僵化的语言甚至比即将成为罗曼语系土地上使用的语言更为准确，而源自古罗马族群的拉丁语口语的迅速进化使这些土地上的语言变得多元化。后来，来自爱尔兰和不列颠的某种殖民地拉丁语言

---

　　[70]　Bede, *HE* i. 5, 24："cunctumque ex eo tempus vitae in eiusdem monasterii habitatione peragens, omnem meditandis scripturis operam dedi；atque inter observantiam disciplinae regularis, et cotid-ianam cantandi in ecclesia curam, semper aut discere aut docere aut scribere dulce habui."

　　[71]　这种混合形式特别表现于王后巴尔希尔德（Balthild）于650年以后所建立的那些修道院中。我们可以在8世纪的圣万德里尔修女院（St. Wandrille）中看到。见 Fontaine（1982）。关于巴尔希尔德，见 Fouracre、前文第14章。

的再输入使拉丁语书面语和口语的分歧逐渐减小，同时也有助于巩固拉丁文化在欧洲大陆的地位。再后来，修正古代语言的意识之再现，也只是增加了此后之书面语和口语不可逾越的距离感。大陆罗曼语的出现也产生了同样的效果。

在这些碰撞中，一种新的文化正在诞生。在法兰克人的高卢，同在西班牙一样，在一些没有受过教育的抄胥们所编辑的拉丁语文本中出现了极其丰富的古典特征，如在马尔库夫（Marculf）的《修道院规则》（Formulary）和弗雷德加的编年史中，抑或在西哥特人刻的石板上，[72] 正是对这些古代作品、教父作品，也包括对世纪初那些伟大作者们作品的阅读，支撑着人们努力去恢复一种忠实于传统学派标准的拉丁语，但这种努力却面临着主教辖区及各教堂布道水平降低这一背景。然而，圣徒传的作者在描述后来的圣徒们之童年和青年时期时，可使我们概览一下 7 世纪学者受训练的各种模式。[73] 除了在各教堂和修道院中的教育外，我们还可以从这些文本中看出某种智力的和/或精神的传授在一些地方还是有保证的。首先，在家庭内部，人们有时候将孩子委托给一个教师；然后是某些城镇的主教在公学中继续执行其庇护权；最后在王室宫廷内，青少年经常由一位监护人（nutritor）照顾，他对孩子的身体、道德、智力甚至宗教信仰拥有某种意义上的监督权。除了在家庭内对孩子的启蒙教育外，青少年在以后出席的各种场合很少受教会规则限制，因为这种规则在不同的传记中有不同的说法。教育方法和内容依受教育者是修道士、牧师还是俗人而不同，即使许多例子已经显示出这三种方式之间存在交叉。我们也能区别地理上的差异：南方更忠实于古遗产，北方更遵从凯尔特和日耳曼风俗。于是，无论从理论还是实践上看，教育方法和目标的不同都反映了正在形成的新社会的差异。口语传统在诸如聆听朗读、布道、祈祷和唱颂诗篇及赞美诗这样连续不断的宗教仪式中被巩固，但是，即使面对这样的民众文化更新，这些新兴的社会仍在刻意地保持着于宗教生活和行

757

----

[72] 这些石板铭文由 Velazquez（1989）and（1991）编辑。但在 Dıazy Dıaz（1992）的判断中，这些铭文仍然是拉丁文刻写的。

[73] Heinzelmann（1990）.

政管理必不可少的书写实践。⑭

　　口语和书面语之间的紧张状态还没有达到分离点。大格列高利的训诫和多元化的语言实践行为保持着一种宣教模式：即竭尽全力降低自己的拉丁语的文体水平，以使所有的听讲者都能理解。在高卢北部，《圣埃利希斯传记》（*Life of St. Eligius*）是由埃利希斯的朋友、鲁昂主教奥多因（Audoin of Rouen）在公元 660 年埃利希斯去世后不久编写的，书中显示，在 7 世纪末，牧师与听者之间的拉丁语交流，在一定的前提下——在说话者迫使自己"发音纯朴，风格富于变化"的情况下，仍可为人们所接受。在这本《传记》中抄录的埃利希斯（Eligius）布道的片段证明了作者为使语言简化而做出的努力，即使这种简化"极可能使其听众失去部分信息"⑮。

　　7 世纪末，东西方文化的分离达到了危险的边缘。由于查士丁尼在西地中海的军事冒险，加之他所采取的神学立场，从而导致的东西方互不信任加剧了这一分离。这种分离，因希腊语在西部逐渐被忽视而拉丁语在东方被逐渐忽视而日益严重——在希拉克略（Heraclius）统治时期，拉丁语已不再是帝国的官方语言⑯。在西部，在此两个世纪期间，希腊文化和语言只在少数享有特权的重镇保持着微弱的优势。例如，马丁（Martin）主教在位时，布拉加（Braga）有一所修道院翻译学校，且在几十年内，坎特伯雷见证了塔尔苏斯（Tarsus）的狄奥多勒（Theodore）的希腊和罗马双语文化日益扩大的影响，但拉文纳（Ravenna）的拜占庭官员们和居于罗马东部的避难者们似乎并没有对当地希腊语言或文化的保留做出贡献。只有西西里岛仍然是保有足够活力的希腊化文化的家园，足以使皇帝康斯坦兹二世（Constans Ⅱ）于公元 660 年，当帝国几乎被伊斯兰教和斯拉夫民族打败之时，考虑将拜占庭帝国都城迁往西西里岛；但这里的希腊文化仍是海岛文化，即孤立的文化。拜占庭属阿非利加已落入阿拉伯人之手，他们于 695 年攻克了迦太基（Carthage），之后从 711 年开始占领西班牙的大部分地区：拜占庭于是失去了西地中海区域除拉文纳（Ravenna）总督区之外的最后一些基地。

758

---

⑭　Van Uytfanghe（1974）及 Richter（1994）对于口语文化的论述。
⑮　此即 Banniard（1992b）清楚且微妙的结论。
⑯　见 Berschin（1968）and（1980）；亦见 Herren（1988）。

所有那些阿拉伯人所征服的原罗马的领地上，开始了受教育者及大批手稿被带往地中海西北部基督教土地上的长期迁徙活动，这对于准备加洛林王朝（Carolingian）的文化复兴是最为重要的因素。加洛林王朝的文化复兴是自 687 年泰特里（Tertry）之战即可预见到的政治变化的间接后果。泰特里之战的胜利者是奥斯特拉西亚的宫相赫尔斯塔尔的丕平（Pippin of Herstal），这次胜利也预示了法兰克人的政权从墨洛温家族向丕平家族的最终转移。[77] 丕平家族成员（或后来的加洛林家族成员）曾经在圣德尼（St. Denis）接受教育，势必关注高卢北部和东部修道院，特别是位于斯凯尔特河（Scheldt）和默兹河（Meuse）之间的他们自己领地上的修道院的管理。他们极为看重修道院的教育，因此让自己的孩子们都接受这种教育。在同一地区（今天的索姆河流域）即后来之泰特里战役的爆发地，爱尔兰人于 7 世纪后半期在佩罗讷斯科托罗姆［Peronne Scottorum，即后来的皮隆尼（Peronne）镇］，在他们的同胞、死于 650 年的圣弗斯（St. Fursey）的墓地附近建立了一所修道院。这所修道院后来成为对欧洲大陆上莱茵河两岸的宗教和文化产生影响的最为活跃的传教基地。还是在 7 世纪末，拉丁文化再次成为北意大利官方认可的文化。拜占庭和伦巴第人于 680 年在此地签订了和平条约。几年后，库尼佩特（Cunipert）王正式欢迎拉丁文法专家进入其位于帕维亚（Pavia）的宫廷，同时，一种名副其实的拉丁文学作品相应产生：散文作品有公元 671 年完成的《伦巴第人的起源》（*Origo Gentis Langobardorum*），诗歌作品有 698 年出现的《康西里奥·蒂西南希的韵律诗》（*Rythmus de Concilio Ticinensi*）。

在文化复兴的信号遍及基督教的西方之时，伊斯兰教对于除小亚细亚之外的所有拜占庭东方的控制已经得到巩固和加强，君士坦丁堡亦于 673 年到 677 年间曾经 5 次被阿拉伯军队包围。诸多城市不可避免的衰败和这些入侵造成的破坏和屠杀，给古代的和基督教的希腊化文化以沉重打击，使之很难恢复原状，而且，自 395 年帝国的东西两部分离之后，对于其学术机构来说，很难改变其运行程序或者方法。

---

[77] 关于对泰特里之战及其结局的不同认识，见 Fouracre，前文第 14 章。

这些灾难在如此衰落的东罗马帝国引起了文化传统的真正断裂。[78] 因此在拜占庭出现了文汇（florilegia）和启示录（apocalypses）类的作品，以及教父作家（Patriographers）们的历史小说，这些教父作家们为了弥补对当下生活的失望，幻想着试图重写过去的历史。这一代人以一种反省良知的方式，重新界定他们的知识范围，在"不确定中达到安全和永恒"。于是，他们以一种模糊的方式准备着拜占庭文化的深刻变单，即准备着另一个中世纪的痛苦诞生。[79]

王航 译，徐家玲 校

---

[78]　涉及此后期延续和突然的断裂方面的论述，见 Lemerle（1971），尽管这一相当好的作品遗憾地把基督教文化及其作品分离开来。亦见 Kazhdan（1983）和 Wilson（1983）。

[79]　这种对于危机意识和 7 世纪影响拜占庭文化之缓慢变化，特别在 Cameron（1992）的作品中加以阐释，本章之最后一节从她的作品中获得了灵感。

第二十八章 A

西欧的艺术与建筑

严·伍德（Ian Wood）

西罗马帝国的结束导致了西欧最终分裂成众多后罗马国家。新主人多半是曾经统治西罗马各行省领地的日耳曼人的战争首领，虽然在不列颠西部，凯尔特人势力复苏，而爱尔兰和苏格兰的大部分地区从未臣服于罗马的统治。日耳曼民族的出现，及凯尔特诸王国的发展，引进或至少使非罗马艺术传统更加突出，尤其是金属制品和后来的手抄本图案花饰艺术。与此同时，罗马文化传统仍在延续，并且取得实质性的进展，这不仅仅是在西部一些被拜占庭所夺回的地区，如东哥特意大利。一些尚未进入文明时代的西部蛮族王国亦从许多方面模仿罗马帝国，包括搜集和制作罗马风格的艺术品。然而，对罗马风格的模仿并未足以令这些地区强大到建立起自己统一的艺术文化系统。

纵然基督教为西方世界规定了单一的宗教体系，一套共同的宗教习俗（如礼拜仪式和朝圣），同时也许还存在一种更统一的理解艺术的解释立场，但即便是宗教信仰如此统一的发展也没有形成一种统一的文化模式。[1] 出自《圣经》的个别场景被反复描绘的同时，教会的主要圣徒都拥有清晰的图像造型，使之在后罗马时期的西方大部分地区拥有易于辨认的形象。[2] 尽管如此，在西罗马帝国灭亡后的几个世纪里，西方艺术与建筑从未呈现过任何一种单一固定的风格。[3] 显然，就其本质而言，多样性与尝试性无论如何都是艺术领域在这一阶

---

[1] Elsner, J. (1995)。

[2] 关于艺术表现领域内的变化，见 Brown (1999) and Wood (1999)。

[3] Nees (1997), p. 966. Nees, L. (1997), "Introduction", *Speculum* 72: 959–769.

段最显著的标志。

建　筑

　　从许多方面来看，建筑乃是西方早期中世纪艺术门类中最不具创新性的领域。与拜占庭不同，西欧没有看到任何像圣索菲亚大教堂（Hagia Sophia）穹顶式建筑那样引人注目的作品。当然西部也有一些以中心圆顶式设计的建筑，尤其是洗礼堂，还有拜占庭拉文纳圣维塔利教堂（St. Vitale）。对于洗礼仪式来说，一座方形、圆形或八边形的建筑在当时具有一定的实用性，也迎合观念上的需求，因为这种造型方式与墓穴建筑相关：除了"旧"亚当之死和"新"亚当之生，还有什么是洗礼呢?④ 大多数西方的教堂建筑，或多或少都是以某种方式从长方廊柱式教堂（basilica，习惯于译之为巴西利卡。——译者）中衍生出来的，其形式符合大众礼拜仪式的需求。

　　当然，也有其他一些强制性因素决定了早期中世纪教堂的构建模式。甚至在罗马，一些建筑被重新加以利用，要么是全部，要么就是攫取旧的建筑材料（spolia）作为新建筑的一部分。6—7 世纪一些最重要的教宗座教堂改建于以前的建筑：葛达二圣堂（SS Cosmas and Damian）是在原帝国两幢建筑的基础上创建的（约530 年），殉道者圣玛利亚教堂（St. Maria ad Martyres，609 年）是在原万神殿基础上重建的，而圣阿德里亚诺（St. Adriano，约630 年）则是当年的元老院建筑。⑤ 以上所列之第一座教堂和最后一座教堂是长方形纵向式建筑。在所有上面三种类型中，对前代建筑的接管一定也体现了教宗与旧时事物的联系：同帝国及元老院的古老的统治结构，或者同失败的异教传统有关。教宗继承了帝国及元老院的职能，同时战胜了异教传统。

　　此外，还有一些主要的教堂建筑是"从废墟中建立起来的"：包括教宗贝拉基（Pope Pelagius）的圣洛伦佐教堂（St. Lorenzo，约580 年）和洪诺留教宗（Pope Honorius）的圣阿涅斯（St. Agnese，约630

---

④ Krautheimer（1942）.
⑤ Krautheimer（1980），pp. 71，72.

年）教堂，值得注意的是，这两座教堂都是建于罗马城外地下陵寝之上的新建筑。⑥ 其功能之一想必是为了应对寻找殉道者圣地的朝圣者们。然而这一时期建立的最具影响的罗马建筑却不是一座完整的教堂，而是一座由大格列高利（590—604 年在任）所创建的新颖的环形地穴（crypt），如劳伦斯和阿格尼斯（Laurence and Agnes）的神殿一般，用以应对众多的朝圣人群：这些朝圣者是来拜谒罗马最高级别的神殿——圣彼得大教堂（St. Peter）的。⑦

拉文纳作为拜占庭在意大利的行政首府，有更多确凿的证据表明新建筑在当地的兴起。这座城市见证了在整个 5 世纪建筑事业的蓬勃发展，它一跃成为受狄奥多西王朝最后几位西方统治者所青睐的城市。有一座由卡拉·普拉西迪亚公主（Galla Placidia，死于 450 年）所建的宫廷礼拜堂，即传道者圣乔瓦尼巴西里卡式教堂（St. Giovanni Evangelista，425 年建）和为崇奉圣十字而建的建筑群，包括圣劳伦斯神殿（St. Lawrence），即现今被（错误地）认作是卡拉·普拉西迪亚公主陵寝的地方。与此同时拉文纳主教们参与了城市主教堂和洗礼堂的建设。这一具有纪念意义的传统在东哥特国王狄奥多里克（Theoderic，493—526 年在位）的统治之下得以延续，他自己被安葬在拉文纳城外壮观的两层陵寝之中，毫无疑问，这座陵寝唯一的日耳曼特征是一个雕凿的长条形饰带，让人追想起蛮族的金属制品（图1）。⑧ 然而，狄奥多里克统治时期幸存下来的大部分建筑都是教堂，尤其是为国王的阿利乌斯派（Arian）追随者们而建造的教堂，其中包括巴西利卡式宫廷小教堂，即现今被称为圣阿波利纳里新教堂（St. Apollinare Nuovo）和阿利乌斯洗礼堂的建筑。至今幸存于拉文纳的规模最为宏大的基督教堂是位于克拉赛（Classe）的圣维塔利教堂（St. Vitale）和圣阿波利纳里教堂（St. Apollinare），也是东哥特人统治时期开始的规划项目。这些教堂都是在公元 540 年拜占庭收复拉文纳之后建设完成的，⑨ 其项目可能受益于帝国的慷慨资助：圣维塔利教堂得到了来自马尔马拉海的普罗科奈索斯（Proconnesos）帝国采石

---

⑥　Krautheimer（1980），pp. 83 – 85.
⑦　Krautheimer（1980），p. 86.
⑧　Deichmann（1974），p. 221.
⑨　Deichmann（1976），pp. 48 – 49，234 – 235.

场对首府建设的石料供应。⑩

拉文纳不是 6 世纪亚得里亚海岸城市（Adriatic）中唯一拥有如此新颖别致教堂的城市。和拉文纳那些伟大的教堂几乎同样令人印象深刻的建筑是由尤福拉修斯（Euphrasius）主教建于波雷奇（Porec）的伊斯特里亚（Istrian）小镇上，融合了巴西里卡、中厅和洗礼堂的主教建筑群，留存至今。⑪ 尤福拉修斯的教堂看起来也曾受益于查士丁尼的支持，以来自拜占庭的大理石柱头为荣。然而，在西方的其他地方，建筑的历史却很难追溯。西欧日耳曼继承者的建筑很少能肯定地追溯到 6—7 世纪。在西哥特的西班牙，有少数可能存在的例证，其中有位于帕伦西亚（Palencia）大教堂的地下建筑、圣胡安 – 德巴尼奥斯（San Juan de Baños）的教堂建筑（图 2）、金塔尼亚德拉维纳斯（Quintanilla de las Vinas）教堂和圣佩德罗教堂（San Pedro de la Nave）。⑫ 上述最后一座教堂的建筑曾从其原址大规模迁移，其重建部分的真实性令人怀疑。无论如何，其建筑的原始日期尚不明确，所以金塔尼亚德拉维纳斯教堂同样存在年代追溯问题，但是有一段 879 年教堂修复情形的碑文，留下了有关此建筑之第一阶段竣工（*terminus ante quem*）的清楚记载，该教堂可能为西哥特人所建。另一段 661 年的铭文记录了西哥特国王雷切苏伊斯（Reccesuinth）主持修建带有走廊的圣胡安 – 德巴尼奥斯（San Juan de Banos）教堂的更为准确的时间，尽管由教堂东端的考古挖掘得知，它起初是三叉戟形的，之后被彻底改造。尽管这些建筑的断代与其初建的形制问题有待考证，但可以肯定的是，其中一些带有走廊的石制建筑，在西哥特王国时代即已建立，这些幸存建筑的赞助人中有西哥特的诸位国王。王室赞助之事更为明确的例证是 6 世纪的国王莱奥维吉尔德（Leovigild，568—586 年在位），他决定建立一座新的城市雷克波利斯（Reccopolis），这是以他的儿子雷克雷德（Reccared）命名的。⑬

763

法兰克国王比西班牙国王拥有更为雄厚的资源和更强大的国力去支持建筑项目，但也给建筑史学家们抛来了更多的问题。墨洛温王朝

---

⑩　Deichmann（1976），pp. 96 – 105.

⑪　Prelog（1994）.

⑫　Fontaine（1973），pp. 173 – 177，195 – 209.

⑬　Heather（1996），pp. 293 – 295. 亦见 Barbero and Loring，前文第 13 章。

时代（Merovingian）的皇家建筑无一存留。在普瓦蒂埃（Poitiers）被誉为最为壮观的洗礼堂建筑也许正出自这个时代，而对其建设时间的看法始终存在争议。[14] 而关于两座半地下建筑的年代鉴定得到更为普遍的共识：建于 7 世纪的位于茹阿尔（Jouarre）的修道院地下室，[15] 及建于 7 世纪晚期或 8 世纪早期，位于普瓦蒂埃（Poitiers），后来被冠以 *Hypogée des Dunes*（地下礼拜堂）之称的陵寝建筑。[16] 考古发掘出来的伟大建筑的遗迹至多处于计划层面，主要出自 6 世纪时期的巴黎[17]和墨洛温王朝晚期的尼韦勒（Nivelles）。[18] 对此一时期教堂的记载都极其稀少，[19] 尽管图尔的格列高利所写的《历史》一书对圣马丁教堂的描写却为我们展现了 6 世纪大型神殿的恢宏之势，教堂碑铭的描述也向我们展示了一位朝圣者在向圣殿靠近之时如何渴求得到精神上的响应。[20] 书中还用极为引人入胜的笔墨描写了 7 世纪在芒格略（Manglieu）的一座显然是综合性的修道院教堂建筑。[21]

事实上，英格兰比墨洛温本土拥有更多的 7 世纪高卢石制房屋存留。本尼狄克·比斯科普（Benedict Biscop）修道院院长得到了另外一位名为托瑟姆（Torhthelm）[22] 的法兰克修道院院长派来的高卢石匠承担建设任务，而他也同样要从法兰西亚（Francia）雇用玻璃工人。[23] 苇尔茅斯修道院（Wearmouth，建于 674 年）的正面西侧建筑存留下来，[24] 贾罗修道院（Jarrow，建于 682 年）的唱诗堂完全是盎格鲁—撒克逊模式，[25] 这些遗迹提供了现今最多的可辨识的墨洛温建筑技术的例证。进一步讲，由于比斯科普得到了王室的资助，[26] 他所雇用的是可以找到的当时最卓越的建筑师们。是否这些高而狭窄的侧

---

[14] Duval (1996), pp. 290 – 301.

[15] De Maill'e (1971); Duval (1998), pp. 188 – 197.

[16] Duval (1996), pp. 302 – 309.

[17] Duval (1998), pp. 151 – 183.

[18] Mertens (1979).

[19] 无论如何，还得看 Knögel-Anrich (1936) 所编的资料集。关于 6 世纪的勃艮第王国，见 Wood (1986)。

[20] Van Dam (1985), pp. 230 – 255, and (1993), pp. 308 – 317.

[21] *Vita Boniti c.* 16.

[22] *Vita Ceolfridi c.* 7.

[23] Bede, *Historia Abbatum c.* 5.

[24] Taylor and Taylor (1965), pp. 432 – 446.

[25] Taylor and Taylor (1965), pp. 338 – 349.

[26] Wood (1996), pp. 1 – 3. 27 Webster and Backhouse (1991), pp. 138 – 139.

廊建筑成为 7 世纪法兰西亚的建筑典范，现在来看是很难确定的。贾
罗修道院也以其拥有法兰克玻璃工的高超技艺而自豪，尤其是一幅玻
璃窗上精致的人像描绘。[27] 除了苇尔茅斯和贾罗的例子之外，还有威
尔弗利德（Wilfrid）的里彭修道院（Ripon，约 671 年）和赫克萨姆
修道院（Hexham，约 672 年）的地穴建筑，[28] 以及他们对罗马砌石技
术的重新运用。

　　盎格鲁—撒克逊的例证不仅对于考察法兰克泥瓦匠和玻璃工当年
的精湛技艺有着重要意义。把这些幸存下来的材料和文字证据结合起
来也很重要，可以让我们对建筑的意义多一些洞察。一些建筑用罗马
的石料修筑，倾向于唤起人们对罗马的记忆，但在建筑规模和风格方
面无法与任何一座帝国宫殿或教宗建筑相媲美。在不列颠，石制建筑
传统从 5 世纪以来似乎呈逐渐衰落状态，其后几个世纪，不列颠人
（Britons）和即将到来的爱尔兰人都用木料建造房屋。[29] 日耳曼人也
习惯了木造建筑的传统。由此，用石料建造房屋成为一项故意的行
为，它涉及对罗马的建筑材料的再利用。7 世纪英格兰的石制建筑暗
示了一种对罗马传统或者对罗马教堂的依附：本尼狄克·比斯科普在
苇尔茅斯和贾罗用罗马石料建造，暗示了其与赞助人意识形态间的紧
密关系。[30] 威尔弗利德的建筑也许含有更多对罗马风格的回应：位于
赫克萨姆（Hexham）的修道院，其地穴及廊台被构想为罗马圣阿涅
斯（St. Agnese）朝圣者教堂的仿制物，该教堂也许在威尔弗利德初
次访问罗马之时仍然是崭新的。[31] 事实上，威尔弗利德的赫克萨姆修
道院的地下室似乎不是为了让人追忆起耶路撒冷的圣墓教堂（Holy
Sepulchre in Jerusalem）。[32] 和罗马一样，耶路撒冷也可能是由本尼狄
克·比斯科普在苇尔茅斯和贾罗的建筑所代表，尽管这里的意图似乎
是重建所罗门的神庙。[33]

[27] Webster and Backhouse（1991），pp. 138 – 139.
[28] Taylor and Taylor（1965），pp. 297 – 312, 516 – 518.
[29] Bede, HE iii. 25.
[30] Bede, Historia Abbatum c. 5.
[31] 见 Stephanus, Vita Wilfridi c. 22. 一书中的描述。
[32] Bailey（1991），pp. 20 – 22.
[33] Wood（1996），pp. 15 – 16.

雕　塑

　　虽然罗马和拉文纳的建筑艺术无论是规模还是技术实力都远胜于法兰克与不列颠，而6—7世纪，整个意大利却很少能以其建筑雕刻为荣。且不说来自普罗科奈索斯采石场的石料，这一时期几乎鲜有新的圆形柱头出现。在4—5世纪的基督教帝国重新焕发生机的各种柱头模式，如爱奥尼亚式、科林斯式和混合样式柱头，似乎结束了其艺术生命。[34] 此外，即使伦巴第雕刻属于一个重要的艺术流派，特别是在奇威达莱，但直到8世纪中期，在伦巴第王拉齐斯时代（Ratchis，744—749年，756—757年）才成为公众注意的焦点。[35]

　　在西班牙，此一时期的建筑雕刻代表是带状装饰物的应用，包括金塔尼亚德拉维纳斯教堂（Quintanilla de las Vinas）的附着于其表面的涡卷形藤蔓装饰，这种装饰在建筑表面大面积环绕。[36] 引起更多质疑的是圣佩德罗教堂（San Pedro de la Nave）之带有图案装饰柱头的年代问题——从艺术史角度来说它也是这座建筑最能引起研究者兴趣的地方。[37] 尽管缺乏任何类似之物的清晰对比，但它们也许是西哥特时期的产物，因为有一则墨洛温时期的资料似乎提到柱头装饰的情况。[38]

　　至于墨洛温王朝，没有任何带有装饰图案的柱头能确定为是此一时期的遗物，尽管茹阿尔修道院地窖的一些柱头可能是墨洛温时期的，另外一些柱头则是对罗马铁骑时期古建材料的夺用（spolia），当然还包括19世纪经过修缮的部分。[39] 除此之外，在茹阿尔还有一尊雕塑的例证。尤其是雕有一双人物的嵌板装饰，上面刻画有一个人在焚香致敬，这似乎曾是建筑装饰的一部分。较为出名的作品是茹阿尔修道院地穴中雕刻精美的石棺，特别有代表性的是修道院的女主持塞

---

[34]　Onians（1988），pp. 59 – 73.

[35]　Christie（1995），pp. 199 – 203.

[36]　Fontaine（1973），pp. 206 – 207.

[37]　Fontaine（1973），pp. 203 – 204.

[38]　*Vita Boniti c.* 16.

[39]　De Maill'e（1971），pp. 145 – 150 Duval（1998），p. 193. 关于来自阿基坦采石场的柱头的减少，见 Cabanot（1993），pp. 111 – 119。

乌德奇迪斯（Abbess Theudechildis）和阿吉尔伯特大主教（Agilbert,
死于680/690年）的石棺。即使对这些作品制作年代的看法仍然存在
争议，也有说法认为塞乌德奇迪斯的石棺上贝壳状雕刻技巧的娴熟运
用应归属于卡洛林王朝（Carolingian）时代，但阿吉尔伯特石棺其侧
面对复活主题场景的清晰刻画，加之末端伴随有福音传道者符号标识
的基督图像，这些无可争议的证据表明该石棺应是属于墨洛温王朝时
期的作品（图3）。[40] 拥有墨洛温王朝法兰西亚地区人像雕刻的，也
并不止茹阿尔一处。8世纪早期阿马亚（Amay）的女修道院院长赫
罗德欧拉（Abbess Chrodoara）石棺顶盖的人像图案装饰虽不够细致，
但却让我们产生极大的研究兴趣。[41]

　　此外，就像茹阿尔的地穴建筑一样，位于普瓦蒂埃的地下礼拜堂
（Hypogée des Dunes）拥有数量巨大的精彩雕刻作品流传，虽然在这
个地下礼拜堂存留下来的一些雕塑作品几乎完全是作为建筑的一部分
而创作的。在地下墓室的入口处十分奢华地运用样式丰富的几何图案
和动物造型加以装饰，其中一些图案在当时被认为具有神奇的功用，
意在保护这神圣之地。[42] 这里再一次运用了人像雕塑：雕刻出来的成
排的天使，并不那么忠实于正统信仰，同时还隐约呈现出基督受难场
景中的两个盗贼形象，可能是在耶稣受难之后残存下来的。这些都意
味着，这座地下建筑恰如赫克萨姆（Hexham）和里彭（Ripon）修道
院的地下墓穴一样，试图唤起人们对圣墓教堂（Holy Sepulchre）的
敬畏之情。

　　在英格兰，得到鉴定的残存建筑雕刻艺术品也许远远多于西班牙
和法兰西的遗迹。在莘尔茅斯，西端的门廊和塔楼的最底层装饰着两
对相互缠绕的蛇，也许是有辟邪作用，在更高的位置能看到残存的人
物形象。[43] 在莱德舍姆（Ledsham），通向塔楼的入口处运用了植物图
案装饰的雕塑，尽管大部分石刻曾在某些方面被修饰一新，但仍然透
出维京时代早期的装饰理念。[44] 莱德舍姆也拥有万寿菊图案的带状层
拱装饰技术，类似于圣胡安 - 德巴尼奥斯（San Juan de Baños）教堂

766

---

[40]　De Maill'e (1971), pp. 195–216; Duval (1998), pp. 193–195.

[41]　Gaillard (1996), p. 453.

[42]　Duval (1996), pp. 302–309; Kitzinger (1993), pp. 4–6.

[43]　Cramp (1984), pp. 125–6; Kitzinger (1993), p. 4.

[44]　Taylor and Taylor (1965), pp. 380–382.

的装饰手法，运用在圣坛拱顶两侧。其他大多数存留下来的建筑雕刻艺术作品很可惜没有留下确切的建筑文脉。于是，许多存留下来的来自茅尔茅斯和贾罗的栏柱饰品，也许是想通过这些装饰使教堂重现伟大的所罗门圣殿。[45] 两处遗址还都保存着当时参加礼拜仪式所用设施的碎片。在赫克萨姆（Hexham）保留有一个早期的撒克逊平安座（frith-stool），同时拥有数量众多的雕刻碎片，其中的一些也许曾用于早期墙壁上部的装饰带。[46] 所有这些残片的存在证明一座较大的盎格鲁—撒克逊教堂的整体装饰一定要比贾罗和埃斯科姆（Escomb）教堂简朴的墙面有更为丰富的效果。

　　建筑型雕塑一般被置于盎格鲁—撒克逊石雕发展之首。盎格鲁—撒克逊英格兰之最著名的前维京时代的十字架作品，现在看起来都是经过改造之后的模样，没有一件作品可以追溯到公元700年之前。[47] 爱尔兰存留下来最早的十字架石雕作品的创作时间甚至更晚，最早的也要到8世纪晚期。[48] 从文学资料可知墨洛温王朝也开始竖立起十字架，[49] 虽然对于它们是什么材质以及是否被装饰都不甚明确。

　　岛屿十字架的源头也充满了不确定性。十字架的灵感来源之一很可能是在圣地（Holy Land）竖立的十字架，例如在各各他（Golgotha）和约旦河岸。西方世界存在的这种异想天开的表现力，前者即圣地十字架，出现在罗马的圣普登吉阿纳教堂（S. Pudenziana）的半圆形后殿的镶嵌画中，[50] 后者可能出现于拉文纳东正教会洗礼堂内的穹顶镶嵌画中。诺森伯利亚国王奥斯瓦尔德曾在"天堂之地"（Hefenfelth）战役之前，竖立起一个木制十字架。[51] 也许是在8世纪早期的某一节点，这种潮流逐渐渗透于已经在教堂建筑和礼拜用器物占主导地位的雕塑传统中。值得注意的是，研究最为关注的在鲁斯威尔（Ruthwell）幸存下来的盎格鲁—撒克逊十字架作品，似乎最初仅仅是一个支柱，只是后来才增加了一个十字头。[52] 各各他的十字架表

767

⑮　Cramp（1984），pp. 118 – 121, 128 – 129；Wood（1996），p. 15.

⑯　Cramp（1984），pp. 174 – 193.

⑰　Bailey（1996），p. 42.

⑱　Harbison（1998），pp. 151 – 153.

⑲　Wood（1987），pp. 26 – 29.

⑳　Bailey（1996），p. 47.

㉑　Bede, *HE* iii. 2.

㉒　Orton（1998），pp. 65 – 106.

面饰以各种珠宝，或许一些盎格鲁—撒克逊的十字架也曾有同样的装饰：[53] 盎格鲁—撒克逊诗歌《十字架之梦》（*Dream of the Rood*）让人想起了这种镶满宝石的十字架。[54] 幸存下来的石制十字架显示了盎格鲁—撒克逊人曾试图把他们中东的楷模使用的宝石工艺应用在雕刻装饰上。

马赛克装饰和绘画

这个时期意大利的建筑石雕方面的不足，在镶嵌画装饰领域予以弥补。追溯到 5 世纪晚期到 6 世纪，拉文纳（Ravenna）以其拥有大量的镶嵌画装饰而著称于世，7 世纪亦有两块重要的嵌板装饰。[55]

从受卡拉·普拉西迪亚委任制作的希腊化风格的镶嵌画装饰演变为狄奥多里克（493—526 年在位）和查士丁尼（527—565 年在位）统治时代更为符号化的形象，拉文纳艺术作品中呈现出的明显的风格转变已经得到大量研究。[56] 这点可以在东正教堂（约 450 年）与阿利乌斯派洗礼堂（公元 500 年）的穹顶镶嵌画装饰之间做一个简单的对比。在这些纪念性建筑物的室内都有一个位于中央穹顶的描绘耶稣受洗情景的圆形图案，使徒环绕在周围。然而早期的穹顶图绘形象显得不那么呆板，并使用了蓝色背景，而不像后来所使用的表现另一世界的金黄色。

查士丁尼时代的镶嵌画较之狄奥多里克统治时代还可进行进一步的对比。如今狄奥多里克宫廷礼拜堂的镶嵌画只有部分设计得以保留，即现在的新圣阿波利纳里教堂（St. Apollinare Nuovo），尤其是其一系列精彩的新约图景，其中关于基督的神迹与基督受难的景象分别加以描绘，施神迹的耶稣是一个不留胡须的年轻人，而受难者耶稣则是一个留有胡须的长者形象。不可思议的是这种位于穹顶部位的环形图案，之前人们从来不容易读懂它：它最初或许主要是为了区分神圣

[53]　Bailey (1996), pp. 7 – 11；Hawkes (1999), p. 213.

[54]　Ed. Swanton (1970).

[55]　在 Deichmann (1958) 的著作中，有完整的图像记载，而在 Deichmann (1974) 和 (1976) 的作品中，有完整的评注。

[56]　如，可见 Kitzinger (1977), pp. 60 – 61。对于一种深刻变化的理念，而非风格的转变，见 Kitzinger (1993)。

空间而存在的。[57] 在教堂西端装饰画的最下部有拉文纳宫殿及克拉赛港口的图景。原初，在这些建筑物中，应该是有人物形象的，据推测可能是国王或朝臣，但是它们在拜占庭时代被移除，同时包括那些占据了横幅图画长卷的最东端位置的建筑景观与图像及基督以及圣母、圣子形象之间的其他所有图像。取而代之的是圣母与殉道者列队前行的场景，其风格与阿利乌斯派洗礼堂的描绘没有什么不同，是在拜占庭征服之后插入的。这些画面的关注点是基督与圣母[58]，与此同时，每一队列中的打头的都是马丁（Martin）与尤菲米娅（Euphemia），新的装饰风格体现的是正统的观念：图尔（Tours）主教以其反对阿利乌斯教派（Arianism）而闻名，尤菲米娅正是这座教堂的守护神，卡尔西顿大公会议（Council of Chalcedon）于 451 年就在此地如期举行。其教义得到主教阿格内卢斯（Agnellus，556—569 年在任）的关注，他下令重新装修了狄奥多里克的教堂。这也便是所谓除去对哥特宫殿的"回忆"（*damnatio memoriae*），尽管还有一幅狄奥多里克的形象幸存于新圣阿波利纳里教堂，但它被偷梁换柱，并重新改为查士丁尼的画像。[59]

绘制狄奥多里克肖像的最初灵感也许是源自一组皇帝的图像，当时卡拉·普拉西迪亚曾下令为其修建宫廷教堂，即传道者圣乔万尼教堂（St. Giovanni Evangelista）。[60] 更为著名的镶嵌画装饰是那幅在圣维塔利圣殿（St. Vitale）中的查士丁尼肖像作品，此处呈现了他正在弥撒礼上奉献祭品，墙壁对面描绘了他的妻子狄奥多拉皇后（Theodora）手托圣杯的情景。圣体主题继续在相邻的镶嵌画中呈现，一面墙上出现有亚伯（Abel）与麦基洗德（Melchisadek，《圣经》人物——译者）的祭祀图像，另一面墙上是亚伯拉罕（Abraham）及这位族长与三个天使的欢娱之景。[61] 以祭司与国王的形象呈现出来的麦基洗德，似乎是指代查士丁尼。此外，摩西（Moses）的形象在装饰图案中出现了三次，同他曾经在西奈山[62]查士丁尼所建的圣凯瑟琳

---

[57]　Wood (1999), p. 36.

[58]　Elsner (1995), pp. 222 – 239.

[59]　Deichmann (1974), pp. 151 – 152.

[60]　Davis-Weyer (1971), pp. 16 – 17.

[61]　MacCormack (1981), pp. 259 – 266.

[62]　例如，见 Galey (1980), ill. 119。

（St. Catherine）修道院出现的次数一样，这似乎暗示了对查士丁尼的
另外一层认识，即他是立法者。尽管如此，且教堂之圆柱柱头的材料
都来自普罗科奈索斯的帝国采石场，圣维塔利教堂却不属于帝国教
堂，因为它在埃克莱修斯（Ecclesius）大主教时期开始营建，在马克
西米安（Maximian）主教手中完成，并得到了钱庄主朱利阿努斯
（Julianus Argentarius）的资助。绘于狄奥多拉皇后（Theodora）长袍
上的东方三博士（Magi）图案是对新圣阿波利纳里教堂中东方三博
士的追忆，这些极微小的细节暗示了它实际上是出自拉文纳本土手工
作坊的，带有自我指涉意味的创作。

　　拉文纳的本土观念在克拉赛（Classe）的圣阿波利纳里教堂装饰
艺术中表现得尤为突出。阿波利纳里（Apollinaris）身体直立，身穿
他的披肩式祭服（*pallium*）：在他之上是一个圆形装饰板中的巨大的
十字架，十字架两侧是摩西（Moses）和埃利亚斯（Elias）的形象，
三只羊正翘首观望（图4）。[63] 这种极为复杂的场景在某种程度上描
写了"耶稣在三个门徒前变容"（Transfiguration）主题，十字架象征
着耶稣基督，三只羊象征彼得（Peter）、雅各（James）和约翰
（John）。与此形成鲜明反差的是西奈山的圣凯瑟琳（St. Catherine）
修道院在同一场景中缺少象征意味的表现手法。这种拉文纳风格的图
像也让人联想起当年在其中举行的弥撒活动，我们仿佛看到那些身着
披肩祭服的人们与环境交相辉映的瞬间。[64] 然而，在这种特别的实例 ⁷⁶⁹
中，主教的用意一定非同寻常，因为直到546年，马克西米安
（Maximian）才被授予披肩祭服（*pallium*）。[65] 在图像学研究方面我们
有了进一步的共识：拉文纳一些圣者形象的出现反映了城市正在提升
其自身的地位——维塔利斯（Vitalis），据传是米兰的殉难者盖尔法
修斯（Gervasius）和普罗塔修斯（Protasius）之父，这预示着拉文纳
正从米兰的帝制统治中剥离而获得独立发展。同时，阿波利纳里
（Apollinaris），据说是彼得的门徒，其形象特别适于城市的主教们用
来提升自己的地位，以尽可能地使自己的身份更加接近罗马教宗。[66]

---

[63]　Von Simson（1948），pp. 40 – 58。

[64]　Markus（1981），p. 575。

[65]　Markus（1979），pp. 292 – 299。

[66]　Von Simson（1948），pp. 5，13 – 18，50 – 58；但请注意 Pizarro（1995），p. 12，n. 8 的提示。

他们一度几乎平起平坐，即公元666年他们收到来自君士坦丁四世的批准，实现其自治（autocephaly），作为纪念，这一事件被插入克拉赛的圣阿波利纳里教堂的一幅镶嵌画中。[67] 值得注意的是，制作这幅镶嵌画的艺术家们模仿了圣维塔利教堂中那幅查士丁尼画作的构图手法，体现出对拉文纳艺术传统的自觉延续。

距上述教堂时代最近且依然存留的类似于拉文纳的镶嵌画画作存于波雷奇（Porec）主教尤福拉修斯（Euphrasius）教堂中。然而，在这里所用的象征性图案却是有关圣母玛利亚的，融入了天使报喜（Annunciation）与玛利亚访亲（Visitation）的情景。[68] 尽管教堂也许曾受益于查士丁尼的赞助，但这里从未出现任何与皇帝有关的图像。类似形象在6—7世纪属于罗马的现存镶嵌画中同样处于缺失状态。目前我们所能见到的这一时期最具影响力的教宗镶嵌画作品于526—530年由教宗菲力克斯四世（Pope Felix Ⅳ）建于葛达二圣堂的后殿。[69]

这里出现的基督画像紧握有七封印的卷轴，背靠暗淡的天际，站立于神启之云上，圣彼得（Peter）与圣保罗（Paul）引导着殉道者科斯玛斯（Cosmas）和达米安（Damian）走向画面上的耶稣，圣狄奥多勒（St. Theodore）与教宗菲力克斯（Pope Felix）从侧面与中央构图相衔接。如果这座建筑曾经作为城市行政长官的会堂使用，就像我们讨论过的那样，可以想见当年就在这半圆形后殿基督启示像前，行政长官曾经行使其法律审判，这些镶嵌图像对于初次看到它们的人来说承载着丰富的内涵。此后，这些图像所存蓄的力量，在9世纪教宗帕斯卡尔（Pope Paschal，817—824年在任）统治时代主持建设圣普拉赛德教堂（St. Prassede）和圣塞西莉亚教堂（St. Cecilia）的半圆形后殿装饰图案中被重新加以借鉴利用。[70]

一个较为虚化的图案形象在教宗洪诺留（625—638年在任）主持建设的圣阿涅斯教堂（St. Agnese）的半圆形后殿中被发现，其中这位女圣徒自身灵魂之体的描绘完全由金色和褐色图案组成，背景运

[67]　Deichmann (1976), pp. 273–279.
[68]　Prelog (1994), p. 75, ills. xxxvii, xxxviii, li.
[69]　Oakeshott (1967), pp. 90–94.
[70]　Oakeshott (1967), pp. 204–213.

用对比强烈的金黄色呈现，双脚之上用非常轻盈的红色略加点染，表示她所遭受的火刑，教宗洪诺留和西默克斯（Symmachus）在墙两边不远处站立。[71] 这种人像的虚体呈现方式试图暗示观众，这里能一睹天国世界的尊荣，而埋葬在这地下墓穴之中的殉道者已经进了天国。尽管这拘谨的呈现形式不像葛达二圣堂中的基督形象一样有其艺术震撼力，但是它的色彩方案却被帕斯卡尔教宗之后的继承者格列高利四世（827—844 年在任）所借鉴，运用在其建设的圣马可教堂（St. Marco）的半圆形后殿镶嵌画中。葛达二圣堂的镶嵌画设计模式在这里再次出现，但使用了圣阿涅斯（St. Agnese）教堂镶嵌画中的色彩处理方式，而且，为了强化和主题之间的关联，阿涅斯（Agnes）本人的形象也在此出现，其形象的描绘和她自己在其他教堂壁画作品中的呈现方式相似。[72]

尽管在加洛林时代以前，教宗所修建的存于葛达二圣堂以及圣阿涅斯教堂半圆形后殿中的镶嵌画装饰就成了镶嵌画作品中最为知名的代表，但整个 7 世纪的镶嵌画创作都是在教宗的持续赞助下完成的，例如位于拉特兰（Lateran）由教宗约翰四世（Pope John Ⅳ，640—642 年在任）所建的圣韦南齐奥（St. Venanzio）礼拜堂中的镶嵌画创作；由教宗狄奥多勒（642—649 年在任）所建的圣斯特望圆形堂（St. Stefano Rotondo）中的作品；还有从仅存碎片中分析得知，曾受教宗约翰七世（705—707 年在任）指令所建的老圣彼得教堂（Old St. Peter）镶嵌画作品。[73]

同镶嵌画的历史并行发展的另一条线索是湿壁画的创作，我们在这里列举的证据主要是来自位于罗马遗址的圣玛利亚·安提库阿（St. Maria Antiqua）教堂中的作品。看起来这座建筑原本是在巴拉丁山上的宫殿前厅。公元 500 年前后它被改造成一座教堂，在这之后到847 年之间的一次地震导致这一地区和外界的隔断，其墙壁经过了几次大规模的修缮活动，集中发生在教宗马丁一世（649—655 年在任）和约翰七世（705—707 年在任）时期。如今还能看到当年逐层修缮的痕迹，特别是其中的"重写"之墙（"Palimpsest" wall），如此称

770

[71] Oakeshott (1967), p. 148.
[72] Oakeshott (1967), pp. 213–216.
[73] Oakeshott (1967), pp. 150–158.

谓是因为它至少记录了 6 个历史阶段的修缮情况。尽管这种情况导致图像材料的识别工作困难重重，但是圣玛利亚·安提库阿教堂的画作却无疑成为检验和追溯 6—8 世纪湿壁画风格变化的标准。[74]

在罗马、拉文纳和波雷奇之外，镶嵌画和壁画艺术是难得一见的，但有来自意大利和伊斯特里亚（Istria）的刻有捐赠者名字的地面装饰。[75] 在西班牙、法兰西和英格兰地区至今未发现有镶嵌画和壁画作品存留，尽管图尔的格列高利的《历史》一书中记载了位于图尔的圣马丁教堂（St. Martin）里的图案装饰，但它毕竟是属于综合性的装饰艺术。[76] 英格兰此方面的证据显得更加匮乏，大概是考虑到壁画创作方面的不足，苇尔茅斯修道院（Wearmouth）用本尼狄克大主教（Benedict Biscop）从大陆带回的嵌板绘画作为室内装饰。[77] 比德（Bede）记录了圣母玛利亚和十二使徒主题的画作，它似乎悬挂于屏风样的隔断上，同时还有福音书和启示录中的系列图像。这些描述让我们想起在爱尔兰编年史家科吉托苏斯的《布里吉特生平》（*Life of Brigid*）一书中对 7 世纪基尔代尔（Kildare）教堂的描绘，书中记录了教堂建筑被平均分为南北两部分，然后用圣像屏将东端分隔出来。[78] 在描述苇尔茅斯修道院时，比德解释说他们尝试让识字和不识字的观众同样都能看懂并凝视绘有基督与使徒的圣像画，进而达到自我审视的目的。

在英格兰和爱尔兰之外留存有更为确凿的嵌板绘画的例证。其中一些在罗马得以延续，[79] 而另外一些则在法兰西亚地区找到证据。大格列高利的通信集透露出 6 世纪晚期的马赛城因图像而引起的骚动，后来这些作品遭到马赛主教塞雷努斯（Serenus）的毁坏，因为他反对他的会众对图像的崇拜。[80] 受人崇敬的图像作品并未在西方传布，按照大格列高利的想法，圣像绘画"不是为了崇拜，而是要引导那

　　[74]　Nordhagen（1990），pp. 150 – 317.

　　[75]　Caillet（1993），pp. 447 – 448；Prelog（1994），pp. 16 – 18.

　　[76]　Van Dam（1985），pp. 230 – 255，and（1993），pp. 308 – 317. 关于高卢的这方面证据在 Markus（1978），pp. 151 – 157 作品中有所概括。

　　[77]　Bede，*Historia Abbatum c.* 6；on the question of Bede's meaning，Kitzinger（1993），pp. 6 – 7.

　　[78]　Kitzinger（1993），p. 6.

　　[79]　E. g. Beckwith（1979），pp. 88 – 96.

　　[80]　Gregory Ⅰ，*Register* ix. 208；Markus（1978），pp. 151 – 157.

些无知的灵魂"[81]，这似乎成为从 6 世纪开始人们对待圣像的普遍观念。[82]

彩绘写本

有一些西方古代晚期绘制的彩色插图手稿至今依然可见，其中著名的如《梵蒂冈版维吉尔》（*Vergilius Vaticanus*）和《罗马版维吉尔》（*Vergilius Romanus*）。另一些来自晚些时候的抄本，如《梵蒂冈的特伦斯》（*Vatican Terence*，特伦斯为古罗马喜剧作家，约生活和写作于 2 世纪末，此处所提手稿，应该是 9 世纪的抄本。——译者）以及菲洛卡鲁斯历法插图稿本（*Calendar of Filocalus*）和《职衔录》（*Notitia Dignitatum*）。后罗马时代的西方同样拥有少量的彩绘写本，然而和前代有所不同的是，他们的彩绘写本几乎都是以圣经为主题或者是《圣经》典籍。尽管书籍的种类有限，彩绘写本的风格却变得越来越多样化。

被保留于残存的《基督福音书全集》（*Corpus Christi Gospels*）中的 6 世纪意大利《圣经》，一般被认为是由 597 年受教宗格列高利之命到坎特伯雷（Canterbury）传教的奥古斯丁带到那里的。[83] 手稿中幸存下来的只有一幅传道者路加的手绘肖像。它作为罗马晚期作者肖像的典型样式，在中世纪早期曾被反复使用。围绕在路加周围的是来自福音书的故事场景。同时在一幅独立插页上绘有新约场景的循环组画，其主题从"棕枝主日"（Palm Sunday）到"基督行进至各各他的行程"。

然而，像这样密集的插图描绘方式在西欧前卡洛林王朝时代却较为罕见。一个重要的例外可追溯到 7 世纪的《阿什伯纳姆五经》（*Ashburnham Pentateuch*）抄本，其来源问题至今仍然有待解决——它也许是属于西哥特王国或是属于北非。[84] 其他重要的 6 世纪意大利圣经典籍，如卡西奥多的《大典》（*Codex Grandior*），其中的装饰图

772

---

[81] Gregory Ⅰ, *Ep.* xi. 10. 关于格列高利的理念，见 Chazelle（1990），pp. 138 – 153.
[82] Brown（1999）. 关于对格列高利思想的传播之讨论，见 Chazelle（1995）.
[83] De Hamel（1986），pp. 11 – 12；Weitzmann（1977），pp. 112 – 115.
[84] Weitzmann（1977），pp. 22 – 24，118 – 125.

案很有可能经过后来的涂改，它显然是要避免叙事性的图绘样式。[85]

虽然原本的卡西奥多《大典》没能幸存于今，但它为《阿米亚狄努斯抄本》（*Codex Amiatinus*）提供了可供参照的模本，《阿米亚狄努斯抄本》是 716 年之前在苇尔茅斯—贾罗修道院所制作的三种《圣经》抄本之一。诺森伯利亚手抄本古文书对那本 6 世纪意大利典籍的模仿十分精准，直到近代我们仍无法对它的来源问题做出确切的断定。[86]《阿米亚狄努斯抄本》中有一幅旧约圣经的修订者——先知以斯拉（Ezra）的图像，显然衍生于一幅古代晚期作者的自画像。[87]这部手稿存有另一幅唯一的象征性图案，即不甚成功的主耶稣（Maiestas）的图绘，作为这部新约的卷首插图。除此以外的各种插画就只局限于对《圣经》书卷、礼拜堂和读经台的多样图解。卡西奥多的《大典》中附有一张教堂平面图。[88]

通过《阿米亚狄努斯抄本》（*Codex Amiatinus*）背后的模本，古代晚期的彩绘写本也影响了约公元 698 年的林迪斯法内福音书（*Lindisfarne Gospels*），这次，将那位作者自画像作为以斯拉（Ezra）形象的方式再次出现，这次是将其作为圣马太形象的模本。[89]如是，古代晚期的一些人物模式也必然成为林迪斯法内福音书内描绘的其他福音传道者的模本。然而，这只能是影响福音书抄写艺术家的因素之一，他们所吸收的海岛传统不亚于地中海传统。

海岛彩绘写本的起源问题受到激烈的争论，但是近乎完整地存留下来的最早的出自不列颠诸岛的珍贵福音书基本上被公认为是《达罗福音书》（*Book of Durrow*），它显然是于 7 世纪后半期抄写于爱尔兰岛上与圣科伦巴（St. Columba）的修道院教区（*paruchia*）相关的中心地带，很可能就是在艾奥纳（Iona）。[90]同其他的海岛福音书一样，《达罗福音书》以人、鹰、牛与狮子这些象征性的符号指代四福音书，这些描绘并不栩栩如生，其间透露出金属制品对其的影

---

[85]　Meyvaert (1996).

[86]　Bruce-Mitford (1967), pp. 2 – 9.

[87]　Meyvaert (1996), pp. 870 – 882.

[88]　Meyvaert (1996), p. 853。

[89]　Wilson (1984), pp. 40, 49.

[90]　Henderson (1987), pp. 19 – 55.

响[91]——反过来这些手抄本图绘又对石刻艺术产生了一定的影响。[92]
然而比福音书符号更为引人注目的是围绕在其周围的地毯式的书页装
饰，其灵感似乎再一次来源于凯尔特与日耳曼金属制品（图 5）。[93]　773
这种地毯风格装饰的页面原本可能是为了带领阅读者进入冥想的空
间。[94] 这或许是创造各卷首页（incipit）的目的之一，即把每篇福音
的起首字转化为复杂的图案。这些字必须经过细心研究才能揭示它们
潜在的含义。似乎这些海岛艺术家在努力尝试如何才能像约翰福音书
所演绎的那样，展现基督更加鲜活的话语。

　　通过地毯式页面及其首页的设计，可知海岛福音书不仅仅是对经
文的简单转录。自其诞生之日起极有可能就被视为偶像与圣物加以膜
拜，即使不是如此，很明显有些也是专门的祭拜中心的特殊产物：像
林迪斯法内福音书是为卡斯伯特埋葬之地而制作，且很有可能，《达
罗福音书》和《凯尔斯福音书》是为科伦巴的圣龛而设。[95]

　　多年来一直在持续争论的问题是：这些伟大的海岛福音书在多
大程度上是来自爱尔兰人的灵感创造，而非诺森伯利亚人。所提出
的解决争议的方案既要关系到国家的荣誉，又要有无可辩驳的证
据。[96] 在爱尔兰世界（包括艾奥纳）和诺森伯利亚两地都有福音书
的制作中心，实际上它们也相互影响。林迪斯法内本身一开始是作
为科伦巴修道院教区的成员之一，尽管它在 664 年与艾奥纳断绝了
联系。此外，海岛知名人士把自己的书籍制作传统传到了欧洲大
陆。圣者威利布罗德（Willibrord）生于诺森伯利亚（约公元 658
年），但在爱尔兰接受教育。他创办了埃希特纳赫（Echternach）修
道院。在此，爱尔兰、盎格鲁—撒克逊以及欧洲大陆的书籍制作和
插图绘制风格逐渐融汇，就像我们在《特里尔福音书》（Trier Gos-
pels）中所看到的那样。[97]

[91]　E. g. Henderson（1987），pp. 48，52.

[92]　Stevenson（1993），pp. 19 – 20.

[93]　E. g. Wilson（1984），p. 34；Henderson（1987），p. 32.

[94]　Wood（1999），pp. 42 – 43.

[95]　Henderson（1987），pp. 54 – 55，179 – 198.

[96]　Mostert（1995），pp. 92 – 115.

[97]　Netzer（1994）.

金属制品和其他小手工艺品

　　不论是凯尔特还是日耳曼，海岛福音书上的大部分地毯式图案设计的灵感均来自金属艺术制品。平行线图样出现在胸针饰品或其他一些色彩丰富的珠宝和吊碗（hanging bowls）等制品上，在萨顿胡（Sutton Hoo）发现的宝藏中能够看到上面提到的所有物品的式样。[98]在当时，高品质的金属工艺的制作数量是相当巨大的，制造者们全部是手艺精湛的工匠。在日耳曼的传统中，像韦兰德（Wayland，日耳曼和英国民间传说中的隐身铁匠——译者）这样的铸造高手可以成为英雄人物。

　　对于北欧蛮族，佩戴的珠宝饰品有助于辨别其身份和地位。国王赏赐给属下金戒指和其他一些表示敬意的东西，人们佩戴起来倍感荣耀。[99]然而，不仅仅是日耳曼和凯尔特人如此看重分配与展示这些金银饰品，当时对西欧的社会平稳造成周期性威胁的亚洲草原的游牧民族也对此有同样的态度，如对彼得罗阿塞人（Pietroassa，罗马尼亚南部的布泽乌郡的彼得罗阿塞区。——译者）的考古发掘所展示的那样。罗马人，特别是罗马军队，长久以来也一直非常重视这些配饰。佩戴胸针和纽扣成为身份的象征。有一种胸针，即所谓的皇帝的配饰（*Kaiserfibel*），看起来只为皇帝一人所享用。当这些胸针在罗马帝国疆土以外的地区，如彼得罗阿塞（Pietroassa），被发现时，学者们不禁会问，这些物品是来自罗马的馈赠还是对罗马工艺的仿制？如果是后者，他们的意图是仅仅停留于对皇帝的效仿？还是可以断言，是同他进行的竞争？[100]

　　一些罗马物件在日耳曼手工艺人手中变得面目全非：如此一来，在边界以外，罗马钱币或金质勋章成为金属箔片（*bracteates*）的徽章模型。一些皇室制作的物品其制作灵感显得简单平淡，其他制品也较少具有衍生性。之后，随着其造型的变化，这些制品的功能似乎也随

774

---

[98]　Bruce-Mitford（1975 – 1983）.

[99]　Wood（1997），pp. 118 – 119.

[100]　Schmauder（1998），pp. 281 – 297.

之变化，因为从这些金属箔片饰品出土的背景看，恰如斯堪的纳维亚半岛南部出土的浮雕胸针，就是（或者至少可能是）在异教崇拜方面充当一定角色的那些女性的财产。[101]

然而，罗马皇帝不仅给那些他愿意表达敬意的人分发珠宝，其赏赐之物还包括金银盘。[102] 分发给蛮族首领的物品会更加珍贵：由埃提乌斯（Aetius，死于 454 年）赠予托里斯蒙德（Thorismund）的狄奥多西大银盘（missorium）就被非常精心地存放在西哥特人的宝库中。[103] 一些刻有皇帝图像的狄奥多西大银盘（missorium）存留至今。其他银器如萨顿胡的阿纳斯塔修斯银盘可能是通过外交途径到达帝国西部的艺术珍品。西部的一些国王继而通过委托制作银盘来试图效仿拜占庭皇帝。希尔佩里克一世（561—589 年在位）收到来自拜占庭的各种珍宝，特制的银盘和徽章用以显示他自身的尊贵地位与法兰克人的荣耀。[104]

这些金银珠宝制品的慷慨赠予不仅限于世俗世界，努瓦永的主教埃利希斯（死于 660 年）曾经用这些金银珠宝来装饰法兰克的教堂神龛，他为圣德尼教堂亲手制作的彩色十字架的残片仍存留于此。[105] 然而，中世纪早期教堂里堆积的大部分宝藏早已消失，维京时代起开始回收。在欧洲西部的瓜拉扎尔（Guarrazar）发现了西哥特宝藏的珍贵遗迹，可能是出自皇城托莱多（Toledo）一座教堂的宝藏之一部分，于 1895 年被发现。在这些残留的遗迹中有一件精美的金质贡品王冠，其捐赠者国王雷切苏伊斯（649—672 年在位）的名字以吊坠的形式悬挂于王冠之下（图 6）。[106] 从君士坦丁皇帝时代起，人们就知道了基督教背景下的祈愿皇冠：它们在众多记录中被证实，在卡洛林的象牙制品中对此也有所描绘。但瓜拉扎尔的宝藏发展是这种罕见皇冠存在可能性的实例证明。

---

[101] Magnus (1997), pp. 194–207. 关于薄金属徽章及其在斯堪的纳维亚的影响，见 Hedeager，前文第 18 章。

[102] MacMullen (1962)；Delmaire (1989).

[103] Fredegar, *Chron.* iv. 73.

[104] Gregory, *Hist.* vi. 1.

[105] *Naissance des arts chrétiens* (1991), pp. 311, 314.

[106] Fontaine (1973), pp. 242–249.

　　在这一时期流布的珍贵物品不仅有金银与宝石。在晚期罗马帝国，执政官们把他们举行庆典竞技活动的邀请函写在象牙双联板上，其中很多双联板幸存下来。[107] 一些物件存留在都主教堂的珍宝库中，另外一些放在至少王室所及的地方。著名的巴贝里尼（Barberini）双联板描绘了一位拜占庭皇帝骑在马背上的情景，此画作应存留于法兰克王后布鲁内希尔德（613 年去世），或者在她的一个资助者手中，因为该画作背面有她的家族成员的名字。[108] 9 世纪国王拉米罗一世（King Ramiro Ⅰ，842—850 年在位）建于奥维耶多（Oviedo）城外纳兰科山（Monte Naranco）上的圣米盖尔·德利洛（San Miguel de Lillo）教堂的门楣装饰仿制了这幅象牙双联板中的竞技场景，表明这种样式在 9 世纪的阿斯图里亚（Asturian）宫廷应用的普遍性。[109]

　　与加洛林（Carolingian）时代的工艺相比，这些继承罗马衣钵的国家很少有象牙或海象牙雕刻的艺术品，但却也有大量的小物件，如梳子这样的工艺品。除此之外，8 世纪的一件物品却更值得一提。有一件法兰克首饰盒是鲸骨制品，显然产于诺森伯利亚。在其正面有两个场景：韦兰德在强暴了尼特德王的女儿比杜希尔德（Beaduheard）之前，用尼特德王（King Nithud）之子的头盖骨制作了一个高脚杯，而比杜希尔德将会因此而生出一个半神人的儿子韦迪亚（Widia，日耳曼人古代神话中的半神人物，即坚不可摧的钢铁的拟人化形象。——译者）。与其同时出现在正面的形象，是三博士走向在玛利亚怀抱中的真神耶稣的场面（图 7）。首饰盒的两侧是罗慕洛（Romulus）和雷穆斯（Remus），还有其含义存在争议的一块镶板，背面再现了狄托皇帝毁灭耶路撒冷圣殿的场景，而顶盖部分展现的是一位处于包围之中的传奇英雄的画面。这些画面有碑铭记载，主要是用古英语拼写的如尼文，不过也有一些拉丁单词与字母。盒子正面是一个谜语，谜底就是用来制作这个盒子的——鲸。[110] 从其图像及刻画的主题来看，它涉及耶路撒冷与罗马、日耳曼传说与异教以及基督教，表

---

[107] Delbrück (1929)，108 Wood (1994)，p. 135.

[108] Wood (1994)，p. 135.

[109] Wood (1997)，p. 124.

[110] Wilson (1984)，pp. 85 – 86.

明法兰克宝盒是在平衡那些构成中世纪早期艺术和建筑的诸因素，尽管不是全部。尽管这一时期的西方艺术没有统一的风格定位，但却有反复关注的主题：关于地位；关于昔日的罗马，不经常出现的日耳曼，以及基督教。

阳泽宇 译，徐家玲 校

第二十八章 B

艺术与建筑：东方

莱斯里·布鲁巴克尔（Leslie Brubaker）

我们能从本卷所涵盖的两个世纪的时间进程中，觉察到物质文化领域极为深刻的变化，尽管这些变化在原罗马帝国的东西两部分之间的形态略显不同。无论如何，在帝国的东西两部分，在影响整个物质世界的新的城市理想和社会结构面前，古代晚期城市和它的文化已经开始逐步让位。这影响到物质文化的各个方面。原有的介质常被赋予了新的用途：例如镶嵌画的应用从地面延伸到墙壁和天花板，相对于适合用作地面装饰的石块来说，玻璃的应用可以呈现更为丰富的色彩。相对而言，新的书写介质的出现，例如以手抄本形式呈现的文稿代替了在约公元400年占绝对主导地位的卷轴书卷，其重要性日益显现并逐渐成为教会地位的重要象征。除此之外，其他艺术领域的变化更多受制于地理位置因素。例如在帝国的东半部，建筑的圆顶结构一度拘泥于集中式结构设计理念，直到6世纪才吸收了纵向设计理念。建筑雕塑横贯整个罗马帝国时期，但是却鲜有大型独立雕塑出现；位于君士坦丁堡圣索菲亚大教堂的铜制大门证明，当时的东方已经使用模具铸造大件铜器的技术，而在西方这项技术的发展却一度停滞。与此同时，其他技艺以及这些技艺所承载的主题不断渗入，这些被统称为"移植的艺术"——主要是指金属制品和非具象艺术，逐渐在巴尔干半岛西部区域扎根繁衍。

东地中海

到公元 500 年前后，旧有的罗马帝国分裂为东西两部的局面已势不可挡。帝国的东半部，我们通常称之为拜占庭，该名称最初是指罗马迁都于 4 世纪建立的君士坦丁堡遗址上的定居点，拜占庭之名因被人广泛熟知而在描述中世纪历史时期时被采纳。我们所称的这些拜占庭人常自称为"罗马人"，而自公元 500—700 年的拜占庭艺术与建筑，是从罗马帝国建立的传统发展而来，但带有地方差异。

建筑与建筑装饰

约公元 500—700 年东地中海区域的建筑模式主要以北叙利亚的"死亡村庄"为代表。在安条克（Antioch）和阿勒颇（Aleppo）之间，广泛分布着 800 多个聚居点，其建筑样式有精雕细刻的小型石材建筑，也有大范围的社区群体建筑。其中很多建筑显然受到很好的保护。它们构成了变化各异的地方特色的设计方案，有些甚至超过了三层楼，从房间到商铺，再到经过改造的古罗马中庭住宅。[①] 数量众多的经过加固的遗址——通常由兵营、一两座教堂和某种行政中心所构成——也是我们所述的这一时期保留下来的。[②] 这些防御设施多是受查士丁尼大帝之命修建，意在巩固帝国的边疆，拜占庭历史学家普罗柯比在其著作《建筑》[③] 一书中描述了该项目，在这些防御设施中，位于西奈山上的设防修道院建于公元 540 年前后，保留着其原来的院墙和中心教堂——一幢可能是由当地工匠修建的带有平面天花板的巴西利卡式建筑。教堂东端的镶嵌画描述了《圣经》中发生于西奈山附近的故事（耶稣变容、摩西从上帝手中接到诫律、摩西和燃烧的荆棘丛），以及圆形浮雕作品，这些被认为是加沙或君士坦丁堡的工

---

① Tchalenko (1953–1958); Tate (1992).

② E. g. Haldra 对于当代窄尼斯的描述，Cariein Grad 对巴尔丁的描述，Qasr Ibn Warden 对叙利亚的描述，以及一座 564 年的碑铭；见 Krautheimer (1986), pp. 247–249, 和更为概括的描述, pp. 258–262。

③ Ed. H. B. Dewing with G. Downey (Loeb) vii, rev. edn (1954).

匠所创造的。④ 现存的有重要战略地位的宗教中心，如坐落于北叙利
亚的塞尔吉奥波利斯（Sergiopolis 即 R'safah 雷萨法城），建有设防城
墙，而且实施了重要的城市改造，包括一座新的四拱顶教堂，其建立
时间应推至 6 世纪中期。⑤ 这些从克里特岛的戈提那（Gortyna）到今
天保加利亚境内的尼科波利斯（Nikopolis）之间的设防和边防强固项
目，并不仅限于查士丁尼统治时期，而是发生于我们所论述的整个历
史时期。在某种程度上，作为对拜占庭边界的不稳定性的一种回应，
市镇与村落［现在经常叫作 kastra，即从拉丁语 castrum（堡垒）衍
生而来］的重新构建也迎合了一种对"城市化"之态度的改变。⑥ 考
古学几乎没能帮助我们还原生活在这些建筑物当中的人们的生活情
景，尽管大部分非宗教建筑的内部设施已消失殆尽，但从君士坦丁堡
的皇宫中发现的大量用于地面装饰的 6 世纪镶嵌地板残片至少保持了
世俗建筑装饰的奢华需求：在白色背景的衬托下，风景和城市题材的
图案与人物、动物造型在一个扇形的空间里交织呈现。⑦

　　数量众多的 6 世纪和 7 世纪的城市基督教会建筑存留下来。⑧ 仅
于君士坦丁堡，就有 4 座主要教堂至少保留了它们的部分建筑。最早
的一座教堂是宏伟的且精心雕饰的圣波利厄弗科斯教堂（Hagios
Polyeuktos），由君士坦丁堡贵族女子安尼西亚·朱利安娜（Anicia Ju-
liana）所建，于 524—527 年竣工，它原本可能是带有半圆穹顶的
巴西里卡教堂。⑨ 历史上规模相对较小的是曾与大皇宫毗邻的圣塞尔
吉乌斯和圣巴克斯教堂（SS. Sergius and Bacchus，现在是一座清真
寺），是一座不规则的集中式建筑，中间部分顶端有一个南瓜形穹
顶，竣工于 527—536 年，也许是为了奉献给受狄奥多拉皇后支持的

---

　　④　Forsyth and Weitzmann（1973）；Krautheimer（1986），pp. 259 – 260，276 – 277；关于此地作为朝
圣中心的论述，见 Coleman and Elsner（1994）。
　　⑤　Krautheimer（1986），pp. 261 – 262，及其参考书目。
　　⑥　特别见，Brogiolo andWard-Perkins（1999）and Lavan（2001）；亦见 Ruggieri（1991），pp. 264 –
266；Dunn（1994）；Poulter（1995）；Christie and Loseby（1996）；Haldon（1997），pp. 92 – 124，459 – 461；
Liebeschuetz（2000）。
　　⑦　Brett（1947）；Talbot Rice（1958）. 关于奥地利—土耳其 1983—1997 年的考古之最后报告还没
有出现；至于一个中期报告，并附有参考书目者，见 Jobst et al.（1997）。
　　⑧　关于其考察，见 Krautheimer（1986）；Mango（1975）；Ruggieri（1991）。
　　⑨　Harrison（1986）and（1989）.

一性论派团体。⑩ 处于宫殿中心位置和城市竞技场区域的圣伊琳妮教堂（Hagia Eirene）和圣索菲亚大教堂（Hagia Sophia）在 532 年的城市骚乱中被毁，此后不久在查士丁尼皇帝的命令下重建。圣伊琳妮教堂在 8 世纪中期再次重建，但在其墙体下部仍是 6 世纪的砖石基础。⑪ 圣索菲亚大教堂的设计者是特拉列斯的安泰米乌斯（Anthemius of Tralles）和米利都的伊西多鲁斯（Isidorus of Miletus），竣工于 537 年，是直到 16 世纪为止世界上最大的教堂（图 8），一个被四个厚重的石柱所支撑的巨大穹顶，半圆穹顶沿东西方轴向水平延伸，以帮助抵消主穹顶所产生的巨大压力（尽管如此，原来的穹顶还是在 588 年倒塌而不得不进行重建）。南北走廊两侧被廊柱层层包围，西侧的入口处有两进厅堂。原来的（固定）装饰有深雕的"斗状"柱头，墙壁是精心搭配雕凿的大理石墙面，其大部分墙体依然保持原样，而金色的镶嵌画有时带有十字架及几何图案或植物装饰，在拱腹和穹窿上下空间仍然依稀可见。⑫ 最古老的保存完好的宗教镶嵌画来自君士坦丁堡，是从卡朗德哈清真寺（Kalenderhane Camii）考古挖掘出土的一块装饰板，展现了圣母进圣殿（Presentation in the Temple）的场景——这也可能追溯到 6 世纪。⑬

779

位于安纳托利亚以弗所的传道者圣约翰教堂，也是在查士丁尼时期重建的。它奠基于狄奥多拉皇后 548 年去世之前（用她名字的首字母组合的图案出现在一些柱顶之上），这栋建筑于 565 年完工。⑭ 五瓣穹顶结构的十字形设计，结合延长的中殿，被认为是受了首都圣使徒教堂（Holy Apostles）模式启发，普罗柯比在其著作中论及查士丁尼时代的建筑时，特别将两者做了比较。⑮ 圣地巴勒斯坦（Holy Land）的教堂建筑也在 6 世纪和 7 世纪重建时进行了改造：比如 4 世纪修建的伯利恒圣诞教堂（Church of the Nativity），显然是在 560 年

⑩ Mango（1972b）and（1975）；Krautheimer（1986），pp. 222 – 226.

⑪ George（1912）；Peschlow（1977）and（1996）. 亦见 Louth，前文第 4 章。

⑫ Mainstone（1988）；Mark and Çakmak（1992），两部著作都附有参考书目。

⑬ Striker and Dogan Kuban（1997），pp. 121 – 124.

⑭ Krautheimer（1986），pp. 242 – 244 with bibliography.

⑮ *Buildings* v. 1. 4 – 6, ed. Dewing, vii, pp. 316 – 319.

到 603/604 年间，被一座东端有三叶草形状的巴西利卡式教堂所取代。[16]

如上述实例展示，罗马晚期标准化的长方形廊柱式教堂（巴西利卡式），其地板或冷硬的木质天花板和牢固的纵轴布局，已经渐显过时，拱形或称球形天花板及更强调中心的建筑样式越来越普遍。然而这些风格经常和纯巴西利卡式设计方案融合使用，如建于约 540 年，希腊菲力比（Philippi）大教堂（Basilica B）也许是最好的例证。在此，穹顶置于十字形厅堂之上，一个极其巨大的穹顶覆盖于中殿，筒形穹顶加盖在两侧的耳堂上方。[17] 建筑风格的多样化沿着帝国版图边缘地区显得特别突出——如在亚美尼亚、东土耳其和北非海岸——除了帝国的防护体系外，这里只是部分地受到首都建筑理念的启发，教堂风格通常只与拜占庭中心地带的样式保持微弱的联系。由此，有顽强生命力的地方传统样式得以发展，如阿伯丁山（*Tur Abdin*，"上帝的仆人"之山，美索不达米亚的修道士和教堂的聚集之地）和亚美尼亚，在这两个地方数量庞大且形制多样的教堂建筑，在 6 世纪末期，尤其在 7 世纪，迅速繁荣起来。[18]

简言之，尽管这个时期有时会被冠以"黑暗时代"的称呼，暗含停滞之意，但是地中海东部的建筑规模似乎没有明显的缩减，建筑的形式语言也远不是一成不变的。不过，焦点似乎已经逐渐转移：像传统的巴西利卡式、古老的城邦（*polis*）形制与宽阔的有廊柱的街道和规则的围绕着一个纪念性建筑为中心的棋盘式广场布局样式日渐失宠，代之以封闭的、密集的教会社区——而不是民众心中的公民城市结构（civic structures）。

780

圣　像

圣像在正统教义里的作用是在 6、7 世纪发展起来的。[19] 圣像早

---

[16]　Krautheimer (1986), pp. 266 – 267 with bibliography.

[17]　Lemerle (1945).

[18]　亦见 Der Nersessian (1978)；Bell and Mundell Mango (1982)；Krautheimer (1986), pp. 321 – 327.

[19]　关于其综合性描述，见 Weitzmann (1978)；Maguire (1996)。亦见 Louth，前文第 11 章。

就为人所知，并受到人们的尊敬，但直到550—575年，当非人力所能制造的圣像（acheiropoieta）或多或少在埃德萨、卡穆里安奈（Kamoulianai）和孟菲斯（Memphis）三地被证实，这些圣像才开始获得神奇的属性。[20] 590年前后，人们认为是基督的神像显现（acheiropoieton）把埃德萨这座城市从波斯人的进攻中挽救了出来，紧接着君士坦丁堡也把一尊显圣的神像作为城市的守护神（palladium）：626年，一尊基督的圣像"击败了"阿瓦尔人的进攻。[21] 然而，直到7世纪末，很少有证据证明这种被我们称为圣像"崇拜"的东西，在这一点上，圣像似乎已经被吸收到了对文物的崇拜中，并成为通往所代表的圣人的途径。[22] 公元692年召开的"第五—六次宗教会议"（Quinisext Council）通过的第82条教规中对于圣像的神学阐释，直到圣像破坏运动时期才得到充分的发展。[23] 直到本书所描述的这一时期终结之前，圣像一直被看作纪念性的或者还愿（ex voto）的图像崇拜方式，而不是作为观像者与圣像所象征的圣者之间的联系媒介。没有证据表明，9世纪之前的拜占庭圣像崇拜承担着礼拜仪式的作用。[24]

被归于6—7世纪制作的圣像制品大约有30多件，其中多数保存在西奈山的修道院里。[25] 多数是在木板上用蜡画法（颜料悬浮于蜡液之中）或用蛋彩画法（颜料悬浮在蛋黄中）制作的圣像，但也有的织于挂毯上［如6世纪的圣母子作品，收藏于俄亥俄州的克利夫兰（Cleveland，Ohio）博物馆］或雕于象牙上（如6世纪的大天使作品，收藏于大英博物馆）（图9）；除此之外还有挂在墙上的人像制品，如位于萨洛尼卡圣迪米特里教堂（Hagios Demetrios）的7世纪的圆形人物浮雕和表现还愿（ex voto）的人像作品。[26] 占支配地位的是单独的人物或组画作品，如圣母子和圣徒，或者圣塞尔吉乌斯和酒神巴克斯等；有故事情节的艺术作品在圣像破坏运动之后成为日渐普遍的题

[20]　见 Kitzinger（1954）；Cameron（1983）.

[21]　Cameron（1979）and（1983），pp. 84 – 85；Pentcheva（2002）.

[22]　Auzépy（1987）and（1995）；Brubaker（1998）.

[23]　Kitzinger（1954），p. 121；Auzépy（1987）；Sansterre（1994），pp. 208 – 209；Brubaker（1998）. 关于该法规，见 Mansi xi，977 – 980；其翻译见 Mango（1972a），pp. 139 – 140。

[24]　Ševčenko（1991）.

[25]　见 Weitzmann（1976），pp. 12 – 61。

[26]　Cormack（1969），pls 3 – 4，7 – 8；Weitzmann（1978），pl. 4；Buckton（1994），pp. 73 – 74.

材，例如难得一见的西奈山的耶稣升天镶嵌板作品。[27]

781

银器和金属制品

395—615 年，小型银币的锻制使得人们可以将剩余的银质原料用于银盘的制造；于是，现存的绝大部分拜占庭银器可以追溯到 4—7 世纪。[28] 装饰用的银盘通常是锻制成型，而非铸造，经验证明这样能很好地适用于制造家庭私人用品和皇室的有纪念意义的礼品。[29] 例如所谓的大卫银盘（*Davidplates*）——一套有 3 种标准尺寸的 9 个银盘制品，饰有大卫生活场景的图案，并用铭文标注了其生产日期（在下方）是在 613—630 年，其制造目的似乎是既可以置于皇宫内用于炫耀，又可作为引人注目的成套礼品馈赠。[30] 另一组有文献记载的物件来自教会——基督教会仍然继承着罗马"储备"贵金属的传统：在大约 40 个已知的银库中，有 12 个代表教会的宝藏，而且银器（连同丝织品、手稿和其他金属）也出现于现存的大约 30 座教堂的财产目录中。[31] 教会的银主要用于各种设备表面的涂层、礼拜用的神器（通常刻有铭文）和祈祷用的嵌板上，有时也用于照明器材——虽然当时的灯具大多是铜制的或是黏土的；教会也保存非教会用的银器，主要是凭借其货币价值而被等值进献而来。[32] 那些更具价值的黄金主要出现在城市遗址上，在那里它们大多用于为屋顶镀金，或是镶嵌在墙壁或屋顶的马赛克画作之间。[33]

大约有 10% 的早期拜占庭银金属都镌刻有权限控制的印记，在皇帝阿纳斯塔修斯一世（491—518 年在位）时开始采用的五重印章制度，一直沿用到君士坦丁二世（641—668 年在位）统治时期。[34]这些印章不是用来确认金属纯度的——所有拜占庭的银，无论盖不盖章，纯度都是 92%—98%——之所以这样做是为了标榜皇帝对君士

㉗　Sinai b. 10；Weitzmann (1976)，pp. 31 – 32. Hendy (1989)，pp. 13 – 18；Grierson (1992).

㉘　Hendy (1989)，pp. 13 – 18；Grierson (1992).

㉙　见 Kent and Painter (1977)；Dauterman Maguire *et al.* (1989)，pp. 152 – 153，163，172，194.

㉚　H. L. Kessler in Weitzmann (1979)，pp. 475 – 83；Mundell Mango (1992b)，p. 212.

㉛　见 Mundell Mango (1986)；Boyd and Mundell Mango (1992)，其中尤其是 pp. 123 – 124。

㉜　Mundell Mango (1992a)；关于无银的灯具，亦见 Dauterman Maguire *et al.* (1989)，pp. 64 – 81。

㉝　Mundell Mango (1992a)，pp. 125 – 126.

㉞　Dodd (1961) and (1992)；Mundell Mango (1992b).

坦丁堡，或者也对帝国制币厂或帝国其他地区之国库（thesauri）的金银控制权。㉟

其他金属材料，如青铜，可以用于制作各种带有装饰性的家具。㊱银、铅、黏土等材料可以制成朝圣的圣油瓶（ampullae，用来盛圣油的小细颈瓶）或是装饰着朝圣地点的某些场景的象征物；㊲相同的介质，连同各种各样的石头和不甚珍贵的宝石（semi precious gem）也可以制作成有装饰意义且镌以铭文的护身符用来保护人们免受厄运。㊳

782

手工绘本（希腊与叙利亚）

这一时期只存留下来有数的几种用古希腊语或古叙利亚语写成的绘有微型画的图书仅有十几种。㊴其中一本叙利亚《拉布拉福音书》（Rabbula Gospels）（佛罗伦萨，Laur. plut. l. 56），从其书末的版权信息得知该书的出版时间是 586 年，同时确证了其抄胥为拉布拉（Rahbula），书稿彩饰者有拉比克的约翰（John of Larbik）与艾纳萨的约翰（John of Ainatha），他们都来自阿帕梅亚附近贝特扎格巴（Beth Zagba near Apamea）的贝特玛约翰修道院（Beth Mar John）。㊵书的彩饰全部集中在福音书的前 14 页对折版；其中大多数（对折版 3V – 12V）包括绘有装饰图的目录，其边栏部分的环绕装饰绘有先知的图像、基督生活的场景和动植物主题图案。在经文开头和结尾部分则运用更大尺寸的图像作品，呈现人物肖像或是基督生活的其他场景，尤其是表现基督受难、升天及圣灵降临等主题的画面。还有一些 6—7 世纪带有精美装饰目录的叙利亚福音书存留下来，㊶可能其中一部带有图案的作品（巴黎，syr. 33），曾一度存放在美索不达米亚的马尔

㉟　Hendy (1989)；Dodd (1992)；Mundell Mango (1992b).

㊱　对上面所提到的灯具之补充描述，还可见 Dauterman Maguire et al. (1989)，pp. 50, 173 – 176, 189, 195.

㊲　Grabar (1958)；Vikan (1982)；Dauterman Maguire et al. (1989), pp. 207 – 210；以及在 Ousterhout (1990) 论文集中的文章。

㊳　Vikan (1984)；Dauterman Maguire et al. (1989), pp. 210 – 211.

㊴　关于一部概述，见 Weitzmann (1977)。

㊵　Cecchelli et al. (1959)；Leroy (1964), pp. 139 – 197；Wright (1973)；Mundell Mango (1983), pp. 428 – 429，提到了书末版权信息。

㊶　E. g. London, BL Add. 14450 and 11213；Berlin, Phillipps 1388：see Leroy (1964), pp. 128 – 130.

丁（Mardin）附近的修道院图书馆中[42]。在一部确定为约公元 600 年的叙利亚《圣经》书稿（巴黎，syr. 341）中之每卷册（现存的）也都采用一些人像与场景的描绘。[43]

希腊语书写的宗教绘图稿本仅限于《卡顿创世记》（*Cotton Genesis*）的残篇（伦敦，bl Cotton Othob. vi），[44] 被染成紫色的大型书册《维也纳创世记》（*Vienna Genesis*）（维也纳，国家图书馆，theol. gr. 31），每一页都有半幅微型画的装饰，加上用金色或银色笔迹写就的浓缩版《创世记》文字，[45] 以及两部福音书。《罗萨诺福音书》（*Rossano Gospels*）（大主教博物馆）上保存了一幅福音传道者的肖像，作为前导部分的系列微型画，大多展现了《旧约》中的人物形象，其上部的饰带上铭刻着描绘新约场景的文字片断；[46] 同样的场景在《西诺普福音书》（*Sinope Gospels*）（巴黎，suppl. gr. 1286）中也有所体现。[47]

带有彩饰的非基督教会用书，如维也纳的迪奥斯库里德斯（*Vienna Dioskourides*）（维也纳，国家图书馆，*med. gr. 1*）是一本带有图像介绍的医学手册，治疗动植物病害的图绘记录，其少量篇章的开篇首字母带有手写装饰图案，它在大约 512 年受前文所提到的君士坦丁堡贵族女子安尼西亚·朱利安娜（Anicia Juliana）的委托而作，[48] 另外还有 675—700 年写在草纸上的《亚历山大世界编年史》（*Alexandrian World Chronicle*）［莫斯科，普希金（Pushkin）博物馆］。[49]

在 8 世纪的某段时间里，大写字母版本的希腊手稿被一种新的便捷的小书写体字母所取代。拜占庭人最终发现读大写字母是很困难的（例如维也纳的迪奥斯库里德斯医学手册，在书页边栏的空白处就用中等字符的拜占庭小写字母"翻译"其 6 世纪的文本）（图 10）。一些早期文本被重复抄写——尤其是在 10 世纪时。这导致一些早期的版本的失传，因此很难估计公元 500—700 年书写的典籍数量，也不

783

---

42 Leroy (1964), pp. 198–206.
43 Omont (1909); Leroy (1964), pp. 208–219.
44 Weitzmann and Kessler (1986).
45 Gerstinger (1931); cf. Lowden (1992).
46 Cavallo *et al.* (1987).
47 Grabar (1948).
48 Gerstinger (1931); Brubaker (2002).
49 Bauer and Strzygowski (1906); Kurz (1972).

能确定其中有多大的比例加入了插图，但是，似乎有理由设想，由于插图稿本的材质更贵重，于是得到了多重保护，带有插图的书籍因此被更多地保留下来，相对于无插图的书籍占有更大的比例。存放书籍最安全的地点是教堂的宝库，在那里宗教书籍比世俗书籍更多地保留下来。因此，非宗教书籍的插图可能比现存的证据所显示的要多。

纺织品

在拜占庭，丝织品的生产显然始于 6 世纪，而且，在我们的时代才开始运用的单经纬织物剥离方法在那时就已初见端倪。[50] 一些例证显示，6 世纪和 7 世纪时的纺织品中包含了宗教主题（例如约瑟、丹尼尔和圣母玛利亚），并且仍继续一些陈旧的主题，如尼罗河流域的图景或舞者，或是各种兽类、鸟类、植物的组合呈现，或是不规则的几何图案装饰。[51] 亚麻和羊毛面料也常常点缀有单独镶嵌的可拆卸至另一件衣物上的饰品；装饰性质的主题图案有时带有某种护身符的功效。[52]

象牙制品和骨器

6 世纪以来遗留下来大量象牙雕（牙质）和稍为廉价的骨器制品；但没有一件饰品可推及 7 世纪，也许是因为阿拉伯人攻占大象之乡——北非造成的影响，那里曾是拜占庭大部分象牙的主要进口地。[53] 每年一度，执政官制作一种在其就职仪式上分发给其支持者的折叠式双联雕刻板（Consular diptychs），这种行为（可能来自罗马和君士坦丁堡）一直持续到 541 年；多数这类折叠式双联雕刻板描绘了执政官在竞技场（*hippodrome*）主持仪式的情景，这是他作为执政官最耗费资金的一项任务。[54] 另外一些折叠式双联雕刻板，如大不列

784

[50] Muthesius (1997), esp. pp. 145 – 147.

[51] 见 Muthesius (1997), pp. 80 – 84。

[52] Dauterman Maguire *et al.* (1989), pp. 138 – 152; Maguire (1995).

[53] 见 Volbach (1976); Cutler (1985) and (1994)。

[54] Delbrück (1929). 55 Volbach (1976), no. 109; Buckton (1994), pp. 73 – 74.

颠博物馆的天使长饰板（*plaque*），表现了宗教主题。⑤ 同样，由四块小饰板和中央镶嵌板构成的五联折叠式象牙板（*five-part diptychs*），即巴贝里尼（Barberini）镶嵌板，则描绘了一位皇帝（可能是查士丁尼）在马背上接受朝贺的情景。又如在拉文纳发现了一块打算用作书籍封面的镶嵌板，上面绘有以基督和使徒为中心的《圣经》场景。⑤ 6 世纪象牙材质的大量使用可见于许多大尺寸的饰板图像，由多张象牙板大面积覆盖的一些器物，如马克西米安皇帝的宝座，⑤ 以及频繁出现的 *pyxides*——由整段象牙制作而成的"圆形盒"使一些学者得到启示，即此时期的象牙比后来的便宜。⑤ 象牙制品和更经常使用的骨制品通常成为家用器物，如勺子、发簪、乐器和化妆盒，这些物件有时候会有小型图案进行装饰。⑤

　　比较公元 500 年与公元 700 年的物质文化，其主要差异体现在：人们对城市化的概念似乎已经远离那种理想的古代城邦生活方式；原来的巴西利卡教堂模式开始越来越多地采用穹顶或拱顶，或是被集中式教堂设计所取代；圣像不再是简单地用于瞻仰纪念，而是成为接近神灵的无形通道。这些变化是显而易见的，但与同时代的西欧的物质文化相比，拜占庭的物质文化保持着以罗马的过去为基础的延续性与稳定性。

阳泽宇 译，徐家玲 校

⑤　Volbach（1976），no. 109；Buckton（1994），pp. 73 - 74.

⑤　Volbach（1976），nos. 48，125.

⑤　Volbach（1976），no. 140.

⑤　见 Cutler（1985），pp. 20 - 37.

⑤　见 Dauterman Maguire *et al.*（1989），pp. 157，190，193，225 - 227.

第一手参考资料

Acta S. Aunemundi alias Dalfini episcopi, ed. P. Perrier, *AASS*, Sept VII, Antwerp (1760), pp. 744–6

English trans. P. Fouracre and R. Gerberding, *Late Merovingian France*, Manchester (1996), pp. 166–92

Acta Conciliorum Œcumenicorum, series II, vol. I, ed. R. Riedinger, Berlin (1984); series II, vol. II in 3 parts, ed. R. Riedinger, Berlin (1990–5)

Acta Conciliorum Œcumenicorum, vol. III, ed. E. Schwartz, Berlin (1940) (Origenist Controversy and Synods of Constantinople and Jerusalem 536), tomus 4, vol. I, ed. J. Straub, Berlin (1971) (Fifth Ecumenical, Constantinople II, 553)

English trans. (of canons of Œcumenical Councils, as recognised in the West): N. P. Tanner (ed.), *Decrees of the Ecumenical Councils, 2 vols.*, London and Washington, DC (1990)

Additamenta, ed. and trans. L. Bieler, *The Patrician Texts in the Book of Armagh*, Dublin (1979), pp. 166–79

Adler, M. N., *The Itinerary of Benjamin of Tudela*, London (1907)

Adomnán, *Cáin Adamnáin*, ed. K. Meyer, Oxford (1905)

[Adomnán] Adamnan, *De Locis Sanctis*, ed. and trans. D. Meehan, Dublin (1983) (and see Adomnán below)

Adomnán, *Vita Sancti Columbae*, ed. and trans. A. O. Anderson and M. O. Anderson, *Adomnán's Life of Columba* (Oxford Medieval Texts), 2nd edn, Oxford (1991)

Agathias, *Historiae*, ed. R. Keydell, *Agathiae Myrinaei Historiarum Libri Quinque* (Corpus Fontium Historiae Byzantinae, Series Berolinensis 2), Berlin (1967)

English trans. J. D. Frendo, *Agathias, The Histories* (Corpus Fontium Historiae Byzantinae, Series Berolinensis 2A), Berlin (1975)

Agobardi Lugdunensis Opera Omnia, ed. L. van Acker (CCCM 5, 2), Turnhout (1981)

Agus, I., *Urban Civilization in Pre-Crusade Europe*, 2 vols., New York (1965)

Alcuin, *Vita Sancti Willibrordi*, ed. W. Levison, *MGH SRM* VII, Hanover (1920), pp. 81–141

Alcuin, *Vita Willibrordi*, ed. and German trans. H.-J. Reischmann, *Willibrord – Apostel der Friesen*, Sigmaringendorf (1989)

Aldhelm, *Epistulae*, ed. R. Ehwald, *Aldhelmi Opera*, *MGH AA* XV, ii, Berlin (1914)

786　Aldhelm, *Letters*, trans. M. Lapidge and M. Herren, *Aldhelm: The Prose Works*, Ipswich (1979)

Aldhelm, *The Poetic Works*, trans. M. Lapidge and J. Rosier, Cambridge (1985)

Alexander of Tralles, *Therapeutica*, ed. T. Puschmann, Vienna (1878–9), reprinted with addenda, Amsterdam (1963)

Altfrid, *Vita Liudgeri*, ed. W. Diekamp, *Die Vitae Sancti Liudgeri*, Münster (1881)

Ammianus Marcellinus, *Res Gestae. Ammiani Marcellini Rerum Gestarum libri qui supersunt*, ed. W. Seyfarth, Leipzig (1978)

　　English trans. Walter Hamilton, *The Later Roman Empire (A.D. 354–378)*, Harmondsworth (1986)

Ammianus Marcellinus, *Res Gestae: Ammianus Marcellinus*, ed. and trans. J. C. Rolfe, 3 vols., London (1935–39)

Amra Choluimb Chille, ed. and trans. W. Stokes, 'The Bodleian Amra Coluimb Chille', *Revue Celtique* 20 (1899): 30–55, 132–83, 248–89 and 400–37

　　Ed. and English trans. T. O. Clancy and G. Márkus, *Iona: The Earliest Poetry of a Celtic Monastery*, Edinburgh (1995), pp. 96–128

Aneirin, *Y Gododdin*, ed. and trans. A. O. H. Jarman, Llandysul (1988)

Angiolini Martinelli, P. *et al.*, '*Corpus' della scultura paleocristina, byzantina et altomedioevale di Ravenna, diretto da Guiseppe Bovini*, 3 vols., Rome (1968–69)

Anglo-Saxon Chronicle, ed. B. Thorpe, Rolls Series, London (1861)

　　English trans. G. N. Garmonsway, *The Anglo-Saxon Chronicle*, London (1953)

Annales Cambriae, ed. E. Phillimore, 'The *Annales Cambriae* and Old Welsh genealogies', *Y Cymmrodor* 9 (1888): 152–69

Annales Mettenses Priores, ed. B. von Simson *MGH SRG* x, Hanover and Leipzig (1905)

　　English trans. (chs. 43–53), P. Fouracre and R. Gerberding, *Late Merovingian France*, Manchester (1996), pp. 330–70

Annales Regni Francorum, ed. F. Kurze, *MGH SRG* vi, Hanover (1895)

Annales Xantenses, ed. B. von Simson, *MGH SRG*, Hanover (1909)

Annals of St Bertin, trans. J. Nelson, Manchester (1991)

Annals of Inisfallen, ed. S. Mac Airt, Dublin (1951)

Annals of Tigernach, ed. and trans. Whitley Stokes (1895, 1896, 1897), *Revue Celtique* 16, pp. 374–419; 17, pp. 6–33, 119–263, 337–420; 18, pp. 9–59, 150–97, 267–303; reprinted as 2 vols, Felinfach (1993)

Annals of Ulster (to A.D. 1131), ed. and trans. S. Mac Airt and G. Mac Niocaill, Dublin (1983)

L'Année Epigraphique, Paris (1956)

Anonymous, *Life of St John the Almsgiver*: 'Une vie inédite de Saint Jean l'Aumônier', ed. H. Delehaye, *An. Boll.* 45 (1927), pp. 5–74.

Anonymus Valesianus, ed. I. König, *Aus der Zeit Theoderichs des Grossen: Einleitung, Text, Übersetzung und Kommentar einer anonymen Quelle*, Darmstadt (1997)

Anonymus Valesianus, ed. and trans. J. C. Rolfe, *Ammianus Marcellinus*, iii (Loeb Classical Library), Cambridge, MA (1939), pp. 506–69

Anselm, *Gesta Episcoporum Tungrensium, Traiectensium et Leodiensium*, ed. R. Koepke, *MGH SS* vii, Hanover (1846), pp. 191–238

Anskar, *Miracula Willehadi*, ed. A. Poncelet, *AASS*, November iii, pp. 847–91

Anthimus, *De Observatione Ciborum ad Theodoricum Regem Francorum Epistola*, ed. 787
E. Lichtenau (Corpus Medicorum Latinarum 8.1), Berlin (1963)

Anthologia Graeca Carmina Christianorum, ed. W. Christ and M. Paranikas, Leipzig (1871)

Antonini iter Britanniarum, ed. R. Gale, London (1709)

Antonini Placentini Itinerarium, ed. C. Milani, *Itinerarium Antonini Placentini: un viaggio in Terra Santa del 560–570* (Scienze filologiche e letteratura 7), Milan (1977)

Apgitir Chrábaid, ed. and trans. V. Hull, '*Apgitir Chrábaid*: the Alphabet of Piety', *Celtica* 8 (1968): 44–89

Arbeo of Freising, *Vita Corbiniani*, ed. B. Krusch, *MGH SRG* xiii, Hanover (1920)

Arbeo of Freising, *Vita Haimhrammi*, ed. B. Krusch, *MGH SRG* xiii, Hanover (1920)

Argyll iv: *An Inventory of the Monuments*, iv: *Iona* (The Royal Commission on the Ancient and Historical Monuments of Scotland), Edinburgh (1982)

Argyll v: *An Inventory of the Monuments*, v: *Islay, Jura, Colonsay and Oronsay* (The Royal Commission on the Ancient and Historical Monuments of Scotland), Edinburgh (1984)

Aronius, J., *Regesten zur Geschichte der Juden im fränkischen und deutschen Reich bis zum Jahre 1273*, Berlin (1902)

Ashtor, E., 'Documentos españoles de la Genizah', *Sefarad* 24 (1964): 41–80

Audacht Morainn, ed. F. Kelly, Dublin (1976)

Augustine of Hippo, *De Doctrina Christiana*, ed. P. Tombeur, Turnhout (1982)
English trans. R. P. H. Green, Oxford (1995)

Augustine of Hippo, *The City of God*, trans. H. Bettenson, Harmondsworth (1979)

Augustine of Hippo, *The City of God*, ed. and trans. W. M. Green *et al.*, 7 vols., London (1957–72)

Augustine of Hippo, *Œuvres de St Augustin*, xi: *Le magistère chrétien*, ed. G. Combes and J. Farges (Collection Bibliothèque Augustinienne), Paris (1949); new edn, ed. G. Madec, Paris (1996)

Avitus of Vienne, *Epistolae*, ed. R. Peiper, *MGH AA* vi.2, Berlin (1883), pp. 29–103

Baer, F., *Die Juden im christlichen Spanien. Erster Teil. Urkunden und Regesten*, Berlin (1929)

al-Baladhuri, *Ansab al-ashraf*, i, ed. M. Hamidullah, Cairo (1959); iv, ed. I. Abbas, Wiesbaden (1979); iv/2, ed. M. Schloessinger and M. J. Kister, Jerusalem (1971); v, ed. S. D. Goitein, Jerusalem (1936).

al-Baladhuri, *Futuh al-buldan*, ed. M. J. de Goeje, Leiden (1866)
English trans. P. Hitti and F. C. Murgotten, *The Origins of the Islamic State*, Beirut (1966).

Bar-Ilan University, *The Responsa Project*. Version 10+, CD-Rom, Ramat Gan (2002)

Baudonivia, *Vita Radegundis*, ed. B. Krusch, *MGH SRM* ii, Hanover (1888), pp. 377–95
English trans. in J. A. McNamara, J. E. Halborg and E. G. Whatley, *Sainted Women of the Dark Ages*, Durham, NC and London (1992), pp. 86–105

Bede, *Historia Ecclesiastica*, ed. C. Plummer, *Venerabilis Baedae Opera Historica*, Oxford (1896), pp. 5–360

788 Bede, *Ecclesiastical History of the English People*, trans. L. Sherley-Price, revised by R. E. Latham; new introduction and notes by D. H. Farmer, Harmondsworth (1990)

Bede, *Ecclesiastical History of the English People*, ed. and trans. B. Colgrave and R. A. B. Mynors (Oxford Medieval Texts), Oxford (1969)

Bede, *Epistola ad Ecgbertum Episcopum*, ed. C. Plummer, *Venerabilis Baedae Opera Historica*, Oxford (1896), pp. 405–23

Bede, *Historia Abbatum*, ed. C. Plummer, *Venerabilis Baedae Opera Historica*, Oxford (1896), pp. 364–87.

Bede, *Opera de Temporibus*, ed. C. W. Jones (Medieval Academy of America 41), Cambridge, MA (1943); trans. F. Walls, *Bede, The Reckoning of Time* (Translated Texts for Historians), Liverpool (1999)

Bede, *Vita Sancti Cuthberti*, ed. and trans. B. Colgrave, *Two Lives of Saint Cuthbert*, Cambridge (1940)

Benedict, Abbot of Monte Cassino, *Regula*, ed. R. Hanslik, 2nd emended edition (Corpus Scriptorum Ecclesiasticorum Latinorum 75), Vindobonae (1977)

Benedict, *Regula Benedicti*, ed. A. de Vogüé, *La Règle de St Benoît*, 7 vols. (Sources Chrétiennes 181–6, 260), Paris (1971–2, 1977)

Ben-Sasson, M., *The Jews of Sicily 825–1068: Documents and Sources*, Jerusalem (1991) (Hebrew)

Bertramn of Le Mans, *Testamentum*, ed. G. Busson and A. Ledru, *Actus Pontificum Cenomannis in Urbe Degentium* (Archives Historiques du Maine 2), Le Mans (1901), pp. 102–41

 Ed. and German trans. Weidemann, M., *Das Testament des Bischofs Berthramn von Le Mans vom 27. März 616. Untersuchungen zu Besitz und Geschichte einer fränkischen Familie im 6. und 7. Jahrhundert* (Römisch-Germanisches Zentralmuseum, Forschungsinstitut für Vor- und Frühgeschichte, Monographien, Band 9), Mainz (1986), pp. 7–49

Bieler, L. (ed. and trans.), *The Irish Penitentials* (Scriptores Latini Hiberniae 5), Dublin (1963)

Bieler, L. (ed.) *The Patrician Text in the Book of Armagh*, Dublin (1979)

Boethius, *Consolation of Philosophy*, ed. and trans. H. F. Stewart *et al.* (Loeb Classical Library), Cambridge, MA (1918)

Boniface, *Epistolae*, ed. M. Tangl, *Die Briefe des Heiligen Bonifatius und Lullus, MGH, Epp. Sel.* 1, Berlin (1916)

Braulio Caesaraugustanus, *Epistolae*, ed. and Spanish trans. L. Riesco Terrero, *Epistolario de San Braulio: introducción, edición crítica y traducción*, Seville (1975)

Braulio Caesaraugustanus, *Vita Sancti Aemiliani*, ed. J. Oroz, 'Vita Sancti Aemiliani, Hymnus in testo Sancti Aemiliani abbatis', *Perficit* 9 (1978): 119–20, 165–227

Braulio Caesaraugustanus, *Vita S. Aemiliani*, ed. L. Vázquez de Parga, Madrid (1943)

Braulio Caesaraugustanus, *Works*, trans. C. W. Barlow, *The Iberian Fathers* (The Fathers of the Church 63: 2), Washington, DC (1969)

Bretha Crólige, ed. and trans. D. A. Binchy, '*Bretha Crólige*', *Eriu* 12 (1934): 1–77

Bretha Nemed Toísech, ed. and trans. L. Breatnach, 'The first third of *Bretha Nemed Toísech*', *Eriu* 40 (1989): 1–40

Brubaker, L. and Haldon, J., *Byzantium in the Iconoclast Era (ca. 680–850): the sources* (Birmingham Byzantine and Ottoman Monographs 7), Aldershot (2001) 789

Bruno of Querfurt, *Vita Adalberti*, ed. G. H. Pertz, *MGH SS* IV, Hanover (1841), pp. 596–612

Caesar, *The Gallic War*, ed. and trans. H. J. Edwards (Loeb Classical Library), Cambridge, MA (1917)

Caesarius of Arles, *Life, Testament, Letters*, trans. W. E. Klingshirn (Translated Texts for Historians 19), Liverpool (1994) (see also Cyprianus)

Cáin Adamnáin, ed. and trans. K. Meyer, Oxford (1905)

Canu Aneirin, ed. I. Williams, Cardiff (1938)

Canu Taliesin, trans. in M. Pennar, *Taliesin Poems*, Lampeter (1988)

Capitularia Merowingica, ed. A. Boretius, *MGH Cap.* I, Hanover (1883), pp. 1–23

Capitulatio de Partibus Saxoniae, ed. A. Boretius, *MGH Cap.* I, Hanover, (1883), pp. 68–70

Carmen de Synodo Ticinensi, ed. L. Bethmann and G. Waitz, *MGH SRG* XLVIII, Hanover (1878), pp. 189–91

Cassiodorus, *Institutiones*, trans. R. A. B. Mynors, Oxford (1937)

Cassiodorus, *Variae*, ed. Å. J. Fridh (CCSL 96), Turnhout (1973), pp. 1–499

English trans. S. J. B. Barnish, *Cassiodorus: Variae* (Translated Texts for Historians 12), Liverpool (1992)

Cassius Dio, *Roman History*, ed. and trans. E. Cary (Loeb Classical Library), Cambridge, MA (1914–27)

Catalogue général d'antiquités égyptiennes du Musée du Caire: papyrus grecs d'époque byzantine, ed. J. Maspero, 2 vols., Cairo (1911, 1916)

Celtic Inscribed Stones Project on-line database, http//www.ucl.ac.uk/archaeology/cisp/database

Chartae Latinae Antiquiores, XIII–XIX, ed. H. Atsma and J. Vezin, Dietikon and Zurich (1981–87)

Chronica Gallica a. CCCCLII ad DXI, ed. T. Mommsen, *MGH AA* IX, *Chronica Minora*, I, Berlin (1892), pp. 615–66

Chronica Regum Visigothorum, ed. K. Zeumer, *MGH Legum* Sectio I, *Leges Nationum Germanicarum*, I, *Leges Visigothorum*, Hanover and Leipzig (1902), pp. 457–61

Chronicon Dictum Monemvasiae, ed. I. Dujev (Istituto siciliano di studi bizantini eneo-ellenici 12), Palermo (1976)

Chronicon Paschale, ed. L. Dindorf, 2 vols., Bonn (1832)

English trans. Ma. and Mi. Whitby, *Chronicon Paschale 284–628 AD* (Translated Texts for Historians 7), Liverpool (1989)

Chronicorum Caesaraugustanorum Reliquiae a. CCCCL–DLXVIII, ed. T. Mommsen, *MGH AA* XI, *Chronica Minora*, II, Berlin (1894), pp. 221–3

Cicero, Marcus Tullius, *De Officiis, Libri ad Marcum Filium*, ed. O. Heine, Berlin (1866)

Cicero, Marcus Tullius, *Tusculanae Disputationes*, ed. and trans. A. E. Douglas, Warminster (1990)

Claudian, *De Bello Gothico*, ed. and trans. M. Platnauer, *Claudian*, 2 vols., London (1922)

790　　Claudian, *Panegyricus de Sexto Consulatu Honorii Augusti*, ed. and trans. M. Dewar, Oxford (1996)

Clotharii II Edictum, ed. A. Boretius, *MGH Cap.* I, Hanover (1883), pp. 20–3

Codex Euricianus, ed. K. Zeumer, *MGH, Leges Nationum Germanicarum*, I: *Leges Visigothorum*, Hanover (1902), pp. 3–32

Codex Theodosianus: Theodosiani Libri xvi cum Constitutionibus Sirmondianis, ed. T. Mommsen and P. Meyer, 2 vols., Berlin (1905, repr. 1971)

　　Eng. trans. C. Pharr, *The Theodosian Code and Novels and the Sirmondian Constitutions*, Princeton, NJ (1952)

Codice Diplomatico Longobardo III (I), ed. C.-R. Brühl (Fonti per la Storia d'Italia), Rome (1973)

Cogitosus, *Vita Sanctae Brigitae*, ed. R. Sharpe, *The Earliest Lives of St Brigit*, Dublin (forthcoming)

Cogitosus, *Vita Sanctae Brigitae*, ed. J. Bolland and G. Henschen, *AA SS*, Feb. I, pp. 129–41, Antwerp (1658)

Cohen, G. D., 'The Story of the Four Captives', *Proceedings of the American Academy of Jewish Research* 29 (1960/1): 55–131

Colección Canónica Hispana, ed. G. Martínez Díez, *Monumenta Hispaniae Sacra* (Serie Canónica), Madrid (1976)

Collectio Canonum Hibernensis, ed. H. Wasserschleben, *Die irische Kanonensammlung*, 2nd edn, Leipzig (1885)

Columbanus, *Epistulae*, ed. and trans. G. S. M. Walker, *Sancti Columbani Opera*, Dublin (1957)

Concilia Galliae A.314–A.695, ed. C. Munier and C. de Clercq, 2 vols. (CCSL 148 and 148A), Turnhout (1963); ed. and French trans. J. Gaudemet and B. Basdevant, *Les Canons des conciles mérovingiens (VIe–VIIe siècles)*, 2 vols. (Sources Chrétiennes 353–4), Paris (1989)

Concilios Visigóticos e Hispano-Romanos, ed. J. Vives (España Cristiana Textos I), Barcelona and Madrid (1963)

Constantin VII Porphyrogénète, *Le Livre des Cérémonies*, ed. A. Vogt, Paris (1935–40)

Constantine Porphyrogenitus, *De Administrando Imperio*, ed. G. Moravcsik, and English trans. R. J. H. Jenkins (Dumbarton Oaks Texts I), Washington, DC (1967)

Conversio Bagoariorum et Carantanorum, ed. F. Losek, *MGH Studien und Texte* xv, Hanover (1997)

Corpus Inscriptionum Latinarum, consilio et auctoritate Academiae Litterarum Regiae Borussicae editum etc., Berlin (1862–)

Councils and Ecclesiastical Documents relating to Great Britain and Ireland, ed. A. W. Haddan and W. Stubbs, Oxford (1869, 1964)

Crith Gablach, ed. D. A. Binchy, Dublin (1941)

Crith Gablach, trans. E. MacNeill, 'Ancient Irish Law. The law of status or franchise', *PRIA* 36c (1921–4): 265–316

Crónica mozárabe = Continuatio Hispana a. DCCLIV, ed. T. Mommsen, *MGH AA* xi, *Chronica Minora* II (1894), pp. 334–68

Ed. and Spanish trans., J. E. López Pereira, *Crónica mozárabe de 754*, Saragossa (1980)   791

Crónicas asturianas, ed. J. Gil, Oviedo (1985)

Cummian, *Cummian's Letter 'De Controversia paschali' and the 'De Ratione Conputandi'*, ed. and trans. M. Walsh and D. Ó Cróinín (Studies and Texts 86), Toronto (1988)

Cyprianus, *Life, Testament, Letters of Caesarius of Arles*, trans. W. E. Klingshirn (Translated Texts for Historians 19), Liverpool (1994)

Cyril of Scythopolis, ed. E. Schwartz, *Kyrillos von Skythopolis* (Texte und Untersuchungen 49.2,) Leipzig (1939)

    English trans. R. M. Price, *Lives of the Monks of Palestine* (Cistercian Studies Series 114), Kalamazoo (1991)

De Duodecim Abusivis Saeculi, ed. S. Hellmann (Texte und Untersuchungen zur Geschichte der altchristlichen Literatur 34, series 3, vol. 4), part 1, Leipzig (1909–10), pp. 32–60

De Lange, N., *Greek Jewish Texts from the Cairo Genizah*, Tübingen (1996)

Decretio Childeberti, see Lex Salica (65-tit.)

Dekkers, E. (ed.), *Clavis Patrum Latinorum*, 3rd rev. edn, Turnhout (1995)

Descombes, F. (ed.), *Recueil des Inscriptions chrétiennes de la Gaule antérieures à la Renaissance carolingienne* xv Paris (1985)

Dhuoda, *Liber Manualis*, PL 106

Die von Guidi herausgegebene syrische Chronik, trans. T. Nöldeke, Vienna (1893)

Die Gesetze der Angelsachsen, ed. F. Liebermann, Halle (1903–16)

al-Dinawari, *Akhbar al-tiwal*, ed. V. Guirgass and I. I. Krachkovskii, Leiden (1912)

Diplomata, Chartae, Epistolae. Leges, aliaque Instrumenta ad Res Gallo-Francicas Spectantia, ed. J. Pardessus, 2 vols., Paris (1843–9)

Diplomata Regum Francorum e Stirpe Merovingica, ed. D. T. Kölzer, *Die Urkunden der Merowinger*, 2 vols., Hanover (2001)

Diplomata Regum Francorum e Stirpe Merowingica, ed. K. Pertz, *MGH Dipl. in fol.*, Hanover (1872)

Discipline générale antique (IIe–IXe siècles), ed. (both Greek and Latin texts) and French trans. P.-P. Joannou (Pontificia Commissione per la Redazione del Codice di Diritto Canonico Orientale, Fonti, Fascicolo ix), 2 vols. in 3 parts, Rome, 1962–3; *Decrees of the Ecumenical Councils* (text with Eng. trans. of canons of Ecumenical Councils recognised by the Roman Catholic Church, both doctrinal and disciplinary), ed. N. P. Tanner, 2 vols., London and Washington, DC (1990)

Doctrina Jacobi Nuper Baptizati, in G. Dagron and V. Déroche, 'Juifs et Chrétiens dans l'Orient du VIIe siècle', *Travaux et Mémoires du Centre de Recherche d'Histoire et Civilisation de Byzance* 11 (1991): 70–219

Donatus, *Artes*, ed. H. Keil, *Grammatici Latini*, iv, Leipzig (1857), pp. 355–402

The Dream of the Rood, ed. M. Swanton, Manchester (1970).

Dumville, D. N. (ed.), *The Historia Brittonum*, iii: *the 'Vatican' Recension*, Cambridge (1985)

The Earliest Life of Gregory the Great, ed. and trans. B. Colgrave, Kansas (1968)

The Eclogu, trans. E. Freshfield, Cambridge (1926)

792 *Ecloga. Das Gesetzbuch Leons III und Konstantins V*, ed. L. Burgmann (Forschungen zur byzantinischen Rechtsgeschichte 10), Frankfurt (1983)

Eddius Stephanus, *Vita Wilfridi*, ed. and trans. B. Colgrave, *The Life of Bishop Wilfrid by Eddius Stephanus*, Cambridge (1927)

Edictum Rothari, ed. F. Bluhme, *Leges Langobardorum, MGH Leges in fol.* iv, Hanover (1868)

Edictus Chilperici, ed. A. Boretius, *MGH Cap.* i, Hanover (1883), pp. 8–10

Einhard, *Vita Karoli Magni*, ed. G. Waitz, *MGH SRG* xxv, Hanover and Leipzig (1911)
English trans. in P. Dutton, *Charlemagne's Courtier: The Complete Einhard*, Ontario (1999), pp. 15–39

Elias bar Shinaya, *Opus chronologicum*, ed. E. W. Brooks and J. B. Chabot, 2 vols., Paris (1910); repr. Louvain (1954)
French trans. L. J. Delaporte, *La Chronographie d'Élie bar-Shinaya*, Paris (1910)

Eligius, *Praedicatio Sancti Eligii*, ed. B. Krusch, *MGH SRM* iv, Hanover (1902), pp. 749–61

English Historical Documents, i, ed. D. Whitelock, 2nd edn, London and New York (1979)

Ennodius, *Opera*, ed. E. Vogel, *MGH AA* vii, Berlin (1885)

Epistolae Aevi Merowingici Collectae, ed. W. Gundlach, *MGH Epp.* iii, Hanover (1892), pp. 434–68

Epistolae Austrasicae, ed. W. Gundlach, *MGH Epp.* iii, Hanover (1892), pp. 111–53; repr. in CCSL 117, Turnhout (1957), pp. 405–70

Epistolae S. Desiderii Cadurcensis, ed. D. Norberg, *Studia Latina Stockholmiensia* vi, Uppsala (1961)

Erchanberti Breviarium, ed. G. Pertz *MGH SS* ii, Hanover (1829), p. 328

Ermoldus Nigellus, *Poème sur Louis le Pieux et Epîtres au roi Pépin*, ed. E. Faral, Paris (1964)

Eugenius Toletanus, *Carmina*, ed. F. Vollmer, *MGH AA* xiv, pp. 229–82, Berlin (1905)

Eugippius, *Vita Severini*, ed. P. Régerat (Sources Chrétiennes 374), Paris (1991)

Eutychius, *Chronicle*, ed. L. Cheikho, Beirut (1906–9)

Evagrius, *Ecclesiastical History*, ed. J. Bidez and L. Parmentier, London (1898); repr. Amsterdam (1964)
French trans. A.-J. Festugière, *Byzantion* 45 (1975): 187–488
English trans. M. Whitby, *Ecclesiastical History*, Liverpool (2000)

Farmer's Law, ed. I. Medvedev, E. Piotrovskaja and E. Lipsic, *Vizantijskij zemledel'eskij zakon*, Leningrad (1984); English trans. W. Ashburner, 'The Farmer's Law', *JHS* 32 (1912): 68–95

Felix, *Life of Guthlac*, ed. and trans. B. Colgrave, Cambridge (1956)

Fiebiger, O. and Schmidt, L. (eds.), *Inschriftensammlung zur Geschichte der Ostgermaner*, Vienna (1917)

Finnian, *Penitentialis*, ed. and trans. L. Bieler, *The Irish Penitentials*, Dublin (1963), pp. 74–95

First Synod of St Patrick, ed. and trans. L. Bieler, *The Irish Penitentials*, Dublin (1963), pp. 54–9

Fontes Hispaniae Antiquae, ix: *Las fuentes de época visigoda y bizantina*, ed. R. Grosse, Barcelona (1947)

Fontes Iuris Romani Antejustiniani, 3 vols., ed. S. Riccobono, J. Baviera, C. Ferrini, ⟨793⟩
J. Furlani and V. Arangio-Ruiz, Florence (1940–3).

Formulae Visigothicae, ed. I. Gil, *Miscellanea Wisigothica*, Seville (1972), pp. 69–111

Fredegar, *Chronicorum quae Dicuntur Fredegarii Scolastica Libri IV, cum continuationibus*, ed. B. Krusch, *MGH SRM* II, Hanover (1888), pp. 18–168

　English trans. of Book IV and the *Continuations*, J. M. Wallace-Hadrill, *The Fourth Book of the Chronicle of Fredegar with Its Continuations*, London (1960)

Gaudemet, J. and Basdevant, B., ed. and French trans., *Les Canons des conciles mérovingiens (VIe–VIIe siècles)*, 2 vols. (Sources Chrétiennes 353–4) Paris (1989)

Gauthier, N., *Recueil des inscriptions chrétiennes de la Gaule antérieures à la Renaissance carolingienne*, I, Paris (1975)

George of Cyprus, *Descriptio Orbis Romani*, ed. H. Gelzer, Leipzig (1890)

George of Pisidia, *Poemi*, ed. A. Pertusi, Ettal (1959)

Georgii Syncelli Ecloga Chronographica, ed. A. Mosshammer, Leipzig (1984)

Gerstinger, H., *Dioscorides, Codex Vindobonensis med. gr.1 der Österreichischen Nationalbibliothek*, Graz (1970)

Gesta Archiepiscoporum Salispurgensium, ed. W. Wattenbach, *MGH SS* XI, Hanover (1854), pp. 1–103

Gil, M., *In the Kingdom of Ishmael*, 4 vols. (Hebrew), Tel Aviv (1997)

Gildas, *De Excidio et Conquestu Britanniae*, ed. T. Mommsen, *MGH AA* XIII, *Chronica Minora* III, Berlin (1898), pp. 1–85

Gildas, *De Excidio et Conquestu Britanniae and Fragmenta*, ed. and trans. M. Winterbottom, *Gildas: The Ruin of Britain and Other Documents*, Chichester (1978)

Giorgio di Pisidia, *Poemi e Panegirici epici*, ed. A. Pertusi, Ettal (1960)

Gregory of Nazianzus, *Orations*, ed. and French trans. J. Bernardi, C. Moreschini and P. Gallay (Sources Chrétiennes 247, 358, 384), Paris (1978–92)

Gregory of Rome (Gregorius Magnus), *Dialogues*, ed. A. de Vogüé and P. Antin, 3 vols. (Sources Chrétiennes 251, 260, 265), Paris (1978–80)

Gregory of Rome, *Homiliae in Hezechielem Prophetam*, ed. and French trans. C. Morel, *Homélies sur Ézéchiel*, Paris (1990)

Gregory of Rome, *Liber Regulae Pastoralis*, ed. B. Judic, F. Rommel and E. Dekkers, with French trans. by C. Morel, *Règle pastorale* (Sources Chrétiennes 381), 2 vols., Paris (1992)

Gregory of Rome, *In Librum Primum Regum*, ed. P. Verbraken (CCSL 144), Turnhout (1963)

Gregory of Rome, *Registrum Epistolarum*, ed. P. Ewald and L. M. Hartmann, *MGH Epp.* I, pt II, Berlin (1887–99)

Gregory of Tours, *De Passione et Virtutibus Sancti Iuliani Martyris*, ed. B. Krusch, *MGH SRM* I, Hanover (1885), pp. 562–84; repr. *MGH SRM* I, Hanover (1969), pp. 112–33

　English trans. R. Van Dam, *Saints and Their Miracles in Late Antique Gaul*, Princeton, NJ (1993), pp. 163–95

Gregory of Tours, *De Virtutibus Sancti Martini Episcopi*, ed. B. Krusch, *MGH SRM* I, Hanover (1885), pp. 584–661; repr. *MGH SRM* I, Hanover (1969), pp. 134–210

　English trans. R. Van Dam, *Saints and Their Miracles in Late Antique Gaul*, Princeton, NJ (1993), pp. 200–303

794   Gregory of Tours, *Decem Libri Historiarum*, ed. W. Arndt, *MGH SRM* I, Hanover (1885), pp. 31–450; new edn, B. Krusch and W. Levison, *MGH SRM* I.I, Hanover (1951)

    English trans. O. M. Dalton, *The History of the Franks by Gregory of Tours*, 2 vols., Oxford (1927); L. Thorpe, *Gregory of Tours: The History of the Franks*, Harmondsworth (1974)

Gregory of Tours, *Historiarum Libri Decem*, ed. R. Buchner, 2 vols., Darmstadt (1955)

Gregory of Tours, *Liber in Gloria Confessorum*, ed. B. Krusch, *MGH SRM* I, Hanover (1885), pp. 744–820; repr. *MGH SRM* I, Hanover (1969), pp. 284–370

    English trans. R. Van Dam, *Gregory of Tours, Glory of the Confessors* (Translated Texts for Historians 5), rev. edn., Liverpool (1988)

Gregory of Tours, *Liber in Gloria Martyrum*, ed. B. Krusch, *MGH, SRM* I, Hanover (1885), pp. 384–561; repr. *MGH SRM* I, Hanover (1969), pp. 34–III

    English trans. R. Van Dam, *Gregory of Tours, Glory of the Martyrs* (Translated Texts for Historians 4), Liverpool (1988)

Gregory of Tours, *Vita Patrum*, ed. B. Krusch, *MGH SRM* I, Hanover (1885), pp. 661–744; repr. *MGH SRM* I.2, Hanover (1969), pp. 211–94

    English trans. E. James, *Gregory of Tours, The Life of the Fathers* (Translated Texts for Historians 1), rev. edn, Liverpool (1991)

Habermann, A., *Book of Persecutions of Germany and France*, Jerusalem (Hebrew) (1945)

Hamza al-Isfahani, *Kitab ta'rikh sini muluk al-ard wa'l anbiya'*, Berlin (1922).

Hildefonsus Toletanus, *De Viris Illustribus*, ed. C. Codoñer, *El 'De viris illustribus' de Ildefonso de Toledo, estudio y edición crítica*, Salamanca (1972)

Hippocrates, *Airs, Waters, Places*, I, ed. and trans. W. H. S. Jones, London (1923)

Hisperica Famina, ed. M. W. Herren, 2 vols., Toronto (1974–87)

Historia Augusta, ed. D. Magie (Loeb Classical Library), 3 vols., Cambridge, MA and London (1921–32)

Hugeberc, *Vita Willibaldi*, ed. O. Holder-Egger, *MGH SS* xv.i, pp. 80–117, Hanover (1887)

Hydatius, *Chronicle*, ed. and trans. R. W. Burgess, *The Chronicle of Hydatius and the Consularia Constantinopolitana, Two Contemporary Accounts of the Final Years of the Roman Empire*, Oxford (1993)

Hydatius, *Continuatio Chronicorum Hyeronimianorum ad a. CCCCLXVIIII*, ed. T. Mommsen, *MGH AA* XI, *Chronica Minora* II, Berlin (1894), pp. 1–36

    Ed. and French trans. A. Tranoy, *Hydace: Chronique*, I: *Introduction, texte critique, traduction*; II: *Commentaire et index*, 2 vols., Paris (1974)

Ibn 'Abd al-Hakam, *Futuh Misr*, ed. C. Torrey, New Haven, CT (1922)

Ibn A'tham, *Kitab al-futuh*, ed. M. A. Khan *et al.*, 8 vols, Hyderabad (1968–75)

Ibn Hisham, *Sirat al-nabi*, ed. F. Wüstenfeld, 2 vols., Göttingen (1858–60)

    French trans. A. Guillaume, Karachi (1955)

Ibn Khaldun, *The Muqaddimah*, trans. F. Rosenthal, abridged and ed. N. J. Dawood, London (1969)

Ibn Khayyat, *Ta'rikh*, ed. A. D. al-'Umari, Najaf (1967)

Ibn Sa'd, *Kitab al-tabaqat al-kabir*, 9 vols., ed. E. Sachau, Berlin (1904–40)

Indiculus Superstitionum et Paganiarum, ed. A. Boretius, *MGH Cap.* I, Hanover (1893), pp. 361–401

Indiculus Superstitionum et Paganiarum, ed. A. Dierkens, 'Superstitions, christianisme
    et paganisme à la fin de l'époque mérovingienne', in H. Hasquin (ed.), *Magie,*
    sorcellerie, parapsychologie, Brussels (1985), pp. 9–26   795

Inscriptiones Latinae Selectae, ed. H. Dessau, repr. Zurich (1974)

The Instructions of King Cormac mac Airt, ed. K. Meyer (Royal Irish Academy Todd
    Lectures 15), Dublin (1909)

Iohannes Biclarensis (John of Biclaro), *Chronicon*, ed. T. Mommsen, *MGH AA* xi,
    Chronica Minora ii, Berlin (1894), pp. 207–20

    Ed. and Spanish trans. J. Campos, *Juan de Bíclaro, obispo de Gerona: su vida y su*
       obra, Madrid (1960)

    English trans., *John of Biclaro, Chronicle*, K. Baxter Wolf, *Conquerors and Chroniclers*
       of Early Medieval Spain, Liverpool (1990), pp. 61–80

al-Isfahani, *Kitab al-aghani*, 24 vols., Beirut (1955)

Isidore of Seville, *Etymologiae*, ed. W. M. Lindsay, *Isidori Hispalensis Episcopi Etymolo-*
    giarum sive Originum Libri XX (Scriptorum Classicorum Bibliotheca Oxoniensis),
    2 vols., Oxford (1911)

    Ed. and Spanish trans. J. Oroz Reta, *Etimologías*, 2 vols., Madrid (1982)

Isidore of Seville, *De Viris Illustribus*, ed. C. Codoñer Merino, *El 'De viris illustribus'*
    de Isidoro, estudio y edición crítica, Salamanca (1964)

Isidore of Seville, *Historia Gothorum, Vandalorum et Suevorum*, ed. T. Mommsen, *MGH*
    AA xi, *Chronica Minora* ii, Berlin (1894), pp. 241–303

    Ed. and Spanish trans. C. Rodriguez Alonso, *La historia de los godos, vándalos y suevos*
       de Isidoro de Sevilla, estudio, edición crítica y traducción, León (1975)

    English trans. K. Baxter Wolf, *Conquerors and Chroniclers of Early Medieval Spain*,
       Liverpool (1990), pp. 81–110

Isidore of Seville, *Regula Monachorum*, ed. and Spanish trans. J. Campos Ruiz and I.
    Roca Melia, *Reglas Monasticas de la España visigoda* (Biblioteca de autores cristianos
    321), Madrid (1971), pp. 79–125

Ius Greco-Romanum, ed. J. and P. Zepos, repr. Aalen (1962)

John Lydos, *De Magistratibus Populi Romani Libri Tres*, ed. R. Wünsch, Leipzig (1903)

    English trans. T. F. Carney, *Bureaucracy in Traditional Society: Romano-Byzantine*
       Bureaucracies Viewed from Within, Laurence, Kansas (1971)

John Lydos, *De Mensibus*, ed. R. Wünsch, Leipzig (1898)

John Lydos, *Liber de Ostentis*, ed. C. Wachsmuth, Leipzig (1897)

John Lydos, *On Powers*, ed. and trans. A. C. Bandy, Philadelphia (1983)

John Moschus, *Pratum Spirituale*, PG 87, cols 2852–3116

    English trans. J. Wortley, *The Spiritual Meadow of John Moschos* (Cistercian Studies
       Series 139), Kalamazoo (1992)

John of Ephesus, *Historiae Ecclesiasticae Pars Tertia*, ed. with Latin trans. E. W. Brooks,
    2 vols., Paris (1936); repr. Louvain (1952)

John of Ephesus, *Lives of the Eastern Saints*, ed. and trans. E. W. Brooks, *Patrologia*
    Orientalis 17 (1923), pp. 1–307; 18 (1924), pp. 513–698; 20 (1926), pp. 153–285

John of Nikiu, *Chronique de Jean, évêque de Nikiou, texte éthiopien*, ed. and French
    trans. H. Zotenburg, Paris (1883)

    English trans. R. H. Charles, *The Chronicle of John, Bishop of Nikiu*, London and
       Oxford (1916)

796　　Jonas of Bobbio, *Vita Columbani*, ed. B. Krusch, *MGH SRM* IV, Hanover (1902), pp. 64–108

English trans. D. C. Munro, in E. Peters (ed.), *Monks, Bishops and Pagans: Christian Culture in Gaul and Italy, 500–700*, Philadelphia (1975), pp. 75–113

Jordanes, *De Origine Actibusque Getarum*, ed. F. Giunta and A. Grillone (Fonti per la Storia d'Italia 117), Rome (1991)

Jordanes, *De Origine Actibusque Getarum*, ed. W. Martens, Leipzig (1913)

Jordanes, *Getica*, ed. T. Mommsen, *MGH AA* v.1, Berlin (1882), pp. 53–188

Jordanes, *The Gothic History*, English trans. C. C. Mierow, Princeton, NJ (1915)

Julian of Toledo, *Historia Wambae*, ed. W. Levison, *MGH SRM* v, Hanover (1910), pp. 486–535

Justinian, *Corpus Iuris Civilis*, ed. T. Mommsen and P. Kreuger, 3 vols.: I, *Institutiones, Digesta*; II, *Codex Justinianus*; III, *Novellae*, Berlin (1872–95), 14th edn (1967)

Digest, trans. C. H. Munro, *The Digest of Justinian*, 2 vols., Cambridge (1904 and 1909)

Justinian, *Drei dogmatische Schriften Justinians*, ed. T. Mommsen, P. Krueger et al. (Abhandlungen der Bayerischen Akademie der Wissenschaften, Phil.-hist. Klasse, Neue folge 18), Munich (1939); repr. Milan (1973)

English trans. K. P. Wesche, *On the Person of Christ: The Christology of Emperor Justinian*, Crestwood, NY (1991)

al-Kindi, *The Governors and Judges of Egypt*, ed. R. Guest, London (1912)

Klar, B., *Megillat Ahimaaz: The Chronicle of Ahimaaz, with a Collection of Poems from Byzantine Southern Italy and Additions*, Jerusalem (1944/1974) (Hebrew)

Das Konzil von Chalkedon, ed. A. Grillmeier and H. Bacht, Würzburg (1951–64)

Krauss, S. (ed.), *Das Leben Jesu nach jüdischen Quellen*, Berlin (1902)

Laws of Aethelberht, ed. and trans. D. Whitelock, *English Historical Documents* I, 2nd edn, London (1979), pp. 3357–9

The Laws of the Earliest English Kings, ed. F. L. Attenborough, Cambridge (1922)

Laws of Hlothere, ed. and trans. D. Whitelock, *English Historical Documents* I, 2nd edn, London (1979), pp. 360–1

Laws of Ine, ed. D. Whitelock, *English Historical Documents*, I, 2nd edn, London (1979), pp. 398–407

Laws of Whitred, ed. and trans. D. Whitelock, *English Historical Documents* I, 2nd edn, London (1979), pp. 361–4.

Le Blant, E. (ed.) *Inscriptions chrétiennes de la Gaule antérieures du VIIe siècle*, 2 vols. Paris (1856–65)

Le Sacrementaire Grégorien, ed. J. Deshusses, Fribourg (1971–82)

Leander of Seville, *De Institutione Virginum et Contemptu Mundi*, ed. J. Velázquez, Madrid (1979)

Lebor na Cert, The Book of Rights, ed. M. Dillon (Irish Texts Society 45), Dublin (1962)

Leges Alamannorum, ed. K. Lehmann, revised K. A. Eckhardt, *MGH Legum sectio* I.v(i), Hanover (1888, 1966)

Leontius of Naples, *Vie de Jean de Chypre* (Life of St John the Almsgiver), ed. and French trans. A. J. Festugière, *Vie de Syméon le Fou et vie de Jean de Chypre*, Paris (1974), pp. 339–637

Leontius, *Life of John the Almsgiver*, ed. H. Delehaye, 'Une vie inédite de Saint Jean l'Aumônier', *An. Boll.* 45 (1927): 5–74   797

Lex Baiwariorum, ed. E. de Schwind, *MGH Legum sectio* i.v (ii), Hanover (1926)

Lex Frisionum, ed. K. von Richthofen, *MGH Leges in folio* iii, Hanover (1863)

Lex Salica (65-tit.), *Lex Salica (100-tit.)*, ed. K. A. Eckhardt, *MGH Legum sectio* i.iv (ii), Hanover (1962–9)

Lex Visigothorum (*Liber Iudiciorum*), ed. K. Zeumer, *MGH Legum sectio* i.i, Hanover and Leipzig (1902), pp. 35–456

Liber Angeli, ed. and trans. L. Bieler, *The Patrician Texts in the Book of Armagh*, Dublin (1979), pp. 184–91

Liber Historiae Francorum, ed. B. Krusch *MGH SRM* ii, Hanover (1888), pp. 241–328
  English trans. (chs. 43–53) P. Fouracre and R. Gerberding, *Late Merovingian France*, Manchester (1996), pp. 79–96

Liber Landavensis: The Text of the Book of Llan Dâv, ed. J. G. Evans and J. Rhys, Oxford (1893)

Liber Pontificalis, ed. L. Duchesne, 2 vols. (Bibliothèque des Écoles Françaises d'Athènes et de Rome, Series 2, 3), (1886–92)
  English trans. R. Davies, 3 vols. (Translated Texts for Historians 5, 13, 20), Liverpool (1989–95)

The Life of St. Wilfrid by Eddius Stephanus, ed. and trans. B. Colgrave, Cambridge (1927); repr. New York (1985)

Linder, A., *The Jews in Roman Imperial Legislation*, Detroit and Jerusalem (1987)

Linder, A., *The Jews in the Legal Sources of the Early Middle Ages*, Detroit and Jerusalem (1997)

Liudger, *Vita Gregorii Traiectensis*, ed. O. Holder-Egger, *MGH SS* xv, Hanover (1887), pp. 66–79

Macalister, R. A. S., *Corpus Inscriptionum Insularum Celticarum*, 2 vols., Dublin (1945, 1949)

Macler, F., *Histoire d'Héraclius par l'évêque Sebêos*, Paris (1904)

Macrobius, *Ambrosi Theodosii Macrobii commentarii in Somnium Scipionis*, ed. J. Willis, Leipzig (1963).

Malalas, John, *Chronographia*, ed. L. Dindorf, Bonn (1981); Books 9–12, ed. A. Schenk von Stauffenberg, *Die römische Kaisergeschichte bei Malalas*, Stuttgart (1930)
  English trans. E. Jeffreys, M. Jeffreys and R. Scott, *The Chronicle of John Malalas* (Byzantina Australiensia 4), Melbourne (1986)

Mann, J., *Texts and Studies in Jewish History and Literature*, Cincinnati, 2 vols. (1931)

Mann, J., *The Jews in Egypt and in Palestine under the Fatimid Caliphs: A Contribution to their Political and Communal History Based Chiefly on Genizah Material Hitherto Unpublished*, London, 2 vols. (1920)

Mann, J., *The Responsa of the Babylonian Geonim as a Source of Jewish History*, New York (1973)

Marcellinus comes, *Chronicon*, ed. T. Mommsen, *MGH AA* xi, Berlin (1894), pp. 37–108
  English trans. B. Croke, *The Chronicle of Marcellinus*, Sydney (1995)

798 *Marculfi Formularum Libri Duo*, ed. and French trans. A. Uddholm, Uppsala (1962)

Marius of Avenches, *Chronica*, ed. T. Mommsen, *MGH AA* XI, Berlin (1894), pp. 232–9
French trans. J. Favrod, *La Chronique de Marius d'Avenches (455–581): texte, traduction et commentaire* (Cahiers Lausannois d'Histoire Médiévale 4), Lausanne (1991), pp. 64–87

Martianus Capella, *De Nuptiis Mercurii et Philologiae*, ed. James Willis, Leipzig (1983)

Martianus Capella, *Martianus Capella and The Seven Liberal Arts*, trans. W. H. Stahl, New York (1971)

Martin of Braga, *De Correctione Rusticorum*, ed. C. W. Barlow, *Martini Episcopi Bracarensis Opera Omni*, New Haven, CT (1950)

al-Mas'udi, *Muruj al-dhahab*, ed. and trans. C. Barbier de Meynard and A. Pavet de Courteille, 9 vols., Paris (1861–77)

Maurice, *Das Strategikon des Maurikios*, ed. and German trans. G. T. Dennis and E. Gamillscheg (Corpus Fontium Historiae Byzantinae 17), Vienna (1981)
English trans. G. T. Dennis, *Maurice's Strategikon: Handbook of Byzantine Military Strategy*, Philadelphia (1984)

Maximos the Confessor (Syriac Life), ed. Sebastian Brock, 'An Early Syriac Life of Maximus the Confessor', *An. Boll.* 91 (1973): 299–346

Maximos the Confessor, *Opera Omnia*, PG 90–1

Maximos the Confessor, *Documenta ad Vitam Maximi Confessoris Spectantia*, ed. P. Allen and B. Neil, CCSG, (forthcoming)
English trans., P. Allen and B. Neil, *Maximus the Confessor and His Companions: Biographical Documents* (forthcoming)

Menander Protector, *Historia: Excerpta de Legationibus*, ed. C. de Boor, Berlin (1903)

Menander Protector, *The History of Menander the Guardsman*, ed. and trans. R. C. Blockley (ARCA Classical and Medieval Texts 17), Liverpool (1985)

Michael the Syrian, *Chronique*, ed. and French trans. J. B. Chabot, 4 vols., Paris (1899–1924); repr. Brussels (1960)

Miracula Sancti Demetrii, ed. and French trans., with commentary P. Lemerle, *Les Plus Anciens Recueils des Miracles de Saint Démétrius et la pénétration des Slaves dans les Balkans*, 2 vols, Paris (1979)

Muirchú, *Life of St Patrick*, ed. and trans. A. B. E. Hood (History from the Sources), Chichester (1978)

Muirchú, *Vita Sancti Patricii*, ed. and trans. L. Bieler, *The Patrician Texts in the Book of Armagh*, Dublin (1979), pp. 60–123

Mutius, H.-G. v., *Jüdische Urkundenformulare aus Barcelona*, Frankfurt am Main (1996)

Mutius, H.-G. v., *Jüdische Urkundenformulare aus dem muslimischen Spanien*, Frankfurt am Main (1997)

Mutius, H.-G. v., *Jüdische Urkundenformulare aus Marseille in babylonisch-aramäischer Sprache*, Frankfurt am Main (1994)

Mutius, H.-G. v., *Rechtsentscheide jüdischer Gesetzeslehrer aus dem maurischen Cordoba*, Frankfurt am Main (1990)

Mutius, H.-G. v., *Rechtsentscheide Raschis aus Troyes (1040–1105)*, Frankfurt am Main (1986)

Mutius, H.-G. v., *Rechtsentscheide rheinischer Rabbinen vor dem ersten Kreuzzug*, 2 vols., Frankfurt am Main (1984)   799

Nennius, *Historia Brittonum*, ed. T. Mommsen, *MGH AA* XIII, *Chronica Minora* III, Berlin (1898), pp. 143–222

Neubauer A. and Stern, M. (1892), *Hebräische Berichte über die Judenverfolgungen während der Kreuzzüge*, Berlin

Nikephoros, trans. with commentary C. Mango, *Nikephoros, Patriarch of Constantinople, Short History* (Dumbarton Oaks Texts 10), Washington, DC (1990)

Notitia Dignitatum Accedunt Notitia Urbis Constantinopolitanae et Latercula Provinciarum, ed. O. Seeck, Frankfurt am Main (1876); repr. Frankfurt (1962)

Notker Balbulus, *Gesta Karoli Magni Imperatoris*, ed. H. F. Haefele, *MGH SRG*, n.s. XII, Berlin (1959)

Noy, D., *Jewish Inscriptions of Western Europe*, I: *Italy, Spain and Gaul*, Cambridge (1993)

Noy, D., *Jewish Inscriptions of Western Europe*, II: *The City of Rome*, Cambridge (1995)

O'Brien, M. A. (ed.), *Corpus Genealogiarum Hiberniae*, Dublin (1962)

Oengus, *Félire Óengusso*, ed. and trans. W. Stokes, *Félire Óengusso Céli Dé* (Henry Bradshaw Society), London (1905)

Ó Ricain, P. (ed.), *Corpus Genealogiarum Sanctorum Hiberniae*, Dublin (1985)

Orosius, *Historiarum adversus Paganos Libri VII*, ed. C. Zangemeister, Vienna (1882)

Orosius, *Seven Books of History against the Pagans*, ed. and French trans. M. P. Arnaud-Lindet, *Orose, Histoires contre les Païens*, 3 vols., Paris (1991)

D'Ors, A. 'El Código de Eurico', *Estudios Visigóticos* 2 (1960): 20–43

Pactus pro Tenore Pacis, see Lex Salica, 65-tit.

Palladius, *The Lausiac History of Palladius*, ed. and trans. C. Butler, 2 vols, Cambridge (1989–1904)

Panegyrici Latini, ed. R. A. B. Mynors, Oxford (1964)

Panegyrici Latini, ed. V. Paladini and P. Fedeli (Scriptores Graeci et Latini), Rome (1976)

Paolina di Milano, *Vita di S. Ambrogio*, ed. M. Pellegrino, Rome (1961)

Passio Leudegari I, ed. B. Krusch, *MGH SRM* V, Hanover and Leipzig (1910), pp. 282–322

English trans. P. Fouracre and R. Gerberding, *Late Merovingian France*, Manchester (1996), pp. 193–253

Passio Sanctorum Martyrum Kiliani et Sociorum Eius, ed. W. Levison, *MGH SRM* V, Hanover (1910)

Patrick, *Confessio*, ed. L. Bieler, *Libri Epistolarum Sancti Patricii Episcopi* (2 vols. in 1), Dublin (1952, repr. 1993)

Patrick, *Epistola ad milites Corotici*, ed. L. Bieler, *Libri Epistolarum Sancti Patricii Episcopi* (2 vols. in 1), Dublin (1952, repr. 1993), I, pp. 91–102

Patrick, *Letters*, ed. and trans. D. Howlett, *The Book of Letters of Saint Patrick the Bishop*, Blackrock (1994)

Patrick, 'The Rule of Patrick', ed. and trans. J. G. O'Keeffe, *Ériu* 1 (1904): 216–24

Paul the Deacon, *Historia Langobardorum*, ed. L. Bethmann and G. Waitz, *MGH SRG* XLVIII, Hanover (1878)

800

English trans. W. D. Foulke, *Paul the Deacon, History of the Lombards*, Philadelphia (1907)

Paulinus of Nola, *Letters*, trans. P. Walsh (Ancient Christian Writers 35–6), Westminster (1966–67)

Paulinus of Pella, *Eucharisticos*, ed. and trans. C. Moussy, *Paulin de Pella: Poème d'action de grâces et Prière* (Sources Chrétiennes 209), Paris (1974)

Penitential of Theodore (Poenitentiale Theodori), ed. A. W. Haddan and W. Stubbs, *Councils and Ecclesiastical Documents Relating to Great Britain and Ireland*, III, Oxford (1871), pp. 173–204

Pirmin, *Dicta de Singulis Libris Canonicis (Scarapsus)*, ed. G. Jecker, in *Die Heimat des heiligen Pirmin des Apostels der Alemannen*, Münster (1927), pp. 34–73

Plato, *Phaedo*, trans. E. Brann, P. Kalkavage and E. Salem, Newburyport, MA (1998)

Pliny the Elder, *Natural History*, ed. and trans. H. Rackham, *Pliny, Natural History*, London (1938)

Pliny the Younger, *C. Plinii Secundi Epistolarum Libri Novem, Epistolarum ad Traianum Liber, Panegyricus*, ed. F. W. Mueller, Leipzig (1903)

The Poetic Edda, trans L. M. Hollander, Austin, (1994) (1st edn 1962)

Das Polyptychon von Saint-Germain-des-Prés, ed. D. Hägermann, Cologne (1993)

Praefatio Gildae de Poenitentia, ed. and trans. L. Bieler, *The Irish Penitentials*, Dublin (1963), pp. 60–5

Prévot, F. (ed.), *Recueil des Inscriptions chrétiennes de la Gaule antérieures à la Renaissance Carolingienne*, VIII, Paris (1997)

Priscian, *De Laude Anastasii Imperatoris*, ed. and French trans. A. Chauvot, *Procope de Gaza, Priscien de Césarée, Panégyriques de l'empereur Anastase Ier*, Bonn (1986)

Priscian, *Grammatici Latini*, ed. H. Keil, 2 vols., Leipzig (1885)

Priscus, *Fragmenta*, ed. C. D. Gordon, *The Age of Attila*, Ann Arbor (1960)

Procopius of Caesarea, *Anecdota*, ed. and trans. H. B. Dewing (Loeb Classical Library), Cambridge, MA (1935)

Procopius of Caesarea, *Buildings*, ed. and trans. H. B. Dewing and G. Downey (Loeb Classical Library), Cambridge, MA (1940)

Procopius of Caesarea, *Gothic War*, German trans. D. Coste, *Prokop, Gotenkrieg*, Munich (1966)

Procopius of Caesarea, *Opera Omnia*, ed. J. Haury, revised G. Wirth, I–II: *Bella*, I–VIII; III: *Historia arcana*, Leipzig (1962–3)

Trans H. B. Dewing (Loeb Classical Library), 7 vols, London (1914–40)

Procopius of Caesarea, *Wars*, ed. and trans. H. B. Dewing (Loeb Classical Library), 5 vols., Cambridge, MA and London (1914–28)

Prosper, *Chronicle*, ed. T. Mommsen, *Chronica Minora* I, *MGH AA* IX, Berlin (1892)

Pseudo-Cyprianus, *De XII Abusivis Saeculi*, ed. S. Hellmann (Texte und Untersuchungen zur Geschichte der Altchristlichen Literatur, ed. A. Harnack and C. Schmidt, 34 (i)), Leipzig (1910), pp. 1–60

Pseudo-Dionysios of Tel-Mahre, ed. J.-B. Chabot, *Chronique de Denys de Tel-Mahré, quatrième partie*, Paris (1895)

English trans. W. Witakowski, *Pseudo-Dionysius of Tel-Mahre, Chronicle Part III* (Translated Texts for Historians 22), Liverpool (1996)

Latin trans. J.-B. Chabot (ed.), *Incerti Auctoris Chronicon Pseudo-Dionysianum vulgo dictum*, 2 vols. (Corpus Scriptorum Christianorum Orientalium 91, 104, 121), Paris (1927–33)

Ptolemy, *Claudii Ptolemaei Geographica*, ed. C. Nobbe, Hildesheim (1966; reprint of the 1843–45 edn)

The Quran, trans. R. M. Pickthall, London (1957)

Ravennatis Anonymi Cosmographia, ed. J. Schnetz (Itineraria Romana 2), Stuttgart (1940)

Recueil des actes de Lothaire et Louis V, rois de France, ed. L. Halphen and F. Lot, Paris (1908)

Rhigyfarch, *Vita Davidis*, ed. J. W. James, *Rhigyfarch's Life of St David*, Cardiff (1967)

The Rhodian Sea Law, ed. W. Ashburner, Oxford (1909); repr. Aalen (1976)

Rimbert, *Vita Anskarii*, ed. W. Trillmich, *Quellen des 9. und 11. Jahrhunderts zur Geschichte der hamburgischen Kirche und des Reiches*, Darmstadt (1961)

Rivlin, J., *Bills and Contracts from Lucena (1020–1025 C.E.)*, Ramat Gan (Hebrew) (1994)

Romanos the Melodist, *Cantica Genuina*, ed. P. Maas and C. A. Trypanis, Oxford (1963)

English trans. M. Carpenter, *Kontakia of Romanos, Byzantine Melodist*, 2 vols., Columbia (1970–3); (selection) Ephrem Lash, *St Romanos the Melodist, Kontakia on the Life of Christ*, San Francisco, London and Pymble (1996)

Rutilius Namatianus, *On His Return*, ed. and French trans. J. Vessereau and F. Préchac, *Rutilius Namatianus, Sur son Retour*, Paris (1933)

English trans. H. Isbell, *The Last Poets of Imperial Rome*, Harmondsworth (1971), pp. 217–41

Sacrorum Conciliorum Nova et Amplissima Collectio, ed. J. D. Mansi, 31 vols., Florence (1759–98)

Salfeld, S. (ed.), *Das Martyrologium des Nürnberger Memorbuches*, Berlin (1898)

Salvian, *De Gubernatione Dei*, ed. C. Halm, *MGH AA* I, Berlin, (1877)

English trans. J. F. Sullivan, *The Writings of Salvian the Presbyter*, Washington, DC (1962)

Salzman, M. (ed.), *The Chronicle of Ahima'az*, New York (1924)

Scriptores Historiae Augustae, ed. E. Hohl, Leipzig (1927); repr. (1965)

Sebeos, *Patmut'iwn*, ed. G. V. Abgaryan, Erevan (1979)

French trans. F. Macler, *Histoire d'Héraclius*, Paris (1904)

Severus, bishop of Malaga?, *Severi Episcopi Malacitani(?) In Evangelia Libri XII: das Triererfragment der Bücher VIII–X*, ed. R. Herzog, B. Bischoff and W. Schetter with O. Zwierlein, Munich (1994)

Sidonius Apollinaris, *Carmina*, ed. and French trans. A. Loyen, *Sidoine Apollinaire*, Paris (1960)

Sidonius Apollinaris, *Epistolae*, ed. and French trans. A. Loyen, *Sidoine Apollinaire*, Paris (1960)

Sidonius Apollinaris, *Poems and Letters*, ed. and trans. W. B. Anderson (Loeb Classical Library), 2 vols., Cambridge, MA and London (1936–65)

Simonsohn, S., *The Jews in Sicily*, Leiden (1997)

802 *Sinodus Aquilonalis Britanniae*, ed. and trans. L. Bieler, *The Irish Penitentials*, Dublin (1963), pp. 66–7

Sisebut, *Vita Desiderii*, ed. B. Krusch, *MGH SRM* III, Hanover (1896), pp. 630–7

Sisebut rex, *Epistolae*, ed. I. Gil, *Miscelanea wisigothica*, Seville (1972), pp. 3–27

Sisebut rex, *Vita sancti Desiderii*, ed. I. Gil, *Miscelanea wisigothica*, Seville (1972), pp. 50–68

Sophronios of Jerusalem, *Omnia Opera*, PG 87, cols. 3148–4004

    English trans. P. Allen, *Sophronius of Jerusalem: Synodical Letter and a Monoenergist Dossier* (forthcoming)

Stuiber, A., *Libelli Sacramentorum Romani* (Theophaneia 6), Bonn (1950)

Sturluson, Snorri, *Nordiska Kungasagor*, trans. with introduction K. Johansson, Stockholm

Sulpicius Severus, *Chronica*, ed. and French trans. G. de Senneville-Grave (Sources Chrétiennes 441), Paris (1999)

Sulpicius Severus, *Vita Martini*, ed. J. Fontaine, *Vie de saint Martin*, I, (Sources Chrétiennes 133), Paris (1967)

Symeon of Durham, *Libellus de Exordio atque Procursu Istius, Hoc Est Dunhelmensis Ecclesiae*, ed. and trans. D. Rollason, Oxford (2000)

Syriac Chronicles, trans. and annotated A. Palmer, *The Seventh Century in the West-Syrian Chronicles*, including two seventh-century Syriac apocalyptic texts, trans. and annotated by S. Brock, with added annotation and an historical introduction by Robert Hoyland (Translated Texts for Historians 15), Liverpool (1993)

al-Tabari, *Ta'rikh al-rusul wa'l muluk*, ed. M. J. de Goeje *et al.*, Leiden (1879–1901)

Tablettes Albertini, ed. C. Courtois, L. Leschi and C. Saumagne, Paris (1952)

Tacitus, *Germania*, ed. M. Winterbottom, *Cornelii Taciti Opera Minora*, Oxford (1975)

Tacitus, *The Annals*, ed. and trans. J. Jackson (Loeb Classical Library), Cambridge, MA (1931–7)

The Táin Bó Cúalnge from the Book of Leinster, ed. C. O'Rahilly (Irish Texts Society 49), Dublin (1967) includes translation of this version; earlier version trans. T. Kinsella as *The Táin*, Dublin (1969)

The Text of the Book of Llan Dâv, ed. J. G. Evans with J. Rhys, Oxford (1893)

Tertullianus, *De Pallio*, ed. and Dutch trans. A. Gerlo, Kritische Uitgave met Vertaling en Commentar, Wetteren (1940)

Testimonia najdawniejszych dziejów Słowian, ed. A. Brzóstkowska and W. Swoboda (Polish critical edition of excerpts on the earliest history of the Slavs), Warsaw (1989)

al-Tha'alibi, *Histoire des rois des Perses*, ed. and trans. H. Zotenberg, Paris (1900)

Theodore's Penitential, ed A. Haddan and W. Stubbs (Councils and Ecclesiastical Documents 3), Oxford (1871)

Theophanes, *Chronographia*, ed. C. de Boor, 2 vols., Leipzig (1883–5); repr. Hildesheim (1963)

    English trans. H. Turtledove, *The Chronicle of Theophanes*, Philadelphia (1982), and also trans. with introduction and commentary C. Mango and R. Scott with the assistance of G. Greatrex, *The Chronicle of Theophanes Confessor: Byzantine and Near Eastern History AD 284–813*, Oxford (1997)

Theophylact Simocatta, *Historiae*, ed. E. Bekker, Bonn (1834)   803

Theophylact Simocatta, *Historiae*, ed. C. de Boor, revised P. Wirth, Stuttgart (1972)
Trans. Mi. and Ma. Whitby, *The History of Theophylact Simocatta*, Oxford (1986)

Thietmar of Merseburg, *Chronicon*, ed. R. Holtzmann, *MGH SRG* n.s. IX, Berlin (1936)

Tírechán, *Collectanea de Sancto Patricio*, ed. and trans. L. Bieler, *The Patrician Texts in the Book of Armagh*, Dublin (1979), pp. 124–63

Tjäder, J. O., *Die nichtliterarischen lateinischen Papyri Italiens aus der zeit 445–700*, Lund and Stockholm (1954–82)

Trypanis, C. (ed.), *Penguin Book of Greek Verse*, Harmondsworth (1971)

Two Lives of St Cuthbert, ed. and trans. B. Colgrave, Cambridge (1940)

Uraicecht Becc, trans. E. MacNeill, 'Ancient Irish Law. The law of status or franchise', *PRIA* 36c (1921–4): 265–316

Vegetius, *Epitoma de Rei Militari*, trans. N. P. Milner, *Epitome of Military Science*, Liverpool (1993)

Velázquez, Soriano I. (ed.), *Las pizarras Visigodas: edición crítica y estudio* (Antigüedad y Cristianismo 6), Murcia (1989)

Venantius Fortunatus, *Ad Chilpericum Regem*, ed. and trans. J. George, *Venantius Fortunatus: A Poet in Merovingian Gaul*, Oxford (1992), pp. 198–207

Venantius Fortunatus, *Carmina*, ed. F. Leo, *MGH AA* IV.1, Berlin (1881)
English trans. J. George, *Venantius Fortunatus: Personal and Political Poems* (Translated Texts for Historians 23), Liverpool (1995)

Venantius Fortunatus, *Vita Germani Episcopi Parisiaci*, ed. B. Krusch, *MGH SRM* VII, Hanover (1920), pp. 372–418

Venantius Fortunatus, *Vita Radegundis*, ed. B. Krusch, *MGH SRM* II, Hanover (1888), pp. 364–77
English trans. in J. A. McNamara, J. E. Halborg and E. G. Whatley, *Sainted Women of the Dark Ages*, Durham, NC and London (1992)

Venantius Fortunatus, *Vitae*, ed. B. Krusch, *MGH AA* IV.2, Berlin (1885)

Victor of Tunnuna, *Chronica*, ed. T. Mommsen, *MGH AA* XI, *Chronica Minora* II, Berlin (1884), pp. 184–206

Vita (Altera) Bonifatii, ed. W. Levison, *Vitae Sancti Bonifatii*, *MGH SRG* LVII, Hanover (1905), pp. 62–78

Vita Amandi, ed. B. Krusch, *MGH SRM* V, Hanover (1910), pp. 428–49

Vita Annonis Archiepiscopi Coloniensis, ed. R. Koepke, *MGH SS* XI, Hanover (1853), pp. 465–514

Vita Balthildis, ed. B. Krusch, *MGH SRM* II, Hanover (1888), pp. 482–508
English trans. P. Fouracre and R. Gerberding, *Late Merovingian France*, Manchester (1996), pp. 97–132

Vita Beati Ferreoli Episcopi et Confessoris Christi, Lect. II (Catalogus Codicum Hagiographicorum Latinorum Antiquiorum qui Asserv. in Biblioth. Nat. Parisiensi, II), Brussels (1890), pp. 101–2

Vita Boniti, ed. B. Krusch, *MGH SRM* VI, Hanover (1913), pp. 110–39

Vita Brigitae I, ed. J. Colgan, *Triadis Thaumaturgae…Acta*, Louvain (1647), pp. 527–45

Vita Brigitae II, ed. J. Bollandus and G. Henschenius, *AASS* Feb. 1st, Antwerp (1658), pp. 129–41

804 *Vita Cadoci*: *Vitae Sanctorum Britanniae et Genealogiae*, ed. A. W. Wode-Evans, Cardiff (1944), pp. 24–141

Vita Ceolfridi, ed. C. Plummer, *Baedae Opera Historica*, Oxford (1896)

Vita Desiderii Cadurcae Urbis Episcopi, ed. B. Krusch, *MGH SRM* iv, Hanover (1902), pp. 563–602; repr. in CCSL 117, Turnhout (1957), pp. 345–401

Vita Eligii, ed. B. Krusch, *MGH SRM* iv, Hanover (1902), pp. 663–741

Vita Fulgentii, ed. J. Migne, *PL* 67 (1844)

Vita Genovefae, ed. B. Krusch, *MGH SRM* ii, Hanover (1896), pp. 215–38
English trans. J. A. McNamara, J. E. Halborg and E. G. Whatley, *Sainted Women of the Dark Ages*, Durham, NC and London (1992), pp. 19–37

Vita Hrodberti, ed. W. Levison, *MGH SRG* iv, Hanover (1913), pp. 140–62

Vita Lebuini Antiqua, ed. A. Hofmeister, *MGH SS* xxx, Leipzig (1934), pp. 791–5

Vita Liutbirgae, ed. O. Menzel, *Das Leben der Liutbirg* (Deutsches Mittelalter, Kritische Studientexte des Reichsinstituts für Altere Deutsche Geschichtskunde 3), Leipzig (1937)

Vita Patrum Emeretensium, ed. and trans. J. N. Garvin, *The 'vita sanctorum patrum emeretensium': Text and Translation with an Introduction and Commentary*, Washington, DC (1946)

Vita Pauli, ed. C. Cuissard, 'Vie de S. Paul de Léon en Bretagne', *Revue Celtique* 5 (1881–3): 413–60

Vita Samsonis, ed. R. Fawtier, *La Vie de S. Samson*, Paris (1912)

Vita Sancti Samsonis Episcopi, ed. with French trans. P. Flobert, *La Vie ancienne de Saint Samson de Dol*, Paris (1997)

Vita Sancti Coemgeni, ed. C. Plummer, *Vitae Sanctorum Hiberniae*, 2 vols., Oxford (1910), i, pp. 234–57

Vita Sancti Endei, ed. C. Plummer, *Vitae Sanctorum Hiberniae*, 2 vols., Oxford (1910), ii, pp. 60–75

Vita Sancti Fructuosi, ed. and Spanish trans. M. C. Díaz y Díaz, *La vida de San Fructuoso de Braga*, Braga (1974)

Vita Vulframni, ed. W. Levison, *MGH SRG* v, Hanover (1910), pp. 657–73

Vita Willehadi, ed. A. Poncelet, *AASS*, Nov. iii, Brussels (1910), pp. 842–6

Vitruvius, *De Architectura*, ed. and trans. F. Granger, *Vitruvius: De Architectura*, London (1934)

Vives, J. (ed.), *Inscripciones cristianas de la España romana y visigoda*, Barcelona (1969)

al-Waqidi, *Kitab al-maghazi*, ed. J. B. Marsden Jones, Oxford (1966)

Weitzmann, K. and Kessler, H. L., *The Cotton Genesis: British Library, Codex Cotton Otho B VI*, Illustrations in the manuscripts of the Septuagint 1, Princeton, NJ (1986)

Willibald, *Vita Bonifatii*, ed. W. Levison, *Vitae Sancti Bonifatii*, *MGH SRG* lvii, Hanover (1905), pp. 1–58

Wrdisten, *Vita S. Winwaloei*, ed. C. D[e] S[medt], *An. Boll.* 7 (1888): 167–249

Ya'qubi -al, *Ta'rikh*, ed. M. T. Houtsma, 2 vols., Leiden (1883)

Zosimus, *New History*, trans. R. T. Ridley (Australian Association for Byzantine Studies, Byzantina Australiensia), Canberra (1982)

第二手著作书目，依章节排列

1 晚期罗马帝国

Bowersock, G. W. (1978), *Julian the Apostate*, London

Brown, P. (1971), *The World of Late Antiquity*, London

Brown, P. (1972), *Religion and Society in the Age of Saint Augustine*, London

Bury, J. B. (1923), *History of the Later Roman Empire*, London

Cameron, Av. (1993), *The Later Roman Empire, AD 284–430*, Cambridge

Cameron, Av. (1993), *The Mediterranean World in Late Antiquity AD 395–600*, New York

Carcopino, J. (1940), *Daily Life in Ancient Rome*, New Haven

Collins, R. (1983), *Early Medieval Spain*, London

Dill, S. (1898, reprint 1958), *Roman Society in the Last Century of the Western Empire*, London

Fantham, E., Peet Foley, H., Boymel Kampen, N., Pomeroy, S. B. and Shapiro, H. A. (1994), *Women in the Classical World: Image and Text*, New York

Finley, M. (1985), *The Ancient Economy*, 2nd edn, Berkeley

Gibbon, E. (1909–14), *Decline and Fall of the Roman Empire*, 7 vols., ed. J. B. Bury, London

Goffart, W. (1972), 'From Roman taxation to medieval seigneurie', *Speculum* 47: 165–87 and 373–94

Goffart, W. (1974), *Caput and Colonate: Towards a History of Late Roman Taxation*, Toronto

Honoré, T. (1987), 'The making of the Theodosian Code', *ZRG RA* 104: 133–222

Jones, A. H. M. (1948), *Constantine and the Conversion of Europe*, London

Jones, A. H. M. (1964), *The Later Roman Empire 284–602*, 3 vols., Oxford

Jones, A. H. M. (1975), *The Decline of the Ancient World*, London

Levy, E. (1951), *West Roman Vulgar Law: The Law of Property* (Memoirs of the American Philological Society 29), Philadelphia

Marrou, H. (1956), *History of Education in the Ancient World*, London

Matthews, J. (1989), *The Roman Empire of Ammianus*, London

Mommsen, T. (1887, reprint 1969), *Römisches Staatsrecht*, 2nd edn, 3 vols., Graz

Mommsen, T. (1899), *Römisches Strafrecht*, Leipzig

Mommsen, T. (1909), *The Provinces of the Roman Empire from Caesar to Diocletian*, 2 vols., London

806　Mommsen, T. (1996), *The History of Rome*, reprint, London

Percival, J. (1969), 'Seigneurial aspects of late Roman estate management', *EHR* 85: 449–73

Percival, J. (1976), *The Roman Villa: An Historical Introduction*, London

Rostovtzeff, M. (1957), *The Social and Economic History of the Roman Empire*, 2nd edn, 2 vols., Oxford

Syme, R. (1968), *Ammianus and the Historia Augusta*, Oxford

Turpin, W. (1985), 'The Law Codes and late Roman law', *Revue Internationale des Droits de l'Antiquité*, 3rd series 32: 339–53

Ward-Perkins, B. (1984), *From Classical Antiquity to the Middle Ages*, Oxford

Wickham, C. (1984), 'The other transition: from the ancient world to feudalism', *Past and Present* 103: 3–36

Wood, I. (1986), 'Disputes in late fifth- and sixth-century Gaul: some problems', in W. Davies and P. Fouracre (eds.), *The Settlement of Disputes in Early Medieval Europe*, Cambridge, pp. 7–22

Wood, I. (1993), 'The [Theodosian] Code in Merovingian Gaul', in J. Harries and I. Wood (eds.), *The Theodosian Code*, London, pp. 161–77

Wood, I. (1994), *The Merovingian Kingdoms 450–751*, London

2　蛮族的入侵

Alcock, L. (1971), *Arthur's Britain: History and Archaeology 367–654*, Harmondsworth

Alcock, L. (1988), 'The activities of potentates in Celtic Britain, AD 500–800: a positivist approach', in S. T. Driscoll and M. R. Nieke (eds.), *Power and Politics in Early Medieval Britain and Ireland*, Edinburgh, pp. 22–46

Alcock, L. (1992), 'Message from the dark side of the moon: western and northern Britain in the age of Sutton Hoo', in M. O. H. Carver (ed.), *The Age of Sutton Hoo: The Seventh Century in North-Western Europe*, Woodbridge, pp. 205–15

Amory, P. (1993), 'The meaning and purpose of ethnic terminology in the Burgundian laws', *EME* 2: 1–28

Amory, P. (1997), *People and Identity in Ostrogothic Italy, 489–554*, Cambridge

Balsdon, J. P. V. D. (1979), *Romans and Aliens*, London

Barnwell, P. S. (1992), *Emperor, Prefects and Kings: The Roman West, 395–565*, London

Barnwell, P. S. (1997), *Kings, Courtiers and Imperium: The Barbarian West, 565–725*, London

Bassett, S. (1989), 'In search of the origins of Anglo-Saxon kingdoms', in S. Bassett (ed.), *The Origins of Anglo-Saxon Kingdoms*, London, pp. 3–27

Böhme, H. W. (1974), *Germanische Grabfunde des 4 bis 5 Jahrhunderts zwischen untere Elbe und Loire* (Studien zur Chronologie und Bevölkerungsgeschichte), Munich

Böhme, H. W. (1986), 'Das Ende der Römerherrschaft in Britannien und die angelsächsische Besiedlung Englands im 5. Jahrhundert', *Jahrbuch der Römisch-Germanischen Zentralmuseums Mainz* 33: 469–574

Boissonade, P. (1927), *Life and Work in Medieval Europe: The Evolution of Medieval Economy from the Fifth to the Fifteenth Century*, London; extract reprinted as 'The destructiveness of the invasions', in K. Fischer Drew (ed.), *The Barbarian Invasions*, New York (1970), pp. 9–14

Burns, T. S. (1994), *Barbarians within the Gates of Rome: A Study of Roman Military Policy and the Barbarians, ca.375–425*, Bloomington

Bury, J. B. (1926), *The Invasions of Europe by the Barbarians*, London

Cameron, Av. (1993a), *The Later Roman Empire, AD 284–430*, London

Cameron, Av. (1993b), *The Mediterranean World in Late Antiquity AD 395–600*, London

Chadwick-Hawkes, S. (1989), 'The south-east after the Romans: the Saxon settlement', in V. A. Maxfield (ed.), *The Saxon Shore: A Handbook*, Exeter, pp. 78–95

Christie, N. (1994), *The Lombards*, Oxford

Collins, R. (1980), 'Merida and Toledo, 550–585', in E. James (ed.), *Visigothic Spain: New Approaches*, Oxford, pp. 189–219

Collins, R. (1983), *Early Medieval Spain*, London

Collins, R. (1984), 'The Basques in Aquitaine and Navarre', in J. Gillingham and J. M. Holt (eds.), *War and Government in the Middle Ages*, Cambridge, pp. 3–17

Collins, R. (1986), *The Basques*, Oxford

Courcelle, P. (1964), *Histoire littéraire des grandes invasions germaniques*, Paris

Delbrück, H. (1980), *History of the Art of War within the Framework of Political History*, trans. W. T. Renfroe, vol. II: *The Germans*, Westport, CT and London

Dench, E. (1995), *From Barbarians to New Men: Greek, Roman and Modern Perceptions of Peoples from the Central Apennines*, Oxford

Dixon, P. (1982), 'How Saxon is a Saxon house?', in J. Dury (ed.), *Structural Reconstruction* (BAR British Series 110), Oxford, pp. 275–88

Drew, K. F. (1987), 'Another look at the origins of the middle ages: a reassessment of the role of the Germanic kingdoms', *Speculum* 62: 803–12

Drinkwater, J. F. (1983), *Roman Gaul*, London

Drinkwater, J. F. (1996), '"The Germanic threat on the Rhine frontier": a Romano-Gallic artefact?', in R. W. Mathisen and H. S. Sivan (eds.), *Shifting Frontiers in Late Antiquity*, Aldershot, pp. 20–30

Elton, H. (1996), *Warfare in Roman Europe, 350–425*, Oxford

Eriksen, T. H. (1993), *Ethnicity and Nationalism: Anthropological Perspectives*, London

Esmonde Cleary, A. S. (1989), *The Ending of Roman Britain*, London

Feachem, R. W. (1955–56), 'The fortifications on Traprain Law', *Proceedings of the Society of Antiquaries for Scotland* 89: 284–9

Geary, P. (1999), 'Barbarianism and ethnicity', in G. Bowersock, P. Brown and O. Graber (eds.), *Late Antiquity: A Guide to the Postclassical World*, Cambridge, MA and London, pp. 107–29

Gerberding, R. (1987), *The Rise of the Carolingians and the 'Liber Historiae Francorum'*, Oxford

Goffart, W. (1980), *Romans and Barbarians: Techniques of Accommodation*, Princeton

Goffart, W. (1982), 'Old and new in Merovingian taxation', *Past and Present* 96: 3–21

Goffart, W. (1989), 'The theme of the barbarian invasions in later antique and modern historiography', in E. Chrysos and A. Schwarcz (eds.), *Das Reich und die Barbaren*, Vienna, pp. 87–107; reprinted in W. Goffart, *Rome's Fall and After*, London (1989), pp. 111–32

Goffart, W. (1995), 'Two notes on Germanic antiquity today', *Traditio* 50: 9–30

Groenewoudt, B. J. and van Nie, M. (1995), 'Assessing the scale and organisation of Germanic iron production in Heeten, the Netherlands', *Journal of Archaeologists* 3.2: 187–215

807

808

Hall, E. (1989), *Inventing the Barbarian*, Oxford

Halsall, G. (1995a), *Early Medieval Cemeteries: An Introduction to Burial Archaeology in the Post-Roman West*, Glasgow

Halsall, G. (1995b), *Settlement and Social Organisation: The Merovingian Region of Metz*, Cambridge

Halsall, G. (2003), *Warfare and Society in the Barbarian West 450–900*, London

Hansen, H. J. (1989), 'Dankirke: affluence in late Iron Age Denmark', in K. Randsborg (ed.), *The Birth of Europe: Archaeology and Social Development in the First Millennium* AD, Rome, pp. 123–8

Heather, P. (1994a), 'State formation in Europe in the first millennium AD', in B. E. Crawford (ed.), *Scotland in Dark Age Europe*, St Andrews, pp. 47–70

Heather, P. (1994b), 'Literacy and power in the migration period', in A. K. Bowman and G. Woolf (eds.), *Literacy and Power in the Ancient World*, Cambridge, pp. 177–97

Heather, P. (1995), 'The Huns and the end of the Roman Empire in western Europe', *EHR* 110: 4–41

Heather, P. (1996), *The Goths*, Oxford

Heather, P. (1999), 'The barbarian in late antiquity: image, reality and transformation', in R. Miles (ed.), *Construction of Identities in Late Antiquity*, London, pp. 234–68

Heidinga, H. A. (1994), 'Frankish settlement at Gennep: a migration period settlement in the Dutch Meuse area', in P. O. Nielsen, K. Randsborg and H. Thrane (eds.), *The Archaeology of Gudme and Lundeborg*, Copenhagen, pp. 202–8

Higham, N. (1992), *Rome, Britain and the Anglo-Saxons*, London

James, E. (1977), *The Merovingian Archaeology of South-West Gaul* (BAR Supplementary Series 25), 2 vols., Oxford

James, E. (1988a), *The Franks*, Oxford

James, E. (1988b), 'Childéric, Syagrius et la disparition du royaume de Soissons', *Revue Archéologique de Picardie* 3–4: 9–12

James, E. (1989), 'The origins of barbarian kingdoms. The continental evidence', in S. Bassett (ed.), *The Origins of Anglo-Saxon Kingdoms*, London, pp. 40–52

Jones, A. H. M. (1964), *The Later Roman Empire, 284–602*, Oxford

Jones, M. E. (1996), *The End of Roman Britain*, Ithaca

Keay, S. (1988), *Roman Spain*, London

Knowles, D. (1962), *Great Historical Enterprises: Problems in Monastic History*, London

Lepelley, C. (1979), *Les Cités de l'Afrique romaine au Bas-Empire*, I, Paris

Levick, B. (1985), *The Government of the Roman Empire: A Sourcebook*, London

Lintott, A. W. (1993), *Imperium Romanum: Politics and Administration*, London

Loseby, S. T. (1997), 'Arles in late antiquity: Gallula Roma Arelas and Urbs Genesii', in N. Christie and S. T. Loseby (eds.), *Towns in Transition: Urban Evolution in Late Antiquity and the Early Middle Ages*, Aldershot, pp. 45–70

McCormick, M. (1986), *Eternal Victory: Triumphal Rulership in Late Antiquity, Byzantium and the Early Medieval West*, Cambridge

Mathisen, R. W. (1993), *Roman Aristocrats in Barbarian Gaul: Strategies for Survival in an Age of Transition*, Austin, TX

Matthews, J. (1989), *The Roman Empire of Ammianus*, London

Millar, F. (ed.) (1981), *The Roman Empire and Its Neighbours*, rev. edn, London

Moorhead, J. (1992), *Theoderic in Italy*, Oxford

Moorhead, J. (1994), *Justinian*, London

Musset, L. (1975), *The Germanic Invasions*, trans. E. and C. James, London

Nielsen, P. O. (1994), 'The Gudme–Lundeborg project – interdisciplinary research 1988–91', in P. O. Nielsen, K. Randsborg and H. Thrane (eds.), *The Archaeology of Gudme and Lundeborg*, Copenhagen, pp. 16–22

Nuber, H. U. (1993), 'Der Verlust der obergermanisch-raetischen Limesgebiete und die Grenzsicherung bis zum Ende des 3. Jahrhunderts', in F. Vallet and M. Kazanski (eds.), *L'Armée romaine et les barbares du IIIe au VIIe siècle*, Paris, pp. 101–8

Pirenne, H. (1925), *Medieval Cities*, New York

Pohl, W. (ed.) (1997), *Kingdoms of the Empire: The Integration of Barbarians in Late Antiquity*, London

Pohl, W. and Reimitz, H. (eds.) (1998), *Strategies of Distinction: The Construction of Ethnic Communities 300–800*, Leiden

Pohl, W., Reimitz, H. and Wood, I. (eds.) (2001), *The Transformation of Frontiers: From Late Antiquity to the Carolingians*, Leiden

Potter, T. W. (1987), *Roman Italy*, London

Rahtz, P. A. (1982–83), 'Celtic society in Somerset, AD 400–700', *BBCS* 30: 176–200

Rouche, M. (1979), *L'Aquitaine des Wisigoths aux Arabes, 418–781: naissance d'une région*, Paris

Steuer, H. (1994), 'Handwerk auf spätantiken Höhensiedlungen des 4/5. Jahrhunderts in Südwestdeutschland', in P. O. Nielsen, K. Randsborg and H. Thrane (eds.), *The Archaeology of Gudme and Lundeborg*, Copenhagen, pp. 128–44

Steuer, H. (1997), 'Herrschaft von der Höhe. Von mobilen Soldatentruppe zur Residenz auf repräsentativen Bergkuppen', in K. Fuchs, M. Kempa, R. Redies, B. Theune-Großkopf and A. Wais (eds.), *Die Alamannen*, Stuttgart, pp. 149–62

Stroheker, K. F. (1948), *Die senatorische Adel im spätantiken Gallien*, Tübingen

Thompson, E. A. (1956), 'The settlement of the barbarians in southern Gaul', *JRS* 46: 65–75; reprinted in E. A. Thompson (1982), *Romans and Barbarians: The Decline of the Western Empire*, Madison, Wisconsin, ch. 2

Thompson, E. A. (1976), 'The end of Roman Spain (Part I)', *NMS* 20: 3–28

Thompson, E. A. (1977), 'The end of Roman Spain (Part II)', *NMS* 21: 3–31

Wallace-Hadrill, J. M. (1971), *Early Germanic Kingship in England and on the Continent*, Oxford

Wells, C. (1992), *The Roman Empire*, 2nd edn, London

Wightman, E. M. (1985), *Gallia Belgica*, London

Wolfram, H. (1975), 'Athanaric the Visigoth: monarchy or judgeship?', *JMH* 1: 259–78

Wolfram, H. (1988), *History of the Goths*, trans. T. J. Dunlap, Berkeley, CA

Wolfram, H. (1997), *The Roman Empire and Its Germanic Peoples*, Berkeley, CA

Wood, I. N. (1977), 'Kings, kingdoms and consent', in I. N. Wood and P. H. Sawyer (eds.), *Early Medieval Kingship*, Leeds, pp. 6–29

Wood, I. N. (1990), 'Ethnicity and ethnogenesis of the Burgundians', in H. Wolfram and W. Pohl (eds.), *Typen der Ethnogenese unter besondere Berücksichtigung der Bayern*, Vienna, pp. 53–69

Wood, I. N. (1998), 'The barbarian invasions and first settlements', in A. Cameron and P. Garnsey (eds.), *Cambridge Ancient History*, XIII: *The Late Empire, AD 337–425*, Cambridge, pp. 516–37

809

810

3 文献资料及其解读

Amory, P. (1997), *People and Identity in Ostrogothic Italy, 489–554*, Cambridge

Arce, J. (1988), *España entre el mundo antiguo y el mundo medieval*, Madrid

Barker, P. A. (1993), *The Techniques of Archaeological Excavation*, 3rd edn, London

Barley, M. W. (ed.) (1977), *European Towns: Their Archaeology and Early History*, London

Bentley, M. (ed.) (1997), *The Routledge Companion to Historiography*, London

Berlioz, J. *et al.* (1994), *Identifier sources et citations* (L'Atelier du Médiéviste 1), Turnhout

Bierbrauer, V. (1992), 'La diffusione dei reperti longobardi in Italia', in G. C. Menis (ed.), *I Longobardi*, 2nd edn, Milan, pp. 97–127

Binford, L. (1962), 'Archaeology as anthropology', *American Anthropology* 28: 217–25

Bintliff, J. (ed.) (1991), *The Annales School and Archaeology*, Leicester

Bischoff, B. (1990), *Latin Palaeography: Antiquity and the Middle Ages*, trans. D. O'Croinin and D. Ganz, Cambridge

Bourdieu, P. (1977), *Outline of a Theory of Practice*, trans. R. Nice, Cambridge

Bowman, A. (1994), *Life and Letters on the Roman Frontier: Vindolanda and Its People*, London

Bowman, A. and Thomas, J. D. (1984), *Vindolanda: The Latin Writing Tablets*, Gloucester

Braudel, F. (1972), *The Mediterranean and the Mediterranean World in the Age of Philip II*, 2nd edn, London

Breukelaar, A. (1994), *Historiography and Episcopal Authority in Sixth-Century Gaul: The Histories of Gregory of Tours Interpreted in Their Historical Context*, Göttingen

Brogiolo, G. P., Gauthier, N. and Christie, N. (eds.) (2000), *Towns and Their Territories between Late Antiquity and the Early Middle Ages*, Leiden

Brogiolo, G. P. and Ward Perkins, B. (eds.) (1999), *The Idea and the Ideal of the Town between Late Antiquity and the Early Middle Ages*, Leiden

Brown, P. R. L. (1971), 'The rise and function of the holy man in late antiquity', *JRS* 61: 80–101; repr. in Brown (1982a), pp. 103–52

Brown, P. R. L. (1977), 'Relics and social status in the age of Gregory of Tours', *The Stenton Lecture, University of Reading, 1977*; repr. in Brown (1982a), pp. 222–50

Brown, P. R. L. (1978), *The Making of Late Antiquity*, Cambridge, MA

Brown, P. R. L. (1981), *The Cult of the Saints: Its Rise and Function in Latin Christianity*, Chicago

Brown, P. R. L. (1982a), *Society and the Holy in Late Antiquity*, London

Brown, P. R. L. (1982b), 'Town, village and holy man: the case of Syria', in Brown (1982a), pp. 153–165

Brown, P. R. L. (2000), 'Enjoying the saints in late antiquity', *EME* 9: 1–24

Brown, P. R. L. (2002), *Authority and the Sacred: Aspects of the Christianization of the Roman World*, 2nd edn, Cambridge

Brulet, R. (1990), *Les Fouilles du quartier Saint-Brice à Tournai: l'environnement funéraire de la sépulture de Childéric*, I, Louvain-la-Neuve

Brulet, R. (1991), *Les Fouilles du quartier Saint-Brice à Tournai: l'environnement funéraire de la sépulture de Childéric*, II, Louvain-la-Neuve

Brulet, R. (1997), 'La tombe de Childéric et la topographie funéraire de Tournai à la fin du Ve siècle', in Rouche (1997), pp. 59–78

Buchner, R. (1953), *Wattenbach-Levison: Deutschlands Geschichtsquellen im Mittelalter:*   811
Vorzeit und Karolinger: Beiheft: Die Rechtsquellen, Weimar

Buchwald, W., Hohlweg, A. and Prinz, O. (1991), *Dictionnaire des auteurs grecs et latins de l'antiquité et du moyen âge*, trans. D. Berger and J. Billen, Turnhout

Cameron, Av. (1970), *Agathias*, Oxford

Cameron, Av. (1985), *Procopius and the Sixth Century*, London

Carver, M. (1992), 'Ideology and allegiance in East Anglia', in R. T. Farrell and C. Neuman De Vegvar (eds.), *Sutton Hoo: Fifty Years After*, Oxford, OH, pp. 173–82

Chavarría Arnau, A. (2001), 'Villae y necrópolis en Hispania durante la antigüedad tardía', *Bulletin de l'Association Pour l'Antiquité Tardive* 10 (n.p.)

Clark, A. (1990), *Seeing Beneath the Soil*, London

Collins, R. (1977), 'Julian of Toledo and the royal succession in late seventh-century Spain', in P. H. Sawyer and I. N. Wood (eds.), *Early Medieval Kingship*, Leeds, pp. 30–49

Cruickshank, G. D. R. (2000), 'The battle of Dunnichen and the Aberlemno battle-scene', in E. J. Cowan and B. A. McDonald (eds.), *Alba: Celtic Scotland in the Medieval Era*, East Linton, pp. 69–87

Damminger, F. (1998), 'Dwellings, settlements and settlement patterns in Merovingian southwest Germany and adjacent areas', in I. N. Wood (ed.), *Franks and Alamanni in the Merovingian Period: An Ethnographic Perspective*, Woodbridge, pp. 33–89

Dark, K. R. (1995), *Theoretical Archaeology*, London

Dark, K. R. (2000), *Britain and the End of the Roman Empire*, Stroud

de Boe, G. and Verhaeghe, F. (eds.) (1997), *Rural Settlements in Medieval Europe* (Papers of the Medieval Europe Brugge 1997 Conference 6), Bruges

de Jong, M. (1999), 'Adding insult to injury: Julian of Toledo and his *Historia Wambae*', in P. Heather (ed.), *The Visigoths: From the Migration Period to the Seventh Century*, Woodbridge, pp. 373–89

Delano-Smith, C. (1992), 'The Annales for archaeology?', *Antiquity* 66: 539–41

Delestre, X. and Périn, P. (eds.) (1998), *La Datation des structures et des objets du haut moyen âge: méthodes et résultats* (Mémoires de l'Association Française d'Archéologie Mérovingienne 7), Condé-sur-Noireau

Delogu, P. (2002), *An Introduction to Medieval History*, London

Demolon, P., Galinié, H. and Verhaeghe, F. (eds.) (1994), *Archéologie des villes dans le Nord-Ouest de l'Europe (VIIe–XIIIe siècle)*, Douai

de Nie, G. (1987), *Views from a Many-Windowed Tower: Studies of Imagination in the Work of Gregory of Tours*, Amsterdam

Dennett, D. C. (1948), 'Pirenne and Muhammad', *Speculum* 23: 167–90

de Rubeis, F. (2002), 'Epigraphs', in C. La Rocca (ed.), *Italy in the Early Middle Ages*, Oxford, pp. 220–7

Dickinson, T. M. (1980), 'The present state of Anglo-Saxon cemetery studies', in P. Rahtz, T. M. Dickinson and L. Watts (eds.), *Anglo-Saxon Cemeteries 1979* (BAR British Series 82), Oxford

Dickinson, T. M. (2002), 'What's new in early medieval burial archaeology?', *EME* 11: 71–87

Dill, S. (1926), *Roman Society in Gaul in the Merovingian Age*, London

812　　Drijvers, J. W. and Hunt, D. (eds.) (1999), *The Late Roman World and Its Historian: Interpreting Ammianus Marcellinus*, London

Dubois, J. and Lemaitre, J.-L. (1993), *Sources et méthodes de l'hagiographie médiévale*, Paris

Dumville, D. (1986), 'The historical value of the *Historia Brittonum*', *Arthurian Literature* 6: 1–26

Dyer, C. (1992), Review of Bintliff (ed.), *The Annales School and Archaeology*, *Medieval Archaeology* 36: 361

Effros, B. (2002), *Caring for Body and Soul: Burial and the Afterlife in the Merovingian World*, University Park, PA

Effros, B. (2003), *Merovingian Mortuary Archaeology and the Making of the Early Middle Ages*, Berkeley

Fasham, P. J., Schadla-Hall, R. T., Shennan, S. J. and Bates, P. J. (1980), *Fieldwalking for Archaeologists*, Andover

Foucault, M. (1994), *Power (The Essential Works 3)*, ed. J. B. Faubion, London, 1994

Fouracre, P. (1990), 'Merovingian history and Merovingian hagiography', *Past and Present* 127: 3–38

Fouracre, P. (1999), 'The origins of the Carolingian attempt to regulate the cult of saints', in Howard-Johnston and Hayward (1999), pp. 143–65

Galinié, H. (1997), 'Tours de Grégoire, Tours des archives du sol', in Gauthier and Galinié (1997), pp. 65–80

Garrison, M. D. (2000), 'The Franks as the New Israel: education for an identity from Pippin to Charlemagne', in Y. Hen and M. J. Innes (eds.), *The Uses of the Past in Early Medieval Europe*, Cambridge, pp. 114–61

Gauthier, N. and Galinié, H. (eds.) (1997), *Grégoire de Tours et l'espace gaulois: Actes du Congrès international Tours, 3–5 Novembre 1994* (13e supplément à la Revue Archéologique du Centre de la France), Tours

Gerberding, R. (1987), *The Rise of the Carolingians and the 'Liber Historiae Francorum'*, Oxford

Giddens, A. (1984), *The Constitution of Society: Outline of the Theory of Structuration*, London

Goffart, W. (1987), 'From *Historiae* to *Historia Francorum* and back again: aspects of the textual history of Gregory of Tours', in T. F. X. Noble and J. J. Contreni (eds.), *Religion, Culture and Society in the Early Middle Ages*, Kalamazoo, pp. 55–76; repr. in Goffart (1989), no. 10

Goffart, W. (1988), *The Narrators of Barbarian History, AD 550–800: Jordanes, Gregory of Tours, Bede, Paul the Deacon*, Princeton, NJ

Goffart, W. (1989), *Rome's Fall and After*, London

Grierson, P. (1951), *Numismatics and History* (Historical Association pamphlet G19), London

Gurevich, A. (1988), *Medieval Popular Culture: Problems of Belief and Perception*, Cambridge

Haldon, J. (1999), 'The idea of the town in the Byzantine Empire', in G. P. Brogiolo and B. Ward Perkins (eds.), *The Idea and the Ideal of the Town between Late Antiquity and the Early Middle Ages*, Leiden, pp. 1–23

Halsall, G. (1992), 'The origins of the Reihengräberzivilisation: forty years on', in J. F. 　813
Drinkwater and H. Elton (eds.), *Fifth-Century Gaul: A Crisis of Identity?*, Cambridge,
pp. 196–207

Halsall, G. (1995), *Early Medieval Cemeteries: An Introduction to Burial Archaeology in
the Post-Roman West*, Glasgow

Halsall, G. (1997), 'Archaeology and historiography', in Bentley (1997), pp. 807–29

Halsall, G. (1998), 'Burial, ritual and Merovingian society', in J. Hill and M. Swan
(eds.), *The Community, the Family and the Saint: Patterns of Power in Early Medieval
Europe*, Turnhout, pp. 325–38

Halsall, G. (2000a), 'La Christianisation de la région de Metz à travers les sources
archéologiques (5ème–7ème siècle): problèmes et possibilités', in M. Polfer (ed.),
*L'Evangélisation des régions entre Meuse et Moselle et la fondation de l'abbaye
d'Echternach (Ve–IXe siècle)*, Luxemburg, pp. 123–46

Halsall, G. (2000b), 'Archaeology and the late Roman frontier in northern Gaul: the
so-called Föderatengräber reconsidered', in W. Pohl and H. Reimitz (eds.), *Grenze
und Differenz im früheren Mittelalter*, Vienna, pp. 167–80

Halsall, G. (ed.) (2002), *Humour, History and Politics in Late Antiquity and the Early
Middle Ages*, Cambridge

Hamerow, H. (1994), 'Review article: the archaeology of rural settlement in early
medieval Europe', *EME* 3.2: 167–79

Handley, M. (1999), 'Tiempo y identidad. La datación por la Era en las inscripciones
de la España tardoromana y visigoda', *Iberia: Revista de la Antigüedad* 2: 191–201

Handley, M. (2000), 'Inscribing time and identity in the kingdom of Burgundy', in
S. Mitchell and G. Greatrex (eds.), *Ethnicity and Culture in Late Antiquity*, London,
pp. 83–102

Hansen, I. and Wickham, C. J. (eds.) (2000), *The Long Eighth Century*, Leiden

Härke, H. (1989), 'Early Saxon weapon burials: frequencies, distributions and weapon
combinations', in S. Chadwick-Hawkes (ed.), *Weapons and Warfare in Anglo-Saxon
England*, Oxford, pp. 49–61

Härke, H. (1990), '"Weapon graves"? The background of the Anglo-Saxon weapon
burial rite', *Past and Present* 126: 22–43

Härke, H. (1992a), *Angelsächsische Waffengräber des 5. bis 7. Jahrhunderts* (Zeitschrift
für Archäologie des Mittelalters, Beiheft 6), Cologne

Härke, H. (1992b), 'Changing symbols in a changing society: the Anglo-Saxon weapon
rite', in M. Carver (ed.), *The Age of Sutton Hoo: The Seventh Century in North-Western
Europe*, Woodbridge, pp. 149–65

Heather, P. (1991), *Goths and Romans, 332–489*, Oxford

Heinzelmann, M. (2001), *Gregory of Tours*, trans. C. Carroll, Cambridge

Hendy, M. F. (1988), 'From public to private: the western barbarian coinages as a mirror
of the disintegration of Late Roman state structures', *Viator* 19: 29–78

Hillgarth, J. N. (1966), 'Coins and chronicles: propaganda in sixth-century Spain and
the Byzantine background', *Historia* 15: 483–508

Hodder, I. (ed.) (1987), *Archaeology as Long-Term History*, Cambridge

Hodder, I. (ed.) (1991), *Archaeological Theory in Europe: The Last Three Decades*, London

Hodges, R. (1982a), 'Method and theory in medieval archaeology', *Archeologia
Medievale* 9: 7–38

814 Hodges, R. (1982b), *Dark Age Economics: The Origins of Towns and Trade, AD 600–1000*, London

Hodges, R. and Bowden, W. (eds.) (1998), *The Sixth Century: Production, Distribution and Demand*, Leiden

Hodges, R. and Hobley, B. (eds.) (1988), *The Rebirth of Towns in the West, 700–1050*, London

Hooper, N. (1993), 'The Aberlemno stone and cavalry in Anglo-Saxon England', *Northern History* 29: 188–96

Howard-Johnston, J. and Hayward, P. A. (eds.) (1999), *The Cult of the Saints in Late Antiquity and the Middle Ages: Essays on the Contribution of Peter Brown*, Oxford

James, E. (1977), *The Merovingian Archaeology of South-West Gaul* (BAR Supplementary Series 25), 2 vols., Oxford

James, E. (1989), 'Burial and status in the early medieval west', *TRHS*, 5th series, 39: 23–40

Johnson, M. (1999), *Archaeological Theory*, Oxford

Kazanski, M. (1991), *Les Goths (Ier–VIIe siècles après J.-C.)*, Paris

Knowles, D. (1963), *Great Historical Enterprises: Problems in Monastic History*, London

Lamm, J. P. and Nordstrom, H. A. (eds.) (1983), *Statens Historiska Museum Studies 2: Vendel Period*, Stockholm

Levison, W. (1952), *Wattenbach-Levison: Deutschlands Geschichtsquellen im Mittelalter: Vorzeit und Karolinger: 1 Heft: Die Vorzeit von den Anfänge bis zur Herrschaft der Karolinger*, Weimar

Lifshitz, F. (1994), 'Beyond positivism and genre: "hagiographical" texts as historical narrative', *Viator* 25: 95–113

Linehan, P. (1982), 'The making of the *Cambridge Medieval History*', *Speculum* 57: 463–94

Lorren, C. and Périn, P. (eds.) (1995), *L'Habitat rural du haut moyen âge (France, Pays-Bas, Danemark et Grand-Bretagne)*, Paris

Lorren, C. and Périn, P. (1997), 'Images de la Gaule rurale au VIe siècle', in Gauthier and Galinié (1997), pp. 90–109

Lucy, S. (1997), 'Housewives, warriors and slaves? Sex and gender in Anglo-Saxon burials', in J. Moore and E. Scott (eds.), *Invisible People and Processes: Writing Gender and Childhood into European Archaeology*, London, pp. 150–68

McKitterick, R. (1999), 'Paul the Deacon and the Franks', *EME* 8: 319–39

Mann, M. (1986), *The Sources of Social Power, I: A History of Power from the Beginning to AD 1760*, Cambridge

Matthews, J. F. (1989), *The Roman Empire of Ammianus Marcellinus*, London

Mitchell, K. and Wood, I. N. (eds.) (2002), *The World of Gregory of Tours*, Leiden

Momigliano, A. (1955), 'Cassiodorus and the Italian culture of his time', *Proceedings of the British Academy* 41: 207–45

Mordek, H. (ed.) (1984), *Überlieferung und Geltung normativer Texte des frühen und hohen Mittelalters* (Quellen und Forschungen zum Recht im Mittelalter 4), Sigmaringen

Murray Callander, A. (1983), *Germanic Kinship Structure: Studies in Law and Society in Antiquity and the Early Middle Ages*, Toronto

Myres, J. N. L. (1986), *The English Settlements*, Oxford

O'Donnell, J. J. (1982), 'The aims of Jordanes', *Historia* 31: 223–40   815

Périn, P. (1980), *La Datation des tombes mérovingiennes: historique – méthodes – applications*, Paris and Geneva

Périn, P. (1998a), 'La progression des Francs en Gaule du nord au Ve siècle: histoire et archéologie', in D. Geuenich (ed.), *Die Franken und die Alemannen bis zur 'Schlacht bei Zülpich'*, Berlin, pp. 59–81

Périn, P. (1998b), 'Possibilités et limites de l'interprétation sociale des cimetières mérovingiens', *Antiquités Nationales* 30: 169–83

Périn, P. (2002), 'Cemeteries and settlements in Merovingian Gaul', in Mitchell and Wood (2002), pp. 67–99

Pohl, W. (2001), 'History in fragments: Montecassino's politics of memory', *EME* 10: 343–74

Porte, P. (1980), *Un Exemple de site fortifié au haut moyen-âge: l'habitat mérovingien de Larina*, Grenoble

Preucel, R. W. and Hodder, I. (eds.) (1996), *Contemporary Archaeology in Theory: A Reader*, Oxford

Rahtz, P. A. (1983), 'New approaches to medieval archaeology Part 1', in D. A. Hinton (ed.), *25 Years of Medieval Archaeology*, Sheffield

Ripoll, G. (1994), 'Archaeologia Visigota in Hispania', in V. Bierbrauer, O. Von Hessen and E. A. Arslan (eds.), *I Goti*, Milan, pp. 301–27

Roskams, S. P. (2001), *Excavation*, Cambridge

Rouche, M. (ed.) (1997), *Clovis: histoire et mémoire*, I: *Clovis, son temps, l'événement*, Paris

Runciman, W. G. (1989), *A Treatise on Social Theory*, II: *Substantive Social Theory*, Cambridge

Samson, R. (1987), 'Social structures from Reihengräber: mirror or mirage', *Scottish Archaeological Review* 4.2: 116–26

Scharer, A. and Scheibelreiter, G. (eds.) (1994), *Historiographie im frühen Mittelalter*, Vienna

Sims-Williams, P. (1983), 'The settlement of England in Bede and the Chronicle', *ASE* 12: 1–42

Smith, J. M. H. (1997), 'Introduction. Regarding medievalists: contexts and approaches', in Bentley (1997), pp. 105–16

Southworth, E. (ed.) (1990), *Anglo-Saxon Cemeteries: A Reappraisal*, Stroud

Steuer, H. (1982), *Frühgeschichtliche Sozialstrukturen in Europa: Eine Analyse der Auswertungsmethoden des archäologischen Quellenmaterials*, Göttingen

Stoodley, N. (1999), *The Spindle and the Spear: A Critical Enquiry into the Construction and Meaning of Gender in the Early Anglo-Saxon Burial Rite* (BAR British Series 288), Oxford

Theuws, F. (1991), 'Landed property and manorial organisation in northern Austrasia: some considerations and a case study', in N. Roymans and F. Theuws (eds.), *Images of the Past: Studies on Ancient Societies in Northwestern Europe*, Amsterdam, pp. 299–407

Thurlemann, F. (1974), *Der historische Diskurs bei Gregor von Tours: Topoi; Wirklichkeit*, Berne

Trigger, B. G. (1989), *A History of Archaeological Thought*, Cambridge

816　　Van Caenegem, R. (1997), *Introduction aux sources de l'histoire médiévale*, new edn, Turnhout

Van Dam, R. (1985), *Leadership and Community in Late Antique Gaul*, Berkeley, CA

Van Dam, R. (1993), *Saints and Their Miracles in Late Antique Gaul*, Princeton

Van Ossel, P. (1997), 'La part du Bas Empire dans la formation de l'habitat rural du VIe siècle', in Gauthier and Galinié (1997), pp. 81–9

Van Regteren Altena, H. H. (1990), 'On the growth of young medieval archaeology: a recollection', in J. C. Besteman, J. M. Bos and H. A. Heidinga (eds.), *Medieval Archaeology in the Netherlands*, Assen and Maastricht, pp. 1–7

Welch, M. (1992), *English Heritage Book of Anglo-Saxon England*, London

Wharton, A. (1995), *Refiguring the Post-Classical City: Dura Europos, Jerash, Jerusalem and Ravenna*, Cambridge

Whitby, M. (1988), *The Emperor Maurice and His Historian: Theophylact Simocatta on Persian and Balkan Warfare*, Oxford

Williams, H. (1997), 'Ancient landscapes and the dead: the reuse of prehistoric and Roman monuments as early Anglo-Saxon burial sites', *Medieval Archaeology* 41: 1–32

Williams, H. (1998), 'Monuments and the past in early Anglo-Saxon England', *World Archaeology* 30.1: 90–108

Wood, I. N. (1987), 'The fall of the western empire and the end of Roman Britain', *Britannia* 18: 251–62

Wood, I. N. (2002), 'The individuality of Gregory of Tours', in K. Mitchell and I. N. Wood (eds.), *The World of Gregory of Tours*, Leiden, pp. 29–46

Yorke, B. A. E. (1989), 'The Jutes of Hampshire and Wight and the origins of Wessex', in S. Bassett (ed.), *The Origins of Anglo-Saxon Kingdoms*, London, pp. 84–96

Young, B. K. (1975), 'Merovingian funeral rites and the evolution of Christianity: a study in the historical interpretation of archaeological material', PhD thesis, University of Pennsylvania: Ann Arbor

Young, B. K. (1977), 'Paganisme, christianisme et rites funéraires mérovingiens', *Archéologie Médiévale* 7: 5–81

Young, B. K. (1997), 'Pratiques funéraires et mentalités païennes', in Rouche (1997), pp. 15–42

4　6世纪的东部罗马帝国

Allen, P. and Jeffreys, E. (eds.) (1996), *The Sixth Century: End or Beginning?* (Byzantina Australiensia 10), Brisbane

Blockley, R. C. (1981, 1983), *The Fragmentary Classicising Historians of the Later Roman Empire*, 2 vols., Liverpool

Brock, S. (1980), 'The Orthodox–Oriental Orthodox Conversations of 532', *Apostolos Varnavas* 41: 219–27; repr. in Brock (1984), XI

Brock, S. (1984), *Syriac Perspectives on Late Antiquity*, London

Brown, P. (1973), 'A Dark Age crisis: aspects of the Iconoclastic controversy', *EHR* 88: 1–34; repr. in Brown (1982), pp. 251–301

Brown, P. (1982), *Society and the Holy in Late Antiquity*, London

Bury, J. B. (1923), *History of the Later Roman Empire from the Death of Theodosius I to the Death of Justinian (AD 395 to AD 565)*, 2 vols., London

Cameron, A. (1969), 'The last days of the Academy at Athens', *Proceedings of the*　817
　Cambridge Philological Society, ns 15: 7–29; repr. in Cameron (1985a), XIII

Cameron, A. (1985a), *Literature and Society in the Early Byzantine World*, London

Cameron, Av. (1975), 'The empress Sophia', *Byzantion* 45: 5–21; repr. in Cameron (1981),
　XI

Cameron, Av. (1976), 'The early religious policies of Justin II', in D. Baker (ed.),
　The Orthodox Churches and the West (Studies in Church History 13), Cambridge,
　pp. 51–67; repr. in Cameron (1981)

Cameron, Av. (1979), 'Images of authority: elites and icons in late sixth-century Byzan-
　tium', *Past and Present* 84: 3–35; repr. in Cameron (1981), XVIII

Cameron, Av. (1981), *Continuity and Change in Sixth Century Byzantium*, London

Cameron, Av. (1985b), *Procopius and the Sixth Century*, London

Cameron, Av. (1993), *The Mediterranean World in Late Antiquity AD 395–600*, London

Farquharson, P. (1996), 'Byzantium, planet earth and the solar system', in Allen and
　Jeffreys (1996), pp. 263–9

Fowden, G. (1993), *Empire to Commonwealth: The Consequences of Monotheism in Late
　Antiquity*, Princeton, NJ

Grillmeier, A. (1995), *Christ in Christian Tradition*, II, part 2: *The Church of Constantino-
　ple in the Sixth Century*, London

Guillaumont, A. (1962), *Les 'Kephalaia Gnostica' d'Evagre le Pontique et l'histoire de
　l'origénisme chez les Grecs et chez les Syriens* (Patristica Sorbonensia 5), Paris

Haldon, J. F. (1997), *Byzantium in the Seventh Century: The Transformation of a Culture*,
　rev. edn, Cambridge

Harrison, M. (1989), *A Temple for Byzantium: The Discovery and Excavation of Anicia
　Juliana's Palace Church in Istanbul*, London

Honoré, T. (1978), *Tribonian*, London

Jones, A. H. M. (1964), *The Later Roman Empire 284–602: A Social, Economic and
　Administrative Survey*, 3 vols. and maps, Oxford

Koder, J. (1996), 'Climatic change in the fifth and sixth centuries?', in Allen and Jeffreys
　(1996), pp. 270–85

Lemerle, P. (1979, 1981), *Les Plus Anciens Recueils des miracles de Saint Démétrius*, 2 vols.,
　Paris

Liebeschuetz, W. (1992), 'The end of the ancient city', in Rich (1992), pp. 1–49

Maas, M. (1992), *John Lydus and the Roman Past*, London

Mango, C. (1980), *Byzantium: The Empire of New Rome*, London

Meyendorff, J. (1989), *Imperial Unity and Christian Divisions: The Church 450–680 AD*,
　Crestwood, NY

Moorhead, J. (1994), *Justinian*, London

Patlagean, E. (1977), *Pauvreté économique et pauvreté sociale à Byzance, 4e–7e siècles*,
　Paris

Poulter, A. G. (1983), 'Town and country in Moesia Inferior', in A. G. Poulter (ed.),
　Ancient Bulgaria, 2 vols., Nottingham, II, pp. 74–118

Rich, J. (ed.) (1992), *The City in Late Antiquity*, London

Rousseau, P. (1996), 'Inheriting the fifth century: who bequeathed what?', in Allen and
　Jeffreys (1996), pp. 1–19

Scott, R. (1996), 'Writing the reign of Justinian: Malalas *versus* Theophanes', in Allen
　and Jeffreys (1996), pp. 20–34

818   Sharf, A. (1971), *Byzantine Jewry: From Justinian to the Fourth Crusade*, London

Whitby, M. (1988), *The Emperor Maurice and His Historian: Theophylact Simocatta on Persian and Balkan Warfare*, Oxford

Whittow, M. (1996), *The Making of Orthodox Byzantium, 600–1025*, London

5　6世纪西方世界的拜占庭人

Amory, P. (1997), *People and Identity in Ostrogothic Italy 489–554*, Cambridge

Barnwell, P. S. (1992), *Emperors, Prefects and Kings: The Roman West, 395–565*, London

Brown, P. (1976), 'Eastern and Western Christendom in late antiquity: a parting of the ways', in *The Orthodox Churches and the West* (Studies in Church History 13), pp. 1–24

Brown, T. S. (1984), *Gentlemen and Officers: Imperial Administration and Aristocratic Power in Byzantine Italy 554–800*, London

Bury, J. B. (1923), *History of the Later Roman Empire from the Death of Theodosius I to the Death of Justinian*, 2 vols., London

Cameron, Av. (1985), *Procopius and the Sixth Century*, London

Chrysos, E. and Schwarcz, A. (eds.) (1989), *Das Reich und die Barbaren*, Vienna

Clover, F. and Humphreys, R. (eds.) (1989), *Tradition and Innovation in Late Antiquity*, Madison, WI

Courtois, C. (1955), *Les Vandales et l'Afrique*, Paris

Durliat, J. (1982), 'Les attributions civiles des évêques byzantins: l'exemple du diocèse d'Afrique 553–709', *Jahrbuch der Österreichischen Byzantinistik* 32.2: 73–84

Février, P. A. (1983), 'Approches récents de l'Afrique byzantine', *Revue de l'Occident Musulman et de la Méditerranée* 35: 25–53

Goffart, W. (1957), 'Byzantine policy in the West under Tiberius II and Maurice: the pretenders Hermengild and Gundovald', *Traditio* 13: 73–118

Goffart, W. (1981), 'Rome, Constantinople and the Barbarians', *American Historical Review* 76: 275–306

Haldon, J. F. (1984), *Byzantine Praetorians*, Bonn

Hannestad, K. (1961), 'Les forces militaires d'après la guerre gothique de Procope', *Classica et Medievalia* 21: 136–83

Heather, P. (1991), *Goths and Romans 332–489*, Oxford

Kaegi, W. (1968), *Byzantium and the Decline of Rome*, Princeton, NJ

Krieger, R. (1991), *Untersuchungen und Hypothesen zur Ansiedlung der Westgoten, Burgunder und Ostgoten*, Berlin

MacCormack, S. (1981), *Art and Ceremony in Late Antiquity*, Berkeley, CA

Markey, T. (1989), 'Germanic in the Mediterranean: Lombards, Vandals and Visigoths', in Clover and Humphreys (1989), pp. 51–71

Martindale, J. (ed.) (1992), *The Prosopography of the Later Roman Empire 527–641*, III, Cambridge

Momigliano, A. (1995), 'Cassiodorus and the Italian culture of his time', *Proceedings of the British Academy* 41: 207–45

Moorhead, J. (1981), 'The last years of Theoderic', *Historia* 32: 106–20

Moorhead, J. (1983), 'Italian loyalties during Justinian's Gothic War', *Byzantion* 53: 575–96

Moorhead, J. (1994), *Justinian*, London

Pringle, D. (1981), *The Defence of Byzantine Africa from Justinian to the Arab Conquest:*   819
*An Account of the Military History and Archaeology of the African Provinces in the Sixth
and Seventh Centuries* (BAR International Series 99), Oxford

Richards, J. (1980), *Consul of God*, London

Roisl, H. (1981), 'Totila und die Schlacht bei den Busten Gallorum, Ende Juni/Anfang
Juli 552', *Jahrbuch der Österreichischen Byzantinistik* 30: 25–41

Ruprechtsberger, E. M. (1989), 'Byzantinische Befestigungen in Algerien und Tunisien',
Antike Welt 20: 3–21

Stein, E. (1949), *Histoire du Bas-Empire*, II, Paris and Bruges

Teall, J. (1985), 'The barbarians in Justinian's armies', *Speculum* 40: 294–322

Treadgold, W. (1995), *Byzantium and Its Army 284–1081*, Stanford, CA

Wickham, C. (1981), *Early Medieval Italy: Central Power and Local Society 400–1000*,
London

Wolfram, H. (1988), *History of the Goths*, trans. T. J. Dunlap, Berkeley, CA

6   东哥特的意大利和伦巴第人的入侵

Amory, P. (1997), *People and Identity in Ostrogothic Italy 489–554*, Cambridge

Archi, G. (ed.) (1978), *L'Imperatore Giustiniano: storia e mito: giornate di studio a
Ravenna, 14–16 Ottobre 1976*, Milan

Barnish, S. (1990), 'Maximian, Cassiodorus, Boethius, Theodehad: literature, philos-
ophy and politics in Ostrogothic Italy', *NMS* 34: 16–32

Barnwell, P. (1992), *Emperor, Prefects and Kings: The Roman West, 392–565*, London

Bognetti, G. (1966–68), *L'età Longobarda*, 4 vols., Milan

Brown, T. S. (1984), *Gentlemen and Officers: Imperial Administration and Autocratic
Power in Byzantine Italy AD 554–800*, London

Burns, T. (1984), *A History of the Ostrogoths*, Bloomington, IN

Cameron, Av. (1985), *Procopius and the Sixth Century*, London

Chastagnol, A. (1966), *Le Sénat romain sous le règne d'Odoacre: recherches sur l'épigraphie
du Colisée au Ve siècle*, Bonn

Christie, N. (1995), *The Lombards*, Oxford

Chrysos, E. and Schwarcz, A. (eds.) (1989), *Das Reich und die Barbaren*, Vienna

Croke, B. (1983), 'The context and date of Priscus fragment 6', *Classical Philology* 78:
296–308

Delogu, P., Guillou, A. and Ortalli, G. (1980), *Longobardi e bizantini* (Storia d'Italia
I), Venice

Durliat, J. (1981), *Les Dédicaces d'ouvrages de défense dans l'Afrique byzantine*, Paris

Ensslin, W. (1947), *Theoderich der Grosse*, Munich

Giardina, A. (ed.) (1986), *Società Romana e imperio tardoantico*, 4 vols.: I: *Istituzioni, ceti,
economie*; II: *Roma: politica, economia, paesaggio urbano*; III: *Le Merci, gli insediamenti*;
IV: *Tradizione dei classici, trasformazione della cultura*, Rome and Bari

Goffart, W. (1980), *Barbarians and Romans AD 418–584: The Techniques of Accommoda-
tion*, Princeton, NJ

Harrison, D. (1993), *The Early State and the Towns: Forms of Integration in Lombard
Italy 568–774*, Lund

Hartmann, L. M. (1897), *Geschichte Italiens im Mittelalter*, Leipzig

820

Hessen, O. von (1983), *Il materiale altomedievale nelle collezioni Stibbert di Firenze*, Florence

Hodgkin, T. (1896), *Italy and Her Invaders*, IV and V, Oxford

Hudson, P. and La Rocca Hudson, M. C. (1985), 'Lombard immigration and its effects on north Italian rural and urban settlement', in C. Malone and S. Studdart (eds.), *Papers in Italian Archaeology*, IV. 4: *Classical and Medieval Archaeology*, Oxford

Menis, G. C. (ed.) (1990), *I Longobardi*, Milan

Menis, G. C. (ed.) (1991), *Italia Longobarda*, Venice

Meyer-Flugel, B. (1992), *Das Bild der ostgotisch-römischen Gesellschaft bei Cassiodor*, Berne

Moorhead, J. (1992), *Theoderic in Italy*, Oxford

Stein, E. (1949), *Histoire du Bas-Empire*, II, Paris and Bruges

Stroheker, K. F. (1965), *Germanentum und Spätantike*, Zurich and Stuttgart

Sundwall, J. (1919), *Abhandlungen zur Geschichte des ausgehenden Römertums*, Helsinki, Lund and Stockholm

Tonnies, B. (1989), *Die Amalertradition in den Quellen zur Geschichte der ostgoten Untersuchungen zu Cassiodor, Jordanes, Ennodius und den Excerpta Valesiana*, Hildesheim

Ward-Perkins, B. (1984), *From Classical Antiquity to the Middle Ages: Urban Public Building in Northern and Central Italy AD 300–850*, Oxford

Wenskus, R. (1961), *Stammesbildung und Verfassung: Das Werden der frümittelalterlichen Gentes*, Cologne

Wes, M. A. (1967), *Das Ende des Kaisertums im Westen des römischen Reichs*, The Hague

Wickham, C. (1981), *Early Medieval Italy: Central Power and Local Society 400–1000*, London

Wolfram, H. (1988), *History of the Goths*, trans. T. J. Dunlap, Berkeley, CA

Wolfram, H. and Schwarcz, A. (eds.) (1988), *Anerkennung und Integration: Zu den wirtschaftlichen Grundlagen der Völkerwanderungzeit (400–600)* (Denkschriften der Österreichischen Akademie der Wissenschaften, phil.-hist. Kl. 193, 201), Vienna

7　西班牙的苏维汇王国与西哥特王国的形成及
13　皈依大公教会的西哥特王国

Abadal y de Vinyals, R. de (1960), *Del reino de Tolosa al reino de Toledo*, Madrid; repr. in Abadal y de Vinyals (1969), pp. 27–56

Abadal y de Vinyals, R. de (1962–63), 'Els concilis de Toledo', in *Homenaje a Johannes Vincke para el 11 de mayo de 1962*, Madrid, I, pp. 21–45; repr. in Abadal y de Vinyals (1969), pp. 69–93

Abadal y de Vinyals, R. de (1969), *Dels Visigots als Catalans*, I: *La Hispània visigòtica i la Catalunya carolíngia*, Barcelona

Arce, J. (1982), *El último siglo de la España romana: 284–409*, Madrid

Arce, J. (1988), *España entre el mundo antiguo y el medieval*, Madrid

Barbero de Aguilera, A. (1970), 'El pensamiento político visigodo y las primeras unciones regias en la Europa medieval', *Hispania* 30: 245–326; repr. in Barbero de Aguilera (1992), pp. 1–77

Barbero de Aguilera, A. (1987), 'El conflicto de los Tres Capítulos y las iglesias hispánicas', *Studia Historica, Historia Medieval* 5: 123–44; repr. in Barbero de Aguilera (1992), pp. 136–67

Barbero de Aguilera, A. (1989), 'Las divisiones eclesiásticas y las relaciones entre iglesia y estado en la España de los siglos VI y VII', in M. J. Hidalgo de la Vega (ed.), *Homenaje a Marcelo Vigil Pascual*, Salamanca, pp. 169–89; repr. in Barbero de Aguilera (1992), pp. 168–98

Barbero de Aguilera, A. (1992), *La sociedad visigoda y su entorno histórico*, Madrid

Barbero de Aguilera, A. and Loring Garcia, M. I. (1988), 'El reino visigodo y la transición al mundo medieval', in Planeta (ed.), *Historia de España*, I: *La España romana y visigoda (siglos III a.C.–VII d.C.)*, Barcelona, pp. 410–583

Barbero, A. and Vigil, M. (1965), 'Sobre los orígenes sociales de la Reconquista: Cántabros y Vascones desde fines del imperio romano hasta la invasión musulmana', *Boletín de la Real Academia de la Historia* 156.2: 271–329; repr. in Barbero and Vigil (1974), pp. 11–98

Barbero, A. and Vigil, M. (1970), 'Algunos aspectos de la feudalización del reino visigodo en relación con su organización financiera y militar', *Moneda y Crédito* 112: 71–91; repr. in Barbero and Vigil (1974), pp. 107–37

Barbero, A. and Vigil, M. (1974), *Sobre los orígenes sociales de la Reconquista*, Barcelona

Barbero, A. and Vigil, M. (1978), *La formación del feudalismo en la Península ibérica*, Barcelona

Barnish, S. J. B. (1986), 'Taxation, land and barbarian settlement in the Western Empire', *PBSR* 54: 170–94

Campos, J. (1960), *Juan de Bíclaro, obispo de Gerona: su vida y su obra*, Madrid

Castellanos, Santiago (1998), *Poder social, aristocracias y 'hombre santo' en la Hispania visigoda*, Logroño

Codoñer Merino, C. (1991), 'La literatura', in J. M. Jover Zamora (ed.), *Historia de España de Don Ramón Menéndez Pidal*, III, 2: *España visigoda*, Madrid, pp. 209–67

Collins, R. (1980), 'Merida and Toledo: 550–585', in James (1980), pp. 189–219

Collins, R. (1983), *Early Medieval Spain: Unity in Diversity, 400–1000*, London

David, P. (1947), *Etudes historiques sur la Galice et le Portugal du VIe au XIIe siècle*, Lisbon and Paris

Delmaire, R. (1989), *Largesses sacrées et res privata: l'aerarium impérial et son administration du IVe au VIe siècle*, Rome

Demougeot, E. (1979), *La Formation de l'Europe et les invasions barbares*, II: *De l'Avènement de Dioclétien au début du VIe siècle*, Paris

Díaz Martínez, P. C. (1986–87), 'La monarquía sueva en el s. V. Aspectos políticos y prosopográficos', *Studia Historica, Historia Antigua* 4–5. 1: 205–26

Díaz Martínez, P. C. (1987), *Formas económicas y sociales en el monacato visigodo*, Salamanca

D'Ors, A. (1956), 'La territorialidad del derecho de los Visigodos', in *Estudios visigóticos*, I, Rome and Madrid, pp. 91–124

D'Ors, A. (1960), 'El Código de Eurico. Edición, palingenesia, indices', in *Estudios visigóticos*, II, Rome and Madrid

Ferreiro, A. (ed.) (1998), *The Visigoths: Studies in Culture and Society*, Leiden

Fontaine, J. (1959), *Isidore de Séville et la culture classique dans l'Espagne wisigothique*, 3 vols., Paris

821

822　　Fontaine, J. (1980), 'King Sisebut's *Vita Desiderii* and the political function of Visigothic hagiography', in James (1980), pp. 93–129

Fontaine, J. and Pellistrandi, C. (eds.) (1992), *L'Europe héritière de l'Espagne wisigothique*, Madrid

Fuentes Hinojo, P. (1996), 'La obra política de Teudis y sus aportaciones a la construccion del reino visigodo de Toledo', *En la España Medieval* 19: 9–36

García Gallo, A. (1942–43), 'La territorialidad de la legislación visigoda', *Anuario de Historia del Derecho Español* 14: 593–609

García Gallo, A. (1974), 'Consideración crítica de los estudios sobre la legislación y la costumbre visigodas', *Anuario de Historia del Derecho Español* 4: 343–464

García Iglesias, L. (1975), 'El intermedio ostrogodo en Hispania (507–549 d.C.)', *Hispania Antiqua* 5: 89–120

García Iglesias, L. (1978), *Los Judíos en la España antigua*, Madrid

García Moreno, L. A. (1974a), 'Estudios sobre la organización administrativa del reino visigodo de Toledo', *Anuario de Historia del Derecho Español* 44: 5–155

García Moreno, L. A. (1974b), *Prosopografía del reino visigodo de Toledo*, Salamanca

García Moreno, L. A. (1975), *El fin del reino visigodo de Toledo*, Madrid

García Moreno, L. A. (1989), *Historia de España visigoda*, Madrid

García Moreno, L. A. (1991a), 'La economía y las vidas rurales. La ciudad y la vida urbana', in J. M. Jover Zamora (ed.), *Historia de España de Don Ramón Menéndez Pidal*, III, I: *España visigoda*, Madrid, pp. 281–404

García Moreno, L. A. (1991b), 'Las invasiones, la ocupación de la Península y las etapas hacia la unificación territorial', in J. M. Jover Zamora (ed.), *Historia de España de Don Ramón Menéndez Pidal*, III, I: *España visigoda*, Madrid, pp. 61–268

García Moreno, L. A. and Sayas Abengochea, J. J. (1981), *Romanismo y Germanismo: el despertar de los pueblos hispánicos (siglos IV–X)* (*Historia de España*, dir. M. Tuñón de Lara, II) Barcelona

Goffart, W. (1980), *Barbarians and Romans, AD 418–584: The Techniques of Accommodation*, Princeton, NJ

Grierson, P. (1979), 'Visigothic metrology', *Dark Age Numismatics* 12: 74–87

Heather, P. (1991), *Goths and Romans 332–489*, Oxford

Heather, P. (1996), *The Goths*, Oxford

Hillgarth, J. N. (1970), 'Historiography in Visigothic Spain', *Settimane* 17: 261–313

Isla Frez, A. (1990), 'Las relaciones entre el reino visigodo y los reyes merovingios a finales del siglo VI', *En la España Medieval* 13: 11–32

James, E. (ed.) (1980), *Visigothic Spain: New Approaches*, Oxford

Jover Zamora, J. M. (ed.) (1991), *Historia de España de Don Ramón Menéndez Pidal*, III, I: *España visigoda*, I, *Las invasiones, las sociedades, la iglesia*, II, *La monarquía, la cultura y las artes*, Madrid

King, P. D. (1972), *Law and Society in the Visigothic Kingdom*, Cambridge

King, P. D. (1980), 'King Chindasvint and the first territorial law-code of the Visigothic kingdom', in James (1980), pp. 131–57

Linehan, P. (1993), *History and the Historians of Medieval Spain*, Oxford

Loring García, M. I. and Fuentes Hinojo, P. (1998), 'Esclavitud y servidumbre en el tránsito del mundo antiguo al medieval', in *Romanización y Reconquista en la Península ibérica: Nuevas perspectivas*, Salamanca, pp. 247–56

Martindale, J. R. (1980, 1992), *The Prosopography of the Later Roman Empire*, II *(AD 395–527)*; III *(AD 527–640)*, Cambridge　　823

Mateu y Llopis, F. (1949), 'La ceca visigoda de Córdoba, notas sobre acuñaciones', *Boletín de la Real Academia de Bellas Artes, Ciencias y Artes Nobles de Córdoba* 20: 45–64

Miles, G. C. (1952), *The Coinage of Visigothic Spain: Leowigild to Achila II*, New York

Olmo Enciso, L. (1992), 'El reino visigodo de Toledo y los territorios bizantinos. Datos sobre la heterogeneidad de la Península ibérica' (Coloquio Hispano-Italiano de Arqueología Medieval), Granada, pp. 185–98

Orlandis, J. (1962), 'La sucesión al trono en la monarquía visigoda', in *Estudios Visigóticos*, III, Rome and Madrid, pp. 57–102

Orlandis, J. (1976), *La iglesia en la España visigótica y medieval*, Pamplona

Orlandis, J. (1977), *Historia de España: España visigoda (407–711)*, Madrid

Orlandis, J. (1991), 'El cristianismo y la iglesia en la España visigoda' in J. M. Jover Zamora (ed.), *Historia de España de Don Ramón Menéndez Pidal*, III, 1: *España visigoda*, Madrid, pp. 433–511

Orlandis, J. (1992), *Semblanzas visigodas*, Madrid

Orlandis, J. and Ramos Lissón, D. (1986), *Historia de los concilios de la España romana y visigoda*, Pamplona

Palol Salellas, P. de (1991), 'Arte y arqueología', in J. M. Jover Zamora (ed.), *Historia de España de Don Ramón Menéndez Pidal*, III, 2: *España visigoda*, Madrid, pp. 271–443

Pérez Prendes (1991), 'La monarquía. El poder político, el estado, el derecho', in J. M. Jover Zamora (ed.), *Historia de España de Don Ramón Menéndez Pidal*, III, 2. *España visigoda*, Madrid, pp. 61–268

Pérez Sánchez, D. (1989), *El ejército en la sociedad visigoda*, Salamanca

Pérez Sánchez, D. (1998), 'Legislación y dependencia en la España visigoda', in *Romanización y Reconquista en la Península Ibérica: nuevas perspectivas*, Salamanca, pp. 227–45

Reinhart, W. (1945), 'Sobre el asentamiento de los Visigodos en la Península', *Archivo Español de Arqueología* 18: 124–35

Reinhart, W. (1952), *Historia general del reino hispánico de los Suevos*, Madrid

Rouche, M. (1979), *L'Aquitaine des Wisigoths aux Arabes (418–781): naissance d'une région*, Paris

Sánchez Albornoz, C. (1974), *En torno a los orígenes del feudalismo*, I, 1: *Fideles y gardingos en la monarquía visigoda: raices del vasallaje y del beneficio hispanos*, Buenos Aires

Stein, E. (1949, 1959), *Histoire du Bas-Empire*, I: *De l'état romain à l'état byzantin, 284–476*; II: *De la disparition de l'Empire d'Occident à la mort de Justinien 476–565*, both volumes ed. J.-R. Palanque, Paris, Brussels and Amsterdam

Stroheker, K. F. (1965), *Germanentum und Spätantike*, Zurich

Thompson, E. A. (1956), 'The settlement of the barbarians in southern Gaul', *JRS* 46: 65–75; repr. in Thompson (1982), pp. 23–37

Thompson, E. A. (1963), 'The Visigoths from Fritigern to Euric', *Historia*, 12: 105–26; repr. in Thompson (1982), pp. 38–57

Thompson, E. A. (1969), *The Goths in Spain*, Oxford

Thompson, E. A. (1976–79), 'The end of Roman Spain', *NMS* 20: 3–28; 21: 3–31; 22: 3–22, 23: 1–22

824   Thompson, E. A. (1980), 'The conversion of the Spanish Suevi to Catholicism', in James (1980), pp. 77–92

Thompson, E. A. (1982), *Romans and Barbarians: The Decline of the Western Empire*, Madison, WI

Vallejo Girvés, M. (1993), *Bizancio y la España tardoantigua (ss. V–VIII): un capítulo de historia mediterránea*, Alcalá de Henares

Werner, K. F. (1984), *Histoire de France sous la direction de J. Favier*, 1: *Les origines*, Paris

Wolfram, H. (1990), *Histoire des Goths*, Paris

Zeumer, K. (1944), *Historia de la legislación visigoda*, Barcelona

8　墨洛温高卢及法兰克征服

Bachrach, B. S. (1972), *Merovingian Military Organization 481–751*, Minneapolis

Barnes, T. D. (1994), 'The Franci before Diocletian', in G. Bonamente and F. Paschoud (eds.), *Historiae Augustae Colloquium Genevense* (Historiae Augustae Colloquia, n.s. 2), Bari, pp. 11–18

Brennan, B. (1984), 'The image of the Frankish kings in the poetry of Venantius Fortunatus', *JMH* 10: 1–11

Brennan, B. (1985), 'St Radegund and the early development of her cult at Poitiers', *JRH* 13: 340–54

Buchner, R. (1933), *Die Provence in merowingischer Zeit: Verfassung, Wirtschaft, Kultur*, Stuttgart

Cameron, Av. (1968), 'Agathias on the early Merovingians', *Annali della Scuola Normale Superiore di Pisa*, 2nd series 37: 95–140

Cameron, Av. (1985), *Procopius and the Sixth Century*, Berkeley and Los Angeles

Claude, D. (1964), 'Untersuchungen zum frühfränkischen Comitat', *ZRG, GA* 81: 1–79

Collins, R. (1983), 'Theodebert I, "Rex magnus Francorum"', in P. Wormald, D. Bullough and R. Collins (eds.), *Ideal and Reality in Frankish and Anglo-Saxon Society: Studies Presented to J. M. Wallace-Hadrill*, Oxford, pp. 7–33

Collins, R. (1986), *The Basques*, Oxford

Daly, W. M. (1994), 'Clovis: how barbaric, how pagan?', *Speculum* 69: 619–64

Dannheimer, H. and Dopsch, H. (eds.) (1998), *Die Bajuwaren von Severin bis Tassilo 488–788: Gemeinsame Landesausstellung des Freistaates Bayern und des Landes Salzburg, Rosenheim/Bayern, Mattsee/Salzburg, 19. Mai bis 6. November 1988*, Munich and Salzburg

Durliat, J. (1979), 'Les attributions civiles des évêques mérovingiens: l'exemple de Didier, évêque de Cahors (630–655)', *Annales du Midi* 91: 237–54

Durliat, J. (1990), *Les Finances publiques de Dioclétien aux Carolingiens (284–889)* (Beihefte der Francia 21), Sigmaringen

Ebling, H. (1974), *Prosopographie der Amtsträger des Merowingerreiches von Chlothar II, (613) bis Karl Martell (741)* (Beihefte der Francia 2), Munich

Ewig, E. (1953), 'Die fränkischen Teilungen und Teilreiche (511–613)', *Akademie der Wissenschaften und der Literatur [in Mainz]. Abhandlungen der geistes- und sozialwissenschaftlichen Klasse*, Jahrgang 1952, 9: 651–715; repr. in Ewig (1976–79), 1, pp. 114–71

Ewig, E. (1963), 'Résidence et capitale pendant le haut moyen âge', *Revue Historique* 230: 25–72; repr. in Ewig (1976–79), 1, pp. 362–408

Ewig, E. (1965), 'Descriptio Franciae', in H. Beumann (ed.), *Karl der Grosse*, I: 825
Persönlichkeit und Geschichte, Düsseldorf, pp. 143–77; repr. in Ewig (1976–79), I,
pp. 274–322

Ewig, E. (1974), 'Studien zur merowingischen Dynastie', *FrSt* 8: 15–59

Ewig, E. (1976–79), *Spätantikes und fränkisches Gallien: Gesammelte Schriften (1952–1973)*, ed. H. Atsma, 2 vols. (Beihefte der Francia 3/1–2), Munich

Fontaine, J. (1980), 'King Sisebut's *Vita Desiderii* and the political function of Visigothic hagiography', in E. James (ed.), *Visigothic Spain: New Approaches*, Oxford, pp. 93–129

Fouracre, P. (1995), 'Eternal light and earthly needs: practical aspects of the development of Frankish immunities', in W. Davies and P. Fouracre (eds.), *Property and Power in the Early Middle Ages*, Cambridge, pp. 53–81

Gäbe, S. (1989), 'Radegundis: sancta, regina, ancilla. Zum Heiligkeitsideal der Radegundisviten von Fortunat und Baudonivia', *Francia* 16.1: 1–30

Galliou, P. and Jones, M. (1991), *The Bretons*, Oxford

Geary, P. J. (1985), *Aristocracy in Provence: The Rhône Basin at the Dawn of the Carolingian Age*, Philadelphia

George, J. W. (1992), *Venantius Fortunatus: A Latin Poet in Merovingian Gaul*, Oxford

Gerberding, R. A. (1987), *The Rise of the Carolingians and the* 'Liber Historiae Francorum', Oxford

Goffart, W. (1957), 'Byzantine policy in the West under Tiberius II and Maurice: the pretenders Hermenegild and Gundovald (579–585)', *Traditio* 13: 73–118

Goffart, W. (1982), 'Old and new in Merovingian taxation', *Past and Present* 96: 3–21; repr. in W. Goffart, *Rome's Fall and After*, London and Ronceverte (1989), pp. 213–31

Goffart, W. (1988), *The Narrators of Barbarian History (AD 550–800): Jordanes, Gregory of Tours, Bede, and Paul the Deacon*, Princeton, NJ

Gradowicz-Pancer, N. (2002), 'De-gendering female violence. Merovingian female honour as an exchange of violence', *EME* 11: 1–18

Grahn-Hoek, H. (1976), *Die fränkische Oberschicht im 6. Jahrhundert: Studien zu ihrer rechtlichen und politischen Stellung* (Vorträge und Forschungen, Sonderband 21), Sigmaringen

Grierson, P. and Blackburn, M. (1986), *Medieval European Coinage. With a Catalogue of the Coins in the Fitzwilliam Museum, Cambridge*, I: *The Early Middle Ages (5th–10th Centuries)*, Cambridge

Halsall, G. (1995), *Settlement and Social Organization: The Merovingian Region of Metz*, Cambridge

Heinzelmann, M. (1975), 'L'aristocratie et les évêchés entre Loire et Rhin jusqu'à la fin du VIIe siècle', *RHEF* 62: 75–90

Heinzelmann, M. (1976), *Bischofsherrschaft in Gallien: Zur Kontinuität römischer Führungsschichten vom 4. bis zum 7. Jahrhundert, soziale, prosopographische und bildungsgeschichtliche Aspekte* (Beihefte der Francia 5), Munich

Heinzelmann, M. (1982), 'Gallische Prosopographie 260–527', *Francia* 10: 531–718

Heinzelmann, M. (1994), 'Die Franken und die fränkische Geschichte in der Perspektive der Historiographie Gregors von Tours', in A. Scharer and G. Scheibelreiter (eds.), *Historiographie im frühen Mittelalter* (Veröffentlichungen des Instituts für Österreichische Geschichtsforschung 32), Vienna and Munich, pp. 326–44

826   Heinzelmann, M. and Poulin, J. C. (1986), *Les Vies anciennes de Sainte Geneviève de Paris: études critiques* (Bibliothèque de l'Ecole des Hautes Etudes, ive section, Sciences Historiques et Philologiques 329), Paris

Hendy, M. F. (1988), 'From public to private: the western barbarian coinages as a mirror of the disintegration of late Roman state structures', *Viator* 19: 29–78

Irsigler, F. (1969), *Untersuchungen zur Geschichte des frühfränkischen Adels* (Rheinisches Archiv 70), Bonn

James, E. (1979), 'Cemeteries and the problem of Frankish settlement in Gaul', in P. H. Sawyer (ed.), *Names, Words and Graves: Early Medieval Settlement*, Leeds, pp. 55–89

James, E. (1980), 'Septimania and its frontier: an archaeological approach', in E. James (ed.), *Visigothic Spain: New Approaches*, Oxford, pp. 223–41

James, E. (1988), *The Franks*, Oxford

James, E. (1989), 'The origins of barbarian kingdoms: the continental evidence', in S. Bassett (ed.), *The Origins of Anglo-Saxon Kingdoms*, London and New York, pp. 40–52, 249–50

Jarnut, J. (1986), *Agilolfingerstudien: Untersuchungen zur Geschichte einer adligen Familie im 6. und 7. Jahrhundert* (Monographien zur Geschichte des Mittelalters 32), Stuttgart

Jarnut, J. (1994), 'Gregor von Tours, Frankengeschichte ii, 12: Franci Egidium sibi regem adsciscunt. Faktum oder Sage?', in K. Brunner and B. Merta (eds.), *Ethnogenese und Überlieferung: Angewandte Methoden der Frühmittelalterforschung* (Veröffentlichungen des Instituts für Österreichische Geschichtsforschung 31), Vienna and Munich, pp. 129–34

Jussen, B. (1991), *Patenschaft und Adoption im frühen Mittelalter: Künstliche Verwandtschaft als soziale Praxis* (Veröffentlichungen des Max-Planck-Instituts für Geschichte 98), Göttingen

Kaiser, R. (1973), *Untersuchungen zur Geschichte der Civatas und Diözese Soissons in römischer und merowingischer Zeit* (Rheinisches Archiv 8–9), Bonn

Keller, H. (1976), 'Fränkische Herrschaft und alemannisches Herzogtum im 6. und 7. Jahrhundert', *Zeitschrift für die Geschichte des Oberrheins* 124 (n.s. 85): 1–30

Klingshirn, W. E. (1985), 'Charity and power: Caesarius of Arles and the ransoming of captives in sub-Roman Gaul', *JRS* 75: 183–203

Klingshirn, W. E. (1994), *Caesarius of Arles: The Making of a Christian Community in Late Antique Gaul*, Cambridge

Lewis, A. R. (1976), 'The dukes in the *Regnum Francorum*, AD 550–751', *Speculum* 51: 381–410

Longnon, A. (1878), *Géographie de la Gaule au VIe siècle*, Paris

McCormick, M. (1986), *Eternal Victory: Triumphal Rulership in Late Antiquity. Byzantium, and the Early Medieval West*, Cambridge and Paris

McCormick, M. (1989), 'Clovis at Tours, Byzantine public ritual and the origins of medieval ruler symbolism', in E. K. Chrysos and A. Schwarcz (eds.), *Das Reich und die Barbaren* (Veröffentlichungen des Instituts für Österreichische Geschichtsforschung 29), Vienna and Cologne, pp. 155–80

Moorhead, J. (1992), *Theoderic in Italy*, Oxford

Murray, A. C. (1986), 'The position of the *grafio* in the constitutional history of Merovingian Gaul', *Speculum* 61: 787–805

Murray, A. C. (1988), 'From Roman to Frankish Gaul: "centenarii" and "centenae" in the administration of the Merovingian kingdom', *Traditio* 44: 59–100

Murray, A. C. (1994), 'Immunity, nobility, and the *Edict of Paris*', *Speculum* 69: 18–39

Nelson, J. L. (1978), 'Queens as Jezebels: the careers of Brunhild and Balthild in Merovingian history', in D. Baker (ed.), *Medieval Women* (Studies in Church History, Subsidia 1), Oxford, pp. 31–77; repr. in J. L. Nelson, *Politics and Ritual in Early Medieval Europe*, London and Ronceverte (1986), pp. 1–48

de Nie, G. (1987), *Views from a Many-Windowed Tower: Studies of Imagination in the Works of Gregory of Tours* (Studies in Classical Antiquity 7), Amsterdam

Nonn, U. (1975), 'Eine fränkische Adelssippe um 600. Zur Familie des Bischofs Berthram von Le Mans', *FrSt* 9: 186–201

Pietri, L. (1983), *La Ville de Tours du IVe au VIe siècle: naissance d'une cité chrétienne* (Collection de l'Ecole Française de Rome 69), Rome

Prinz, F. (1965), *Frühes Mönchtum im Frankenreich: Kultur und Gesellschaft in Gallien, den Rheinlanden und Bayern am Beispiel der monastischen Entwicklung (4, bis 8. Jahrhundert)*, Munich and Vienna

Prinz, F. (1981), 'Columbanus, the Frankish nobility and the territories east of the Rhine', in H. B. Clarke and M. Brennan (eds.), *Columbanus and Merovingian Monasticism* (BAR International Series 113), Oxford, pp. 73–87

Reydellet, M. (1981), *La Royauté dans la littérature latine de Sidoine Apollinaire à Isidore de Séville*, Rome

Riché, P. (1962), *Education et culture dans l'Occident barbare VIe–VIIIe siècles*, Paris; trans. J. J. Contreni, *Education and Culture in the Barbarian West, Sixth through Eighth Centuries*, Columbia (1976)

Riché, P. (1981), 'Columbanus, his followers and the Merovingian church', in H. B. Clarke and M. Brennan (eds.), *Columbanus and Merovingian Monasticism* (BAR International Series 113), Oxford, pp. 59–72

Rouche, M. (1979), *L'Aquitaine des Wisigoths aux Arabes: naissance d'une région*, Paris

Scheibelreiter, G. (1983), *Der Bischof in merowingischer Zeit* (Veröffentlichungen des Instituts für Österreichische Geschichtsforschung 27), Vienna

Selle-Hosbach, K. (1974), *Prosopographie merowingischer Amtsträger in der Zeit von 511 bis 613*, Bonn

Semmler, J. (1989), 'Saint-Denis: von der bischöflichen Coemeterialbasilika zur königlichen Benediktinerabtei', in H. Atsma (ed.), *La Neustrie: les pays au nord de la Loire de 650 à 850. Colloque historique international*, vol. II (Beihefte der Francia 16.2), Sigmaringen, pp. 5–123

Spencer, M. (1994), 'Dating the baptism of Clovis, 1886–1993', *EME* 3: 97–116

Stroheker, K. F. (1948), *Der senatorische Adel im spätantiken Gallien*, Tübingen

Stroheker, K. F. (1955), 'Zur Rolle der Heermeister fränkischer Abstammung im späten vierten Jahrhundert', *Historia* 4: 314–30; repr. in K. F. Stroheker, *Germanentum und Spätantike*, Zurich and Stuttgart (1965), pp. 9–29

Thiele, A. (1969), 'Studien zur Vermögensbildung und Vermögensverwertung der Kirche im Merowingerreich (6. Jh.)', *Studien und Mitteilungen zur Geschichte des Benediktiner-Ordens* 80: 7–143

Van Dam, R. (1985), *Leadership and Community in Late Antique Gaul*, Berkeley and Los Angeles

828　　Van Dam, R. (1992), 'The Pirenne Thesis and fifth-century Gaul', in J. Drinkwater and H. Elton (eds.), *Fifth-Century Gaul: A Crisis of Identity?*, Cambridge, pp. 321–33

Van Dam, R. (1993), *Saints and Their Miracles in Late Antique Gaul*, Princeton, NJ

Wallace-Hadrill, J. M. (1962), *The Long-Haired Kings*, London

Wallace-Hadrill, J. M. (1968), 'Gregory of Tours and Bede: their views on the personal qualities of kings', *FrSt* 2: 31–44; repr. in J. M. Wallace-Hadrill, *Early Medieval History*, Oxford (1975), pp. 96–114

Weidemann, M. (1982), *Kulturgeschichte der Merowingerzeit nach den Werken Gregors von Tours*, 2 vols. (Römisch-Germanisches Zentralmuseum, Forschungsinstitut für Vor- und Frühgeschichte, Monographien 3.1–2), Mainz

Weidemann, M. (1986), *Das Testament des Bischofs Berthramn von Le Mans vom 27. März 616: Untersuchungen zu Besitz und Geschichte einer fränkischen Familie im 6. und 7. Jahrhundert* (Römisch-Germanisches Zentralmuseum, Forschungsinstitut für Vor- und Frühgeschichte, Monographien 9), Mainz

Wemple, S. F. (1981), *Women in Frankish Society: Marriage and the Cloister 500 to 900*, Philadelphia

Whittaker, C. R. (1994), *Frontiers of the Roman Empire: A Social and Economic Study*, Baltimore and London

Wolfram, H. (1988), *History of the Goths*, trans. T. J. Dunlap, Berkeley, CA

Wood, I. N. (1977), 'Kings, kingdoms and consent', in P. H. Sawyer and I. N. Wood (eds.), *Early Medieval Kingship*, Leeds, pp. 6–29

Wood, I. N. (1983), *The Merovingian North Sea* (Viktoria Bokforlag, Occasional Papers on Medieval Topics 1), Alingsås

Wood, I. N. (1985), 'Gregory of Tours and Clovis', *Revue Belge de Philologie et d'Histoire* 63: 249–72

Wood, I. N. (1994), *The Merovingian Kingdoms 450–751*, London and New York

Wormald, P. (1977), '*Lex scripta* and *Verbum regis:* legislation and Germanic kingship, from Euric to Cnut', in P. H. Sawyer and I. N. Wood (eds.), *Early Medieval Kingship*, Leeds, pp. 105–38

Zöllner, E. (1970), *Geschichte der Franken bis zum Mitte des sechsten Jahrhunderts*, Munich

9　凯尔特人诸王国

Anderson, M. O. (1973), *Kings and Kingship in Early Scotland*, Edinburgh

Astill, G. and Davies, W. (1997), *A Breton Landscape*, London

Baillie, M. G. L. (1995), 'Patrick, comets and Christianity', *Emania* 13: 69–78

Barrow, G. W. S. (1973), *The Kingdom of the Scots*, London

Bartrum, P. C. (ed.) (1966), *Early Welsh Genealogical Tracts*, Cardiff

Bernier, G. (1982), *Les Chrétientés bretonnes continentales depuis les origines jusqu'au IXème siècle* (Dossiers du Centre Régional Archéologique d'Alet E), Rennes

Byrne, F. J. (1973), *Irish Kings and High-Kings*, London

Campbell, E. (1984), 'E ware and Aquitaine – a reconsideration of the petrological evidence', *Scottish Archaeological Review* 3: 35–41

Campbell, E. and Lane, A. (1992), 'Celtic and Germanic interaction in Dalriada: the seventh-century metalworking site at Dunadd', in J. Higgitt and M. Spearman (eds.), *The Age of Migrating Ideas: Early Medieval Art in Britain and Ireland*, Edinburgh

Carney, J. (1955), *Studies in Irish Literature and History*, Dublin

Dark, K. (1993), *Civitas to Kingdom: British Political Continuity 300–800*, Leicester

Davies, W. (1978), *An Early Welsh Microcosm*, London

Davies, W. (1979a), *The Llandaff Charters*, Aberystwyth

Davies, W. (1979b), 'Roman settlements and post-Roman estates in south-east Wales', in P. J. Casey (ed.), *The End of Roman Britain* (BAR British Series 71), Oxford, pp. 153–73

Davies, W. (1982a), *Wales in the Early Middle Ages*, Leicester

Davies, W. (1982b), 'The Latin charter-tradition in western Britain, Brittany and Ireland in the early mediaeval period', in D. Whitelock, R. McKitterick and D. Dumville (eds.), *Ireland in Early Mediaeval Europe*, Cambridge, pp. 258–80

Davies, W. (1993), 'Celtic kingships in the early middle ages', in A. J. Duggan (ed.), *Kings and Kingship in Medieval Europe*, London, pp. 101–24

Dumville, D. N. (1972–74), 'Some aspects of chronology of the *Historia Brittonum*', *Bulletin of the Board of Celtic Studies* 25: 439–45

Dumville, D. N. (1975–76), '"Nennius" and the *Historia Brittonum*', *Studia Celtica* 10–11: 78–95

Dumville, D. N. (1985), see Primary Sources

Falc'hun, F. (1963), *Histoire de la langue bretonne d'après la géographie linguistique*, 2 vols., Rennes

Falc'hun, F. (1970), *Les noms de lieux celtiques*, Rennes

Fleuriot, L. (1980), *Les origines de la Bretagne*, Paris

Forsyth, K. (1997), 'Pictish symbols as a formal writing system', in D. Henry (ed.), *The Worm, the Germ and the Thorn*, Balgavies

Galliou, P. and Jones, M. (1991), *The Bretons*, Oxford

Goodburn, R., Hassall, M. W. C. and Tomlin, R. S. O. (1978), 'Roman Britain in 1977', *Britannia* 9: 404–85

Grabowski, K. and Dumville, D. (1984), *Chronicles and Annals of Mediaeval Ireland and Wales*, Woodbridge

Henderson, I. (1967), *The Picts*, London

Henderson, I. (1975), 'Pictish territorial divisions', in P. McNeill and R. Nicholson (eds.), *A Historical Atlas of Scotland c. 400–1600*, St Andrews, pp. 8–9

Herren, M. W. (1974–87), *The Hisperica Famina*, 2 vols., Toronto

Hill, P. (1997), *Whithorn and Saint Ninian: The Excavation of a Monastic Town 1984–91*, Whithorn

Hughes, K. (1972), *Early Christian Ireland: Introduction to the Sources*, London

Irwin, P. (1998), 'Aspects of dynastic kingship in early Ireland', DPhil thesis, University of Oxford

Jackson, K. H. (1953), *Language and History in Early Britain*, Edinburgh

Jackson, K. H. (1963), 'On the northern British section in Nennius', in N. K. Chadwick *et al.*, *Celt and Saxon*, Cambridge, pp. 20–62

Jackson, K. H. (1967), *A Historical Phonology of Breton*, Dublin

Jackson, K. H. (1980), 'The Pictish language', in F. T. Wainwright (ed.), *The Problem of the Picts*, Perth, pp. 129–66, 173–76 (revision of Wainwright 1955)

Koch, J. T. (1995), 'The conversion and the transition from Primitive to Old Irish, c.367–c.637', *Emania* 13: 39–50

Koch, J. T. (1997), *The Aneirin of Gododdin*, Cardiff

829

830　　La Borderie, A. Le Moyne de (1896–1904), *Histoire de Bretagne*, 6 vols., Rennes and Paris

Lane, A. (1984), 'Some Pictish problems at Dunadd', in J. G. P. Friell and W. G. Watson (eds.), *Pictish Studies: Settlement, Burial and Art in Dark Age Northern Britain* (BAR British Series 125), Oxford, pp. 43–62

Lane, A. and Campbell, E. (1993), *Excavations at Dunadd*, Edinburgh

McCone, K. (1982), 'Brigit in the seventh century', *Peritia* 1: 107–45

McManus, D. (1991), *A Guide to Ogam*, Dublin

Meckler, M. (1997), 'The Annals of Ulster and the date of the meeting at Druim Cett', *Peritia* 11: 44–52

Murphy, G. (1952), 'On the dates of two sources used in Thurneysen's Heldensage 1: *Baile Chuind* and the date of *Cín Dromma Snechtai*', *Ériu* 16: 145–51

Nash-Williams, V. E. (1950), *The Early Christian Monuments of Wales*, Cardiff

Ní Dhonnchadha, M. (1982), 'The guarantor list of *Cáin Adomnáin*, 697', *Peritia* 1: 178–215

Ó Cróinín, D. (1995), *Early Medieval Ireland, 400–1200*, London

Okasha, E. (1993), *Corpus of Early Inscribed Stones of South-West Britain*, Leicester

Padel, O. J. (1972), 'The inscriptions of Pictland', MLitt thesis, University of Edinburgh

Padel, O. J. (1981), 'The Cornish background of the Tristan stories', *Cambridge Medieval Celtic Studies* 1: 53–81

Pearce, S. M. (1978), *The Kingdom of Dumnonia*, Padstow

Radford, C. A. R. (1951), 'Report on the excavations at Castle Dore', *Journal of the Royal Institution of Cornwall* n.s. 1, Appendix: 1–119

Rowland, J. (1990), *Early Welsh Saga Poetry*, Cambridge

Small, A. (ed.) (1987), *The Picts: A New Look at Old Problems*, Dundee

Smyth, A. P. (1972), 'The earliest Irish annals: their first contemporary entries, and the earliest centres of recording', *Proceedings of the Royal Irish Academy* 72C: 1–48

Thomas, C. (1990), '"Gallici Nautae de Galliarum Provinciis" – a sixth/seventh century trade with Gaul, reconsidered', *Medieval Archaeology* 34: 1–26

Thomas, C. (1994), *And Shall These Mute Stones Speak? Post-Roman Inscriptions in Western Britain*, Cardiff

Tonnerre, N.-Y. (1994), *Naissance de la Bretagne*, Angers

Wainwright, F. T. (ed.) (1955), *The Problem of the Picts*, Edinburgh and London (repr. with revisions, 1980)

Weir, D. A. (1993), 'Dark ages and the pollen record', *Emania* 11: 21–30

Wood, I. (1988), 'Forgery in Merovingian hagiography', in *Fälschungen im Mittelalter*, 6 vols., Hanover (1988–90), v, pp. 369–84

Wooding, J. M. (1996), *Communication and Commerce along the Western Sealanes AD 400–800* (BAR International Series 654), Oxford

10　早期盎格鲁—撒克逊王国

Addyman, P. (1972), 'The Anglo-Saxon house: a new review', *ASE* 1: 273–308

Arnold, C. (1984), *Roman Britain to Anglo-Saxon England: An Archaeological Study*, London

Ausenda, G. (ed.) (1995), *After Empire: Towards an Ethnology of Europe's Barbarians*, 831
San Marino, CA

Axboe, M. (1995), 'Danish kings and dendrochronology: archaeological insights into the early history of the Danish state', in Ausenda (1995), pp. 217–38

Balkwill, C. (1993), 'Old English *wic* and the origins of the hundred', *Landscape History* 15: 5–12

Barnwell, P. (1996), '*Hlafaeta, ceorl, hid* and *scir*: Celtic, Roman or Germanic?', *Anglo-Saxon Studies in Archaeology and History* 9: 53–61

Bassett, S. (1989a), 'In search of the origins of Anglo-Saxon kingdoms', in Bassett (1989c), pp. 3–27

Bassett, S. (1989b), 'Churches in Worcester before and after the conversion of the Anglo-Saxons', *Antiquity* 69: 225–56

Bassett, S. (ed.) (1989c), *The Origins of Anglo-Saxon Kingdoms*, London and New York

Beck, F. (1911), 'The Teutonic conquest of Britain', in H. Gwatlein and J. Whitney (eds.), *The Cambridge Medieval History*, I, pp. 382–91

Biddle, M. (1989), 'London: a city in transition: AD 400–800', in M. Lobel (ed.), *The City of London: The British Atlas of Historic Towns*, III, Oxford

Blair, W. J. (1994), *Anglo-Saxon Oxfordshire*, Stroud

Boddington, A. (1990), 'Models of burial, settlement and worship: the final phase reviewed', in E. Southworth (ed.), *Anglo-Saxon Cemeteries: A Reappraisal*, Stroud, pp. 177–99

Boyle, A., Dodd, A., Miles, D. and Mudd, A. (1995), *Two Oxfordshire Anglo-Saxon Cemeteries: Berinsfield and Didcot*, Oxford

Boyle, A., Jennings, D., Miles, D. and Palmer, S. (1998), *The Anglo-Saxon Cemetery at Butler's Field, Lechlade, Gloc.*, I, Oxford

Bradley, R. (1987), 'Time regained: the creation of continuity', *Journal of the British Archaeological Association* 140: 1–17

Carver, M. (ed.) (1992), *The Age of Sutton Hoo*, Woodbridge

Chambers, R. (1988), 'The late- and sub-Roman cemetery at Queenford Farm, Dorchester-on-Thames, Oxon., *Oxoniensia* 52: 35–70

Chapman, J. and Hamerow, H. (eds.) (1997), *Migrations and Invasions in Archaeological Explanation*, Oxford

Chapman, R. (1992), *The Celts*, London

Charles-Edwards, T. (1972), 'Kinship, status and the origins of the hide', *Past and Present* 56: 3–33

Charles-Edwards, T. (1995), 'Language and society among the insular Celts, AD 400–1000', in M. Green (ed.), *The Celtic World*, London and New York, pp. 703–36

Charles-Edwards, T. (1997), 'Anglo-Saxon kinship revisited', in Hines (1977), pp. 171–203

Cox, P. (1989), 'A seventh-century inhumation cemetery at Shepherd's Farm, Ulwell, near Wantage, Dorset', *Proceedings of the Dorset Nature, History and Archaeological Society* 110: 37–48

Crawford, S. (1999), *Anglo-Saxon Childhood*, Stroud

Davies, W. and Vierck, H. (1974), 'The contexts of Tribal Hidage: social aggregates and settlement patterns', *FrSt* 8: 223–93

832 Dickinson, T. (1993), 'Early Saxon saucer brooches: a preliminary overview', *Anglo-Saxon Studies in Archaeology and History* 6: 11–44

Dickinson, T. and Speake, G. (1992), 'The seventh-century cremation burial in Asthall Barrow, Oxfordshire: a reassessment', in Carver (1992), pp. 95–130

Dodgson, J. McN. (1966), 'The significance of the distribution of the English place-name in *-ingas, -inga*, in south-east England', *Medieval Archaeology* 10: 1–29

Dölling, H. (1958), *Haus und Hof in westgermanischen Volksrechten*, Münster

Down, A. and Welch, M. (1990), *Chichester Excavations 7: Apple Down and the Mardens*, Chichester

Dumville, D. (1989), 'The Tribal Hidage: an introduction to its texts and their history', in Bassett (1989), pp. 225–30

Esmonde Cleary, S. (1989), *The Ending of Roman Britain*, London

Faull, M. (1977), 'British survival in Anglo-Saxon Northumbria', in L. Laing (ed.), *Studies in Celtic Survival* (BAR British Series 37), Oxford, pp. 1–56

Filmer-Sankey, W. (1992), 'Snape Anglo-Saxon cemetery: the current state of knowledge', in Carver (1992), pp. 39–52

Geake, H. (1997), *The Use of Grave-Goods in Conversion-Period England, c600–c850AD* (BAR British Series 261), Oxford

Green, B., Rogerson, A. and White, S. (1987), *Morningthorpe Anglo-Saxon Cemetery*, 2 vols. (East Anglian Archaeology 36), Gressenhall

Halsall, G. (1995), 'The Merovingian period in north-east Gaul: transition or change?', in J. Bintliff and H. Hamerow (eds.), *Europe between Late Antiquity and the Middle Ages*, Oxford, pp. 38–52

Halsall, G. (1996), 'Female status and power in early Merovingian central Austrasia: the burial evidence', *EME* 5.1: 1–24

Halsall, G. (1997), 'The origins of Anglo-Saxon kingdoms: a Merovingianist speaks out', unpublished paper delivered to the Institute for Historical Research

Hamerow, H. (1991), 'Settlement mobility and the "Middle Saxon Shift": rural settlements and settlement patterns in Anglo-Saxon England', *ASE* 20: 1–17

Hamerow, H. (1992), 'Settlement on the gravels in the Anglo-Saxon period', in M. Fulford and L. Nichols (eds.), *Developing Landscapes of Lowland Britain: The Archaeology of the British Gravels*, London, pp. 39–46

Hamerow, H. (1993), *Excavations at Mucking*, 11: *The Anglo-Saxon Settlement*, London

Hamerow, H. (1999), 'Anglo-Saxon timber buildings: the continental connection', in H. Sarfatij, W. Verwers and P. Woltering (eds.), *In Discussion with the Past: Archaeological Studies Presented to W. A. van Es*, Zwolle, pp. 119–28

Härke, H. (1992a), 'Changing symbols in a changing society: the Anglo-Saxon burial rite in the seventh century', in Carver (1992), pp. 149–66

Härke, H. (1992b), *Angelsächsische Waffengräber des 5. bis 7. Jahrhunderts*, Cologne

Härke, H. (1997), 'Early Anglo-Saxon social structure', in Hines (1997), pp. 125–70

Härke, H. (1998), 'Briten und Angelsachsen im nachrömischen England: Zum Nachweis der einheimischen Bevölkerung in den angelsächsischen Landnahmegebieten', in H.-J. Häßler (ed.), *Studien zur Sachsenforschung* XI, pp. 87–120

Hawkes, S. C. (1982), 'Finglesham: a cemetery in East Kent', in J. Campbell (ed.), *The Anglo-Saxons*, Oxford, pp. 24–5

Hawkes, S. C. and Meaney, A. (1970), *Two Anglo-Saxon Cemeteries at Winchester, Hants.*, London　833

Higham, N. (1992), *Rome, Britain and the Anglo-Saxons*, London

Hills, C. (1998), 'Did the people from Spong Hill come from Schleswig-Holstein?', in H.-J. Häßler (ed.), *Studien zur Sachsenforschung* XI, pp. 145–54

Hills, C. (1999), 'Spong Hill and the Adventus Saxonum', in C. Karkov, K. Wickham Crowley and B. Young (eds.), *Spaces of the Living and the Dead*, Oxford, pp. 15–25

Hills, C., Penn, K. and Rickett, R. (1984), *Spong Hill*, III: *Catalogue of Inhumations* (East Anglian Archaeology 21), Gressenhall

Hines, J. (1984), *The Scandinavian Character of Anglian England in the Pre Viking Period* (BAR British Series 124), Oxford

Hines, J. (1995), 'Cultural change and social organisation in early Anglo-Saxon England', in Ausenda (1995), pp. 75–87

Hines, J. (ed.) (1997), *The Anglo-Saxons from the Migration Period to the Eighth Century*, Woodbridge

Hines, J. (1998), *A New Corpus of Anglo-Saxon Great Square-Headed Brooches*, Woodbridge

Hodges, R. (1989), *The Anglo-Saxon Achievement*, London

Høilund Nielsen, K. (1997), 'Animal art and the weapon-burial rite: a political badge?', in C. Kjeld Jensen and K. Høilund Nielsen (eds.), *Burial and Society: The Chronological and Social Analysis of Archaeological Burial Data*, Århus

Høilund Nielsen, K. (1999), 'Style II and the Anglo-Saxon elite', in T. Dickinson and D. Griffiths (eds.), *The Origins of Kingdoms* (Anglo-Saxon Studies in Archaeology and History 10), pp. 185–202

Hope-Taylor, B. (1977), *Yeavering: An Anglo-British Centre of Early Northumbria*, London

Huggett, J. (1988), 'Imported grave goods and the early Anglo-Saxon economy', *Medieval Archaeology* 32: 63–96

Keynes, S. (1995), 'England, 700–900', in *The New Cambridge Medieval History*, Cambridge, II, pp. 18–42

Kinsley, G. (2002), *Catholme*: *An Anglo-Saxon Settlement on the Trent Gravels in Staffordshire*, Nottingham

Leech, R. (1986), 'The excavation of a Romano-Celtic temple and a later cemetery on Lamyett Beacon, Somerset', *Britannia* 17: 259–328

Leeds, E. T. (1912), 'The distribution of the Anglo-Saxon saucer brooch in relation to the battle of Bedford AD. 571', *Archaeologica*, series 2, 13: 159–202

Losco-Bradley, S. and Wheeler, H. (1984), 'Anglo-Saxon settlement in the Trent Valley: some aspects', in M. Faull (ed.), *Studies in Late Anglo-Saxon Settlement*, Oxford, pp. 101–14

Loseby, S. (2000), 'Power and towns in late Roman Britain and early Anglo-Saxon England', in J. Gurt and G. Ripoll (eds.), *Sedes regiae (Ann. 400–800)*, Barcelona, pp. 319–70

Loveluck, C. (1994), 'Exchange and society in early medieval England 400 –700 AD', PhD thesis, University of Durham

McKinley, J. (1994), *The Anglo-Saxon Cemetery at Spong Hill, N. Elmham*, VIII: *The Cremations* (East Anglian Archaeology 69), Gressenhall

834   MacKreth, D. (1996), *Orton Hall Farm: A Roman and Early Anglo-Saxon Farmstead*, Manchester

Marshall, A. and Marshall, G. (1994), 'Differentiation, change and continuity in Anglo-Saxon buildings', *The Archaeological Journal* 150: 366–402

Meaney, A. (1964), *A Gazetteer of Early Anglo-Saxon Burial Sites*, London

Miles, D. (1986), *Archaeology at Barton Court Farm, Abingdon, Oxon.*, Oxford

Millett, M. (1990), *The Romanization of Britain*, Cambridge

Millett, M. with James, S. (1984), 'Excavations at Cowdery's Down, Basingstoke, Hants. 1978–81', *The Archaeological Journal* 140: 151–279

Müller-Wille, M., Meier, D., Kroll D. and Kroll, H. (1988), 'The transformation of rural society, economy and landscape during the first millennium AD: archaeological and palaeobotanical contributions from northern Germany and southern Scandinavia', *Geografiska Annaler* 70.B.1

Murphy, P. (1994), 'The Anglo-Saxon landscape and rural economy: some results from sites in East Anglia and Essex', in J. Rackham (ed.), *Environment and Economy in Anglo-Saxon England* (CBA Research Report 89), York, pp. 23–39

Myres, J. N. L. (1954), 'Two Saxon urns from Ickwell Bury, Beds. and the Saxon penetration of the East Midlands', *Antiquaries Journal* 34: 201–8

Myres, J. N. L. (1977), *A Corpus of Anglo-Saxon Pottery*, 2 vols., Cambridge

Myres, J. N. L. and Green, B. (1973), *The Anglo-Saxon Cemeteries of Caistor-by-Norwich and Markshall*, London

O'Brien, C. and Miket, R. (1991), 'The early medieval settlements of Thirlings, Northumberland', *Durham Archaeological Journal* 7: 57–91

Pader, E.-J. (1982), *Symbolism, Social Relations and the Interpretation of Mortuary Remains* (BAR International Series 130), Oxford

Pohl, W. (1997), 'Ethnic names and identities in the British Isles: a comparative perspective', in Hines (1997), pp. 7–31

Powlesland, D. (1997), 'Early Anglo-Saxon settlements, structures, form and layout', in Hines (1997), pp. 101–24

Powlesland, D., Haughton, C. and Hanson, J. (1986), 'Excavations at Heslerton, North Yorkshire, 1978–1982', *The Archaeological Journal* 143: 53–173

Pretty, K. (1989), 'Defining the Magonsaete', in Bassett (1989), pp. 171–83

Richards, J. (1987), *The Significance of Form and Decoration of Anglo-Saxon Cremation Urns* (BAR International Series 166), Oxford

Richards, J. (1992), 'Anglo-Saxon symbolism', in Carver (1992), pp. 131–48

Richards, J. (1995), 'An archaeology of Anglo-Saxon England', in Ausenda (1995), pp. 51–65

Rodwell, W. and Rodwell, K. (1985), *Rivenhall: Investigations of a Villa, Church and Village 1950–1977* (CBA Research Report 55), London

Russel, A. D. (1984), 'Early Anglo-Saxon ceramics from East Anglia: a microprovenience study', PhD thesis, University of Southampton

Scull, C. (1990), 'Scales and weights in early Anglo-Saxon England', *The Archaeological Journal* 147: 183–215

Scull, C. (1992), 'Before Sutton Hoo: structures of power and society in early East Anglia', in Carver (1992), pp. 3–24

Scull, C. (1993), 'Archaeology, early Anglo-Saxon society and the origins of Anglo-Saxon kingdoms', *Anglo-Saxon Studies in Archaeology and History* 6: 65–82

Scull, C. (1997),'Urban centres in Pre-Viking England?', in Hines (1997), pp. 269–98   835

Shepherd, J. (1979), 'The social identity of the individual in isolated barrows and barrow cemeteries in Anglo-Saxon England', in B. Burnham and J. Kingsbury (eds.), *Space, Hierarchy and Society* (BAR International Series 59), Oxford, pp. 47–79

Sherlock, S. and Welch, M. (1992), *An Anglo-Saxon Cemetery at Norton, Cleveland* (CBA Research Report 82), London

Speake, G. (1980), *Anglo-Saxon Animal Art and Its Germanic Background*, Oxford

Speake, G. (1989), *A Saxon Bed Burial on Swallowcliffe Down*, London

Steedman, K. (1995), 'Excavation of a Saxon site at Riby Cross Roads, Lincolnshire', *Archaeological Journal* 151: 212–306

Stoodley, N. (1998), 'Post-migration age structures and age related grave goods in Anglo-Saxon cemeteries in England', in H.-J. Häßler (ed.), *Studien zur Sachsenforschung* XI, pp. 187–98

Stoodley, N. (1999), *The Spindle and the Spear: A Critical Enquiry into the Construction of Gender in the Early Anglo-Saxon Burial Rite* (BAR British Series 288), Oxford

Struth, P. and Eagles, B. (1999), 'An Anglo-Saxon barrow cemetery in Greenwich Park', in P. Pattison, D. Field and S. Ainsworth (eds.), *Patterns of the Past: Essays in Landscape Archaeology for Christopher Taylor*, Oxford, pp. 37–52

Timby, J. (1994), 'Sancton I Anglo-Saxon cemetery: excavations carried out between 1976 and 1980', *The Archaeological Journal* 150: 243–365

Tummuscheit, A. (1995), 'Ländliche Siedlungen des 5.–7. Jh. in England und ihre kontinentalen Vorgänger', MA thesis, Christian-Albrechts University, Kiel

Tyers, I., Hillam, J. and Groves, C. (1994), 'Trees and woodland in the Saxon period: the dendrochronological evidence', in J. Rackham (ed.), *Environment and Economy in Anglo-Saxon England* (CBA Research Report 89), York, pp. 12–22

Van de Noort, R. (1993), 'The context of early medieval barrows in western Europe', *Antiquity* 67: 66–73

Ward-Perkins, B. (2000), 'Why did the Anglo-Saxons not become British?', *HER* 115: 513–33

Watts, L. and Leech, P. (1996), *Henley Wood, Temples and Cemetery*, London

Welch, M. (1992), *Anglo-Saxon England*, London

West, S. (1986), *West Stow: The Anglo-Saxon Village*, 2 vols. (East Anglian Archaeology 14), Gressenhall

Williams, D. and Vince, A. (1998), 'The characterization and interpretation of Early to Middle Saxon granite-tempered pottery in England', *Medieval Archaeology* 4, 1: 214–19

Williams, R. J. (1993), *Pennyland and Hartigans: Two Iron Age and Saxon Sites in Milton Keynes* (Buckinghamshire Archaeological Society Monograph 4), Aylesbury

Wise, P. (1991), 'Wasperton', *Current Archaeology* 126: 256–9

Wood, I. (1997), 'Before and after the migration to Britain', in Hines (1997), pp. 41–54

Wormald, P. (1990), Review of Bassett (ed.) 1989, *Oxoniensia* 54: 420–2

Yorke, B. (1990), *Kings and Kingdoms of Anglo-Saxon England*, Guildford

Yorke, B. (1993), 'Fact or fiction? The written evidence for the fifth and sixth centuries AD', *Anglo-Saxon Studies in Archaeology and History* 6: 45–50

Zimmermann, W. H. (1988), 'Regelhafte Innengliederung prähistorischer Langhäuser in den Nordseerainerstatten: Ein Zeugnis enger, langandauernder kultureller Kontakte', *Germania* 66.2: 465–89

11 7世纪的拜占庭帝国

Alexander, P. J. (1985), *The Byzantine Apocalyptic Tradition*, Berkeley, Los Angeles and London

Angold, M. (1995), *Church and Society in Byzantium under the Comneni, 1081–1261*, Cambridge

Brock, S. (1984), *Syriac Perspectives on Late Antiquity*, London

Brown, P. (1976), 'Eastern and Western Christendom in late antiquity: a parting of the ways', in D. Baker (ed.), *The Orthodox Churches and the West* (Studies in Church History 13), Oxford, pp. 1–24; repr. in Brown (1982), pp. 166–95

Brown, P. (1982), *Society and the Holy in Late Antiquity*, London

Cameron, A. (1991), 'The eastern provinces in the seventh century: Hellenism and the emergence of Islam', in S. Said (ed.), *Hellenismes: quelques jalons pour une histoire de l'identité grecque, Actes du Colloque de Strasbourg, 25–27 octobre 1989*, Leiden, pp. 287–313

Cameron, A. (1992), 'Byzantium and the past in the seventh century: the search for redefinition', in Fontaine and Hillgarth (1992), pp. 250–76; repr. in Cameron (1996b), v

Cameron, A. (1996a), 'Byzantines and Jews: some recent work on early Byzantium', *Byzantine and Modern Greek Studies* 20: 249–74

Cameron, A. (1996b), *Changing Cultures in Early Byzantium*, London

Cameron, A. and Conrad, L. I. (eds.) (1992), *The Byzantine and Early Islamic Near East*, I: *Problems in the Literary Source Materials* (Studies in Late Antiquity and Early Islam 1), Princeton

Conrad, L. I. (1992), 'The conquest of Arwad: a source-critical study in the historiography of the early medieval Near East', in Cameron and Conrad (1992), pp. 317–401

Cook, M. and Crone, P. (1977), *Hagarism: The Making of the Islamic World*, Cambridge

Crone, P. (1980), *Slaves on Horses: The Evolution of the Islamic Polity*, London and New York

Crone, P. (1987), *Meccan Trade and the Rise of Islam*, Princeton, NJ

Déroche, V. (1991), 'La polémique anti-judaïque au VIe et VIIe siècle, une mémoire inédite: Les Kephalaia', *Travaux et Mémoires* 11: 275–311

Devreese, R. (1937), 'La fin inédite d'une lettre de saint Maxime: un baptême forcé de Juifs et de Samaritains à Carthage en 632', *Revue des Sciences Religieuses* 17: 25–35

Ditten, H. (1993), *Ethnische Verschiebungen zwischen des Balkanhalbinsel und Kleinasien vom Ende des 6. bis zur zweiten Hälfte des 9. Jahrhunderts* (Berliner Byzantinische Arbeiten 59), Berlin

Donner, F. M. (1981), *The Early Islamic Conquests*, Princeton, NJ

Flusin, B. (1992), *Saint Athanase le Perse et l'histoire de la Palestine au début du VIIe siècle*, 2 vols., Paris

Fontaine, J. and Hillgarth, J. N. (eds.) (1992), *The Seventh Century: Change and Continuity, Proceedings of a Joint French and British Colloquium at the Warburg Institute, 8–9 July 1988*, London

Foss, C. (1975), 'The Persians in Asia Minor and the end of antiquity', *EHR* 90: 721–47; repr. in Foss (1990), I

Foss, C. (1977), 'Archaeology and the "Twenty Cities" of Byzantine Asia', *American Journal of Archaeology* 81: 469–86; repr. in Foss (1990), II

Foss, C. (1990), *History and Archaeology of Byzantine Asia Minor*, London　　837

Haldon, J. (1992), 'The works of Anastasius of Sinai: a key source for the history of seventh-century east Mediterranean society and belief', in Cameron and Conrad (1992), pp. 107–47

Haldon, J. F. (1997), *Byzantium in the Seventh Century: The Transformation of a Culture*, rev. edn, Cambridge

Howard-Johnston, J. (1994), 'The official history of Heraclius' campaigns', in E. Daçbrowa (ed.), *The Roman and Byzantine Army in the East*, Cracow, 1994, pp. 57–87

Humphries, R. S. (1991), *Islamic History: A Framework for Inquiry*, rev. edn, London and New York

Kaegi, W. E. (1992), *Byzantium and the Early Islamic Conquests*, Cambridge

Köpstein, H. and Winkelmann, F. (eds.) (1976), *Studien zum 7. Jahrhundert in Byzanz: Probleme der Herausbildung des Feudalismus*, Berlin

Leder, S. (1992), 'The literary use of the *Khabar*: a basic form of historical writing', in Cameron and Conrad (1992), pp. 277–315

Louth, A. (1996a), *Maximus the Confessor*, London

Louth, A. (1996b), 'A Christian theologian at the court of the caliph: some cross-cultural reflections', *Dialogos, Hellenic Studies Review* 3: 4–19

Louth, A. (2000), 'Arab Palestine 650–750: the crucible of Byzantine Orthodoxy', in R. Swanson (ed.), *The Holy Land, Holy Lands and Christian History* (Studies in Church History 36), Oxford, pp. 67–77

Mango, C. (1985), *Le Développement urbain de Constantinople (VIe–VIIe siècles)*, Paris

Mango, C. (1989), 'Greek culture in Palestine after the Arab Conquest', in G. Cavallo, G. de Gregorio and M. Maniaci (eds.), *Scritture, libri e testi nelle aree provinciali di Bisanzio, Atti del seminario di Erice, 18–25 settembre 1988*, Spoleto, pp. 149–60

Meyendorff, J. (1989), *Imperial Unity and Christian Divisions: The Church 450–680 AD* (The Church in History 2), Crestwood, NY

Ostrogorsky, G. (1958), 'Die Entstehung der Themeverfassung', Korreferat zu A. Pertusi, 'La formation des thèmes byzantins', *Akten des XI. Internationalen Byzantinisten-Kongresses*, Munich, pp. 1–8; repr. in Ostrogorsky (1973), pp. 72–9

Ostrogorsky, G. (1962), 'La commune rurale byzantine', *Byzantion* 32: 139–66; repr. in Ostrogorsky (1973), pp. 44–71

Ostrogorsky, G. (1969), *History of the Byzantine State*, trans. and rev. Joan Hussey, New Brunswick

Ostrogorsky, G. (1973), *Zur byzantinischen Geschichte: Ausgewählte kleine Schriften*, Darmstadt

Riedinger, R. (1982), 'Die Lateransynode von 649 und Maximos der Bekenner', in F. Heinzer and C. von Schönborn (eds.), *Maximus Confessor, Actes du Symposium sur Maxime le Confesseur, Fribourg, 2–5 septembre 1980* (Paradosis 27), Fribourg, Suisse

Treadgold, W. (1990), 'The break in Byzantium and the gap in Byzantine studies', *Byzantinische Forschungen* 14: 289–316

Treadgold, W. (1997), *A History of the Byzantine State and Society*, Stanford, CA

Whitby, M. (1992), 'Greek historical writing after Procopius', in Cameron and Conrad (1992), pp. 25–80

Young, F., Ayres, L. and Louth, A. (2004), *The Cambridge History of Early Christian Literature*, Cambridge

838

12 穆罕默德与伊斯兰教的兴起

Abbott, N. (1957–72), *Studies in Arabic Literary Papyri*, Chicago

Altheim, F. and Stiehl, R. (1964–9), *Die Araben in der alten Welt*, Berlin

Andrae, T. (1960), *Mohammed: The Man and His Faith*, New York

Arnold, T. (1913), *The Preaching of Islam*, London

Bakhit, M. A. and Asfour, M. (eds.) (1986), *Proceedings of the Symposium on Bilad al-Sham during the Byzantine Period*, Amman

Bakhit, M. A. and Asfour, M. (eds.) (1989), *The Fourth International Conference in the History of Bilad al-Sham during the Umayyad Period*, Amman

Bates, M. (1982), *Islamic Coins*, New York

Becker, C. H. (1924), *Islamstudien*, I, Leipzig

Beeston, A. F. L. (1972), 'Kingship in ancient Arabia', *JESHO* 15: 256–68

Bell, H. I. (1928), 'The administration of Egypt under the Umayyad khalifs', *BZ* 28: 278–86

Bell, H. W. (1956), *Egypt from Alexander the Great to the Arab Conquest*, Oxford

Bell, R. (1926), *The Origin of Islam in Its Christian Environment*, London

Belyaev, E. A. (1969), *Arabs, Islam and the Arab Caliphate in the Early Middle Ages*, London

Blacherè, R. (1952), *Le Problème de Mahomet*, Paris

Bosworth, C. E. (1983), 'Iran and the Arabs before Islam', in E. Yarshater (ed.), *Cambridge History of Iran*, III, pt I, Cambridge, pp. 593–612

Boyce, M. (1979), *Zoroastrians: Their Religious Beliefs and Practices*, London

Brock, S. P. (1976), 'Syriac sources for seventh-century history', *BMGS* 2: 17–36

Brock, S. P. (1982), 'Syriac views of emergent Islam', in G. H. A. Juynboll (ed.), *Studies on the First Century of Islamic Society*, Carbondale and Edwardsville, pp. 9–22

Brown, P. (1983), *The World of Late Antiquity*, London

Brunner, V. (1982–3), *Die Erforschung der antiken Oase von Marib mit Hilfe geomorphologischer Untersuchungsmethoden* (Archäologische Bericht aus dem Yemen I and II), Mainz

Buhl, F. (1930), *Das Leben Muhammads*, Leipzig

Butler, A. J. (1978), *The Arab Conquest of Egypt*, Oxford

Cahen, C. (1964), 'Note sur l'accueil des chrétiens d'Orient à l'Islam', *Revue de l'Histoire des Religions* 166: 51–8

Cameron, A. (1991), 'The eastern provinces in the seventh century AD: Hellenism and the emergence of Islam', in S. Said (ed.), *Hellenismes: quelques jalons pour une histoire de l'identité grecque*, Strasbourg, pp. 287–313

Cameron, A. and Conrad, L. I. (eds.) (1991), *The Byzantine and Early Islamic Near East*, Princeton, NJ

Christensen, A. (1944), *L'Iran sous les Sassanides*, Copenhagen

Combe, E., Sauvaget, J. and Wiet, G. (eds.) (1931), *Répertoire chronologique d'épigraphie arabe*, Cairo

Conrad, L. I. (1990), 'Theophanes and the Arabic historical tradition: some indications of intercultural transmission', *BF* 15: 1–44

Constantelos, D. J. (1973), 'The Muslim conquests of the Near East as revealed in the Greek sources of the 7th and 8th centuries', *Byz.* 42, 1: 325–57

Cook, M. (1983), *Muhammad*, Oxford

Creswell, K. A. C. (1932–40), *Early Muslim Architecture*, 2 vols., Oxford

Crone, P. (1987), *Meccan Trade and the Rise of Islam*, Princeton

Crone, P. and Cook, M. (1977), *Hagarism: The Making of the Islamic World*, Cambridge

Crone, P. and Hinds, M. (1986), *God's Caliph: Religious Authority in the First Centuries of Islam*, Cambridge

de Goeje, M. J. (1900), *Mémoire sur la conquête de la Syrie*, Leiden

Dennett, D. C. (1950), *Conversion and the Poll Tax in Early Islam*, Cambridge, MA

Dixon, A. A. A. (1971), *The Umayyad Caliphate*, London

Doe, B. (1971), *Southern Arabia*, London

Donner, F. M. (1981), *The Early Islamic Conquests*, Princeton, NJ

Duchesne-Guillemin, J. (1964), *La Religion de l'Iran ancien*, Paris

Duri, A. A. (1960), *Muqaddima fi tarikh sadr al-Islam*, Beirut

Duri, A. A. (1983), *The Rise of Historical Writing among the Arabs*, ed. and trans. L. I. Conrad, Princeton, NJ

Dussaud, R. (1955), *Les Arabes en Syrie avant l'Islam*, Paris

Eikhoff, E. (1966), *Seekrieg und Seepolitik zwischen Islam und Abendland*, Berlin

Ende, W. (1977), *Arabische Nation und islamische Geschichte: Die Umayyaden im Urteil arabischer Autoren des 20 Jahrhunderts*, Beirut

Erdmann, K. (1943), *Die Kunst Irans zur Zeit der Sasaniden*, Berlin

Ettinghausen, R. (1972), *From Byzantium to Sasanian Iran and the Islamic World*, Leiden

Ezzati, A. (1978), *An Introduction to the Spread of Islam*, London

Fattal, A. (1959), *Le Statut légal des non-musulmans en pays d'Islam*, Beirut

Fowden, G. (2004), *Art and the Umayyad Elite in Late Antique Syria*, Berkeley, Los Angeles and London

Foye, R. N. (1983), 'The political history of Iran under the Sasanians', in E. Yarshater (ed.), *The Cambridge History of Iran*, III, pt 1, Cambridge, pp. 116–80

Frye, R. (1962), *The Heritage of Persia*, London

Frye, R. (1975), *The Golden Age of Persia*, London

Frye, R. N. (1984), *The History of Ancient Iran*, Munich

Gabrieli, F. (ed.) (1959), *L'antica società Beduina*, Rome

Gabrieli, F. (1968), *Muhammad and the Conquests of Islam*, New York and Toronto

Gaube, H. (1973), *Arabo-sassanidische Numismatik*, Braunschweig

Ghirshman, R. (1962), *Iran, Parthians and Sasanians*, London

Gibb, H. A. R. (1923), *The Arab Conquests in Central Asia*, London

Gibb, H. A. R. (1962), *Studies on the Civilisation of Islam*, London

Gibb, H. A. R. *et al.* (eds.) (1960), *The Encyclopaedia of Islam*, Leiden and London

Gil, M. (1992), *A History of Palestine*, Cambridge

Glaser, E. (1895), *Die Abessiner in Arabien und Afrika*, Munich

Glaser, E. (1913), *Eduard Glaser's Reise nach Marib*, Vienna

Göbl, R. (1971), *Sassanian Numismatics*, Brunswick

Goldziher, I. (1967, 1971), *Muslim Studies*, I and II, London

Grierson, P. (1960), 'The monetary reforms of 'Abd al-Malik', *JESHO* 3: 241–64

Grohmann, A. (1952), *From the World of Arabic Papyri*, Cairo

Grohmann, A. (1955), *Einführung und Chrestomathie zur arabischen Papyruskunde*, Prague

Grohmann, A. (1963), *Arabic Papyri from Hirbet el-Mird*, Louvain

840   Hawting, G. R. (1986), *The First Dynasty of Islam: The Umayyad Caliphate*, AD *661–750*, London

Herrmann, G. (1977), *The Iranian Revival*, Oxford

Herzfeld, E. (1941), *Iran in the Ancient East*, London

Hill, D. R. (1971), *The Termination of Hostilities in the Early Arab Conquests*, London

Hill, D. R. (1975), 'The role of the camel and horse in the early Arab conquests', in V. J. Parry and M. R. Yapp (eds.), *War, Technology and Society in the Middle East*, London, pp. 32–43

Hinds, M. (1996), *Studies in Early Islamic History*, ed. J. Bacharach, L. J. Conrad and P. Crone, Princeton, NJ

Hitti, P. K. (1904), *History of the Arabs*, London and New York

Hitti, P. (1951), *History of Syria*, London

Hodgson, M. G. S. (1974), *The Venture of Islam*, I, Chicago and London

Hofkunst van de Sassanieden (1993), Brussels

Holt, P. M., Lamberton, A. and Lewis, B. (eds.) (1970), *The Cambridge History of Islam*, I, Cambridge

Hoyland, R. (1997), *Seeing Islam as Others Saw it: A Survey and Evaluation of Christian, Jewish and Zoroastrian Writings on Early Islam*, Princeton, NJ

Humphreys, R. (1991), *Islamic History: A Framework for Inquiry*, Princeton

Kaegi, W. E. (1992), *Byzantium and the Early Islamic Conquests*, Cambridge

Katsh, A. I. (1954), *Judaism in Islam*, New York

Kennedy, H. (1986), *The Prophet and the Age of the Caliphates: The Islamic Near East from the Sixth to the Eleventh Century*, London

Kessler, C. (1970), ''Abd al-Malik's inscription in the Dome of the Rock: a reconsideration', *JRAS* (unnumbered): 2–14

Khoury, R.-G. (1987), 'Pour une nouvelle compréhension de la transmission des textes dans les trois premiers siècles islamiques', *Arabica* 34: 181–96

Kister, M. J. (1965), 'Mecca and Tamim', *JESHO* 8.2: 113–14

Kister, M. J. (1968), 'al-Hira. Some notes on its relations with Arabia', *Arabica* 15: 143–69

Kister, M. J. (1980), *Studies in Jahiliyya and Early Islam*, London

Lammens, H. (1914), *Le Berceau de l'Islam*, Rome

Lammens, H. (1928), *L'Arabie occidentale avant l'Héjire*, Beirut

Lammens, H. (1930), *Etudes sur le siècle des Omayyades*, Beirut

Lancaster, W. and Lancaster, F. (1992), 'Tribal formations in the Arabian peninsula', *Arabian Archaeology and Epigraphy* 3: 145–72

Miles, G. (1959), 'The iconography of Umayyad coinage', *Ars Orientalis* 3: 207–13

Morimoto, K. (1981), *The Fiscal Administration of Egypt in the Early Islamic Period*, Kyoto

Morony, M. G. (1984), *Iraq after the Muslim Conquest*, Princeton, NJ

Muir, W. (1923), *The Life of Muhammad*, Edinburgh

Musil, A. (1927), *Arabia Deserta*, New York

Nöldeke, T. (1887), *Die ghassanischen Fürsten aus dem Hause Gafnas*, Berlin

Noth, A. (1994), *The Early Arabic Historical Tradition: A Source-Critical Study*, Princeton, NJ

Obermann, J. (1955), *Early Islam*, New Haven, CT

Olinder, G. (1927), *The Kings of Kinda*, Lund
Ostrogorsky, G. (1989), *History of the Byzantine State*, Oxford
Paret, R. (1961), 'Der Koran als Geschichtsquelle', *Der Islam* 37: 24–42
Paret, R. (1975), *Der Koran*, Darmstadt
Patkanian, K. (1866), 'Essai d'une histoire de la dynastie des Sassanides', *Journal Asiatique*: 101–244
Puin, G. (1970), *Der Diwan von 'Umar b. al-Hattab*, Bonn
Raby, J. (ed.), *Jerusalem in the First Century A. H.*, Oxford
Rippin, A. (1990), *Muslims: Their Religious Beliefs and Practices*, 1: *The Formative Period*, London
Rodinson, M. (1971), *Mohammed*, London
Rothstein, G. (1899), *Die Dynastie der Lahmiden in al-Hira*, Berlin
Rotter, G. (1982), *Die Umayyaden und der zweite Bürgerkrieg (680–692)*, Wiesbaden
Ryckmans, J. (1951), *L'Institution monarchique en Arabie méridionale avant l'Islam*, Louvain
Saunders, J. J. (1965), 'The nomad as empire builder: a comparison of the Arab and Mongol conquests', *Diogenes* 52: 79–103
Schick, R. (1992), *The Christian Communities of Palestine from Byzantine to Islamic Rule: An Historical and Archaeological Study*, Princeton, NJ
Schippmann, K. (1990), *Grundzüge der Geschichte des sasanidischen Reiches*, Darmstadt
Serjeant, R. B. (1964a), 'Some irrigation systems in Hadramawt', *BSOAS* 27: 33–76
Serjeant, R. B. (1964b), 'The Constitution of Medina', *Islamic Quarterly* 8: 3–16
Serjeant, R. B. (1967), 'Société et gouvernement en Arabie du Sud', *Arabica* 14: 284–97
Serjeant, R. B. (1981), 'Haram and hawtah, the sacred enclave in Arabia', in *Studies in Arabian History and Civilisation*, London, pp. 41–8
Sezgin, F. (1967), *Geschichte des arabischen Schrifttums*, 1, Leiden
Sezgin, U. (1971), *Abu Mihnaf*, Leiden
Shaban, M. (1971), *Islamic History*, Cambridge
Shahid, I. (1970), 'Pre-Islamic Arabia', in Holt, Lambton and Lewis (1970), pp. 2–29
Shahid, I. (1971), *The Martyrs of Najran: New Documents*, Brussels
Shahid, I. (1989), *Byzantium and the Arabs in the Fifth Century*, Washington, DC
Shoufany, E. (1972), *Al-Riddah and the Muslim Conquest of Arabia*, Toronto
Simon, R. (1989), *Meccan Trade and Islam*, Budapest
Smith, S. (1954), 'Events in Arabia in the 6th century AD', *BSOAS* 16: 425–68
Spuler, B. (1952), *Iran in früh-islamischer Zeit*, Wiesbaden
Trimingham, J. S. (1979), *Christianity among the Arabs in Pre-Islamic Times*, London
Vasiliev, A. A. (1961), *History of the Byzantine Empire*, Madison, WI
von Botmer, H.-K. (1987), 'Architekturbilder im Koran. Eine Prachthandschrift der Umayyadenzeit aus dem Yemen', *Pantheon* 45: 4–20
von Oppenheim, M. (1967), *Die Beduinen*, Wiesbaden
Walker, J. (1941a), *A Catalogue of the Arab-Byzantine and Post-reform Umayyad Coins*, London
Walker, J. (1941b), *A Catalogue of the Arab-Sassanian Coins*, London
Wansborough, J. (1977), *Qur'anic Studies: Sources and Methods of Scriptural Interpretation*, Oxford
Wansborough, J. (1978), *The Sectarian Milieu: Content and Composition of Islamic Salvation History*, Oxford

842　Watt, W. M. (1953), *Muhammad at Mecca*, London

Watt, W. M. (1956), *Muhammad at Medina*, Oxford

Wellhausen, J. (1887), *Reste des arabischen Heidentums*, Berlin

Wellhausen, J. (1899), *Skizzen und Vorarbeiten*, Berlin

Wellhausen, J. (1927), *The Arab Kingdom and Its Fall*, trans. M. G. Weir, Calcutta

Widengren, G. (1965), *Die Religionen Irans*, Stuttgart

Wissman, H. and Hofner, M. (1953), *Beiträge zur historischen Geographie des vorislamischen Sudarabiens*, Wiesbaden

Yarshater, E. (ed.) (1983), *The Cambridge History of Iran*, III, 1–2, *The Seleucid, Parthian and Sasanian periods*, Cambridge

14　7世纪的法兰西亚

Atsma, H. (ed.) (1989), *La Neustrie: les pays au nord de la Loire de 650 à 850*, 2 vols. (Beihefte der Francia 16), Sigmaringen

Becher, M. (1994), 'Die Sogennante Staatsstreich Grimoalds. Versuch einer Neubewertung', in J. Jarnut, U. Nonn and M. Richter (eds.), *Karl Martell in Seiner Zeit* (Beihefte der Francia 37), Sigmaringen, pp. 119–47

Bleiber, W. (1981), *Naturalwirtschaft und Ware-Geld-Beziehungen zwischen Somme und Loire während des 7 Jahrhunderts*, Berlin

Collins, R. (1996), *Fredegar* (Authors of the Middle Ages 13), Aldershot

Dierkens, A. (1985), *Abbayes et chapitres entre Sambre et Meuse (VII–XI siècles)* (Beihefte der Francia 14), Sigmaringen

Durliat, J. (1979), 'Les attributions civiles des évêques mérovingiens: l'exemple de Didier évêque de Cahors, 630–655', *Annales du Midi* 91: 237–53

Durliat, J. (1990), *Les Finances publiques de Dioclétien aux Carolingiens (284–889)* (Beihefte der Francia 21), Sigmaringen

Ebling, H. (1974), *Prosopographie der Amtsträger des Merowingerreiches* (Beihefte der Francia 2), Sigmaringen

Ewig, E. (1952), 'Die fränkischen Teilreiche im 7 Jahrhundert (613–714)', *Trierer Zeitschrift* 22: 85–144; repr. in Ewig, *Gallien* I, pp. 172–230

Ewig, E. (1965), 'Noch einmal zum "Staatsstreich" Grimoalds', in C. Bauer, L. Böhm and M. Miller (eds.), *Speculum historiale: Geschichte im Spiegel von Geschichtsschreibung und Geschichtsdeutung*, Freiburg and Munich, pp. 454–7; repr. in Ewig, *Gallien* I, pp. 573–7

Ewig, E. (1976, 1979), *Spätantikes und Fränkisches Gallien: Gesammelten Schriften (1952–1973)*, 2 vols. (Beihefte der Francia 3), Zurich and Munich

Fouracre, P. (1984), 'Observations on the outgrowth of Pippinid influence in the "Regnum Francorum" after the Battle of Tertry (687–715)', *Medieval Prosopography* 5: 1–31

Fouracre, P. (1986), '"Placita" and the settlement of disputes in later Merovingian Francia', in W. Davies and P. Fouracre (eds.), *The Settlement of Disputes in Early Medieval Europe*, Cambridge, pp. 23–43

Fouracre, P. (1990), 'Merovingian history and Merovingian hagiography', *Past and Present* 127: 3–38

Fouracre, P. (2000), *The Age of Charles Martel*, London

Fouracre, P. and Gerberding, R. (1996), *Late Merovingian France: History and Hagiography 640–720*, Manchester

Fritze, W. (1971), 'Zur Entstehungsgeschichte des Bistums Utrecht. Franken und Friesen 690–734', *Rheinische Vierteljahrsblätter* 35: 107–51

Geary, P. (1985), *Aristocracy in Provence: The Rhône Basin at the Dawn of the Carolingian Age*, Stuttgart

Geary, P. (1988), *Before France and Germany*, Oxford

Gerberding, R. (1987), *The Rise of the Carolingians and the* 'Liber Historiae Francorum', Oxford

Goffart, W. (1988), *The Narrators of Barbarian History*, Princeton, NJ

Graus, F. (1965), *Volk, Herrscher und Heiliger im Reich der Merowinger*, Prague

Halsall, G. (1995), *Settlement and Social Organization: The Merovingian Region of Metz*, Cambridge

Heinzelmann, M. (1994), *Gregor von Tours (538–594): 'Zehn Bücher Geschichte' Historiographie und Gesellschaftskonzept im 6 Jahrhundert*, Sigmaringen

Jahn, J. (1991), *Ducatus Bawariorum: Das bairische Herzogtum des Agilolfinger* (Monographien zur Geschichte des Mittelalters 35), Stuttgart

James, E. (1982), *The Origins of France: From Clovis to the Capetians 500–1000*, London

Kaiser, R. (1989), 'Royauté et pouvoir épiscopal au nord de la Gaule (VIIe–IXe siècles)', in Atsma (1989), I, pp. 143–60

Kent, J. (1972), 'Merovingian gold coinage 580–700', in R. Hall and D. Metcalf (eds.), *Methods of Chemical and Metallurgical Investigation of Ancient Coinage*, London, pp. 69–74

Krusch, B. (1910), 'Der Staatsstreich des fränkischen Hausmeier, Grimoald I', in *Festgabe für Karl Zeumer*, Weimar, pp. 411–38

Levillain, L. (1913), 'La succession d'Austrasie au VIIe siècle', *Revue Historique* 112: 62–93

Levillain, L. (1945/6), 'Encore la succession d'Austrasie', *BEC* 106: 296–306

Nelson, J. L. (1978), 'Queens as Jezabels: the careers of Brunhild and Balthild in Merovingian History' (Studies in Church History, Subsidia I), pp. 31–77; reprinted in J. L. Nelson, *Politics and Ritual in Early Medieval Europe*, London (1986), pp. 1–48

Prinz, F. (1965), *Frühes Mönchtum im Frankenreich*, Munich

Prinz, F. (1974), 'Die bischöfliche Stadtherrschaft im Frankenreich von 5 bis 7 Jahrhundert', *HZ* 217: 1–35

Sato, M. (2000), 'The Merovingian accounting documents of Tours', *EME* 9: 143–61

Theuws, F. (1991), 'Landed property and manorial organization in northern Austrasia: some considerations and a case study', in N. Roymans and F. Theuws (eds.), *Images of the Past: Studies on Ancient Societies in Northwestern Europe*, Amsterdam, pp. 299–407

Wallace-Hadrill, J. M. (1962), *The Long Haired Kings and Other Studies in Frankish History*, London

Werner, K.-F. (1972), 'Les principautés périphériques dans le monde franc du VIIIe siècle', *Settimane* 20: 483–514

Werner, M. (1982), *Adelsfamilien im Umkreis der frühen Karolinger: Die Verwandtschaft Irminas von Ören und Adelas von Pfalzel* (VuF 28), Sigmaringen

843

844 Wood, I. (1981), 'A prelude to Columbanus: the monastic achievement in the Burgundian territories', in H. B. Clarke and M. Brennan (eds.), *Columbanus and Merovingian Monasticism* (BAR International Series 113), Oxford, pp. 3–32

Wood, I. (1994), *The Merovingian Kingdoms 450–751*, London

15 爱尔兰的宗教与社会；及
16 不列颠人、达尔里阿达爱尔兰人和皮克特人中的基督教

Alcock, E. (1992), 'Burials and cemeteries in Scotland', in N. Edwards and A. Lane (eds.), *The Early Church in Wales and the West*, Oxford, pp. 125–9

Anderson, M. O. (1965), 'Columba and other Irish saints in Scotland', *Historical Studies* 5: 26–36

Anderson, M. O. (1973), *Kings and Kingship in Early Scotland*, Edinburgh and London

Bannerman, J. (1974), *Studies in the History of Dalriada*, Edinburgh and London

Barrow, G. W. S. (1973), *The Kingdom of the Scots*, London

Barrow, G. W. S. (1983), 'The childhood of Scottish Christianity: a note on some place-name evidence', *Scottish Studies* 27: 1–15

Bassett, S. (1992), 'Church and diocese in the West Midlands: the transition from British to Anglo-Saxon control', in Blair and Sharpe (1992), pp. 13–40

Beckensall, S. (no date), *Northumberland Field Names*, Newcastle-upon-Tyne

Binchy, D. (1958), 'The fair of Tailtiu and the feast of Tara', *Ériu* 18: 113–38

Binchy, D. (1962), 'Patrick and his biographers: ancient and modern', *Studia Hibernica* 2: 7–173

Bischoff, B. (1954), 'Wendepunkte in der Geschichte der lateinischen Exegese im Frühmittelalter', *Sacris Erudiri* 6: 189–281

Bischoff, B. (1957), 'Il monachesimo irlandese nei suoi rapporti col continente', in *Il monachesimo nell'alto medioevo e la formazione della civiltà occidentale*, Settimane 4

Bittermann, H. R. (1938), 'The council of Chalcedon and episcopal jurisdiction', *Speculum* 13: 198–203

Blair, J. and Sharpe, R. (eds.) (1992), *Pastoral Care before the Parish*, Leicester

Bowen, E. G. (1969), *Saints, Seaways and Settlements in the Celtic Lands*, Cardiff

Breatnach, L. (1986), 'The ecclesiastical element in the Old-Irish legal tract *Cáin Fhuithirbe*', *Peritia* 5: 36–52

Breatnach, L. (ed.) (1987), *Uraicecht na Ríar*, Dublin

Brown, P. D. C. (1971), 'The church at Richborough', *Britannia* 2: 225–31

Bullock, J. D. (1956), 'Early Christian memorial formulae', *Archaeologia Cambrensis* 105: 133–41

Bullough, D. A. (1982), 'The missions to the English and Picts and their heritage (to c.800)', in H. Löwe (ed.), *Die Iren und Europa im früheren Mittelalter*, 1, Stuttgart, pp. 80–97

Burt, J. R. F. (1997), 'Long cist cemeteries in Fife', in D. Henry (ed.), *The Worm, the Germ, and the Thorn: Pictish and Related Studies Presented to Isabel Henderson*, Balgavies, Angus, pp. 64–6

Byrne, F. J. (1973), *Irish Kings and High-Kings*, London

Byrne, F. J. (1984), 'A note on Trim and Sletty', *Peritia* 3: 316–19

Cameron, K. (1968), 'Eccles in English place-names', in M. W. Barley and R. P. C. Hanson (eds.), *Christianity in Britain, 300–700*, Leicester, pp. 87–92

Campbell, E. (1996), 'The archaeological evidence for external contacts: imports, trade 　845
and economy in Celtic Britain AD 400–800', in K. R. Dark (ed.), *External Contacts
and the Economy of Late Roman and Post-Roman Britain*, Woodbridge, pp. 83–96

Campbell, J. (1986), *Essays in Anglo-Saxon History*, London and Ronceverte

Carver, M. O. H. (1999), *Bulletin of the Tarbat Discovery Programme*, http://
www.york.ac.uk/depts/arch/staff/sites/tarbat

Chadwick, N. K. (1964), 'The conversion of Northumbria: a comparison of sources',
in N. K. Chadwick (ed.), *Celt and Saxon*, Cambridge, pp. 138–66

Chadwick, N. K. (1969), *Early Brittany*, Cardiff

Charles-Edwards, T. M. (1970–72), 'The seven bishop-houses of Dyfed', *BBCS* 24:
247–62

Charles-Edwards, T. M. (1976), 'The social background to Irish *peregrinatio*', *Celtica*
11: 43–59

Charles-Edwards, T. M. (1984), 'The church and settlement', in Ní Chatháin and
Richter (1984), pp. 167–75

Charles-Edwards, T. M. (1989), 'Early medieval kingships in the British Isles', in S.
Bassett (ed.), *The Origins of Anglo-Saxon Kingdoms*, London and New York, pp. 28–
39

Charles-Edwards, T. M. (1992), 'The pastoral role of the church in the early Irish laws',
in Blair and Sharpe (1992), pp. 63–80

Charles-Edwards, T. M. (1993a), 'Palladius, Prosper, and Leo the Great: mission and
primatial authority', in D. N. Dumville *et al.* (eds.), *Saint Patrick*, AD 493–1993,
Woodbridge, pp. 1–12

Charles-Edwards, T. M. (1993b), *Early Irish and Welsh Kinship*, Oxford

Charles-Edwards, T. M. (1998), 'The context and uses of literacy in early Christian
Ireland', in H. Price (ed.), *Literacy in Medieval Celtic Societies*, Cambridge, pp. 62–
82

Charles-Edwards, T. M. (2000), *Early Christian Ireland*, Cambridge

Chédeville, A. and Guillotel, H. (1984), *La Bretagne des saints et des rois Ve–Xe siècle*,
Rennes

Clancy, T. O. and Márkus, G. (1995), *Iona: The Earliest Poetry of a Celtic Monastery*,
Edinburgh

Craig, D. (1997), 'The provenance of the early Christian inscriptions of Galloway', in
P. Hill (ed.), *Whithorn and St Ninian*, Stroud, pp. 614–19

Crawford, B. E. (1987), *Scandinavian Scotland*, Leicester

Dalland, M. (1992), 'Long cist burials at Four Winds, Longniddry, East Lothian',
Proceedings of the Society of Antiquaries of Scotland 122: 197–206

Danaher, K. (1972), *The Year in Ireland*, Cork and Minneapolis

Daniélou, J. (1961), *The Ministry of Women in the Early Church*, English translation G.
Simon, London

Dark, K. R. (1994), *Civitas to Kingdom: British Political Continuity 300–800*, Leicester,
London and New York

Davies, W. H. (1968), 'The church in Wales', in M. W. Barley and R. P. C. Hanson
(eds.), *Christianity in Britain, 300–700*, Leicester, pp. 131–50

Davies, Wendy (1978), *An Early Welsh Microcosm: Studies in the Llandaff Charters*,
London

Davies, Wendy (1982), *Wales in the Early Middle Ages*, Leicester

846

Davies, Wendy (1983), 'Priests and rural communities in east Brittany in the ninth century', *EC* 20: 177–97

Davies, Wendy (1992), 'The myth of the Celtic church', in N. Edwards and A. Lane (eds.), *The Early Church in Wales and the West*, Oxford, pp. 12–21

Davies, Wendy *et al.* (2000), *The Inscriptions of Early Medieval Brittany*, Oakville, CT and Aberystwyth

Doherty, C. (1982), 'Some aspects of hagiography as a source for Irish economic history', *Peritia* 1: 300–28

Doherty, C. (1985), 'The monastic town in early medieval Ireland', in H. B. Clarke and A. Simms (eds.), *The Comparative History of Urban Origins in Non-Roman Europe*, 1 (BAR International Series 255. 1), Oxford, pp. 45–75

Doherty, C. (1991), 'The cult of St Patrick and the politics of Armagh in the seventh century', in J.-M. Picard (ed.), *Ireland and Northern France AD 600–850*, Blackrock, Dublin, pp. 53–94

Duchesne, L. (1910), *Fastes épiscopaux de l'ancienne Gaule*, II, 2nd edn, Paris

Duine, F. (1912–13, 1914–15), 'La vie de saint Samson', *Annales de Bretagne* 28: 332–56; 30: 123–64

Dumville, D. N. (1984a), 'Gildas and Maelgwn: problems of dating', in Lapidge and Dumville (1984), pp. 51–9

Dumville, D. N. (1984b), 'The chronology of *De Excidio Britanniae*, Book 1', in Lapidge and Dumville (1984), pp. 61–84

Dumville, D. N. (1984c), 'Some British aspects of the earliest Irish Christianity', in Ní Chatháin and Richter (1984), pp. 16–24

Dumville, D. N. *et al.* (eds.) (1993), *Saint Patrick, AD 493–1993*, Woodbridge

Duncan, A. A. M. (1981), 'Bede, Iona, and the Picts', in R. H. C. Davis and J. M. Wallace-Hadrill (eds.), *The Writing of History in the Middle Ages: Essays Presented to R. W. Southern*, Oxford, pp. 1–42

Edwards, N. (1990), *The Archaeology of Early Medieval Ireland*, London

Ellis Davidson, H. R. (1988), *Myths and Symbols in Pagan Europe*, Manchester

Etchingham, C. (1994), 'Bishops in the early Irish church: a reassessment', *Studia Hibernica* 28: 35–62

Etchingham, C. (1999), *Church Organisation in Ireland AD 650 to 1000*, Maynooth

Farwell, D. H. and Molleson, T. I. (1993), *Excavations at Poundbury 966–80*, II: *The Cemeteries*, Dorchester

Flanagan, D. (1984), 'The Christian impact on early Ireland: place-names evidence', in Ní Chatháin and Richter (1984), pp. 25–51

Fleuriot, L. (1980), *Les Origines de la Bretagne*, Paris

Flobert, P. (1997), *La Vie ancienne de saint Samson de Dol*, Paris

Forsyth, K. (1998), 'Literacy in Pictland', in H. Price (ed.), *Literacy in Medieval Celtic Societies*, Cambridge, pp. 39–61

Foster, S. M. (1996), *Picts, Gaels and Scots*, London

Frantzen, A. J. (1983), *The Literature of Penance in Anglo-Saxon England*, New Brunswick, NJ

Frend, W. H. C. (1979), '*Ecclesia Britannica*: prelude or dead end?', *JEH* 30: 129–44

Frend, W. H. C. (1992), 'Pagans, Christians, and the "Barbarian Conspiracy" of AD 367 in Roman Britain', *Britannica* 23: 121–31

Frere, S. S. (1976), 'The Silchester church: the excavation by Sir Ian Richmond in 1961',　847
Archaeologia 105: 277–302

Gelling, M. (1978), *Signposts to the Past*, London, Melbourne and Toronto

Giot, P.-R. (1982), 'Saint Budoc on the Isle of Lavret, Brittany', in S. M. Pearce (ed.), *The Early Church in Western Britain and Ireland* (BAR British Series 102), Oxford, pp. 197–210

Greene, D. (1968), 'Some linguistic evidence relating to the British church', in M. W. Barley and R. P. C. Hanson (eds.), *Christianity in Britain, 300–700*, Leicester, pp. 75–86

Greene, D. and O'Connor, F. (1967), *A Golden Treasury of Irish Poetry AD 600 to 1200*, London, Melbourne and Toronto

Gruffydd, G. and Owen, H. P. (1956–58), 'The earliest mention of St David?', *BBCS* 17: 185–93

Hamlin, A. and Lynn, C. (1988), *Pieces of the Past: Archaeological Excavations by the Department of the Environment for Northern Ireland 1970–1986*, Belfast

Handley, M. (1998), 'The early medieval inscriptions of western Britain: function and sociology', in J. Hill and M. Swan (eds.), *The Community, the Family and the Saint*, Turnhout, pp. 339–61

Handley, M. (2001), 'The origins of Christian commemoration in late antique Britain', *EME* 10: 177–99

Harden, J. (1995), 'A potential archaeological context for the Early Christian sculptured stones from Tarbat, Easter Ross', in C. Bourke (ed.), *From the Isles of the North*, Belfast, pp. 221–7

Henderson, I. (1967), *The Picts*, London

Henderson, I. (1987), 'Early Christian monuments of Scotland displaying crosses but no other ornament', in A. Small (ed.), *The Picts: A New Look at Old Problems*, Dundee, pp. 45–58

Henry, F. (1964), *L'Art irlandais*, II, La Pierre-qui-Vire, Yonne

Herbert, M. (1988), *Iona, Kells and Derry: The History and Hagiography of the Monastic Familia of Columba*, Oxford

Herity, M. (1984), 'The layout of Irish early Christian monasteries', in Ní Cháthain and Richter (1984), pp. 105–16

Herity, M. (1989), 'Early Irish hermitages in the light of the *Lives* of Cuthbert', in G. Bonner, D. Rollason and C. Stancliffe (eds.), *St Cuthbert, His Cult and His Community to AD 1200*, Woodbridge, pp. 45–63

Herren, M. W. (1989), 'Mission and monasticism in the *Confessio* of Patrick', in D. Ó Corráin, L. Breatnach and K. McCone (eds.), *Sages, Saints and Storytellers: Celtic Studies in Honour of Professor James Carney*, Maynooth, pp. 76–85

Herren, M. W. (1990), 'Gildas and early British monasticism', in A. Bammesberger and A. Wollmann (eds.), *Britain 400–600: Language and History*, pp. 65–78

Higgitt, J. (1982), 'The Pictish Latin inscription at Tarbat in Ross-shire', *Proceedings of the Society of Antiquaries of Scotland* 112: 300–21

Hill, P. (1997), *Whithorn and St Ninian*, Stroud

Holtz, L. (1981), 'Irish grammarians and the Continent in the seventh century', in H. B. Clarke and M. Brennan (eds.), *Columbanus and Merovingian Monasticism* (BAR International Series 113), Oxford, pp. 135–52

848

Hope-Taylor, B. (1977), *Yeavering: An Anglo-British Centre of Early Northumbria*, London

Horn, W., Marshall, J. W. and Rourke, G. D. (1990), *The Forgotten Hermitage of Skellig Michael*, Berkeley and Los Angeles

Hughes, K. (1966), *The Church in Early Irish Society*, London

Hughes, K. (1970), *Early Christianity in Pictland*, Jarrow

Hughes, K. (1980), *Celtic Britain in the Early Middle Ages: Studies in Scottish and Welsh Sources*, Woodbridge

Hughes, K. (1981), 'The Celtic church: is this a valid concept?', *Cambridge Medieval Celtic Studies* 1: 1–20

Hughes, K. (1987), *Church and Society in Ireland AD 400–1200*, ed. D. Dumville, London

Hurley, V. (1982), 'The early church in the south-west of Ireland: settlement and organisation', in S. M. Pearce (ed.), *The Early Church in Western Britain and Ireland: Studies Presented to C. A. Ralegh Radford* (BAR British Series 102), Oxford, pp. 297–320

Jackson, K. H. (1953), *Language and History in Early Britain*, Edinburgh

Jackson, K. H. (1964), 'On the Northern British Section in Nennius', in N. K. Chadwick (ed.), *Celt and Saxon: Studies in the Early British Border*, Cambridge, pp. 20–62

Jones, B. and Mattingly, D. (1990), *An Atlas of Roman Britain*, Oxford

Jones, M. J. (1994), 'St Paul in the Bail, Lincoln: Britain in Europe?', in K. Painter (ed.), *'Churches Built in Ancient Times': Recent Studies in Early Christian Archaeology* (Society of Antiquaries of London), London, pp. 325–47

Jülicher, A. (1896), 'Ein gallisches Bischofsschreiben des 6. Jahrhunderts als Zeuge für die Verfassung der Montanistenkirche', *Zeitschrift für Kirchengeschichte* 16: 664–71

Kelly, F. (1988), *A Guide to Early Irish Law*, Dublin

Kenney, J. F. (1929), *The Sources for the Early History of Ireland: An Introduction and Guide*, 1: *Ecclesiastical*, New York

Kerlouégan, F. (1987), *Le De Excidio de Gildas: les destinées de la culture latine dans l'Ile de Bretagne au VIe siècle*, Paris

Keys, D. (1999), *Catastrophe: An Investigation into the Origins of the Modern World*, London

King, A. (1983), 'The Roman church at Silchester reconsidered', *Oxford Journal of Archaeology* 2: 255–37

Kirby, D. P. (1973), 'Bede and the Pictish Church', *The Innes Review* 24: 6–25

Kirby, D. P. (1976), '. . . per universas Pictorum provincias', in G. Bonner (ed.), *Famulus Christi: Essays in Commemoration of the Thirteenth Centenary of the Birth of the Venerable Bede*, London, pp. 286–324

Kirby, D. P. (1995), 'The genesis of a cult: Cuthbert of Farne and ecclesiastical politics in Northumbria in the late seventh and early eighth centuries', *JEH* 46: 383–97

Knight, J. K. (1981), '*In tempore Iustini consulis*: contacts between the British and Gaulish churches before Augustine', in A. Detsicas (ed.), *Collectanea Historica: Essays in Memory of Stuart Rigold*, Maidstone, pp. 54–62

Knight, J. K. (1984), 'Glamorgan AD 400–1100: archaeology and history', in H. N. Savory (ed.), *Glamorgan County History*, II: *Early Glamorgan: Pre-history and Early History*, Cardiff, pp. 315–64

Knight, J. K. (1999), *The End of Antiquity: Archaeology, Society and Religion AD 235–700*, Stroud

Lamb, R. G. (1974), 'Coastal settlements of the North', *Scottish Archaeological Forum* 849
5: 76–98

Lamb, R. G. (1975–76), 'The Burri stacks of Culswick, Shetland, and other paired
stack-settlements', *Proceedings of the Society of Antiquaries of Scotland* 107: 144–54

Lapidge, M. (1984), 'Gildas's education and the Latin culture of sub-Roman Britain',
in Lapidge and Dumville (1984), pp. 27–50

Lapidge, M. and Dumville, D. (eds.) (1984), *Gildas: New Approaches*, Woodbridge

Lapidge, M. and Sharpe, R. (1985), *A Bibliography of Celtic–Latin Literature 400–1200*,
Dublin

Logan, P. (1980), *The Holy Wells of Ireland*, Gerrards Cross

Low, M. (1996), *Celtic Christianity and Nature*, Edinburgh

Loyn, H. (1984), 'The conversion of the English to Christianity: some comments on
the Celtic Contribution', in R. R. Davies, R. A. Griffiths, I. G. Jones and K. O.
Morgan (eds.), *Welsh Society and Nationhood: Historical Essays Presented to Glanmor
Williams*, Cardiff, pp. 5–18

Mac Cana, P. (1981, for 1979), '*Regnum* and *Sacerdotium*: notes on Irish tradition',
Proceedings of the British Academy 65: 443–79

Mac Cana, P. (1986), 'Christianisme et paganisme dans l'Irlande ancienne', in P. Mac
Cana and M. Meslin (eds.), *Rencontres de religions: Actes du Colloque du Collège
des Irlandais tenu sous les auspices de l'Académie Royale Irlandaise (juin 1981)*, Paris,
pp. 57–74

McCarthy, D. (1994), 'The origin of the *Latercus* Paschal cycle of the Insular Celtic
churches', *Cambrian Medieval Celtic Studies* 28: 25–49

McCone, K. (1990), *Pagan Past and Christian Present in Early Irish Literature*, Maynooth

MacDonald, A. D. S. (1974), 'Two major early monasteries of Scottish Dalriata: Lismore
and Eigg', *Scottish Archaeological Forum* 5: 47–70

MacDonald, A. D. S. (1977), 'Old Norse "Papar" names in N. and W. Scotland:
summary', in L. Laing (ed.), *Studies in Celtic Survival* (BAR British Series 37),
Oxford, pp. 107–11

MacDonald, A. D. S. (1982), 'Notes on terminology in the Annals of Ulster, 650–1050',
Peritia 1: 329–33

MacDonald, A. D. S. (1984), 'Aspects of the monastery and monastic life in Adomnán's
Life of Columba', *Peritia* 3: 271–302

MacDonald, A. D. S. (1985), 'Iona's style of government among the Picts and Scots:
the toponymic evidence of Adomnán's Life of Columba', *Peritia* 4: 174–86

MacLean, D. (1997), 'Maelrubai, Applecross and the late Pictish contribution west of
Druimalban', in D. Henry (ed.), *The Worm, the Germ, and the Thorn: Pictish and
Related Studies Presented to Isabel Henderson*, Balgavies, Angus, pp. 173–87

McManus, D. (1984), 'The so-called *Cothrige* and *Pátraic* strata of Latin loan words in
early Irish', in Ní Chatháin and Richter (1984), pp. 179–96

MacNeill, E. (1921, new edn 1981), *Celtic Ireland*, Dublin

MacNeill, M. (1982), *The Festival of Lughnasa: A Study of the Survival of the Celtic
Festival of the Beginning of Harvest*, second edn, Dublin

Mac Niocaill, G. (1984), 'Christian influences in early Irish law', in Ní Chatháin and
Richter (1984), pp. 151–6

Macquarrie, A. (1992), 'Early Christian religious houses in Scotland: foundation and
function', in Blair and Sharpe (1992), pp. 110–33

850 Mac Shamhráin, A. (1996), *Church and Polity in Pre-Norman Ireland: The Case of Glendalough*, Maynooth

Mann, J. C. (1961), 'The administration of Roman Britain', *Antiquity* 35: 316–20

Markus, R. A. (1990), *The End of Ancient Christianity*, Cambridge

Mawer, C. F. (1995), *Evidence for Christianity in Roman Britain: The Small Finds* (BAR British Series 243), Oxford

Meates, G. W. (1979), *The Roman Villa at Lullingstone, Kent*, 1 (Monographs of the Kent Archaeological Society 1), Chichester

Merdrignac, B. (1991), 'Bretons et Irlandais en France du Nord – VIe–VIIIe siècles', in J.-M. Picard (ed.), *Ireland and Northern France AD 600–850*, Dublin, pp. 119–42

Merdrignac, B. (1993), *Les Vies de saints bretons durant le haut moyen âge*, Rennes

Miller, M. (1977–78), 'Date-guessing and Dyfed', *Studia Celtica* 12–13: 33–61

Miller, M. (1978), 'Eanfrith's Pictish son', *Northern History* 14: 47–66

Moisl, H. (1983), 'The Bernician Royal Dynasty and the Irish in the seventh century', *Peritia* 11

Moisl, H. (1987), 'The Church and the native tradition of learning in early medieval Ireland', in Ní Chatháin and Richter (1987), pp. 258–71

Morris, R. (1983), *The Church in British Archaeology* (CBA Research Report 47), London

Morris, R. (1989), *Churches in the Landscape*, London

Mytum, H. (1992), *The Origins of Early Christian Ireland*, London and New York

Nash-Williams, V. E. (1950), *The Early Christian Monuments of Wales*, Cardiff

Ní Chatháin, P. and Richter, M. (eds.) (1984), *Irland und Europa: Die Kirche im Frühmittelalter*, Stuttgart

Ní Chatháin, P. and Richter, M. (eds.) (1987), *Irland und die Christenheit: Bibelstudien und Mission*, Stuttgart

Ní Dhonnchadha, M. (1982), 'The guarantor list of *Cáin Adomnáin*', *Peritia* 1: 178–215

Ní Dhonnchadha, M. (1995), 'The *Lex Innocentium*: Adomnán's Law for women, clerics and youths, 697 AD', in M. O'Dowd and S. Wichert (eds.), *Chattel, Servant or Citizen: Women's Status in Church, State and Society* (Historical Studies 19), Belfast, pp. 58–69

Nisbet, H. C. and Gailey, R. A. (1960 [1962]), 'A survey of the antiquities of North Rona', *The Archaeological Journal* 117: 88–115

Ó Catháin, S. (1999), 'The festival of Brigit the Holy Woman', *Celtica* 23: 231–60

Ó Corráin, D. (1981), 'The early Irish churches: some aspects of organisation', in D. Ó Corráin (ed.), *Irish Antiquity: Essays and Studies Presented to Professor M. J. O'Kelly*, Cork (reprinted Blackrock, Dublin, 1994), pp. 327–41

Ó Corráin, D. (1984), 'Irish law and canon law', in Ní Chatháin and Richter (1984), pp. 157–66

Ó Corráin, D. (1987), 'Irish vernacular law and the Old Testament', in Ní Chatháin and Richter (1987), pp. 284–307

Ó Corráin, D., Breatnach, L. and Breen, A. (1984), 'The laws of the Irish', *Peritia* 3: 382–438

Ó Cróinín, D. (1982), 'Mo-Sinnu moccu Min and the computus of Bangor', *Peritia* 1: 281–95

Ó Cróinín, D. (1995), *Early Medieval Ireland, 400–1200*, London and New York

Okasha, E. (1993), *Corpus of Early Christian Inscribed Stones of South-West Britain,* 851
London and New York

O'Kelly, M. J. (1958), 'Church Island near Valencia, Co. Kerry', *PRIA* 59C: 57–136

O'Loughlin, T. (1994), 'The library of Iona in the late seventh century', *Ériu* 45: 34–52

O'Loughlin, T. (2000), *Celtic Theology,* London and New York

Olson, B. L. (1989), *Early Monasteries in Cornwall,* Woodbridge

Ó Néill, P. (1984), '*Romani* influences on seventh-century Hiberno-Latin literature', in
Ní Chatháin and Richter (1984), pp. 280–90

Ó Néill, P. (1987), 'The date and authorship of *Apgitir Chrábaid*: some internal
evidence', in Ní Chatháin and Richter (1987), pp. 203–15

O'Rahilly, T. F. (1964), *Early Irish History and Mythology,* Dublin

Ó Riain, P. (1989), 'Conservation in the vocabulary of the early Irish church', in D.
Ó Corráin, L. Breatnach and K. McCone (eds.), *Sages, Saints and Storytellers: Celtic
Studies in Honour of Professor James Carney,* Maynooth, pp. 358–66

Orlandi, G. (1984), '*Clausulae* in Gildas's *De Excidio Britanniae*', in Lapidge and
Dumville (1984), pp. 129–49

O'Sullivan, A. and Sheehan, J. (1996), *The Iveragh Peninsula: An Archaeological Survey
of South Kerry,* Cork

Padel, O. J. (1985), *Cornish Place-Name Elements,* Nottingham

Picard, J.-M. (1984), 'Bede, Adomnán, and the writing of history', *Peritia* 3: 50–70

Picard, J.-M. (2000), '*Princeps* and *principatus* in the early Irish church: a reassessment',
in A. P. Smyth (ed.), *Seanchas: Studies in Early and Medieval Irish Archaeology, History
and Literature in Honour of Francis J. Byrne,* Dublin, pp. 146–60

Pietri, L. and Biarne, J. (1987), *Topographie chrétienne des cités de la Gaule des origines
au milieu du VIIIe siècle,* v: *Province ecclésiastique de Tours (Lugdunensis Tertia),* Paris

Pontal, O. (1989), *Histoire des conciles mérovingiens,* Paris

Pringle, D. (ed.) (1994), *The Ancient Monuments of the Western Isles,* Edinburgh

Proudfoot, E. (1996), 'Excavations at the long cist cemetery on the Hallow Hill, St
Andrews, Fife, 1975–7', *Proceedings of the Society of Antiquaries of Scotland* 126: 387–
454

Proudfoot, E. (1997), 'Abernethy and Mugdrum: towards reassessment', in D. Henry
(ed.), *The Worm, the Germ, and the Thorn: Pictish and Related Studies Presented to
Isabel Henderson,* Balgavies, Angus, pp. 47–63

Pryce, H. (1992), 'Pastoral care in early medieval Wales', in Blair and Sharpe (1992),
pp. 41–62

Radford, C. A. R. (1967), 'The early church in Strathclyde and Galloway', *Medieval
Archaeology* 11: 105–26

Radford, C. A. R. (1971), 'Christian origins in Britain', *Medieval Archaeology* 15: 1–12

Radford, C. A. R. (1983), 'Birsay and the spread of Christianity to the North', in W. P. L.
Thomson (ed.), *Orkney Heritage,* II (Orkney Heritage Society), Kirkwall

Rahtz, P. (1977), 'Late Roman cemeteries and beyond', in R. Reece (ed.), *Burial in the
Roman World* (CBA Research Report 22), London, pp. 53–64

Richter, M. (1999), *Ireland and Her Neighbours in the Seventh Century,* Dublin

Ritchie, A. (1989), *Picts,* Edinburgh

Roberts, R. (1992), 'Welsh ecclesiastical place-names and archaeology', in N. Edwards
and A. Lane (eds.), *The Early Church in Wales and the West,* Oxford, pp. 41–4

852 Salway, P. (1981, paperback edn 1984), *Roman Britain*, Oxford

Scull, C. (1991), 'Post-Roman Phase I at Yeavering: a reconsideration', *Medieval Archaeology* 35: 51–63

Sharpe, R. (1979), 'Hiberno-Latin *laicus*, Irish *láech* and the devil's men', *Ériu* 30: 75–92

Sharpe, R. (1982), 'St Patrick and the see of Armagh', *Cambridge Medieval Celtic Studies* 4: 33–59

Sharpe, R. (1984a), 'Gildas as a Father of the church', in Lapidge and Dumville (1984), pp. 193–205

Sharpe, R. (1984b), 'Some problems concerning the organization of the church in early medieval Ireland', *Peritia* 3: 230–70

Sharpe, R. (1984c), 'Armagh and Rome in the seventh century', in Ní Chatháin and Richter (1984), pp. 58–72

Sharpe, R. (1990), 'Saint Mauchteus, *discipulus Patricii*', in A. Bammesberger and A. Wollmann (eds.), *Britain 400–600: Language and History*, Heidelberg, pp. 85–93

Sharpe, R. (1992a), 'Churches and communities in early medieval Ireland: towards a pastoral model', in Blair and Sharpe (1992), pp. 81–109

Sharpe, R. (1992b), 'An Irish textual critic and the *Carmen paschale* of Sedulius: Colmán's letter to Feradach', *Journal of Medieval Latin* 2: 44–54

Sharpe, R. (1995), *Adomnán of Iona, Life of St Columba*, London

Sheehy, M. P. (1987), 'The Bible and the *Collectio Canonum Hibernensis*', in Ní Chatháin and Richter (1987), pp. 277–83

Sims-Williams, P. (1990), *Religion and Literature in Western England, 600–800*, Cambridge

Sims-Williams, P. (1998), 'The uses of writing in early medieval Wales', in H. Pryce (ed.), *Literacy in Medieval Celtic Societies*, Cambridge, pp. 15–38

Smith, I. (1996), 'The origins and development of Christianity in north Britain and southern Pictland', in J. Blair and C. Pyrah (eds.), *Church Archaeology: Research Directions for the Future* (CBA Research Report 104), York, pp. 19–37

Smith, J. M. H. (1992), *Province and Empire: Brittany and the Carolingians*, Cambridge

Smyth, A. P. (1972), 'The earliest Irish annals: their first contemporary entries, and the earliest centres of recording', *PRIA* 72C: 1–48

Smyth, A. P. (1984), *Warlords and Holy Men: Scotland AD 80–1000*, London

Stancliffe, C. E. (1980), 'Kings and conversion: some comparisons between the Roman mission to England and Patrick's to Ireland', *FrSt* 14: 59–94

Stancliffe, C. (1983), *St Martin and his Hagiographer: History and Miracle in Sulpicius Severus*, Oxford

Stancliffe, C. (1989), 'Cuthbert and the polarity between pastor and solitary', in G. Bonner, D. Rollason and C. Stancliffe (eds.), *St Cuthbert, His Cult and His Community to AD 1200*, Woodbridge, pp. 21–44

Stancliffe, C. (1995), 'Oswald, "Most Holy and Most Victorious King of the Northumbrians"', in C. Stancliffe and E. Cambridge (eds.), *Oswald: Northumbrian King to European Saint*, Stamford

Stancliffe, C. (1997), 'The thirteen sermons attributed to Columbanus and the question of their authorship', in M. Lapidge (ed.), *Columbanus: Studies on the Latin Writings*, Woodbridge, pp. 93–202

Stancliffe, C. (1999), 'The British Church and the mission of Augustine', in R. Gameson (ed.), *St Augustine and the Conversion of England*, Stroud, pp. 107–51

Stancliffe, C. (2001), 'Jonas's *Life of Columbanus and His Disciples*', in J. Carey, M. Herbert and P. Ó Riain (eds.), *Studies in Irish Hagiography: Saints and Scholars*, Dublin, pp. 189–220

Stancliffe, C. (2004), 'Patrick', in H. C. G. Matthew and B. Harrison (eds.), *Oxford Dictionary of National Biography*, 60 vols., vol. 43, Oxford, pp. 69–80

Stevenson, J. (1989), 'The beginnings of literacy in Ireland', *PRIA* 89C: 127–65

Stevenson, J. (1990), 'Literacy in Ireland: the evidence of the Patrick dossier in the Book of Armagh', in R. McKitterick (ed.), *The Uses of Literacy in Early Mediaeval Europe*, Cambridge, pp. 11–35

Stokes, W. (1899), 'The Bodleian Amra Coluimb Chille', *Revue Celtique* 20: 30–55, 132–83, 248–89 and 400–37

Swan, L. (1985), 'Monastic proto-towns in early medieval Ireland: the evidence of aerial photography, plan analysis and survey', in H. B. Clarke and A. Simms (eds.), *The Comparative History of Urban Origins in Non-Roman Europe*, 1 (BAR, International Series 255.1), Oxford, pp. 77–102

Tanguy, B. (1984), 'Des cités et diocèses chez les Coriosolites et les Osismes', *Bulletin de la Société Archéologique du Finistère* 113: 93–116

Thacker, A. (1992), 'Monks, preaching and pastoral care in early Anglo-Saxon England', in Blair and Sharpe (1992), pp. 137–70

Thomas, C. (1968), 'The evidence from north Britain', in M. W. Barley and R. P. C. Hanson (eds.), *Christianity in Britain, 300–700*, Leicester, pp. 93–121

Thomas, C. (1981), *Christianity in Roman Britain to AD 500*, London

Thomas, C. (1991–92), 'The early inscriptions of southern Scotland', *Glasgow Archaeological Journal* 17: 1–10

Thomas, C. (1992), *Whithorn's Christian Beginnings*, Whithorn

Thompson, E. A. (1963), 'Christianity and the northern barbarians', in A. Momigliano (ed.), *The Conflict between Paganism and Christianity in the Fourth Century*, Oxford, pp. 56–78

Thompson, E. A. (1968), 'Britonia', in M. W. Barley and R. P. C. Hanson (eds.), *Christianity in Britain, 300–700*, Leicester, pp. 201–5

Thompson, E. A. (1985), *Who Was Saint Patrick?*, Woodbridge

Toynbee, J. M. C. (1953), 'Christianity in Roman Britain', *Journal of the British Archaeological Association*, 3rd series, 16: 1–25

Veitch, K. (1997), 'The Columban Church in northern Britain, 664–717. a reassessment', *Proceedings of the Society of Antiquaries of Scotland* 127: 627–47

Victory, S. (1977), *The Celtic Church in Wales*, London

Wallace-Hadrill, J. M. (1988), *Bede's Ecclesiastical History of the English People: A Historical Commentary*, Oxford

Watts, D. (1991), *Christians and Pagans in Roman Britain*, London and New York

West. S. E. (1976), 'The Romano-British site at Icklingham', *East Anglian Archaeology* 3: 63–125

Wilson, P. A. (1966), 'Romano-British and Welsh Christianity: continuity or discontinuity?', *Welsh History Review* 3: 5–21, and 103–20

Winterbottom, M. (1976), 'Columbanus and Gildas', *Vigiliae Christianae* 30: 310–17

854　Wood, I. (1988), 'Forgery in Merovingian hagiography', in *Fälschungen im Mittelalter. Internationaler Kongress der Monumenta Germaniae Historica, München, 16–17 September 1986* (MGH Schriften 33, pt 5, *Fingierte Briefe, Frömmigkeit und Fälschungen, Realienfälschungen*), Hanover, pp. 369–84

Wright, N. (1984), 'Gildas's prose style and its origins', in Lapidge and Dumville (1984), pp. 107–28

Wright, N. (1997), 'Columbanus's *Epistulae*', in M. Lapidge (ed.), *Columbanus: Studies on the Latin Writings*, Woodbridge, pp. 29–92

Yeoman, P. A. (1998), 'Pilgrims to St Ethernan: the archaeology of an early saint of the Picts and Scots', in B. E. Crawford (ed.), *Conversion and Christianity in the North Sea World*, St Andrews, pp. 75–91

Yorke, B. (1995), *Wessex in the Early Middle Ages*, London

17　7世纪的英格兰

Alexander, J. J. G. (1978) *Insular Manuscripts: Sixth to Ninth Centuries*, London

Bassett, S. (1989a), 'In search of the origins of Anglo-Saxon kingdoms', in Bassett (1989b), pp. 1–27

Bassett, S. (ed.) (1989b), *The Origins of Anglo-Saxon Kingdoms*, Leicester

Behr, C. (2000), 'The origins of kingship in early medieval Kent', *EME* 9.1: 25–52

Bischoff, B. and Lapidge, M. (1994), *Biblical Commentaries from the Canterbury School of Theodore and Hadrian* (Cambridge Studies in Anglo-Saxon England 10), Cambridge

Blair, J. (1989), 'Frithuwold's kingdom and the origins of Surrey', in Bassett (1989b): 77–107

Blair, J. (1991), *Early Medieval Surrey*, Stroud

Blair, J. (1995a), 'Debate: ecclesiastical organization and pastoral care in Anglo-Saxon England', *EME* 4.1: 193–212

Blair, J. (1995b), 'Anglo-Saxon pagan shrines and their prototypes', *Anglo-Saxon Studies in Archaeology and History* 8: 1–28

Blair, J. (2002), 'A saint for every minster?', in Thacker and Sharpe (2002), pp. 455–94

Blair, J. and Sharpe, R. (eds.) (1992), *Pastoral Care before the Parish*, Leicester

Bonner, G., Rollason, D. W. and Stancliffe, C. (eds.) (1989), *St Cuthbert: His Cult and His Community*, Woodbridge

Brooks, N. (1971), 'The development of military obligations in eighth- and ninth-century England', in Clemoes and Hughes (1971), pp. 69–84

Brooks, N. (1984), *The Early History of the Church of Canterbury*, London

Brooks, N. (1989), 'The creation and early structure of The Kingdom of Kent', in Bassett (1989b): 55–83

Brooks, N. (1999), *Bede and the English*, Jarrow Lecture, Newcastle

Brown, M. and Farr, C. (2001), *Mercia: An Anglo-Saxon Kingdom in Europe*, Leicester

Bruce-Mitford, R. (1975–83), *The Sutton Hoo Ship Burial*, 4 vols., London

Bullough, D. (1983), 'Burial, community and belief in the early medieval West', in Wormald, Bullough and Collins (1983), pp. 177–201

Cambridge, E. and Rollason, D. W. (1995), 'Debate: the pastoral organization of the Anglo-Saxon church: a review of the "Minster Hypothesis"', *EME* 4.2: 87–104

Campbell, J. (1979), *Bede's Reges and Principes*, Jarrow Lecture, Newcastle

Campbell, J. (ed.) (1982), *The Anglo-Saxons*, London

Campbell, J. (1986), *Essays in Anglo-Saxon History*, London　　855
Campbell, J. (2003), 'Production and distribution in early and middle Anglo-Saxon England', in T. Pestell and K. Ulmschneider (eds.), *Markets in Early Medieval Europe* (Macclesfield), pp. 12–19
Carver, M. (ed.) (1992), *The Age of Sutton Hoo*, Woodbridge
Carver, M. (1998), *Sutton Hoo: Burial Ground of Kings?*, London
Chadwick, H. (1905), *Studies on Anglo-Saxon Institutions*, Cambridge
Charles-Edwards, T. M. (1972), 'Kinship, status and the origin of the hide', *Past and Present* 56: 3–33
Charles-Edwards, T. M. (1976), 'The distinction between land and moveable wealth in Anglo-Saxon England', in Sawyer (1976), pp. 180–7
Charles-Edwards, T. M. (1983), 'Bede, the Irish and the Britons', *Celtica* 15
Clemoes, P. and Hughes, K. (eds.) (1971), *England before the Conquest: Studies in Primary Sources Presented to Dorothy Whitelock*, Cambridge
Cubitt, C. (1992), 'Pastoral care and conciliar canons: the provisions of the 747 Council of *Clofeshoh*', in Blair and Sharpe (1992), pp. 193–211
Cubitt, C. (1995), *Anglo-Saxon Church Councils, c. 650–850*, Leicester
Cubitt, C. (2000), 'Sites and sanctity: revisiting the cult of murdered and martyred Anglo-Saxon royal saints', *EME* 9.1
Cunliffe, B. (1993), *Wessex to 1000*, Harlow
Davies, W. (1982), *Wales in the Early Middle Ages*, Leicester
Davies, W. and Vierck, H. (1974), 'The contexts of Tribal Hidage: social aggregates and settlement patterns', *FrSt* 8: 223–93
Dornier, A. (ed.) (1977), *Mercian Studies*, Leicester
Dumville, D. (1976), 'The Anglian collection of royal genealogies and regnal lists', *Anglo-Saxon England* 5: 23–50
Dumville, D. (1989), 'Essex, Middle Anglia and the expansion of Mercia in the south-east Midlands', in Bassett (1989), pp. 123–40
Eagles, B. (1989), 'Lindsey', in Bassett (1989), pp. 202–12
Everitt, A. (1986), *Continuity and Colonization*, Leicester
Faith, R. (1997), *The English Peasantry and the Growth of Lordship*, Leicester
Fanning, S. (1991), 'Bede, *Imperium* and the Bretwaldas', *Speculum* 66: 1–26
Filmer-Sankey, W. (1996), 'The "Roman Emperor" in the Sutton Hoo Ship Burial', *Journal of the British Archaeological Association* 149: 1–9
Finberg, H. (1972), *Early Charters of the West Midlands*, 2nd edn, Leicester
Foot, S. (1992), 'Anglo-Saxon minsters: a review of terminology', in Blair and Sharpe (1992), pp. 212–25
Foot, S. (2000), *Veiled Women*, 2 vols., London
Fouracre, P. and Gerberding, R. A. (1996), *Late Merovingian France: History and Hagiography*, Manchester
Frazer, W. O. and Tyrell, A. (eds.) (2000), *Social Identity in Early Medieval Britain*, Leicester
Gameson, R. (ed.) (1999), *St Augustine and the Conversion of England*, Stroud
Gannon, A. (2003), *The Iconography of Early Anglo-Saxon Coinage*, Oxford
Gould, J. (1973), 'Letocetum, Christianity and Lichfield', *Transactions of the South Staffordshire Archaeological and Historical Society* 14: 30–1

856 Halsall, G. (1995), *Early Medieval Cemeteries*, Skelmorlie

Hamerow, H. (2002), *Early Medieval Settlements: The Archaeology of Rural Communities in North-West Europe 400–900*, Oxford

Hawkes, J. and Mills, S. (eds.) (1999), *Northumbria's Golden Age*, Stroud

Higham, N. J. (1995), *An English Empire: Bede and the Early Anglo-Saxon Kings*, Manchester

Hill, D. and Cowie, R. (2001), *Wics: The Early Medieval Trading Centres of Northern Europe*, Sheffield

Hope-Taylor, B. (1977), *Yeavering*, London

James, E. (1989), 'The origins of the barbarian kingdoms: the continental evidence', in Bassett (1989b), pp. 40–52

John, E. (1964), *Land Tenure in Early England*, Leicester

John, E. (1966), *Orbis Britanniae and Other Studies*, Leicester

Jones, G. R. J. (1976), 'Multiple estates and early settlement', in Sawyer (1976), pp. 15–40

Kirby, D. (1991), *The Earliest English Kings*, London

Lapidge, M. (ed.) (1995), *Archbishop Theodore: Comparative Studies on His Life and Influence* (Cambridge Studies in Anglo-Saxon England 11), Cambridge

McCormick, M. (2002), *The Origins of the European Economy: Communications and Commerce, 300–900*, Cambridge

McKinnon, J. (2000), *The Advent Project: The Later Seventh-Century Creation of the Roman Mass Proper*, Berkeley and Los Angeles

Mayr-Harting, H. M. (1972, 3rd edn 1991), *The Coming of Christianity to Anglo-Saxon England*, London

Moreland, J. (2000), 'Ethnicity, power and the English', in Frazer and Tyrell (2000), pp. 23–51

Nelson, J. L. (1986), *Politics and Ritual in Early Medieval Europe*, London

North, R. (1997), *Heathen Gods in Old English Literature* (Cambridge Studies in Anglo-Saxon England 22), Cambridge

Orchard, A. (1994), *The Poetic Art of Aldhelm* (Cambridge Studies in Anglo-Saxon England 8), Cambridge

Pelteret, D. A. E. (1995), *Slavery in Early Medieval England*, Woodbridge

Pretty, K. (1989), 'Defining the Magonsaete', in Bassett (1989b), pp. 171–83

Rollason, D. W. (1989), *Saints and Relics in Early England*, Oxford

Rollason, D. W. (2003), *Northumbria 500–1100: The Making and Destruction of an Early Medieval Kingdom*, Cambridge

Sawyer, P. H. (ed.) (1976), *Medieval Settlement: Continuity and Change*, London

Sawyer, P. H. and Wood, I. N. (eds.) (1977), *Early Medieval Kingship*, Leeds

Sharpe, R. (2002), 'Martyrs and saints in late antique Britain', in Thacker and Sharpe (2002), pp. 75–154

Sims-Williams, P. (1990), *Religion and Literature in Western England* (Cambridge Studies in Anglo-Saxon England 3), Cambridge

Sisam, K. (1953), 'Anglo-Saxon royal genealogies', *Proceedings of the British Academy* 39: 287–346

Smith, J. (ed.) (2000), *Early Medieval Rome and the Christian West: Essays in Honour of Donald Bullough*, Leiden

Stancliffe, C. (1983), 'Kings who opted out', in Wormald, Bullough and Collins (1983), pp. 154–76   857

Stancliffe, C. (1995a), 'Oswald, "Most holy and most victorious king of the Northumbrians"', in Stancliffe and Cambridge (1995), pp. 33–83

Stancliffe, C. (1995b), 'Where was Oswald killed?', in Stancliffe and Cambridge (1995), pp. 84–96

Stancliffe, C. (1997), 'The thirteen sermons attributed to Colombanus and the question of their authorship', in M. Lapidge (ed.), *Columbanus: Studies on the Latin Writings*, Woodbridge, pp. 32–202

Stancliffe, C. (1999), 'The British church and the mission of Augustine', in Gameson (1999), pp. 107–51

Stancliffe, C. and Cambridge, E. (eds.) (1995), *Oswald: Northumbrian King to European Saint*, Stamford

Stenton, F. M. (1970), *Preparatory to Anglo-Saxon England*, Oxford

Stenton, F. (1971), *Anglo-Saxon England*, 3rd edn, Oxford

Stevenson, J. (1995), *The 'Laterculus Malalianus' and the School of Archbishop Theodore* (Cambridge Studies in Anglo-Saxon England 14), Cambridge

Taylor, C. C. (1984), *Village and Farmstead*, London

Thacker, A. T. (1981) 'Some terms for noblemen in Anglo-Saxon England, *c.* 650–90', in *Anglo-Saxon Studies in Archaeology and History*, II (BAR British Series 92), Oxford, pp. 201–36

Thacker, A. T. (1983), 'Bede's ideal of reform', in Wormald, Bullough and Collins (1983), pp. 130–53

Thacker, A. T. (1992), 'Monks, preaching and pastoral care in early Anglo-Saxon England', in Blair and Sharpe (1992), pp. 137–70

Thacker, A. T. (1995), '*Membra disjecta*: the division of the body and the diffusion of the cult', in Stancliffe and Cambridge (1995), pp. 97–127

Thacker, A. T. (1996), 'Bede and the Irish', in L. A. J. R. Houwen and A. A. MacDonald (eds.), *Beda Venerabilis*, Groningen

Thacker, A. T. (1998), 'Memorializing Gregory the Great: the origin and transmission of a papal cult in the seventh and early eighth centuries', *EME* 7.1: 59–84

Thacker, A. T. (2000), 'In search of saints: the English Church and the cult of Roman apostles and martyrs in the seventh and eighth centuries', in Smith (2000), pp. 247–77

Thacker, A. T. (2002), 'The making of a local saint', in Thacker and Sharpe (eds.) (2002), pp. 45–73

Thacker, A. T. and Sharpe, R. (eds.) (2002), *Local Saints and Local Churches in the Early Medieval West*, Oxford

Vince, A. (ed.) (1993), *Pre-Viking Lindsey*, Lincoln

Wallace-Hadrill, J. M. (1971), *Early Germanic Kingship in England and on the Continent*, Oxford

Wood, I. N. (1977), 'Kings, kingdoms and consent', in P. Sawyer and I. Wood (eds.), *Early Medieval Kingship*, Leeds, pp. 6–29

Wood, I. N. (1994), *The Merovingian Kingdoms*, London

Wood, I. N. (1999), 'Augustine and Gaul', in Gameson (1999), pp. 68–82

858 Wormald, P. (1983), 'Bede, the *Bretwaldas*, and the origins of the *Gens Anglorum*', in Wormald, Bullough and Collins (1983), pp. 99–129

Wormald, P. (1984), *Bede and the Conversion of England: The Charter Evidence*, Jarrow Lecture, Newcastle

Wormald, P. (1999), *The Making of English Law*, i: *Legislation and Its Limits*, Oxford

Wormald, P., Bullough, D. and Collins, R. (eds.) (1983), *Ideal and Reality in Frankish and Anglo-Saxon Society: Studies Presented to J. M. Wallace-Hadrill*, London

Yorke, B. (1981), 'The vocabulary of Anglo-Saxon overlordship', in *Anglo-Saxon Studies in Archaeology and History*, ii (BAR British Series 92), Oxford, pp. 171–200

Yorke, B. (1989), 'The Jutes of Hampshire and Wight and the origins of Wessex', in Bassett (1989), pp. 84–96.

Yorke, B. (1990), *Kings and Kingdoms of Early Anglo-Saxon England*, London

Yorke, B. (1995), *Wessex in the Early Middle Ages*, Leicester

Yorke, B. (2000), 'Political and ethnic identity: a case study of Anglo-Saxon practice', in Frazer and Tyrell (2000), pp. 69–89

Yorke, B. (2003), 'The adaptation of the Anglo-Saxon royal courts to Christianity', in *The Cross Goes North: Processes of Conversion in Northern Europe, 300–1300*, York, pp. 243–57

18 斯堪的纳维亚

Andersen, H. (1998), 'Vier og lunde', *Skalk*, 1: 15–27

Andréasson, A. (1995), 'Skandinaviens Guldgubbar', C-Uppsats in archaeolog, University of Gothenburg

Andrén, A. (1991), 'Guld och makt-en tolkning av de skandinaviska guldbrakteatemas funktion', in Fabech and Ringtved (1991), pp. 245–58

Andrén, A. (2000), 'Re-reading embodied texts – an interpretation of rune stones', *Current Swedish Archaeology* 8: 7–32

Arrhenius, B. (1983), 'The chronology of the Vendel graves', in J. P. Lamm and H.-Å. Nordström (eds.), *Vendel Period Studies*, Stockholm, pp. 39–70

Ausenda, G. (1995), 'The segmentary lineage in contemporary anthropology and among the Langobards', in G. Ausenda (ed.), *After Empire: Towards an Ethnology of Europe's Barbarians*, Woodbridge, pp. 15–50

Axboe, M. (1991), 'Guld og guder i folkevandringstiden', in Fabech and Ringtved (1991), pp. 187–202

Barrett, J. C., Bradley, R. and Green, M. (eds.) (1999), *Landscape, Monuments and Society: The Prehistory of Cranborne Chase*, Cambridge

Bazelmans, J. (1992), 'The gift in the Old English epic Beowulf', lecture given at a seminar on *Theory and Method in the Study of Material Culture*, Leiden 31 August/2 September 1992

Bazelmans, J. (1999), *By Weapons Made Worthy: Lords, Retainers and Their Relationship in Beowulf*, Amsterdam

Bazelmans, J. (2000), 'Beyond power. Ceremonial exchanges in Beowulf', in F. Theuws and J. L. Nelson (eds.), *Rituals of Power: From Late Antiquity to the Early Middle Ages*, Leiden, pp. 311–76   859

Bierbrauer, V. (1994), 'Archäologie und Geschichte der Goten vom 1.–7. Jahrhundert', *FrSt* 28: 51–171

Brink, S. (1996), 'Political and social structures in early Scandinavia', *TOR* 28: 235–81

Brøgger, N. C. (1951), 'Frøya-dyrkelse og seid', *Viking* 15: 39–63

Bruce-Mitford, R. (1979), *The Sutton Hoo Ship Burial*, London.

Buchholz, P. (1971), 'Shamanism – the testimony of Old Icelandic literary tradition', *Mediaeval Scandinavia* 4: 7–20

Busch, R. (1988), *Die Langobarden: Von der Unterelbe nach Italien*, Neumünster

Callmer, J. (1991), 'Territory and dominion in the Late Iron Age in southern Scandinavia', in K. Jennbert *et al.* (eds.), *Regions and Reflections: In Honour of Märta Strömberg*, Stockholm, pp. 257–73

Callmer, J. (1997), 'Aristokratisk präglade residens från yngre järnålderen I forskningshistorien och deres problematic', in J. Callmer and E. Rosengren (eds.), '. . . gick Grendel att söka det höga huset . . .': arkeologiska källor till aristokratiska miljöer i Skandinavien under yngre järnålder. Rapport från ett seminarium i Falkenberg 16.–17. November 1995 (Halland Länsmuseers Skriftserie/GOTARC C. Arkeologiska Skrifter 17), Halmstad, pp. 11–18

Christensen, T. (1991), *Lejre – syn og sagn*, Roskilde

Christie, N. (1995), *The Lombards* (The Peoples of Europe), Oxford

Clunies Ross, M. (1994), *Prolonged Echoes: Old Norse Myths in Medieval Northern Society*, I: *The Myths*, Odense

De Marrais, E. L., Castillo, J. and Earle, T. (1996), 'Ideology, materialization, and power strategies', *Current Anthropology* 37.1: 15–31

De Vries, J. (1956/1970), *Altgermanische Religionsgeschichte*, I: Berlin

Duczko, W. (ed.) (1993), *Arkeologi och miljögeografi I Gamla Uppsala: Studier och rapport* (Opia 7), Uppsala

Dumézil, G. (1959), *Les Dieux des Germains: essai sur la formation de la religion scandinave*, Paris. Danish trans. (1969), *De nordiske Guder*, Copenhagen

Düwel, K. (1978), 'Runeninschriften', in C. Ahrens (ed.), *Sachsen und Angelsachsen* (Veröffentlichungen des Helms-Museums 32), Hamburg, pp. 219–30

Earle, T. (1990), 'Style and iconography as legitimation in complex chiefdoms', in M. Conkey and C. Hastorf (eds.), *The Use of Style in Archaeology*, Cambridge, pp. 61–72

Eliade, M. (1989), *Shamanism: Archaic Techniques of Ecstasy*, Harmondsworth

Ellis Davidson, H. R. (1978), 'Shape-changing in Old Norse sagas', in J. R. Porter and W. M. S. Russell (eds.), *Animals in Folklore*, Cambridge, pp. 126–42

Ellis Davidson, H. R. (1988), *Myths and Symbols in Pagan Europe*, Manchester

Ellmers, D. (1970), 'Zur Ikonographie nordischer Goldbrakteaten', *Jahrbuch des Römisch-Germanischen Zentralmuseums Mainz* 17: 201–84

Enright, M. J. (1996), *Lady with a Mead Cup*, Dublin

Fabech, C. (1994a), 'Reading society from the cultural landscape. South Scandinavia between sacral and political power', in P. O. Nielsen, K. Randsborg and H. Thrane (eds.), *The Archaeology of Gudme and Lundeborg*, Copenhagen, pp. 169–83

860　　Fabech, C. (1994b), 'Society and landscape. From collective manifestations to ceremonies of a new ruling class', in H. Keller and N. Staubach (eds.), *Iconologia Sacra*: *Festschrift für Karl Hauck*, Berlin and New York, pp. 132–43.

Fabech, C. (1997), 'Slöinge i perspektiv', in J. Callmer and E. Rosengren (eds.), '*... gick Grendel att söka det höga huset . . .': arkeologiska källor till aristokratiska miljöer i Skandinavien under yngre järnålder. Rapport från ett seminarium i Falkenberg 16.– 17. November 1995* (Hallands Länsmuseer Skriftserie 9/GOTARC C. Arkeologiska Skrifter 17), Halmstad, pp. 145–60

Fabech, C. (1998), 'Kult og samfund i yngre jernalder – Ravlunda som eksempel', in L. Larsson and B. Hårdh (eds.), *Centrala Platser – Centrala Frågor*: *En vänbok til Berta Stjernquist* (Acta Archaeologica Lundensia 28), Lund, pp. 147–64

Fabech, C. (1999), 'Centrality on sites and landscapes', in C. Fabech and J. Ringtved (eds.), *Settlement and Landscape*, Århus, pp. 455–73

Fabech, C. and Ringtved, J. (eds.) (1991), *Samfundsorganisation og Regional Variation* (Jysk Arkæologisk Selskabs Skrifter 27), Århus

Fonnesbech-Sandberg, E. (1985), 'Hoard finds from the Early Germanic Iron Age', in K. Kristiansen (ed.), *Archaeological Formation Processes*, Copenhagen, pp. 175–90

Gaimster, M. (1998), *Vendel Period Bracteates on Gotland: On the Significance of Germanic Art*, Stockholm

Gasparri, S. (1983), *La cultura tradizionale dei Longobardi*, Spoleto

Gasparri, S. (2000), 'Kingship rituals and ideology in Lombard Italy', in F. Theuws and J. Nelson (eds.), *Rituals of Power*: *From Late Antiquity to the Early Middle Ages*, Leiden, pp. 95–114

Geary, P. J. (2003), *The Myth of Nations: The Medieval Origins of Europe*, Princeton, NJ

Geisslinger, H. (1967), *Horte als Geschichtsquelle* (Offa-Bücher Neue Folge 19), Neumünster

Glosecki, S. O. (1989), *Shamanism and Old English Poetry*, New York and London

Godlowski, K. (1992), 'Germanische Wanderungen im 3. Jh. v. Chr. – 6. Jh. n. Chr. und ihre Widerspiegelung in den historischen und archäologischen Quellen', in E. Straume and E. Skar (eds.), *Peregrinatio Gothica*, III (Universitetets Oldsaksamlings Skrifter 14), Oslo, pp. 53–75

Goffart, W. (1980), *Barbarians and Romans:. Techniques of Accommodation*, Princeton, NJ

Goffart, W. (1988), *The Narrators of Barbarian History*, Princeton, NJ

Hachmann, R. (1970), *Die Goten und Skandinavien*, Berlin

Hårdh, B. (ed.) (2003), *Fler fynd i centrum* (Uppåkrastudier 9), Stockholm

Hårdh, B. and Larsson, L. (eds.) (2002), *Central Places in the Migration and Merovingian Periods: Papers from the 52nd Sachsensymposium Lund, August 2001* (Uppåkrastudier 6), Stockholm

Härke, H. (1992a), 'Changing symbols in a changing society: the Anglo-Saxon weapon burial rite in the seventh century', in M. Carver (ed.), *The Age of Sutton Hoo*, Woodbridge, pp. 149–66

Härke, H. (1992b), *Early Anglo-Saxon Shields*, London

Haseloff, G. (1981), *Die germanische Tierornamentik der Völkerwanderungszeit*, 3 vols., Berlin and New York

Haseloff, G. (1984), 'Stand der Forschung: Stilgeschichte Völkerwanderungs- und Merowingerzeit', in M. Høgestøl, J. H. Larsen, E. Straume and B. Weber (eds.), *Festskrift til Thorleif Sjøvold på 70-årsdagen* (Universitetets Oldsaksamlings Skrifter 5), Oslo, pp. 109–2

Haseloff, G. (1986), 'Bild und Motiv im Nydam-Stil und Stil I', in H. Roth (ed.), *Zum Problem der Deutung frühmittelalterlicher Bildinhalte* (Akten des 1. Internationalen Kolloquiums in Marburg a.d. Lahn, 15.–19. Februar 1983), Sigmaringen, pp. 67–110

Hastrup, K. (1990), 'Iceland: sorcerers and paganism', in Ankarloo, B. and G. Henningsen (eds.), *Early Modern Witchcraft: Centres and Peripheries*, Oxford, pp. 383–401

Hauck, K. (1974), 'Ein neues Drei-Götter-Amulett von der Insel von Fünen', in *Geschichte in der Gesellschaft: Festschrift für Karl Bosl*, Stuttgart, pp. 92–159

Hauck, K. (1978), 'Gotterglaube im Spiegel der goldenen Brakteaten', in C. Ahrens (ed.), *Sachsen und Angelsachsen* (Veröffentlichungen des Helms-Museums 32), Hamburg, pp. 189–218

Hauck, K. (1985–89), *Die Goldbrakteaten der Völkerwanderungszeit*, Mit Beiträge von M. Axboe, C. Düwel, L. von Padberg, U. S. Myra and C. Wypior (Münstersche Mittelalterschriften 24), Munich

Hauck, K. (1986), 'Methodenfragen der Brakteatendeutung. Erprobung eines Interpretationsmusters für die Bildzeugnisse aus einer oralen Kultur', in H. Roth (ed.), *Zum Problem der Deutung frühmittelalterlicher Bildinhalte* (Akten des 1. Internationalen Kolloquiums in Marburg a. d. Lahn, 15.–19. Februar 1983), Sigmaringen, pp. 273–96

Hauck, K. (1994), 'Gudme als Kultort und seine Rolle beim Austausch von Bildformularen der Goldbrakteaten', in Nielsen, Randsborg and Thrane (1994), pp. 78–88

Heather, P. (1989), 'Cassiodorus and the rise of the Amals: genealogy and the Goths under Hun domination', *JRS* 89: pp. 103–28

Heather, P. (1993), 'The historical culture of Ostrogothic Italy', in *Teoderico il Grande e i Goti d'Italia* (Atti del XIII Congresso internazionale di studi sull' alto medioevo), Spoleto, pp. 317–53

Heather, P. (1994), *Goths and Romans 332–489*, Oxford

Heather, P. (1995), 'Theodoric, king of the Goths', *Early Medieval Europe* 4: 145–73

Heather, P. (1998), 'Disappearing and reappearing of tribes', in W. Pohl and H. Reimitz (eds.), *Strategies of Distinction: The Construction of Ethnic Communities, 300–800*, Leiden, pp. 92–111

Heather, P. and Matthews, J. (1991), *The Goths in the Fourth Century*, Liverpool

Hedeager, L. (1991), 'Die dänischen Golddepots der Völkerwanderungszeit', *Frühmittelalterliche Studien* 25: 73–88

Hedeager, L. (1992a), *Iron-Age Societies: From Tribe to State in Northern Europe, 500 BC to AD 700*, Oxford

Hedeager, L. (1992b), 'Kingdoms, ethnicity and material culture: Denmark in a European perspective', in M. Carver (ed.), *The Age of Sutton Hoo*, Woodbridge, pp. 279–300

Hedeager, L. (1993), 'The creation of Germanic identity. A European origin myth', in P. Brun, S. van der Leeuw and C. Whittaker (eds.), *Frontières d'Empire: nature*

862　　*et signification des frontières romaines* (Mémoires du Musée de Préhistoire d'Ile-de-France 5), Nemours, pp. 121–32

Hedeager, L. (1997), *Skygger af en anden virkelighed: studien i oldnordiske og tildig europaeiste myter*, Copenhagen

Hedeager, L. (1998), 'Cosmological endurance: pagan identities in Early Christian Europe', *Journal of European Archaeology* 3: 383–97

Hedeager, L. (1999a), 'Skandinavisk dyreornamentik. Symbolsk repræsentation af en førkristen kosmologi', in I. Fuglestvedt, T. Gansum and A. Opedal (eds.), *Et hus med mange rom: vennebok til Bjørn Myhre på 60-årsdagen* (AmS – Rapport 11A), Stavanger, pp. 219–37

Hedeager, L. (1999b), 'Sacred topography. Depositions of wealth in the cultural landscape', in A. Gustafsson and H. Karlsson (eds.), *Glyfer och Arkeologiska Rum: in honorem Jarl Nordbladh* (Gotarc Series A, 3), Gothenburg, pp. 229–52

Hedeager, L. (2000), 'Europe in the Migration Period. The formation of a political mentality', in F. Theuws and J. L. Nelson (eds.), *Rituals of Power: From Late Antiquity to the Early Middle Ages*, Leiden, pp. 15–57

Hedeager, L. (2001), 'Asgard reconstructed? Gudme – a "central place" in the North', in M. de Jong and F. Theuws (eds.), *Topographies of Power in the Early Middle Ages*, Leiden, pp. 467–508

Hedeager, L. (2003), 'Beyond mortality. Scandinavian animal style AD 400–1200', in J. Downes and A. Ritchie (eds.), *Sea Change: Orkney and Northern Europe in the later Iron Age AD 300–800*, Angus, pp. 127–36

Hedeager, L. (2004), 'Dyr og andre mennesker – mennesker og andre dyr. Dyreornamentikkens transcendentale realitet', in A. Andrén, K. Jennbert and C. Raudvere (eds.), *Ordning mot kaos: studier av nordisk förkristen kosmologi* (Vägar till Midgård 4), Lund, pp. 223–56

Helms, M. W. (1988), *Ulysses' Sail: An Ethnographic Odyssey of Power, Knowledge, and Geographical Distance*, Princeton, NJ

Helms, M. W. (1993), *Craft and the Kingly Ideal: Art, Trade and Power*, Austin, TX

Herschend, F. (1978–79), 'Två studier i öländska guldfynd. I: Det myntade guldet, II: Det omyntade guldet', *TOR* 18: pp. 33–294

Herschend, F. (1993), 'The origin of the hall in south Scandinavia', *TOR* 25: 175–99

Herschend, F. (1994), 'Models of petty rulership: two early settlements in Iceland', *TOR* 26: 163–92

Herschend, F. (1995), 'Hus på Helgö', *Fornvännen* 90: 222–8

Herschend, F. (1996), 'A note on Late Iron Age kingship mythology', *TOR* 28: 283–303

Herschend, F. (1997a), *Livet i Hallen* (Occasional Papers in Archaeology 14), Uppsala

Herschend, F. (1997b), 'Striden om Finnsborg', *TOR* 29

Herschend, F. (1998), *The Idea of the Good in Late Iron Age Society* (Occasional Papers in Archaeology 15), Uppsala

Herschend, F. (1999), 'Halle', *Reallexicon der germanischen Altertumskunde*, XIII Berlin

Hill, C. (2003), *Origins of the English*, London

Hines, J. (1984), *The Scandinavian Character of Anglian England in the Pre-Viking Period* (BAR British Series 124), Oxford

Hines, J. (1989), 'Ritual hoarding in Migration-Period Scandinavia: a review of recent interpretations', *Proceedings of the Prehistoric Society* 55: 193–205

Hines, J. (1992), 'The Scandinavian character of Anglian England: an update', in M. Carver (ed.), *The Age of Sutton Hoo*, Woodbridge, pp. 315–30 863

Hines, J. (1993), *Clasps, Hektespenner, Agraffen: Anglo-Scandinavian Clasps of Classes A–C of the 3rd to the 6th Centuries A.D.: Typology, Diffusion and Function*, Stockholm

Hines, J. (1994), 'The becoming of English: identity, material culture and language in Early Anglo-Saxon England', in W. Filmer-Sankey and D. Griffith (eds.), *Anglo-Saxon Studies in Archaeology and History*, VII, Oxford

Hines, J. (1995), 'Cultural change and social organisation in early Anglo-Saxon England', in G. Ausenda (ed.), *After Empire: Towards an Ethnology of Europe's Barbarians*, Woodbridge, pp. 75–87

Høilund Nielsen, K. (1997), 'Retainers of the Scandinavian kings: an alternative interpretation of Salin's Style II (sixth–seventh centuries AD)', *European Journal of Archaeology* 5.1: 151–69

Høilund Nielsen, K. (1999), 'Ulvekrigeren. Dyresymbolik på våbenudstyret fra 6.–7. århundrede', in O. Højris *et al.* (eds.), *Menneskelivets Mangfoldighed*, Århus, pp. 327–34

Holtsmark, A. (1964), *Studier i Snorres Mytologi*, Oslo

Hultgård, A. (1999), 'Fornskandinavisk hinsidestro i Snorre Sturlusons spegling', in U. Drobin (ed.), *Religion och Samhälle i det förkristna Norden*, Odense, pp. 109–24

Ingold, T. (2000), *The Perception of the Environment*, London and New York

Jakobsson, A. H. (2003), *Smältdeglars Härskare och Jerusalems Tillskyndare*, Stockholm

Jakobsson, M. (1997), 'Burial layout, society and sacred geography', *Current Swedish Archaeology* 5: 79–98

Johansen, B. (1996), 'The transformative dragon. The construction of social identity and the use of metaphors during the Nordic Iron Age', *Current Swedish Archaeology* 4: 83–102

Johansen, B. (1997), *Ormalur: aspekter av tillvaro och landskap* (Stockholm Studies in Archaeology 14), Stockholm

Jørgensen, L. (1990), *Bækkegård and Glasergård: Two Cemeteries from the Late Iron Age on Bornholm*, Copenhagen

Jørgensen, L. (1995), 'Stormandssreder og skattefund i 3.–12. Århundrede', *Fortid og Nutid* 2: 83–110

Jørgensen, L. (2003), 'Manor and market at Lake Tissø in the sixth to the eleventh centuries: the Danish "productive" sites', in T. Pestell and K. Ulmschneider (eds.), *Markets in Early Medieval Europe: Trading and 'Productive' Sites, 650–850*, Bollington, pp. 175–207

Jørgensen, L. and Nørgård Jørgensen, A. (1997), *Nørre Sandegård Vest: A Cemetery from the 6th–8th Centuries on Bornholm*, Copenhagen

Karlsson, L. (1983), *Nordisk Form: Om djurornamentik*, Stockholm

Kazanski, M. (1991), *Les Goths*, Paris

Kristoffersen, S. (1995), 'Transformation in Migration Period animal art', *Norwegian Archaeological Review* 28: 1–17

Kristoffersen, S. (2000a), *Sverd og Spenne: Dyreornamentikk og sosial kontekst*, Kristiansand

Kristoffersen, S. (2000b), 'Expressive objects', in D. Olausson and H. Vandkilde (eds.), *Form, Function and Context*, Stockholm, pp. 265–74

864　Lamm, J. P. and Nordström, H. A. (eds.) (1983), *Vendel Period Studies*, Stockholm

Larsson, L. and Hårdh, B. (eds.) (1998), *Centrala Platser, Centrala Frågor* (Acta Archaeologica Lundensia, Ser. in 8, 28), Lund

Lidén, R.–E. (1969), 'From pagan sanctuary to Christian church. The excavation of Mære Church in Trøndelag', *Norwegian Archaeological Review* 2: 3e–21

Lindstrøm, T. C. and Kristoffersen, S. (2001), 'Figure it out! Psychological perspectives on perception of Migration Period animal art', *Norwegian Archaeological Report* 34.2: 65–84

Lund Hansen, U. (1992), 'Die Rortproblematik im Licht der neuen Diskussion zur Chronologie und zur Deutung der Goldschätze in der Völkerwanderungszeit', in K. Hauck (ed.), *Der historische Horizont der Götterbild-Amulette aus der Übergangsepoche von der Spätantike zum Frühmittelalter*, Göttingen, pp. 183–94

Lundqvist, L., Lindeblad, K., Nielsen, A.-L. and Ersgard, L. (1996), *Slöinge och Borg* (Riksantikvarieämbetet; Arkeologiska Undersökningar, Skrifter 18), Linköping

Mackeprang, M. (1952), *De Nordiske Guldbrakteater* (Jysk Arkæologisk Selskabs Skrifter 2), Århus

Magnus, B. (2001), 'The enigmatic brooches', in B. Magnus (ed.), *Roman Gold and the Development of the Early Germanic Kingdoms*, Stockholm, pp. 279–95

Menghin, W. (1985), *Die Langobarden: Archäologie und Geschichte*, Stuttgart

Meulengracht Sørensen, P. (1991), 'Om eddadigtenes alder', in G. Steinsland, U. Drobin, J. Pentikäinen and P. Meulengracht Sørensen (eds.), *Nordisk Hedendom. Et symposia*, Odense, pp. 217–28

Morphy, H. (1989), 'Introduction', in H. Morphy (ed.), *Animals into Art*, London, pp. 1–17

Mortensen, P. and Rasmussen, B. (eds.) (1988), *Jernalderens Stammesamfund* (Fra Stamme til Stat i Danmark 1. Jysk Arkæologisk Selskabs Skrifter 22.1), Århus

Mortensen, P. and Rasmussen, B. (eds.) (1991), *Høvdingesamfund og Kongemagt* (Fra Stamme til Stat i Danmark 2. Jysk Arkreologisk Selskabs Skrifter 22.2), Århus

Munch, G. S., Johansen, O. S. and Roesdahl, E. (eds.) (2003), *Borg in Lofoten: A Chieftain's Farm in North Norway* (Arkeologisk Skriftserie 1), Vikingsmuseet på Borg

Munch, G. S., Roland, I. and Johansen, O. S. (1988), 'Borg in Lofoten', *Norwegian Archaeological Review* 21: 119–26

Myhre, B. (1992), 'The royal cemetery at Borre, Vestfold. A Norwegian centre in a European periphery', in M. Carver (ed.), *The Age of Sutton Hoo*, Woodbridge, pp. 301–13

Myhre, B. (2003), 'The Iron Age', in K. Helle (ed.), *The Cambridge History of Scandinavia*, Cambridge, pp. 60–93

Näsman, U. (1984), *Glas och Handel i Senromersk tid och Folkvandringstid* (AUN 5) Uppsala

Näsman, U. (1988), 'Analogislutning i nordisk jernalderarkæologi. Et bidrag til udviklingen af an nordisk historisk etnografi', in Mortensen and Rasmussen (1988), pp. 123–40

Näsman, U. (1991), 'Sea trade during the Scandinavian Iron Age. Its character, commodities and routes', in O. Crumlin-Pedersen (ed.), *Aspects of Maritime Scandinavia AD 200–1200*, Roskilde, pp. 23–40

Näsman, U. (1999), 'The ethnogenesis of the Danes and the making of a Danish kingdom', *Anglo-Saxon Studies in Archaeology and History*, 10: 1–10

Newton, S. (1993), *The Origins of Beowulf and the Pre-Viking Kingdom of East Anglia*,   865
Woodbridge

Nielsen, P. O., Randsborg, K. and Thrane, R. (eds.) (1994), *The Archaeology of Gudme and Lundeborg*, Copenhagen

Nordén, A. (1938), 'Le problème des "Bonhommes en or"', *Acta Archaeologica* 9: 151–63

North, R. (1997), *Heathen Gods in Old English Literature*, Cambridge

Ohlmarks, Å. (1939), 'Arktischer Shamanismus und altnordischer *Seidr*', *Archiv für Religionswissenschaft* 36: 171–80

Orchard, A. (2002), *Cassell's Dictionary of Norse Myth and Legend*, London

Oxenstierna, E. (1956), *Die Goldhörner von Gallehus*, Lidingö

Parry, J. and Bloch, M. (1993), 'Introduction: money and the morality of exchange', in J. Parry and M. Bloch (eds.), *Money and the Morality of Exchange*, Cambridge, pp. 1–32

Pohl, W. (1994), 'Tradition, Ethnogenese und literarische Gestaltung: eine Zwischenbilanz', in K. Brunner and B. Merta (eds.), *Ethnogenese und Überlieferung*, Vienna and Munich, pp. 9–26

Polomé, E. C. (1992), 'Schamanismus in der germanischen Religion?', in K. Hauck (ed.), *Der historische Horizont der Götterbild-Amulette aus der Übergangsepoche von der Spätantike zum Frühmittelalter*, Göttingen, pp. 403–20

Price, N. S. (2002), *The Viking Way: Religion and War in Late Iron Age Scandinavia* (AUN 31), Uppsala

Raudvere, C. (2001), 'Trolldom in early medieval Scandinavia', in K. Jolly, C. Raudvere and E. Peters, *Witchcraft and Magic in Europe: The Middle Ages*, Philadelphia, pp. 73–171

Raudvere, C. (2003), *Kunskap och Insikt i Norrön Tradition*, Lund

Roe, P. G. (1995), 'Style, society, myth, and structure', in C. Carr and J. E. Neitzel (eds.), *Style, Society, and Person*, New York and London, pp. 27–76

Roth, H. (1979), *Kunst der Völkerwanderungszeit*, Frankfurt a.M.

Salin, B. (1904), *Die altgermanische Thierornamentik*, Stockholm and Berlin

Simek, R. (1996), *Dictionary of Northern Mythology*, Woodbridge

Skre, D. (1998), *Herredømmet: bosetning og besittelse på Romerike 200–1350 e.Kr.* (Acta Humaniora 32), Oslo

Skre, D. (2004), *Kaupangen i Skiringssal: Vikingenes by*, Oslo

Solli, B. (2002), *Seid: myter, sjamanisme og kjønn i vikingenes tid*, Oslo

Speake, G. (1980), *Anglo-Saxon Animal Art and Its Germanic Background*, Oxford

Steinsland, G. (1991), *Det hellige Bryllup og norrøn kongeideologi*, Oslo

Steinsland, G. (1994), 'Eros og død – de to hovedkomponenter i norrøn kongeideologi', in H. Uecker (ed.), *Studien zum altgermanischen: Festschrift für Heinrich Beck*, Berlin and New York, pp. 626–41

Storms, G. (1970), 'The significance of Hygelac's raid', *NMS* 14: 3–26

Strömbäck, D. (1935), *Sejd*, Stockholm

Strömbäck, D. (1970), 'Sejd', in A. Karker (ed.), *Kulturhistorisk leksikon for nordisk middelalder* xv, Copenhagen

Svennung, J. (1967), *Jordanes und Scandia*, Stockholm

Svennung, J. (1972), 'Jordanes und die gotische Stammsage', in U. E. Hagberg (ed.), *Studia Gotica* (Antikvariska Serien 25), Stockholm, pp. 20–56

866   Turville-Petre, E. O. G. (1975), *Myth and Religion of the North*, Westport, CT

Wagner, N. (1967), *Getica: Untersuchungen zum Leben des Jordanes und zur frühen Geschichte der Goten* (Quellen und Forschungen zur Sprach- und Kulturgeschichte der germanischen Völke, NF 22), Berlin

Watt, M. (1992), 'Die Goldblechfiguren (goldgubber) aus Sorte Muld', in K. Hauck (ed.), *Der historische Horizont der Götterbildamulette aus der Übergangsepoche von Spätantike zum Frühmittelalter*, Göttingen, pp. 195–227

Weibull, C. (1958), *Die Auswanderung der Goten aus Schweden*, Göteborg

Weiner, J. (1999), 'Myth and metaphor', in T. Ingold (ed.), *Companion Encyclopedia of Anthropology*, London, pp. 591–612

Wiker, G. (1999), *Gullbrakteatene – i dialog med naturkreftene: ideologi og endring sett i lys av de skandinaviske brakteatnedleggelsene*, Olso

Wolfram, H. (1990), *The History of the Goths*, trans. J. T. Dunlap, Berkeley, CA

Wolfram, H. (1994), 'Origo et religio. Ethnic traditions and literature in early medieval texts', *EME* 3: 19–38

Wood, I. (1983), *The Merovingian North Sea* (Occasional Papers on Medieval Topics 1), Alingsås

19　斯拉夫人

Angelova, S. (1980), 'Po váprosa za rannoslavjanskata kultura na jug i na sever ot Dunav prez VI–VII v.', *Archeologija* 22: 1–12

Baran, V. D. (1972), *Ranni slovyani mizh Dnistrom i Pripyattyu*, Kiev

Baran, V. D. (1988), *Prazhskaya kultura Podnestrovya*, Kiev

Baran, V. D. (ed.) (1990), *Slavyane yugo-vostochnoy Evropy v predgosudarstvennyy period*, Kiev

Beranová, M. (1988), *Slované*, Prague

Birnbaum, H. (1979), *Common Slavic: Progress and Problems in Its Reconstruction*, Columbus, OH

Birnbaum, H. (1987), *Praslavyanskiy jazyk*, Moscow

Bóna, I. (1968), 'Über einen archäologischen Beweis des langobardisch-slawisch-awarischen Zusammenlebens', *Študijné Zvesti Archeologického Ústavu Slovenskej Akadémie Vied* 16: 34–44

Brachmann, H. (1978), *Slawische Stämme an Elbe und Saale*, Berlin

Charanis, P. (1949), 'On the question of the Slavonic settlements in Greece during the Middle Ages', *BSl* 10: 254–8

Charanis, P. (1950), 'The Chronicle of Monemvasia and the question of the Slavonic settlement in Greece', *DOP* 5: 141–66

Charanis, P. (1953), 'On the Slavic settlement in the Peloponnesus', *BZ* 46: 91–103

Charanis, P. (1959), 'Ethnic changes in the Byzantine Empire in the seventh century', *DOP* 13: 25–44

Chernysh, A. P. (ed.) (1990), *Archeologiya Prikarpatya, Volyni i Zakarpatya (ranneslovyanskiy i drevnerusskiy periody)*, Kiev

Chropovský, B. (ed.) (1984), *Interaktionen der mitteleuropäischen Slawen und anderen Ethnika im 6.–10. Jahrhundert*, Nitra

Chrysos, E. (1987), 'Die Nordgrenze des byzantinischen Reiches im 6. bis 8. Jahrhundert', in B. Hänsel (ed.), *Die Völker Südosteuropas im 6. bis 8. Jahrhundert* (Südosteuropa Jahrbuch 17), Munich, pp. 27–40

Comşa, M. (1973), 'Die Slawen im karpatisch-donauländischen Raum im 6.–7. Jahrhundert', *Zeitschrift für Archäologie* 7: 197–228

Comşa, M. (1987), 'Einige Betrachtungen fiber den Kontakt zwischen den slawischen und den bodenständigen romanischen Gemeinschaften im Donau-Karpaten-Raum (6. und 7. Jahrhundert)', in G. Labuda and S. Tabaczyński (eds.), *Studia nad etnogeneza Słowian i kultura Europy wczesnośredniowiecznej*, Warsaw, pp. 65–70

Conte, F. (1986), *Les Slaves: aux origines des civilisations d'Europe centrale et orientale (VI–XIII siècles)*, Paris

Daim, F. (1993), 'Vorbild und Konfrontation – Slawen und Awaren im Ostalpen- und Donauraum. Bemerkungen zur Forschungssituation', in T. Winkelbauer (ed.), *Kontakte und Konflikte. Böhmen, Mähren und Österreich: Aspekte eines Jahrtausends gemeinsamer Geschichte* (Schriftenreihe des Waldviertel Heimatbundes 36), pp. 27–41

Daim, F. (ed.) (1996), *Reitervölker aus dem Osten*, Eisenstadt

Ditten, H. (1978a), 'Zur Bedeutung der Einwanderung der Slawen', in F. Winkelmann *et al.* (eds.), *Byzanz im 7. Jahrhundert: Untersuchungen zur Herausbildung des Feudalismus*, Berlin, pp. 73–160

Ditten, H. (1978b), 'Bemerkungen zu den ersten Ansatzen zur Staatsbildung bei Kroaten und Serben im 7. Jahrhundert', in V. Vavřinek (ed.), *Beiträge zur byzantinischen Geschichte im 9.-11. Jahrhundert*, Prague, pp. 441–62

Ditten, H. (1981), 'Die Veränderungen auf dem Balkan in der Zeit vom 6. bis zum 10. Jh. im Spiegel der veränderterten Bedeutung der Provinzen der thrakischen Diözese', *Byzantinobulgarica* 7: 157–79

Ditten, H. (1983a), 'Zum Verhältnis zwischen Protobulgaren und Slawen vom Ende des 7. bis zum Anfang des 9. Jahrhunderts', in H. Köpstein (ed.), *Besonderheiten der byzantinischen Feudalentwicklung*, Berlin, pp. 85–95

Ditten, H. (1983b), 'Prominente Slawen und Bulgaren im byzantinischen Diensten (Ende des 7. bis Anfang des 10. Jahrhunderts)', in H. Köpstein and F. Winkelmann (eds.), *Studien zum 8. und 9. Jahrhunderts im Byzanz*, Berlin, pp. 95–119

Dolinescu-Ferche, S. (1984), 'La culture "Ipoteşti-Ciurel-Cindeşti" (Ve–VIIe siècles). La situation en Valachie', *Dacia* 28: 117–47

Donat, P. (1980), *Haus, Hof und Dorf in Mitteleuropa von 7.–12. Jahrhundert*, Berlin

Donat, P. and Fischer, R. E. (1994), 'Die Anfänge slawischer Siedlung westlich der Oder', *Jahrbuch für Brandenburgische Landesgeschichte* 45: 7–30

Dralle, L. (1981), *Slaven an Havel und Spree: Studien zur Geschichte des hevellisch-wilzischen Fürstentums (6.–10. Jahrhundert)*, Berlin

Dvornik, F. (1962), *The Slavs in European History and Civilization*, New Brunswick, NJ

Eisner, J. (1966), *Rukovět' slovanské archeologie*, Prague

Erhart, A. (1985), 'U kolébky slovanských jazyků', *Slavia* 54: 337–45

Ernst, R. (1976), *Die Nordwestslawen und das fränkische Reich: Beobachtungen zur Geschichte ihrer Nachbarschaft und zur Elbe als nordöstlicher Reichsgrenze bis in die Zeit Karl des Großen*, Berlin

868 Friesinger, H. (ed.) (1971–76), *Studien zur Archäologie der Slawen in Niederösterreich*, 2 vols., Vienna

Friesinger, H. (1976), *Die Slawen in Niederösterreich*, St Pölten

Fritze, W. H. (ed.) (1982), *Frühzeit zwischen Ostsee und Donau: Ausgewählte Beiträge zum geschichtlichen Werden im östlichen Mitteleuropa vom 6. bis zum 13. Jahrhundert*, Berlin

Fusek, G. (1994), *Slovensko vo včasnoslovanskom obdobi*, Nitra

Gavrituchin, I. O. and Oblomskiy, A. M. (1996), *Gaponovskiy klad i ego kulturno-istoricheskiy kontekst*, Moscow

Godowski, K. (1979), *Z badań nad zagadnieniem rozprzestrzenienia Slowian w V–VII w. n.e.*, Cracow

Godowski, K. (1983), 'Zur Frage der Slawensitze vor der grossen Slawenwanderung im 6. Jahrhundert', *Settimane* 30: 257–302

Goehrke, C. (1992), *Frühzeit des Ostslaventums*, Darmstadt

Gojda, M. (1991), *The Ancient Slavs: Settlement and Society*, Edinburgh

Gołąb, Z. (1987), 'Etnogeneza Slowian w świetle językoznawstwa', in G. Labuda and S. Tabaczyński (eds), *Studia nad etnogenezą Slowian i kulturą Europy wczesnośredniowiecznej*, Wrocław, pp. 71–80

Gołąb, Z. (1992), *The Origins of the Slavs: A Linguist's View*, Columbus, OH

Goryunov, E. A. (1981), *Rannie etapy istorii slavyan Dneprovskogo Levoberezhya*, Leningrad

Graebner, M. (1978), 'The Slavs in Byzantine Empire – absorption, semi-autonomy and the limits of Byzantinization', *Byzantinobulgarica* 5: 41–55

Grafenauer, B. (1966), *Die ethnische Gliederung und geschichtliche Rolle der westlichen Südslawen im Mittelalter*, Ljubljana

Grebe, K. (1976), 'Zur frühslawischen Besiedlung des Havelgebietes', *Veröffentlichungen des Museums für Ur- und Frühgeschichte*, Potsdam, 10: 167–204

Hannick, C. (ed.) (1987), *Sprachen und Nationen im Balkanraum: Die historischen Bedingungen der Entstehung der heutigen Nationalsprachen*, Cologne

Henning, J. (1987), *Südosteuropa zwischen Antike und Mittelalter: Archäologische Beiträge zur Landwirtschaft des 1. Jahrtausends u. Z.*, Berlin

Hensel, W. (1965), *Die Slawen im frühen Mittelalter*, Berlin

Hensel, W. (1984), *Skąd przyszli Slowianie?*, Wrocław

Herrmann, J. (1965), *Kultur und Kunst der Slawen in Deutschland vom 7. bis 13. Jh.*, Berlin

Herrmann, J. (1968), *Siedlung, Wirtschaft und gesellschaftliche Verhältnisse der slawischen Stämme zwischen Oder/Neiße und Elbe: Studien auf der Grundlage archäologischen Materials*, Berlin

Herrmann, J. (ed.) (1985), *Die Slawen in Deutschland*, Berlin

Herrmann, J. (ed.) (1986), *Welt der Slawen*, Leipzig

Herrmann, J. (1987), 'Die Verterritorialisierung – ein methodisches und historische Problem slawischer Wanderung, Landnahme und Ethnogenese', in G. Labuda and S. Tabaczyński (eds), *Studia nad etnogenezą Slowian i kultura Europy wczesnośredniowiecznej*, Wrocław, pp. 81–90

Horedt, K. (1987), 'Die Völker Südosteuropas im 6.–8. Jahrhundert. Probleme und Ergebnisse', *Südosteuropa*, pp. 11–26

Justová, J. (1990), *Dolnorakouské Podunají v raném středověku: Slovanská archeologie k*   869
jeho osídlení v 6.–11. století, Prague

Karayannopoulos, J. (1971), 'Zur Frage der Slawenansiedlungen auf dem Peloponnes',
Revue des Etudes Sud-Est Européennes 9: 443–60

Karayannopoulos, J. (1989), *Les Slaves en Macédoine: la prétendue interruption des com-
munications entre Constantinople et Thessalonique du 7e au 9e siècles*, Athens

Klanica, Z. (1986), *Počátky slovanského osídlení našich zemí*, Prague

Kobyliński, Z. (1988), *Struktury osadnicze na ziemiach polskich u schyłku starożytności i
w początkach wczesnego średniowiecza*, Wrocław

Kobyliński, Z. (1989), 'An ethnic change or a socio-economic one? The 5th and 6th
centuries AD in the Polish lands', in S. J. Shennan (ed.), *Archaeological Approaches to
Cultural Identity*, London, pp. 303–12

Kobyliński, Z. (1994), 'Early Slavs: are they archaeologically visible?', *META-
Medeltidsarkeologisk Tidskrift* 3–4: 13–27

Kobyliński, Z. (1997), 'Settlement structures in Central Europe at the beginning of
the Middle Ages', in P. Urbańczyk (ed.), *Origins of Central Europe*, Warsaw, pp. 97–
116

Koder, J. (1978), 'Zur Frage der slawischen Siedlungsgebiete im mittelalterlichen
Griechenland', *BZ* 71: 315–31

Köhler, R. (1980), 'Frühe slawische Siedlungen in Pommern unter besonderer
Berücksichtung der neuen Grabungen in Dziedzice/Deetz', *Offa-Bücher* 37: 177–
83

Kolendo, J. (1984), 'Wenetowie w Europie środkowej i wschodniej. Lokalizacja i rzeczy
wistość historyczna', *Przegląd Historyczny* 75: 637–53

Korošec, P. (1987), 'Die Ethnogenese der Alpslawen durch das Prisma der materiellen
Kultur', in G. Labuda and S. Tabaczyński (eds.), *Studia nad etnogenezą Słowian i
kulturą Europy wczesnośredniowiecznej*, Wrocław, pp. 97–103

Kurnatowska, Z. (1977), *Slowiańszczyzna południawa*, Wrocław

Kwilecka, I. (ed.) (1980), *Etnogeneza i topogeneza Słowian*, Warsaw

Labuda, G. (1949), *Pierwsze państwo słowiańskie: Państwo Samona*, Poznań

Labuda, G. (1977), 'Aktualny stan dyskusji nad etnogenezą Słowian w historiografii',
Slavia Antiqua 24: 1–16

Leciejewicz, L. (1976), *Słowiańszczyzna zachodnia*, Wrocław

Leciejewicz, L. (1989), *Slowianie Zachodni: Z dziejów tworzenia się średniowiecznej
Europy*, Wrocław

Lemerle, P. (1979–81), *Les Plus Anciens Recueils des miracles de Saint Démétrius et la
pénétration des Slaves dans les Balkans*, 2 vols., Paris

Lodowski, J. (1980), *Dolny Śląsk na początku wczesnego średniowiecza (VI–Xw)*, Wrocław

Losert, H. (1993), 'Die slawische Besiedlung Nordostbayerns aus archäologischer Sicht',
in *Vorträge 11: Niederbayerischer Archäologentag*, Deggendorf, pp. 207–70

Lowmiański, H. (1963–73), *Początki Polski: Z dziejów Słowian w I tysiącleciu n.e.*, 5
vols., Warsaw

Malingoudis, P. (1981), *Studien zu den slawischen Ortsnamen Griechenlands*, Wiesbaden

Malingoudis, P. (1987), 'Frühe slawische Elemente im Namensgut Griechenland', in
B. Hänsel (ed.), *Die Völker Südosteuropas im 6. bis 8. Jahrhundert* (Südosteuropa
Jahrbuch 17), Munich, pp. 53–68

870 Malingoudis, P. (1988), *Slaboi stén mesaioniké Ellada*, Thessalonica

Mańczak, W. (1981), *Praojczyzna Słowian*, Wrocław

Miodowicz, K. (1984), 'Współczesne koncepcje lokalizacji pierwotnych siedzib Słowian. Dane językoznawcze', *Zeszyty Naukowe Uniwersytetu Jagiellońskiego. Prace Etno-graficzne* 19: 7–49

Obolensky, D. (1971), *Byzantium and the Slavs*, London

Okulicz, J. (1986), 'Einige Aspekte der Ethnogenese der Balten und Slawen im Lichte archäologischer und sprachwissenschaftlicher Forschungen', *Quaestiones Medii Aevi* 3: 7–34

Ostrogorsky, G. (1974), *Byzanz und die Welt der Slawen*, Darmstadt

Parczewski, M. (1988a), *Najstarsza faza kultury wczesnosłowiańskiej w Polsce*, Cracow

Parczewski, M. (1988b), *Początki kultury wczesnosłowiańskiej w Polsce: Krytyka i datowanie źródeł archeologicznych*, Wrocław

Parczewski, M. (1993), *Die Anfänge der frühslawischen Kultur in Polen*, Vienna

Parczewski, M. (1997), 'Beginnings of the Slavs' culture', in P. Urbańczyk (ed.), *Origins of Central Europe*, Warsaw, pp. 79–90

Penyak, S. I. (1980), *Rannoslovyanske i davnoruske naselennya Zakarpattya VI–XIII st.*, Kiev

Pleinerová, I. (1975), *Březno: vesnice prvnich Slovanů v severozapadnich Čechách*, Prague

Pleinerová, I. (1986), 'Březno. Experiments with building old Slavic houses and living in them', *Památky Archeologické* 77: 104–76

Pleterski, A. (1990), *Etnogeneza Slovanov*, Ljubljana

Pleterski, A. (1996), 'Modell der Ethnogenese der Slawen auf der Grundlage einiger neuerer Forschungen', in Z. Kurnatowska (ed.), *Słowiańszczyzna w Europie średniowiecznej*, Wrocław, I, pp. 19–37

Popowska-Taborska, H. (1991), *Wczesne dzieje Słowian w świetle ich języka*, Wrocław

Popowska-Taborska, H. (1997), 'The Slavs in the Early Middle Ages from the view-point of contemporary linguistics', in P. Urbańczyk (ed.), *Origins of Central Europe*, Warsaw, pp. 91–6

Pritsak, O. (1983), 'The Slavs and the Avars', *Settimane* 30.1: 353 –432

Rafalovich, I. A. (1972), *Slavyane VI–IX vekov v Moldavii*, Kishinev

Rusanova, I. P. (1976), *Slavyanskie drevnosti VI–VII vv.*, Moscow

Rusanova, I. P. and Timoshchuk, B. A. (1984), *Kodyn – slavyanskie poseleniya V–VIII vv. na r. Prut*, Moscow

Rusu, M. (1971), 'Zu den Kulturbeziehungen zwischen den Slawen und der romanis-chen Bevölkerung Siebenbürgens (6.–10. Jh.)', *Apulum* 9: 713–30

Schuster-Šewc, H. (1987), 'Zu den ethnischen und linguistischen Grundlagen der west-slawischen Stammesgruppe der Sorben/Serben', in G. Labuda and S. Tabaczyński (eds.), *Studia nad etnogenezą Słowian i kulturą Europy wczesnośredniowiecznej*, Wrocław, pp. 153–9

Sedov, V. V. (1982), *Vostochnye slavyane v VI–XIII vv.*, Moscow

Sedov, V. V. (1987), 'Origine de la branche du nord des Slaves orientaux', in G. Labuda and S. Tabaczyński (eds.), *Studia nad etnogenezą Słowian i kulturą Europy wczesnośredniowiecznej*, Wrocław, pp. 161–5

Sedov, V. V. (1994), *Slavyane v drevnosti*, Moscow

Sedov, V. V. (1995), *Slavyane v rannem srednevekove*, Moscow

Shevelov, G. Y. (1964), *A Prehistory of Slavic: The Historical Phonology of Common Slavic*, Heidelberg   871

Slupecki, L. (1994), *Slavonic Pagan Sanctuaries*, Warsaw

Strzelczyk, J. (1976), *Słowianie i Germanie w Niemczech środkowych we wczesnym średniowieczu*, Poznań

Strzelczyk, J. (ed.) (1981), *Słowiańszczyzna Połabska między Niemcami a Polską*, Poznań

Strzelczyk, J. (1988), 'Slavic and Germanic peoples in Antiquity and the Early Middle Ages', *Polish Western Affairs* 2: 163–82

Swoboda, W. (1962), 'Powstanie państwa bułgarskiego w Dolnej Mezji – Słowianie fedcraci czy trybutariusze Protobułgarów', *Slavia Occidentalis* 22: 49–66

Swoboda, W. (1971), 'O charakterze państwa bułgarskiego do połowy IX w. w świetle jego stosunków z sąsiednimi plemionami słowiańskimi', *Slavia Antiqua* 18: 83–103

Székély, Z. (1970), 'Die frühesten slawischen Siedlungen in Siebenbürgen', *Slavia Antiqua* 17: 125–36

Szymański, W. (1973), *Słowiańszczyzna wschodnia*, Wrocław

Szymański, W. (1985), 'Ziemie na północ od Karpat a kaganat awarski', *Prace i Materiały Muzeum Archeologicznego i Etnograficznego w Łodzi, Seria Archeologiczna* 29: 239–60

Terpilovskiy, R. V. (1984), *Rannie slavyane Podesenya III–V vv.*, Kiev

Terpilovskiy, R. V. and Abashina, N. S. (1992), *Pamyatniki kievskoy kultury*, Kiev

Timoshchuk, B. A. (1990), *Vostochnoslavyanskaya obshchina VI–X vv. n. e.*, Moscow

Tolochko, P. P. (ed.) (1990), *Slavyane i Rus*, Kiev

Udolph, J. (1987), 'Kammen die Slawen aus Pannonien?', in G. Labuda and S. Tabaczyński (eds.), *Studia nad etnogenezą Słowian i kulturą Europy wczesnośredniowiecznej*, Wrocław, pp. 167–73

Váňa, Z. (1980), 'Poznámky k etnogenezi a diferenciaci Slovanů z hlediska poznatků archeologie a jazykovědi', *Památky Archeologické* 71: 225–37

Váňa, Z. (1983), *The World of the Ancient Slavs*, London

Vasmer, M. (1941), *Die Slawen in Griechenland*, Berlin

Vlasto, A. P. (1970), *The Entry of the Slavs into Christendom*, Cambridge

Vyzharova, Z. N. (1965), *Slavianski i slavianob ul garski selishta v b ul garskite zemi ot kraia na VI–XI vek*, Sofia

Vyzharova, Z. N. (1976), *Slaviani i Prabułgari po danni na nekropolite ot VI–XI v. na teritoriiata na Butlgariia*, Sofia

Waldmüller, L. (1976), *Die ersten Begegnungen der Slawen mit dem Christentum und den christlichen Völkern vom 6. bis 8. Jahrhundert. Die Slawen zwischen Byzanz und Abendland*, Amsterdam

Weithmann, M. W. (1978), *Die slawische Bevölkerung auf der griechischen Halbinsel: Ein Beitrag zur historischen Ethnographie Südosteuropas*, Munich

Wenskus, R. (1967), 'Die slawischen Stämme in Böhmen als ethnische Einheiten' in F. Graus and H. Ludat (eds.), *Siedlung und Verfassung Böhmens in der Frühzeit*, Wiesbaden, pp. 32–41

Wolfram, H. and Daim, F. (eds.) (1980), *Die Völker an der mittleren und unteren Donau im 5. und 6. Jahrhundert*, Vienna

Zeman, J. (1976), 'Nejstarši slovanské osídleni Čech', *Památky Archeologické* 67: 115–235

872 Zeman, J. (1979), 'K problematice časně slavanské kultury ve střední Evropě, *Památky Archeologické* 70: 113–30

20 500—1050年欧洲的犹太人

Adler, M. N. (1907), *The Itinerary of Benjamin of Tudela*, London

Agus, I. (1965), *Urban Civilization in Pre-Crusade Europe*, 2 vols., New York

Agus, I. (1966), 'Rabbinic scholarship in northern Europe', in Roth (1966b), pp. 189–209

Agus, I. (1969), *The Heroic Age of Franco-German Jewry: The Jews of Germany and France of the 10th and 11th Centuries, the Pioneers and Builders of Town-Life, Town-Government and Institutions*, New York

Albert, B. S. (1990), 'Isidore of Seville; his attitude towards Judaism and his impact on early medieval canon law', *Jewish Quarterly Review* 80: 207–20

Albert, B. S. (1996), '*Adversus Iudaeos* in the Carolingian Empire', in O. Limor and G. Stroumsa (eds.), *Contra Iudaeos: Ancient and Medieval Polemics between Christians and Jews*, Tübingen, pp. 119–42

Ankori, Z. (1959), *Karaites in Byzantium: The Formative Years, 970–1100*, New York and Jerusalem

Argenti, P. (1966), 'The Jewish community in Chios during the 11th century', in P. Wirth (ed.), *Polychronion: Festschrift Franz Dölger zum 75 Geburtstag*, Heidelberg, pp. 39–68

Aronius, J. (ed.) (1902), *Regesten zur Geschichte der Juden im fränkischen und deutschen Reich bis zum Jahre 1273*, Berlin

Ashtor, E. (1964), 'Documentos españoles de la Genizah', *Sefarad* 24: 41–80

Ashtor, E. (1973), *The Jews of Moslem Spain*, I, Philadelphia

Assis, Y. T. (1995), 'The Judeo-Arabic tradition in Christian Spain', in D. Frank (ed.), *The Jews of Medieval Islam: Community, Society, and Identity*, Leiden, pp. 111–24

Bachrach, B. (1977), *Early Medieval Jewish Policy in Western Europe*, Minneapolis

Baer, F. (1929), *Die Juden im christlichen Spanien. Erster Teil. Urkunden und Regesten*, Berlin

Bar-Ilan University (2002), *The Responsa Project*. Version 10+, CD-Rom, Ramat Gan

Bautier, R. H. (1991), 'L'origine des populations juives de la France médiévale, constatations et hypothèse de recherche', in Xavier Barrai i Altet *et al.* (eds.), *La Catalogne et la France méridionale autour de l'an mil*, Barcelona, pp. 306–16

Beinart, H. (1992), 'The Jews in Castile', in Beinart (ed.), *Moreshet Sepharad: The Sephardi Legacy*, Jerusalem, I, pp. 11–43

Ben-Sasson, M. (1991), *The Jews of Sicily 825-1068: Documents and Sources*, Jerusalem (Hebrew)

Blumenkranz, B. (1949), 'Die Juden als Zeugen der Kirche', *Theologische Zeitschrift* 5: 396–8

Blumenkranz, B. (1960), *Juifs et Chrétiens dans le monde occidental 430–1096*, Paris

Blumenkranz, B. (1961), 'Die christlich-jüdische Missionskonkurrenz (3.–6. Jh.)', *Klio* 39: 227–33

Blumenkranz, B. (1963), *Les Auteurs chrétiens latins du moyen âge sur les Juifs et le Judaïsme*, Paris

Blumenkranz, B. (1965), '*Iudaeorum convivia* à propos du concile de Vannes (465, c. 12)', 873
in *Etudes d'histoire du droit canonique dédiées à Gabriel Le Bras*, II, Paris, pp. 1055–8

Blumenkranz, B. (1969), 'Les premiers implantations des Juifs en France', *Académie des Inscriptions et Belles-Lettres, Comptes Rendus des Séances*, pp. 162–74

Blumenkranz, B. (1974), 'Premiers témoignages épigraphiques sur les Juifs en France', in *Salo Wittmayer Baron Jubilee Volume*, I, Jerusalem, pp. 229–35

Blumenkranz, B. (1989), 'Cultivateurs et vignerons juifs en Bourgogne du IXe au XIe siècles', in Blumenkranz, *Juifs en France: écrits dispersés*, Paris, pp. 89–99

Bonfil, R. (1983), 'Tra due mondi: prospettive di ricerca sulla storia culturale degli ebrei nell'Italia meridionale nell'alto medioevo', in *Italia Judaica*, I: *Atti del I Convegno Internazionale*, Rome, pp. 135–58

Bonfil, R. (1994a), 'Can medieval storytelling help understanding Midrash?', in M. Fishbane (ed.), *The Midrashic Imagination: Jewish Exegesis, Thought, and History*, Albany, NY, pp. 228–54

Bonfil, R. (1994b), 'Cultural and religious traditions in ninth-century French Jewry', *Binah* 3: 1–17

Bonfil, R. (1996), *Tra due mondi: cultura ebraica e cultura cristiana nel medioevo*, Naples

Bowman, S. (1993), 'Sefer Yosippon: history and Midrash', in M. Fishbane (ed.), *The Midrashic Imagination: Jewish Exegesis, Thought, and History*, Albany, NY, pp. 280–94

Bresc, H. (1998), 'L'artisanat juif sicilien; culture et technique', in N. Bucaria (ed.), *Gli Ebrei in Sicilia dal tardoantico al medioevo*, Palermo, pp. 65–87

Brody, R. (1998), *The Geonim of Babylonia and the Shaping of Medieval Jewish Culture*, New Haven, CT

Cantera Burgos, F. (1966), 'Christian Spain', in Roth (1966b), pp. 357–81

Chazan, R. (1970), 'The Persecution of 992', *Revue des Etudes Juives* 129: 217–21

Chazan, R. (1970/1), '1007–1012: initial crisis for northern European Jewry', *Proceedings of the American Academy for Jewish Research* 38–9: 101–17

Citarella, A. (1971), 'A puzzling question concerning the relations between the Jewish communities of Christian Europe and those represented in the Geniza documents', *Journal of the American Oriental Society* 91: 390–7

Cohen, G. D. (1960/61), 'The story of the four captives', *Proceedings of the American Academy of Jewish Research* 29: 55–131

Cohen, J. (1999), *Living Letters of the Law: Ideas of the Jew in Medieval Christianity*, Berkeley, CA

Cohen, M. (1994), *Under Crescent and Cross: The Jews in the Middle Ages*, Princeton, NJ

Colafemmina, C. (1980), 'Insediamenti e condizioni degli Ebrei nell'Italia meridionale e insulare', *Settimane* 26: 197–227

Colorni, V. (1980), 'Gli Ebrei nei territori Italiani a nord di Roma dal 568 agli inizi del secolo XIII', *Settimane* 26: 241–307

Dagron, G. and Déroche, V. (1998), 'Juifs et Chrétiens dans l'Orient du VIIe siècle', *Travaux et Mémoires du Centre de Recherche d'Histoire et Civilisation de Byzance* 11: 17–273

De Lange, N. (1996), *Greek Jewish Texts from the Cairo Genizah*, Tübingen

874 Devroey, J.-P. (2000), 'La participation des Juifs au commerce dans le monde franc (VIe–Xe siècles)', in A. Dierkens and J. M. Sansterre (eds.), *Voyages et voyageurs à Byzance et en Occident du VIe au XIe siècle*, Geneva, pp. 339–74

Dunlop, D. M. (1966), 'The Khazars', in Roth (1966b), pp. 325–56

Eidelberg, S. (1953), '*Maarufia* in Rabbenu Gershom's Responsa', *Historia Judaica* 15: 59–66

Ettinger, S. (1966), 'Kievan Russia', in Roth (1966b), pp. 319–24

Gil, M. (1974), 'The Radhanite merchants and the land of Radhan', *JESHO* 17: 299–328

Gil, M. (1993), 'Between two worlds. The relations between Babylonia and the communities of Europe in the Gaonic Period', in *Festschrift S. Simonsohn*, Tel Aviv, Hebrew pagination (Hebrew)

Goffart, W. (1985), 'The conversions of Bishop Avitus and similar passages in Gregory of Tours', in J. Neusner and E. R. Frerichs (eds.), *'To See Ourselves as Others See Us': Christians, Jews, 'Others' in Late Antiquity*, Chico, CA, pp. 473–97

Goitein, S. (1967), *A Mediterranean Society: The Jewish Communities of the Arab World as Portrayed in the Documents of the Cairo Geniza*, I, Berkeley, CA

Golb, N. (1987), *Jewish Proselytism – A Phenomenon in the Religious History of Early Medieval Europe*, Cincinatti

Golb, N. (1998), *The Jews in Medieval Normandy*, Cambridge

González-Salinero, R. (1999), 'Catholic anti-Judaism in Visigothic Spain', in A. Ferreiro (ed.), *The Visigoths: Studies in Culture and Society*, Leiden, pp. 123–50

Goodman, M. (1994), *Mission and Conversion: Proselytising in the Religious History of the Roman Empire*, Oxford and New York

Grabois, A. (1987/1993), *Les Sources hébraïques médiévales*, I: *Chroniques, lettres et Responsa*; II, *Les Commentaires exégétiques*, Turnhout

Grabois, A. (1997), 'Le "roi juif" de Narbonne', *Annales du Midi* 218: 165–88

Gross, H. (1897/1969), *Gallia Judaica: dictionnaire géographique de la France d'après les sources rabbiniques; avec un supplément bibliographique, additions et corrections par S. Schwarzfuchs*, Paris and Amsterdam

Grossman, A. (1975), 'The migration of the Kalonymos family from Italy to Germany', *Zion* 40: 154–85 (Hebrew)

Grossman, A. (1980), 'Family lineage and its place in early Ashkenazic Jewish society', in E. Etkes and Y. Salmon (eds.), *Studies in the History of Jewish Society in the Middle Ages and in the Modern Period: Presented to Prof. Jacob Katz*, Jerusalem, Hebrew pagination (Hebrew)

Grossman, A. (1982), 'The migration of Jews to and settlement in Germany in the 9th–11th century', in A. Shinan (ed.), *Emigration and Settlement in Jewish and General History*, Jerusalem, pp. 109–28 (Hebrew)

Grossman, A. (1988a), *The Early Sages of Ashkenaz: Their Lives, Leadership and Works (900–1096)*, Jerusalem, 2nd edn (Hebrew)

Grossman, A. (1988b), 'The historical background to the ordinances on family affairs attributed to Rabbenu Gershom Me'or ha-Golah ("The Light of the Exile")', in A. Rapoport-Albert and S. J. Zipperstein (eds.), *Jewish History: Essays in Honour of Chaim Abramsky*, London, pp. 3–23

Grossman, A. (1995), *The Early Sages of France: Their Lives, Leadership and Works*, Jerusalem (Hebrew)

Heil, J. (1998a), *Kompilation oder Konstruktion? Die Juden in den Pauluskommentaren des 9. Jahrhunderts*, Hanover 875

Heil, J. (1998b), 'Agobard, Amolo, das Kirchengut und die Juden von Lyon', *Francia* 25: 39–76

Jacoby, D. (1993), 'Les Juifs de Byzance, une communauté marginalisée', in C. A. Maltezou (ed.), *Hai Perithoriakoi sto Byzantio. Marginality in Byzantium*, Athens, pp. 103–54; repr. in Jacoby, *Byzantium, Latin Romania and the Mediterranean*, Aldershot, 2001, no. III

Jacoby, D. (1995), 'The Jews of Constantinople and their demographic hinterland', in C. Mango and G. Dagron (eds.), *Constantinople and Its Hinterland*, Aldershot, pp. 221–32; repr. in Jacoby, *Byzantium, Latin Romania and the Mediterranean*, Aldershot, 2001, no. IV

Jacoby, D. (2001), 'The Jews and the silk industry of Constantinople', in Jacoby, *Byzantium, Latin Romania and the Mediterranean*, Aldershot, no. IX

Katz, J. (1958), 'Even though he sinned he remains an Israelite', *Tarbiz* 27: 203–17 (Hebrew)

Katz, S. (1937), *The Jews in the Visigothic and Frankish Kingdoms of Spain and Gaul*, Cambridge, MA

Klar, B. (1944/74), *Megillat Ahimaaz: The Chronicle of Ahimaaz, with a Collection of Poems from Byzantine Southern Italy and Additions*, Jerusalem (Hebrew)

Lapp, E. C. (1993), 'Jewish archaeological evidence from the Roman Rhineland', *Journal of Jewish Studies* 44: 70–82

Latouche, R. (1966), 'Le Bourg des Juifs (Hebraeorum Burgus) de Vienne (Isère) au Xe siècle', in Latouche, *Etudes médiévales: Le haut moyen âge, la France de l'Ouest, des Pyrénées aux Alpes*, Paris, pp. 194–6

Leon, H. J. (1953/4), 'The Jews of Venusia', *Jewish Quarterly Review* 44: 267–84

Linder, A. (1978), 'Christlich-jüdische Konfrontation im kirchlichen Frühmittelalter', in K. Schäferdiek (ed.), *Kirchengeschichte als Missionsgeschichte*, II: *Die Kirche des frühen Mittelalters*, Munich, pp. 397–441

Linder, A. (1987), *The Jews in Roman Imperial Legislation*, Detroit and Jerusalem

Linder, A. (1997), *The Jews in the Legal Sources of the Early Middle Ages*, Detroit and Jerusalem

Lotter, F. (1999), 'Die Juden und die städtische Kontinuität von der Spätantike zum Mittelalter im lateinischen Westen', in F. Mayrhofer and F. Oppl (eds.), *Juden in der Stadt*, Linz, pp. 21–79

Lotter, F. (2001), 'Totale Finsternis über "Dunklen Jahrhunderten". Zum Methodenverständnis von Michael Toch und seinen Folgen', *Aschkenas* 11: 215–32

McCormick, M. (2002), *Origins of the European Economy: Communications and Commerce AD 300–900*, Cambridge

Máillo Salgado, F. (1993), 'The city of Lucena in Arab sources', *Mediterranean Historical Review* 8: 149–65

Mann, J. (1920), *The Jews in Egypt and in Palestine under the Fatimid Caliphs: A Contribution to Their Political and Communal History Based Chiefly on Genizah Material Hitherto Unpublished*, 2 vols., London

Mann, J. (1931), *Texts and Studies in Jewish History and Literature*, 2 vols., Cincinnati

876 Mann, J. (1973), *The Responsa of the Babylonian Geonim as a Source of Jewish History*, New York

Marcus, I. (1993), 'History, story and collective memory: narrativity in early Ashkenazic culture', in M. Fishbane (ed.), *The Midrashic Imagination: Jewish Exegesis, Thought, and History*, Albany, pp. 255–79

Marcus, I. (1996), *Rituals of Childhood: Jewish Acculturation in Medieval Europe*, New Haven, CT

Milano, A. (1954), 'Vicende economiche degli ebrei nell'Italia meridionale ed insulare durante il Medioevo', *La Rassegna Mensile di Israel* 20: 76–89, 110–22, 155–74, 217–22, 276–81, 322–31, 372–84

Mutius, H.-G. von (1984), *Rechtsentscheide rheinischer Rabbinen vor dem ersten Kreuzzug*, 2 vols., Frankfurt am Main

Mutius, H.-G. von (1986), *Rechtsentscheide Raschis aus Troyes (1040–1105)*, Frankfurt am Main

Mutius, H.-G. von (1990), *Rechtsentscheide jüdischer Gesetzeslehrer aus dem maurischen Cordoba*, Frankfurt am Main

Mutius, H.-G. von (1994), *Jüdische Urkundenformulare aus Marseille in babylonisch-aramäischer Sprache*, Frankfurt am Main

Mutius, H.-G. von (1996), *Jüdische Urkundenformulare aus Barcelona*, Frankfurt am Main

Mutius, H.-G. von (1997), *Jüdische Urkundenformulare aus dem muslimischen Spanien*, Frankfurt am Main

Nelson, B. and Starr, J. (1939–44), 'The legend of the divine surety and the Jewish moneylender', *Annuaire de l'Institut de Philologie et d'Histoire Orientales et Slaves* 7: 289–338

Neubauer A. and Stern, M. (eds.) (1982), *Hebräische Berichte über die Judenverfolgungen während der Kreuzzüge*, Berlin

Noy, D. (1993), *Jewish Inscriptions of Western Europe*, I: *Italy, Spain and Gaul*, Cambridge

Noy, D. (1995), *Jewish Inscriptions of Western Europe*, II: *The City of Rome*, Cambridge

Patschovsky, A. (1993), 'Das Rechtsverhältnis der Juden zum deutschen König (9.–14. Jahrhundert). Ein europäischer Vergleich', *ZRG GA* 110: 331–71

Pellat, C. (1993), 'al-Radhaniya', in *Encyclopedia of Islam*, new edn, VIII, Leiden, cols. 363–7

Rabinowitz, L. (1945), *The Herem Hayyishub: A Contribution to the Medieval Economic History of the Jews*, London

Régné, J. (1912/81), *Etude sur la condition des juifs de Narbonne du Ve au XIVe siècle*, Narbonne and Marseilles

Rivlin, J. (1994), *Bills and Contracts from Lucena (1020–1025 C.E.)*, Ramat Gan (Hebrew)

Romano, D. (1991), 'Les Juifs de Catalogne aux alentours de l'an mil', in Xavier Barrai i Altet *et al.* (eds.), *La Catalogne et la France méridionale autour de l'an mil*, Barcelona, pp. 317–31

Roth, C. (1966a), 'Italy', in Roth (1966b), pp. 100–21

Roth, C. (ed.) (1966b), *The World History of the Jewish People*, 2nd series, II: *The Dark Ages*, Tel Aviv

Roth, N. (1976), 'The Jews and the Muslim conquest of Spain', *Jewish Social Studies* 38: 145–58

Roth, N. (1994), *Jews, Visigoths and Muslims in Medieval Spain: Cooperation and Conflict*, 877
　　Leiden

Rutgers, L. V. (1995a), *The Jews in Late Ancient Rome: Evidence of Cultural Interaction in the Roman Diaspora*, Leiden

Rutgers, L. V. (1995b), 'Attitudes to Judaism in the Greco-Roman period; reflections on Feldman's "Jew and Gentile in the Ancient World"', *Jewish Quarterly Review* 85: 361–95

Salfeld, S. (ed.) (1898), *Das Martyrologium des nürnberger Memorbuches*, Berlin

Salzman, M. (1924), *The Chronicle of Ahimaáaz*, New York

Sapir Abulafia, A. (1985), 'Invectives against Christianity in the Hebrew Chronicles of the First Crusade', in P. Edbury (ed.), *Crusade and Settlement*, Cardiff, pp. 66–72

Scheiber, A. (1966), 'Hungary', in Roth (1966b), pp. 313–18

Schirmann, J. (1966), 'The beginning of Hebrew poetry in Italy and northern Europe. 1. Italy', in Roth (1966b), pp. 249–66

Schreckenberg, H. (1995), *Die christlichen Adversus-Judaeos-Texte und ihr literarisches und historisches Umfeld (1.–11. Jh.)*, 3rd edn, Frankfurt am Main

Schwarzfuchs, S. (1980), 'L'opposition *Tsarfat*–Provence: la formation du Judaïsme du Nord de la France', in G. Nahon and C. Touati (eds.), *Hommage à Georges Vajda*, Louvain, pp. 135–50

Sharf, A. (1976), *The Universe of Shabbetai Donnolo*, New York

Simonsohn, S. (1974), 'The Hebrew revival among early medieval European Jews', in *Salo Wittmayer Baron Jubilee Volume*, ii, Jerusalem, pp. 831–58

Simonsohn, S. (1997), *The Jews in Sicily*, Leiden

Solin, H. (1983), 'Juden und Syrer in der römischen Welt', in W. Haase (ed.), *Aufstieg und Niedergang der römischen Welt*, ii/29, Berlin and New York, pp. 587–789

Starr, J. (1939), *The Jews in the Byzantine Empire, 641–1204*, Athens

Stemberger, G. (1993), 'Zwangstaufen von Juden im 4. bis 7. Jahrhundert; Mythos oder Wirklichkeit?', in C. Thoma *et al.* (eds.), *Judentum – Ausblicke und Einsichten: Festgabe für Kurt Schubert*, Frankfurt am Main, pp. 81–114

Stow, K. R. (1984), *The '1007 Anonymous' and Papal Sovereignty*, Cincinnati

Ta-Shma, I. M. (2001), *Rabbi Moses Hadarshan and the Apocryphal Literature* (Studies in Jewish History and Literature, Touro Graduate School of Jewish Studies), Jerusalem

Toaff, A. (1996), 'Gli Ebrei a Roma', in C. Vivanti (ed.), *Storia d'Italia: Gli Ebrei in Italia* (Annali 11), Turin, pp. 121–52

Toch, M. (1998a), *Die Juden im mittelalterlichen Reich*, Munich

Toch, M. (1998b), 'Wirtschaft und Verfolgung, die Bedeutung der Ökonomie für die Kreuzzugspogrome des 11. und 12. Jahrhunderts. Mit einem Anhang zum Sklavenhandel der Juden', in A. Haverkamp (ed.), *Juden und Christen zur Zeit der Kreuzzüge*, Sigmaringen, pp. 253–85

Toch, M. (1999), 'The European Jews of the early Middle Ages, slave-traders?', *Zion* 64: 39–63, v–vii (Hebrew, English summary)

Toch, M. (2000a), 'Jews and commerce: modern fancies and medieval realities', in S. Cavaciocchi (ed.), *Il ruolo economico delle minoranze in Europa. Secc. XIII–XVIII* (Atti della xxxi Settimana di Studi, Istituto Francesco Datini, Prato), Florence, pp. 43–58

Toch, M. (2000b), 'The economic activity of German Jews in the 10th–12th centuries: between historiography and history', in Y. T. Assis, O. Limor, J. Cohen and M.

878 Toch (eds.), *Facing the Cross: The Persecutions of 1096 in History and Historiography*, Jerusalem, pp. 32–54 (Hebrew)

Toch, M. (2001a), '*Dunkle Jahrhunderte*': *Gab es ein jüdisches Frühmittelalter?* (Kleine Schriften des Arye-Maimon Instituts 4), Trier

Toch, M. (2001b), 'Mehr Licht: Eine Entgegnung zu Friedrich Lotter', *Aschkenas* 11: 465–87

Toch, M. (2001c), 'Kultur des Mittelalters, jüdische Kulturen des Mittelalters. Das Problem aus der Sicht der Wirtschaftsgeschichte', in M. Borgolte (ed.), *Unaufhebbare Pluralität der Kulturen? Zur Dekonstruktion und Konstruktion des mittelalterlichen Europa*, Munich, pp. 7–17

Verhulst, A. (1970), 'Der Handel im Merowingerreich: Gesamtdarstellung nach schriftlichen Quellen', *Antikvariskt Arkiv* 39: 2–54

Verhulst, A. (1995), 'Economic organisation', in R. McKitterick (ed.), *The New Cambridge Medieval History*, 11, Cambridge, pp. 481–509

Yuval, I. J. (1999), 'Passover in the Middle Ages', in P. F. Bradshaw and L. A. Hoffman (eds.), *Passover and Easter: Origin and History to Modern Times*, Notre Dame, IN, pp. 127–60

Yuval, I. J. (2000), '*Two Nations in Your Womb': Perceptions of Jews and Christians*, Tel Aviv (Hebrew, English trans. in preparation)

Zimmels, H. J. (1966), 'Scholars and scholarship in Byzantium and Italy', in Roth (1966b), pp. 175–88

Zuckerman, A. J. (1972), *A Jewish Princedom in Feudal France, 768–900*, London and New York

21 君主与王权

Alcock, L. (1988), 'Pictish studies, present and future', in A. Small (ed.), *The Picts: A New Look at Old Problems*, Dundee, pp. 80–92

Almagro, M. *et al.* (1975), *Ou'sayr 'Amra: Residencia y Baños Omeyas en el Desierto de Jordania*, Madrid

Anderson, M. O. (1973), *Kings and Kingship in Early Scotland*, Edinburgh

Barnwell, P. S. (1992), *Emperors, Prefects and Kings: The Roman West, 395–565*, London

Bassett, S. (ed.) (1989), *The Origins of Anglo-Saxon Kingdoms* (Studies in the Early History of Britain), Leicester

Binchy, D. A. (1970), *Celtic and Anglo-Saxon Kingship*, Oxford

Binchy, D. A. (1971), 'An archaic legal poem', *Celtica* 9: 152–68

Bognetti, G. P. (1939), 'Longobardi e Romani', repr. in his *L'Età Longobardi*, Milan, pp. 83–141

Bowman, A. and Woolf, G. (eds.) (1994), *Literacy and Power in the Ancient World*, Cambridge

Breckenridge, J. D. (1959), *The Numismatic Iconography of Justinian* 11 (Numismatic Notes and Monographs 144), New York

Bréhier, L. (1906), 'L'origine des titres impériaux à Byzance', *BZ* 15: 161–78

Brooks, N. (1984), *The Early History of the Church of Canterbury* (Studies in the Early History of Britain), Leicester

Brown, P. R. L. (1993), *Power and Persuasion in Late Antiquity: Towards a Christian Empire*, Madison, WI

Browning, R. (1975), *Byzantium and Bulgaria: A Comparative Study across the Early Medieval Frontier*, London　　879

Bruce Mitford, R. *et al.* (eds.) (1975–83), *The Sutton Hoo Ship Burial*, London

Brühl, C.-R. (1968), *Fodrum, Gistum, Servitium Regis: Studien zu den wirtschaftlichen Grundlagen des Königtums im Frankenreich und in den frankischen Nachfolgestaaten Deutschland, Frankreich und Italien, vom 6. bis zur Mitte des 14. Jahrhunderts* (Kölner Historische Abhandlungen 14), Cologne

Byrne, F. J. (1973), *Irish Kings and High Kings*, London

Byrne, F. J. (1974), '"Senchas": the nature of the Gaelic historical tradition', in J. G. Barry (ed.), *Papers Read before the Irish Conference of Historians (Cork, 1971)* (Historical Studies 9), Belfast, pp. 137–59

Campbell, J. (ed.) (1982), *The Anglo-Saxons*, London

Campbell, J. (1992), 'The impact of the Sutton Hoo discovery on Anglo-Saxon history', in C. B. Kendall and P. S. Wells (eds.), *Voyage to the Other World* (Medieval Studies at Minnesota), Minneapolis, pp. 79–101

Campbell, J. B. (1984), *The Emperor and the Roman Army 31 BC–AD 235*, Oxford

Cameron, A. (1976), *Circus Factions: Blues and Greens at Rome and Byzantium*, Oxford

Cameron, Av. (1976), *In laudem Iustini Augusti Minoris*, London

Cameron, Av. (1979), 'The Virgin's robe: an episode in the history of early seventh-century Constantinople', *Byzantion* 49: 42–56

Cameron, Av. (1985), *Procopius and the Sixth Century*, London

Carver, M. O. H. (ed.) (1992), *The Age of Sutton Hoo: The Seventh Century in North-Western Europe*, Woodbridge

Charles-Edwards, T. M. (1986), '*Crith Gablach* and the law of status', *Peritia* 5: 53–73

Charles-Edwards, T. M. (1989), 'Early medieval kingships in the British Isles', in Bassett (1989), pp. 28–39

Charles-Edwards, T. M. (forthcoming), 'A contract between king and people in early medieval Ireland? *Crith Gablach* on kingship'

Chrysos, E. (1978), 'The title *basileus* in early Byzantine international relations', *DOP* 32: 29–75

Chrysos, E. (1979), 'Konzilspräsident und Konzilsvorstand. Zur Frage des Vorsitzes in den Konzilien der byzantinischen Reichskirche', *Annuarium Historiae Conciliorum* 11(i): 1–17

Claude, D. (1971), *Adel, Kirche und Königtum im Westgotenreich* (VuF Sonderband 8), Constance

Clover, F. M. (1986), 'Felix Karthago', *DOP* 40: 1–16

Collinet, E. (1925), *Histoire de l'École de Droit de Beyrouth* (Études historiques sur le droit de Justinien 2), Paris

Collins, R. (1983a), *Early Medieval Spain: Unity in Diversity 400–1000*, London

Collins, R. (1983b), 'Theodebert I, Rex Magnus Francorum' in Wormald *et al.* (1983), pp. 7–33

Collins, R. (1985), '"*Sicut lex Gothorum continet*" in law and charters in ninth- and tenth-century León and Catalonia', *EHR* 100: 489–512

Crone, P. and Hinds, M. (1986), *God's Caliph: Religious Authority in the First Centuries of Islam*, Cambridge

880   Davies, W. (1978), *An Early Welsh Microcosm: Studies in the Llandaff Charters* (Royal Historical Society), London

Davies, W. (1993), 'Celtic kingships in the early Middle Ages', in A. J. Duggan (ed.), *Kings and Kingship in Medieval Europe* (King's College London Medieval Studies 10), pp. 101–24

Davies, W. and Fouracre, P. (eds.) (1986), *The Settlement of Disputes in Early Medieval Europe*, Cambridge

De Vries, J. (1956), 'Das Königtum bei den Germanen', *Saeculum* 7: 289–309

Dillon, M. (1946), *The Cycles of the Kings*, Oxford

Dumville, D. N. (1976), 'The Anglian collection of royal genealogies and regnal lists', *Anglo-Saxon England* 5: 23–50

Dumville, D. N. (1977), 'Kingship, genealogies and regnal lists', in Sawyer and Wood (1977), pp. 72–104

Ebling, H. (1974), *Prosopographie der Amtsträger des Merowingerreiches: von Chlothar II (613) bis Karl Martell (714)* (Beihefte der Francia 2), Munich

Ellis Davidson, H. (1988), *Myths and Symbols in Pagan Europe: Early Scandinavian and Celtic Religions*, Manchester

Engel, J. (ed.) (1970), *Großer historischer Weltatlas*, Munich

Ensslin, W. (1967), 'The government and administration of the Byzantine Empire', in J. M. Hussey (ed.), *The Cambridge Medieval History*, IV, ii: *The Byzantine Empire*, Cambridge, pp. 1–54

Eogan, G. and Byrne, F. J. (1968), 'Excavations at Knowth, Co. Meath 1962–5', *PRIA* 66, Section C: 299–400

Erdmann, C. (1935), *The Origin of the Idea of Crusade*, trans. M. W. Baldwin and W. Goffart (1977), Princeton, NJ

Ewig, E. (1956), 'Zum christlichen Königsgedanken im Frühmittelalter', in Mayer (1956), pp. 7–73

Ewig, E. (1963), 'Residence et capitale pendant le haut moyen âge', *Revue Historique* 230: 25–72

Filmer-Sankey, W. (1996), 'The "Roman Emperor" in the Sutton Hoo ship burial', *Journal of the British Archaeological Association* 149: 1–9

Finsen, H. (1962), *Domus Flavia sur le Palatin: Aula Regia Basilica* (Analecta Romana Instituti Danici 2nd supplement), Copenhagen

Förstemann, E. (1900), *Altdeutsches Namenbuch*, I: *Personennamen*, 2nd edn, Bonn

Fouracre, P. (1986), '"Placita" and the settlement of disputes in later Merovingian Francia', in Davies and Fouracre (1986), pp. 23–43

Ganz, D. (1983), 'Bureaucratic shorthand and Merovingian learning', in Wormald *et al.* (1983), pp. 58–75

García Moreno, L. (1974), *Prosografía del reino visigodo de Toledo* (Acta Salamanticensia, Filosofía y Letras 77), Salamanca

Gerberding, R. (1987), *The Rise of the Carolingians and the* 'Liber Historiae Francorum', Oxford

Gerriets, M. (1988), 'The king as judge in early Ireland', *Celtica* 20: 29–52

Gibb, H. A. R. (1955), 'The fiscal rescript of Umar II', *Arabica* 2: 1–16

Gibb, H. A. R. (1958), 'Arab–Byzantine relations under the Umayyad Caliphate', *DOP* 12: 219–33

Goffart, W. (1980), *Barbarians and Romans, A.D. 418–584: The Techniques of Accommodation*, Princeton, NJ　　　881

Mordek, H. (1994), 'Die Hedenen als politische Kraft im Austrasischen Frankenreich', in J. Jarnut *et al.* (eds.), *Karl Martell in seiner Zeit* (Beihefte der Francia 37), Sigmaringen, pp. 345–66

Murray, A. C. (1986), 'The position of the *Grafio* in the constitutional history of Merovingian Gaul', *Speculum* 61: 787–805

Murray, A. C. (1988), 'From Roman to Frankish Gaul: "centenarii" and "centenae" in the administration of the Merovingian kingdom', *Traditio* 44: 59–100

Murray, O. (1990), 'The idea of the Shepherd king from Cyrus to Charlemagne', in P. Godman and O. Murray (eds.), *Latin Poetry and the Classical Tradition*, Oxford, pp. 1–14

Nasrullah, P. J. (1950), *Saint Jean de Damas: son époque, sa vie, son œuvre*, Paris

Nehlsen, H. (1977), 'Zur Aktualität und Effektivität germanischer Rechtsaufzeichnungen', in P. Classen (ed.), *Recht und Schrift im Mittelalter* (VuF 23), Constance

Ní Dhonnchadha, M. (1982), 'The guarantor list of *Cáin Adomnáin*, 697', *Peritia* 1: 178–215

O'Cathasaigh, T. (1977), *The Heroic Biography of Cormac mac Airt*, Dublin

O'Corráin, D. (1971), 'Irish regnal succession: a reappraisal', *Studia Hibernica* 11: 7–39

O'Corráin, D. (1978), 'Nationality and kingship in pre-Norman Ireland', in T. W. Moody (ed.), *Nationality and the Pursuit of National Independence* (Historical Studies 11), Belfast, pp. 1–35

O'Corráin, D., Breatnach, L. and Breen, A. (1984), 'The laws of the Irish', *Peritia* 3: 382–438

Périn, P. (1992), 'The undiscovered grave of King Clovis (+511)', in Carver (1992), pp. 255–64

Pohl, W. (1988), *Die Awaren: Ein Steppenvolk in Mitteleuropa, 567–822 n. Chr.*, Munich

Reydellet, M. (1981), *La Royauté dans la littérature latine de Sidoine Apollinaire à Isidore de Séville* (Bibliothèque des écoles françaises d'Athènes et de Rome 243), Rome

Rösch, G. (1978), *Onoma Basileias: Studien zum offiziellen Gebrauch der Kaisertitel in spätantiker und frühbyzantinischer Zeit* (Byzantina Vindobonensia 10), Vienna

Sansterre, J. (1972), 'Eusèbe de Césarée et la naissance de la théorie césaropapiste', *Byzantion* 42: 131–95, 532–94

Sawyer, P. H. and Woods, I. N. (eds.) (1977), *Early Medieval Kingship*, Leeds

Schlesinger, W. (1956), 'Obergermanisches Heerkönigtum', in Mayer (1956), pp. 105–41

Sharf, A. (1971), *Byzantine Jewry from Justinian to the Fourth Crusade*, New York

Sirks, B. (1993), 'The sources of the Code', in Harries and Wood (1993), pp. 45–67

Sisam, K. (1953), 'Anglo-Saxon royal genealogies', *PBA* 39: 287–348

Smyth, A. P. (1972), 'The earliest Irish Annals: their first contemporary entries and the earliest centres of recording', *PRIA* 72, Section C: 1–48

Stancliffe, C. (1983), 'Kings who opted out', in Wormald *et al.* (1983), pp. 154–76

Stepanov, T. (2001), 'The Bulgar Title KANAYBIΓI: reconstructing the notions of divine kingship in Bulgaria. AD 822–836', *EME* 10: 1–19

Talbot Rice, D. (1966), *The Dark Ages*, London

Thacker, A. T. (1983), 'Bede's ideal of reform', in Wormald *et al.* (1983), pp. 130–53

882 Thompson, E. A. (1965), *The Early Germans*, Oxford

Thompson, E. A. (1966), *The Visigoths in the Time of Ulfila*, Oxford

Todd, M. (1992), *The Early Germans* (The Peoples of Europe), Oxford

Voss, W. E. (1982), *Recht und Retorik in den Kaisergesetzen der Spätantike: Eine Untersuchung zum nachklassischen Kauf und Übereignungsrecht* (Forschungen zur byzantinischen Rechtsgeschichte 9), Frankfurt

Wailes, B. (1982), 'The Irish "royal sites" in history and archaeology', *Cambridge Medieval Celtic Studies* 3: 1–29

Wallace-Hadrill, J. M. (1960), 'The graves of kings: an historical note on some archaeological evidence', *Studi Medievali* series 1: 177–94: repr. with postscript in his essays, *Early Medieval History*, Oxford (1975), pp. 39–59

Wallace-Hadrill, J. M. (1962), *The Long-Haired Kings and Other Studies in Frankish History*, London

Wallace-Hadrill, J. M. (1971), *Early Germanic Kingship in England and on the Continent*, Oxford

Wallace-Hadrill, J. M. (1975), *Early Medieval History*, Oxford

Ward-Perkins, B. (1984), *From Classical Antiquity to the Middle Ages: Urban Public Building in Northern and Central Italy AD 300–850*, Oxford

Werner, K.-F. (1972), 'Les principautés périphériques dans le monde franc du VIIIe siècle', *Settimane* 20: 484–514

Whitby, Ma. (1994), 'A new image for a new age: George of Pisidia on the Emperor Heraclius', in E. Dabrowa (ed.), *The Roman and Byzantine Army in the East* (Proceedings of a colloquium held at the Jagiellonian University, Kraków, September 1992), Cracow, pp. 197–225

Whitby, Ma. (1995), 'The devil in disguise: the end of George of Pisidia's *Hexaemeron* reconsidered', *Journal of Hellenic Studies* 115: 115–29

Whitby, Mi. (1982), 'Theophylact's knowledge of languages', *Byzantion* 52: 425–8

Whitby, Mi. (1988), *The Emperor Maurice and His Historian: Theophylact Simocatta on Persian and Balkan Warfare*, Oxford

Whitby, Mi. (1994), 'The Persian king at war' in E. Dabrowa (ed.), *The Roman and Byzantine Army in the East* (Proceedings of a colloquium held at the Jagiellonian University, Kraków, September 1992), Cracow, pp. 227–63

Whitting, P. (1973), *Byzantine Coins*, London

Wickham, C. (1981), *Early Medieval Italy: Central Power and Local Society 400–1000*, London

Wickham, C. (1984), 'The other transition: from the ancient world to feudalism', *Past and Present* 103: 3–36

Wickham, C. (1993), 'La Chute de Rome n'aura pas lieu', *Le Moyen Age* 99: 107–26

Wieacker, F. (1963), *Allgemeine Zustände und Rechtszustände gegen Ende des weströmischen Reichs* (Ius Romanum Medii Aevi 1, 2, a), Milan

Wolfram, H. (1967), *Intitulatio I. Lateinische Königs- und Fürstentitel bis zum Ende des 8. Jahrhunderts* (MIÖG, supplement 21), Vienna

Wolfram, H. (1970), 'The shaping of the early medieval kingdom', *Viator* 1: 1–20

Wolfram, H. (1975), 'Athanaric the Visigoth: monarchy or judgeship. A study in comparative history', *JMH* 1: 259–78

Wolfram, H. (1988), *History of the Goths*, trans. T. J. Dunlap, Berkeley, CA

Wood, I. (1989), 'The Irish and social subversion in the early middle ages', in　883
D. Siegmund-Schulze (ed.), *Irland, Gesellschaft und Kultur*, VI (Martin-Luther-
Universität Halle-Wittenberg Wissenschaftliche Beiträge 44), Halle, pp. 263–70

Wood, I. (1994), *The Merovingian Kingdoms*, London

Wormald, P. (1977), '*Lex scripta* and *verbum regis*: legislation and Germanic kingship,
from Euric to Cnut', in Sawyer and Wood (1977), pp. 105–38

Wormald, P. (1982), 'Viking studies: whence and whither?', in R. T. Farrell (ed.), *The
Vikings*, Chichester, pp. 128–53

Wormald, P. (1986a), 'Celtic and Anglo-Saxon kingship: some further thoughts', in
P. Szarmach and V. Oggins (eds.), *Sources of Anglo-Saxon Culture* (Studies in Medieval
Culture 20), Kalamazoo, pp. 151–83

Wormald, P. (1986b), 'Charters, law and the settlement of disputes in Anglo-Saxon
England', in Davies and Fouracre (1986), pp. 149–68

Wormald, P. (1995), '*Inter Cetera Bona Genti Suae*: law-making and peace-keeping in
the earliest English kingdoms', *Settimane* 42: 963–96

Wormald, P. (1996), 'The emergence of the *Regnum Scottorum*: a Carolingian
hegemony?', in B. Crawford (ed.), *Scotland in Dark Age Britain* (St John's House
Papers 6), St Andrews, pp. 131–60

Wormald, P. (1998), *The Making of English Law: King Alfred to the Twelfth Century*, I:
Legislation and Its Limits, Oxford

Wormald, P. (1999), 'Law and dispute settlement', in P. Heather and B. Ward-Perkins
(eds.), *Romans and Barbarians: The Oxford Illustrated History of the End of Antiquity,
300–700*, Oxford

Wormald, P., Bullough, D. A. and Collins, R. (eds.) (1983), *Ideal and Reality in Frankish
and Anglo-Saxon Society: Studies presented to J. M. Wallace-Hadrill*, Oxford

22　地中海经济

Abadie-Reynal, C. (1989), 'Céramique et commerce dans le bassin égéen du IVe au
VIIe siècle', in *Hommes et richesses dans l'empire byzantin*, I: *IVe–VIIe siècle*, Paris,
pp. 143–59

Arnaldi, G. (1986), 'L'approvvigionamento di Roma e l'amministrazione de "patrimonii
di S. Pietro" al tempo di Gregorio Magno', *Roczniki Humanistyczne* 34: 63–74

Arthur, P. (1986), 'Amphorae and the Byzantine world', in J.-Y. Empereur and Y. Garlan
(eds.), *Recherches sur les amphores grecques* (*BCH*, suppl. 13), Paris, pp. 655–60

Arthur, P. (1989), 'Some observations on the economy of Bruttium under the later
Roman Empire', *JRA* 2: 133–42

Arthur, P. (1993), 'Early medieval amphorae, the duchy of Naples and the food supply
of Rome', *PBSR* 61: 231–44

Arthur, P. (1998), 'Eastern Mediterranean amphorae between 500 and 700: a view from
Italy', in Saguì (1998b), pp. 157–83

Arthur, P. and Oren, E. D. (1998), 'The North Sinai survey and the evidence of transport
amphorae for Roman and Byzantine trading patterns', *JRA* 11: 193–212

Arthur, P. and Patterson, H. (1994), 'Ceramics and early medieval central and southern
Italy: "a potted history"', in Francovich and Noyé (1994), pp. 409–41

Bacchelli, B. and Pasqualucci, R. (1998), 'Lucerne dal contesto di VII secolo della
Crypta Balbi', in Saguì (1998b), pp. 343–50

884   Bailey, D. M. (1998), *Excavations at El-Ashmunein*, v: *Pottery, Lamps and Glass of the Late Roman and Early Arab Periods*, London

Ballet, P. and Picon, M. (1987), 'Recherches préliminaires sur les origines de la céramique des Kellia (Egypte)', *CCE* 1: 17–48

Balzaretti, R. (1996), 'Cities, emporia and monasteries: local economies in the Po Valley, c. AD 700–875', in N. Christie and S. T. Loseby (eds.), *Towns in Transition: Urban Evolution in Late Antiquity and the Early Middle Ages*, Aldershot, pp. 213–34

Ben Abed, A., Bonifay, M., Fixot, M. *et al.* (1997), 'Note préliminaire sur la céramique de la basilique orientale de Sidi Jdidi (Tunisie) (Ve–VIIe s.)', in *La Céramique médiévale en Méditerranée. Actes du 6e Congrès*, Aix-en-Provence, pp. 13–25

Bonifay, M., Carré, M.-B., Rigoir, Y. *et al.* (1998), *Fouilles à Marseille: les mobiliers (Ire–VIIe siècles ap. J.-C.)* (Etudes Massaliètes 5), Paris

Bonifay, M. and Pieri, D. (1995), 'Amphores du Ve au VIIe siècle à Marseille: nouvelles données sur la typologie et le contenu', *JRA* 8: 94–120

Bonifay, M. and Villedieu, F. (1989), 'Importations d'amphores orientales en Gaule (Ve–VIIe siècle)', in V. Déroche and J.-M. Spieser (eds.), *Recherches sur la céramique byzantine* (*BCH*, suppl. 18), Paris, pp. 17–46

Braudel, F. (1972), *The Mediterranean and the Mediterranean World in the Age of Philip II*, 2nd edn, trans. S. Reynolds, 2 vols., London

Cameron, A., Ward-Perkins, B. and Whitby, M. (eds.) (2000), *The Cambridge Ancient History*, XIV: *Late Antiquity: Empire and Successors, A.D. 425–600*, Cambridge

Canivet, P. and Rey-Coquais, J.-P. (eds.) (1992), *La Syrie de Byzance à l'Islam, VIIe–VIIIe siècles*, Damascus

Carandini, A. (1981), 'Sviluppo e crisi delle manifatture rurali e urbane', in A. Giardina and A. Schiavone (eds.), *Società romana e produzione schiavistica*, 3 vols., Rome and Bari, II, pp. 249–60

Carandini, A. (1986), 'Il mondo della tarda antichità visto attraverso le merci', in A. Giardina (ed.), *Società romana e impero tardoantico*, 3 vols., Rome and Bari, III, pp. 3–19

Carrié, J.-M. (1975), 'Les distributions alimentaires dans les cités de l'empire romain tardif', *MEFRA* 87: 995–1010

CATHMA (1993), 'Céramiques languedociennes du haut moyen âge (VIe–XIe s.). Etudes micro-régionales et essai de synthèse', *Archéologie du Midi Médiéval* 11: 111–228

Claude, D. (1985), *Untersuchungen zu Handel und Verkehr der vor- und frühgeschichtlichen Zeit in Mittel- und Nordeuropa*, II: *Der Handel im westlichen Mittelmeer während des Frühmittelalters*, Göttingen

Dagron, G. (1985), 'Un tarif des sportules à payer aux *curiosi* du port de Séleucie de Piérie', *Travaux et Mémoires* 9: 435–55

Dagron, G. and Déroche, V. (1991), 'Juifs et Chrétiens dans l'Orient du VIIe siècle', *Travaux et Mémoires* 11: 17–273

Dagron, G. and Feissel, D. (1987), *Inscriptions de Cilicie* (Travaux et Mémoires du Centre de Recherche Historique et Civilisation de Byzance 4), Paris

Dark, K. R. (ed.) (1995), *External Contacts and the Economy of Late Roman and Post-Roman Britain*, Woodbridge

Decker, M. (2001), 'Food for an empire: wine and oil production in North Syria', in Kingsley and Decker (2001), pp. 69–86

Démians d'Archimbaud, G. *et al.* (1994), *L'Oppidum de Saint-Blaise du Ve au VIIe s.* 　885
(Documents d'Archéologie Française 45), Paris

Dentzer, J.-M. (ed.) (1985), *Hauran I: recherches archéologiques sur la Syrie du Sud à l'époque hellénistique et romaine*, Paris

Devroey, J.-P. (1995), 'Juifs et Syriens. A propos de la géographie économique de la Gaule au haut moyen âge', in J.-M. Duvosquel and E. Thoen (eds.), *Peasants and Townsmen in Medieval Europe: Studia in honorem Adriaan Verhulst*, Ghent, pp. 51–72

Durliat, J. (1982), 'Taxes sur l'entrée des marchandises dans la cité de *Carales*-Cagliari à l'époque byzantine (582–602)', *DOP* 36: 1–14

Durliat, J. (1990), *De la Ville antique à la ville byzantine: le problème des subsistences* (Collection de l'Ecole Française de Rome 136), Rome

Durliat, J. (1998), 'Les conditions du commerce au VIe siècle', in Hodges (1998), pp. 89–117

Durliat, J. and Guillou, A. (1984), 'Le tarif d'Abydos (vers 492)', *BCH* 10: 581–98

Egloff, M. (1977), *Kellia: la poterie copte. Quatre siècles d'artisanat et d'échanges en Basse-Egypte* (Recherches Suisses d'Archéologie Copte 3), Geneva

Empereur, J.-Y. and Picon, M. (1989), 'Les régions de production d'amphores impériales en Méditerranée orientale', in *Amphores romaines et histoire économique: dix ans de recherche* (Collection de l'Ecole Française de Rome 114), Rome, pp. 223–48

Eyice, S. (1988), 'Ricerche e scoperte nella regione di Silifke nella Turchia meridionale', in C. Barsanti, A. G. Guidobaldi and A. Iacobini (eds.), *Milion: studi e ricerche d'arte bizantina*, I, Rome, pp. 15–57

Fentress, E. and Perkins, P. (1987), 'Counting African Red Slip Ware', *L'Africa Romana* 5: 205–14

Finley, M. I. (1985), *The Ancient Economy*, 2nd edn, London

Fontana, S. (1998), 'Le "imitazioni" della sigillata africana e le ceramiche da mensa italiche tardo-antiche', in Saguì (1998b), pp. 83–100

Foss, C. (1994), 'The Lycian coast in the Byzantine age', *DOP* 48: 1–52

Foss, C. (1995), 'The near eastern countryside in late antiquity: a review article', in J. Humphrey (ed.), *The Roman and Byzantine Near East: Some Recent Archaeological Research* (*JRA* suppl. ser. 14), Ann Arbor, pp. 213–34

Foss, C. (1997), 'Syria in transition, A.D. 550–750; an archaeological approach', *DOP* 51: 189–269

Fouracre, P. (1995), 'Eternal light and earthly needs: practical aspects of the development of Frankish immunities', in W. Davies and P. Fouracre (eds.), *Property and Power in the Early Middle Ages*, Cambridge, pp. 53–81

Francovich, R. and Noyé, G. (eds.) (1994), *La storia dell'alto medioevo italiano (VI–X secolo) alla luce dell'archaeologia*, Florence

Fulford, M. G. (1980), 'Carthage. Overseas trade and the political economy, c. A.D. 400–700', *Reading Medieval Studies* 6: 68–80

Fulford, M. G. (1983), 'Pottery and the economy of Carthage and its hinterland', *Opus* 2: 5–14

Gatier, P.-L. (1988), 'Le commerce maritime de Gaza au VIe siècle', in *Navires et commerces de la Méditerranée antique: hommage à J. Rougé* (Cahiers d'Histoire 33), Lyons, pp. 361–70

886 Gutiérrez-Lloret, S. (1998a), 'Eastern Spain in the sixth century in the light of archaeology', in Hodges (1998), pp. 161–84

Gutiérrez-Lloret, S. (1998b), 'Il confronto con la Hispania orientale: la ceramica nei secoli VI–VII', in Saguì (1998b), pp. 549–67

Haldon, J. (1990), *Byzantium in the Seventh Century: The Transformation of a Culture*, Cambridge

Haldon, J. (2000), 'Production, distribution and demand in the Byzantine world, c. 660–840', in Wickham and Hansen (2000), pp. 225–64

Hartmann, L. M. (1904), *Zur Wirtschaftsgeschichte Italiens im frühen Mittelalter*, Gotha

Hayes, J. W. (1972), *Late Roman Pottery*, London

Hayes, J. W. (1980), *A Supplement to Late Roman Pottery*, London

Hayes, J. W. (1992), *Excavations at Saraçhane in Istanbul*, II: *The pottery*, Princeton, NJ

Hendy, M. F. (1985), *Studies in the Byzantine Monetary Economy, c. 300–1450*, Cambridge

Hendy, M. F. (1988), 'From public to private: the western barbarian coinages as a mirror of the disintegration of late Roman state structures', *Viator* 19: 29–78

Hendy, M. F. (1993), 'From antiquity to the Middle Ages: economic and monetary aspects of the transition', in *De la antigüedad al medioevo, siglos IV–VIII*, León, pp. 325–60

Hodges, R. (ed.) (1998), *The Sixth Century: Production, Distribution and Demand*, Leiden

Hodges, R. and Whitehouse, D. (1983), *Mohammed, Charlemagne and the Origins of Europe: Archaeology and the Pirenne Thesis*, London; revised French trans. C. Morrisson (1996), Paris

Hollerich, M. J. (1982), 'The Alexandrian bishops and the grain trade: ecclesiastical commerce in Late Roman Egypt', *JESHO* 25: 187–207

Hopkins, K. (1980), 'Taxes and trade in the Roman empire (200 B.C.–A. D. 400)', *JRS* 70: 101–25

Hopkins, K. (1983), 'Introduction', in P. Garnsey, K. Hopkins and C. R. Whittaker (eds.), *Trade in the Ancient Economy*, Berkeley and Los Angeles, pp. ix–xxv

Horden, P. and Purcell, N. (2000), *The Corrupting Sea: A Study of Mediterranean History*, Oxford

Johnson, A. C. and West, L. C. (1949), *Byzantine Egypt: Economic Studies* (Princeton University Studies in Papyrology 6), Princeton, NJ

Jones, A. H. M. (1964), *The Later Roman Empire, 284–602: A Social, Economic, and Administrative Survey*, 3 vols., Oxford

Jones, A. H. M. (1974), *The Roman Economy: Studies in Ancient Economic and Administrative History*, ed. P. A. Brunt, Oxford

Keay, S. J. (1984), *Late Roman Amphorae in the Western Mediterranean: A Typology and Economic Study: the Catalan Evidence* (BAR International Series 196), Oxford

Keay, S. J. (1998), 'African amphorae', in Saguì (1998b), pp. 141–55

Keenan, J. G. (1984), 'The Aphrodito papyri and village life in Byzantine Egypt', *BSAC* 26: 1–63

Kennedy, H. (1995), 'The financing of the military in the early Islamic state', in A. Cameron (ed.), *The Byzantine and Early Islamic Near East*, III: *States, Resources and Armies*, Princeton, NJ, pp. 361–78

Kennedy, H. (2000), 'Syria, Palestine and Mesopotamia', in Cameron *et al.* (2000), 887
pp. 588–611

Kieslinger, E. (1999), 'Zum Weinhandel in frühbyzantinischer Zeit', *Tyche* 14: 141–56

Kingsley, S. and Decker, M. (eds.) (2001), *Economy and Exchange in the East Mediterranean during Late Antiquity*, Oxford

Lebecq, S. (2000), 'The role of the monasteries in the systems of production and exchange of the Frankish world between the seventh and the beginning of the ninth centuries', in Wickham and Hansen (2000), pp. 121–48

Levillain, L. (1902), *Examen critique des chartes mérovingiennes et carolingiennes de l'abbaye de Corbie*, Paris

Loseby, S. T. (1992), 'Marseille: a late antique success story?', *JRS* 82: 165–85

Loseby, S. T. (1998), 'Marseille and the Pirenne thesis, I: Gregory of Tours, the Merovingian kings, and "un grand port" ', in Hodges (1998), pp. 203–29

Loseby, S. T. (2000), 'Marseille and the Pirenne thesis, II: "ville morte" ', in Wickham and Hansen (2000), pp. 167–93

McCormick, M. (1998), 'Bateaux de vie, bateaux de mort. Maladie, commerce, transports annonaires et le passage économique du bas-empire au moyen âge', in *Morfologie sociali e culturali in Europa fra tarda antichità e alto medioevo*, Settimane 45: 35–118

McCormick, M. (2002), *Origins of the European Economy: Communications and Commerce, AD 300–900*, Cambridge

Mackensen, M. (1993), *Die spätantiken Sigillata- und Lampentöpfereien von El Mahrine (Nordtunisien): Studien zur nordafrikanischen Feinkeramik des 4. bis 7. Jahrhunderts*, Munich

Mackensen, M. (1998), 'Centres of African Red Slip Ware production in Tunisia from the late 5th to the 7th century', in Saguì (1998b), pp. 23–39

Mannoni, T., Murialdo, G. *et al.* (2001), *S. Antonino: un insediamento fortificato nella Liguria bizantina*, 2 vols., Bordighera

Marazzi, F. (1998a), *I 'Patrimonio Sanctae Romanae Ecclesiae' nel Lazio, secoli IV–X: strutture amministrative e prassi gestionale*, Rome

Marazzi, F. (1998b), 'The destinies of the late antique Italies: politico-economic developments of the sixth century', in Hodges (1998), pp. 119–59

Martin, A. (1998), 'La sigillata focese (Phocaean Red-Slip/Late Roman C ware)', in Saguì (1998b), pp. 109–22

Mattingly, D. J. (1988), 'Oil for export? A comparison of Libyan, Spanish and Tunisian olive oil production in the Roman empire', *JRA* 1: 33–56

Mattingly, D. J. and Hitchner, R. B. (1995), 'Roman Africa: an archaeological review', *JRS* 85: 165–213

Mayerson, P. (1985), 'The wine and vineyards of Gaza in the Byzantine period', *BASOR* 257: 75–80

Miller, J. I. (1969), *The Spice Trade of the Roman Empire, 29 B.C. to A.D. 641*, Oxford

Mundell Mango, M. (1996), 'Byzantine maritime trade with the East (4th–7th centuries)', *ARAM* 8: 139–63

Orssaud, D. (1992), 'De la céramique Byzantine à la céramique islamique', in Canivet and Rey-Coquais (1992), pp. 219–28

888   Pacetti, F. (1998), 'La questione delle Keay LII nell'ambito della produzione anforica in Italia', in Saguì (1998b), pp. 185–208

Panella, C. (1993), 'Merci e scambi nel Mediterraneo tardoantico', in *Storia di Roma*, III: *L'età tardoantica, ii, I luoghi e le culture*, Turin, pp. 613–97

Parker, A. J. (1992), *Ancient Shipwrecks of the Mediterranean and the Roman Provinces* (BAR International Series 580), Oxford

Peacock, D. P. S. (1982), *Pottery in the Roman World: An Ethnoarchaeological Approach*, London

Peacock, D. P. S. and Williams, D. F. (1986), *Amphorae and the Roman Economy*, London

Pelletier, J.-P. (1997), 'Les Céramiques communes grises en Provence de l'antiquité tardive au XIIIe siècle', in *La céramique médiévale en Méditerranée. Actes du 6e Congrès*, Aix-en-Provence, pp. 111–24

Pirenne, H. (1939), *Mohammed and Charlemagne*, trans. B. Miall, London

Reynolds, P. (1995), *Trade in the Western Mediterranean A.D. 400–700: The Ceramic Evidence* (BAR International Series 604), Oxford

Ricci, M. (1998), 'La ceramica comune dal contesto di VII secolo della Crypta Balbi', in Saguì (1998b), pp. 351–82

Rigoir, Y. (1998), 'Les dérivées-des-sigillées paléochrétiennes', in Saguì (1998b), pp. 101–7

Riising, A. (1952), 'The fate of Henri Pirenne's thesis on the consequences of Islamic expansion', *Classica et Medievalia* 13: 87–130

Riley, J. A. (1979), 'The coarse pottery', in J. A. Lloyd (ed.), *Excavations at Sidi Khrebish Benghazi (Berenice)*, II (suppl. to *Libya Antiqua* 5.2), Tripoli, pp. 91–467

Rougé, J. (1966), *Recherches sur l'organisation du commerce maritime en Méditerranée sous l'empire romain*, Paris

Ruggini, L. (1959), 'Ebrei e orientali nell'Italia settentrionale fra il IV e il VI secolo d. Cr.', *Studia e Documenta Historiae et Iuris* 25: 187–308

Ruggini, L. (1961), *Economia e società nell' 'Italia annonaria': rapporti fra agricoltura e commercio del IV secolo al VI secolo d. C.*, Milan

Saguì, L. (1998a), 'Il deposito della Crypta Balbi: una testimonianza imprevedibile sulla Roma del VII secolo?', in Saguì (1998b), pp. 305–33

Saguì, L. (ed.) (1998b), *Ceramica in Italia: VI–VII secolo: atti del convegno in onore di John Hayes*, Florence

Saguì, L., Ricci, M. and Romei, D. (1997), 'Nuovi dati ceramologici per la storia economica di Roma tra VII e VIII secolo', in *La Céramique médiévale en Méditerranée. Actes du 6e Congrès*, Aix-en-Provence, pp. 35–48

Sartre, M. (1985), *Bostra: des origines à l'Islam*, Paris

Schick, R. (1998), 'Palestine in the early Islamic period: luxuriant legacy', *Near Eastern Archaeology* 61: 74–108

Shereshevski, J. (1991), *Byzantine Urban Settlements in the Negev Desert*, Beer-Sheva

Sodini, J.-P. (1989), 'Le commerce des marbres à l'époque protobyzantine', in *Hommes et richesses dans l'empire byzantin*, I: *IVe–VIIe siècle*, Paris, pp. 163–86

Sodini, J.-P. (1993), 'La contribution de l'archéologie à la connaissance du monde byzantin (IVe–VII siècles)', *DOP* 47: 139–84

Sodini, J.-P. and Villeneuve, E. (1992), 'Le passage de la céramique byzantine à la céramique omeyyade en Syrie du Nord, en Palestine et en Transjordanie', in Canivet and Rey-Coquais (1992), pp. 195–218　　889

Sodini, J.-P. *et al.* (1980), 'Déhès (Syrie du Nord): campagnes I–III (1976–1978). Recherches sur l'habitat rural', *Syria* 57: 1–304

Tate, G. (1992), *Les Campagnes de la Syrie du Nord du IIe au VIIe siècle: un exemple d'expansion démographique et économique à la fin de l'antiquité*, I, Paris

Tchalenko, G. (1953–58), *Villages antiques de la Syrie du Nord: le massif du Bélus à l'époque romaine*, 3 vols., Paris

Thomas, C. (1981), *A Provisional List of Imported Pottery in Post-Roman Western Britain and Ireland*, Redruth

Tortorella, S. (1986), 'La ceramica fine da mensa africana dal IV al VII secolo d. C.', in A Giardina (ed.), *Società romana e impero tardoantico*, III, Rome and Bari, pp. 211–25

Tortorella, S. (1998), 'La sigillata africana in Italia nel VI e nel VII secolo d. C.: problemi di cronologia e distribuzione', in Saguì (1998b), pp. 41–69

van Alfen, P. G. (1996), 'New light on the 7th-c. Yassi Ada shipwreck: capacities and standard sizes of LRA 1 amphoras', *JRA* 9: 189–213

van Minnen, P. (1986), 'The volume of the Oxyrhynchite textile trade', *Münsterische Beiträge zur Antiken Handelsgeschichte* 5: 88–95

Vera, D. (1983), 'Strutture agrarie e strutture patrimoniali nella tarda antichità: l'aristocrazia romana tra agricoltura e commercio', *Opus* 2: 489–533

Walmsley, A. (1996), 'Byzantine Palestine and Arabia: urban prosperity in Late Antiquity', in Christie and Loseby (1996), pp. 126–58

Walmsley, A. (2000), 'Production, exchange and regional trade in the Islamic east Mediterranean: old structures, new systems?', in Wickham and Hansen (2000), pp. 265–343

Ward-Perkins, B. (2000a), 'Land, labour and settlement', in Cameron *et al.* (2000), pp. 315–45

Ward-Perkins, B. (2000b), 'Specialised production and exchange', in Cameron *et al.* (2000), pp. 346–91

Watson, P. (1992), 'Change in foreign and regional economic links with Pella in the seventh century AD: the ceramic evidence', in Canivet and Rey-Coquais (1992), pp. 233–47

Whittaker, C. R. (1983), 'Late Roman trade and traders', in P. Garnsey, K. Hopkins and C. R. Whittaker (eds.), *Trade in the Ancient Economy*, Berkeley and Los Angeles, pp. 163–80

Wickham, C. (1988), 'Marx, Sherlock Holmes, and late Roman commerce', *JRS* 78: 183–93

Wickham, C. (1994), 'Considerazioni conclusive', in Francovich and Noyé (1994), pp. 741–59

Wickham, C. (1998), 'Overview: production, distribution and demand', in Hodges (1998), pp. 279–92

Wickham, C. (2000a), 'Overview: production, distribution and demand, II', in Wickham and Hansen (2000), pp. 345–7

890

Wickham, C. (2000b), 'Italy at the end of the Mediterranean world-system', *JRA* 13: 818–24

Wickham, C. and Hansen, I. L. (eds.) (2000), *The Long Eighth Century: Production, Distribution and Demand*, Leiden

Wipszycka, E. (1965), *L'Industrie textile dans l'Egypte romaine*, Wrocław, Warsaw and Cracow

Wipszycka, E. (1972), *Les Ressources et les activités économiques des églises en Egypte du IVe au VIIIe siècle*, Brussels

Woolf, G. (1990), 'World systems analysis and the Roman empire', *JRA* 3: 44–58

Zanini, E. (1996), 'Ricontando la terra sigillata africana', *Archeologia Medievale* 23: 677–88

23　北海（5—8世纪）

Bencard, M. (ed.) (1981), *Ribe Excavations 1970–1976*, I, Esbjerg

Besteman, J. C., Bos, J. M., Gerrets, D. A. and Heidinga, H. A. (forthcoming), *The Excavation near Wijnaldum*, Rotterdam

Carver, M. (1998), *Sutton Hoo, Burial Ground of Kings?*, London

Cassard, J. C. (1998), *Les Bretons et la mer au Moyen Age*, Rennes

Clarke, H. and Ambrosiani, B. (1995), *Towns in the Viking Age*, 2nd edn, Leicester, London and New York

Claude, D. (1985), 'Aspekte des Binnenhandels im Merowingerreich auf Grund der Schriftquellen', in K. Düwel *et al.* (1985), pp. 9–99

Devroey, J. P. (1984), 'Un monastère dans l'économie d'échanges: les services de transport de l'abbaye de Saint-Germain-des-Prés au IXe siècle', *Annales ESC* 39: 570–89

Düwel, K., Jankuhn, H., Siems, H. and Dimpe, D. K. (eds.) (1985, 1987), *Untersuchungen zu Handel und Verkehr der vor- und frühgeschichtlichen Zeit in Mittel und Nordeuropa*, III: *Der Handel des frühen Mittelalters*; IV: *Der Handel der Karolinger- und Wikingerzeit*, Göttingen

Edwards, N. (1990), *The Archaeology of Early Medieval Ireland*, London

Ellmers, D. (1972), *Frühmittelalterliche Handelsschiffahrt in Mittel- und Nordeuropa*, Neumünster

Evans, A. C. (1986), *The Sutton Hoo Ship Burial*, London

Fleuriot, L. (1980), *Les Origines de la Bretagne*, Paris

Fulford, M. (1989), 'Byzantium and Britain. A Mediterranean perspective on post-Roman Mediterranean imports in western Britain and Ireland', *Medieval Archaeology* 8: 1–6

Grierson, P. (1959), 'Commerce in the Dark Ages: a critique of the evidence', *TRHS*, 5th series, 9: 123–40

Grierson, P. (1961), 'La fonction sociale de la monnaie en Angleterre aux VIIe–VIIIe siècles', *Settimane* 8: 341–62

Grierson, P. (1970), 'The purpose of the Sutton Hoo coins', *Antiquity* 44: 14–18

Grierson, P. (1979), *Dark Age Numismatics: Selected Studies*, London

Grierson, P. and Blackburn, M. (1986), *Medieval European Coinage*, I: *The Early Middle Ages (5th–10th Centuries)*, Cambridge

Hall, R. (ed.) (1978), *Viking Age York and the North* (CBA Research Report 27), London

Hall, R. (1988), 'York 700–1050', in Hodges and Hobley (1988), pp. 125–32   891

Haywood, J. (1991), *Dark Age Naval Power: A Reassessment of Frankish and Anglo-Saxon Seafaring*, London and New York

Heidinga, H. A. (1997), *Frisia in the First Millennium, An Outline*, Utrecht

Higham, N. (1992), *Rome, Britain and the Anglo-Saxons*, London

Hill, D. and Metcalf, D. M. (eds.) (1984), *Sceattas in England and on the Continent* (BAR British Series 128), Oxford

Hodges, R. (1980), *The Hamwih Pottery: The Local and Imported Wares from Thirty Years' Excavations and Their European Context*, London

Hodges, R. (1982), *Dark Age Economics: The Origins of Towns and Trade A.D. 600–1000*, London

Hodges, R. (1989), *The Anglo-Saxon Achievement*, London

Hodges, R. (1991), 'The eighth-century pottery industry at La Londe near Rouen, and its implications for cross-Channel trade with Hamwic, Anglo-Saxon Southampton', *Antiquity* 65: 882–7

Hodges, R. (2000), *Towns and Trade in the Age of Charlemagne*, London

Hodges, R. and Hobley, B. (eds.) (1988), *The Rebirth of Towns in the West, AD 700–1050* (CBA Research Report 68), London

Hodges, R. and Whitehouse, D. (1983), *Mohammed, Charlemagne and the Origins of Europe: Archaeology and the Pirenne Thesis*, London

James, E. (1982), 'Ireland and western Gaul in the Merovingian period', in D. Whitelock (ed.), *Ireland in Early Medieval Europe*, Cambridge, pp. 362–86

James, E. (2001), *Britain in the First Millennium*, London

Jankuhn, H. (1986), *Haithabu: Ein Handelsplatz der Wikingerzeit*, 8th edn, Neumünster

Jankuhn, H., Schietzel, K. and Reichstein, H. (eds.) (1984), *Archäologische und naturwissenschaftliche Untersuchungen an Siedlungen im deutschen Küstengebiet*, 1: *Handelsplätze des frühen und hohen Mittelalters*, Weinheim

Jensen, S. (1991), *The Vikings of Ribe*, Ribe

Johanek, P. (1985), 'Der Aussenhandel des Frankenreiches der Merowingerzeit nach Norden und Osten im Spiegel der Schriftquellen', in Düwel *et al.* (1985), pp. 214–54

Johanek P. (1987), 'Der fränkische Handel der Karolingerzeit im Spiegel der Schriftquellen', in Düwel *et al.* (1987), pp. 7–68

Johnson, S. (1976), *The Roman Forts of the Saxon Shore*, London

Johnston, D. E. (ed.) (1977), *The Saxon Shore* (CBA Research Report 18), London

Jones, M. E. (1996), *The End of Roman Britain*, Ithaca, New York and London

Lebecq, S. (1983), *Marchands et navigateurs frisons du haut Moyen Âge*, 2 vols., Lille

Lebecq, S. (1986), 'Dans l'Europe du Nord aux VIIe–IXe siècles: commerce frison ou commerce franco-frison?', *Annales ESC* 41: 361–77

Lebecq, S. (1989), 'La Neustrie et la mer', in H. Atsma (ed.), *La Neustrie: les pays au nord de la Loire de 650 à 850*, Sigmaringen, 1, pp. 405–40

Lebecq, S. (1991), 'Pour une histoire parallèle de Quentovic et Dorestad', in J. M. Duvosquel and A. Dierkens (eds.), *Villes et campagnes au Moyen Âge: mélanges Georges Despy*, Liège, pp. 415–28

Lebecq, S. (1993), 'Quentovic: un état de la question', *Studien zur Sachsenforschung* 8: 73–82

892　Lebecq, S. (1995), 'L'emporium proto-médiéval de Walcheren-Domburg: une mise en perspective', in J. M. Duvosquel and E. Thoen (eds.), *Peasants and Townsmen in Medieval Europe: Studia in honorem Adriaan Verhulst*, Ghent, pp. 73–89

Lebecq, S. (1997), 'Le premier Moyen Age', in P. Contamine *et al.* (eds.), *L'Economie médiévale*, 2nd edn, Paris, pp. 9–102

Lebecq, S. (1999), 'England and the Continent in the sixth and seventh centuries: the question of logistics', in R. Gameson (ed.), *St Augustine and the Conversion of England*, Stroud, pp. 50–67

Lebecq, S. (2000), 'The role of the monasteries in the systems of production and exchange of the Frankish world, between the seventh and the beginning of the ninth centuries', in I. L. Hansen and C. Wickham (eds.), *The Long Eighth Century: Production, Distribution and Demand*, Leiden, pp. 121–48

McGrail, S. (1987), *Ancient Boats in N. W. Europe: The Archaeology of Water Transport to AD 1500*, London and New York

McGrail, S. (ed.) (1990), *Maritime Celts, Frisians and Saxons* (CBA Research Report 71), London

Myres, J. N. L. (1989), *The English Settlements*, 2nd edn, Oxford

Pirenne, H. (1939), *Mohammed and Charlemagne*, trans. B. Miall, London

Sawyer, P. (1977), 'Kings and merchants', in P. Sawyer and I. Wood (eds.), *Early Medieval Kingship*, Leeds, pp. 139–58

Stenton, F. (1971), *Anglo-Saxon England*, 3rd edn, Oxford

Steuer, H. (1987), 'Gewichtsgeldwirtschaften im frühgeschichtlichen Europa – Feinwaagen und Gewichte als Quellen zur Währungsgeschichte', in K. Düwel *et al.* (1987), pp. 405–527

Thomas, C. (1986), *Celtic Britain*, London

Thomas, C. (1988), 'The context of Tintagel. A new model for the diffusion of post-Roman Mediterranean imports', *Cornish Archaeology* 33: 7–25

Thomas, C. (1990), 'Gallici Nautae de Galliarum Provinciis – A sixth–seventh century trade with Gaul, reconsidered', *Medieval Archaeology* 34: 1–26

Thomas, C. (1993), *Tintagel, Arthur and Archaeology*, London

Thrane, H. (1987), 'Das Gudme-Problem und die Gudme-Untersuchung', *FrSt* 21: 1–48

Van Es, W. A. and Hessing, W. A. M. (eds.) (1994), *Romeinen, Friezen en Franken in het hart van Nederland: Van Traiectum tot Dorestad (50 v.C.–900 n.C.)*, Amersfoort

Van Es, W. A. and Verwers, W. J. H. (eds.) (1980), *Excavations at Dorestad*, 1: *The Harbour: Hoogstraat I*, 2 vols., Amersfoort

Verhulst, A. (1999), *The Rise of Cities in North-West Europe*, Cambridge

Vince, A. (1990), *Anglo-Saxon London*, London

Wade, K. (1988), 'Ipswich', in Hodges and Hobley (1988), pp. 93–100

Welch, M. (1991), 'Contacts across the Channel between the fifth and seventh centuries: a review of the archaeological evidence', *Studien zur Sachsenforschung* 7: 261–70

Wood, I. (1983), *The Merovingian North Sea*, Alingsas

Zedelius, V. (1991), 'Zur Münzpragung von Quentovic', *Studien zur Sachsenforschung* 7: 367–77

24　钱币与钱币制造

Alföldi, M. R. (1978), 'Il medaglione d'oro di Teoderico', *Rivista Italiana di Numismatica* 80: 133–41

Alföldi, M. R. (1988), 'Das Goldmultiplum Theoderichs des Grossen – Neue Überlegungen', *Rivista Italiana di Numismatica* 90: 367–72

Arslan, E. A. (1986), 'Una riforma monetaria di Cuniperto re dei Longobardi (688–700)', *Numismatica e Antichità Classiche* 15: 249–75

Arslan, E. A. (1989), 'La monetazione dei Goti', *XXXVI Corso di cultura sull'arte Ravennate e Bizantina*, Ravenna, pp. 17–72

Arslan, E. A. (1993), 'La struttura delle emissioni monetarie dei Goti in Italia', in *Teoderico il Grande e i Goti d'Italia': Atti del XIII Congresso internazionale di studi sull'alto medioevo*, Spoleto, pp. 517–55

Arslan, E. A. (1998), 'Mutamenti di funzione e di struttura degli stock monetari in Europa tra V e VII secolo', in *Morfologie sociali e culturali in Europa fra tarda antichità e alto medioevo*, Spoleto, pp. 379–460

Blackburn, M. (1995), 'Money and coinage', in R. McKitterick (ed.), *The New Cambridge Medieval History* II, Cambridge, pp. 538–59.

Brown, D. (1981), 'The dating of the Sutton Hoo coins', in *Anglo-Saxon Studies in Archaeology and History*, II (BAR British Series 92), Oxford, pp. 71–86

Clover, F. M. (1991), 'Relations between North Africa and Italy AD 476–500: some numismatic evidence', *Revue Numismatique*, 6th series, 33: 112–33

Crusafont i Sabater, M. (1994), *El sistema monetario visigodo: cobre y oro*, Barcelona and Madrid

Gomes, M., Peixoto, J. M. and Rodrigues, J. (1985), *Ensaios sobre história monetária da monarquia visigoda*, Oporto

Grierson, P. (1982), *Byzantine Coins*, London

Grierson, P. (1985), 'The date of Theoderic's gold medallion', *Hikuin* 11: 19–26

Grierson, P. and Blackburn, M. (1986), *Medieval European Coinage*, I: *The Early Middle Ages (5th to 10th Centuries)*, Cambridge

Grierson, P. and Mays, M. (1992), *Catalogue of Late Roman Coins in the Dumbarton Oaks Collection and in the Whittemore Collection: From Arcadius and Honorius to the Accession of Anastasius*, Washington, DC

Hahn, W., with Metlich, M. A. (2000), *Money of the Incipient Byzantine Empire (Anastasius I to Justinian I, 491–565)*, Vienna

Hendy, M. F. (1985), *Studies in the Byzantine Monetary Economy, c. 300–1450*, Cambridge

Hendy, M. F. (1988), 'From public to private: the western barbarian coinages as a mirror of the disintegration of Late Roman state structures', *Viator* 1988: 29–88

Kent, J. P. C. (1975), 'The date of the Sutton Hoo hoard', in R. L. S. Bruce-Mitford (ed.), *The Sutton Hoo Ship Burial*, I, London, pp. 588–647

Kent, J. P. C. (1994), *The Roman Imperial Coinage*, X: *The Divided Empire and the Fall of the Western Parts 395–491*, London

Lafaurie, J. (1987), 'Les dernières émissions impériales d'argent à Trèves au 5e siècle', in H. Huvelin, M. Christol and G. Gautier (eds.), *Mélanges de numismatique offerts à Pierre Bastien*, Wetteren, pp. 297–323

Metcalf, D. M. (1986), 'Some geographical aspects of early medieval monetary circulation in the Iberian Peninsula', in M. Gomes Marques and M. Crusafont

894 i Sabater (eds.), *Problems of Medieval Coinage in the Iberian Area*, II, Aviles, pp. 307–24

Metcalf, D. M. (1992), 'The coinage of the first and second Suevic kingdoms: from Romanitas to Latinization', in *Galicia: da romanidade á xermanización: problemas históricos e culturais*, Santiago de Compostela, pp. 355–65

Metcalf, D. M. (1993–94), *Thrymsas and Sceattas in the Ashmolean Museum Oxford*, 3 vols. (Royal Numismatic Society Special Publication 27), London

Metcalf, D. M. (1995), 'Viking-Age numismatics: 1. Late Roman and Byzantine gold in the Northern Lands', *Numismatic Chronicle* 155: 413–41

Metlich, M. A. (2004), *The Coinage of Ostrogothic Italy*, London

Miles, C. C. (1952), *The Coinage of the Visigoths of Spain, Leovigild to Achila* II, New York

Morrisson, C. (1983), 'The re-use of obsolete coins: the case of Roman Imperial bronzes revived in the late fifth century', in C. N. L. Brooke, B. H. I. H. Stewart, J. G. Pollard and T. R. Volk (eds.), *Studies in Numismatic Method presented to Philip Grierson*, Cambridge, pp. 95–111

Morrisson, C. (1988), 'Carthage: the "moneta auri" under Justinian I and Justin II', in W. R. O. Hahn and W. E. Metcalf (eds.), *Studies in Early Byzantine Gold Coinage* (American Numismatic Society's Numismatic Studies 17), New York, pp. 41–64

Oddy, W. A. (1988), 'The debasement of the provincial Byzantine gold coinage from the seventh to ninth centuries', in W. R. O. Hahn and W. E. Metcalf (eds.), *Studies in Early Byzantine Gold Coinage* (American Numismatic Society's Numismatic Studies 17), New York, pp. 135–42

Peixoto Cabral, J. M. and Metcalf, D. M. (1997), *A moeda sueva. Suevic Coinage*, Oporto

Rigold, S. E. (1954), 'An imperial coinage in southern Gaul in the sixth and seventh centuries?', *Numismatic Chronicle*, 6th series, 14: 93–133

Spufford, P. (1988), *Money and Its Use in Medieval Europe*, Cambridge

Stahl, A. M. (1992), 'The nature of the Sutton Hoo coin parcel', in C. B. Kendall and P. S. Wells (eds.), *Voyage to the Other World: The Legacy of Sutton Hoo* (Medieval Studies at Minnesota 5), Minneapolis

Stahl, A. M. and Oddy, W. A. (1992), 'The date of the Sutton Hoo coins', in *Sutton Hoo: Fifty Years After* (American Early Medieval Studies 2), Oxford, MA, pp. 129–47

25　教会的组织结构

Andrieu, M. (1925), *Les Ordres mineurs*, Paris

Andrieu, M. (1947), 'La carrière ecclésiastique des papes', *Revue des Sciences Religieuses* 21: 90–120

Angenendt, A. (1990), *Das Frühmittelalter: Die abendländische Christenheit von 400 bis 900*, Stuttgart

Anton, H. H. (1975), *Studien zu den Klosterprivilegien der Päpste im frühen Mittelalter unter besonderer Berücksichtigung der Privilegierung von St. Maurice d'Agaune* (Beiträge zur Geschichte und Quellenkunde des Mittelalters 4), Berlin

Beck, H. G. (1950), *The Pastoral Care of Souls in South-East France during the Sixth Century* (Analecta Gregoriana 51), Rome

Biarne, J. (1997), 'Etat du monachisme en Gaule à la fin du Ve siècle. Clovis – histoire　895
et mémoire', in M. Rouche (ed.), *Clovis – Histoire et mémoire*, I: *Le baptême de Clovis, l'événement*, Paris, pp. 115–26

Bidagor, R. (1933), *La 'iglesia propria' en España* (Analecta Gregoriana 4), Rome

Bieler, L. (1966), 'The Irish penitentials. Their religious and social background', *Studia Patristica* 4: 329–39

Blair, J. (1995), 'Debate: ecclesiastical organization and pastoral care in Anglo-Saxon England' *EME* 4: 193–212

Blair, J. and Sharpe, R. (eds.) (1992), *Pastoral Care before the Parish*, Leicester

Blair, P. H. (1970), *The World of Bede*, London

Blazovich, F. A. (1954), *Soziologie des Mönchtums und die Benediktinerregal*, Vienna

Blockscha, J. (1931), 'Altersvorschriften für die höheren Weihen im ersten Jahrtausend', *Archiv für Katholisches Kirchenrecht* III: 31–83, Mainz

Bulloch, J. (1963), *The Life of the Celtic Church*, Edinburgh

Cambridge, E. and Rollason, D. (1995), 'Debate. The pastoral organization of the Anglo-Saxon church: a review of the minster hypothesis', *EME* 4: 87–104

Caspar, E. (1933), *Geschichte des Papsttums*, II, Tübingen

Chadwick, N. (1963), 'The conversion of Northumbria. A comparison of sources', in N. Chadwick (ed.), *Celt and Saxon*, Cambridge, pp. 138–66

Chaney, W. A. (1963), 'Anglo Saxon church dues: a study in historical continuity', *Church History* 32: 268–77

Chavasse, A. (1958), *Le Sacramentaire Gélasien* (Vaticanus Reginensis 316; Bibliothèque de Théologie 4, Histoire de la Théologie 1), Paris

Clarke, H. B. and Brennan, M. (eds.) (1981), *Columbanus and Merovingian Monasticism* (BAR International Series 113), Oxford

Claude, D. (1963), 'Die Bestellung der Bischöfe im merowingischen Reiche', *ZRG KA* 49: 1–75

Coebergh, C. (1961), 'Le sacramentaire Gélasien ancien, un compilation de clercs romanisants du VIIIe siècle', *Archiv für Liturgiewissenschaft* 7: 45–88

Comyns, J. J. (1942), *Papal and Episcopal Administration of Church Property*, Washington, DC

Conte, P. (1971), *Chiesa e Primato nelle lettere dei Papi del secolo VII*, Milan

Croce, W. (1948), 'Die niederen Weihen und ihre hierarchische Wertung', *ZKTh* 70: 257–315

Cross, F. L. (1965), 'Early Western liturgical manuscripts', *JTS* 116: 61–67

Deanesley, M. (1961), *The Pre-Conquest Church in England*, London

de Jong, M. (1986), *Kind en klooster in de vroege middeleeuwen. Aspecten van de schenking van kinderen aan klooster in het frankishe rijk 500–900* (Amsterdamse Historische Reeks 8), Amsterdam

Desalle, L. R. (1961), 'Comparaison, datation, localisation relative des Règles monastiques de S. Césaire d'Arles, S. Ferréol d'Uzès et de la Regula Tarnatensis monasterii', *Augustiniana* II: 5–26

Deshusses, J. (1982), 'Les sacramentaires. Etat actuel de la recherche', *Archiv für Liturgiewissenschaft* 28: 19–46

Díaz y Díaz, M. C. (1970), 'La vida eremítica en el reino visigodo', in *España Eremítica. Actas de la VI Semana de Estudios Monásticos. Abadía de San Salvador de Leyre, 15–20 Septiembre 1963*, Pamplona, pp. 49–62

896 Diesner, J. (1964), 'Das Mönchtum der Vandalenzeit in Africa', in *Kirche und Staat im spätrömischen Reich*, Berlin, pp. 140–8

Dijk, S. J. P. van (1961), 'The urban and papal rites in seventh and eighth century Rome', *Sacris Erudiri* 12: 411–87

Ewig, E. (1970), 'Beobachtungen zu den Bischofslisten der merowingischen Konzilien und Bischofsprivilegien', in *Festschrift Franz Petri* (Landschaft und Geschichte), Bonn, pp. 171–92

Feine, E. (1972), *Kirchliche Rechtsgeschichte*, I: *Die Katholische Kirche*, Cologne

Feine, H. E. (1950), 'Ursprung, Wesen und Bedeutung des Eigenkirchentums', *MIÖG* 58: 195–208

Fernandez Alonso, J. (1955), *La cura pastoral en la España romano-visigoda*, Rome

Findlay, S. W. (1941), *Canonical Norms Governing the Deposition and Degradation of Clerics*, Washington, DC

Fliche, A. and Martin, V. (eds.) (1948), *Histoire de l'église depuis les origines jusqu'à nos jours*, IV, Paris

Foot, S. (1989), 'Parochial ministry in early Anglo-Saxon England: the role of monastic communities', *Studies in Church History* 21: 43–54

Foot, S. (1992a), '"By water in the spirit": the administration of baptism in early Anglo-Saxon England', in Blair and Sharpe (1992), pp. 171–92

Foot, S. (1992b), 'Anglo-Saxon minsters: a review of terminology', in Blair and Sharpe (1992), pp. 212–25

Frank, K. S. (1975), *Frühes Mönchtum im Abendland*, I: *Lebensnomen*, Munich

Gamber, K. (1958), *Sakramentartypen* (Texte und Arbeiten 49/50), Beuron

Gamber, K. (1968), *Codices Liturgici Latini Antiquiores* (Spicilegii Friburgensis Subsidia 1/2), Fribourg

Ganz, D. (1995), 'The ideology of sharing apostolic community and ecclesiastical property in the early middle ages', in W. Davies and P. Fouracre (eds.), *Property and Power in the Early Middle Ages*, Cambridge, pp. 17–30

Griffe, É. (1951), 'Aux origines de la liturgie gallicane', *Bulletin de Littérature Ecclésiastique* 52: 17–43

Griffe, É. (1953), 'Les paroisses rurales de la Gaule', *Maison-Dieu* 36: 33–62

Griffe, É. (1975), 'A travers les paroisses rurales de la Gaule au VIe siècle', *Bulletin de Littérature Ecclésiastique* 76: 3–26

Grillmeir, A. and Bacht, H. (eds.) (1951–64), *Das Konzil von Chalkedon*, Würzburg

Gryson, R. (1970), *Les Origines du célibat ecclésiastique du premier au septième siècle: recherches et synthèses* (Histoire 2), Gembloux

Gryson, R. (1972), *Le Ministère des femmes dans l'église ancienne*, Gembloux

Hartmann, W. (1982), 'Der rechtliche Zustand der Kirche auf dem Lande. Die Eigenkirche in der fränkischen Gesetzgebung des 7.–9. Jahrhunderts', *Settimane* 28: 397–441

Hastings, A. (1950), 'St. Benedict and the eremitical life', *DR* 68: 191–211

Heinzelmann, M. (1976), *Bischofsherrschaft in Gallien* (Beihefte der Francia 5), Munich

Heuclin, J. (1998), *Hommes de Dieu et fonctionnaires du roi en Gaule du nord du Ve au IXe siècle*, Villeneurve-d'Ascq

Hilpisch, S. (1928), *Die Doppelklöster: Entstehung und Organisation* (Beiträge zur Geschichte des alten Mönchtums 15), Münster

Hughes, K. (1966), *The Church in Early Irish Society*, London

Jaspert, B. (1971), 'Regula Magistri – Regular Benedicti', *Studia Monastica* 13: 129–71

Jedin, H. (ed.) (1975), *Handbuch der Kirchengeschichte* II/2, Freiburg

Jenal, G. (1995), *Italia ascetica et monastica. Das Asketen- und Mönchtum*, I: *Italien von den Anfängen bis zur Zeit der Langobarden (ca. 150/250–604)* (Monographien zur Geschichte des Mittelalters 39/1–2), Stuttgart

Jungmann, J. A. (1932), *Die lateinischen Bußriten in ihrer geschichtlichen Entwicklung*, Innsbruck

Kaiser, R. (1981), *Bischofherrschaft zwischen Königtum und Fürstenmacht* (Pariser Historische Studien 7), Sigmaringen

Kellner, H. (1863), *Das Buß- und Strafverfahren gegen Kleriker in den ersten sechs Jahrhunderten*, Trier

Kempf, F. (1978), 'Primatiale und episkopal-synodale Struktur der Kirche vor der gregorienischen Reform', *AHP* 16: 22–66

Kottje, R. (1987), 'Bußpraxis und Bußritus', *Settimane* 33: 369–96

Lacarra, J. M. (1960), 'La iglesia visigoda en el siglo VII y sus relaciones con Roma', *Settimane* 7: 353–84

Langgärtner, G. (1964), *Die Gallienpolitik der Päpste im 5. und 6. Jahrhundert: Eine Studie über den apostolischen Vikariat von Arles* (Theophaneia 16), Bonn

Laporte, J. (1958), *Le Pénitentiel de s. Colomban*, Tournai

Le Bras, G. (1960), 'Sociologie de l'Église dans le Haut Moyen Age', *Settimane* 7: 595–611

Lesne, G. (1910), *Histoire de la propriété ecclésiastique en France*, I, Paris

Linage Conde, A. (1973), *Los orígenes del monacato benedictino en la peninsular ibérica*, I: *El monacato hispano pre-benedictino*, León

Lorcin, A. (1945), 'La vie scolaire dans les monastères d'Irlande aux 5e–7e siècles', *Moyen Age Latin* I: 221–36

Lorlandis, J. and Ramos-Lisson, D. (1981), *Die Synoden auf der iberischen Halbinsel bis zum Einbruch des Islam* (Konziliengeschichte A), Paderborn

Löwe, H. (ed.) (1982), *Die Iren und Europa*, Stuttgart

Lumpe, A. (1970), 'Zur Geschichte der Wörter 'concilium' und 'synodus' in der antiken Latinität', *AHP* 8: 1–21

Maccarrone, M. (1960), 'La dottrina del primato papale dal IV all' VIII secolo nelle relazioni con le chiese occidentali', *Settimane* 7: 633–742

MacManus, F. (1962), *Saint Columban*, New York

Mansilla, D. (1959), 'Orígenes de la organización metropolitana en la iglesia española', *HS* 12: 1–36

Markus, R. A. (1983), *From Augustine to Gregory the Great: History and Christianity in Late Antiquity*, London

Markus, R. A. (1997), *Gregory the Great and His World*, Cambridge

Marot, H. (1965), 'La collégialité et le vocabulaire épiscopal du Ve au VIIe siècle', in *La Collégialité épiscopale*, Paris, pp. 61–98

Matthiae, G. (1963), *Le chiese di Roma dal IV all' IX secolo*, Bologna

Mayr-Harting, H. (1972), *The Coming of Christianity to Anglo-Saxon England*, London

Mochi-Onory, S. (1933), *Vescovi e città*, Bologna

Moriarty, F. E. (1938), *The Extraordinary Absolution from Censures*, Washington, DC

898   Mortari, L. (1969), *Consacrazione episcopale e collegialità*, Florence

Müller, K. (1933), 'Parochie und Diözese', *Zeitschrift für die Neutestamentliche Wissenschaft und die Kunde die Älteren Kirche* 32: 149–85, Berlin

Mundó, A. (1967), 'Las reglas monásticas del siglo VI y la "lectio divina"', *Studia Monastica* 9: 229–55

Parisse, M. (1983), *Les Nonnes au Moyen Age*, Le Puy

Penco, G. (1959), 'Il concetto di monaco e di vita monástica in occidente nel secolo VI', *Studia Monastica* I: 7–50

Penco, G. (1961), *Storia del monachesimo in Italia (Collana universale storica. Tempi e figure* II, 31), Rome

Plöchl, W. M. (1953), *Geschichte des Kirchenrechts*, I, Vienna

Pontal, O. (1986), *Die Synoden im Merowingerreich* (Konziliengeschichte, Reihe A), Paderborn

Poschmann, B. (1930), *Die abendländische Kirchenbuße im frühen Mittelalter*, Breslau

Prinz, F. (1974), 'Die bischöfliche Stadtherrschaft im Frankenreich vom 5. bis zum 7. Jahrhundert', *HZ* 217: 1–35

Prinz, F. (1988), *Frühes Mönchtum im Frankenreich*, Munich

Quacquarelli, A. (1959), 'Alle origini del lector', in *Convivium Dominicum* (Studi sull'Eucaristia nei padri della chiesa antica), University of Catania, pp. 381–406

Richards, J. (1979), *The Popes and the Papacy in the Early Middle Ages*, London

Richards, J. (1980), *Consul of God: The Life and Times of Gregory the Great*, London

Riché, P. (1962), *Éducation et culture dans l'occident barbare, VIe –VIIIe siècle*, Paris

Ryan, J. (1931), *Irish Monasticism*, Dublin

Sägmüller, J. B. (1898), *Die Entwicklung des Archipresbyterats und Dekanats bis zum Ende der Karolingerzeit*, Tübingen

Schäferdiek, K. (1967), *Die Kirche in den Reichen der Westgoten und Suewen bis zur Errichtung der westgotischen katholischen Staatskirche*, Berlin

Scheibelreiter, G. (1979), 'Königstöchter im Kloster. Radegund (+587) und der Nonnenaufstand in Poitiers (589)', *MIÖG* 87: 1–38

Scheibelreiter, G. (1983), *Der Bischof in merowingischer Zeit* (Veröffentlichungen der Instituts für Österreichische Geschichtsforschung 27), Vienna

Scheuermann, A. (1957), 'Diözese', in *RAC* III, pp. 1053–62

Schmidinger, H. (1950), 'Die Besetzung des Patriarchatstuhls von Aquileja bis zur Mitte des 13. Jahrhunderts', *MIÖG* 60: 335–54

Schmidt, H. A. P. (1952), 'De lectionibus variantibus in formulis, identicis Sacramentariorum Leoniani, Gelasiani et Gregoriani', *Sacris Erudiri* 4: 103–73

Schneider, D. B. (1985), *Anglo-Saxon Women in the Religious Life: A Study of the Status and Position of Women in Early Medieval Society*, Cambridge

Schubert, H. von (1975), *Geschichte der Kirche im Frühmittelalter*, Tübingen

Schwöbel, H. (1973), *Synode und König im Westgotenreich*, Marburg

Semmler, J. (1982), 'Mission und Pfarrorganisation in den rheinischen, mosel- und maasländischen Bistümern (5.–10. Jahrhundert)', *Settimane* 28: 813–88

Seppelt, F. X. (1954–55), *Geschichte der Päpste von den Anfängen bis zur Mitte des 20. Jahrhunderts*, 2 vols., Munich

Seston, W. (1935), 'Note sur les origines religieuses des paroisses rurales', *RHPhR* 35: 241–54

Stutz, U. (1895), *Geschichte des kirchlichen Benefizialwesens*, I, Berlin   899

Thacker, A. (1992), 'Monks, preaching and pastoral care in early Anglo-Saxon England', in Blair and Sharpe (1992), pp. 137–70

Ueding, L. (1935), *Geschichte der Klostergründungen der frühen Merowingerzeit*, Berlin

Ullmann, W. (1981), *Gelasius I. (492–496): Das Papsttum an der Wende der Spätantike zum Mittelalter*, Stuttgart

van de Vyver, A. (1941), 'Les institutions de Cassiodore et sa fondation à Vivarium', *RB* 53: 59–88

Vinayo Gonzalez, A. (1966), *San Fructuoso de Braga*, León

Vogel, C. (1952), *La Discipline pénitentielle en Gaule des origines à la fin du VIIe siècle*, Paris

Vogel, C. (1960), 'Les échanges liturgiques entre Rome et les pays francs jusqu'à l'époque de Charlemagne', *Settimane* 7: 185–295

Vogel, C. (1986), *Medieval Liturgy: An Introduction to the Sources*, Washington, DC

Voigt, K. (1936), *Staat und Kirche von Konstantin dem Großen bis zum Ende der Karolingerzeit*, Stuttgart

Vollrath, H. (1985), *Die Synoden Englands bis 1066* (Konziliengeschichte A), Paderborn

Vos, M. (1974), 'A la recherche de normes pour les textes liturgiques de la messe (Ve–VIIe siècles)', *RHE* 69: 5–37

Wallace-Hadrill, J. M. (1960), 'Rome and the early English church, some questions of transmission', *Settimane* 7: 519–48

Wallace-Hadrill, J. M. (1983), *The Frankish Church*, Oxford

Weißengruber, F. (1964/67), 'Weltliche Bildung der Mönche (5./6. Jahrhundert)', *RHM* 8/9: 13–28; 10: 12–42

26   基督教化和基督思想的传播

Angenendt, A. (1972), *Monachi Peregrini: Studien zu Pirmin und den monastischen Vorstellungen des frühen Mittelalters*, Munich

Angenendt, A. (1986), 'The conversion of the Anglo-Saxons considered against the background of the early medieval mission', *Settimane* 32: 747–81

Axboe, M. (1995), 'Danish kings and dendrochronology: archaeological insights into the early history of the Danish state', in G. Ausenda (ed.), *After Empire: Towards an Ethnology of Europe's Barbarians*, Woodbridge, pp. 217–51

Boudriot, W. (1928), *Die altgermanische Religion*, Bonn

Brown, P. (1996), *The Rise of Western Christendom*, Oxford

Büttner, H. (1965), 'Mission und Kirchenorganisation des Frankenreiches bis zum Tode Karls des Großen', in H. Beumann (ed.), *Karl der Große*, I: *Persönlichkeit und Geschichte*, Düsseldorf, pp. 454–87

Campbell J. (1986), 'The first century of Christianity in England', in Campbell, *Essays in Anglo-Saxon History*, London, pp. 49–67

Charles-Edwards, T. M. (1993), 'Palladius, Prosper, and Leo the Great: mission and primatial authority', in Dumville (1993), pp. 1–12

Christie, N. (1995), *The Lombards*, Oxford

Collins, R. (1983), *Early Medieval Spain: Unity in Diversity*, London

Courtois, C. (1955), *Les Vandales et l'Afrique*, Paris

Dumville, D. N. (1993), *Saint Patrick A.D. 493–1993*, Woodbridge

900　Fletcher, R. (1997), *The Conversion of Europe from Paganism to Christianity 371–1386 AD*, London

Flint, V. (1991), *The Rise of Magic in Early Medieval Europe*, Oxford

Fritze, W. H. (1969), '*Universalis gentium confessio*. Formeln, Träger und Wege universalmissionarischen Denkens im 7. Jahrhundert', *FrSt* 3: 78–130

Goody, J. (1983), *The Development of the Family and Marriage in Europe*, Cambridge

Green, D. (1998a), *Language and History in the Early Germanic World*, Cambridge

Green, D. (1998b), 'The influence of the Christian Franks on the Christian vocabulary of Germany', in I. N. Wood (ed.), *Franks and Alamanni in the Merovingian Period*, Woodbridge, pp. 343–61

Hauck, K. (1957), 'Brakteatenikonologie', in *RAC* III, pp. 361–401

Heather, P. (1986), 'The crossing of the Danube and the Gothic conversion', *GRBS* 27: 289–318

Heather, P. and Matthews, J. (1991), *The Goths in the Fourth Century*, Liverpool

Hen, Y. (1995), *Culture and Religion in Merovingian Gaul, A.D. 481–751*, Leiden

Lebecq, S. (1994), 'Le baptême manqué du roi Radbod', in O. Redon and B. Rosenberger (eds.), *Les Assises du Pouvoir: temps médiévaux, territoires africains*, St-Denis, pp. 141–50

Markus, R. A. (1970), 'Gregory the Great and a papal missionary strategy', *Studies in Church History* 6: 29–38; repr. in Markus, *From Augustine to Gregory the Great* (1983), London

Markus, R. (1997), *Gregory the Great and His World*, Cambridge

Mayr-Harting, H. (1972), *The Coming of Christianity to Anglo-Saxon England*, London

Meens, R. (1994), 'A background to Augustine's mission to Anglo-Saxon England', *ASE* 23: 5–17

Salin, E. (1959), *La Civilisation mérovingienne*, IV, Paris

Shanzer, D. (1998), 'Dating the baptism of Clovis: the bishop of Vienne vs the bishop of Tours', *EME* 7: 28–57

Sims-Williams, P. (1990), *Religion and Literature in Western England, 600–800*, Cambridge

Stancliffe, C. (1979), 'From town to country: the Christianisation of the Touraine 370–600', *Studies in Church History* 16: 43–59

Thompson, E. A. (1982), *Romans and Barbarians: The Decline of the Western Empire*, Madison, WI

Wallace-Hadrill, J. M. (1962), *The Long-Haired Kings*, London

Wallace-Hadrill, J. M. (1983), *The Frankish Church*, Oxford

Wampach, C. (1930), *Geschichte der Grundherrschaft Echternach im Frühmittelalter*, I.2, Luxembourg

Wolfram, H. (1987), *Die Geburt Mitteleuropas*, Vienna

Wood, I. N. (1987), 'Pagans and holy men, 600–800', in P. Ní Chatáin and M. Richter (eds.), *Irland und die Christenheit*, Stuttgart, pp. 347–61

Wood, I. N. (1990), 'Ethnicity and the ethnogenesis of the Burgundians', in H. Wolfram and W. Pohl (eds.), *Typen der Ethnogenese unter besonderer Berücksichtigung der Bayern*, Vienna, pp. 53–69

Wood, I. N. (1991a), 'The Franks and Sutton Hoo', in I. N. Wood and N. Lund (eds.), *People and Places in Northern Europe, 500–1600*, Woodbridge, pp. 1–14

Wood, I. N. (1991b), 'Saint Wandrille and its hagiography', in I. N. Wood and G. A.   901
Loud (eds.), *Church and Chronicle in the Middle Ages*, London, pp. 1–14

Wood, I. N. (1994a), *The Merovingian Kingdoms, 450–751*, London

Wood, I. N. (1994b), 'The mission of Augustine of Canterbury to the English', *Speculum*
69: 1–17

Wood, I. N. (1995), 'Paganism and superstition east of the Rhine from the fifth to the
ninth century', in G. Ausenda, (ed.), *After Empire: Towards an Ethnology of Europe's
Barbarians*, Woodbridge, pp. 253–79

Wood, I. N. (1998), 'Jonas, the Merovingians, and Pope Honorius: *Diplomata* and
the *Vita Columbani*', in A. C. Murray (ed.), *After Rome's Fall*, Toronto, pp. 99–
120

Wood, I. N. (1999a), 'The missionary *Life*', in J. Howard-Johnston and P. A. Hayward
(eds.), *The Cult of the Saints in Late Antiquity and the Early Middle Ages*, Oxford,
pp. 167–83

Wood, I. N. (1999b), 'The use and abuse of Latin hagiography', in E. Chrysos and
I. N. Wood (eds.), *East and West: Modes of Communication*, Leiden, pp. 93–109

Wood, I. N. (2000), 'Augustine and Aidan: bureaucrat and charismatic?', in C. de
Dreuille (ed.), *L'Église et la mission au VIe siècle*, Paris, pp. 160–74

27　教育和学术

Auerbach, E. (1958), *Literatursprache und Publikum in der lateinischen Spätantike*, Berne

Banniard, M. (1980), *Le Haut Moyen Age Occidental*, Paris

Banniard, M. (1989), *Genèse culturelle de l'Europe (Ve–VIIIe siècle)*, Paris and Munich

Banniard, M. (1992a), 'Latin et communication orale en Gaule franque: le témoignage
de *Vita Eligii*', in Fontaine and Hillgarth (1992), pp. 58–86 and 259–63

Banniard, M. (1992b), '*Viva voce*': communication écrite et communication orale du IVe
au IXe siècle en Occident latin*, Paris

Bauer, J. and Felber, A. (1988), *Herz*, in *RAC* XIV, pp. 1093–1131

Berschin, W. (1968), 'Abendland und Byzanz, III Literatur und Sprache . . . Epochen
des Griechischen im lateinischen Mittelalter', in *Reallexikon der Byzantinistik*, I, cc.
238–70

Berschin, W. (1980), *Griechisch-lateinisches Mittelalter: Von Hieronymus bis Nikolaus von
Kues*, Berne and Munich

Bischoff, B. (1960), 'Die europäische Verbreitung der Werke Isidors von Sevilla', in
Isidoriana, León, pp. 317–44

Bischoff, B. and Lapidge, M. (eds.) (1995), *Biblical Commentaries from the Canterbury
School of Theodore and Hadrian*, Cambridge

Bonner, G. (ed.) (1976), *Famulus Christi: Essays in Commemoration of the Thirteenth
Century of the Birth of the Venerable Bede*, London

Brown, P. (1971), *The World of Late Antiquity*, London

Cameron, Av. (1992), 'Byzantium and the past in the seventh century: the search for
redefinition', in Fontaine and Hillgarth (1992), pp. 250–76

Cazier, P. (1986), 'Les Sentences d'Isidore de Séville et le IVe Concile de Tolède,
réflexions sur les rapports entre l'Eglise et le pouvoir politique en Espagne', in *Los
Visigodos: historia y civilización* (Antigüedad y Cristianismo 3), Murcia

902   Cazier, P. (1994), *Isidore de Séville et la naissance de l'Espagne catholique*, Paris

Clarke, H. B. and Brennan, M. (eds.) (1981), *Columbanus and the Merovingian Monasticism* (BAR International Series 113), Oxford

Courcelle, P. (1948), *Les Lettres grecques en Occident de Macrobe à Cassiodore*, Paris

Courcelle, P. (1967), *La Consolation de Philosophie dans la tradition littéraire*, Paris

Curtius, E. (1938), 'Zur Literarästhetik des Mittelalters', *Zeitschrift für Romanische Philologie* 58

Dagens, C. (1977), *Saint Grégoire le Grand: culture et expérience chrétienne*, Paris

Delage, M.-J. (1971), *Césaire d'Arles: sermons au peuple*, 1 (Sources Chrétiennes 175), Paris

Díaz y Díaz, M. C. (1982), 'Introductión general' in J. Oroz Reta *et al.* (eds.), *Isidoro de Sevilla, Etimologías*, 1, Madrid, pp. 1–257

Díaz y Díaz, M. C. (1992), 'El latín de España en el siglo VII: lengua y escritura según los textos documentales', in Fontaine and Hillgarth (1992), pp. 25–40

Diesner, H. J. (1981), 'Das christliche Bildungsprogramm des Beda Venerabilis (672/73–735)', *Theologische Literaturzeitung* 106, 12:. 865–872

Duane, W. H. and Bright, P. (eds.) (1995), *De doctrina Christiana, A Classic of Western Culture*, Notre-Dame and London

Durliat, J. (1990), *Les finances publiques dans le monde latin, de Dioclétien aux Carolingiens, 284–888* (Beihefte der Francia 21), Sigmaringen.

Fontaine, J. (1962), 'La diffusion de l'oeuvre d'Isidore de Séville dans les scriptoria helvétiques du haut Moyen Age', *Revue suisse d'histoire* 12: 305–327

Fontaine, J. (1972), 'Valeurs antiques et valeurs chrétiennes dans la spiritualité des grands propriétaires terriens à la fin du IVe siècle Occidental', in Fontaine J. and Kannengiesser Ch. (eds.), *Epektasis, Mélanges patristiques offerts au Cardinal Jean Daniélou*, Paris

Fontaine, J. (1982), 'La culture carolingienne dans les abbayes normandes: l'exemple de Saint-Wandrille', in L. Musset (ed.), *Aspects du monachisme en Normandie (Ve–XVIIIe siècles)*, Paris, pp. 38ff

Fontaine, J. (1983a), *Isidore de Séville et la culture classique dans l'Espagne wisigothique*, 3 vols., Paris

Fontaine, J. (1983b), 'L'apport du Christianisme à la prise de conscience de la "patrie gauloise", sous la dynastie théodosienne', in *La Patrie gauloise d'Agrippa au VIe siècle* (Centre d'études romaines et gallo-romaines), Lyons, pp. 183–201

Fontaine, J. (1992a), *De l'éducation antique à l'éducation chrétienne* (Connaissance des Pères de l'Eglise 48), Paris

Fontaine, J. (1992b), 'La figure d'Isidore de Séville à l'époque carolingienne', in J. Fontaine and C. Pellistrandi (eds.), *L'Europe héritière de l'Espagne wisigothique*, Madrid, pp. 195–212

Fontaine, J. (1994), 'Sulpice Sévère témoin de la communication orale en latin à la fin du IVe siècle gallo-romain', in *Transitions latines et émergences langagières en Europe, Ve–Xe siècles* (*Médiévales*, special issue 25)

Fontaine, J. (1996), *Isidor von Sevilla*, in *RAC* XVIII, cols. 1002–27 (Bonn)

Fontaine, J. (1997), *Handbuch der lateinischen Literatur*, VII, pp. 774ff.

Fontaine, J. (2000), *Isidore de Séville: genèse et originalité de la culture hispanique au temps des Wisigoths*, Turnhout

Fontaine, J. (2002), *Isidore de Séville, Traité de la nature* (Bibliothèque de l'Ecole des Hautes Etudes Hispaniques 28), Paris　　903

Fontaine, J. and Hillgarth, J. N. (eds.) (1992), *The Seventh Century: Change and Continuity* (Studies of the Warburg Institute 42), London

Gaudemet, J. and Basdevant, B. (1989), *Les Canons des conciles mérovingiens (VIe–VIIe siècles)*, 2 vols. (Sources Chrétiennes 353–4), Paris

Gibbon, E. (1839), *The History of the Decline and Fall of the Roman Empire*, London

Gibson, M. (ed.) (1981), *Boethius: His Life, Thought and Influence*, Oxford

Hadot, I. (1984), *Arts libéraux et philosophie dans la pensée antique*, Paris

Heinzelmann, M. (1990), 'Studia sanctorum: éducation, milieux d'instruction et valeurs éducatives dans l'hagiographie en Gaule jusqu'à la fin de l'époque mérovingienne', in Sot (1990), pp. 105–38

Heinzelmann, M. (1994), *Gregorius von Tours, 'Zehn Bücher Geschichte': Historiographie und Gesellschaftskonzept im 6. Jahrhundert*, Darmstadt

Herren, M. (1974), *The Hisperica Famina*, I: *The A-Text*, Toronto

Herren, M. (1987), *The Hisperica Famina*. II: *Related Poems*, Toronto

Herren, M. (ed.) (1988), *The Sacred Nectar of the Greeks: The Study of Greek in the West in the Early Middle Ages*, London

Hunter Blair, P. (1970), *The World of Bede*, London

Illmer, D. (1971), *Formen der Erziehung und Wissensvermittlung im frühen Mittelalter: Quellenstudien zur Frage der Kontinuität des abendländischen Erziehungswesens* (Münchener Beiträge zur Mediävistik und Renaissance-Forschung 7), Munich

Kazhdan, A. P. (1983), *La produzione intellettuale a Bisanzio: libri e scrittura in una società colta*, Moscow

Kerlouégan, F. (1993), *Le monde celte et la Bretagne* (Connaissance des Pères de l'Eglise 49), Paris

King, M. H. and Stevens, W. M. (eds.) (1979), *Studies in Medieval Culture in Honour of Ch. W. Jones*, St John's

La cultura in Italia fra tardoantico e alto medioevo (1981), Convegno tenuto a Roma in 1979, Rome

La scuola nell'Occidente latino dell'alto medioevo (1972), Settimane 19, 2 vols., Spoleto

Laistner, M. L. W. (1957), *Thought and Letters in Western Europe*, London

Leanza, L. (ed.) (1986), *Flavio Magno Aurelio Cassiodoro*, Catanzaro

Lehmann, P. (1957), 'Panorama der literarischen Kultur des Abendlandes im VII. Jahrhundert', Settimane 5: 845–71

Lemerle, P. (1971), *Le Premier Humanisme byzantin: notes et remarques sur enseignement et culture à Byzance des origines au Xe siècle*, Paris

Levison, W. (1946), *England and the Continent in the Eighth Century*, Oxford

Lourdaux, W. and Verheist, D. (1979), *The Bible and Mediaeval Culture*, Louvain

Löwe, H. (1982), *Die Iren und Europa im früheren Mittelalter*, 2 vols., Stuttgart

Marrou, H. I. (1937), *MOYCIKOC ANHP: étude sur les scènes de la vie intellectuelle figurant sur les monuments funéraires romains*, Grenoble

Marrou, H. I. (1950), *Histoire de l'éducation dans l'antiquité*, Paris

Marrou, H. I. (1958), *Saint Augustin et la fin de la culture antique*, Paris

Marrou, H. I. (1977), *Décadence romaine ou antiquité tardive, IIIe–VIe siècles* (Editions du Seuil, coll. Histoire 29), Paris

904   Martin, R. (1976), 'Qu'est-ce que l'antiquité "tardive"? Réflexions sur un problème de périodisation', *Caesarodunum* 10: 261–304

Maxsein, A. (1954), '*Philosophia cordis* bei Augustinus', in *Augustinus Magister: Congrès International Augustinien, Paris, 21–25 September 1954*, I, Paris

O'Daly, G. (1991), *The Poetry of Boethius*, London

O'Donnell, J. J. (1979), *Cassiodorus*, Berkeley

Opelt, I. (1974), 'Materialien zur Nachwirkung von Augustinus', Schrift De doctrina Christiana', *Jahrbuch für Antike und Christentum* 17: 64–73

Orlandis, J. and Ramos Lissón, D. (1986), *Historia de los concilios de la España romana y visigoda*, Pamplona

Petrucci, A. (1995), *Writers and Readers in Mediaeval Italy*, ed. and trans. C. M. Radding, New Haven and London

Picard, J.-M. (ed.) (1991), *Ireland and Northern France, 600–850*, Dublin

Polara, G. (1987), *Letteratura latina tardoantica e altomedievale*, Rome

Pontal, O. (1989), *Histoire des conciles mérovingiens*, Paris

Rand, E. K. (1928), *Founders of the Middle Ages*, Cambridge, MA

Riché, P. (1962), *Education et culture dans l'Occident barbare*, Paris; 2nd edn, Paris (1972)

Richter, M. (1994), *The Formation of the Medieval West: Studies in the Oral Culture of the Barbarians*, Dublin

San Benedetto nel suo tempo (1982) (Atti del 70 Congresso internazionale di Studi sull'alto medioevo), 2 vols., Spoleto

Sot, M. (ed.) (1990), *Haut Moyen Age, culture, éducation et société: études offertes à P. Riché*, Paris

Stancliffe, C. (1992), 'The Miracle Stories in seventh-century Irish Saints' Lives', in Fontaine and Hillgarth (1992), pp. 87–115

Teillet, S. (1986), *Des Goths à la nation gothique*, Paris

Van Uytfanghe, M. (1974), 'La Bible et l'instruction des laïcs en Gaule mérovingienne: des témoignages textuels à une approche langagière de la question', *SEJG* 34: 67–123

Velázquez Soriano, I. (1989), *El latín de las pizarras visigodaas (edición y comentario)*, 2 vols., Madrid; 2nd edn (1991), *Las pizarras visigodas, edición y comentario*, Murcia

Vives, J. (1969), *Inscripciones cristianas de la España romana y visigoda*, 2nd edn, Barcelona

Von der Nahmer, D. (1983), 'Dominici scola servitutis, Über Schultermini in Kloster-regeln', *Regula Benedicti Studia* 12: 143–85

Werner, K. F. (1989), *Die Ursprünge Frankreichs bis zum Jahr 1000*, Stuttgart

Werner, K. F. (1992), 'La place du VIIe siècle dans l'évolution politique et institution-nelle de la Gaule franque', in Fontaine and Hillgarth (1992), pp. 173–211

Wilson, N. G. (1983), *Scholars of Byzantium*, London

28A 西欧的艺术与建筑

Bailey, R. (1991), 'Saint Wilfrid, Ripon and Hexham', in C. Karkov and R. Farrell (eds.), *Studies in Insular Art and Archaeology* (American Medieval Studies I), pp. 3–25

Bailey, R. (1996), *England's Earliest Sculptors*, Toronto

Beckwith, J. (1979), *Early Christian and Byzantine Art*, 2nd edn, Harmondsworth   905

Brown, P. (1999), 'Images as a substitute for writing', in E. Chrysos and I. N. Wood (eds.), *East and West: Modes of Communication*, Leiden, pp. 15–34

Bruce-Mitford, R. (1967), *The Art of the Codex Amiatinus* (Jarrow Lecture), Newcastle

Bruce-Mitford, R. (1975–83), *The Sutton Hoo Ship Burial*, 3 vols., London

Cabanot, J. (1993), 'Sarcophages et chapiteaux de marbre en Gaule', *Antiquité Tardive* 1: 111–19

Caillet, J.-P. (1993), *L'Evergétisme monumental chrétien en Italie et à ses marges*, Rome

Chazelle, C. (1990), 'Pictures, books, and the illiterate: Pope Gregory I's letters to Serenus of Marseilles', *Word and Image* 6: 138–53

Chazelle, C. (1995), 'Memory, instruction, worship: "Gregory's" influence on early medieval doctrines of the artistic image', in J. C. Cavadini (ed.), *Gregory the Great, A Symposium*, Notre Dame, pp. 181–215

Christie, N. (1995), *The Lombards*, Oxford

Cramp, R. (1984), *Corpus of Anglo-Saxon Sculpture*, I, pt 1: *County Durham and Northumberland*, Oxford

Davis-Weyer, C. (1971), *Early Medieval Art 300–1150*, New York

de Hamel, C. (1986), *A History of Illuminated Manuscripts*, Oxford

de Maillé, M. (1971), *Les Cryptes de Jouarre*, Paris

Deichmann, F. W. (1958), *Frühchristliche Bauten und Mosaiken von Ravenna*, Baden-Baden

Deichmann, F. W. (1974), *Ravenna, Hauptstadt des spätantiken Abendlandes*, II, 1, Wiesbaden

Deichmann, F. W. (1976), *Ravenna, Hauptstadt des spätantiken Abendlandes*, II, 2, Wiesbaden

Delbrück, R. (1929), *Die Consulardiptychen und verwandte Denkmäler*, Berlin

Delmaire, R. (1989), *Largesses sacrées et res privata: l'aerarium impérial et son administration du IVe au VIe siècle*, Rome

Duval, N. (ed.) (1996), *Les Premiers Monuments chrétiens de la France*, II, Paris

Duval, N. (ed.) (1998), *Les Premiers Monuments chrétiens de la France*, III, Paris.

Elsner, J. (1995), *Art and the Roman Viewer: The Transformation of Art from the Pagan World to Christianity*, Cambridge

Fontaine, J. (1973), *L'Art préroman hispanique*, La-Pierre-qui-Vire, Yonne

Gaillard, M. (1996), 'Die Frauenklöster in Austrasien', in *Die Franken, Wegbereiter Europas*, I, Mainz, pp. 452–8

Galey, J. (1980), *Sinai and the Monastery of St Catherine*, London

Harbison, P. (1998), *L'Art médiéval en Irlande*, La-Pierre-qui-Vire, Yonne

Hawkes, J. (1999), 'Anglo-Saxon sculpture: questions of context', in J. Hawkes and S. Mills (eds.), *Northumbria's Golden Age*, Stroud, pp. 204–15

Heather, P. (1996), *The Goths*, Oxford

Henderson, G. (1987), *From Durrow to Kells: The Insular Gospel Books 650–800*, London

Kitzinger, E. (1977), *Byzantine Art in the Making*, London

Kitzinger, E. (1993), 'Interlace and icons: form and function in early Insular art', in R. M. Spearman, and J. Higgitt (eds.), *The Age of Migrating Ideas: Early Medieval Art in Northern Britain and Ireland*, Stroud, pp. 3–15

906　Knögel-Anrich, E. (1936), *Schriftquellen zur Kunstgeschichte der Merowingerzeit*, Darmstadt

Krautheimer, R. (1942), 'Introduction to an "iconography" of medieval architecture', *Journal of the Warburg and Courtauld Institutes* 5: 1–38

Krautheimer, R. (1980), *Rome: Profile of a City, 312–1308*, Princeton, NJ

MacCormack, S. (1981), *Art and Ceremony in Late Antiquity*, Berkeley, CA

MacMullen, R. (1962), 'The Emperor's largesses', *Latomus* 21: 159–66

Magnus, B. (1997), 'The Firebed of the Serpent: myth and religion in the Migration period mirrored through some golden objects', in L. Webster and M. Brown (eds.), *The Transformation of the Roman World AD 400–900*, London, pp. 194–202

Markus, R. A. (1978), 'The cult of icons in sixth-century Gaul', *Journal of Theological Studies*, n.s. 19: 151–7; repr. in Markus (1983), *From Augustine to Gregory the Great*, London

Markus, R. A. (1979), 'Carthage – Prima Justiniana – Ravenna: an aspect of Justinian's Kirchenpolitik', *Byzantion* 49: 277–306; repr. in Markus (1983), *From Augustine to Gregory the Great*, London

Markus, R. A. (1981), 'Ravenna and Rome, 554–604', *Byzantion* 51: 566–78; repr. in Markus (1983), *From Augustine to Gregory the Great*, London

Mertens, J. (1979), *Le Sous-sol archéologique de la collégiale de Nivelles*, Nivelles

Meyvaert, P. (1996), 'Bede, Cassiodorus and the Codex Amiatinus', *Speculum* 71: 827–83

Mostert, M. (1995), 'Celtic, Anglo-Saxon or Insular? Some considerations on "Irish" manuscript production and their implications for Insular Latin culture, c. AD 500–800', in D. Edel (ed.), *Cultural Identity and Cultural Integration: Ireland and Europe in the Early Middle Ages*, Blackrock, pp. 92–115

Naissance des arts chrétiens (1991), Paris

Nees, L. (1997), 'Introduction', *Speculum* 72: 959–69

Netzer, N. (1994), *Cultural Interplay in the Eighth Century: The Trier Gospels and the Making of a Scriptorium at Echternach*, Cambridge

Nordhagen, P. J. (1990), *Studies in Byzantine and Early Medieval Painting*, London

Oakeshott, W. (1967), *The Mosaics of Rome*, London

Onians, J. (1988), *Bearers of Meaning*, Princeton, NJ

Orton, L. F. (1998), 'Rethinking the Ruthwell monument: fragments and critique; tradition and history; tongues and sockets', *Art History* 21: 65–106

Pizarro, J. M. (1995), *Writing Ravenna: The* Liber Pontificalis *of Andreas Agnellus*, Ann Arbor

Prelog, M. (1994), *The Basilica of Euphrasius in Porec*, Zagreb

Schmauder, M. (1998), 'Imperial representation or barbaric imitation? The imperial brooches (Kaiserfibeln)', in W. Pohl and H. Reimitz (eds.), *Strategies of Distinction: The Construction of Ethnic Communities, 300–800*, Leiden, pp. 281–97

Stevenson, R. B. K. (1993), 'Further thoughts on some well known problems', in R. M. Spearman and J. Higgitt (eds.), *The Age of Migrating Ideas: Early Medieval Art in Northern Britain and Ireland*, Stroud, pp. 16–26

Taylor, H. M. and Taylor, J. (1965), *Anglo-Saxon Architecture*, Cambridge

Van Dam, R. (1985), *Leadership and Community in Late Antique Gaul*, Berkeley, CA

Van Dam, R. (1993), *Saints and Their Miracles in Late Antique Gaul*, Princeton, NJ　　907

von Simson O. (1948), *Sacred Fortress: Byzantine Art and Statecraft in Ravenna*, Chicago

Webster, L. and Backhouse, J. (eds.) (1991), *The Making of England: Anglo-Saxon Art and Culture A.D. 600–900*, London

Weitzmann, K. (1977), *Late Antique and Early Christian Book Illumination*, New York

Wilson, D. (1984), *Anglo-Saxon Art*, London

Wood, I. N. (1986), 'The audience of architecture in post-Roman Gaul', in L. A. S. Butler and R. K. Morris (eds.), *The Anglo-Saxon Church*, London, pp. 74–9

Wood, I. N. (1987), 'Anglo-Saxon Otley: an archiepiscopal estate and its crosses', *Northern History* 23: 20–38

Wood, I. N. (1994), *The Merovingian Kingdoms 450–751*, London

Wood, I. N. (1996), *The Most Holy Abbot Ceolfrid* (Jarrow Lecture), Newcastle

Wood, I. N. (1997), 'The transmission of ideas', in L. Webster and M. Brown (eds.), *The Transformation of the Roman World AD 400–900*, London, pp. 111–27

Wood, I. N. (1999), 'Images as a substitute for writing: a reply', in E. Chrysos and I. N. Wood (eds.), *East and West: Modes of Communication*, Leiden, pp. 35–46

28B 艺术与建筑：东方

Auzépy, M.-F. (1987), 'L'iconodoulie: défense de l'image ou de la dévotion à l'images?', in F. Boespflug and N. Lossky (eds.), *Nicée II, 787–1987: douze siècles d'images religieuses*, Paris, pp. 157–65

Auzépy, M.-F. (1995), 'L'évolution de l'attitude face au miracle à Byzance (VIIe–IXe siècle)', in *Miracles, prodiges et merveilles au moyen âge*, Paris, pp. 31–46

Bauer, A. and Strzygowski, J. (1906), *Eine alexandrinische Weltchronik: Text und Miniaturen eines griechischen Papyrus der Sammlung W. Goleniscev* (Denkschriften der kaiserlichen Akademie der Wissenschaften in Wien, phil.-hist. Klasse 51), Vienna

Bell, G. and Mundell Mango, M. (1982), *The Churches and Monasteries of Tur 'Abdin*, London

Boyd, S. A. and Mundell Mango, M. (eds.) (1992), *Ecclesiastical Silver Plate in Sixth-Century Byzantium*, Washington, DC

Brett, G. (1947), *The Great Palace of the Byzantine Emperors: Being a First Report on Excavations Carried Out in Istanbul on Behalf of the Walker Trust (The University of St Andrews) 1935–1938*, Oxford

Brogiolo, M. and Ward-Perkins, B. (eds.) (1999), *The Idea and Ideal of the Town between Late Antiquity and the Early Middle Ages*, London

Brubaker, L. (1998), *Icons before Iconoclasm?*, Settimane 45, Spoleto

Brubaker, L. (2002), 'The Vienna Dioskourides and Anicia Juliana', in A. Littlewood, H. Maguire and J. Wolschke-Bulmahn (eds.), *Byzantine Garden Culture*, Washington, DC, pp. 189–214

Buckton, D. (ed.) (1994), *Byzantium: Treasures of Byzantine Art and Culture*, London

Cameron, A. (1979), 'Images of authority: elites and icons in late sixth-century Byzantium', *Past and Present* 84: 3–35

908   Cameron, A. (1983), 'The history of the image of Edessa: the telling of a story', in C. Mango and O. Pritsak (eds.), *Okeanos: Essays Presented to Ihor Ševčenko on his Sixtieth Birthday by His Colleagues and Students* (Harvard Ukrainian Studies 7), Cambridge, MA, pp. 80–94; repr. in Cameron (1996), XI

Cameron, A. (1996), *Changing Cultures in Early Byzantium*, Aldershot

Cavallo, G., Gribomont, J. and Loerke, W. C. (1987), *Il evangeli di Rossano: le miniature; The Rossano Gospels: the miniatures. Codex purpureus rossanensis: Museo dell'Arcivescovado, Rossano Calabrio: commentarium*, Rome

Cecchelli, C., Furlani G. and Salmi, M. (1959), *The Rabbula Gospels*, Olten and Lausanne

Christie, N. and Loseby, S. (eds.) (1996), *Towns in Transition: Urban Evolution in Late Antiquity and the Early Middle Ages*, Aldershot

Coleman, S. and Elsner, J. (1994), 'The pilgrim's progress: art, architecture and ritual movement at Sinai', *World Archaeology* 26. 1: 73–89

Cormack, R. (1969), 'The mosaic decoration of S. Demetrios, Thessaloniki: a re-examination in the light of the drawings of W. S. George', *Annual of the British School of Archaeology at Athens* 64: 27–52; repr. in Cormack, *The Byzantine Eye: Studies in Art and Patronage*, I, London

Cutler, A. (1985), *The Craft of Ivory: Sources, Techniques, and Uses in the Mediterranean World: A.D. 200–1400*, Washington, DC

Cutler, A. (1994), *The Hand of the Master: Craftsmanship, Ivory, and Society in Byzantium (9th–11th Centuries)*, Princeton, NJ

Dauterman Maguire, E., Maguire H. and Duncan-Flowers, M. (1989), *Art and Holy Powers in the Early Christian House* (Illinois Byzantine Studies 2), Urbana

Delbrück, R. (1978), *Die Consulardiptychen und verwandte Denkmäler*, Berlin

Der Nersessian, S. (1978), *Armenian Art*, London

Dodd, E. C. (1961), *Byzantine Silver Stamps* (Dumbarton Oaks Studies 7), Washington, DC

Dodd, E. C. (1992), 'The location of silver stamping: evidence from newly discovered stamps', in Boyd and Mundell Mango (1992), pp. 217–23

Dunn, A. (1994), 'The transition from *polis* to *kastron* in the Balkans (3rd–8th/9th century): general and regional perspectives', *BMGS* 18: 60–80

Forsyth, G. and Weitzmann, K. (1973), *The Monastery of Saint Catherine at Mount Sinai: The Church and Fortress of Justinian*, Ann Arbor, MI

George, W. S. (1912), *The Church of Saint Eirene at Constantinople*, Oxford

Gerstinger, H. (1931), *Die Wiener Genesis*, Vienna

Grabar, A. (1948), *Les Peintures de l'évangélaire de Sinope*, Paris

Grabar, A. (1958), *Ampoules de Terre-Sainte (Monza-Bobbio)*, Paris

Grierson, P. (1992), 'The role of silver in the early Byzantine economy', in Boyd and Mundell Mango (1992), pp. 137–46

Haldon, J. F. (1997), *Byzantium in the Seventh Century: The Transformation of a Culture*, rev. edn, Cambridge

Harrison, R. M. (1986), *Excavations at Saraçhane in Istanbul*, I, Princeton, NJ

Harrison, R. M. (1989), *A Temple for Byzantium: The Discovery and Excavation of Anicia Juliana's Palace Church in Istanbul*, London

Hendy, M. (1989), 'The administration of mints and treasuries, 4th to 7th centuries, with an appendix on the production of silver plate', in M. Hendy, *The Economy, Fiscal Administration and Coinage of Byzantium*, VI, Northampton　　909

Jobst, W., Erdal, B. and Gurtner, C. (1997), *Istanbul, Bayak Saray Mozayiği; Istanbul, Das grosse byzantinische Palastmosaik; Istanbul the Great Palace Mosaic*, Istanbul

Kent, J. and Painter, K. (1977), *Wealth of the Roman World AD 300–700*, London

Kitzinger, E. (1954), 'The cult of images in the age before Iconoclasm', *DOP* 8: 83–150; repr. in Kitzinger (1976), *The Art of Byzantium and the Medieval West, Selected Studies*, ed. E. Kleinbauer, Bloomington

Krautheimer, R. with Curcic, S. (1986), *Early Christian and Byzantine Architecture*, 4th edn, Harmondsworth

Kurz, O. (1972), 'The date of the Alexandrian World Chronicle', in A. Rosenauer and G. Weber (eds.), *Kunsthistorische Forschungen: Otto Pacht zu seinem 70. Geburtstag*, Salzburg, pp. 17–22

Lavan, L. (2001), *Recent Research in Late-Antique Urbanism* (*JRA* Supplementary Series 42), Portsmouth, RI

Lemerle, P. (1945), *Philippes et la Macédoine orientale*, Paris

Leroy, J. (1964), *Les Manuscrits syriaques à peintures*, Paris.

Liebeschuetz, J. H. W. G. (2000), *The Decline and Fall of the Roman City*, Oxford

Lowden, J. (1992), 'Concerning the Cotton Genesis and other illustrated manuscripts of Genesis', *Gesta* 31.1: 40–53

Maguire, H. (1995), 'Magic and the Christian image', in H. Maguire (ed.), *Byzantine Magic*, Washington, DC, pp. 51–71

Maguire, H. (1996), *The Icons of Their Bodies: Saints and Their Images in Byzantium*, Princeton, NJ

Mainstone, R. (1988), *Hagia Sophia: Architecture, Structure and Liturgy of Justinian's Great Church*, London

Mango, C. (1972a), *The Art of the Byzantine Empire, 312–1453*, Englewood Cliffs, NJ

Mango, C. (1972b), 'The Church of Sts Sergius and Bacchus at Constantinople and the alleged tradition of octagonal palace churches', *Jahrbuch der Österreichischen Byzantinistik* 21: 189–93; repr. in C. Mango (1993), XIII

Mango, C. (1974), *Byzantine Architecture*, New York

Mango, C. (1975), 'The Church of Sts Sergius and Bacchus once again', *BZ* 68: 385–92; repr. in C. Mango (1993), XIV

Mango, C. (1993), *Studies on Constantinople*, Aldershot

Mark, R. and Çakmak, A. (1992), *Hagia Sophia from the Age of Justinian to the Present*, Cambridge

Mundell Mango, M. (1983), 'Where was Beth Zagba?', in C. Mango and O. Pritsak (eds.), *Okeanos: Essays Presented to Ihor Ševčenko on His Sixtieth Birthday by His Colleagues and Students* (Harvard Ukrainian Studies 7), Cambridge, MA, pp. 405–30

Mundell Mango, M. (1986), *Silver from Early Byzantium: The Kaper Koraon and Related Treasures*, Baltimore

Mundell Mango, M. (1992a), 'The monetary value of silver revetments and objects belonging to churches, A.D. 300–700', in Boyd and Mundell Mango (1992), pp. 123–36

910　　Mundell Mango, M. (1992b), 'The purpose and places of Byzantine silver stamping', in Boyd and Mundell Mango (1992), pp. 203–15

Muthesius, A. (1997), *Byzantine Silk Weaving AD 400 to AD 1200*, Vienna

Omont, H. (1909), 'Peintures de l'Ancien Testament dans un manuscrit syriaque du VIIe au VIIIe siècle', *Monuments Piot* 17: 85–98

Ousterhout, R. (ed.) (1990), *The Blessings of Pilgrimage* (Illinois Byzantine Studies 1), Urbana

Pentcheva, B. (2002), 'The supernatural protector of Constantinople: the Virgin and her icons in the tradition of the Avar siege', *BMGS* 26: 2–41

Peschlow, U. (1977), *Die Irenenkirche in Istanbul: Untersuchungen zur Architektur* (Istanbuler Mitteilungen 18), Tübingen

Peschlow, U. (1996), 'Die Baugeschichte der Irenenkirche in Istanbul neu betrachtet', in C. L. Striker (ed.), *Architectural Studies in Memory of Richard Krautheimer*, Mainz, pp. 133–6

Poulter, A. (1995), *Nicopolis ad Istrum: A Roman, Late Roman and Early Byzantine City* (*JRS* Monograph 8), London

Ruggieri, V. (1991), *Byzantine Religious Architecture (582–867): Its History and Structural Elements* (Orientalia Christiana Analecta 237), Rome

Sansterre, J.-M. (1994), 'La parole, le texte et l'image selon les auteurs byzantins des époques iconoclastes et posticonoclaste', *Settimane* 41: 197–240

Ševčenko, N. P. (1991), 'Icons in the Liturgy', *DOP* 45: 45–57

Striker, C. L. and Dogan Kuban, Y. (eds.) (1997), *Kalenderhane in Istanbul: The Buildings, Their History, Architecture, and Decoration*, Mainz

Talbot Rice, D. (ed.) (1958), *The Great Palace of the Byzantine Emperors: Second Report*, Edinburgh

Tate, G. (1992), *Les Campagnes de la Syrie du Nord du IIe au VIIe siècle*, Paris

Tchalenko, G. (1953–58), *Villages antiques de la Syrie du Nord*, 3 vols., Paris

Trilling, J. (1989), 'The soul of empire: style and meaning in the mosaic pavement of the Byzantine Imperial Palace in Constantinople', *DOP* 43: 27–72

Vikan, G. (1982), *Byzantine Pilgrimage Art*, Washington, DC

Vikan, G. (1984), 'Art, medicine, and magic in early Byzantium', *DOP* 38: 65–86

Volbach, W. F. (1976), *Elfenbeinarbeiten der Spätantike und des frühen Mittelalters*, Mainz am Rhein; 3rd edn 1982, Mainz am Rhein

Weitzmann, K. (1976), *The Monastery of Saint Catherine at Mount Sinai, the Icons: From the Sixth to the Tenth Century*, Princeton, NJ

Weitzmann, K. (1977), *Late Antique and Early Christian Book Illumination*, New York

Weitzmann, K. (1978), *The Icon*, New York

Weitzmann, K. (ed.) (1997), *The Age of Spirituality: Late Antique and Early Christian Art, Third to Seventh Century*, New York

Weitzmann, K. and Kessler, H. (1986), *The Cotton Genesis: British Library, Codex Otho B IV*, Princeton, NJ

Wright, D. (1973), 'The date and arrangement of the illustrations in the Rabbula Gospels', *DOP* 27: 197–208

926

932

933

937

939

I

942

957

popes　教宗，见 papacy

Popina I　波品纳一号，遗址，保加利亚 541

Population　人口

在盎格鲁—撒克逊英格兰 265n，284

凯尔特诸王国 233

在意大利的衰落 140

根据墓葬资料的估计 270，274

其增长

7 世纪 646

斯拉夫人 530－531

亦见 demography

Porec　波雷奇，伊斯特里亚，教堂建筑群 762

镶嵌画 769

Ports　港口

罗马的 642，644

亦见 "emporia"；transport；wics

Portugal　葡萄牙

锻压币 670

亦见 Lusitania

post　邮政，拜占庭帝国官员 305

pottery　陶器 140，608

阿非利加红釉陶（ARS）129，614，625

分布 615

贸易 619，632，636

进口，至凯尔特王国 234，622，642，643

与区域间交换网络 619－620

形制

A 和 B 型陶器，在不列颠 642

巴丁（"Bading"）①/塔汀（"Tating"）（日耳曼的）652

查恩伍德森林 279n

玻璃釉白陶 620，633

手工制作，斯拉夫人的 528

伊林顿－拉克福德风格 279，279n，285，286

橘色/灰色印花的 DSP 陶器 620

福西亚红釉陶（PRS）620，629，633

罗马陶轮 286，535

斯拉夫的，在多瑙河上 535

亦见 African Red Slip ware（ARS）（上述）

亦见 amphorae；pottery assemblages；pottery production

pottery assemblages　陶器搜集 608，619，625，632

巴尔比地下博物馆（罗马）634－635

pottery production　陶器生产

中欧 528

东地中海的变化 633

日耳曼 652

拉隆德（鲁昂）651

与地方交换网络 619

北非 612，615，631，633

突尼斯 614，631

Poundbury　庞德伯里，多塞特，罗马人墓地 426

poverty　穷困，与经济的需求 615

Powys　波伊斯王国 252，254，463

Praetextatus　普雷泰克斯塔图斯，鲁昂主教 224

Pragmatic Sanction　《国事诏书》（554年）（查士丁尼）151，158，740

---

①　"Bading" 一词，原书中没有，原书第 652 页出现的是 Badorf（巴道弗）。——译者

968

969

970

971

975

977

（徐家玲翻译审订于 2016. 12. 18）